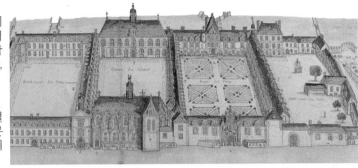

▶라플레슈 학교
앙리 4세가 설립하여 예수회에
운영을 맡긴 학교로 유럽에서
는 유명했다. 데카르트는 이 학
교 상급반에서 논리학, 철학,
수학 등을 배웠다.

▼〈두 철학자〉 렘브란트. 1628.
토론, 논쟁, 논의는 철학의 결
정적 요소이다. 모든 것은 질문
과 비판이 열려 있어야 하기
때문이다.

관찰 경험 데카르트는 우리가 사물을 가까이 들여다본다고 하더라도 사물이 드러나는 그대로 존재하는지 확신하지 못한다고 주장했다. 루앙 교회를 묘사한 이 그림은 클로드 모네가 1892~94년에 그린 연작화 중 일부이다. 이는 빛의 효과가 사물의 겉모습을 어떻게 변화시키는지를 보여준다.

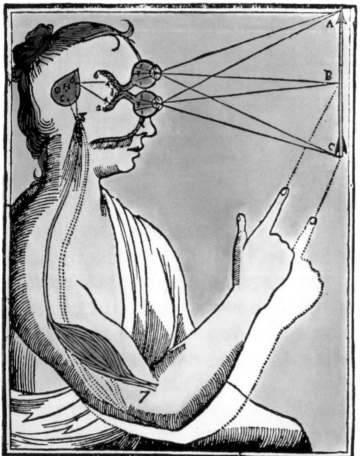

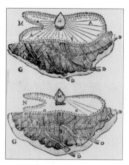

▲인간의 뇌
데카르트의 《인간론》(1664)은 인간 신체의 생리적 과정을 기계적으로 설명했다. 이 그림은 인간의 뇌가 깨어 있는 상태와 잠들어 있는 상태를 보여준다.

◀생리학 교과서
데카르트의 《인간론》은 최초의 생리학 교과서로 여겨진다. 이 그림은 이미지에 대한 감각 지각과 근육 활동 사이의 가정된 관계를 보여준다. 이미지는 눈에서 솔방울샘으로 전달된다. 이미지와 솔방울샘 사이의 반응은 운동 작용을 일으킨다.

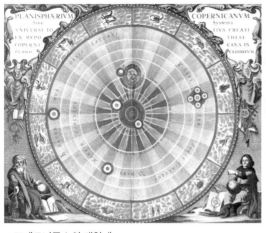

▲ 코페르니쿠스의 태양계

▶ 코페르니쿠스(1473~1543)
그의 저서 《천체의 회전에 관하여》에서 지구는 자전하면서
태양 주위를 돈다는 지동설을 주장했고, 데카르트는 이에 영
향을 받았다.

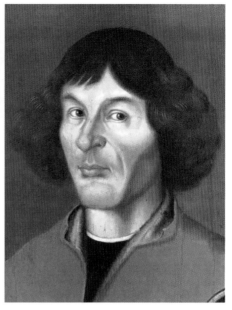

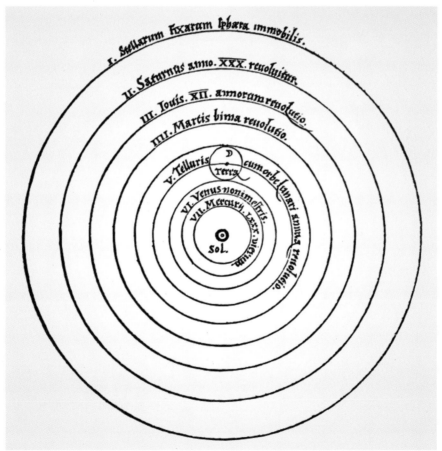

코페르니쿠스의 우주　태양이 중심에 놓여 있다.

스웨덴 여왕 크리스티나와 데카르트 피에르 루이 뒤메닐. 19세기. 데카르트는 왕실의 새벽 철학 강의에 지쳐 있는
데다가 설상가상 스웨덴의 혹독한 겨울 날씨에 그만 병을 얻어 54세의 나이로 세상을 떠났다.

세계사상전집013

René Descartes
DISCOURS DE LA MÉTHODE
MEDITATIONES DE PRIMA PHILOSOPHIA
PRINCIPIA PHILOSOPHIAE/LE MONDE
LES PASSIONS DE L'ÂME/REGULAE AD DIRECTIONEM INGENII
방법서설/성찰/철학의 원리/세계론
정념론/정신지도를 위한 규칙
르네 데카르트/소두영 옮김

동서문화사

방법서설/성찰/철학의 원리/세계론
정념론/정신지도를 위한 규칙

차례

세계론

일러두기

1. 이 책은 샤를 아담과 폴 탄네리 공편인 《데카르트 전집(Oeuvres de Descartes ; publiées par Charles Adam et Paul Tannery》 중 〈방법서설(Discours de la Méthode La Dioptrique, Les Météores et La Géométrie)〉 〈성찰(Meditationes de primaphilosophia)〉 〈철학의 원리(Principia philosophiae)〉 〈정념론(Les passions de l'âme)〉 그리고 〈정신지도를 위한 규칙(Regulae ae directionem ingenii)〉을 번역 수록한 것이다.

2. 역문(譯文)은 가능한 한 쉬운 우리글로 옮겼으며, 각 부마다 끄트머리에 역주를 달아 본문의 이해를 도왔다.

3. 외국 인지명의 표기는 가능한 한 원음을 따랐으며, 일부는 관용을 따랐다.

Discours de la méthode
방법서설

이 서설이 너무 길어 단숨에 읽어낼 수 없다면 6부로 나누어도 좋다. 제1부에서는 모든 학문에 대한 온갖 고찰이 설명될 것이다. 제2부에서는 저자가 찾으려고 했던 방법이 지니는 주요한 규칙이 설명될 것이다. 제3부에서는 저자가 이 방법에서 끌어낸 도덕적 규칙 몇 가지가 설명될 것이다. 제4부에서는 저자가 신(神)과 인간 정신의 존재를 증명하는 데 사용한 여러 이유, 즉 저자의 형이상학(形而上學) 기초가 설명될 것이다. 제5부에서는 저자가 탐구한 자연학(自然學) 문제들 순서 및 특히 심장의 운동과 의학에 속하는 몇 가지 문제가, 그리고 우리의 정신과 동물의 정신 사이에 존재하는 차이가 설명될 것이다. 마지막으로 제6부에서는 저자가 자연을 탐구함에 있어서 더 앞으로 나아가기 위해 필요하다고 생각한 것은 무엇인가, 이 책을 쓰게 된 까닭은 무엇인가가 설명될 것이다.

제1부

양식(良識 : bon sens)은 이 세상에서 가장 공평하게 분배되어 있다. 왜냐하면 누구나 자신이 그것을 충분히 가졌다고 생각하므로, 다른 모든 일에서는 좀처럼 만족하기가 어려운 사람들조차도 양식에 대해서만큼은 보통 자기가 가지고 있는 것 이상을 바라지 않기 때문이다. 이 점에 있어서는 모든 사람의 생각이 다 잘못되었다고 볼 수는 없다. 오히려 그것은 다음과 같은 것의 증거가 된다. 즉 잘 판단하여 참된 것과 거짓된 것을 구별하는 능력은 본디 양식 또는 이성(理性)이라 부르는 것으로서, 태어날 때부터 모든 사람이 똑같이 지니고 있다. 따라서 우리 의견이 저마다 다른 것은 우리 가운데 누군가가 이성을 더 많이 가졌기 때문이 아니라, 우리가 서로 다른 길을 따라 생각해 가며, 또 생각하는 것이 똑같지 않기 때문이다. 왜냐하면 좋은 정신을 갖는다는 것만으로는 충분하지 않고, 중요한 것은 정신을 잘 사용하는 일이기 때문이다. 가장 큰 마음은 가장 큰 덕행(德行)을 베풀 수 있는 동시에 가장 큰 악행도 저지를 수 있으며, 천천히 걷는 사람이라도 언제나 곧은길만 걷는다면 달리는 사람이 곧은길에서 벗어날 때보다 훨씬 앞으로 나아갈 수 있다.

나로서는, 내 정신이 어떤 점에서나 보통 사람보다 더 완전하다고 생각한 적은 없다. 오히려 나는 흔히 다른 사람들이 갖고 있는 재빠른 생각을, 뚜렷하고 어김없는 상상을, 풍부하고 또 물음에 바로 대답해 주는 기억력을 갖고 싶어했다. 나는 이런 여러 성질 말고는 정신의 완전성을 만드는 것을 잘 알지 못한다. 왜냐하면 이성, 즉 판단력은 오로지 우리를 인간으로 만들고 동물과 구별되게 하는 것이기에 저마다 완전하게 갖추어져 있다고 나는 믿고 싶으며, 이 점에서는 철학자(스콜라 철학자)들의 보편적 의견에 따르고 싶기 때문이다. 그들의 생각으로는, 같은 종(種 : espèce)에 속하는 개체(個體 : individus)에 있어서는 그것들이 갖는 여러 우연성(偶然性 : accidents) 사이에만 더 많다든가 더 적다든가 하는 것이 존재하며, 그러한 개체의 형상(形相 : formes) 곧 본성 사이에는 많고 적음이 존재하지 않는다.

하지만 나도 서슴지 않고 말할 수 있는 것이 있다. 그것은 내가 매우 운이 좋았다고 생각한다는 점이다. 즉 나는 어릴 때 벌써 어떤 길을 발견하여 그것으로 몇 가지 견해와 원칙에 인도되었고, 그것들로써 나는 하나의 방법을 만들어낼 수 있었다. 그 방법이란, 그것으로 내 인식을 점차 늘리고 조금씩 높여 마침내 나의 평범한 정신과 짧은 생애로써 나의 인식이 다다를 수 있는 최고점까지 이르게 되리라고 여겨질 만한 것이었다. 왜냐하면 나는 이미 그 방법으로써 많은 성과를 얻고 있으며, 설혹 내가 나에 대해서 내리는 판단에서 언제나 자부심보다 오히려 불신(不信) 쪽으로 기울려고 애쓰고 있다 하더라도, 또 내가 철학자의 눈으로 볼 때에 모든 사람의 온갖 행동과 사업이 거의 헛되고 무익한 것 같다고 하더라도 진리 탐구에 있어서 내가 이미 이룩했다고 생각하는 진보에는 역시 더없는 만족을 느끼지 않을 수 없고, 미래에 대해서도 커다란 희망을 품지 않을 수 없으며, 단순히 인간이 하는 일(종교 이외의 모든 것) 중에서 틀림없이 선(善)하고 유익한 무언가가 있다면, 그거야말로 내가 택한 일이라고 감히 생각할 정도이기 때문이다.

그러나 어쩌면 나는 잘못 생각하고 있는지도 모른다. 내가 금이나 다이아몬드라고 생각하는 것이 어쩌면 구리나 유리 조각에 지나지 않는지도 모른다. 우리 스스로에 대한 일은 참으로 틀리기 쉽다는 것, 또 친구들의 판단이 듣기 좋은 것일 경우에는 사실상 의심해 보아야 한다는 것을 나는 알고 있다. 하지만 나는 이 《서설(序說)》에서 내가 걸어온 길이 어떤 것인가를 보여주고, 지금까지 지내온 생활을 한 장의 그림으로 그려 저마다 판단을 내리게 함으로써 항간에 떠도는 이에 대한 사람들의 의견을 알고, 이것을 나 자신의 교육을 위한 하나의 새로운 수단으로 삼아 지금까지 늘 사용해 온 수단에 덧붙이고 싶은 것이다.

그렇기 때문에 나의 의도는 각자가 그 이성을 잘 인도하기 위해서 써야 할 방법을 여기서 가르치자는 것이 아니라, 다만 어떤 방법으로 내가 나의 이성을 인도하려고 애써왔는가를 보여주자는 것뿐이다. 남에게 교훈을 줄 역할을 맡고 나서는 사람은 그것을 받는 상대편보다 유능하다고 스스로 인정하고 있을 것이며, 또한 그 자신에게 조금이라도 결함이 생긴다면 마땅히 비난받을 각오를 해야 한다. 그러나 나는 이 책을 하나의 역사로서, 또는 희망하신다면 하나의 우화(寓話)로서 제시할 따름이며, 또한 그 속에는 본받아도 좋을 몇 가지 일과 함께 본받지 않는 편이 좋을 듯한 많은 것도 아마 발견되리라 예상한다. 나는 이것이 어떤 사람들에게는 유익할 수 있고, 동시에 누구에게도 해롭지는 않으리라는 것을, 또 나의 솔직함에 대해서 모든 사람이 만족하게 여겨주리라는 것을 기대한다.

나는 어릴 때부터 책 속의 지식(문법·역사·시·수사학)을 자양분 삼아 성장했으며, 그것으로 인생에 유용한 모든 것에 대한 뚜렷하고 확실한 인식을 얻을 수 있다고 늘 들어 왔으므로, 그것을 배우겠다는 대단한 열의를 품고 있었다. 그러나 학업 과정을 전부 마치고, 남처럼 학자들 틈에 끼어들자마자 내 생각은 완전히 달라졌다. 왜냐하면 많은 의심과 잘못에 괴로워하게 되었고, 지식을 얻으려고 애쓰면 오히려 점점 더 자신의 무지를 드러내게 될 뿐 아무런 소득도 얻을 수 없을 것 같았기 때문이다. 그렇기는 했지만 내가 있었던 곳은 유럽의 가장 유명한 학교의 하나[1]로서 거기서 나는, 이 땅 위의 어딘가에 학식을 갖춘 사람이 있다면 바로 여기에 있을 것이라 생각하고 다른 사람들이 배우는 것을 모두 배웠다. 뿐만 아니라 가르쳐 주는 학문만으로 만족하지 않고 매우 비술적(秘術的)인, 비정상적인 것으로 여겨지는 학문(점성술·수상술(手相術)·마술 따위)을 풀이한 책까지도 손에 넣을 수 있는 한 모두 찾아 훑어보았다. 그리고 나는 남이 나를 어떻게 평가하는지 알고 있었는데, 즉 내 학우들 가운데는 우리 선생의 후계자로 정해진 자가 이미 있었음에도 내가 그들보다 뒤지는 것으로 간주되지는 않았다. 다시 덧붙이자면 우리 시대는 그 전의 어느 시대에 못지않게 뛰어난 사람들을 많이 배출한 화려한 시대였다. 나는 이러한 여러 이유로 말미암아 나 자신을 토대로 다른 모든 사람들을 판단해도 상관없으며, 또 전에 사람들한테 들어서 얻고 싶어 했던 학문은 아직 이 세상에 존재하지 않았던 것이라고 생각해도 된다는 기분이 들었던 것이다.

그럼에도 나는 학교에서 하는 공부는 역시 중요하다고 생각했다. 나는 잘 알

---

1) 라플레슈에 있는 예수회 학교.

고 있었다—학교에서 배울 수 있는 외국어(그리스어, 라틴어 등)들이 고대의 서적을 이해하는 데 필요하다는 것을. 우화의 재미는 정신을 일깨워 준다는 것을. 역사가 이야기하는 눈부신 사건은 정신을 높이는 것이며, 또한 신중히 읽기만 하면 판단력을 기르는 데 도움이 된다는 것을. 모든 양서를 읽는다는 것은 지난 시대의 가장 뛰어난 사람들인 저자들과의 담화(談話)이며, 더욱이 그것은 그들 사상 가운데 가장 뛰어난 것을 우리에게 보여주는 잘 다듬어진 담화라는 것을. 웅변(雄辯)은 비길 데 없는 강한 힘과 아름다움을 갖는다는 것을. 시(詩)는 마음을 빼앗는 참으로 멋있는 착상과 기분 좋은 문구를 가진다는 것을. 수학은 매우 교묘한 갖가지 연구를 보여주고, 또 이 연구들은 학문을 좋아하는 사람을 기쁘게 하기 위해서나 모든 기술을 쉽게 만들어 인간의 노고를 줄이기 위해서도 크게 도움이 된다는 것을. 도덕을 논한 책은 많은 교훈과 미덕의 권장을 그 속에 담고 있으므로 매우 유익하다는 것을. 신학(神學)은 천국에 이르는 길을 가르쳐 준다는 것을. 철학은 모든 것에 대해서 그럴듯한 이야기를 하고, 학문이 얕은 사람들의 칭찬을 얻는 수단이 된다는 것을. 법학이나 의학, 그 밖의 학문은 그것을 배우는 사람들에게 명예와 부(富)를 가져다준다는 것을. 그리고 마지막으로 이들 학문과 비교해 가장 미신적이고 거짓스러운 것조차도 그것들의 올바른 가치를 알아 다시는 그러한 것에 속지 않기 위해서, 이처럼 모든 것을 다 음미할 수 있었다는 점은 무익하지 않았다는 것을.

그러나 나는 여러 외국어 공부와 옛 서적을 읽는 데에, 그리고 그것들이 말해 주는 역사나 우화에 이제 충분히 시간을 들였다고 생각했다. 왜냐하면 전 시대 사람들과 이야기하는 것은 이른바 여행하는 것과 같기 때문이다. (객지에 나가서) 여러 다른 국민의 습속에 대해서 어느 정도 아는 것은 우리 자신의 습속에 대해서 더한층 건전한 판단을 내리기 위해서나, 또는 물건을 본 적 없는 사람이 흔히 생각하듯 우리의 방식에 어긋나는 것은 모두 우스꽝스럽고 이성에 어긋난다고 생각지 않기 위해서는 유익하다. 하지만 여행에 시간을 너무 많이 쓰면 결국 자기 나라에서는 이방인처럼 되어버린다. 마찬가지로 과거 시대에 행해진 일에 너무 지나치게 흥미를 가지면, 지금 시대에 행해지고 있는 일에 대해서는 매우 무지한 상태에 머물고 만다. 게다가 우화는 실제로 있을 수 없는 많은 것을 실제로 있을 수 있는 일처럼 상상하게 하는가 하면, 또 역사는 설령 그것이 읽힐 보람을 증대시키기 위해서 사물의 가치를 바꾸거나 늘리지는 않더라도, 그 가장 충실한 것조차, 적어도 비교적 보잘것없고 하찮은 사정들은 생략해 버리는 것이 보통이다. 그래서 나머지 부분은 사실 그대로 제시되지 않으므로, 역사에서 얻는 본보기로 자기 행동을 다스리는 사람들은 옛날이야기에 나오는 기사(騎士)처럼 엉뚱한 행동에 빠지거나 자기 힘에 부치는 일을 꿈꾸기 쉬운 것이다.

나는 웅변을 매우 존중했고, 시에는 넋을 잃었다. 그러나 둘 다 배워서 얻을 수 있는 것이라기보다 오히려 타고난 재능으로 말미암은 것이라 생각했다. 아주 강한 추리력(推理力)을 갖고 자기 사상을 가장 질서 있게 세워 명확하고 이해하기 쉽게 만들 수 있는 사람들은, 설사 그들이 브르타뉴 해안의 사투리밖에 할 줄 모르고 수사학(修辭學)을 한 번도 배운 일이 없더라도, 자기가 말하는 것을 언제나 남들에게 가장 잘 이해시킬 수 있을 것이다. 그리고 가장 사람의 마음에 드는 착상을 가지고 많은 아름다운 문구나 슬기로운 문구로 그것을 표현할 수 있는 사람들은, 비록 시학(詩學)을 모르더라도 최고로 뛰어난 시인임에는 틀림없을 것이다.

나는 특히 수학을 좋아했다. 그 추리(推理)의 확실성과 명증성(明證性) 때문이었다. 하지만 그때 나는 아직 그 참된 용도를 깨닫고 있지는 못했다. 그리고 그것이 기계적 기술에만 쓰이고 있음을 생각하고는, 기초가 그토록 튼튼하고 움직이지 않는 것인데도 여태까지 아무도 그 위에 더 높은 건물을 세우지 않은 것을 이상하게 여겼다. 나는 수학과는 반대로 도덕을 다루는 고대 이교도(스토아 철학자)들의 저서는 모래와 진흙 위에 세워진 데 지나지 않는 매우 호화롭고 장려한 궁전으로 보았다. 그들은 덕을 크게 찬미하여 이 세상 모든 것보다 거룩한 것으로 여기게 한다. 그러나 그들은 어떻게 덕을 인식해야 하는가를 충분히 가르쳐 주지 않았다. 그리고 많은 경우에 그들이 덕이라는 훌륭한 이름으로 부르는 것은 냉혹이나 오만 또는 친족 살해[2]에 지나지 않는 것이었다.

나는 우리의 신학을 존경했다. 그리고 다른 누구 못지않게 천국에 이르고 싶어 했다. 하지만 천국으로 가는 길이 가장 무지한 사람들에게나 가장 학식 있

---

2) 브루투스가 자기 아들의 사형에 입회한 일 따위.

는 사람들에게나 똑같이 열려 있다는 것을 배우고, 아울러 우리를 천국으로 인도하는 계시(啓示)된 진리가 우리의 이해를 넘는 것임을 배운 뒤로는 그러한 진리를 나의 약한 추리력으로 지배할 생각을 하지 않게 되었다. 그러한 진리의 음미를 기도하여 성과를 거두려면 신이 범상찮은 힘으로 도와주어야 하며, 인간 이상의 것이 되지 않으면 안 된다고 생각했다.

철학에 대해서는 이렇게만 말해 두기로 한다. 즉 몇 세대 만에 나타나는 가장 뛰어난 정신을 가진 사람들이 그것을 연구해 왔는데도 아직 논쟁의 여지가 없는, 따라서 의심할 여지가 없는 그러한 것이 철학에 하나도 없음을 보고, 나는 내가 다른 사람들보다 잘할 수 있다는 자부심을 가질 수가 없었다는 것, 그리고 하나의 문제에 대한 참된 의견은 하나밖에 있을 수 없는데도 사실은 참으로 많은 다른 의견들이 나오고, 그것이 또 저마다 학식 있는 사람들에 의해서 주장되는 것을 보고서 나는 진실처럼 보일 뿐인 이것들 모두를 거의 거짓으로 간주했다는 것이다.

다음으로 그 밖의 학문에 대해서 말하면 그것들은 그 원리를 철학에서 빌려오고 있으니 그와 같이 어설픈 기초 위에 견고한 건물이 세워질 리가 없다고 판단했다. 그리고 그러한 학문이 약속하는 명예도 이득도 나로 하여금 그것들을 배우도록 꾀어내지 못했다. 왜냐하면 나는 고맙게도 내 재산의 낭비를 줄이기 위해서 그러한 학문을 직업으로 삼지 않으면 안 될 처지에 있다고는 느껴지지 않았기 때문이다. 또한 나는 키니코스파(견유학파) 철학자들을 본받아 명예를 가볍게 보고 우쭐대는 일은 없었고, 가짜를 진짜로 보이게 함으로써만 얻을 수 있는 명예를 존중하는 일도 결코 없었기 때문이다.

그리고 마지막으로 그 괴상한 학설에 대해서는 이미 그 정체를 알고 있어서 이제 나는 연금술사의 약속에도, 점성술사의 예언에도, 마술사의 속임수에도, 또 내가 모르는 것까지 안다고 주장하는 자들의 수법이나 허풍에도 속을 걱정은 없다고 생각했다.

이러한 까닭으로 나는 성년에 이르러 선생들한테서 벗어나자 책으로부터 배우는 학문을 완전히 버리고 말았다. 그리고 나 자신 속에서 발견할 수 있는 학문, 혹은 세상이라는 커다란 책 속에서 발견할 수 있는 학문 말고는 이제 어떠한 학문도 찾지 않겠다고 결심했다. 그래서 남은 청년 시절을 여행으로 채워

이곳저곳의 궁전과 군대를 보았고, 온갖 기질과 신분을 가진 사람들을 방문하는 등 갖가지 경험을 거듭하여 운명이 내게 제시하는 여러 사건들 속에서 나 자신을 시험하려고 했으며, 곳곳에서 내 앞에 나타나는 사물에 대해서 반성하고는 거기서 무언가 이익을 얻으려고 노력했다. 왜냐하면 저마다 자기에게 소중하고 만약 판단을 그르칠 경우에 즉시 그 결과를 감수해 내야만 하는 일에 대해서 하는 추리에서, 학자가 서재에서 단순한 이론에 대해서 하는 추리 속에서보다 훨씬 많은 진리를 발견할 수 있다고 여겼기 때문이다(학자가 구하는 단순한 이론은 아무런 결과도 낳지 않는 것이기 때문에, 그것이 상식과 떨어져 있으면 있을수록 참되게 보이려고 많은 기지(機智)와 기교를 사용하지 않으면 안 되었던 것이니, 거기서 학자가 끌어내는 허영심의 만족 또한 그만큼 크다는 것밖에 아무런 이익도 그에게는 가져다주지 않는다). 그리하여 나는 내 행동에 있어서 모든 것을 뚜렷이 보며 삶에서 확신을 가지고 앞으로 걸어나가기 위해서 참된 것을 거짓된 것으로부터 가려내는 방법을 배우고 싶다는 엄청난 열의를 늘 지니고 있었다.

그런데 내가 다른 사람들의 행동을 오로지 관찰만 하던 동안에는 내게 확신을 주는 것은 거의 발견하지 못했으며, 철학자들의 의견 사이에서 본 것과 거의 같은 다양성(多樣性)만을 본 것이 사실이다. 따라서 내가 사람들의 행동을 관찰함으로써 얻은 가장 큰 이익은 많은 일들이 우리에게는 매우 이상야릇하고 우스꽝스럽게 여겨지는데도 불구하고 다른 나라 사람들은 여전히 일반적으로 받아들이고 인정하는 것을 보고, 선례와 습관에 의해서만 확신하게 된 일들을 너무 굳게 믿어서는 절대 안 된다는 사실을 깨달은 것이었다. 이리하여 나는 우리의 자연의 빛(사고력)을 흐리게 하고, 그런 이성(理性)에 귀를 기울이는 능력을 감소시킬 우려가 있는 많은 잘못에서 조금씩 해방되어 갔다. 그러나 이처럼 세상이라는 책을 연구하고, 얼마간의 경험을 얻으려고 애쓰면서 몇 해를 보낸 뒤, 어느 날 나는 나 자신도 연구하자, 그리고 내가 걸어갈 길을 택하기 위해서 내 정신의 온 힘을 다 사용하자고 결심했다. 그래서 나는 내 조국을 떠나고 내 책을 떠난 덕분에 그러한 것에서 떠나지 않은 경우보다 훨씬 이 목적을 잘 이룰 수 있었다고 생각한다.

제2부

그즈음 나는 독일에 있었다. 거기서 아직도(1619년) 끝나지 않고 있던 전쟁[1]에 마음이 끌려 그곳으로 간 것이다.

그리고 황제의 대관식[2]을 본 뒤 군대로 돌아가다가 겨울이 시작되어 어느 마을에 머물게 되었는데, 그곳에는 마음을 어지럽게 만들 말벗도 없고, 또 다행히도 어떤 걱정이나 정념(情念)이 내 마음을 괴롭히는 일도 없었으므로 종일 난로방에 혼자 틀어박혀 더없이 편안하게 생각에 잠겼다. 그런데 그때 맨 처음 생각했던 일들 가운데 하나는, 많은 부분으로 짜 맞추어지고 많은 기술자의 손으로 된 작품에는 흔히 혼자서 완성한 작품만큼 완전성(完全性)을 볼 수 없다는 것을 여러 면에서 잘 검토해 보자는 것이었다. 이를테면 한 건축가가 설계하고 완성한 건물은 다른 목적으로 세워진 옛 성벽 등을 이용하여 많은 사람들의 손을 거쳐서 완성된 건물보다 당연히 더 아름답고 질서 정연할 것이다. 마찬가지로 처음에는 성안 소도시에 지나지 않던 것이 세월이 흐름에 따라 큰 도시가 된 옛 도시는 한 사람의 기사가 평야에 마음대로 설계하여 만든 짜임새 있는 도시에 비하면 대개는 전체적으로 균형이 잡혀 있지 않다. 하기야 그 속의 건물을 하나하나 따로따로 보면 새 도시의 건물에서 볼 수 있는, 혹은 그 이상의 기교를 발견할 수도 있을 것이다. 그러나 크고 작은 건물들이 마구 섞여 있는 것을 보고, 또 그 때문에 길이 굽고 높낮이가 있는 것을 보면 이성(理性)을 사용하는 인간의 의지가 그같이 늘어놓았다기보다 오히려 우연히 그렇게 된 것이라고 말하고 싶어진다. 하지만 도시 전체의 미관을 돕기 위해서 그것을 감독하는 관리가 어느 시대에나 있었다는 점을 생각하면 남의 작품에 손질하는 것만으로는 좋은 것을 만들기 어렵다는 것은 잘 알 수 있으리라. 마찬가지로

---

1) 30년 전쟁. 1618~1648년.
2) 1619년 프랑크푸르트암마인에서 있었던 독일 황제 페르디난트 2세의 대관식.

나는 이렇게도 생각했다. 옛날에는 거의 야만 상태에 있다가 뒤에 서서히 개화하여 오로지 범죄나 투쟁의 성가심에 강요되어서 법률을 만들어 온 국민은 맨처음 서로 모여 살 때부터 어느 현명한 입법자가 만든 헌법을 지켜온 국민만큼은 잘 다스려질 수 없을 것이라고. 그것은 신만이 여러 법도를 명한 참된 종교가 갖는 체제가, 다른 모든 체제보다 틀림없이 비교가 안 될 만큼 질서 정연한 것과 마찬가지다. 그리고 인간 세계의 일을 말하자면, 스파르타가 그 옛날 크게 번영한 것은 그 법률 하나하나가 뛰어났기 때문이 아니라(그 대부분은 매우 기묘한 것이었으며 양속에 어긋나기까지 했으므로), 그것들이 한 사람의 손으로 만들어진 것(리쿠르고스의 입법)이어서 모두 하나의 목적을 향하고 있었기 때문이다. 마찬가지로 나는 이렇게도 생각했다. 책에 의한 학문, 적어도 그 추리가 개연적인 데 지나지 않고 아무런 논증도 갖지 않는 학문은 다른 많은 사람들의 의견으로 조금씩 짜 맞추어지고 넓혀져 왔기 때문에, 양식 있는 한 사람이 그의 눈앞에 나타나는 일에 대해서 본성적으로 할 수 있는 단순한 추리만큼 진리에 가까울 수는 없다고. 마찬가지로 또 이렇게도 생각했다. 우리는 모두 자기 구실을 할 수 있는 인간이 되기 전에는 어린아이로서 오랫동안 스스로의 자연적 욕망과 선생에게 지배되지 않으면 안 되었는데, 이 둘은 흔히 서로 반대되어 어느 것도 우리로 하여금 언제나 최선의 것을 선택하게 했다고 할 수는 없으므로 이를테면 우리가 태어날 때부터 이성을 완전히 사용할 수 있었고, 오직 이성에 의해서만 이끌려 판단해 왔다고 생각해 볼 수 있다면 그 경우만큼 순수하고 확실할 수는 거의 없을 것이라고.

오로지 도시의 건물을 다시 짓고 길을 더 훌륭하게 만드는 개혁을 하기 위해서 모든 건물을 부수어 버리는 일은 보기 드물다. 그러나 많은 사람이 자기 집을 새로 짓기 위해서 부수는 일은 흔히 있으며, 집이 저절로 쓰러지게 되거나 토대가 충분히 튼튼하지 않을 경우에는 부술 수밖에 없는 일도 때로는 있는 것이다. 이러한 예를 생각하고 나는 다음과 같은 신념을 갖게 되었다. 한 개인이 한 나라의 전부를 기초에서부터 다시 만들고, 그것을 한번 뒤집어엎었다가 새로 세우는 방식으로 나라를 개혁할 계획을 세우는 것은 참으로 부당하며, 또 그만한 일은 아니더라도 여러 학문의 조직을, 혹은 학교에서 여러 학문을 가르치기 위해서 정해진 질서를 개혁하려고 하는 것도 한 개인이 계획할 일은 아니라고. 그러나 내가 지금까지 내 신념 속에 받아들인 모든 의견에 대해서는 이야기가 다르며, 그것을 한번 깨끗이 없애버린 다음에 더 좋은 다른 의견을 받아들이거나, 전과 마찬가지 의견일지라도 한번 이성의 기준(基準)으로 올바로 간추린 다음에 받아들이는 것이 가장 좋은 방법이다. 그리하여 이 방법을 취함으로써 내가 다만 낡은 토대 위에서 세웠던 경우보다, 또 어릴 때 배운 여러 원리들이 진리인지 아닌지 한 번도 음미하지 않고 자기 의지(依支)로 삼은 경우보다 훨씬 더 내 생활을 잘 이끌어 가는 데 성공할 것이라고 굳게 믿었던 것이다. 왜냐하면 이 일에 있어서도 온갖 곤란을 볼 수는 있었지만, 그에 대한 대책이 없는 것도 아니었고, 또 그 곤란은 공적인 일의 사소한 개혁 속에서도 발견되는 곤란과는 비교가 안 될 만큼 작은 것이기 때문이다. 공적 조직인 대규모 건물은 일단 쓰러지면 다시 짓기가 너무나 어려울 뿐 아니라, 흔들림조차 견디어 내기가 어려워서, 만약 그것이 무너진다면 참으로 끔찍한 결과를 낳지 않을 수 없다. 그리고 이 조직들이 갖고 있는 불완전성에 대해서 생각해 보면 본디 그것들이 갖가지 다른 모양을 갖는다는 사실에서 이미 대부분 불완전성을 포함한다는 것을 생각게 하는 데 충분하지만, 불완전한 부분이 있더라도 또한 분명히 관습으로 크게 완화되어 있다. 뿐만 아니라 관습은 갖가지 불완전한 것들을 부지불식간에 제거하거나 고치기까지 해서 우리가 지혜를 짜더라도 이렇게까지 잘되지는 않을 것으로 생각될 정도이다. 또 마지막으로 그러한 불완전성은 거의 건물의 변혁보다 참기 쉬운 법이다. 마치 산속을 누벼 나간 길이 사람이 지나감에 따라 조금씩 평평해지고 걷기 쉬워져서, 바위를 기어오르고 낭떠러지 아래로 내려가고 하는 지름길보다 훨씬 편한 것과 마찬가지다.

이 때문에 나는 타고난 신분으로 보나 뒤에 얻은 지위로 보나 공사(公事)를 다스려 달라는 요구를 받지 않았는데도 언제나 머릿속에서 무언가 새로운 개혁을 끊임없이 생각하는 주제넘고 침착지 못한 기질을 가진 사람들을 도무지 옳다고 인정할 수 없다. 이 책 속에서 만일 내가 그런 어리석은 생각을 가진 것처럼 보이는 곳이 조금이라도 있었다면, 나는 결코 이 책의 간행을 허락할 기분이 나지 않았을 것이다. 나의 계획은 완전한 나만의 땅 위에 집을 세우는 것 이상에 미친 적이 결코 없다. 내가 한 일이 나에게는 충분히 만족할 만한 것이었지만, 여기 그 모형을 독자에게 제시한다고 해서 결코 이를 본받으라고 사람들에게 권할 생각은 없다. 신의 은총을 더 풍족하게 받은 사람이라면 아마 더 높은 계획을 생각할 것이다. 그러나 나는 나의 이 계획조차 이미 많은 사람들에게 너무 대담하지 않을까 염려스럽다. 전에 내 신념 속에 받아들인 모든 의견을 버리려는 결심만 해도 누구나 본받을 좋은 예는 아니다. 세상은 그런 일에 전혀 적합하지 않은 두 부류의 사람들로만 되어 있다고 해도 좋을 정도다. 즉 하나는 자기를 실제보다 훨씬 유능하다고 생각해서 무슨 일에서나 성급한 판단을 자제하지 못하고 자기의 모든 사상을 순서 바르게 이끄는 데 넉넉한 참을성을 가지지 못한 사람들이다. 그런 사람들은 지금까지 받아들인 원리를 의심하고, 보통의 길에서 벗어나는 자유를 한번 손에 넣기만 하면 더 똑바로 나아가기 위해서 걸어야 하는 오솔길을 결코 더듬지 못하고, 한평생 계속 이리저리 헤매게 될 것이다. 또 하나는 자기들이 참된 것과 거짓된 것을 구별하는 능력에 있어서 그들을 가르칠 수 있을 만한 다른 어떤 사람들보다 이성이나 겸양을 덜 갖춘 사람들인데, 이들은 스스로 더 좋은 의견을 찾기보다 남의 의견을 따르는 것에 오히려 만족하고 만다.

그런데 만일 내가 단 한 사람의 선생밖에 갖지 않았더라면, 또는 훌륭한 학자들의 의견이 어느 시대에나 여러 가지로 다르다는 것을 알게 되지 못했더라면 나는 의심할 것도 없이 두 번째 부류의 인간 속에 끼었을 것이다. 그러나 나는 이미 학교 시절에 아무리 기묘하고 믿기 어려운 일이라도 철학자 가운데 누군가가 이미 말한 것임을 알고 있었다. 또 그 뒤 객지에 나가서 우리와 전혀 반대되는 생각을 가진 사람들이라고 해서 모두 야만스럽고 무지한 것은 아니며, 그들 대부분은 우리와 마찬가지로 혹은 우리 이상으로 이성을 사용하고 있다는 것을 알았다. 그리고 같은 정신을 가진 같은 인간이 어릴 때부터 프랑스인 또는 독일인 사이에서 자랄 때, 예컨대 줄곧 중국 사람이나 식인종(아메리카 토인) 사이에서 생활해 온 경우와 얼마나 다른 인간이 되는가 생각하고, 또 옷의 유행에 있어서도 10년 전에는 우리 마음에 들었고, 아마 10년이 지나기 전에 다시 한번 우리 마음에 들 것 같은 동일한 옷이 지금은 기묘하고 우스꽝스럽게 여겨진다는 것을 생각했다. 그리하여 결국 우리에게 확신을 주는 것은 확실한 인식이라기보다는 오히려 습관이나 선례에 훨씬 가깝다는 것, 그럼에도 좀처럼 발견하기 어려운 진리에 대해서는 그 발견한 사람이 한 국민의 전체라기보다 단 한 사람이라는 편이 훨씬 진실로 여겨지므로, 그러한 진리는 찬성하는 사람의 수가 많다는 것이 아무런 유효한 증명이 못 된다는 것도 알았다. 이런 까닭으로 나는 다른 누구보다도 이 사람의 의견이야말로 취해야 한다고 여길 만한 사람을 택하지 못하고, 말하자면 나 자신이 스스로를 이끌 것을 강요당한 것이다.

그러나 나는 홀로 어둠 속을 걸어가는 사람처럼 천천히 가자, 모든 것에 세심한 주의를 기울이자고 결심했다. 그리고 그렇게 하면 설령 조금밖에 나아가지 못하더라도 하다못해 쓰러지는 것만은 면하겠지 하고 생각했다. 뿐만 아니라 나는 이성에 이끌림 없이 전부터 내 신념 속에 들어와 있던 의견의 그 어느 것도 처음부터 단숨에 버릴 생각은 없었다. 그에 앞서 충분한 시간을 들여서 내가 하려는 일의 계획을 세우고, 내 정신이 다다를 수 있는 모든 사물의 인식에 이르기 위한 참된 방법을 찾으려고 한 것이다.

나는 젊을 때 철학의 여러 부문 중에서는 논리학을, 수학 가운데서는 기하학적인 분석과 대수를 조금 배웠다. 이 세 가지 기술 내지 학문이 나의 계획에 어느 정도 도움이 될 것이라고 생각했던 것이다. 그러나 이것들을 음미해 보고, 먼저 논리학에 있어서는 다음과 같은 것을 깨달았다. 즉 그것이 보여주는 삼단논법(三段論法)이나 그 밖의 가르침 대부분은 사물을 배우는 데보다 오히려 자기가 배워서 이미 알고 있는 것을 남에게 설명하는 데에 도움이 되는 것이며, 또는 저 룰루스의 방법[3]처럼 자기가 모르는 일을 아무런 판단도 없이 다만 지껄이는 데 도움이 될 뿐인 것이다. 그리고 논리학에는 실제로 매우 참되고 좋은 많은 규칙이 포함되어 있기는 하지만, 동시에 해롭고 쓸모없는 규칙도 많이 섞여 있으며, 그 좋은 규칙을 나쁜 것과 분리한다는 것은 초벌 다듬기도 하지 않은 대리석 덩어리로 디아나상(像)이나 미네르바상을 깎아내는 것과 거의 마찬가지로 어려운 일이다. 다음으로 고대인의 해석(解析)[4]과 근대인의 대수[5]에 대해서 말하면 그것은 모두 극히 추상적이고 아무런 도움도 되지 않을 것 같은

---

3) 라이문두스 룰루스(1235~1316)가 주장한 개념 결합법.

4) 그리스 기하학에서 작도 문제를 풀 때 지금부터 구하는 도형을 이미 얻었다고 가정하여 그 조건을 거슬러 올라가는 방법.

5) 새로 아랍인들로부터 전해진 대수적인 방법인데, 구하는 양을 이미 안다고 가정하여 방정식을 만들어 나가는 방법.

문제에만 사용되고 있을 뿐 아니라, 고대인의 해석은 늘 도형(圖形)의 고찰에 묶여 있어서 상상력을 크게 피로하게 하지 않고는 오성(悟性)을 작용시킬 수 없다. 또 근대인의 대수는 사람들을 어떤 규칙과 기호(記號)로 심하게 묶어버려서 정신을 기르는 학문이기는커녕 오히려 정신을 괴롭히는 혼란스럽고 불명료한 기술이 되어버리는 것이다. 이런 까닭에 나는 이 세 가지 학문의 장점을 두루 지니고 결함은 없는 무언가 다른 방법을 찾지 않으면 안 된다고 생각했다. 그리고 이를테면 법률이 많다는 것은 흔히 악행을 저지르는 데 핑계를 줄 뿐이며, 국가는 얼마 안 되는 법률을 갖고서 그것을 매우 엄격하게 지킬 때 훨씬 잘 다스려지는 것이므로, 나는 논리학을 구성하는 그 숱한 규칙 대신에 비록 한 번이라도 거기서 벗어나지 말자는 확고하고 변치 않을 결심만 한다면, 다음의 네 가지 규칙으로 충분하다고 믿었다.

첫 번째 규칙은, 내가 명백한 증거로써 참이라고 인식하는 것이 아니면 그 어떤 것도 참으로 인정하지 말 것. 바꾸어 말해서 주의 깊게 속단과 편견을 피할 것, 그리고 내가 의심할 어떠한 이유도 갖지 않을 만큼 명석하고 판명(判明)하게 내 정신에 나타나는 것 말고는 그 무엇도 내 판단 속에 들여놓지 말 것.

두 번째는, 내가 음미하는 각 문제를 되도록 많이, 그러면서도 그 문제를 가장 잘 풀기 위해서 필요한 만큼 작은 부분으로 나눌 것.

세 번째는, 내 사상을 차례대로 이끌어 나갈 것. 가장 단순하고 가장 인식하기 쉬운 것부터 시작하여 조금씩, 말하자면 단계를 밟아서 가장 복잡한 것의 인식에까지 올라가고, 아울러 본디 앞뒤 순서가 없는 것 사이에까지 순서를 상정(想定)하여 나아갈 것.

마지막으로, 모든 경우에 그 무엇도 빠뜨리지 않았다고 확신할 수 있을 만큼 완전히 하나하나 들어 살펴보고 전체적으로 모두 훑어볼 것.

기하학자들이 가장 곤란한 증명에 다다르기 위해서 늘 사용하는 아주 단순하고 쉬운 여러 추리의 그 긴 연쇄(連鎖)는 나로 하여금 다음과 같은 것을 생각해 내는 기회를 주었다. 즉 인간의 인식 범위에 들어갈 수 있는 모든 사물은 같은 방법으로 서로 연결되어 있으며, 그런 사물 가운데 어떠한 참되지 않은 것도 참으로서 받아들이지 않고, 아울러 그런 사물의 어떤 것을 다른 것에서 연역(演繹)하는 데 필요한 순서를 언제나 지키기만 한다면 아무리 멀리 떨어진 것에도 결국은 도달할 수 있고, 아무리 숨겨져 있는 것도 결국은 발견할 수 있다는 것을. 그리고 이때 나는 어떤 것부터 시작해야 하는가를 찾는 데 그다지 시간이 걸리지 않았다. 왜냐하면 나는 이미 가장 단순하고 가장 인식하기 쉬운 것부터 시작해야 한다는 것을 알고 있었기 때문이다. 그리고 그때까지 학문에 있어서 진리를 탐구한 모든 사람들 가운데 몇 가지 논증을, 즉 몇 가지 확실하고 명증적인 추리를 발견할 수 있었던 사람은 오직 수학자뿐이었음을 생각하고, 나는 수학자가 음미한 바로 그 문제를 가지고 시작해야 한다는 것을 의심하지 않았다. 하기야 내가 그러한 수학의 문제에서 얻고자 기대한 것은 나의 정신이 언제나 진리를 양식으로 삼고, 거짓된 추리에 만족하지 않는 습관을 기르는 것뿐이었다. 그러나 이와 같이 수학에서 시작해야만 한다고 해서 나는 수학이라는 공통의 이름으로 불리는 여러 학문을 모두 배우고자 하지는 않았다. 그리고 이들 학문의 대상은 여러 가지 면에서 서로 다르더라도 그 학문들이 대상에서 발견하는 온갖 관계, 즉 비례[6]를 고찰한다는 점에서만은 모두 일치되어 있음을 알고, 나는 다음과 같이 하는 것이 좋다고 생각했다. 즉 이들 비례만을 일반적으로 음미할 것, 또한 그것을 인식하는 것을 훨씬 쉽게 하는 데에 도움이 될 만한 대상에 있어서만 그 비례를 상정(想定)시킬 것, 더욱이 그 비례를 언제까지나 그 대상에만 결부시켜 두는 것이 아니라, 그것이 적합할 만한 다른 모든 대상에도 나중에 더 잘 적용할 수 있도록 하는 것이다. 다음에는 그와 같은 비례를 인식하기 위해서 어떤 때는 하나하나 따로따로 고찰할 필요가 있고, 어떤 때는 다만 그러한 것을 마음으로 포괄할 필요가, 바꾸어 말해서 그러한 것들의 대부분을 한꺼번에 파악할 필요가 있을 것임을 깨달았으므로 나는 이렇게 생각했다. 먼저, 그것들을 개별적으로 더 잘 보기 위해서는 선(線)으로 상정해야 한다는 것이다. 왜냐하면 선보다 더 단순한 것을 나는 발견하지 못했고, 또 선보다 더 뚜렷이 내 상상과 감각에 보여줄 수 있는 것은 없었기 때문이다. 그러나 다음으로 그러한 비례를 마음에 새기기 위해서는, 바꾸어 말해서 그것의 대부분을 한꺼번에 파악하기 위해서는 그것들을 되도록 짧은 어떤 기호(記號)로써 표시하지 않으면 안 된다는 것, 그리고 이렇게 함으로써 기하학적 분

---

6) 원어는 rapports ou proportions인데, 좁은 뜻에서의 '비 또는 비례'가 아니라 순서 관계와 크고 작고 똑같은 양적 관계 서로를 포함하여 관계라든가 비례라고 하는 것이다.

석과 대수의 모든 장점을 가져오게 되고, 그러면서도 양쪽의 모든 결점을 바로 잡게 되리라고 나는 생각했다.

솔직하게 말한다면 내가 선택한 이들 얼마 안 되는 규칙을 정확하게 지킴으로써 나는 위의 두 학문 범위에 포함되는 모든 문제를 쉽게 푸는 능력을 내 것으로 한 것이다. 그리하여 이들 학문을 음미하는 데 들인 두세 달 동안 나는 가장 단순하고 가장 일반적인 문제부터 손을 댔는데, 내가 하나의 진리를 발견하면 그것이 반드시 다른 여러 진리를 발견하는 규칙으로서 도움을 주었으므로 결국 전에는 매우 어렵다고 생각한 많은 문제[7]를 풀 수가 있었을 뿐 아니라, 마지막에는 내가 아직 모르는 문제에 대해서도 어떻게 하면 어느 정도까지 그것을 풀 수 있는가 결정할 수도 있겠다고 여기게 되었던 것이다. 이와 같은 말을 하면 내가 꼭 사실상 있을 수 없는 것을 크게 부풀려서 지껄이는 것처럼 여겨질지 모르지만, 그렇지 않다는 것은 다음과 같은 점을 생각하면 아마 인정하게 될 줄 안다. 즉 하나의 일에는 하나의 진리밖에 있을 수 없으므로 그 진리를 발견한 사람은 누구나 이제 그것에 대해서 사람이 알 수 있는 정도만큼 알고 있는 것이다. 이를테면 아이가 산술을 이해하여 그 규칙에 따라서 덧셈을 했을 경우 그 아이는 문제로 삼은 그 수의 합계에 대해서는 무릇 인간 정신이 발견할 수 있는 모든 것을 발견했다고 확신할 수 있다. 왜냐하면 결국에 참된 순서를 지키고 아울러 찾는 것의 모든 조건을 정확하게 하나하나 따져보도록 가르치는 방법이야말로 산술의 규칙에 확실성을 주는 모든 것을 포함하는 일이기 때문이다.

그러나 이 방법이 나를 가장 만족시킨 점은, 이것으로 모든 일에 있어서 이성을 완전히는 아니더라도 적어도 내가 할 수 있는 만큼 가장 잘 사용하고 있다고 확신할 수 있었다는 것이다. 그리고 이 방법을 사용함으로써 내 정신이 대상에 대해 더욱 명석하고 판명하게 생각하는 습관을 조금씩 들여간다고 느꼈으며, 또 이 방법을 특수한 문제에만 한정시킨 것이 아니기 때문에 그것을 대수(代數) 문제에 이용한 경우와 마찬가지로 다른 학문의 문제에도 유효하게 사용할 수 있겠다고 기대할 수 있었다는 점이다. 하지만 그렇다고 해서 내가 처

---

7) 3차 4차의 방정식 풀이, 접점 문제 등.

음부터 그런 학문이 제기하는 모든 문제를 남김없이 음미하려고 한 것은 아니다. 왜냐하면 그렇게 했다가는 그야말로 방법이 명하는 순서에 어긋나기 때문이다. 그러한 학문의 원리는 모두 철학에서 나온 것인데 철학에 있어서 나는 아직 아무것도 확실한 것을 발견하지 못하고 있다는 데에 주의해서, 무엇보다도 먼저 철학의 확실한 원리를 세우기 위해 노력해야 한다고 생각했다. 그리고 이것은 세상에서 가장 중요한 일이며, 더욱이 거기에서는 속단과 편견을 가장 두려워하지 않으면 안 되므로 당시 스물세 살이었던 나는, 가장 성숙한 나이에 이를 때까지 그 매듭을 지으려고 해서는 안 된다고 생각했다. 그리고 내 정신에 그때까지 받아들이고 있던 모든 그릇된 의견을 뿌리째 뽑아버리기 위해, 또 많은 경험을 모아 나중에 내 추리의 재료가 되도록 하기 위해, 또 내가 나 자신에게 부과한 방법을 더욱 든든히 몸에 지니도록 그것을 끊임없이 사용하기 위해서도 미리 많은 시간을 그것을 준비하는 데 써야만 한다고 생각했다.

제3부

그런데 마지막으로 내가 살 집을 새로 짓기 시작하기 전에 그것을 부수고, 건축 자재를 마련하고 목수들을 고용하고, 스스로 건축술을 배우고, 또 벌써 조심스레 설계도가 그려져 있다는 것만으로는 충분하지 않다. 집을 짓는 동안에도 내가 편안하게 지낼 수 있는 다른 집을 마련하지 않으면 안 된다. 이와 마찬가지로 이성이 내게 판단을 내리지 말아야 한다고 명하는 동안에도 행동에 있어서만은 결정을 내리지 못하는 상태에 머무는 일이 없도록, 그리고 벌써 이때부터 될 수 있는 대로 행복하게 살 수 있도록 나는 잠정적으로 나 자신을 위해서 도덕 규칙을 정했다. 그것은 서너 가지 원칙으로 되어 있는 것에 불과하지만, 독자에게 알리고 싶다.

첫 번째 원칙은, 내 나라의 법률과 습관에 복종하고, 신의 은총으로 어릴 때부터 배운 종교를 확고하게 지키며, 다른 모든 일에 있어서는 내가 함께 살아가야 하는 사람들 가운데서 가장 분별 있는 사람들이 보통 실생활에서 갖고 있는, 가장 온건하고 극단에서 먼 의견에 따라 나 자신을 이끌어 간다는 것이었다. 왜냐하면 지금 나 자신의 의견을 모두 음미하려고 그것들을 이제 아무 가치도 없다고 보기 시작하고 있으니, 가장 분별 있는 사람들의 의견을 따르는 것이 가장 좋다고 믿었기 때문이다. 그리고 페르시아 사람이나 중국 사람들 사이에도, 우리와 마찬가지로 아마 분별 있는 사람들이 있겠지만, 역시 내가 함께 살지 않으면 안 되는 사람들의 생각에 따라 나를 다스리는 것이 가장 유익하다고 생각했다. 또한 그런 분별 있는 사람들의 의견이 실제로 어떤 것인가 알기 위해서는 그들이 실제 행하는 바에 주의해야 한다고 생각한다. 이것은 우리의 도덕이 타락해서 스스로 믿는 바를 모두 입 밖에 내려고 하는 사람이 거의 없어져 가고 있다는 이유에 의한 것일 뿐 아니라, 대체로 많은 사람들이 자기가 믿는 바가 무엇인지 자기도 모른다는 이유에 의한 것이다. 왜냐하면 사람이 무엇을 믿을 때의 사고작용(思考作用)은, 그가 무엇을 믿는다는 것을 알 때의 사고작용과 다르며, 전자가 후자를 수반하지 않는 일이 흔하기 때문이다. 다시 나는 똑같이 세상에 받아들여지고 있는 많은 의견 중에서 가장 온건한 것만을 택했는데, 이것은 첫째로 모든 극단은 나쁜 것이 보통이고, 어떤 경우에나 온건한 의견이 실행하는 데 더 편리할 뿐 아니라 아마 더 선한 것이기 때문이며, 둘째로 내가 틀릴 경우에라도 온건한 의견을 갖는 편이 두 극단의 하나를 택한 뒤에 나머지 쪽을 택했어야 했음을 알게 되는 경우보다 옳은 길에서 벗어나는 일이 적을 것이기 때문이다. 그리고 나는 특히 나중에 생각을 바꿀 수 있는 자유를 조금이라도 잃게 될 약속은 모두 극단적인 것으로 다루었다. 그렇다고 약속이라는 것을 시인하고 있는 저 갖가지 법률을 부당하다고 말하는 것은 아니다. 그러한 법률은 사람들이 무언가 좋은 계획을 마음에 품었을 때는(종교상의 양심) 약한 마음의 변덕을 막기 위해서, 또는 사람들이 별로 좋지도 나쁘지도 않은 계획을 생각할 경우에라도 상거래(商去來)의 안전을 기하기 위해서 사람들에게 그러한 계획을 지속하도록 강제하는 맹세라든가 계약 같은 것을 하도록 허용하고 있는데, 이러한 법률은 부당하지 않다. 내가 약속을 거부하는 것은 이 세상에서는 그 무엇도 언제나 같은 상태에 머무는 일이 없다는 것을 알았기 때문이며, 특히 나 자신에 대해서 말하면 나는 판단을 차츰 완전한 것으로 만들 생각을 하는 것이지 더 나쁜 것으로 만들려는 게 아니므로, 만일 내가 그때 어떤 것을 선(善)이라고 여겼는데 나중에 그것이 선이 아니게 되는 일이 생길 경우, 혹은 내가 그것을 선으로 인정하지 않게 될 경우라도 여전히 선으로 인정하지 않을 수 없는 궁지에 빠지는 일이 생긴다면 나는 양식(良識)에 대해서 커다란 과오를 범하게 된다고 생각했기 때문이다.

나의 두 번째 원칙은, 행동에 있어서 되도록 확고하고 명쾌한 태도를 취하는 것이며, 아무리 의심쩍은 의견이라도 일단 그것을 취할 결심을 했을 때는 그것이 매우 확실한 것일 때와 마찬가지로 변함없는 태도로 계속 따라야 한다는 것이었다. 어느 숲속을 헤매게 된 나그네들은 이리 갔다 저리 갔다 방황하지 말고, 한자리에 그대로 머물러 있지도 말고, 늘 같은 방향으로 되도록 곧장 걸어가야 하며, 그가 그 방향을 선택한 것이 처음에는 단순한 우연이었을지라도 웬만한 이유로는 그 방향을 바꾸면 안 된다. 왜냐하면 그렇게 함으로써 나그네들은 자기들이 바라는 바로 그곳에 가지는 못한다 하더라도 마지막에는 적어도 어딘가에 이르게 될 테고, 그것은 아마 숲 한가운데보다는 좋은 곳일 것이기 때문이다. 위의 원칙은 나도 이런 나그네를 본받고자 하는 것이다. 이와 마찬가지로 실생활의 행동이란 흔히 여유를 허용치 않으므로 더 참된 의견을 분간할 수 없을 경우에 더 개연적(蓋然的)인 것을 취해야 한다는 것 자체는 매우 확실한 진리이다. 뿐만 아니라 설령 우리가 어느 쪽 의견이 개연성을 더 많이 지녔는지 인정할 수 없을 경우에도 그중 한쪽을 취할 결심을 해야 하며, 더욱이 일단 결심을 한 뒤에는 실행에 관한 한 그 의견을 다시 의심쩍게 보지 말고 매우 참되고 확실한 것으로 간주해야 한다. 왜냐하면 우리에게 그것을 취할 결심을 하게 한 이유 자체는 진실되고 확실하기 때문이다. 이러한 태도로써 나는 지금까지 저 마음 약하고 움직이기 쉬운 사람들, 즉 어떤 일을 좋다고 여겨 분명치 않은 태도로 행동하고는 나중에야 다시 그것을 잘못했다고 생각하는 사람들의 양심을 늘 괴롭히는 모든 후회와 회한에서 벗어날 수 있었던 것이다.

나의 세 번째 원칙은, 언제나 운명보다 오히려 자기 스스로를 이기도록 노력하고, 세계의 질서보다 오히려 자기 욕망을 바꾸도록 노력할 것, 그리고 일반적으로 우리가 완전히 지배할 수 있는 것은 우리의 사상밖에 없으며, 우리 바깥에 있는 것에 대해서 최선의 노력을 다해도 여전히 이룩하지 못하는 일이 있다면 모두 우리로서는 절대적으로 불가능하다고 믿는 습관을 기르는 것이었다. 그리고 나로 하여금 스스로 얻을 수 없는 것을 앞으로는 절대 바라지 않게 하고, 따라서 내가 만족을 얻는 데에는 위의 것만으로 충분했다. 사실 우리의 의지(意志)는 본디 오성이 어떤 방법으로든 가능하다고 가리키는 것만을 바라므로 만일 우리가 바깥에 있는 선(善)을 모두 똑같이 스스로 지배할 수 없는 것이라고 간주한다면, 우리가 태어날 때부터 지닌 선(善)을 우리가 갖고 있지 않았더라도 그것을 자기 잘못으로 잃어버리지 않은 이상, 마치 우리가 중국이나 멕시코 왕국을 소유하지 않았다고 해서 원통하게 생각하지 않는 것과 마찬가지로 그것을 원통해할 것은 없다. 그리고 우리가 현재 다이아몬드처럼 썩지 않는 물질로 된 신체를 갖고 싶다든가, 새처럼 날 수 있는 날개를 갖고 싶어 하는 것과 마찬가지로 우리는 속담에서 말하듯 '필연(必然)을 덕(德)으로 바꿈'으로써 지금 병들어 있으면서 건강하고 싶어 하거나, 지금 교도소 안에 있으면서 자유롭고 싶어 하지 않게 될 것도 확실하다. 그러나 모든 사물을 이런 각도에서 보는 데 익숙해지려면 오랜 훈련과 반복되는 사색이 필요하다. 그리고 나는 옛날 운명의 지배를 벗어나 고통이나 빈곤에도 불구하고 여러 신(神)과 행복을 다툴 수 있었던 철학자(스토아 철학자)들의 비결도 주로 여기에 있었다고 생각한다. 왜냐하면 그들은 자연이 부과한 많은 제한을 끊임없이 고찰하여 결국 그들이 지배할 수 있는 것은 자기들의 사상밖에 없다는 것을 완전히 확신하게 되어, 오로지 이것으로 다른 사물에 대한 모든 집착에서 벗어날 수 있었기 때문이다. 또한 그들은 스스로의 사상에 대해서는 절대적인 지배권을 갖고 있었으므로, 태생과 사회적 지위가 아무리 좋은 환경이더라도 이 철학을 갖지 않아서 자기들이 바라는 모든 것을 결코 그만큼 자유로이 지배할 수 없는 사람들의 어느 누구보다도 그들 자신이 더 부유하고, 더 힘 있고, 더 자유롭고, 더 행복하다고 생각한 것은 당연한 일이었다.

마지막으로, 이와 같은 도덕의 결론으로 나는 사람들이 이 세상에서 하는 갖가지 일을 모두 음미해 보고, 그중에서 가장 좋은 것을 선택하기로 했다.

그리고 다른 사람들의 일에 대해서는 아무 말도 할 생각이 없지만, 나 자신은 지금 하고 있는 일을 계속하는 것이 가장 좋다고 생각했다.

그것은 스스로 온 생애를 자기 이성을 일깨우는 데에 바치고, 스스로 부과한 방법으로 할 수 있는 한 진리의 인식을 향해 전진한다는 것이었다. 그리고 이 방법을 시작하고부터 나는 늘 더없는 만족을 느꼈으며, 이 세상에서 이보다 더 기분 좋고, 죄가 없고, 만족을 얻을 수 있는 일은 없다고 여겼을 정도였다.

그리고 이 방법으로 다른 대부분의 사람들에게는 알려져 있지 않지만 나로서는 상당히 중요하다고 여겨지는 몇 가지 진리를 나날이 발견해 갔으므로 거기서 얻는 만족은 내 정신을 완전히 충족시켰으며, 다른 것은 모두 아무래도 좋다고 여길 정도였다.

앞에서 든 세 가지 원칙도 실은 다름 아닌 나 스스로를 계속 교육해 나가보자는 계획에 기초한 것이었다. 즉 신은 우리 한 사람 한 사람에게 참된 것과 거짓된 것을 구별할 수 있는 어떤 빛을 주고 있으므로, 만일 나중에 적당한 때가왔을 때 나 자신의 판단력을 사용해서 남의 의견을 음미할 것을 스스로 기대하지 않았더라면, 잠시라도 남의 의견에 만족해야 한다(첫 번째 원칙)고 생각지 않았을 것이다.

또한 더 좋은 의견이 나왔을 경우 그것을 발견할 기회를 결코 잃지 않을 것이라고 기대하지 않았더라면, 그러한 남의 의견을 따라 안심하고 나아간다(두 번째 원칙)는 것은 있을 수 없었으리라.

그리고 마지막으로, 만일 내가 택한 길이 내가 도달할 수 있는 모든 인식을 확실히 얻는 길인 동시에 그대로 내가 지배할 수 있는 모든 진실된 선(善)을 확실히 얻는 길이라고 생각지 않았더라면, 나는 내 욕망을 제한할 수도, 만족을 얻을 수도(세 번째 원칙) 없었을 것이다.

실제로 우리 의지는 오성이 사물의 선악을 보여주는 데 따라서 그것을 추구하기도 하고 피하기도 하는 방향으로 나아가는 것이므로, 잘 행하기 위해서는 잘 판단하면 되고, 따라서 최선을 다하려면, 바꾸어 말해서 모든 덕(德)을 얻는 동시에 우리가 손에 넣을 수 있는 모든 선도 얻으려면 되도록 잘 판단하기만 하면 충분하다. 그리고 우리가 이것을 확신할 수 있는 한 결코 마음의 만족을 잃게 되는 일은 없을 것이다.

이러한 원칙에 대해서 확신을 얻은 뒤, 이것들을 언제나 내 신념의 맨 위에 놓여 있던 신앙의 진리와 함께 우선 따로 제쳐놓은 이상 나는 내 의견의 나머지 부분을 버리는 데 이제 전혀 망설일 필요가 없다고 판단했다. 그리고 이것을 잘 이룩할 수 있으려면 지금까지의 모든 것을 생각한 이 난로방에 더 머물러 있을 것이 아니라 세상에 나아가 사람들과 사귀는 편이 낫다고 생각했으므로, 그해 겨울이 미처 다 가기 전에(1620년 3월께) 나는 다시 여행을 떠났다.

그 뒤 꼬박 9년 동안 세상에서 연출되는 모든 희극에서 배우보다는 구경꾼이 되려 노력하면서 이곳저곳을 떠돌아다녔다.

또한 하나하나의 일에 대해서 의심스러운 점, 그것이 우리로 하여금 잘못을 저지르게 하기 쉬운 점에 대해서 반성하는 데 마음을 쓰면서 전부터 내 정신에 스며들어 있던 모든 오류를 차례차례로 뿌리뽑아 나갔다. 그렇다고 해서 내가 저 회의론자(懷疑論者)들, 즉 오직 의심하기 위해서만 의심하고 언제나 결정을 내리지 않는 태도를 갖는 사람들을 본뜬 것은 아니다.

왜냐하면 나의 계획은 그와는 반대였으며, 스스로 확신을 얻는 것, 움직이기 쉬운 흙이나 모래를 헤치고 바위나 점토를 발견하는 것만을 목표로 삼았기 때문이다. 그리고 이것을 나는 상당히 잘할 수 있었다고 생각한다. 왜냐하면 내가 음미하는 명제의 허위나 불확실성을, 약한 추측이 아니라 명석하고 확실한 추리로 폭로하려 노력했으므로 아무리 의심스러운 명제를 만나더라도 언제나 거기서 충분히 확실한 결론을 끌어낼 수 있었기 때문이다. 설령 그 결론이 그 명제가 확실한 아무것도 포함하지 않는다는 것, 바로 그것이라고 하더라도 그러했다.

그리고 사람들이 낡은 집을 부술 때 부순 것을 따로 보관해 놓았다가 새 집을 지을 때 사용하듯이, 나도 내 의견 가운데 기초가 부실하다고 판단한 것은 한편에서는 파괴하고 다른 한편에서는 온갖 관찰을 하여 많은 실례를 수집했는데, 이것들은 가장 확실한 의견을 확립하는 데 도움이 되었다.

또한 나는, 나 스스로에게 부과한 방법을 사용하는 연습을 계속해 나갔다. 왜냐하면 물론 나는 나의 사상을 전체적으로 방법의 규칙에 따라 이끌어 가려고 했지만, 때로는 얼마간의 시간을 들여 특히 수학 문제에 대해서, 혹은 수학 문제와 거의 같게 고칠 수 있었던 다른 종류의 문제[1](그런 문제를 수학 문제처럼 고치려면, 그것들을 내가 그다지 확실치 않다고 여긴 다른 학문의 모든 원리에서 분리하면 되었으므로 이 책[2]에 설명되어 있는 많은 문제에 대해서 내가 그렇게 하고 있는 것을 독자는 보게 될 것이다)에 대해서 방법을 사용하는 연습을 했다.

이와 같이 하여 즐겁고 순진한 생활을 보내는 것밖에 달리 할 일도 없고, 쾌락과 악을 구분하는 데 주의는 기울이되 한가한 시간을 따분해하지 않고 보내기 위해서 겉보기에는 온갖 순진한 심심풀이에 잠기는 사람들의 생활과 조금도 다름없는 생활을 하면서 나는 내 계획을 지속하여 진리를 인식하는 데 있어서, 이를테면 내가 책만 읽고 있거나 학자들만 찾아다니거나 했을 경우보다 아마 더 많이 나아갈 수 있었던 것이다.

그러나 학자들 사이에서 보통 논의되는 여러 가지 문제에 대해서는 아직 어떤 결정에도 이르지 못했고, 보통의 철학(스콜라 철학) 이상으로 확실한 그 어떤 철학의 기초를 아직 찾기 시작하기도 전에 9년이란 세월이 흘렀다. 그리고 전에 같은 것을 계획하여 성공하지 못한 많은 뛰어난 사람들의 예는 나로 하여금

---

1) 기하광학(幾何光學)의 문제 따위.
2) 특히 《굴절광학(屈折光學)》과 《기상학(氣象學)》.

거기에 많은 어려움이 있음을 짐작케 했다.

그랬기 때문에 내가 이미 그 계획을 완성했다는 소문을 누가 흘리고 있다는 것을 몰랐더라면, 나는 아마 이처럼 빨리 그것에 손대지는 않았을 것이다. 나는 사람들이 무슨 근거에서 그렇게 생각했는지 모른다. 나 자신의 말로써 얼마간 그러한 소문에 힘을 더했다면 그것은 학문을 좀 했다는 사람들의 보통 방법보다 훨씬 솔직하게, 내가 모르는 것을 모른다고 고백했기 때문임이 틀림없다. 그리고 아마도 나 자신이 그 어떤 학설을 자랑스레 떠벌리기보다 오히려 다른 사람들이 확실하다고 생각하는 많은 일에 대해서 내가 의심을 가진 이유를 설명했기 때문임이 틀림없다. 그러나 내 기질상 내가 있는 그대로와 다른 것으로 남에게 보여지는 것을 좋아하지 않았기 때문에, 나는 나 자신에게 주어진 명성에 걸맞는 사람이 되기 위해서 온 힘을 다하여 노력하지 않으면 안 된다고 생각했다.

그리하여 지금부터 꼭 8년 전, 그러한 희망이 나로 하여금 아는 사람이 있을지 모를 모든 곳에서 멀어지게 하여 이 나라(네덜란드)에 숨어 살 결심을 하게 했던 것이다. 이 나라에서는 전쟁[3]이 오래 계속되어 규율이 훌륭하게 잡혀 있어서 상비군은 사람들이 한층 안심하고 평화의 선물을 즐길 수 있게 하기 위해서만 봉사하는 것 같았다. 여기서 나는 남의 일에 흥미를 갖기보다 자신의 일에만 열심인 매우 활동적인 많은 사람들의 무리 속에서, 가장 인구가 많은 도시에서 얻을 수 있는 생활의 편의를 무엇 하나 잃지 않고도 가장 먼 사막에 와 있는 것처럼 고독한 은둔 생활을 보낼 수 있었다.

---

3) 네덜란드 독립 전쟁, 1568~1648년.

제4부

이 나라에서 내가 최초로 사색한 것에 대해서 이야기해야 할지 잘 모르겠다. 왜냐하면 그것은 너무 형이상학적이고 흔치 않은 것이므로 누구나가 다 흥미를 갖는다고는 말할 수 없기 때문이다. 그러나 내가 택한 토대가 충분히 튼튼한 것인지 사람들이 판단할 수 있으려면 이야기할 수밖에 없을 것 같다. 앞에서도 말한 것처럼, 실생활로 봐서는 매우 불확실한 줄 알고 있는 의견이라도 때로는 마치 의심할 수 없는 것처럼 따를 필요가 있음을 나는 오래전부터 깨닫고 있었다. 하지만 이제 오직 진리 탐구에만 몰두하고자 했으므로 전혀 반대되는 일을 해야 한다고 생각했다. 즉 조금이라도 의심할 수 있는 것은 모두 절대로 거짓된 것으로서 팽개치고, 그런 다음에 전혀 의심할 수 없는 무엇이 내 신념 속에 남는지 어떤지 보아야 한다고 생각했다. 그리고 우리의 감각이 때로는 우리를 속이기 때문에 그것이 우리 마음에 그리게 하는 것은 아무것도 존재하지 않는다고 상정하려고 했다. 다음으로 기하학의 가장 단순한 문제에 대해서조차 추리를 잘못하여 오류 추리(誤謬推理)를 범하는 사람들이 있으니, 나 또한 다른 누군가와 마찬가지로 잘못할 수 있다 판단하고, 내가 전에는 분명한 논증으로 알았던 모든 추리를 거짓된 것으로 여기고 팽개쳤다. 그리고 마지막으로 우리가 깨어 있을 때 갖는 모든 사상은 잠들어 있을 때도 그대로 나타날 수 있으며, 더욱이 이 경우 그러한 사상의 어느 것도 참된 것이라고 할 수는 없다[1]는 것을 생각하고, 나는 그때까지 내 정신에 들어온 모든 것은 내 꿈의 환상과 마찬가지로 참된 것이 아니라고 가상(假想)하자고 결심했다. 그러나 그렇게 하자마자 곧 나는 깨달았다. 내가 이와 같이 모든 것은 거짓이라고 생각하고 싶은 동안에도 그렇게 생각하는 나는 반드시 그 무엇이어야

---

1) 꿈의 사상에는 존재가 대응(對應)하지 않는다.

한다는 것을. 그리하여 '나는 생각한다. 그러므로 나는 존재한다(Je pense, donc je suis)'라는 이 진리는 회의론자의 어떤 터무니없는 상정으로도 뒤흔들 수 없을 만큼 튼튼하고 확실한 것임을 알았으니, 나는 안심하고 이것을 내가 찾는 철학의 제1원리로서 받아들일 수 있다고 판단했다.

이어 나는 무엇인가를 주의 깊게 음미하여 다음(두 가지)의 것을 알았다. 즉 나는 내가 신체를 갖지 않으며, 세계라는 것도 존재하지 않고, 내가 있는 장소도 없다고 가상할 수는 있으나, 그렇다고 내가 존재하지 않는다고 가상할 수는 없으며, 오히려 내가 다른 것의 진리성(眞理性)을 의심할 생각을 하는 것 자체에서 매우 명증적으로 아주 확실하게 내가 있다는 것이 귀결된다는 것을. 거꾸로 만일 내가 생각하는 것만을 멈추었다고 한다면, 설령 그때까지 내가 상상한 모든 다른 것(나의 신체나 세계)이 참된 것이었다고 하더라도, 내가 그동안 존재하고 있었다고 믿어야 할 아무런 이유가 없다는 것을. 여기서 나는 다음과 같은 것을 알았다. 즉 나는 하나의 실체(實體)이며, 그 본질 또는 본성은 다만 생각한다는 것 이외의 아무것도 아니며, 존재하기 위해서 아무런 장소도 필요 없고, 어떠한 물질적인 것에도 의존하지 않는다는 것을. 따라서 이 '나'라는 것, 곧 나로 하여금 나이게 하는 '정신'은 물체에서 완전히 분리되어 있으며, 또 정신은 물체보다 인식하기 쉽고, 설령 물체가 존재하지 않는다고 하더라도 정신은 언제까지나 온전히 스스로 존재하리라는 것을.

다음으로 나는 일반적으로 하나의 명제(命題)가 참된 것이고 확실하기 위해서 필요한 조건을 고찰했다. 왜냐하면 방금 참된 것이고 확실한 줄 내가 아는 하나의 명제를 발견했으니, 그 명제의 확실성이 무엇에서 성립되는가도 알 수 있을 것이라고 생각했기 때문이다. 그리고 '나는 생각한다. 그러므로 나는 존재한다'는 명제에서 내가 진리를 말하고 있음을 확신하게 하는 것은, 생각하려면 존재해야 한다는 것을 내가 매우 명석하게 본다는 것 이외에 전혀 아무것도 없다는 것을 깨달았으니, 나는 '우리가 매우 명석하고 판명하게 이해하는 것은 모두 참되다'라는 것을 일반적인 규칙으로서 인정해도 좋다고 판단했다. 다만 우리가 (단지 명석하게뿐만 아니라) 판명하게 이해하는 것이 어떤 것인가를 올바르게 알기 위해서는 얼마간의 곤란이 있다고 생각했다.

뒤이어 나는 내가 의심하고 있다는 것, 따라서 나의 존재는 절대적으로 완전하지 않다는 것(왜냐하면 의심하기보다 인식하는 편이 더 완전하다는 것을 명석하게 보기 때문에)을 반성하고, 나 자신보다 완전한 그 무엇을 생각하는 것이 대체 어디로부터 나에게 주어졌는가를 찾기로 했다. 그리하여 그것이 현실적으로 나보다 완전한 그 어떤 존재로부터 온 것임을 명증적으로 알았다. 나의 밖에 있는 다른 많은 것들, 이를테면 하늘이나 땅이나 빛이나 열이나 그 밖의 무수한 것에 대해서 내가 갖고 있는 관념에 대해서는 그것이 어디서 왔는가를 아는 데 그다지 힘들지 않았다. 왜냐하면 이러한 관념 가운데 그것을 나 자신보다 뛰어난 것으로 만드는 점은 아무것도 볼 수 없었으니, 그것이 참된 것일 경우에는 내 본성이 어떤 완전성을 갖는 한 그것이 내 본성에 기인하는 것이라 생각할 수 있었고, 또 그것이 거짓된 것일 경우에는 그것이 무(無)에서 온 것, 바꾸어 말하면 내가 결함을 가졌기 때문에 내 속에 있게 된 것이라고 생각할 수 있었기 때문이다. 그러나 나의 존재보다 더 완전한 실체의 관념에 대해서는 이와 똑같이 말할 수는 없었다. 왜냐하면 그러한 관념을 무에서 끌어내는 것은 명백히 불가능했고, 또 그것을 나 자신으로부터 끌어낼 수도 없었기 때문이다. 또한 더욱더 완전한 것(신(神)의 관념)이 보다 덜 완전한 것(나의 존재)의 결과이며, 이에 의존하는 것이라고 함은 무에서 어떤 것이 생긴다는 것 못지않게 모순이기 때문이다. 따라서 이 관념은 나보다 완전하고 내가 생각할 수 있는 모든 완전성을 스스로 가진 실체, 한마디로 말해서 신(神)의 실체에 의해서 내 속에 넣어진 것이라고 말하는 수밖에 없었다.[2] 그리고 나는 이에 덧붙여서 다음과 같이 생각하기도 했다. 즉 나는 내가 갖지 않은 몇 가지 완전성을 알고 있으므로 나는 현존하는 유일한 실체가 아니며(여기서 스콜라 철학의 용어[3]를 자유로이 사용할 수 있도록 허용해 주기 바란다), 따라서 내가 그것에 의존하고, 내가 갖고 있는 것을 거기서 얻은 다른 더 완전한 실체가 꼭 있어야 한다고. 왜냐하면 만일 내가 유일한 것이고, 다른 모든 것에서 독립되어 있으며, 따라서 얼마 안 되지만 내가 완전한 존재로부터 내 몫으로서 가진 것을 나 자신한테서 얻었다면, 같은 이유로 스스로 나에게 결여되어 있다고

---

2) 이 절(節)의 윗부분이 신의 존재에 대한 제1증명이고, 아랫부분은 제2증명과 신의 속성에 대한 설명이다.

3) '현존하다(exister)나 제 몫으로서 갖는다(participer)' 따위.

인식하는 나머지 완전성의 전부까지도 나 자신으로부터 끌어낼 수 있었어야 할 것이며, 그리하여 나 스스로 무한하고 영원하며 불변하고 전지전능(全知全能)하여 결국 신에게 있다고 인정할 수 있었던 모든 완전성을 가질 수 있었을 터이기 때문이다. 왜냐하면 내가 위에서 행한 추리[4]에 의하면, 내 본성으로 봐서 가능한 한 신의 본성을 인식하기 위해서는 내 속에 그 관념을 가진 모든 것에 대해서 그것을 소유하는 것이 완전성인지 아닌지를 살펴보기만 하면 되었고, 아울러 그 어떤 불완전성을 나타내는 것이 신(神) 속에는 아무것도 없으며, 그 밖에는 모두 신 속에 있다는 것을 내가 확실히 알았기 때문이다. 이를테면 의심이라든가, 마음의 동요라든가, 슬픔이라든가, 그 밖의 이와 같은 것은 나 자신이 피하고 싶어 했으므로 신 속에는 있을 수 없다는 것을 나는 알았다. 또한 나는 감각적이고 물질적인 많은 것의 관념을 갖고 있었지만(왜냐하면 나는 꿈을 꾸고 있고, 내가 보거나 상상하는 것은 모두 거짓이라고 가정해 보았으나 그러한 것의 관념이 내 생각 속에 정말로 있다는 것은 부정할 수 없었으므로), 이미 지성적 본성이 물질적 본성과 다르다는 것을 나 자신 속에서 매우 명석하게 인식하고 있었으므로 다시 합성(合成)이라는 것은 늘 의존성(依存性)을 나타내는 것이고, 의존성은 분명히 하나의 결함이라는 것을 생각하고 다음과 같이 판단했다. 즉 이들 두 본성으로 합성된 것은 신이 갖는 하나의 완전성일 수는 없으며, 따라서 신은 '정신과 물체로' 합성되어 있지는 않다고. 그리고 세상에 그 어떤 물체, 모든 점에서 완전하다고는 할 수 없는 그 어떤 지성적 실체(천사) 또는 다른 실체(인간)가 존재한다면 이러한 것들의 존재는 신의 힘에 의존하지 않을 수 없으며, 이들은 신 없이는 한순간도 존속할 수 없을 것이라고.

이어서 나는 다른 진리를 찾으려고 먼저 기하학자가 다루는 대상을 머릿속에 그려보았다. 그것은 하나의 연속적인 물체, 바꾸어 말해서 길이와 폭과 높이(또는 깊이)에 있어서 한없이 연장(延長)된 하나의 공간이고, 온갖 모양과 크기를 가질 수 있는 갖가지 부분으로 나뉠 수 있는, 즉 바꾸어 놓을 수 있는[5] 것이라고 나는 생각했다(왜냐하면 기하학자가 이 모든 것을 그들의 대상 속에 상정

---

4) 신의 존재에 관한 두 가지 증명.
5) 운동은 장소의 변화이다.

해 놓고 있기 때문이다). 그런데 나는 이와 같은 대상을 머리에 그리고, 기하학자들의 논증(論證) 가운데서 비교적 단순한 것을 몇 가지 더듬어 보았다. 그리하여 모든 사람이 기하학의 논증에 대해서 인정하는 저 커다란 확실성은 내가 앞에서 말한 규칙에 따라 그것들을 명증적으로 파악하는 데에서만 성립한다는 것을 알았으며, 또 그러한 논증 속에는 그 대상의 현존(現存)을 내게 확신시킬 만한 것이 아무것도 없다는 것도 알았다. 왜냐하면 삼각형이 있다면 마땅히 그 세 각의 합은 두 직각과 같지 않으면 안 되는데, 그렇다고 해서 이 세상에 삼각형이 있다고 내게 확신시키는 것을 이 논증 속에서는 발견할 수 없었기 때문이다. 그런데 다시 완전한 실체 관념으로 돌아가서 음미해 볼 때,[6] 그 관념 속에는 마치 삼각형의 관념에는 그 세 각의 합이 두 직각과 같다는 것이 포함되고, 구(球)의 관념 속에는 그 각 부분이 중심에서 같은 거리에 있다는 것이 포함되는 것과 마찬가지로, 아니 오히려 더 명증적으로 현존이라는 것이 포함되어 있음을 나는 발견했다. 따라서 완전한 실체인 신은 있으며 지금 존재한다는 것이 적어도 기하학의 어느 논증 못지않게 확실하다는 것을 나는 발견한 것이다.

그러나 신이 있음을 안다는 것은 어려우며, 스스로의 정신이 무엇인가 아는 것조차 어렵다고 믿는 사람들이 많은데, 그것은 그들이 자기들의 정신을 감각적인 사물보다 위로 높이는 일이 결코 없기 때문이다. 그들은 사물을 상상함으로써만 생각하는 습관에 사로잡혀 있으며, 더욱이 상상은 물질적 사물에만 해당되는 사고방식이므로 결국 그들에게는 상상할 수 없는 것은 모두 이해할 수 없는 것처럼 여겨지는 것이다. 그리고 이것[7]은 철학자들조차 학원(學園)에서 (스콜라 철학에 있어서) '먼저 감각 속에 있지 않았던 것은 오성 속에도 있지 않다'는 것을 원칙으로 삼고 있음을 미루어 볼 때 분명하다. 그러나 신의 관념과 정신의 관념이 감각 속에 먼저 있었던 것이 아님은 확실하다. 신과 정신을 이해하는 데 상상력을 사용하려는 사람들은 소리를 듣고 냄새를 맡는 데 눈을 사용하려는 사람들과 똑같다. 다만 거기에는 다음과 같은 차이가 있다. 즉 시각은 후각이나 청각과 마찬가지로 대상의 진리를 확신시키는 데 반

---

6) 여기서 신의 존재에 대한 제3의 증명, 이른바 존재론적 증명이 된다.
7) 사람이 상상에 사로잡히기 쉽다는 것.

해서 우리의 상상이나 감각은 오성이 개입하지 않으면 아무것도 우리에게 확신시킬 수 없다는 것이다.

마지막으로 내가 설명한 이유를 가지고도 신과 자기 정신의 현존에 대해서 아직도 충분한 확신을 가질 수 없는 사람들이 있다면, 그러한 사람들은 알아 주었으면 한다. 그들이 아마 더 확실하다 생각하고 있을 그 밖의 모든 것, 이를테면 신체를 갖는다든가, 별이나 지구나 그 밖에 이와 같은 것이 있다든가 하는 것이 실은 더 불확실하다는 것을. 물론 이러한 것에 대해서 사람들은 실제적인 확신을 갖고 그것을 의심하는 것이 오히려 상식에서 벗어나는 일이라고 여기겠지만, 형이상학적 확실성이 문제가 될 경우, 이성에 어긋나는 방법을 쓰지 않으려면 우리가 잠들어 있을 때 자기 몸과는 다른 몸을 갖는다든가, 지금 있는 것과는 다른 별이나 대지를 본다든가 하는, 전혀 현실에 존재하지 않는데도 그렇게 생각해 버리는 수가 있음을 깨닫는 것만으로도 그 같은 일을 이제 전면적으로 확실하다고 생각지 않기 위한 충분한 이유가 된다는 것을 부정하지는 못하리라. 왜냐하면 꿈에 나타나는 사상이 흔히 다른 사상보다 더 힘차고 뚜렷하기도 하므로 그것이 다른 것보다 거짓이라고 확실히 알 수는 없기 때문이다.

나는 생각한다. 가장 뛰어난 정신을 가진 사람들이 아무리 이것을 파헤쳐 보더라도, 만일 신의 존재를 전제로 하지 않는다면 이 의심을 없앨 만한 충분한 이유를 제시할 수는 없을 것이라고. 왜냐하면 먼저 앞에서 내가 규칙으로 정한 것, 즉 우리가 매우 명석하고 판명하게 이해하는 것은 모든 참이라는 것조차도 신이 있고 현존한다는 것, 신이 완전한 실체라는 것, 그리고 우리 속에 있는 모든 것은 신에게서 나온다는 것, 오직 이것에 의해서만 확실하기 때문이다. 그리고 이것으로써, 우리의 관념이나 개념은 그 명석하게 판명된 모든 부분에 있어 어떤 실재성[8]을 가졌고 아울러 신에게서 나오기 때문에 그 점에서 참되지 않을 수 없는 셈이 된다. 따라서 거꾸로 우리의 관념이나 개념이 이따금 허위를 포함하는 일이 있는 것은 그 관념이나 개념들 속에 혼란되고 희미한 부분이 있기 때문이며, 그 점에서 그것들은 무(無)를 나누어 갖고 있기

---

8) 관념적 또는 표현적인 실재성.

때문이다. 바꾸어 말하면 그것이 우리 속에서 그와 같이 혼란되어 있는 것은 우리가 모든 점에서 완전하지 않기 때문이다. 그리고 허위 또는 불완전성이 허위 또는 불완전성일 수 있는 한 신에게서 나온다는 것은 진리 또는 완전성이 무에서 나온다는 것과 마찬가지로 모순임이 분명하다. 그러나 우리 속에서 실재성을 가진 참된 모든 것은 완전하고 무한한 실체로부터 오는 것임을 확실히 인식하지 못한다면, 우리의 관념이 아무리 명석하고 판명하더라도 그러한 관념이 '참'이라는 완전성을 갖는다는 것을 확신할 수 있는 아무런 이유도 갖지 못할 것이다.

그런데 신과 영혼에 대한 인식이 그 규칙을 우리 눈에 이토록 확실한 것으로 보이게 만든 이상, 우리가 잠자면서 마음에 그리는 환상이 깨어 있을 때 갖는 사상의 진리성을 의심케 하는 이유가 이제는 되지 않는다는 것을 아주 쉽게 알 수 있다. 왜냐하면 설령 잠자고 있더라도 만일 매우 판명한 어떤 관념을 갖는다면, 이를테면 한 기하학자가 무언가 새로운 논증을 발견한다면 그가 그때 잠자고 있었더라도 그 논증이 참임에는 변함이 없기 때문이다. 그러나 우리의 꿈이 보여주는 가장 일반적인 오류, 즉 꿈이 갖는 대상을 우리의 외부감각과 같은 방법으로 나타내는 것은 어떤가 하면, 그와 같은 꿈의 오류가 감각적 관념의 진리성을 우리로 하여금 의심케 하는 기회를 주어도 아무런 상관이 없는 것이다. 왜냐하면 감각적 관념은 비록 우리가 잠자고 있지 않더라도 동일한 정도로 자주 우리를 속일 수 있기 때문이다. 이를테면 황달에 걸린 사람은 모든 것을 노랗게 보고, 별이나 그 밖의 매우 멀리 있는 물체는 우리 눈에 실제보다 훨씬 작게 보이는 법이다. 결국 우리는 깨어 있건 잠들어 있건 이성의 명증이 없으면 결코 사물을 믿어서는 안 된다. 그리고 내가 여기서 '이성'이라 하고 '상상'이나 '감각'이라고 하지 않는 데 주의해 주기 바란다. 이를테면 우리는 태양을 매우 명석하게 보기는 하나 그렇다고 그것이 보이는 대로의 크기라고 판단해서는 안 된다. 또 우리는 사자의 머리를 산양(山羊)의 몸뚱이에 붙인 것을 충분히 상상할 수는 있지만, 그렇다고 저 키마이라라고 부르는 사자 머리에 산양 몸통을 가진 괴물이 이 세상에 존재한다고 결론지어서는 안 된다. 왜냐하면 이성은 우리가 이와 같이 보거나 상상하는 것을 참된 것이라고 가르치지 않기 때문이다. 그러나 이성은 우리의 관념이나 개념이 모두 어떤 참된 점을 기초로 갖고 있을 것임[9]을 가르쳐 준다. 왜냐하면 아주 완전하고 아주 진실된 신이 그와 같은 진리상의 기초 없이 관념을 우리 속에 두는 일은 있을 수 없기 때문이다. 그리고 잠들어 있을 때는 우리의 추리가 깨어 있을 때만큼 결코 명증할 수도 완전할 수도 없으므로 설령 때로는 자고 있을 때 우리의 상상이 깨어 있을 때와 마찬가지로, 혹은 그 이상 힘차게 뚜렷할 수 있다고 하더라도 이성은 역시 다음과 같이 가르친다. 우리는 모든 점에서 완전하지는 않기 때문에 우리의 사상도 모든 점에서 참된 것일 수는 없으므로[10] 우리 사상의 참된 부분은 꿈에서보다 오히려 깨어서 갖는 사상에서 틀림없이 발견되어야 할 것이라고.

---

9) 이를테면 감각이나 상상도 아주 헛된 것은 아니다.
10) 특히 감각이나 상상은 무를 포함하는 것이기 때문에.

제5부

  나는 다시 이야기를 계속해서 이들 첫 번째 진리에서 내가 연역(演繹)한 다른 진리의 모든 연쇄를 여기에 제시하고 싶다. 그러나 그렇게 되면 학자들 사이에서 논쟁이 벌어지고 있는 많은 문제에 대해 말해야 하는데, 나는 그런 학자들과 다투고 싶지는 않다. 그래서 상세하게 말하기를 삼가고, 다만 그러한 문제들이 무엇무엇인가 개괄적으로 설명하는 데 그침으로써 나보다 슬기로운 사람들에게 이런 문제들을 좀 더 자세하게 세상에 알리는 것이 유익한 일인지 판단을 맡기는 편이 좋다고 생각한다. 그런데 나는 신과 영혼의 존재를 증명하기 위해 앞에서 사용한 원리 이외에는 그 어떤 것도 상정하지 않기로 하며, 또 전에 명석하고 판명하다고 여겼던 기하학자들의 논증보다 더 명석하고 판명하다고 여겨지지 않을 때는 아무것도 참으로서 받아들이지 않겠다고 이미 결심한 바를 굳게 지켜왔다. 그럼에도 나는 철학에서 보통 논의되는 주요한 모든 난문에 대해서 얼마 안 되는 동안에 스스로 만족할 만한 결과를 얻을 수 있었을 뿐 아니라, 다시 또 어떤 법칙까지도 발견했다고 감히 말한다. 그 법칙은 신이 자연 속에 확고히 정해 놓은 것이고, 아울러 그 관념을 정신 속에 확실히 새겨놓은 것이며, 그것을 충분히 반성하기만 하면 그런 법칙이 세계에 존재하고 생성되는 모든 것에서 엄격히 지켜지고 있다는 것을 우리가 의심할 수 없는 것이다. 그리고 다시 나는 이 법칙의 계열(系列)을 음미하고, 그때까지 내가 배웠거나 배우고 싶어 한 모든 것보다 더 유익하고 더 중요한 많은 진리를 발견했다고 생각한다.

  그러나 그러한 진리의 주된 것을 내가 생각하는 바가 있어서 발표를 미루고 있는 논문에서 설명하고자 애썼으므로 그러한 진리를 사람들에게 보여주려면 그 논문의 내용을 여기에 간단히 설명하는 것이 가장 좋은 방법이라고 생각한다. 나는 물질적 사물에 대해서 그때까지 내가 알고 있다고 생각한 모든 것을 그 논문에 포함시키고 싶었다. 하지만 화가들이 입체(立體)의 여러 면을 모두 충분히 평면에 그릴 수가 없어서 중요한 면 가운데 하나를 골라 그것만 빛에 비추고 나머지 면들은 그늘에 두어, 빛을 비친 면을 볼 때 그늘진 부분들이 스스로 눈에 들어오는 한도 안에서 부분적으로 화면에 나타내는 데 그치는 것처럼, 나도 마음에 품은 모든 것을 그 논문에 도저히 다 쓸 수는 없다 생각하고 빛에 대한 생각만 충분히 설명하고자 했다. 아울러 빛은 거의 모두 태양과 항성(恒星)에서 오므로 태양과 항성에 대해서도, 천공(天空)은 빛을 나르므로 천공에 대해서도, 유성(遊星)이나 혜성(彗星)이나 지구는 빛을 반사하므로 유성·혜성·지구에 대해서도, 지상의 모든 물체는 빛깔을 가졌거나 투명하거나 빛나므로 특히 그런 지상의 물체에 대해서도, 그리고 마지막으로 인간은 이 모든 것을 보는 자이므로 인간에 대해서도 저마다 얼마씩 덧붙이고자 했다. 뿐만 아니라 이제는 모든 것을 약간 그늘지게 하여 그것들에 대한 나 자신의 생각을 더 주저 없이 말할 수 있게 하고, 더욱이 그러면서 학자들 사이에 받아들여지고 있는 의견에 찬성하거나 반대하지 않아도 되도록 지금 있는 이 세계는 고스란히 그들 학자의 논증에 맡겨버리기로 결심했다. 그리고 이를테면 신이 상상적 공간의 어딘가에 새로운 세계를 구성하는 데 충분할 만큼 물질을 만들었다 치고, 더욱이 신이 이 물질의 여러 부분을 여러 가지로, 또 무질서하게 뒤흔들어 시인(詩人)이 상상하는 혼란된 혼돈 상태를 빚어냈다 치고, 그런 다음에 신은 다만 그 통상적인 협력만을 자연에 주어 그가 정한 여러 법칙에 따라 자연이 움직이도록 내버려 두었다고 한다면, 이런 경우 이 새로운 세계에 있을 일들에 대해서만 말하기로 나는 결심했다. 그리하여 먼저 나는 이 물질에 대해서 말하고, 전에 신과 영혼에 대해서 설명한 것을 제외하고는 이토록 명석하고 이해하기 쉬운 것은 이 세상에 없다고 여겨질 만큼 뚜렷이 물질을 그려 보이려고 애썼다. 왜냐하면 나는 물질 속에는 학원(學園)에서 논의되는 '실체적' 형상이나 '실재적' 성질 따위는 존재하지 않고, 일반적으로 우리가 모르는 체조차 할 수 없을 만큼 그 인식이 우리의 정신에 태어날 때부터 갖추어져 있지 않은 어떠한 것도 그 물질 속에는 존재하지 않는다고 분명히 상정까지 했기 때문이다. 다음으로 나는 자연의 여러 법칙이 무엇인가를 제시했다.

그리고 나의 추리를 신의 무한한 완전성의 원리에만 기초를 두어 조금이라도 의심할 여지가 있는 법칙은 모두 이것을 증명하려고 노력하여, 그러한 법칙은 설혹 신이 많은 세계를 만들었다고 하더라도 그 어느 곳에서나 지켜지지 않을 수 없는 법칙임을 설명하려고 애썼다. 이어서 나는 다음과 같은 것을 설명했다. 저 혼돈 상태에 있는 물질이 이들 법칙에 따라 어떤 방법으로 배치되고 정돈되어 우리의 여러 천공과 닮은 것이 된다는 것[1]을. 그러는 동안에 물질의 어떤 부분은 지구를 만들고, 어떤 부분은 유성과 혜성을 만들고, 다른 부분은 태양과 항성을 만든다는 것을. 그리고 여기서 빛에 관한 문제로 방향을 돌려 나는 태양이나 항성 속에 발견되어야 할 빛이란 어떤 것인가, 어떻게 빛은 태양이나 항성에서 나와 여러 천공의 광대한 공간을 한순간에 가로지르는가, 어떻게 그것은 유성이나 혜성에서 반사되어 지구에 이르는가를 매우 상세하게 설명했다. 나는 또한 이들 천공과 천체의 실체(實體)·위치·운동 및 그 갖가지 성질 전부에 대해서 많은 것을 덧붙이고, 그리하여 우리가 있는 이 세계에서 볼 수 있는 천공이나 천체로서 내가 묘사한 세계에 아주 닮은 모양으로 나타나 있지 않는 것, 혹은 적어도 나타날 수 없는 것은 아무것도 없음을 알게 하기 위해 충분히 말했다고 생각했다. 그리고 나는 지구에 대해서 상세하게 설명하는 방향으로 나갔다. 지구를 만들고 있는 물질 속에 '무게'라는 것을 신은 두지 않았다고 나는 뚜렷이 가정했지만, 역시 지구의 모든 부분이 바로 그 중심을 향해서 끌리고 있다는 것을. 지구 표면에는 물과 공기가 있기 때문에 여러 천공과 여러 천체의 배치, 특히 달의 배치로 조수의 간만(干滿)이 일어나는데, 이것은 우리 세계의 바다에서 볼 수 있는 조수 간만과 모든 점에서 닮았다는 것을. 다시 물과 공기 양쪽에 어떤 흐름이 일어나서 이것 또한 우리 세계의 열대지방에서 볼 수 있는 그런 것이라는 것을. 산이나 바다나 샘이나 강이 지구상에 자연히 이루어지고, 광물(鑛物)이 광산에 생기고, 식물이 들판에 나고, 일반적으로 혼합체(混合體)라든가 합성체(合成體)라고 부르는 모든 것이 거기에서 생긴다는 것을. 그리고 특히 이 세상에서 빛을 낳는 것으로서는 천체 이외에 불밖에 볼 수 없으므로 나는 불의 본성에 속하는 모든 것을 충분히 분명하게 설명하고자 애썼다. 불은 어떻게 생겨서, 어떻게 길러지는가? 어째서 불은

---

1) 에테르처럼 물질에 소용돌이가 생기고, 그 중심에 별이 생기는, 소용돌이의 하나하나가 천공인 것이다.

때로 열만 갖고 빛은 갖지 않는가?[2] 또 때로는 빛만 갖고 열은 갖지 않는가?[3] 어떻게 불은 온갖 물체에 온갖 빛과 온갖 성질을 낳게 할 수 있는가? 어떻게 불은 어떤 물체를 녹이고 어떤 물체를 딴딴하게 만드는가? 어떻게 불은 거의 모든 것을 태우는가, 즉 재와 연기로 바꾸는가? 마지막으로 어떻게 이 재에서 불은 스스로 작용하여 유리를 만들어 내는가? 재가 유리로 바뀌는 이 변화는 자연에서 일어나는 다른 어느 변화 못지않게 놀라운 일로 여겨졌으므로 나는 특히 기꺼이 이것을 설명했다.

　그러나 나는 이들 모든 것에서, 우리가 사는 이 세계가 내가 설명한 방법들로 창조되었다고 결론지으려 하지는 않았다. 왜냐하면 신이 세계를 처음부터 그것이 있어야 할 모습으로 있게 했다고 말하는 편이 훨씬 더 진실처럼 여겨지기 때문이다. 하지만 신이 현재 세계를 보존하고 있는 작용은 신이 처음 세계를 창조한 작용과 완전히 같은 것은 확실하며, 아울러 이것이 신학자들 사이에 보통 받아들여지고 있는 의견이다. 따라서 설령 신이 처음 세계에 혼돈의 형태밖에 주지 않았다고 가정하더라도 동시에 신은 자연의 여러 법칙을 정하여 자연이 그 습성대로 작용하는 협력을 주었다고만 생각한다면, 오직 그것만으로도 순수하게 물질적인 모든 사물은 시간과 더불어 우리가 현재 보는 이러한 것이 될 수 있었을 것이라고, 저 창조의 기적을 전혀 손상시키지 않고 믿을 수 있는 것이다. 그리고 그러한 물질적인 것의 본성은 완성된 모습으로만 볼 때보다 위와 같이 조금씩 생성되어 가는 상태로 보는 편이 훨씬 이해하기 쉽다.

　생명 없는 물체와 식물의 서술에서 나는 동물, 특히 인간의 서술로 옮겼다. 그러나 동물과 인간에 대해서는 내 지식이 그때 아직 충분하지 못해서 다른 것과 같은 양식으로 설명할 수가 없었다. 즉 결과를 원인으로 논증하고, 어떤 씨에서 어떤 방법으로 자연이 그것들을 낳게 되는가 설명할 수 없었다. 그래서 나는 다음과 같이 상정하는 것으로 만족했다. 곧 신이 손발 같은 겉모습에 있어서나 기관(器官)의 내적 구조에 있어서 우리 가운데 한 사람과 아주 닮은 하나의 인체를 만들었는데, 더욱이 내가 이미 말한 물질만을 사용해서 그것

---

2) 마른풀이나 석회가 갖는 열.
3) 인광(燐光)을 내는 물이나 썩은 나무.

을 짜 맞추었으며, 아울러 처음에는 이성적 정신도, 그리고 이른바 식물 정신이나 감각 정신의 작용을 하는 어떠한 것도 그 인체에 깃들게 하지 않고, 다만 그 심장 속에 그 빛 없는 불을 일으켰다고 상정하는 데 만족했던 것이다(이러한 불에 대해서는 이미 앞에서 말했는데, 그것은 내 생각으로는 풀(꼴)이 마르기 전에 밀폐해 둘 때 이것을 뜨겁게 하는 불이나, 새 포도즙과 짠 찌꺼기를 함께 발효시킬 때 이 즙을 끓게 하는 불과 같은 성질의 불이다). 왜냐하면 이와 같이 상정한 결과 이 인간의 몸속에 생길 수 있는 여러 기능을 조사하여, 거기서 나는 우리 속에 있으나 우리가 생각지 않는(의식하지 않는) 모든 기능─따라서 우리의 정신(즉 몸과는 분리되어 있고, 이미 말한 바와 같이 생각하는 것만을 본성으로 가진 우리의 부분)으로부터 아무런 도움도 받지 않고 우리 속에 있을 수 있는 기능─을 고스란히 발견했기 때문이다. 그리고 이러한 기능은 모두 이성 없는 동물이 우리와 똑같이 갖고 있는 것이다. 단 나는 거기서 저 생각하는 작용에 의존하고, 인간으로서의 우리에게만 속하는 여러 기능은 발견하지 못했다. 이 기능이 모두 발견된 것은 나중에 신이 이성적 정신을 만들어서, 내가 말한 어떤 방법으로 그것을 위의 몸과 결합시켰다는 것을 다시 상정한 뒤의 일이었다.

그러나 내가 이 문제를 어떻게 다루었는지 볼 수 있도록 여기서 심장과 동맥(動脈)의 운동에 관해 설명해 볼까 한다. 이 운동은 동물에서 볼 수 있는 첫째의, 그리고 가장 근본적인 운동이므로 다른 모든 운동에 대해서 어떻게 생각해야 하는가는 이것으로 쉽게 판단할 수 있을 것이다. 그리고 내가 지금부터 설명하는 것을 쉽게 이해하기 위해서 해부학을 잘 알지 못하는 사람들은 이것을 읽기 전에 폐(肺)를 가진 커다란 동물의 심장─그것은 인간의 심장과 모든 점에서 매우 흡사하다─을 눈앞에서 해부해 보고, 거기서 두 심실(心室)을 보길 바란다. 첫째로 심장의 오른쪽에 있는 심실, 이것에는 매우 굵은 두 개의 관이 통해 있다. 하나는 대정맥(大靜脈)으로서 피의 주된 집합소이며, 몸 안의 다른 모든 정맥을 가지로 가진 나무둥치 같은 것이다. 하나는 동맥성 정맥인데, 실은 동맥이므로 이름이 잘못되어 있지만 이것은 심장에 근원을 갖고 거기서 나와 많은 가지로 갈라져서 폐의 모든 부분에 퍼져 있다. 둘째로 심장의 왼쪽에 있는 심실, 이것에도 마찬가지로 두 개의 관이 통해 있는데, 이들은 앞에서 말한 관과 같거나 더 굵다. 그 하나는 정맥성 동맥인데, 이것 또한 실은 정맥이므로 이름이 잘못되어 있지만 폐에서 나와 있고, 폐에서는 많은 가지로 갈라져서 동맥성 정맥의 많은 가지와 호흡할 때 공기가 들어가는 기관(氣管)이라 하는 관이 가진 많은 가지와 얽혀 있다. 나머지 관은 대동맥(大動脈)으로, 심장에서 나와 온몸에 가지를 뻗고 있다. 그런데 나는 또, 두 심실에 있는 네 개의 입구와 마치 작은 문처럼 여닫는 열한 개의 조그마한 판막(瓣膜)도 상세히 보아주기를 바란다. 열한 개의 판막 가운데 세 개는 대정맥 입구에 있는데, 이 판막은 대정맥이 담고 있는 피가 심장의 우심실로 흘러들어가는 것은 조금도 방해하지 않지만, 거꾸로 피가 심장에서 나오는 것은 철저히 막도록 되어 있다. 다시 세 판막은 동맥성 정맥의 입구에 앞의 것과 전혀 반대 방향으로 붙어 있으며, 이 심실에 있는 피가 폐로 가는 것은 허용하지만, 폐에 있는 피가 되돌아오는 것은 허용하지 않는다. 마찬가지로 다른 두 판막은 정맥성 동맥의 입구에 있으며, 피가 폐에서 좌심실로 흘러들어가는 것은 허용하지만 되돌아오지는 못하게 한다. 나머지 세 판막은 대동맥 입구에 있으며, 피가 심장에서 나오는 것은 허용하지만 심장으로 들어가지는 못하게 만든다. 그리고 이러한 판막의 수가 열한 개 있는 이유는 정맥성 동맥의 입구가 그 장소의 사정으로 달걀 모양을 하고 있기 때문에 두 개의 판막으로 잘 닫히지만, 나머지 세 개의 입구는 원형이기 때문에 판막이 세 개여야 더 잘 닫힌다는 것으로 충분하다. 그러면 다시 다음과 같은 것을 보아주기 바란다. 즉 대동맥과 동맥성 정맥은 정맥성 동맥이나 대정맥보다 훨씬 딴딴하고 튼튼하게 되어 있다는 것, 정맥에 동맥과 대정맥은 심장으로 들어가기 전에 부푼 두 개의 자루 같은 모양으로 되어 있어서 이들을 심이(心耳)라고 부르며 심장과 같은 살(肉)로 되어 있다는 것, 심장 속에는 언제나 몸의 다른 어느 곳보다 많은 열이 있다는 것, 마지막으로 몇 방울의 피가 심실에 들어가면 이 열의 힘으로 갑자기 부풀어 오르는데, 그것은 마치 모든 액체가 무언가 매우 뜨거운 그릇 속에 한 방울씩 떨어뜨려질 때와 마찬가지라는 것을. 이러한 일련의 사실들을 잘 보아주었으면 하는 것이다.

왜냐하면 이것만 보아두면 심장의 운동을 설명하는 데 다음과 같은 말만 하면 충분하기 때문이다. 즉 심장의 심실에 피가 차 있지 않을 때는 필연적으로 피가 대정맥에서 우심실로, 정맥성 동맥에서 좌심실로 흘러들러간다. 이는 대정맥과 정맥성 동맥은 모두 언제나 피로 차 있고, 아울러 그것들로부터 심장에 들어가는 입구는 이때 닫혀 있지 않기 때문이다. 그리고 이리하여 두 방울의 피가 저마다의 심실로 들어가면 이 방울—들어가는 입구가 매우 크고, 또 그 방울이 나오는 관은 피로 차 있으므로 이 핏방울은 아주 굵을 수밖에 없다—은 심장에 있는 열 때문에 희박해져서 팽창한다. 이 팽창으로 심장 전체를 부풀게 하여 피가 나온 두 개의 관 입구에 있는 다섯 개의 조그마한 문을 밀어서 닫아버리고, 이제 그 이상 심장 속으로 피가 내려오지 못하게 한다. 그리하여 점점 더 희박해져서 나머지 두 개의 관(동맥성 정맥과 대동맥) 입구에 있는 다른 여섯 개의 문을 밀어 열고 나가서 동맥성 정맥과 대동맥의 모든 가지를 심장과 거의 동시에 팽창시킨다. 그런데 들어온 피가 식기 때문에 심장은 곧 다시 수축하고 동맥 또한 수축한다. 그러면 동맥의 여섯 판막은 다시 닫히고, 대동맥과 정맥성 동맥의 다섯 판막은 다시 열려서, 다시 두 방울의 피를 통과시키게 되며, 이것들은 다시 앞서의 두 방울과 똑같이 심장과 동맥을 팽창시키는 것이다. 그리고 이와 같이 심장에 들어가는 피는 심이라고 부르는 두 개의 자루를 통과하기 때문에 심이의 운동은 심장의 운동과 반대가 되어 심장이 팽창할 때 심이는 수축하게 되는 것이다. 수학적 논증의 힘을 모르고, 참된 추리를 참된 것처럼 보이는 추리와 구별하는 데 익숙하지 못한 사람들이 내가 여기서 말한 것을 함부로 부정하는 일이 없도록 나는 다음과 같은 것을 주의해 두고 싶다. 즉 내가 방금 설명한 이 운동은 마치 시계의 운동이 그 추와 톱니바퀴의 힘이나 위치나 모양에서 필연적으로 생기는 것과 마찬가지로, 심장에서 우리가 눈으로 뚜렷이 볼 수 있는 여러 기관의 배치 그 자체와 심장에서 손가락으로 느낄 수 있는 열과, 실험으로 알 수 있는 피의 성질에서 필연적으로 생긴다는 것이다.

그러나 정맥의 피가 그와 같이 줄곧 심장으로 흘러들어가는데 어째서 말라버리지 않으며, 또 심장에 들어간 피는 모두 동맥으로 옮겨가는데 어째서 동맥은 피로 넘치지 않는가 묻는다면 나로서는 영국의 의학자(윌리엄 하비)가 이미 책에 써놓은 것 말고 다른 대답을 할 필요는 없다. 그는 이제까지 풀지 못하고 있던 이 문제를 맨 처음 해결하고 다음과 같은 것을 가르친 사람으로서 칭찬받아 마땅하다. 즉 동맥의 끝에는 많은 작은 통로가 있고, 심장에서 동맥으로 들어간 피는 그 통로를 지나 정맥의 작은 가지로 들어가 다시 심장으로 돌아가며, 그러기에 피의 흐름은 끊임없는 순환이라는 것을 그는 외과의사들이 흔히 하는 실험으로 매우 잘 증명하고 있다. 그 실험은 팔의 정맥을 절개했을 때 그 자른 자리보다 위쪽을 적당히 세게 묶으면 그 자리를 묶지 않았을 때보다 많은 피가 흘러나오게 할 수 있다는 것이다. 그리고 만일 자른 자리보다 아래쪽을 자른 자리와 손끝과의 사이에서 묶거나, 혹은 자른 자리보다 위쪽을 이번에는 아주 세게 묶으면 정반대의 일이 일어날 것이다. 왜냐하면 적당히 묶은 끈은 이미 팔에 와 있는 피가 정맥을 통해서 심장으로 돌아가는 것은 막을 수 있지만, 동맥을 통해 새로운 피가 계속 흘러오는 것을 막을 수 없기 때문이다.

동맥은 정맥보다 안쪽에 있고, 그 막(膜)은 정맥보다 튼튼해서 누르기 힘들며, 또 심장에서 온 피는 동맥을 지나 손 쪽으로 갈 때가 정맥을 지나 손에서 심장 쪽으로 돌아갈 때보다 훨씬 힘차게 흐르니까 말이다. 그리고 이 동맥의 피는 정맥들 가운데 하나에 있는 자른 자리의 입구를 통해 팔에서 흘러나오므로 끈보다 아래쪽에, 즉 손끝 쪽에 어떤 통로가 꼭 있어야 하며, 그것을 거쳐 피는 동맥에서 정맥으로 옮길 수 있어야 하는 것이다. 그는 또한 피가 흐르는 방법에 대한 자기 주장을 첫째는 어떤 판이 있다는 것을 보여줌으로써, 둘째는 어떤 실험으로 아주 잘 증명하고 있다. 즉 첫째로 정맥을 따라 여러 곳에 조그마한 어떤 판이 있고, 이들이 정맥의 피를 신체 중심에서 말단으로 역류시키지 않고 다만 말단에서 심장 쪽으로 돌아가는 것만을 허용하는 것이다. 또 둘째로 단 한 가닥의 동맥을 절개하는 것만으로, 더욱이 그 동맥을 심장 매우 가까운 곳에서 단단히 묶고 그 끈과 심장과의 사이에서 절개할 경우에도 몸 안에 있는 피는 매우 짧은 시간에 모조리 거기서 흘러나와 버리는 것이며, 따라서 피가 심장이 아닌 다른 곳에서 온다고 상상할 여지가 전혀 없는 것이다.

그러나 피의 이러한 운동의 참된 원인은 내가 위에서 말한 바로 그것이며, 이것을 증명하는 많은 다른 일이 있다. 이를테면 첫째로 정맥에서 나오는 피와 동맥에서 나오는 피 사이에 볼 수 있는 차이는 혈액이 심장을 지남으로써 희박해져서 이른바 증류(蒸溜)되기 때문에 심장에서 갓 나왔을 때, 즉 동맥

안에 있을 때는 심장으로 돌아가기 조금 전, 곧 정맥 안에 있을 때보다 더 미세하고 더 활발하며 더 뜨거운 데서 유래한다고밖에 생각할 수 없다. 그리고 잘 주의해서 살펴보면 이 차이가 심장 가까운 데서만 두드러지게 나타나고, 심장에서 먼 곳에서는 그토록 두드러지게 나타나지 않음을 알게 될 것이다. 다음으로(둘째로) 동맥성 정맥과 대동맥을 만들고 있는 막이 딴딴하다는 것은 피가 정맥의 막벽(膜壁)보다 동맥의 막벽 쪽을 더 강한 힘으로 친다는 것을 충분히 나타내고 있다. 또(셋째로) 어째서 좌심실과 대동맥이 우심실과 동맥성 정맥보다 더 넓고 더 굵을까? 그것은 정맥성 동맥 속에 있는 피가 이미 심장을 거치고 아울러 폐까지 지나왔으므로 대정맥에서 갓 온 피보다 더 미세하고, 더 힘차며, 아울러 더 쉽게 희박해지기 때문이라고 설명할 수밖에 없다. 그리고(넷째로) 혈액은 그 성질을 바꿈에 따라 심장의 열로 희박해지는 것이 전보다 강해지기도 하고 약해지기도 하며, 또 빨라지기도 하고 늦어지기도 한다는 것을 만일 의사가 모른다면, 그들은 맥박을 만져봄으로써 대체 무엇을 짐작할 수 있는 것일까? 또(다섯째로) 심장의 열이 어떻게 신체의 다른 부분에 전해지는가를 조사해 보면, 그것은 피가 심장을 지남으로써 뜨거워져 온몸을 돌기 때문이라고 인정하지 않을 수 없을 것이다. 그리하여 만일 몸의 어딘가에서 피를 없앤다면, 동시에 거기서 열을 없애는 것이 된다. 또 설령 심장이 단쇠처럼 뜨겁더라도 그것이 쉴 새 없이 새 피를 내보내지 않는다면 사실상 느낄 수 있을 만큼 손발을 따뜻하게 하지는 못할 것이다. 다음으로 또(여섯째로) 이상의 것으로 미루어 알 수 있는 일인데, 호흡의 참된 역할은 폐에 차가운 공기를 충분히 들여보내 심장의 우심실에서 희박해져서, 말하자면 증기로 바뀌어서 폐로 온 피를 좌심실에 들어가기 전에 폐에서 식혀 농후하게 만들어 또다시 액상(液狀)으로 바꾸는 것이다. 그리고 이렇게 하지 않으면 피는 심장 속에 있는 불의 적당한 양분이 될 수 없는 것이다. 이것은 또 다음의 사실로도 확인할 수 있다. 즉 폐가 없는 동물은 심장에도 심실이 하나밖에 없으며, 또 어머니의 태내에 갇혀 있는 동안 폐를 쓸 수 없는 태아는 피를 대정맥에서 좌심실로 흘려보내는 구멍 하나와 동맥성 정맥에서 폐를 거치지 않고 대동맥으로 피를 흐르게 하는 관을 갖고 있다. 다음으로(일곱째로) 만일 심장이 동맥을 통해서 위(胃)에 열을 보내지 않고, 동시에 위에 들어온 음식물을 녹이는 일을 돕는 피의 가장 유동적인 부분의 얼마간을 위에 보내주지 않는다면 어떻게 위에서 소화가 이루어질 수 있겠는가? 그리고 그 음식물의 즙이 몇 번이고, 아마도 날마다 백 번 혹은 2백 번씩 심장을 통과함으로써 증류된다는 것을 생각한다면, 음식물의 즙을 피로 바꾸는 작용도 쉽게 이해될 수 있지 않겠는가? 또(여덟째로) 영양(營養) 작용과 몸 안에 있는 여러 가지 체액(體液)의 산출을 설명하려면 다음과 같은 것만으로 충분하지 않겠는가?[4] 즉 피가 희박해져서 동맥 끝으로 나가는 힘의 작용으로 피의 얼마만큼은 우연히 만난 몸의 각 부분 사이에 머물게 되어, 전부터 거기 있던 피를 밀어내고 그 자리를 차지한다는 것, 그리고 피가 만나는 구멍의 위치나 모양이나 크기에 따라 피의 어떤 부분은 다른 부분과 다른 장소로 가게 되는 것이며, 이것은 마치 크고 작은 구멍을 가진 체가 갖가지 곡물의 낟알을 가려내는 역할을 하는 것과 마찬가지라는 것을 말이다. 마지막으로(아홉째로) 이 모든 것 가운데서 가장 주목할 만한 것은 동물 정기(精氣)의 발생이다. 동물 정기란 매우 미세한 공기 같은 것, 혹은 오히려 아주 순수하고 활발한 불꽃 같은 것으로, 끊임없이 풍족하게 심장에서 뇌로 올라가서는 거기서 신경관(神經管)을 통해 근육으로 가서 신체의 모든 부분에 운동을 주는 것이다. 이때 피의 여러 부분 중에서 가장 활동적이고 투과력(透過力)이 강하며, 이 정기가 되는 데 가장 적당한 부분을 뇌로 가게 하고 다른 곳으로는 가지 않게 하는 원인으로서는 다음과 같은 것을 생각하면 충분하다. 즉 정기를 뇌에 보내는 여러 동맥은 다른 동맥보다 심장에서 가장 가까운 직선을 이루면서 뇌에 와 있다는 것, 그리고 좌심실에서 나온 피가 뇌로 가는 경우처럼 많은 것이 동시에 같은 방향으로 움직이려 하고, 더욱이 그 방향에 그들 전부를 담을 수 있는 충분한 곳이 없을 경우에는 자연의 규칙이기도 한 기계적(機械的) 기술의 규칙에 따라 약하고 활발하지 않은 것은 더 강한 것에 밀려나게 되며, 따라서 더 강한 것만이 그 자리에 이르게 된다는 것을.

이 모든 것을 나는 전에 발표하려고 했던 논문 속에서 상당히 상세하게 설명했다. 이들에 이어 다음과 같은 것도 설명했다. 잘린 목은 이제 살아 있지

---

4) 신체의 각 부분은 혈액에서 영양을 취하고, 필요 없는 부분은 오줌이나 땀으로 밖으로 내보낸다고 생각된다. 체액이란 이 땀과 오줌과 침을 말한다.

않은데도 한참 동안 여전히 움직이며 흙을 물어 헤치는 예에서 볼 수 있듯이, 동물 정기가 인간의 신체 부분을 내부에서 움직이는 힘을 갖게 되려면 신경이나 근육의 구조는 어떤 것이어야 할까? 깨고, 잠자고, 꿈꾸게 하는 원인으로서는 어떠한 변화가 뇌 속에 일어나야 하는 것일까? 빛이나 소리나 냄새나 맛이나 열이나 그 밖의 외적 대상이 갖는 모든 성질은 어떻게 감각기관을 통해서 뇌 속에 온갖 관념을 새길 수 있는 것일까? 어떻게 굶주림이나 목마름이나 그 밖의 내적 정념(精念)도 스스로의 관념을 뇌에 들여보낼 수 있는 것일까? 뇌 속에서 그러한 관념을 받는 곳의 공통 감각은 어떤 것이라고 생각해야 할까? 관념을 보존하는 기억이란 어떤 것일까? 관념을 여러 가지로 변화시키기도 하고, 새로운 관념을 짜 맞추기도 할 수 있는 상상이란 대체 어떤 것일가? 이 상상은 또한 동물 정기를 근육 속에 들여보내 인체의 여러 부분에 온갖 운동을 시키는 것이며, 그 운동은 우리의 신체 부분이 의지(意志)에 이끌리지 않고 행하는 운동과 그 다양성에 있어서 똑같고, 또 감각기관에 나타나는 여러 대상 및 몸 안에 있는 내적 정념들에 따라 갖가지라는 점에서도 같은 것이다. 사람들의 연구가 여러 가지 자동기계를 수없이 만들어 낼 수 있다는 것을 아는 사람들, 더욱이 그때 많은 뼈나 근육이나 신경이나 동맥이나 정맥이나 그 밖에 각 동물의 신체가 가진 온갖 모든 부분에 비해서 참으로 작은 부분밖에 사용하지 않는다는 것을 아는 사람들은 인체가 신의 손에 의해서 만들어졌기 때문에 인간이 만들어 낼 수 있는 어느 기계와도 비교가 안 될 만큼 뛰어난 질서를 가지며, 아울러 훌륭한 운동을 스스로 할 수 있는 하나의 기계로 간주할 것이다. 그리고 그런 사람들은 위에서 내가 설명한 것을 기묘하다고는 생각지 않을 것이다.

다시 나는 여기서, 특히 걸음을 멈추고서 다음과 같은 것을 설명해 두겠다. 원숭이 또는 이성이 없는 다른 어떤 동물과 똑같은 기관과 모양을 한 기계가 있다면, 그 기계가 그 동물과 어딘가 다르다는 것을 인정할 수단을 우리는 갖지 못할 것이다. 그러나 우리의 몸과 아주 닮았고, 아울러 사실상 가능한 데까지 우리 행동을 흉내낼 수 있는 기계가 있다 하더라도, 우리는 그것이 진짜 인간이 아님을 알 수 있는 매우 확실한 두 가지 수단을 가질 것이다. 첫째는, 기계는 우리가 남에게 우리의 생각을 말할 때처럼 언어를 사용하거나, 다른 기호를 조립하여 사용하는 일은 절대로 하지 못한다는 것이다. 물론 하나의 기계가 말을 할 수 있도록, 나아가서는 그 기관(器官)에 어떤 변화를 일으키는 물체적 작용에 따라 어떤 말을 할 수 있도록—이를테면 어디를 만지면 '무슨 볼일이십니까?' 묻는다든가, 다른 데를 만지면 '아야' 소리친다든가—만들어져 있다고 생각할 수는 있다. 그러나 그 기계가 자기 앞에서 지껄여지는 모든 말에 대답할 수 있을 만큼 말을 여러 가지로 늘어놓을 수 있다고는 생각할 수 없다. 이것은 사람이라면 아무리 어리석은 자라도 할 수 있는 일이다. 둘째는, 그러한 기계는 많은 것을 우리와 마찬가지로 혹은 우리보다 더 잘할 수도 있겠지만, 반드시 무언가 다른 일에 있어서는 하지 못하는 일이 있으니, 이 점으로 미루어 보건대 그 기계는 인식에 의해서 행동하는 것이 아니라, 다만 기관의 배치에 의해서만 행동하고 있음이 드러난다는 것이다. 왜냐하면 이성은 보편적인 도구이며, 모든 종류의 기회에 사용할 수 있는 것인 데 비해서 그러한 기관은 하나하나의 행동을 위해서 그 어떤 개별적인 배치를 필요로 하며, 따라서 삶의 모든 상황에서 이성이 우리를 행동하게 하는 것과 같은 방법으로 그 기계를 행동시키는 데 충분한 갖가지 기관의 배치가 하나의 기계 속에 있다는 것은 사실상 불가능한 일이기 때문이다.

그런데 이 두 가지 수단으로 우리는 또한 인간과 동물과의 사이에 있는 차이를 알 수 있다. 인간이라면 아무리 둔하고 어리석은 자라도, 심지어는 미친 자라도 여러 가지 말을 모아서 배열하여 하나의 담화를 만들어 자기 생각을 남에게 전할 수 있지만, 반대로 다른 동물은 아무리 완전하고 아무리 좋은 소질을 타고나더라도 이와 같은 일을 할 수는 없다. 이는 매우 주목할 만한 일이다. 이것은 동물에 어떤 기관이 결여되어 있기 때문이 아니다. 그 증거로 까치나 앵무새는 우리와 마찬가지로 말을 할 수 있지만, 우리처럼 담화는 할 수 없다. 즉 자기가 지껄이는 것은 자기가 생각하고 있는 일이라는 것을 분명히 나타내면서 말할 수 없다. 그런데 인간은 태어날 때부터 벙어리요, 귀머거리이며, 남들처럼 말하는 데 사용하는 기관이 동물만큼이거나 동물보다 더 없는 경우에라도 어떤 기호들을 스스로 만들어 내는 것이 보통이며, 그러한 기호로써 줄곧 그들과 함께 있고 그들의 말을 기억할 시간을 가진 사람들에게 자기 생각을 이해하게 한다. 이것은 동물이 인간보다 적은 이성을 갖는다는 것을 나타낼 뿐 아니라, 동물이 이성을 전혀 갖지 않는다는 것을 보여주고 있다. 왜냐하면 말을 할 수 있기 위해서는 약간의 이성밖에 필요치 않다는 것은 분명하기 때문이다. 그리고 같은 부류에 속하는 동물들 사이에서는 인간들 사이 못지않게 불평등함을 볼 수 있고, 어떤 것은 다른 것보다 훈련하기 쉬울 수가 있으므로 그 부류에서 가장 완전한 한 마리의 원숭이 또는 앵무새가 인간 중에서 가장 어리석은 아이 혹은 하다못해 머리에 장애가 있는 아이에게조차 언어의 사용이라는 점에서는 비교도 되지 못한다는 것은, 만일 그들의 정신이 우리의 정신과 전혀 다른 것이 아니라면 도저히 믿을 수 없는 일이다. 또 언어와 자연적 동작을 혼동해서는 안 된다. 자연적 동작은 정념을 나타내며, 동물이나 기계에 의해서나 모방될 수 있는 것이다. 또 어느 고대인들(루크레티우스 등)처럼 우리는 동물의 말을 이해하지 못하지만, 동물은 말을 한다고 생각해서는 안 된다. 왜냐하면 만일 그것이 사실이라면 동물들은 우리의 기관과 비슷한 많은 기관을 갖고 있으므로 그들끼리 말이 통하는 것과 마찬가지로 우리와도 말이 통할 것이기 때문이다. 또 많은 동물은 어떤 행동에 있어서 우리 인간을 뛰어넘는 교묘함을 보이지만, 그 같은 동물이 다른 많은 일에 있어서는 전혀 그것을 보여주지 않는다는 것도 주목할 만하다. 따라서 그들이 우리보다 잘한다는 것은 그들이 정신을 가졌음을 증명하는 것은 아니다. 왜냐하면 만일 그렇다면, 그들은 우리 가운데 누구보다도 많은 정신을 갖는 것이 되고, 모든 일에서 우리보다 잘할 수 있을 것이기 때문이다. 그것은 오히려 그들이 정신을 전혀 갖지 않았으며, 그들 속에서는 자연이 그들의 여러 기관의 배치에 따라 작용하고 있음을 증명하는 것이다. 마치 시계가 톱니바퀴와 태엽만으로 만들어져 있는데도 우리가 지혜를 짜도 미치지 못하는 정확성으로써 시각을 헤아리고 시간을 잴 수 있는 것과 마찬가지다.

다음으로 나는 이성적 정신을 서술하여, 그것이 여태까지 말한 것처럼 결코 물질의 힘에서 끌어낼 수 있는 것이 아니라, 특별히 창조된 것이어야 함을 설명했다. 그리고 이성적 정신은 수로(水路) 안내인이 배에 타고 있는 식으로 인간의 몸 안에 깃들어 있다는 말만으로는 불충분하다는 것, 하기야 손발을 움직이는 것뿐이라면 그렇게 생각하는 것만으로 충분할지 모르지만, 거기에 덧붙여서 우리가 가진 것 같은 감각이나 욕망을 가질 수 있고, 따라서 하나의 진짜 인간을 형성할 수 있으려면 정신은 신체에 더 밀접하게 결합되어 있지 않으면 안 된다는 것을 설명했다. 다시 나는 여기서 정신의 문제에 대해 좀 더 자세히 논했다. 그것은 가장 중요한 문제 가운데 하나이기 때문이다. 왜냐하면 신을 부정하는 사람들의 잘못은 이미 충분히 반박했다고 나는 생각하지만, 이 잘못 다음으로 동물의 정신이 우리 정신과 같은 성질의 것이고, 따라서 파리나 개미와 마찬가지로 우리도 이 현세에서의 삶 뒤에 무서워할 것도, 바랄 만한 것도 전혀 없다고 상상하는 것만큼, 약한 정신을 덕(德)의 곧은길에서 멀어지게 하기 쉬운 잘못은 없기 때문이다. 이와 반대로 사람이 동물의 정신과 우리의 정신이 얼마나 다른 것인가를 안다면 우리 정신이 신체와는 완전히 독립된 종류의 것이고, 따라서 몸과 더불어 죽어야 하는 것이 아님을 증명하는 이유들을 훨씬 잘 이해할 것이다. 아울러 정신을 파괴할 수 있는 원인으로서 신체의 죽음 말고는 아무것도 눈에 띄지 않으므로 사람은 저절로 정신을 불사(不死)라고 판단하게 된다.

제6부

　지금부터 3년 전, 이들 모든 것을 설명한 논문을 다 쓰고 나서 출판인의 손에 넘겨주기 위해 다시 읽어보기 시작했을 때였다. 내가 공손히 따르고, 나 자신의 이성이 내 사상에 대해서 갖는 권위에 못지않은 권위를 나의 행동에 대해서 갖는 사람들(로마 교황청 사람들)이 조금 전에 어떤 사람(갈릴레이)이 발표한 자연학의 한 의견을 거부했다는 소식을 들었다. 그런데 내가 그와 의견을 같이한다고 말할 생각은 없지만, 이렇게는 말해 두고 싶다. 즉 그들이 검열하기 전에 나는 그의 의견 속에서 종교나 국가에 해롭다고 여겨질 만한 점은 아무것도 찾을 수 없었고, 따라서 이를테면 이성이 그 의견을 나더러 갖게 했다면 나로 하여금 그 발표를 미루었을 만한 점은 아무것도 발견할 수 없었다고 말이다. 또 나는 지금까지 아주 확실한 논증 없이는 어떠한 새로운 의견도 신념 속에 받아들이지 않겠다, 누군가에게 불리해질 듯한 의견에 대해서는 아무것도 쓰지 않겠다고 매우 주의해 왔지만, 이런 일이 일어나고 보니 내 의견 속에도 그릇된 것이 있을지 않을까 두려워했다고 말이다. 그런데 이것은 나로 하여금 내 의견을 발표하겠다는 결심을 바꾸게 하기에 충분했다. 왜냐하면 내가 전에 그러한 결심을 한 이유는 매우 강력한 것이었지만, 책을 만드는 작업을 언제나 싫어한 나의 타고난 경향은 그 결심을 버려도 될 만한 다른 여러 가지 이유들을 곧 찾게 했기 때문이다. 그와 같은 이유들을 여기서 설명하고 싶은 생각이 드는데, 그것은 나뿐 아니라 세상 사람들도 그것을 알고 싶어 할는지 모르기 때문이다.

　나는 내 정신에서 나온 것을 대단하게 생각한 적은 한 번도 없다. 그리고 내가 사용하는 방법이 낳은 열매로서 거둬들인 것이 이론적인 학문에 속하는 어떤 난문에 대해서 만족할 만한 풀이를 얻었다든가, 또 그 방법이 내게 가르쳐 준 여러 이유로 내가 나 자신의 행동을 다스리려고 노력했다든가, 이런 것에만 머물러 있는 동안에도 나는 이에 대해서 무언가 써야 한다고는 생각지 않았다. 왜냐하면 도덕에 대해서는 사람마다 충분히 생각을 갖고 있으며, 만일 신이 군주(君主)로서 백성 위에 앉힌 사람들이라든가, 또 충분한 은총과 열의를 주어 예언자가 되게 한 사람들 이외의 사람들에게 조금이라도 도덕을 고치도록 허락한다면, 사람의 머릿수만큼 많은 개혁자가 나타날지도 모르기 때문이다. 또 나의 이론적 사색이 나로서는 매우 마음에 들지만, 다른 사람들도 아마 더욱 그들 마음에 드는 이론을 갖고 있을 것이라고 나는 생각했다. 그러나 내가 자연학에 대해서 어떤 일반적 원리를 얻고 그것을 여러 특수 문제에 시험해 보기 시작하면 그 원리가 어디까지 이끌어 낼 수 있으며, 또 지금까지 남이 사용해 온 여러 원리와 얼마나 다른가를 알자마자 나는 그것을 남에게 알리지 않고 그냥 둔다는 것은 우리의 힘이 미치는 한 모든 인간의 일반적 행복을 위해 힘쓰라고 명하는 율법에 크게 어긋난다고 생각했다. 왜냐하면 그러한 일반적 원리가 내게 가르치는 바는 인생에 매우 유익한 여러 가지 인식에 이를 수 있고, 학원에서 배우는 이론적 철학 대신 하나의 실제적 철학을 발견할 수 있으며, 이것으로 우리는 불이나 물이나 바람이나 별이나 하늘이나 그 밖에 우리를 둘러싼 모든 물체가 가진 힘과 그 작용을 마치 우리가 장인(匠人)들의 온갖 솜씨를 알듯이 분명하게 알고, 그것을 장인들이 기술을 사용할 때처럼 저마다 적당한 용도로 쓸 수 있으며, 그리하여 마치 우리를 자연의 주인 내지는 소유자가 되게 할 수 있기 때문이다. 이것은 단지 힘들이지 않고 이 땅 위의 여러 가지 열매와 모든 편의를 사람들로 하여금 즐기게 하는 무수한 기술의 발명이라는 점에서 바람직할 뿐 아니라, 주로 분명히 이 세상의 삶에서 첫째가는 선(善)이자 아울러 모든 다른 선의 기초인 건강의 유지라는 점에서도 바람직하다. 왜냐하면 정신마저도 기질과 몸의 여러 기관 배치에 아주 크게 의존하므로 모든 인간을 구별함 없이 여태까지보다 한층 현명하고 유능하게 만드는 어떤 수단이 발견될 수 있다면, 그것은 바로 의학(醫學)에서 찾아야 한다고 나는 믿기 때문이다. 물론 지금 쓰이고 있는 의학이 눈부신 효용(效用)을 나타내는 것을 거의 가지고 있지 않다는 것은 사실이다. 그렇다고 현재의 의학을 경멸할 생각은 조금도 없으나 다만 누구든지, 지금 의술을 직업으로 하는 자조차도 의학에서 알려져 있는 모든 것이 앞으로 알아야 할 것에 비하면 거의 무(無)에 가깝다는 것을 인정하지 않을 사람은 없다고 나는 확신한다. 그리고 신체 및 정신의 무수한 병에 대해서, 또 아마도 노쇠(老衰)에 대해서까지도 만일에 그 원인과 자연이 우리에게 주는 모든 요법을 충분히 알게 된다면 인간은 그러한 것들로부터 벗어날 수 있을 것이라고 나는 확신한다. 한편 나는 이처럼 필요한 학문을 탐구하는 데 온 생애를 바치겠노라 계획을 세우고, 목숨의 짧음이나 실험의 부족으로 방해를 받지만 않는다면 틀림없이 그러한 학문의 발견으로 이끌어 주리라 여겨지는 하나의 길을 만났는데, 이 단명(短命)과 실험 부족이라는 두 장애에 대해서는 다음과 같이 하는 것이 가장 좋은 대책이라고 판단했다. 즉 내가 발견한 것은 비록 사소한 것이라도 모두 그대로 세상에 전하여 유능한 사람들로 하여금 나보다 더 앞으로 나아가도록 힘쓰게 하고, 그들이 저마다 취미와 능력에 따라서 필요한 실험에 협력하도록 하며, 아울러 그들도 스스로 배운 바를 모두 세상에 전하도록 권하는 것이다. 이렇게 하면 뒷사람들은 앞사람들이 이룩해 놓은 곳에서 시작하게 되고, 이렇듯 많은 사람들의 생애와 노력을 합침으로써 우리는 모두 함께 각자가 혼자서 다다를 수 있는 것보다 훨씬 멀리 나아갈 수 있을 것이라고 생각했다.

그리고 실험에 대해서는 우리의 지식이 진보하면 할수록 그것이 더욱 더 필요해진다는 것을 나는 깨달았다. 왜냐하면 처음에는 우리 감각에 저절로 나타나서 조금이라도 반성만 하면 반드시 알 수 있는 경험을 이용하는 편이 드물고 복잡한 실험을 찾느니보다 낫기 때문이다. 또 그런 드문 실험은 사람이 흔해 빠진 일의 원인을 아직 모를 때 흔히 사람을 속이기 때문이며, 또 그것이 의존하는 여러 조건은 거의 언제나 매우 특수하고 세세한 것이어서 규명하기가 어렵기 때문이다. 그런데 이 일에 대해서 내가 밟은 순서는 다음과 같은 것이다. 첫째, 나는 이 세계에 있는 것 또는 있을 수 있는 것의 모든 원리, 즉 여러 제1원인을 일반적으로 상기하려고 애썼다. 다만 그 때문에 세계를 만든 신(神)만을 안중에 두고, 또 여러 원리를 우리의 정신에 태어날 때부터 갖추어진 진리의 어떤 씨(種子)에서만 끌어냈다. 다음으로, 나는 이 원인에서 이끌어 낼 수 있는 최초의 가장 일반적인 결과가 어떤 것인가를 조사했다. 그렇게 함으로써 나는 여러 천공(天空), 여러 천체, 지구를 발견하고, 다시 지구상에는 물·

공기·불·광물 및 모든 것 중에 가장 일반적이고 가장 단순해서 가장 알기 쉬운 다른 것을 얼마간 발견했다고 생각한다. 이어 내가 가장 특수한 것으로 내려가려고 했을 때 내 앞에 너무나 다양한 것이 나타나서 인간 정신으로 봐서는 지상에 있는 물체의 형상(形相), 바꾸어 말해서 씨(갖가지 화학적 물질)를, 만일 신이 바랐더라면 거기에 있을 수 있었을 무한한 다른 물질 종(種)과 뚜렷이 구별하기는 불가능하며, 따라서 그것들을 우리가 사용하는 것도 불가능하다고 여겼다. 만일 우리가 (순서를 거꾸로 하여) 결과를 먼저 보고 그런 다음 원인에 미치도록 하여 많은 특수한 실험을 이용하도록 하는 것이 아니라면 말이다. 이어서 나는 그때까지 내 감각에 나타난 모든 대상을 다시 발견했는데, 이미 발견한 원리에 의해서 아주 쉽게 설명할 수 없는 것은 아무것도 없었다고 감히 말할 수 있다. 그러나 나는 다음과 같은 것도 인정하지 않으면 안 된다. 즉 자연의 힘은 매우 광대하고, 그 원리는 아주 단순하고도 일반적이기 때문에 내가 발견한 거의 모든 특수한 결과에 대해서는 처음에는 그것이 원리로부터 서로 다른 많은 방법으로 연역될 수 있다는 것을 알게 되었으며, 따라서 나에게 가장 어려운 점은 보통 이들 많은 방법 가운데 어느 것에서 그 특수한 결과가 원리에 의존하고 있는가를 찾아내는 것이다. 왜냐하면 그 방책으로서 나는 설명하는 방법 가운데 어느 하나를 택함으로써 각기 다른 결과를 낳게 되는 몇몇 실험을 다시 찾는 것 말고는 알지 못하기 때문이다. 그리고 나는 이제 그런 식으로 도움이 될 수 있는 실험의 대부분을 어떤 각도에서 손을 대야 하는가 충분히 볼 수 있는 점에 이르렀다고 생각한다. 그러나 또 그러한 실험은 복잡하고 매우 많아서, 나의 손과 나의 수입이 설령 지금의 천배가 되더라도 그 전부를 실험하기에는 부족하다는 것도 알고 있다. 따라서 앞으로 내가 형편을 개선하여 그 실험을 많이 할 수 있는가, 조금밖에 하지 못하는가에 따라 자연에 대한 인식에 있어서의 나의 진보 또한 많아지고 적어지고 할 것이다. 나는 이러한 것들을 내가 쓴 논문으로 설명하려고 했고, 또 그러한 연구에서 세상이 받는 이익을 분명하게 밝혀 인류 전체의 복리(福利)를 바라는 사람들, 즉 겉보기나 자기 의견만 그러할 뿐 아니라 정말로 덕 있는 사람들이 스스로 행한 실험을 내게 전하거나, 앞으로 행할 실험의 탐구에서 나를 도와줄 것을 기대했다.

그러나 그 뒤 다른 이유가 생겨서 나는 생각을 바꾸었다. 물론 나는 조금이라도 중요하다고 판단한 것은, 모두 그 진리를 발견하는 대로 계속 기록해야 하고, 더욱이 그것을 인쇄하려 할 때만큼 주의를 기울이지 않으면 안 된다고 생각했다. 그것은 첫째로 일을 충분히 음미할 기회를 많이 갖기 위해서였으니, 우리는 많은 사람이 보게 되리라 생각하는 일에 대해서는 자기만을 위해서 하는 일보다 분명히 늘 더 주위를 기울이며, 생각하기 시작했을 때는 참된 것으로 여겨진 것이 막상 종이에 옮길 단계가 되면 거짓된 것으로 보인 일이 내게도 자주 있었기 때문이다. 둘째로 되도록 공중의 이익을 도모하기 위해서였으니, 내가 쓴 것이 조금이나마 가치를 가졌다면 내가 죽은 뒤 그것을 손에 넣은 사람이 가장 적당한 방법으로 사용할 수 있도록 하고 싶기 때문이다. 그러나 나는 내가 살아 있는 동안에 그것을 공개하는 데는 결코 동의해서는 안 된다고 생각했다. 이는 내가 쓴 것이 받게 될지 모를 반대나 논쟁 때문에, 나아가서는 책으로 얻을 수 있을지 모를 얼마간의 명성 때문에 나 자신을 교육하는 데 쓰려고 한 시간을 잃게 되면 곤란하기 때문이었다. 물론 사람은 모두 되도록 남의 선을 이루어 줄 의무가 있고, 누구에게도 도움을 주지 못하는 인간은 엄격히 말해서 아무런 가치도 없지만, 또한 우리의 배려(配慮)는 현대보다 널리 미쳐야 하며, 지금 사람들에게 얼마간의 이익을 가져다줄 것으로 여겨지는 일을 무시하는 것도 만일 더 많은 이익을 후손들에게 가져다줄 다른 일을 하기 위해서라면 용서할 수 있다. 솔직히 말해서 지금까지 배운 사소한 것은 내가 아직도 모르는 것에 비하면 거의 무(無)에 가까우며, 더욱이 나는 아직도 모르는 일을 배울 수 있다는 희망을 버리지 않고 있다. 왜냐하면 학문에 있어서 조금씩 진리를 발견해 나가는 사람의 경우는, 부자가 되기 시작한 사람이 전에 가난했을 때보다 훨씬 적은 힘을 들이고도 큰 이득을 얻게 되는 경우와 거의 비슷하기 때문이다. 혹은 오히려 학문을 하는 자를 군대 지휘관에 비유할 수도 있을 것이다. 지휘관의 힘은 승리에 따라서 커지는 것이 보통이며, 한 싸움에 진 뒤에 지탱할 수 있으려면 이겼을 때 도시나 나라를 점령하는 데 필요한 것보다 훨씬 큰 솜씨가 필요하다. 왜냐하면 우리가 진리의 인식에 도달하는 것을 방해하는 모든 고난과 오류를 극복하고자 노력하는 것은 실로 싸움에 도전하는 일과 다름없으며, 얼마간 일반적이고 중요한 문제에 대해서 무언가 그릇된 생각을 받아들인다는 것은 싸움에 지는 일이기 때문이다. 그리고 일단 오류에 빠진 뒤에 이전과 마찬가지 상태로 되돌아가려면, 이미 확실한 원리를 갖고 있어서 크게 앞으로 나아가는 데 필요한 것보다 훨씬 큰 기교를 필요로 한다. 나 스스로에 대해서 말하자면, 전에 학문에서 얼마간의 진리를 발견했다면(이 책에 포함된 것을 보고 독자는 그렇게 판단해 주실 줄 믿지만) 그것은 내가 극복한 대여섯 가지 주요한 난문의 귀결이자 파생물(派生物)이며, 그 난문들을 나는 내가 이긴 대여섯 차례의 전투로써 헤아린다고 할 수 있다. 그리고 나는 내 계획을 완수하는 데 두 차례 내지 세 차례만 그와 같은 전투에 이긴다면 충분하다 생각하고 있으며, 또 나는 그렇게 나이를 먹지도 않았으니(이때 나이 41세) 자연의 통례에 따르면 나에게는 아직도 그럴 충분한 시간이 있을 것이라 감히 말하고자 한다. 그러나 남아 있는 시간을 더 잘 사용할 수 있다는 희망을 가지니만큼 더욱더 그것을 아껴야 한다고 생각한다. 그리고 나의 자연학에 대한 기초를 공표한다면, 시간을 허비할 많은 기회가 나타날 것이 틀림없다. 왜냐하면 나의 자연학에 대한 기초원리는 모두 명증적이어서 그것을 이해하면 금방 진리라고 느끼지 않을 수 없을 정도이나—필요하다면 어느 원리에 대해서나 증명을 할 수 있다고 생각한다—그러한 원리가 다른 사람들의 모든 의견과 일치하는 것은 불가능하기에, 그로 인해 생길 반대론으로 나의 마음이 일에서 자주 멀어지게 될 것이 틀림없기 때문이다.

그러한 반대론은 유익할 것이라고 말하는지 모른다. 그것은 나 스스로 잘못을 깨닫게 할 테고, 또 내가 무언가 좋은 것을 가졌다면 그것을 사람들은 이 반대론이라는 수단을 통해서 더 잘 이해하게 될 것이며, 한 사람보다도 많은 사람이 더 많은 것을 볼 수 있으므로 그들이 지금 당장에라도 내가 발견한 것을 이용하여 스스로 새로운 발견을 하여 그것으로 나를 도와주게 될 것이라고 말하는지 모른다. 하지만 나는 스스로 매우 쉽게 잘못을 저지른다는 것을 알고 있으며, 내 마음에 떠오르는 처음 생각을 거의 언제나 믿지는 않지만, 사람들이 내게 반대한 것에 대해서 내가 가진 경험은 거기서 무언가 얻으리라 기대하지 말라고 한다. 왜냐하면 나는 이미 몇 번이나 내가 친구로 여기는 사람들의 판단도, 나에 대해서 별로 좋게도 나쁘게도 생각지 않는 것처럼 보이는 사람들의 판단도, 나아가서는 애정 때문에 친구들에게는 보이지 않았던 것을 악의와 질투로 폭로하고자 애쓰는 듯한 사람들의 판단까지도 음미해 보았기 때문이다. 그런데 거의 모든 경우 사람들이 반대한 것은 내가 예견했던 일이거나, 아니면 내 문제에서 동떨어진 일들이었다. 따라서 내 의견의 비판자로서 나 자신만큼 엄격하고 공정한 사람은 거의 만나지 못한 셈이 되는 것이다. 또 나는 학원에서 하는 논쟁이라는 수단으로 전에 알려지지 않았던 진리가 발견된 것을 한 번도 본 적이 없다. 왜냐하면 누구나 논쟁에서 이기려 하고 있을 때는 쌍방의 이유를 저울질하기보다 오히려 참된 것처럼 보이려고 안간힘을 쓰기 때문이며, 오랫동안 뛰어난 변호사였던 사람들이 반드시 나중에 뛰어난 재판관이 된다고는 할 수 없기 때문이다.

내 사상의 전달로 사람들이 받을 이익을 생각해 보면 이 또한 그리 크지 않다. 왜냐하면 나는 내 사상을 아직 그리 멀리까지 넓히지 못했으며, 그것을 실제 사용하기에 앞서 많은 것을 덧붙여야 하기 때문이다. 그리고 이 일을 할 수 있는 사람이 있다면 그것은 다른 누구보다도 오히려 나 자신이라고, 자랑이 아니라 말할 수도 있다고 생각한다. 이 세상에 내 정신과는 비교가 안 될 만큼 훌륭한 많은 정신이 있을 수 있음을 부정하는 것은 아니다. 다만 무엇을 남에게 배울 경우에는 스스로 발견할 때만큼 충분히 이해하여 내 것으로 만들 수는 없기 때문이다. 그리고 지금 우리가 논제로 삼고 있는 일에 대해서는 더욱 그러하니, 내 의견 가운데 몇 가지를 매우 뛰어난 정신을 가진 사람들에게 여러 번이나 설명한 일이 있는데, 내가 이야기할 때는 그들도 판명하게 이해하는 듯했지만 그것을 다시 그들 자신의 입으로 말하는 단계에 이르면 언제나 마구 바꾸어 버리는 바람에 나로서는 그게 내 의견이라고 인정할 수 없을 정도였다. 그리고 이 기회에 나는 여기서 후세 사람들에게, 누가 내 의견이라고 말하더라도 내가 직접 발표한 것이 아니거든 결코 믿지 말도록 부탁하고 싶다. 그러기 때문에 나는 저서가 전해지지 않은 고대의 모든 철학자에게 사람들이 돌리고 있는 터무니없는 생각에 놀라지 않고, 또 그렇다고 그들의 사상이 실제로 매우 불합리했다고 판단하지도 않는다. 그들은 그 시대의 가장 뛰어난 사람들이었기 때문이다. 나는 다만 그들의 사상이 잘못 전해진 것이라고 판단할 뿐이다. 또 그들의 추종자 가운데 그 누구도 그들을 능가한 적이 거의 없었다는 것도 분명한 사실이다. 그리고 현재 가장 열심히 아리스토 텔레스를 따르는 사람들은 자연에 대해서 아리스토텔레스가 갖고 있었던 그만한 인식을 스스로 얻는다면, 설령 그 이상은 아무것도 얻을 수 없다는 조건으로라도, 확실히 자기들을 행복하다고 생각할 것이다. 그들은 담쟁이덩굴과 같아서 자기가 감겨 올라가는 나무보다 높이 올라가려고는 하지 않고, 꼭대기에 이르면 흔히 아래로 다시 내려온다. 실제로 자기들이 존중하는 저자의 책 속에 명쾌하게 설명되어 있는 것에만 만족하지 않고, 거기서 다시 그 저자가 아무 언급도 하지 않았고 아마 한 번도 생각지 않았을 많은 문제의 해결을 발견하고자 하는 사람들은 담쟁이덩굴처럼 다시 내려오게 되는 것이다. 바꾸어 말해서 그들은 연구를 그만두었을 경우보다 어떤 의미에서는 자기들을 더 무지(無知)하게 만드는 것이다. 그러나 그들의 철학 연구 방법은 매우 평범한 정신밖에 안 가진 사람들에게는 매우 편리하다. 왜냐하면 자기들이 사용하는 구별이나 원리가 명료하지 않은 덕분에 그들은 모르는 일이 없는 것처럼 대담하게 지껄일 수 있고, 또 날카롭고 유능한 사람들을 상대로 하면서도 스스로의 모든 주장을 고집할 수 있으며, 더욱이 논쟁에서 질 염려가 없기 때문이다. 이 점에서 그들이 하는 짓은, 맹인이 눈뜬 사람과 대등한 조건에서 겨루기 위해 상대를 캄캄한 동굴 안으로 끌고 들어가는 것과 비슷하다고 나는 생각한다. 그리고 이런 사람들에게는 내가 사용하는 철학의 원리를 공표하지 않고 미루는 편이 유리하다고 말해도 좋다. 왜냐하면 그 원리는 사실 매우 단순하고 명확해서 그것을 공표함으로써 나는 그들과 대결하기 위해 내려간 동굴에다 몇 개의 창을 뚫어 빛이 들게 하는 것과 비슷한 일을 하는 셈이기 때문이다. 하지만 더 뛰어난 정신을 가진 사람들은 나의 원리를 알고 싶어 할 이유가 없을 것이다. 왜냐하면 만일 그들이 모든 것에 대해서 말할 수 있게 되기를 바라고 학자라는 명성을 얻고 싶어 한다면, 진리를 찾느니보다 차라리 그럴듯해 보이는 것으로 만족하는 편이 지름길일 것이기 때문이다. 그럴듯함은 모든 종류의 일에서 별로 힘들이지 않고 발견될 수 있지만 진리는 어떤 한정된 일에 대해서 조금씩밖에 발견되지 않고, 그 밖의 일에 대해서 이야기해야 할 때는 '그것은 모른다'고 솔직하게 고백하기를 강요한다. 그들이 무슨 일에 대해서나 알고 있는 체하는 허영보다 진리를 조금 인식하는 편이 낫다고 하더라도

(사실상 그 편이 훨씬 나은 것은 두말할 것도 없다), 그리고 그들이 내 계획과 같은 계획을 추구한다고 하더라도 그들에게 이 《서설》에서 지금까지 말한 것 이상을 말해 줄 필요는 없다. 왜냐하면 만일 그들이 내가 도달한 것보다 더 앞으로 나아갈 수 있다면 그들은 내가 이미 발견했다고 생각하는 사물을 그들 스스로 발견할 수 있을 것이기 때문이다. 그리고 나는 무슨 일이고 차례대로 음미해 왔으므로 내가 지금부터 발견해야 하는 것은 그 자체가 벌써 내가 전에 발견할 수 있었던 것보다 한층 곤란하고 숨겨진 것임이 확실한데, 그들이 그것을 나한테서 배워버린다면 자기들 힘으로 스스로 배우는 경우보다 훨씬 작은 기쁨밖에 느끼지 못하게 될 것이다. 그들이 먼저 쉬운 것을 찾고, 서서히 더 곤란한 것으로 옮겨감으로써 몸에 지니게 될 습관은 나의 모든 가르침보다 그들에게 도움이 될 것이다. 실제로 나 자신에 대해서 말한다면, 만일 내가 젊을 때 그 뒤에 증명을 구한 모든 진리를 다른 사람들한테서 배우고, 그것을 배우는 데 아무런 고생도 필요 없었더라면 나는 아마 그 밖의 아무 진리도 알게 되지 못했을 것이다. 그리고 적어도 진리를 찾으려고 본격적으로 덤벼들기만 하면 금방 새로운 진리를 속속 발견해 나갈 수 있을 거라는 습관과 숙련(熟練)을(그것을 나는 지금 갖고 있다고 생각하지만) 얻게 되지는 못했을 것이다. 요컨대 그것을 시작한 자가 가장 잘 완성할 수 있는 자가 되는 일이 이 세상에 있다면 그거야말로 바로 내가 하고 있는 일이다.

물론 이 일에 도움이 될 듯한 실험에 대해서 말하자면, 한 사람이 그 모든 것을 다 해치울 수 없다. 하지만 장인이나 그 밖의 사람들의 손, 즉 돈으로 고용할 수 있고 이득을 얻을 희망이라는 매우 유력한 수단으로 이쪽이 명령하는 모든 것을 정확하게 실행할 수 있는 사람들의 손을 제외한다면 자기 손 이외의 남의 손을 유효하게 이용할 수는 없을 것이다. 왜냐하면 호기심 또는 지식욕으로 스스로 도와주겠다고 하는 뜻있는 협력자에 대해서 말하더라도 그들은 흔히 자기가 실제로 할 수 있는 이상의 것을 약속하고, 온갖 훌륭한 제안을 할 따름이지 그 어느 것도 결코 잘해 낼 수 없을 뿐만 아니라, 반드시 그 보수로서 어떤 문제의 설명이라든가, 적어도 쓸데없는 인사나 이야기를 요구하기 때문이다. 이것은 결코 적지 않은 시간 낭비를 하게 된다. 또 다른 사람들이 이미 행한 실험은 어떤가 하면, 설령 그들이 그것을 사람들에게 알릴 뜻이 있더라도(실험을 '비밀'이라고 부르는 연금술사 따위의 사람들은 결코 그렇게 하려고 하지 않지만), 그러한 실험은 흔히 많은 조건이나 쓸모없는 요소로 되어 있으므로 거기서 진리를 터득하기란 매우 어렵다. 게다가 실험을 한 사람들이 그것을 자기들 원리에 들어맞는 것처럼 보이게 하려고 애썼기 때문에 그 실험은 거의 모두 지나친 방법으로 설명되어 있고 때로는 거짓이기도 해서, 개중에는 설령 도움이 되는 것이 있다고 하더라도 시간을 소비하여 골라낼 만한 가치는 없다. 따라서 만일 매우 중대하고 공중에게 다시없는 이익을 줄 만한 일을 발견할 수 있는 능력을 확실히 가졌다고 인정되는 사람이 이 세상에 있다 치고, 다른 사람들도 그를 도와 모든 수단을 다해서 그의 계획을 완성하고자 한다면, 사람들이 그를 위해 할 수 있는 일은 그에게 필요한 실험비를 마련해 주는 것, 게다가 그의 시간이 누구의 방해도 받지 않도록 해주는 것밖에 없다고 나는 생각한다. 그러나 나 자신은 무슨 예사롭지 않은 것을 약속할 만큼 자만심에 빠져 있지도 않고, 세상이 내 계획에 큰 관심을 기울일 것이라고 상상할 만큼 헛된 생각에 잠겨 있지도 않으며, 또 내 분수에 넘치는 어떤 호의를 누구에게서 받겠다는 천한 마음을 품고 있지도 않다. 이러한 생각들이 모두 한 덩어리가 되어 나를 움직인 결과, 3년 전에 나는 손안에 있던 논문을 세상에 내놓지 말자 생각했고, 나아가서는 살아 있는 동안은 이와 같은 전반적인, 그리고 나의 자연학 기초를 사람들에게 알리는 어떠한 논문도 결코 발표하지 않겠다고 결심했다. 그런데 그 뒤에 다시 두 가지 다른 이유가 나타나서 여기에 약간의 특수한 시론(試論)[1]을 쓰고, 아울러 내 행동과 계획에 대한 얼마간의 설명(《방법서설》)을 발표하지 않을 수 없게 된 것이다. 첫째 이유는, 만일 내가 그렇게 하지 않으면 전에 내가 어떤 저작을 출판할 의도가 있었다는 것을 아는 많은 사람들이, 내가 책을 내지 않게 된 원인을 사실보다 부풀려 내게 불리한 것으로 생각해 버릴지도 몰랐기 때문이다. 왜냐하면 나는 명예를 그리 사랑하는 사람이 아니며, 오히려 내가 무엇보다도 소중히 여기는 마음의 평화를 해친다고 판단되는 한, 이렇게 말해도 좋다면 명예를 미워하는 사람이지만, 그렇다고 내 행동을 무슨 죄악이나 되는 것처럼 숨기려 애

---

1) 《굴절광학》 《기상학》 《기하학(幾何學)》의 세 시론.

쓴 적이 없고, 세상에 알려지지 않으려고 몹시 조심한 적도 없기 때문이다. 그 것은 나 자신을 부당하게 다루는 일이며, 또 그런 짓을 한다면 내가 찾는 마음 의 평화에 역시 어긋나는 어떤 불안을 품게 되었을 것이기 때문이다. 그리하 여 굳이 사람들에게 알려지고 싶다거나 알려지고 싶지 않다거나 하는 생각도 없이 줄곧 지내오다가, 결국 무슨 명성이든 얻지 않을 수 없게 된 나는 적어 도 악명(惡名)만은 어떻게든 피해야 되겠다고 생각하게 된 것이다. 나에게 이 책을 쓰게 한 둘째 이유는, 무수한 실험이 필요한데도 남의 도움 없이는 행할 수 없기 때문에 나 자신을 교육하려는 계획이 점점 늦어지는 것을 날마다 보 고 있으니, 설령 세상이 크게 배려해 주리라고 기대할 만큼 자만심을 갖고 있 지는 않지만 내 뒤에 살 사람들이 뒷날 다음과 같이 나를 비난할 씨를 뿌려둘 만큼 나 자신을 소홀히 여기고 싶지 않았기 때문이다. 즉 어떤 점에서 그들이 내 계획에 협력할 수 있는가를 알려주는 것을 내가 그토록 심하게 무시하지 않았더라면, 훨씬 더 좋은 유산(遺産)을 그들에게 남겨줄 수 있었을 것이라고 말이다.

그래서 나는 그다지 논쟁의 씨도 되지 않고, 나의 원리에 대해서 내가 바 라는 이상의 것을 발표하는 일도 없이, 그러면서도 내가 학문에 있어서 무엇 을 할 수 있고 무엇을 할 수 없는가를 충분히 분명하게 보여주는 약간의 문제 를 쉽게 선택할 수 있다고 생각했다. 그러나 이 점에서 성공했는지 나로서는 말할 수 없다. 스스로 나 자신의 저작에 대해서 말함으로써 사람들의 판단을 앞지르고 싶지는 않다. 나는 내가 쓴 책을 사람들이 잘 음미해 주기를 바란다. 그리고 그런 생각을 가질 기회를 많이 만들기 위해서 무언가 반대론을 가진 사람은 누구든지 그것을 나의 출판사에 보내주기 바란다. 그러면 출판사에 서 통지를 받는 동시에 나는 답변을 붙이도록 노력할 것이다. 그렇게 하면 독 자는 반대론과 답변의 양쪽을 보고, 그만큼 쉽게 진리에 대한 판단을 내릴 수 있을 것이다. 왜냐하면 나는 결코 길게 답변을 할 생각은 없고, 다만 잘못을 깨달으면 솔직히 인정할 것이며, 깨닫지 못하면 내가 쓴 것의 변호에 필요하다 고 생각되는 것을 간단히 쓸 따름이지, 그때 무언가 새로운 문제의 설명을 보 태어 결코 끝없이 끌려다니지는 않을 작정이기 때문이다.

《굴절광학》과 《기상학》의 첫 부분에서 내가 설명한 어떤 것을 내가 '가설

(假說)'이라 부르면서도 '증명'하려고 하지 않는 것처럼 보여 독자는 이상하게 생각할는지 모른다. 그러나 참고 전체를 주의 깊게 읽어주기만 하면 이해되리라 생각된다. 왜냐하면 거기서는 여러 이유가 서로 연결되어 있어서, 나중 것은 그 원인인 먼저 것으로 논증되고, 먼저 것은 그 결과인 나중 것으로 논증되는 식으로 되어 있기 때문이다. 하지만 이렇게 말한다고 해서 논리학자들이 순환논증(循環論證)이라고 부르는 오류를 내가 저지르고 있다고 생각해서는 안 된다. 왜냐하면 실험은 결과의 대부분을 확실한 것으로 만들고 있으며, 그 결과가 연역되는 원인은 그 결과를 '증명'한다기보다 오히려 '설명'하는 역할을 하고 있고, 그와 반대로 원인이야말로 결과에 의해서 '증명'되기 때문이다. 그리고 내가 그러한 원인을 '가설'이라고 이름 지은 것은, 이미 말한 여러 제1원리들에서 그 원인을 연역할 수 있는 줄 알면서도 그 연역을 여기서는 일부러 하지 않는다는 것을 사람들에게 알리기 위해서이다. 왜 하지 않느냐 하면, 남이 20년이나 걸려서 생각한 모든 것을 두어 번 말을 듣고 하루아침에 알 수 있다고 생각하는 사람들, 더욱이 날카롭고 눈치가 빠를수록 더 잘못하기 쉽고 진리를 못 잡는 일이 많을 것 같은 사람들이 내 원리라고 그들이 믿는 바를 기초로 무언가 터무니없는 철학을 세우는 계기가 되고, 그 철학이 나의 잘못으로 간주되는 일이 없도록 하기 위해서이다. 왜냐하면 진짜 내 의견에 대해서 말하자면, 나는 그것을 새로운 의견이라고 해서 변명하고 싶지 않기 때문이다. 내 의견의 근거를 잘 생각해 준다면 그것들이 매우 단순하고 상식과 합치되어 있음을 알게 되고, 같은 문제에 대한 다른 어느 의견보다도 이상하거나 기묘한 점이 적게 발견될 것을 확신하기 때문이다. 또 나는 그러한 의견들 가운데 어느 것에 대해서나 그 첫 발견자라고 자랑하지 않는다. 전에 다른 사람이 그런 의견을 말해서도 아니고, 말하지 않아서도 아니라, 다만 이성이 그것을 내게 이해시켜서 그 의견을 받아들였다고 자랑하고 싶은 것이다.

《굴절광학》에서 설명한 발명을 장인들이 당장에 실행할 수 없다고 해서, 그 발명을 나쁘다고 말할 수는 없다. 왜냐하면 여러 기계를 모든 점에서 결점이 없도록 만들어 잘 짜 맞추려면 솜씨가 있고, 더욱이 익숙해진 뒤라야 하는데, 그것을 장인들이 처음부터 잘해 낼 수 있다면 누가 좋은 악보(樂譜)를 받아 하루만에 류트(lute)를 완전히 뜯을 수 있게 되었다는 경우 못지않게 놀라운 일이기 때문이다. 또 스승들의 말인 라틴어가 아니라 내 나라 말인 프랑스어로 쓰는 것은, 타고난 이성만을 사용하는 사람들이 옛 서적밖에 믿지 않는 사람들보다 내 의견을 한층 더 올바르게 판단해 줄 것으로 생각되기 때문이다. 그리고 그러한 양식(良識)을 가진 데다가 학문까지 두루 갖춘 사람들에 대해서 말하자면, 바로 그런 사람들을 나는 나의 재판관으로 모시고 싶은데, 그들도 내가 나의 의견을 통속적인 말로 서술했다는 이유로 귀를 기울이지 않겠다고 거부할 만큼 라틴어를 편들지는 않으리라고 믿는다.

또 학문에 있어서 앞으로 내가 할 수 있다고 생각하는 진보에 대해서 나는 여기서 상세하게 말할 생각은 없고, 확실히 실행할 수 있을지 알 수 없는 무슨 약속을 세상에 할 생각도 없다. 다만 다음과 같은 말만은 해두고 싶다. 즉 의학에 대해서 지금까지의 규칙보다 확실한 규칙을 제시할 수 있는 어떤 자연 인식을 얻고자 노력하는 데에만 내 남은 삶을 바칠 결심을 하고 있다는 것을. 그 밖의 모든 계획, 특히 어떤 사람에게 이익을 주면 반드시 다른 사람을 해치게 될 계획(군사 기술의 연구 따위)은 나의 성향과는 매우 먼 것이므로, 어쩌다가 그런 일에 종사하도록 강요되더라도 그것을 잘해 낼 힘이 내게는 없다는 것, 이것을 여기서 분명히 밝혀두고 싶다. 이렇게 말하는 것은 나를 세상에서 존중받게 하는 데 도움이 되지 않는다는 것을 잘 알지만 나는 그럴 마음이 조금도 없다. 그리고 나는 이 세상에서 가장 명예로운 역할을 맡기는 사람들보다도, 내가 아무런 방해도 없이 한가로이 여가를 즐길 수 있도록 호의를 베풀어 주는 사람들을 언제나 고맙게 생각할 것이다.

Meditationes de prima philosophia

성찰

일러두기

1. 이것은 보통 성찰(省察)이라는 이름으로 알려진 Meditationes de prima philosophia 제2판의 본문만 우리말로 옮긴 것이다. 부록 '반론과 답변'은 생략했다.

2. 텍스트에는 부헤나우가 교정(校訂)한 Meditationes de prima philosophia. Curavit Artur Buchenau. Felix Meiner in Leipzig, 1913. 및 륀 공작이 교정한 Méditations Métaphysiques. Text latin et traduction du Duc de Luynes. Introduction et Notes par Geneviève Lewis. Paris, 1949.를 병용했다.

3. 프랑스어 번역판과 라틴어 원문이 다른 것은 최대한 표시해 놓았다. 본문 가운데 〔 〕로 묶은 부분은 프랑스어판에만 보이는 것이며, 이것을 빼놓고 읽으면 라틴어 원문대로이고 이것을 넣어서 읽으면 프랑스어판대로 된다.

지혜로우시고 이름 높으신 성스러운
파리 신학부 학부장 및 박사 여러분들께

르네 데카르트

내가 감히 이 책을 여러분께 드리게 된 데에는 그럴 만한 이유가 있으며, 또 여러분께서 나의 뜻을 이해하신다면 이 책을 여러분의 보호 아래 두실 정당한 이유를 갖게 되시리라 확신합니다. 그러므로 여기서 이 책을 여러분께 추천하려면 내가 이 책에서 이루려고 한 것을 간단히 말씀드리는 것보다 더 좋은 일은 없다고 생각합니다.

나는 늘 신(神)에 대한 문제와 영혼에 대한 문제, 이 두 가지는 신학보다도 오히려 철학에 의해 논증되어야 할 여러 문제 중에서도 가장 중요한 것이라 생각해 왔습니다. 왜냐하면 우리처럼 신앙을 가진 사람들은 인간의 영혼이 육체와 함께 멸망하는 것이 아니며 신이 존재한다는 것을 신앙으로 믿으면 되지만, 신앙이 없는 사람들에게는 먼저 이 두 가지 일이 이성(理性)에 의해 증명되어야 하며 그렇지 않으면 무릇 어떤 종교도, 그 어떤 도덕상의 덕(德)조차도 받아들이게 할 수 없을 것 같기 때문입니다. 더욱이 현실에서는 흔히 덕에 대해서보다 악덕에 대해서 더 큰 보상이 주어지므로 만일 사람들이 신을 두려워하지 않고 또 내세를 기대하지 않는다면, 눈앞의 이익보다 올바른 일을 택하는 사람은 거의 없을 것입니다. 물론 신의 존재를 믿어야 한다는 것은 성경에서 가르치고 있는 바이므로 아주 참된 일이고, 또 반대로 성경을 믿어야 한다는 것도 그것을 신이 주신 것이므로 무척 옳은 일입니다. 신앙은 신의 선물이므로, 다른 일들을 믿게 하기 위해 은총을 내리시는 그 신은 또 우리에게 신의 존재를 믿도록 은총을 내려주실 수 있을 것이기 때문입니다. 그러나 신앙이 없는 사람들에게 이와 같은 이유를 들 수는 없습니다. 그들은 이것을 〔논리학자들이〕 순환논증(循環論證)〔이라고 이름 붙인 오류〕이라고 판단할 것이기 때문입니다.

실제로 내가 깨닫고 있는 일입니다만, 여러분과 다른 모든 신학자들도 신의 존재를 자연적 이성으로 증명할 수 있다고 확신하고 계십니다. 뿐만 아니라 신에 대한 인식은 피조물에 대해서 우리가 갖고 있는 많은 인식보다 훨씬 분명하고 얻기 쉬워서, 신에 대한 인식을 갖지 않은 사람들이 비난을 받아 마땅하다는 것은 성경에서 미루어 알 수 있습니다. 이것은 《솔로몬의 지혜》[1] 제13장에 나오는, '그렇지만 그들은 용서받을 수 없다. 만일 그들이 세계를 탐지할 수 있는 지식을 쌓을 능력이 있다면 어찌하여 세계를 만드신 분을 일찍이 찾아내지 못했는가' 말씀에서 분명한 것입니다. 또 《로마인들에게 보낸 편지》 곧 《로마서》 제1장에는 '사람들이 무슨 핑계를 대겠습니까'[2]라는 말씀이 있습니다. 그리고 같은 대목에 있는 '사람들이 하느님께 관해서 알 만한 것은 하느님께서 밝히 보여주셨기 때문에 너무나도 명백합니다'(《로마서》 제1장 19절)라는 말씀으로, 신에 대해 알 수 있는 모든 것은 바로 우리 정신 속에서만 〔그리고 정신만이 우리에게 줄 수 있는 곳에서〕 찾으면 되는 근거에 의해서 밝혀질 수 있다고 알려줍니다. 그런 까닭으로, 그렇다면 어째서 그러한가, 어째서 신은 이 세상의 것보다 더 쉽게 그리고 더 확실하게 인식되는가를 내가 탐구한다는 것이 부당하지 않다고 생각한 것입니다.

또 영혼에 대해서는 많은 사람들이 그 본성을 알기가 쉽지 않다고 생각하고 있으며, 어떤 사람은 인간적인 근거에서는 영혼이 육체와 동시에 멸망한다는 확신을 가질 수밖에 없고, 다만 신앙으로 그것과 반대되는 일을 이해할 수 있다고까지 감히 주장하고 있습니다. 그러나 레오 10세의 주재로 열린 제8회 라테란 회의는 그와 같이 주장하는 사람들을 비난하고, 그리스도교 철학자들에게 특히 명하여 그들의 논거를 깨뜨리게 하는 등 온 힘을 다해 진리를 증명시

---

1) 《솔로몬의 지혜》란 '아포크리파'라고 불리는 구약성경 외전(外典) 가운데 하나이며, 이른바 지혜문학(智慧文學) 중에서도 가장 아름다운 것으로 일컬어지고 있다. 보통 우리가 사용하고 있는 성경에는 실려 있지 않는데, 역시 솔로몬의 '지혜의 서'라고 일컬어지는 《전도의 서》와는 별개의 것이다. 로마 교회에서는 1546년 트리엔트 공의회 때 그 일부를 제외한 아포크리파를 구약정경(舊約正經)의 하나로서 공인했다. 여기의 인용은 제13장 8~9절에서 따온 것이다.

2) 《로마서》 제1장 20절. '하느님께서는 세상을 창조하신 때부터 창조물을 통하여 당신의 영원하신 능력과 신성과 같은 보이지 않는 특성을 나타내 보이셔서 인간이 보고 깨달을 수 있게 하셨습니다. 그러니 사람들이 무슨 핑계를 대겠습니까?'

키고 있으므로 나도 감히 이 일을 하려고 한 것입니다.

아울러 나는 신앙 없는 사람들의 대부분이 신이 존재하신다는 것과 인간의 정신이 신체와 구별되고 있다는 것을 믿으려 하지 않는 원인은 지금까지 아무도 이 두 가지를 증명하지 못했기 때문이라고 그들이 주장하고 있음을 알고 있습니다. 물론 나는 결코 그들에게 동의하지 않으며, 반대로 그런 문제들에 대해서 뛰어난 사람들이 제기한 모든 원리는 확실히 이해되기만 한다면 충분히 논증의 힘을 가지고 있다고 생각합니다. 또 이미 다른 누구에 의해서도 발견되지 않은 근거를 (새로이) 만든다는 것은 거의 불가능하리라고 확신합니다. 그러나 한번 그러한 모든 근거 가운데서 가장 뛰어난 것을 면밀히 검토해 그것을 엄밀히, 그리고 또렷하게 설명하고, 그리하여 앞으로는 그 근거가 누구에게나 타당한 논증으로 받아들여진다면 철학에 있어서 이보다 유익한 일은 없을 것이라고 나는 믿습니다. 마지막으로 몇몇 사람들은 내가 여러 학문에 있어서 모든 난제를 풀기 위한 어떤 방법을 세웠다는 것을 알고 있으며, 그렇다고 완전히 새로운 방법은 아닙니다만—진리보다 오래된 것은 없으니까—그래도 그들은 내가 그 방법을 가끔 다른 곤란한 문제에 사용해서 꽤 결실을 얻은 것을 보았으므로, 나에게 이 일을 하라며 절실히 요구하곤 해서 나는 이 문제에 대해 약간의 힘을 시험해 보는 것이 내 의무라고 생각한 것입니다.

아무튼 내가 이룩할 수 있었던 것은 죄다 이 논문 속에 담겨 있습니다. 그러나 나는 이 문제를 증명하기 위해 들 수 있는 모든 근거를 남김없이 이 논문에 다 수록하려고 노력하지는 않았습니다. 그렇게 하는 것은 확실한 근거가 하나도 없을 때에만 필요하다고 생각했기 때문입니다. 나는 첫 번째의, 그리고 가장 중요한 근거만을 추구했습니다. 그러므로 나는 앞으로 이러한 근거를 감히 가장 확실하고 가장 명증적인 논증으로서 내세울 참입니다. 덧붙여 말하자면, 나는 이들 근거보다 더 훌륭한 근거를 발견할 수 있는 어떠한 길도 인간의 정신에는 열려 있지 않다고 생각합니다. 여기서 지금 내가 평소보다 매우 솔직하게 내 일에 대해서 말씀드리는 것도 일의 어쩔 수 없는 중요성과 여기서 논술되는 모든 것이 관련되어 있는 신의 영광에 강요되어서입니다. 그러나 그와 같은 근거를 내가 아무리 확실하고 명증적인 것으로 생각하더라도 그것이 모든 사람들에게 다 이해될 수 있다고는 믿지 않습니다. 오히려 사정은 기하학의 경우와 같습니다. 다시 말해서 기하학에 있어서는 아르키메데스, 아폴로니오스,[3] 파포스,[4] 그리고 그 밖의 사람들에 의해서 많은 논증이 기술되어 전해지고 있습니다만, 그러한 논증은 그 자체로서 본다면 인식하기 어려운 것은 아무것도 없으며, 또 귀결이 전제와 밀접하게 연결되지 않는 것은 하나도 들어 있지 않으므로 모든 사람에 의해서 〔극히〕 명증적인 것, 〔극히〕 확실한 것으로 여겨지고 있습니다. 그러나 그러한 논증은 매우 지루하고 독자를 긴장시키므로 아주 소수의 사람들밖에 이해하지 못합니다. 그와 마찬가지로 내가 여기서 사용하는 논증은 확실성과 명증성에 있어서 기하학의 논증에 못지않거나 그보다 낫다고까지 나는 믿고 있습니다만, 많은 사람들이 충분히 이해할 수는 없지 않을까 두렵습니다. 내 논증도 무척 지루할 뿐만 아니라 또 서로 의존하고 있기 때문이며, 특히 선입견에서 완전히 벗어난 정신, 즉 자기 자신을 감각(感覺)의 영향으로부터 쉽게 벗어나게 할 수 있는 정신을 요구하기 때문입니다. 또한 세상에는 형이상학 연구에 적합한 자의 수가 기하학 연구에 적합한 자의 수만큼 많지는 않습니다. 그리고 다음과 같은 차이도 있습니다. 말하자면 기하학에서는 확실한 논증을 갖지 않은 것은 결코 쓰이지 않는 법이라고 누구나 믿고 있으므로, 기하학에 정통하지 않은 자는 참된 것을 반박하는 과오를 범하기보다는 알고 있는 것처럼 보이고 싶어서 거짓된 일을 시인하는 과오를 더 자주 범합니다. 이와 반대로 철학의 경우에는 반박하는 데 있어서나 시인하는 데 있어서나, 논쟁할 수 있다고 누구나 믿고 있으므로[5] 진리를 찾는 자는 아주 드물며, 오히려 대부분의 사람들은 감히 가장 뛰어난 주장을 공격함으로써 재사(才士)라는 명성을 얻으려 애쓰는 것입니다.

이런 까닭으로 내가 드는 모든 근거는 그것이 어떠한 성질의 것이건, 아무튼 철학에 속하는 것이니까 여러분이 감싸고 보호해 도와주시지 않는다면, 완전한 근거를 가지고도 큰 효과를 올릴 수 있으리라고는 기대할 수 없습니다. 더

---

3) Apollonios. 기원전 200년께 알렉산드리아에서 교수 활동을 했으며, 아르키메데스 다음간다고 하던 뛰어난 기하학자.

4) Pappos. 알렉산드리아의 철학자이자 수학자. 그가 쓴 《수학집성》 여덟 권 가운데 여섯 권이 전해지며 근세 수학자들에게 큰 영향을 주었다.

5) 프랑스어판에서는 '철학에서는 사정이 달라서 그 모든 명제가 의문이라고 누구나가 믿고 있으므로'라고 되어 있다.

욱이 여러분의 학부(學部)에 대한 존경심은 모든 사람의 마음에 깊이 뿌리박혀 있어서 소르본의 이름은 매우 권위를 갖고 있으므로 신앙 문제에서 거룩한 공의회(公議會) 다음으로 여러분의 기관만큼 신뢰를 받고 있는 단체가 없을 뿐 아니라, 세속적인 철학에서도 여러분의 학부보다 분별력과 견실성, 그리고 판단을 내림에 있어서의 공평함과 신중함을 지니고 있는 곳은 아무 데도 없다고 여겨지고 있는 것입니다.

그러므로 여러분께서 만일 다행히 이 책을 읽어주시는 영광을 베풀어 먼저 여러분에 의해서 바로잡아진다면—단순히 나의 인간적인 약함뿐 아니라 무엇보다도 내가 자신의 무지(無知)를 스스로 깨닫고 있으므로, 이 책에 오류가 없다고 확언할 수는 없기 때문입니다—다음에 이 책에 빠져 있는 일들, 혹은 충분히 갖추어지지 않은 대목, 또는 상세한 설명이 필요한 것들이 여러분의 손에 의해서나, 아니면 하다못해 여러분의 지시에 의해 내 손으로나 그 어느 쪽에 의해서든지 덧붙여지고 완전해지고 설명된다면, 그리고 마지막으로 신이 존재하신다는 것과 정신이 신체와 다르다는 것을 증명하는 이 책의 근거가 더 엄밀한 논증으로 여겨져야 할 만큼 뚜렷해진 다음—나는 그것이 그와 같은 명료성에 이를 수 있다고 확신합니다—여러분이 이에 대해서 언명하고 공공연히 증언해 주실 경우에는 여태까지 이들 문제가 지녔던 오류는 사람들의 마음에서 깨끗이 사라지리라는 것을 나는 믿어 의심치 않습니다. 왜냐하면 진리 그 자체가 다른 재능 있는 사람들 및 박식한 사람들을 여러분의 판단에 쉽게 동의하게 할 뿐만 아니라, 또 여러분의 권위는 재능이 있다든가 박식하다기보다 오히려 거만하기 마련인 무신론자들로 하여금 반항심을 버리게끔 할 것이며, 나아가서는 아마도 이해하지 못한다고 여겨지지 않기 위해 재능이 부여된 모든 사람들이 논증으로 인정되는 근거를 그들 스스로 변호하려고까지 할 것이기 때문입니다. 그리하여 그 밖의 모든 사람들은 이토록 많은 증거를 쉽게 믿게 될 것입니다. 그리고 이제 세상에는 신의 존재라든가 인간의 영혼과 육체의 실제적인 구별을 감히 의심하는 자가 없어지게 될 것입니다.

그와 같은 일이 얼마나 유익한가 하는 것은 여러분의 범상치 않은 예지로(그것을 의심하는 데서 생기는 무질서를 알고 계시는) 여러분 스스로가 누구보다도 잘 평가하시는 일입니다. 언제나 가톨릭교회의 가장 든든한 기둥이자 주춧돌이신 여러분을 향해서 신과 종교에 대한 일들을 더 이상 지루하게 여기서 늘어놓는다는 것은 내게 걸맞지 않는 일일 것입니다.

읽는 이에게 드리는 머리말

　신과 인간의 정신에 대한 문제는 이미 1637년 프랑스어로 출판된 《이성을 올바로 이끌어 모든 학문에 있어서 진리를 탐구하기 위한 방법서설(序說)》(약칭 《방법서설》)에서 언급한 바 있었다. 물론 거기서는 그 문제를 상세히 다루려고 한 것이 아니라, 다만 문제를 지적하고 그에 대한 독자의 판단을 들어, 나중에 그 문제를 다루게 되었을 때 어떻게 다루면 좋은가를 밝히고 싶었던 것이다. 왜냐하면 그러한 문제가 나에게는 매우 중요하게 여겨졌으므로 한 번뿐이 아니라 몇 번이고 논의되어야 한다고 생각했기 때문이다. 그러나 이 문제를 검토하기 위해서 내가 더듬는 길은 아직 아무도 거의 발을 들여놓은 적이 없고 일반의 관용(慣用)과도 동떨어져 있으므로, 이것을 누구나 읽을 수 있는 책으로서 더 이상 상세하게 프랑스어로 논술하는 것은 소용없는 일이라고 생각했다. 재능이 모자란 자들까지 자기들도 그 같은 길을 더듬지 않으면 안 된다고 생각해서는 곤란하기 때문이다.

　나는 위의 책에서 누구든 비난할 점을 발견한 사람은 나에게 알려달라고 부탁했는데, 앞에서 말한 문제에 대해서는 주목할 만한 논박은 둘밖에 나오지 않았다. 위의 문제에 대해서 더 엄밀하게 검토하기에 앞서, 먼저 그 두 가지 논박에 대해 여기서 간단히 대답해 두고 싶다.

　첫 번째 논박은, 인간 정신이 자기 스스로를 향할 경우 자기가 생각하는 것이라고밖에 지각(知覺)하지 않는다는 데서 인간 정신의 본성 내지 본질은 다만 생각하는 것에만 있다는 귀결은 나오지 않는다는 것이다—이 다만이라는 말로 인해, 아마도 역시 영혼의 본성에 속한다고 할 수 있는 그 밖의 모든 것이 배제된다. 이 논박에 대해서 나는 다음과 같이 대답한다. 나도 거기서는 다른 모든 것을 사물의 진리 그 자체에 대한 질서에 있어서(물론 나는 그때 그와 같은 것을 논한 것은 아니다) 배제하고 싶어 한 것이 아니라, 단지 나의 지각[1]에 대한 질서에 있어서 배제하고자 한 데 지나지 않는다. 따라서 나의 본질에 속한다고 내가 아는 것으로는, 나는 생각하는 자라는 것, 즉 내 속에 생각하는 능력을 갖는다는 것밖에 없다는 뜻이었다. 그러나 이제 나는 그 밖의 아무것도 나의 본성[2]에 속하지 않는다고 내가 인식하는 데서, 사실 또 그 밖의 무엇도 내 본성에 속하지 않는다는 귀결이 어째서 나오는가를 아래에서 밝히고자 한다.

두 번째 논박은, 내가 내 속에 나보다 완전한 것의 관념(觀念)을 갖고 있다는 데서 관념 그 자체가 나보다 완전하다는 귀결은 나오지 않으며 더군다나 이 관념에 의해서 표현되는 것이 존재한다는 귀결은 더욱 나오지 않는다는 것이다. 그러나 이 경우 관념[3]이라는 말에 모호함이 숨겨져 있다고 나는 대답한다. 즉 그것은 한편에서는 질료적(質料的)[4]으로 오성(悟性)의 작용이라고 풀이될 수 있고, 이런 뜻에서는 관념이 나보다 완전하다고 할 수는 없으나 한편에 있어서 그것은 객관적[5]으로 이 작용에 의해 표상(表象)된 것이라고 풀이될 수 있으며, 이

---

1) 원문에 perceptio로 되어 있으나 프랑스어판에는 pensée로 되어 있다.

2) 라틴어 원문은 essentia인데, 프랑스어판에서는 esprit(정신)로 되어 있다.

3) '관념(idea)'이라는 말은 두말할 것도 없이 중요한 것이므로, 《반론과 답변》 제2의 부록이 되어 있는 '기하학적인 방법으로 배열된 신의 존재 및 영혼과 육체와의 구별을 증명하는 모든 근거'에 적혀 있는 정의(定義)를 들어둔다. '관념이라는 말은 어떤 사유의 형상(forma)'을 말하는 것이며, 이 형상의 직접적인 지각에 의해서 나는 사유 자체를 의식하는 것이다. 따라서 내가 말로써 무언가를 표현할 수 있는 것은 내가 나 자신이 말하는 것을 이해하는 한, 그 말로써 표현되는 것의 관념이 내 속에 있음이 확실한 경우뿐이다. 그러므로 상상 속에 그려진 단순한 상(像)을 나는 결코 관념이라고는 부르지 않는다. 아니, 나는 여기서 그와 같은 상을 그것이 신체적인 상상 속에서, 즉 뇌의 어떤 부분 속에서 그려진 것인 한 결코 관념이라 부르지 않고, 다만 그것이 뇌의 그 부분으로 향한 정신 그 자체를 형성하는 한에서만 관념이라고 부르는 것이다.

4) materialiter. 이 말의 뜻을 이해하기 위해서 제4답변의 다음 문장 참조. '관념 그 자체는 어떤 형상일 뿐 하등 물질에서 합성된 것이 아니기 때문에, 관념이 무엇을 표현하는 것으로서 고찰될 경우에는 언제나 그것은 질료적으로서가 아니라 형상적(formaliter)으로 풀이되고 있는 것이다. 그런데 관념이 일정한 것을 표현하는 것으로서가 아니라 단지 오성(悟性)의 작용(operationes intellectus)으로서 고찰될 경우에는 물론 관념은 질료적으로 여겨져 있다고 할 수 있겠지만, 이 경우 관념은 대상의 참된 것에 혹은 거짓된 것에 결코 관계하지 않는 것이다.

5) objective. 현대의 철학 용어법과는 달라서 우리의 정신 속에 표상되어 있다는 뜻인 바, 오늘날 말로 하면 '객관적'이 아니라 오히려 '주관적'이란 뜻이다.

와 같은 것은 〔나의〕 오성 바깥에 존재한다고 가정하지 않더라도 그 자체의 본질에 따라 나보다 완전한 것일 수 있는 것이다. 그러나 내 속에 나보다 완전한 것의 관념이 있다는 것만으로 어떻게 그와 같은 것이 실제로 존재한다는 귀결이 되는가는 아래에 상세히 논술될 것이다.

이 밖에도 나는 두 편의 매우 긴 반박문을 보았는데, 그것은 위의 문제에 대한 나의 근거보다도 오히려 결론에 대해 무신론자들의 상투 문구에서 빌려온 논거로써 공격한 것이다. 그러나 그러한 논거는 나의 논거를 이해하는 사람들에 대해서 아무런 힘도 가질 수 없으며, 또 많은 사람들의 판단력은 약하고 그릇되어 있기에 비록 아무리 거짓되고 아무리 이치에 어긋나 있더라도 일단 어떤 의견을 믿고 따라버려서 나중에 듣는 반박은 그것이 참되고 확고하더라도 쉽게 믿고 따르지 않으므로, 나는 여기서 그 같은 논거에 대답할 생각은 없다. 내가 답하려면 먼저 그들 의견을 전해야 하기 때문이다. 나는 다만 일반적으로 다음과 같은 말만 해두겠다. 신의 존재를 논박하기 위해서 무신론자들이 언제나 들고나오는 모든 근거는 결국 언제나 인간적인 정념(情念)이 신에게도 있다고 왜곡하는 데에 있거나, 혹은 분수도 모르고 신이 할 수 있는 일 또는 해야 할 일을 감히 결정하고 이해하려고 할 만큼의 힘과 지혜가 우리 정신에도 있다고 자부하는 데 있다. 그리하여 만일 우리가, 우리의 정신은 유한하지만 신은 이해(理解)를 넘어 무한하다고 생각해야 한다는 것을 잊지만 않는다면, 그들의 논박은 우리에게 아무런 곤란도 일으키지는 않을 것이다.

아무튼 사람들의 온갖 견해를 알게 된 지금, 나는 다시 여기서 신과 인간의 정신에 대한 문제를 논함과 동시에 제1철학 전체의 기초를 다루어 보고자 한다. 그러나 나는 대중의 칭찬을 기대하지 않으며, 또 많은 독자를 얻고자 바라지도 않는다. 오히려 나는 다만 진심으로 나와 함께 사색하며, 정신을 모든 감각에서, 그리고 동시에 모든 선입견에서 떼어놓을 수 있고 또 떼어놓고 싶은 사람들만 읽어주었으면 하고 이것을 쓴 것이다. 또 그와 같은 사람이 아주 조금밖에 없다는 것을 나는 잘 알고 있다. 하지만 내가 드는 모든 근거의 순서와 연관을 이해하려 하지 않고, 많은 사람들의 습성이 그렇듯이 오직 낱낱의 어구에만 얽매어 흠잡는 데 열을 올리는 사람들은 이 책을 읽더라도 큰 이익을 거두지 못할 것이다. 그리고 그들은 아마 여러 대목에서 트집 잡을 기회를 발견하겠지만, 나를 궁지에 몰아넣을 만한 것이나 답변할 만한 가치가 있는 것을 그리 쉽게 들고나오지는 못할 것이다.

그렇다고 나는 그 밖의 진실한 사람들에게 모든 점에서 만족을 주겠노라 약속할 수는 없으며, 또 누군가가 곤란하다고 여길 모든 일을 예견할 수 있다고 자부하는 사람도 아니다. 나는 먼저 내가 진리의 확실하고 명증적인 인식에 이르게 되었다고 여겨지는 그 사유 과정 자체를 전개함으로써 내가 설득당한 그같은 근거가 혹시 다른 사람도 설득할 수 있을는지 확인해 보려 한다. 또 이 책을 인쇄에 붙이기 전에 검토해 주십사고 내가 의뢰했던 재능과 학식이 뛰어난 몇 분의 논박과 그 대답도 실었다. 이분들이 내놓은 논박은 그 수도 매우 많고 종류도 갖가지이므로, 적어도 중요한 문제로서 이들이 언급하지 않은 것이 다른 사람들의 머리에 쉽게 떠오르는 일은 거의 없으리라고 나는 감히 예상한다. 그러므로 나는 독자 여러분에게 이들 논박 및 이에 대한 나의 답변 모두를 읽지 않고서는 이 성찰에 대한 판단을 내리는 일이 없도록 거듭거듭 부탁해 둔다.

여섯 가지 성찰의 주요 내용

첫 번째 성찰에서는 어떤 까닭으로 우리는 모든 것에 대해서, 특히 물질적인 것에 대해서 의심할 수 있는가, 그 여러 가지 이유가 논술된다. 의심한다고는 하나 그것은 물론 우리가 여태까지 갖고 있던 학문상의 기초와 다른 기초를 갖게 되기 전의 일이다. 이와 같은 전반적인 회의(懷疑)의 효용은 처음에는 뚜렷하지 않더라도, 모든 선입견에서 우리를 해방시키고 정신을 감각에서 떼어놓는 데 가장 쉬운 길을 열어준다는 점에서 매우 크다. 그리고 마지막으로 그것이 참이라고 확인하게 된 일에 대해서는 우리로 하여금 더 이상 의심할 수 없게 해주는 것이다.

두 번째 성찰에서는 정신은 자신의 자유를 사용해서 그 존재에 대해 조금이라도 의심할 수 있는 것은 모두 존재하지 않는다고 가정하지만, 정신 자신은 존재하지 않을 수 없다는 것을 깨닫는다. 이 점 또한 효용이 매우 크고, 이와 같이 하여 정신은 자기에게 있어서 오성적인 본성에 속하는 것과 신체에 속하는 것을 쉽게 구별하는 것이다. 그러나 혹시 이 대목에서 영혼의 불사(不死)의 근거를 기대하는 사람이 있을지 모르므로, 나는 내가 엄밀히 논증하지 못하는 것은 무엇 하나 쓰지 않도록 애썼다는 것을 여기서 그러한 사람들에게 미리 일러두어야 한다고 생각한다. 그래서 나는 기하학자들이 사용하고 있는 순서, 즉 찾고 있는 명제에 대해서 결론짓기 전에 그 명제에 필요한 조건을 모두 내놓는 순서를 따르는 수밖에 없었다.

그런데 영혼의 불사를 인식하기 위해서 미리 요구되는 첫째로 중요한 일은 영혼에 대해서 되도록 투명한, 그리고 신체의 모든 개념과는 전혀 다른 개념을 만드는 것이다. 이것이 바로 두 번째 성찰에서 이루어지고 있다. 이 밖에 또 요구되는 것은, 우리가 명석하고 판명하게 이해하는 모든 개념은 우리가 그것을 이해하면 곧 참이 된다는 점을 인정해야 한다는 것이다. 이것은 네 번째 성찰

이전에서는 증명할 수 없었다. 다시 물체의 본성에 대해 판명한 개념을 갖지 않으면 안 되는데, 이러한 개념의 일부분은 두 번째 성찰에서, 다른 일부분은 다섯 번째 및 여섯 번째 성찰에서 형성된다. 그리고 거기서 정신과 육체처럼 별개의 개념으로서 명석하고 판명하게 파악되는 모든 것은 사실에 있어서도 서로 다른 실체라는 결론이 나온다. 이 결론은 여섯 번째 성찰에 나와 있다. 더욱이 결론은, 그 여섯 번째 성찰에서 우리는 물체를 가분적(可分的)인 것으로서밖에 이해하지 않고 반대로 정신을 불가분의 것으로서밖에 이해하지 않는다는 것으로 확증되어 있다. 즉 우리는 아무리 작은 물체라도 그 절반을 생각할 수 있지만, 어떠한 정신에 대해서도 그 절반을 생각할 수는 없기 때문이다. 따라서 이두 가지 본성은 단순히 서로 다를 뿐 아니라 어느 점에서는 서로 반대된다는 것을 알 수 있다. 그러나 이 점에 대해서 나는, 이 책에서는 그 이상 파고들지 않았다. 왜냐하면 여기서 말한 것만으로도 신체의 소멸(消滅)에서 정신의 사멸(死滅)이 귀결되지 않는다는 것을 충분히 나타낼 수 있고, 그럼으로써 죽을 인간에게 내세에 대한 희망을 충분히 줄 수 있기 때문이며, 또한 이 정신의 불사를 결론짓게 하는 여러 전제가 자연학 전체에 대한 설명에서 밝혀질 수 있기 때문이다. 즉 첫째로 무릇 존재하기 위해서는 신에 의해서 창조되어야 하는 모든 실체(實體)는 그 본성상 불멸이며, 그와 같은 실체는 신의 협력이 거부됨으로써 같은 신에 의해 무(無)로 돌려지지 않는 한 결코 있는 것을 멈출 수 없다는 것이 알려지지 않으면 안 된다. 그리고 둘째로 물체는 일반적으로 보아 실체이기 때문에 결코 소멸되지 않는다는 데 주의해야 한다. 그러나 인간의 신체는 다른 물체와 구별되는 한, 다만 여러 기관(器官)의 일정한 배치 및 그와 비슷한 우유성(偶有性)으로 짜 맞추어진 것이고, 이와 반대로 인간의 정신은 그와 같은 우유성으로 성립되어 있는 것이 아니라 순수한 실체라는 데 주의하지 않으면 안 된다. 왜냐하면 설혹 정신이 갖는 모든 우유성이 변하고, 따라서 이를테면 다른 것을 생각하고 다른 것을 바라며 다른 것을 감각한다고 하더라도 정신 자체가 다른 정신이 되는 일은 없지만, 인간의 신체는 그 어떤 부분의 모양이 변하는 것만으로 다른 것이 되어버리기 때문이다. 따라서 신체는 아주 쉽게 소멸하지만, 정신(또는 인간의 혼(나는 이 둘을 구별하지 않는다))은 그 자신의 본성부터가 불사라는 귀결이 나오는 것이다.

세 번째 성찰에서는 신의 존재를 증명하기 위한 나의 주요한 논거를 충분히 그리고 상세하게 설명했다. 그러나 독자의 마음을 되도록 감각에서 떼어놓기 위해 나는 거기서 물체적인 것으로부터 얻은 비유를 사용하고 싶지 않았으므로 아마도 뚜렷하지 않은 점이 많이 남아 있을 것이라 본다. 하지만 그러한 점은 나중에 〔나에 대해서 제기된〕 논박에 대한 답변 속에서 모두 제거될 것이다. 그중에서도, 이를테면 우리 속에 있는 가장 완전한 실체의 관념이 가장 완전한 원인에서 유래하지 않을 수 없을 만큼 객관적인 실재성(實在性)[1]을 갖는 것은 〔즉 그만한 정도의 실재와 완전성을 표상적으로 나누어 갖는 것은〕 무엇 때문인가 하는 것은 이해하기가 매우 어려운 문제이다. 이 문제는 답변에서, 아주 완전한 기계(機械)의 관념이 그것을 만든 기술자의 정신 속에 있는 경우와 비교함으로써 설명되어 있다. 다시 말해서 이 관념의 객관적인 제작(製作)이 그 어떤 원인, 즉 이 기술자가 갖는 지식 내지는 그에게 이 관념을 준 다른 사람의 지식을 갖지 않으면 안 되는 것과 마찬가지로 우리 속에 있는 신의 관념은 신 자신을 원인으로서 가져야만 하는 것이다.

네 번째 성찰에서는 우리가 명석하고 판명하게 지각하는 모든 것은 참이라는 게 증명되고, 동시에 또 허위〔내지는 오류〕의 근거가 어디에 있는지가 설명된다. 이것은 앞에서 말한 것을 확인하기 위해서나 나중에 이어지는 것을 이해하기 위해서 반드시 알아두어야만 하는 일이다. 그러나 거기서 문제로 삼은 것은 죄라든가 선악(善惡)을 추구하면서 저지르는 오류 따위가 결코 아니고 다만 참과 거짓을 〔판단하고〕 식별할 때 일어나는 오류에 지나지 않는 것이며, 또 나는 신앙이라든가 처세에 속하는 일을 고찰한 것이 아니라 다만 사변적인 진리, 즉 자연의 빛[2]으로서만 인식되는 진리를 검토한 데 지나지 않는 것임에 주의해야 한다.

---

1) 두 번째 답변의 부록 정의 3에서 데카르트는 관념의 객관적 실재성을 다음과 같이 규정하고 있다. '관념의 객관적 실재성'이라는 것은 관념으로 표상된 사물의, 관념 속에 있는 한의 실유성(實有性, entitas)을 말한다. 마찬가지로 객관적 완전성이라든가 객관적 기교(技巧)라고도 말할 수 있다. 왜냐하면 관념의 대상 속에 있다고 우리가 지각하는 한의 것은 관념 그 자체 속에 객관적으로 있기 때문이다.

2) Lumen naturale. 실제 생활에 있어서의 경험지 및 신앙 영역에 있어서의 계시(혹은 은총의 빛 : Lumen gratiae)에 대립되는 진리를 인식하는 인간 본성에 갖추어진 이성을 말한다.

다섯 번째 성찰에서는 물체적인 본성 일반이 설명되고, 그 밖에 새로운 근거에 입각해 신의 존재가 논증된다. 하지만 이 근거에도 아마 어떤 곤란이 생기겠지만, 이것은 나중에 논박에 대한 답변 속에서 해결될 것이다. 그리고 마지막으로 기하학적 논증의 확실성마저 신의 인식에 의존하고 있다는 것이 어찌하여 참된 것인가 하는 것을 보여준다.

끝으로 여섯 번째 성찰에서는 오성이 상상력과 구별되고, 그 구별의 징표(徵表)가 제시된다. 그리고 정신이 실재적으로 신체와 구별된다는 것이 증명되며, 그러면서도 정신은 신체와 밀접하게 결합하고 있어서, 말하자면 신체와 일체를 이루고 있음을 보여준다. 감각에서 생기는 모든 오류가 드러나고, 그것을 피할 수 있는 수단이 제시된다. 그리고 마지막으로, 물질적인 것의 존재를 결론지을 수 있는 모든 근거가 제시된다. 그것은 그러한 근거가 증명하는 일 그 자체, 즉 세계는 실제로 있다든가, 인간은 신체를 가졌다든가, 그 밖에 건전한 정신을 가진 사람이라면 누구나 결코 의심한 적이 없는 이와 비슷한 일을 증명하는 데 있어서, 그 근거가 매우 유용하다고 생각하기 때문이 아니라, 단지 그러한 근거를 고찰함으로써 그것들이 우리로 하여금 우리의 정신 및 신의 인식에 이르게 하는 근거만큼 견고하지도 투명하지도 않다는 것을 알 수 있게 되기 때문이다. 따라서 이 근거야말로 무릇 인간 정신에 의해서 알려질 수 있는 모든 것 가운데서 가장 확실하고 가장 명증적인 것이다. 오직 이 한 가지를 증명하는 것이 성찰에 있어서의 나의 목표였다. 그렇게 때문에 우연히 이 성찰에서 다루어지게 된 다른 여러 문제는 여기서 일일이 들지 않기로 한다.

성찰 1

의심할 수 있는 것

벌써 몇 해 전 일이지만, 젊었을 때 나는 너무나 많은 거짓된 것을 참된 것으로 인정했고, 그리고 내가 그것들 위에 세운 모든 것이 얼마나 의심스러운가를 알았으며, 그러므로 만일 언젠가 내가 학문에 있어서 무언가 확고하고 영속적인 것을 확립하고자 한다면 내 생에 한 번은 모든 것을 근본으로부터 뒤집어엎어 토대부터 새로 시작하지 않으면 안 되겠다는 것을 느꼈다. 그러나 그것은 대단한 일로 여겨졌다. 그래서 나는 충분히 성숙해 이 일을 하기에 더 적당한 때는 다시 오지 않으리라고 여겨지는 나이에 이르기를 기다렸다. 그런 까닭에 오랫동안 미루어 왔으므로 아직도 망설이며 시간을 헛되이 보낸다면 이제부터는 죄를 짓게 되는 것이다. 그런데 다행히도 나는 오늘날 모든 번민에서 해방되고, 고독한 은둔 생활에서 어떤 확실한 시간적 여유를 가지고 있기 때문에, 드디어 진지하고 자유로운 마음으로 여태까지의 나의 〔낡은〕 의견을 뒤집어 보고자 하는 것이다.

그러나 이러한 모든 의견이 다 거짓임을 밝혀야 할 필요는 없을 것이다. 또 아마도 나는 그 일을 해내지 못할 것이다. 오히려 벌써 이성(理性)은 완전히 확실하지도 않고 의심하지 못할 것도 없는 것에 대해서는, 뚜렷이 거짓된 것에 대해서와 마찬가지로 주의해서 동의(同意)를 삼가야 한다고 나를 설득하고 있으니, 만일 내가 그 의견들 가운데 어느 하나 속에 무언가 의심할 만한 이유를 발견한다면, 그것만으로 그 모든 의견을 물리치는 데 충분할 것이다. 그러므로 그 의견들을 하나하나 검토할 필요는 없다. 그런 짓을 하고 있다가는 끝이 없을 것이다. 그보다는 오히려 토대를 파헤치면 그 위에 세워진 것은 깡그리 저절로 무너질 터이니, 나는 일찍이 내가 믿고 있던 모든 것[1]이 의거한 원리 그 자체를 따져보려 한다.

여태까지 내가 가장 참되다고 인정해 온 모든 것은 감각을 통하거나 아니면 감각의 매개를 통해 받아들였다. 그런데 이 감각이 때로 우리를 속인다는 것을 나는 경험했다. 단 한 번이라도 우리를 속인 것에 대해서는 결코 전폭적으로 신뢰하지 않는 것이 현명한 일이다.

그러나 비록 감각이 너무나 작은 것과 너무나 멀리 떨어진 것에 대해서는 때로 우리를 속이는 일이 있더라도, 역시 감각에서 얻었지만 전혀 의심할 수 없는 것이 그 밖에 많이 있을지도 모른다. 이를테면 지금 내가 여기 있어서, 난로 옆에 앉아, 겨울 외투를 입고, 이 종이쪽지를 손에 들고 있는 것 따위는 의심할 수 없다. 실제로 이 손이 나 자신의 것이고, 이 몸 전체가 내 것이라는 것을 어떻게 부정할 수 있겠는가? 이것을 부정하려 한다면 아마 나는 나 자신을 미치광이와 같이 생각하는 수밖에 없을 것이다. 미치광이는 소뇌(小腦)가 검은 담즙에서 생기는 심한 증기 때문에 뒤죽박죽되어 있으며, 그 때문에 가난하기 짝이 없으면서 자기는 제왕이라든가, 발가벗었는데도 〔황금이나〕 자줏빛 비단옷을 입었다든가, 진흙으로 만든 머리를 가졌다든가, 자기 몸은 호박이라든가, 유리로 되어 있다든가 하고 집요하게 주장하는 것이다. 그러나 이들은 미쳤을 따름이지만, 만일 내가 그들의 흉내를 조금 낸다면 나 자신도 그들 못지않은 미치광이로 보일 것이다.

틀림없이 그렇다. 나 또한 인간이므로 밤이 되면 으레 잠을 자고, 꿈속에서는 미치광이가 깨어 있을 때 겪는 것과 똑같은 일을 모두 겪는다. 아니 때로는 미치광이가 겪는 것 이상으로 있을 수 없는 일까지 겪는 것이다. 실제로는 옷을 벗고 잠자리에 누워 있으면서도 깨어 있을 때처럼 내가 여기 있다든가, 겨울 외투를 입었다든가, 난로 옆에 앉아 있다고 얼마나 자주 그렇게 믿었는지! 그러나 지금 나는 확실히 깨어 있는 눈으로 이 종이쪽지를 바라보고 있다. 나는 일부러 의식해 이 손을 뻗고, 또 감각한다. 잠자고 있는 자에게는 〔이처럼 명석하고〕 이처럼 판명한 일은 생기지 않을 것이다. 하지만 〔잘 생각해 보면〕 어떤 때, 꿈

---

1) 프랑스어판에서는 '모든 나의 낡은 의견이'로 되어 있다.

속에서 내가 똑같은 생각으로 속은 적이 있다는 것이 떠오른다.

이러한 것을 다시 주의 깊게 생각할 때 나는 깨어 있는 것과 잠들어 있는 것이 결코 〔적확한 지표(指標)나〕 확실한 표지로써 구별될 수 없다는 사실을 분명히 깨닫고 몹시 놀란다. 그리고 이 놀람 자체가 나는 지금 꿈꾸고 있다는 의견이 옳다고 내게 거의 확신시키는 것이다.

그러면 우리가 꿈꾸고 있다고 가정해 보자. 그리고 우리가 눈을 뜨고 있다든가, 머리를 움직인다든가, 두 손을 벌린다든가 하는 〔이와 비슷한〕 특수한 일들이 참된 것이 아니라고 하자.[2] 아니 그뿐 아니라 어쩌면 우리는 그와 같은 손도 갖고 있지 않고, 또 그와 같은 몸 전체조차 갖고 있지 않은 건지도 모른다고 하자. 그렇더라도 잠자는 동안에 볼 수 있었던 것은 현실적인 〔진실의〕 진실을 본뜨지 않으면 그려질 수 없는 화상(畵像)과 같은 것이므로, 따라서 적어도 눈이라든가, 머리라든가, 손이라든가, 그리고 온몸 같은 일반적인 것은 무언가 공상적인 것이 아니라 참된 것으로서 존재한다[3]는 것을 우리는 확실히 인정하지 않으면 안 된다. 왜냐하면 실제로 화가들이 세이레네스[4]나 사티로스[5]를 아주 괴기한 〔이상한〕 모양으로 그리려고 〔온갖 재주를 다 부려서〕 노력할 경우라도, 거기에는 모든 점에서 완전히 새로운 〔모양이나〕 성질을 부여할 수는 없는 것이며, 단지 여러 동물의 부분부분을 섞기도 〔짜 맞추기도〕 하는 데 지나지 않기 때문이다. 혹은 어쩌면 그들〔의 상상력〕이 〔매우 분방해서〕 그와 비슷한 것을 일찍이 본 적이 없고, 따라서 완전히 허구이며 허망하다고 할 만큼 새로운 무언가를 생각해 낸다고 하더라도, 적어도 그것을 구성하는 빛깔만은 현실의 것이 아니면 안 되는 것이다. 그리고 같은 이유로 설혹 이 일반적인 것, 즉 눈·머리·손 및 그 밖에 이와 비슷한 것이 공상적인 것일 수 있다고 하더라도 적어도 다른 더 단순하고 더 보편적인 것은 현실에 있으며, 우리의 생각 속에 있는 사물의

---

2) 프랑스어판에서는 '참이 아니다'가 '그릇된 환상에 지나지 않는다'로 되어 있다.

3) 프랑스어판에서는 '……은 참된 것이며, 그리고 존재하는 것이다'로 되어 있다.

4) Seirenes. 그리스 신화에 나오는 바다의 요정. 이탈리아 근해 섬에 사는 여자의 얼굴과 새의 몸을 가진 마녀로, 아름다운 노래를 불러 부근을 통과하는 뱃사람들을 유혹해서 죽였다고 한다. 여기서는 세이렌(Seiren)의 복수형으로 되어 있다.

5) Satyros. 사티로스는 디오니소스 신을 따르는 반인반수(半人半獸)의 숲의 신으로서 주색(酒色)을 즐겼다고 한다.

모든 상(像)은 그것이 참된 것(이고 현실적인 것)이건 거짓된 것(이며 공상적인 것)이건 앞에서 아주 새로운 것이 현실의 빛깔에서 구성된 것처럼, 마찬가지로 단순하고 보편적인 것에서 형성된다는 것을 필연적으로 인정하지 않으면 안 된다.

이런 종류에 속한다고 생각되는 것은 물체적 본성 일반과 그 연장(延長), 그리고 연장 있는 것의 형태, 다시 그것의 양, 즉 그 크기와 수, 또한 그것이 존재하는 장소 및 그것이 지속하는 시간 등이다.

그렇기 때문에 이런 것에서 미루어 자연학·천문학·의학, 그 밖에 복합된 것의 고찰에 관계되는 모든 학문은 확실히 의심스러운 (불확실한) 것인데, 이에 반해서 산술·기하학 및 이런 종류의 아주 단순하고 매우 일반적인 것만을 취급하고, 그러면서도 그와 같은 것이 과연 자연계에 있는지 어떤지 거의 돌보지 않는 학문은 무언가 확실하고 의심할 여지가 없는 것을 포함하고 있다고 우리가 결론을 내리더라도 아마 부당하지는 않을 것이다. 왜냐하면 내가 눈을 뜨고 있건 잠자고 있건 2에 3을 보태면 언제나 5[6]이고 사각형은 넷 이상의 변을 갖는[7] 일이 없으며, 그리고 이토록 투명한 진리가 (허위라든가 불확실하다든가 하는) 혐의를 받는 일은 있을 수 없기 때문이다.

그러나 모든 것을 할 수 있는 신이 존재하고, 그 신에 의해서 내가 지금 있는 바와 같이 창조된 것이라는 의견이 오래전부터 내 마음속에 새겨져 있다. 그렇다면 땅도 하늘도 연장(延長) 있는 것도 모양도 크기도 장소도 전혀 존재하지 않는데, (그럼에도 불구하고 내가 그와 같은 모든 것의 감각을 갖고) 그러한 것 모두를 지금 내가 보는 그대로 존재하고 있는 것처럼 생각하도록 신이 만들지 않았다고 내가 어떻게 확인할 수 있을까? 아니, 오히려 다른 사람들이 자기는 매우 완전히 알고 있다고 생각하는 일에 대해서도 틀리는 때가 있음을 내가 이따금 판단하듯이, 내가 2에 3을 보탤 때마다, 그리고 사각형의 변을 셀 때마다, 또는 무언가 더 쉬운 일을 상상할 수 있다면 그것을 할 때마다 내가 틀릴 수도 있다는 것은 가능한 일이 아니겠는가? 그러나 아마 신은 내가 그처럼 속기를 바라지는 않았을 것이다. 신은 가장 선(善)하다고 일컬어지고 있으니까. 하지만

---

6) 프랑스어판에서는 '2에 3을 보태면 언제나 5라는 수가 될(formeront)'로 미래형으로 되어 있다.
7) 프랑스어판에서는 미래형으로 되어 있다.

나를 속도록 창조한 것이 만일 신의 선의에 어긋나는 것이라면 내가 이따금 속는 것을 용서한다는 것 또한 신의 선의에 어긋나는 일처럼 여겨질 것이다. 그러나 내가 이따금 오류를 저지른다는 것은 확실한 사실이다.

물론 다른 모든 것이 불확실하다고 믿는 것보다 오히려 그토록 유력한 신을 부정하려는 사람도 아마 적지는 않겠지만, 지금은 그들에게 항의하지 않고 그냥 두기로 한다. 그리고 신에 대한 이 모든 말을 허구라고 해두기로 한다. 하지만 그들이 내가 지금과 같은 상태로 존재하게 된 것을 운명〔내지는 숙명〕 탓으로 돌리거나, 우연 탓으로 돌리거나 사물의 연쇄(連鎖) 탓으로 돌리거나, 무언가 그 밖의 방식 탓으로 돌리거나, 그 무엇 탓이라고 가정하거나 간에, 실수를 하고 착각을 일으키는 것은 아무튼 어떤 불완전함이라고 여겨지므로, 내 존재를 만든 이가 무력하다고 생각되면 생각될수록 그만큼 나는 불완전해서 언제나 잘못을 저지를 게 틀림없는 것처럼 생각된다. 실제로 이와 같은 논거에 대해 나는 대답해야 할 것이 아무것도 없다.

마침내 내가 일찍이 참이라고 믿은 것 속에는 의심을 허용하지 않는 것은 하나도 없다는 것을 고백하지 않을 수 없다. 더욱이 그것은 사려가 없다든가 경솔해서가 아니라 숙고를 거친 유력한 이유에 의한 것이며, 따라서 만일 내가〔학문에 있어서〕 무언가 확실한〔그리고 영속적인〕 것을 발견하고 싶어 한다면 뚜렷이 거짓된 것에 대해서와 마찬가지로 그러한 것에 대해서도 주의하여 앞으로는 동의하는 것을 삼가야만 하는 것이다.

그러나 이러한 일을 깨달았다는 것만으로는 아직 충분하지 않으며, 그것을 언제나 염두에 두도록 하지 않으면 안 된다. 왜냐하면 습성이 되어버린 의견이라는 것은 집요하게 되돌아와서 나의 믿기 쉬운 마음을, 말하자면 오랜 관습과 친근함의 권리로써 자기 자신을 묶어 거의 강제로 점령해 버리기 때문이다. 또 그와 같은 의견을 실제로 그러한 것으로서, 즉 이미 보았듯이 과연 조금은 의심쩍은 데가 있지만 매우 그럴듯하며, 따라서 부정하기보다 오히려 믿는 편이 훨씬 현명하다는 그러한 것으로서 내가 여기고 있는 동안 나는 이러한 의견에 동의하고 신뢰하는 습관에서 결코 벗어날 수가 없을 것이다. 그러므로 나는 나의 의지를 정반대 방향으로 돌려서 나 자신을 속이고, 잠시 동안 그와 같은 의견은 온통 거짓이며 공상적인 것이라 가상하고, 그리하여 마침내 양쪽 편견의 무게를 같이해 〔따라서 그러한 의견이 나의 의견을 한쪽보다 오히려 다른 쪽으로 돌리지 못하게 하겠다〕 그 어떤 삐뚤어진 습관도 나의 판단을 사물의 올바른 지각에서 빗나가게 〔나의 판단을 진리의 인식으로 이끌 수 있는 올바른 길에서 빗나가게〕 하는 일이 없도록 하겠다. 이렇게 한다 하더라도 내가 당돌한 짓을 하는 것은 아니라고 생각한다. 즉 그렇게 했다고 해서 거기에 어떤 위험이나 오류가 생길 수는 없을 것이다. 또 지금 나는 행위에 관계되는 일이 아니라 다만 인식에 관계되는 일만을 문제로 삼고 있으므로, 아무리 불신하더라도 지나친 것이 아니기 때문이다.

그래서 나는 진리의 근원인 최선(最善)의 신이 아니라 최고의 힘을 갖는 동시에 교활하고 악의에 찬 마신(魔神)이 나를 속이기 위해 온 힘을 기울이고 있다고 가정하겠다. 하늘과 공기, 그리고 땅, 빛깔, 모양, 소리, 그 밖에 외적인 모든 사물을 이 마신이 나의 믿기 쉬운 마음을 농락하기 위해 사용하는 몽환(夢幻)에 지나지 않는다고 생각하련다. 나 자신은 손이나 눈 그리고 살과 피도 없고, 아무런 감각도 없으며, 다만 잘못하여 이 모든 것을 갖고 있는 줄 알고 있다고 생각하겠다. 그래서 어디까지나 집요하게 이 성찰을 계속해 나갈 것이다. 그러면 무언가 진리를 인식하는 것에는 내 힘이 미치지 않더라도 하다못해 〔내 판단을 삼간다는〕 이 일만은 나도 할 수 있게 될 것이다. 〔그렇기 때문에〕 거짓된 것에 동의하는 일이 없도록, 또 아무리 힘이 있고 아무리 교활한 기만자에게라도 그 〔유력한〕 기만자가 〔그의 모든 책략에 대해서 내 정신을 충분히 가다듬어〕 내게 무엇을 강요하는 일이 없도록 끝내 경계를 게을리하지 않을 것이다. 그러나 이것은 매우 힘든 시도이기 때문에, 여기서 생기는 어떤 권태가 일상생활의 습관 속으로 나를 다시 끌어가 버릴 것이다. 그리고 꿈속에서 공상의 자유를 마음껏 누리고 있던 죄수가 나중에 자기는 잠자고 있는 것이 아닐까[8] 하고 의심하기 시작할 때 잠이 깨는 것을 두려워하여, 〔더〕 천천히 기분 좋은 환상에 잠기려고 〔궁리〕하는 것과 마찬가지로, 나는 저절로 다시 낡은 의견 속에 빠져 〔그 졸음에서〕 깨는 것을 두려워하는 것이다. 즉 평온한 휴식 뒤에 노고(勞苦) 많은 각성이 이어지고, 그리하여 빛 속에서 사는 것이 아니라 방금 제기

─────────────
8) 프랑스어판에서는 '내 자유는 꿈에 지나지 않는 것은 아닐까?'로 되어 있다.

된 갖가지 곤란의 풀기 어려운 암흑 속에서 앞으로 살아가지 않으면 안 되겠지 하고 두려워하는 것이다.[9]

---

9) 프랑스어판에서는 '평온한 휴식에 이은 노고 많은 각성이 진리의 인식에 있어서의 낮과 빛을 내게 가져다주는 대신, 방금 기술된 곤란의 모든 어둠을 비추기에는 빛이 모자랄까 봐 두려워하는 것이다'로 되어 있다.

성찰 2

인간 정신의 본성. 정신은 신체보다 쉽게 알 수 있다는 것

어제의 성찰로 나는 너무 많은 의심에 휩싸였으므로 이제 나는 그것을 잊지도 못하게 되었고, 더욱이 어떻게 그 의심을 해결할 것인지도 모르겠다. 마치 갑자기 소용돌이치는 물속에 빠져버린 것처럼 허우적거리며 발을 바닥에 댈 수도 없고, 그렇다고 물 위로 헤엄쳐 나갈 수도 없는 상태가 되었다. 하지만 나는 떠올라서 어제 걸었던 길을 다시 더듬어 가겠다. 즉 조금이라도 의심의 여지가 있는 것은 완전히 거짓된 것임을 내가 똑똑히 알았던 그대로 꿋꿋하게 밀고 나아가련다. 그리고 무언가 확실한 것을 인식할 때까지, 혹은 다른 것은 아무것도 하지 못하더라도 하다못해 확실한 것은 하나도 없다는 것이 확실하다고 인식하게 될 때까지 이 길을 계속 따라갈 것이다. 아르키메데스는 지구를 그 자리에서 움직이기 위해 확고부동한 점 하나만이 필요하다고 했다.[1] 그처럼 나도 〔다행히〕 확실하고 흔들리지[2] 않는 단 한 가지라도 발견하게 된다면, 위대한 일들을 시작할 수 있다고 기대해도 괜찮지 않은가?

그래서 나는 내가 보는 모든 것은 거짓이라고 가정한다. 속기 쉬운 기억이 보여주는 것은 무엇 하나 전에 존재하지 않았다고 믿기로 한다. 나는 감각이라는 것을 전혀 갖지 않으며 물체나 모양, 연장(延長)과 운동, 또한 장소도 〔내 정신의〕 환상〔에 지나지 않는 것〕이라고 여기리라. 그러면 참〔으로 생각되는 것〕은 무엇일까? 아마 이 한 가지, 〔세상에〕 확실한 것은 아무것도 없다는 것뿐이리라.

그러나 방금 내가 주워섬긴 모든 것과 다른, 즉 의심의 여지가 전혀 없는 것

---

1) '내게 어딘가 설 곳을 달라. 그러면 나는 지구를 움직이리라'가 예부터 아르키메스가 한 말로 전해지고 있다.

2) inconcussum. 프랑스어판에서는 '의심할 수 없는(indubitable)'으로 되어 있다.

은 아무것도 존재하지 않는다는 것을 대체 나는 어떻게 아는 것일까? 혹시 무언가 신(神) 같은 것이, 혹은 그것을 뭐라 부르던 간에 그와 같은 것이 있어, 이런 생각을 내게 넣어주는 것은 아닐까? 그런데 왜 나는 그와 같은 가정을 해야 하는 것일까? 나 자신이 바로 이러한 생각을 만들어 낸 자일 수 있는데 말이다. 그러고 보면 적어도 나는 그 무엇이 아니겠는가? 그러나 이미 나는 내가 감각이나 그 어떤 신체를 갖는다는 것을 부정했다. 아니 잠깐, 그렇다면 대체 어떻게 되는 것일까? 나는 신체와 감각에 묶여 있어서 그것들 없이는 존재할 수 없는 것일까? 아니다. 세계 속에는 전혀 아무것도 없다. 하늘도 땅도 정신도 육체도 없다고 나는 확신했다. 그렇다고 하면 나도 존재하지 않는 것일까? 아니, 오히려 내가 무언가를 확신한 이상, [혹은 내가 무언가를 생각했다는 것만으로] 확실히 나는 있는 것이다. 하지만 누군지 몰라도 아주 힘 있고 더없이 교활한 기만자가 있어서 일부러 나를 언제나 속이고 있는 것은 아닐까? 그가 나를 속인다면, 그렇다면 의심할 것도 없이 나는 있는 것이다. 그가 아무리 나를 속이더라도, 내가 나는 그 무엇이라고 생각할 동안은 결코 그는 나를 아무것도 아니게 할 수는 없으리라. 따라서 모든 것을 곰곰이 살펴보고 [주의 깊게 검토하고] 나서 결국 '나는 있다. 나는 존재한다'는 이 명제는 내가 이것을 말로써 표현할 때마다 혹은 마음속으로 생각할 때마다, 필연적으로 참된 것으로써 내세우지 않을 수 없을 것이다.[3]

그러나 나는 이제 필연적으로 있다는 내가 대체 누구인가[4]를 아직 충분히 [그리고 명석히] 알고 있다고는 할 수 없다. 그러니 얼뜨게도 다른 것을 나라고 착각하지 않도록, 또 [내가 전에 배운] 모든 지식 가운데서 가장 확실하고 가장 명증적이라고 내가 주장하는 그 인식에 있어서도 길을 잘못 드는 일이 없도록 조심하지 않으면 안 된다. 그래서 내가 그와 같은 [마지막] 사색에 잠기기 전에 나는 나를 무엇으로 믿고 있었는가를 다시 한 번 살펴보겠다. 그런 다음에 내가 믿고 있던 것에서[5] 이미 말한 이유로 조금이라도 반박이 가해질 수 있는 것은 무엇이건 제거하기로 하자. 이렇게 하면 마지막으로 확실하고 움직일 수 없

---

3) 프랑스어판에서는 '⋯⋯으로 결론짓고, 이것을 항구적인 것으로 여기지 않으면 안 된다'이다.
4) 프랑스어판에서는 '내가 있다는 것이 확실한 그 내가 무엇인가'이다.
5) 프랑스어판에서는 '나의 낡은 의견에서'이다.

는 것만[6] 남게 되리라.

자, 나는 여태까지 나를 무엇이라고 생각해 왔는가? 물론 인간이라고 생각하고 있었다. 그러나 인간이란 무엇인가? 이성적인 동물이라고 말하면 되는 것일까? 그렇지 않다. 왜냐하면 그렇게 대답하면 다시 대체 동물이란 무엇인가, 이성적이란 무엇인가 하고 묻지 않으면 안 될 테고, 거기서 나는 하나의 문제에서 많은, 더욱이 더 곤란한 〔그리고 성가신〕 문제에 빠지게 될 것이기 때문이다. 게다가 지금 나에게는 이와 같이 자질구레하고 번잡한 문제〔를 푸는 데〕에 허비할 〔시간도〕 여가도 없다. 여기서 나는 오히려 전에 내가 무엇인가를 고찰할 때마다 언제나 저절로 자연스레 내 생각에 떠올라 오게 된[7] 〔그리고 다만 내 본성으로 내가 품게 된〕 것에 주의해 보고 싶다. 물론 거기에 먼저 나타난 것은 내가 얼굴과 손과 팔과 그리고 모든 지체(肢體)로 되어 있는[8] 기계 전체를 갖고 있다는 것이다. 그런데 그와 같은 것은 시체에서도 볼 수 있으며, 내가 신체라는 이름으로 불렀던 것이다. 이어 내가 영양을 섭취하고, 걸어다니고, 감각하고, 생각한다는 것이 나타났는데, 이러한 활동을 나는 영혼에 귀속시켰다. 그러나 이 영혼이 무엇인가 하는 데에 나는 유의하지 않았거나 혹은 〔유의했다고 하더라도〕 그것을 바람이라든가 불꽃이라든가 공기를 닮은, 나의 한층 크고 거친 부분에 주입되고 침투된, 무언가 미세한 것으로 상상하는 것이 보통이었다. 더욱이 물체에 대해서 나는 〔그 본성을〕 의심조차 하지 않고, 판명하게 그 본성을 알고 있다고 생각했다. 만일 이것을 이를테면 정신에 의해서 이해한 것처럼 논술하고자 했더라면 나는 다음과 같이 설명했을 것이다. 물체란 어떤 모양에 의해서 제한되고, 장소에 의해서 둘러싸이고, 다른 모든 물체를 배제하게끔 공간을 채우고 있는 모든 것이며, 촉각·시각·청각·미각 내지는 후각에 의해서 지각되고, 또 많은 방법으로 움직여지기는 하지만 결코 자기 자신이 움직이는 것이 아니라 다른 것에 닿아서 〔그 인상(印象)을 받아서〕 어딘가로 움직여지는 모든 것이라고. 즉 자기 자신을 움직이는 힘을 갖고 있다는 것은 감각하거나 생각하는 힘과 마찬가지로 결코 물체의 본성에 속하지 않는다고 나는 판단했다. 그

6) 프랑스어판에서는 '전혀 의심할 수 없는 것'이다.
7) 프랑스어판에서는 '나의 정신 속에 생겨난'이다.
8) membrorum. 프랑스어판에는 '뼈와 살로써 조직된'으로 되어 있다.

뿐 아니라 그와 같은 능력이 어떤 물체 속에 발견된다는 데 나는 오히려 놀랐던 것이다.

그러나 어떤 다시없는 힘을 가진, 그리고 만일 이렇게 말해도 괜찮다면 나쁜 뜻을 가졌다고도 할 수 있는 기만자가 온 힘을 다하여 나를 속였다고 내가 가정하는 지금은 어떻게 될 것인가? 물체의 본성에 속한다고 방금 내가 말한 모든 것 가운데 최소한의 것이나마 내가 가졌다고 주장할 수 있겠는가? 나는 주의하고, 생각하고, 숙고한다. 하지만 무엇 하나 나타나 주지 않는다. 같은 것을 헛되이 되풀이하는 데 나는 지쳐버린다.[9] 그렇다면 내가 영혼에 속하는 것으로 본 것은 어떨까? 〔내 속에 있는 무언가가 거기에 있지는 않을까?〕 먼저 영양을 섭취한다든가 걷는다든가 하는 것은 어떨까? 나는 이미 신체를 갖지 않으니까 이것들 또한 조작된 것에 지나지 않는다.[10] 감각한다는 것은 어떨까? 물론 이것도 신체가 없다면 성립되지 않는다. 게다가 나는 꿈속에서 매우 많은 것을 감각한 줄 알았는데, 나중에 그것들은 〔실제로〕 감각된 것이 아니라는 것을 깨달았다. 생각한다는 것은 어떨까? 여기서 나는 그것을 발견한다. 생각이 그것이다.[11] 이것만은 나한테서 떼어낼 수 없다. 나는 있다, 나는 존재한다, 이것은 확실하다. 그러나 나는 얼마 동안 나로 존재하는 것일까? 물론 내가 생각하고 있는 동안이다. 왜냐하면 만일 내가 모든 생각을 멈춘다면, 아마 나도 바로 그 자리에서 있다는 것〔혹은 존재한다는 것〕을 완전히 그만두게 될 테니까. 지금 내가 필연적으로 인정하는 것은 참된 것뿐이다. 그러므로 나는 바로 생각하는 그것이다. 바꾸어 말하면 하나의 정신, 즉 하나의 영혼이나 오성 또는 이성이다. 이것들은 전에 내가 그 뜻을 미처 알지 못했던 말들이다. 그런데 나는 참되며, 참으로 존재하는 것이다. 그러나 어떤 것일까? 나는 말했다. 생각하는 것이라고. 그 밖에 무엇일까? 나는 〔내가 그 이상의 무엇인

---

9) 이 문장은 프랑스어판에서 다음과 같이 설명적으로 옮겨져 있다. '나는 걸음을 멈추고 주의 깊게 생각해 본다. 나는 그 모든 것을 내 마음속에 오가게 해본다. 그러나 나는 내 속에 있다고 말할 수 있는 것을 무엇 하나 거기서 발견하지 못한다. 걸음을 멈추고 그러한 것을 일일이 헤아려 볼 것까지도 없다.'

10) 프랑스어판에서는 '내가 신체를 안 가진 것이 참이라면 내가 걸어다닐 수도, 영양 섭취도 할 수 없다는 것 또한 참이다'이다.

11) 프랑스어판에서는 '나는 여기서 생각이 내게 속하는 속성이라는 것을 발견한다'이다.

가를 알기 위해서〕 상상해 본다. 나는 인체라고 부르는 여러 부분의 그 집합(集合)이 아니다. 나는 또 이들 부분에 넣어진 어떤 미묘한 공기도 아니고, 바람도 불도 증기도 숨기운도 아니며, 그 밖에 내가 생각해 낼〔상상해 낼〕 수 있는 그 무엇도 아니다. 왜냐하면 나는 이와 같은 것을 무(無)라고 가정했으니까. 그럼에도 나는 그 무엇이라는 입언(立言)은 여전히 남는 것이다.[12] 그러나 어쩌면 내게 알려져 있지 않기 때문에 무어라고 내가 가정하는 것들 자체가 실은 내가 알고 있는 나와 같은 것이 아닐까? 나는 아무것도 모른다. 이에 대해서 지금은 논하지 않겠다. 다만 내게 알려진 것에 대해서만 판단을 내릴 수 있을 뿐이다.

나는 내가 존재한다는 것을 알고 있다. 그리고 내가 알고 있는 그 나는 누구인가 하고 묻고 있는 것이다. 이와 같이 엄밀한 뜻에서의 〔나 자신에 대한 상념 및〕 지식은 그것의 존재를 내가 모르는 것에 의존하는 것이 아님은 확실하며, 따라서 〔하물며〕 내가 상상력으로 그려내는 〔또한 만들어 내는〕 그 무엇에도 의존하지 않는다는 것은 정말 확실하다. 그리고 이 상상으로 그려낸다는 말[13]이 벌써 나의 잘못을 내게 알려주는 것이다. 왜냐하면 내가 그 무엇이라고 상상했다면 나는 실제로 상상으로 그려낼 것이기 때문이다. 즉 상상한다는 것은 바로 물체적인 것의 모양 혹은 상(像)을 바라보는 것이다. 그런데 이미 나는 내가 있다는 것을 확실히 알고 있다. 그리고 동시에 이와 같은 모든 상이나 일반적으로 물체의 본성에 관계되는 모든 것은 몽환〔내지는 망상(妄想)〕에 지나지 않을지도 모른다는 것도 확실히 알고 있다. 이렇게 깨닫고 있으면서 내가 대체 무엇인가를 더욱더 판명하게 알기 위해서 상상력을 움직여 보자는 것은, 나는 이제 눈을 뜨고 진실된 것을 보고는 있지만 아직도 충분히 뚜렷하게 보고 있지 않으므로 꿈이 그것을 더 진실되게 더 뚜렷이 내게 보여주도록 애써서 잠을 자려고 하는 것과 마찬가지로 어리석은 일인 듯하다. 따라서 내가 상상력을 통해서 알 수 있는 것은 무엇 하나 내가 나에 대해서 가질 수 있는 지

---

12) 프랑스어판에서는 '가정(假定)을 바꾸지 않더라도 역시 나는 내가 그 무엇이라는 것을 확실한 것으로서 인정하지 않을 수 없다'이다. '입언'이란 참이나 거짓의 값이 확정될 수 있는 논제.
13) effingo를 '상상으로 그려낸다'고 옮겼다. 프랑스어 번역에서는 feindre et imaginer의 두 말로 표현되어 있다.

식에는 속하지 않는다는 것을 나는 인식한다. 그래서 정신이 그 자신의 본성을 되도록 판명하게 지각하기 위해서는 세심한 주의를 기울여 정신을 그와 같은 사고방식에서 다시 불러와야 한다는 것을 아는 것이다.

그러나 그렇다면 나는 무엇인가? 생각하는 것이다. 그러면 생각하는 것이란 무엇인가? 물론 의심하고, 이해하고, 긍정하고, 부정하고, 무엇을 하고 싶어 하고 또 하지 않고, 그리고 상상하고, 감각하는 것이다.[14]

이러한 것들이 모두 내게 속해 있다면 그것은 정말 대단한 일이다. 하지만 왜 내게 속해서는 안 되는 것일까? 지금 거의 모든 것에 대해서 의심하고, 그러면서도 얼마간의 것을 이해하고 〔아울러 인식하고〕, 이 하나의 것은 참이라고 〔확신하고 아울러〕 긍정하고, 그 밖의 것을 부정하고, 더 많은 것을 알고 싶어 하고 〔아울러 바라고〕, 속고 싶어 하지 않고, 〔이따금〕 저도 모르는 동안이기는 하나 많은 것을 상상하고, 또 많은 것을 마치 감각에서 온 것인 양 인지하는 것[15]은 바로 나 자신이 아닌가?

예컨대 내가 언제나 잠자고 있더라도, 또는 나를 창조한 것이 힘껏 나를 속이려 하더라도 그러한 것 가운데 그 무엇은, 나는 있다는 것이 참인 것처럼 참일 수 있지 않을까? 그러한 것 가운데 〔속성적〕 무엇이 나의 생각과 구별되는 것일까? 나 자신에게서 떼낸 것이라고 할 수 있는 것은 그들 가운데 무엇일까? 의심하는 것, 이해하는 것, 무엇을 하고 싶어 하는 것이 나라는 것은 아주 명백하며, 이것을 더 뚜렷하게 설명할 만한 것은 나타날 수 없다.[16] 그런데 바로 그 내가 또한 상상하는 나이기도 하다.[17] 즉 내가 〔앞에서〕 가정해 왔듯이 설령 상상된 것은 무엇 하나 결코 참된 것이 아니라고 하더라도 상상하는 힘 자체는 실제로 〔내 속에〕 존재하고 있으며, 그리고 내 생각의 일부를 이루고 있는 것이다.

---

14) 두 번째 답변 부록의 다음 정의를 참조하라. "'생각(cogitatio)'이라는 말로써 나는 우리가 그것을 직접 인식하고 있다는 식으로 우리 속에 있는 모든 것을 포괄한다. 그래서 의지·오성·상상력 및 감각의 모든 작용은 생각이다. 그러나 나는 생각에서 귀결되어 오는 것을 제의하기 위해서 '직접'이라는 말을 덧붙였다. 이를테면 유의운동(有意運動)은 확실히 생각을 원리로서 갖지만 그 자신은 생각이 아니다."

15) 프랑스어판에서는 '신체 여러 기관의 중개에 의하기라도 한 것처럼 감각한다'로 되어 있다.

16) 프랑스어판에서는 '이것을 설명하기 위해서 여기서 아무것도 덧붙일 필요는 없다'이다.

17) 프랑스어판에서는 '그리고 나는 또한 확실히 상상하는 능력도 갖고 있다'이다.

마지막으로 감각하는 것도, 물체적인 것을 말하자면 감각을 통해서 인지하는 〔아울러 인식하는〕 것도 동일한 나이다. 분명히 지금 나는 빛을 보고, 소리를 듣고, 열을 느낀다. 그러나 그들〔현상〕은 허위이다. 나는 있으니까〔하고 사람들은 말할지 모른다〕. 하지만 〔만일 그렇다고 하더라도 적어도〕 내가 보거나, 듣거나, 더워지거나 하는 듯한 기분이 드는 것은 확실하다. 이것은 거짓일 수 없다.[18] 그리고 나에게 있어서 감각한다는 것은 본디 이것이다. 그리고 이것은 엄밀한 뜻에서 다름 아닌 생각이다.

이러한 것에서 나는 내가 무엇인지 좀 더 잘 알기 시작하지만,[19] 그 상(像)이 생각에 의해 만들어지고 그리하여 감각 자체가 파악하는 물체적인 것 쪽이, 내 것이면서 상상도 할 수 없는 무엇인지 알 수 없는 이것보다 훨씬 판명하게 알 수 있는 것처럼 아직까지는 여겨지고,[20] 또 그렇게 생각지 않을 수 없다. 그러나 의심스러운 것, 알려지지 않은 것, 나와 관계없는 것이라고 내가 깨닫고 있는 쪽이 참되게 인식되어 있는 것, 즉 나 자신보다 더 판명하게 나에 의해서 이해된다는 것은 참으로 기묘한 일이 아닌가.[21] 하지만 나는 그러한 사정을 안다. 즉 내 정신은 헤매어 다니기를 좋아하여 아직도 진리의 한계 안에 갇혀 있지 못하는 것이다. 그래도 좋다. 우리는 다시 한 번 정신의 고삐를 되도록 늦추어 보자. 그렇게 해두었다가 바로 그 뒤에 기회를 보아 다시 고삐를 당겨서 모두 다 더 쉽게 뜻대로 다룰 수 있도록 해보자.

보통 가장 판명하게 이해된다고 여겨지고 있는 것을 고찰해 보자. 그것은 물체인데, 이 물체는 우리가 만지거나 보거나 하는 물체이지 물체 일반 등은 아니다. 그와 같은 일반적인 지각은 보통 꽤 혼란스러운 것이지만, 이것은 그렇지는 않고 특수한 하나의 물체인 것이다. 이를테면 밀랍을 들어보자. 그것은 방

---

18) 이 문장은 프랑스어 번역 제2판에는 있으나 초판에는 없다.

19) 프랑스어판에서는 여기까지가 앞의 단락에 들어가 있고, '그러나'로 새로운 단락이 시작되고 있다.

20) 프랑스어 번역 제1판에는 '아직까지는 여겨진다'에 해당하는 부분이 생략되어 있으며, 따라서 '……판명하게 알려진다고 나는 생각지 않을 수 없다'로 되어 있다.

21) 프랑스어판에서는 '사실 의심스러운 것, 인연이 멀다고 내가 생각하는 것 쪽을 참되고 확실한 것, 나 자신의 본성에 속하는 것보다 더 명석하고 더 쉽게 내가 알게 된다는 것은 참으로 이상한 일이지만'으로 되어 있다.

금 벌집에서 떠낸 것이며, 그 자신의 꿀맛을 아직 조금도 잃지 않았고, 모아진 꽃의 향기도 얼마간 남아 있다.

그 빛깔도 모양도 크기도 또렷하다. 그것은 딴딴하고 차갑고, 쉽게 잡을 수 있으며, 손가락 마디로 때리면 소리를 낸다. 요컨대 어떤 물체가 되도록 판명하게 인식될 수 있기 위해서 요구된다고 여겨지는 모든 것이 이 밀랍에는 갖추어져 있는 것이다. 그런데 어찌 된 일일까? 내가 이렇게 말하는 동안에 그것을 불에 가까이 가져가 본다. 그러자 남아 있던 맛은 사라지고, 향기는 달아나고, 빛깔은 변하고, 모양은 허물어지고, 크기는 줄어 액체가 되고, 뜨거워지고, 거의 손으로 만질 수 없게 되고, 때려도 이제 소리를 내지 않게 된다.[22] 그래도 여전히 같은 밀랍이 남아 있는 것일까? 남아 있다고 인정하지 않을 수 없다. 아무도 이것을 부인할 수는 없다. 아무도 이의를 제기할 수 없다. 그렇다면 이 밀랍에서 그와 같이 판명하게 인식할 수 있는 것은 무엇인가? 그것은 확실히 내가 감각으로 파악한 어떤 것도 아니다. 미각이나 후각이나 시각이나 촉각이나 청각 등으로 느껴진 건 이제 깡그리 변해 버렸기 때문이다. 그러면서도 밀랍은 뒤에 남아 있는 것이다.

아마 이 판명하게 이해된 것은 내가 지금 생각하고 있는 것이었던 모양이다. 즉 밀랍 자체는 그 밀(蜜)의 달콤함도, 꽃의 향기도, 그 흰빛도, 모양도, 소리도 아니었으며, 조금 전에는 그렇게 〔생긴 모양으로〕 내게 비쳤으나 지금은 달리 비쳐 보이는 물체였던 것이다. 그러나 〔내가 그것을 그와 같이 이해할 때〕 그와 같이 내가 상상하는 것은 엄밀히 말해서 무엇일까? 주의해 살펴보자. 밀랍에 속하지 않는 것을 〔모두〕 멀리해 버리면, 뒤에 무엇이 남는가 살펴보자. 물론 연장(延長)이 있고, 말랑말랑하고, 변화하기 쉬운 그 무엇밖에 남지 않는다. 하지만 이 말랑말랑하고, 변하기 쉽다는 것은 무엇일까? 이 밀랍이 둥근 모양에서 네모꼴로, 혹은 네모꼴에서 세모꼴로 바뀔 수 있다고 내가 상상하는 것일까? 결코 그렇지는 않다. 왜냐하면 나는 밀랍이 이와 같이 무수히 변화하는 것을 이해하기는 하지만 이 무수한 것을 상상으로 뒤쫓을 수는 없는데, 이것은 〔내가 밀랍에 대해서 갖고 있는〕 이 이해가 상상력으로는 다다를 수 없기 때문이

---

22) 프랑스어판에서는 '이 변화의 뒤에도'이다.

다. 이 연장(延長)이란 무엇일까? 이 연장 자체도 내가 인식할 수 없는 것이 아닐까? 왜냐하면 밀랍이 녹을 때는 그 퍼짐이 커지고, 끓을 때는 더 커지며, 열이 가해지면 더욱더 커지기 때문이다. 그래서 밀랍 또한 연장이라는 면에서 말하더라도, 일찍이 내가 상상으로 파악한 것보다 훨씬 변하기 쉽다고 생각지 않으면 밀랍이 무엇인지 〔나는 명료하고〕 올바르게 판단하지는 못할 것이다. 그래서 이 밀랍이 무엇인가를 나는 결코 상상 속에서는 전혀 가질 수 없고 오히려 생각 속에서만 지각한다[23]고 인정하는 수밖에 없다. 나는 이 특수한 밀랍을 두고 말하는 것이다. 밀랍 일반에 대해서라면 더 또렷하기 때문이다. 그렇다면 〔오성 또는〕 정신에 의해서만 지각되는 이 밀랍이란 대체 무엇일까? 물론 내가 보고, 내가 만지고, 내가 상상하는 것과 같은 것, 즉 내가 처음부터 그러한 것이라고 생각하고 있었던 바로 그것이다. 그러나 여기서 주의해야 할 점은 이 밀랍의 지각〔또는 그것을 지각하는 작용〕은 시각이나 청각 또는 상상도 아니고, 설혹 전에는 그렇게 여겨졌다 하더라도 결코 그러한 것은 아니었으며, 오직 정신만의 통찰이라는 것이다. 그리고 이 통찰은 그 내용을 이루는 것에 대해 내가 기울이는 주의력의 적고 많음에 따라, 전처럼 불완전하고 혼란한 것일 수도 있고, 지금처럼 명석한 것일 수도 있다.

그러나 그렇다고 하더라도 내 정신이 얼마나 〔약하고 생각지도 알지도 못하는 사이에〕 오류에 빠지기 쉬운 것인가 하는 데 나는 놀라고 만다. 왜냐하면 내가 이러한 일들을 입 밖으로 소리내지 않고 마음속에서 고찰한다고 하더라도 역시 나는 말 그 자체에 얽매여, 대개는 일상의 말투에 속아 넘어가기 때문이다. 즉 밀랍이 눈앞에 있으면 우리는 밀랍 그 자체를 본다고 하지, 빛깔이나 모양으로 미루어 밀랍이 눈앞에 있다고 판단한다고는 말하지 않는 것이다. 따라서 거기서부터 밀랍은 눈의 보는 작용으로 인식되는 것이며, 오직 정신의 통찰로 인식되는 것이 아니라고 쉽게 결론을 내리고 싶어질 것이다. 지금 내가 우연히 창문에서 바라보니 거리를 지나가고 있는 사람이 보인다고 하자. 나는 밀랍의 경우와 마찬가지로 습관적으로 그들에 대해서도 사람 그 자체를 본다고 말한다. 그러나 모자와 옷 말고 대체 나는 무엇을 보는 것일까? 그 속에는 자동

---

23) 프랑스어판에서는 '그것을 지각하는 것은 나의 오성뿐이다'로 되어 있다.

기계(自動機械)[24]가 감추어져 있을는지도 모른다. 하지만 나는 그것을 (참된) 인간이라고 판단한다. 이와 같이 내가 눈으로 본다고 믿고 있던 것도 나는 오로지 내 정신 속에 있는 판단 능력으로 이해하는 것이다.

그러나 일반인보다 슬기로워지고 싶은 사람은 일반인이 발명한 말의 형식에서 의심할 이유를 찾아낸 것을 부끄럽게 생각할 게 틀림없다. 우리는 차츰 앞으로 나아가서 다음의 점에 주의해 보자. 즉 밀랍이 무엇인가를 내가 더 완전하고 더 명백하게 지각한 것은 처음에 내가 밀랍을 바라보고, 그런 다음 이것을 외부감각에 의해서, 또는 적어도 이른바 공통 감각에 의해서, 바꾸어 말해 상상하는 힘에 의해서 인식한다고 믿었을 때였던가? 아니면 오히려 밀랍이 무엇인가 하는 것과 그것이 어떻게 인식되는가 하는 것을 면밀히 탐구한 지금이었던가? 그 어느 쪽인가에 주목해 보자. 이런 따위를 생각하는 것은 확실히 어리석은 일일 것이다. 대체 맨 처음 지각에 있어서 무엇이 (판명되고) 명증되었던가? 그런 정도의 지각은 어떤 동물이라도 가질 수 있지 않을까? 그런데 지금 내가 밀랍을 그 외적인 형식에서 구별하고, 말하자면 그 옷을 벗겨 발가숭이로 고찰할 때, 비록 내 판단 속에 아직 오류가 있을 수 있다고 하더라도 인간의 정신 없이는 도저히 나는 밀랍을 그와 같이 지각할 수는 없는 것이다.

그런데 이 정신 자체에 대해서, 즉 나 자신에 대해서 나는 뭐라고 말해야 할 것인가? 왜냐하면 정신 이외에 아직 그 무엇도 내 속에 있다고 나는 인정하지 않기 때문이다. 이 밀랍을 이토록 판명하게 지각한다고 여겨지는 나에 대해서 나는 어떻게 말하면 되는 것일까? 나는 나 자신을 훨씬 더 진실되게, 훨씬 더 확실하게 인식할 뿐 아니라, 또 훨씬 판명하게, 그리고 훨씬 명증적으로 인식하지 않는가? 왜냐하면 내가 밀랍을 본다는 것이 밀랍이 존재한다고 판단하는 것이라면, 내가 밀랍을 본다는 것 자체에서 나 자신이 또한 존재한다는 쪽이 확실히 훨씬 더 명증적이기 때문이다. 즉 내가 보는 것이 사실 밀랍이 아닌지도 모르고, 또 나는 무언가를 보는 눈조차 갖고 있지 않은지도 모른다. 그러나 내가 볼 때, 혹은 (아직도 나는 이것을 구별하지 않지만) 나는 본다고 내가 생각할 때, 생각하는 나 자신이 그 무엇이 아니라는 것은 분명히 불가능한 일이다.

---

24) 프랑스어판에서는 '도깨비, 혹은 용수철에 의해서만 움직이는 인형'이다.

마찬가지 이유로, 내가 밀랍을 만진다는 것이 밀랍이 존재한다고 판단하는 것이라면, 거기서 다시 동일한 것이, 즉 나는 있다는 것이 된다. 내가 상상함으로써, 혹은 그 밖의 어떤 이유로 밀랍이 존재한다고 판단하는 것이라면, 거기서 또 분명히 같은 것이 나오는 것이다. 더욱이 내가 밀랍에 대해서 깨닫는 것은 나의 밖에 있는, (그리고 나의 밖에서 만나는) 나머지 모든 것에도 들어맞는다. 그리고 다시 밀랍의 (상념 및) 지각이 단지 지각이나 촉각에 의해서뿐 아니라 다른 많은 원인에 의해서도 내게 명료해졌을 때 더욱더 판명한 것으로 보인다면, 아울러 나 자신도 나에 의해서 어쩌면 더욱 (명증적으로) 판명하게 (그리고 선명하게) 인식되는 것일까 하고 묻지 않으면 안 된다. 왜냐하면 밀랍이나 다른 어떤 물체의 지각에 도움이 될 수 있는 모든 이유는 동시에 내 정신의 본성을 더 잘 (더 쉽게, 그리고 더 명증적으로) 증명할 것이기 때문이다. 그러나 정신 자체 속에 이미 정신에 대한 지식을 더욱 판명하게 할 수 있는 것이 또 많이 있으므로, 물체에서 정신에 미치는 것쯤은 거의 들어 보일 가치도 없는 듯이 여겨진다.

그리하여 마침내 나는 저절로 내가 가고 싶어 한 곳으로 돌아온 셈이다. 즉 물체 자체도 본디는 감각이나 상상하는 능력에 의해서 지각되는 것이 아니라, 오직 오성에 의해서만 지각된다는 것이다. 또 만져지거나 보여지는 것에 의해서가 아니라 다만 (사유에 의해서) 이해됨으로써만 지각된다는 것을 알았으니, 나는 내 정신만큼 쉽게 그리고 명증적으로 내게 지각될 수 있는 것은 아무것도 없다는 것을 명확히 인식한다. 그러나 오랫동안 습관이 된 의견은 아무렇게나 벗어던질 수 있는 것이 (거의) 아니므로 여기서 걸음을 멈추고 잠시 동안 성찰해, 이 새로운 인식을 더 깊이 내 기억에 새기는 것이 좋을 것이다.

성찰 3

신(神)에 대해서, 신은 존재한다는 것

이제 나는 눈을 감고, 귀를 막고, 모든 감각을 멀리하여 물체적인 것의 상(像)을 깡그리 내 생각에서 지우려 한다. 그러나 그렇게 하는 것은 거의 불가능하므로 하다못해 그와 같은 상을 공허하고 허위적인 것으로서 무시하기로 하자. 그리하여 다만 나 혼자에게 말을 건네어 내 안을 깊이깊이 통찰하고, 나 자신을 차츰 내게 알려지게 하여 친하게 되도록 노력하자. 나는 생각하는 것이다. 그래서 의심하고, 긍정하고, 부정하고, 조금은 이해하고, 많이는 모르며, [사랑하고, 미워하고] 무엇을 하고 싶어 하고, 또 하지 않으며, 상상도 하고, 감각도 하는 것이다. 이것은 앞서 내가 깨달은 것처럼 설령 내가 감각하거나 상상하는 것이 나의 밖에 있어서는 [또 그 자신에 있어서는] 혹시 무(無)이더라도 감각 및 상상력이라고 내가 부르는 그 사고방식은 그것이 단지 하나의 사고방식에 지나지 않는 한 내 속에 있다[그리고 확실히 내 속에서 만나게 된다]고 나는 확신하기 때문이다.

그런데 이상의 얼마 안 되는 말로써 나는 내가 정말로 알고 있는 것 전부를, 혹은 적어도 내가 알고 있다고 여태까지 깨달은 것 모두를 들었다. 그래서 지금부터는 내가 아직도 돌아보지 않은 것이 내 속에 있는가를 다시 면밀히 살펴보려 한다. 내가 생각하는 것임을 나는 확신하고 있다. 그렇다면 어떤 것을 확신하기 위해서 무엇이 요구되는가도 나는 알고 있는 것이 아닐까? 확실히 이 첫 번째 인식 속에는 내가 긍정하는 것의 어떤 명석하고 판명한 지각 이외에는 아무것도 포함되어 있지 않다. 만일 내가 이와 같이 명석하고 판명하게 지각하는 것이 한 번이라도 거짓인 적이 있다면 물론 그와 같은 지각은 내게 사물의 진리를 확신시키기에 부족할 것이다. 따라서 지금 내가 아주 명석하고 판명하게 지각하는 것은 모두 참이라는 것을 일반적인 규칙으로 세울 수 있을 듯하다.

그러나 내가 전에는 아주 확실하고 명백하다고 인정한 것이 나중에 가서는 의심스러운 것임을 알게 된 적이 많다. 그러면 그것은 대체 어떤 것이었을까? 말할 것도 없이 땅이나 하늘이나 별이나 그 밖에 내가 감각으로 인지한 모든 것이다. 그렇다면 나는 그러한 것에 대해서 무엇을 명석하게〔그리고 판명하게〕지각했을까? 두말할 것도 없이 그와 같은 것의 관념 자체, 즉 사상이 내 정신에 나타났다는 것이다. 그리고 지금도 그와 같은 관념이 내 속에 있다는 것을 나는 부정하지 않는다. 하지만 그것과는 달리 내가 긍정해 왔던 것, 또 그것을 믿는 습관 때문에 내가 명석하게 지각하고 있는 줄 알았으나 실은 지각하고 있지 않은 것이 있다. 관념이 거기서 나온, 즉 그 관념과 꼭 닮은 어떤 것이 나의 밖에 있다는 것이다. 그리고 이 점에 있어서 나는 속고 있었던 것이다. 혹은 내 판단이 옳았다고 하더라도, 그것은 결코 내 지각의 힘에 의해서 생기지는 않았던 것이다.

그럼 어떨까? 산술이나 기하학에 대해 무언가 아주 단순하고 쉬운 것, 이를테면 2와 3을 보태면 5가 된다는 따위를 내가 고찰했을 경우, 나는 적어도 그것이 참이라고 긍정할 수 있을 만큼 뚜렷하게 그것을 통찰하고 있었던 것은 아닐까? 물론 나는 뒤에 그와 같이 단순하고 쉬운 일도 의심받지 않으면 안 된다고 판단했는데, 그 까닭은 혹시 어떤 신(神)이 더할 수 없이 명백하게 보이는 것에 대해서조차 속을 수 있는 본성을 내게 부여했을지 모른다는 생각이 떠올랐기 때문이다. 그래서 신이 전능하다는 선입견이 내〔의 사유〕에게 떠오를 때마다 신이 그럴 생각만 있으면, 내가 정신의 눈으로 아주 명증적으로 통찰한다고 생각하는 일에 있어서조차 나로 하여금 잘못을 저지르게끔 할 것이라는 점을 인정하지 않을 수 없었다. 그러나 나는 내가 매우 명석하게 지각한다고 믿고 있는 쪽을 돌아볼 때마다 그만 그것을 고스란히 확신해 버리므로 자연히 다음과 같은 말을 하게 된다. 나를 속일 수 있는 자가 있다면 누구든 나를 속여보라. 하지만 내가 나를 그 어떤 것이라고 생각하는 동안은 아무도 나를 무(無)로 만들 수는 없다. 혹은 나는 있다는 것이 지금 참일진대 내가 전에 있었던 적이 없다고 하는 것은 언제까지나 참일 수 없다. 또 어쩌면 2와 3을 보태어 5보다 많게 한다든가 적게 한다든가 하여 거기에 명백한 모순을 인정하는 따위의 일이 생기게 할 수는 결코 없을 것이라고. 게다가 물론 나에게는 어떤 신을 기만자로 여길 만한 까닭이 조금도 없으며, 또 대체 신이라는 것이 있는지 없는지조차 아직 잘 알지도 못하므로 단지 이와 같은 의견에 의존하는 데 지나지 않는 의심의 이유는 매우 박약하고, 아울러 말하자면 형이상학적이다. 그러나 이와 같은 이유도 제거되도록 될 수 있는 대로 빠른 기회에 신은 있는가 없는가, 그리고 만일 있다면 그가 우리를 속일 수 있는가 없는가 검토해야 한다. 왜냐하면 이것이[1] 알려지지 않는 한 그 밖의 무엇에 대해서도 결코 확신을 가질 수 있다고는 여겨지지 않기 때문이다.

그런데 지금 순서로서 필요하다고 여겨지는 것은 〔내가 하려고 한 성찰의 순서, 즉 내가 내 속에서 가장 먼저 발견하는 상념으로부터, 내가 나중에 거기서 발견하게 될 상념으로 차츰 옮겨가는 차례로 멈추지 않고 이 문제를 검토하기 위해서 필요한 것은〕 먼저 내 모든 생각을 일정하게 분류해 본디 분류의 어디에 대체 진리나 허위가 있는가를 탐구하는 일이다. 내 생각들 가운데 어떤 것은 말하자면 사물의 상(像)인데, 본디는 다만 이상에만 관념이라는 이름이 어울렸다. 이를테면 내가 인간이라든가, 키마이라라든가, 하늘이라든가, 천사라든가, 신이라든가 하는 것을 생각할 때처럼 말이다. 그러나 그 밖에 그것과는 다른 어떤 형상을 가진 것도 있다. 예컨대 내가 무엇을 하고 싶어 할 때, 무서워할 때, 긍정할 때, 〔혹은〕 부정할 때 늘 나는 어떤 것을 내 생각[2]의 대상으로 인정은 하지만, 이것은 그 사물의 닮은 모습 이상의 그 무엇을 포함하고 있다.[3] 그리고 이와 같은 것을 어떤 것은 의지 혹은 감정으로, 다른 것은 판단이라고 부르는 것이다.

이제 관념에 대해 말하는데, 관념은 오로지 그 자체로만 보고, 그것을 다른 무언가에 관계시키지 않으면 본디 거짓일 수 없다. 즉 내가 산양을 상상하건 키마이라를 상상하건 그 어느 쪽을 상상하더라도 마찬가지로 참이다. 또 의지 자

---

1) 프랑스어판에서는 '이 두 가지 진리'이다.
2) 프랑스어판에서는 '내 정신의 작용'이다.
3) 프랑스어판에서는 '그러나 나는 또 이 작용으로 내가 그것에 대해서 갖고 있는 관념에 다른 그 무엇을 덧붙이는 것이다'로 되어 있다.

체나 감정의 경우에도 전혀 허위를 두려워할 필요는 없다. 왜냐하면 설령 내가 굽은 것을, 혹은 아무 데도 없는 것을 바랐다고 하더라도 내가 그것을 바랐다는 그 자체는 어디까지나 참이기 때문이다. 이와 같이 하여 남는 것은 판단뿐인데, 이 판단에 있어서 나는 그르치지 않도록 조심하지 않으면 안 된다. 그러나 판단에 있어서 저지르기 쉬운 중요하고 가장 흔한 오류는 내 속에 있는 관념이 내 바깥에 있는 어떤 것과 닮았다거나 일치한다고 내가 판단하는 데 있다. 왜냐하면 만일 내가 관념 자체를 내 생각의 어떤 방법으로서만 고찰하고, 무언가 다른 것에 관계시키지만 않는다면, 그것은 확실히 아무런 오류의 재료도 내게 줄 수 없을 것이기 때문이다.

그런데 이들 관념 가운데 어떤 것은 타고난 것이고, 어떤 것은 외래의 것이며, 다시 어떤 것은 나 자신에 의해서 만들어진 것[혹은 고안된 것]이라고 여겨진다. 즉 사물이란 무엇인가,[4] 진리란 무엇인가, 생각이란 무엇인가를 나는 이해하는데, 이 이해는 내가 나의 본성으로부터만 얻는 것처럼 여겨진다. 그런데 지금 내가 소리를 듣는다, 태양을 본다, 불의 열을 느낀다는 것은 나의 밖에 있는 어떤 것으로부터 온다고 나는 지금까지는 생각해 왔다. 그리고 마지막으로 세이렌 히포그리페스[5] 등은 나 자신에 의해서 머리에 그려지는 것이다.[6] 그러나 아마도 모든 관념을 외래의 것이라고도, 타고난 것이라고도, 혹은 [나에 의해서] 만들어진 것이라고도 생각할 수 있을는지 모른다. 나는 아직 그러한 관념의 참된 기원을 명석하게 통찰한 것은 아니기 때문이다.

하지만 여기서는 주로, 말하자면 나의 밖에 존재하는 것에서 왔다고 여겨지는 관념에 대해서 대체 어째서 내가 그러한 관념을 나의 밖에 있는 것과 비슷하다고 여기게 되는가, 그 까닭을 살펴보지 않으면 안 된다. 물론 [두 번째 이유는] 그러한 관념이 나의 의지에 따라서 나 자신에게 의존하지 않는 것을 나는 경험한다[는 것이다]. 왜냐하면 그런 것은 흔히 내 의지를 어기고까지 [내게] 나타나기 때문이다. 이를테면 지금 나는 내가 바라건 바라지 않건 열을 느낀다.

---

4) 프랑스어판에서는 '일반적으로 사물이라 불리는 것'이다.
5) Hippogryphes. 이탈리아의 시인 루도비코 아리오스토의 《광란의 오를란도》에 나오는 히포그리프(Hippogryph)를 말한다. 반은 독수리, 반은 말인 괴물이다.
6) 프랑스어판에서는 '내 정신의 허구이자, 조작된 것이다'로 되어 있다.

그리고 그 때문에 나는 이 감각이, 즉 열의 관념이 나오는 다른 것에서, 즉 내 곁에 있는 불의 열에서 나한테로 온다고 생각한다. 그래서 그와 같은 것이 다른 무엇보다도 오히려 그 자신의 닮은 모습을 내 속에 들여보낸다고 내가 판단하는 것도 매우 당연한 일이다.

이러한 이유가 〔충분히 유력하고〕 믿을 만한가 어떤가를 지금부터 살펴보자. 나는 자연한테서 그렇게 가르침받았다고 내가 여기서 말할 때, 그것은 다만 어떤 자발적인 경향에 의해서 내가 그것을 믿게 되었다는 뜻이지,[7] 어떤 자연의 빛에 의해서 진리라고 내게 명시되었다는 뜻은 아니다. 즉 무릇 자연의 빛에 의해서 내게 명시되는 것은, 〔이를테면 내가 의심한다는 것에서 나는 있다는 것이 귀결되는 것 따위는〕 결코 의심스러운 것일 수 없다. 왜냐하면 이 빛만큼 내가 신뢰할 수 있는 어떠한 능력도, 또 이 빛으로 내게 명시되는 것을 진리가 아니라고 내게 가르쳐 줄 만한 〔참과 거짓을 구별하는〕 어떠한 능력도 달리 있을 수 없기 때문이다.[8] 그런데 〔여기다〕 자연적인 〔것으로 여겨지는〕 경향을 말하면, 선(善)을 택해야 할 때에 이 경향이 나를 악(惡) 쪽으로 몰아갔던 것은 이미 전에도 자주 깨달은 바이며, 그러기 때문에 어떤 다른 일에 있어서[9]보다 더 이러한 경향을 신뢰하지 않으면 안 된다.

다음으로 그러한 관념이 나의 의지에 의존하지 않는다 하더라도 그렇다고 해서 그 관념이 반드시 나의 밖에 있는 것에서 나온다고는 할 수 없다. 왜냐하면 내가 방금 말한 그 경향이 내 속에 있는데도 불구하고 내 의지와는 다른 것이라고 여겨지듯이, 아직도 나한테는 잘 인식되지 않았지만 그러한 관념을 만들어 내는 무언가 다른 〔밖에 있는 어떤 것의 도움을 받지 않고도 그러한 관념을 만들어 내는 고유한〕 능력이 내 속에 있는지도 모르기 때문이다. 이를테면 내가 잠자고 있을 때 밖에 있는 어떤 것[10]의 도움을 받지 않고 관념이 내 속에 만들어지는 것을 늘 보았듯이 말이다.

---

7) 프랑스어판에서는 '여기서 말하는 자연이란 말은, 그와 같은 것을 나로 하여금 믿게 하는 그 어떤 경향을 말하는 것이며'로 되어 있다.

8) 프랑스어판에서는 '나는 ……을 내 속에 갖고 있지 않다'로 되어 있다.

9) 프랑스어판에서는 '참과 거짓에 관계되는 일에 있어서'로 되어 있다.

10) 프랑스어판에서는 '그러한 관념이 나타내는 것'으로 되어 있다.

그리고 마지막으로 비록 그러한 관념이 나와는 서로 다른 것에서 나왔다(는 것을 내가 인정했다)고 하더라도 그 관념이 그러한 것을 닮아야 한다는 결론은 나오지 않는다. 오히려 대부분의 경우 나는 (사물과 그 관념 사이에) 이따금 커다란 차이가 있음을 보았다. 이를테면 태양에 대해서 두 가지 서로 다른 관념을 내 속에서 발견한다. 하나는 말하자면 감각에서 얻어진 것이며, 이것은 특히 외래의 것으로 헤아려야 하는 것인데, 이것에 의하면 태양은 매우 조그마한 것으로 보인다. 또 하나의 관념은 천문학상의 근거에서 얻은 것, 즉 나에게 타고날 때부터 갖추어진 상념에서 끌어내어진 것, 또는 무언가 다른 방법으로 나에 의해서 만들어진 것인데, 이것에 의하면 태양은 지구보다 몇 배나 큰 것으로 나타난다. 그러면서도 이 두 가지 관념이 모두 다 나의 밖에 존재하는 동일한 태양과 닮는다는 것은 실제로 있을 수 없는 일이다. 그리고 이성은 태양 자체에서 가장 직접적으로 나왔다고 생각되는 관념이야말로 가장 태양과 안 닮았다는 것을 확신시키는 것이다.

나와는 다른 어떤 것이 존재하고, 그것이 그 자신의 관념 내지 상(像), 혹은 감각기관을 통해서, 혹은 다른 어떤 방법으로 내게 들여보내(그 닮은 모습을 내 마음에 새기)는 것이라고 여태까지 내가 믿고 있었던 것은, 확실한 판단에 의한 것이 아니라 단지 어떤 맹목적 충동에 의한 것에 지나지 않음이 위의 것으로 충분히 증명되고 있다.

그러나 내 속에 그 관념이 있는 어떤 것이 내 밖에 존재하는 것인지 아닌지를 탐구해야 할 또 하나의 길이 내게 주어져 있다. 의심할 것도 없이 이러한 관념이 단지 어떤 사고방식에 지나지 않는 한 나는 이러한 관념 사이에 어떠한 (차이 내지는) 부등성(不等性)도 인정하지 않는다. 그리고 그 모두가 같은 방법으로 나에게서 나온다고 생각된다. 그런데 그 하나는 하나의 것을, 다른 것은 다른 것을 표현하는 (상으로 보는) 한, 이러한 관념은 서로 매우 다르다는 것은 명료하다. 왜냐하면 실체[11]를 내게 보여주는 관념은 단지 양태(樣態), 즉 우유성

---

11) 두 번째 답변 부록의 정의 5에서는 '실체(實體)'가 다음과 같이 규정되어 있다. '우리가 지각하는 어떤 것, 즉 그 실재적인 관념이 우리 속에 있는 어떤 고유성, 혹은 성질, 혹은 속성이 직접 내재하는 기체(基體, subjectum), 혹은 존재하는 까닭의 기체로서의 사물을 모두 실체라고 부른다. 다시 말해 엄밀한 뜻에서의 실체 자체에 대해서 우리가 갖는 유일한 관념은

을 표현하는 데 지나지 않는 관념보다 더 큰 무엇이며, 말하자면 더 많은 객관적 실재성[12]을 속에 포함하고 있으며, 〔즉 표상적[13]으로 더 고도의 존재성 내지 완전성에 관여하고 있으며〕 또 내가 그것으로 영원하고, 무한하고, 〔불변하고〕 전지전능하고, 그리고 자기 이외의 모든 것의 창조자인 지고(至高)한 신을 이해하는 관념은 유한한 실체를 내게 보여주는 관념보다 확실히 더 많은 객관적 실재성을 속에 갖고 있다는 것은 의심할 여지가 없기 때문이다.

그런데 지금 동력인(動力因) 전체 속에는 적어도 이 원인의 결과 속에 있는 것과 같은 것[14]이 있어야 한다는 것은 자연의 빛으로 명료하다. 결과는 원인에서가 아니면 대체 어디서 자기 실재성을 얻을 수 있겠는가? 또 원인은 자기가 실재성을 갖는 것이 아니면 어떻게 그것을 결과에 줄 수 있겠는가? 또 원인은 자기가 실재성을 갖는 것이 아니면 어떻게 그것을 결과에 줄 수 있겠는가? 그리고 여기서 그 어떤 것도 무(無)에서는 생길 수 없다는 것뿐 아니라, 더 완전한 것, 즉 자기 속에 더 많은 실재성을 포함하는 것은 덜 완전한 것, 덜 실재성을 포함하는 것[15]에서는 생길 수 없다는 귀결이 나온다. 더욱이 이것은 단지 그 실재성이 〔철학자들이 말하는〕 현실적, 즉 형상적(形相的)[16]인 결과에 대해서 명백히 진리일 뿐 아니라, 거기서는 다만 〔그들이 부르는〕 객관적 실재성만이 고찰되는 관념에 대해서도 진리이다. 이를테면 전에 존재하지 않았던 돌이 지금 존재하기 시작하려면 그 돌 속에 있는 모든 것을 형상적으로나 우

우리가 지각하는 어떤 것이, 즉 우리의 어느 관념 속에 객관적으로 있는 것이 거기서는 형상적으로 또는 우월적으로 존재하는 사물이라는 것이다. 무(無)가 아무런 실재적인 속성도 가질 수 없다는 것은 자연의 빛에 의해서 알려져 있는 일이다.' 여기서 '객관적'에 대해서는 앞의 '읽는 이에게 드리는 머리말'의 주 5를, '형상적으로 혹은 우월적으로'에 대해서는 다음에 나오는 주 17 참조.

12) 관념의 객관적 실재성에 대해서는 앞에 나온 '여섯 가지 성찰의 주요 내용' 주 1 참조.

13) 프랑스어판에서 '표상적으로'의 원어는 par représentation이며, 라틴어의 '객관적(objectivus)'의 역어이다. 보통 '형상적으로 formaliter(현실적, 즉 정신의 밖에 실재한다는 뜻)에 대해서 쓰이며, '정신 속에 표상되어'라는 뜻이다. '표현적으로'라고 번역할 수 있으나, 독일어로 Vorstellung으로 옮겨지는 것을 본받아 '표상적으로'라고 했다.

14) 프랑스어판에서는 '같은 정도의 실재성.'

15) ab eo quod minus를 프랑스어판에서는 du moins parfait로 하여 '완전'에만 걸고 있다.

16) formalis(형상적)과 actualis(현실적)이 등치(等置)되어 있는 것으로 짐작할 수 있듯이 '객관적' '표상적'에 대해서 쓰이고 있다.

월적[17]으로나 자기 속에 갖고 있는 (즉 돌 속에 있는 것과 같은 것, 혹은 돌 속에 있는 것보다 뛰어난 다른 것을 자기 속에 포함하고 있는) 어떤 것에 의해서 생산되지 않으면 안 되고, 또 전에 덥지 않았던 대상에 열이 가해지기 위해서는 적어도 열과 동등한 질서(혹은 정도, 혹은 종류)의 완전성을 가진 것에 의해서가 아니면 안 된다. 그리고 그 밖의 경우도 마찬가지이다. 그러나 단지 그뿐 아니라, 열 혹은 돌의 관념이 내 속에 있으려면 열 혹은 돌 속에 있다고 내가 생각하는 것과 적어도 같은 정도의 실재성을 자기 속에 포함하는 어떤 원인에 의해서 그것이 내 속에 놓이지 않으면 안 되는 것이다. 왜냐하면 이 원인은 그 자신의 현실적, 즉 형상적 실재성의 그 무엇도 내 관념 속에 옮겨 넣지는 않지만, 그렇다고 이 원인이 덜 실재적일 것이라고 생각해서는 안 되며, 오히려 (모든 관념은 정신의 작업이며) 관념 자체는 내 생각의 한 양태(즉 방식 내지 방법)이므로 그 본성은 나의 생각(혹은 정신)에서 빌려올 수 있는 실재성 이외에 아무런 형상적 실재성도 스스로 요구하지 않는 성질의 것이라고 생각해야 하기 때문이다. 그런데 어떤 관념이 어떤 특정한 객관적 실재성을 포함하고 그 밖의 객관적 실재성을 포함하지 않기 위해서는, 이 관념은 확실히 이것이 포함하는 객관적 실재성과 적어도 같은 정도의 형상적 실재성을 가진 어떤 원인에서 유래하지 않으면 안 된다. 왜냐하면 만일 그 원인 속에 없었던 무언가가 관념 속에서 발견된다면 관념은 그 무언가를 무(無)에서 얻은 것이 될 테지만, 사물이 관념을 통해서 오성 속에 객관적으로 (혹은 표상적으로) 있는 그 존재 방식은 비록 불완전하기는 해도 확실히 결코 완전히 무는 아니며, 따라서 그 관념이 무에서 나온다는 것은 있을 수 없는 일이기 때문이다.

또한 내가 가진 관념 속에서 고찰하는 실재성은 단순히 객관적인 것에 지나지 않으므로 이 실재성이 이 관념의 원인 속에 형상적으로 있을 필요는 없고,

---

17) vel formaliter, vel eminenter '형상적으로' 및 '우월적으로'에 대해서 두 번째 답변 부록의 정의 4에 다음과 같이 적혀 있다. '같은 것은 관념의 대상 속에 우리가 지각하는 대로 있을 경우, 관념의 대상 속에 형상적으로(formaliter) 있다고 말하며, 그대로는 아니지만 그것에 대체할 수 있을 정도의 것일 경우에는 우월적으로(eminenter) 있다고 말한다.' 바로 다음의 프랑스어 판에 있는 예에서 볼 수 있듯이 이 경우의 '형상적으로'는 '우월적으로'에 대해서 '원인이 결과에서와 마찬가지 정도의 완전성을 가지고'라는 뜻이며, '우월적으로'는 '원인이 그 결과에서보다 많은 실재성을 가지고'라는 뜻이다. 둘 다 스콜라 철학의 용어이다.

이 원인 속에서도 객관적으로 있기만 하면 된다고 억측해서는 안 된다. 왜냐하면 이 객관적인 존재 방식은 관념과 관념 그 자체의 본성상 합치하는 것과 마찬가지로 형상적인 존재 방식은 관념의 원인과, 적어도 그 첫 번째이자 주요한 원인과 이 원인의 본성상 합치하기 때문이다. 또 설령 하나의 관념이 다른 관념에서 생길 수 있다고 하더라도 이렇게 무한히 거슬러 올라갈 수는 없고, 마침내 어떤 첫 번째 관념에 다다르지 않을 수 없으므로 이 관념의 원인이야말로 원형(原形)이라고도 할 수 있는 것이며, 거기에는 관념 속에 다만 객관적으로 [혹은 표상적으로] 있는 데 지나지 않는 모든 실재성[혹은 완전성]이 형상적으로 [그리고 현실적으로] 포함되어 있는 것이다. 이와 같이 하여 내 속에 있는 관념은 [화상(畫像) 혹은] 영상(映像)과 같은 것이며, 이것은 그것이 얻어진 본디의 것이 갖고 있던 완전성을 잃기 쉬우나 본디 것보다 더 큰 것도 완전한 것도 포함할 수 없다는 사실을 나는 자연의 빛으로 뚜렷이 알 수 있다. 그리고 나는 이 모든 것을 오래 숙고하면 할수록, 주의가 깊으면 깊을수록 차츰 더 명석하게, 더욱더 판명하게 그것이 참됨을 인식하는 것이다. 그러나 끝내 나는 대체 무슨 결론을 거기서 얻으려 하는 것일까? 그것은 두말할 것도 없이 만일 내가 가진 관념 속에 있는 어떤 것의 객관적 실재성이 형상적으로나 우월적으로나 내 속에 없고, 따라서 나 자신이 이 관념의 원인일 수 없다는 것을 내가 확신할 만한 것[18]이라면 거기서 필연적으로 세계에는 나 혼자만 있는 것이 아니라, 그와 같은 관념의 원인인 다른 어떤 것도 존재한다는 것이 귀결된다는 뜻이다. 하지만 또 만일 그와 같은 관념이 내 속에서 발견되지 않는다면 나와는 다른 어떤 것이 존재한다는 것을 내게 확신시키는 어떠한 논거도 나는 전혀 갖지 않을 것이다. 사실 나는 모든 점을 아주 면밀히 조사했지만, 아직까지는 관념 이외에 어떠한 논거도 발견할 수 없었다.

그런데 내가 가진 모든 관념 속에는 나 자신을 내게 보여주는 관념(여기서는 어떠한 곤란도 있을 수 없다) 이외에 신(神)을 표현하는 것, 물체적이고 무생물적인 것을 표현하는 것, 천사를 표현하는 것, 동물을 표현하는 것, 그리고 마지막으로 나와 같은 부류의 다른 인간을 표현하는 것이 있다.

---

18) '내가 확신한다' 대신 프랑스어판에서는 '내가 명석히 인식한다'이다.

그리고 다른 인간, 또는 동물이나 천사를 나타내는 관념에 대해서 말하자면, 설령 나 말고는 어떠한 인간도 어떠한 동물도 어떠한 천사도 세계에 존재하지 않는다고 해도, 이러한 관념들이 나 자신과 물체적인 것과 신에 대해서 내가 가진 관념으로 구성될 수 있다는 것을 나는 쉽게 이해한다.

그러나 물체적인 것의 관념에 대해서 말하자면 이러한 것들 속에는 나 자신에 의해서 생길 수 없었다고 생각될 만한 것은 아무것도 발견되지 않는다. 즉 만일 내가 깊이 관찰해 어제 밀랍의 관념을 음미한 것과 마찬가지 방법으로 관념의 하나하나를 음미한다면, 거기서 내가 명석하고 판명하게 지각하는 것은 극히 조금밖에 없음을 깨닫는 것이다. 그것들은 물론 크기 내지는 길이와 넓이와 깊이에 있어서의 연장(延長), 이러한 연장의 한정으로 생기는 모양, 갖가지 모양을 한 것이 서로 차지하는 위치 및 운동 내지는 그러한 위치의 변화이다. 여기에 다시 실체·지속(持續) 및 수를 보탤 수 있다. 하지만 그 밖의 것, 이를테면 빛과 빛깔·소리·향기·맛, 열과 냉(冷), 그리고 다른 촉각적 성질은 오직 매우 불분명하고 그것들이 참된 것인지, 거짓된 것(이고 단순히 그렇게 보일 뿐인 것)인지, 즉 그러한 성질에 대해서 내가 갖는 관념이 사실에 있어서 어떤 [실재적인] 것의 관념인지, 아니면 아무것도 아닌 것의 관념인지조차[19] 모르는 것이다. 왜냐하면 본디 뜻에서의 허위, 즉 형상적 허위는 오직 판단에서만 발견될 수 있다고 나는 조금 전에 말한 바 있지만, 어떤 관념이 아예 있지도 않은 것을 마치 있는 것처럼 표상할 때에는 확실히 어떤 다른 질료적 허위가 그 관념 속에 있기 때문이다. 이를테면 열과 냉에 대해서 내가 가진 관념은 도무지 명석 판명하지 않으므로 냉이 단순히 열의 부족함인지, 혹은 열이 냉의 결여인지, 또 양쪽이 다 실재적인 성질인지 그렇지 않은지를 나는 이러한 관념으로 분별할 수가 없다. 그런데 [관념은 영상 같은 것이기 때문에] 어떤 것의 관념이 아닌 관념은 있을 수 없으므로, 만일 실제로 냉은 열의 결여 이외의 아무것도 아니라는 것이 참이라면 냉을 실재적이고 적극적인 어떤 것처럼 내게 나타내는 관념이 거짓이라는 말을 들어도 부당하지는 않을 것이다. 그리고 다른 경우에서도 마찬가지이다.

---

19) 프랑스어판에서는 '그러한 관념은 실은 존재할 수 없는 키마이라적 존재를 내게 보여주는 데 지나지 않는가?'이다.

확실히 이러한 관념을 나와는 다른 어떤 창작자에게 귀착시킬 필요는 없다. 왜냐하면 만일 그러한 관념이 과연 거짓이라면, 즉 아무것도 표현하지 않는다면 그러한 관념이 무(無)에서 나온다는 것, 즉 그러한 관념이 내 속에 있는 것은 오로지 내 본성에 어떤 결함이 있고 내 본성이 아주 완전하지 않기 때문이라는 것을 자연의 빛이 내게 알려주기 때문이다. 그리고 만일 그러한 관념이 참된 것이라고 하더라도, 그러한 관념은 나에게 사물과 비존재를 거의 구별할 수 없을 만큼 사소한 실재성밖에 보여주지 않으므로 왜 그러한 관념이 나 자신에 의해서 만들어질 수 없는지[그리고 내가 그러한 관념의 창작자일 수 없는지]를 나는 알 수 없다.

그런데 물체적인 것에 대해 내가 가지고 있는 명석하고 판명한 관념들 가운데 어떤 것, 즉 실체·지속(持續)·수(數), 그 밖에 이런 종류에 속하는 것은 나 자신의 관념에서 끌어낼 수 있었던 것처럼 여겨진다. 왜냐하면 내가 돌[石]은 실체, 즉 그 자신에 의해서 존재할 수 있는 것이라 생각하고 마찬가지로 나 또한 실체라고 생각할 때, 물론 나는 내가 생각하는 것이지 연장(延長)을 갖는 것이 아니며 이와 반대로 돌은 연장을 갖는 것이지 생각하는 것이 아니라는 것, 따라서 두 개념 사이에는 매우 큰 차이가 있다는 것을 이해는 하지만, 실체라는 점에 있어서는 그 둘이 일치하는 듯이 여겨지기 때문이다. 마찬가지로 나는 내가 지금 있다는 것을 지각하고, 전에 어느 기간 동안 있었다는 것을 상기할 때, 또 내가 온갖 사정을 가졌으며 아울러 그 수를 이해하고 있을 때 나는 지속과 수의 관념을 얻고, 그런 다음 이것을 다른 어떤 것으로도 옮길 수 있다. 물체적인 것의 관념을 구성하는 다른 모든 것, 즉 연장·모양·위치 및 [장소의] 운동은 내가 생각하는 것 이외의 그 무엇도 아니므로 물론 내 속에 형상적으로는 포함되어 있지 않다. 하지만 그것들은 단지 실체의 어떤 양태[즉 물질적 실체가 걸치고 나타나는, 말하자면 옷 같은 것]일 따름인 반면 나는 실체니까 우월적으로는 내 속에 포함될 수 있는 것처럼 여겨진다.

따라서 이제 남는 것은 다만 신(神)의 관념뿐이다. 이 관념에 무언가 나 자신에게서 나오지 않은 어떤 것이 있지는 않은지가 고찰되어야 한다. 내가 신이라고 부르는 것은 어떤 무한하고 영원하며 [불변의] 독립적인, 전지전능한, 그리고 나 자신과 만일 나 이외에 역시 존재하는 것이 있다면 그러한 것들 모두를 창조한 실체이다. 참으로 모든 성질은 내가 깊이 주의하면 주의할수록 단지 나 한 사람에게서 나올 수 있다고는 점점 생각할 수 없는 것들이다. 그런 까닭에 앞서 말한 것에서 신은 필연적으로 존재한다고 결론짓지 않으면 안 된다.

왜냐하면 나 자신이 실체니까 실체의 어떤 관념이 내 속에 있는 것은 확실한데 그렇다고 해서 그것이 무한한 실체의 관념일 수 있다고는 말할 수 없고, 무한한 실체의 관념은 정말로 무한한 어떤 실체에서 나온 것이 아니면 안 되는데 나는 유한하기 때문이다.

또 나는 무한한 것을 참된 관념으로 지각하는 것이 아니라 정지(靜止)와 암흑을 운동과 빛의 부정으로 지각하는 것과 마찬가지로 단지 유한한 것의 부정으로 지각한다는 식으로 생각해서는 안 된다. 왜냐하면 반대로 무한한 실체 속에는 유한한 실체 속에 보다 많은 실체성이 있다는 것, 따라서 무한한 것의 지각은 나 자신의 지각보다, 바꾸어 말해서 신의 지각은 나 자신의 지각보다 말하자면 앞서는 것으로서 내 속에 있음을 나는 뚜렷이 이해하기 때문이다. 생각건대 만일 내 속에 나보다 완전한 어떤 존재의 관념이 있어서, 그것과의 비교에 의해 내가 나의 결함을 인정하는 것이 아니라면 내가 의심하고 내가 욕구하는 것을, 즉 무언가가 내게 결핍되어 있어서 나는 아주 완전하지 않다는 것을 내가 어떻게 이해할 수 있겠는가?

또 아마도 이 신의 관념은 질료적으로 허위라든가, 따라서 조금 전에 열과 냉 등의 관념에 대해서 본 것과 마찬가지로 무(無)에서 나올 수 있다(즉 내게 결함이 있기 때문에 내 속에 있을 수 있다)고 말할 수는 없다. 왜냐하면 오히려 반대로 이 관념은 아주 명석하고 판명해서 다른 어떤 관념보다도 많은 객관적 실재성을 포함하고 있으므로, 이 관념보다 더 그 자신에 의해서 참된 관념은 없고, 또 거짓된 것이 아닐까 하는 의심을 두기 어려운 관념도 없기 때문이다. 이 가장 완전하고도 무한한 존재의 관념은 최고의 참이라고 나는 말한다. 왜냐하면 설령 그와 같은 존재가 현존하지 않는다고 가상할 수 있다 하더라도 이 존재의 관념이 앞서 냉의 관념에 대해서 말한 것처럼 실제적인 것을 내게 전혀 보여주지 않는다고 가상할 수는 없기 때문이다. 이 관념은 또한 더없이 명석하고 판명하다. 왜냐하면 무릇 실제적이고 참된 것으로서, 또 그 어떤 완전성을 포함하는 것으로서 내가 명석 판명하게 지각하는 모든 것은 죄다 이 관념 속에 포함되어 있기 때문이다. 또한 이 경우 내가 무한한 것을 이해할 수 없다든가, 신 속에는 내가 이해할 수도 없거니와 아마 내 생각이 도저히 닿을 수조차 없는 다른 무수한 것이 있다든가 하는 것은 아무런 반증도 되지 않는다. 유한〔하고 협소〕한 나〔의 본성〕에 의해서 이해될 수 없다는 것은 무한한 것의 본질에 속하는 일이기 때문이다. 그리고 이것을 이해하는 것만으로 충분하며, 내가 명석하게 지각하는 모든 것이, 그리고 거기에 그 어떤 완전성이 포함되어 있다는 것을 내가 아는 모든 것이, 또 아마 내가 모르는 다른 숱한 것이 형상적으로나 우월적으로 신 속에 있다고 판단하면 충분하며, 이리하여 내가 신에 대해서 갖고 있는 관념이 내 속에 있는 모든 관념 중에서 가장 참되고 가장 명석 판명한 것이 된다.

그러나 어쩌면 나는 내가 이해하고 있는 것 이상의 어떤 것인지도 모른다. 내가 신에게 돌리는 모든 완전성도 어떤 뜻에서는 내 속에 있을는지도 모른다. 그리고 다만 그것이 아직 내게 뚜렷이 나타나지 않고, 또 현실성에 이르지 않은 것뿐일는지도 모른다. 〔사실에 있어서〕 나의 지식이 차츰 증대하여 〔그리고 완성하여〕 가는 것은 이미 내가 겪고 있지 않은가? 그리고 내 지식이 그와 같이 하여 조금씩 무한히 증대해 가도 상관없는 일이고, 또 이처럼 지식이 증대함으로써 〔아울러 완성됨으로써〕 내가 신〔의 본성〕, 그 밖의 모든 완전성에 다다르지 못할 까닭도 없으며, 또 마지막으로 그러한 완전성에 이르는 힘이 지금 내 속에 있는 이상, 그 힘만으로 그와 같은 완전성의 관념을 만들어 내는 데 충분할 것이다.[20]

그러나 〔조금 생각해 보면〕 그와 같은 일은 결코 있을 수 없다〔는 것을 알 수 있다〕. 즉 첫째로 나의 지식이 갈수록 늘어간다[21]는 것과 아직도 현실적이지 않은 많은 가능한 것이 내 속에 있다는 것이 참이라 하더라도, 이런 것은 아무것도 신의 관념에는 속하지 않는다〔또 전혀 그것에 가까이 가는 까닭도 아니다〕. 신의 관념 속에는 〔단지〕 가능한 것 따위는 아무것도 존재하지 않으〔며, 모든

---

20) 프랑스어 번역 제2판은 라틴어 원문대로 고쳐져 있지만, 초판에서는 다음과 같이 번역되어 있다. '그리고 마지막으로 이와 같은 완전성을 획득하는 힘이 내 속에 있는 이상 그 힘은 그와 같은 완전성의 관념을 내 속에 새기고, 내 속에 만들어 낼 수 있는 듯이 여겨진다.'
21) 프랑스어판에서는 '나의 지식이 날마다 새로이 완성도를 더해 간다'이다.

것이 현실적·사실적으로 존재하는 것이]며, 또 이 조금씩 늘어[서 완성의 정도를 더해]간다는 것 자체가 [내 지식의] 불완전성을 가장 확실하게 증명하는 것이다. 게다가 비록 내 지식이 차츰 늘어간다고 하더라도, 내 지식이 현실적으로 무한하게 될 것이라고는 생각지 않는다. 왜냐하면 내 지식은 이제 더 이상 늘어날 수 없는 데까지는[22] 결코 이르지 못할 것이기 때문이다. 그런데 신은 현실적으로 무한하며, 그 [지고의] 완전성에는 무엇 하나 보탤 수 없다[고 할 만큼 고도의 것이라]고 나는 생각한다. 그리고 마지막으로 관념이 객관적으로 존재한다는 것은 단지 가능한 존재, 즉 실(實)은 무(無)에 의해서 만들어지는 것이 아니라 다만 현실적인 존재, 즉 형상적인 존재에 의해서만 만들어질 수 있다는 것을 나는 지각하는 것이다.

참으로 이 모든 것을 주의 깊게 고찰할 때 자연의 빛으로 뚜렷해지지 않는 것은 아무것도 없다. 그러나 내가 조금 주의를 게을리해서 감각적인 것의 상(像)이 정신의 눈을 멀게 만들 때, 나보다 더 완전한 존재의 관념이 어떻게 하여 필연적으로 실제에 의한 완전한 존재에서 나오지 않으면 안 되는가 하는 이유를 나는 쉽게 상기할 수 없다. 그렇기 때문에 다시 나아가서 그와 같은 [신의] 관념을 갖고 있는 나 자신은 그러한 존재[23]가 현존하지 않는 경우에도 존재할 수 있는지를 탐구해 보고 싶다.

대체 나는 무엇에서 나왔을까? 물론 나 자신이나 부모나, 아니면 무언가 신만큼 완전하지 않은 다른 것에서 나왔을 것이다. 왜냐하면 신보다 더 완전한 것을, 신과 같은 정도로 완전한 것조차 생각할 수도 상상할 수도 없기 때문이다.

그러나 만일 [내가 다른 모든 것에서 독립해 있고] 내가 나 자신으로부터 나왔다고 한다면[24] 나는 [그 무엇도] 의심하는 일이 없었을 것이고, 바라는 일도 없었을 터이며, 무엇 하나[25] 내게 결핍되는 일도 결코 없었을 것이다. 왜냐하

---

22) 프랑스어판에서는 '나의 지식이 이제 그 무엇 이상으로 증대할 수 없을 만큼 높은 완성점에는'으로 되어 있다.
23) 프랑스어판에서는 '신(神)'이다.
24) 프랑스어판에서는 '나 자신이 내 존재의 창작이다'로 되어 있다.
25) 프랑스어판에서는 '그 어떤 완전성도'이다.

면 그때 나는 내 속에 관념으로서 갖고 있는 모든 완전성을 나 자신에게 부여했을 것이고, 그리하여 나 자신이 신이었을 것이기 때문이다. 또 내게 결핍되어 있는 것은 이미 내 속에 있는 것보다 얻기 어려울지 모른다고 생각해서는 안 된다. 왜냐하면 오히려 내가, 바꾸어 말하면 생각하는 것, 즉 생각하는 실체가 무에서 나온다는 것은 내가 모르는 많은 것의 지식, 단지 이 실체의 우유성에 지나지 않는 지식을 얻는 것보다 분명히 훨씬 곤란했을 것이기 때문이다. 그리고 확실히 만일 내가 (방금 말한) 그 위대한 것을 나 스스로 가질 수 있었다면, (즉 만일 내가 나의 탄생과 나의 존재의 창작자였다면) 적어도 나는 그와 같은 더욱 소유하기 쉬운 것을 (즉 내 본성에 결핍되어 있는 많은 지식을) 나 자신에게 거부하지는 않았을 것이다. 뿐만 아니라 신의 관념 속에 포함된다고 내가 지각하는 다른 그 무엇도 나 자신에게 거부하지는 않았을 것이다. 왜냐하면 거기에는 더욱더 이룩하기 어려운 일[26]은 아무것도 없는 것처럼 보이기 때문이다. 그러나 만일 거기에 더욱더 이룩하기 어려운 일이 있다고 한다면 그것은 확실히 내게도 더욱 곤란한 것으로 여겨질 것이다. 물론 그것은 내가 갖고 있는 다른 모든 것을 내가 나 자신에게 주었다 치고 하는 이야기이다. 왜냐하면 나는 거기서 이제 내 힘이 한정되어 있다는 것을 (그리고 거기까지 다다를 수 없다는 것을) 경험하기 때문이다.

　다시 또 나는 지금 있는 것처럼 아마 언제나 있었다 가정하고, 이 가정에서 내 존재의 창조자 따위를 찾을 필요는 없다고 결론지어 봐야 나는 이들 논거의 힘을 피할 수는 없다.[27] 왜냐하면 (내) 한평생의 온 시간은 무수한 부분으로 나뉘어질 수 있고, 그 어느 부분도 다른 부분에 전혀 의존하지 않으므로 내가 조금 전에 존재했다는 데서 지금 내가 존재하지 않으면 안 된다는 귀결은 어떤 원인이 이 순간에, 말하자면 다시 한 번 나를 창조하지 않는 한, 즉 나를 보존하지 않는 한 나오지 않기 때문이다. 사실 시간의 본성을 살피는 자들에게는

---

26) 프랑스어 번역 초판에서는 '얻기 어려운 일', 제2판에서는 '하기 어려운 또는 얻기 어려운'으로 되어 있다.

27) 프랑스어판에서는 '또 나는 지금 있는 것처럼 아마 늘 있었다고 가정하더라도, 그렇다고 해서 이 논증의 힘을 피할 수는 없을 것이고, 또 신이 내 존재의 창작자라는 것의 필연성을 인정하지 않을 수 없다'로 되어 있다.

무엇인가가 그 지속하는 개개의 순간에 보존되려면, 그것이 아직 존재하지 않았을 때에 그것을 새로이 창조하는 데 필요했던 것과 똑같은 힘과 작용이 필요하다는 것은 명백한 일이다. 그러고 보면 보존은 다만 사고방식 위에서 창조와 다를 뿐이다〔그리고 사실상 다른 것이 아니다〕라는 것 또한 자연의 빛에 의해서 뚜렷한 일 가운데 하나이다.

그리하여 여기서 나는 지금 존재하고 있는 나로 하여금 조금 뒤에도 존재시킬 수 있을 만한 어떤 힘〔과 덕〕을 내가 갖고 있는지 어떤지를 스스로 묻지 않으면 안 된다. 왜냐하면 나는 생각하는 것 이외의 그 무엇도 아니므로, 혹은 적어도 지금 바로 내가 문제가 되는 것은 다만 생각하는 것이라는 나의 그 부분만이므로 만일 무언가 그와 같은 힘이 내 속에 있었다면 의심할 것도 없이 나는 그것을 의식했을 터이기 때문이다. 그런데 나는 그와 같은 힘이 있다는 것을 전혀 겪지 못했다. 그리고 바로 이 사실로부터 나는 내가 나와 다른 어떤 존재에게 의존하고 있음을 명증적으로 인식한다.

그러나 아마도 〔내가 의존하고 있는〕 이 존재는 〔내가〕 신〔이라고 부르는 것〕이 아닌지도 모른다. 그리고 나는 부모에 의해 태어났거나, 아니면 신만큼 완전하지 않은 무언가 다른 원인에 의해서 만들어졌는지도 모른다. 아니 결코 그렇지는 않다. 〔그것은 있을 수 없는 일이다.〕 이미 앞에서 말한 것처럼 원인 속에는 적어도 결과 속에 있는 것과 같은 정도의 실재성이 분명히 있지 않으면 안 된다. 그리고 그렇기 때문에 나는 생각하며, 또 신의 어떤 관념을 내 속에 가졌기 때문에 결국 어떤 원인이 내게 주어지더라도 그 원인 또한 생각하는 것이며, 그리하여 내가 신에게 돌리는 모든 완전성의 관념을 가졌다고 하지 않을 수 없다. 그래서 다시 이 원인에 대해서 이것이 그 자신으로부터 나오는가, 아니면 다른 것에서 나오는가를 물을 수 있다. 즉 만일 그 자신으로부터 나온다면 그 원인 스스로 신이 아니면 안 된다는 것은 앞에서 설명한 것으로서 분명하다. 왜냐하면 그 원인은 자기 자신에 의해서 존재하는 힘을 갖고 있으므로 또한 의심할 것도 없이 그 관념을 자기 자신 속에 갖고 있는 모든 완전성을, 즉 신 속에 있다고 내가 생각하는 모든 완전성을 현실적으로 소유하는 힘을 갖고 있을 것이기 때문이다. 그러나 만일 그 원인이 다른 것에서 나온다면, 이 다른 것에 대해서 다시 앞의 경우와 마찬가지로 그것이 자기 자신으로부터 나오는지 아니면 다른 것에서 나오는지를 묻게 되고, 그리하여 마침내 궁극의 원인에 다다르게 되겠지만, 이 궁극의 원인이야말로 다름 아닌 신일 것이다.

그리고 여기에 무한(無限)으로의 전진이 있을 수 없다는 것은 아주 또렷하다. 왜냐하면 무엇보다도 이 경우 문제인 것은 단지 전에 나를 만들어 낸 원인뿐 아니라, 주로 나를 현재 보존하고 있는 원인이기도 하기 때문이다.

또 많은 부분적 원인이 협력해서 나를 만들어 냈으며, 나는 그러한 부분적 원인들 가운데 하나로부터 내가 신에게 돌리는 완전성의 한 관념을 받고, 다른 부분적 원인으로부터는 다른 완전성의 관념을 받은 것이며, 따라서 이 모든 완전성이 우주의 어딘가에서 발견될지 모르지만, 그렇다고 해서 동시에 신이라는 하나의 것에서 결합되어 있지는 않다고 상상할 수도 없다. 왜냐하면 오히려 반대로 신 속에 있는 모든 것의 통일, 단순성 내지 불가분리성(不可分離性)이야말로 신 속에 있다고 내가 생각하는 주요한 완전성 가운데 하나이기 때문이다. 또 확실히 신의 이러한 모든 완전성의 통일(과 집합) 관념은 바로 내가 그 밖에 모든 완전성의 관념까지 갖게 된 원인과 같은 원인에 의해서만 내 속에 놓일 수 있었다. 왜냐하면 이 원인은 이들 모든 완전성이 하나로 결합되어 있어서 분리할 수 없는 것임을 내게 이해시키기 위해서는 동시에 이들 완전성이 무엇인가를 내게 알려주어야 했기 (때문이고 그 모든 것을 내게 인식시켜 주지 않을 수 없을 것이기) 때문이다.

마지막으로 (나를 낳아준 것으로 여겨지는) 부모에 대해서 말하면, 내가 일찍이 부모에 대해서 믿고 있었던 일 모두 참된 것인지는 모르지만, 결코 그들이 나를 보존하는 것은 아니고, 또 내가 생각하는 것인 한 결코 나를 만들어 내지도 않았다. 오히려 그들은 다만 나, 즉 정신(이제 나는 다만 정신만을 나라고 인정한다)이 들어 있다고 내가 생각하는 질료(質料) 속에 어떤 자질을 심어주었을 뿐이다. 따라서 여기서는 그들에 대해서 아무런 곤란도 있을 수 없다. 오히려 내가 존재하고, 그리하여 가장 완전한 존재 곧 신의 관념이 내 속에 있다는 것만으로 신 또한 존재한다는 것이 극히 명증적으로 논증된다고 결론짓지 않을 수 없는 것이다.

이제 남는 것은 다만 어떤 방법으로 내가 이러한 관념을 신에게서 얻었는가를 검토하는 일뿐이다. 즉 나는 그것을 감각에서 얻은 것이 아니다. 또 감각적인 것이 감각의 외부 기관에 나타날 때, 혹은 나타나는 듯이 여겨질 때 이 감각적인 것의 관념이 보통 그러하듯 갑자기 나에게 생긴 것도 아니다. 또한 그것은 나에 의해서 상상으로 그려진 것도 아니다.[28] 왜냐하면 분명히 나는 그 무엇도 거기서 끌어낼 수가 없고, 그 무엇도 거기에 보탤 수가 없기 때문이다. 따라서 남는 것은, 내가 스스로 관념을 타고나는 것과 마찬가지로 신의 관념을 타고난다는 것이다.[29]

그리고 신이 나를 창조함에 있어서 이 관념을 내 속에 심었다는 것은 전혀 이상해할 것도 없다. 그것은 마치 예술가가 작품에 자기 표를 각인하는 것과 같다. 또 이 표가 작품 자체와 다른 것일 필요도 없다. 그러나 신이 나를 창조했다는 다만 이 한 가지 일로 말미암아 내가 어떤 방법으로 신의 형상과 닮은 모습으로 만들어졌다는 것, 그리고 신의 관념을 속에 포함하는 이 닮은 모습이 내가 나 자신을 지각할 때와 마찬가지 능력에 의해 나에게 지각된다는 것을 아주 쉽게 믿을 수 있다. 바꾸어 말하면 내가 나 자신을 살펴볼 때 단지 나는 내가 〔미완결의 불완전한 것, 다른 것에 의존하는 것이며, 그리고 현재의 나보다〕 더 위대한 것 혹은 더 선한 것을 향해 끊임없이 노력하여 마지않는 것임을 이해할 뿐 아니라, 동시에 내가 의존하고 있는 것이 〔내가 거기에 도달하려고 노력하며, 그 관념을 내 속에서 발견하는〕 그와 같은 더 위대한 것 모두를 다만 무한한 가능성으로 갖고 있을 뿐 아니라, 사실 〔현실적으로〕 무한히 자기 속에 갖고 있으며, 그리하여 그것이 신이라는 것까지도 이해하게 된다. 그리고 〔내가 신의 존재를 증명하기 위해서 여기에 사용한〕 위와 같은 논증의 힘은 죄다 다음 사실에 달려 있다. 즉 실제로 신이 존재하지 않는다면, 지금 있는 것 같은 본성을 갖는 것으로서, 곧 신의 관념을 속에 가진 것으로서의 나는 존재할 수 없다고 인정하는 것이다. 여기서 내가 신이라고 말하는 것은 그 관념이 내 속에 있는 그 신, 즉 이해할 수는 없더라도 그 어떤 방법의 생각에 의해서 접촉할 수 있는 모든 완전성을 가지며, 그 어떤 결함도 전혀 갖지 않는 것(그리고 불완전함을 나타내는 것은 아무것도 갖지 않는 것)이다. 이

---

28) 프랑스어판에서는 '내 정신의 단순한 산물 내지 허구도 아니다'로 되어 있다.
29) 프랑스어판에서는 '나 자신의 관념도 마찬가지로 신의 관념은 내가 창조되었을 때부터 나와 함께 태어나고 생산되었다고 말하는 수밖에 없다'이다.

러한 것으로 미루어 신이 속이는 자일 수 없다는 것은 아주 분명하다. 모든 기만과 사기가 그 어떤 결함에서 나온다는 것은 자연의 빛으로 뚜렷하기 때문이다.

그러나 이것을 다시 파고들어가서 검토하고, 또 여기서 끌어내어지는 다른 모든 진리 속으로 더듬어 들어가기 전에 나는 여기서 잠시 〔아주 완전한〕 신 자체의 관상(觀相)에 잠겨 그 〔경탄할 만한〕 온갖 속성을 조용한 마음으로 고찰하고, 그 끝없는 광명의 〔비할 데 없는〕 아름다움을, 이것에 현혹된 내 정신의 눈이 견딜 수 있는 데까지 응시하며 찬탄하고 존경하는 것이 알맞은 일이라고 생각한다. 왜냐하면 오직 이 장엄한 신의 관상 속에만 별세계 생활의 더할 나위 없이 커다란 행복이 있다는 것을 우리가 신앙으로 믿고 있듯이, 물론 훨씬 불완전한 것이기는 하나 그 같은 생각에 의해서만 무릇 이 세상의 생활에서 우리가 누릴 수 있는 최대의 기쁨을 누릴 수 있다는 것을 우리는 지금도 경험하기 때문이다.

성찰 4

참된 것 거짓된 것

나는 지난 며칠 동안에 내 정신을 감각에서 떼어내는 데 익숙해졌고, 또 물체적인 사물에 대해서는 정말로 지각되는 것이 매우 적지만, 인간의 정신에 대해서는 훨씬 많은 것이, 신에 대해서는 더욱더 많은 것이 인식된다는 것을 자세히 관찰해 왔으므로 이제는 아무런 어려움 없이 내 생각을 〔감각적인, 혹은〕 상상적인 것에서 돌려 아주 이지적(理智的)인 것으로, 모든 물질에서 분리된 것으로 향하게 할 수 있을 것이다. 참으로 인간의 정신이 생각하는 것이고, 길이와 넓이 및 깊이에 걸친 연장을 가진 것이 아니며, 또 그 밖의 물체에 속하는 그 무엇도 갖지 않는 것인 한, 나는 인간의 정신에 대해서 그 어떤 물체적 사물의 관념보다 훨씬 판명한 관념을 갖고 있다. 그리고 내가 의심한다는 것, 즉 불완전하고 의존적인 것이라는 데에 내가 주의하면 독립된 완전한 존재, 즉 신의 관념이 아주 명석 판명하게 내게 나타난다. 그리하여 이와 같은 관념이 내 속에 있다는 것, 곧 이와 같은 관념을 가지는 내가 존재한다는 이 하나의 사실로부터 나는 신 또한 존재한다는 것, 그리고 나의 온 존재는 모든 순간 이 신에게 의존한다는 것을 뚜렷하게 결론짓는다. 인간 정신에 의해서 이토록 명증적으로, 이토록 확실하게 인식될 수 있는 것은 더 없다고 나는 굳게 믿는다. 그리고 여기에 이미 참된 신의 관상(觀想), 즉 지식과 지혜의 보물을 모두 간직하는 신의 이러한 관상에서 다른 모든 인식에 이르는 어떤 길이 바라보이는 것 같다.

즉 첫째로, 신이 언젠가 나를 속이리라는 것은 있을 수 없는 일임을 나는 인정한다. 왜냐하면 모든 기만이나 사기 속에는 무언가 불완전성이 발견되기 때문이다. 그리고 속일 수 있다는 것은 총명이나 혹은 힘의 증거인 것처럼 보이더라도, 속이고 싶어 한다는 것은 의심할 것도 없이 악의(惡意)나 약함을 증명하는 것이며, 따라서 그것은 신에게는 어울리지 않는 것이기 때문이다.

다음으로, 나는 내 속에 어떤 판단 능력이 있다는 것을 경험하는데, 이것은 확실히 내 속에 있는 다른 모든 것과 마찬가지로 신에게서 받은 것이다. 그리고 신은 나를 속이고 싶어 하지 않으므로, 신은 물론 이 능력을 내가 올바로 사용할 경우에도 잘못할 수 있는 것으로 내게 주지는 않았을 것이다.

그래서 나는 결코 잘못할 수 없다는 귀결이 거기서 나오는 것처럼 보이지만 않았더라면, 그 점에 대해서는 아무런 의심도 남지 않았을 것이다. 왜냐하면 내 속에 있는 것은 죄다 신에게서 얻은 것이며, 신이 내게 잘못하는 능력을 전혀 주지 않았다면 내가 언젠가 잘못할 수 있다고는 여겨지지 않기 때문이다. 실제로 내가 오직 신만을 생각하고, 나를 오로지 신에게로 향하게 하고 있는[1) 동안에는 오류나 허위의 원인을 [내 속에서] 전혀 발견하지 못한다. 그러나 이윽고 나 자신으로 돌아가면 나는 무수한 오류에 빠져 있다는 것을 경험한다. 그리고 나는 그러한 오류의 원인을 찾아봄으로써 단지 신, 즉 더없이 완전한 존재의 현실적이고 적극적인 관념뿐만 아니라, 또 무(無)의, 즉 모든 완전성에서 더없이 떨어져 있는 어떤 소극적인 관념이 나에게[나의 생각에] 나타나는 것을 깨닫는다. 그리고 말하자면 나는 신과 무의 중간자(中間者)이고, 즉 최고의 존재와 비존재의 중간에 놓여 있고, 따라서 내가 최고의 존재에 의해서 창조된 것인 한 물론 내 속에는 나를 속이거나 오류로 이끄는 것은 아무것도 없지만, 내가 또 어떤 방법으로 무에, 즉 비존재에 관여하고 있는 한, 바꾸어 말해서 나 자신이 최고의 존재가 아니라 결여된 것이 매우 많은 것인 한 내가 잘못하는 일이 있다 해도 이상하게 생각할 필요가 없음을 깨닫는 것이다. 그리하여 나는 오류 자체가 신에게 의존하는 어떤 실재적인 것이 아니라, 단지 결함에 지나지 않는다는 것을 확실히 이해한다. 따라서 잘못하는 데에는 이 목적을 위해 신에게서 부여받은 어떤 능력 따위는 필요하지 않으며, 오히려 내가 잘못을 저지르는 것은 [진리를 오류와 가려내기 위해] 신이 내게 주신 참된 것을 판단하는 능력이 내게는 무한하지 않기 때문임을 나는 이해하는 것이다.

---

1) '나를 오로지 신에게로 향하게 하고 있는'은 프랑스어 번역 제2판에서는 생략되어 있다.

그러나 그것만으로는 아직 나를 충분히 만족시키지 못한다. 왜냐하면 오류는 순수한 부정이 아니라, (즉 끝끝내 내 것일 수 없는 어떤 완전성의 단순한 부족 내지는 결핍이 아니라) 오히려 그 어떤 방법으로든 내 속에 있어야 할 어떤 인식의 결여이기 때문이다. 그리고 신의 본성에 주의할 때, 그 유(類)에 있어서 완전하지 않은 능력, 즉 신 자신에게 속할 어떤 완전성이 결여되어 있는 능력을 신이 내 속에 놓아두었다는 것은 있을 수 없는 일로 여겨진다. 실제로 기술자가 숙련되어 있으면 그만큼 완전한 작품이 만들어질 텐데, 저 모든 것의 최고 창조자가 만든 것이 어째서 모든 점에 있어서 완벽하지 않을 수 있겠는가? 또 확실히 신은 결코 잘못을 저지르지 않는 나를 창조할 수 있었을 테고, 또 확실히 신은 언제나 최선을 바랄 것이다. 그렇다면 내가 잘못을 저지르는 것은 잘못을 저지르지 않는 것보다 좋은 일일까?

이러한 것을 더욱 주의 깊게 생각해 보면, 먼저 그 이유를 이해할 수 없는 일이 신에 의해서 이루어지더라도 놀랄 필요가 없다는 것을 알게 된다. 또 신이 왜 그리고 어떻게 만들었는가를 이해할 수 없는 것이 그 밖에도 많이 있음을 아마 내가 겪게 될 것이라고 해서 신의 존재를 의심해서는 안 된다는 데에 생각이 미치게 된다. 왜냐하면 내 본성은 아주 약하고 편협하나, 신의 본성은 광대하고 헤아릴 수 없으며 무한하다는 것을 나는 이미 알고 있으므로, 이것으로 인해 또한 그 이유를 알 수 없는 무수한 일을 신은 할 수 있다는 것을 나는 충분히 알기 때문이다. 그리고 이 단 하나의 근거에서 흔히 사람들이 목적으로부터 끌어내는 그런 유의 원인은 모두 물리적인 (혹은 자연적인) 것에는 적용될 수 없다고 나는 생각한다. 내가 신의 (짐작도 할 수 없는) 목적을 깊이 연구해 밝힐 수 있다고 생각하는 것은 주제넘는 일이기 때문이다.

또한 신의 작품이 완전한가 아닌가를 우리가 탐구할 때마다 어떤 하나의 피조물을 떼내어 고찰할 것이 아니라, 모든 것을 전체로서 고찰하지 않으면 안 된다는 생각이 떠오른다. 왜냐하면 홀로 있었더라면 아마 당연히 매우 불완전한 것으로 여겨질 것도 세계의 부분으로 본다면 아주 완전한 것이기 때문이다. 그리고 모든 것을 의심하려고 한 이래 지금까지 내가 확실히 인식한 것은 나와 신이 존재한다는 것뿐이지만, 신의 무한한 힘을 깨달은 뒤부터는 다른 많은 것이 신에 의해서 만들어졌을 것이고, 아니면 적어도 만들어질 수 있을 것이고,

따라서 나라는 것은 우주에서 한 부분의 지위를 차지하는 데 지나지 않는다는 것을 나는 부정할 수 없다.

그래서 나 자신에게 더욱 접근해 나의 오류(이것만이 내 속에 어떤 불완전성이 있다는 것을 증명하고 있다)가 대체 어떤 것인가 탐구해 보면, 그 오류가 동시에 작용하는 두 가지 원인에, 즉 내 속에 있는 인식의 능력과 선택의 능력 곧 자유의지에, 바꾸어 말하면 오성과 동시에 의지에 의존한다는 것을 깨닫는다. 왜냐하면 오성만으로 나는 [무엇을 단언하지도 부정하지도 않고] 다만 관념을 파악할 뿐이며, 그런 다음 이 관념에 대해서 판단을 내릴 수 있고, 이와 같이 엄밀히 생각하면 오성 속에는 본디 뜻에서의 오류가 발견되지 않기 때문이다. 즉 내가 그 관념을 내 [오성] 속에 갖고 있지 않은 것이 아마도 무수히 존재하겠지만, 그렇다고 해서 그러한 관념들이 [오성의 본성에 속해야 할 것인 양] 결여되어 있다고 말해서는 안 되며, 다만 부정적으로 그러한 관념들을 나는 갖고 있지 않다고 말해야 하는 것이다. 왜냐하면 신이 현재 내게 준 것보다 더 큰 [그리고 풍족한] 인식 능력을 내게 주었어야만 했다는 것을 증명할 수 있는 근거를 나는 들 수 없기 때문이다. 그리고 신이 아무리 노련한 기술자로 여겨지더라도 나는 그가 어느 작품인가에 줄 수 있는 완전성을 그 작품 하나하나에 죄다 주었어야 했다고 생각지는 않는다. 또 나는 충분히 넓고 완전한 의지, 즉 의지의 자유를 신이 내게 주지 않았다고 불평할 수도 없다. 왜냐하면 의지가 [아득하게 넓은 것이고] 어떤 제한도 받고 있지 않다는 것을 나는 실제로 경험에 의해서 알고 있기 때문이다. 그리고 매우 주목할 만한 일이라고 여겨지지만, 내 속에는 이토록 완전하고 큰 것은 달리 없으므로 그것이 더욱 완전하고 더욱 큰 것일 수 있다고는 생각할 수 없다. 이를테면 이해의 능력을 고찰해 볼 때 나의 이해 능력이 매우 좁고 한정된 것임을 곧 알 수 있는데, 그러자 동시에 그보다 훨씬 큰, 아니 가장 크고 무한한 어떤 다른 능력의 관념을 나는 만드는 것이다. 그리고 내가 그와 같은 능력의 관념을 만들 수 있다는 것 자체에서 나는 그와 같은 능력이 신의 본성에 속한다는 것을 [쉽게] 지각한다. 마찬가지로 기억의 능력, 상상의 능력, 무언가 그 밖의 능력을 검토해 봐도 내 속에서는 약하고 제한되어 있으나 신에게 있어서는 광대[하고 무한]하지 않은 것이 아무것도 없다. 내가 내 속에 있어서 보다 더 큰 것의 관념을 가질 수 없을 만큼 큰 것으로서 경험하는 것은 다만 의지, 즉 의지의 자유[2]뿐이다. 따라서 내가 신의 어떤 형상이며 닮은 모습이라는 것을 이해하는 근거는 주로 이 의지에 있다. 왜냐하면 이 의지는, 신에게 있어서는 의지와 결합하여 의지를 더욱 굳게 하고 더 유효하게 하는 인식과 힘이라는 점에서나, 의지가 (무한히) 더 많은 것에 미친다는 뜻에서 그 대상으로 삼는 점에서나 나와는 비교가 안 될 만큼 큰 것은 두말할 것도 없지만, 그 자체를 형상적으로 그리고 엄밀하게 본다면 내 속에 있는 것보다 더 커 보이지 않기 때문이다. 즉 의지라는 것은 다만 우리가 어떤 하나의 일을 하거나 혹은 하지 않을 수가 (바꾸어 말해서 긍정하거나 부정할 수가, 추구하거나 기피할 수가) 있다는 데에만 존재하는 것이다. 또는 오히려 오성에 의해서 제공되는 것을 우리가 긍정하거나 부정하고, 즉 추구하거나 기피함에 있어서 아무런 외적인 힘에 강요된 것이 아니라고 느끼면서 그렇게 행하는 데에만 존재하는 것이다. 내가 자유롭기 위해서 양쪽으로 움직여질 수 있을 필요가 없다. 오히려 내가 참과 선(善)의 근거를 그쪽에서 명증적으로 이해하기 때문이거나, 아니면 신이 내 생각 속을 그와 같이 배치했기 때문에 내가 한쪽으로 기울어지면 기울어질수록 그만큼 자유롭게 나는 그쪽을 선택하는 (것이고, 그리하여 그쪽을 취하는) 것이다. 확실히 신의 은총도, 자연적인 인식도, 결코 (나의) 자유를 감소시키는 것이 아니고, 오히려 증대시키고 강화한다. 그런데 나를 어느 한쪽으로 몰아가는 이유가 전혀 없을 때에 내가 경험하는 저 무관심[3]은 가장 낮은 정도의 자유이며, 결코 의지의 완전성을 증명하는 것이 아니라, 다만 인식의 결함, 즉 어떤 부정을 증명하는 데 지나지 않는다. 왜냐하면 만일 내가 무엇이 참이고 선인가를 언제나 명석하게 보고 있다면, 어떻게 판단할 것인가, 혹은 무엇을 선택할 것인가에 대해서 의심하거나 망설이지 않을 테고, 그리하여 완전히 자유롭더라도 결코 무관심할 수는 없을 것이기 때문이다.

이러한 것으로부터 나는 다음의 것을 지각한다. 즉 내가 신에게서 받은 의지의 힘은 그 자체로서는 내 오류의 원인이 될 수 없다. 왜냐하면 그 힘은 매우 광대하고 그 유(類)에 있어서 (매우) 완전하기 때문이다. 그리고 이해의 힘도 오

---

2) 여기서의 '의지의 자유'는 프랑스어 번역 초판에서는 생략되어 있지만, 제2판에는 나와 있다.
3) indifferentia. '무관심'이라고 옮겼는데, 물론 '어느 쪽이라도 좋다는 기분' 혹은 '아무래도 상관 없다는 태도'를 말한다.

류의 원인은 아니다. 왜냐하면 이해하는 데 쓰기 위해서 그 힘을 신에게서 받은 것이므로 무릇 내가 이해하는 한 의심할 나위 없이 그것을 올바르게 이해할 것이고, 이 점에 있어서 내가 잘못을 저지른다는 것은 있을 수 없기 때문이다. 그렇다면 나의 오류는 어디서 생기는 것일까? 두말할 것도 없이 오직 한 가지 일로부터, 즉 의지는 오성보다 넓은 범위에 미치는 것인데 내가 의지를 오성과 같은 범위 안에 머물게 하지 않고, 내가 이해하지 못하는 것에까지 넓히는 일로부터 생기는 것이다. 이와 같은 이해가 미치지 않는 것에 대해서 의지는 무관심하므로 의지는 쉽게 참과 선에서 일탈하고,[4] 그리하여 나는 잘못하기도 하고 죄를 짓기도 하는 것이다.

이를테면 나는 지난 며칠 동안 무언가 세계 속에 존재하는 것이 있나 없나를 고찰했으며, 그리고 내가 그것을 고찰하고 있다는 것 자체에서 나는 존재한다는 것이 명증적으로 귀결됨을 알았을 때, 내가 이와 같이 명석히 이해하는 것은 참이라고 판단하지 않을 수 없었던 것이다. 이것은 어떤 외적인 힘에 강요된 것이 아니라, 오성 속에 있는 큰 빛으로부터 의지 속에 큰 경향성(傾向性)이 생기기 때문이며, 그리하여 내가 그 일에 대해서 무관심하지 않으면 않을수록 그만큼 많이 자발적으로 아울러 자유로이 나는 그렇게 믿었던 것이다. 그런데 지금 나는 내가 어떤 생각하는 것인 한 존재한다는 것을 알고 있을 뿐 아니라, 또한 물체적 본성의 어떤 관념이 나에게 나타나고 있다. 그래서 내 속에 있다기보다 오히려 나 자신인 생각하는 본성[5]은 이 물체적 본성과는 다른 것인가, 아니면 이 두 가지는 같은 것인가 하는 의심이 생긴다. 그래서 어느 한쪽을 특별히 받아들일 만한 근거는 아직도 내 오성에 나타나지 않았다고 나는 가정한다. 그러면 그 결과로서 어느 쪽을 긍정하건 부정하건, 또는 이 일에 대해서 아무런 판단도 내리지 않건, 그것은 내게는 무관심한 일이 되어버린다.

실로 이 무관심은 오성이 전혀 인식하고 있지 않는 것에만 미치는 게 아니라, 일반적으로 의지가 의심하고 머뭇거리는 바로 이 순간에 오성이 충분히 분명하게 인식하고 있지 않는 모든 것에도 미친다. 왜냐하면 설령 그럴듯한 억측이 나

---

4) 프랑스어판에서는 '의지는 매우 쉽게 자기를 잃고, 그리하여 선인 줄 알고 악을 취하고, 참인 줄 알고 거짓을 택하는 것이다'로 되어 있다.
5) '나 자신인 생각하는 본성'은 엄밀히 옮기면 '나 자신이 그것인 생각하는 본성'이다.

를 한쪽으로 끌더라도 그것이 단순한 추측이며, 확실하고 의심할 여지 없는 근거가 아니라는 단 한 가지 인식만으로 나의 동의(同意)를 반대쪽으로 뒤집게 하는 데 충분하기 때문이다. 이것은 지난 며칠 동안에 내가 실컷 경험한 일이며, 전에는 더없이 참된 것이라 믿었던 모든 것도 무언가 의심될 수 있는 것임을 알았다는 이유만으로 완전히 거짓된 것이라고 나는 가정했던 것이다.

그런데 무엇이 참인가 충분히 명석 판명하게 지각하지 않았을 경우 내가 판단을 내리기를 삼간다면, 이것은 올바른 일로서 내가 잘못하는 일이 없게 될 것이 분명하다. 그러나 내가 만일 긍정하거나 부정한다면 이때 나는 의지의 자유를 올바르게 사용하고 있지 않은 것이다. 그리고 만일 내가 거짓된 쪽으로 돈다면 분명히 나는 잘못을 저지르게 될 것이다. 또 만일 다른 쪽을 붙잡았다고 하더라도 그것은 우연일 뿐이며, 나는 여전히 오류의 책망(및 나의 자유를 잘못 사용한 책망)을 면하지 못할 것이다. 왜냐하면 오성의 지각이 언제나 의지의 결정에 앞서야 한다는 것은 자연의 빛에 의해서 또렷하기 때문이다. 그리고 이 자유의지의 그릇된 사용 속에야말로 오류의 형상을 구성하는 결여가 있는 것이다. 즉 결여는 나에게서 나오는 활동 그 자체 속에 들어 있는 것이며, 내가 신에게서 받은 능력 속 또는 신에게 의존하는 한에 있어서의 활동 속에 들어 있는 것은 아니다.

생각건대 신이 내게 준 것보다 더 큰 이해의 힘, 즉 더 큰 자연의 빛을 내게 주지 않았다고 불평할 아무런 이유도 나는 가지고 있지 않다. 왜냐하면 많은 것을 이해하지 못하는 것은 유한한 오성으로 보아 당연한 일이기 때문이다. 오히려 나는 결코 내게 신세 진 것이 없는(그리고 내 속에 있는 모든 완전성을 준) 신에게 그가 준 것에 대해서 감사해야 하며, 신이 내게 주지 않은 것을 내게서 빼앗아 갔다든가 (부당하게도) 내게 넘겨주지 않는다든가 하고 생각(하는 그런 부정한 의견을 품거나) 해서는 안 된다.

또 나는 신이 오성보다 넓은 범위에 미치는 의지를 내게 주었다고 해서 불평할 이유도 갖고 있지 않다. 왜냐하면 의지는 단 하나의, 말하자면 불가분인 것으로 되어 있어서 의지로부터 (그것을 파괴함 없이) 무언가가 제거될 수 있다는 것은 의지의 본성에 어긋나는 것처럼 여겨지기 때문이다. 그리고 사실 의지가 광대하면 할수록 나는 그것을 내게 준 자에게 더욱더 큰 감사를 드려야만 하는 것이다.

그리고 마지막으로 의지의 활동, 즉 내가 잘못을 저지르는 판단을 불러일으키는 일에 신이 협력한다고 해서 한탄하면 안 된다. 왜냐하면 의지의 활동은 그것이 신에게 의존하는 한 완전히 참되고 선하며, 또 내가 그것을 불러일으킬 수 있다는 것은 불러일으킬 수 없는 경우보다 어떤 의미에서는 나에게 있어서 더욱더 큰 완전성이기 때문이다. 그런데 허위와 죄의 형상적 근거는 오로지 결여에만 있는 것이지, 신의 협력을 전혀 필요로 하지 않는다. 그것은 그 원인이 사물이 〔혹은 존재가〕 아니고, 만일 신과 관계된다면 그것은 결여라고 부를 것이 아니라 〔스콜라 철학에서 이러한 말에 주어진 뜻에 따라〕 다만 부정이라고 불러야 할 것이다. 생각건대 신이 명석 판명한 지각을 나의 오성 속에 주지 않은 일에 대해서 동의하거나 않거나 할 자유를 신이 내게 주었다는 것은 확실히 신의 불완전성이 아니라, 내가 그러한 자유를 바르게 쓰지 않고, 정확하게[6] 알지도 못하는 일에 대해서 〔무모한〕 판단을 내려버리는 것은 의심할 것도 없이 나의 불완전성이다. 하지만 내가 여전히 자유롭고 게다가 유한한 인식밖에 못 가졌더라도 결코 잘못하지 않도록 나를 만든다는 것은 신에게는 쉬운 일이었다고 생각된다. 즉 신은 내가 언젠가 생각하게 될 모든 것의 명석 판명한 지각을 나의 오성에 부여하거나, 혹은 내가 명석 판명하게 이해하지 않는 것에 대해서는 결코 판단을 내리면 안 된다는 것을 결코 잊을 수 없을 만큼 내 기억에 단단히 새기기만 했으면 되었을 것이다. 그리고 만일 내가 신에 의해서 그와 같은 것으로 만들어졌더라면 내가 어떤 하나의 전체로서 보이는 한[7] 지금의 나보다 한층 완전했을 것임을 나는 쉽게 이해할 수 있다. 그렇다고 해서 나는 모든 부분이 완전히 유사한 경우보다 우주 전체에서 어떤 부분은 오류를 면하고 어떤 부분은 면하지 못하고 있다는 경우 쪽에, 어떤 의미에서는 더욱더 큰 완전성이 있다는 것을 부정할 수 없다. 그리고 나는 신이 세계에서 만물(萬物) 가운데 가장 주요하고 가장 완전한 역할을 맡으려 하지 않았다고 해서 불평할 수 있는 아무런 권리도 없다.

---

6) 프랑스어판에서는 '막연히 오직 모호하게'로 되어 있다.
7) 프랑스어판에서는 '세계에 오직 나 혼자밖에 존재하지 않는 것처럼, 내가 나를 단독의 전체로 보는 한'으로 되어 있다.

또 잘 생각해 보아야 할 모든 것의 명증적인 지각에 의존하는, 앞에서 말한 첫 번째 방법으로는 내가 오류를 피할 수 없다고 하더라도, 나는 사물의 진리가 명백하지 않을 경우에는 언제라도 판단 내리는 것을 삼가야 한다는 것을 상기하는 데만 의존하는 또 하나의 방법으로 오류를 피할 수 있다.[8] 왜냐하면 언제나 같은 하나의 인식을 끝내 고집할 수 없다는 무력함이 내 속에 있음을 나는 경험하지만, 주의 깊은 성찰을 몇 번이나 되풀이함으로써 필요할 때마다 그 인식을 상기하고, [손상되지 않도록 단단히 기억에 새겨서] 그리하여 결코 잘못을 저지르지 않는 습관을 몸에 지닐 수 있기 때문이다.

바로 이 점에 인간의 가장 크고 주요한 완전성이 있으므로 내가 오늘의 성찰로써 오류와 허위의 원인을 탐구한 것은 적지 않은 수확이라고 생각한다. 그리고 확실히 이 원인은 내가 설명한 것 말고는 있을 수 없다. 즉 판단을 내림에 있어서 오성으로 의지에 명석 판명하게 표시될 수 있는 것 이외에는 미치지 않도록 의지를 [내 인식의 범위 안에] 제한하기만 하면 내가 잘못한다는 것은 전혀 있을 수 없는 것이다. 명석 판명한 지각은 모두 의심할 것도 없이 [실재적이고 실증적인] 어떤 것이며, 따라서 무(無)에서 나온 것일 수 없고 필연적으로 그 창조자는 신이다. 여기서 신이란 결코 기만자일 수 없는, 저 가장 완전한 것을 말한다. 따라서 그와 같은 지각[혹은 판단]은 의심할 것도 없이 참이다[라고 결론짓지 않으면 안 된다]. 또 오늘 나는 결코 잘못하지 않기 위해서 무엇을 피해야 하는가를 배웠을 뿐 아니라, 아울러 진리에 이르기 위해서는 무엇을 해야 하는가도 배웠다. 즉 내가 완전히 이해하고 있는 것에만 충분히 주의를 기울이고, 이것을 모호하고 막연하게밖에 모르는 그 밖의 것과 분명하게 구별한다면 나는 확실히 진리에 이르게 될 것이다. 앞으로 나는 면밀히 그렇게 하도록 노력을 기울여야겠다.

---

8) 이 전문은 프랑스어판에서는 다음과 같이 읽을 수 있다. '다시 내가 위에서 말한 첫 번째 방법, 즉 내가 헤아릴 수 없는 모든 사물의 명석 판명한 인식에 의존하는 방법에 의해서 결코 잘못할 수 없는 힘을 신은 내게 주지 않았지만, 적어도 또 하나의 방법을, 즉 그 진리가 내게 명석하게 알려져 있지 않은 사물에 대해서는 결코 내가 판단을 내리지 않는다는 결심을 어디까지나 지키는 방법을, 신이 내 손에 맡긴 것으로 나는 만족해도 좋다.'

성찰 5

물질적 사물의 본질에 대해서, 그리고 다시 신은 존재한다는 것

신의 속성에 대해서, 나 자신이나 내 정신의 본성에 대해서 탐구해야 할 일이 아직도 많이 남아 있다. 그러나 이에 대해서는 아마 다른 기회에 다루게 될 것이다. 지금 (진리에 다다르기 위해서 무엇을 피하고 무엇을 해야 하는가 깨달은 뒤에) 가장 중요한 문제는 지난 며칠 동안 내가 빠져 있던 모든 회의에서 빠져나오도록 노력하는 일, 그리고 물질적인 사물에 대해서 무언가 확실한 것을 얻을 수 있는지 없는지 살펴보는 일인 것 같다.

하지만 그러한 물질적인 것이 과연 나의 밖에 존재하는가 조사하기에 앞서서 나는 그러한 것의 관념이 이미 내 속에 있는 한 고찰하고, 그리하여 그 가운데 어느 것이 판명하고 어느 것이 불분명한가를 살펴보지 않으면 안 된다.

〔먼저〕물론 내가 판명하게 상상하는 것은 양(量)이다. 즉 철학자들이 보통 연속량(連續量)이라고 부르는 것으로서 이 양 속에 있는 혹은 오히려 이 양을 지니고 있는 것의 길이와 넓이 및 깊이에 있어서의 연장이다. 나는 이 양 속에 온갖 부분을 헤아린다. 이들 부분부분에는 저마다 갖가지 크기·모양·위치 및 장소의 운동이 있고, 또 이 운동에는 온갖 지속(持續)이 있음을 나는 본다.

그리고 내가 이러한 것들을 일반적으로 고찰할 때 나는 분명하게 인식할 뿐 아니라, 조금만 주의해서 보면 모양·수·운동 등에 대해서도 무수한 특수성을 지각한다. 이때 그러한 것의 진리는 매우 명료하고 또 내 본성에 아주 잘 어울리므로 이것을 처음 발견했을 경우에도 무언가 새로운 것을 배운다기보다는 오히려 이미 전부터 알고 있었던 일을 떠올리는 것처럼 여겨진다. 바꾸어 말해서 벌써 오래전부터 내 속에 있었는데도 여태까지 정신의 눈을 돌리지 않았던 것을 비로소 깨닫는 것처럼 여겨진다.

그리고 여기서 가장 주목해야 한다고 생각되는 것은, 내 〔사유의〕 밖에서는 아마 아무 데도 존재하지 않을지 모르나 무(無)라고는 말할 수 없는 어떤 것의 관념이 내 속에 무수히 있다는 것이다. 그러한 것은 나에 의해서 어떤 의미에서는 멋대로 생각되는 것이기는 하지만,[1] 상상으로 그려지는 것이 아니라 참되고 변하지 않는 본성을 갖추고 있다. 이를테면 내가 삼각형을 상상할 때 그와 같은 모양이 내 생각 밖의 세계에는 어디에도 존재하지 않는지도 모르며 또 일찍이 존재했던 적이 없는지도 모르지만, 그 모양은 확실히 어떤 일정한 본성·본질[2] 또는 형상을 갖는다. 또 그것은 불변하고 영원하며, 내가 상상으로 그린 것도 아니고, 나의 정신에 의존하는 것도 아니다. 이것은 이 삼각형에 대한 여러 속성이, 즉 삼각형의 세 각의 합은 두 직각과 같다든가, 가장 큰 각에는 가장 큰 변이 맞선다든가 그 밖에 이에 속하는 일이 논증될 수 있는 데서 분명하다. 이러한 속성은 전에 내가 삼각형을 상상했을 때는 결코 생각하지 않았던 것이라도 지금은 내가 바라건 바라지 않건 간에 명석하게 인지되는 바이며, 따라서 내가 그것들을 만들어 냈다고 말할 수는 없다.

또 나는 세모꼴 물체를 이따금 본 적이 있으므로, 이 삼각형의 관념은 아마 바깥 사물에서 감각기관을 거쳐 내게 왔을 것이라고 주장해 보아야 소용없다. 왜냐하면 언젠가 감각을 거쳐서 내 속에 스며든 것이 아닐까 하는 의심 따위가 일어날 수 없는, 다른 무수한 모양을 나는 생각할 수도 있고, 더욱이 그러한 모양에 대해서 삼각형의 경우에 못지않게 온갖 속성을 증명할 수 있기 때문이다. 이러한 속성은 모두 나에 의해서 명석하게 인식되는 이상 확실히 참이며, 따라서 또한 그 어떤 것이므로 순수한 무는 아니다. 왜냐하면 무릇 참된 것은 모두 어떤 것임이 분명하기 때문이다.[3] 게다가 내가 명석하게 인식하는 것은 모두 참임은 이미 상세하게 논증한 바이다. 또 설령 논증하지 않았다 하더라도 적어도 내가 그것을 명석(판명)하게 지각하는 한 역시 이에 동의하지 않을 수

---

1) 프랑스어판에서는 '그것을 생각하는 것도 생각지 않는 것도 내 자유이지만'으로 되어 있다.
2) 프랑스어판에서는, 이 '본질'이 다음의 '형상' 뒤에 놓이고, 아울러 '이 모양의 한정된 본질'이라는 규정이 붙어 있다.
3) 프랑스어 번역 제2판에서는 이 뒤에 바로 이어서 '진리는 존재와 같은 것이므로'로 되어 있다.

없다는 것이 틀림없는 내 정신의 본성이다. 또 생각나지만, 내가 전에 아직도 감각의 대상에 완전히 집착하고 있을 때조차 이러한 진리에 대해서, 즉 모양이라든가 수 또는 산술이나 기하나 일반적으로 순수하고 추상적인 숫자에 속하는 다른 여러 가지 것에 대해서 내가 명증적으로 인지한 진리를 나는 늘 모든 것 가운데 가장 확실한 것으로 여겼다.

그런데 지금 내가 어떤 것의 관념을 생각에서 끄집어낼 수 있다는 것만으로, 그것에 속한다고 명석 판명하게 지각하는 모든 것이 실제로 그것에 속한다는 귀결이 나온다면, 거기서 다시 신의 존재를 증명하는 논증을 얻을 수 있지 않을까? 확실히 나는 신의 관념을, 즉 더없이 완전한 존재의 관념을 어떤 모양 혹은 수의 관념과 마찬가지로 내 속에서 발견한다. 그리고 언제나 존재한다[4]는 것이 신의 본성에 속한다는 것을 나는 명석 판명하게 이해하는데, 그것은 어떤 모양 또는 수에 대해서 논증하는 것이 이 모양 또는 수의 본성에도 속한다는 것을 내가 명석 판명하게 이해하는 것과 마찬가지이다. 따라서 예컨대 지난 며칠 동안 내가 성찰한 모든 것이 참되지 않다고 하더라도 신의 존재는 내게 있어서 [수와 모양만에 관계하는] 수학상의 진리가 갖고 있었던 것에 못지않게 확실성을 갖지 않으면 안 된다.

물론 이것은 첫눈에 아주 분명하다고 할 수는 없으며 오히려 어떤 궤변처럼 들릴지 모른다. 왜냐하면 나는 다른 모든 것에서 존재를 본질과 구별하는 습관이 있어서, 신의 존재도 신의 본질로부터 떼어낼 수 있고, 그래서 신은 현실적으로 존재하지 않는다고 생각될 수 있다고 믿어버릴지도 모르기 때문이다. 그러나 조금 주의해서 고찰해 보면 신의 존재가 신의 본질에서 분리될 수 없다는 것은, 삼각형의 세 각 크기가 두 직각과 같다는 것이 [직선으로 둘러싸인] 삼각형의 본질에서 분리될 수 없고, 산의 관념에서 골짜기의 관념이 분리될 수 없는 것과 마찬가지임이 뚜렷해진다. 따라서 존재가 없는(즉 어떤 완전성이 없는) 신(즉 더없이 완전한 존재)을 생각한다는 것은 골짜기 없는 산을 생각하는 것과 마찬가지로 모순이다.

하지만 골짜기 없이 산을 생각할 수 없듯이 나는 존재하는 것으로서가 아니

---

4) 프랑스어판에서는 '현실적인, 그리고 영원한 존재'로 되어 있다.

면 신을 생각할 수 없다 하더라도, 내가 산을 골짜기와 함께 생각한다고 해서 그 어떤 산이 세계 속에 있다는 귀결은 나오지 않는 것처럼 내가 신을 존재하는 것으로서 생각한다고 해서 신이 존재한다는 귀결은 나오지 않을 성싶다. 왜냐하면 나의 생각은 사물에 아무런 필연성도 지우지 않기 때문이다. 또 말은 날개가 없지만 날개 달린 말을 내가 상상할 수 있는 것과 마찬가지로, 설령 신이 존재하지 않더라도 어쩌면 나는 신의 존재를 억지로 고집할 수 있을지도 모른다.

그러나 결코 그렇지 않다. [그러한 항론(抗論)을 하는 체하는] 궤변은 바로 여기에 숨어 있는 것이다. 왜냐하면 골짜기와 더불어가 아니면 산을 생각할 수 없다는 데서는 어딘가에 산과 골짜기가 존재한다는 귀결이 나오지 않고, 다만 산과 골짜기는 그것이 존재하건 않건 서로 떼놓을 수 없다는 귀결이 나올 뿐인데, 존재하는 것으로서가 아니면 신을 생각할 수 없다는 데서는 존재를 신에게서 분리할 수 없다는 것, 따라서 신은 실제로 존재한다는 귀결이 나오기 때문이다. 이것은 결코 내 생각이 그렇게 만들어 버린다는 것이 아니다. 즉 나의 생각이 그 어떤 사물에 필연성을 지운다는 것은 아니다. 이와 반대로 사물 자체의 필연성, 즉 신이 존재한다는 필연성이 나로 하여금 그와 같이 생각하도록 만든다. 왜냐하면 날개가 있는 말이나 없는 말을 내가 자유로이 상상할 수 있는 것과는 달리 존재를 갖지 않은 신(즉 최고의 완전성을 갖지 않은 최고도로 완전한 존재)을 생각하는 것은 내 자유로 되지 않기 때문이다.

또 여기서 다음과 같이 말해서도 안 된다. 즉 신은 모든 완전성을 가졌다고 내가 조정(措定)한 이상 존재는 물론 그와 같은 완전성 가운데 하나이므로 내가 신을 존재하는 것으로서 조정한다는 것은 확실히 필연적이지만, 앞의 조정은 필연적인 것이 아니었다. 그것은 마치 모든 4변형은 원에 내접(內接)한다고 내가 생각하는 것은 필연적이지 않으며, 만일 내가 그렇게 생각한다고 조정한다면 나는 필연적으로 마름모꼴도 [하나의 사각형이므로] 원에 내접한다고 인정하지 않으면 안 되겠지만, 이것은 분명히 거짓인 것[5]과 마찬가지이다. 왜냐하면[6] 내가 언젠가 필연적으로 신에 대해서 어떤 생각을 하게 되는 일이 없다고 하더라도

---

5) 프랑스어판에서는 '이리하여 나는 거짓된 것을 인정하지 않을 수 없게 될 것이다'로 되어 있다.
6) 프랑스어판에서는 이 앞에 '앞에서 말했듯이 그러한 것을 고집해서는 안 된다'라는 문구가 있다.

첫 번째의 그리고 최고의 존재에 대해서 생각하고, 그의 관념을 말하자면 내 정신의 보고(寶庫)에서 끌어내고 싶어질 때마다 내가 신에게 모든 완전성을 귀속시키는 것은 필연적인 일이기 때문이다. 물론 그럴 경우 나는 완전성의 전부를 하나하나 들어 말하는 것도, 낱낱의 완전성에 주의하는 것도 아니지만, 이 필연성이야말로 내가 나중에 존재는 완전성이라는 것을 깨달을 때 나로 하여금 정당하게 제1의 그리고 최고의 존재가 현존한다는 결론을 짓게 하는 데 충분하다. 그것은 마치 언젠가 내가 필연적으로 어떤 삼각형을 상상하는 일은 없지만, 다만 세 개의 각을 가진 직선으로 둘러싸인 도형을 고찰하고 싶어질 때마다 내가 이 도형에 그 세 각은 두 직각보다 크지 않다는 것을 결론짓게 하는 모든 성질을 귀속시키는 것이 〔절대적으로〕 필연적인 것과 마찬가지이며, 물론 이 경우 나는 내각(內角)의 합이 두 직각보다 크지 않다는 것 자체에 주의를 기울이고 있는 것은 아니다. 그러나 대체 어떤 도형이 원에 내접하는가를 검토할 때는 모든 4변형이 원에 내접한다고 생각함은 결코 필연적이지 않다. 오히려 내가 명석 판명하게 이해하는 것 이외에는 아무것도 인정하고 싶지 않은 한 나는 결코 그와 같은 것을 상상조차 하지 못한다. 따라서 이런 거짓 조정과 내게 타고난 참된 관념과의 사이에는 커다란 차이가 있으며, 이 관념 가운데서 첫 번째의 그리고 가장 중요한 것은 신의 관념이다. 왜냐하면 이 관념이 무언가 허구의 것, 내 생각에 의존하는 것이 아니라 오히려 참되고 불변한 본성의 영상이라는 것은 많은 방법으로 내가 이해하는 바이기 때문이다. 즉 첫째로, 그 본질에 존재가 〔필연적으로〕 속하고 있는 것은 다만 오로지 신 이외의 것을 나는 생각해 낼 수가 없기 때문이다. 둘째로, 나는 둘 또는 그 이상의 이와 같은 신을 이해할 수 없기 때문이다. 그리고 지금 다만 하나의 신이 존재한다고 조정한다면, 그것은 영원한 옛날부터 존재해 왔고, 또 영원을 향해서 존속할 것이 필연적임을 나는 분명히 보기 때문이다. 그리고 마지막으로, 나는 무엇 하나 내가 제거할 수도, 바꿀 수도 없는 많은 다른 것을 신 속에서 지각하기 때문이다.

그러나 내가 마침내 어떠한 증명 방법을 사용하건 언제나 귀착하는 바는, 내가 명석 판명하게 지각하는 것만이 완전히 나를 이해시킨다는 것이다. 그리고 이와 같이 내가 지각하는 것 가운데서 어떤 것은 누구나 금방 알 수 있지만, 어떤 것은 자세히 관찰하고 면밀히 연구하는 자에게만 발견된다. 하지만 이것도 일단 발견된 뒤에는 전자 못지않게 확실한 것으로 여겨진다. 이를테면 직각삼각형에 있어서 밑변 위의 정사각형 넓이는 나머지 두 변 위의 정사각형 넓이의 합과 같다는 것은 그 밑변이 이 삼각형의 가장 큰 각에 대응한다는 것만큼 쉽게 보이지는 않지만, 이것이 일단 통찰되면 후자와 마찬가지로 믿어지는 것이다. 그런데 신에 대해서는, 만일 내가 〔내 정신이〕 여러 가지 선입견에 사로잡히지 않고 내 생각이 감각적인 것의 상(像)으로 구석구석 차지되어 있지 않다면 나는 무엇보다도 먼저 그리고 무엇보다도 쉽게 신을 인지했을 것이다. 대체 최고의 〔그리고 완전한〕 존재가 있다는 것, 즉 존재가 그 본질에 속해 있는 유일자(唯一者)인 신이 존재한다는 것 이상으로 자명한 일이 또 있겠는가?[7]

그뿐 아니라 이만한 것을 지각하기 위해서 나는 주의 깊은 고찰이 필요했지만, 이제 나는 이 일에 대해서 가장 확실하다고 여겨지는 다른 모든 것 못지않게 확신을 가질 수 있게 되었을 뿐 아니라, 또한 다른 모든 것의 확실성이 다름 아닌 이것에 의존하고 있어서, 이것이 없으면 아무것도 결코 완전히 알려질 수 없음을 깨닫는다.

두말할 것도 없이 나는 무언가를 매우 명석 판명하게 지각하는 동안[8]은 참이라고 믿지 않을 수 없는[9] 본성을 갖고 있지만, 반면에 또한 나는 정신의 눈을 늘 같은 것에 멈추어 그것을 명석하게 지각할 수 없는 본성도 갖고 있다. 그래서 내가 그와 같은 판단을 내리게 된 이유에 그다지 주의하지 않을 경우에는, 흔히 전에 내렸던 판단의 기억이 되돌아와서 다른 여러 이유를 제시할 수 있을 것이다. 만일 내가 신을 몰랐더라면 이러한 이유는 나로 하여금 쉽게 내 의견을 버리게 할 것이다. 그리하여 나는 무엇에 대해서나 결코 참되고 확실한 지식을 갖지 못하고, 다만 막연하고 변하기 쉬운 의견을 갖는 데 지나지 않게 될 것이다. 이를테면 삼각형의 세 각이 두 직각과 같다는 것을 나는 아주 명증적으로 생각하게 되고, 또 내가 그 논증에 주의를 기울이고 있는 동안은 이것을 참

---

7) 프랑스어판에서는 '신(神), 즉 그 관념 속에만 필연적인 또는 영원한 존재가 포함되어 있고, 따라서 존재하는 지고하고 완전한 실재가 있다고 생각하는 것 이상으로 명석하고 명백한 일이 있겠는가?'로 되어 있다.
8) '……하는 동안'은 프랑스어판에서는 '……하는 순간부터'로 되어 있다.
9) 프랑스어 번역 제1판에서는 '나는 자연적으로 이것을 참된 것이라고 믿게 된다'로 되어 있다.

이라고 믿지 않을 수 없지만, 내가 정신의 눈을 이 논증에서 돌리자마자 비록 이것을 매우 명석하게 통찰한 적이 있다는 기억이 아직 남아 있더라도, 만일 내가 신을 모른다면 그것이 참인지 어떤지 의심하게 될지도 모른다. 왜냐하면 나는 매우 명증적으로 지각하고 있는 일에 있어서조차 이따금 잘못을 저지르 도록 자연의 빛에 의해서 만들어졌다고 생각할 수도 있으며, 특히 참되고 확실 한 것이라 생각했던 많은 것을 나중에야 다른 이유로 거짓이라고 판단하게 된 적이 있었다는 것을 회상할 경우에는 더욱 그러할 수 있기 때문이다.

그런데 나는 신은 있다고 지각했다. 그리고 동시에 다른 모든 것이 신에게 의 존하고 있다는 것도 알았고, 또 신은 기만자가 아니라는 것도 이해했다. 그리 하여 내가 명석 판명하게 지각하는 모든 것은 필연적으로 참이라는 결론을 내 렸다. 이렇게 지각한 이상은, 또 이렇게 결론을 내렸기 때문에 설령 내가 그것 을 참되다고 판단하게 된 근거에 충분한 주의를 기울이지 않더라도, 오직 내 가 이것을 명석 판명하게 통찰했다는 사실만 상기한다면, 나로 하여금 이에 대 해 의심하게 할 아무런 반대 근거도 제시될 수 없다. 오히려 나는 이 일에 대해 서 참되고 확실한 지식을 갖기에 이르는 것이다. 더욱이 단지 이 일에 대해서뿐 아니라, 이를테면 기하학과 같은 경우처럼 내가 전에 논증한 기억이 있는 다른 모든 것에 대해서도 그러하다. 그러면 이번에는 〔그와 같은 다른 모든 것을 나 로 하여금 의심하지 않을 수 없게 하는〕 어떠한 반대가 나에게 제시될 수 있을 까? 내가 흔히 잘못을 저지르도록 만들어졌다는 것일까? 그러나 나는 이미 내 가 분명히 이해하는 것에 있어서는 잘못할 수 없다는 것을 알고 있다. 아니면 내가 나중에 거짓임을 안 많은 것을 전에는 참되고 확실한 것으로 여겼다는 것 일까? 하지만 나는 이와 같은 것을 전혀 명석 판명하게 지각하고 있지 않았다. 오히려 나는 진리의 이 규칙을 몰랐기 때문에 아마도 다른 어떤 원인으로 믿 게 되었으며, 그 원인이 나중에 〔그때 내가 상상하고 있었던 것만큼〕 그렇게 튼 튼한 것이 아님을 발견했을 따름이다. 그렇다면 그 이상 다시 무슨 말을 할 수 있는가? 혹은 내가 (조금 전에 나 스스로 반문한 것처럼) 꿈을 꾸고 있단 말인가? 즉 내가 지금 생각하는 모든 것은 잠잘 때 떠오르는 것[10]과 마찬가지로 참된 것

---

10) 프랑스어판에서는 '잠자고 있을 때 우리가 상상하는 꿈'으로 되어 있다.

이 아니라고 말하는 것일까? 그래 봐야 사태는 조금도 변하지 않는다.[11] 왜냐하면 설령 내가 꿈을 꾸고 있다고 해도 나의 오성[12]의 명증적인 것은 모두 완전히 참이기 때문이다.

그리하여 나는 모든 지식의 확실성과 진리성이 오로지 참된 신의 인식에 달려 있다는 것을 뚜렷이 본다. 따라서 나는 신을 알기 전에는 다른 무엇에 대해서나 완전히 알 수가 없었던 것이다. 그런데 이제 나에게는 신 자체와 그 밖의 오성적인 것, 또는 [존재라는 것과 관계가 없는] 순수수학의 대상[13]인 모든 물체적 본성에 대해서도 무수한 것이 뚜렷하고 확실한 것일 수 있다.

---

11) 이 문장은 프랑스어판에서는 생략되어 있다.
12) 프랑스어판에서는 '정신'으로 되어 있다.
13) 프랑스어판에서는 '기하학자들의 논증 대상이 될 수 있는'으로 되어 있다.

성찰 6

물질적 사물의 존재 및 정신과 신체의 실재적인 구별

이제 남은 것은 물질적인 사물이 존재하느냐 안 하느냐를 검토하는 일뿐이다. 그리고 확실히 나는 적어도 순수과학[1]의 대상인 한, 물질적 사물이 존재할 수 있다는 것을 이미 알고 있다. 나는 그것을 [그러한 면에서는 매우] 명석 판명하게 지각하기 때문이다. 왜냐하면 신에게는 내가 이와 같이[2] 지각할 수 있는 모든 것을 만들어 낼 힘이 있다는 것은 의심할 수 없는 일이며, 또 만일 신에 의해서 만들어질 수 없는 것이 있다면 그것을 내가 판명하게 지각한다는 것은 모순일 경우뿐이라고 판단했기 때문이다. 뿐만 아니라 내가 경험하는 일인데, 내가 그와 같은 물질적 사물을 다룰 경우에 사용하는 [내 속에 있는] 상상으로 보더라도 물질적인 사물은 존재한다는 귀결이 나오는 듯이 여겨진다. 왜냐하면 상상력이란 것이 무엇인가를 면밀히 고찰해 보면, 그것은 인식 능력에 내면적으로 현존하는 물체, 따라서 존재하는 물체에 대한 인식 능력의 어떤 적용이나 다름없다는 것을 알기 때문이다.

이것을 분명히 하기 위해서 먼저 상상력과 순수한 오성 작용[또는 개념]과의 차이를 검토해 보자. 이를테면 삼각형을 상상할 때 나는 단지 그것이 세 개의 선으로 둘러싸인 도형이라는 것을 이해할 뿐 아니라, 동시에 그 세 개의 선을 정신의 눈에 현존하는 것처럼 직관한다. 내가 상상한다고 부르는 것은 바로 이것이다. 그런데 만일 내가 천각형(千角形)에 대해서 생각하고 싶다면 물론 나는 삼각형이 세 변으로 된 도형이라는 것을 이해하는 것과 마찬가지로 천각형

---

1) 프랑스어판에서는 '기하학의 논증'으로 되어 있다.
2) 프랑스어판에서는 '이와 같이'가 '판명하게'로 되어 있다.

이 천 개의 변으로 된 도형이라는 것을 잘 이해는 하지만, 이 천 개의 변을 〔삼각형에 있어서의 세 변과〕 마찬가지로 상상하지는 못한다. 말하자면 〔정신의 눈으로써〕 눈앞에 있는 것처럼 직관할 수는 없다. 또 내가 물체적인 사물에 대해서 생각할 때는 언제나 그 무엇인가를 상상하는 습관이 있으므로, 〔천각형을 생각할 경우〕 막연히 그 어떤 도형으로 표상하기 쉬우나 그것이 천각형이 아닌 것은 분명하다. 왜냐하면 그와 같은 도형은 만각형(萬角形) 혹은 나아가서 아무리 많은 변을 가진 다른 도형을 생각할 때에도 내가 표상하는 도형과 전혀 다를 바가 없고, 또 그 도형은 천각형을 다른 다각형과 구별하는 고유성을 인지하는 데 아무런 도움도 안 되기 때문이다. 그런데 문제가 오각형일 경우 물론 나는 상상력의 도움을 빌리지 않더라도 이 도형을 천각의 도형과 마찬가지로 이해할 수 있다. 그러나 물론 정신의 눈을 그 다섯 변으로 돌리는 동시에 다섯 변으로 둘러싸인 면적으로 돌림으로써, 이 오각형을 상상할 수도 있다. 그리고 여기서 나는 상상하기 위해서는 마음의 어떤 특수한 긴장이 필요하다는 것을 분명히 깨닫는데, 이것은 내가 이해를 위해서는 사용하지 않는 것이며, 이 새로운 마음의 긴장이야말로 상상력과 순수한 오성작용〔혹은 순수 개념〕과의 차이를 명석하게 보여주는 것이다.

게다가 내 속에 있는 이 상상의 힘이 이해의 힘과 다른 한, 나 자신의 〔본성 혹은〕 본질로 보아서, 즉 내 정신의 본질로 보아서 〔결코〕 필요한 것은 아니라고 생각한다. 왜냐하면 예컨대 내게 상상력이 없더라도 나는 언제나 지금의 나와 같은 나로 남게 될 것은 의심할 나위가 없기 때문이다. 따라서 거기서부터 상상력이 나오는 〔내 정신과는〕 다른 어떤 것에 의존하고 있다는 귀결이 나온다. 또 쉽게 이해할 수 있는 일이지만, 만일 어떤 물체가 존재하고 있고, 정신은 말하자면 그것을 관찰하기 위해서 마음대로 그쪽을 돌아볼 수 있게끔 물체와 결합되어 있다면, 즉 그것으로 나는 물체적인 사물을 상상할 수 있는 것이다. 따라서 이 사고방식이 순수한 오성 작용과 다른 점은, 이해할 때에는 정신은 말하자면 자기 자신을 향해서 정신 자체 속에 있는 관념의 어떤 것을 고찰하지만, 상상할 때에는 정신은 물체를 향해 정신 자신에 의해서 이해된 관념이나 또는 감각으로 지각된 관념에 대응하는 그 어떤 것을 물체 속에서 직관한다는 것뿐이다. 방금도 말했듯이 과연 물체가 존재한다면 상상력은 바로 이와 같이 하여 성립될 수 있음을 나는 쉽게 이해한다. 그리고 상상력(의 성립)을 설명하는 데이토록 적절한 방법은 달리 생각나지 않으므로 거기서 나는 개연적(蓋然的)으로 물체는 존재한다고 추측한다. 그러나 다만 개인적으로 추측한다고 말할 뿐이다. 더욱이 내가 엄밀히 모든 것을 검토해 보아도, 내가 상상력 속에서 발견하는 물체적 본성의 판명한 관념으로부터는 그 어떤 물체의 존재를 필연적으로 결론지을 만한 논거를 끌어낼 수 있다고 생각되지 않는다.

그런데 나는 순수수학[3]이 대상을 이루는 이 물체적 본성 말고도 흔히 많은 것을 상상한다. 이를테면 빛깔·소리·맛·고통 등인데, 그러나 그 어느 것도 전자만큼 판명하게 상상되지는 않는다. 그리고 이러한 것은 오히려 감각에 의해서 더 잘 나에게 지각되고, 감각에서 기억의 도움으로 상상력에 이른 것처럼 여겨지므로, 이러한 것에 대해서 더 적절하게 논하기 위해서는 동시에 감각에 대해서도 논하지 않으면 안 되며, 그리고 내가 감각[4]이라고 부르는 이 사고방식에 의해서 지각되는 것으로부터도 물체인 사물의 존재를 증명할 무언가 확실한 논거를 얻을 수 있을지 어떨지를 살펴보지 않으면 안 된다.

그래서 먼저 내가 전에 감각에 의해 지각한 것으로서 참이라고 생각한 것은 무엇이었는지, 또 어떤 원인으로 그렇게 생각했는지를 여기서 상기해 보자. 그런 다음에 어째서 나는 그 같은 것을 나중에 의심하게 되었는지 그 까닭을 검토해 보자. 그리고 마지막으로, 지금은 그러한 것을 어떻게 생각해야만 하는가를 고찰해 보기로 하자.

먼저 나는 내가 머리와 손과 발과 그 밖의 여러 기관을 갖고 있다는 것을 감각했다. 이러한 여러 기관은 내 신체를 구성하는 것이며, 그 신체를 나의 부분 혹은 아마도 나의 전체라고까지 여겼다. 또 나는 이 신체가 다른 많은 물체 사이에 있고, 그러한 물체로부터 이롭게 또는 해롭게 온갖 방식으로 영향받을 수 있다는 것을 감각했다. 그리하여 나는 이로운 영향에 어떤 (희열 내지) 쾌락의 감각이 따르고, 해로운 영향에는 고통의 감각이 따른다는 것을 알았다. 또 고통과 쾌락 외에 굶주림과 목마름과 그 밖의 이런 종류의 욕망을 내 속에 느꼈

---

3) 프랑스어판에서는 '기하학'이다.
4) 프랑스어판에서는 '내가 감각이라고 부르는 이 사고방식에 의해서 내가 내 정신 속에 받는 모든 관념'으로 되어 있다.

으며, 마찬가지로 기쁨과 슬픔과 노여움과 이런 종류의 여러 정념에 대한 어떤 신체적 경향성까지도 감각했다. 나는 외부에 대해서는 물체의 연장(延長)과 모양과 운동 말고도 물체의 딴딴함·뜨거움 및 그 밖의 촉각적 성질도 감각했다. 다시 나는 빛과 색깔과 향기와 맛과 소리를 감각했으며, 이러한 것의 온갖 변화에 의해서 하늘과 땅과 바다와 그 밖의 모든 물체를 서로 구별했다. 그런데 내 생각에 나타난 이 모든 성질의 관념은 내가 정말로 그리고 직접적으로 감각한 유일한 것이며, 그러한 관념을 고려에 넣어보면 내가 내 생각과는 전혀 다른 어떤 것을, 즉 이러한 관념이 나온 본디의 물체를 감각하고 있다 믿은 것도 까닭 없는 일은 아니었다. 왜냐하면 관념은 전혀 동의를 구하지 않고서 내게 찾아오므로, 대상이 감각기관에 나타나지 않으면 감각하고 싶어도 감각할 수가 없고, 대상이 눈앞에 있게 될 때는 감각하지 않으려 해도 감각하지 않을 수 없다는 것을 나는 경험하기 때문이다. 또 감각에 의해서 지각된 관념이라는 것은, 내가 스스로 성찰에 의해서 고의로 그리고 의식적으로 만들어 낸 관념 혹은 내 기억에 인상되어 있다고 내가 인정하는 관념의 그 어느 것보다도 훨씬 생생하고 선명하며 또 그런대로 더욱 판명하기까지 했으므로, 그 관념이 나 자신한테서 나올 수는 없을 듯싶었다. 따라서 이러한 관념은 무언가 다른 사물에서 왔다고 생각하는 수밖에 없었던 것이다. 그리고 나는 이 사물에 대해서 그러한 관념 자체에서만 지식을 얻었으므로 그 사물이 이러한 관념과 비슷하다고밖에 내 마음에 떠오를 수가 없었다. 또 나는 내가 이성보다 먼저 감각을 사용하고 있었다는 것을 상기했으며, 내가 만들어 낸 관념이 감각으로 지각한 관념만큼 선명하지 않고, 전자의 많은 것이 후자의 여러 가지 부분으로 짜 맞추어져 있는 것을 보았으므로, 내가 먼저 감각 속에 갖지 않은 어떠한 관념도 오성 속에 전혀 갖지 않는다[5]는 것을 쉽게 확신해 버렸던 것이다. 다시 또 내가 어떤 특수한 권리로써 내 것이라고 부른 이 신체는 다른 어떤 물체보다도 더욱 (본래적으로 한층 밀접하게) 내게 속하는 것이라고 내가 믿은 것도 까닭 없는 일이 아니었다. 왜냐하면 나는 신체로부터는 다른 물체에서 떠나듯이 떠날 수가

---

5) 이것은 감각론의 표어로 알려진 'Nihil est in intellectu quod non prius fuerit in sensu ; 전에 감각 속에 없었던 것은, 오성 속에도 없다'를 말한 것이며, 데카르트는 《방법서설》에서 이것을 학원의 학자들에게 있는 격률(格率)이라 말하고 있다. 《방법서설》 제4부 참조.

없었고, 또 모든 욕망이나 정념을 신체 속에서 그리고 신체 때문에 감각했으며, 마지막으로 고통과 쾌락의 기분 좋음을 신체 밖 다른 물체에서가 아니라 신체의 부분에서 알았기 때문이다. 그러나 왜 어떤 고통스러운 감각에서 마음의 슬픔이 생기고, 기분 좋은 감각에서 즐거움이 생기는가, 또는 왜 내가 굶주림이라 부르는 위(胃)의 초조함은 내게 음식물을 먹도록 재촉하고, 목마름은 내게 마시도록 재촉하는가 등은 자연이 그렇게 가르쳐 주었기 때문이라고밖에는 달리 무어라고 나는 설명하지 못했다. 왜냐하면 위(胃)의 초조함과 음식물을 먹고자 하는 의지 사이에는, 또는 고통을 가져다주는 사물의 감각과 이 감각에서 나오는 슬픔의 의식 사이에는 어떠한 유사성도 (적어도 내가 이해하는 한) 전혀 존재하지 않기 때문이다. 오히려 내가 감각의 대상에 대해서 판단한 다른 모든 것만 하더라도 자연에서 배운 것처럼 여겨졌다. 왜냐하면 그 모든 것이 내가 판단한 대로 되어 있다는 확신은 이것을 증명할 그 어떤 근거를 생각하여 헤아리기 전부터 이미 내가 품고 있었던 것이기 때문이다.[6]

그런데 그 뒤 많은 경험이 감각에 대해서 내가 가졌던 모든 신뢰를 차츰 떨어뜨려 갔다. 왜냐하면 멀리서는 둥글게 보이던 탑이 가까이에서는 4각으로 보이는 일도 있었고, 탑 꼭대기에 앉혀놓은 커다란 조각상이 땅 위에 놓이면 크게 보이지 않는 일도 있었으며, 그리하여 나는 그 밖의 무수한 것에서 외부감각의 판단이 그릇됨을 발견했기 때문이다. 단지 외부감각의 판단뿐 아니라, 내부감각의 판단 또한 그러했다. 고통보다 [더 친밀할 수 있고] 더 내면적인 것은 없기 때문이다. 더욱이 전에 나는 다리나 팔을 절단한 사람들한테서 그 없어진 신체 부분에 지금도 이따금 고통을 느끼는 것 같다는 말을 들은 적이 있고, 따라서[7] 내가 신체의 어떤 부분에 고통을 느꼈다고 하더라도 그 부분이 내게 고통을 주었다고 확신할 수는 없는 듯이 여겨졌다. 이러한 의심의 이유에다 나는 최근 다시 두 가지 매우 일반적인 원인을 덧붙였다. 그 첫째는 내가 깨어 있을

---

6) 이 대목을 프랑스어판에서는 '내가 그러한 대상에 대해서 보통 내려온 판단은 나에게 그러한 판단을 내리게 한 이유를 조사하고 고찰할 겨를을 아직 갖기 전에 내 속에 만들어진 것임을 깨달았기 때문이다'로 되어 있다.

7) 프랑스어판에서는 '따라서' 대신 '이것이 나에게 다음과 같이 생각게 한 이유였다'라는 말이 있다.

때 감각한다고 믿은 것으로서 언젠가 잠자는 동안에 다시 감각한다고 생각할 수 없는 것은 결코 없다는 것, 그리고 내가 잠자는 동안에 감각한다고 생각하는 것이 나의 밖에 있는 것에서 온다고는 믿지 않으므로, 오히려 내가 깨어 있을 때 감각한다고 생각하는 것이 어째서 내 밖에 있는 것에서 온다고 믿어야 하는지 나는 알 수 없었다는 것이다. 둘째는 내 창작의 기원(起源)을 아직 모르고 있었으므로 혹은 적어도 모른다고 가정했으므로, 나에게는 더없이 참된 것으로 보인 것에 있어서조차 잘못을 저지르게끔 내 본성이 만들어져 있다고 하더라도 전혀 상관없는 일이라고 생각했다는 것이다. 그리고 여태껏 내가 감각적인 사물의 진리를 확신하게 된 이유에 대해서 대답하는 것은 곤란하지 않았다. 즉 나는 자연에게 쫓겨 이성이 제지한 많은 것으로 달려가는 듯이 여겨졌으므로, 자연이 가르치는 것에 많은 신뢰를 두어서는 안 된다고 생각한 것이다. 또 감각의 지각은 내 의지에 의존해 있지는 않지만, 그렇다고 해서 그것이 나와는 별개의 것에서 나온다고 결론지으면 안 된다고 생각한 것이다. 왜냐하면 나에게는 아직 인식되지 않았지만, 그와 같은 지각을 만들어 내는 어떤 능력이 어쩌면 나 자신 속에 있는지도 모르기 때문이다.

그러나 지금 나 자신과 내 창작의 기원을 더 잘 알려는 일[8]을 시작함에 있어서, 내가 감각으로 얻는다고 생각하는 모든 것을 고스란히 그대로 인정해서는 물론 안 되지만, 그렇다고 그 모든 것에 의심을 두어서도 안 된다고 생각한다.

먼저 내가 명석 판명하게 이해하는 모든 것은 내가 이해하는 그대로 신에 의해 만들어질 수 있다는 것을 나는 알고 있으므로, 어떤 하나를 다른 것에서 떼내어 명석 판명하게 이해할 수만 있다면 그 하나가 다른 것과 다르다는 확신을 얻기에 충분하다. 왜냐하면 양자는 적어도 신에 의해서 저마다 따로따로 정립될 수 있기 때문이다. 그리고 어떤 힘으로 그것이 이렇게 분리되어 서로 다른 것으로 여겨지는가는, 이젠 문제가 안 된다. 그리하여 나는 존재한다는 것을 내가 알고 있다는 것, 더욱이 나는 생각하는 것이라는 이 하나밖에 나의 본성 내지 본질에 속하지 않는다는 것을 내가 깨닫고 있다는 것, 이것만으로써 나의 본질은 내가 생각하는 것이라는 [혹은 생각하는 것만을 그 본질 내지 본성으

---

8) 프랑스어판에서는 '내가 나 자신을 더 잘 알고, 그리하여 내 기원의 창작자를 더 명석하게 발견한다'로 되어 있다.

로 하는 실체라는) 이 하나에 있음을 나는 정당하게 결론짓는다. 그리고 나는 아마 (아마라기보다 오히려 나중에 곧 말하듯이) 확실히 나와 매우 밀접하게 결합되어 있는 신체를 가지고 있다. 그러나 내가 연장(延長)을 가진 것이 아니라 오직 생각하는 것뿐인 한 나는 나 자신의 명석 판명한 관념을 가질 수 있다. 또 물체란 것은 생각하는 것이 아니라 다만 연장을 갖는 것뿐인 한 나는 물체에 대한 판명한 관념을 가질 수 있다. 그래서 나는 (즉 내가 있는 까닭인 나의 영혼은) 내 신체와는 정말로 다른 것이고, 신체 없이도 존재할 수 있다는 것은 확실하다.

　다시 나는 내 속에 어떤 특수한 (나와는 다른) 생각의 능력, 즉 상상의 능력과 감각의 능력을 발견하는데, 나는 이러한 능력이 없더라도 나를 하나의 전체로서 명석 판명하게 이해할 수 있는 데 반해서, 거꾸로 이러한 능력은 그것이 내재하는 오성적 실체 없이는 이해될 수 없는 것이다. 왜냐하면 이러한 능력은 (이러한 능력에 대해서 우리가 갖고 있는 상념 속에 '혹은' (스콜라 철학의 술어로 말한다면) 자기의 형상적 개념 속에) 어떤 오성 작용을 포함하고 있으며, 거기서 나는 마치 (모양이나 운동이나 그 밖의) 모습(내지는 물체의 우유성)이 (그것을 받들고 있는) 사물과 (즉 그 자체와) 구별되고 있듯이, 이러한 능력이 나와 구별되어 있다는 것을 지각하기 때문이다. 그 밖에도 나는 어떤 능력을 본다. 이를테면 장소를 바꾸는 능력, 온갖 모양을 갖는 능력 및 이와 비슷한 것인데, 이러한 능력도 확실히 아까의 능력과 마찬가지로 그 내재하는 어떤 실체를 떠나서는 이해될 수 없으며, 따라서 이 실체를 떠나서는 존재할 수도 없다. 그러나 만일 이러한 능력이 존재한다면 분명히 그것은 물체적 실체, 즉 연장을 가진 실체에 내재해야지 오성적 실체에 내재해야 할 것이 아니다. 왜냐하면 이 능력의 명석 판명한 개념 속에는 확실히 그 어떤 연장이 포함되어 있으나 오성 작용은 전혀 포함되어 있지 않기 때문이다. 또 내 속에는 감각하는 어떤 수동적인 능력, 즉 감각적 사물의 관념을 받아들이며 인식하는 능력이 있지만, 이 능력은 이러한 관념을 생산하거나 환기하는 어떤 능동적인 능력이 내 속에나 다른 것 속에 존재하지 않는다면(내게는 소용없는 것일 테고) 나는 그것을 조금도 사용할 수 없을 것이다. 더욱이 이 능동적인 능력은 (내가 생각하는 것에 지나지 않는 한) 확실하게 나 자신 속에 있을 수는 없다. 왜냐하면 그것은 오성 작용[9]을 전혀 예상하지 않으며, 또 그와 같은 관념은 나의 협력 없이 오히려 많은 경우 내 의지에 반해서까지 생산되기 때문이다. 그리고 보면 이 능력은 나와는 다른 어떤 실체 속에 있을 수밖에 없다. 그리고 이 실체 속에는 (이미 위에서 주의한 것처럼) 이 능력에 의해서 생산된 관념 속에 객관적으로 있는 모든 실재성이 형상적으로나 우월적으로 내재하지 않으면 안 되므로, 이 실체는 물체, 즉 물론 그러한 관념 속에 객관적으로 [그리고 표상으로서] 있는 모든 것을 형상적으로 [그리고 실제로] 포함하는 물체적 본성이거나, 아니면 신 자체이거나, 또는 그 모든 것을 우월적으로 포함하는 물체보다 고귀한 그 어떤 피조물이다. 그런데 신은 기만자가 아니므로 신이 이 관념을 직접 내게 전하지 않는 것은 명백하며, 또 그러한 관념의 객관적 실재성을 형상적으로가 아니라 단지 우월적으로 포함하는 어떤 피조물을 매개로 내게 전하는 것이 아니라는 것도 아주 명백하다. 왜냐하면 신은 이것을 인정할 어떠한 능력도 전혀 내게 주지 않았고, 오히려 이 관념이 물체적인 사물에서 [내게 보내지고 혹은] 나온다고 믿는 커다란 경향성을 내게 주었으므로, 만일 이와 같은 관념이 과연 물체적인 사물과는 다른 곳에서 나온다거나 [혹은 생산된다고] 한다면, 어째서 신이 기만자가 아니라고 이해될 수 있는지 나는 알 수 없기 때문이다. 따라서 물체적인 사물은 존재한다.[10] 그러나 아마 그 모두가 내가 감각으로 파악하는 대로 존재하지는 않을 것이다. 이 감각적 파악은 많은 경우 매우 막연하며 불분명하기 때문이다. 하지만 적어도 그 속에서 내가 명석 판명하게 이해하는 모든 것은, 즉 일반적으로 보아 순수수학[11]의 대상 속에 포괄되는 모든 것은 실제로 있는 것이다.

그러나 그 밖의 것은, 이를테면 태양은 이러이러한 크기 또는 모양의 것이라는 따위와 같이 단지 특수한 것이거나, 혹은 빛·소리·고통처럼 덜 명석하게 [그리고 덜 판명하게] 이해되는 것이거나 그 어느 쪽인데, 설령 그러한 것이 매우 의심스럽고 불확실한 것이라 하더라도 신은 기만자가 아니라는 것, 따라서 신

---

9) intellectio인데, 프랑스어판에서는 ma pensée로 되어 있다.
10) 프랑스어판에서는 '따라서 존재하는 물체적 사물이 있다고 인정하지 않을 수 없다'로 되어 있다.
11) '순수수학'은 프랑스어판에서는 '이론기하학(理論幾何學, la géométrie spéculative)'으로 되어 있다.

은 내 의견 속에 어떠한 허위도 발견되기를 허용하지 않았다는 것, 또 허위가 있으면 이것을 정정하는 어떤 능력까지도 신은 내 속에 부여했다는 것, 이것이야말로 이러한 일에 있어서조차 진리에 다다를 수 있다는 확실한 희망을 내게 주는 것이다.[12] 그리고 실제로 내가 자연에서 배우는 모든 것이 어떤 진리를 갖고 있다는 것은 의심할 수 없는 일이다. 왜냐하면 내가 지금 일반적으로 볼 수 있었던 자연이라는 것은 신 자체 또는 신에 의해서 제정된 피조물의 정서(情緖)나 다름없으며, 또 특수하게 나의 자연이라는 것은 신이 내게 부여한 모든 것의 복합(내지는 집합)이나 마찬가지이기 때문이다.

그런데 이와 같은 자연이 가장 명백하게 (그리고 가장 절실하게) 내게 가르쳐 주는 것은 고통을 느낄 때는 상태가 나쁘고, 굶주림이나 목마름에 괴로워할 때는 먹을 것이나 마실 것을 필요로 하는 신체를 내가 갖고 있다는 것이다. 따라서 이 속에 어떤 진리가 있다는 것을 나는 의심하면 안 된다.

뿐만 아니라 자연은 이런 고통이나 굶주림이나 목마름 등의 감각으로써, 마치 선원이 배 안에 있는 것처럼 내가 신체 속에 있을 뿐 아니라, 이 신체와 매우 밀접하게 결합되어 말하자면 혼합되어 있어서 이것과 어떤 일체를 이루고 있다는 것을 가르쳐 준다. 만일 그렇지 않다면 신체가 상하더라도 생각하는 것 이외의 아무것도 아닌 내가 그 때문에 고통을 느끼는 일은 없을 터이고, 마치 선원이 배의 어딘가가 부서질 때 시각(視覺)으로 그것을 지각하듯이 나도 부상을 그저 오성만으로 지각하는 데 지나지 않을 것이며, 신체가 음식물을 필요로 할 때도 나는 다만 그것을 명백하게 이해할 뿐이지 굶주림이나 목마름의 불분명한 감각을 갖는 일은 없을 것이기 때문이다. 왜냐하면 이들 목마름이나 굶주림이나 고통 등의 감각은 확실히 정신과 신체의 결합, 말하자면 혼합에서 생긴 어떤 불분명한 사고방식일 뿐이기 때문이다.

또 나는 자연으로부터 내 신체 주위에는 다른 온갖 물체가 존재하는 바, 그 어떤 것은 추구해야 하나 어떤 것은 피해야 한다는 것을 배운다. 그리고 내가 실로 온갖 빛깔과 소리와 냄새와 맛과 열과 딴딴함 등을 감각한다는 데서 이 온갖 감각기관의 지각이 나오는 물체 속에 이러한 지각과 닮았다고는 아마 할

---

12) 프랑스어판에서는 '……라는 이것에서, 이러한 일을 확실히 인식하는 수단을 내 속에 갖고 있다는 것을 나는 확실히 결론지을 수 있다고 믿는다'로 되어 있다.

수 없겠지만, 적어도 대응하는 어떤 차별성이 있다는 것을 나는 확실히 그리고 정당하게 결론짓는다. 또한 이 지각의 어떤 것은 기분이 좋고 어떤 것은 불쾌한 데서 나의 신체가, 아니 오히려 내가 신체와 정신으로 되어 있는 한 나의 전체가 주위를 둘러싸고 있는 물체에 의해서 혹은 바람직하고 혹은 바람직하지 않은 온갖 영향을 받을 수 있다는 것도 아주 확실하다.[13]

그런데 내가 자연에서 배운 것이라 생각하고 있지만, 실은 자연에서 받은 것이 아니라 사물을 경솔하게 판단하는 어떤 습관으로부터 내가 받은 것도 있다.[14] 따라서 그와 같은 것은 흔히 거짓이기 쉽다. 이를테면 내 감각에 자극을 줄〔그리고 인상을 줄〕아무것도 전혀 나타나지 않는 모든 공간을 진공(眞空)이라고 할 경우, 이를테면 뜨거운 물체 속에는 내 속에 있는 열의 관념과 아주 비슷한 어떤 것이 있고 흰 물체 또는 초록빛 물체 속에는 내가 감각하는 것과 같은 흰색 또는 초록빛이 있으며[15] 쓴 물체 또는 단 물체 속에는 그와 같은 맛이 있다고 할 경우, 또 별이나 탑이나 그 밖의 무엇이든 멀리 떨어져 있는 물체가 내 감각에 나타나는 것과 같은 크기나 모양을 하고 있는 데 지나지 않는다고 하는 경우 등이 그것이다. 그러나 이 점을 남김없이 판명하게 지각하기 위해서는 내가 자연으로부터 무언가를 배운다는 것이 본디 어떤 뜻인가 하는 것을 엄밀하게 정의하지 않으면 안 된다. 즉 내가 여기서 사용하고 있는 자연은 신에 의해서 내게 부여된 모든 것의〔복합 내지〕집합이라는 뜻의 자연보다 좁은 뜻을 지닌 것이다. 왜냐하면 이와 같은〔복합 내지〕집합체 속에는 오직 정신만이 속하는 많은 것, 이를테면 일어난 일을 일어나지 않은 것으로 할 수는 없다고 내가 지각하는 것이라든가, 그 밖에 자연의 빛에 의해서〔물체의 도움 없이〕알려져 있는 모든 것이라든가가 포함되지만 이들에 대해서는 여기서〔자연을 말할 경우에는〕문제삼지 않으며, 또 그 속에 오직 물체에만 관계되는 것〔그리고 이제 여기서 자연의 이름 아래 포함되지 않는 것〕, 이를테면 물체는 아래로 향한다는 것 등 많은 것이 포함되지만 이들에 대해서도 여기서는 문제가 아니며, 다만 정신과 신체의 합성체(合成體)로서의 나에게 신이 부여한 것만이 문제가

---

13) 프랑스어판에서는 '……받을 수 있다는 아주 확실한 결론을 끌어낼 수 있다'로 되어 있다.

14) '내가 받은' 대신에 프랑스어판에서는 '내 마음에 들어온'으로 되어 있다.

15) 이 '초록빛'은 프랑스어판에서는 '검은' 및 '검정'으로 되어 있다.

되기 때문이다. 따라서 이 자연은 고통의 감각을 가져다주는 것을 피하고 쾌락의 감각을 가져다주는 것을 추구하는 것을 가르쳐 주기는 하지만, 더 나아가 이들 감각의 지각에서 우리 밖에 있는 사물을 오성으로 미리 (주의 깊게 그리고 곰곰이) 검토하는 일 없이도 무슨 결론을 짓도록 우리에게 가르쳐 줄지 어떨지는 분명하지 않다. 왜냐하면 이와 같은 것에 대해 참을 안다는 것은 오로지 정신에만 속하는 일이지, (정신과 신체의) 합성체에는 속하지 않기 때문이다. 이렇게 해서 비록 별은 조그마한 횃불만큼도 내 눈을 자극하지 않는다고 하더라도 거기[16]에는 별이 횃불보다 크지 않다고 믿게 할 만한 아무런 실재적 또는 적극적 경향[17]도 없고, 오히려 나는 아무런 근거도 없이 어릴 때부터 그렇게 판단하고 있을 뿐이다. 또 불에 가까이 가면 열을 느끼고 너무 가까이 가면 고통마저 느끼지만, 불 속에 이 열과 비슷한 무언가가 있다든가 하물며 그 고통과 비슷한 무언가가 있다고 믿을 만한 아무런 근거도 거기에는 없다. 오히려 거기에는 다만 어떤 것이건 우리 속에 이들 열 또는 고통의 감각을 불러일으키는 그 무엇이 불 속에 있다고 믿어야 할 근거가 있을 뿐이다. 또 비록 어떤 공간 속에 감각을 자극할 만한 것이 아무것도 없을지라도 그렇다고 해서 그 공간 속에 아무런 물체도 존재하지 않는 것은 아니다. 오히려 나는 내가 이 경우에 있어서나 다른 많은 경우에 있어서 자연의 질서를 역행시키(고, 혼란시키)는 것을 습관으로 삼고 있는 것을 본다. 즉 감각 지각은 본디 다만 정신을 그 한 부분으로 하는 합성체에게 대체 무엇이 바람직하고 무엇이 바람직하지 않은가를 정신에 알리기 위해서만 자연에 의해서 주어진 것이며, 또 그런 한에 있어서는 충분히 명석 판명하다. 하지만 나는 이 지각을 마치 우리 밖에 있는 물체의 본질이 무엇인가를 직접 인식하기 위한 확실한 규칙이라도 되는 듯이 사용하는 것이다. 그런데 이 지각은 그와 같은 물체의 본질에 대해서 매우 막연하고 혼란스러운 것밖에 알려주지 않는다.

그런데 신의 (지고한) 선의에도 불구하고, 어째서 내가 내리는 판단에 잘못이 일어나는가 하는 이유는 이미 전에 충분히 검토했다. 그러나 여기서 추구해

---

16) in eo는 '그 일 속에는'이며, 별이 횃불만큼도 눈을 자극하지 않는다는 사실을 가리키는 것으로 생각되는데, 프랑스어판에서는 '내 속에는'으로 되어 있다.

17) 프랑스어판에서는 '실재적인 혹은 자연적인(naturelle) 능력(faculté)'으로 되어 있다.

야 할 일로서 자연이 내게 보여주는 것 자체에 대해서, 그리고 또 〔자연이 내 속에 둔〕 내부감각에 대해서 새로운 어려움이 나타난다. 〔왜냐하면〕 나는 내부 감각 속에 〔이따금〕 오류를 발견한 것처럼 생각하〔고, 그리하여 나는 나 자신의 자연에 의해서 직접 속〕기 때문이다. 이를테면 누가[18] 어떤 음식물의 좋은 맛에 속아 그 속에 감추어진 독도 함께 먹어버리는 경우이다. 그러나 물론 이 경우 〔자연은 그 책임을 면한다〕 자연은 그에게 다만 맛있는 것을 욕구하도록 부추길 뿐이며, 그가 전혀 모르는 독을 요구하도록 부추긴 것은 아니다. 그러기에 여기서 결론 내릴 수 있는 것은 이 자연이 모든 것을 알고 있지 않다[19]는 것 뿐이다. 이는 놀라운 일이 아니다. 왜냐하면 인간은 유한하므로 인간에게는 제한된 완전성만이 알맞기 때문이다.[20]

하지만 우리가 자연에 의해서 〔직접〕 이끌리는 일에 있어서조차 우리는 드물지 않게 잘못을 저지른다. 이를테면 병자들이 먹으면 금방 해로울 줄 알면서도 그 음식을 먹고 싶어 하는 경우가 그것이다. 이 경우 그들은 자연이 타락했기 때문에 자신들이 잘못하는 것이라고 말할 수 있을는지 모른다. 그러나 그렇게 말한 것만으로는 곤란함이 없어지지 않는다. 왜냐하면 병든 사람도 아주 건강한 사람과 같이 정말로 신이 만든 것이니, 따라서 병자가 신에게서 기만적인 〔그리고 잘못하기 쉬운〕 자연을 얻었다는 것은 건강한 사람의 경우와 마찬가지로 〔신의 선의와〕 모순되는 일로 여겨지기 때문이다. 톱니바퀴와 추로 되어 있는 시계는 잘못 만들어져서 시각을 정확하게 나타내지 않을 때에도, 모든 점에서 그것을 만든 사람의 욕구를 채우고 있을 때 못지않게 자연의 모든 법칙에 엄밀하게 따르고 있다. 그와 마찬가지로 인간의 몸이 뼈·신경·근육·혈관·혈액 및 피부로 되어 있는 하나의 기계로서 그 속에 정신이 전혀 존재하지 않더라도, 현재 그 속에서 행해지고 있는 운동을, 즉 의지의 명령으로 행해지는 운동을, 따라서 정신에 의해서 행해지는 운동은 별도로 하고 〔오로지 여러 기관(器官)이 명하는 바에 따라서만〕 모든 운동을 할 수 있도록 장치되고 짜 맞추어져 있

---

18) 프랑스어판에서는 '나'로 되어 있다.
19) 프랑스어판에서는 '나의 자연은 모든 것을 다 포괄적으로 알고 있지는 않다'로 되어 있다.
20) 프랑스어판에서는 '인간은 유한한 본성의 것이므로, 또 제한된 완전성의 인식밖에 가질 수 없기 때문이다'로 되어 있다.

는 것이라고 생각해 본다면[21] 다음과 같은 것은 쉽게 알 수 있다. 이를테면 수종병(水腫病)을 앓고 있는 신체가 목마름에 괴로워하면 이 갈증은 보통 정신에 갈증의 감각을 가져다주고 다시 이 갈증이 신경이나 그 밖의 부분을 움직여서 마실 것을 찾게 하며, 그 결과 병이 무거워진다는 것은 (그리하여 자기가 자기 몸을 해치게 되는 것은) 이와 같은 결함이 전혀 없는 신체가 마찬가지 갈증에 움직여서 자기 몸에 좋은 음료를 마시게 하는 것과 마찬가지로 자연스러운 일이라는 걸 말이다. 시계라는 예상된 용도에서 보면 시각을 정확하게 나타내지 않는 시계는 그 자신의 자연에서 벗어나 있다고 말할 수 있을 테고, 또 마찬가지로 인간의 몸이라는 기계를 그 속에서 보통 행해지는 (모든) 운동을 할 수 있도록 (신에 의해서) 마련된 것이라고 본다면, 음료를 마시는 것이 신체를 보존하는 데 해로울 때 목이 마르는 신체 또한 그 자신의 자연에서 벗어나 있다고 생각할 수도 있다. 하지만 자연의 이 나중 뜻이 먼저의 뜻과 매우 다르다는 것을 알아야 한다. 즉 나중 뜻에서의 자연은 병든 사람이나 잘못된 시계를 건강한 사람의 관념이나 올바르게 만들어진 시계의 관념과 비교하는 나의 생각에 의존하는 규정 바로 그것이며, 그 말이 적용되는 사물에 대해서 외면적인 규정에 지나지 않지만, 먼저 뜻에 있어서의 자연은 실제로 사물 속에서 발견되고 따라서 어떤 진리를 가진 무언가를 말하고 있기 때문이다.

그러나 확실히 수종병에 걸려 있는 신체에 대해서 보면, 마실 것을 필요로 하지 않는데도 목이 마르다는 데서 그 자연이 타락했다는 말을 들을 때 그것은 단지 외적인 규정에 지나지 않지만 합성체, 즉 그와 같은 신체와 합일된 정신에 대해서 본다면 마실 것이 자기를 (몹시) 해칠 것인데도 갈증을 느낀다는 것은 단순한 규정이 아니라 오히려 자연의 참된 오류이다. 따라서 여기에 여전히 남는 문제는 어째서 신의 선의는 이와 같이 풀이된 (인간의) 자연이 (잘못하기 쉽고) 속는 것을 막지 못하는가를 탐구하는 일이다.

그래서 먼저 내가 여기서 깨닫는 것은 정신과 몸 사이에는 커다란 차이가 있다는 점이다. 즉 몸은 그 자신의 본성으로서 언제나 가분적(可分的)이지만 정신은 완전히 불가분적이다. 실제로 나의 정신을, 즉 단지 생각하는 것인 한의 나

---

21) 이 대목의 읽는 법은 번역판에 따라서 다르다. 여기서는 대체로 프랑스어 번역을 따랐다.

자신을 고찰할 때 나는 내 속에 그 어떤 부분도 구별할 수 없으며 오히려 나는 내가 완전히 하나이자 전체적인 것임을 이해하기 때문이다. 그리고 설령 정신 전체가 몸 전체와 합일하고 있는 것처럼 보이더라도 내가 발이나 팔이나 다른 어떤 신체 부분을 잘라냈다고 해서 그 때문에 정신에서 무엇이 제거된 것은 아님을 나는 안다. 그리고 또 의욕(意欲)의 능력, 감각의 능력, 이해의 능력 등은 정신의 부분이라고 말할 수는 없다. 왜냐하면 의욕하는 것도 감각하는 것도 이해하는 것도 같은 하나의 정신이기 때문이다. 그런데 이에 반해서 물체적인 사물, 즉 연장(延長)이 있는 것으로서 내가 쉽게 부분으로 분할해 생각할 수 없는 것이란 없다.[22] 따라서 나는 물체적 사물이 가분적임을 이해하는 것이다. 이 한 가지 일만으로 내가 아직도 이 구별을 다른 근거에서 충분히 알게 되지 않았다고 하더라도 (인간의) 정신(혹은 영혼)과 신체와는 전혀 다르다는 것을 내게 가르쳐 주는 데 충분할 것이다.

다음에 나는 정신이 몸의 부분으로부터 직접 영향을 받는 것이 아니라 다만 뇌로부터, 혹은 아마도 뇌의 아주 조그마한 일부분, 즉 공통 감각(이라고 불리는 능력)이 있다는 부분[23]으로부터만 직접 영향을 받는다는 것을 안다. 이 부분은 똑같이 배치될 때마다 비록 몸의 그 밖에 부분은 다른 상태에 있더라도 언제나 같은 것을 정신에 보여준다. 이것은 무수한 실험에 의해 증명되지만 지금 여기서 그것을 하나하나 들어볼 필요는 없다.

그리고 신체의 한 부분이 조금 떨어져 있는 다른 부분에 의해서 움직일 수 있기 위해서는 이 떨어져 있는 부분이 전혀 작용하지 않더라도, 그 두 부분 사이에 끼여 있는 어떤 부분에 의해서도 똑같이 움직여질 수 있다는 것이 신체의 본성임을 나는 안다. 이를테면 (잔뜩 잡아당겨진) ABCD라는 밧줄의 맨 끄트머리 D가 끌어당겨질 (그래서 움직여질) 경우, 맨 앞 A는 중간에 있는 여러 부분, 즉 C나 B가 잡아당겨져서 끄트머리인 D가 움직이지 않고 있는 경우에 움

---

22) 프랑스어판에서는 '그런데 물체적인 사물 혹은 연장이 있는 사물에 있어서는 전혀 반대이다. 즉 거기에는 내가 내 생각으로 힘들이지 않고 박살낼 수 없는, 내 정신이 아주 쉽게 많은 부분으로 분할할 수 없는 것은 없기 때문이다'로 되어 있다.
23) 데카르트가 정신과 몸의 결합점이라고 생각한 솔방울샘을 말하고 있는 것이다. 《정념론》 제1부 30절 이하 참조.

직이는 것처럼 움직일 것이다. 마찬가지로 자연이 내게 가르치는 바에 의하면 내가 발에 고통을 느낄 경우 이 감각은 발을 통해 나누어져 밧줄과 똑같이 발에서 뇌까지 끊어지지 않고 뻗어나간 신경을 거쳐서 생기는 것이며, 이 신경이 발 있는 데서 잡아당겨지면 동시에 신경의 〔출발점이자〕 도착점인 뇌의 중추부(中樞部)까지 잡아당겨 이 부분에 어떤 운동을 일으키는데, 이 운동이 정신으로 하여금 고통을 마치 발에 있는 것처럼 느끼게끔 자연에 의해서 정해져 있는 것이다. 그러나 이들 신경이 발에서 뇌에 이르려면 정강이·허벅지·허리·등·목을 거쳐 지나가지 않으면 안 되므로, 발 속에 있는 부분의 신경이 건드려지지 않고 다만 중간의 〔허리나 목을 통하고 있는〕 어떤 부분이 건드려지기만 해도, 발이 상처를 입었을 때 생기는 것과 똑같은 운동이 뇌 속에 생기고, 거기서 필연적으로 정신은 〔발에 상처를 입었을 때와〕 같은 고통을 〔발에〕 느끼게 되는 것이다. 그리고 다른 모든 감각에 대해서도 이와 똑같이 생각하지 않으면 안된다.

　마지막으로 정신에 직접 영향을 주는 뇌의 부분에서 생기는 운동은 그 하나하나가 저마다 어떤 일정한 감각밖에 정신에 가져다주지 않으므로, 이 경우 뇌의 운동이 전달될 수 있는 모든 감각 가운데 건강한 인간의 보존에 가장 많이 가장 자주 도움이 되는 감각만 가져다준다면, 그보다 더한 것은 〔바랄 수도〕 없다는 것을 나는 안다. 그런데 자연이 우리에게 부여한 감각이 모두 이와 같은 성질의 것임을 경험이 증명하고 있다. 따라서 그 가운데는 〔그것을 만들어 낸〕 신의 힘과 선의를 증명하지 않는 것은 결코 하나도 발견되지 않는다. 그리하여 이를테면 발 속에 있는 신경이 심하게 비정상적으로 움직이면 그 운동은 척수(脊髓)를 거쳐 뇌의 중추에 이르고, 이 중추부에서 정신에 어떤 감각을, 즉 고통이 발 속에 있는 것 같은 감각을 느끼게 하는 신호를 주는데, 그러면 정신은 이 신호에 자극받아 고통의 원인을 발에 〔매우 위험하고〕 해로운 것으로 전하여 되도록 이를 없애려고 애쓴다. 하기야 인간의 본성은 뇌 속에 있는 이 운동이 정신에 무언가 그와는 다른 것을 보여주게끔, 즉 이 운동 자체가 뇌나 발이나 또는 그 중간 어딘가에 있는 것으로서 보여주게끔, 아니면 마지막으로 무언가 그것과는 다른 것을 보여주게끔 신이 장치했을는지도 모른다. 그러나 그와 같이 장치되어서는 어느 경우에도 먼저의 경우처럼은 신체 보존에 도움이 되지 못했을 것이다. 마찬가지로 우리가 마실 것을 필요로 할 때 이것으로 어떤 갈증이 목에 일어나서 목의 신경을 움직이고, 그리하여 이 신경을 거쳐 뇌 속을 움직인다. 그리고 이 운동이 정신에 갈증의 감각을 낳게 한다. 그것은 이 경우, 물을 마셔야 한다는 것을 아는 것만큼 건강 유지를 위해서 더 유익한 일은 없기 때문이다. 그 밖의 경우에도 마찬가지이다.

이러한 것으로부터 짐작할 수도 없는 신의 선의에도 불구하고 인간의 본성이 정신과 신체로 합성된 것인 한 때로 속지 않을 수 없다는 것은 아주 명백한 일이다. 왜냐하면 만일 어떤 원인이 발이 아니라 발에서 뇌까지 뻗어나간 신경의 도중 어느 장소나 또는 뇌 자체 속에 보통 발이 상처를 입었을 때 일으키는 것과 똑같은 운동을 일으킨다면 고통은 마치 발에 있는 것처럼 느껴지고, 그리하여 감각은 자연히 속게 되기 때문이다. 즉 뇌에서의 이 같은 운동은 언제나 동일한 감각밖에 신경에 가져다주지 못하며, 그리고 이 운동은 다른 장소에 있는 다른 원인에 의해서보다도 발을 상하게 하는 원인에 의해서 훨씬 자주 일어나므로, 이 운동이 다른 부분의 고통보다도 오히려 발의 고통을 정신에 늘 보여준다는 것은 당연한 일이다. 또 목의 갈증이 보통 그러하듯이 신체 건강에 마실 것이 필요한 데서 일어나는 게 아니라 수종병 환자에게서처럼 때로는 전혀 반대의 원인에서 일어나는 일이 있기는 해도, 이런 경우의 기만이 반대로 신체가 건강할 때 목의 갈증이 언제나 속이는 것보다는 훨씬 좋은 일이다. 다른 경우에도 이와 마찬가지이다.

그런데 이 고찰은 단지 나의 본성이 빠지기 쉬운 모든 오류를 깨닫게 하는 데 도움이 될 뿐 아니라, 그 오류를 쉽게 바로잡고 피하는 데도 기여하는 바가 많다. 생각건대 나는 모든 감각이 신체에 이로운 (혹은 해로운) 일에 대해서 거짓된 것보다는 참된 것을 지시하는 경우가 훨씬 많음을 알고 있고, 또 나는 동일한 것을 검토하기 위해서 거의 언제나 이러한 감각의 수많은 것을 사용할 수 있으며, 게다가 현재의 것을 그 전 것과 결합시키는 기억이나 이미 오류의 모든 원인을 통찰한 오성도 사용할 수 있으므로, 날마다 감각에 의해서 내게 제시되는 것이 거짓이 아닐까 하고 두려워할 필요가 이제는 없으며, 오히려 지난 며칠의 온갖 의심도 과장된 것, 우스꽝스러운 것으로서 물리쳐져야 할 일들이다. 특히 내가 각성과 구별하지 않은 꿈의 경우가 그러하다. 왜냐하면 깨어 있을 때 일어나는 일처럼 꿈에 나타나는 일은 기억에 의해서 생애의 다른 모든 활동과 결코 결합되지 않는다는 점에서, 두 가지 사이에 매우 커다란 차이가 있다는 것을 나는 알기 때문이다. 실제로 내가 깨어 있을 때 꿈속에서 일어나듯 느닷없이 누군가가 내게 나타나서 곧 사라져 버리고 더욱이 그가 어디서 왔는지 어디로 갔는지 알지 못한다면, 그를 진짜 인간이라고 판단하기보다 차라리 유령이나 내 뇌리에서 만들어진 환상(혹은 내가 잠잘 때 만드는 것과 비슷한 것)이라고 판단하는 것이 오히려 당연한 일일 것이다. 그렇지만 어디서 (왔는지 그 장소와) 그리고 언제 왔는지 (그 시간을) 내가 판명하게 인정하는 사물, 그리고 그러한 것에 대한 지각을 잠시의 중단도 없이 생애의 나머지 모든 것과 내가 결부시킬 수 있는 그런 사물이 나타날 때에는 그것이 꿈속에서가 아니라 깨어 있을 때에 일어나고 있다는 것을 나는 확신한다. 그리고 모든 감각과 기억 및 오성을 불러 모아 그러한 지각을 검토해 본 뒤에 그 어느 것에 의해서도 다른 것과 모순되는 점이 무엇 하나 내게 알려지지 않는다면, 나는 이제 그 진리성을 조금도 의심할 필요가 없다. 왜냐하면 신은 기만자가 아니라는 데서, 그와 같은 일에 있어서 나는 결코 속지 않는다는 귀결이 나오기 때문이다. 그러나 행동의 필요는 (흔히 우리의 결의를 부추겨) 반드시 이와 같이 엄밀한 검토의 여유를 주지는 않기 때문에 인간의 생활은 흔히 특수한 일에 대해서 쉽게 오류에 빠질 수 있다는 것을 고백하지 않으면 안 되고, 또 (결국에는) 우리 본성의 (무력함과) 약함을 인정하지 않으면 안 되는 것이다.

Principia philosophiae

철학의 원리

보헤미아 왕 팔츠 백작이며 신성로마제국 선제후 프리드리히의 장녀이신 엘리자베스 공주 전하께

　세상에 널리 알려진 저의 책들 가운데 제가 얻은 가장 커다란 수확이라면, 공주 전하께서 제 책을 읽어주시고, 또 이것이 인연이 되어 전하를 만나뵙게 된 일입니다. 이리하여 저는 공주께서 큰 덕을 갖추신 분임을 깨닫게 되었으며, 이것을 후세에 본보기로서 남기는 것이 인류에게 큰 이익을 주는 일이리라고 생각합니다. 물론 전하의 비위를 맞추거나 아직 충분히 확인되지 않은 사항을 단언하는 것은 제가 떳떳하게 여기지 않는 바입니다. 특히 이제부터 저는 진리의 기초를 세우고자 하므로 더욱 그러한 일은 할 수 없습니다. 또 전하처럼 마음이 넓고 신중하신 분에게는 아첨을 잘하는 사람들의 꾸며낸 찬사보다도, 철학자가 내리는 솔직하고 단순한 판단이 더 마음에 드시리라 여겨집니다. 그러므로 저는 이성이나 경험에 의해 참된 것이라고 인정되는 것만을 말씀드려, 이 헌사에서나, 앞으로 이어 나갈 본문 전체에 있어서도 마찬가지로 철학자로서 논하겠습니다.

　참된 덕과 외견상의 덕 사이에는 커다란 차이가 있으며, 또 참된 덕이라 해도 사물의 정확한 인식에서 생기는 덕과 어떤 무지와 결부되어 있는 덕 사이에는 또한 커다란 차이가 있습니다. 제가 외견상 덕이라 말씀드리는 것은 사실 하나의 악덕입니다. 겉보기에 덕으로 보이는 이러한 악덕은 다른 정반대 성질의 악덕에 비해 그리 흔하지 않으며, 중용의 덕 너머에 있는 그 악덕으로부터 동떨어져 있기 때문에 덕보다 더 찬양받는 덕, 즉 악덕인 것이 예사입니다. 이를테면 위험이 두려워 도망치는 자 쪽이 분별없이 위험에 맞서는 자보다 더 흔하다는 데서, 부질없는 만용(蠻勇)이 마치 덕인 양 겁쟁이의 악덕에 대립되며, 참된 용기 이상으로 세상에서 높이 평가됩니다. 마찬가지로 낭비를 하는 사람이 적당히 돈을 잘 쓰는 사람보다는 자주 칭찬을 받으며, 또한 신앙심이 깊다는 데 있어서 미신가나 위선자보다 더 쉽게 명성을 얻을 수 있는 사람은 없습니다.

그런데 참된 덕은 올바른 인식에서 생기기도 하지만 그 밖에 어떤 잘못에서 생기는 일도 많습니다. 이를테면 때때로 단순함에서 친절이 생기고, 공포에서 신앙심이 생기며, 절망에서 용기가 생겨납니다. 그리고 이런 덕들은 서로 다르므로 다양한 이름으로 불립니다. 그러나 오직 사물을 올바로 인식하는 데에서 오는 순수하고 깨끗한 여러 덕들은 모두 동일한 본성을 가집니다.

그 본성은 지혜라는 하나의 이름 아래 포함됩니다. 이렇게 말씀드리는 것은, 자기 이성을 언제나 될 수 있는 한 바르게 사용하고, 최선이라 인정된 덕을 따르고자 하는 굳은 의지를 가진 사람이면 누구나 타고난 성격이 허락하는 한 진실로 지혜로운 사람이기 때문입니다. 그리고 이러한 까닭에서만 그 사람은 정의와 용기, 절제, 그 밖의 모든 덕도 함께 갖출 수 있게 되지만, 이러한 여러 덕들은 서로 지극히 밀접하게 결부되어 있으므로 어느 한 가지가 다른 것보다 특히 뛰어나다고 말할 수는 없습니다. 따라서 그러한 지혜로운 덕(정의, 용기, 절제 등이 포함되어 있는 덕)은, 얼마쯤 악덕이 섞여 있어 뚜렷이 드러나 보이는 그러한 덕보다 훨씬 훌륭한 덕임에도 도리어 세상 사람에게는 그다지 알려져 있지 않으며 칭송을 받지 못하는 게 보통입니다.

게다가 지금 말씀드린 지혜에 있어서는, 지성의 인지(認知)와 의지(意志)라는 두 가지 요소가 필요합니다. 이 가운데 의지에 의존하는 지혜는 누구나가 똑같이 얻을 수 있는 데 반하여, 지성 쪽은 사람에 따라 그 명민함에 커다란 차이가 있습니다. 물론 태어났을 때부터 머리 회전이 늦은 사람들이라도—비록 많이 알지 못하더라도—올바른 사항을 인식하는 데에 이르기 위해 옳다고 판단한 일은 어떠한 수고도 아끼지 않고 모두 수행하려는 굳고 변치 않는 의지를 계속 가지기만 한다면 나름대로 현자가 될 수 있으며, 또한 이 때문에 신(神)도 그들을 아주 기특하게 여기실 것입니다. 따라서 올바르게 행동하려는 매우 굳은 의지로 극히 명민한 지성과 진리를 인식하기 위해 최상의 노력을 하는 것이, 지성에만 의지하는 것보다 훨씬 나은 것입니다.

그런데 전하께서 그러한 지혜로운 덕을 지니려는 의지를 갖추고 계신다는 것은, 궁정에서의 놀이나 자칫 공주 전하들을 무지에 빠뜨리기 쉬운 인습적인 교육도 공주 전하가 모든 훌륭한 학문 예술에 정진하는 것을 꼭 방해한 것만은 아니라는 사실을 명백히 말해 줍니다. 또한 공주 전하의 지성이 비길 데 없이 명민하심을 알 수 있습니다. 공주 전하께서 그러한 학문의 믿음직한 지식 모두를 매우 깊게 탐구하시어 아주 짧은 시일 안에 정확히 터득하셨다는 사실로도 이를 증명할 수 있습니다.

이 점에 대해서 저는 저만이 제시할 수 있는 가장 유력한 증거를 갖고 있습니다. 그것은 제가 아는 한 지금까지 공표한 저의 글 모두를 완전히 이해해 주신 유일한 분이 공주 전하라는 점입니다. 사실 대부분의 사람들, 매우 재능 있고 학식 있는 사람들조차도 제 글을 아주 난해하다고 평가합니다. 그리고 거의 모든 사람한테서 볼 수 있는 일입니다만, 형이상학의 문제에 관심을 기울이는 사람들은 기하학의 문제를 두려워하며, 반대로 기하학에 열중하는 사람들은 철학에 대하여 제가 쓴 글을 이해하지 못합니다. 이러한 모든 것을 똑같이 훤하게 깨달아 아는 지성은 제가 인정하는 한 공주 전하의 지성뿐이며, 바로 이 때문에 저는 공주 전하의 지성을 비길 데 없다고 말하는 것입니다.

더구나 모든 일에 대한 이토록 다채롭고 완전한 인식이, 오랫동안 명상을 수행한 늙은 학자가 아니라 용모나 나이로 볼 때 파란 눈의 미네르바(지혜의 여신)라든가 무사이(문예의 여신들)를 떠올리게 하는 것도 아니고 오히려 그라티아이(미의 여신)를 상상케 하는 젊은 공주에게 갖추어져 있음을 생각할 때, 저는 감탄을 금할 수 없습니다.

끝으로 인식적인 측면에서의 지혜뿐만 아니라 의지적인 측면에서의 지혜에 있어서도 절대적으로 숭고성이 필요합니다. 공주 전하의 일상생활 속에 빛을 발하지 않는 것이 아무것도 없음을 저는 잘 알고 있습니다. 왜냐하면 전하의 일상생활 속에는 어떤 위엄과 함께 활달함과 의젓함이 끊임없이 운명의 시련에 부딪치면서도, 결코 손상되거나 꺾이는 일 없이 드러나기 때문입니다. 이것에 저는 완전히 마음을 빼앗기어 저의 이 철학을, 우러러볼 수밖에 없는 전하의 뛰어난 지혜에 대한 보답으로서 바치고 싶다는 마음이 들었을 뿐만 아니라〔왜냐하면 철학이란 지혜의 탐구일 따름이기 때문입니다〕, 저 스스로 철학자라기보다는 오히려 고귀하신 공주 전하의 명을 받은 신하로서 불리고 싶을 따름입니다.

전하의 지극히 충실한 숭배자
데카르트

프랑스어로 옮긴이에게 부치는 편지[1]

머리글을 대신하여

당신의 수고로 완성된 《철학의 원리》 번역은 매우 명쾌하고 빈틈이 없으므로, 앞으로 《철학의 원리》는 라틴어보다는 프랑스어로 읽히는 경우가 많아질 것이며, 또 그편이 더욱 잘 이해될 것으로 기대합니다. 다만 내가 걱정하는 것은, 이 책의 제목이 많은 사람들—문자로 된 학문에 익숙지 않은 사람들이라든가 지금까지 배운 철학이 만족스럽지 않았기에 철학이라는 것에 좋은 인상을 갖고 있지 않은 사람이라든가—을 뒷걸음질 치게 하지 않을까 하는 것입니다. 그래서 나는 그러한 사람들에게 이 책의 주제가 무엇인가, 이 책을 쓸 때 내가 어떠한 의도를 품었는가, 여기서 어떤 이익을 끌어낼 수 있는가 등을 명백히 하기 위해 머리글을 다는 것이 좋겠다고 생각합니다. 그런데 이 책에 대해서는 누구보다도 내가 가장 잘 알고 있으니까 그 머리글을 쓰는 일은 마땅히 내가 해야겠지만, 거기까지는 손길의 여유가 없습니다. 그래서 나로서는 머리글에서 논해야 하는 중요한 점들을 여기에 요약해서 서술하는 데 그치고, 적당한 부분을 골라 공표하는 것은 당신의 재량에 맡기겠습니다.

내가 머리글을 쓴다면 첫째로 철학이란 무엇인가를 명백히 하기 위해 다음과 같은 근본 사항부터 시작했을 것입니다. '철학'이라는 말이 지혜의 탐구를 의미한다는 것. 지혜란 오직 실생활에 있어서의 분별을 가리킬 뿐만 아니라 인간이 알 수 있는 모든 것에 대한 완전한 지식—자기 생활의 지도를 위해서이든 건강의 보존이나 모든 기술의 발명을 위해서이든 이바지할 만한 지식—도 가

---

[1] 이 편지는 1647년에 나온 《철학의 원리》 프랑스어 번역판을 위해 데카르트 자신이 프랑스어로 쓴 것을 머리글로서 덧붙인 것이다. 〈헌사〉와 〈본문〉 부분의 프랑스어 번역은 데카르트의 친구였던 클로드 피코 신부가 했다.

리킨다는 것. 이 지식이 이러한 목적에 이바지하려면 먼저 지식이 원인에서 이끌어 내어져야 하므로, 이러한 지식을 획득하려면—이것이 본디 철학을 한다고 이름 지어지는 것입니다—그와 같은 첫째 원인의 탐구, 즉 원리의 탐구부터 시작해야 한다는 것. 이러한 원리는 두 가지 조건을 갖추어야 하는데, 그 하나는 사물의 원리가 매우 명석하고 명증적이어서 인간 정신이 주의 깊게 고찰하려고 유의하는 한 그 진리성을 의심할 수 없을 정도이어야 한다는 것. 또 하나는 다른 사물의 인식들도 그 한 원리에 의존해 있으므로, 그 최초 원리는 거기서 파생되는 다른 사물을 기대하지 않고 알려졌을 수 있으나, 반대로 다른 사물은 그 원리 없이는 알려질 수 없다는 것. 이어서 그러한 최초에 발견된 원리로부터 그 원리에 의존하는 다른 사물의 인식을 연역하기에 애쓰는데, 이러한 연역 과정 전체에서 극히 명백한 것만을 반드시 추진해야 한다는 것입니다.

사실 완전한 지혜를 갖추고 있는 것은, 다시 말해 모든 사물에 대해서 완전한 지식을 갖고 있는 것은 오로지 신뿐이지만, 인간도 아주 중요한 진리에 대해서 어느 정도 지식을 갖고 있느냐에 따라 더 혹은 덜 지혜를 갖추고 있다고 말할 수 있습니다. 이 점은 모든 학자가 동의한다고 믿습니다.

이어 나는 이 철학의 효용에 대해 고려할 것을 촉구하여, 다음과 같은 사항을 제시하고 싶습니다. 〔철학은 인간 정신이 알 수 있는 모든 사항에 걸치는 것이므로〕 우리를 미개하고 야만적인 인종으로부터 구별하는 것은 철학뿐이며, 각 민족은 그 민족의 사람들이 철학하는 일에 뛰어나면 뛰어날수록 그만큼 개화되어 있고 세련되어 있다는 것. 따라서 참된 철학자를 지니게 된다면 그것은 한 나라가 손에 넣을 수 있는 가장 큰 행복이라는 것. 그리고 이러한 것을 믿어야 합니다. 개인으로서는 이 철학 연구에 종사하는 사람들과 사귀는 것만으로도 유익한데, 스스로 직접 이 연구에 종사한다면 그것(철학 연구에 종사하는 사람들과의 친분)과는 비교가 안 될 만큼 훌륭한 일이라는 것. 마치 자기 스스로 이리저리 다니며 눈으로 색깔이나 빛의 아름다움을 즐기는 편이, 눈을 감고 남이 인도하는 대로 따르는 것보다 의심할 바 없이 훨씬 앞서 있는 것과 같습니다. 물론 남이 이끄는 대로 따르는 것도 눈을 감은 채 자기 혼자서 걸어가려는 것보다는 낫겠지만 말입니다.

그런데 철학을 하지 않고 그냥 살아가려는 것은 그야말로 눈을 감고 절대로

뜨려고 하지 않는 것과 마찬가지입니다. 더구나 우리 눈에 비치는 대로의 사물에 대한 인식이 부여해 주는 만족이란, 비교되지 않을 만큼 작은 것이리라 생각합니다. 그리고 이러한 철학적 연구는, 우리의 행동을 규제하며 이 세상의 삶에서 우리 자신을 이끌어 가기 위해, 우리 눈이 우리의 걸음을 재촉할 때보다 훨씬 더 필요한 것입니다. 이성을 갖지 않은 동물은 자기 몸만 보존하면 만족하므로 끊임없이 먹을 것을 찾는 일에 전념합니다만, 인간에게는 정신이 더 중요한 부분이므로 정신의 진정한 양식인 지혜의 발견을 주된 관심사로 여겨야 합니다. 그리고 실제로 만약 이 일에 성공을 거둘 희망이 생기고, 또한 자기가 어느 정도의 일(진정한 지혜를 가지는 일)을 할 수 있는가를 알기만 하면, 적지 않은 사람들이 그 일을 함께 시작해 줄지도 모른다고 나는 확신하고 있습니다. 아무리 이기적인 마음이라도 철저하게 감각적 대상의 포로가 되지는 않을 것입니다. 때로 그들은 그 감각적 대상에서 떨어져 다른 더 큰 선(善)을 바랍니다. 〔비록 이 큰 선이 무엇에 존재하는가를 모르는 경우가 많더라도 말이지요〕 매우 운이 좋고 건강이나 명예나 부를 지나칠 만큼 충분히 갖고 있는 사람들도, 그러한 욕구(더 큰 의미의 선에 대한 욕구)를 느끼지 않을 수 없는 점에서는 다른 사람들과 다르지 않습니다. 오히려 그러한 풍족한 사람이야말로 현재 갖고 있는 모든 선과는 다른, 더 높은 선을 매우 열렬히 갈망하는 법입니다. 그런데 이 최고의 선이라는 것은, 신앙의 빛에 의한 도움 없이 자연적인 이성에 의해 바라보는 한, 원인에 의한 진리의 인식이자 지혜일 따름이며, 이 지혜의 탐구가 바로 철학입니다. 그리고 이러한 사항(최고의 선, 즉 지혜의 고찰)은 모두 진실이므로 체계를 세워 설명한다면 사람들을 이해시키는 데 어려움은 없을 것입니다.

그럼에도 이러한 모든 사항들이 어지간히 이해되지 못하는 것은, 철학자라고 자처하는 사람들이, 연구에 한 번도 몸담은 적이 없는 사람보다도 지혜에 있어 떨어지며 도리를 분별하지 못하는 경우가 가끔 있기 때문입니다. 나는 이것을 경험으로 알고 있습니다. 그러므로 나는 지금 우리가 갖고 있는 모든 지식이 무엇을 본질로 삼느냐는 것, 또 우리는 지혜의 어느 단계에까지 이르고 있는가 하는 것을 여기서 대강 설명하려고 합니다.

지혜의 첫째 단계는 사색할 필요도 없이 획득할 수 있는, 그 자체로 밝은 개념만을 포함합니다. 둘째 단계는, 감각의 경험이 알리는 것 모두를 포함합니다. 셋째 단계는 다른 사람과의 대화가 우리에게 가르치는 바를 포함합니다. 여기에 지혜의 넷째 단계로서 독서—어떤 책이라도 좋은 것이 아니라 특히 우리에게 좋은 교훈을 줄 수 있는 사람들에 의해 쓰인 책을 읽을 것이지만—를 덧붙일 수 있습니다. 왜냐하면 그러한 책을 읽으면 그것을 쓴 사람과 우리는 어떤 대화를 서로 주고받게 되기 때문입니다. 우리가 보통 갖고 있는 모든 지혜는 이 네 가지 수단에 의해서만 얻어지는 것 같습니다. 일부러 이렇게 말해 두는 것은, 여기서 나는 신의 계시를 그러한 지혜의 네 가지 수단들과 같은 것으로 생각하지 않기 위해서입니다. 신의 계시라는 것에는 단계가 없습니다. 신은 우리를 단 한 번의 완전무결한 신앙으로 끌어올립니다.

그런데 어느 시대에든, 지혜에 도달하기 위한 다섯째 단계—다른 네 단계와는 비교가 되지 않을 만큼 높고 확실한 단계—를 발견하려고 노력한 위대한 사람들이 있었습니다. 이 다섯째 단계라는 것은, 첫째 원인이 되는 참된 원리를 구하여 거기에서 사람이 알 수 있는 한 모든 일의 이유를 연역(演繹)하는 일입니다. 그리고 이런 일에 애쓴 사람들이 특히 철학자라 불리어 왔습니다. 그러나 지금까지 나는 이 시도에 성공한 사람이 있었는지는 잘 모르겠습니다.

우리에게 저작이 남겨져 있는 최초의 철학자이자 가장 중요한 철학자는 플라톤과 아리스토텔레스인데, 두 사람 사이에는 오직 다음과 같은 차이가 있을 뿐입니다. 플라톤은 그 스승 소크라테스의 뒤를 더듬어 솔직하게 자기가 아직 무엇 하나 확실한 것을 찾아내지 못했음을 고백하며 진리인 듯한 사항을 기록하는 데 만족했으며, 그래서 어떤 종류의 원리를 가정하여 그것에 의해 다른 사물의 이유를 부여하려고 노력했습니다. 이와 달리 아리스토텔레스는 그다지 솔직하지 않았지요. 20년간 플라톤의 제자로서 스승에게서 배운 원리만을 계속 자신의 원리로 삼으면서, 그 설명 방법을 완전히 바꿔 이들 원리를 참되고 확실한 것으로서 제시했습니다. 그 자신은 결코 그것들을 참되고 확실한 것으로 여기지는 않았던 것 같은데도 말입니다. 아무튼 두 사람 다 뛰어난 재능을 가졌고, 앞에서 말한 네 가지 수단에 의해 얻은 지혜도 많이 가지고 있었으므로 커다란 권위를 인정받아 사람들이 우러러보았습니다. 그래서 그들 뒤에 나온 사람들은 뭔가 더욱 좋은 것을 추구하기보다는 두 사람의 의견을 추종하는

데 전념했습니다. 그리고 이 최초이자 가장 중요한 철학자라고 할 수 있는`두 사람의 제자들 사이에서 논의된 주요한 문제점은 모든 것을 의심해야 하는가, 그렇지 않으면 뭔가 확실하다고 인정할 수 있는 진리들이 있는가를 아는 일이었습니다. 그 결과, 양쪽이 다 심한 오류에 빠지게 되었습니다. 두 철학자의 제자들 가운데 그 철학 원리에 대해 회의(懷疑)를 가졌던 이들은, 그 의심이 자신들의 실생활에까지 영향을 주어서 일상의 행동에 있어 분별력이 소홀해졌으며, 확실성을 지지한 사람들은 그 철학 원리가 감각에 의존함이 틀림없다고 생각하여 감각에 전폭적 신뢰를 두게 되었습니다. 마침내 에피쿠로스 같은 사람은 천문학자들의 온갖 논증에 맞서서, 태양은 우리의 감각에 의해 보이는 크기보다 더 크지 않다고 단언하기를 서슴지 않았다고 전해지고 있는 형편입니다.

대부분의 논쟁에서 흔히 볼 수 있는 실패 사례들이 있습니다. 진리는 사람들이 주장하는 두 가지 의견 사이에서 중심을 잃지 않아야 하며, 어느 쪽 주장을 택하여 극단적으로 반대하면 할수록 진리로부터 더 멀어지는 법입니다. 그러나 회의를 가지는 쪽으로 너무 기울어진 사람들의 오류는 오래 계승되지는 않았으며, 다른 쪽 사람들(확실성을 지지하는 사람들)의 오류도 많은 점에 있어 감각이 우리를 속인다는 사실을 깨닫고 어느 정도는 바로잡혔습니다.

그러나 내가 아는 한, 이러한 오류들이 완전히 제거되지 않았다고 한다면, 그것은 아직 다음 두 가지 일을 명확히 제시한 사람이 없었기 때문입니다. 그것(플라톤과 아리스토텔레스의 제자들이 자신의 오류 제거를 위해 제시해야 할 사항)의 하나로는, 확실성(스승의 철학 원리에 대한 확실성)은 감각 속에 있는 게 아니라 명증적인 인식을 가질 때의 지성 속에만 있다는 것이며, 다른 하나로는 지혜의 네 단계에 의해 얻어지는 지식만을 갖고 있을 때에는 일상의 행동에 대해서 진리라고 여겨지는 것을 의심해서는 안 되지만, 그렇다고 해서 그것을 너무 지나치게 확실하다고 믿어 명백한 이유가 나타나 생각을 고쳐야 하는데도 본디의 의견을 바꿀 수 없는 처지에 빠져서는 안 된다는 것입니다.

이러한 진리를 아는 데까지는 이르지 못했기 때문에, 또는 비록 알았더라도 그 진리를 사용하는 데에 이르지 못했기 때문에 지난 몇 세기 동안 철학자가 되려고 지망한 사람들의 대부분은 맹목적으로 아리스토텔레스를 따랐다고 생각합니다. 그 결과 그들은 자주 아리스토텔레스 저작의 의미를 잘못 이해하여,

예컨대 아리스토텔레스가 이 세상에 되돌아왔다고 한다면 도저히 자기 주장이라고는 인정하지 않을 만한 갖가지 견해들도 그의 것으로 돌렸습니다. 그리고 아리스토텔레스를 따르지 않았던 사람들도, 그중에는 매우 뛰어난 사람들이 많이 있습니다만, 어렸을 때부터 이 철학자의 주장에 물들지 않을 수 없었습니다. 학교에서 아리스토텔레스의 이론들만 배웠기 때문에, 그것이 강한 선입견이 되어 그들은 참된 원리를 인식하는 데에 이를 수가 없었습니다.

나는 그 철학 지망생들 모두를 존경하고 있으므로, 그들의 결점을 들추어 내어 미움을 사고 싶지는 않습니다. 그러나 지금 내가 말한 것에 대한 증거를 하나 들 수가 있습니다. (이것은 그들도 누구 하나 부인하지 않으리라고 생각합니다.) 그들 모두가 자신들도 완전하게는 알고 있지 못한 사항을 원리로서 받아들이고 있다는 사실입니다. 이를테면 그들 가운데 지상의 물체에 대해 무게 개념을 생각해 보지 않았던 사람이 하나도 없었다고 나는 알고 있습니다. 하지만 무겁다는 물체가 지구의 중심을 향해 떨어지는 것을 직접 경험하고 보면서도, 우리는 사람이 무게라 부르는 본성, 물체를 이와 같이 낙하시키는 원인이나 원리의 본성이 어떠한가에 대해서는 제대로 인식하지 못하고 있습니다. 그것은 어딘가 다른 데에서 배워야 합니다. 공기(空氣)와 원자에 대해서도, 열과 냉기에 대해서도, 건조함과 습함에 대해서도, 소금과 유황과 수은에 대해서도, 몇몇 사람들이 그들의 원리로서 상정하고 있는 유사한 사물들 모두에 대해서도 어딘가에서 배워야 합니다.

그런데 원리가 명증적이지 않다면, 거기에서 연역되는 모든 결론도—연역적 방법이 아무리 명증적이더라도—명증적일 수는 없습니다. 그 철학 지망생들이 그와 같은 (명증적이지 않은) 원리를 기초로 해서 쌓아 올린 모든 생각과 추리는 어떠한 사물에 대해서도 그들에게 확실한 인식을 줄 수 없었기 때문에 지혜의 탐구가 한 걸음도 나아갈 수 없었습니다. 모두 그 원리의 불명증성 때문입니다. 그리고 만약 그들이 무언가 참된 인식(지식)을 찾아냈다고 한다면, 그것은 다만 앞서 말한 지혜의 네 가지 수단 가운데 어느 것인가에 의해서일 뿐입니다.

그러나 그들이 저마다 주장할지도 모르는 명예를 떨어뜨리려는 의도는 없습니다. 나는 다만 지혜의 탐구, 철학적 연구에 손댄 적이 없는 사람들을 위로하기 위해 말하지 않으면 안 될 진리가 있으리라 생각합니다. 사람이 여행을 할 때 목적지에 등을 돌리고 걷는 동안은 더 빨리 또한 더 오랫동안 갈수록 더욱 더 목적지에서 멀어지므로, 비록 나중에 바른길로 되돌아가도 애초에 조금도 걷지 않고 그대로 있었을 경우만큼 빨리 되돌아갈 수 없듯이, 잘못된 원리를 갖고 있는 경우에도 이것이야말로 올바르게 철학하는 일이라고 생각하여 그 원리들을 발전시켜 나가고 거기서 갖가지 귀결을 이끌어 내는 일에 정성을 다 할수록 더욱더 진리를 인식하고 지혜를 끌어내기 어려워집니다. 그러므로 지금 까지 철학이라 불리어 왔던 모든 지식과 진리를 가장 적게 배운 사람이야말로 참된 철학을 가장 잘 배울 수 있다, 참된 철학으로 가장 잘 되돌아갈 수가 있다 고 결론짓지 않으면 안 됩니다.

이러한 일을 충분히 밝힌 뒤에, 나는 높은 단계(제5의 단계)의 지혜[여기에 인 간 생활의 최고선(最高善)이 존재한다]에 도달할 수 있게 하는 참된 여러 원리 가 바로 이 책에서 내가 제시하는 원리임을 증명하려고 합니다. 그런 것을 증명 하려면 두 가지 경우에 가능합니다. 하나는 그 원리가 아주 명석할 때이고, 또 하나는 그 명석한 원리로부터 다른 모든 사항들을 연역할 수 있을 때입니다. 원리에 필요한 조건은 이 두 가지밖에는 없기 때문입니다.

그 지극히 명석한 원리는 쉽게 증명할 수 있습니다. 첫째로 내가 그 원리들 을 찾아낸 방법에 의해서입니다. 다시 말해서 내가 아주 작은 것이라도 의문을 가져야 하는 이유에 부딪치는 일이 발생하면 모두 배척하는 방법에 의해서입 니다. 왜냐하면 면밀한 고찰을 통해 지금 말한 것과 같은 방법에 의해 배제되 지 않는 명백한 사실이 발견된다면, 이것이 인간 정신이 알 수 있는 가장 명증 적이고 가장 명백한 사실이기 때문입니다.

이리하여 나는 (첫째로) 모든 것에 대해 의심하는 사람도 자기가 의심을 하고 있는 동안 자기 존재마저 의심할 수는 없다는 것, 또 (둘째로) 이와 같이 생각을 이끌어 내는 존재, 즉 자기 자신에 대해서는 의심할 수 없으나 다른 모든 것에 대해서는 의심하는 그러한 존재는, 우리 인간이 육체적 존재라기보다는 정신 적 존재 또는 생각하는 존재이며, 이럴 경우 이 생각의 존재성, 즉 정신을 첫째 원리로서 세웁니다. 그리고 여기에서 매우 명백하게 다음과 같은 원리를 끌어 냈습니다. 이 세상에 있는 모든 사물을 만든 신이 존재한다는 것, 그리고 이 신 은 모든 진리의 원천(완전성)이기 때문에 우리의 지성이 명확하게 인지하는 한 사물에 대해서 결코 잘못된 판단을 내릴 리가 없다는 것, 이것이 비물질적 혹은 형이상학적 사물에 대해서 내가 적용하는 원리입니다. 여기서 나는 아주 분명하게 물리적 사물, 자연학적 사물의 원리를 이끌어 냈습니다. 사물에는 길이·넓이·깊이에 있어서 연장(연장된 본성, 즉 사물의 공간성)을 가진 물체가 존재하고, 그것은 갖가지 형태를 가지고 갖가지 방법으로 운동한다는 것, 결국 이상이 내가 다른 사물의 진리를 연역해 내는 모든 원리입니다.

이 원리들의 명증성을 내가 증명하는 둘째 이유는, 이 원리들이 어느 시대에나 알려져 왔으며, 의심해서는 안 되는 분명한 원리로서 모든 사람에게 받아들여지기조차 했다는 사실입니다. 다만 신의 존재만은 예외로, 몇몇 사람들이 의심을 품어왔습니다. 이 사람들은 감각의 지각에 너무 중점을 두었으므로, 신은 눈으로 볼 수도 손으로 만질 수도 없기에 믿을 수도 없다고 했습니다.

그러나 나의 원리로서 제시된 진리들은 모두가 모든 시대에 걸쳐 모든 사람들에 의해 알려진 사실들뿐이기는 하지만, 현재까지 내가 아는 한에서는 그러한 진리들을 철학의 원리로서—이 세상에 있는 다른 모든 사물에 대한 인식을 연역할 수 있게 하는 원리로서—받아들인 사람이 한 명도 없었습니다. 이런 까닭으로 나는 그 진리들이 철학의 원리임을 이제부터 더 증명하지 않으면 안 됩니다. 그리고 그 철학의 원리가 되는 진리들을 증명하려면, 그것을 경험에 의해 실제로 보아두어야 합니다. 바꿔 말해서 독자에게 이 책을 읽도록 권하는 것이 가장 좋다고 여겨집니다.

왜 그런가 하면, 나는 이 책에서 모든 사항을 논하지는 않았습니다만, 또 그런 일은 불가능하기도 합니다만, 내가 논하게 된 사항들에 한해서는 모두 다음과 같이 설명해 두었다고 자부합니다. 인간의 정신이 지닐 수 있는 가장 높은 모든 지식에 다다르기 위해서는, 내가 제시한 원리 이상의 원리를 굳이 구할 필요가 없음을 주의 깊은 독자라면 충분히 이해할 수 있게 설명했다고 자부합니다. 특히 나의 책을 읽은 뒤에 독자들이 그곳에 얼마나 갖가지 문제들이 설명되어 있는가를 생각해 보고 다른 사람들의 작품에도 눈길을 돌려 검토해 본다면, 그들이 나와는 다른 원리를 가지고 같은 문제들을 설명하기 위해 제시한 이유들이 단지 그럴듯해 보일 뿐이며 그 수 또한 보잘것없이 적다는 사실을 알게 될 것입니다. 독자들이 자진해서 이러한 시도를 해보도록 하기 위해 나는 이렇게 말할 수도 있습니다. 나의 원리를 이해하고 있는 사람들은 그렇지 않은 사람들보다, 다른 사람들의 작품도 훨씬 더 잘 이해하고 그 진가도 훨씬 쉽게 알아볼 수 있다고 말입니다. 이것은 앞에서 내가 고대 철학부터 시작한 사람들에 대해서 말한 것과는 정반대가 되는 셈입니다. 이러한 사람들은 연구에 전념하면 할수록 참된 철학을 올바르게 배우는 데 더욱더 적합하지 않은 방향으로 나아가게 되기에 그렇습니다.

이 책을 읽는 방법에 대해서 한마디 조언을 덧붙이겠습니다. 처음에는 이 책 전체를, 말하자면 소설을 읽듯이 통독해 달라는 것입니다. 너무 긴장하지 말고, 또한 어려운 대목에 부딪치더라도 별로 걱정하지 말고, 다루고 있는 문제가 어떠한 것인가를 대충 알아두는 것으로 충분합니다. 그리고 난 뒤에, 이러한 문제들이 검토할 가치가 있다고 생각되어 그 원인을 알고 싶은 마음이 생기면, 다시 읽어서 내가 제시한 원인의 연결고리에 주목하면 됩니다. 그러나 그 연결고리를 남김없이 이해할 수가 없었다거나 모든 이유를 이해할 수 없었다 하더라도 아직 체념해서는 안 됩니다. 어려운 대목에는 펜으로 줄을 그어두면서 중단하지 말고 끝까지 계속해서 읽기만 하면 됩니다. 그렇게 해서 세 번 이 책을 읽어보면 먼저 표를 해두었던 어려운 대목의 대부분이 해결될 것이며, 그래도 모르는 부분이 조금 남더라도 다시 한 번 되풀이해 읽어본다면 마침내는 그 문제가 해결되리라고 나는 감히 믿습니다.

나는 여러 사람들의 타고난 재능을 조사해 보았는데, 아무리 조잡하고 아무리 둔한 머리를 가진 자라도 올바르게 지도받기만 하면 거의 대부분이 좋은 의견을 받아들여 이해할 수 있으며, 오히려 최고의 지식을 모두 습득하기까지 한다는 사실을 알았습니다. 이를 증명할 수 있는 정당한 근거로는, (진리의) 원리는 그 자체가 명백하며, 또 거기에서는 매우 명증적인 추리(생각)에 의한 사실 말고는 아무것도 연역되어서는 안 되는 까닭에, 그 원리에 의존하는 명백한 사항을 이해할 만한 정신은 누구나 가지고 있다는 데에 있습니다. 그러나 그 누구도 선입견을 완전히 극복할 수는 없으며(선입견에 의해 가장 심한 해를 입는 사람은 그릇된 학문에 가장 깊이 관계한 사람들입니다), 선입견의 장애는 그만두고라도 거의 언제나 볼 수 있는 진리의 장애물이 있는데, 그것은 (첫째로) 지나치게 조심성 있는 마음을 가진 사람들이 자기에게는 그만한 능력이 없다고 생각하여 연구를 게을리하는 것, (둘째로) 가장 열심인 사람들이 너무 서두른 탓에 자주 명증적이지 않은 원리를 받아들여 거기에서 불확실한 결론을 이끌어 내는 일입니다. 이 때문에 나는 자기 힘을 너무 겸손하게 낮추는 독자들에게 장담하건대, 내 책은 그 내용을 검토할 수고만 아끼지 않는다면 전혀 이해하지 못할 사항이 아무것도 없습니다. 그리고 다른 사람들에게는 다음 사실을 알려주고 싶습니다. 내가 책에 담으려고 한 모든 사항을 깨닫기 위해서는 가장 뛰어난 정신의 소유자라도 많은 시간과 많은 주의를 필요로 하리라는 것입니다.

이어서 내가 이 책을 출판할 때 어떠한 계획을 품고 있었는가를 잘 이해시키기 위해, 사람이 학문을 배워가는 데 있어 지켜야 할 순서를 여기에 설명해 두려고 합니다.

(첫째로 어떤 학문을 배우고자 할 때) 앞에서 제시된 네 가지 수단에 의하여 얻을 수 있는 보통의 불완전한 지식(완전한 진리는 다섯 번째의 새로운 수단, 즉 최고의 선이 있어야 한다)밖에 아직 갖고 있지 않은 사람은, 무엇보다 먼저 자기를 위해 실생활의 행동을 규제할 만한 도덕을 정하고자 노력을 기울여야 합니다. 이 일은 조금도 뒤로 미룰 수 없으며, 또 우리는 무엇보다도 잘 살아가기 위해 노력을 기울여야 하기 때문입니다.

그 뒤에 (둘째로 학문 습득을 위해서는) 논리학도 연구해야 합니다. 물론 학원의 논리학(스콜라학파의 논리학)이 아닙니다. 왜냐하면 학원의 논리학은 이미 자기가 알고 있는 인식 사항을 남에게 알리는 수단, 또는 자기가 모르는 인식에 대해서는 아무런 판단도 하지 않고 다만 여러 가지 말을 늘어놓는 수단을 가르치는 변증법에 불과하므로, 진리에 대한 올바른 인식을 증대시키기는커녕 오히려 손상시키기 때문입니다. 내가 말하는 논리학은 그렇지 않고, 오히려 자기가 모르는 진리를 발견하기 위해 이성을 잘 이끌어 가는 방법을 가르치는 논리학입니다. 그리고 이 논리학은 훈련에 의존하는 부분이 크므로, 이를테면 쉽고 단순한 문제에 대해서는 수학에서처럼 그 규칙을 실제로 응용하여 오랫동안 연습해 두는 게 좋습니다.

이어 (셋째로 학문 습득을 위해서는) 이러한 문제에 있어서 진리를 발견하는 습관을 어느 정도 몸에 익힌 뒤에, 참된 철학과 진지하게 맞붙는 일을 시작해야 합니다. 이 참된 철학의 첫째 부분은 형이상학으로서 인식의 여러 원리들을 포함하는데, 이러한 원리 속에 신(神)의 주요한 속성, 우리 정신의 비물질성, 우리 속에 있는 명석하고 단순한 개념 모두에 대한 설명이 주어집니다. 참된 철학의 둘째 부분은 자연학이며, 이에 있어서는 물질적 사물의 여러 원리들을 발견한 뒤에 일반적으로 우주가 어떻게 구성되어 있는가를 조사하고, 다음에는 개별적으로 이 지구의 본성 및 지구 주위에 가장 일반적으로 발견되는 모든 물체의 본성, 이를테면 공기나 물, 불, 자석, 기타 여러 광물들의 본성이 어떠한가를 조사하는 순서가 됩니다. 그것에 이어 또한 개별적으로 식물의 본성, 동물의 본성, 그리고 특히 인간의 본성을 조사할 필요도 있습니다. 그러한 자연 본성을 탐구한 뒤에 인간에게 유익한 다른 모든 학문을 찾는 데 도움이 되도록 하기 위해서입니다.

이처럼 철학 전체는 한 그루 나무와 같아서, 그 뿌리는 형이상학이고 줄기는 자연학이며, 그 줄기에서 나와 있는 가지들은 다른 모든 학문들인데, 이들은 세 가지 주요한 학문, 즉 의학과 기계학(기계적 기술)과 도덕에 귀착합니다. 여기에서 말하는 도덕은 가장 높고 가장 완전한 덕목으로, 다른 여러 학문들에 대한 완전한 지식을 전제로 하는 지혜의 마지막 단계를 뜻합니다.

그런데 나무 열매는 뿌리나 줄기가 아니라 오직 가지 끝에서 따 모으듯이, 철학의 주요한 효용도 마지막에 이르러 비로소 배울 수 있는 여러 작은 부분들의 끝에 걸려 있다고 하겠습니다. 나는 이러한 부분에 대해서 거의 아무것도 모릅니다만, 모든 이들에게 도움을 줄 수 있도록 노력하고 싶다는 열망을 늘 가슴속에 품어온 결과, 전에는 이러한 일도 있었습니다. 나는 그때(1637년) 내가 배워 알았다고 여겨지는 사항들에 대해서 약간의 시론(《방법서설 및 삼시론(三試論)》)을 펴내었습니다. 이들 시론의 첫 번째 부분은 '모든 학문에 있어서 이성을 잘 이끌어 진리를 탐구하기 위한 방법서설'이었는데, 나는 거기서 논리학의 주요 규칙과 아직 불완전한 도덕의 주요 규칙들을 간단히 제시했습니다. 이 불완전한 도덕은 더 완전한 도덕이 알려지지 않는 동안 잠정적으로 따를 도덕을 말합니다. 이 시론의 다른 부분은 세 가지 글로, 그 하나는 《굴절광학》, 또 하나는 《기상학》, 맨 마지막은 《기하학》에 대한 것이었습니다. 굴절광학으로 철학 분야의 커다란 진보를 이룩한다면, 이것을 사용하여 인간의 삶에 유용한 모든 기술에 대한 인식에까지 도달할 수 있음을 밝히려 한 것입니다. 내가 거기에서 설명한 망원경의 발명은 이전부터 탐구되어 온 기술들 가운데 가장 어려운 발명입니다. 기상학에 대해서는, 내가 개발한 철학과 학원에서 가르치는 철학 사이에 존재하는 차이점을 인정받기를 바랐습니다. 학원에서도 같은 문제(기상학)가 관습적으로 논의되고 있었기 때문입니다. 끝으로 기하학에 대해서는, 이전에 알려져 있지 않던 많은 사항들을 내가 발견했음을 밝히고, 이로써 그와 같은 다른 사항들이 많이 발견될 수 있음을 사람들에게 알리고, 모든 사람들을 그러한 진리 탐구 영역으로 이끌어 갈 작정이었습니다.

그 뒤 나는 많은 사람들이 형이상학의 기초를 이해하는 데 어려움을 느낄 것이라 예측하여, 그 주요점들을 한 권의 《성찰》에서 설명하고자 노력을 기울였습니다. 이 책의 본문은 그리 많지 않지만, 학식이 뛰어난 사람들이 이 기회에 나에게 보내온 반론들과, 이에 대해서 내가 작성한 답변에 의해 양이 늘어나고 내용의 설명도 매우 상세해졌습니다.

이러한 여러 글에 의해 독자의 정신에 《철학의 원리》를 받아들일 마음의 준비가 충분히 되어 있다고 여겨졌으므로 나는 이 책을 출판하게 되었는데, 이것은 4부로 나누어져 있습니다. 제1부는 인식의 여러 원리들을 포함하므로, 제1철학 또는 형이상학이라 불리어도 좋습니다. 그 때문에 제1부를 잘 이해하려면 같은 주제에 대해서 내가 쓴 《성찰》을 미리 읽어두면 좋으리라 생각됩니다. 나머지 3부는 자연학에 있어서의 가장 일반적인 모든 사항을 포함합니다. 상세히 말하면 (제2부는) 자연의 근본 법칙, 즉 원리에 대한 설명이며, 또 (제3부는) 하늘이나 항성, 유성, 혜성 등 온 우주가 구성되어 있는 방식에 대한 설명입니다. 이어 (제4부는) 개별적으로 이 지구의 본성·공기·물·불·자석 등 지구 주위 곳곳에서 가장 흔히 찾아볼 수 있는 물체의 본성 및 이들 물체 가운데에서 볼 수 있는 온갖 성질, 이를테면 빛·열·무게 등의 본성을 포함합니다. 이렇게 해서 나는 철학 전체를 전개하는 일, 더구나 순서적으로 맨 마지막에 쓰일 사항에 앞서 전제되어야 할 사항을 무엇 하나 빠뜨리지 않고 처음부터 설명해 나가기 시작했다고 생각합니다.

그러나 이 계획을 끝까지 수행하려면 앞으로도 나는 지상에 있는 더욱 특수한 다른 물체들 저마다의 본성, 즉 광물, 식물, 동물, 그리고 특히 인간의 본성을 같은 방법으로 설명해야 한다고 생각합니다. 끝으로 의학, 도덕, 기계학을 엄밀히 논하지 않으면 안 됩니다. 이것이야말로 하나의 완전한 철학을 인류에게 제공하기 위해서 내가 해야 할 일이겠지요. 그리고 나는 아직 그렇게 늙었다고 여기지 않으며(이때 51세), 내 능력에 그다지 불신을 품고 있지도 않습니다. 또한 아직 알려지지 않은 채 남아 있는 사항들을 알 때까지 가야 할 길이 그리 멀다고 생각하지도 않으므로, 만약 나의 생각들을 뒷받침하고 그 정당성을 증명하는 데 필요한 모든 실험을 할 여건만 주어진다면, 나는 감히 이 계획을 완성시키려고 시도할 수 있을 것입니다. 그러나 그러한 실험을 위해서는 엄청난 돈이 필요하며, 여러 사람들의 도움 없이 나 같은 한 개인으로서는 감당할 수 없는 실험이라는 것, 또 나의 실험에 대해 이러한 도움을 기대할 수도 없다는 것, 이러한 현실을 생각해서 앞으로는 나 개인의 향상을 위한 연구만으로 만족해야 되리라고 생각합니다. 그러니 후세 사람들도 이제부터 내가 후세를 위해 진력하는 데 있어 모자라는 점이 있더라도 용서해 주리라 믿습니다.

하지만 나는 이미 후세에 도움되는 일을 해오고 있다고 생각하므로, 어떤 점에서 도움이 되는가를 알리기 위해서 나의 원리에서 끌어낼 수 있다고 내가 확신하고 있는 성과가 어떠한 것인지를 여기에 서술하려고 합니다.

첫째 성과는, 지금까지 알려져 있지 않던 많은 진리들을 내 원리 속에서 발견할 때 독자들이 느끼게 될 만족감입니다. 왜냐하면 진리는 위선적 행위만큼은 우리의 마음을 자주 뒤흔들지 않고—진리는 그다지 놀랄 만한 사실로는 보이지 않고 오히려 단순한 사실로 보이므로—또한 덜 인상적이지만, 진리가 주는 만족감은 언제나 더 지속적이며 더 견고하기 때문입니다.

둘째 성과는, 이러한 (보편적인 만족을 주는) 자연의 원리를 연구하면 자기 앞에 일어나는 모든 일에 대해서 더 잘 판단하게 되고, 따라서 더 현명해지는 일에 차츰 익숙해진다는 사실입니다. 이런 점에서 이들 원리는 이제까지의 철학과는 반대 효과를 거두게 됩니다. 왜냐하면 학자 선생이라 불리는 사람들 사이에서 흔히 볼 수 있는 일입니다만, 그들은 그러한 철학 탓에, 예컨대 그 철학을 전혀 배우지 않은 경우보다도 이성을 바르게 사용하지 못하게 되어버리고 있기 때문입니다.

셋째 성과는, 이러한 나의 원리(보편적·자연적 원리)가 속에 품고 있는 진리는 매우 명석하고 지극히 확실하므로, 논쟁의 씨가 되는 요소들을 모두 제거하고 사람들의 마음을 부드럽고 따뜻하게 해주게 된다는 점입니다. 이것은 학원에서 이루어지는 논쟁들과는 완전히 반대가 됩니다. 학원의 논쟁들이라는 것은 그 논쟁에 참여하는 사람들을 저도 모르는 사이에 몹시 까다롭고 완고한 인간으로 만들어 버리므로, 실제로 세상을 떠들썩하게 하는 이단에 대한 분쟁은 아마 그런 학원들에서 일어나는 논쟁의 주요 원인이리라 생각됩니다.

이러한 원리의 맨 마지막(제4의)이자 주요한 성과는, 그러한 원리를 탐구해 가는 동안에 내가 설명하지 않았던 진리들을 많이 발견할 수 있으리라는 것, 이리하여 한 가지 진리에서 다른 진리로 차츰 더듬어 가면서 시간이 지남에 따라 모든 철학에 대한 완전한 인식을 얻고, 지혜의 최고 단계에 오를 수 있으리라는 것입니다. 실제로 우리는 온갖 기술들이 처음에는 보잘것없고 불완전하더라도 그 속에 무언가 참된 진리가 포함되어 있기 때문에, 경험에 의해 조금씩 참된 것을 발견하고 나아가 훈련을 통해 완성의 경지에 이르는 모습들을 보고 있습니다. 그와 마찬가지로 철학에 있어서도 참된 원리를 포함하고 있는 경우에는 이 원리를 따라가는 동안에 이따금 다른 진리들을 반드시 만나게 됩니다. 아리스토텔레스의 원리가 거짓임을 증명하려면, 몇 세기에 걸쳐 사람들이 그 원리를 신봉해 왔으나 그 원리에 의해서 무엇 하나 진보를 이루지 못했다는 사실을 지적함이 가장 옳습니다.

물론 너무 성급한 나머지 자기가 하는 일에 대해 올바른 생각을 하지 않기 때문에, 아주 견고한 기초를 갖고 있음에도 그 위에 확실한 진리를 세우지 못하는 사람들을 나도 잘 알고 있었습니다. 그리고 보통 이런 사람들은 참으로 재빨리 책을 만들어 내므로, 만일 그들이 쓴 책이 나의 작품이라고 오인되든가, 아니면 나의 견해를 그대로 채택하고 있다고 인정되든가 하면, 느닷없이 내가 지금까지 해온 탐구는 모두 엉망이 되어버리고, 내 철학 방식에 불확실성과 의혹들을—이 의혹들이야말로 내 철학 방식에서 몰아내려고 조심스럽게 애써왔었는데—불러일으키는 결과가 일어날지도 모릅니다.

실은 최근 나의 이론을 계승할 뜻을 마음에 품고 있다는 세평이 자자한 사람들 가운데 한 사람[2]에게서, 위에서 말한 바와 같은 경험을 했던 것입니다. 이

---

2) 앙리 르 루아, 또는 드 루아. 라틴식 호칭 레기우스로 널리 알려져 있다. 당시 위트레흐트 대학 의학 교수.

인물에 대해 나는, '나는 그의 정신을 대단히 신뢰하고 있으므로 내가 나의 견해로서 인정하지 않는 그러한 견해를 그가 품고 있다고는 믿지 않는다'고까지 어느 편지[3]에 쓴 일이 있습니다. 그는 작년(1646년)에 《자연학의 기초》라는 책을 출판했는데, 거기서 그가 자연학이나 의학에 대해 기록한 내용은 내 책에서—그것도 내가 공식적으로 출간한 책에서뿐만 아니라, 동물의 본성에 대해서 논한 미완성 원고로부터 우연히 그의 손에 들어간 부분에서도—채택한 사항뿐인 듯이 보입니다. 그러나 그는 잘못 베끼거나 순서를 바꾸어 썼으며, 게다가 모든 자연학의 뒷받침이 될 형이상학 진리의 몇 가지를 부정하고 있으므로, 나로서는 그 책을 모조리 부인하지 않을 수 없으니, 여기서 독자에게 다음과 같이 부탁해 두어야겠습니다. 분명히 내 책 속에서 찾아볼 수 없는 견해는 결코 나의 이론으로 사용하지 말고, 또 내 책에서나 다른 어디에 있어서도 참된 원리로부터 지극히 분명하게 연역되어 있는 사실을 발견하지 않는 한 어떠한 견해도 진리로서 받아들이지 않기를 바랍니다.

내 원리로부터 이끌어 낼 수 있는 모든 진리들을 앞에서 기술한 바와 같이 (올바르게) 이끌어 내기까지는 여러 세기가 걸릴 것임을 나는 잘 알고 있습니다. 이제부터 발견되어야 할 진리의 대부분은 특수한 실험에 의존하는데, 이러한 실험은 결코 우연히 행해지지는 않으므로 재주와 지혜가 뛰어난 사람들에 의해 정성껏 비용을 들여 시도되어야 하기 때문입니다. 게다가 그러한 실험을 잘 이용하는 기술을 터득한 사람이 그런 실험을 수행할 만한 능력을 가지고 있는 경우는 좀처럼 드물기 때문입니다. 그리고 뛰어난 정신의 소유자들은 대개 지금까지 통용되어 온 철학의 결함을 눈치채고 있으므로 철학을 업신여기는 경향이 있어서, 내가 보기에 이들은 철학을 추구하는 일에 노력하려는 마음을 가지고 있지 않기 때문입니다.

그러나 언젠가 그러한 사람들이 나의 원리와 다른 사람들의 모든 원리 사이에 있는 차이점들을 보고, 내 원리에서 나온 온갖 진리들의 연결과 연역적 사고에 주목하여 이러한 진리 탐구를 계속하는 일이 얼마나 중요한가를 알게 된다면, 그리고 이러한 진리가 우리를 얼마나 높은 단계의 지혜와 얼마나 완성되

---

3) 〈보에티우스에게 보내는 공개 서한〉, 이 무렵 레기우스는 데카르트와 함께 위트레흐트 대학 신학 교수이며 칼뱅파의 지도자이기도 했던 보에티우스의 박해에 항거하고 있었다.

고 행복한 생활로 이끌어 갈 수 있는가를 알게 된다면 이토록 유익한 연구에 몸담고자 결심하지 않을 사람은 없으리라 생각됩니다. 적어도 이 연구에 전념하여 성과를 올리고 있는 사람들을 격려하며, 힘닿는 한 도우려 하지 않을 사람은 없으리라고 나는 감히 믿는 바입니다.

바라건대 우리 자손들이 훌륭한 성과를 거두기를.

제1부 인간적 인식의 원리

1 진리를 탐구하는 자는 살아가는 동안 한 번은 모든 사물에 대해서 될 수 있는 한 의심을 해보아야 한다

우리는 태어난 뒤—유아기 동안—이성을 제대로 사용하게 되기 전부터 감각에 의해 사물에 대한 여러 가지 판단을 내려왔기 때문에, 많은 선입견을 갖게 되어 진리를 올바로 인식하지 못하고 있다. 그래서 이런 선입견에서 벗어나기 위해서는 적어도 불확실하다고 여겨지는 모든 사물의 본성을 살아가는 동안 한 번쯤은 의심해 볼 만한 가치가 있다.

2 의심스러운 사물의 본성은 거짓이라고까지 생각해 보아야 한다

무엇이 가장 확실하고 쉽게 인식될 수 있는 사물의 본성인가를 더 분명히 찾아내기 위해서는 우리가 사유하려는 사물의 본성을 먼저 거짓이라고 생각해 보는 태도가 바람직하다.

3 그러나 이론 의심이 일상생활에 미치도록 해서는 안 된다

이 의심은 다만 진리의 면모를 살피는 단계에서만 이루어져야 한다. 왜냐하면 일상생활에 있어서는 우리가 의심에서 벗어나지 못하고 머뭇거리는 사이에 행동할 기회가 사라지고 마는 경우가 너무나 많으므로, 단지 겉으로만 진실인 것처럼 보이는 사물의 본성도 어쩔 수 없이 받아들여야 하는 일이 때로 있기 때문이다. 가끔은 둘 가운데 한쪽이 다른 쪽보다 진실에 가깝다는 사실이 분명하지 않더라도 어느 한쪽을 택해야만 할 때도 있다.

4 우리가 감각적 사물에 대해서 의심해도 좋은 이유는 무엇인가

그런데 지금 우리는 오로지 진리 탐구에 몰두하고 있으므로, 무엇보다도 감각적 사물이나 상상적 사물 가운데 거짓이 아닌 참으로서 존재하는 사물의 본성이 있었는가 아닌가를 의심해 보기로 하자. 첫째로 우리는 우리 감각이 이따금 실수하는 것을 알아차리기도 하는데, 따라서 한 번이라도 우리를 속여 실수하게 만든 것은 지나치게 믿지 않는 편이 현명하므로 의심을 하게 된다.

둘째로 우리는 날마다 꿈속에서 수많은 사물 본성들을 감각하든가 상상하고 있다고 생각되는데, 실제로 그 꿈속의 사물들은 아무 데도 존재하지 않는 것이어서 잠들어 있을 때와 깨어 있을 때를 뚜렷하게 구분할 수 없으므로 의심하게 된다.

5 수학적 증명에 대해서도 의심할 수 있는 이유가 무엇인가

또 우리는 이전에 가장 확실하다고 여겨지던 다른 것들에 대해서도 의심해 보기로 하자. 즉 가장 분명한 것으로 여겨지던 수학적 증명이나 이제까지 자명한 것으로 여겨지던 원리(原理)에 대해서도 의심해 보기로 하자. 왜냐하면 우리는 이와 같은 분명한 것들에 있어서 잘못을 저지르는 사람을 이따금 본 일이 있으며, 반대로 우리가 허위라 여기는 것을 아주 확실하고 자명하다고 인정하는 사람도 보았기 때문이다.

특히 전능한 신, 우리의 창조자이신 신이 존재한다는 말을 들은 일이 있기 때문이며, 가끔씩 신이 우리에게는 더할 나위 없이 명백하게 보이는 것에 있어서조차 우리가 언제나 실수하도록 창조되었으면 하고 바랐는지도 모르기 때문이다. 그도 그럴 것이 우리가 이따금 실수한다는 사실은 이미 깨달아 알고 있지만, 이에 못지않게 실제로도 그와 같은 일(우리가 늘 실수를 저지르는 일)이 일어날 수 있다고 여겨지기 때문이다.

더구나 우리가 전능한 신에 의해서가 아니라 우리 자신에 의해서 또는 다른 무엇인가에 의해 만들어졌다고 생각해 본다면, 다시 말해 우리를 탄생시킨 창조자의 능력을 작게 볼수록, 우리가 언제나 실수를 저지르도록 불완전하게 만들어져 있다는 생각이 더욱더 믿을 만한 것이 된다.

6 우리는 의심스러운 사물의 본성에 대해 동의하지 않고 오류를 피할 자유 의지를 가지고 있다

그러나 우리를 만든 창조자가 결국 누구이든, 그리고 그가 얼마나 유능하고 얼마나 굉장한 사기꾼이든 우리는 자기 자신 속에 다음과 같은 자유가 있음을 경험한다. 아주 확실하지 않은 사물의 본성, 뚜렷이 밝혀지지 않은 사물의 본성을 믿는 것은 언제나 삼가며, 이렇게 함으로써 결코 실수하지 않으려고 주의를 기울이는 자유 말이다.

7 우리가 의심하고 있는 동안에는 우리의 존재성을 의심할 수 없으며, 인간 이라는 존재는 철학의 순서에서 가장 먼저 내세워야 할 인식의 주체이다

그 어떤 방법으로든 의심의 여지가 있는 것을 모두 이렇게 물리칠 뿐만 아니라 가짜라고까지 생각한다면, 신이나 하늘이나 물체가 없다고까지 생각하기 쉬우며, 또 우리 자신이 손이나 발, 나아가서는 몸도 갖지 않는다고 생각하는 일마저 가능하다. 그러나 그렇다고 해서 이렇듯 버젓이 생각하고 있는 존재인 우리를 아무것도 아닌 무(無)라고 여길 수는 없다. 왜냐하면 생각하고 있는 바로 그때에 생각하는 주체가 존재하지 않는다고 해석한다면 모순이 되기 때문이다. 따라서 '나는 생각한다. 고로 나는 존재한다'고 하는 인식은, 모든 인식에 앞서서 철학하는 이가 맨 처음 부딪치는 가장 확실한 인식이다.

8 이로부터 정신과 육체와의 차이, 즉 생각하는 것과 물질적인 것 간의 차이를 알 수 있다

그리고 이것(생각의 시작인 인간 존재)이야말로 정신의 본성과 정신 자체를 육체로부터 구별하기 위한 최선의 길이다. 왜냐하면 우리와 다른 모든 것을 가짜라고 생각하는 우리 자신은 도대체 어떤 존재인가를 검토해 볼 때, 우리는 다음 사항을 분명히 인정하게 되기 때문이다. 즉 물체의 연장(길이·넓이·깊이)이나 모양, 공간 안에서의 움직임 등 물체에 속하는 본성들은 우리의 본성에 속하지 않으며, 단지 사유, 즉 생각하는 활동만이 우리의 본성에 속한다는 것이다. 따라서 우리 생각들은 어떠한 물체에 대한 인식보다 먼저, 그리고 보다 확실하게 존재한다. 그도 그럴 것이 우리는 생각하는 자신에 대해서는 이미 인식했지만 그 밖의 사물에 대해서는 아직 의심하고 있기 때문이다.

9 사유란 무엇인가

사유(思惟, 철학에서 개념·구성·판단·추리를 하는 인간의 이성 작용)라는 말은, 우리가 의식하고 있을 때에 우리 안에서 일어나는 모든 것—단 그 작용되는 의식이 우리에게 있는 한—을 뜻한다. 따라서 이해, 의지, 상상뿐만 아니라, 감각도 여기에서는 사유와 마찬가지이다. 이를테면 내가 '나는 본다. 고로 나는 존재한다' 또는 '나는 걷는다. 고로 나는 존재한다' 하는 경우에, 그것이 신체 기능인 보거나 걷는 행위(즉 육체의 감각)에 대해서 말하고 있다고 생각한다면 이 결론(나는 존재한다는 결론)은 절대적으로 확실한 것은 아니다. 왜냐하면 꿈속에서도 가끔 우리가 경험하듯이, 내가 눈을 뜨지 않고 움직이지 않아도, 또 어쩌면 비록 온전한 신체를 갖고 있지 않다 하더라도 내가 보거나 걷고 있다고 생각할 수 있기 때문이다. 하지만 만일 내가 보고 걷고 하는 육체적 감각 자체, 또는 그러한 의식에 대한 행위들을 행동도 하기 전에 미리 입 밖으로 내어 말하고 있다고 한다면, 앞에서 내린 결론(내가 생각하는 내가 보거나 걷는 존재라는 사실)은 더욱 확실해진다. 왜냐하면 이 경우에 행위는 단지 내가 느끼거나 생각하는 정신과 관계되기 때문이다.

10 논리학적인 정의는 매우 단순하고 자명한 문제를 불분명하게 만들 뿐이다. 단순하고 자명한 것을 힘들게 얻어지는 인식으로 여겨서는 안 된다

이미 내가 사용해 왔거나, 이제부터 사용하게 될 다른 많은 용어들이 충분히 자명하다고 여겨지므로 여기에서는 설명하지 않고 그대로 두겠다. 그리고 내가 자주 깨달은 바이지만, 학자들(스콜라 철학자들)은 극히 단순하고 자명한 사실들을 논리학적 정의에 의해 설명하려고 하는 오류를 범했다. 왜냐하면 그들은 이렇게 함으로써 매우 단순하고 자명한 사실들을 도리어 불분명하게 만들어 버렸기 때문이다. '나는 생각한다. 고로 나는 존재한다'는 명제는 모든 명제에 앞서서 알아야 할 명제라고 나는 말했다. 이는 철학하는 사람이라면 누구나 맨 처음 부딪치는 가장 확실한 명제라고 말했으나, 사실 이보다 더 선행되었어야 할 명제들도 있다. 그것은 '사유란 무엇인가', '존재란 무엇인가', '확실성이란 무엇인가' 하는 것, 그리고 마찬가지로 '사유가 존재하지 않는다는 일은 있을 수 없다'고 하는 명제들인데, 이들을 모두 이미 알고 있었던 사실로 받아들이고 더 이상 탐구하지 않아야 한다. 이러한 명제들은 너무나 단순한 개념이므로, 또 이 명제들은 존재하는 사물에 대한 어떠한 지식도 부여해 주지 않으므로 일부러 더 헤아릴 필요가 없다고 생각해야 한다.

11 우리의 정신이 육체보다 분명하게 인식되는 이유는 무엇인가

우리의 정신이 육체보다도 더 먼저 더 확실하게 인식될 뿐만 아니라 훨씬 명증적으로 인식된다는 사실을 알기 위해서는, 다음 사실들이 자연의 빛에 의해 아주 잘 알려져 있다는 점에 주의하지 않으면 안 된다. 즉 무(無)에는 어떠한 상태도 성질도 없다는 것, 따라서 그 어떤 상태나 성질이 보인다면 그 상태나 성질들이 속하는 사물 혹은 실체가 반드시 발견되리라고 생각할 수 있으며, 또 우리가 이 사물 혹은 실체 속에서 상태나 성질을 인식하는 일이 많으면 많을수록 더욱더 명석하게 그 실체를 인식하게 된다는 사실이다. 그런데 우리 정신 속에는 다른 어떤 사물 속에서보다도 훨씬 더 많은 상태나 성질들이 있으며, 우리는 그 성질들을 인식하고 있음이 분명하다. 다시 말해 어떤 것도 우리로 하여금 우리 정신을 더욱 확실히 인식하게 하지 않고서는, 우리 자신을 인식하게 할 수 없다는 것이다. 이를테면 내가 땅에 발을 딛는다든가 땅을 본다든가 하는 일에서 땅이 존재한다고 판단할 경우, 더욱더 확실하게 나는 나의 정신이 존재한다고 판단하지 않을 수 없다. 왜냐하면 비록 땅이 존재하지 않더라도 나의 발이 땅과 같은 어떤 것에 닿아 있다고 판단할 수는 있으나, 내가 그와 같이 판단하고 있으면서 그렇게 판단하고 있는 나의 정신이 없다고는 할 수 없기 때문이다. 다른 경우에도 마찬가지이다.

12 정신이 모든 사람에게 사물과 똑같은 사물의 본성으로서 인식되지 않는 이유는 무엇인가

철학을 하지 않았던 사람들이 순간적으로 엉뚱한 견해를 받아들이는 일이 있는데, 그들은 정신과 육체를 충분히 엄밀하게 구별 짓지 않았기 때문에 그렇게 된다. 그리고 그들은 자기 자신의 존재성이 다른 어떤 일보다 확실하다고 생각되더라도, 이때 자기 자신이라는 존재는 사물의 의미보다는 다만 정신의 의미로만 해석했어야 했다는 점을 눈치채지 못하고 있었다. 오히려 그들은 자신들을 육체—눈으로 보고 손으로 쓰다듬는, 더구나 부당하게 감각 능력이 귀속되는 육체—로만 이해했다. 바로 이것이 그들이 정신의 본질을 파악하는 데 방해가 되었다.

13 어떻게 신의 인식 안에 그 나머지 것들의 인식이 의존하는가

자기 자신을 알고는 있지만 다른 모든 사물에 대해서는 아직도 의심하고 있는 정신이 있다고 하자. 그 의심하고 있는 정신은 그 인식을 더욱 넓히기 위해 여기저기 바라보면서 무엇보다 먼저 스스로의 내부에서 많은 사물의 관념들을 발견한다. 그리고 이러한 관념들을 다만 깊이 살피고 있을 뿐, 자기 외부에 그 관념들과 비슷한 관념들이 존재한다는 사실에 대해 긍정도 부정도 하지 않는 동안에는 적어도 실수를 저지르는 일이 없다. 이때 정신은 어떤 공통 개념 (공리)을 발견한다. 그리고 이들 공통 개념으로부터 갖가지 증명들을 찾아낸다. 이러한 공통 개념에 주의를 돌리고 있는 동안에는 이 증명이 진리임을 완전히 확신한다. 이리하여 정신은 이를테면 수나 도형의 관념을 자기 속에 가지게 된다.

또 정신이 갖는 공통 개념 속에는 '서로 같은 두 개의 것(개념)에 각각 같은 것(개념)을 더하면 각각의 합계(총합 개념)는 서로 똑같다'는 개념이 포함되어 있어서, 이 개념들에 의해 '삼각형의 세 각의 합은 두 직각을 합한 것과 같다' 등이 쉽게 증명된다. 따라서 정신은 이러한 증명들을 이끌어 내는 전제들에 주의를 기울이다 보면, 그러한 증명이 진리임을 확신할 수 있게 된다. 그런데 인간의 정신은 늘 그러한 전제에만 주의를 기울이고 있을 수는 없으므로, 나중에 자기에게 가장 명증적이라고 보이는 사항에 있어서조차 자기가 실수를 저지르는 본성으로서 만들어져 있는지도 모른다고 생각하여, 앞에서의 삼각형 논술과 같은 증명에 대해 자기가 정당하게 의심하고 있다고 생각하며, 또 자기를 만든 창조자를 알게 되기까지는 어떠한 확실한 지식도 가질 수 없음을 깨닫게 된다.

14 신에 대해 우리가 가지고 있는 개념 속에 어떤 필연적 존재가 포함되어 있다는 사실로부터 신이 존재함을 정당하게 결론지을 수 있다[1]

정신이 자기 속에 가지고 있는 갖가지 개념 가운데에는 전지전능하고 가장 완전한 존재자의 관념이 하나 있으며, 이것이 어떠한 관념보다도 훨씬 뛰어난 관념임을 고찰할 때, 정신은 이러한 관념(어떤 완전하고 필연적인 존재가 있다는 관념) 속에서 어떤 존재를 인식한다. 더구나 명확하게 아는 다른 모든 사물의 관념에서와 같이, 정신은 단지 가능하고 우연적인 존재를 인식하지 않고 그야 말로 필연적이며 영원한 존재를 인식한다. 이를테면 삼각형의 관념 속에는 그 세 각의 합이 두 직각의 합과 같다는 원리가 필연적으로 포함되어 있다고 인식 하기 때문에 그 도형이 삼각형임을 완전히 확신할 수 있듯이, 마찬가지로 가장 완전한 존재자에 대한 관념 속에 있는 어떤 필연적이며 영원한 존재를 인식해 야만 그 관념을 분명히 결론지을 수 있다.

15 다른 사물의 개념들 속에는 필연적 존재가 포함되어 있지 않으며, 다만 우연적 존재가 포함되어 있다

만일 우리 정신 내부에 있는 다른 모든 사물에 대한 관념들 안에도 마찬가 지로 필연적 존재가 포함되어 있다고는 인식할 수 없음을 알아차리게 된다면, 정신은 앞서 논술한 결론처럼 인식이 불가능한 것에 대해 확신할 수 없음을 알 게 된다. 왜냐하면 그로 인해 다음과 같이 이해할 수 있기 때문이다.

즉 가장 완전한 존재자에 대한 관념은 인간의 정신에 의해 만들어진 관념이 아니므로, 무언가 상상하는 차원의 본성을 나타내고 있는 관념이 아니다. 이 완전한 존재자의 관념 속에는 필연적 존재가 포함되어 있으므로 존재하지 않 을 수 없다는, 참되고 변함없는 본성을 나타내는 것이다.

---

1) 이하(14~21절)에서 신의 존재에 대한 증명이 전개된다. 또 《방법서설》과 《성찰》에서는 세 가 지 증명이 같은 순서로 서술되었으나, 이 《철학의 원리》에서는 앞의 두 저서에서 제3에 논술 된, 이른바 존재론적 증명을 맨 처음에 제시했다(14~16절). 그리고 두 저서에서 제1증명, 제2 증명에 해당하는 사항이, 여기에서는 제2(17~19절), 제3(20~21절)의 순서로 나타난다.

16 갖가지 선입견은 인간이 신적 존재의 필연성을 명확하게 인식하지 못하도록 방해한다

만일 우리 정신이 선입견에서 이미 완전히 벗어나 있다고 하면, 위에서 말한 완전한 신의 존재를 쉽게 믿으리라고 생각한다. 그런데 우리는 신 이외의 다른 모든 사물의 본질과 존재를 인식하는 일에 익숙해져 있으며, 또 실제로 아무데에도 존재하지 않고 또 존재하지 않았던 사물의 관념을 제멋대로 만들어 내는 일에도 익숙해져 있으므로, 가장 완전한 존재자에게 온 마음을 쓰지 않을 때에는, 혹시 이 완전한 존재자에 대한 관념이 우리가 제멋대로 지어낸 관념들 가운데 하나로서, 그 본질은 실재하지 않는 관념일지도 모른다고 의심하는 일이 흔히 있는 법이다.

17 어느 관념에 있어서나 그 관념의 표현적 완전성이 크면 클수록 그 원인의 완전성도 그만큼 커야 한다

우리 속에 있는 관념들을 더 고찰해 보면, 관념이 어떤 사고방식인 한 그런 관념들 사이에 큰 차이는 없으나, 어떤 관념이 어떤 사물을 표현하고, 또 어떤 다른 관념은 다른 사물을 표현하고 있으므로 그러한 관념들이 서로 완전히 다르다고 깨닫게 된다. 또한 그러한 관념들 속에 들어 있는 표현적 완전성이 크면 클수록 그 원인들도 그만큼 완전해야 한다고 깨닫게 된다.

이것은 마치 누군가가 매우 정밀한 기계에 대한 관념을 가지고 있는 경우, 그가 그 관념을 갖게 된 원인은 도대체 무엇인가 하고 마땅히 물을 수 있는 것과 같다. 즉 다른 사람에 의해 만들어진 이와 똑같은 기계를 어디에선가 본 일이 있는지, 또는 기계학적 지식을 그토록 정확히 배운 일이 있는지, 또는 아직 어디에서도 본 적이 없는 기계를 스스로 고안해 낼 수 있을 만큼 훌륭한 재능을 타고났는지 물을 수 있다. 왜냐하면 이 기계에 대한 관념 속에는 오직 표현적으로, 말하자면 영상(映像)적 표현 같은 정교한 표현이 모두 그 관념의 원인 속에—그 원인이 어떠한 것이든—들어 있어야 하며, 더구나 적어도 첫째가는 중요한 원인은 정교하게 관념적 또는 표현적으로 나타나 있어야 할 뿐만 아니라, 나아가서 더욱 현실적으로 형상적(形相的) 또는 우월적(優越的)으로 들어 있어야 하기 때문이다.

18 여기서 다시 신은 존재한다는 관념에 이르게 된다

이렇게 해서(정확한 원인이 뒤따르는 결론이어야 하기에) 우리는 자신 속에 신의 관념, 즉 최고 존재자의 관념을 가지고 있으므로, 어떠한 원인에 의해 이 관념을 가지게 되었는지를 마땅히 조사해 볼 수 있다. 그러면 그 관념 속에서 비길 데 없는 광대함이 발견된다. 따라서 이와 같은 신의 관념은 참으로 온갖 완전성을 여지없이 포괄한 어떤 존재에 의해, 즉 현실로 존재하는 신에 의해 우리 속에 부여되어야 한다고 분명히 확신하게 된다. 왜냐하면 무(無)에서는 아무 것도 생겨나지 않기 때문에, 또한 더 완전한 존재가 덜 완전한 존재로부터 생성되는 일이 현실적으로 없기 때문에, 그뿐만 아니라 우리 내부에 어떤 사물에 대한 관념 또는 영상들이 있는데도 그로 인해 나타난 모든 완전성을 현실로서 품고 있는 어떤 현실적 원형이 우리 속이든 밖이든 아무 데도 존재하지 않는다는 일은 불가능하기 때문에, 현실로 존재하는 신은 자연의 빛에 의해 매우 명백한 존재로 인식되어야 한다. 그런데 우리가 최고의 완전성을 말하는 수많은 관념들은 결코 우리 속에서 단 하나의 영상으로서는 찾아볼 수 없으므로, 우리는 그러한 완전성이 우리와는 다른 어떤 존재, 즉 신 속에 있거나 적어도 전에는 있었다고 생각되는 어떤 존재에 있다고 정당하게 결론지을 수 있다. 또 이 사실에서 그러한 존재의 완전성 자체는 변함없이 신에게 놓여 있다는 사실이 명증적으로 드러난다.

19 비록 우리는 신의 본성을 파악하지 못하더라도, 신의 완전성을 드러내는 갖가지 면모를 다른 모든 사물보다도 명석하게 인식한다

이 일(신의 본성은 잘 모르더라도 신의 완전성은 인식하는 일)은 신의 관념을 자세히 살피고 신의 완전무결함에 주목하는 데 익숙해진 사람들에게는 충분히 확실하고 명백하다. 실제로 우리는 신의 완전성을 모조리 파악할 수는 없지만―왜냐하면 유한한 인간인 우리 자신이 파악하지 못하는 사물의 본성은 무한자(無限者)의 본성에 속하므로―그럼에도 신의 완전성에 대한 갖가지 면모들을 다른 물질적 사물의 완전성보다 훨씬 더 분명하게 이해할 수가 있다. 왜냐하면 신의 완전성은 훨씬 더 폭넓게 우리 정신 세계를 채우며, 게다가 훨씬 더 단순하고 또 어떠한 제한에 의해서도 불분명하게 되어 있지 않기 때문이다.

20 우리는 자기 자신에 의해서가 아니라 신에 의해서 만들어진다. 따라서 신은 존재한다

그런데 누구나가 이 사실(신이 인간을 창조한다는 사실)에 주목하지는 않는다. 어떤 정교한 기계에 대한 관념을 갖고 있는 사람이 어떻게 해서 그 관념을 갖게 되었는지를 알고 있는 것과는 달리, 우리는 언제나 신에 대한 관념을 지녀왔기 때문에 그것이 언제 신으로부터 우리에게 왔는지 기억하지 못한다. 그러므로 신의 완전무결성에 대한 관념을 자신 속에 가지고 있는 우리가 도대체 무엇에 의해 만들어졌는가 더 설명하지 않으면 안 된다. 왜냐하면 실제로 자기보다 무언가 완전한 존재를 알고 있는 자는, 자기 자신에 의해 만들어지지 않고 자연의 빛에 의해 그 존재성이 드러나기 때문이다. 만일 그렇지 않고 자기보다 완전한 존재를 어떤 도움도 없이 스스로 알게 된다면 그는 분명 자기 자신 속의 관념이 나타내는 모든 정교한 완전성을 스스로에게 부여했을 것이다. 그래서 그는 모든 완전성을 자기 자신 속에 갖고 있지 않은 불완전한 존재라는 사실이, 그리고 신이 아닌 어떤 것에 의해서는 만들어질 수 없다는 사실이 자연의 (모든 사물의 불가사의한) 빛에 의해 매우 분명하게 드러난다.

21 우리 존재가 지속한다는 사실만으로 신의 존재를 증명하는 데 충분하다

우리가 시간의 본성, 즉 사물의 지속성에 주의를 돌리기만 한다면 무엇이든 이 본성(사물의 지속 본성)의 명증성을 방해하지는 못한다. 사물의 본성이 지속된다는 사실은, 시간의 여러 부분이 서로 의존하지도 않으며 또 결코 동시에 존재하지도 않음을 뜻한다. 그렇기 때문에 지금 우리가 본성을 지니고 있다는 사실에서, 다음 순간에도 그런 본성을 지니고 있으리라는 사실로 귀결되지는 않는다.

그렇다면 우리의 본성이 지속하기 위해서는 그 어떤 원인, 즉 처음에 우리 본성을 낳은 원인이 마치 우리를 끊임없이 재창조하듯이, 다시 말해 최초의 어떤 완전한 원인이 우리의 본성을 보존해 두었다가 다시 이끌어 내는 식이 아니면 안 된다. 그리고 사실 우리 속에는 우리 스스로를 보존할 만한 힘이 없다. 그래서 어떤 존재가 자신과는 다른 우리를 보존할 만한 힘을 가지고 있다면 물론 그 존재는 자기 자신도 보존할 수 있으며, 오히려 그 어떤 존재는 불변의 완전성을 갖추었기에 무엇에 의해서도 보존될 필요가 없다. 그 어떤 존재를 우리는 신이라 부르며, 이로써 신의 존재성을 우리는 쉽게 이해할 수 있다.

22 신의 존재를 인식하는 방법과 마찬가지로, 자연적 지성의 힘에 의해서도 신의 모든 속성은 인식된다

신에 대한 관념을 통해 신의 존재를 증명하는 이 방식에는 커다란 이점이 있다. 신이란 도대체 무엇인가를, 우리의 미력한 본성에 허용되는 한 인식할 수 있다. 즉 우리가 태어나면서 지니고 있는 신의 관념을 끊임없이 뒤돌아보고 최초의 그 관념을 끊임없이 되새김으로써, 우리는 다음과 같은 관념을 인식하게 된다. 신은 영원하고 전지전능하며 온갖 선(善)과 진리의 원천이고 모든 것의 창조자라는 관념과, 요컨대 어떤 무한한 존재성, 즉 어떠한 불완전성에 의해서도 제한되지 않은 완전성이 존재한다고 우리가 명백히 알 수 있는 모든 관념을 신이 자신 안에 갖고 있음을 말이다.

23 신은 물질이 아니며, 우리처럼 감각하지도 않고, 악의 근원도 아니다

물론 조금이나마 완전성이 인식되는 관념들은 무수히 존재하지만, 이 관념들에는 어떤 불완전성, 즉 한계성도 발견된다. 그래서 그러한 관념은 신에게는 속할 수 없다. 물질적인 본성 속에는 장소의 연장(길이·넓이·깊이)이라는 완전성과 동시에 부분적으로 분리되는 성질(불완전성)도 포함되어 있는데, 부분적 존재의 본성은 불완전성이므로 신의 관념은 분명히 물체의 관념이 아니라고 할 수 있다. 또 우리의 감각은 우리에게 있어서는 하나의 완전성이지만, 모든 감각 속에는 수동성이 있고 수동성은 다른 사물들을 통한 감각(불완전성)이기 때문에 결코 (완전한) 신이 다른 사물을 감각한다고 생각해서는 안 되며, 신은 (감각하지 않고) 다만 이해하고 의지(意志)한다고만 믿어야 한다.

더구나 신은 우리처럼 서로 다른 작용을 통해서가 아니라 유일한, 언제나 동일하고 가장 단순한 능동 행위를 기준으로 모든 것을 동시에 이해한다. 여기서 모든 것이란 모든 실재하는 일들을 말한다. 단지 여기서 죄라는 악은 근원적으로 실재하는 일이 아니기 때문에 신이 이런 악을 뜻하지는 않는다.

24 신을 인식함으로써 피조물에 대한 인식에 이르려면, 신의 무한성과 우리 인간의 유한성을 생각해야 한다

사실 신만이 존재하거나 존재할 수 있는 모든 것의 참된 원인이므로, 만약 우리가 신 자체를 인식함으로써 신에 의해 만들어진 사물에 대한 설명을 이끌어 내는 일에 힘쓰고, 이리하여 가장 완전한 지식, 즉 원인에서 결과에 이르는 지식을 얻는다면 우리는 분명히 가장 좋은 철학적 방법을 따르고 있다고 할 수 있다.

그러나 오류에 빠지는 위험 없이 가장 안전하게 이 일(신에 대한 개념으로부터 가장 훌륭한 철학적 방법을 찾는 일)을 시작하기 위해서는, 신은 모든 것의 무한한 창조자이며 우리는 그야말로 유한한 존재라는 사실을 늘 되풀이해서 늘 상기하도록 유의해야 한다.

25 신에 의해 계시된 사실은, 우리가 이해할 수 없는 부분이 있다 해도 모두 믿어야 한다

따라서 신이 스스로에 대해서 또는 다른 일이나 사물에 대해서 우리의 지성으로 가능한 자연적인 힘을 초월한 것—이를테면 성육신(成肉身, 하느님의 아들 예수가 인간의 몸으로 잉태된 것)이나 삼위일체의 신비가 그렇다—을 우리에게 계시하는 일이 있다면, 그러한 사실들을 비록 명석하게 이해하지는 못하더라도 우리는 그 믿음을 거부하지는 않으리라고 생각한다. 그리고 신의 광대한 본성 속에, 또는 신에 의해 만들어진 사물 속에조차 우리의 이해력을 초월한 진리들이 많이 있는 일에 결코 놀라지 않으리라고 생각한다.

26 무한한 사물의 본성에 대해 결코 논의해서는 안 된다. 그리고 한계가 인식되지 않는 어떤 사물의 본성, 이를테면 세계의 연장, 물질의 가분성, 별의 수 같은 것은 무제한한 사물의 본성으로 간주해야 한다

따라서 우리는 무한한 사물의 본성에 대한 논쟁에는 결코 끼어들지 말기로 하자. 왜냐하면 우리가 유한한 존재인 이상, 무한한 본성에 대해서 무엇인가를 규정하려 애쓰고, 게다가 그 무한한 본성을 이른바 유한한 본성으로 만들어 파악하려고 애쓰는 일은 확실히 불합리하기 때문이다. 그러므로 무한한 선(線)

이 있다면 그 선의 절반도 무한하다고 주장한다든가, 무한대의 수는 짝수인가 홀수인가 묻는 사람들에 대해서 우리는 대답하려는 마음이 일지 않는다. 왜냐하면 자기 정신이 무한하다고 믿고 있는 사람이 아닌 한, 그러한 (무한성의) 문제에 대해서 생각해야 한다고는 여겨지지 않기 때문이다. 그리고 우리는 어떤 관점에 있어서 한계를 찾아낼 수 없는 사항들을 모두 무한하다고 주장할 것이 아니라, 인간 인식의 한계성을 논의해야 한다. 그러므로 우리는 아무리 커다란 연장을 상상할 수 있다 하더라도, 훨씬 더 커다란 연장이 있을 수 있다고(제한할 수 없다고) 생각하므로, 가능한 사물의 크기는 무제한이라 해두기로 하자.

또 어떤 물체를 아무리 많은 부분으로 나눌 수 있다 하더라도, 이 부분들 가운데에서 여러 부분들이 저마다 분할 가능하다고 생각되므로, 양은 무제한으로 나누어질 수 있다고 생각하기도 한다. 그리고 아무리 많은 수의 별들이 우리 머리 위에 그려질 수 있다 하더라도, 그 이상의 많은 별들을 신이 만들 수 있으리라고 우리는 믿고 있으므로, 별의 수도 무제한이라고 생각해 볼 수 있다. 그 밖의 물질들에 대해서도 마찬가지이다.

27 무제한과 무한 사이에는 어떠한 차이가 있는가

이러한 것을 무한이라기보다는 오히려 무제한이라고 말하려는 것은, 무한이라는 명칭은 신을 위해서만 (신의 무한한 능력으로서) 쓰고 싶기 때문이다. 왜냐하면 우리는 단지 신에 있어서만 어떠한 한계도 인식하지 못할 뿐만 아니라, 한계가 없음을 적극적으로 이해하기까지 하기 때문이다. 더욱이 우리는 다른 사물들이 어떤 점에서 한계가 없음을 어느 정도만 이해하여, 즉 그 사물들 속에 무언가 한계가 있을지도 모른다고 생각하여, 그 한계가 우리에게 발견되지 않을 뿐이라고 단지 소극적으로 인정하는 데 불과하기 때문에 이를 무제한이라고 부르는 것이다(우리는 이처럼 사물의 한계를 소극적으로만 이해하기 때문에 신에게 무한성을 부여한다).

28 피조물에 대해서는 목적인(目的因)이 아니라 작용인(作用因)을 검토해야 한다

그래서 우리는 신이나 자연이 자연적 사물들을 만들 때 세운 목적에 따라 모든 사물들이 존재하는 것이라고는 결코 생각하지 않는다. 왜냐하면 우리는 (신이 추구하는 목적의 대상으로서) 신의 계획에 참여하고 있다고 생각할 만큼 자신에 대해 지나치게 자부해서는 안 되기 때문이다.

오히려 신은 만물의 작용인이라고 생각해야 한다. 만일 우리의 감각으로 알 수 있는 신의 작용 결과에 의해 신의 속성—이에 대해서 신은 우리가 얼마쯤 지식을 갖게 되기를 바랐다—에 대한 무엇인가를 결론지어야 한다면, 그것은 신에 의해 우리에게 부여된 자연의 빛이 무엇을 말해 주고 있는가를 살펴보고 결론 내려야 한다. 그러나 이미 설명했듯이 신 자신의 계시에 어긋나지 않을 때에만 이 자연의 빛을 신뢰해야 한다는 점을 기억해야 한다.

29 신은 오류의 원인이 아니다

여기서 고찰되어야 하는 신의 첫째 속성은, 신이 더할 나위 없이 성실하며 모든 빛을 전하는 존재라는 점이다.

따라서 신이 우리를 속인다거나 우리가 저지르는 오류들의 근본적이며 적극적인 원인이라는 것은 순전히 모순이다. 왜냐하면 속일 수 있다는 가능성은 우리 인간의 경우에는 어느 정도 그 속임수의 재질이 입증된다고 생각될지 모르지만, 속이려고 하는 의지는 분명히 악의나 두려움, 나약함에서 나오는 것이므로 속임수는 결코 신에게 귀결될 수 없기 때문이다.

30 따라서 우리가 명석하게 인지하는 사실은 모두 참으로 귀결되며, 앞에 열거된 모든 의심도 제거할 수 있게 된다

그러므로 다음과 같은 사실들이 귀결된다. 즉 자연의 빛, 바꿔 말하면 신이 우리에게 준 인식 능력이 참이 아닌 대상을 포착하는 일은—신이 준 능력에 의해 인식 대상이 포착되는 한, 즉 명석 판명하게 지각되는 한—결코 있을 수 없다. 예컨대 신이 인식 능력을 우리에게 부여할 때 거짓과 참(眞)을 잘못 아는 바르지 못한 능력을 주었다면, 마땅히 신은 기만자라고 불리지 않으면 안 되기 때문이다. 그리하여 혹시 우리는 우리에게 지극히 명증적으로 보이는 것조차 잘못 알도록 타고났는지도 모른다는 극단적 의심의 이유는 사라진다. 그뿐만이 아니라 이전에 열거된 다른 모든 회의의 이유도 이 원리에 의해 쉽게 제거된다. 즉 수학적 진리는 아주 분명하므로, 이미 우리에게 의심스러운 사실이 아니기 때문이다.

또 우리가 감각하는 경우에, 깨어 있건 자고 있건 무엇이 명확한 진리인가에 주의하고, 그것을 혼란스럽고 불분명한 사실로부터 구별한다면, 어떤 사실에 있어서도 무엇을 '참'으로 받아들여야 할 것인지 쉽게 알 수 있다. 그리고 여기에서는 더 이상 이 문제에 대해서 많은 말을 늘어놓을 필요가 없다. 왜냐하면 이미 《형이상학적 성찰》[2]에서 어느 정도 다루어졌으며, 그것들에 대한 더 정확한 설명이 앞으로 여러 번 제시되기 때문이다.

31 우리의 오류가 신과 관계있다면 그것은 단지 무한성이지만 오류가 우리 자신과 관계있다면 그것은 곧 결여(缺如)이다

신이 기만자가 아님에도 우리는 자주 실수를 저지른다. 따라서 우리가 저지르는 오류의 기원과 원인을 탐구하고 오류를 막는 방법을 알아야 하는데, 그러려면 다음과 같은 사항에 조심해야 한다. 즉 오류는 지성보다도 오히려 의지에 의존한다는 것이다. 또 오류는 생겨날 때 신의 실재적 협력을 필요로 하지 않는다는 것이다. 그래서 신과 관련해서 본다면 우리의 오류는 단순한 부정(否定)(무한성, 즉 신의 책임)에 불과하지만, 우리 자신과 관련해서는 결여(우리 능력의 한계성)인 것이다.

32 우리 속에 있는 사고방식은 오직 두 가지, 즉 지성의 지각과 의지(意志)의 활동이다

우리 속에서 경험되는 모든 사고방식은 두 가지 일반적인 종류로 귀착시킬 수 있다. 그 하나는 지각, 즉 지성의 활동이며, 다른 하나는 의욕, 즉 의지의 활동이다. 왜냐하면 감각된다, 상상한다, 순수하게 이해한다는 따위의 작용은 갖가지 지각의 양태일 따름이며, 욕구한다, 기피한다, 긍정한다, 부정한다, 의심한

---

2) 《성찰》의 라틴어 제목은 그 내용에서도 알 수 있는 바와 같이 《제1철학에 대한 성찰》로 되어 있는데, 아리스토텔레스가 '제1철학'이라 부른 내용이 나중에는 '형이상학'이라 불리게 되었으므로, '형이상학적 성찰'이나 '제1철학에 대한 성찰'이라는 표현은 같은 의미이다. 실제로 《성찰》의 프랑스어 번역본 제목은 이렇게 되어 있다.

다는 등의 작용은 갖가지 의욕의 양태이기 때문이다.

33 충분히 지각되지 않는 것들에 대해 판단을 내리지 않는다면, 우리는 오류를 저지르지 않는다

우리가 무엇인가를 지각할 때 그 대상에 대해서 명백하게 긍정이나 부정을 하지 않는다면, 우리는 분명히 실수하지 않는다. 또 긍정이나 부정을 하더라도 이와 같이 한다면 실수하는 일은 없으며, 무엇을 올바르게 알고 있지도 않은데 그것에 대해 판단을 내릴 때에만 (흔히 있는 일이지만) 우리는 오류에 빠진다.

34 판단하기 위해서는 지성뿐만 아니라 의지도 필요하다

어떠한 지식도 가지고 있지 않은 일에 대해서는 어떠한 판단도 제대로 내릴 수가 없기 때문에, 판단을 위해서는 물론 지성이 필요하다. 그러나 어떤 방식으로 알려진 것에 대해 동의하기 위해서는 의지 또한 필요하다. 그런데 (어떻게든 판단만을 하기 위해서라면) 반드시 사물에 대한 완전무결한 지식이 필요한 것은 아니다. 왜냐하면 우리는 불분명하게 혼란된 형태로밖에 인식되지 않은 많은 것들에 대해서도 의지 작용에 따라 참이라고 판단하기도 하기 때문이다.

35 의지는 지성보다 활동 범위가 넓으며, 바로 여기에 오류의 원인이 있다

실제로 지성에 의한 지각은 지성 앞에 드러나는 제한된 사물에만 미치며, 언제나 매우 한정되어 있다. 이와 반대로 의지는 어떤 의미에서 무한하다고 할 수 있다. 왜냐하면 우리 인간의 의지 말고도 어떤 의지, 또는 신(神)에게 존재하는 광대한 의지가 대상으로 가질 수 있는 사물, 그리고 우리의 의지가 아직 영향을 미치지 않은 사물, 그러한 사물은 지성적으로는 지각될 수 없으나 의지에 의해서는 그런 사물에 다다를 수 있기 때문이다. 따라서 우리는 명석하게 지각되는 사물을 초월하여 어떤 의지에 이르기 쉬운데, 이렇게 된다면 실수할 처지에 빠져도 전혀 이상하지 않다고 하겠다.

36 우리 자신의 오류에 대한 책임을 신에게 지울 수는 없다

그러나 신이 우리에게 전지전능한 지성을 주지 않았다고 해서 신을 우리로 하여금 오류를 저지르게 한 주체라고 생각해서는 절대로 안 된다. 왜냐하면 유한성은 창조된 (인간의) 지성이 유한함을 말해 주는 것으로, 모든 사물의 끝에 스스로 다다르지 않는다는 것은 지성적 유한성의 본질에 속하는 일이기 때문이다.

37 자유로운 행위 즉 의지에 의한 행위는 인간의 최고 완전성을 드러내며, 이에 의해서만 인간은 칭찬 또는 비난을 받을 수 있다

의지의 활동 범위가 아주 넓다는 것은 의지의 본성에 속한다. 그리고 인간이 의지에 의하여, 즉 자유로이 행동하고 따라서 어떤 특수한 의미에서는 스스로 자기 행위의 주체가 되며, 또한 이러한 행위로 말미암아 칭송을 받게 되는 그러한 인간의 의지는 인간의 이른바 최고 완전성을 드러낸다.

사실 자동기계는 처음에 설정된 목적에 맞는 운동을 모두 정확하게 수행해 냈다고 해서 칭찬받지 않는데, 그 이유는 이 기계가 그러한 운동을 필연적으로 수행하게 되어 있기 때문이다. 반면에 자동기계의 제작자는 이토록 정확한 기계를 만들었다고 해서 칭찬을 받는다. 그가 이 기계를 필연적으로가 아니라 자유의지에 따라 만들었기 때문이다. 마찬가지로 우리가 진리를 발견할 때도, 어쩔 수 없이 (필연적으로) 발견하는 경우보다는 의지에 따라 (자유로이) 행한 뒤에 발견하는 경우에 훨씬 더 많은 공로가 돌려져야 함이 마땅하다.

38 우리의 실수는 우리의 행위상 결함이지 우리의 본성이 지닌 결함은 아니다. 또 하인의 잘못을 주인에게 돌릴 수는 있으나, 신에게는 절대로 돌릴 수 없다

우리가 오류를 범하는 일은 우리 행위에 있어서 자유의지의 사용으로 인한 결함이지, 우리 본성으로 인한 결함은 아니다. 인간은 그릇된 판단을 할 수 있듯이 올바른 판단을 할 수 있는 본성 또한 지녔기 때문이다. 그리고 비록 신이 우리의 지성에 크고 많은 명민성을 부여하여, 우리가 결코 실수하지 않게 할 수 있었다고 해도, 우리에게는 그 완전한 능력을 신에게 요구할 수 있는 아무런 권리도 없다.

또 우리 인간들 사이에서 만약 누군가가 어떤 나쁜 짓을 저지할 권리를 가지고 있으면서도 막지 않고 있다면 그를 그 악행의 원인이라 불러도 좋지만, 이와 마찬가지로 해석하여 신은 우리를 절대로 실수하지 않도록 만들 수도 있었다고 하면서 신을 우리 인간이 저지르는 오류의 원인이라고 생각해서는 안 된다. 즉 어떤 사람들이 다른 사람들에 대해서 갖는 지배력은, 다른 사람들을 악에서 되돌리기 위해 사용한다는 목적으로 설정되어 있는 데 반해서, 신이 모든 인간에 대해 가지는 지배력은 더할 나위 없이 절대적이며(특별히 인간을 목적의 대상으로 하지도 않으며) 자유롭다. 따라서 우리는 신이 우리에게 부여한 선(善)에 대해서 신에게 깊은 감사를 바칠 의무는 있을지언정, 신이 내리실 수도 있었다고 여겨지는 모든 것을 베풀어 주지 않았다고 하면서 불평할 수 있는 아무런 권리도 없다.

39 의지의 자유는 자명하다

그러나 우리의 의지에는 자유가 주어져 있으며, 우리가 하는 수많은 행위들을 통해 자기 의지대로 동의할 수도 동의하지 않을 수도 있다는 사실은 지극히 명백하므로, 이러한 자유의지는 우리 인간에게 주어진 최초의 가장 공통적인 개념 속에 포함시켜야 한다.

그리고 이것(의지의 자유는 인간이 태어나면서부터 공통적으로 가지고 있다는 사실)이 가장 명백해진 것은, 조금 전에 우리가 모든 사물의 본성을 의심하려고 꾀했을 때였다. 매우 유능한 어떤 우리의 창조자(신)가, 모든 방법으로 우리를 속이려 한다고 가정하고 신을 의심하려 했을 때였다. 그때 우리는 완전히 규명되어 있지 않아 아직 불확실한 사물의 본성에 대해 의문을 던질 수 있는 자유가 우리에게 있음을 경험했다. 왜냐하면 그렇게까지 크게 의심해 볼 때에, 의심하지 않은 나머지 사실들이야말로 가장 분명한 사실이 되기 때문이다.

40 모든 사물의 본성은 신에 의해서 예정되어 있다

이미 우리는 신을 알고, 신에게는 헤아릴 수 없이 커다란 힘이 있음을 인식하기에 이르렀다. 따라서 무언가 신에 의해 예정되어 있지 않았던 행위를 우리가 할 수도 있다고 생각하는 것조차 죄악이라고 여기게 되었다.

그러므로 이토록 광대한 힘을 지닌 신에 의한 예정(豫定)을 우리 자유의지와 조화시켜 이 둘(신의 예정과 우리의 의지 또는 의심)을 동시에 파악하려고 노력한 다면, 우리는 곧 커다란 혼란에 빠지게 될지도 모른다.

41 어떻게 우리의 자유의지와 신의 예정이 서로 조화될 수 있는가

그러나 우리가 다음과 같은 사실을 상기한다면 곧 이 혼란으로부터 벗어날 수 있게 된다. 즉 우리 정신은 유한하지만 신의 능력—이 무한한 능력에 의해 신은 존재하는 모든 것과 존재할 수 있는 모든 것을 영원히 지금까지 예지하고 있었을 뿐만 아니라, 뜻하고 또 예정하고도 있었다—은 무한하다. 그 때문에 우리는 그 (무한한) 능력이 신에게 있다는 사실을 명확하게 알 수 있는 정도의 능력을 가지고는 있지만, 왜 신이 인간 행위를 결정지어 주지 않은 채 자유의지 를 남겨두고 있는가를 아는 데까지는 신의 능력을 충분히 파악하고 있지는 못 하다.

그런데 인간에게 있는 비결정(非決定 : 결정을 내리지 않는 일)의 자유에 대해 서는 사정이 다르다. 이런 자유로운 비결정에 대해서 인간은 똑똑히, 이보다 더 명확하고 완전하게 파악할 수는 없을 정도로 의식하고 있다. 사실 그 본성상 우리 인간으로서는 이해하기가 불가능하다고 알고 있는 하나의 사항(신이 인간 의 의지를 결정해 주지 않은 채 자유롭게 남겨둔 이유)을 우리가 파악하지 않는다 고 해서, 우리가 마음속에서 파악하고 있고 우리 자신 속에서 경험하는 다른 사항(인간이 비결정의 자유를 갖는다는 사실)들까지 의심한다면 불합리하다.

42 오류를 저지르지 않으려 해도 우리 의지에 의해 실수하는 이유는 무엇인가

모든 오류가 의지에서 비롯된다는 것을 안다면, 우리가 실수를 저지른다는 사실이 이상할지 모른다. 일부러 실수하기를 바라는 사람은 없으리라고 생각되 기 때문이다. 그러나 실수하기를 바라는 것과 오류가 발견될지도 모르는 사항 을 오류가 없다고 잘못 판단하여 동의하려는 것과는 전혀 다르다.

사실 일부러 실수하고 싶어 하는 사람은 없다고 하지만, 본인이 눈치채지 못 하는 오류가 몰래 숨어 있을 경우에는 그러한 오류에 흔히 동의하기 마련이다. 아니, 그렇기는커녕 어떤 사람들은 진리를 추구하려는 욕구 자체 때문에 진리를 어떻게 추구해야 하는가를 잘 모르는 상황에서도 판단을 내리게 되고, 이리하여 이따금 오류에 빠진다.

43 분명하게 알려진 사실에만 동의한다면 우리는 결코 실수하는 일이 없다

그러나 우리가 분명하게 알고 있는 사실에만 동의하기로 마음먹는다면, 가짜를 참이라고 인정하는 일은 결코 없다. 이렇게 확실히 말하는 이유는, 신은 인간을 기만하지 않기 때문에 신에 의해 우리에게 주어진 인지 능력이 가짜로 향하는 일은 있을 수 없으며, 또 명석하게 알려져 있는 사실이라면 그 사실에 대한 우리의 판단이나 동의 능력도 실수하는 일이 있을 수 없기 때문이다. 그리고 이런 사실은 완전히 증명되어 있지 않더라도 모든 사람의 마음에 선천적으로 깊이 새겨져 있으므로, 우리는 무엇인가를 분명하게 알 때마다 스스로이 인식에 동의하며, 이 인식이 참임을 의심하지 않게 된다.

44 분명하게 알려져 있지 않은 사실에 동의할 때에는, 그와 관련해 우연히 진리에 부딪치는 일이 있더라도 그 진리는 언제나 부당하다. 그리고 이런 일은 실제로 분명하게 알려져 있지 않은 사실을 우리가 이전에 충분히 확인한 진리로서 받아들였기 때문에 생긴다

우리가 잘 알지 못하는 어떤 이유에 동의할 때에, 우리는 실수하기도 하고 다만 우연히 진리에 부딪치기도 한다. 그래서 우리의 판단이 옳다는 사실을 모르고 지나치는 일조차 확실히 있다. 그러나 우리가 스스로 모르고 있는 사항에 동의하는 일은 아주 드물게 일어날 뿐이다. 왜냐하면 인식된 사실에 대해서가 아니면 결코 판단해서는 안 된다고 자연의 빛이 우리에게 가르치고 있기 때문이다. 하지만 우리는 많은 사실들을 이전에 우리가 인식한 적이 있는 것이라 믿고, 실제로는 결코 알고 있지 못하면서도 기억에 의지하여 마치 완전히 인식하고 있는 것처럼 동의하기 쉬우며, 이 때문에 자주 오류에 빠지게 된다.

45 명석한 지각이란 무엇이며 판명한 지각이란 무엇인가

물론 많은 사람들이 확실한 판단을 내릴 만큼 충분히 지각하며 살아가지는 못한다. 왜냐하면 확실하고 의심의 여지가 없는 판단을 뒷받침해 주는 지각에는 단지 명석성뿐만 아니라 판명성도 필요하기 때문이다.

나는 집중하고 있는 정신 앞에 명석하게 드러나 있는 지각을 명석한 지각이라고 부른다. 마치 직관하고 있는 눈앞에 나타나는 경우에만, 그리고 충분히 강하고 뚜렷이 눈을 자극하는 경우에만 명석한 지각이라고 본다는 것이다. 그리고 판명한 지각이란 명석한 동시에 다른 사물들로부터 판단에 의해 분리되고, 스스로의 내부에서 매우 엄격히 구별되어 판단된 명석성 이외의 아무것도 포함하지 않는 그러한 지각이다.

46 고통의 실례에서 볼 수 있듯이, 지각은 판명하지 않더라도 명석할 수 있지만 반대로 명석하지 않으면 판명할 수 없다

누군가가 심한 통증을 느끼고 있을 때 과연 그 사람이 내부에서 고통을 지각한다면 아주 명석(눈앞에 드러나는 지각적 분명성)하지만, 언제나 판명(판단에 의한 분명성)하다고는 할 수 없다. 사람은 대부분 (명석하게) 지각되는 이 고통을, 고통의 본성에 대해서 내리는 불분명한 판단과 혼동하기 때문이다. 즉 그들이 명석하게 지각하는 감각은 단지 고통의 감각뿐인데도, 이 고통의 감각과 유사한 어떤 감각이 아픈 부분에 달리 존재하고 있다고 상상한다. 이와 같이 지각은 판명하지 않더라도 명석할 수 있지만(즉 지각되지만), 반대로 명석하지 않으면(분명히 육체적으로 지각되지 않으면) 어떠한 지각도 판명할 수 없다.

47 어렸을 때의 선입견을 고치기 위해서는 모든 단순 관념을 고찰해야 하며, 그 관념들에서 무엇이 명석한가를 고찰해야 한다

사실 어렸을 때의 정신은 신체에 완전히 몰입해 있었으므로, 많은 사물들을 명석하게 지각했더라도 무엇 하나 판명하게 지각하지는 못했다. 그럼에도 어린 시절부터 많은 사물들에 대해서 판단해 왔으므로, 우리는 이렇게도 많은 선입견을 몸에 지니기에 이르렀다. 그래서 나중에 가서도 대부분의 사람들이 그러한 선입견에서 벗어날 수 있도록 하기 위해서, 나는 우리 사고를 구성하는 단순 개념들을 모두 하나하나 말해 보기로 한다. 그리고 이 개념들 하나하나에 있어 무엇이 명석하고 무엇이 명석하지 못한가, 즉 무엇이 우리를 감각적으로 직접 가르칠 수 있는가를 구별해 보도록 하겠다.

48 모름지기 우리가 지각할 내용이 되는 대상은, 사물이나 사물의 상태·성질, 영원한 진리 가운데 그 어느 하나로 간주된다

우리가 지각할 내용이 되는 모든 대상물은 사물이든가, 사물의 상태·성질, 또는 우리의 사유 안에서 존재하는 영원한 진리, 이 가운데 어느 것이라고 생각한다. 사물이라 여겨지는 속성들 중에서 가장 보편적인 것은 '실체', '지속', '순서', '수' 등 이러한 요소들로서, 온갖 종류의 사물에 관련된 성질들이다. 그러나 나는 사물의 종류를 포괄적으로 다룰 때 다음 두 가지밖에 인정하지 않는다.

하나는 지성적 사물로서 사유적 사물의 부류, 바꿔 말하면 정신, 즉 생각하는 실체로서의 사물 부류이다. 다른 하나는 물질적 사물 부류, 바꿔 말해서 연장을 갖는 실체, 즉 물체에 속하는 사물의 부류이다. 그래서 사물의 가장 높은 단계는 지각과 의지, 그리고 지각과 의지의 온갖 양태(樣態)들이며, 이들 모두가 생각하는 실체에 귀속된다고 할 수 있다. 이에 비해서 연장(물질의 공간성)을 가진 실체에 귀속되는 양태들은 크기, 즉 길이·넓이·깊이에 있어서의 연장과, 모양·운동·위치, 그리고 여러 부분의 가분성(可分性) 등이다.

하지만 우리는 단지 정신에만 귀착시켜서도 안 되며 또 단지 물체에만 귀착시켜서도 안 되는 어떤 종류의 지각 내용을 우리 자신에게서 경험하는데, 이 경험들(정신과 육체 모두에 속하는 인식)은 나중에 설명하게 되겠지만, 우리의 정신과 외부 물체와의 밀접한 내적인 합일(일치)에서 오는 것이다. (첫째로) 굶주림이나 목마름 등의 욕구가 그렇다. 이어 (둘째로) 감정, 즉 마음의 움직임인데, 이것은 단지 생각하고 판단하는 등의 사유 활동만으로 이루어지지는 않는다. 이를테면 노여움이나 기쁨, 슬픔, 사랑 등의 감정이 그렇다. 그리고 마지막으로(셋째로) 온갖 감각, 이를테면 기쁨과 고통, 빛과 색깔, 소리·향기·맛·열·굳기, 그밖에 촉각적 성질의 감각 등이 그렇다.

49 영원한 진리는 하나하나 들어서 말할 수 없으며, 또 그럴 필요도 없다

이러한 모든 속성을 사물 또는 사물의 성질이나 양태라고 말한다. 그런데 무(無)에서 무엇인가 생기는 일은 있을 수 없다고 우리가 인정하는 경우에, '무에서는 아무것도 생기지 않는다'는 명제에 있어서 사물은 존재하는 것이나 존재하는 것의 양태로 생각될 수 없으며, 우리 정신 속에 자리잡고 있는 어떤 영원한 진리라고 생각된다. 이것은 공통 개념이나 공리(公理, 인식이나 추리의 기본이 되는 명제. 즉 더 이상 증명을 필요로 하지 않는 명제)라 불리는 진리이다.

이런 부류의 기초적 명제로는 '어떤 사물이 존재하는 동시에 존재하지 않는 다는 것은 불가능하다'든가, '한 번이라도 일어난 행위는 일어나지 않은 행위가 될 수는 없다'라든가, '생각하는 자는 생각하고 있는 동안은 존재하지 않을 수 없다' 등등이 있다. 그 밖에도 공리는 무수히 있어서 하나하나 들기는 쉽지 않지만 언젠가 우리가 그런 공리들에 대해서 생각할 기회가 생기고, 더구나 그런 경우에 우리가 어떤 선입견에 의하여 맹목적이 되어 있지만 않다면 그 공리들은 반드시 세상에 알려지게 되어 있다.

50 그러한 진리(공리)는 명석하게 알 수 있으나, 선입견 때문에 누구나 다 명석하게 알 수 있는 것은 아니다

확실히 이러한 공통 관념을 명석하고 판명하게 알 수 있다. 왜냐하면 만일 그렇게 명석 판명한 게 아니라면 공통 관념이라고는 말할 수 없기 때문이다. 하지만 또 그 공통 관념(기초적 진리)들 가운데 어떤 것은 모든 사람들에게 똑같이 알려져 있지는 않기 때문에, 분명 모든 사람들이 똑같이 공통 개념으로서 가치 있는 것으로 받아들이지는 않는다.

그러나 내가 생각건대 그렇게 다른 이유는 어떤 사람의 인식 능력이 다른 사람의 인식 능력보다 넓은 범위에 이르러 있기 때문이 아니라, 아마도 그러한 공통 개념들이 사람들의 선입견과 충돌하여 어떤 사람들은 그 공통 개념들을 쉽게 파악하지 못하는 반면, 선입견에서 자유로워진 사람들은 매우 명확하게 그 기초적 개념들을 받아들이기 때문이라고 하겠다.

51 실체(實體)란 무엇인가. 그 이름은 신과 피조물에게 같은 의미로 적용할 수 없다

사물이나 사물의 양태로 간주되는 요소들은 저마다 따로 떼어 고찰할 필요가 있다. '실체'라는 말로 우리가 의미하는 바는, 존재하기 위해서는 무엇보다도 실체가 반드시 필요하다는 식일 따름이다. 그리고 사실 전적으로 아무것도 필요로 하지 않는 실체에 대해서는 단지 한 가지 존재, 즉 신(神)밖에는 떠올릴 수가 없다. 또한 신을 제외한 다른 모든 실체는, 신의 도움을 얻지 못하면 존재할 수 없음도 우리는 알고 있다. 따라서 실체라는 이름은 신과 신의 피조물에게 —학원(스콜라 철학)에서 흔히 쓰이는 표현법에 따르면─'동일한 의미'로 적용할 수 없다. 바꿔 말해서 아무런 인식의 차이 없이 신과 피조물에 대해 공통으로 그러한 실체라는 이름을 붙인다면, 그 실체라는 의미는 명확하게 이해될 수가 없다.

52 실체라는 이름은 정신과 물체에 같은 의미로 적용된다. 그렇다면 실체는 어떻게 해서 알려지는가

그런데 물체적 실체와 정신(즉 사유하는 실체)은 모두 다 피조물적 실체라는 공통 개념 아래 고찰할 수 있다. 피조물들은 존재하기 위해서 신의 도움밖에 필요로 하지 않기 때문이다. 그러나 실체는 존재한다는 사실만으로 쉽게 인식되어지는 것은 아니다. 단지 존재한다는 사실만으로는 우리의 의식을 불러일으키지 못하기 때문이다. 오히려 우리는 '무(無)는 아무런 속성도 아무런 특성이나 성질도 가지고 있지 않다'는 공통 개념에 따라 실체가 지닌 어떤 속성으로부터 그 실체를 쉽게 인식한다. 왜냐하면 어떤 속성이 현존해 있다는 것을 지각하면, 우리는 그 속성을 귀속시킬 수 있는 어떤 실재 사물 또는 실체 역시 필연적으로 현존해 있음이 틀림없다고 결론 내리기 때문이다.

53 실체에는 저마다 한 가지 주요 속성이 있는데, 정신에는 사유, 물체에는 연장이 있다

확실히 실체는 어떠한 속성으로든 인식되지만 저마다 실체에는 한 가지씩 주요한 고유성이 있어, 이것이 바로 그 실체의 본성 및 본질을 구성하며 다른 고유성들은 모두 이것(주된 고유성)에 귀속되어진다. 즉 길이·넓이·깊이 등 연장 속성이 물체적 실체의 본성을 구성하고, 사유는 사유하는 실체의 본성을 구성한다. 그도 그럴 것이 물체에 속할 수 있는 다른 모든 고유성들은 연장을 전제로 함으로써 연장되는 물체의 어떤 양태에 불과하며, 마찬가지로 정신 속에서 발견되는 다른 모든 고유성들은 갖가지 사유 양태에 불과하기 때문이다. 그래서 예컨대 형태는 연장을 갖는 사물을 통해서가 아니면 이해될 수 없으며, 운동은 연장을 갖는 공간 속에서가 아니면 이해될 수 없다. 또 상상이나 감각 및 의지 따위는 사유를 통해서가 아니면 이해될 수 없다. 그러나 (운동은 연장된 속성, 즉 공간 없이 이해될 수 없지만) 반대로 연장은 움직임 없이도 이해될 수 있으며, 마찬가지로 사유는 상상이나 감각을 통하지 않고서도 이해될 수 있다. 다른 경우에 있어서도 마찬가지여서, 이것은 주의 깊은 사람이라면 누구나 뚜렷이 알 수 있다.

54 어떻게 하면 우리는 사유하는 실체와 물체적 실체에 대해서, 나아가 신에 대해서 명석하고 판명한 개념을 가질 수 있는가

이와 같이 우리가 사유의 모든 속성을 그 연장 속성과 엄밀히 구별한다면 두 가지 명석 판명한 개념, 즉 두 가지 관념을 쉽게 가질 수 있다. 그 하나는 사유적 피조물의 실체 관념이며, 또 하나는 물체적 피조물의 실체 관념이다. 그리고 창조된 것이 아닌 독립적 사유 실체, 즉 신에 대해서도 명석하고 판명한 관념을 가질 수 있다. 그러나 그것('독립된 완전한 실체'라는, 신에 대한 관념)은 신에 대한 관념이 신 속에 있는 모든 진리성을 충분히 나타내고 있다는 전제에 따른 것이다. 또 적어도 지어낸 진리성을 신의 관념 속에 포함시키지 않고, 참으로 신의 관념 속에 포함되어 있는 것과 가장 완전한 존재자의 본성에 속한다고 명증적으로 알려져 있는 것에만 주의를 기울이는 경우에 한해서 신은 비창조적이며 독립적이다. 그리고 확실히 인간의 정신 속에 신에 대한 지식이 전혀 없다고 믿는 사람이 아니라면, 그러한 신에 대한 관념이 우리 속에 있음을 아무도 부정할 수 없다.

55 어떻게 하면 지속성, 순서, 수(數)에 대해서도 명확히 이해할 수 있는가

'지속성'이나 '순서', '수'에 대해서도 우리가 명확하게 이해하기 위해서는 그런 사실들에 대해 실체의 개념을 강요하지 말고, 각 사물의 지속성이란 바로 그 사물이 계속 존재하는 한 우리가 그 사물을 생각하면서 그 사물에 부여하는 단순한 양태에 불과하다고 생각하자. 마찬가지로 순서나 수도, 순서대로 나열된 사물이나 수로 헤아려지는 사물과는 다른 그 무엇이 아니라, 그러한 사물을 고찰하기 위한 단순한 양태에 불과하다고 생각해야 한다.

56 양태·성질·속성이란 무엇인가

확실히 여기에서 우리가 '양태'라고 할 때 이 말이 뜻하는 바는, 다른 대목에서 '속성' 또는 '성질'이라는 말이 의미하는 바와 똑같다. 그러나 이런 속성이나 성질들이 실체에 영향을 주든가 변화를 준다고 생각되는 경우에는 '양태'라 부르고, 또 이 변화의 결과로서 실체를 이러이러하다고 부를 수 있다고 생각되는 경우에는 '성질'이라 불리며, 더욱 일반적으로 그 성질들이 단지 실체에 내재해 있어 더 이상 변화를 겪지 않는다고 생각되는 경우에 '속성'이라 부른다. 따라서 신에 있어서는 어떠한 변화도 생각될 수 없으므로, 우리는 신 속에는 본디 양태나 성질이 없고 다만 속성이 있을 뿐이라고 한다. 그리고 피조물에 있어서도 이를테면 존재하는 사물을 우리가 지속적으로 인식하는 한, 그 피조물 속에 다양한 양태들로서 존재하지 않는 어떤 하나의 고유성은 성질 또는 양태라 불러서는 안 되며 속성이라 불러야 한다.

57 어떤 속성은 사물 속에 있고 어떤 속성은 사유 속에 있다. 그렇다면 지속성과 시간이란 무엇인가

속성이나 양태라 불리는 것들 가운데 어떤 것은 사물 자체 속에, 어떤 것은 단지 우리의 사유 속에만 있다. 이를테면 시간을 우리가 일반적인 의미에서의 지속과 구별하여 운동의 수(數)(이를테면 시계의 눈금 수)로서 표현할 때, 이런 의미에서의 시간은 단지 사유 양태에 지나지 않는다. 왜냐하면 분명 우리는 운동에 있어서의 지속이, 운동하지 않고 정지해 있는 사물의 지속과 다르다고는 생각하지 않기 때문이다. 만일 두 물체가 한 시간 동안 한쪽은 빨리 다른 한쪽은 느리게 운동한다고 할 때 빠른 한쪽에서는 훨씬 많은 운동량이 측정되겠지만, 거기(정해진 한 시간 동안의 운동)에서 다른 한쪽보다 많은 시간이 아닌 똑같은 시간이 주어진다는 일로써도 명백하다. 그러나 모든 사물의 지속성을 측정하기 위하여 우리는 그 지속을 해(年)나 날(日)의 원인이 되는 가장 크고 가장 규칙적인 운동(태양의 운동)의 지속성과 비교한다. 그래서 이 지속성을 시간이라 부른다. 시간이라 불리는 수의 개념은 일반적인 의미로서의 지속성에 대한 사유 양태일 뿐이다.

58 수(數)와 모든 보편자(보편적 개념)는 다만 사유 양태에 불과하다

마찬가지로 수 또한 어떤 피조물에 있어서가 아니라 다만 추상적이거나 일반적으로 고찰될 때에는 사유 양태에 불과하다. 우리가 '보편자(보편적 개념)'라고 부르는 다른 모든 사실들도 사유 양태에 속한다고 할 수 있다.

59 보편자는 왜 생기는가. 일반적인 다섯 가지 보편자, 즉 유(類)·종(種)·종차(種差)·고유성·우연성이란 무엇인가

그러한 보편자(보편적 개념)들은 서로 유사한 개개의 사물을 생각하기 위해 우리가 동일한 공통 관념을 적용하려 할 때만 사용한다. 따라서 우리는 어떤 동일한 공통 관념에 의해 표현되는 사물을 동일한 이름으로 부르며, 이 이름은 역시 보편적인 개념을 포함한다. 이를테면 두 개의 돌을 보고서 그 본성에는 주의하지 않고 돌이 두 개 있다는 데에만 주의를 돌릴 때, 우리는 둘이라 불리는 수의 관념을 형성한다. 그리고 나중에 두 마리의 새 또는 두 그루의 나무를 보면서 그것들의 본성을 고려하지 않고 두 개가 있다는 사실만을 고려한다면 우리는 이전에 형성했던 그 관념을 다시 떠올리게 되는데, 바로 그 때문에 이 관념은 보편적이다. 따라서 우리는 이 수를 '둘' 또는 '2'라는 보편적인 이름으로 부른다.

이런 식으로 세 개의 선에 의해 둘러싸인 도형을 고찰할 때, 우리는 그 도형에 대해 어떤 관념을 형성하고 이것을 삼각형의 관념이라 부른다. 그리고 그 뒤에 이 관념을, 세 개의 선으로 둘러싸인 다른 형태의 모든 도형(삼각형)들을 우리 마음에 나타내기 위한 보편적인 관념으로 사용한다. 또 삼각형 가운데에는 직각을 갖는 삼각형과 갖지 않는 삼각형이 있음을 알아채면 우리는 직각삼각형이라는 보편적인 관념을 형성하여, 앞서 말한 좀 더 보편적인 (수적) 관념과의 관계에 의해 '종'이라 부른다. 그리고 직각(90도)을 갖는다는 차이가 모든 직각삼각형을 다른 삼각형과 구별하는 보편적인 '종차'이다. 또 직각삼각형에 있어서는 빗변의 제곱이 다른 두 변의 제곱의 합과 같은데, 이것은 모든 직각삼각형에, 더구나 직각삼각형에만 적용되는 '고유성'이다. 끝으로 이와 같은 삼각형 가운데 어떤 삼각형은 움직이는 본성(어떤 근거에 의해 변할 수도 있는 속성)이 있으며 어떤 것은 움직이지 않는 본성이 있다고 한다면, 움직이는 본성은 이러한 삼각형에 있어 보편적인 '우연성'(특정 삼각형뿐만 아니라 모든 삼각형)인 셈이 된다. 이런 식으로 해서 보통 다섯 가지 보편자(보편적 개념)가 헤아려진다. 즉 '유' '종' '종차' '고유성' '우연성'이다.

60 모든 구별에 대한 설명. 실재적 구별에 대해서

그런데 수(數)는 사물 자체의 내적 본성을 구별하여 사물의 같은 종류를 셀 때 생기며, 이 '구별'에는 세 가지가 있다. 즉 '실재적 구별'과 '양태적 구별', '관념적 구별'이다.

'실재적 구별'은 본디 둘 또는 그 이상의 실체 사이에만 존재한다. 그리고 이 실체들이 서로 실재적으로 구별되는지를 알려면, 우리가 어느 한쪽을 다른 한쪽 없이도 명석하고 판명하게 이해할 수 있을 때 충분한 구별이 가능하다. 왜냐하면 우리가 명확하게 이해하고 있는 사물이라면 무엇이든, 신이 그 사물을 개별적으로 존재하게 할 수 있으리라 확신하기 때문이다. 이를테면 우리는 연장 속성을 갖는 물체적 실체에 대한 관념을 갖고 있기 때문에, 비록 그와 같은 실체의 실재 여부가 (관념과는 달리) 아직 확실하지 않을지라도 최소한 그 실체가 존재할 가능성은 있다고 확신한다. 또 그 실체가 존재하는 경우에는, 우리의 사유에 의해 한정된 그 실체의 모든 부분들을 다른 부분들과 실체적으로 구별(길이, 깊이, 모양 등)할 수 있다. 마찬가지로 각자가 자기는 사유하는 실체임을 이해하고 있을 경우에, 그는 자신에게 속한 사유하는 실체나 물체의 연장 속성을 가진 실체가 모두 자기 자신으로부터 사유에 의해 배제될 수 있음을 인지한다.

이렇게 인지된 실체는 모든 사유하는 실체로부터나 온갖 물체적 실체로부터 실재적으로 구별된다. 그리고 비록 신이 그러한 사유하는 실체에 어떤 물체적 실체를 가장 밀접하게 결부시켜, 그 두 가지 실체의 합으로써 무언가 한 가지 존재(인간)를 만들어 냈으리라고 상상해 보아도, 그러한 합체된 실체는 여전히 실재적으로 구별(정신과 신체의 구별)된다. 왜냐하면 신이 그러한 두 실체를 아무리 밀접하게 합일시켰더라도 이전에 그 둘을 분리하고 있던 힘이나, 한쪽이 다른 쪽 없이 독립적으로 존재하는 동안 가지고 있었던 힘을 둘 다 포기해 버린다는 일은 있을 수 없기 때문이다. 신에 의해 분리되어 따로따로 존재할 수 있는 실체(정신과 신체, 즉 사유 실체와 물체적 실체)들은 실재적으로 이미 구별되어 존재한다.

61 양태적 구별에 대해서

'양태적 구별'에는 두 가지가 있다. 하나는 본디 의미에서의 (관념적) 양태와 실체 속에서의 양태들의 구별, 또 하나는 하나의 실체 속에 있는 두 가지 양태의 구별이다. 첫 번째 구별을 우리는 다음 같은 경우에 알게 된다. 실체 속의 양태는 본디 가지고 있던 (관념적) 양태와 달라도 그 양태를 명확하게 지각할 수 있으나, 반대로 실체 없이는 이 (관념적) 양태들을 이해하지 못한다는 점에서이다. 이를테면 형태나 운동은 이들이 내재해 있는 물체적 실체에 의해 실체 속에서 구별되며, 또 긍정이나 기억은 정신에 의해 정신 속에서 양태적으로 구별될 경우가 그렇다. 나중(정신 속에서 긍정이나 기억이 구별되는 쪽) 구별을 알게 되는 경우는, 우리가 한쪽 양태를 다른 한쪽 양태 없이 인식할 수는 있으나, 어느 양태이든 그것들이 내재해 있는 실체 없이는 인지할 수 없다는 점에서이다. 이를테면 돌이 어떤 원인에 의해 움직이고 있고 또 네모난 것이라고 할 때, 그 돌의 네모난 모양은 움직임과 관계 없이도 이해할 수 있으며, 또 반대로 그 돌의 움직임은 네모난 모양 없이 이해할 수 있다. 그러나 운동이든 모양이든 역시 돌이라는 실체 없이는 이해할 수 없다.

한 실체의 양태를 다른 실체나 다른 실체의 양태와 구별하는 경우, 이를테면 한 물체의 운동성이 다른 물체의 정신성과 다른 경우의 구별, 그리고 한 물체의 운동성이 (정신의) 지속성과 다른 경우의 구별 등은, 양태적 구별이라기보다는 오히려 실재적 구별이라 해야 한다고 여겨진다. 왜냐하면 이러한 양태적 구별들은, 실체를 양태로 가지고서 저마다 실재적으로 구별되지 않고는 명석하게 이해될 수 없기 때문이다.

62 관념적 구별에 대해서

끝으로 '관념적 구별'은 하나의 실체와 그 실체의 어떤 속성들이 구별됨으로써, 이런 특징들과 실체의 연결 없이는 그 실체를 바로 이해할 수 없는 속성들 사이의 구별이다. 또는 어떤 동일한 실체가 지닌 두 가지 속성을 구별하는 일이다. 만약 실체에서 그러한 속성을 배제한다면 그 실체에 대해서 명석하고 판명한 관념을 형성할 수 없음을 알게 된다. 또는 그와 같은 두 속성 가운데 한쪽을 다른 한쪽에서 떼어버린다면 어느 쪽 속성에 대해서도 명석한 관념을 알 수 없게 될 때에, 그 속성들은 각자 구별되는 고유성임을 지각할 수 있다. 이를 테면 어떠한 실체라도 지속하기를 멈추면(즉 인간의 이성에 의해 관념화되기를 멈추면) 존재하는 일도 그만두는 셈이므로, 실체와 지속성의 구별은 다만 관념상(그 실체의 속성들을 계속해서 관념화하느냐 않느냐)의 일에 불과하다. 그리고 우리는 대상 속에 모든 사유 양태들이 들어 있는 것처럼 생각하는데, 이러한 사유 양태가 사유되는 실제 대상물과 다르다든가, 또는 어떤 대상물의 양태들이 서로 다르다든가 하는 것도 단순히 관념상의 일이다.

나는 다른 대목에서, 상세히 말하면《제1철학에 대한 성찰》의 첫 번째 논박에 대한 답변 끝부분에서 이런 종류의 구별(관념에 의한 구별)과 양태적 구별(실체와 관념 사이, 또는 실체 속 성질들 사이의 구별)을 마찬가지로 동일하게 했다고 기억하지만, 그때는 이에 대해 엄밀히 논하는 경우가 아니었으므로 이 두 가지를 실재적 구별로 구분(둘 다 실체를 전제로 하여 구분)하는 것만으로 충분했었다.

63 사유와 연장이 각각 정신의 본성과 물체의 본성을 구성한다고 명확하게 말할 수 있는 이유는 무엇인가

사유는 지성적 실체의 본성을 구성하고, 연장은 물체적 실체의 본성을 구성한다고 말할 수 있다. 그리고 그 경우에 사유와 연장은 저마다 사유되는 실체와 연장을 갖는 실체, 즉 정신과 물체로서만 생각해야 하며, 이러한 방식으로써만 그들은 가장 명석하고 가장 판명하게 인식된다. 그러나 물론 연장을 갖는 실체를 연장(물체의 크기, 길이, 속성 등)에 의해 이해하고, 사유되는 실체를 사유(이해, 내적 감각, 판단 등)에 의해 이해하는 편이, 사유하는 일이나 연장 없이 실체를 다만 그 실체 자체로서만 이해하는 것보다는 훨씬 쉽다. 왜냐하면 실체의 개념을 사유나 연장의 개념에서 떼어놓는 것은 상당한 어려움이 뒤따르기 때문인데, 이러한 어려움은 이 연장의 개념들이 실체와 관념적으로 다를 때 발생한다.

관념적 연장 개념은 실체 속에 (연장) 개념들이 좀 더 적을수록 더 명확해지는 게 아니라, 오직 그 실체 속에 들어 있는 개념이 다른 모든 개념들과 엄밀히 구별될 때 더욱 명확해진다.

64 사유와 연장이 실체의 양태로서 알려질 수 있는 원인은 무엇인가

사유와 연장은 실체의 양태라고도 해석할 수 있다. 하나의 동일한 정신이 갖가지 사유를 할 수 있는 경우, 즉 동일한 물체가 언제나 그 (본디의) 양을 일정하게 지켜나가면서 다른 많은 방식으로 연장될 수 있는 경우—즉 어떤 때는 길이가 늘어나 그 대신 넓이가 작아지고, 곧이어 반대로 폭이 커지고 길이가 줄어든다는 식으로—가 그렇다. 그리고 이런 경우에는 사유와 연장이 양태(성질이나 속성)적으로 실체와 구별되어 있는데, 다른 사물의 실체에서 분리된 어떤 사물이 아니라 다만 하나의 사물 양태로만 간주되는 한, 실체 자체에 뒤지지 않도록 명석하고 판명하게 이해된다. 왜냐하면 사유와 연장이 각각 양태로서 실체 속에 있는 (독립적) 속성이라고 가정하여 고찰을 하면 우리는 그 사유와 연장 두 가지를 실체와 구별할 수 있게 되며, 그 둘이 실제로 어떠한 것인가를 알게 되기 때문이다. 그런데 이와는 반대로 만약 우리가 실체에서 떠나 그 내재하는 사유와 연장을 관찰한다면, 그 사유와 연장을 스스로 존재하는 실체로서 간주하는 셈이 되며, 따라서 양태의 관념과 실체의 관념을 혼동하는 결과가 될 것이다.

65 사유와 연장의 모든 양태는 어떻게 이해해야 하는가

마찬가지로 사유의 갖가지 양태, 이를테면 이해·상상·기억·의욕 등과, 또한 (물체적) 연장의 갖가지 양태, 이를테면 모든 형태·부분의 위치나 그 운동 등은 모두 이들의 양태, 즉 사물에 내재한 양태로서만 고찰할 때 가장 잘 알 수 있다. 그리고 운동에 관련해서도 공간의 변화(이동)에 대해서만 생각하고 운동을 야기하는 힘(이 힘에 대해서는 적당한 부분(제2부 24절 이하)에서 설명하고자 한다) 등은 문제로 삼지 않는 경우에, 우리는 운동 자체만을 가장 잘 지각할 수 있다.

66 감각, 감정, 욕구에 대해서 우리가 자주 그릇된 판단을 내림에도 어떻게 이 사유의 연장 양태들을 명석하게 알 수 있는가

이제 남은 문제는 감각이나 감정, 욕구이다. 만일 이 (사유의) 양태들이 그야말로 우리 지각 속에 들어 있으며, 우리가 내적으로 의식하고 있는 사항들 이외의 어떤 일도 결코 단정하지 않도록 주의 깊게 조심한다면, 그것(내 안의 내적 의식들, 즉 사유의 양태들)을 명석하게 알 수 있다. 그러나 오직 이러한 조심스러운 태도(내적 의식만을 지각하려는 태도)만을 관철하려고 하면 적어도 감각 문제에 관한 한 많은 어려움을 겪게 된다. 왜냐하면 우리는 누구나 어렸을 때부터 자신의 감각은 모두 자기 정신 밖에 존재하고 있는 사물에 대한 감각이며, 더구나 이러한 사물은 자기 감각에, 즉 자기가 그 사물들에 대해서 갖고 있는 지각과 아주 닮아 있다고 판단해 왔기 때문이다.

예컨대 색깔을 보았을 때 우리는 뭔가 우리 외부에 존재하고 있는 사물을 본다고 믿었으며, 그것이 우리가 스스로 경험하는 색깔의 관념과 아주 닮아 있다고 믿어버렸다. 따라서 이와 같이 판단하는 습성 탓에, 우리는 그 판단(자신이 가지는 색깔의 관념과 비슷한 사물이 우리 밖에 존재한다는 판단)을 매우 명석하고도 판명하게 눈으로 보고 있는 듯 여기며, 그것을 확실하고 의심할 수 없는 일이라고 믿게 되었다.

67 고통에 대한 판단에서도 우리는 자주 잘못 이해한다

모름지기 우리가 감각하는 모든 것에 대해서나 쾌감과 고통에 대해서조차도, 그렇게 습관적으로 잘못 판단하는 사정은 아주 똑같다. 왜냐하면 쾌감이나 고통은 우리 밖에 있다고는 여겨지지 않지만 정신, 즉 우리의 지각 속에만 있지 않고 보통 손이나 발, 그 밖에 우리 몸의 어느 부분에도 있다고 생각되기 때문이다. 그러나 통증을 발에서 느끼는 것 같은 경우에 그 고통이 우리 정신 외에 발 속에도 존재한다는 사실은 결코 확실하지 않으며, 이것은 바로 태양에 있는 것처럼 보이는 빛이 실제 우리 외부에 있는 태양(고통이 가해진 신체 부위에 비유적으로) 속에 존재하는지 아닌지가 확실하지 않은 경우와 마찬가지이다. 그러한 생각은 모두 나중에 밝혀지듯이 우리가 어렸을 때 가졌던 선입견에 지나지 않는다.

68 이렇듯 우리의 명석한 인식과 판단을 그르칠지도 모르는 인식을 구별하는 방법은 무엇인가

여기서 명석한 인식과 모호한 인식을 구별하기 위해서는 무엇보다도 다음과 같은 점에 세심한 주의를 기울여야 한다. 즉 고통이나 색깔, 그 밖에 이런 부류의 인식들은 단지 감각을 통한 사유로써만 고찰될 때 확실하고 명석하게 드러난다. 그러나 그러한 고통이나 색깔들이 사유적이지 않고 뭔가 우리 정신의 밖에 존재하는 사물이라고 판단되는 경우에는, 그 사물들이 대체 어떠한 사물인가를 전혀 이해할 수가 없다. 그래서 만일 누군가가 사유하지 않고 자기는 어떤 물체 속에서 색깔을 본다든가 손발의 어디에서 고통을 느낀다든가 한다고 말한다면, 그 사람은 자기 자신도 무엇인지 전혀 모르는 사물에 대해서 보고 느끼고 하는 것이 된다. 바꿔 말하면 자기가 무엇을 보고 무엇을 느끼고 있는지도 모르는 것이다.

그도 그럴 것이 그러한 사람은 그다지 주의를 기울이지 않고 있을 때에는, 자기 속에서 경험하는 색깔이나 고통의 감각과 비슷한 무엇인가가 자기 밖(물체)에 존재한다고 생각함으로써, 자기는 본디 (실체에 앞서 관념적으로) 그런 감각에 대해서 내적으로 약간의 지식을 갖고 있었다고 쉽게 믿어버린다. 그러나 만일 그가 색깔이나 고통을 자신의 감각을 통해 느끼면서, 눈앞에 드러난 물체의 색깔이 대체 어떤 색이며, 아픈 신체 부분에 존재하고 있는 고통처럼 나타나는 본성 자체가 무엇인가를 한번 검토해 본다면, 사실상 자기는 그것(색깔과 고통의 본성)에 대해서 아주 무지했음을 깨닫게 된다.

69 크기나 모양 등은 색깔이나 고통 등과는 뚜렷이 다른 방식으로 인식된다

앞에서 설명한 바는 특히 다음과 같은 점을 고려해 본다면 아주 명백해진다. 즉 크기나 모양, 운동(스콜라 철학자들은 최소한의 공간적 이동 이외에 다른 종류의 운동을 여러모로 상상해 냄으로써 그 운동의 본성을 더욱 이해하기 어렵게 만들고 있다), 위치, 지속성, 수 따위의 인식된 사항들이 물체에 대해서 명석하게 드러나는 경우에는, 우리가 보는 물체의 이러한 크기나 모양 등의 물체적 인식들이 대체 무엇인가를 아는 방법은 사유적 인식 방법과 다르다. 즉 색깔이나 고통, 행위, 맛, 그 밖에 감각에 귀착시켜야 하는 사항들이 같은 물체에 있어 무엇을 뜻하는가를 인식하는 방법과는 현저히 다르다.

왜냐하면 우리가 어떤 물체를 볼 때에 그 물체가 존재한다는 확실성은 그것이 형태를 지니고 나타나는 경우나 색깔을 띠고 나타나는 경우나 차이가 없지만, 물체에 있어서 형태가 무엇을 말하는가 하는 것은 색깔을 지닌 것이 무엇인가 하는 것보다는 훨씬 분명하게 드러나기 때문이다.

70 감각적 인식에 대해 두 가지 방법으로 판단을 내릴 수 있는데, 한 방법에 의해서는 오류를 막고 다른 한 방법에 의해서는 오류에 빠지게 된다

우리가 대상(對象) 속에서 색깔을 지각한다고 말하는 것과, 무엇인지는 모르지만 색에 대한 감각이라 불리는 어떤 명료하고 선명한 감각을 우리 자신 속에 일으키는 어떤 것을 지각한다고 말하는 것은 사실상 같은 결과가 된다. 그러나 그 감각을 판단하는 데에는 두 가지 방법이 있으며 그 사이에는 매우 커다란 차이가 있다. 즉 대상들 속에 [말하자면 무엇이건 우리에게 감각을 주는 사물 중에] 무엇인지는 모르는 어떤 속성이 있다고 판단만이라도 하고 있는 경우에는 우리는 오류에 빠지지 않아도 될 뿐만 아니라, 오히려 오류를 방지하는 결과도 된다. 왜냐하면 자기가 그 무엇인가를 모른다는 사실을 알고 있기 때문에, 그 미지의 속성에 대해 성급한 판단을 내리려는 생각을 하지 않기 때문이다.

하지만 색깔이라는 이름으로 불리는 속성이 무엇인지를 잘 알지도 못하면서, 또 대상 속에 있다고 생각하고 있는 색깔과 감각 속에서 경험하고 있는 색깔 사이에 어떠한 유사성도 알 수 없음에도 그 대상 속의 색깔을 자기가 지각하고 있다고 믿는 경우에, 우리는 그러한 차이(물체의 속성적 색깔과 감각적 색깔의 차이)를 눈치채고 있지 않으므로, 그리고 대상 속에는 크기·형태·수 따위와 같은—우리가 명석하게 아는 바로는—속성들이나 또는 그 밖에도 이해할 수 없는 속성들이 많이 있으므로 우리는 쉽게 오류에 빠지게 된다. 또 대상에 있어 색깔이라 불리는 속성이 우리가 감각하는 색깔과 꼭 닮았다고 판단한다. 따라서 우리가 전혀 모르는 속성을 명석하게 알고 있다고 믿게 된다.

71 오류의 (첫째) 주요한 원인은 어린 시절의 선입견에서 생긴다

여기에서 모든 오류의 첫째 주요 원인을 알 수 있다. 어렸을 때 우리 정신은 신체에 매우 긴밀하게 이어져 있었으므로, 오직 신체에 자극적인 감각을 느끼게 하는 생각들만이 받아들여졌다. 그리고 아직 이러한 생각(자극적인 감각에 대한 생각)들을 자기 밖에 있는 무언가와 관련시키지 못하고, 다만 신체에 좋지 못한 일이 생겼을 경우에는 고통을 느끼며 좋은 일이 일어날 때에는 기쁨을 느낀다고 여기는 데 불과했다. 또 엄청난 이익이나 해를 입는 일 없이 신체가 자극을 받았을 때에는 자극된 부분과 그 방식의 차이에 따라서 정신은 여러 감각을 느꼈다. 즉 맛이나 냄새, 소리, 따뜻함, 차가움, 빛, 색깔 등의 감각이라 불리는 이러한 감각들은 사유 바깥에 존재하는 물체를 무엇 하나 나타내고 있지 않았다. 동시에 정신은 크기나 형태, 운동 따위의 속성을 지각했는데, 이 지각들은 감각으로서가 아니라 사유 밖에 존재하거나 적어도 존재할 수 있는 어떤 사물 또는 사물의 양태로서 정신에 나타났다. 물론 정신은 그것들(물체 없이 감각되는 지각과 물체에 의해 감각되는 지각) 사이의 이러한 차이를 아직은 눈치채지 못했다.

그 뒤 자기 자신의 힘으로 다양하게 움직일 수 있도록 자연에 의해 만들어진 우리 신체의 기구들이 함부로 여기저기 움직여 다니다가, 우연히 편안한 감각은 추구하고 불편한 감각은 회피하는 사이에 이 신체 기구에 붙어 있는 우리의 정신은 그와 같이 추구하든가 회피하든가 하던 대상물이 자기의 밖에 실제로 존재하는 것을 알아채기 시작했다. 그리고 그 대상을 사물 및 사물의 양태로서, 즉 지각한 크기와 모양과 운동 등을 우리 정신에 귀속시켰을 뿐만 아니라, 나아가 우리 정신에 의해 우리 속에서 느껴지는 속성을 알게 된 맛이나 행위 그 밖의 속성들도 우리의 정신에 귀속시켰다. 더구나 정신은 신체에 몰입해 있었으므로 모든 물체의 속성을 오로지 신체의 이익에 관련시켜 생각하며, 신체를 자극하는 대상들 하나하나 속에는 바로 그 대상이 주는 자극이 큰가 작은가에 따라 많거나 적은 실재성이 존재한다고 생각했다. 그래서 암석이나 금속 속에는 물이나 공기 속에서보다 훨씬 많은 실체(실재), 즉 물체성이 있다고 여기기도 했다. 암석이나 금속 쪽에서 견고성이나 무게가 더욱 많이 느껴졌기 때문이다. 공기는 그 속에 바람이나 냉기, 열기가 경험되지 않는 한 완전히 무(無)라고 생각되었다. 또 별에서부터 오는 빛은 양초의 작은 불길에서 내는 빛 이상으로 밝게는 보이지 않았으므로, 어떤 별도 그러한 촛불보다 크다고는 여기지 않았다. 지구가 원운동을 하는 느낌이 감각되지 않았기 때문에, 그리고 그 표면이 공처럼 둥글다는 감각도 느껴지지 않았기 때문에 지구가 움직이지 않으며 그 표면은 둥근 게 아니라 평평한 사각형이라고 믿었다.

그 밖에도 우리의 정신은 유아 때부터 이처럼 수많은 선입견에 물들어 왔으므로, 소년이 된 뒤에도 자기들이 그런 선입견들을 그 속성에 대한 충분한 음미도 하지 않고 받아들였다는 생각을 하지 못하고 마치 감각이 느끼는 것을 하나의 속성인 것처럼, 또는 그것이 자연에 의해 자기에게 심어진 속성인 것처럼 그러한 선입견들을 매우 명증적인 속성으로서 인정하고 말았다.

72 오류의 둘째 원인은 우리가 선입견을 잊지 못하는 데 있다

이미 어른이 되어, 더 이상 정신이 신체에 종속되는 일이 전혀 없이, 그리고 모든 사물을 신체에 관련시키는 일도 없이 보여지는 사물에 대해 그 자체로서 진리를 탐구하게 되면, 정신은 이전에 판단하고 있었던 선입견들 가운데 대단히 많은 부분이 가짜임을 알아차린다. 그러나 그렇다고 해서 이제까지 그렇게 여기고 있었던 오래된 감각들을 자기 기억에서 씻어버리는 일은 그리 쉽지 않으므로, 그 선입견 같은 감각들이 기억에 달라붙어 있는 한 갖가지 오류를 불러일으킬 수 있다. 이를테면 우리는 어렸을 때부터 별을 아주 작은 물체로서 마음에 그려왔으므로, 지금은 천문학적 근거에 의해 별이 터무니없이 크다는 사실을 뚜렷이 알게 되었음에도, 선입견이 된 예전의 생각들이 아직도 우리 의식 속에 남아 큰 작용을 하고 있기 때문에, 별을 이전과 다른 방식으로 마음속에 그려본다는 것은 아주 어려운 일이다.

73 오류의 셋째 원인은, 우리의 감각이 지각하지 못하는 지성에 주의를 돌리는 일에 지쳐서 이전에 품었던 의견에 의한 판단을 습관적으로 지니게 된 데 있다

우리 정신은 수고와 피로의 감각을 수반하지 않고는 어떤 사항에도 주의할 수 없으나, 그런 감각 중에서도 상상에서조차 존재하지 않는 감각에 주의하려면 대단히 큰 어려움을 느끼게 된다. 그것은 우리의 정신이 신체와 결부되어 있어서 본디 그런 본성을 지니고 있기 때문이거나, 유년 시절의 감각이나 상상만을 상대로 하고 있었기에 정신이 다른 감각보다는 그 옛날의 기억들을 습관적으로 따르는 데 익숙해져 버렸기 때문이라고 하겠다. 그리하여 현재 많은 사람들은 실체를 (사물에 대한 이전의 기억들에 의해) 상상적인 사물, 물체적인 사물, 나아가서는 감각적인 사물로만 해석하게 되었다. 왜냐하면 연장·운동·형태를 본질로 하는 실체만이 그들의 상상에 닿는다고 생각했으며, 이것(연장, 운동, 형태의 실체)들 이외에 다른 감각 요인들도 갖는 많은 지성적 실체들이 그들의 감각에 닿고 있었음을 그들은 모르기 때문이다. 또 그들은 물체 말고는 아무것도 존재할 수 없다고 믿는 동시에, 끝으로 감각적이지 않은 그러한 물체는 하나도 없다고 믿고서 그렇게 감각적인 해석만 내렸었다. 그리고 나중에 명백히 제시하듯이 우리는 그것이 무엇이든 단지 감각만으로는 알 수 없기 때문에, 대부분의 사람들은 온 생애를 통해 무슨 일이든 그저 애매하게 지각할 뿐이다.

74 오류의 넷째 원인은 사물에 정확히 대응하지 않는 말들에 우리의 개념을 결부시키는 데 있다

마지막으로 우리는 담화를 하기 위해 우리의 모든 개념을 그 개념과 맞지 않는 표현의 말과 결부시켜, 저마다의 개념을 반드시 말과 함께 기억에 남긴다. 그리고 나중에 가서는 사물을 생각해 내기보다는 언어를 생각해 내는 쉬운 방법을 선택함으로써, 어떠한 사물도 말의 내용에서 완전히 떼어놓을 수 있을 만큼 그 자체로 명확한 개념을 가질 수 없게 된다. 거의 모든 사람들의 사유는 사물 자체보다는 오히려 말을 둘러싸고 움직이고 있다고 해도 지나친 말은 아니다. 따라서 그들은 자신이 이해하지 못하는 말에 동의하는 처지에 빠지게 되기도 하는데, 이는 그들이 전에 자기는 그 말을 이해한 일이 있다든가, 올바르게 이해하고 있는 다른 누군가에게서 들은 일이 있다든가 하는 사실을 생각하고 있기 때문이다.

물론 인간의 신체 본성이 아직 설명되어 있지 않고, 무릇 물체가 존재한다고 해야 할지 아니면 달리 어떻게 말해야 할지도 아직 증명되어 있지 않으므로, 위의 사항들을 모두 여기서 엄밀히 논할 수는 없다. 그러나 명석하고 판명한 개념을 모호하고 혼란스러운 개념과 식별하는 데 그러한 말들과 사물의 결부가 충분한 도움이 되리라 생각한다.

75 올바르게 철학하기 위해서 지켜야 할 사항

따라서 진지하게 철학하기 위해서는, 그리고 인식 가능한 모든 사물의 진리를 추구하기 위해서는 전에 우리가 받아들인 의견을 미리 다시 음미하여 참이라는 사실을 확인하지 않았다면 어느 것 하나 믿지 않도록 엄중히 경계해야한다. 다음에는 우리 자신이 마음속에 가지고 있는 개념들에 차례로 주의를 돌려야 한다. 그리고 이와 같이 각 개념에 주의한 다음에는, 우리가 명석하고 판명하게 인식하는 개념만을 모두 참이라고 판단해야 한다.

이렇게 함으로써 우리는 우리가 사유를 본성으로 하는 존재인 한, 우리가 존재함을 기본적으로 명확하게 지각할 수 있다. 동시에 신이 존재한다는 것, 우리가 신에게 의존하고 있다는 것, 그리고 신은 다른 모든 사물의 근원이므로 신의 속성을 고찰함으로써 그 모든 사물의 진리를 추구할 수 있다는 것을 알게 된다. 마지막으로 신에 대한 개념과 우리 인간의 정신에 대한 개념 외에도 우리에게는 '무(無)에서는 아무것도 생기지 않는다'와 같은 영원한 진리의 명제들에 대한 지식도 있다는 사실, 그리고 어떤 종류의 물체적 본성 혹은 연장·가분·가동과 같은 본성에 대한 지식들도 있다는 사실, 나아가서 우리를 자극하는 어떤 종류의 감각, 이를테면 고통·색깔·맛 등에 대한 지식도 있다는 사실을 우리는 알 수 있다. 물론 이러한 감각이 우리를 그렇게 자극하는 원인이 무엇인가 하는 사실은 아직 알려져 있지 않지만, 이 단순한 사실들을 이전에 더 복잡하게 생각하고 있었던 일과 비교함으로써 우리는 인식 가능한 모든 사실들에 대해 명석하고 판명한 개념을 만들어 내는 습관을 얻게 됨이 분명하다. 그리고 이러한 얼마 안 되는 단순한 사항들 속에 인간적 인식의 주요한 기본 원리가 들어 있다고 나는 생각한다.

76 우리는 신의 권위를 우리의 인식보다 우선해야 한다. 그러나 신의 권위를 따로 떼어놓는다면, 인식되지 않은 것에 대한 동의는 철학적이지 못하다

무엇보다도 최고의 규칙으로서 기억에 새겨두어야 할 점은, 신에 의해 우리에게 계시된 사실들은 다른 무엇보다도 가장 확실한 사실로서 믿어야 한다는 점이다. 그리고 혹시나 이성의 빛이, 뭔가 다른 사실을 더할 나위 없이 명석하고 명증적인 사실로서 우리에게 시사한다고 판단되더라도, 우리 자신의 판단이 아니라 오로지 신의 권위만을 신뢰해야 한다.

그러나 신에 대한 신앙이 우리에게 아무것도 가르치고 있지 않은 사실에 있어서는, 참이라고 확인한 일이 없는 사실을 참이라고 단정한다면 이는 철학적인 태도라고 할 수 없다. 또한 어른이 된 뒤의 이성보다도 감각, 즉 유아 시절의 사려 깊지 못한 판단에 머물러 있다면 이 또한 철학적이지 못하다고 하겠다.

제2부 물질적 사물의 원리

1 물질적 사물의 존재를 확실하게 알 수 있는 이유

물질적 사물이 존재한다는 사실은 누구나 충분히 확신할 수 있지만, 우리는 조금 전에 그 사물의 존재 사실들에 의심을 품고 우리의 어릴 적 선입견 가운데 하나로 돌렸으므로, 이제 우리는 그 사물의 존재를 확실하게 알 수 있는 이유를 찾아야 한다. 우리가 감각하는 것은 그것이 무엇이든 간에 우리의 정신과는 다른 사물에서 오는 것이 틀림없다. 왜냐하면 우리가 다른 사물보다도 특히 이 물질적 사물의 존재를 감각하게 되는 이유는, 우리의 뜻대로 되는 게 아니라 우리 감각기관을 자극하는 것에 완전히 좌우되기 때문이다. 물론 이것이 우리가 신(神)이라고 부르는 존재인지, 또는 무언가 신과는 다른 존재인지를 물을 수는 있다.

우리는 길이·넓이·깊이 등의 연장을 갖는 어떤 특정한 물질—그 갖가지 부분이 갖가지 형태를 받아 갖가지 운동을 하고, 나아가서는 색깔이나 향기, 고통 등 갖가지 감각을 우리가 갖도록 작용하기까지 하는 물질—만을 감각한다. 아니, 오히려 감각의 충격이 있어야 명석하고 판명하게 지각된다. 그러므로 우리의 감각이 사물에 의해 충격이나 자극을 받아서 지각하는 게 아니라 신이 직접 그러한 연장된 물질 관념을 우리 정신에 넣어주어서 지각한다고 하면, 또는 연장도 형태도 운동도 없는 어떤 존재(인간의 정신)에 의해 그러한 연장된 물질 관념을 지각할 수 있다고 한다면 우리는 신이 인간을 기만한다고 여길지도 모른다. 왜냐하면 우리는 물질(눈에 보이지 않는 아주 작은 물질)들을 이해할 때, 신에 의해서든 우리 자신의 능력에 의해서든, 우리의 정신을 통해서 물질이 실제로 보이는 것과 다르다는 사실에 대해 명확하게 이해할 수 있기 때문이다. 그리고 어떤 물질의 관념이 우리 밖에 있어서, 이 관념이 자기와 아주 꼭 닮은 사물을 통해 우리에게 오는 일도 분명히 있다고 여길 수 있기 때문이다.

그런데 이미 주의해 두었듯이, 신을 기만자라고 보는 것은 신의 본성과는 완전히 모순된다. 그러므로 여기서 우리는 길이·넓이·깊이 등의 연장 속성을 가지고 있는 사물, 더욱이 그 사물의 연장 특성들과 우리의 명석한 인지 사항들이 일치하는 종류의 사물이 존재한다고 망설임 없이 결론지어야 한다. 그리고 이 연장된 속성을 지니는 사물이 바로, 우리가 물체 또는 물질이라고 부르는 존재이다.

2 인간의 신체와 정신이 밀접하게 연결되어 있다는 사실을 우리는 어떻게 알 수 있는가

마찬가지로 고통이나 그 밖의 감각이 갑자기 우리에게 닥칠 때 우리가 명백히 인지한다는 사실에 의해, 우리의 정신에는 어떤 특정한 물체(즉 신체)가 다른 모든 물체보다도 훨씬 밀접하게 연결되어 있다고 결론지을 수 있다. 왜냐하면 우리 정신이 다음과 같이 의식하고 있기 때문이다. 그러한 감각은 정신으로부터 오는 게 아니라 다른 어떤 물체(신체나 사물)에서 오는 것이며, 또 그 특정 감각들이 정신에 도달할 수 있게 되는 것은 정신의 사유에 의해서뿐만 아니라 그야말로 여러 물체의 연장 속성들을 갖고 운동하는 다른 특정한 물체—이것이 인간의 신체라 불리는 것이다—가 정신과 연결되어 있기 때문이다. 그러나 여기서는 이 문제에 대해 더 자세히 설명할 필요는 없다.

3 감각적 지각은 무엇이 사물에 실제로 내재해 있는가를 가르쳐 주는 게 아니라, (정신과 신체의) 결합체인 우리에게 있어 무엇이 이롭고 해로운가를 가르쳐 준다

여기서는 다음과 같은 지각만으로 충분하다. 즉 앞서 설명했듯이 감각적 지각은 인간의 신체와 정신의 결합체에 의해서 전해지는 내용이 전부는 아니다. 그리고 감각적 지각은 보통 이 결합체를 통해 외적 물체가 우리에게 얼마나 이로운가 해로운가를 알려줄 뿐, 외적 물체가 어떠한 본질로서 존재하고 있는가는 아주 이따금 그것도 우연히 알려줄 뿐이다.

사실 이 점에 유의한다면 우리는 감각에만 의지하는 우리의 편견을 쉽게 버리고, 오로지 자연에 의해 자기에게 부여된 더 깊은 관념에 세심한 주의를 돌리게 하는 우리의 지성을 사용하게 되리라고 생각한다.

4 물체의 본성은 무게·단단함·색깔 등의 감각적인 속성에 있는 게 아니라 그 연장적인 속성(크기)에 있다

이리하여 지성만을 사용한다면 우리는 일반적 의미에서의 물체의 본성인 물질은 단단함의 정도나 무게, 색깔, 또는 그 밖에 어떤 방법으로든 감각을 자극하는 존재가 아니라 길이·넓이·깊이 등의 연장을 가진 존재임을 알 수 있다.

예를 들어 단단함에 대해서 감각이 우리에게 알려주는 바는, 단단한 물체의 부분에 우리 손이 닿으면 그 부분이 손의 운동에 저항한다는 것 말고는 아무것도 없다. 우리 손이 사실 어떤 쪽을 향하여 움직일 때마다 거기에 존재하는 모든 물체가 손의 움직임과 같은 속도로 물러난다고 하면 우리는 어떤 단단함도 느끼지 못할 것이다. 그러나 그렇다고 해서 이렇게 뒤로 물러나는 물질이 그 때문에 물체의 본성을 잃는다고는 생각할 수 없다. 따라서 이때 물체의 본성은 단단함의 정도에만 존재하지는 않는다고 하겠다. 마찬가지로 무게나 색깔 같은 모든 감각적 성질들이 물질로부터 사라진다 해도, 그 물질 자체(크기)는 그대로 존속하는 게 사실이다. 이로부터 (신체에 감지되지 않은) 물질의 본성은 그러한 성질(감각적 성질) 가운데 어디에도 의존하지 않고 존재한다는 결론이 나온다.

5 팽창과 진공에 대한 선입견 때문에 물체의 본성(크기의 불변성)에 대해 의심을 품게 된다

그러나 물체의 참된 본성이 연장(크기)에만 있다는 데에 의심을 품게 될지도 모르는 이유가 아직 두 가지 남아 있다. 그 하나는, 많은 사람들이 대부분의 물체는 압축되거나 팽창될 수 있기 때문에 압축되었을 때보다 팽창되었을 때 더 큰 연장을 갖는다고 믿는 것이다. 더욱이 그 가운데 어떤 사람은 물체의 실체를 그 양과 구별하고, 또 양 자체를 연장 속성들과 구별할 만큼 세밀하다는 사실이다.

또 하나는, 길이·넓이·깊이 등의 연장 속성 외에 아무것도 없다면 우리는 거기에 물체가 있다고 말하지 않고 다만 공간이, 그것도 텅 빈 공간이 있다고 말해야 한다는 것이다. 그리고 거의 모든 사람들이 이러한 크기의 연장만 있는 공간을 완전히 무(無)라고 확신하고 있다는 사실이다.

6 팽창은 어떻게 일어나는가

그러나 자기 생각에 주의를 돌려 명석하게 감각되고 인식되는 사항밖에 인정하려고 하지 않는 사람은, 누구나 압축과 팽창 현상은 단지 겉모양(부피)의 변화만 일어나는 것이라고 생각한다.

팽창된 물체란 그 여러 부분들 사이에 많은 간격이 존재하며, 이러한 간격이 다른 물체에 의해 채워져 있는 물체를 말한다. 이 물체가 압축되는 이유는 그 여러 부분이 서로 접근하여 간격이 좁혀지든가 또는 완전히 없어지기 때문이다. 그리고 때로 간격이 완전히 없어지게 될 때, 이 물체는 이미 더 이상 압축될 수 없는 한도까지 압축된 것이다. 그렇다 해도 이러한 압축이 이 물체의 여러 부분들 사이의 거리가 유지되어 더 큰 공간이 확보되어 있을 때보다 더 작은 연장 속성들을 갖게 하지는 않는다. 왜냐하면 이 물체의 여러 부분에 의해 남겨진 구멍, 즉 간격 속에 포함되어 있는 연장 속성들은 결코 이 물체 전체의 연장 속성과는 관련이 없으며, 이 물체의 간격을 채우고 있는 다른 부분들(예를 들어 세포처럼 작은 완전체들) 각각의 연장 속성에 속하기 때문이다. 이를테면 해면이 물이나 다른 액체로 가득 차 있는 것을 볼 때 우리는 그 해면이 수축되고 건조되어 있을 때에 비해 개개의 부분들이 더 큰 연장을 갖고 있다고는 생각하지 않는다. 다만 구멍이 좀 더 크게 열려 있어 이 때문에 해면이 좀 더 큰 공간으로 퍼져 있다고 생각할 뿐이다.

7 다른 방법으로는 팽창을 이해하기 쉽게 설명할 수 없다

적지 않은 사람들이 팽창을 이 해면의 예로 설명하려고 하지 않고, 양의 증대에 의해 생긴다고 말하려는 이유를 나로서는 전혀 이해할 수가 없다. 왜냐하면 공기나 물이 팽창할 때 이들 물체(공기나 물)의 구멍이 커지는 현상도 볼 수 없지만, 새로운 물체가 그 구멍을 채우러 오는 현상도 눈에 보이지는 않기 때문이다. 그렇지만 팽창이라는 현상을 막연한 말로만 설명하려고 하여 이해할 수 없는 무언가를 상상해 낸다는 것은 도리에 맞지 않는 방식이며, 그보다는 오히려 공기나 물이 팽창하기 때문에 이들 물체 속에 있는 구멍이나 간격이 더 커졌으며, 그 구멍이나 간격을 채울 어떤 새로운 물체가 더해진다고 추론하는 편이—이 새로운 물체가 무엇인지 감각에 의해 알 수는 없더라도—훨씬 이치에 맞는다.

사실 존재하는 물체는 모두 우리 감각을 자극하는 물질이어야 한다고 믿어야 할 아무런 이유도 없다. 그리고 팽창이라는 현상이 우리가 미처 감각의 자극을 받지 못하는 방식으로 생긴다고는 매우 쉽게 생각할 수 있지만, 다른 방식으로 생긴다고는 쉽게 생각할 수 없다. 끝으로 어떤 물체가 새로운 양 또는 새로운 연장만큼 증대되는데도 그 물체에 새로운 연장 실체, 즉 새로운 물체가 그 본체에 덧붙여지는 일이 없다고 한다면, 이것은 완전히 모순이다. 왜냐하면 연장이나 양의 증가라는 의미는, 양과 연장을 갖는 실체 자체의 증가 없이는 이해할 수 없기 때문이다. 이 점은 뒤에 이어질 여러 절에서 더 명백해진다.

8 양 자체는 양을 갖는 물건과 다르며, 수 자체는 수로 헤아려지는 물건과 다르다. 이는 관념상의 일에 불과하다

실제로 양 자체는 연장 속성을 지닌 실체와 다르다. 이러한 구분은 다만 우리의 개념상 일이며, 수로 헤아려지는 물건이 수 자체와는 다르다고 할 때도 마찬가지로 개념상의 구분이다. 이를테면 10피트의 공간을 차지하는 물체적 실체의 본성 전체를, 우리는 10피트라는 치수에 주의를 기울이지 않더라도 고찰할 수 있다. 이 물체의 실체적 본성은 그 물체 속 공간의 어느 부분에 있어서도, 그 전체의 본성과 완전히 같다고 이해되기 때문이다.

반대로 10이라는 수나, 나아가서 10피트라는 연속량은 이 특정한 실체에 주의를 기울이지 않고서도 이해될 수 있다. 10이라는 단순한 수의 개념은 이 10피트라는 치수에 관계되건 다른 어떤 치수에 관계되건 아주 똑같기 때문이며, 또 10피트라는 연속량은 이만한 양을 갖는 실재하는 어떤 연장 실체를 보지 않고는 이해할 수 없다고 하나, 이 특정한 실체가 물체가 아닌 다른 존재라 해도 이해될 수 있기 때문이다. 그런데 사실상 그만한 양 또는 연장에서 아주 적은 부분의 수(치수)나마 제거된다면 실체에서도 같은 만큼의 치수가 제거된다 하지 않을 수 없고, 또 반대로 실체에서 아주 적은 부분이나마 제거된다면 양이나 연장의 치수에서도 같은 만큼 제거되는 결과가 되지 않을 수 없다.

9 물체적 실체가 그러한 양(치수)과 구별된다면, 그 실체는 혼란스럽게도 마치 비물체인 듯이 생각될 뿐이다

아마도 몇몇 사람들은 이와 다르게 말하겠지만, 나는 그들이 이 문제에 대해서 특별히 다르게 생각하고 있다고는 여기지 않는다. 실체(물체적 실체)를 연장이나 양의 정도와 구별한다면, 그들은 실체라는 말의 의미(수의 크기 개념에 연결된 실체의 양)를 전혀 모르든가 아니면 비물체적 실체의 혼란된 관념을 물체에까지 돌리고 있든가 그 어느 쪽이다.

후자의 경우(비물체적인 혼란된 양의 관념을 물체에 적용하는 일)에는 연장 속성의 정도가 물체적 실체의 참된 관념과 혹시라도 일치할 여지가 조금은 남겨져 있는 셈인데, 그러나 이 경우 그들은 그 물체의 참된 연장 속성을 그저 우연성에 맡겨두고 있다. 따라서 실체와 연장 속성(크기, 치수)을 결부시키지 않으면, 이들은 마음속에서 생각하고 있는 의도와는 전혀 다른 사물에 이 말들을 대응시키게 된다.

10 공간 또는 내적 장소란 무엇인가

나아가서 공간 또는 내적 장소와 그 안을 채우고 있는 물체적 실체가 다르다고 하면 그것은 물체 자체가 다르다기보다는, 우리가 물체나 그 속의 공간을 감각할 때 습관적으로 받아들이는 사고방식으로 인해 다르다고 생각할 뿐이다. 왜냐하면 공간을 구성하고 있는 길이·넓이·깊이에 있어서의 연장 속성들은, 물체를 이루고 있는 연장 속성들과 사실상 똑같은 실체이기 때문이다.

내적 장소의 연장에는 차이가 존재하기도 하는데, 그것은 우리가 물체의 연장을 개별적인 속성들의 연장으로 간주함으로써, 물체가 변화할 때마다 언제나 연장 속성(길이·넓이 등)도 변화한다고 생각하는 데 반하여 공간의 연장은 단지 총체적인 단일성을 연장에 돌린다는 점이다. 따라서 공간을 채우고 있는 물체의 연장 자체는 변화해도 전체 공간의 연장 자체는 변하지 않고 여전히 동일하다고 여겨진다. 즉 공간은 내적 장소의 연장으로서, 단지 그 연장이 본디 크기와 모양을 간직하는 한에서의 연장이며, 또 우리가 바로 그 공간을 그 연장된 물체에 의해 외부적으로 한정하고 또한 그 연장된 물체가 외부의 여러 물체들 사이에서 똑같은 위치를 유지하고 있는 한에서의 변함없는 내적 장소의 연장(단, 공간 내의 물체 속성이 변화해도 무관하다)이다.

11 공간이 사실상 물체적 실체와 다르지 않은 이유는 무엇인가

사실 물체의 본성과 공간의 본성을 구성하고 있는 연장 속성들은 동일한 것이며, 이 두 본성이 서로 다르지 않다는 사실은 유(類) 또는 종(種)의 본성이 개체의 본성(본질적 공통 본성)과 다르지 않다는 사실로 쉽게 알 수 있다.

우리가 어떤 물체, 예컨대 돌에 대해서 품고 있는 관념에 주목하고 이 물체의 본성에 있어 필요하다고 여겨지지 않는 사항은 모두 이 관념에서 배제해보자. 왜냐하면 돌이 녹든가 더할 나위 없이 미세한 가루로 쪼개진다든가 하면 그것은 견고성을 잃기는 하나 그렇다고 물체가 아니라고 말할 수는 없기 때문이다. 이어 색깔을 제외해 보자. 왜냐하면 완전한 무색이라 해도 좋을 만큼 투명한 돌을 우리는 이따금 본 일이 있기 때문이다. 그리고 무게를 배제해 보자. 왜냐하면 불은 매우 가벼운 물질이기는 하지만 그렇다고 불이 본성을 잃었다고 하거나 물체가 아니라고 생각할 수는 없기 때문이다. 끝으로 냉기나 열기, 그리고 다른 모든 성질을 제외해 보자. 왜냐하면 이러한 냉기나 열기 같은 성질이 돌 속에서 지각되지 않는가(예컨대 차가운 돌은 뜨겁지 않다), 또는 이러한 성질이 변화하더라도 돌이 물체의 본성을 잃는다고는 생각할 수 없기 때문이다.

이렇게 하면 우리가 가지는 돌의 관념 속에는 길이·넓이·깊이에 있어 연장을 갖는 어떤 물체라는 사실 이외에는 확실한 돌의 성질이 아무것도 남아 있지 않게 된다. 그리고 바로 이것(최소한의 연장, 길이·넓이·깊이의 연장을 갖는 물체)이 공간의 관념 속에 대신 채워지게 되며, 이러한 최소한의 성질은 텅 비어 있음, 다시 말해 진공이라 불리는 관념 속에도 똑같이 담겨 있다.

12 왜 공간은 우리의 생각 안에서는 물체적 실체와 다른가

그러나 우리 생각 안에서는 공간과 물체 사이에 차이가 있다. 우리는 돌이 존재하는 공간이나 장소에서 그 돌을 제거하면 돌의 연장도 함께 제거된다고 생각하는데, 그것은 이 물체의 연장 속성이 돌의 개별적인 속성인 동시에 돌에서 떼어낼 수 없는 성질로 여겨지고 있기 때문이다. 하지만 그때 돌이 있었던 장소를 나무라든가 물이라든가 공기라든가 다른 어떠한 물체가 차지한다고 해도, 또는 나아가서 그 장소가 텅 비어 있다고 믿는다 해도 그곳의 연장(장소의 길이·넓이·깊이)은 그대로 동일하게 존속한다고 생각해 볼 수 있다. 왜냐하면 이 경우에는 연장(장소의 연장)이 총체적인 공간 안에서 일어났다는 의미로서 해석되고 있기 때문이다. 따라서 만약 연장된 어떤 물체가 그 크기와 모양이 일정하며, 그 공간(총체적 공간) 속의 다른 외적 물체들 사이에서 같은 위치를 유지하고 있다면, 그런 물체들 사이의 연장 속성은 돌·물·나무·공기 그 밖의 물체들 가운데 어느 것의 연장 속성이건, 진공이 있다고 한다면 진공 자체의 연장(외형적 크기, 이를테면 속이 빈 돌, 공기 없는 공간, 속이 빈 나무 안에 속성들이 채워진다)과 동일하게 일정 크기의 공간을 차지하고 있는 물체로서 간주되기 때문이다.

13 외적 장소란 무엇인가

장소나 공간이라는 이름은 그 장소에 있는 물체들과 아무 연관성이 없지는 않으며, 이 물체의 크기와 모양 그리고 그 물체가 다른 여러 물체들 사이에서 차지하는 위치까지 모두 포함하여 각각의 위치를 가리킨다. 사실 이 위치를 결정하기 위해서는 움직이지 않는 것으로 간주되는 다른 물체에 주목하지 않으면 안 된다. 그리고 그 물체 말고도 주변의 여러 다른 물체들까지 함께 포함해서 생각한다면, 우리는 어떤 같은 물체가 장소를 바꾼다고도 바꾸지 않는다고도 동시에 말할 수가 있다.

이를테면 배가 바다를 항해할 때 뱃고물에 앉아 있는 사람은 배 안의 여러 부분들만을 생각한다면, 이들 여러 부분들에 대해서 같은 위치를 유지하고 있으므로 언제나 동일한 장소에 머물러 있는 셈이 된다. 그러나 해안을 예로 들어 생각해 본다면 이 사람은 앞서 말한 같은 사람임에도 한쪽 해안에서 다른 쪽 해안으로 끊임없이 장소를 바꾸고 있는 셈이다. 또 지구가 쉬지 않고 움직이고 있는 것과, 더구나 배가 동쪽에서 서쪽으로 항해하는 것도 바로 같은 이치인 만큼, 지구가 서쪽에서 동쪽으로 나아간다고 가정하는 경우 우리는 뱃고물에 앉아 있는 사람은 그 배 안에서 장소를 바꾸고 있지 않다고 할 수 있다. 왜냐하면 장소의 결정을 위한 기준으로서 우리는 하늘에 있는 어느 움직이지 않는 점을 택하고 있기 때문이다. 하지만 실제로 그와 같은 부동의 점을 이 우주에서는 찾아볼 수 없다—이것이 참이라는 사실은 뒤에서 제시된다—고 생각한다면, 우리가 사유의 기준점으로서 결정(선택)하는 장소 외에 언제나 변함없는 장소를 가지는 사물은 없다고(사물은 불변의 연장 속성인 크기와 모양, 그리고 가변적 연장 속성인 그 물체의 내적 공간을 가진다. 단, 이 공간은 우주라는 총체적 불변의 공간과는 다른 가변적 연장 본성을 가진다) 결론 내릴 수 있다.

14 장소와 공간은 어떻게 다른가

그런데 장소와 공간이 저마다 이름을 달리하는 이유가 있다. 장소가 크기와 형태보다는 오히려 위치를 명확히 가리키고 있는 데 반하여, 공간에 대해서 말할 때에는 오히려 크기나 형태 쪽을 주목하기 때문이다. 우리는 흔히 크기나 형태가 엄밀하게 같지 않은데도 하나의 물건이 다른 물건의 장소에 대신 놓인다고 말하는 일이 있는데, 이때 그 물건이 같은 크기의 공간 부분을 차지한다는 뜻은 아니다. 그 위치가 바뀔 때에는, 비록 크기나 모양이 똑같다고 해도 장소가 바뀐다고 한다.

이렇게 우리는 어떤 물건이 이 장소에 있다고 할 때에는 그 물건이 다른 사물 사이에서 이 위치적 속성을 고집하고 있다(위치를 자기의 연장적 본성으로 받아들인다)는 의미로만 해석하며, 그 물건이 이 공간이나 이 장소를 채우고 있다고 덧붙여 말할 때에는 거기에 더하여 그 물건에 이 일정한 크기와 모양이 있다고 하는 의미로 해석한다.

15 어떻게 외적 장소가 그것을 둘러싸고 있는 물체의 표면이라고 해석됨이 옳은가

이런 까닭으로 공간은 언제나 길이·넓이·깊이에 있어서의 연장이라 해석되지만, 장소는 때때로 그 장소에 놓이는 물건의 내적 속성에 속한다고 생각되며, 또 이 물건의 외적인 속성으로도 생각된다. 그리고 물체의 내적 장소는 공간(물체 내부)과 똑같은 의미이지만, 외적 장소는 그곳에 있는 물체를 직접 둘러싸고 있는 표면으로서 해석되는 일이 있다.

여기서의 표면은 둘러싸고 있는 물체의 부분이라는 의미가 아니고, 단지 둘러싸고 있는 물체(물체 외부)와 둘러싸인 물체(물체 내부)의 중간에 있는 경계를 의미하며, 이것은 양태(하나의 성질)일 따름이다. 바꿔 말하면 그것(외적 장소)은 분명히 공통적인 부분으로서의 표면, 물체에 속한 양태로서의 표면이라는 의미이며, 이런 의미로서의 표면은 둘러싸고 있는 물체의 부분도 아니고 둘러싸인 물체의 부분도 아니며, 단지 이 외적 장소(즉 물체 표면)가 같은 크기와 같은 모양만을 계속 지니는 한, 거기 놓인 물체의 연장 성질들이 같다고 간주될 수 있는 그런 의미의 양태이다. 왜냐하면 어떤 하나의 물체가 다른 물체들에 둘러싸여 있을 때, 둘러싸고 있는 물체들이 그 표면과 함께 모두 바뀌어 버려도 둘러싸인 물체가 변함없이 한자리에 있다면, 그 둘러싸인 물체는 같은 위치를 유지하고 있는 한 장소를 바꾼다고 생각되지 않기 때문이다. 이를테면 배가 강의 흐름에 의해 한 방향으로 움직이는 동시에 바람에 의해 반대 방향으로 같은 힘으로 움직여져서, 그 때문에 두 기슭 사이에서 그 위치가 변하지 않는다고 가정한다면, 배를 둘러싸고 있는 표면의 물이 모두 바뀌어 있음에도 그 배 자체는 같은 장소에 머물러 있음을 누구나 쉽게 이해할 수 있으리라 생각한다.

16 진공, 즉 그 속에 아무것도 없는 공간의 존재란 모순이다

철학적 의미로 해석되는 진공, 즉 그 속에 전혀 아무런 실체도 없는 공간(완전 불변·부동의 거대한 진공)이란 실제로는 존재할 수 없다. 이것은 공간의 연장, 곧 물체의 내적 장소(물체 내부)가 물체의 연장 속성에 속한다는 사실로써 명백하다. 물체가 길이·넓이·깊이에 있어서 연장을 갖는다는 사실만으로도(다시 말해 물체의 외형만으로도) 물체가 실체임을 우리는 올바르게 결론짓게 되므로—무(無)가 그 어떤 연장 속성을 갖는다고 하면 그것은 전적으로 모순이라고 말할 수 있기 때문이다—진공이라고 가정된 공간에 대해서도 마찬가지로(공간 자체만으로도 무가 아니기 때문에 진공의 공간도 연장 본성이 있다고) 결론지어야 한다. 그 진공의 공간에 연장 속성이 있는 한 거기에는 필연적으로 실체도 없으면 안 된다고 말이다.

17 일상적 의미에서의 진공은 모든 물체가 배제된 공간이 아니다

일상적으로 진공이라고 말할 때 보통 우리가 뜻하고 있는 바는, 그 속에 전혀 아무것도 없는 그러한 장소나 공간이 아니다. 다만 그 속에 있다고 생각했는데 그것이 없는 장소나 공간을 말한다. 이를테면 항아리는 물을 넣기 위해서 만들어졌으므로, 공기만으로 채워져 있을 때에는 텅 비어 있다고 말한다. 또 양어장에 물고기가 없으면 물이 넘치도록 많아도 그 못에는 아무것도 없다고 말한다. 또 상품을 운반하기 위해서 만들어진 배가 바람의 충격을 약화시키기 위한 모래밖에 싣고 있지 않으면 그 배는 비어 있다고 한다. 끝으로 그 자체로서 존립하는 어떤 피조물이 공간을 채우고 있어도, 그 공간 속에서 아무것도 감각되지 않는다면 그 공간은 비어 있다고 말한다.

그래서 만일 우리가 나중에 진공이라든가 무(無)라든가 하는 말의 의미를 어떻게 해석할 것인가에 주의를 기울이지 않는다면, 그래서 우리가 비어 있다고 한 공간 속에 감각적인 무엇인가가 포함되어 있지 않다고 생각할 뿐만 아니라 어떠한 속성도 포함되어 있지 않다고 생각한다면 우리는 공기밖에 들어 있지 않은 항아리를 비어 있다고 말하는 습관 때문에 그 항아리 속에 들어 있는 공기가 자립적인 실체가 아니라고 판단하는 것과 같은 오류에 빠지게 된다.

18 절대적 의미로 해석된 진공에 대한 선입견을 어떻게 하면 고칠 수 있는가

우리는 거의 모두 어릴 때부터 이러한 오류에 빠지고 있다. 그 이유는 우리가 그릇과 그 속에 포함되어 있는 물체 사이에 어떠한 필연적 관계도 없다고 생각하여, 적어도 신이 전능하여 어떤 그릇을 채우고 있는 물체가 그 그릇에서 제거되면 그 장소에 다른 물체가 대신 들어가지 못하도록 한다고 여기게 되었기 때문이다. 그러나 이제 우리는 이러한 오류를 고치기 위해 다음 사항을 고려해야 한다.

어떤 그릇과 그 속에 들어 있는 어떤 특정한 물체 사이에는 실제로 어떠한 관련성도 없으나, 그릇의 오목한 모양과 이 부분에 포함되어 있을 일반적인 의미로서의 연장(길이·넓이·깊이) 사이에는 지극히 필연적인 연결이 있다.

따라서 골짜기 없는 산을 생각한다면 모순이듯이 그릇의 오목한 부분을 거기에 내포되어 있는 연장 없이 생각하든가, 이 연장을 연장된 실체 없이 생각하든가 하면 모순이다. 만일 어떤 그릇 속에 들어 있는 물체를 모두 제거한 다음 그 비어 있는 부분에 다른 물체가 들어가지 못하게 한다면 어떤 결과가 되겠느냐고 신에게 질문한다면, 신은 그릇의 옆면들이 (그 사이에 아무것도 넣어두지 않으므로) 서로 밀착해 버린다고 대답해야 하리라고 생각된다. 이따금 말해왔듯이 무(無)는 어떠한 연장 속성이나 물질도 없음을 뜻하기 때문에, 두 물체 사이에 아무것도 개입하지 않는다면 그것들이 서로 들러붙음이 필연적인 사실이며, 두 물체가 떨어져 있으면서도, 바꿔 말해서 두 물체 사이에 거리가 있으면서 그 사이에 아무것도 없다고 한다면 분명히 모순이기 때문이다. 거리는 모두 연장의 양태이며, 따라서 어떤 연장된 실체가 그 거리 사이에 없다면 거리도 있을 수 없다.

19 이러한 논거에서 팽창에 대한 논술이 확인된다

이리하여 물체적 실체의 본성은 다만 연장 속성들을 갖는다는 사실에서만 존재한다. 더구나 그 연장 속성들은 아무리 텅 빈 공간이라도 그곳에 일상적으로 있는 그런 연장 속성들이다. 이러한 점을 이해한다면 우리는 다음 사항을 쉽게 인식할 수 있다.

물체적 실체의 어느 부분이 어떤 경우에는 다른 때보다 많은 공간을 차지하는 일이 있는데, 이런 팽창(희박화) 현상은 조금 전에 설명된 방식(연장)과 다른 방식으로는 일어날 수 없다. 그릇 안에 납이나 금, 그 밖에 매우 무겁고 단단한 물체가 채워져 있는 경우가 공기만 들어 있어 공허하다고 생각되는 경우보다 더 많은 물질, 즉 물체적 실체가 있다고 말할 수는 없다. 왜냐하면 물질에 있어 우리가 양(부피)이라고 말할 때 각 부분의 무게나 견고성에는 의존하지 않고 다만 (크기의) 연장만 의미하는데, 이 공기와 금속들의 연장은 같은 그릇 안에서는 언제나 같은 양이기 때문이다.

20 이러한 사실에서 원자는 더 분해될 수 있다는 사실도 증명된다

우리는 원자라고 하는 물질, 즉 그 본성상 나누어질 수 없는 물질에 대해, 더 이상 분해할 수 없는 부분이라는 존재는 없다고 말하는 경우도 인식할 수 있다. 왜냐하면 만일 그러한 물질이 조금이나마 존재한다면 아무리 작은 물질이라고 가상된다 하더라도 반드시 연장 속성들을 갖고 있어야 하므로, 우리는 그 중 어느 물질이든 다시 사유상으로는 둘 또는 더 많은 물질들로 나누어 쪼갤 수 있으며, 따라서 가분적이라고 인식할 수 있기 때문이다.

사실 우리가 무언가를 사유상으로(생각만으로) 나누어 쪼갤 수 있는 이상, 그 것을 우리는 가분적이라고 인식하고 있음이 틀림없다. 그러므로 그것을 불가 분이라고 판단한다면 우리는 인식과 모순되는 상황에 빠지게 된다. 그뿐만 아 니라 신이 물질의 어느 작은 부분을 이제 더 이상 작은 부분으로 쪼갤 수 없게 하기를 바랐었다고 생각해 보아도, 이 부분이 본디 불가분이라고 할 수는 없다. 왜냐하면 신이 이 작은 부분을 피조물(사물)에 의해서는 쪼개어질 수 없도록 했더라도, 자기 자신에게서 그것을 나누어 쪼갤 능력을 없애지는 않았을 것이 확실하기 때문이다. 앞서 지적했듯이 신이 자신의 고유 능력을 축소시키는 일 은 절대 있을 수 없기 때문이다. 따라서 엄밀히 말한다면 물질은 그 본성상 나 누어질 수 없기 때문에 어디까지나 가분적인 물질로서 존재하게 된다.

21 마찬가지로 세계의 무한한 연장(무한한 분할)성도 증명된다

더구나 우리는 세계, 즉 물체적 실체들 전체의 연장 속성들이 무한히 많다 고 인식한다. 왜냐하면 우리는 어느 물질에 그러한 연장 속성들의 한계가 있다 고 상상하더라도, 그 물질 속에 무제한으로 연장된 물체적 실체(작은 미립자들) 가 포함되어 있다고도 인식하기 때문이다. 또한 이미 상세히 제시해 둔 바와 같 이, 연장의 관념(미립자의 무한한 분할 관념)은 그 연장이 어떠한 공간(물체의 내 부) 속에서 인지되건 물체적 실체의 관념과 똑같다고 여겨지기 때문이다.

22 마찬가지로 하늘의 물질과 지상의 물질은 동일하며, 세계는 다수의 존재 가 아님이 증명된다

여기서 다음 사항도 쉽게 결론지을 수 있다. 즉 하늘의 물질과 지상의 물질 은 서로 다르지 않다. 그리고 무수한 세계들이 존재한다 하더라도 그 세계들은 모두 순전히 동일한 물질들로 이루어지지 않을 수 없다. 따라서 다수의 세계는 존재할 수 없고 다만 하나의 세계가 있을 수 있을 뿐이다. 왜냐하면 우리는 연 장 속성들을 포함하는 실체만을 본성으로 하는 모든 물질이 온갖 상상적 공간—현실 세계 이외의 모든 상상적 세계의 존재—을 이미 메우고 있다고 명백하게 이해하는 바이며, 이 세상을 채울 온갖 실체적 물질들 그 이상의 어떠한 물질 관념도 찾아낼 수 없기 때문이다.

23 물질의 모든 변화나 물질의 모양 차이는 모두 운동에 의해 생겨난다

그 때문에 온 우주 가운데에는 동일한 물질이 존재해 있는 셈이 된다. 모름지기 물질은 그것이 연장(같은 속성의 물질이 분해 또는 팽창되는 현상)을 갖는다는 일에 의해서만 물질이라고 알려지기 때문이다. 그리고 물질 속에서 우리가 명석하게 인식하는 특성은, 모든 물질이 여러 부분으로 나뉘어 저마다 각 부분이 움직임으로써 그 여러 가지 운동에 의해 온갖 변용(變容)들이 받아들여질 때 그것이 특징으로 돌려진다는 점이다.

단지 사유상으로만 행해지는 분할은 아무런 변화도 일으키지 않는다. 그 대신 물질의 온갖 변화, 즉 물질의 모든 현상 차이는 운동에 의존한다. 이 사실은 철학자들이 '자연은 운동과 정지(靜止)의 원리이다' 말하고 있는 것으로 보아, 그들에 의해서도 널리 인식되어 있었다고 생각된다. 왜냐하면 그들은 자연을 해석할 때, 모든 물체적 사물들이 물체 또는 물질의 운동에 의해 우리 앞에 그러한 모습을 드러냄으로써 우리가 경험하게 되는 의미로 해석하고 있었기 때문이다.

24 일상적 의미로서의 운동은 무엇인가

그런데 운동(이 공간적 이동 이외의 움직임을 가정해야 한다고는 여겨지지 않으므로 공간적 이동)은 일상적인 의미로 해석하면, '어느 물체가 한 장소에서 다른 장소로 옮겨가는 작용'일 따름이다. 그러므로 앞서 우리는 같은 물건이 같은 시간에 장소를 바꾼다고도 바꾸지 않는다고도 말할 수 있다는 점을 강조해 두었는데, 마찬가지로 같은 물체가 운동을 한다고도 하지 않는다고도 말할 수 있다. 이를테면 배가 항구에서 나갈 때, 배 안에 앉아 있는 사람이 해안으로 눈을 돌려 그 기슭이 움직이지 않는다고 생각한다면, 그때 그는 자기가 움직이고 있다고 생각할 수밖에 없다. 배 안에서는, 그가 그 배의 여러 부분들 사이에서 언제나 같은 위치를 유지하고 있으면 자기가 움직이고 있다고는 생각지 않는다. 그렇기는커녕 우리는 모든 운동은 작용이며, 정지는 작용의 멈춤이라고 생각하므로, 앞서 말한 배 안에서의 경우에는 그가 자기 자신에 대한 어떠한 움직임의 작용도 느끼지 않으므로 그에 대해서는 정지 상태에 있다고 해야 적절하지, 움직이고 있다고 말할 수는 없다.

25 본디 의미로서의 운동은 무엇인가

그러면 일상적으로 사용하는 운동의 뜻이 아니라 어떤 사실에 입각한 운동의 뜻은 어떻게 해석해야 하는가를 고찰하고, 무언가 정해진 본성을 운동에 부여하려고 한다면 우리는 다음과 같이 말할 수 있다.

운동이란 '하나의 물질 부분, 즉 하나의 물체가 그와 직접 인접해 있거나 정지해 있다고 여겨지는 물체의 곁에서 다른 물체의 곁으로 이동하는 일'이다. 여기서 내가 하나의 물체, 즉 하나의 물체 부분이라고 말하는 이유는 함께 이동하는 전체라는 뜻에서이며, 비록 이러한 물체가 더 많은 부분으로 이루어져 있으며, 이 부분들이 서로 붙어 있는 채로 저마다 다른 운동을 하고 있어도 그렇게 말할 수 있다. 그리고 내가 이동하는 물체라고 말하되, 이동시키는 힘이나 작용이 물체에 있다고는 말하지 않는 이유는, 운동이 언제나 움직여지는 물질들 속에 있고, 움직이게 하는 물질들 속에는 없다고 밝히기 위해서이며—이 둘은 아주 엄밀히 구별되지 않는 일이 예사이므로—또 모양은 사물의 양태(가변적 성질)이며, 정지도 사물의 양태에 불과하고 무언가 자립해 있는 것(아무런 영향도 받지 않고 영원히 정지해 있을 물질)은 아님을 밝히기 위해서이다.

26 운동을 위한 작용은 정지를 위한 작용보다 약간의 힘만 더 필요로 한다

그도 그럴 것이, 운동을 위해서는 정지를 위해 쓰이는 작용보다 훨씬 많은 작용이 필요하다고 믿고 있는 점에서, 우리는 커다란 선입견의 포로가 되지 않도록 주의해야 하기 때문이다. 그리고 우리가 어릴 때부터 그와 같은 선입견을 확신해 온 이유는 다음과 같다.

보통 우리 몸은 우리의 의지대로 움직여지며, 이러한 (힘의) 의지를 우리는 내적으로 의식하고 있다. 또 우리의 몸이 정지하는 현상은 다만 신체가 그 무게 때문에 대지에 찰싹 달라붙기 때문인데, 이 무게의 힘을 우리는 감각하고 있지 않아서 정지해 있을 때에는 힘을 주고 있지 않다는 선입견에 젖어 있다. 확실히 우리는 그러한 무게나 그 밖에 우리가 스스로의 손발 속에 일으키고 싶어 하는 운동에 저항하면서, 우리 스스로를 피곤하게 만든다.

우리는 운동을 일으키는 경우가 그 운동을 중지시키는 경우보다 커다란 작용이나 힘을 필요로 한다고 생각하고 있다. 즉 작용은 우리가 자기 손발을 움직이든가, 손발을 사용하여 다른 물체를 움직이든가 하기 위해 스스로 들이는 노력을 말한다고 생각하고 있다. 그러나 그러한 노력은 우리가 외적 물체를 움직이기 위해 필요할 뿐만 아니라 이러한 외적 물체의 운동을 멈추게 하기 위해서도―그 운동을 무게 또는 다른 원인에 의해 멈추게 할 수 없을 때에는―가끔 필요하다는 점을 고려한다면, 앞에서 말한 선입견을 포기하기는 쉽다고 여겨진다. 이를테면 고인 물 위에 정지해 있는 배를 밀어 움직일 경우, 우리는 흘러가는 대로 움직이고 있는 배를 멈추기 위해 반대쪽으로 사용하는 힘보다 훨씬 더 커다란 힘을 사용하게 되지는 않지만, 배를 움직일 때 적어도 조금의 힘은 더 사용하게 된다. 왜냐하면 배에 의하여 앞으로 서서히 떠밀린 물의 무게와 점성(粘性 : 배를 밀 때 받은 물의 마찰력과 반동력)의 크기는 배를 서서히 정지시킬 수 있는 만큼의 (지속적) 힘의 크기와 같아야 하는데, 우리는 갑자기 배를 제자리에 멈추게 하므로 그러한 (서서히 움직이는) 작용이 생략되기 때문이다(따라서 배를 앞으로 지속적으로 민 힘이, 배를 순간에 멈추게 한 힘보다 약간은 크다).

27 운동과 정지는 운동하고 있는 물체의 서로 다른 양태에 불과하다

그러나 운동과 정지의 양태에 있어서는, 운동을 시키는 작용이나 운동을 그만두게 하는 작용 속에 있다고 생각되는 힘(원천적 힘)이 문제가 아니라, 다만 이동과 이동의 부재 혹은 정지가 문제이므로 이 이동(이동 원인)이 운동한 물체의 밖에만 있을 수는 없음이 분명하며, 또 이 물체가 이동될 때와 이동되지 않을 때, 즉 운동할 때와 정지하고 있을 때에는 내적으로도 다른 상태에 있음이 분명하다. 따라서 운동과 정지는 동일한 물체 자체에서 두 가지 다른 양태일 따름이다.

28 본디 의미에서의 운동은 운동하는 물체와 그에 인접해 있는 물체와의 관계에서만 있다

나는 이동의 의미를 '인접해 있는 물체의 곁에서 다른 물체의 곁으로'라고는 덧붙여 설명했지만, '한 장소에서 다른 장소를 향해서'라고는 말하지 않았다. 앞에서 설명했듯이 장소가 의미하는 내용은 여러 가지이며, 우리의 사고방식에 따라 달라질 수 있기 때문이다. 그런데 운동이란 인접해 있는 물체 곁에서 (다른 물체를 향해) 일어나는 이동을 말한다고 해석한다면, 운동이 가능한 물체와 관계되는 물체들은 그 물체와 인접해 있는 특정 물체들뿐이기 때문에, 우리는 운동 가능한 이 물체에서 여러 가지 운동을 인지할 수는 없고 다만 하나의 운동, 즉 다른 특정 물체들 옆으로의 이동만을 인식할 수 있게 된다(장소도 물체가 이동해서 닿아 있는 표면, 즉 부분적 물체라고 할 수 있다).

29 운동은 정지해 있다고 여겨지는 인접 물체들과만 관계를 갖는다

끝으로 나는 그 이동이 단순히 인접해 있는 임의의 물체 곁에서 일어남을 뜻하지 않고, 정지해 있다고 여겨지는 인접 물체 곁에서 일어남을 뜻한다고 덧붙여 말했다. 왜냐하면 이동 자체는 서로 영향을 주고받는 것(정지해 있는 한쪽 물체로부터 다른 물체 쪽이 움직여 멀어질 때, 이는 서로가 운동의 원인을 제공한 셈이다)이기 때문이다.

(《그림1》 참조) 물체 AB가 물체 CD 곁에서 이동한다고 생각한다면, 동시에 물체 CD가 물체 AB 곁에서 이동했다고도 생각해야 하며, 그 이유는 어느 쪽에서도 그야말로 힘과 작용을 필요로 하기 때문이다. 따라서 만일 우리가 운동에서 다른 원인들과는 관계가 없는, 그야말로 고유의 본성적 운동을 인식하길 바란다면, 인접해 있는 두 물체 가운데 한쪽은 이쪽(F지점)으로 다른 쪽은 저쪽(E지점)으로 이동하여 서로 갈라지는 경우에 두 물체에 똑같은 정도의 움직임이 있다고 말해야 한다.

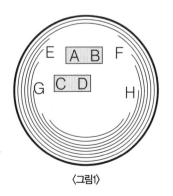

〈그림1〉

그러나 이는 우리의 일상적 표현 방식과는 너무 다르다. 왜냐하면 지구 위에 서 있는 우리로서는 이렇게 이 장소에 서 있는 상태를 정지 상태로 간주하는 데 익숙해져 있으므로, 비록 지구의 작은 부분들(예를 들어 토지)이 다른 더 작은 물체들(예를 들어 건물들)에 인접해 있고, 그 물체들 즉 토지와 건물이 함께 이동하는 현상을 본다고 하더라도, 그렇다고 해서 지구가 운동(이동)한다고 생각할 사람은 없기 때문이다.

30 인접한 두 물체가 서로 분리될 때 둘 중 한쪽 물체가 운동한다고 말하는 이유는 무엇인가

이렇게 말하는 주요 이유는, 운동은 모든 운동하는 물체에 해당한다고 하는 것, 그래서 지구의 어떤 지점이 이 지구에 인접해 있는 아주 작은 물체로부터 이동한다고 해서 그 이동이 지구 전체의 운동이라고는 생각되지 않는다는 데에 있다. 왜냐하면 같은 지구상에서, 이런 종류의 이동 가운데 대부분이 서로 반대 방향으로 일어나고 있는 현상도 이따금 볼 수 있기 때문이다.

이를테면 〈〈그림1〉 참조) 물체 EFGH가 지구(지구의 표면 지점)라 하고, 그 위를 물체 AB가 E에서 F로, 물체 CD가 H에서 G로 동시에 이동한다고 하면, 이로써 물체 AB에 인접해 있는 지구의 지면 B도 A로 이동(환경 변화)했다고 할 수 있으며, 또 이러한 지구 지면의 이동(상태 변화)을 위한 작용이 단순한 물체 AB의 이동보다 영향력이 작다든가 성질이 다르다든가 하는 일은 없지만, 그렇다고 해도 우리는 지구 자체가 B에서 A로, 즉 동쪽에서 서쪽을 향해 운동한다고는 생각하지 않는 것이다. 만일 그렇게 생각한다고 하면 마찬가지로 물체 CD에 인접해 있는 지구의 부분도 C에서 D로 이동한다고 해야 하므로, 지구 자체가 이번에는 또 반대 방향으로, 즉 서쪽에서 동쪽으로 운동한다고도 생각해야 하는데, 이러한 두 가지의(동시적) 결론은 서로 모순되기 때문이다. 따라서 우리는 우리의 일상적인 표현법에서 너무 떨어지는 일이 없도록, 이 경우에는 지구가 움직인다고 하기보다 다만 물체 AB와 물체 CD가 움직인다고 해야 한다. 그리고 이는 다른 경우에 대해서도 마찬가지이다. 그러나 운동하는 여러 물체들 속에서, 그 물체들을 운동하게 한다고 말할 수 있는 실재적이며 적극적인 원인들은 모두 그 운동 물체 가까이에 있다. 더구나 오로지 정지 상태로 간주되고 있는 다른 여러 물체들 속에도 그 적극적 운동 원인이 있다고도 생각된다.

31 어떻게 같은 물체에 서로 다른 무수한 운동이 존재할 수 있는가

하나하나의 물체 운동은 그 물체에 인접해서 정지해 있는 어떤 일정한 물체에서 멀어져 가는 운동으로서만 생각함으로써, 저마다 자기에게 고유한 운동을 단지 하나밖에 갖지 않는다고 하지만, 만일 그 물체가 자기와는 다른 운동을 하고 있는 다른 물체(본체)에 붙어 일부를 이루고 있는 경우에는 다른 무수한 운동에 관여할 수도 있다. 이를테면 누군가 배 위를 걷고 있는 사람이 호주머니에 시계를 갖고 있다고 한다면, 그 시계의 톱니바퀴는 그 사람의 호주머니 속에서 고유한 단 하나의 운동을 하고 있다. 그러나 걷고 있는 사람과 결부되어 그 시계가 그 사람과 함께 하나의 물질 부분을 구성하고 있는 한 다른 운동들에도 관여하고 있으며, 바다 위를 항해하는 배에 결부되어 있을 때에는 그에 따른 다른 운동에, 바다 그 자체에 결부되어 있을 때에는(바다에는 물결이 일렁이고 있으므로) 그에 따른 다른 운동에, 마지막으로 지구 자체에 결부되고 있을 때에는, 만일 지구 전체가 확실히 움직이고 있다고 한다면 다시 또 다른 운동에 관여하게 된다.

이러한 시계의 운동은 사실 모두 그 톱니바퀴 속에 있으며, 그렇게 다른 많은 운동을 동시에 이해하는 일도, 전부를 인식하는 일도 쉽지 않으므로, 어떤 물체에 있어서도 그 물체에 고유한 하나의 운동을 고찰하는 일만으로 충분하다고 하겠다.

32 본디 의미의 운동이 각 물체에 있어 단 하나밖에 없는데도, 물체가 다수의 운동을 한다고 생각하게 되는 이유는 무엇인가

각 물체에 고유한, 단 하나의 운동은 많은 운동에 관여한다고 생각될 수도 있다. 이를테면 마차 바퀴에 있어 두 가지 운동이 구별되는 경우가 그렇다. 즉 그 운동의 하나는 차축을 도는 원운동이며, 다른 하나는 마차가 지나는 길의 직선 길이를 따라가는 직선운동이다. 그렇다고 해서 이와 같은 운동이 실제로 분리되어 있지는 않다. 그것은 (마차 바퀴의 원운동이든 길 위에서의 직선운동 자국이든) 운동하는 물체(바퀴)의 각 점들이 똑같이 하나의 선(線)을 그린다는 사실로써 분명하다. 그러나 선이 대단히 구부러져 있기 때문에, 다수의 다른 운동들도 개입되어 있는 듯 보이는 일이 가끔 있다. 왜냐하면 온갖 선들은 그 가운데서 가장 단순한 직선까지도, 마찬가지로 무수한 다른 운동들이 개입되어 생겼다고 상상되는 수가 있기 때문이다.

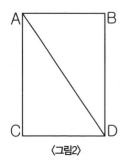

이를테면 (〈그림2〉 참조) 선 AB가 CD를 향해 이동하면서(직사각형이 생기고), 동시에 점 A가 B를 향해 이동한다고 하면(즉 대각선 운동이 생기면) 점 A가 그리는 직선 AD는, A에서 B로의 운동과 AB에서 CD로의 운동의 동시적 직선운동에 의존하는 것인데, 이것은 수레바퀴의 임의의 점이 동시에 직선운동과 원운동을 한다는 이치와 마찬가지이다.

〈그림2〉

따라서 이렇게 하나의 운동을 많은 부분으로 가르는 일은, 그 운동의 인식을 한결 쉽게 하기 위해 도움이 되는 경우가 흔히 있다. 그러나 절대적인 표현법을 쓴다면 각 물체에는 저마다 단 하나의 운동밖에 없다고 간주해야 한다.

33 어떻게 모든 운동에서 여러 물체들이 완전한 원을 그리며 동시에 움직이는가

앞에서 주의해 둔 사항, 즉 모든 장소는 물체에 의해서 채워져 있다는 것, 그리고 같은 크기의 물질 부분이 늘 같은 크기의 장소에 비례해 인접해 있다(같은 물체가 차지하는 장소의 면적이나 크기는 언제나 서로 같다)는 것으로부터 어느 물체도 원을 이루며 운동(지구의 둥근 표면 위를 돌며 채우는 물체의 교체 이동)하지 않을 수 없다고 결론짓게 된다. 어느 물체가 다른 물체를 밀어내며 대신 그 장소에 들어가면, 밀려나간 물체는 또 다른 물체를 밀어내고 대신 들어앉으며, 이것은 또 다음 물체를 밀어낸다는 식으로 맨 마지막 물체에까지 이르게 되는데, 이 마지막 물체는 맨 처음 물체가 떠나는 순간에 그 비어 있는 장소에 들어간다. 이것은 완전한 원의 경우에는 쉽게 이해된다.

왜냐하면 (〈그림3〉 참조) 원의 부분 A가 B를 향해 움직이려면, 동시에 부분 B가 C를 향해, C가 D를 향해, D가 A를 향해 움직이기만 하면, 진공이나 팽창 또는 압축도 분명히 생겨나지 않기 때문이다. 그러나 같은 일에 있어, 완전하지 않은 원운동이라 하더라도, 더구나 그 원운동이 아무리 불규칙하다고 해도 장소의 모든 부등성(不等性)이 부등한 운동 속도에 맞추어져 어떤 식으로 보완되

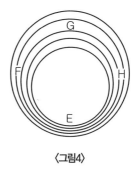

〈그림3〉   〈그림4〉

는가에 주의하기만 하면 (원활한 순환을) 이해할 수가 있다.

이를테면 (〈그림4〉 참조) 공간 EFGH에 포함되어 있는 온갖 물질들이 아무런 압축이나 진공 없이 원을 이루어(원활하게) 운동하고, E에 있는 물질 부분이 G를 향해 이동하는 만큼의 시간으로, G에 있는 물질 부분이 E를 향해 이동할 수 있다. 또한 그러기 위해서는 G 지점에서의 공간 폭이 E 지점에서보다 네 배 넓고, F와 H에서보다는 두 배 넓다고 가정되는 경우, E에서의 운동(교체 이동)은 G에서보다 네 배 빠르고, F와 H에서보다는 두 배 빠르게 이루어지면 된다. 이렇게 해서 나머지 장소에서도 운동의 속도가 장소의 좁은 점을 보완하여 조절되기만 하면 원활한 원운동이 이루어질 수 있다. 이런 식으로 한다면 물질이 임의의 일정 시간 동안 그 원의 한 부분을 통과하여, (속도 조절에 의해) 같은 만큼의 물질이 다른 부분으로 이동하게 되기 때문이다.

34 여기서 물질은 무수히 작은 부분(입자)들로 분할된다는 결론이 나온다. 단, 이 아주 작은 부분은 우리에게는 파악되지 않는다

그러한 물질의 운동 속에 어떤 참의 성질이 있음을 우리 정신은 알고 있지만, 어떻게 해서 그 참의 성질이 생기는지는 아직 파악되지 않고 있다고 고백하지 않으면 안 된다. 물질의 아주 작은 부분(입자)이 무한히 나누어진다는 것, 즉 무제한의 분할을 이해하고는 있으나 아직 발견되지는 못했다. 더구나 그 분할은 더할 나위 없이 많은 부분으로의 분할이라고 생각되며, 이러한 부분들은 모두 우리가 그 부분을 아무리 미세하다고 단정하더라도 실제로는 그보다 더 작은 부분들로 분할되어 있으리라고 생각하지 않을 수 없을 정도이다.

왜냐하면 지금 공간 G를 채우고 있는 물질이 G와 E의 사이에 있어 무수한 단계를 거쳐 차츰 작아지는 모든 공간을 잇달아 채워 간다는 일은, 그 물질의 어떤 부분이 이렇게 차츰 작아지는 여러 공간들에 자기 형태를 적절히 대응시키지 않는다면 불가능하며, 또 이렇게 하기 위해서는 그 물질을 이루고 있다고 상상할 수 있는 한의 아주 작은 부분들—이것들은 실로 무수히 있다—이 서로 약간은 떨어져 쪼개지지 않으면 안 되는데, 이러한 작은 부분들 사이의 간격은 아무리 근소하게 생겨나도 (순환을 위해서는 달리 생각할 수 없는) 참된 분할이기 때문이다.

35 그러한 분할은 어떻게 일어나는가. 또 그 분할은 비록 파악되지 않는다 해도 왜 의심해서는 안 되는가

여기서는 물질 전체에 대해서가 아니라 다만 물질의 어떤 부분에 대해서만 말하고 있다는 점에 특히 주의를 기울여야 한다. 왜냐하면 비록 G(넓은 공간) 속에는 E(좁은 공간)와 같은 만큼의 넓이를 가진 물질 부분 두셋과, 그 밖에도 더 많은 작은 부분들이 나누어지지 않은 채 있다고 가정하더라도, 어떻게든 방향을 바꾸는 동시에 자기 모양을 바꿀 수 있는 부분들이 거기에 섞여 있기만 하면 이 부분들이 모두 E를 향해 원운동을 한다고 생각할 수도 있기 때문이다. 그러니까 이러한 가변적 물질 부분들이 모양을 그다지 바꾸지 않고도 다만 지나가야 할 통로의 폭에 맞추어 운동 속도만을 맞추는 아주 작은 부분들과 결부되어서 본디 모양의 물질들이 차지하지 못했던 구석구석을 남김없이 채우기만 하면 말이다.

우리는 그와 같은 무제한의 분할이 생기는 이유를 사유에 의하여 파악할 수는 없더라도, 그러한 분할이 현재 일어나고 있음을 의심해서는 안 된다. 왜냐하면 우리는 물질의 본성이 분할임을 명증적으로 인식하고 있으며 또한 필연적 귀결이라는 점도 명석하게 알고 있고, 또 그 분할이 우리 정신으로써는—우리 정신이 유한하므로—포착할 수 없는 어떤 물질에까지 계속되리라는 사실도 알고 있기 때문이다.

36 신은 운동의 제1원인이며, 우주 안에 언제나 동일한 운동량을 보존한다

운동의 본성이 이와 같이 검토된 이상 이제 운동의 원인을 고찰하지 않으면 안 된다. 그리고 이에는 두 가지 방식이 있다. 그 하나는 보편적인 제1원인인데, 이것은 세계 속에 있는 모든 운동의 일반적인 원인이다. 다른 하나는 특수한 원인으로, 개개의 물질 부분이 이전에는 하지 않았던 운동을 새로이 하게 되는 원인이다. 그리고 보편적 원인은 오직 신 자체일 뿐이라는 사실이 명백하다고 나에게는 여겨진다.

신은 처음에 물질을 만들 때, 운동과 정지를 함께 창조했다. 지금도 또한 그 때의 물질들 전체 속에 있었던 양과 같은 양의 운동(운동의 힘)과 정지(정지의 힘)가 스스로의 일상적인 힘에만 의존하여 보존되어 있다. 왜냐하면 움직여진 물질의 운동은 양태일 따름이기는 하나 확정된 부동(不動)의 양(한계량)을 갖고 있으며, 이 양이 우주의 개체적 부분에 있어서는 변화하더라도 우주 전체로서는 언제나 동일하다고 우리는 쉽게 이해하기 때문이다. 따라서 물질의 한 부분이 다른 부분의 두 배 속도로 운동하는 동시에, 후자(속도가 느린 물질)가 전자(속도가 빠른 물질)의 두 배 크기라고 한다면, 이 경우에는 작은 쪽의 부분이든 큰 쪽 부분이든 같은 만큼의 운동량을 가진다고 생각된다. 또 한쪽 부분의 운동이 느려져 정체됨에 따라 그와 같은 크기의 어느 다른 부분의 운동은 (소통을 위해) 그만큼 빨라진다고 생각된다.

그리고 신에게 완전성이 있다고 하는 이유는 단지 신 자신의 불변성 때문만이 아니라, 신이 가능한 한 항상적(恒常的)이며 불변의 방식으로 활동한다는 점에도 있음을 우리는 알고 있다. 따라서 뚜렷한 경험이나 신적 계시에 의하여 확실하다고 보증되는 변화가 창조주의 일임과 동시에, 창조주 속에 아무런 변화가 없더라도 변화가 생긴다고 인정되든가 믿어지든가 하면 그것도 창조주의 일로 생각해야 한다. 창조주 자체를 불안정한 존재로 여겨서는 안 되기 때문이다. 그래서 신은 최초에 모든 물질 부분을 창조했을 때부터 그 물질 부분들을 갖가지 방식으로 움직였으며 지금도 창조했을 때와 똑같은 방식과 비율로 (우주 안의) 물질 전체를 보존하고 있다는 사실만으로, 신은 또 물질 전체 속에 언제나 같은 양의 운동을 보존하고 있다고 믿는 것이 가장 합리적이다.

37 자연의 제1법칙. 어떠한 물질이든 될 수 있는 한 언제나 같은 상태를 유지하려고 한다. 따라서 일단 움직여지면 언제까지나 계속 움직이고자 한다

마찬가지로 신의 불변성으로부터 어떤 규칙, 즉 자연법칙을 인식할 수 있다. 신의 불변성이야말로 개개의 물체 속에 인지되는 갖가지 운동의 이차적이며 특수한 원인이다. 그러한 자연법칙의 첫째는, 나누어져 있지 않은 단일한 모든 사물은 될 수 있는 대로 언제나 같은 상태를 유지하며, 외적 원인에 의해서가 아니면 결코 변화하지 않는다는 사실이다. 그래서 만일 물질의 어느 부분이 사각형이라고 한다면, 그 모양을 바꾸는 원인은 무언가 다른 데서 오며 그 사각형은 영원히 사각형인 채 있으리라고 우리는 쉽게 확신할 수 있다. 또 만일 그 사각형이 정지하고 있다면, 어떤 원인이 주어지지 않는 한 움직이기 시작하리라고는 믿어지지 않는다. 마찬가지로 만일 움직이고 있다면, 그 사각형이 다른 원인의 방해를 받는 일 없이 자기 스스로 운동을 중단하리라고 생각할 이유도 없다. 따라서 일단 움직여진 물질은 될 수 있는 한 언제까지나 운동을 계속한다고 결론지어야 한다.

그러나 우리가 살아가는 이 땅 위의 세계에서는, 우리 근처에서 일어나는 모든 운동이 잠시 뒤에는 멈추도록 만들어져 있다. 더구나 우리들 저마다에게는 나타나지 않는 원인에 의하여 운동이 중단되도록 만들어져 있으므로, 우리는 어릴 때부터 그와 같이 우리가 모르는 원인에 의해 중단되는 운동을 보면 그것이 저절로 멈춰지는 것이라고 판단하곤 했다. 또 지금도 우리 자신이 많이 경험했다고 여기는 경우만을 모든 사물에 적용시켜 본다면, 운동은 그 본성상 차츰 정지하기 마련이다. 바꿔 말해서 정지를 향해 가고 있다고 판단하기 쉽다. 그러나 이것이 자연법칙에 완전히 어긋남은 분명하다. 왜냐하면 정지(停止)는 운동과 반대되는 현상이므로, 그리고 어떠한 존재도 자기의 고유한 본성에 어긋나는 방향으로 작용할 리가 없으므로 그 움직임을 멈출 이유가 없기 때문이다. 즉 자기 스스로 파멸을 향해 나아간다는 것은 본성적으로 불가능하기 때문이다.

38 던져진 물체의 운동에 대해서

던져진 어떤 사물의 현상을 보면서 날마다 우리가 경험하는 바에 따르면, 앞서 논술한 규칙은 완전히 확증된다. 던져진 물체는 던지는 손에서 떨어져 나간 뒤에도 잠시 동안은 운동을 그치지 않는데, 그 이유는 일단 움직여진 물체는 부딪치는 물체에 의해서 저지될 때까지는 운동을 지속하기 때문이라고 생각할 수밖에 없다. 그리고 던져진 물체가 공기나 어떤 유체(流體, 기체와 액체) 속에서 운동을 하며, 점차 이러한 유체에 의해 멈추게 되는 것이 보통의 현상이다. 그래서 그 운동이 길게 지속될 수 없다는 사실이 명백하다.

공기가 다른 물체의 운동에 저항하는 감각을 우리는 직접 체험한다. 이는 부채로 공기를 움직여 본 적이 있었던 우리의 촉각이 엄연히 인식할 수 있는 바이며, 새가 난다는 사실(날개 밑의 공기저항력)이 떠다니는 물질들의 저항력을 확증하고 있다. 또한 모든 유체들 가운데에서 던져진 물체의 운동에 가장 저항을 하지 않는 물질이 바로 공기라는 것은 명백한 사실이다.

39 자연의 제2법칙. 모든 운동은 그 자체로서는 직선운동이다. 따라서 원운동을 하는 물체는 언제나 그려지는 원의 중심에서 멀어지려는 성향을 갖고 있다

자연의 제2법칙은, 모든 물질 부분들은 하나하나 따로 보면 결코 곡선을 따라서가 아니라 다만 직선을 따라서 운동을 계속하려는 성향이 있다는 사실이다. 물론 많은 물질 부분들은 다른 물질 부분들과의 충돌 결과, 진로를 바꿔야 할 때가 자주 있다. 또 좀 전에 논술한 대로, 어떠한 운동에 있어서든 물질이 모두 동시에 움직일 때에는 전체적으로 하나의 원운동(예를 들면 지구 표면에서의 원 이동)을 이룬다. 하지만 이 규칙의 근거는, 앞에서 진술한 규칙(자연의 제1법칙)의 경우와 마찬가지로 신이 물질 속에 운동을 보존하는 활동을 할 때에는 (신의) 불변성과 단순성이 우리에게 보여진다는 사실이다. 즉 신은 물질의 운동력이 보존되는 바로 그 순간의 상태대로 물질을 보존할 뿐이며, 그보다 전에 그 운동이 어떠한 상태에 있었는가 하는 것에는 아무런 고려도 하지 않는다.

어떠한 운동도 순식간에 일어나지는 않지만, 모름지기 운동하고 있는 물체는 매 순간에 다음 순간의 운동을 지시하므로, 어떤 방향으로의 직선을 따라 운동하도록 사전에 정해져 있음이 명백하다. 이를테면 〈그림5〉 참조) 투석기 EA

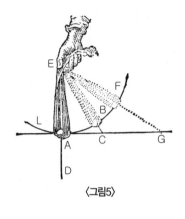

속에 있는 돌 A가 원주(圓周) ABF 위로 휘둘릴 때 그 돌은 점 A에 있는 순간에는 어느 방향을 향하여, 꼭 C를 향하여 직선운동을 하도록—여기서 직선 AC는 원의 접선이다—본디 정해져 있다. 곡선운동을 하도록 정해져 있다고는 상상할 수가 없다. 비록 돌이 그때까지는 L에서 A로 곡선 위를 진행해 왔더라도, 이미 점 A에 있는 이상은, 이 돌 속에 그러한 곡선운동의 기억

〈그림5〉

이 온전히 남아 있다고는 생각할 수 없다.

이 일은 또 경험에 의해서도 확인할 수 있다. 만일 그때에 돌이 투석기에서 내던져지면 그것은 B를 향해서가 아니라 C를 향해서 운동을 계속하게 됨을 보게 되기 때문이다. 이로부터 원운동을 하고 있는 물체는 모두 자기가 그리는 원의 중심에서 (직선상으로) 멀어지려는 경향을 (본성적으로) 언제나 갖고 있다는 결론이 나온다. 우리가 투석기로 돌을 휘두를 때, 손에서 느끼는 감각에 의해 이 돌의 힘을 경험할 수 있다. 그리고 이러한 고찰은 앞으로도 자주 쓰이게 되므로 세밀히 주의할 필요가 있으며, 뒤에서 더 상세히 설명하겠다.

40 자연의 제3법칙. 한 물체가 더 힘센 다른 물체와 충돌하면 그 운동성을 전혀 잃지 않으며, 더 힘이 약한 물체와 충돌하면 그 약한 물체에 옮겨지는 만큼의 운동성만을 잃는다

자연의 제3법칙은 다음과 같다. 운동하고 있는 물체가 다른 물체와 충돌하는 경우, 만일 이 운동 주체가 갖는 직선으로 나아가는 힘이 그에 저항하는 다른 물체의 힘보다 작으면, 운동 주체는 방향을 다른 곳으로 바꾸게 되지만, 이때 그것은 자신의 운동은 그대로 유지한 채 운동 방향만 잃는다. 이에 반하여 만일 운동하는 주체의 직선으로 나아가는 힘이 다른 물체의 저항력보다 크면, 운동 주체는 자기와 부딪힌 물체를 움직이면서 운동을 계속 이어가기 위해 들이는 양만큼의 운동성을 잃는다. 따라서 우리가 보는 바와 같이, 몇 가지 단단한 물체를 던졌을 때 이 물체들이 다른 단단한 물체와 부딪치면 운동이 정지

되지 않고 반대 방향으로 튕겨 나가는데, 이와 반대로 부드러운 물체에 부딪치면 자신의 운동성이 모두 쉽게 이 물체에 흡수되어 버리므로 바로 정지하게 된다.

그리고 모든 물체에 일어나는 변화의 특수한 원인은, 모두 이 제3법칙 속에 포함되어 있다. 적어도 그 자체가 물체인 한에서의 원인은 그렇다. 일부러 이렇게 물체에 한정하여 이해를 구하는 이유는, 인간의 정신이나 천사의 정신이 물체를 움직이는 힘을 가지고 있는가, 또 있다면 그것은 어떠한 힘인가 하는 부분은 여기서 논하지 않고 인간론을 위해 미루어 둘 작정이기 때문이다.

41 이 규칙(제3법칙)의 앞부분(충돌시 운동성을 잃지 않는 경우)에 대한 증명

이 법칙의 앞부분은 다음 사실에서 증명된다. 운동 자체와 그 운동이 나아가는 방향은 별개의 속성이며, 이 때문에 방향이 바뀌어도 운동의 본성 자체는 그대로 변함이 없다. 왜냐하면 앞서 서술한 대로 복합적이지 않은 단일한 사물은 모두 외적 원인에 의해 파괴되지 않는 한 언제나 자신의 존재를 보존하려 하는데, 운동의 경우가 바로 그렇기 때문이다.

앞으로 나아가서 단단한 물체와 부딪치는 경우에 그 물체의 운동이 같은 방향으로 유지되지 못하도록 방해하는 원인이 나타나기는 하지만, 운동 자체를 소멸시키든가 감소시키든가 하는 원인은 나타나지 않는다. 왜냐하면 운동 자체는 운동하려는 성질, 다시 말해 움직임에 반대되는 것이 아니므로 방향이 바뀌었다고 해서 운동의 본성이 감소할 리가 없기 때문이다.

42 뒷부분(충돌시 운동성을 어느 정도 잃는 경우)에 대한 증명

나머지 부분도 신의 활동의 불변성이라는 점에서, 즉 신은 자신이 세계를 이전에 창조했듯이 그와 같은 작용에 의해 지금도 세계를 끊임없이 보존하고 있다는 데서 증명된다.

모든 세계가 물체에 의하여 채워져 있으며, 더구나 모든 물체가 직선으로 움직이려는 성질을 가지고 있으므로, 신은 세계를 창조한 처음부터 세계의 갖가지 부분을 갖가지 방법으로 움직였을 뿐만 아니라, 동시에 또 어느 부분이 다른 부분과 충돌하여 자신의 운동을 다른 부분에 전달하기도 했음은 분명하다.

그래서 신은 지금도 세계를 창조했을 때와 같은 작용에 의해 같은 법칙을 유지해 오고 있는 이상, 운동성도 언제나 같은 물질 부분 속에 머무르지는 않더라도 물질의 여러 부분이 서로 충돌하면서 운동성이 한 부분에서 다른 부분으로 이동되어 유지된다는 결과가 된다. 따라서 피조물들의 이 부단한 변화(물체들 사이의 부단한 충돌과 이에 따른 운동의 지속적인 전달) 자체가 신의 불변성을 증명해 주는 것이다.

43 물체 하나하나가 작용하거나 저항하는 힘은 어디에 존재하는가

우리가 여기서 주의 깊게 고려해야 할 사항은, 각 물체가 다른 물체에 대해서 작용하든가, 다른 물체 작용에 저항하든가 하는 힘이 어디에 존재하는가 하는 것이다. 이것(물체의 작용하는 힘 또는 저항하는 힘)은 처음에 세워진 법칙(자연의 제1법칙)에 따라, 어떠한 물체이든 될 수 있는 한 실제로 그 물체가 놓여 있는 상태대로 유지하려는 성질이 있다는 점에서 운동의 힘이 지속된다고 할 수 있다. 이 때문에 다른 물체와 결합해 있는 물체는 분리를 막을 수 있는 힘을 가지고 있고, 분리되어 있는 물체들은 분리된 상태를 지속할 수 있는 힘을 가지고 있으며, 분리 정지(靜止)해 있는 물체는 그 정지 상태를 유지할 수 있는 힘, 따라서 정지 상태를 바꿀지도 모르는 힘 모두에 저항하여 정지해 있으려는 힘을 가지고 있다.

움직이고 있는 물체는 같은 속도를 유지하며 같은 방향으로 나아갈 수 있는 힘을 가진다. 그리고 이러한 힘(운동 상태를 유지하는 힘)은, 그 힘이 포함되어 있는 물체의 크기나 그 물체의 표면 크기에 따라서 측정되어야 한다. 또는 이러한 운동력의 측정은, 운동 속도나 갖가지 물체가 서로 충돌하는 방법의 본성과 그 대립 정도에 따라서 측정되어야 한다.

44 운동은 운동하려는 성질이 아니라 정지하려는 성질과 대립한다. 또한 한 방향으로 나아가려는 운동 규칙은 반대 방향으로 나아가려는 운동 규칙과 대립한다

주의해야 할 일이 있다. 이때의 대립은 어떤 하나의 운동과, 같은 속도를 가진 다른 운동 사이의 대립이 아니다. 여기에서는 다만 두 가지 방식의 대립을 찾아볼 수 있는데 그 하나는 운동과 정지 사이의 대립이거나, 또는 운동의 느림이 운동의 정지하려는 성질을 함께 포함하고 있으므로 나타나게 되는 운동의 빠름과 느림 사이의 대립이다.

다른 하나는, 어떤 방향으로 운동하는 물체와, 정지해 있거나 다른 운동을 하고 있는 물체 사이에 충돌이 일어났을 때의 대립이다. 그리고 이러한 대립의 정도는 다른 물체를 향해 나아가 부딪치는 물체가 취하는 운동 방향에 따라 커지기도 하고 작아지기도 한다.

45 물체 하나하나의 운동성이 다른 물체와 충돌하면서 얼마만큼 변화하는가를 알 수 있는 방법

이 같은 이유로 물체 하나하나가 다른 물체와 충돌하면서 어떻게 스스로 움직임을 증감하는가, 또는 방향을 바꾸게 되는가를 우리가 확인할 수 있기 위해서는, 개개의 물체 속에 운동하는 힘이나 운동에 저항하는 힘이 어느 정도 있는가를 계산하고, 힘센 쪽의 물체가 언제나 더 큰 작용을 한다는 사실을 명확하게 확신하기만 하면 된다.

그리고 이와 같은 계산은, 서로 충돌하는 물체가 두 가지이며, 더구나 이 물체들이 완전한 개체로서 다른 모든 물체로부터 완전히 분리되어 있기 때문에, 이들 두 물체의 운동이 주위에 있는 다른 물체들에 의해 변화를 겪지 않는다는 조건 아래 더욱 쉽게 계산될 수 있다. 왜냐하면 그러한 조건 아래에서 이 두 물체는 다음의 여러 규칙들에 따른 결과들을 단정할 수 있기 때문이다.

46 제1법칙

첫째로 《그림6》 참조) 이들 두 물체, 이를테면 B와 C가 똑같은 크기이고 같은 속도로 운동한다면, 그리고 B는 오른쪽에서 왼쪽으로, C는 B와 정반대로 왼쪽에서 오른쪽으로 운동하여 서로 부딪친다면 이 두 물체는 서로 방향이 뒤바뀌게 되어, 이번에는 B가 왼쪽에서 오른쪽으로 C는 오른쪽에서 왼쪽으로 운동을 계속하되 둘 다 본디 속도를 전혀 잃지 않는다(공기의 저항력, 또는 어떤 방해도 없다는 조건에 한해서).

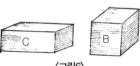

〈그림6〉

47 제2법칙

둘째로 B가 C보다 크기가 아주 조금이라도 크고 다른 점들은 모두 그대로라고 하면, (B가 C쪽으로 운동할 때) B에 부딪힌 C만이 (B의 크기에 밀려) 방향이 뒤바뀌면서 둘 다 왼쪽을 향해 같은 속도로 함께 움직이는 결과가 된다(다만 운동 속도는 C의 무게, 즉 정지력만큼 줄어든다).

48 제3법칙

셋째로 이때 B와 C 둘 다 크기는 같으나 B가 C보다 조금이라도 더 빠르다면, 둘 다 왼쪽으로 운동을 계속할 뿐만 아니라 B와 C의 속도 차이 절반이 C로 옮겨지는 결과가 된다. 즉 맨 처음 B에는 6의 속도가 있고 C에는 4의 속도밖에 없었다고 하면, 서로 충돌한 뒤에는 저마다 5의 속도로 왼쪽(C쪽)을 향하는 결과가 된다는 말이다.

49 제4법칙

넷째로 물체 C가 완전히 정지해 있고 B보다 조금 크다면, B는 C를 향해 어느 정도 빠른 속도로 운동하더라도 C를 움직이지 못하고 C에 의해 반대 방향으로 튕겨진다. 왜냐하면 정지해 있는 물체는 자기를 향해 운동해 오는 물체의 속도가 느린 경우보다는 빠른 경우에 더 강하게 저항하기 때문이다. 더구나 이 둘의 크기 차이가 클수록 저항의 정도는 증가하기 때문에, 크기가 더 큰 C의 저항력은 언제나 B의 추진력이 클수록 커지며, 또한 크기 자체 때문에 크기도 하다.

50 제5법칙

다섯째로 정지해 있는 물체 C가 B보다 작다면, 크기가 큰 B가 C를 향해 아무리 느리게 운동하더라도 C는 B와 함께 움직이게 되며, 게다가 자기가 가지고 있는 운동량을 어느 정도 C에 전한 뒤에는 둘 다 같은 속도로, 그리고 B의 운동 방향으로 움직일 것이다.

B가 C보다 두 배 크다면, B는 C에 자기 운동량의 3분의 1만큼(B의 크기는 6, C의 크기는 3인 경우, C는 총합계인 9의 3분의 1 크기만큼이므로)을 전달하게 된다.

그리고 운동량의 3분의 1이 물체 C를 움직이는 속도로 쓰이고, 나머지 운동량 3분의 2, 즉 두 배의 운동량이 두 배 크기의 물체 B를 움직이는 데 쓰이기 때문에 속도(평균속도)는 같아진다. 이로써 몸체가 큰 B는 C와 충돌한 뒤에 이전 운동량의 3분의 1만큼 느리게 운동하는 셈이 된다. 바꿔 말해서 이 상태로 2피트의 공간을 이동하려면, 이전에 3피트 공간을 이동했을 때 필요했던 운동량에 해당하는 시간을 필요로 하게 된다. 마찬가지로 B가 C의 세 배 크기라고 한다면 자기 운동의 4분의 1을 전달할 것이다. 다른 경우에 대해서도 이와 마찬가지이다.

51 제6법칙

여섯째로 정지해 있는 물체 C의 크기가, C를 향하여 운동하는 물체 B와 정확하게 똑같다면 C는 B에 의해 밀리는 동시에 B는 반대 방향으로 도로 튕겨지기도 한다. 예를 들어 B가 C를 향하여 4의 속도로 왔다면, B는 1의 속도를 (자기와 같은 크기의) C에 전해 주고 나머지 3의 속도로 반대 방향으로 나아가게 된다.

52 제7법칙

끝으로 B와 C가 같은 방향으로 운동할 때 C를 쫓는 B가 C보다 빨라서 마침내 C를 따라붙는다 하고, 또 C는 B보다 크지만 B와 C의 속도 차이가 C와 B의 크기 차이보다 크다면, B는 자기 운동(운동 속도)량의 초과분으로 자기 운동 방향으로 조금 더 나아가게 된다. 이에 반하여 B의 속도(속도의 힘) 초과분이 C의 크기(크기의 힘) 초과분보다 작다면, B는 반대 방향으로 도로 튕겨져 자기 운동량 모두를 보존하는 셈이 된다(작은 힘이 큰 힘과 차이가 클 때, 작은 힘은 보존되어 반대 방향으로 튕겨져 나간다. 큰 힘이 작은 힘을 밀 때는 큰 힘이 작은 힘만큼 잃고, 나머지 힘으로 작은 힘과 함께 나아간다—제40항 제3법칙 참조). 그리고 이러한 초과분은 다음과 같이 계산된다.

C가 B보다 두 배 클 때 B가 C보다 두 배 빠르지 않다면, B는 C를 밀쳐 움직이지 못하고 반대 방향으로 도로 튕겨진다. 하지만 B가 C보다 두 배 이상의 속도로 운동한다면, B는 C를 밀쳐 움직이게 된다.

상세히 말해서 C가 크기는 두 배이지만 속도는 단지 2이고, B는 5의 속도를 갖는다면, B와 C가 충돌할 때 B의 속도 5 가운데 2가 C에 주어지는데(그러면 이제 C의 속도는 4이고 B의 속도는 3이다), 이 2의 속도가 C에 옮겨지면 C가 B의 두 배 크기이므로 추가로 주어진 속도 2의 반인 1의 속도 증가 효과를 나타내는 데 불과하며, 이 때문에 두 물체 B와 C는 그 뒤 똑같이 3의 속도로 운동하게 된다. 그 밖의 경우도 마찬가지이다. 그러나 이 방식이 너무 자명한 까닭에 새삼스레 증명할 필요도 없다.

53 어떤 물체이든 두 물체 사이의 접촉보다는 더 많은 물체들이 서로 접촉하고 있으므로, 이제까지의 규칙들을 적용하기에 곤란하다

그러나 우리가 살아가는 세계에서 다른 모든 물체로부터 이처럼 두 개만 분리되어 있을 수는 없으며, 우리 주위에 있는 어떤 물체도 모두 완전한 고체가 아니므로, 각 물체의 운동이 다른 물체와의 충돌에 의해 얼마나 변화하는가를 계산하기는 실제로 훨씬 어렵다.

왜냐하면 그 물체에 닿아 있는 모든 물체들을 동시에 고려해야 하며, 더구나 이 점에 대한 한 그 물체들이 고체인가 유체인가에 따라 매우 다른 결과가 생기기 때문이다. 따라서 고체와 유체의 차이점은 어디에 있는가를 여기서 탐구해야 한다.

54 고체란 무엇이며, 유체란 무엇인가

감각이 느끼는 바에 따라서, 우리가 고체와 유체의 차이점을 인지하기란 매우 쉽다. 유체의 여러 부분은 쉽게 그 장소를 물러나므로 우리 손이 그 유체들을 향해 움직일 때에도 별로 저항하지 않지만, 이와 반대로 고체의 여러 부분은 서로 들러붙어 있으므로, 이들 여러 부분의 응집력(凝集力)을 충분히 이겨낼 만한 힘이 없으면 이 응집 상태를 헤쳐놓을 수 없다.

그리고 자기 장소를 깨끗이 다른 물체에 내어주는 물체도 있으며 그렇지 않은 물체도 있는데, 왜 그런가를 조사해 보면 곧 우리는 다음 사실을 알아차리게 된다. 실제로 운동하고 있는 물체는 자기가 자발적으로 떠난 장소를 다른 물체가 차지해도 방해하지 않지만, 정지하고 있는 물체는 무언가 밖으로부터의 힘이 없으면 그 장소를 내어줄 수 없다는 사실이다. 따라서 이렇게 결론지을 수 있다.

미세한 부분들로 나누어진 여러 부분들이 서로 다른 운동을 하면서 쉼 없이 장소를 이동하는 물체가 유체(流體)이며, 이에 비해 (외부적 힘이 가해지지 않는 한) 모든 부분들이 서로 밀착한 채 정지해 있는 물체가 바로 고체(固體)이다.

55 고체의 여러 부분들을 하나로 잇는 접착제는, 이 여러 부분들 각각의 정지 말고는 없다

고체의 미세 부분(미립자)들을 서로 단단히 이어주는 접착제로서, 이러한 부분들의 정지보다 더 좋은 것은 생각해 낼 수 없음이 분명하다. 이 접착제란 무엇일까? 눈에 보이는 어떤 실체는 아니다. 왜냐하면 그러한 미세 부분들 자체가 실체인데, 이 실체들이 자기 자신에 의해서보다 다른 실체에 의해 결합되어야 할 이유는 없기 때문이다.

또 그 접착 역할은 정지 이외의 다른 양태도 아니다. 그 미세한 부분들을 분리시키려고 하는 운동(움직임)에 반대한다는 점에서, 그 부분들 자체의 정지보다 나은 양태는 없기 때문이다. 그리고 거기에서는 실체와 그 실체 자체의 양태를 제외하고서는 어떠한 종류의 실체도 인지할 수 없다.

56 유체의 미세한 부분들은 똑같은 힘을 갖고 모든 방향으로 운동한다. 그리고 유체 속에 있는 고체는 아주 작은 힘만으로도 움직여질 수 있다

유체에 대해서 말하면, 그 미세 부분(미립자)들이 운동하고 있다고 상상하는데, 이 부분들이 너무 미세하므로 감각에 의해 인지할 수는 없지만 여러 결과들을 근거로 이러한 미립자의 운동성은 쉽게 추론된다.

특히 공기나 물의 경우에는, 이 유체 물질들이 다른 많은 물체를 부식(腐蝕)시킨다는 결과로부터 쉽게 그것(유체 입자들의 운동)이 추론된다. 왜냐하면 이러한 부식과 같은 물리적 작용은, 미세한 유체 입자들의 장소 이동 없이는 생겨날 수 없다고 생각되기 때문이다. 이 미세 부분들의 운동 원인에 대해서는 나중에 설명하게 될 것이다. 단, 다음과 같은 문제가 있으므로 유체 입자들에 긍정적 이동 본성이 있다고 하기는 좀 어렵다. 어떤 물체가 다가오면 유체의 미세

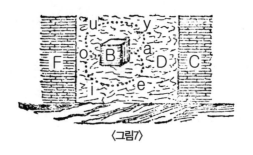

〈그림7〉

한 부분들이 모두가 한 방향으로 밀려 이동해야 할 것처럼 보이지만 실제로 그렇지는 않고, 유체는 다가오는 물체의 이동을 방해한다—이것은 우리가 실제로 보는 바이다. 그래서 그 유체 운동력의 원인을 알 필요가 있다.

이를테면 (〈그림7〉 참조) 고체 B가 C를 향하여 움직이고, 중간에 있는 유체 D의 몇몇 부분이 반대로 C에서 B로 움직인다면, 이러한 유체들의 흐름이 B를 밀어 운동을 일으키기는커녕 반대로 B가 전혀 움직이고 있지 않을 때보다 더 B 물체의 운동을 방해하기 때문에, 이 문제를 해결하기 위해서는(고체 또는 고체화에 대한 유체의 저항과 방해 문제, 그리고 고체 미립자들의 접착 상태 해체 문제, 즉 부식되는 문제를 해결하려면) 운동과 방해에 대립할 수 있는 요소는 운동이 아니라 정지시키려는 힘이라는 데에 주목해야 한다. 그리고 이미 설명했듯이 어떤 운동의 방향은 정반대의 운동 방향과 대립한다는 것, 또한 운동하는 물질은 언제나 직선운동을 하려는 성질이 있다는 점에 주목해야만 한다. 그렇다면 다음과 같은 사실이 명백해진다. 먼저 고체 B는 운동하고 있을 때보다 정지해 있을 때, 유체 D의 미세한 부분들의 운동—단, 전체로서 보여진 운동—에 대항하는 힘이 더 강하다는 것, 그리고 고체(고체화)를 정지시키려는 유체의 힘(방해하려는 힘)이 그만큼 심하게 작용하고 있다는 사실이다.

다음으로, 방향에 대해서는 유체 D의 아주 작은 입자들 가운데 C에서 B를 향하여 운동하는 입자들의 수가 반대 방향으로 운동하는 입자들과 같은 수만큼 있음이 확실한 사실이다. C로부터 와서 고체 B의 표면과 부딪치고, 이어 C를 향하여 되돌아오는 부분들도 동일한 미세 입자들이기 때문이다. 하기야 이렇게 운동하는 유체의 미세 부분들을 하나하나 따로 보면 그 부분들 각각은 고체 B가 C를 향해 나아가는 것을 방해하려는 의도를 무엇보다 강하게 지녔다고 하겠다.

그러나 이때 반대 방향으로 역시 같은 수의 미세 부분들이 F에서 B로 가면서 B를 C쪽으로 민다면, 그러는 한에 있어서 고체 B는 F든 C든 한쪽으로 더 밀리는 일은 없고, 따라서 무언가 다른 작용이 더 덧붙지 않는 한 언제까지나 움직이지 않는 채로 있게 된다. 왜냐하면 B가 어떤 형태를 지니고 있든 간에 유체 자체가 모든 방향보다도 어느 특정한 방향으로 더 움직여지는 일만 없으면, B는 이쪽으로부터나 또 다른 쪽으로부터도 언제나 정확하게 같은 수의 유체 미립자들에 의해 맞눌려 정지해 있는 결과가 되기 때문이다.

또 우리는 B의 모든 면이 유체 DF에 의해 둘러싸여 있다고 생각해야 하는데, F에는 D에 있는 유체와 같은 양의 유체가 없어도 아무런 지장이 없다. 왜냐하면 B에 대해서 유체 전체가 작용하는 게 아니라, 다만 B 가까이 있는 유체 부분들만이 작용하기 때문이다. 그런데 지금까지 우리는 고체 B가 유체 속에서 움직이지 않고 있다고 간주해 왔다. 만일 외부로부터 어떤 힘이 가해져서 B가 C쪽을 향하여 압력을 받는다고 하면, 이 힘은 [아무리 작은 것이라도] 혼자서 B를 움직이게 하기에는 부족하지만 유체 FD의 미립자들과 결합하여 이 미립자들로 하여금 B를 C쪽으로 밀게 하고 또 B에 그 운동을 전하도록 하기에는 충분하다.

57 같은 현상에 대한 증명

이 현상을 더 명석하게 이해하기 위하여, 우리는 먼저 《그림7》 참조) 유체 FD 속에 아직 고체 B가 없고, 이 유체의 미세 부분 a e i o a가 반지 모양으로 배치되고, 기호 a e i 순서로 순환 운동을 하며, 다른 미세 부분 o u y a o가 같은 모양으로 기호 o u y 순서로 순환 운동을 하고 있다고 상상해 보자. 왜냐하면 그 어떤 물체가 유체이기 위해서는, 위에서 서술한 바와 같이 그 미세 부분들이 갖가지 모양으로 운동하고 있다고 가정해야 하기 때문이다.

다음으로 고체 B가 이 유체 FD 속 a와 o 사이에 정지해 있다고 하면, 어떤 일이 일어날까? 이 경우에는 미세 부분 a e i o가 B에 의해 방해를 받기 때문에, o에서 a로 이동하는 원운동을 제대로 완성시킬 수가 없게 되며, 마찬가지로 미세 부분들 o u y a도 방해를 받아 (고체가 없을 때보다는) a에서 o로 원활히 나아가지 못하게 된다. 그래서 i에서 o로 오는 미립자들은 고체 B에 저항하면서 B를 C쪽으로 밀고, y에서 a로 오는 미립자들은 B를 F쪽으로 같은 정도로 밀칠 것이다. 이렇게 양쪽에서 맞밀치게 되므로, 그러한 미세 부분들은 자체만으로는 B를 움직이는 힘을 갖지 못하고, 그 대신 저마다 o에서 u로, a에서 e로 도로 밀쳐지면서 두 개의 순환 운동을 이루어 기호 a e i o u y a 순서로 나아가는 하나의 원운동을 하게 된다.

이와 같이 유체 미립자들의 운동은 고체 B와 충돌한 다음에도 결코 멈추지 않고, 그 방향만 변화한다. 따라서 B와 부딪치지 않는 경우에 하게 될 직선운동 또는 직선에 가까운 운동을 하며 앞으로 나아가지는 못한다.

끝으로 B를 C쪽으로 미는 뭔가 새로운 힘이 가해진다면, 이 힘은 아무리 작아도 i에서 o로 오는 유체의 미세 부분들이 B를 C쪽으로 미는 힘과 결합해서, y에서 a로 오는 미세 부분이 B를 반대 방향으로 되밀치는 힘을 이겨낸다. 따라서 이 외부에서 가해진 힘은 물체 B의 운동을 방해하려는 의도(정지시키려는 의도)가 아닌 한, 이러한 미세 부분들(o u y a의 순서로 나아가는 미세 부분)의 방향을 바꾸어 다시 그것들을 기호 a y u o의 순서로 진행시키는 데에는 충분하다. 왜냐하면 두 물체가 완전히 반대 방향으로부터 서로 마주하여 운동해 오는 경우에는, 좀 더 큰 힘을 갖는 물체가 반드시 다른 쪽 물체의 방향을 바꾸기 때문이다.

그리고 여기서 내가 미세 부분 a e i o u y에 대해서 논술한 사항들은 유체 FD의 미세 부분들 모두에, 또 B에 인접하여 충돌하는 다른 모든 유체의 미세 부분들에도 적용된다. 즉 B를 C쪽으로 미는 미세 부분(B와 직접 닿는 부분의 미립자들)들은 모두 B를 반대 방향, 즉 F쪽으로 미는 같은 수의 다른 미세 부분들과 대립한다. 또한 아주 작은 힘이라도 그 유체의 미세 입자들에 가해지면 이 미세 부분들 모두의 방향을 바꾸기에 충분하다. 나아가서 그러한 미세 부분들은 힘이 가해지는 즉시 a e i o 및 o u y a로서 나타나 있는 원을 더는 그리지 않더라도 역시 모두 의심할 바 없이 (반대 방향으로) 원운동이나, 이러한 원운동의 방향을 따라 운동한다고 하겠다.

58 유체의 미세 입자들 가운데 일부가 그 유체 속의 고체보다 느리게 운동 한다면, 그 유체는 유체(유동체)라고 정의할 만한 자질을 갖추지 못한 것이다

따라서 《그림7》 참조) 물체 B가 C를 향하여 운동하려 할 때 그 운동을 방해 하고 있었던 유체 미립자들이 방향을 바꾸어 자리를 뜨기 때문에, 물체 B는 물론 움직이기 시작하며, 더구나 그 움직이는 속도는 유체가 아닌 다른 외부적 힘이 B를 미는 속도와 일치한다. 물론 이것(손으로 미는 속도대로 물체가 밀리는 경우)은 그 유체 속 미세 입자들이 이 외부적 힘보다 빨리 움직여지지 않거나 또는 적어도 이 힘과 동일한 속도로 움직여지지 않는 부분이 전혀 없다고 가정 할 경우(즉 비유동적인 굳은 유체가 아닌 경우)의 일이다. 왜냐하면 만일 이 힘보 다도 느리게 움직이는 미세 입자들이 있다면 이 유체는 이와 같은 미세 부분으 로 이루어져 있는 한, 유체라고 정의할 만한 자질을 갖추지 못한 것이기 때문 이다.

또 그런 경우(유동성이 적은 유체 속에서의 움직임)를 위해서는, 이 유체 속에 서 고체가 쉽게 움직일 수 있으려면 너무 작은 힘으로는 충분하지 않으며, 유 체 속의 그러한 미세 입자들의 느림(뻑뻑한 느림)에서 생기는 저항을 이겨낼 수 있을 만큼의 적당한 느린 힘이 필요하다. 공기나 물, 그 밖의 유체들이 너무 빨 리 운동하는 물체에 대해서는 굉장히 저항하며, 어느 정도 느리게 나아가는 물 체에 대해서는 쉽게 통과시켜 주는 현상은 흔히 볼 수 있는 일이다.

59 유체 속 어떤 고체에 다른 고체가 와서 부딪칠 때, 그 정지해 있던 고체의 운동성은 부딪쳐 온 고체로부터 모두 주어지는 게 아니라, 대부분 주위의 유체들로부터 받는 것이다

그러나 만일 유체 속의 물체 B가 이런 식으로 C를 향하여 움직여지는 경우, B는 그 운동을 자기 쪽에 와서 부딪치는 외력(外力)으로부터만 받는다고 생각 해서는 안 되며, 대부분은 유체 입자들로부터 받는다고 생각해야 한다.

《그림7》 참조) 원 a e i o(아래쪽 반원)와 원 a y u o(위쪽 반원)를 구성하고 있는 유체의 미세 입자들은 o와 a 사이에 있는 고체 B 가까이 있는 미세 입자들에 게 (충돌하면서) 운동력을 전하고 자신들은 원을 따라 자리를 이동한다. 왜냐하 면 실제로 고체 B 가까이 있는 그러한 미세 입자들은, 원운동 a e i o a와 a y u o a의 일부로부터 힘을 받는 동시에 튕겨져 나가기 때문이다. 물론 고체 B 가까이 있는 미세 입자들은 다시 C쪽으로 되밀려 나아감에 따라 끊임없이 이렇게 그 유체의 다른 미세 입자들과 서로 영향을 주고받는다.

60 그러나 그 유체로부터 물체에 가해지는 속도는 손으로 미는 속도보다 더 클 수는 없다

여기서 설명해야 할 일이 하나 더 남아 있다. (〈그림7〉 참조) 내가 방금 미세 입자들 a y u o의 방향은 무조건 바뀔 수 있다 말하지 않고, 물체 B의 운동을 방해하여 정지시키지 못할 때에만 흐름이 바뀐다고 말한 이유는 무엇인가 하는 점이다. 물론 그것은 물체 B에 대해 밖에서 가해지는 힘의 속도가 물체 B를 움직일 만큼 크기 때문에—비록 유체 FD의 모든 미세 부분들이 그 물체보다도 훨씬 심하게 뒤흔들려지는 일이 가끔 있더라도—그렇게 흐름이 바뀐다고 하겠다. 그리고 이런 현상이야말로 철학 연구를 할 때 우리가 특히 관심을 가져야 하는 사항 가운데 하나이다. 어떠한 원인과 결과를 연결시킬 때에는, 그 원인을 초월하는 결과를 귀속시켜서는 안 된다는 것이다.

그래서 처음에는 유체 FD 속에서 움직이지 않던 고체 B가 현재는 어떤 외적인 힘, 이를테면 내 손에 의해 느리게 밀쳐져 움직여진다고 하면, 내 손이 밀친 힘만이 그 운동의 원인이므로, 그 고체는 손에 의해 밀쳐진 속도보다 더 빠른 속도로 운동한다고 믿어서는 안 된다. 또 내 손이 힘을 가했을 때 유체의 모든 미세 입자들이 이전보다 훨씬 빨리 운동하기는 해도 그것들은 손으로 밀쳐진 이상으로 더 빨리 a e i o a나 a y u o a 등의 원운동을 하게 된다고 생각해서는 안 되며, 내 손이 더 빨리 뒤흔들어 놓았을 때에만 그 부분들은 이전보다 더 빨리 그 어떤 방향으로든 밀려 움직여진다고 생각해야 한다.

61 유체 전체가 어떤 방향으로 동시에 움직여 가는 경우에, 그 유체 속에 들어 있는 고체도 필연적으로 함께 옮겨간다

이러한 일에서 명석하게 알려지는 바이지만, 유체로 둘러싸인 채 그 속에 정지하고 있는 고체는 이른바 균형이 유지되어 있으며, 아무리 크더라도 그 고체는 언제나 아주 작은 힘만으로도 어떤 방향으로든 밀릴 수 있다. 그리고 이러한 힘이 밖에서부터 가해져서 고체가 밀리는 일도 있는가 하면, 그 반대로 유체 전체가 어떤 장소를 향해 움직여 가면서 고체에 힘을 가하지만 오히려 고체의 큰 저항을 받아 유체가 반대쪽으로 움직여지는 일도 있다. 강물은 바다를 향해 흘러가고 바람은 동쪽으로 부는데, 공기 전체가 서쪽을 향해 흘러가는 경우가 그렇다.

이때 그와 같은 유체(공기나 대기) 속에 있는 고체(강물이나 바람의 물질들)가 유체를 헤치고 나아가는, 즉 저항하며 옮겨가는 현상은 너무도 필연적이고 당연한 일로서, 제4의 규칙—조금 전에 설명했듯이, 정지해 있는 물체는 자기보다 작은 물체에 대해서는 이 물체의 속도가 아무리 빨라도 밀리지 않고 오히려 빠를수록 그 작은 물체의 속도에 더욱 강하게 저항한다는 규칙(예를 들어 정지해 있는 물 위에서 고체가 빠른 속도로 운동하면 수면의 흐름은 반대 방향으로 바뀐다)—에 의한 움직임에도 적용되는 현상이라 볼 수 있겠다.

62 고체가 유체와 함께 같은 방향으로 옮겨가는 경우에는, 그 고체가 운동하고 있다고 볼 수 없다

운동의 참된 절대적인 본성은, 운동하는 물체가 자신과 가까이 있는 다른 물체의 곁에서 이동한다는 것, 즉 서로 접하고 있는 두 물체가 함께 이동하는 것과 같다는—물론 두 물체가 모두 운동한다고는 보통 말하지 않지만—사실에 주목한다면 우리는 모순이 생김을 인정할 수밖에 없다. 즉 유체에 싸여 있는 고체가 그 유체에 의해 앞서 설명한 것과 같이 옮겨간다면, 실제로는 운동하고 있는 것이 아니라고 해야 옳다. 왜냐하면 유체의 흐름과 함께 옮겨진다면 그 고체는 주위에 있는 유체의 미세 부분(즉 인접한 물체)들로부터 그다지 떨어져 있지 않으므로 유체와 고체 둘 다 이동하는 것으로는 볼 수 없기 때문이다.

63 왜 어떤 물체는 매우 단순하고 우리 손보다 작은데도, 우리 손으로 쉽게 쪼갤 수 없을 정도로 단단한가

그러나 조금 전에 열거한 운동의 여러 규칙들과 우리의 실제 경험이 몹시 어긋나는 듯한 현상이 또 하나 있다. 우리의 손보다 훨씬 작은 많은 물체들이 손의 힘으로는 떼어낼 수 없을 만큼 서로 단단히 밀착해 있는 일이다. 사실 이러한 물체의 여러 부분들을 밀착시키고 있는 접착제 역할을 하는 것으로는, 제각기 서로 인접한 미세한 입자들이 정지해 있다는 일 말고는 없다. 더구나 어떤 정지해 있는 물체가 자신보다 큰 다른 운동 물체에 의해 밀쳐서 움직여지는 일이 보통인데, 쇠못 또는 무언가가 자기보다 큰 물체에 의해 둘로 나누어지지 않는 까닭은, 언뜻 본 바로는 분명치 않다. 왜냐하면 그 못의 절반은 각각 한 개의 물체로 간주될 수 있으며, 어느 쪽 절반(折半)도 우리 손보다는 작으니까 우리 손의 힘으로 움직여 그렇게 절반으로 떼어놓을 수 있을 것처럼 여겨지기 때문이다. 그러나 여기서 다음을 주의해야 한다.

우리 손이 몹시 부드러워서 고체보다는 오히려 유체의 본성에 가깝다는 점, 따라서 우리의 손은 움직이려고 하는 물체와 함께 작용하지 않고 다만 그 손의 일부분—이 물체에 닿은 채 그 물체를 압박하고 있는 부분—만으로 보통 작용한다는 점이다. 확실히 쇠못의 절반은 나머지 절반으로부터 나뉘게 되면 하나의 물체로서 자격을 갖게 될 텐데, 이와 마찬가지로 우리 손안의 쇠못이 직접 닿아 있는 부분, 즉 손바닥 전체보다 작은 부분을 같은 손의 나머지 부분에서 떼어놓을 수 있다는 점에서는 역시 그 손바닥 살의 부분도 하나의 물체 자격을 갖는 셈이다. 그러나 손의 이 부분을 나머지 부분에서 떼어놓기란 못을 떼어놓기보다 작은 힘의 세기로 할 수 있는 일이므로—하지만 그러한 절단은 고통이라는 감각 없이는 일어날 수 없는 일이다—우리의 유연한 손의 힘은 그 단단한 쇠못을 꺾을 수 없음이 필연적이다. 그렇지만 만일 우리가 망치나 줄, 가위, 그 밖의 도구를 이용함으로써 손을 보호하고, 이리하여 손의 힘을 분할받은 사용 도구가 그 도구보다 작은 부분의 분할을 위해 쓰이게끔 한다면, 우리 손은 그 물체가 아무리 단단하다고 해도 견고함을 이겨내고 그 쇠못을 반으로 나눌 수 있다.

64 나는 기하학이나 순수수학의 추상적 원리만을 자연학의 원리로서 인정하거나 요청한다. 이러한 원리들에 의해서만 모든 자연 현상을 설명할 수 있으며 확실한 증명을 할 수 있다

여기서 나는 여러 가지 형상(形狀)에 대해서, 나아가 이러한 형상들의 무한한 다양성에 대해서, 그리고 헤아릴 수 없을 만큼 다양한 운동이 왜 일어나는

가에 대해서 전혀 덧붙일 생각이 없다. 왜냐하면 이러한 문제들은 다루어야 할 필요성이 생길 때마다 그때그때 충분히 분명해지리라고 생각되기 때문이다.

나는 나의 독자가 기하학의 기본 원리를 이미 알고 있든가, 적어도 수학적 논증을 이해할 만한 재능을 갖추고 있다고 가정한다. 솔직히 고백하면 내가 물체적 사물의 자료로서 인정하는 물질은, 기하학자들이 양(量)이라 이름 지어 그들의 논증 대상으로 하고 있는 물질, 즉 모든 방법으로 나누어질 수 있고 형성될 수 있고 움직여질 수 있는 물질뿐이다. 그리고 이러한 물질 자료들의 분할·형상·운동 말고는 어떠한 현상도 고찰하지 않는다.

나아가 이러한 자료들에 대해 내가 참이라고 인정하는 것은, 명증적으로 연역되는 사항들뿐이다. 다시 말해 그 진리성을 의심할 수 없는 공통 관념으로서, 수학적 논증이라 여겨도 좋을 사항들뿐이다. 그리고 나중에 명백하게 입증될, 모든 자연 현상에 대한 설명이 가능한 사실들로는, 자연학의 원리로서 여기에 제시한 사실들 이외에는 어떠한 것도 받아들여서는 안 되며 또 요청해서도 안 된다고 생각한다.

제3부 눈에 보이는 세계에 대하여

1 신의 작품인 이 세계는 우리의 생각이 미칠 수 없을 만큼 광대하다

우리는 감각적인 선입견들에 의해서가 아니라 이성의 빛에 의해서만 참임을 의심할 수 없을 정도로 명석하고 명확한 이치에 닿는 물질적인 것의 원리들을 이미 발견했다고 말할 수 있다. 이제 우리는 그 원리들만으로도 모든 자연 현상들이 설명될 수 있는지 검토해 보아야 한다. 다른 모든 물질들이 근거로 하는 가장 보편적인 원리, 즉 이 모든 세계의 일반적인 구성 원리에서부터 말이다. 이러한 가장 보편적인 원리에 대해 올바르게 철학하기 위해서는 무엇보다도 다음 두 가지를 지켜야만 한다.

그 하나는 신의 무한한 힘과 선함을 생각하여, 우리는 신의 작품인 이 세계가 매우 광대하며 아름답고 절대적인 세계임을 마음껏 상상해야 한다는 것이다. 그리고 신의 작품을 확실하게 인식하지도 못했으면서 어떤 한계를 설정하거나, 아니면 우리가 신의 장엄한 힘을 느끼지 못한 것처럼 보이지 않도록 해야 한다.

2 신의 세계 창조 목적을 인식할 수 있다고 오만한 가정을 하지 않도록 주의해야 한다

다른 하나는 우리가 지나친 자만심을 경계해야 한다는 것이다. 마치 신이 남긴 유산을 우리 사고력으로 더 늘릴 수 있는 듯이 생각하여 신의 계시도 아닌 어떤 한계성을 세계에 설정할 때, 그것은 자만심의 발현이다. 신이 모든 사물을 우리 인간 때문에 창조했다고 상상할 때, 또는 신의 세계 창조 목적을 우리의 인식 능력으로 파악할 수 있다고 믿을 때 그 자만심은 극에 달한다고 하겠다.

3 오직 인간만을 위해서 신이 이 세계를 창조했다고는 말할 수 없다

윤리적인 모든 원리들을 창조할 때, 신이 인간으로 하여금 감사의 마음과 신실한 사랑을 알도록 할 마음이었다고 생각함이 우리의 경건한 자세이리라. 이것은 사실이다. 왜냐하면 우리는 그 모든 윤리적 창조물들을 탐구하고 사용하여 우리의 인식 능력을 향상시킬 수 있으며, 신의 경이로운 작품인 이 세계를 통해 신을 알게 되기 때문이다. 그렇다고 해도 모든 사물이 우리만을 위해 창조되었다고 생각함은 결코 옳지 않다. 특히 물리학(Physica consideratione, Physica consideratio)에서 그렇게 가정한다면 이는 옳지 않다. 왜냐하면 우리는, 우리가 발견하지 못하거나 인식하지 못해서 아직 사용해 보지도 못한 많은 윤리적인 사실들이 지금도 존재하고, 존재했었고, 이미 사라져 버리기도 했음을 인식하기 때문이다.

4 감각적으로 확인된 현상이나 경험(phaenomenis vel experimentis, phaenomana vel experimentia)들의 철학적인 목적은 무엇인가

이미 발견된 원리들은 매우 광범위하고 생산적이기 때문에 우리가 이 가시적(可視的) 세계, 즉 눈에 보이는 세계에 담겨 있다고 생각하거나 우리 정신이 사고를 통해 파악할 수 있는 사실들보다 훨씬 더 많은 진리나 지식들을 그 원리에서 이끌어 낼 수 있다. 이제 우리는 매우 중요한 자연 현상들을 간단히 설명하고자 한다. 그러나 어떤 결과를 증명하기 위한 근거를 찾기 위해서가 아니다. 우리는 어떤 원인에서 어떤 결과가 나오는지 알고자 할 뿐이며, 결과를 통해 원인에 대한 설명을 들으려 함은 아니기 때문이다. 단지 같은 원인에 의해 야기될 수 있다고 판단되는 여러 결과들 가운데 우리가 어떤 결과를 철학적 고찰 대상으로 삼아야 할지 결정하기 위해서이다.

5 태양과 지구와 달 간의 거리와 크기의 비율(ratio)은 어떠한가

첫눈에 지구는 우리 인간 세계의 어느 물체보다도 훨씬 크게 보이며, 우리 세계에 속한 듯이 보이는 태양과 달도 마찬가지로 다른 별들보다 더 커 보인다. 그러나 확실한 계산을 해보면, 그러한 시각의 착오(시차)를 교정할 수 있다. 달과 지구 사이의 거리가 지구 지름의 약 30배이고, 태양과 지구 사이의 거리는 약 600배 또는 700배라는 사실을 우리는 시차에 따라 추정하여 인식할 수 있게 된다(예를 들어 달에서 먼 지구의 A 지점에서 본 달의 지름이 10, 달과 B 지점의 최단 거리에서 본 지름이 8, A와 B 사이의 거리가 10,000이면, B와 달 사이는 x, A와 달 사이는 10,000+x이다. 따라서 달과의 최단 거리 x는, (10,000+x) : 10=x : 8로 구할 수 있다). 육안으로 보이는 태양의 지름과 달의 지름을 각각 이 거리들에 비교해 보면 달은 지구보다 아주 작고, 태양은 지구보다 훨씬 크다는 결과가 나온다.

6 다른 행성들은 태양으로부터 얼마나 먼 거리에 있는가

우리는 또한 계산에 의해, 수성은 태양으로부터 지구 지름의 200배 이상 떨어져 있으며, 금성은 400배 이상, 화성은 900배나 1000배 이상, 목성은 3000배나 그 이상, 토성은 5000배나 6000배 이상 떨어져 있음을 알 수 있다.

7 항성(Fixas, Fixae)들이 태양으로부터 멀리 있다고만 가정할 수는 없다

항성(恒星)들은 태양이나 지구로부터 아주 멀리 있다. 토성보다도 더 멀리 떨어져 있다. 이 사실을 부인할 만한 현상들은 아무것도 없다. 항성들은 우리에게서 아주 멀리 떨어져 있으며(토성에서는 좀 더 가까울 수도 있다), 이 항성들과 비교할 때 토성은 우리에게 아주 가깝게 있다고 할 수 있다. 이 사실은 나중에 하늘의 운동에 대한 설명으로부터 이끌어 낼 수 있다.

8 하늘에서 본 지구는 목성이나 토성보다 작은 행성이다

그러므로 달이나 지구를 목성이나 토성에서 본다면, 이 달이나 지구는 (목성, 토성이 실제로 지구보다 훨씬 크기 때문에) 지구에서 본 목성이나 토성보다 훨씬 더 작아 보일 것이다. 항성들에서 태양을 바라본다면, 그 태양은 지구에서 보는 항성들과 마찬가지의 크기로 반짝이리라 생각된다. 이 때문에 가시적 세계의 물질 부분들을 선입견 없이 진리에 따라 비교하기 위해서는, 달이나 지구나 태양이 별들보다 크지 않을 수도 있음을 인식할 필요가 있다.

9 태양과 항성들은 스스로 희미한 빛을 발하는 별들이다

별들은 저마다 크기가 다를 뿐만 아니라 그 가운데 어떤 별은 자기 스스로 빛을 내는 반면, 어떤 별은 다른 별들의 빛을 통해 반짝인다. 우리 눈에 비치는 햇빛은 태양 자신의 빛임이 분명하다. 왜냐하면 태양의 그 강한 빛이 항성들에 게서 얻어졌다고는 할 수 없기 때문이다. 항성들이 우리에게 보내는 빛을 모두 합친다 해도 태양이 우리에게 보내는 빛에 미치지 못한다. 항성들은 우리로부 터 태양과 비슷한 거리에 있는 것들도 있으나, 태양이 강한 빛을 얻을 수 있을 만큼 그렇게 빛나는 항성은 없다. 만일 그렇게 강한 빛을 발하는 항성이 있다 면 틀림없이 그 태양보다 훨씬 더 강한 빛을 발해야 하기 때문이다.

모든 항성들에 대한 이러한 사실들의 타당성은, 항성들이 빛을 어느 정도 발 산하는지, 우리로부터 또는 태양으로부터 어느 정도 거리에 있는지를 진지하게 탐구하는 사람이라면 꼭 받아들이리라고 생각한다. 왜냐하면 만일 우리 위치 에서 볼 때 어떤 항성이 태양과 같은 거리에 있다면, 우리는 선입견으로 그 항 성이 태양보다 더 작다거나 덜 밝다고 무조건 전제할 것이 아니라 눈에 관측되 는 대로 사실상 태양보다 밝지 않다는 사실에 먼저 주목해야 하기 때문이다.

10 태양은 달이나 다른 행성들에 빛을 준다

한편으로 달은 이미 우리가 알고 있듯이 태양을 향한 부분만 밝다. 그래서 달의 고유한 빛은 없으며 단지 태양으로부터의 빛이 반사되어 우리에게 보일 뿐임을 알 수 있다. 이 현상은 금성에서도 망원경을 통해 볼 수 있으며 수성, 화 성, 목성, 토성 등 태양계 행성들에서도 쉽게 볼 수 있다. 왜냐하면 이들의 빛은 항성(태양)의 빛보다 약하고 부드러우며, 태양으로부터 빛을 얻을 수 없을 만큼 멀리 떨어져 있지는 않기 때문이다.

11 지구도 다른 행성들처럼 빛을 받는다

지구에서도 우리는 똑같은 사실을 경험한다. 지구는 불투명한 물체들로 이 루어져 있고, 이 물체들이 태양에서 빛을 받아 달처럼 강하게 반사된다. 그 위 는 구름으로 싸여 있다. 구름은 지구의 다른 부분들보다는 훨씬 덜 불투명하 다. 그만큼 태양이 구름을 비추면 구름은 달만큼 밝아진다. 따라서 지구도 달 이나 금성, 수성, 또는 다른 행성들처럼 태양에서 빛을 받아 약한 빛을 발하는 별이라고 말할 수 있다.

12 초승달일 때 달은 지구로부터 빛을 받는다

또한 다음과 같이 그 사실을 확인할 수 있다. 지구와 태양 사이에 달이 있을 때, 태양이 비추어지지 않는 달의 면은 희미한 빛만을 발한다. 그 빛은 다름 아닌, 지구가 태양에서 받은 빛이 다시 달로 반사한 것임을 쉽게 추측할 수 있다. 왜냐하면 태양이 지구를 비추는 부분으로부터 달이 빗겨나면서 그 부드럽게 빛나는 달의 면이 조금씩 줄어들기 때문이다.

13 태양은 항성(천구의 중심에 있으면서 위치가 거의 변하지 않는 별)이며, 지구는 행성(항성의 둘레를 도는 천체 가운데 하나의 별)이라고 할 수 있다

목성에서 지구를 보면 물론 그 지구는 우리가 지구에서 본 목성의 크기보다 더 작겠지만 밝기는 같아 보이리라 생각된다. 목성보다 더 지구에 가까운 행성들에서 지구를 바라보면 지구는 더 크게 보일 것이다. 그러나 항성들에서 바라보면 지구는 그 항성들(태양계 행성인 목성과 수성 등보다도 더 멀리 있는 다른 항성들)로부터 너무 멀리 떨어져 있기 때문에, 그 항성들에서는 지구가 시야에서 사라져 버릴 것이다. 따라서 지구는 태양계의 항성인 태양에 속한 행성으로, 태양은 지구의 중심점이 되는 항성으로 생각할 수 있다.

14 항성들 간의 거리는 언제나 일정하게 유지되지만 행성들 간의 거리는 그렇지 않다

별들 간의 차이는 이러하다. 우리가 항성이라고 부르는 별들은 언제나 서로 동일한 거리와 질서를 유지하지만, 각 항성계의 행성들은 언제나 서로 자리를 바꾼다. 그래서 그들은 행성 또는 불규칙하게 운동하는(errantes) 별이라고 불린다.

15 행성들의 현상은 다양한 가설들을 통해 설명할 수 있다

잔잔한 바다 한가운데에 배가 떠 있다. 배에서 멀리 떨어진 배들이 서로 위치를 바꾸는 바람에 자기가 탄 배가 움직이는지 멀리 있는 배가 움직이는지 우리는 분명히 인식할 수 없을 때가 가끔 있다. 지구에서 바라본 행성들의 불규칙한 운동도 이와 마찬가지이다. 보이는 행성들만으로는 그 운동의 속성을 알 수가 없다. 행성들의 운동이 매우 불규칙하고 복잡해서 그 설명이 쉽지 않기 때문이다. 우리는 단지 그 여러 설명들로부터 추정하여 사실에 들어맞는 하나를 선택할 뿐이다. 이러한 목적으로 천문학자들에 의해서 세 가지 가설, 즉 참이라기보다는 단지 현상을 표면화시키고 부각시키기에 적합하다고 여겨지는 가설들이 세워졌다.

16 프톨레마이오스의 가설(천동설적 가설)은 현상에 들어맞지 않는다

여러 가설들 가운데 가장 먼저 프톨레마이오스의 가설을 들 수 있다. 그러나 그의 가설은 실제 현상들과 어긋난다(무엇보다도 내가 달과 금성을 동시에 바라보며 관측한 빛이 증가하기도 하고 감소하기도 하는 현상에 어긋난다). 그래서 철학자들 모두가 그의 가설을 거부해 왔으며 여기에서도 이에 대해서는 더 이상 설명하지 않겠다.

17 코페르니쿠스의 가설과 티코의 가설 사이에는 큰 차이가 없다

두 번째 가설은 코페르니쿠스의 가설이며, 세 번째 가설은 티코 브라헤의 가설이다. 이 두 가설은 오직 가설인 한에서 똑같은 방식으로 그런 현상들을 만족시킨다. 단지 코페르니쿠스의 가설이 약간 더 단순하고 명석할 뿐 그 밖에는 거의 같다. 그래서 티코가 사실 그의 가설을 더 설명하려고 하지 않은 한, 우리는 오직 하나의 가설로서 만족하지 않을 수 없다.

18 티코의 가설은 코페르니쿠스의 가설보다 지구에 운동성을 덜 부여한다고 말하고 있지만 사실은 더 많이 부여하는 셈이다

코페르니쿠스는 기꺼이 지구에 운동성을 부여했다. 반면에 티코는 지구가 운동을 한다고 보는 것은 물리학적 관점에서 매우 불합리하다고 주장했다. 왜냐하면 지구의 운동은 사람들의 감각에 포착되지 않기 때문인데, 그래서 그는 이를 수정하고자 했다. 그러나 운동의 참된 본성을 충분하게 증명하지 못했으므로 실제로는 누구보다도 지구에 더 많은 운동성을 부여하는 결과가 되었다.

19 나는 코페르니쿠스보다는 더 조심스럽게, 그리고 티코보다는 더 사실적으로 지구의 운동성을 부정해 보겠다

이런 까닭에 나는 그들과 좀 다르게 고찰하려 한다. 나는 티코보다는 더 사실적으로, 그리고 코페르니쿠스보다는 좀 더 조심성 있게 지구의 운동을 부정해 보겠다는 말이다. 이해 가능한 모든 현상들, 그리고 그 현상들의 자연인(自然因, causas naturales, causae naturales) 탐구에 적합한 가설들 가운데 가장 단순한 가설만을 먼저 (변증적일 수도 있다) 제시해 보기 위해서이다. 그러나 이들을 진리(rei veritate, rei veritas)가 아닌, 가설로서만 받아들이기를 바란다.

20 항성들은 토성으로부터 아주 멀리 떨어져 있다고 추정해야 한다

첫째로(프톨레마이오스의 천동설에 대하여), 항성과 우리 사이의 거리가 얼마인지 아직 확실하진 않지만, 모든 현상들에 비추어 이치에 맞지 않게 멀리 있다고는 생각하지 않는다. 따라서 사람들이 흔히 가정하듯이 그 항성들이 단지 토성 너머에 있다고 하는 데에 그치지 말고, 훨씬 먼 곳에 있다고 한번 가정해 보자.

그렇게 되면 우리가 알고 있는, 지구로부터 항성들까지의 각 거리들과, 토성으로부터 토성 훨씬 너머 미지의 항성들까지의 각 거리들을 비교해 보았을 때, 모든 사람들이 이미 알고 있는 지구로부터 항성까지의 거리보다, 그 토성 훨씬 너머 있는 항성들까지의 거리가 더욱 멀다는 믿어지지 않는 가정을 하게 된다. 그러나 우리가 창조자인 신의 전능함을 고려한다면, 신의 거리보다 더 먼 어떤 거리가(그리고 그보다 더 먼 거리가) 있다고 생각할 수 없다. 그러므로 이 가설에 의해 행성들뿐만 아니라 혜성들(Cometaum, Cometae)의 현상까지도 이해 가능하게 설명하려면, 항성들과 토성의 천구(sphaeram, sphaera) 사이에는 단지 하나의 아주 커다란 공간이 있을 뿐이라고 가정해야 한다. 이 가설에 대해서는 뒤에 밝혀진다.

21 태양은 불꽃과 같은 매우 활성적인 물질로 이루어져 있으나 한 곳에서 다른 곳으로 이동하지는 않는다

둘째로(코페르니쿠스의 지동설에 대하여), 태양이 스스로 빛을 발한다는 점은 다른 항성들이나 불꽃과 같으므로, 태양의 운동은 불꽃과, 또 위치상의 성격은 항성들과 같다고 가정해 보자.

지구에서 스스로 운동하는 불꽃보다 더 활력적으로 잘 운동할 수 있는 물질을 우리는 찾아볼 수 없다. 왜냐하면 불꽃은 주위의 물체들이 아주 단단하고 딱딱하지 않는 한 그들을 분해하여 움직임이 일어나도록 유도하기 때문이다. 그렇지만 불꽃의 운동은 불꽃 부분들에만 일어날 뿐이다. 불꽃이 붙어 있는 물체가 이동하지 않는 한 다른 곳으로 이동하지는 않는다. 그래서 태양(태양의 표면)도 주변의 하늘 부분들을 유도하는, 매우 유동적이며 매우 활동적인 물질로 이루어져 있다고 생각해 볼 수 있다. 그러나 하늘의 한 영역에서 다른 영역으로 이동하지 않고 그대로 머물러 있다는 점에서 태양은 다른 모든 항성계의 항성들과 마찬가지로 하나의 항성계를 이루고 있다고 말할 수 있다.

22 태양은 지구상의 불꽃과는 달리 연료를 필요로 하지 않는다

연료를 필요로 하지 않는 불꽃을 지구에서는 볼 수 없다. 반면에 태양은 연료를 필요로 하지 않는다는 이유로, 태양과 불꽃의 비교가 적합하지 않다고 할 수는 없다. 왜냐하면 불꽃은 모든 다른 물체와 마찬가지로, 한번 생겨나면 자연의 법칙에 따라 계속 유지되는 속성이 있기 때문이다. 그래서 어떤 외적 원인의 방해로 소멸되지 않는 한 계속 존재하는 것이다. 그러나 불꽃은 가장 유동적이고 가장 활동적인 물질로 이루어져 있으므로, 지구에서 주변 물질들에 의해 끊임없이 흩어지게 된다. 따라서 이미 존재하고 있는 불꽃은, 그 불꽃을 유지하기 위해 연료를 필요로 한다기보다는 단지 그 불꽃이 소멸될 때 새로운 불꽃으로 대체하기 위해 연료를 필요로 한다고 봄이 적합하다고 하겠다.

하지만 태양 주변의 많은 하늘 부분들은 태양(태양의 불빛 부분)을 그처럼 파괴하지 않기 때문에, 태양 자체는 어떠한 연료도 필요로 하지 않는다는 것이다. 연료의 투입 없이도 언제나 새로운 물질들이 태양으로 흘러들어가거나 또 다른 물질이 빠져나오는 운동이 이루어진다는 사실이 뒤에 밝혀진다.

23 항성들이 모두 하나의 천구(天球) 위에 있지는 않으며, 그 항성들은 저마다 자기들 주위에 다른 항성들이 존재하지 않는 거대한 공간을 두고 있다

바로 이 점에 주목해야 한다. 태양의 위치적 성격(여러 행성들의 중심에 있다는

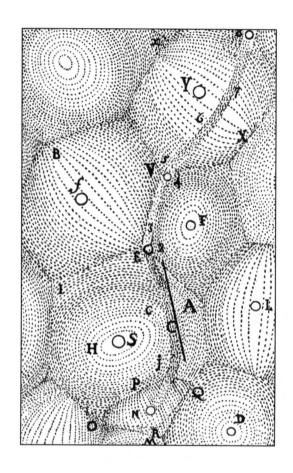

성격)과 다른 항성들의 성격이 같다면, 태양이 다른 항성들과 함께 같은 천구에 머무를 수는 없으므로, 대부분 사람들의 추측대로 모든 항성은 하나의 천구 위에(in unius alicuius sphaerae circumferentia) 있지 않고 태양처럼 저마다 자기만의 천구 위에 머물러 있다고 추측된다.

태양이 자기 외에 다른 항성은 아무것도 존재하지 않는 거대한 공간의 중심에 있듯이, 다른 항성들도 저마다 거대한 공간에 둘러싸인 채 서로 멀리 떨어져 있어야 한다. 또한 어떤 항성은 우리와 태양으로부터, 다른 항성들보다도 훨씬 더 멀리 떨어져 있어야 한다. 즉 위의 그림에서 S를 태양이라고 한다면 F와 f도 항성이라고 말할 수 있으며, 이 그림의 위와 아래로 그리고 이 그림 밖으로도 수많은 항성들이 펼쳐져 있다고 생각해도 좋다.

24 하늘들은 유동체이다

셋째로(티코의 가설에 대하여), 태양이나 항성들 가까이 있는 물질들뿐만 아니라 끝없이 열린 하늘의 물질(coeli materiam, coeli materia)들도 유동체나 액체로서 운동하고 있음이 분명하다는 가설이다. 그러나 지구 외에, 하늘에 있는 다른 행성들의 운동 현상을 달리 설명할 방법이 없기 때문에, 모든 천문학자들은 이미 이러한 유동체에 의한 (지구의) 운동설을 인정하고 있다.

25 하늘들은 저마다 자신들 속에 있는 모든 물체들을 운동으로 유도한다

대부분의 사람들은 하늘이 유동체에 의해 운동을 하며, 동시에 완전히 비어 있는 공간, 즉 진공 상태라고 상상하기도 한다. 그렇다면 하늘은 유동체로서 다른 물체들의 운동에 저항하는 그런 하늘도 아니며, 다른 물체들을 운동하도록 유도할 힘을 가지는 그런 하늘도 아니게 되므로 이는 오류이다. 그러한 진공 상태는 있을 수 없다.

단지 모든 유동체들은 공통적으로, 그들도 나름대로 운동을 하면서, 다른 물체들의 운동을 방해하거나 이에 저항하지도 않으므로 그렇게(정지된 듯) 보일 뿐이다. 또한 그 운동의 방향은 어느 쪽으로든 쉽게 결정될 수 있으므로, 방향이 결정되면 그 유동체들은 그 운동력으로 자신들 속에 담겨 있는 다른 물체들을 모두 이끌고 유동체 전체가 이동한다. 그 물체들은 어떤 외적 원인에 의해 붙잡혀 있지 않은 한, 그 물체가 아무리 단단하며 정지하는 성질을 지니고 있다 해도 전혀 문제가 되지 않고 함께 이동하게 됨은 앞서 설명한 대로 명백한 사실이다.

26 지구는 자신이 속해 있는 하늘에서 마치 정지해 있는 듯 보이지만 그 하늘 전체의 흐름에 의해 움직이고 있다

넷째로(저자의 가상적 가설에 대하여), 지구는 어떤 기둥이나 끈에 의해 지탱되거나 매달려 있는 게 아니라, 매우 유동적인 하늘에 둘러싸여 있다. 그럼에도 우리는 아직 지구가 어떤 운동 성향을 가지고 있다고는 생각지 않으므로, 지금은 일단 지구가 운동 성향을 갖지 않고 정지해 있다고 가정해 보자. 그렇다고 해도 지구가 하늘의 전체 운동에 영향을 받고 있으며, 하늘의 운동 규칙을 따르는 지구를 방해하는 요소는 아무것도 없다고 생각해 보자. 이는 엄청난 양의 바닷물이 별다른 움직임 없이 흘러가면서, 닻으로 고정되어 있지도 않고 또 바람이나 노에 의해 움직이고 있지도 않은 배를 이끌고 갈 때, 그 배가 마치 정지해 있는 듯이 보이는 현상과 마찬가지이다.

27 다른 모든 행성들도 마찬가지라고 생각해야 한다

다른 모든 행성들도 역시 태양 광선을 반사하는 불투명체라는 점에서 지구와 같기 때문에, 마찬가지로 지구처럼 자신들이 속해 있는 하늘에서 정지해 있는 듯이 보인다. 따라서 우리가 관측하는 행성들의 이동 위치는 이 지구와 마찬가지로 단지 하늘의 물질들이 모두 함께 전체적으로 움직이면서 정해진다는 결론에 이르게 된다.

28 지구나 행성이 하늘의 전체 흐름에 따라 움직일 때에는 고유한 의미의 운동이라고 말할 수 없다

운동의 본성에 대한 앞의 설명을 기억해 보면, 운동이란 (고유한 의미로서, 그리고 실제적으로) 물체가 자신과 직접 닿아 있는 정지 물체들로부터 멀어져 다른 물체들 쪽으로 가까워지는 것이다. 이러한 행위, 즉 어떤 물체가 한 장소에서 다른 장소로 이동하는 모든 행위를 운동이라고 부른다. 그래서 우리는 물체의 위치를 어떻게(어떤 지점을 기준으로) 규정하느냐에 따라 동일한 물체가 움직인다고도, 움직이지 않는다고도 말할 수 있다. 결론적으로, 지구나 다른 모든 행성들은 고유한 의미의 운동(가까운 물체로부터 멀어지는 것)을 전혀 하지 않는다고 말할 수 있다. 지구나 행성들과 닿아 있는 하늘의 물질 부분들이 지구나 행성으로부터 멀어지지 않고 여전히 가까이 있는 한, 이들은 서로 이동하지 않고 있다고 해야 하기 때문이다.

행성들은 그 (닿아 있는) 부분들 모두와 분리되어야 하지만, 이런 일은 일어나지 않는다. 그러나 하늘의 물질은 유동적이기 때문에 행성과 인접해 있는 하늘 물질의 어떤 작은 부분들이 때로는 그 행성으로부터 멀어지기도 한다. 이때에는 단지 그 작은 부분들 자체가 이를테면 돌출 운동을 하는 것으로 생각해야 하며, 그 작은 물질들이 행성 전체의 운동에 이끌린다고 생각해서는 안 된다.

이것은 마치 지구 표면에서 발생하는 물과 공기가 부분적으로 이동하는 경우에 그 이동은 지구의 전체적 이동에 속하는 게 아니라, 그 이동하는 부분들에만 속하는 거라고 생각해야 하는 이치와 같다.

29 운동의 고유한 의미를 버려두고 일상적인 의미로 이해한다면 지구는 움직이지 않는다고 해야 한다. 그러나 지구에서 볼 때 다른 행성들은 움직인다고 함이 옳다

운동을 일상적 의미로 이해하면 다른 모든 행성들은 움직인다고 해야 하며, 태양과 항성들 또한 그렇게 보인다. 그러나 지구도 그들과 같다고는 할 수 없다. 왜냐하면 일반 대중은 움직이지 않는다고 여겨지는 지구 표면의 이런저런 지점에 서서 별들의 위치를 규정하기 때문이다. 그들은 별들이 어떤 일정 위치에서 멀어져 가면 운동하고 있다고 판단한다. 이것은 합리적 사고이다. 우리는 어릴 때부터 지구가 둥글지 않은 평평한 땅이며, 지구 어느 위치에나 위아래와 세계의 축들, 즉 동서남북이 똑같이 적용된다고 믿어왔다. 이 때문에 그 기준들을 사용해서 다른 모든 물체들의 장소를 규정했다.

하지만 어떤 철학자가 새로운 논리에 주목했다. 지구는 유동적이며 움직일 수 있는 하늘에 담겨 있는 구(球)인 반면에, 태양과 항성들은 움직이지 않고 서로 간의 위치를 언제나 똑같이 유지하고 있다고 했다. 그리고 지구의 위치를 규정하기 위해 그 항성들을 움직이지 않는 기준점으로 보고 지구가 운동한다고 주장한다면, 이는 당치 않은 이야기가 된다고 반박했다. 먼저 철학적 의미에서 장소나 방향의 개념은 아주 멀리 떨어져 있는 항성들과 같은 물체들을 기준으로 정해서는 안 되며, 이동할 때 가까이 있는 물체들을 기준으로 상대적으로 규정해야 하기 때문이라고 했다. 둘째로, 일상적 의미의 천체 운동에 대하여 지구가 움직이고 항성들이 움직이지 않는다고 말하는 이유는, 우리가 눈에 보이는 항성들 너머에는 아무 물체—분리되어 독립적으로 운동한다고 주장할 수 있는 항성들—도 없다고 믿기 때문이라는 것이었다. 그리고 지구가 정지해 있다고 그가 말하는 것은, 항성들이 움직인다고 말할 때에는 지구가 정지해 있다고 할 수밖에 없기 때문이다. 그러나 이런 주장을 믿는 것은 합리적이지 않다.

우리의 정신은 어떤 한계도 인정하지 않는 본성을 지녔다. 그래서 신의 위대함과 우리 감각의 허약함을 깨닫는다면, 누구나 우리가 볼 수 있는 항성들 너머에 다른 물체들이 존재할 수도 있다고 추측할 수 있으리라. 따라서 이를 생각해 볼 때 우리에게는 아마도 보통 지구가 정지해 있고 항성들이 모두 움직인다고 생각해야 그 반대인 경우보다 더 옳게 생각될 것이다.

30 행성들은 하늘에 이끌려 태양 둘레를 돈다

이와 같이 지구가 흔들리고 운동한다는 우리의 우려가 모두 제거되었으므로 이렇게 가정해 보자. 행성들이 머물고 있는 하늘의 물질들이 모두 소용돌이처럼 태양을 중심으로 끊임없이 돌고 있으며, 태양 가까이에 있는 물질 부분들이 멀리 떨어져 있는 부분들보다 더 빠르게 돈다고 말이다. 그런데 모든 행성들은(지구도 이 가운데 하나인데) 언제나 하늘의 똑같은 장소에서 똑같은 별 옆에 계속 머물러 있다고 생각해 보자. 그렇다면 우리는 이제 충분히 행성들 모두의 위치 변화 현상을 쉽게 이해할 수가 있다. 물이 감겨 소용돌이를 이루는 시냇물의 풀줄기들이 물에 이끌려 가는 현상을 우리는 이따금 보게 된다. 또한 그 가운데 몇몇은 자신들의 고유한 중심 둘레를 도는데, 소용돌이의 중심 가까이 있는 풀줄기일수록 더 빨리 온전한 원을 그리는 현상을 보게 된다. 그러나 그 풀줄기들은 언제나 일률적인 원운동을 하지는 못하고 저마다 길이나 폭에 있어서 조금씩 다르게 운동하게 된다.

이 모든 현상을 우리는 쉽게 행성들과 관련해서도 상상할 수가 있으며, 단지 이 현상만 가지고도 행성들의 저마다 다른, 약간의 돌출 운동(하늘의 큰 흐름 안에서의 작은 돌출 운동) 현상들을 설명할 수가 있다.

31 각 행성들은 각각 어떻게 이끌리는가

S는 태양이고, 태양 주위에 있는 하늘 물질들은 모두 동일한 방향으로 돌고 있는데, 이때 그림의 중심부가 평면 위로 솟아 있는 부분을 북극이라고 가정하자. 한편으로 토성은 (토성 자체의 축에 따른 방향으로) 서쪽에서 남쪽으로, 남쪽에서 동쪽으로, 즉 A에서 B로 B에서 C로 이동한다면, 토성이 토성 주위의 하늘 물질들에 이끌려 원주 h를 한 바퀴 도는 데 약 30년이 걸린다. 그러나 목성

이 주변의 물질들에 이끌려 그의 위성들을 이끌고 원 ♃를 한 바퀴 도는 데는 12년도 걸리지 않는다. 그리고 하늘의 어떤 유체적 흐름에 속해 있는 물질들에 이끌려 화성, 지구와 달, 금성, 수성이 각각 원 ♂, T, ♀, ☿을 도는 데 드는 시간은 각각 2년, 1년, 8개월, 3개월이다.

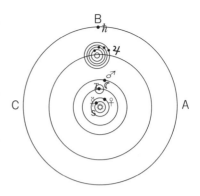

32 태양 표면에 떠 있는 흑점들도 함께 이끌려 움직인다

망원경을 통해 보면 태양 표면 가까이 검은 물질들이 있는데, 이 흑점들이 태양 둘레를 한 바퀴 도는 데는 26일이 걸린다.

33 지구가 스스로 태양계 둘레를 돌고, 달이 지구의 둘레를 도는 이유는 무엇인가

나는 물이 소용돌이칠 때 일어나는 현상을 이따금 보았다. 그 설명을 위해, 하늘 물질들이 이루는 커다란 소용돌이 속에는 작은 다른 소용돌이들이 있는데, 이 작은 소용돌이들은 큰 소용돌이에 합류해 있어 같은 방향으로 이동하며, 그 작은 소용돌이마다 각 중심에는 목성이 있고, 다른 하나의 작은 소용돌이 중심에는 지구가 있다고 가정하자. 그 중심에 목성이 있는 작은 소용돌이는 4개의 위성을 이끌고 목성 둘레를 돈다. 중심의 목성에서 가장 멀리 떨어져 있는 위성이 목성을 한 바퀴 도는 데는 16일, 두 번째 먼 위성은 7일, 세번째 먼 위성은 85시간, 가장 가까운 위성은 42시간이 걸린다. 그래서 그 위성들은, 전체 소용돌이의 원인 태양 둘레를 한 번 도는 동안에 목성 둘레의 작은 소용돌이 원은 여러 번 돈다.

이런 식으로, 지구를 중심으로 한 작은 소용돌이를 따라 달이 한 달을 주기로 지구 둘레를 돈다. 지구는 자기의 고유한 축을 중심으로 날마다 자전(自轉)운동을 한다. 따라서 지구와 달이 태양 둘레를 한 바퀴 도는 동안에, 지구는 365번 자전하며, 달은 지구를 12번 돈다.

34 하늘의 운동은 완전한 원을 그리는 게 아니다

끝으로, 우리는 행성들의 모든 중심이 언제나 같은 평면 위에 있다고는 믿지 않음을 밝혀둔다. 또한 그 행성들의 운동은 완전한 원들을 그리지 못한다. 우리가 보는 다른 모든 자연적인 현상들처럼 위성들의 각 운동도 대부분 그렇게 세기(世紀)가 지남에 따라 부분적으로 끊임없이 변화하기 때문이다.

35 행성들의 위도상 다른 기울기에 대하여

앞의 그림은 지구 중심이 1년 내내 머무는 평면, 즉 하늘에 있는 황도(지구가 태양을 도는 궤도. 지구에서 본 태양계 천구의 중심 궤도) 면이다. 다른 행성들의 궤도는 황도면으로부터 어느 정도 기울어져 있다. 황도면, 즉 지구의 궤도면(횡단면)으로부터 기울어진 그 행성들의 궤도면들은 태양이 있는 중심점에서 공을 (세로로) 가른 원의 평면에 그 선들이 아래위로 분포되어 있다고 할 수 있다.

태양은 각 행성 궤도들의 중심에 있다. 예컨대 토성의 궤도는 게자리와 염소자리(황도선에 나타나는 별자리들) 위치에서 황도를 지나가고, 천칭자리에서 황도선의 북쪽으로 기울어진다. 양자리에서는 황도선 아래의 남쪽으로 기울어진다. 그 토성의 기우는 각도(황도선을 기준한 토성의 공전궤도 기울기)는 약 2와 2분의 1도이다. 다른 행성 궤도들도 각각 다른 곳에서 기울며 황도선을 가르고 교차한다. 그러나 목성과 화성의 (공전)궤도 기울기는 그보다 작다. 금성의 공전궤도 기울기는 그보다 1도 크며, 수성의 공전궤도 기울기는 가장 커서 거의 7도이다.

그 밖에 태양의 흑점들도, 샤이너루스[1]의 관찰이 맞기만 하다면, 황도선과 평행으로 돌지 않고 7도 또는 그 이상의 기울기로, 흑점들이 있는 궤도 평면들 위에서 태양 둘레를 돈다. 그래서 흑점들이 운동하는 양태는 행성들의 운동과 같다고 할 수 있다.

달도 마찬가지이다. 달은 황도선에서 5도 기운 채로 달의 궤도(지구 둘레를 도는 궤도)면에서 돈다. 지구의 축은 황도에 대하여 23과 2분의 1도 기운 채로 적도면 위에서 자전을 하면서, 이 적도면 위를 벗어나지 않고 움직인다. 황도선에

---

1) Scheinerus. 독일의 사제이자 천문학자인 크리스토프 샤이너(Christoph Scheiner)의 라틴식 이름.

서 행성 궤도선들의 저마다 다른 기울기를 위도(원의 가로 좌표)상의 운동 동선(動線)이라고 부른다.

36 행성들의 경도 운동에 대하여

태양 둘레를 돌고 있는 행성들의 원운동을 우리는 경도(원의 세로 좌표) 운동이라고 부르는데, 이때 경도 운동의 기울기가 다르게 나타나는 것은 행성들이 태양으로부터 언제나 같은 거리에 위치하는 게 아니기 때문이며, 이러한 태양으로부터의 거리 차이들을 나타내려는 것이다. 우리가 이제까지 보아온 토성은 쌍둥이자리(황도선에 나타나는 별자리들의 하나)에 있을 때보다 궁수자리에 있을 때가 태양으로부터 더 멀어진다. 아마 20분의 1 정도 더 먼 것으로 보인다. 금성은 어떨까. 금성은 양자리에 있을 때보다 천칭자리에 있을 때가 태양으로부터 더 멀어진다. 다른 행성들도 나름대로(별자리들을 기준으로 볼 때) 태양으로부터 가장 멀 때(아펠리움, Aphelium)와 가장 가까울 때(페리헬리움, Perihelium)가 있다.

그러나 몇 세기가 지난 뒤에는 모든 상황이 달라질 수도 있다고 생각한다. 왜냐하면 지구를 포함한 모든 태양계 행성들은 현재의 황도면을 다른 위치에서 다른 기울기로 교차할 수도 있을 것이며(항성들은 절대로 변하지 않으나, 행성들이나 행성 주위의 물질들은 약간의 변화나 돌출 운동을 하기 때문에), 지금과는 다른 기울기로 황도로부터 더 많이 기울어지거나 더 작게 기울어질 수도 있기 때문이다. 그리고 우리는 이 행성들이 지금과는 다른 별자리들에서 태양과 가장 가까이 또는 가장 멀리 있는 모습을 보게 되리라고 생각한다.

37 이 가설을 통해 모든 지구의 현상들을 쉽게 이해할 수 있다

이 가설을 이해하게 되면 낮과 밤, 여름과 겨울이 존재하고, 달이 보름달이었다가 초승달이 되며, 행성들이 빛을 완전히 잃거나 정지 또는 역행하고, 춘분과 추분이 나타나며, 또한 행성들이 황도에서 다양하게 기울어지는, 이러한 모든 현상들이 왜 일어나는지를 굳이 증명할 필요는 없다. 천문학에 대한 기초적 지식을 익힌 사람이라면 이런 현세대의 모든 현상들을 이해하기가 어렵지는 않으리라 생각되기 때문이다.

38 티코의 가설은 오히려 지구가 고유의 중심 둘레에서 운동한다는 이론을 뒷받침해 주었다

모든 사람들이 코페르니쿠스의 가설(지동설)을 비난했는데, 이 비난한 사람들이 티코의 가설을 지지함으로써 오히려 얼마나 많은 운동성을 지구에 부여하게 되었는지를 이제부터 설명하려 한다. 첫째로, 티코 지지자들의 의견은 지구가 전혀 운동을 하지 않고 단지 천구의 모든 별들이 지구 주위를 돈다는 설이다. 그렇다면 그 천구와 닿아 있는 별들은 천구의 다른 별들과 가까이 붙어서 함께 이동하고 있다고 해야만 이해가 가능하다. 그런데 이러한 운동은 앞서 설명했듯이, 한쪽이 정지해 있고 다른 한쪽이 이동하는 상호적 운동 현상이어야 하므로 우리가 보는 하늘의 모든 별들과 지구에 대해서도 똑같은 운동성을 부여해야만 한다. 이런 이유로 우리는 결국 하늘의 수많은 별들에 운동성을 부여하면서 다른 한쪽인 지구는 멈추어 있다고 주장할 근거가 전혀 없게 된다. 오히려 그 운동성을 지구에도 부담시키지 않으면 안 될 상황에 이르게 된다. 그들이 말하는 운동은 지구의 모든 표면에서만 일어나는 이동이지만, 하늘의 별에서 볼 때 지구의 운동은 그렇지 않고 지구 전체의 이동이리라 생각되기 때문이다. 즉 그들은 하늘에서 볼 때 지구의 운동은 단지 지구와 경계를 이루고 있는 오목한 부분에서만 일어난다고 하지만, 그 오목한 부분은 천구의 볼록한 부분에 비하면 훨씬 작으며, 운동성이 지구에 있다기보다는 하늘에 있다고 해도 마찬가지로, 지구의 표면이 그렇게 작기 때문에 지구는 거대한 하늘과 함께 운동한다고 하겠다.

그 오목한 부분, 즉 둥근 지구와 하늘이 닿아 있는 부분은 사실상 지구와 분리되어 있는 부분일 뿐만 아니라, 그 천구의 볼록한 부분도 그 하늘 주변의 투명한 유체나 뜨거운 유체로부터 지구와 마찬가지로 분리되어 있다고 믿으면서도, 역시 다른 유체 물질들은 모두 움직이고 지구는 표면만 움직이고 있다고 생각하는 사람들이 있다. 그런데 그들은 천구의 나머지 볼록한 부분이 (이동해 가면서), 다른 하늘(하늘의 별들)을 둘러싼 동시에 그것과 분리되어 있다고 (별들이 저마다 다르게 움직이는 것을 보면서도) 증명할 수 있는 논거를 갖고 있지 못하며 다만 임의대로 상상만 하고 있다. 그래서 우리는 그들의 부조리한 가설 때문에 뜻밖에도, 지구에 왜 운동성을 부여해야 하는지를 분명히 알게 된다. 그렇지만 여전히 우리는 그들이 왜 하늘에는 운동성을 부여하고 지구에는 정지성을 부여하는지를 이해할 수 없기에, 그것은 단지 그들의 상상력이라고 생각할 뿐이다.

39 지구가 태양 둘레를 도는 주기는 1년이다

티코의 가설에 의하면, 태양은 지구에서 가까운 수성과 금성뿐만 아니라 더 멀리 떨어져 있는 화성과 목성과 토성까지 이끌고 지구를 도는데, 그 주기가 1년이라고 한다. 그러나 이 가설이 올바른 것이 되기 위해 반드시 필요한 조건은, 그들이 움직이는 유체라 가정하고 있는 하늘의 물질들이 모든 행성들 사이에서 모두 한꺼번에 움직이는 경우에, 그 어떤 큰 힘 때문에 지구가 그 전체 물질들로부터 분리되는 동시에 (그 물질들과 함께) 움직여 원운동을 하게 될 수밖에 없다고 인정하는 일이다. 그렇기 때문에 지구 전체에 해당되는 분리이건, 특수한 운동만을 요구하는 지구의 부분적 분리이건 모두 지구의 운동성으로 생각해야 한다.

40 지구의 이동(translationem)에 의한 항성들의 시차(視差 : 보이는 위치 차이)는 존재하지 않는다. 이것은 지구와 항성들 간의 거리가 매우 먼 데 비해 지구의 이동 거리는 너무나 짧기 때문이다

나의 가설에는 여전히 의문 하나가 남아 있다. 만일 태양(항성의 하나)이 다른 항성들과 언제나 일정 거리와 위치를 유지한다면, 지구는 태양 둘레를 돌고 있기 때문에 다른 항성들로부터 멀어졌다 가까워졌다 한다고 해야 하는데, 그것을 입증할 현상이 이제까지 전혀 발견되지 않았다. 하지만 이는 우리와 항성들 사이에 광대한 거리가 있다는 가정을 고려한다면 이해할 수 있다. 사실 지구가 태양 둘레를 돌며 그리는 원은 단지 하나의 희미한 선에 지나지 않음을 알아야 한다.

나는 고백하건대, 누구라도 신의 위대한 창조물에 대해 조금만 알고 있거나, 지구를 우주의 특별한 존재라고 여기거나 한다면, 즉 모든 창조물의 목적이 인간의 주거지를 위해서라고 생각한다면 그는 위의 설명을 이해할 수 없으리라고 감히 말할 수 있다. 그러나 태양과 비교하면 지구는 단지 하나의 점일 뿐이라는 사실을 아는 모든 천문학자들에게는 그리 놀랄 만한 일이 아니다.

41 이미 우리에게 알려진 혜성들의 운동도 그 정도 거리에서 볼 수 있다

옛날 사람들과는 달리 우리는 혜성들이 하늘에, 즉 우리의 대기 가운데 존재한다는 사실을 알고 있다. 혜성들이 그렇게 작은 탈선을 하거나 방랑을 하기 위해서는 토성의 천구(즉 태양계)와 다른 항성계들은 서로 영향을 미치지 못할 만큼 아주 멀리 떨어져 큰 공간을 사이에 두고 있어야 한다. 혜성들의 방랑은 여러 모습으로 길게 나타난다. 게다가 혜성의 운동은 항성들의 변함없는 정지성이나 행성들의 규칙적인 공전운동과는 다르기 때문에, 아무래도 태양의 영향을 받아 운동한다고 해야 할 뿐 그 밖에 다른 자연법칙들에 의해 운동한다고는 할 수 없다.

천문학자들은 혜성들의 시차를 주의 깊게 탐구했고, 티코는 혜성들이 단지 천구에서 달 너머의 금성이나 수성 주위에 있을 뿐 토성 너머 멀리 있지는 않다고 했는데, 이들 가운데 누가 이렇게 말했든 우리는 그것에 대해 소란을 떨 필요는 없다. 왜냐하면 그 가운데 누구라도 혜성들이 토성 너머에 존재함을 계산에 의해 합당하게 이끌어 낼 수 있었는데도 이들은 반대로 말했기 때문이다. 그들이 만난 모든 사람들은 혜성의 운동이 달 아래에서 일어나는 기상 현상이라고 믿었으므로, 다른 모든 사람들처럼 그들도 하늘에 떠 있는 혜성들을 손가락으로 가리키는 것에 만족했을 뿐 다른 사람들에게 알리려고 하지 않았던 것이다. 그들은 혜성들이 하늘에 존재한다는 사실을 사람들이 쉽게 받아들이기만을 바랐다.

42 이 지구 위에서 보이는 모든 사물을 현상이라고 하지만 모든 현상을 처음부터 한꺼번에 탐구할 필요는 없다

태양이나 행성들, 혜성들, 태양 이외의 다른 항성들 주위에는, 앞서 언급한 일반적인 물질들 말고도 많은 특수한 물질들이 있다. 지구의 경우에도 마찬가지로, 우리 눈에 보이는 물질들 외에도 수많은 특별한 물질들이 있다. 이러한 모든 물질들을 우리는 현상(즉 지각될 수 있는 사물의 상태)이라고 한다.

저 높은 하늘에 보이는 수많은 별들에 대해 무언가를 설명해 줄 만한 몇몇 원인들을 발견하는 일만으로는 이 놀라운 가시 세계의 참된 본성을 인식하기에 충분치 않다. 이를 위해서는 지구에서 가까이 보이는 모든 물질들로부터 빠짐없이 모든 원인을 연역해 내야 한다. 그러나 일반적 원인 규명을 위해 굳이 모든 현상을 한꺼번에 다 탐구할 필요는 없다. 우리의 탐구가 끝난 뒤에 규명해 낸 그 사항들로부터 뜻밖에도 우리가 미처 생각지 못했던 사항들까지 설명이 가능함을 알게 될 때, 그때 비로소 우리 원인 규명이 일반적이며 올바른 것이라는 사실을 확신하게 될 테니 말이다.

43 모든 현상들의 연역에 따라서 뚜렷해진 원인들은 거의 모두가 참이다

만일 우리가 가장 뚜렷하게 인식되는 원리들만을 사용해 오직 그 원리들로부터 수학적인 추론에 따라서만 어떤 사항들을 연역한다면, 그래서 연역된 결과들이 현실적으로 모든 자연 현상들과 정확히 일치하는데도 그 규명된 결과, 즉 원인이 옳지 않다고 의심한다면 이는 마치 우리가 우리 이성이 올바르게 사용되고 있는데도 이성이 잘못 만들어졌다고 의심하는 것과 같다. 그리고 이런 의심이야말로 신에게 부당한 저항을 하는 것과 다를 바 없다.

44 내가 탐구한 원인들이 단지 가설로 받아들여지기를 바란다

그렇게도 중요한 사항들에 대한 철학적 탐구를 해오면서, 나는 내가 발견한 것들을 참이라고 주장함에 있어서 혹시라도 오만해 보이지 않도록 단지 중간 정도의 확신만을 밝히려 한다. 따라서 나의 설명을 모두 가설로 설정하겠다. 비록 내 가설이 틀리다고 여겨질지라도, 그 가설로부터의 연역 결과들이 모든 사람들의 경험과 일치하기만 한다면 나는 그것을 내 노력의 대가로 생각하겠다. 왜냐하면 나는 모두의 삶에 이로운 사실들을 깨닫는 그만큼, 그 가설의 진리를 인식했다고 여길 생각이기 때문이다.

45 거짓으로 알려진 원인들도 많이 사용하리라

자연 사물들에 대한 더욱 깊이 있는 해명을 위해서, 나는 이제까지 내가 알고 있는 지식들을 넘어서 그 원인들을 찾으려고 한다. 이 세계는 의심할 필요도 없이 모두가 완벽하게 만들어졌다. 따라서 이 세계에는 태양과 지구와 달과 별이 존재해 왔으며, 지구에는 식물의 씨뿐만 아니라 그 성장체인 식물 또한 존재했다. 그리고 아담과 하와는 어린아이가 아닌 성인으로서 창조되었다. 기독교 신앙으로부터 우리는 이것을 배웠고, 우리의 자연적 이성에 따라도 이 사실이 받아들여졌다. 왜냐하면 신의 위대한 힘을 생각한다면, 신이 어떤 절대적이고 완벽한 실체를 만들었다고 생각할 수밖에 없기 때문이다.

그러나 식물이나 인간의 본성을 깨닫는 데 있어서는, 이 세계가 만들어지는 순간에 신은 인간이나 식물의 과거를 생각하기보다 씨앗으로부터의 탄생 원인을 생각했음이 분명하다고 해야 한다. 그래서 우리가 아주 단순하고 인식하기 쉬운 어떤 원리들, 이 가시 세계에서 보이는 별과 지구와 그 밖의 모든 사물의 공통 생성 원인이 될 수 있을 만한 어떤 원인(또는 원리)을 상상해 낼 수만 있다면, 그것이 그저 지금 보이는 대로 쓰는 일보다는 훨씬 더 그 사물들의 본성을 드러내 줄 수 있다. 나는 그런 원리들을 발견했고, 그래서 그 원리들을 여기에 내보이려 한다.

46 모든 현상을 설명하기 위해 가정하는 사항들

이 세계 모든 물체는 동일한 하나의 물질로 이루어졌다고 할 수 있기 때문에 임의로 무한정 같은 성질로서 나누어질 수 있다. 실제로도 이미 수많은 부분들로 나누어져 있다. 이 작은 부분들은 저마다 다양한 운동을 하되 어떤 운동을 하든 그것은 원운동의 형태이다. 그러므로 이 세계에는 언제나 같은 운동량이 끊임없이 보존되고 있다고 하겠다. 그러나 그 물질 부분들의 크기가 얼마인지, 운동의 속도는 어떠한지, 원운동을 하되 그 원의 형태는 어떠한지는 우리의 이성만으로는 도저히 규정할 수가 없다. 왜냐하면 신은 우리가 헤아릴 수 있는지에 아랑곳하지 않고 너무도 다양한 방식(또는 원리)으로 그것들의 운동을 일으켜 놓아서, 그중에서 어떤 하나의 방식을 단지 경험할 때마다 하나씩 알 수 있기에 그렇다. 어떤 원리이든 그 원리로부터의 결과가 경험적인 사실들과 일치하기만 한다면, 우리는 그런 원리를 얼마든지 선택할 자유가 있다. 그러니 이렇게 가정해 보자.

신이 처음 이 가시 세계를 창조했을 때는 이 세계의 모든 가시적 사물들을 될 수 있으면 같은 크기 또는 중간 크기로 만들려고 했기 때문에 지금 하늘과

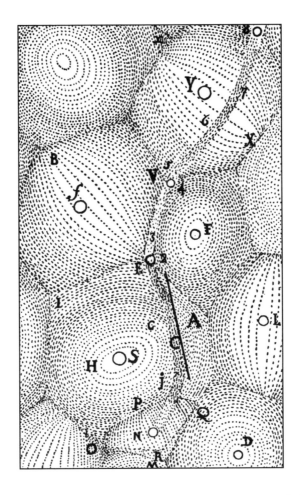

행성들을 구성하고 있는 물질들은 모두 평균 크기의 부분들로 나뉘고, 그 작은 부분들의 운동량을 모두 합친 것은 현재 세계에 있는 운동량의 합과 동일하다. 그리고 이 작은 부분들은 저마다 분리되어 자기가 기준으로 하는 중심 둘레를 돌고 있었고, 지금과 똑같은 운동량을 지녔었다고 가정하자. 단, 이때 이 부분들은 우리가 하늘이라고 여기는 유동체의 어떤 구성 물질로서 원운동을 했어도 그 운동량은 같고, 아니면 이 지구로부터 동일한 거리에 있는 수많은 점과 같이 보이는 물질들과 함께, 마치 항성 주위의 점과 같은 행성들처럼 중심 둘레를 도는 원운동을 했어도 그 운동량은 여전히 같다.

그런데 공간 AEI에 있는 작은 부분들은 모두 점 S(태양) 둘레(태양계)를 돌았고, 공간 AEV에 있는 작은 부분들은 (태양계의 일부와) 동시에 모두 F 둘레(다른 항성계)를 돌았다. 다른 부분들도 모두 마찬가지 방식으로 운동했다. 그러므로 그 작은 부분들은 모두 지금 이 세계에 존재하는 수많은 별들만큼 많은 소용돌이들을 이루었다.

47 이 가정들이 틀리다 하더라도 이 가정으로부터 나온 결과들은 참이든 거짓이든 어떤 사항에도 방해가 되지 않는다

위의 가정들과 일치하는 이 세계의 모든 현상들은, 앞서 제시된 자연법칙들에 따라, 그 법칙들을 원인으로 하여 충분히 생성될 수 있다. 나는 이러한 일치된 현상에 맞는 원리보다 더 이해하기 쉽고 더 합당한 원리는 없다고 생각한다.

카오스(태초의 우주, 혼돈의 상태)를 상상해 보자. 그 카오스에 어떤 질서의 실마리가 있었다. 그 질서의 실마리로부터 지금의 자연법칙에 따르는 질서들이 연역될 수 있으리라(이 연역을 이전에 한 번 시도한 적이 있다). 혼돈이란, 어떤 비율적 계산이나 정연한 질서에 오히려 더 어울린다. 창조주인 신의 최고 완전성에는 그보다 덜 어울리며, 똑똑하게 드러나지도 않는다. 모든 면에서 볼 때, 균일한 비율에 따른 계산이나 질서 있는 논리보다 더 단순하고 쉬운 인식 방법은 없다. 그래서 나누어진 작은 물질 부분들이 처음부터 모두 똑같은 크기였다 가정하고 밤하늘을 바라본다. 누구라도 밤하늘을 바라보면 분명하게 알 수 있듯이, 거기에는 별들의 위치 차이 말고는 별 차이가 없으므로 나는 일단 크기의 차이를 부정하겠다.

이런 방법, 즉 직시적(直視的) 방법은 무엇이든 최소한의 문제만을 가정한다. 왜냐하면 탐구를 끝마친 뒤에, 언제나 그 가정들은 자연법칙(눈에 보이는 현상적 규칙)으로 다시 돌아와 따를 수 있기 때문이다. 단지 그 가정에 따른 자연법칙을 통해서는 다른 사물의 원인이 결과가 될 수 없다면, 그 원인은 무엇이든 더이상 가정될 수 없다. 그러나 사물은 자신의 모습을 자연법칙의 순서에 따라 나타내기 때문에, 만일 우리가 그 모든 모습들을 순서대로 살펴본다면 마침내 이세계에 보이는 모든 사물의 모습, 즉 형상의 여러 상황들을 알 수 있게 된다고 생각한다. 그러므로 잘못된 가정에 따르는 오류를 두려워할 필요가 없다.

48 하늘의 작은 물질 부분들은 어떻게 모두 둥근 모습인가

그러므로 이제까지 제시된 가설들과 관련해 그 자연법칙들에 잠재되어 있는 효력을 보여주기 위해서 이렇게 전제하자. 이 세계의 모든 물체들, 즉 작은 부분들은 이미 태초에 나누어졌었다고 가정하는데, 그때의 물질 부분들은 지금처럼 둥글지는 않았으리라는 것이다. 왜냐하면 미립자 알갱이들은 아무리 결속해도 그들 사이의 공간을 메울 수 없기 때문이다.

그러나 그 작은 알갱이들은 저마다 다양한 원운동(운동력의 순환 운동)을 하고 있었다 여겨지기 때문에, 처음 모양이 어떠했든 차츰 둥글어지게 되었다. 처음에 그 물질 부분들은 아주 강한 힘으로 움직였기 때문에 서로 충돌하여 떨어지게 되었으며, 그런데도 그 힘은 이 우주 안에 그대로 보존되어 있다. 그 힘이 작은 물질 부분에 계속 존재하고, 그 뒤 끊임없이 작은 물질 부분들이 충돌했다면, 그 작은 힘의 물질들은 모서리가 깎였음이 틀림없다. 그 모서리를 깎아내는 힘은 물질을 분리하는 힘보다 분명 덜 들기 때문이다. 어떤 물체의 모서리가 깎이면 물체 끝이 둥글어진다는 사실을 우리는 모두 쉽게 이해할 수 있다. 여기서의 '모서리'라는 이름은 물체의 둥근 형태 밖으로 튀어나온 모든 부분을 말한다.

49 작은 물질 부분들 주변에는 더욱 작은 미립자들이 분명히 존재한다

공간에는 반드시 물질이 존재한다. 이 물질들은 둥글기 때문에, 결합을 해도 그 주위에 반드시 아주 작은 틈들이 남게 된다. 그래서 그 틈들을 메울 수 있는 모양을 하고 있거나 아니면 필요에 맞게 자신의 모습을 끊임없이 바꾸는 아주 작은 알갱이들이 그 틈들을 채울 수 있어야 한다. 그런데 모서리로부터 깎여나온 알갱이들은 매우 작아지면서 동시에 매우 빠른 속도로 운동하기 때문에, 그 빠른 운동에 의해 다시 수많은 작은 알갱이들로 나누어진다. 이러한 작은 알갱이들이 그 메워질 수 없는 작은 틈들을 차츰 채운다.

50 작은 미립자들은 아주 쉽게 나누어진다

그 작은 부분들은 작아질수록 더 자유롭게 움직이기 때문에, 또 그 운동성 때문에 충돌해 더욱 작아지게 된다는 사실에 주목해야 한다. 그 알갱이들은 작아질수록 실제 양보다 더 큰 면적을 차지하게 되는데, 그것은 바로 다른 물체들과의 충돌로 알갱이들의 수가 늘어나면서 할 수 있는 한 가장 넓은 표면적을 차지하기 때문이다.

51 작은 미립자들의 운동 속도는 빠르다

이러한 사실들에도 주목해야 한다. 물질의 작은 부분들은 더 작은 알갱이들로 나뉘면서, 그 작은 알갱이들의 운동력을 자극해 더 자유롭고 더 빠른 속도를 갖게 한다. 왜냐하면 작은 알갱이들은 곧은길로 내쳐 달리기도 하고, 아주 좁고 구부러진 길로 나아가야만 할 때도 있기 때문이다. 작은 알갱이들은 마치 우리가 풀무(불 피울 때 바람을 일으키는 기구)의 작은 통로로 바람을 눌러 내뿜을 때, 통로가 좁아서 오히려 바람이 빠른 속도로 빠져나오듯이 운동한다.

팽창 또는 진공이 없이 여러 운동이 가능하려면 물질의 어떤 부분들이 매우 빨리 움직여야 할 때가 있으며, 물질은 필연적으로 많은 부분들로 나누어져야 한다는 사실에는, 이제까지 밝힌 이유 말고는 다른 이유가 없다.

52 이 가시적 세계의 원소는 3개이다

그러므로 우리는 현재 두 종류의 물질을 알게 되었다. 눈에 보이는 이 세계에서, 최초의 두 원소라 할 수 있다. 그 가운데 첫 번째 종류는 운동력 또는 자극력이 매우 크기 때문에, 다른 물질과 서로 부딪치면서 아주 작은 알갱이들로 나누어진다. 이때 이 알갱이들의 크기는 일정하지 않다. 그래서 더 작은 알갱이들은 다른 물질들의 모서리들 사이에 생겨난 작은 틈새에 그 모양을 맞추어 메운다. 두 번째로 생겨난 또 하나의 종류는 작게 나누어진 물질로 알갱이 모양이 둥글며, 우리가 눈으로 분별할 수 있는 물질들보다는 훨씬 작다. 그렇다고 해도 이 알갱이들은 어떤 일정 부피를 지닌 동시에 더 작은 알갱이들로 나뉠 가능성도 있다.

이제 곧 우리는 이 세계에 생겨난 세 번째 종류의 물질을 발견하게 된다. 이 물질은 무엇인가 하면, 매우 밀집해 있고 빽빽하며 운동에는 어울리지 않는 그런 물질들이다. 이 세계에 생겨난 모든 물체들은 이러한 세 종류의 물질로 만들어져 있다는 사실을 보여주어야만 한다. 태양과 항성들은 첫 번째 종류의 물질로, 하늘은 두 번째 종류의 물질로, 지구와 행성들과 혜성들은 세 번째 종류의 물질로 이루어져 있다. 실제로 태양과 항성들은 스스로 빛을 내뿜고, 하늘은 그 빛을 전하며, 지구와 행성들과 혜성들은 이 빛을 반사한다. 그래서 이 세계에서 우리가 눈으로 볼 수 있는 이러한 세 종류의 물질들 사이에는 차이가 있으나, 근원적으로는 서로서로 환원되는 성질로 보아야 마땅하다.

53 이 세계의 하늘도 3개로 구분되어 있다

중심 S(태양)를 돌고 있는 공간 AEI의 물질들을 우리의 첫 번째 하늘이라고 하자. 그리고 두 항성계의 중심, 항성 F와 항성 f의 둘레에서 소용돌이들을 이루고 있는 수많은 모든 물질들을 합해서 두 번째 하늘이라고 하자. 끝으로 세

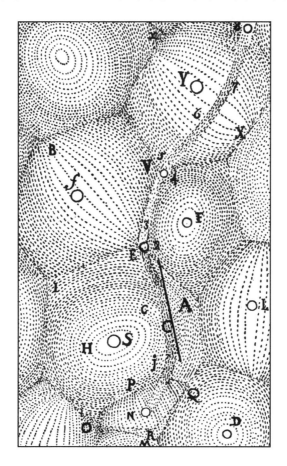

번째 하늘은 이 두 하늘 너머에 존재하는 모든 하늘들이라고 하자. 그러면 나는 이 세 번째 하늘이 두 번째 하늘에 비해 헤아릴 수 없을 만큼 크고, 두 번째 하늘은 첫 번째 하늘에 비해 훨씬 크리라고 믿는다. 그러나 여기서 세 번째 하늘에 대한 탐구를 하기에는 알맞지 않다. 왜냐하면 그것은 결코 우리 시대에 살펴볼 수 없는 분야에 있으며, 지금으로서는 먼지처럼 보이는 저 수많은 점들의 세계만을 고찰할 수 있기 때문이다. 항성 F와 항성 f를 중심으로 도는 소용돌이들 모두를 합해서 별도의 하늘, 즉 별도의 연합 천구로 생각한다. 이들의 모든 움직임은 하나의 동일한 연계적 관계에 따라서만 고찰이 가능하기 때문이다.

그래서 비록 태양계 S가 다른 하늘과 다르게 보이지는 않지만 항성 S, 즉 태양을 나의 특별한 하늘의 중심이라고 하겠다. 그것은 모든 하늘들 가운데서도 최초의 하늘이라고 생각하기 때문이다. 우리는 곧 태양 S의 소용돌이 속에서 우리 주거지인 지구를 발견하게 되므로, 이 소용돌이 속에서야말로 우리의 연구를 가능하게 해주는 사실들을 다른 항성계에서보다 더욱 많이 발견할 수 있다. 어떤 물질이 우리의 호기심을 자극하는 것은 그 물질 자체 때문이 아니라고 생각한다. 그 물질이 호기심의 대상이 될 수 있는 이유는, 우리의 생각을 나타내 보이고자 열망할 때 그 대상이 우리 생각을 설명해 줄 수 있기 때문이다. 그래서 그런 대상은 무엇이든 익숙하게 이름이 붙여지곤 한다.

54 어떻게 태양과 항성들이 형성되었는가

제2원소, 즉 최초 물질 원소 2개의 충돌로부터 탄생한 작은 부분들은 서로 끊임없이 부딪치면서 닳아서 없어졌기 때문에, 제1원소의 주변에는 (제2원소의 마모 물질들로 인해) 더 작은 물질들이 차츰 늘어났다. 우주 속 제1원소 물질들 주변에 더욱 작은 물질들의 양이 늘어나면서, 동시에 제2원소들의 작고 둥근 부분들 사이의 틈새들도 메워졌다. 그러고도 남아도는 더욱 작은 알갱이들의 양은 항성 S, F, f 쪽으로 흘러들어가서 그 주위에 매우 유동적인 둥근 모양의 유체를 이루었다. 중심 S에서는 태양(항성)의 자리를 이루었고, 다른 중심들에서는 다른 항성들의 자리를 이루었다.

그 뒤 제2원소의 작은 부분들이 더 많이 닳아 없어지면서, 더욱 작아진 물질들은 전보다도 더 작은 공간 속으로 들어가게 되어, 중심까지 내처 나아가지 못하고 구부러진 통로로 들어가 중심으로부터 멀리 떨어진 채 남아 있게 되었다. 그래서 중심의 둥근 유동체 부분은, 주위의 커다란 제1원소 물질이 흘러들어갈 장소로 남게 되었다.

55 빛(lux)이란 무엇인가

원운동을 하는 물체는 그 중심으로부터 가능하면 멀어지려고 한다. 이것은 자연법칙이다. 제2원소 물질로부터 마모되어 나온 알갱이들과 중심 S나 F 주위 제1원소 물질들 사이의 원심력에 대해서는 뒤에서 자세히 설명하려 한다. 빛에 대해서도, 이것은 오직 빛 스스로가 태양이나 항성으로부터 가지고 나온 힘의 드러냄일 뿐인데, 뒤에 설명하겠다. 또한 빛은 자신과 다른 많은 물체들에 있어서 필연적인 물질임을 알 수 있다.

56 생명이 없는 물질들이 움직이려 함을 어떻게 이해할 수 있는가

나는 제2원소 알갱이들이 자신들의 운동 중심점으로부터 멀어지려 한다고 말했는데, 그렇다고 해서 그 알갱이들이 스스로 그런 의식을 지녔다는 뜻은 아니다. 단지 그 알갱이들은 어떤 이유로 다른 알갱이들의 방해를 받지 않는 한 본디 운동력이 주어져 있으며, 그런 식으로만 움직인다는 말이다.

57 어떻게 동일한 성질의 물체가 다양한 운동을 하고자 할 수 있는가

하나의 동일한 물체에 다양한 원인들이 동시에 작용될 수 있다. 그때 그 다양한 원인들은 서로의 작용을 방해하게 되기 때문에, 그중 어느 원인을 탐구하느냐에 따라 그 물체의 성질은 그 방향으로 나아간다.

예를 들어 끈 EA를 사용해 돌을 던질 때 E를 중심으로 돌을 던지면 돌 A는, 다양한 운동의 원인들이 한꺼번에 고려된다 하더라도 A로부터 B쪽으로 가게 된다(최소한 E쪽으로 가지는 않는다). 왜냐하면 그 돌은 현실에서 그쪽으로 향하기 때문이다. 그러나 AC가 원의 점 A로부터의 접선이라 하고, 또한 오직 A에 위치해 있을 때의 운동력만 고려한다면, 돌은 위에서 말한 운동 규칙에 따라 C쪽으로 나아가고자 한다. 왜냐하면 L의 위치로부터 점 A에 이르렀을 때 돌의 끈이 끊어진다면 돌은 실제로 A에서 B로 가지 않고 C쪽으로 향하기 때문이다. 만일 끈이 끊어지지 않고 그 운동을 방해하면서 남아 있더라도, 그런 움직임의 경향을 막을 수는 없다. 마지막으로 운동력을 전체적으로 보지 않고 끈에 의해 방해받는 운동력, 즉 그 나머지 운동력을 구분한다면, 그 돌은 (방해받는 상태의 운동력만으로는) A에 머물러 있지만 실제 운동력은 많이 남아 있어서 직선 EAD를 따라 D로 가서 중심 E로부터 멀리 가기에 충분하다.

58 원운동을 하는 물체들은 어떻게 중심으로부터 멀어지려 하는가

이 현상을 뚜렷이 이해하기 위해서 또 하나의 예를 보자. A지점의 돌이 아무 방해 없이 C로 갈 때의 운동과, 나무막대 EY의 A지점에 있는 개미가 C쪽으로 갈 때의 운동을 비교하려 함인데, 다만 이때 나무막대 EY는 E를 중심으로 도는 동안 개미는 계속해서 막대의 A로부터 Y쪽으로 기어간다. 그동안 막대의 점 A는 또한 원 ABF를 그리고, 개미와 막대 각각의 운동은 서로의 방향성을 제어하면서 막대가 C에 있을 때는 개미가 X에 가 있고, 막대가 G에 있을 때 개미가 Y에 가 있으므로 개미는 ACG 방향의 운동 선상에 있다.

한편 돌은 원 ABF를 따라 돌아가면서 그 힘으로 연장직선 AD, BC, FG로 나아가려는 성향을 계속 지닌다. 이때 돌의 힘을 다른 조건 아래 있는 개미의 운동 성향과 비교해 보자. 즉 이번에는 개미가 끈이나 접착제로 나무막대에 붙여져 있다. 그래서 나무막대에서 움직이지 못한 채 E를 중심으로 원 ABF지점을

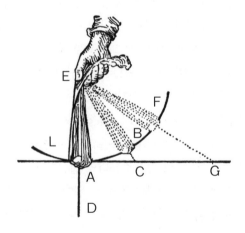

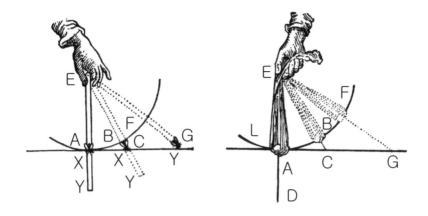

지난다. 개미는 그동안 온 힘을 다해 Y쪽으로 가려고 직선 EAY, EBY 등의 운동 성향을 지녔으며, 이것은 중심으로부터 멀어지려는 시도이다.

59 개미가 기울이는 노력의 크기

처음에는 개미가 아주 느리게 움직인다. 그래서 운동의 맨 처음만 고려한다면 개미의 노력은 크지 않다고 생각된다. 그러나 개미의 노력이 차츰 커지는 현상과 운동이 빨라지는 현상이 눈에 들어오게 된다.

예를 들어 관 EY에 알갱이 A가 담겨 있을 때 E를 중심으로 원운동을 한다면, 운동의 맨 처음에는 알갱이 A가 매우 천천히 Y쪽으로 가다가 그 뒤에는 좀 더 빨리 움직여 간다. 왜냐하면 알갱이 A는 처음의 힘을 계속 지닌 채로 새로이 중심 E에서 멀어지려는 시도를 하면서 점점 늘어나는 새로운 힘을 지니게 되기 때문이다. 이러한 새로운 힘의 증가는, 원운동이 지속되지만 매번 새로운 지점에서 새로운 출발이 이어지는 데에 비롯한다. 실제로 경험해 보면 알 수 있다. 실험관 EY가 E를 중심으로 매우 빠른 원운동을 한다면, 그 실험관 속의 알갱이는 더욱 빨리 A에서 Y로 가는 현상을 볼 수 있다. 끈에 달린 돌의 운동도 마찬가지라고 볼 수 있다. 즉 돌을 빨리 돌릴수록 끈은 점점 더 팽팽해진

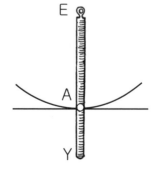

다. 바로 이 끈의 팽팽함이 이 돌의 원심력(원운동에서 바깥쪽으로 쏠리는 힘) 크기를 나타낸다.

60 하늘의 물질들에도 그런 노력이 존재한다

돌이 끈에 달려 중심 E 둘레를 도는 운동과 실험관 속 알갱이의 운동에 대한 설명을 제2원소의 알갱이들에 대해서도 사용하면 훨씬 이해가 쉽다. 각 알갱이들은 매우 큰 운동력으로 자신들의 소용돌이 중심에서 벗어나려고 한다. 이 알갱이들은 저마다 자기 주위 다른 알갱이들에 의해 붙잡혀 있다. 그것은 마치 돌이 투석기의 끈에 매여 있는 현상과 같다. 이들은 단순히 묶여 있기만 하지 않고 점차 어떤 새로운 힘으로 그 힘이 늘어나는데, 그것은 중심으로부터 멀어지려는 성향의 긴장이 쌓임에 따라 중심으로부터의 압박이 커지고, 돌과 알갱이가 자신들의 제한된 선보다 더 나아가려고 할 때 남아도는 노력에 의해 스스로 압박받기 때문이다.

이렇듯 하늘에 있는 소용돌이들도, 제1원소에서 분해된 알갱이들의 압박을 중심 쪽으로부터 받는 동시에 바깥쪽 이웃 소용돌이 알갱이들(퍼져나가려고 시도하는 알갱이들)로부터 받는다. 더욱 모든 탐구의 정밀성을 기하려면, 여기서 제1원소의 물질을 무시하고 제2원소 물질들만을 사용해야 좋다. 그러면 마치 비어 있는 듯한 공간이 마련된다. 이를테면 운동을 가로막는 물질이 전혀 없어 보이는 그런 물질들로 그 공간을 채운다. 그럼에도 그 공간은 제2원소 물질들이 움직이고 있고 진공이 아니기에, 그곳이 진공이라는 관념은 절대 참이 될 수 없음은 앞의 설명대로이다.

61 그러한 노력 때문에 태양과 항성들이 둥글어진다

소용돌이 AEI에 있는 알갱이들은 모두 중심 S로부터 멀어지려고 한다. 그러므로 직선 SA에 있는 알갱이들은 A쪽으로 가고, 직선 SE에 있는 알갱이들은 E쪽으로 밀리며, 다른 모든 알갱이들도 마찬가지이다. 그런데 그 알갱이들이 중심 S와 원주 AEI 사이의 공간을 채우기에 충분하지 못한 경우가 있다. 그때는 알갱이들이 원주 쪽으로 몰려 있고 중심 S쪽이 비어 있게 된다. 뒤에 더 자세하게 설명하겠지만, 예를 들어 직선 SE에 쌓여 있는 알갱이들은 모두 한결같은 속도로 돌지 않고, 어떤 알갱이들은 빠르게 또 어떤 알갱이들은 느리게 원운동을 하기 때문에 중심 S쪽에 남겨져 있는 빈 공간도 둥근 원이 된다. 만일 원운동의 맨 처음에는 직선 SA나 SI보다 SE에 더 알갱이들이 많이 있었다면, 그 알갱이들은 직선 SE에서 처음에 중심 가까이에 더 많이 모여 있었으리라 생각된다. 하지만 중심 가까이의 알갱이들은 원주 쪽 알갱이들보다 더 빨리 원운동을 끝마치며, 그중에서 많은 양은 직선 SI의 끝부분으로 가서 중심 S로부

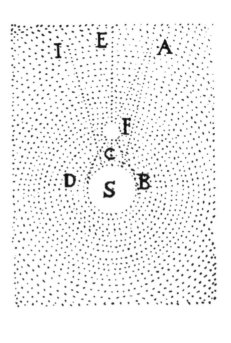

터 떨어져 있다. 그뿐만 아니라 다른 직선들의 중심 쪽에 있던 알갱이들도 모두 중심 S로부터 마찬가지로 멀어진다. 그래서 그 모든 알갱이들이 남기고 간 중심 S 주위의 공간 BCD는 둥근 모양의 자리로 있게 된다.

62 그러한 노력 때문에 각 항성계 작은 물질들이 항성들이나 태양 주위의 지점들로부터 멀어진다

또 이런 점에도 주목하자. 즉 직선 SE에 있는 알갱이들은 견제하면서 서로를 E쪽으로 밀어낸다. 뿐만 아니라 원주 BCD에 있는 알갱이나 그 안쪽에 있는 알갱이들도 다른 알갱이들을 E쪽으로 밀어낸다. 예를 들어 알갱이 F가 있다면, 이 알갱이는 직선 BF와 직선 DF 사이의, 또는 세모 공간 BFD 안의 알갱이들에 의해 밀려갔다고 여겨지며, 그 밖의 다른 알갱이들의 영향은 거의 없었다고 생각된다. 또한 만일 F가 빈 공간이라면, 세모 공간 BFD 안의 알갱이들은 모두 일제히 그 빈 공간을 메우려 나아가고, 그 외 다른 알갱이들은 그럴 가능성이 희박하다.

우리가 이미 아는 사실이지만, 돌을 자유롭게 떨어뜨리면 곧장 지구 중심 쪽

으로 끌리는데, 이때 무게나 지면의 경사도가 돌의 직선운동을 방해하게 되면 돌은 사선을 그으며 지구 중심 쪽으로 이끌린다. 마찬가지로 세모 공간 BFD의 알갱이들도 (소용돌이 운동의 영향 때문에) 중심 S의 첫 직선으로부터 원심력의 영향으로 중심 S를 비켜난 사선 방향으로 나아간다.

63 하늘의 작은 물질들은 그런 노력을 하는 동안 서로 방해하지 않는다

이번에는 다른 사실로부터 탐구해 보자. 그러면 위에서 예를 든 물체의 무게로 인한 방향의 변화(사선운동)가 뚜렷하게 보인다. 다음 그림에는 바닥 F에 구멍이 뚫려 있다. 이 그릇 BDF에 납 알갱이들이 들어 있고, 이들 가운데 먼저 알갱이 1이 그 무게에 의해 구멍으로 내려가고, 다른 두 알갱이 2와 2가 1을 따라 내려가고, 그다음은 3개의 알갱이 3, 30, 3이 뒤따라 내려간다. 이렇듯 가장 아래쪽 알갱이 1이 움직이면서 세모 공간 BDF에 담겨 있는 알갱이들이 모두 내려오는 동안 나머지 알갱이들은 움직이지 못한다. 그러나 이 실험에서 지적해 둘 점이 있다.

실험관 속에서는 알갱이 1이 내려가면 알갱이 2와 2가 서로를 견제하면서 더는 내려가지 않을 수도 있지만, 하늘의 제2원소 알갱이 운동에서는 이 움직임이 반드시 지켜진다는 사실이다. 왜냐하면 제2원소 알갱이들은 저마다 끊임없이 움직이도록 하는 성향 속에 존재해서 그림의 납 알갱이들과 같이 삼각 배열되었다가도 금세 새로운 운동으로 그 배열이 이어지기 때문이다. 그 밖에 빛의 힘에서도, 그 운동은 단순한 지속에 의하는 게 아니라 운동을 자극하는 압박(pressione)이나 또는 최초의 준비된 어떤 근원(prima paratione)적 힘에 따른다. 그 뒤에 우연히 운동이 이어지지 못하고 (방해에 의해) 사라져도 그 빛의 운동 이치는 같다.

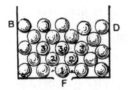 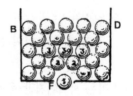

64 빛의 모든 고유한 성질은 그러한 노력에 있다. 따라서 별에는 아무런 힘이 없어도 그러한 성향 때문에 마치 빛이 별 자체의 발산처럼 보인다

이 탐구로써, 우리는 빛이라고 감각되는 운동이 어떻게 태양이나 항성들로부터 고르게 모든 방향으로 곧게 나아가는지를 뚜렷하게 알게 된다. 또한 빛이 어떻게 모든 거리를 포함해서 그렇게도 짧은 시간 안에 다른 하늘 물질들에 다다를 수 있는지도 알게 된다. 빛은 반짝이는 물체의 중심부에서만 나오지 않고, 그 광체 표면(중심부로부터 떨어진 지점)에 있는 모든 지점들로부터도 직선으로 퍼져나가기 때문에, 이 지점부터는 광원 중심부에서 벗어난 나머지 빛 자체의 순수한 성질들을 모두 연역해 낼 수 있다.

이러한 연역의 결과는 아마도 태양이나 다른 항성들, 즉 그 주위를 하늘의 작은 물질들이 돌고 있는 많은 별들 자체에 빛의 운동력이 전혀 없는 경우에도 마찬가지로 적용된다고 하겠다. 태양이 지금 진공에 불과해 아무 물질도 존재하지 않는다고 해도, 또한 우리 신체에 지금 힘이 존재하지 않는다고 해도 다른 나머지 요소들이 존재함은 당장에라도 인식 가능하므로, 최소한 하늘의 작은 물질들이 모두 함께 움직이는 원운동 또한 그러하다고 볼 수 있다. 그러나 이렇게 말하면 아마도 많은 사람들이 그것은 패러독스(반대되는 말로써 강조하는 수법)일 뿐이라고 할지도 모른다. 왜냐하면 우리는 아직 천구의 모든 차원들을 살펴보고 있지는 않기 때문이다. 태양과 별들의 천체 운동에서 빛의 힘이 늘어나 천구의 모든 차원으로 비추어지면, 그 빛이 태양과 별에 무엇을 뜻하는지를 설명하기 위해 먼저 하늘의 물질 운동에 대한 더욱 자세한 설명이 필요하다.

65 두 하늘의 소용돌이들이 서로 닿을 때 그 접점은 한 소용돌이 축의 양극과, 다른 소용돌이 축의 양극이 가장 멀리 떨어져 있는 지점이 만나는 부분이다

하늘의 소용돌이들은 다른 항성계의 소용돌이들이 맨 처음에 어떻게 운동을 했든, 자신의 이웃 항성계 안에 일어나는 소용돌이 운동의 저항을 덜 받는 방향으로 움직이도록 놓여 있었다. 물체가 어떤 운동을 하고 있을 때 다른 물체의 저항을 받으면 금세 운동의 모습이 바뀌는 현상이 자연법칙이기 때문이다. 그래서 중심 S를 도는 첫 번째 소용돌이가 A지점에서 E와 I쪽으로 도는

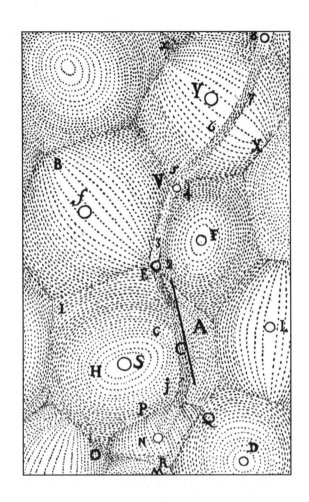

한, 그 이웃 항성계의 중심 F(항성) 둘레를 도는 소용돌이는 S의 소용돌이로 인해 방해를 받지 않는다고 할 때, A에서 E를 지나 V쪽으로 회전한다. 그렇게 한다면 그들의 모든 소용돌이 운동이 서로 가장 좋은 조화를 이룬다고 말할 수 있다.

마찬가지로 여러 이웃한 항성계들의 소용돌이 방향들이 서로 잘 어울리기 위해서는 어떻게 흐름이 이루어져야 하는지 보겠다. 사각 평면 SAFE 안에는 중심이 없다. 흐름이 (선 AE에서) 위쪽(V)을 향하므로 중심이 그 위(V)에 있고, 그 중심(V)과 중심 S, 그리고 F가 삼각형(같은 출구를 향하는 삼각형)을 이룬다. 다른 두 삼각 소용돌이 AEI와 AEV가 선 AE로 연결된 부분을 세 번째 소용돌이로 한다. 이때 세 번째 소용돌이 흐름은 A에서 E를 지나 위쪽(V)으로 흐르며 돈다. 이때 네 번째 소용돌이가 개입되는데, 그것은 중심 f를 도는 소용돌이이다. 이 네 번째 소용돌이(항성계 f의 극 지점의 흐름)는 그 물질들 모두가 첫 번째 소용돌이(태양계 S)와 조화하려면 계속 E에서 I쪽으로 돌 수는 없다. 이 흐름은 두 번째와 세 번째 소용돌이들(즉 선 EA의 공통 흐름)로 인해 모두 E에서 I쪽으로 계속 도는 데 저항을 받기 때문이다. E에서 V쪽으로의 회전도 마찬가지 저항을 받는다. 왜냐하면 첫 번째와 세 번째 소용돌이들(삼각 흐름 SAV에서 Ef와 EV 흐름)의 저항 때문이다. 그렇다고 모두가 계속 E에서 (원주의 흐름을 따라) 위로 흐를 수도 없다. 첫 번째와 두 번째 소용돌이의 저항 때문이다.

그러면 이 경계선들 부근의 흐름이 서로 저항받지 않고 흐르려면 어떻게 조화해야 한단 말일까? 남은 방법은 흐름의 한 극을 E쪽으로 정하고 다른 한 극을 반대쪽인 B쪽으로 정하면 흐르면서 직선 EB를 축으로 삼아 그 둘레를 I에서 V쪽으로 돌되 (원심력에 의해 나선형으로) 활처럼 휘어 돌게 된다고 할 수 있을 뿐이다.

66 그러한 흐름이 조화를 이루려면 소용돌이(경계 부분)에서 **융통성을 발휘해야 한다**

또한 다음 사항을 주목해야 한다. 처음 세 소용돌이들(소용돌이 S, F, 그리고 AE 부분)의 각 황도는 그 황도의 가장 큰 바깥 원주들이 서로 만난다. 이 만나는 지점은 또 네 번째 소용돌이(소용돌이 f의 극과 맞닿는데 그것이 점 E이다. 바로 이 교차 지점에서 앞서 설명한 흐름의 저항과 대립이 일어난다.

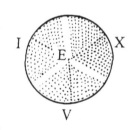

예를 들어 그 소용돌이의 극 지점 E 주위에 있는 I, V, X(경계 흐름선)가 IVX 방향으로 돌며 흐른다면, 첫 번째 소용돌이(S)는 직선 EI를 EI 방향의 평행선을 따라 흐르고, 두 번째 소용돌이(F)는 선 EV를 EV 방향으로 흐르며, 세 번째 소용돌이(SFV)는 선 EX를 띠라 EVX 방향으로 스치며 흘러들어간다. 이러한 여러 방

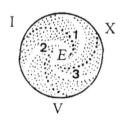

향성 때문에 이 부분들은 원운동을 함에 있어 얼마간 방해를 받는다.

그러나 자연의 운동 규칙들이 개입하여, 처음 세 항성계의 각 소용돌이들은 네 번째 소용돌이에 개입된 IVX에서 이 지점들의 각 흐름에 따라 저마다 비껴 흐르게 되고, 그래서 세 항성계 소용돌이들의 경계 부분 흐름들이 교정된다. 그리고 그 소용돌이들은 한 물질의 흩트림도 없이 직선 EI, EV, EX를 따라 흐르지 않고 곡선으로 1I, 2V, 3X를 따라 흐르면서 가장 저항받지 않는 흐름의 조화를 네 번째 소용돌이 운동과 이룬다.

67 두 항성계의 소용돌이 극들은 서로 맞닿지는 않는다

각 항성계의 소용돌이들이 이보다 더 저항받지 않고 원운동을 하게 할 수 있는 규칙을 나는 생각할 수가 없다. 왜냐하면 두 소용돌이 극들이 서로 맞닿아 있다면, 이 소용돌이들은 둘 다 자기 중심의 방향으로 돌며 조화를 이루거나, 서로 반대 방향으로 돌며 최대한 저항을 하기 때문이다. 그래서 비록 내가 하늘의 모든 소용돌이가 저마다 어떻게 배치되는지, 그 위치에서 어떤 운동을 하는지 굳이 규정하지 않는다 해도 이것만은 주장할 수 있다. 즉 각 소용돌이들은 이웃 소용돌이들과 그냥 맞닿지 않고, 소용돌이의 가장 큰 원주가 다른 소용돌이의 극과 만나도록 서로 반대로 배치된다는 일반적인 사실인데, 이 점을 나는 여기서 충분히 증명했다고 생각한다.

68 각 소용돌이의 크기는 서로 다르다

항성들의 위치는 매우 다양하다. 그래서 항성의 둘레를 도는 소용돌이의 크기도 틀림없이 서로 다르리라고 생각한다. 항성들은 언제나 오직 중심에만 놓인다. 나는 그 항성들이 뿜어내는 빛으로 그 크기의 다양성을 충분히 눈치챌 수 있다. 왜냐하면 빛의 그런 소용돌이 덩이를 볼 때 아주 명확한 설명이 가능하기 때문인데, 사실이 그러함은 앞서 설명했고 또 이후에 덧붙일 설명에서도 뚜렷이 알게 된다. 그리고 우리가 항성들을 바라보면서 감각적으로 알게 되는 사실은 오직 그 항성들의 빛과 위치뿐임을 고려하면, 오직 이 두 요소, 즉 빛과 위치의 설명에 필요하다고 생각되는 사항만을 살펴봐야 하겠다.

빛을 설명하기 위해 필요한 사항은 하늘에 보이는 항성 주위를 하늘의 어떤 다른 물질(빛을 전달하는 물질)들이 돈다는 사실뿐이며, 항성의 위치 설명에 필요한 사항은 단지 소용돌이들의 크기 차이이다. 하나의 소용돌이는 다른 소용돌이와 크기가 다르다(즉 원의 크기와 모양이 다르다). 그렇다고 한다면, 다른 소용돌이들의 가장 바깥 원주가 서로 맞닿은 지점들 가운데 어떤 지점은 자기 소용돌이 축의 극으로부터 멀고 어떤 지점은 더 가깝기도 함이 틀림없다. 왜냐하면 크고 작은 다양한 소용돌이들이 서로 닿아 있으므로 다른 크기(예를 들면 타원형)의 원이 또 생겨날 수밖에 없기 때문이다.

69 제1원소 물질들은 각 소용돌이 축의 극에서는 중심 쪽으로, 중심에서는 극에서 먼 다른 쪽으로 흐른다

그러므로 다음 그림의 소용돌이 주변의 제1원소 물질들이 계속해서 자기 소용돌이의 중심 쪽으로 들어가고, 동시에 일부는 반대 방향으로, 즉 자기 중심으로부터 먼 쪽인 이웃 소용돌이로 흘러들어간다.

원 AYBM은 태양을 중심으로 도는 첫 번째 하늘의 소용돌이라 하고, 이 하늘에서 남극은 A이고 북극은 B이며, 이 소용돌이는 이 두 극을 중심으로 돈다고 가정한다. 그러면 이 소용돌이 주변에 있는 4개의 소용돌이, K, O, L, C는 축 TT, YY, ZZ, MM을 돈다. 그리고 소용돌이 AYBM은 O와 C의 극 지점(축의 극)에서 이들 소용돌이를 만나고, K와 L의 소용돌이에서는 이들 소용돌이 축의 극으로부터 아주 먼 부분에서 만난다.

이렇게 가정함으로써 분명히 설명할 수 있는 사실은, 소용돌이 AYBM 안의 물질들은 모두 처음에는 축 AB(축 AB의 중심 S)로부터 멀리 M쪽으로 곧게 나아가려는 성향을 지니므로 먼저 A나 B보다는 Y와 M쪽으로 직진하려는 더 큰 힘을 가지고 하늘의 회전 방향으로 휘면서 Y와 M쪽에서 O와 C의 소용돌이를 만나게 된다는 것이다. 이때 직진의 흐름이 휘므로 이 소용돌이들은 다른 물질들에 대해 크게 저항하는 힘을 주지는 않는다. 축의 양극 A와 B에서는 K와 L의 두 소용돌이와 만나는데, 이 접점은 K와 L의 소용돌이 축에서는 멀다. 이 지점(A와 B)에 와 있는 물질들 가운데 일부는 중심 K와 L로부터 멀어지려는 힘으로 중심 S쪽으로 나아가고, 어떤 일부는 중심 S에서 멀어지려는 힘으로 L이나 K쪽으로 달아나려 한다. 이때는 L, K의 소용돌이 접점에서 멀어지려는 힘이

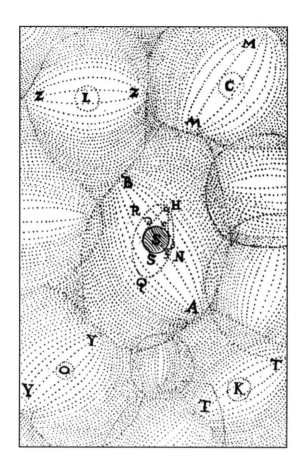

S에서 멀어지려는 힘보다 더 크다. 그래서 이 지점에서는 K와 L의 소용돌이에 속한 물질들이 계속 S쪽으로 나아가게 되고, S에 속한 물질들은 계속 O와 C쪽으로 나아가게 됨이 틀림없다.

70 그러나 제2원소 물질들의 운동은 다르다

제2원소 물질들이 방해받을 만한 특별한 원인만 없다면, 위의 설명을 제1원소 물질들뿐 아니라 제2원소 물질들에도 적용할 수 있다. 그렇지만 제1원소 물질들의 운동은 제2원소 물질들의 운동보다 훨씬 이동 속도가 빠르기 때문에(동시에 밀려 가기 때문에), 제2원소 물질들(이 물질은 아주 작아서 인근의 미세한 틈새를 먼저 채운다)이 아직 차지하지 못하고 남아 있는 틈새들을 통해 언제나 자유로이 이동한다.

사정이 이러하다면, 중심 L의 소용돌이에 속한 제1원소 물질들과 제2원소 물질들이 S와 L 중간 접점에서 동시에 S쪽으로 움직일 때, 먼저 S 중심에 다다르는 물질은 제1물질이지 제2물질이 아니라고 생각하게 된다. 그다음에, 이제 빈 공간 S의 위치로 들어온 제1물질은 매우 큰 힘을 내서 그 자리에 본디 있던 제2원소 물질들을 황도 e g 또는 M이나 Y쪽으로 밀고, 동시에 극 f d나 AB 쪽으로 민다.

그렇게 해서 이 소용돌이(중심부 소용돌이)의 제1원소 물질들은, L의 소용돌이로부터 흘러나오는 물질들이 끊임없이 경계를 넘는 운동, 즉 B의 경계 지점을 지나 중심 S로 가는 운동을 다스린다. K의 소용돌이나 그 밖의 다른 소용돌이들 운동도 마찬가지이다.

71 제1원소 물질과 제2원소 물질이 다른 근거는 무엇인가

이번에는 또 다른 점에 주목해 보자. 중심 L 둘레를 돌고 있는 제2원소의 작은 물질들은 원심력(vim recedendi ab isto centro)뿐만 아니라 자신들의 운동 속도(소용돌이)를 유지하려는 힘을 지니고 있다. 이 두 요소는 가능하면 서로를 견제하려 하는데 그 이유가 무엇인지 보겠다.

먼저 L의 물질들은 L의 소용돌이에 속해 있는 동안에, 그림에서 자기의 위와 아래에 이웃한 소용돌이 경계들로써 갇혀 있다. 그 L의 물질들이 B쪽으로 나아가려면, 그림에서 자기 위아래(양극) 이웃 소용돌이들의 경계선 부분에서 물질의 흐름이 빨라야 하는 한편, L과 B의 중간에 담긴 물질의 흐름은 공간이 물질들로 메워지는 보조에 맞추어 느린 원심력 운동을 하며, 이 운동은 소용돌이 경계로 갈수록 점차 빨라진다. 공간 LB가 클수록 그 중간에 있는 물질들의 운동 속도는 그만큼 느려진다. 이 물질들의 운동은 원운동으로서, L 소용돌이의 경계선 부분에서는 운동 속도가 L과 B 사이 물질들의 운동 속도에 비해 가장 빠르다. 그래서 L의 물질들은 그 원심력으로 B쪽으로 나아가려 노력하여, 마침내 소용돌이 S의 극(축의 극 B지점) 부분에 있는 물질들과 만나게 된다. 이 지점은 소용돌이 경계선 부근이기 때문에 물질들이 재빨리 자리를 비켜준다. 이와 달리 제2물질들의 힘은 스스로의 속도를 유지하려 하지만 중심 S에 다다를 정도까지 나아가지 못하고 저항을 받기도 한다.

그러나 제1원소 물질에서는 그렇지 않다. 제1원소 물질들은 제2원소 물질들과 함께 원운동을 하고, 똑같이 중심에서 멀어지려는 성향을 지녔지만, 제2원소 물질과는 달리 전혀 속도를 잃을 만한 저항을 받지 않는다. 왜냐하면 제2원소 물질들은 제1원소 물질들보다 작아서 주변의 아주 작은 틈새와 통로들을 발견하고 채우며 나아가지만, 제1원소 물질들은 남은 공간의 좀 더 큰 통로로 나아가기 때문이다. 그러므로 제1원소의 물질들이 K와 L의 소용돌이로부터뿐만 아니라 그림 밖에 있을 다른 많은 소용돌이들로부터 A와 B(축 지점)의 소용돌이 경계 부분을 통해 S 소용돌이 쪽으로 흘러들어감이 틀림없다.

한편 이 소용돌이들이 교류될 수 있는 참된 접촉 지점과 크기와 수는 규정할 수 없고, 더욱이 그 소용돌이들 모두가 하나의 평면상에 있다고 생각되지는 않는다. 마찬가지로 S의 소용돌이로부터 제1원소 물질들이 소용돌이 O와 C, 그리고 규정할 수 없는 다른 많은 소용돌이들 쪽으로도 흘러들어감이 틀림없다. 다음으로 나는 이 제1원소 물질들이 소용돌이 O와 C로부터 소용돌이 K와 L로 방향을 바꾸어 돌아오는지, 아니면 첫 번째 하늘(S)로부터 더 멀리 계속 나아가 다른 많은 소용돌이들에게로 흩어져 들어가는지를 정확히 규정해야겠다.

72 태양 주위의 구성 물질들은 어떻게 운동을 하는가

그러나 제1원소의 물질들이 공간 d e f g 속에서 어떤 모습으로 움직이는가를 먼저 살펴볼 필요가 있다. 물론 이 물질들 가운데는 A지점으로부터 중심 S 쪽으로 운동해 들어온 물질도 있다고 생각된다. 이 물질들은 d지점까지 전진해 와서, 이 지점의 제2원소 물질들과 맞부딪혀 B지점으로 밀친다. 마찬가지로 B지점으로부터 운동해 중심의 f까지 전진해 들어온 제2원소 물질은 이 지점의 제2원소 물질들과 맞부딪혀 A쪽으로 밀친다. 이때 d쪽에 있던 물질들과 f쪽에 있던 물질들은 황도 e g쪽으로 밀려난 뒤에, 주변의 모든 제2원소 물질들을 똑같은 방식으로 밀치게 된다. 그리고 이 제2원소 물질들은 황도 e g 주변의 물질들 사이에 남겨진 틈새가 있으면 그 통로로 소용돌이 M과 Y쪽으로 사라진다.

또 다르게 움직이는 제1원소 물질들도 있다. 이 물질들은 자기 운동력으로

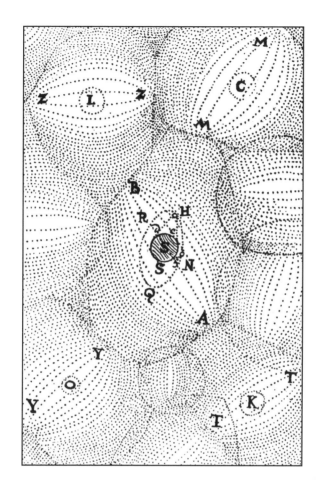

양극 지점 A와 B로부터 곧장 d와 f쪽으로 가면서 소용돌이 전체 운동에 쏠려 축 AB 둘레를 나선 모양으로 돌며 접근한다. 그래서 그 물질 알갱이들은 주위의 유동체 속에서 헤엄치면서, 마치 달팽이 모양으로 감긴 나선을 그리며 중심부로 나아간다. 이 각각의 긴 나선들은 d와 f에 도착하자마자 앞서의 설명처럼 다시 황도 e g쪽으로 방향을 바꾼다. 공간 d e f g는 아주 넓어서, 제1원소 물질들이 이제까지 오간 통로들 모두의 합보다도 넓다. 그래서 그 여유 있는 공간 속에는 언제나 제1원소 물질(조금 큰 물질)들 가운데 일부가 남게 되며, 이 물질은 f d를 축으로 끊임없이 원운동을 하는 유동체가 된다.

73 태양의 위치에는 다양한 변수들이 있다

태양의 탐구에서 가장 주목해야 하는 사실은, 태양은 둥글어질 수밖에 없다는 점이다. 물론 태양의 위치를 살펴볼 때는 한쪽 극 부분에 접해 있는 이웃 소용돌이들과, 또 다른 극에 접한 소용돌이들로부터 제1원소 물질들이 S쪽으로 들어오는 원인이 있을 텐데, 그것이 그 소용돌이들의 크기가 저마다 다르기 때문이라고 한다면 옳지 않다. 또한 그 유입 원인이, 소용돌이들의 위치가 물질들을 자기들에게서 멀리 보내도록 되어 있어서라고 해도 옳지 않다. 마찬가지로 이 첫 번째 하늘의 황도 쪽과 접하는 다른 소용돌이들에도 황도와 같은 원의 성질이 이루어져 있다고 생각해도 옳지 않고, 첫 번째 소용돌이로부터 흘러들어오는 물질들이 이웃 소용돌이들에 각각의 교류 접점으로 한결같이 쉽게 받아들여진다고 생각해도 옳지 않다.

그렇지만 물질들의 유입 원인은 태양 모양과는 무관한 듯하며, 단지 태양의 위치와 운동과 크기만 변수가 되는 듯하다. 만일 극 A에서 중심 S쪽으로 들어오는 제1원소 물질의 힘이 B에서 들어오는 물질의 힘보다 크다면, A에서 센 힘으로 들어온 물질은 다른 물질들과의 충돌을 피해 힘이 약한 B로부터의 물질 쪽으로 더 나아갈 것이다. 이때 B로부터의 물질은 같은 식으로 나아간다 하더라도 A로부터의 물질만큼 긴 거리를 밀어내지는 못한다. 그러나 A로부터의 힘센 물질은 더 많이 나아간 만큼 힘을 잃기 때문에, 결국에는 자연법칙대로 힘이 서로 같아지는 지점에서 충돌하게 된다. 바로 그 지점에 태양이 생겨난다. 그러므로 이제 이곳에 자리잡고 태양이 된 물체는 극 A보다는 극 B에 더 가까워진 채로 있다. 하지만 제2원소의 물질들이 밀쳐질 때는, 태양 둘레의 중심원상의 지점인 f에서는 d와 마찬가지 세기로 밀쳐지므로 이 중심원도 그 때문에 덜 둥글어지거나 일그러지지는 않는다.

이번에는 S의 제1원소 물질들이 소용돌이 C보다 O쪽으로 나아가기가 더 쉽다고 생각하겠다(그곳에 더 자유로운 공간이 있다고 하겠다). 그렇다면 물체 S는 빠져나간 물질들 때문에 O쪽으로 조금 다가가면서, 그 공간이 균형을 잡아 양쪽 힘이 같아지는 곳에서 멈추어 있게 된다. 이런 모든 사항으로 볼 때 오직 4개의 소용돌이 L, C, K, O만이 있다고 하는 한에서는, 그리고 그 크기들이 저마다 다른 한에서는 태양 S가 이제 다른 소용돌이들 속에 있을 수는 없음이

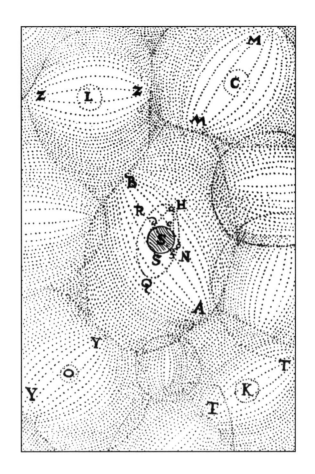

틀림없다. 소용돌이가 O의 중심에도, C의 중심에도, L이나 K의 중심에도 있을 수 없다. 더욱이 이 밖에도 수많은 다른 소용돌이들이 겹겹이 둘러싸고 있기 때문에, 태양이 만일 어떤 변수에 따라서 현 위치에서 (작은) 이동이라도 한다면 어떤 대이변보다 더 큰 사건이라고 볼 수 있다.

74 태양의 이동에는 다양한 변수들이 끼어든다

소용돌이가 K와 L로부터 나오는 제1원소 물질들이 S지점까지 가지 않고 조금 다른 쪽에 이른다고 가정할 수도 있다. 예를 들어 K로부터 흘러나오는 물질은 e지점으로 가고, L로부터 나오는 물질은 g지점으로 간다고 하는 일이다. 이때 태양의 물질 전체는 중심원의 축 f d를 도는데, 이 축은 직선 KSL과 일치하지는 않는다. 축의 남극 f는 e쪽(물질들이 남쪽에서 유입되어 밀려가는 지점)으로 조금 이동하고, 축의 북극 d는 g쪽(물질들이 북쪽에서 유입되어 밀려가는 지점)으로 이동하며 기울게 된다.

그래서 제1원소 물질이 S로부터 C쪽으로 나아갈 수 있는 가장 쉬운 길인 직선 SM이 원주 f e d를 가르며 지날 때는 f보다 물질들이 몰려 있는 d쪽으로 조금 높이 지나가는 반면, S로부터 O쪽으로 나아가려고 하는 직선 SY는 원주 f g d를 가르며 d 보다 f쪽으로 조금 내리 치우쳐 지난다. 이에 따라 태양의 물질이 원운동을 하는 황도면(지구가 태양을 도는 궤도면) e g 또는 바깥쪽의 가장 큰 원주 전체도, e지점으로부터 남극 f쪽보다는 북극 방향인 d쪽으로 기운다. 그러나 아무래도 궤도면 전체의 이동이므로 직선 SM보다는 덜 기운다. 이렇다고 하면, 태양 축의 양극 f와 d는 이렇게 태양 주변의 물질들이 이동을 함에 따라 약간 휘게 될 것이다. 그리고 태양 둘레의 작은 물질 부분들이 e와 d 사이, 그리고 f와 g 사이의 부분(즉 A와 B 양극 쪽으로부터의 물질들이 몰려 있지 않은 부분)에서 도는 속도는, e f 사이와 d g 사이(유입 물질들이 몰려가 있는 통로 부분)의 물질들보다 더 빨리 움직이며 원운동을 한다. 또한 속도가 빠른 e d 사이와 f g 사이 물질들의 이동 속도도 분명 서로 똑같지는 않다고 하겠다.

75 그렇다고 해도 이러한 온갖 변수들이 태양의 둥근 모양에도 관여하는 것은 아니다

태양의 모양은 이러한 태양의 위치에 따른 변수들의 영향을 받지 않는다. 왜냐하면 물질들이 극으로부터 황도 쪽으로 유입되어 움직임에 따라 태양도 조금씩 이동하면서 그 변수들을 보정하기 때문이다. 예를 들어 크리스털을 불로 녹여 쇠관을 통해 공기를 주입하면 둥근 크리스털 용기가 되는데, 이때 주입되는 공기의 압력은 입구에서 바닥 쪽으로 갈 때나 바닥에서 다른 모든 방향으로 투사될 때나 똑같은 힘으로 밀기 때문이다. 태양의 주변 또한 같은 이치라고 할 수 있다. 극 쪽에서 태양 주변으로 흘러들어온 제1원소 물질들은 그곳에 있던 모든 제2원소 물질들을 똑같은 압력으로 사방으로 밀어낸다. 이때는 정면 충돌과 비스듬한 충돌의 세기도 모두 같다.

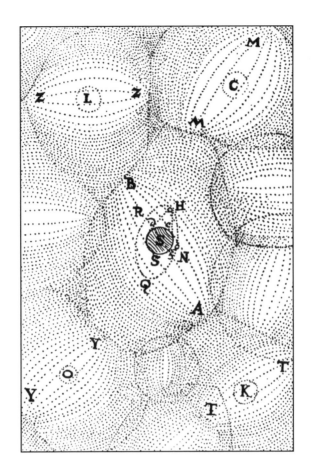

76 제2원소 물질들 사이에서의 제1원소 물질 운동은 어떠한가

제1원소 물질들은 제2원소 물질들 사이에 있으면서, 제2원소 물질들 사이에 남아 있는 통로로 극 A와 B에서 태양 쪽으로 흘러들어가며, 또한 태양 쪽에서 황도의 바깥 YM지점으로 유출되며 직선운동을 한다. 하늘 전체 AMBY에서는 양극을 축으로 원운동을 한다. 또 제1원소 물질들은 자기 운동력 대부분을 사용하여 닳아 없어짐으로써 아주 작은 부분들로 된 모양을 지속적으로 바꾼다. 이러한 작은 물질들은 제1원소 물질들 자체가 지나는 통로에서 아주 작은 틈새를 메운다.

이때 흩어진 그 작은 물질들의 힘이 약해져서 이웃한 다른 작은 제2원소 물질들의 운동에 합류한다. 그래서 그것은 사선운동을 하게 되는 그 좁은 틈새들에서 나와 다시 모든 직선운동을 하려고 한다. 그러나 태양 주변의 물질 부분들은 모두 무척 빠른 이동 운동에 합류하여 매우 큰 힘의 긴장을 유지해서, 그 힘으로 자기 주변에 들어오는 제2원소 물질들을 이리저리 이동시킨다.

77 태양 빛은 어떻게 황도면 위에서뿐만 아니라 양극 쪽으로도 발산되는가

그래서 앞서 우리가 알게 되었던 빛의 본질이 작용하는 데에 제1물질들이 얼마나 큰 기여를 하는지, 또한 어떻게 황도 쪽뿐만이 아니라 양극 쪽, 그리고 곳곳으로 내뿜는지를 이해할 수 있다. 왜냐하면 비록 H(출구) 부분이 제1원소 물질들로만 가득 차 있더라도, 최소한 제2원소 물질들을 하나 또는 그 이상을 받아들일 만한 공간만큼이 분명히 있기만 하다면, 반구의 밑면 지름 부분이 d e f이고 원추가 d H f인 원에 있는 모든 제2원소 물질들은 틀림없이 동시에 그 빈 공간으로 가기 때문이다.

78 태양 빛은 어떻게 황도 쪽으로 작용하는가

비록 제1원소 물질들의 운동을 모두 빼놓고 생각하더라도, 나는 태양 둘레 중심원의 황도 원주 지름을 밑변으로 하는 삼각 공간 안에 있는 물질들의 이동 방향이 어떠한가에 대해 이미 밝혔다. 그러므로 이번에는 그 삼각 공간의 면상에 있는 물질들뿐만 아니라 반구에 있는 물질들의 이동, 즉 모든 입체 방향으로의 이동이 어떠한가에 주목하려 한다. 이에 제1원소 물질들의 도움을 받아 더욱 뚜렷하게 나타낸다.

제1원소 물질로 이루어진 태양 부분은 그 삼각형의 밑면 부분인 황도 e쪽에 있는 제2원소 물질들뿐만 아니라 축의 극 d와 f쪽(삼각형 밑면 양쪽)에 있는 물질들, 그리고 원추 d H f 속에 있는 물질들을 모두 H쪽(삼각형의 출구인 머리각. 소용돌이 C의 극을 향한 쪽)으로 밀친다. 이 태양이 밀어내는 부분의 힘은 모든 방향으로 똑같이 작용한다. 즉 황도 e쪽으로, 축 d나 f쪽으로, 또는 그 사이의 다른 방향으로 똑같이 작용한다. 그러나 본디 H 부분에 있었다고 가정하는 물질들은 C쪽으로 나아가서 일부분은 L을 지나 원운동을 하여 다시 S로 들어오거나 더 나아가 K를 지나 되돌아온다. 물질들의 이러한 유입, 유출 운동으로 인해 유출된 물질이 남기고 간 공간이 태양에 주어진다. 그 공간에 다시 K나 L

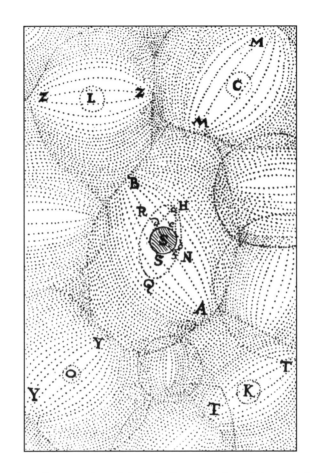

의 소용돌이 중심으로부터 유입되는 제1원소 물질이 들어올 수 있게 된다.

79 어떤 물체가 작은 물체로부터 먼 거리에 있는 경우에 이 두 물체는 서로 어떻게 운동의 영향을 받는가

이때는 제1원소 물질들의 도움을 받는다. 모든 운동은 일반적으로 직선운동 성향이 있기 때문에, H지점의 작은 물질들이 만일 강한 물질 운동의 자극을 받는다면, 그 작은 물질들은 그곳에서 일단 벗어나려는 운동을 하게 되고, 또한 공간이 좁을수록 직선운동이 방해받아 휘어져 작은 틈새로 들어가게 된다. 이러한 운동들이 한꺼번에 연쇄적으로 일어나게 되어 아주 멀리 떨어진 물체들에까지 이어진다. 그래서 동시에 움직이게 된다는 것은 놀랄 일도 아니다.

따라서 태양 운동이 그러할 뿐만 아니라, 매우 멀리 떨어진 별들의 운동 영향이 최단 시간 내에 지구에까지 온다고 해도 마찬가지로 놀랄 일이 아니다.

80 태양 빛이 어떻게 양극 쪽으로 가는가

만일 공간 N(그림의 작은 알갱이 모양)이 제1원소 물질들로만 가득하다고 믿는다면, 태양 가까이에 있는 점 N 속에 들어 있는 제1물질들은 다른 모든 물질들을 축의 위아래, 즉 d에서 f쪽으로 미는 동시에 반구 g N e 전체에 대해 똑같은 힘으로 밀치기 때문에, 이때 반구 속의 제2원소 물질들도 함께 밀리는 현상이 필연적이라고 이해할 수 있다. 혹여 그 제2원소 물질들이 그런 운동 성향을 지니고 있지 않더라도 마찬가지이다. 왜냐하면 그 물질들은 점 N 속에 있는 제1원소 물질들처럼 그 방향으로 밀릴 때 저항하지 않기 때문이다.

N 속에 있는 제1원소 물질들은 늘 S쪽으로 움직일 준비가 되어 있을 뿐만 아니라, 아래쪽 반구 e f g 속에 있는 물질들도 N쪽으로 이동할 준비가 되어 있기 때문에 태양(corpori Solis)에게 주어진 공간도 자기들이 채울 준비가 언제나 되어 있다. 그리고 이렇게 제2원소 물질들이 중심 S에서 N쪽으로 이동하는 동시에 제1원소 물질들은 N에서 중심 S(태양의 자리)쪽으로 이동하는 현상은 꼭 그렇게 되려는 성향 때문이기보다는, 제2원소의 아주 작은 물질들이 틈새들을 채우고 난 나머지 통로만으로 제1원소 물질들이 이동하기 때문일 뿐으로, 이때 제2원소들의 방해는 전혀 없다. (빛도 태양 주위의 제1원소 물질들과 마찬가지로 이동한다.) 이런 현상은 모래시계의 예로써 쉽게 이해할 수 있다. 우리가 흔히 쓰는 모래시계의 윗부분에서 내려오는 모래는 공기가 모래알들 사이를 거슬러 올라가는 것을 전혀 방해하지 않는다.

81 태양 빛의 힘이 양극과 황도면에서 같은가, 다른가

우리는 단지 원뿔 모양의 면 e N g 상에 있는 물질들이 태양의 힘으로 태양 쪽에서 N쪽(황도 쪽)으로 밀리는 힘과, 반구 f H d 부분에 있는 물질들이 태양 물질들과 자기 고유의 힘에 따라서 H쪽(양극으로부터 중심 쪽)으로 밀리는 힘이 같은지를 물을 뿐이다. 그런데 태양으로부터 H와 N의 거리가 동일한가를 생각해 보면 그것은 같지 않으므로(타원형이기 때문에 같지 않다) 그 힘도 같지 않다

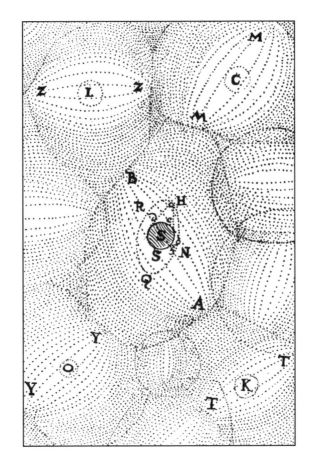

고 생각된다. 앞서 지적했듯이, 태양 둘레를 도는 하늘의 원주로부터 태양까지의 거리는 황도 쪽보다는 양극 쪽에서 더 가깝다. 그래서 그 힘은 직선 HS 대 NS의 거리 비율과 직선 MS 대 AS의 거리 비율이 가장 균등해질 때 가장 같다고 하겠다.

이러한 자연 현상들 중에서 우리가 경험할 수 있는 현상은 오직 한 가지다. 즉 하늘을 바라보면 어떤 혜성이 처음에는 황도에서 그다음에는 한쪽 극에서, 또다시 황도에서 나타날 만큼 널리 돌아다니는데, 그럴 때 거리 말고 다른 조건들이 똑같다면 그 혜성의 빛이 각각의 거리에서 똑같은 밝기인지, 아니면 극 쪽보다 황도 쪽에 왔을 때 더 밝은지 희미한지를 판단할 수 있다.

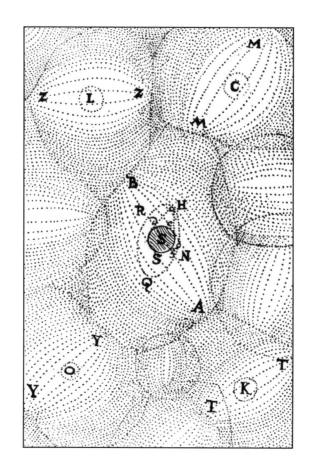

82 태양 둘레의 중심부 경계선 안에 있는 제2원소 물질들은 태양 가까이 있을수록 더 작지만 더 빨리 움직인다

하지만 그 경계 밖의 물질들은 크기가 모두 일정한 동시에 태양의 중심부로부터 멀어질수록 더 빨리 움직인다. 특히 주의를 기울일 사항은, 제2원소 물질들은 각 소용돌이에서 중심부에 있는 물질들일수록 멀리 있는 물질보다 작으면서 빨리 운동하지만, 이것은 태양 둘레 중심원의 경계선까지만 그러하고, 그 경계선 밖에서부터는 반대로 중심에서 멀수록 더 빨리 움직인다는 점이다. 그러나 이때 물질들의 크기는 동일하다.

예를 들어 이 첫 번째 하늘에서 타원형의 표면 HNQR을 보면, 이 타원형의 범주 안에서는 제2원소 물질들 중 가장 작은 알갱이들이 태양 중심원 d e f g 안에 있다. 그리고 이 안에서는 태양 쪽에서 멀어질수록 물질들이 단계적으로 조금씩 커지지만 그 경계선 너머부터는 크기가 똑같다고 생각해야 한다. 그러면 타원형의 원주 HNQR의 물질들은 가장 느리게 운동할 것이다. 아마도 H와 Q의 물질들이 양극 AB를 축으로 한 바퀴 도는 데는 약 30년 이상 걸릴 만큼 느리다고 할 수 있다. 그러나 가장 바깥 원의 M과 Y(물질의 유입 유출 부분)에 있는 물질들과 그 중심원 쪽의 e와 g(물질의 유입 유출 부분)에 있는 물질들은 더욱 빨리 움직인다. 그리고 전체 소용돌이의 가장 바깥 원주 부분과, 태양에 가장 가까운 원주는 (이 두 부분에서는 회전 속도가 가장 빠르므로) 몇 주 안에 한 바퀴 돌 수 있을 것이다.

83 태양에서 가장 먼 물질들이 그보다 더 가까운 물질들보다 빨리 움직이는 이유는 무엇인가

먼저 M과 Y 부분에 있는 물질들이 H와 Q 부분에 있는 물질들보다 운동 속도가 빠른 이유를 쉽게 증명할 수 있는 예를 들겠다. 우리는 앞에서 모든 알갱이들의 크기가 처음에는 똑같았으리라고 가정했다(이를 부정할 사람도 증거도 없기에 말이다). 그리고 그 물질들은 마치 소용돌이처럼 원운동을 하지만 그 공간은 사실 그렇게 둥글지는 않다. 왜냐하면 이웃 소용돌이들이 크기가 모두 저마다 다르고, 또 한편으로는 그 소용돌이들은 일그러진 모양을 지녀서, 두 소용돌이의 중심이 마주 보는 사이의 거리는 다른 쪽으로 마주한 거리보다 좁을 수밖에 없기 때문이다. 그래서 우리가 넓은 길을 걷다가 좁은 길로 들어서려면 넓게 선 대열을 흩뜨릴 수밖에 없듯이 이럴 때 어떤 물질들은 다른 물질들보다 빨리 움직여야만 한다.

예를 들어 점 A와 점 B 사이에 2개의 원구가 있는데, 그 가운데 한 원구가 C와 D 사이를 지나려면 아무래도 다른 쪽 원구를 추월해야만 한다. 먼저 지나갈 원구가 더 빨라야 함은 틀림없다. 둘째로, 이 첫 번째 하늘의 물질들은 모두 한결같이 중심 S로부터 멀어지려는 성향이 있듯이, 그중 어떤 물질들은 자기들 곁의 물질들보다 더 빨리 운동하게 되면서,

이 빠른 물질들이 더 큰 힘을 반사하여 중심으로부터 멀어질수록 더욱 빨라지게 된다. 가장 바깥 원주 위의 물질들이 언제나 더 빨리 운동한다. 그러나 그 속도가 얼마나 빠른지는 멀리서 하늘의 혜성을 바라본 우리 경험으로만 알 수 있을 뿐이므로, 우리는 하늘에서 하늘로 이동하는 그 혜성들을 보며 설명한다. 이 경험만으로도 우리는 원 HQ에서 토성이 얼마나 느릿느릿 원운동을 하는지 보고 밝힘으로써 설명할 수 있다.

84 태양 쪽에 가까운 물질들이 먼 물질들보다 운동 속도가 빠른 이유는 무엇인가

HQ의 경계선 안에서는 중심 S에 가까운 물질일수록 멀리 있는 물질들보다 빠른 원운동을 한다는 것은, 태양에 인접한 물질들에 의해 그 하늘의 부분들이 모두 이끌리는 운동 현상에 의해 입증된다. 태양에 가까운 이 물질들의 원운동 속도는 매우 빠르고, 언제나 그중 일부 물질들은 작은 제2원소 물질들 사이의 좁은 길로 황도면에서 흘러나온 뒤, 양극 쪽을 통해 다시 들어오기 때문에, 그 중심원 안의 물질들이 이동해 갈 힘이 끊임없이 생겨남을 알 수 있다. 그 중심인 태양으로부터 어떤 거리를 두고 있는 그 경계선은 완전한 원이 아니며, 타원형 HNQR과 같은 모양으로 규정한다.

비록 태양의 모양이 둥글다고는 하지만, 또한 앞서 말했듯이 빛의 운동 본질과 같은 방식의 운동으로 태양이 자기 주변 물질들을 황도면과 양극 쪽으로 모두 똑같은 힘으로 민다고 하지만 그 힘이 하늘 물질들을 이끌어 원운동을 하는 데 쓰인다고는 생각되지 않는다. 이 태양의 운동은 오직 제자리에서 자신의 축을 도는 원운동에 한한다. 또 이 태양은 조금씩 자리 이동을 하기도 하는데 이 운동은 분명 양극 쪽으로보다는 황도 쪽으로의 움직임이 더 강하다. 그래서 H와 Q는 N과 R보다 S로부터 멀리 떨어져 있음도 틀림없다. 혜성들의 움직임을 보더라도 이로 인해(시차의 각도에 따라) 그 꼬리가 때로는 직선으로, 때로는 곡선으로 나타나게 되는데 이에 대해서는 뒤에서 더 설명하겠다.

85 태양 가까이 있는 물질들이 멀리 있는 물질들보다 작은 이유는 무엇인가

경계선 HQ 안에서는, 중심 쪽에 더욱 가까운 물질일수록 바깥쪽에 있는 물

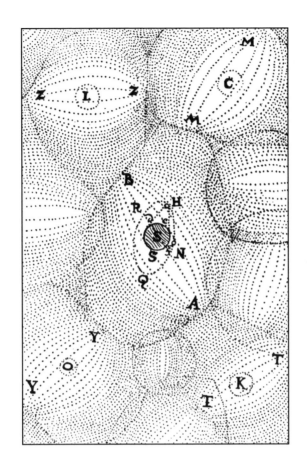

질들보다 더 작고 더 빠르다. 왜냐하면 만일 그 알갱이들이 더 크거나 최소한 경계선 밖의 알갱이들과 같다면, 더 큰 힘을 가지고 벌써 경계 밖으로 나가 있으리라 생각되기 때문이다. 그러나 좀 더 중심부의 이 알갱이들은 자기 바깥쪽 알갱이들에 비해 자신들의 알갱이 크기가 (마모로 인해) 계속 작아지고 주변 물질에 합류하는 속도도 빨라지는 한, 언제나 그 안쪽에 머물러 있어야만 한다.

신이 그 알갱이들을 처음부터 똑같은 크기로 만들어 놓았다고 해도, 알갱이들 사이의 공간 크기는 저마다 다르게 되어 있었기 때문에 시간이 흐름에 따라 그들 간의 운동에는 차이가 생기게 되었고, 어떤 것은 다른 것보다 더 작아질 수밖에 없으며, 그 더 작은 알갱이들 수는 경계 내의 공간 HNQR을 채울 만큼 늘어나게 되었다. 이 공간은 전체 소용돌이 AYBM과 비교해서는 매우 작앗으나, 태양이 들어가기에는 충분했다. 그 크기의 비율을 여기서는 나타낼 수 없었다. 그러려면 이 그림을 훨씬 크게 그려야 했기 때문이다. 이 하늘 부분, 특히 S와 H 사이나 S와 Q 사이에서의 물질 운동과 태양의 움직임에 개입되는 다양한 변수들도 밝혀두어야 한다.

86 제2원소 물질들은 온갖 방식으로 동시에 움직이면서 둥글어진다

마지막으로 꼭 짚어두어야 할 사항은, 소용돌이 K와 L 등으로부터 흘러나오는 물질들은 주로 태양의 소용돌이 S쪽으로 이동하지만, 그 물질들 대부분이 소용돌이 AYBM 전체로 퍼진 다음 다시 소용돌이 C, O 등 다른 소용돌이들에게로 흘러나간다는 사실이다. 이 이동하는 물질들은 제2원소 물질들과 합류하여 흐르면서 이들 모두와 함께 축을 중심으로 고유한 소용돌이 원운동을 하는

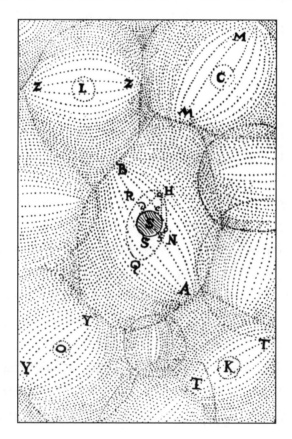

동시에, 다른 한편으로는 다른 식으로도 중심에서 멀어지는 운동을 한다.

이처럼 이 물질들은 오직 한 가지 운동에 관여하지 않고 여러 원인에 의해 동시에 움직여지기 때문에, 우리는 그 물질들이 처음에 어떤 모습으로 만들어졌건 간에 이제는 실린더 같은 모양의 원이나 타원의 면처럼 한 부분만 둥글지 않고 분명히 완전한 원을 이룬다고 생각해도 좋다.

87 제1원소의 작은 물질들은 다양한 등급의 속도를 지닌다

이제는 제3원소에 대해 논해도 될 만큼 충분히 제1원소와 제2원소 물질들의 본성을 설명했으므로, 더 나아가 제1원소 가운데서도 작은 물질들은 모두가 똑같은 속도로 운동하는 것은 아니며, 몇 개의 아주 작은 물질들조차 미처 셀수 없을 만큼 다양하고 세밀한 등급의 속도들을 지니고 있다는 사실을 고찰해 본다. 이는 앞서 설명한 제1원소들의 물질 생성 방식으로부터도 알 수 있고, 또한 한편으로는 그 물질들이 지속적으로 보존되고 사용되는 과정으로도 설명할수 있다.

우리는 제1원소 물질들이 생겨난 이유를 어떻게 생각했었는가? 그때는 제1원소 물질에서 마모된 제2물질들이 아직 둥글지도 않았고, 모가 난 채로 자신들이 놓인 공간에 존재해 있었다. 그래서 모서리가 어떻게든 깎여야만 움직일수 있었다. 그래서 제1원소 물질로부터 떨어져 나올 때 지녔던 운동력으로 다른 물질들과 충돌을 일으켜 자신들의 장소에 맞추어 자신의 모습을 다양하게 바꾸었다. 결국 자신도 제1원소의 속성처럼 변했다. 제1원소 물질은 여전히 같은 방식으로 계속 닳아 없어졌고, 그 마모 물질에 의해 다른 물질들 주변의 틈새들을 메우는 역할을 맡고 있다고 생각되었다. 이때 분명한 사실은, 다시 마모된 이 작은 물질들은 처음 마모된 물질들의 모서리보다 더 작거나, 처음의 세 둥근 알갱이들 사이의 틈새보다도 모두가 작았다는 점이다. 그다음에 어떤 물질은 더 이상 전혀 나누어지지 않은 채 남아 있었고, 이와 달리 어떤 물질들은 그동안 그 틈새나 공간이 점차 더 좁게 바뀜에 따라 더욱 불규칙한 크기로 나누어질 수밖에 없게 되었다.

세 알갱이 A, B, C가 있다 가정하고, A와 B는 각기

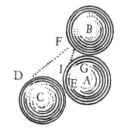

G에서 맞닿아 있으며, 둘 다 공통의 중심 둘레를 돌고 있다고 하자. 그동안 첫 번째 알갱이 A가 E지점에서 C와 맞닿아 있는데, 이때 알갱이 C의 D지점이 굴러서 E에서 I지점을 지나 두 번째 알갱이 B의 점 F에 맞닿았다고 하자. 그러면 이때 삼각 공간 FGI에 있는 제1원소의 물질은 하나의 물질 부분으로 이루어져 있든 더 많은 부분들로 이루어졌든 이제 움직이지 않고 그 공간 속에 갇혀 있음이 분명하다. 그러나 공간 FIED에 있었던 물질들은 공간이 좁혀지는 동안 움직일 수밖에 없었다고 생각되며, 점 D와 F가 차츰 좁혀짐에 따라 매 순간마다 빠져나가는 물질 부분들의 크기는 그 D와 F 사이 전체에 남아 있는 물질들보다 반드시 작다고 하겠다. 왜냐하면 알갱이 C가 B로 다가감에 따라 선 DF는 헤아릴 수 없이 다양하고 세밀한 알갱이 크기만큼 매 순간 좁혀지기 때문이다.

88 제1원소 물질들 가운데 어떤 아주 작은 물질 부분들은, 느린 속도로 자신들의 속도를 다른 물질들에게 전달하고 결합한다

그러므로 제1원소 주변의 물질들 가운데는 다른 물질들보다는 덜 나누어지며 더 느리게 움직이는 작은 물질 부분들이 있다. 이러한 물질들이 생겨난 기원은, 제2원소 물질들이 모서리가 마모되지 않은 채 모든 틈새를 메우고 있을 때, 본디 그 제1원소 물질로부터 마모되어 이 물질 주위에 그대로 머물러 있게 되었다고 할 수 있다. 그리고 약간의 운동성을 지니고 있었다. 이 물질들은 매우 모가 난 상태여서 운동하기에 알맞지 않은 모습으로 있지만 그 남은 운동력으로 틈새의 제2원소 물질들과 합류하여 운동력의 대부분을 틈새의 작고 빠른 물질들에 전달한다. 왜냐하면 물체의 운동 전달에서 자연의 법칙은, 다른 모든 조건이 같을 경우 작은 물체의 새로운 운동력이 큰 물체로 전달되기보다는, 큰 물체(여기서는 제1원소 물질)의 운동력이 작은 물체로 더 쉽게 전달되기 때문이다.

89 이러한 작은 결합 물질들은 특히 소용돌이 축의 양극으로부터 들어와 중심 쪽으로 가는 제1원소 물질에서 나온다

이러한 작고 단단한 물질 부분들은 특히 양극으로부터 하늘의 중심 쪽으로 직선운동을 하는 제1원소 물질들에서 발견된다. 왜냐하면 이 물질 부분들은 최소한의 운동만을 하므로 직선운동에 알맞지만, 다른 곳에서 보통 일어나는 휘어지는 나선형 운동이나 그 밖의 다른 운동에는 적합하지 않기 때문이다. 그래서 이런 종류의 정밀한 제1원소 물질들은 휘어지는 운동이나 그 외 다른 특별한 운동이 일어나는 지점에서는 직선운동을 할 수 있는 길로 밀쳐져서, 그곳에서 작은 덩어리를 이룬다. 뒤에 이 특별한 성질의 작은 덩어리들 모양에 대해 더 자세히 다루겠다.

90 나선형의 작은 물질들(particulae striatae)이라고 부르게 될 이러한 작은 덩어리들은 어떤 모양을 하고 있는가

이 작은 물질의 (작지만 아직도 운동력이 센) 덩어리들은 어떤 모양인가 하면, 제2원소의 세 알갱이들이 서로 붙어 있을 때 그 사이의 삼각 공간을 자주 지날 수 있는 그런 알갱이로서, 넓이나 깊이가 꼭 삼각 모양을 하고 있다. 하지만 그 모양의 길이를 규정하기는 쉽지 않다. 왜냐하면 길이에 따른 모양은 반드시 그 작은 덩어리들을 이루고 있는 물질의 양에 의존하는 듯하기 때문이다. 그러나 최소한 그 덩어리들의 모양에 대해 말할 수 있다.

3개의 나선이 달팽이처럼 꼬인 작은 기둥 같고, 붙어 있는 제2원소의 세 알갱이 곡선이 이룬 삼각 틈새 FGI에 의해 생겨난 저마다 좁은 길들을 나선처럼 회전하면서 나아갈 수 있는 모양이라고 생각하면 좋다. 그 나선운동은 긴 모양을 이루면서, 제2원소 물질들이 하늘의 축을 중심으로 원운동을 하고 있는 동안에도 매우 재빠른 속도로 그 알갱이들 사이의 삼각 공간 통로를 빠져나가며 전진하므로 그 나선은 달팽이처럼 감길 수밖에 없다. 그 작은 덩어리들의 나선운동은 소용돌이 축으로부터 멀리 떨어진 원주 쪽으로 지나가느냐 아니면 가까운 쪽으로 지나가느냐에 따라 더 감기기도 하고 덜 감기기도 한다. 앞서 설명했듯이, 제2원소 물질들의 운동 속도는 소용돌이 축에서 가까운 원주보다는 먼 원주 쪽에서 더욱 빠르기 때문이다.

91 그 작은 물질 부분들의 나선운동은 양극으로부터 들어오기 때문에 서로 반대 방향으로 감겨 있다

소용돌이의 원운동은 그 축을 중심으로 일정한 방향으로 하는 전체 운동인

데, 그동안 어떤 작은 물질 부분들은 남극으로부터, 다른 작은 물질 부분들은 북극으로부터 하늘의 중심으로 온다. 그래서 남극으로부터 오는 물질들은 북극으로부터 오는 물질들과 반대 방향으로 감기게 된다. 나는 이 점을 크게 주목한다. 나중에 설명하게 될 마그넷의 힘(자력)이 이와 어떤 관련이 있다고 생각되기 때문이다.

92 그런 작은 물질 부분들은 단지 삼각기둥 모양의 나선이다

아무 근거도 없는데 그러한 작은 물질 부분들이 3개의 나선만을 지닌다고 할 수는 없겠고, 그런 주장을 믿어서도 안 되겠다. 내가 지적할 수 있는 점은, 제2원소 알갱이들이 늘 그렇게 삼각 공간을 남긴다고 할 수는 없으나, 최소한 그 공간들은 더 클 때도 언제나 삼각 공간 FGI의 각들과 똑같은 각들을 지니며, 다른 지점들에서는 그 공간의 모양이 끊임없이 변할 수도 있다는 점이다. 그래서 제1원소의 작은 물질들이 이루는 이 나선형은 그 공간을 지나면서 앞서 말한 그런 모양을 갖추게 될 수밖에 없다.

예를 들어 네 알갱이 A, B, C, H가 점 K, L, G, E에서 서로 닿아 사각형의 틈새 공간이 생긴다고 하면, 그 공간의 모서리들 중 하나가 삼각형 FGI의 각들 가운데 하나와 같고, 이때 네 알갱이들이 움직이면 그 공간의 모양이 계속 변한다. 즉 사각형으로, 직사각형으로, 때로는 두 삼각 공간으로 남겨지기도 한다. 이 때문에 그 통로 속에서 운동을 덜 하는 제1원소 물질들은 그러한 공간들 속에서 하나 또는 두 개의 모서리들밖에 메울 수 없으며, 나머지 공간은 더 운동력 있고 변신력도 있는 그런 물질들이 채우게 된다.

그러므로 그 제1원소의 작은 물질 부분들 가운데 한쪽 모서리에 있던 물질들이 우연히 반대편으로 이동하여 삼각 공간 FGI 밖으로 나오게 되면, 그 두 알갱이를 세 번째 알갱이가 막아서며 접촉하고, 그래서 그 작은 물질들은 더

작아지도록 압박을 받는다. 만일 모서리 G쪽을 메우고 있으면서 운동도 적게 하는 물질들이 선 FI를 지나 D에까지 나아가면, 그 물질은 알갱이 C가 B에 다가서며 삼각 공간을 막음에 따라 그곳에서 아주 내몰려 그 삼각 공간 안에 있는 물질은 삼각형 GFI가 닫히는

것과 같은 정도로 작아진다. 또한 그 삼각 공간 속에 있는 제1원소의 작은 물질들 가운데서도 다른 것보다 가장 크고 운동성도 더 적은 물질들은 아무래도 하늘의 멀고 먼 길을 나아가면서 세 알갱이들 사이에 자주 멈추어 있게 된다. 그래서 내가 말한 대로 나선은 다양한 삼각기둥 모양 말고 다른 모양으로서는 오랫동안 변하지 않는 모양을 유지할 것 같지 않다.

93 제1원소에는 모든 작은 물질들 중 가장 작은 물질들과 나선형 물질들 외에도 다양한 크기의 작은 물질 부분들이 많다

이 긴 나선을 이루는 제1원소 물질들이 혹시 제1원소의 다른 물질들과는 다르다고 해도, 그 물질들이 제2원소 물질들 사이에 머물러 합류하는 한 다른 제1원소 물질들과 같다고 본다. 제2원소 물질들 속에 있을 때 그 나선형의 작은 물질들은 특별한 운동 모습을 전혀 보이지 않고, 또 한편으로 이 나선형의 제1원소 물질들 속에는 좀 더 작고 느린 다른 부분들이 많이 들어 있다고 생각되기 때문이다.

그래서 모든 작은 물질들 가운데서도 가장 작은 물질들과 나선형의 삼각기둥을 이루는 물질들은 수많은 등급의 크기로 이루어져 있다. 이들이 지나는 통로 모양의 다양성으로 미루어 이 물질들의 크기도 다양하리라고 쉽게 짐작이 간다.

94 어떻게 그 작고 느린 물질들로부터 태양이나 별들의 표면에 있는 흑점이 생기는가

제1원소 물질들 중에서 아주 빨리 운동하는 물질 부분들이 태양이나 다른 별들에 다다르면, 즉시 모두 한결같이 비슷한 운동을 하려고 한다. 왜냐하면 그 물질들은 중심부에 있던 제2원소 물질들이 이루어 놓은 어떤 원형 방어벽에 의해서도 방해를 받지 않기 때문이다. 그런데 이때 그 나선기둥 속의 작은 물질 부분들뿐만 아니라 더 작은 다른 많은 물질 부분들은, 지나치게 모가 나 있고 너무 크고 자극적으로 동요시키는 물질을 피하는 매우 작고 느린 특별한 물질 부분들과 분리되어 있게 된다. 그리고 이 특별한 물질들도 서로 모양이 달라서 쉽게 결합하여 마침내 커다란 점들을 만들게 된다. 이 점들은 하늘의 중심부 표면에 접한 채로, 자신들이 생겨난 별에 바싹 붙어 있게 된다. 그리고 앞서 설명한 빛의 본질적인 운동을 방해한다. 그래서 그 점들은 태양의 표면에 나타나는 흑점들과 비슷한 모습이다.

예컨대 물이나 다른 액체를 끓이면 그 속에 있던 어떤 작은 물질 부분들이 다른 작은 물질 부분들과는 다른 본성을 지니고 운동성도 작은 채로 있다가 촘촘한 거품으로 일어나는 현상을 볼 수 있는데, 이 거품들은 액체 표면에 떠서 매우 불규칙적으로 다양한 모양을 가진다. 태양의 표면도 이와 마찬가지 이치로서, 이러한 물질 부분들이 태양의 양극(남북)으로부터 들어와 원심력에 의해 황도 쪽(동서)에서 부풀어 퍼지는데, 이때 들어온 물질 부분들의 운동이 나선형 기둥 속의 작은 물질 부분들과 결합하지 못한다면, 그리고 그 밖의 다른 작은 물질 부분들과도 서로 결합하지 못한다면 그 유입되는 물질들 모두는 거품처럼 내쳐질 도리밖에 없다.

95 이러한 현상으로 흑점의 중요하고 특유한 성질을 인식할 수 있다

이렇게 해서 우리는 태양의 흑점들이 왜 태양의 양극(남북) 주변에 있지 않고 주로 태양의 황도(동서) 인근에 생겨나는지를 알 수 있다. 그리고 그 흑점들이 왜 매우 다양하고 불규칙한 모양을 띠는지, 그 흑점들이 비록 태양만큼 빨리 움직이지는 않지만 왜 태양에 무척 가까운 하늘의 물질 부분들과 함께 태양의 양극을 축으로 원운동(동서 방향으로의 원운동)을 하는지를 쉽게 알 수 있다.

96 흑점들이 소멸되고 생성되는 과정은 어떠한가

대부분의 액체들이 끓을 때는 그 액체의 물질 부분들 중 일부 물질 부분들(운동에 적합지 않은 다른 본성의 물질 부분들)이 거품으로 배출되는데, 이 거품들은 오래 끓여지는 사이에 다시 액체로 흡수된다. 이와 마찬가지로 흑점의 물질 부분들도 태양 표면으로 부풀어 올라와서 뭉쳐 있기 쉬운 성질을 지니고 있는 만큼, 다시 그 일부 물질들은 태양 속으로 흡수되고, 또 그중 일부는 이웃 하늘의 소용돌이 쪽으로 가서 작은 물질이 된다고 생각해야 한다. 왜냐하면 이 흑점 물질들은 태양으로부터 형성되는 것이 아니라 태양 쪽으로 새로이 들어온 물질들에 따라서 생성되기 때문이다.

그리고 태양 속에 다시 계속 머물러 있는 일부 물질들은 이미 끓어 용해되고 순수해진 다음이어서, 매우 큰 운동력을 지니고 이제 운동에 합류한다. 또한 태양 주변으로 새로이 들어온 운동성 적고 느린 그 물질들이 새롭게 흑점을 이루는 동안에, 이전의 흑점은 덩어리에서 잘려나와 태양 물질들로 돌아가 순수해진다. 흑점들 모두가 늘 같은 위치에 생겨나지 않는 이유는 바로 이러한 생성과 소멸이 연이어 이곳저곳에서 일어나기 때문이다. 사실 눈으로 보아도, 모든 흑점들에 의해 덮여 있는 부분은 태양의 극 주변을 제외한 다른 모든 태양의 표면이다. 그러나 그것을 우리가 흑점이라고 부를 때는, 그 흑점의 물질들이 태양 빛을 약화할 정도로 밀도가 높을 때이다.

97 왜 그 흑점들의 끝에 무지개 색이 나타나는가

우리는 또 다른 현상도 보게 된다. 그 흑점들은 좀 더 빽빽해지거나 더 두꺼워지기도 하는데, 이럴 때 그 흑점들 주변에 흐르는 좀 더 순수한 태양 물질들이 그 흑점들과 마찰을 하게 되면 그 중심부보다는 가장자리가 뾰족뾰족하게 깎이게 된다. 이로 인해 날카롭게 잘려나간 그 끄트머리의 뾰족하고 흐린 부분을 태양 빛이 지나가게 되고, 그래서 이 빛은 이미 《기상학》 8장의 유리 프리즘 현상(햇빛을 삼각 유리에 투사시키면 무지개 색으로 분리된다)에서 설명한 바와 같이 무지개 색을 띠게 되므로, 우리는 때때로 태양의 흑점들 주변에서 그런 현상을 본다.

98 흑점이 태양의 불꽃으로 돌아가는 과정과, 불꽃이 태양의 흑점으로 되는 과정은 어떠한가

아주 흔하게 볼 수 있는 또 다른 현상도 있다. 태양의 물질들은 흑점들의 주위를 돌다가 이따금 흑점들의 옆을 지나 (태양계 중심부의) 바깥쪽으로 나아간다. 그 뒤 이 태양 물질들은 이웃 하늘의 소용돌이로 흐르는데, 이때의 흐름 속도는 강이 넓고 깊을 때보다 좁고 낮을 때 물줄기가 더 급하게 흐르듯이, 이전보다도 (태양에서 멀어져 밖으로 나올수록 점점 물질들이 몰려 있고 긴장도가 강해져서) 더 빨리 흐르도록 압박을 받는다. 그래서 이때는 태양 물질들의 빛줄기도 더 강해진다. 이렇게 해서 흑점들이 태양의 불꽃으로 변한 듯이 보이곤 한다.

태양의 표면이 이전에는 어두웠는데 이제는 밝아졌다면, 우리는 이렇게 태양의 불꽃 물질들이 흑점을 넘어서 우리 쪽으로 향했다고 생각해도 좋다. 반대로 불꽃 물질들의 일부가 더 미세해지고 운동성도 얻어서 다시 더 미세한 태양 물질들 속으로 가라앉고, 한편으로는 계속해서 다른 부분에 새로운 성질을 지닌 많은 양의 물질들이 들어와서 흑점을 이루게 되는데, 이때 또 우리는 불꽃이 흑점으로 변했다고 잘못 생각하게 된다.

99 흑점들이 작은 부분으로 분해되는 과정은 어떠한가

흑점들이 다시 분해될 때는, 자신들의 구성 요소였던 물질들과 완전히 똑같은 그런 작은 물질 부분들로 다시 분해되지는 않는다. 분해 물질들 가운데 일부분은 본디보다 더 얇고 더 단단하거나 모가 덜 난 모양으로 분해된다. 이 분해 물질들은 이제 이전보다 운동에 더 알맞은 성질을 얻었기 때문에, 자기들 주변의 하늘 물질들 사이의 좁은 길들로 쉽게 이웃 소용돌이로 나아간다.

다른 일부는 흑점 물질들의 모서리에서 잘려나온 아주 미세한 물질들로서, 태양의 매우 순수한 실체에 합류하거나 아니면 태양으로부터 멀리 다른 이웃 하늘을 향해 흘러간다.

마지막 일부는 여러 겹의 나선기둥 모양을 이루어, 또는 다른 작은 물질 부분들과 결합한 나선기둥의 물질들을 이루어 태양으로부터 멀리 달음질하려 한다. 그러나 이 분해 물질들은 너무 크기 때문에, 제2원소 물질들의 주변에 나 있는 좁은 길들을 지나쳐 갈 수가 없다. 그래서 그 길에서 제2원소 물질들을 밀치고 자리를 차지하기도 하지만 자신의 매우 불규칙한 모양과 또한 자신이 지닌 여러 뾰족한 모서리들 때문에 그곳에 있던 제2원소 물질들만큼 움직이지는 못한다.

100 그 분해 물질들로 인해서 태양과 별들의 주변에 에테르가 생성되는 과정은 어떠한가. 그 에테르와 흑점들은 제3원소 물질로 여긴다

흑점의 분해 물질들은 서로 결합해 커다란 점을 이루며, 그 점은 마치 지구 둘레를 감싸고 있는 매우 희박한 공기(또는 에테르)와 같은 덩어리이다. 이 태양의 흑점들은 태양으로부터 수성의 천구 또는 그보다 더 멀리까지 곳곳으로 흩어져 있다. 그러나 흑점들이 분해되어 없어지고, 또다시 언제나 새로운 작은 물질 부분들이 생겨난다 하더라도, 그 에테르가 줄곧 늘어나지는 않는다. 왜냐하면 그 흑점 주변에서 운동하는 제2원소 물질들은 지속적으로 그 에테르를 지나면서, 자기와 같은 양의 흑점 물질들을 쉽게 분해하여 제1원소 물질들로 바꿀 수 있기 때문이다.

그런데 태양이나 다른 별들의 흑점, 그리고 그 주변에 퍼져 있는 모든 에테르 부분들은 당연히 제2원소 물질들보다는 운동에 덜 알맞은 물질들의 결합체이기 때문에 이들 모두를 제3의 원소 물질이라고 부른다.

101 흑점들의 생성과 소멸은 매우 불확실한 원인에 의존한다

흑점들의 생성과 소멸은 매우 시시하고 또한 확실하지도 않은 원인들에 의존해 있다. 그러므로 이따금 우리가 하늘을 보면 태양의 흑점이 보이지 않다가 태양의 빛 전체가 어두워지면서 많은 흑점들로 덮이거나 하는데, 더는 이상하게 여길 필요가 전혀 없다. 흑점들이 처음에 생겨나게 되는 이유는, 성질이 특별한 몇 개의 제1원소 물질들이 서로 뭉치기 때문이라고 할 수 있으며, 그 뒤로 더욱 많은 작은 물질 부분들이 그 덩어리에 결합하게 된다. 이때 나중에 결합한 물질들이 먼저의 물질들과 충돌을 일으키게 되면, 자신들의 운동력 일부를 버리지 않는 한 서로 결합할 수 없다.

102 하나의 흑점이 어떻게 하나의 별 전체를 덮을 수 있는가

이 현상을 위해 주목해야 할 점이 있다. 흑점들은 처음에 만들어질 때 매우 희박하고 물렁한 성질이었다. 그래서 물렁한 성질의 흑점들은 자신들에 부딪혀 오는 제1원소 물질 부분들의 운동력을 쉽게 흡수해 파괴하면서 그 물질과 결합해 버린다. 그러나 그 뒤 흑점들의 안쪽 표면은 거기에 닿아 있는 태양의 계속되는 운동으로 점점 깎여 평평해지고 빽빽해지며 단단해진다. 반면에 태양의 반대쪽을 바라보는 흑점들의 다른 표면은 계속 물렁하고 희박한 상태로 있다. 그래서 태양을 향해 있는 흑점들 표면에 태양의 물질이 닿더라도, 그 태양 물질들이 흑점들을 돌아 밖으로 나아가지 않는 한, 흑점들은 쉽게 분해되지 않고 (깎이지만) 단단해진다. 그리고 태양의 표면 위에 떠 있는 흑점들의 끄트머리 부분에 태양 물질들이 부딪혀 밀도 있게 다듬어지지 않으면, 흑점들은 오히려 점점 더 커진다. 이 때문에 가끔 한 흑점이 분해되기 전에 별 하나를 온통 덮고 있기도 하다.

103 태양은 왜 이따금 어둡게 보이며, 별들의 크기는 왜 때에 따라 다르게 보이는가

어떤 역사가들은 태양이 며칠 동안이나 찬란한 광선을 잃고 마치 달과 같은 빛으로 나타났다고 전한다. 때로는 일 년 내내 불꽃 없는 창백한 빛으로 비추었다고 한다. 그리고 현재의 별들은 예전에 천문학자들이 기록했던 크기보다 더 크게 보이기도 하고 때로는 더 작게 보이기도 한다는 사실도 알려져 있다. 이런 현상들은 다름 아니라 태양 주위의 몇몇 흑점들 때문에 빛이 약해져서 그렇게 보인다고 할 수 있다.

104 어떤 항성들은 갑자기 사라져 버리고 또 어떤 항성들은 갑자기 나타나는 까닭이 무엇인가

이따금씩, 별이 온통 흑점들로 빽빽이 둘러싸여서 우리에게 보이지 않을 때가 있다. 예전에 플레이아데스성단(Pleiades星團)은 7개의 별로 알려졌는데, 이제는 단지 6개밖에 관측되지 않는다. 마찬가지로 예전에는 보이지 않았던 별이 갑자기 순간 강한 빛으로 반짝이며 나타나는 수도 있다. 이렇게 갑자기 반짝이며 나타나는 현상은, 그 별 전체가 아주 커다랗고 두꺼운 흑점으로 덮여 있는 상황에서 여느 때보다 많은 양의 제1원소 물질들이 (별빛을 여전히 지닌 채) 흑점의 바깥 표면 전체에 스며들기 때문에, 별이 마치 이제는 가려지지 않은 듯이 보이게 되는 데에 비롯한다. 이런 별들은 그 뒤에도 오랫동안 같은 밝기를 유지하거나, 또는 다시 조금씩 어두워지거나 한다.

한번은 본디 카시오페이아자리에 없었던 별이 이 카시오페이아 옆에 나타난 적이 있었다. 1572년 끝무렵이었는데, 이 별은 다시 1574년 초에 사라졌다. 이런 현상도 모두 앞서 설명한 사실에 근거한다고 하겠다. 그 카시오페이아자리에 이방인으로 나타났었던 별은, 처음에 아주 큰 별처럼 빛을 냈다가 차츰 어두워졌다. 그 밖에도 일찍이 예전에는 보이지 않았던 많은 별들이 하늘에서 빛나고 있고, 그에 대한 원인 또한 여기서 자세히 밝혀져야 한다.

105 흑점들에는 나선형을 이룬 작은 물질들이 지날 수 있는 많은 통로들이 있다

예를 들어 별 I 전체가 흑점 d e f g로 덮여 있다면, 이때 그 흑점은 거의 물렁한 성질이기 때문에 모든 제1원소 물질들이 스며들 수 없을 만큼 구멍들이나 통로 수가 적지는 않다. 왜냐하면 흑점이 처음에 생성될 때에는 매우 무른 데다가 희박했었기 때문에, 그 속에 충분히 통로가 될 만한 구멍들이 존재하기 때문이다. 그 뒤 이 흑점들이 단단해져 가는 사이에 제1원소의 물질 부분들은 나선형을 이룬 채 다른 물질 부분들과 함께 그 구멍들 속으로 스며들어 통과하므로 그 구멍들은 다시 막히는 일은 없지만, 나선형을 이룬 제1원소 물질들만 지날 수 있을 정도로 좁혀진다. 이렇게 좁혀진 통로는 한쪽 극으로부터

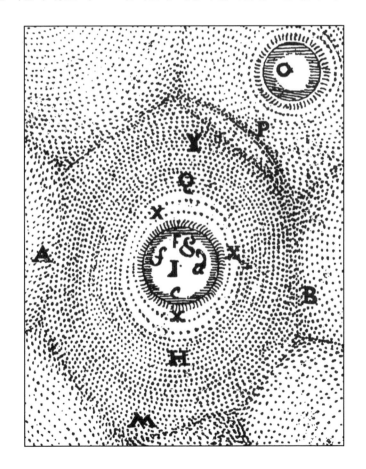

나선형을 이루며 들어온 작은 물질들이 다시는 되돌아갈 수 없는 크기로 압축된다.

106 통로는 어떻게 배열되어 있는가. 그리고 나선형을 이루어 통과한 작은 물질들은 왜 다시는 그 통로로 되돌아갈 수 없는가

제1원소 물질들은 나선형을 이루어, 극 A의 어느 한 지점이 아니라 A의 전체 부분으로부터 흘러들어온다. 그런데 이 나선형은 중심 I쪽으로만 향하지 않고 하늘의 중심 부분 H, I, Q로 향하되, 태양부의 흑점 d e f g의 곳곳을 통해 더욱 중심으로 들어간다. 그리고 축의 양극 f d에 평행하거나 d쪽으로 조금 더 나아가는 통로를 만들며 들어온다. 이 통로들의 입구는 그 흑점 표면의 반인 e f g에 퍼져 있고, 출구는 표면의 다른 반인 e d g에 퍼져 있다. 그래서 극 A쪽에서 오는 나선형을 이룬 물질들은 입구 e f g 부분을 통해 중심부로 들어와서 출구 e d g 부분으로 쉽게 나갈 수 있으나, 그 e d g 부분으로 다시 들어올 수는 없으며, 또한 e f g 부분을 통해서 쉽게 나갈 수도 없다.

이 흑점은 모두 제1원소 물질의 아주 작은 물질들로만 이루어진 한편, 이 물질들이 서로 붙어서 모난 각의 통로를 이루기 때문에, f 부분으로 유입될 때 물질 덩어리들은 그 뾰족한 각을 d로 향하도록 하여 마찰을 줄일 수밖에 없겠으나, 반대로 d로부터 되돌아 나올 때에는 그 모난 끝이 반대로 세워지기 때문에 흐름에 방해를 받게 된다. 극 B쪽으로부터 들어오는 경우도 마찬가지로서, 나선형을 이룬 유입 물질들의 입구는 표면 e d g 전체에 골고루 있고, 출구는 반대 쪽 e f g 전체에 골고루 있다.

107 한쪽 극에서 유입되는 물질들의 통로와 다른 쪽 극에서 들어오는 물질들의 통로는 왜 똑같을 수 없는가

이를 설명할 수 있는 중요한 사실은, 이 통로들은 자신들이 받아들이는 물질들의 나선기둥 모양, 즉 마치 달팽이처럼 되어 있기 때문에 자기들에 맞추어진 물질들 앞에서는 열리지만 반대쪽으로부터 오는 물질들의 모양(거꾸로 된 모양)에는 열리지 않는다는 보통 원리이다.

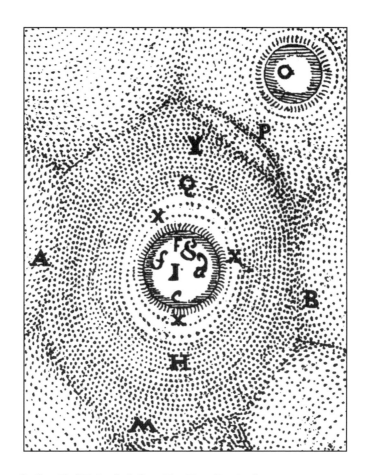

108 제1원소 물질들은 어떻게 그 통로들로 흐르는가

이렇게 제1원소 물질들은 양극으로부터 중심부로 와서 원주상의 사방 통로를 통해 별 I에 다다른다. 그리고 이 나선형 기둥을 이룬 물질 부분들은 다른 물질들보다 크고 힘이 있기 때문에 계속 직선으로 운동하여, f로 들어온 뒤에도 d에 머물지 않고 d를 통해 밖으로 나가려 한다. 그러나 이때 극 B에서 들어오는 제2원소 물질들이나 제1원소 물질들과 맞부딪히게 되어 더는 나아가지는 못한다. 그 뒤 물질은 곳곳으로 튕겨나가 주위에 퍼져 있는 에테르 x x(흑점과 에테르는 주로 물질의 입구인 축보다는 황도, 즉 물질의 출구 쪽으로 몰려 있다)에 스며든 다음, 반구 e f g쪽으로 다시 돌아간다.

이 물질들은 이런 식으로 계속 별의 중심부를 통과해 나왔다가 주위에 퍼져 있는 에테르를 지나 되돌아와서 중심부 소용돌이와 함께 운동한다. 그러나 통로로 들어서지 못하는 나선형의 물질 부분들은 그 에테르의 작은 물질 부분들과 부딪혀 분해되기도 하고, 중심에서 멀어져 황도 QH 방향으로 나아가 이웃 하늘의 소용돌이 속으로 떠나도록 강요받기도 한다. 물론 별 I에 매 순간 이르는 나선형의 작은 물질들은 흑점 e f g에서 자기 크기에 맞는 통로들을 미처 다 채우지 못할 만큼 그 수가 적기도 하다. 이 나선형을 이룬 유입 물질들은 사실 오는 길에도 통로 틈새들을 다 채우지 못하며, 또한 오는 동안 이런저런 운동을 하면서 많은 양의 미세 물질들과 섞인다. 만일 다른 쪽 반구에서 마주 오는 물질에 부딪혀 튕겨나간 많은 양의 작은 물질들이 자신들의 통로를 확보하지 못하면, 이 물질들은 더욱 미세해져 있으므로 나선형 통로 속의 작은 물질들에 합류한다.

반구 e f g를 통해 들어오는 나선형의 작은 물질들에 대한 설명은 반구 e d g로 들어오는 물질들에 적용해도 마땅하다. 이 e d g를 통한 물질들은 당연히 e f g의 물질과 확실히 다른 통로들을 확보해 왔고, 그 통로들 중 대부분은 별 I와 그 별을 둘러싼 흑점들의 길들을 통해 언제나 d쪽에서 f쪽으로 흐른다. 그리고 그 운동력으로 이동하여 중심부 경계 밖으로 나갔다가 에테르 x x를 지나 d로 되돌아간다. 그동안 극 B로부터 새로이 들어오는 물질만큼의 부분들이 분해되거나 태양으로부터 멀어지려는 성향에 의해 황도 쪽으로 흘러나간다.

109 다른 통로들은 앞서 설명한 통로들을 십자 모양으로 가로지른다

태양 중심부 공간 I에 있는 있는 제1원소 물질들은 축 f d 둘레를 돌면서 언제나 그 중심부로부터 멀어지려는 성향을 지닌 채 움직인다. 그래서 이 물질들은 처음에 확보하며 지나온 좁은 통로들, 즉 흑점 d e f g 속 통로들 안에 언제나 존재함으로써 이 통로를 보존한다. 물질들은 중심원 경계선의 소용돌이 흐름을 가로질러 경계 밖으로(황도 QH 방향으로) 흘러나간다. 이는 앞서 설명한 축 방향(AB 방향)으로부터 늘 물질들이 나선형을 이루어 흘러들어오기 때문이다.

흑점 부분의 물질들은 서로 붙어 있어서, 원주 d e f g의 크기가 커졌다 작아졌다 할 수도 없고, 별 I 속의 제1원소 물질도 늘 같은 양으로 유지된다.

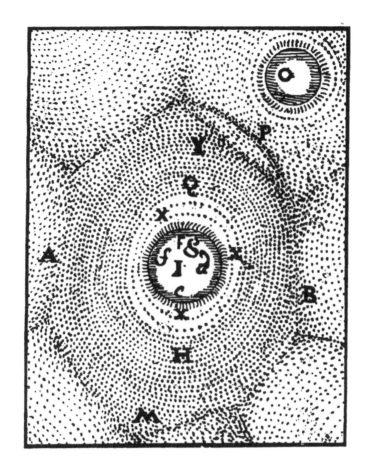

110 별들의 빛은 흑점을 거의 통과할 수 없다

그렇기 때문에 앞서 빛의 본질이라고 설명한 힘이 별들에는 전혀 없거나 매우 약하다. 별의 물질들이 축 f d의 둘레를 돌 때의 원심력은 느린 흑점 물질들에 흡수되면서 파괴되므로 제2원소 물질들에 전달되지 못하기에 그렇다. 그리고 그 물질의 나선형 기둥도 마찬가지로 한 극에서 다른 극 쪽으로 계속 나아가려고 하지만 더는 힘을 내지 못하기에 빛의 힘이 약하다. 왜냐하면 그 나선형 기둥을 이룬 작은 물질들은 자신들이 부딪히는 다른 물질들에 비해 매우 작을 뿐만 아니라, 그 기둥 속의 나머지 제1원소 물질들보다도 훨씬 느리기 때문이다. 그러나 그렇게 힘을 잃는 이유는 무엇보다도, 한쪽 극에서 들어온 중심부의 나선형 물질들이 주변의 물질들을 밀어낼 때 반대쪽 극에서 들어오는 물질들이 맞서 밀어내기 때문이다. 그래서 중심부의 경계 원 주변에 머물러 있다.

111 갑자기 나타나는 별에 대한 설명

이러한 과정에서 별 I의 주위를 도는 소용돌이 전체에 포함된 하늘 물질들은 너무도 미약한 힘만을 보존하고 있어서 우리는 그 빛을 알아보기조차 힘들다. 그리고 그 별 주위 소용돌이는 바깥쪽 소용돌이보다 훨씬 운동력이 강해서 압박을 받기보다는 오히려 압박을 가할 때가 있다. 그러므로 만일 주변의 흑점 d e f g가 방해하지 않으면 별 I의 소용돌이는 더 커져야 한다고 말할 수 있다. 마찬가지로 소용돌이 I의 가장 바깥 원주가 AYBM이면, 이 원주에 가장 가까이 있는 물질들의 힘은 이웃 하늘의 소용돌이 쪽으로 나아가려는 힘과 I의 소용돌이 쪽으로 가도록 압박받는 힘이 서로 같다고 생각해야 한다. 이것이 바로 소용돌이의 원주가 다른 곳으로 움직여 가거나 더는 커지지 않고 그 자리에 머무는 유일한 이유이다. 다른 조건들은 모두 똑같고 소용돌이 O의 물질들이 소용돌이 I쪽으로 가려는 힘이 약할 때, 즉 d 부분에 생겨난 많은 결집 물질(X)들이 방해하듯이 소용돌이 O의 물질들이 흑점 물질들의 방해를 받아 I의 소용돌이 쪽으로 흐르지 못하고 약해졌을 때 원주의 Y에 있는 소용돌이 I의 물질들은 자연법칙대로 (저항 없는) 원주를 넘어 P쪽으로 나아간다. 그리고 I와 Y 사이에 남아 있는 물질들 또한 모두 P로 가려 하지만, 그렇게 되지는 않는다. 만일 별 I 소용돌이의 흑점 d e f g의 방해가 없다면 소용돌이 I는 더욱 커진다. 그러나 이 흑점에서는 그 중심부 소용돌이의 팽창이 허용되지 않는다. 흑점 가장자리 물질들은 보통 때보다 좀 더 큰 구멍들을 남겨놓고 있는데, 그 구멍들 속으로 제1원소 물질들이 들어가지만 그 구멍 속에 있는 한 제1원소 물질들은 운동력이 약해져서 큰 힘을 드러내지 못한다.

하지만 만일 제1원소 물질들이 그 구멍들로부터 나와서 다시 그 흑점 가장자리 부분과 충돌을 일으키거나, 또는 어떤 다른 원인으로 그 가장자리 부분의 물질들이 본체로부터 떨어져 나오기라도 한다면, 즉시 활발한 제1원소들은 그 자리를 차지한다. 그래서 다음에는 다시 옆의 흑점 물질 부분과 충돌해 마모시키고, 그럴수록 제1원소 물질들의 운동력은 더욱 커지게 된다. 이렇게 흑점 표면을 순식간에 해체한다. 또한 흑점 내부의 물질들처럼 소용돌이 운

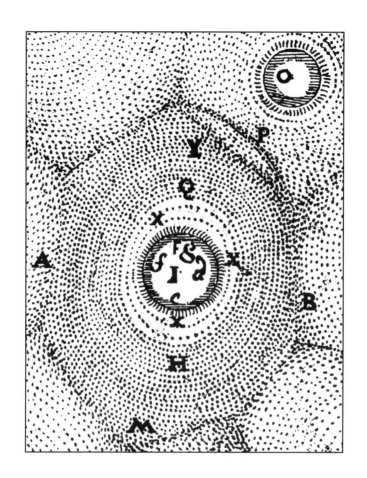

동을 계속한다. 그 운동의 힘은 흑점에 의해 방해받지 않는다면 별 I가 자기 주위에 스스로 마음껏 발산했을 힘과 같은 크기인데, 그 힘으로 흑점의 작은 물질 부분들을 밀쳐버리고 팽창하므로, 별은 이제 갑자기 더욱 큰 빛으로 반짝이게 된다.

112 차츰 사라지는 별들에 대한 설명

만일 그 흑점이 매우 얇고 희박해서 그 표면에 퍼져 있는 제1원소 물질들에 의해 분해되는 정도라면, 별 I는 이제 다시는 우리 시야에서 벗어나지 않는다고 말할 수 있다. 만일 별 I가 우리 시야에서 다시 사라져 버린다면, 또 새로 생긴 흑점이 그 별을 가리고 있어서라고 하겠다. 그러나 이 흑점 두께가 너무 두꺼

위서 쉽게 분해되지 않는 경우에는, 태양 쪽으로 향한 그 표면은 주변에 있는 태양 물질들의 강한 공격의 힘을 다 흡수해 버리지 못하고 더욱 단단해질 뿐이다. 그런데 이때 만일 소용돌이 O의 물질이 I로 가려 할 때 방해했던 물질들이 이제는 변화하고 드물어진 탓에, I로 향한 O 물질들의 운동력이 강해지는 경우에는, P지점에 들어와 있던 소용돌이 I의 물질들은 Y쪽으로 되돌려 밀쳐지기 때문에, 같은 이치로 흑점 d e f g 표면에 퍼져 있던 제1원소 물질들도 흑점이 옅어지면 그 표면을 떠나 중심으로부터 멀리 나아간다. 이와 함께 한편으로는, 새로운 흑점 물질들이 그 별 표면에 다시 생겨나서 또 빛을 흐리게 한다. 그다음에는 마지막으로 이런 움직임들이 이어지는 한, 또다시 흑점 물질들은 활발한 제1원소 물질들이 있던 자리를 차지해 별이 빛을 완전히 반사하지 못하도록 한다.

소용돌이 I의 가장 바깥 원주 APBM에 있는 물질들이 보통 때보다 더욱 압박받을수록, 그 물질들은 원주상의 x x에 있는 물질 부분들을 더욱 압박하게 된다. 그렇게 압박받는 원주상의 x x 물질 부분들은 별의 주위에 만들어지는데, 이 물질 부분들은 앞서 설명한 주변 에테르의 뾰족한 물질 부분들과 얽혀 있어서, 나선형 물질 부분들이 이 길을 쉽게 지날 수 없게 된다. 즉 흑점 d e f g 위에 퍼져 있는 제1원소의 작은 물질 부분들 가운데서 매우 작은 물질들만이 그 x x 부분을 지날 수 있다. 그렇게 해서 나선형의 물질들 중에서도 아주 작은 부분들만이 쉽게 그 흑점 물질들과 결합하는 일이 생기게 된다.

113 흑점들 속에는 나선형의 작은 물질들이 지나는 통로들이 많이 포함되어 있다

이런 점들도 살펴보자. 나선형을 이룬 작은 물질 부분들은 흑점들 속에 단계적으로 길을 만들어, 흑점들을 마치 한 층씩 통과하듯이 지난다. 흑점들은 제1원소 물질들 중 가장 작고 느린 물질들로 이루어지기 때문에, 처음에는 매우 물렁한 성질로서 나선형의 작은 물질들이 쉽게 지날 수 있다.

그러나 흑점 주변에 있는 에테르의 경우는 처음에도 통과가 불가능하다. 에테르는 흑점들이 분해되면서 만들어진 물질이며, 만일 에테르 속에 제1원소 물질들이 지나간 흔적이 많이 남아 있더라도, 그 제1원소의 물질 부분들은 제2원소 물질들의 운동에 흡수되어 그 자리에 없기 때문에 그 흔적은 유지되지 못한다. 그래서 계속 지나려는 다른 나선형 물질 부분들이 있어도 더는 그곳을 쉽게 통과할 수 없다.

114 항성은 나타났다가 다시 사라지기도 한다

어떤 항성이 하늘에 나타났다가 다시 사라지는 일이 있는데, 그럴 때마다 우리는 그 항성이 새로운 흑점에 가려졌다고 생각하기도 한다. 그러한 이동의 반복은 얼마든지 일어날 수 있는 친밀한 속성이다. 물질들은 먼저 어떤 원인으로 자극받아 어느 지점으로든 밀려가게 되면, 그 지점에서 멈추려 하지 않고 다른 원인의 자극으로 제자리에 머물도록 강요받을 때까지 끊임없이 나아가려 한다.

예를 들어 줄 끝에 달려 있는 무거운 물체가 그 무게 때문에 수직으로 떨어지는 경우에는 물체에 운동력이 주어지는데, 이 운동력은 그 물체가 자신의 무게를 자제하고 남은 힘으로 수직으로 떨어지면서(점점 자유로워지려는) 새로운 운동력이 더해진 상태에서 어떤 방해물에 부딪히면, 그 수직운동을 넘는 힘으로 다시 반대쪽으로 이어진다. 물이 담긴 화병을 이리저리 흔들어 놓은 뒤 수면이 잠잠해질 때까지는, 물결이 여러 차례나 일렁인 뒤라는 이치와 같다. 이 수면의 잠잠함처럼 하늘의 모든 소용돌이도 평형 상태이다. 그래서 어떤 소용돌이의 물질 하나라도 그 평형을 일단 깨기만 한다면 온 물질들이 이리저리 일렁일 수가 있다.

115 하나의 항성을 중심으로 도는 소용돌이 전체가 사라질 수도 있다

이런 항성을 중심에 담고 있는 소용돌이가 이웃 항성의 소용돌이에 완전히 흡수되는 일이 일어날 수도 있다. 이 항성은 이웃한 여러 항성들의 소용돌이들 가운데 하나의 소용돌이에 빨려 들어가서, 그 이웃 항성의 주변을 떠도는 하나의 행성이나 유성으로 변해버리는 일을 겪을 수도 있다. 앞서 설명했듯이, 이렇게 소용돌이들이 이웃 항성계의 소용돌이에 빨려 들어가 송두리째 사라지게 되는 일을 막는 두 가지 원인을 우리는 알아냈었다.

그 하나는, 소용돌이와 소용돌이의 경계 부분 물질들 중 한쪽 소용돌이가 스스로의 지나친 자제력으로 그 팽창이 (지나치게) 막힌다는 사실인데, 이런 경

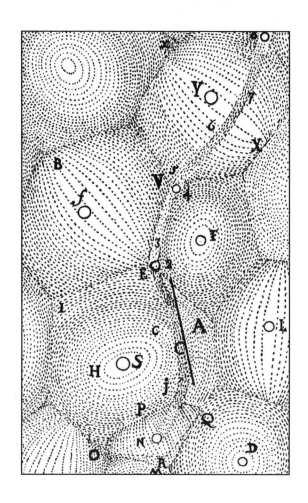

우는 모든 소용돌이에 해당되지는 않는다. 예를 들어 소용돌이 S의 물질들이 두 소용돌이 L과 N의 압박을 받아 소용돌이 D쪽으로 가지 못할 때, D는 S의 소용돌이가 소용돌이 L과 N쪽으로 흘러가는 것을 방해할 위치에 있지 않기 때문에 그 흐름을 막지 못한다. L과 N보다 더 멀리 있는 다른 모든 소용돌이들도 마찬가지로 그 흐름을 직접적으로 방해하지는 못한다. 그러나 가장 가까이에 있는 소용돌이들만은 방해의 원인이 된다.

다른 하나는, 각 소용돌이 중심으로부터의 방해이다. 이때 그 중심 항성 주위 제1원소 물질들은 주변의 제2원소 물질들을 이웃 항성계의 소용돌이 쪽으로 밀어내지만, 이 물질들은 흑점들의 방해가 없는 별의 소용돌이에 속한 경우에만 바깥쪽으로 밀려난다. 하지만 흑점들이 너무 **빽빽히** 들어선 경우에는, 물질들이 전혀 활발하게 돌아다닐 수가 없다. 흑점들이 여러 층으로 되어 있는 경우에는 더욱 그러하다.

116 소용돌이 중심의 항성을 흑점들이 둘러싸기 전인데도 그 소용돌이가 파괴될 수 있는가

항성 둘레를 도는 소용돌이는 항성 주변에 흑점들이 둘러싸고 있지 않다면, 이웃 소용돌이에 따라서 파괴될 위험성이 하나도 없음이 틀림없다. 그러나 만일 항성이 흑점들로 둘러싸인다면, 이제 그 소용돌이가 이웃 소용돌이에 흡수되느냐 마느냐 하는 문제는 그 양쪽 소용돌이들의 배치가 서로 영향을 주고받는 위치인지 아닌지에 달렸다. 소용돌이 위치가 이웃 소용돌이들의 유입에 거센 저항을 해야만 하는 곳이라면, 그 소용돌이는 중심 주위에 흑점들이 층층이 쌓여 단단해지기 전에 이미 그 이웃으로 빨려 들어가 있어야 한다. 하지만 그렇게 거센 저항을 할 필요가 없는 위치에 있을 때에는 천천히 파괴된다. 그 지연 시간 동안에 항성 주위에는 서서히 흑점(극 부분으로부터 중심부로 들어오는 물질들로 만들어지는 흑점)들이 빽빽해지면서 안팎으로 싸이게 된다.

예를 들어 소용돌이 N이 다른 소용돌이들보다 소용돌이 S의 운동을 더 방해하는 위치에 있다고 한다면(S로 나아가려 하는 힘을 더한다면), 항성 N은 단지 몇 개의 흑점들로 덮이는 사이에 벌써 자기의 소용돌이와 함께 소용돌이 S쪽으로 흡수되어 들어가야 한다. 그러나 선 OPQ는 소용돌이 S의 원주와 닿은 경계 부분으로서, 양쪽 소용돌이의 상호 견제로 경계선으로 구분지어지며, 한편 OPQ의 반대쪽 반구 ORQ도 같은 사정으로 N 소용돌이의 경계로 구분지어진다. 그 뒤 선 OPQ와 ORQ로 이루어진 항성계의 소용돌이는 S에 합류되어져서, S의 소용돌이 운동에 따르게 된다. 이때 선 ORQ와 OMQ 사이에 있는 나머지 물질들은 가까운 다른 소용돌이 속으로 흘러든다. 이렇게 N이 다른 소용돌이 속으로 들어가 버리는 이유는 다음과 같다.

지금 N과 그 소용돌이를 그 자리에 붙들어 둘 수 있는 힘은, 오직 N 소용돌이 중심부 제1원소 물질들의 역할 때문으로, 이 물질들은 제2원소 물질들을 곳곳으로 밀쳐내며 운동하면서 다른 모든 물질들이 이웃 항성계 소용돌이의 영향보다는 자기 자신, 즉 제1원소 물질들의 운동력에 영향받도록 하고 긴장(중심부의 경계 원주 안과 밖의 물질 이동과 양의 균형)을 유지하도록 한다. 그런데 흑점들이 차츰 중심부에 쌓여감에 따라 중심부의 이 제1물질들의 힘이 약해지고 흡수되어 사라지고 만다.

117 소용돌이가 사라지기 전에 그 항성 주위에 많은 흑점들이 존재할 수 있는 이유는 무엇인가

소용돌이 C의 주위에 4개의 소용돌이 S, F, G, H가 있고, 그 양 끝 쪽에 2개의 소용돌이 N과 M이 있다. 즉 소용돌이 C의 항성 주위에 흑점들이 아무리 많이 쌓인다 해도, 이 여섯 소용돌이가 서로 균형만 이룰 수 있다면 절대로 소용돌이 C는 사라질 수가 없다. 소용돌이들의 배열을 보면, 먼저 소용돌이 S와 F의 접점 D 위에 소용돌이 M이 겹쳐져 있다. 그리고 이 M 소용돌이 물질들의 일부는 접점 D에서 C 소용돌이로 흐른다고 가정하자. 다른 세 소용돌이 G, H, 그리고 이 둘 위에 겹친 여섯 번째 소용돌이 N 물질들의 일부가 접점 E에서 C 소용돌이 속으로 흐른다고 가정하자. 다만 소용돌이 C는 오직 이 여섯 소용돌이에만 접해 있으며, 중심 C는 여섯 소용돌이의 중심들로부터 저마다 동일한 거리에 있고, 또한 C의 소용돌이가 도는 축은 선 DE라고 가정하자. 그렇다면 이 7개 소용돌이들은 가장 균형적인 조화를 이루었다고 볼 수 있다. 그리고 항성 C 주위에 많은 흑점들이 쌓여서, 항성 C가 자기 주위 물질들을 이끌고 더는 원운동을 원활히 할 수 없게 되거나, 운동력을 완전히 잃어버리는 상황이 된다고 하더라도, 다른 여섯 항성들만 서로 균형을 이루면서 압력을 주고 있다면 이 C 소용돌이는 자기 위치로부터 다른 곳으로 사라져 버릴 리가 없다.

118 그렇게 많은 흑점들이 생겨나는 이유는 무엇인가

그 많은 흑점들이 어떻게 항성 주위에 생겨날 수 있는지를 알아보기 위해 먼저 이렇게 가정하자. 즉 이 항성(C)의 소용돌이가 처음에는 주위 여섯 소용돌이들 가운데 어떤 소용돌이보다도 작지 않았다. 그래서 그 중심 항성(C)도 그만큼 크고, 이 항성은 또한 제1원소 물질로 되어 있다고 하자. 그런데 소용돌이 S, F, M의 물질들은 접점 D를 통해 C 소용돌이로 흘러들었고, 다른 세 소용돌이 G, H, N의 물질들은 접점 E를 통해 C로 흘러들었다고 하자. 이렇게 항성계 C는 하늘 1, 2, 3, 4로부터 흘러든 물질들을 모두 이끌고 소용돌이 운동을 할 정도의 힘을 지니고 있었다. 그러나 거대한 우주 속 어느 다른 작은 부분들에서 일어나는 수많은 운동들과 그 부분들의 크기 차이, 그리고 그 무한한 다양성 때문에 이 소용돌이들은 언제나 균형을 유지할 날이 없었다. 그래서 소용돌이 C가 어느 때에 우연히 주위의 소용돌이들보다 힘을 잃기 시작하자마자, C의 물질들 가운데 일부가 다른 소용돌이들 속으로 흘러들어갔다. 이때 물질들은 자체에 남은 운동력을 함께 가지고 갔는데 막상 이들 운동력이 함께 들어오자, 이 가지고 간 힘이 불균형 조절에 필요했던 양보다 넘쳐, 그 뒤 이 물질들 중 일부는 다시 소용돌이 C로 되돌아왔다.

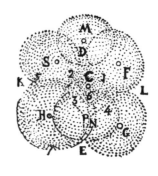

그 뒤에도 이런 조절 운동들이 이어졌다. 그러나 어느 사이에 항성 C의 주변에는 차츰 많은 흑점들이 만들어져 층을 이루게 되었고, 그에 따라 점차 소용돌이의 운동력도 약해지는 한편, 물질 양의 조절 운동에서도 점점 더 나갔던 것보다 들어오는 것이 적어지게 되었다. 결국 C의 천구가 점점 줄어들거나 아니면 전체가 이웃에 흡수되기까지에 이르렀지만, 이 항성 C는 예외이다. 왜냐하면 이 항성은 많은 흑점들로 둘러싸인 탓에 오히려 이웃 소용돌이 속으로 빠져들어갈 수가 없고, 또한 다른 소용돌이들도 마찬가지로 서로 균형을 이루는 한에서는 이 항성 C를 그 자리에서 다른 어디로든 보내어 없애버리기가 매우 곤란한 상황이기 때문이다. 그러는 사이에 어떤 원인으로 힘을 잃은 소용돌이 C 물질의 교환과 조절 운동이 이어지고 상황이 더욱 진행되면, 항성 C의 흑점들은 더욱 빽빽해질 수밖에 없게 되고, 이때 이웃 소용돌이들 중 어느 한 소용돌이가 다른 소용돌이보다 커지거나 강해지게 되면, 예를 들어 소용돌이 H가 선 5, 6, 7까지 커지게 되면 이 소용돌이 H는 늘 C를 삼켜버린다. 이제 더 이상 유동적이지도 빛나지도 않고 그저 딱딱한 검은 별일 뿐인 항성 C를 자기 행성이나 유성으로서 만들기 위해 낚아채고 만다.

119 어떻게 항성이 유성이나 행성으로 변하는가

이제 이 항성이 많은 흑점으로 둘러싸인 채 불투명하고 딱딱한 구(球)에 지나지 않게 되어, 이웃의 어떤 소용돌이에 낚이면 어떤 운동을 할까 생각해 보자. 그 이웃 항성은 자기가 낚아챈 물질들과 함께 자연스레 소용돌이 운동을 한다. 이 낚시꾼 항성이 자신이 낚아챈 물질들보다 둔한 운동력을 지녔다면 소용돌이의 가장 중심을 차지하게 된다. 그런데 이 소용돌이의 물질들 전체는 동일한 속도로 움직이지도 않고 동일한 크기를 가지고 있지도 않다. 소용돌이 가장 바깥 원주로부터 중심 쪽의 어느 경계선까지 들어감에 따라 물질 운동 속도는 차츰 느려지고, 그 중심부 경계 원부터 가장 중심 지점, 즉 항성까지 들어감에 따라서는 물질 속도가 조금씩 빨라진다. 그러나 이때 물질들의 크기는 더 작아진다.

이런 까닭에 낚인 항성의 구가 이끌려 들어와서, 물질 운동이 가장 느린 부분, 즉 중심부 경계 원주 가까이로 다가갈 때, 이 구는 자기 주변 물질 부분들의 운동력이 자신의 운동력과 같은 정도의 크기이고 또한 단단하다면, 더는 전진하지 못하고 돌파구를 통해 그 소용돌이로부터 다른 소용돌이 쪽으로 이동하는데, 이렇게 되면 이것은 혜성이다. 그러나 만일 이 낚인 항성의 진입로가 그처럼 단단하지 않아서 중심부의 경계를 넘어 들어오게 되면, 그 뒤 이 구는 그곳에 머물면서 그 소용돌이의 중심, 즉 낚시꾼 항성과 늘 일정한 거리를 유지하며 그 둘레를 돌게 되는데, 이렇게 되는 경우는 행성이다.

120 더 이상 항성이 아닌 별은 어느 쪽으로 가는가

예를 들어 이번에는 소용돌이 AEIO의 물질들이 처음의 별 N을 낚아챈다고 가정하자. 그리고 이때 소용돌이가 별 N을 어느 쪽으로 이끌지를 생각해 보겠다. 이 소용돌이의 물질들은 항성 S를 중심으로 돌면서 언제든 중심으로부터 멀어지려는 운동을 한다. 그렇기 때문에 지금 O지점에 있는 물질은 R을 지나 Q로 흘러감과 동시에 그 별 N을 S쪽으로 몰고 가려 한다고 틀림없이 생각할 수 있다. 그리고 별 N이나 또는 다른 물질들이 하는 이러한 운동(S쪽으로 이끌리는 운동)을, 힘이 센 중심 항성계 소용돌이(힘이 센 태양계 S) 쪽으로의 낙하(descensum)라고 부를 수 있다. 그 이유는 앞으로 설명할 텐데, 이는 무게의 본성

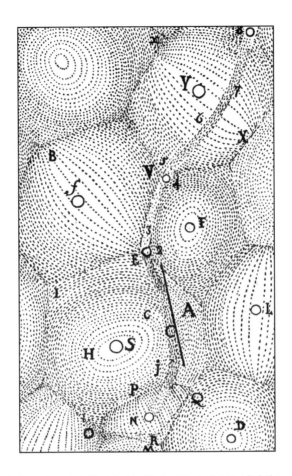

(즉 이 무게 자체를 넘는 어떤 끌어당기는 힘에 의해 수직으로 낙하하는 무게의 본성)에 바탕을 두고 이해해야 한다.

우리가 별 N 속에 또 다른 어떤 운동도 존재하지 않는다고 가정하는 한, 별 N의 물질들은 처음부터 이 별 N을 (S쪽으로) 이끌었다고 해야 한다. 그러나 동시에 별 N의 물질들은 별 N을 사방에서 감싸면서, 이 별의 소용돌이를 원주의 흐름에 따라 A쪽으로 이끌려 한다. 이 원운동(소용돌이 N은 원심력을 지니고 있다)을 따르자면 S로부터 멀어지려는 소용돌이의 힘도 받기 때문에, 별 N이 S쪽으로 더 다가갈 수 있느냐 아니냐는 별의 단단함에 의존한다(운동력에 기대지는 않는다). 그래서 별 N의 단단한 정도가 적으면 물질들과 융화해 진입할 수 있고, 그렇지 않다면 들어갈 수 없다.

121 물질의 단단함(soliditatem)이란 무엇인가. 그리고 그 운동력(agitationem) 이란 무엇인가

여기서 별의 단단한 정도는 별(행성) 주변의 (에테르를 포함한) 흑점들, 즉 제3 원소 물질의 양(quantitatem)과 그 별 덩어리 표면의 양을 서로 비교해서 말한다. 한편 소용돌이 AEIO 물질들이 행성을 이끌고 중심 항성 S 둘레를 도는 운동력 을 평가한다면, 이 운동력은 물질들에 닿는 행성의 표면적이 얼마나 큰가에 달 려 있다. 그 표면이 클수록 더 많은 물질들의 힘을 받기 때문이다. 그러나 소용 돌이 물질들이 행성을 항성 S쪽으로 미는 힘은, 그 행성이 공간(부피)을 얼마나 많이 차지하고 있느냐에 따라 평가되어야 한다. 그러므로 이웃 항성 N이 S에 접근하는 경우에도, 소용돌이 AEIO 속의 모든 물질들이 (소용돌이 S의 원심력에

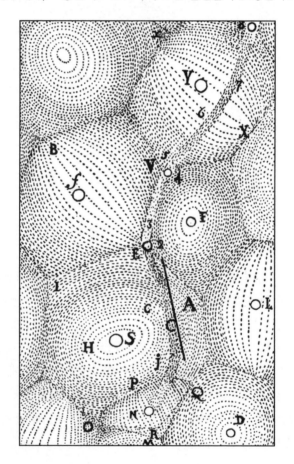

의해) S로부터 멀어지려 하면서 N을 밀 때, 물질들 전체가 N을 밀지 않고 다만 N이 소용돌이 S의 경계 쪽으로 다가올 때 그 경계 부분에 와 있던 S 물질들만 이 N을 밀어낸다. 이때 S의 물질들이 미는 힘은 N이 차지한 공간(부피)의 크기 와 같다.

마지막으로 별 자체의 운동력, 즉 별 N(항성)이 자기 고유 운동을 계속할수 록 점점 더 얻는 새로운 운동력은 별의 표면이나 부피에 따라 평가해서는 안 되며, 부피 중에서도 제3원소 물질(흑점이나 에테르의 물질)로 이루어진 부분이 얼마나 작은지에 따라 평가해야 한다. 제3원소 물질들은 서로 결합해 흑점을 이루는 작은 물질(가장 크기가 작고 가장 운동성이 적은 제1원소 물질)들이다. 이 흑점의 물질들 양에 비교하여 힘을 평가한다 함은, 별(항성이나 행성)에 있는 제 1원소 물질들이나 제2원소 물질들이 끊임없이 들어오고 나가기를 되풀이할 때 나가는 물질들에 의해 존재했었던 운동력을 들어오는 물질들이 미처 보충하 지 못하는 수도 있는데, 그 원인은 흑점의 방해이기 때문에 흑점의 변수를 고 려하려는 데에 있다. 그리고 이미 나간 물질들은 운동력을 새로 얻은 게 아니 라 다만 이미 지녔던 운동력으로 새로운 상황에 따라 운동 방향만을 바꾸었 을 뿐이며, 또한 이 물질들은 여러 사정에 따라 어떤 상태로든 바뀔 수 있다.

122 단단함은 물질 속성뿐만 아니라 크기와 모양에도 의존한다

우리가 흔히 볼 수 있듯이 나무나 돌, 그리고 금이나 납 같은 금속들은 다 른 물체들보다 더 강하게 끊임없이 움직이려는 힘 또는 운동력을 지니고 있다. 그래서 우리는 그 금속들이 더욱 단단한 물질이라고 믿는다. 단단하다고 말 할 때 우리는 금속 속에 제1원소 물질이나 제2원소 물질들로 메워진 구멍들의 수가 적고 제3원소 물질들이 더 많이 포함되어 있다고 여긴다. 그러나 만일 구 (球)가 금으로 되어 있다면 훨씬 더 큰 돌이나 나무처럼 자신의 운동을 유지할 때 다른 물체의 구보다 적은 힘만 들여도 된다.

반대로, 금덩어리보다 작은 나무 구가 그 금 구보다 큰 운동력을 지니게 될 수도 있다. 만일 금덩어리가 실처럼 가는 형태로 되거나, 얇은 판으로 펴지거나, 해면처럼 작은 구멍을 많이 포함하거나, 또는 어떤 방식으로든 양에 비해 나무 구보다 더 큰 표면을 갖게 된다면, 나무 구의 운동력이 더 크다고 하겠다.

123 어떻게 하늘의 작은 물질 부분들이 별의 덩어리 전체보다 더 단단할 수 있는가

그래서 이제 흑점이 있는 별이 왜 덜 단단한지도 알 수 있게 된다. 별 N 주변 흑점들은 매우 크거나 빽빽하게 모여 있을 때라도, 주변의 제2원소 물질들보다 덜 단단하고 물렁한 성질을 지닌 탓에 제2원소 물질들의 운동력을 흡수하는 일도 생기기 때문에 그렇다. 또한 이 물질들이 이렇게 흡수되어 운동력을 잃어버리는 까닭은, 제2원소 물질 부분들의 크기는 작지만 다른 모든 물질들보다 단단하면서도 둥글게 되어 있어 흑점 사이 구멍들뿐 아니라 모든 통로들을 채울 수 있기 때문이다.

한편 기하학자들은 아주 잘 알고 있듯이, 둥근 모양은 양에 비해 가장 적은 표면을 지닐 수 있는 모양이다. 비록 작은 제2원소 물질 부분들과 별의 크기 차이는 매우 크다고 하겠지만, 이 작은 물질 부분들의 힘은 개별적으로 작용하지 않고 많은 물질들이 함께 작용하기 때문에, 그러한 작은 물질과 큰 별의 대립 문제는 충분히 해소된다. 작은 물질 부분들이 어떤 별(행성)과 함께 중심 S를 돌 때는 모두 S로부터 멀어지려고 한다. 그런데 그 제2원소 물질 부분들의 원심력이 매우 커서, 그 행성이 차지한 부피만큼의 물질 부분들이 모두 힘을 합쳐도 그 바깥쪽 물질들의 원심력을 당해내지 못한다면, 그 행성은 중심 S로부터 밀려나고 그 빈 공간은 다른 작은 물질 부분들이 내려와서 채우게 된다. 반대로 행성이 차지한 부피만큼의 힘이 원심력보다 크면 그 행성은 중심 S쪽으로 나아간다.

124 또한 어떻게 하늘의 물질 부분들이 별의 덩어리보다 덜 단단할 수 있는가

비록 별 N은 제2원소 물질보다 제3원소 물질들을 덜 지니고 있다 하더라도, 별 N이 자신의 직선운동을 계속하기 위해 지닌 힘은, 그 별의 공간(부피)만큼의 물질 부분들이 모두 힘을 합해 별을 미는 힘보다 훨씬 클 수 있다. 왜냐하면 이 미는 물질 부분들은 서로 떨어져 있으면서 여러 연계적 운동을 하고, 이 물질 부분들이 서로 결합해서 그 별에 힘을 가하려 할 때만 모두의 힘이 쓸모 있게 되기 때문이다.

이와 달리 그 별 주변 흑점들과 그 주위 공기를 이루는 제3원소 물질들은 모두가 한 덩어리를 이루어 다 함께 운동하므로, 이때 지닌 힘도 모두 한 방향으로 향한다. 강물 위에 떠 있는 얼음 조각이나 나무 조각이 흐를 때, 그 물체들이 지닌 제3원소 물질들의 양은 그 물체와 같은 양의 물에 들어 있는 제3원소 물질(제1원소 물질로부터 마모된 아주 작고 느린 물질)보다 적지만, 물보다 더 큰 힘으로 직선운동을 해서 물가로 가서 훨씬 세게 부딪히는 모습을 볼 수 있는데, 그것은 바로 이런 이치에서 비롯한다.

125 어떻게 하늘의 물질들 중 어떤 물질은 별보다 더 단단한 반면 어떤 물질들은 덜 단단한가

마지막으로, 어떤 별은 하늘의 어떤 물질 부분들보다 덜 단단하고 오히려 이 물질보다 좀 더 작은 물질들보다는 더 단단한 경우가 있다. 별이 움직이면 하늘의 물질들은 그 공간을 대신 메운다고 했다. 이 공간(부피)을 작은 물질 부분들이 채울 때 포함되는 제2원소 물질의 양이, 큰 물질 부분들이 메울 때 포함되는 제2원소 물질의 양과 마찬가지라고 하면, 그 표면적은 작은 물질 부분들의 합이 큰 물질 부분들의 합보다 훨씬 크다(즉 큰 물질 부분들의 덩어리에 더 많은 제2원소 물질들이 들어 있다). 따라서 작은 물질 부분 덩어리는, 운동성 있는 제1원소 물질들과 다른 물질들을 더 많이 지니고 있어, 큰 물질 부분 덩어리보다 쉽게 진로를 벗어나 다른 방향으로 나아가게 된다.

126 혜성의 운동 원리는 무엇인가

만일 별 N이 소용돌이의 중심 S에서 매우 멀리 떨어져 있다면, 그리고 이 N 지점에 있는 제2원소 물질 부분들의 크기가 서로 같고 별 N보다 더 단단하다면, 별 N은 처음에는 어느 방향으로든 갈 수 있지만, 그 이웃 소용돌이의 위치에 따라 소용돌이 중심 S쪽으로 더 가까워지거나 덜 가까워지거나 할 수 있다. 왜냐하면 별 N은 이웃 소용돌이들에 의해 당겨지거나 밀쳐질 수 있는 한편, 그 이웃 소용돌이 물질들이 별의 단단함에 비해 더 단단하면 단단할수록 별은 자기 중심으로부터 계속 벗어나지 못하고 방해받기 때문이다. 그렇지만 이웃 소용돌이들이 그 별을 매우 큰 힘으로 민다고는 생각할 수 없다. 앞의 가정에서, 별(행성)은 이렇게 더 단단한 물질들에 둘러싸이면 정지한다고 했기 때문이다.

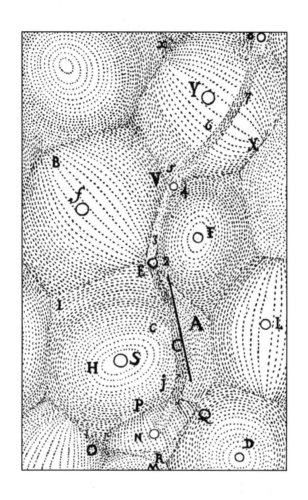

소용돌이 S의 별(행성)은 소용돌이 AEIO의 운동에 따라야 하므로(f의 극으로 향해야 하므로) I와 S 사이에 있을 수 없으며 A와 S 사이에만 있을 수 있다. 이곳에서 그 별은 자기 운동선과 S의 소용돌이들 중 하나가 만나는 어떤 접점에 이르고, 그 뒤 계속 (원심력에 따른) 자신의 흐름을 유지하면서 소용돌이를 따라 중심 S로부터 (나선형으로 휘면서) 차츰 멀어지게 된다. 그리고 마침내 소용돌이 AEIO 밖으로 나와서 이웃 소용돌이로 이동한다. 그런데 만일 이 별이 처음에선 NC를 따라 흐르다가, 중심 S를 도는 제2원소 물질들의 소용돌이와 C지점(S 원구의 표면에서)에서 접하게 되면, 곧바로 원주 NC와의 접점 C를 지나는 직선으로부터 굽어, 원주 C2의 흐름을 따라 S로부터 멀어져 간다. 왜냐하면 별 N이

S와의 접점 C까지 오게 된 힘은 C로 오기 전에 이미 S로부터 더욱 멀리 떨어져 있는 제2원소 물질들과 합류해 얻은 힘이므로, S와 더 가까운 C지점에서는 더욱 빠르고 더욱 단단한 제2원소 물질들에 합류해 따라감으로써, 그 소용돌이들의 접선을 따라 계속 운동할 힘을 더 많이 지녔기 때문이다. 별은 C지점으로부터 밀려나자마자 자신보다 더 빠른 제2원소 물질들과 만난다. 그 뒤 조금 직선에서 벗어나 속도를 빨리하면서 곡선 C2를 따라 더 멀리 가도록 압박받는다. 이때 별은 단단할수록, 그리고 N에서 C지점으로 빨리 흐를수록, 곡선 C2는 (S의 원심력에 대한 N의 저항력이 강하기 때문에) 구 표면의 접선 가까이로 붙게 된다.

127 혜성이 여러 항성계들의 소용돌이들을 지나는 운동의 연속성에 대한 설명

별(행성)은 소용돌이 AEIO 위를 그렇게 지나가면서, 그 부분의 활동적인 제2원소 물질들로부터 힘을 얻어 다른 소용돌이로 흘러가고, 또 그 소용돌이에서 그 옆의 소용돌이로 흘러갈 수 있다. 단지 이 별은 2에 도착함으로써 자신의 소용돌이 경계를 넘어서도 얼마 동안은 자기 주변에 있던 제2물질들을 여전히 지니는데, 또 다른 소용돌이 AEV의 흐름에 완전히 몰입해 3지점에 갈 때까지 그 물질의 영향을 받는다. 마찬가지로 별은 이 두 번째 소용돌이 물질들의 힘을 세 번째 소용돌이의 영역인 4의 지점까지 지니고 가면서 그 힘의 영향을 받고, 또 세 번째 소용돌이 물질들의 힘을 네 번째 소용돌이 영역인 8의 지점까지 지니고 가면서 사용한다. 하나의 소용돌이에서 다른 소용돌이로의 모든 이동은 이러한 이치이다.

그리고 별의 운동선은 소용돌이 물질들과 접하면서 다양한 모양으로 휘게 된다. 그래서 이 운동선의 일부 2, 3, 4는 NC2와는 전혀 다른 방향으로 휘어진다. 왜냐하면 소용돌이 S의 물질 중 일부가 접선을 따라 A 부분으로부터 E로 내려가서 V로 돌기 때문이다. 이때 소용돌이 F의 일부는 A에서 E를 지나 I로 향한다. 그러나 N의 운동선 5, 6, 7, 8은 다른 소용돌이로 돌지 않고 거의 곧장 나아간다. 왜냐하면 이들 지점에 있는 소용돌이 물질들은 축 x x의 둘레를 돈다고 가정하기 때문이다. 이런 과정을 거치는 별을 혜성이라고 한다. 이런 운동을 하는 별들의 현상에 대해서 모두 설명하겠다.

128 혜성들의 운동 현상에 대한 설명

우리는 아무 지식이 없는 상태에서도 하늘에서 어떤 현상들을 관측하기도 한다. 그 가운데 하나가 혜성 운동이다. 어떤 혜성은 하늘의 어느 영역을, 어떤 혜성은 또 다른 영역을 지난 뒤 몇 달 또는 며칠이 지나면 보이지 않게 되곤 한다. 이때 혜성은 내 머리 위 하늘의 반보다 더 흐르지는 않는다. 이따금은 이보다 긴 꼬리를 남기며 지나더라도, 그것은 조금 더 긴 운동일 뿐 더 이상의 움직이는 모습을 보여주지는 않고 거의 하늘의 반도 지나지 않는다. 일반적으로 혜성들은 처음 나타났을 때 크게 반짝이지만, 하늘 먼 곳에서 아주 긴 거리를 흐르며 차츰 다가오지 않는 한 점점 더 커 보이지는 않을 것 같다. 그러나 혜성에 있어 성장의 정지는 곧 축소됨을 뜻한다. 그래서 혜성들은 처음 나타났을 때, 또는 최소한 운동이 시작되었을 때 본다면 아주 빠른 속도로 움직이는 듯하지만, 그 운동이 끝날 무렵이라면 가장 느린 움직임을 보게 된다.

나는 어떤 혜성이, 내 눈이 따라 돌 정도로, 이쪽 하늘에서 저쪽 하늘로 거의 반을 날아 흘렀다는 기록을 읽은 적이 있다. 1475년 그 혜성은 처음 작은 별 머리를 앞세우고 하늘을 서행하며 처녀자리 부근에서 나타났다. 그리고 조금 뒤에는 깜짝 놀랄 만한 크기로 변하여 반짝이면서 북극에 닿았고, 그쯤에는 매우 빠른 속도로 움직여 하루 동안 하늘의 광대한 원주 위에서 30도에서 40도 정도를 그릴 정도로 운동했다. 그리고 물고기자리 부근(그림에서 8의 지점)에서, 또는 양자리에서 혜성은 차츰 사라졌다고 한다.

129 이 현상에 대해 덧붙이는 말

이러한 혜성의 현상은 쉽게 이해할 수 있다. 우리는 하늘에 대해 상식을 가지고 있기 때문이다. 혜성은 소용돌이 F의 어느 지점도 지날 수 있으리라 생각한다. 또한 소용돌이 Y의 어느 지점도 지나고, 이런 식으로 이 하늘과 그 밖에 있는 하늘을 여행하리라. 혜성은 언제나 같은 속도를 유지한다고 생각해도 좋다. 하늘의 물질들이 몇 달(또는 며칠) 동안 완전히 온 원주들을 돌아서 올 수 있는 그런 속도로서, 하늘 둘레 소용돌이 물질들이 다른 하늘과 닿아 가장 재빠

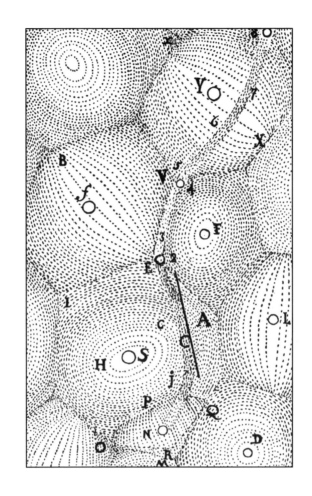

르게 움직이는 경계 부분들을 지나다니면 그런 속도를 가질 수 있다. 또한 소용돌이 Y에서는 혜성이 그 원의 절반만을 돌고, 소용돌이 F에서는 그보다 작은 부분만을 돌며, 어떤 소용돌이에서든 절대로 그 이상은 머물지 않으리라 생각한다. 그렇기 때문에 그 혜성은 오직 몇 달 동안만 하나의 소용돌이에 머물면서 우리에게 나타난다. 그것도 이 하늘 중심 가까이에 있는 동안만 나타난다. 혜성이 이 하늘 중심의 멀리에서 나타나면, 그 혜성이 거쳐온 소용돌이 물질들은 아직도 혜성을 감싸고 있다. 이 물질이 혜성 주위에서 흐름을 멈추어야만 혜성을 볼 수 있으므로, 이제 혜성이 갑자기 매우 밝게 나타나는 이유를 이해할 수 있다. 사실상 혜성은 늘 같은 크기, 같은 속도를 유지하고 있음에도 불안한 속도로 나타난다. 그리고 사라질 때는 왜 처음처럼 크고 빠르게 보이지 않는지도 이제 알 수 있다. 또한 처음 나타난 뒤 조금 지나서(가리고 있는 물질들이 사라지면서) 가장 크고 빠르게 느껴지는 이유도 알 수 있다.

관측자가 중심 F를 보고 있는데, 4에 있을 때의 혜성보다는 3에 있을 때의 혜성이 더 눈에 띈다면, 그것은 왜일까? 그 이유는 선 F3이 선 F4보다 훨씬 짧고, 각 F43이 각 F34보다 더 작기 때문이다. 이번에는 관측자가 Y의 중심에 있다고 하면, 혜성은 5에서 빠르게 나타나 8에서 느리게 사라진다. 그렇지만 혜성은 관측자와 가장 가까운 6과 7에 있을 때 가장 크면서도 빠른 움직임으로 보인다. 그래서 5에 있는 동안에는 처녀자리 가까이에서 나타났다가, 북극에 가까운 6과 7 사이에 있는 동안에는 그곳에서 30 또는 40도를 이동하고, 마지막으로 8의 물고기자리 근처에서 사라진다. 1475년의 그 신비스런 혜성은 레기오몬타누스(Regiomontanus)가 관측했다고 전해지는데, 이 혜성도 이런 사정으로 해서 나타났다가 사라졌다.

130 항성들의 빛이 어떻게 지구까지 도달하는가

다른 하늘들의 각 항성은 우리 하늘로부터 아무리 멀리 떨어져 있어도 보이는데, 왜 혜성들은 다른 하늘로 가면 보이지 않는지 의아해할 수 있다. 그렇다면 항성과 혜성의 차이를 보자. 스스로 빛을 내는 항성들의 빛은, 태양 빛을 간접적으로 반사하는 혜성들의 빛보다 더 강하다. 별들이 저마다 빛을 내고 있을 때 별들 주위의 모든 물질(예를 들어 제1원소의 태양 물질, 즉 빛 물질)들은 별의 표면으로부터 다시 멀어지는 운동을 하면서, 여러 겹의 직선운동이나 이와 비슷한 다른 직선운동을 하면서 주위 다른 소용돌이 물질들을 밀어내며 전진한다고 생각할 수 있다(이런 빛의 직선들에 대해서는 《굴절광학》에서 이미 설명한 것처럼, 삼각의 투명한 물체를 지나면서 꺾이는 동시에 빛이 여러 색으로 분해된다). 그래서 중심 S 가까이에 사는 지구인들은 F나 f 같은 이웃 별빛(항성의 빛)들뿐만 아니라, Y처럼 멀리 있는 별빛들도 보일 만큼 빛나고 있음을 이해할 수 있다.

그 별(항성)들과 각 주변 소용돌이의 힘은 지속적으로 균형 상태를 유지하기 때문에, 항성 F의 빛이 항성(태양) S쪽으로 반사될 때 그 광선들의 힘은 저항하는 S의 소용돌이 AEIO의 물질들에 의해 약해지기는 하나, 그 빛의 힘은 중심

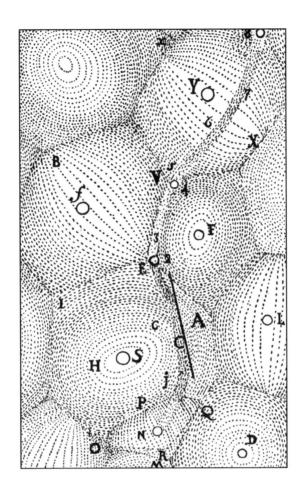

S에 이르러서야 모두 소멸한다. 따라서 그 빛이 지구쯤에 이르렀을 때에는 빛에 어느 정도 힘이 남아 있다고 볼 수 있다. 마찬가지로 중심(항성) Y에서 반사된 빛이 지구로 올 때, 만일 이 빛이 소용돌이 AEV를 지나서 오려고 한다면 흐름의 저항과 거리 때문에 금세 힘을 잃게 된다. Y 부근의 소용돌이 물질들은 F로부터 멀리 있는, 자기 소용돌이의 일부분인 선 VX쪽으로 가고자 하기 때문에 빛의 힘이 줄어든다고 하겠다. 그래도 흐름의 소용돌이 물질들 일부가 F 항성계에서 S쪽 원주 AE로 흘러가면서 빛에 그만큼 힘을 실어준다. 이런 이치는 다른 항성들도 마찬가지이다.

131 항성들이 보이는 곳에 실제로 그 항성들이 있는가, 그리고 천공(Firmamentum)이란 무엇인가

또 알아야 할 사실이 있다. 항성 Y에서 반사된 광선이 지구 쪽으로 올 때, 광선들은 비스듬히 나선형으로 휘면서 소용돌이의 경계선들 AE와 VX에 진입하여 소용돌이에 합류하는데 이때 광선이 꺾이게 된다. 지구에서 보면 항성들은 각자 실재하는 곳에서 빛나지 않고, 지구 주위나 태양 주위에 그 반사 광선이 도달하여 통과해 들어오는 지점에서 보인다. 즉 소용돌이 AEIO의 표면상(빛이 굴절되는 지점)에 존재하는 듯이 보이게 된다. 때로 실제로는 하나의 항성인데 둘이나 그 이상의 별빛이 원주 AEIO의 표면상에 존재하는 것처럼 보이기도 한다. 천문학자들의 기록에 따르면 별의 지점은 그렇게 바뀌어 있지는 않다고 하며, 나는 천공이란 단지 온 우주의 굴절광선들을 투과하는 하나의 원구면일 뿐이라고 생각한다.

132 혜성들이 우리 하늘 밖에 있을 때 보이지 않는 까닭은 무엇인가. 석탄은 검고 그 재는 하얀 이유는 무엇인가

보통 혜성 빛은 항성 빛보다 훨씬 약하다. 그렇기 때문에 혜성이 보이는 각도가 아주 커서 거의 수직에서 보일 때 가장 반짝인다. 만일 혜성들이 우리 하늘에서 매우 멀리에 있다면, 우리는 그 거리가 너무도 멀어서 보이지 않는다고 생각하게 된다. 또한 물체는 멀리 있을수록 보이는 각도가 그만큼 더 작다. 그러나 혜성들이 우리 하늘로 점점 다가올 때, 하늘에 들어서고 나서 조금 있어야 혜성이 보이는 데에는 여러 이유들이 있다. 그 가운데 어떤 이유가 타당한지 뚜렷하게 규정하기는 그리 쉽지 않다.

예를 들어 관측자가 항성 F쪽을 바라볼 때 그의 눈에는 2에 있을 때의 혜성이 보이지 않는다. 혜성이 2지점에 있을 즈음에는 여전히 그 혜성이 이전 소용돌이 물질들에 둘러싸여 있기 때문이다. 그렇지만 혜성이 더 멀리 4의 지점에 있을 때는 벌써 그 혜성이 보인다. 왜냐하면 별 F로부터 2쪽으로 향해 오는 광선들이 2지점에 이르러 소용돌이 AEIO의 물질들에 의해 꺾여서 그 빛의 굴절상이 보이기 때문이다. 이때 광선들은 《굴절광학》에서 언급했듯이 수직선을 벗어나, 소용돌이 방향 AEVX 물질들의 흐름을 따르기보다 소용돌이 AEIO 물질

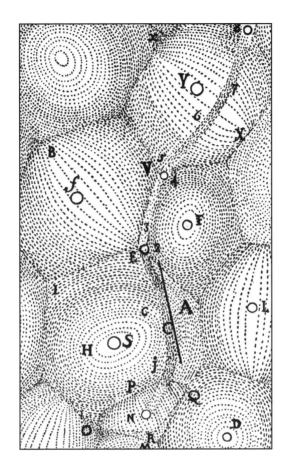

들의 저항을 지나 지구 쪽으로 올 때 훨씬 어렵기 때문이다.

굴절이 없다면 혜성들은 한결 많은 빛을 지니고 있게 된다. 그러나 굴절이 일어나면 혜성에서 반사되는 광선들은 우리 눈에 너무도 희미하게 비칠 뿐이다. 또한 누군가가 말하기를, 지구를 바라보고 있는 달의 면이 늘 같듯이 각 혜성들도 이 하늘에 들어와서는 언제나 같은 면이 지구를 바라보고 있다고 한다면, 그리고 지구로 향한 이 면만이 반사광을 투사하기에 알맞다고 한다면 이 또한 꽤 믿을 만한 이치이다. 그렇다면 혜성이 2지점에 있을 때는 혜성이 중심 태양 S를 보는 면에서만 빛이 나오므로, 항성 F쪽에 있는 사람에게는 혜성이 보이지 않아야 한다. 이와 달리 혜성이 2지점에서 3지점으로 가면 그 혜성이 태양으로 향했던 면이 F쪽으로도 향해지므로 이번에는 혜성을 볼 수 있게 된다. 왜냐하

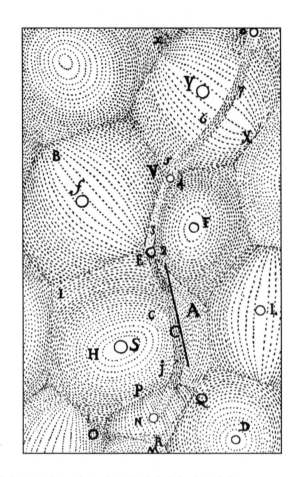

면 아래 생각들을 믿는 것은 매우 합리적이기 때문이다.

첫째로 혜성이 N에서 C를 지나 2로 가는 동안에 태양 S로 향한 면은, 물질들의 운동이 더욱 활발해진 다음 빛이 조금씩 희미해진다. 둘째로 그런 뒤에 점차 혜성의 이동에 의한 마찰력으로 혜성 표면에 접해 있던 제3원소들, 즉 흑점이나 에테르 물질들이 떨어져 나가기 때문에 혜성 표면은 이제 다른 혜성들보다 광선을 더 잘 반사할 수 있는 조건을 지니게 된다. 다음에 설명하게 될 불에 대해서도 똑같이 말할 수 있듯이 석탄이 검은 까닭은 그 물질 부분들의 표면이 좀 더 물렁한 성질의 제3원소 물질들로 둘러싸여 있기 때문일 뿐이다. 더물렁한 성질의 이 제3원소 물질들은 불의 힘으로 본체로부터 더욱 작은 부분들로 분리되기 때문에, 검정색이었던 석탄의 물질들에서 이제 검고 물렁한 성질의 작은 부분들은 사라지고 오직 단단하고 흰 물질들만 남아 재로 변해 있다. 광선 반사는 흰 물체에 가장 적합하며 검은 물체에는 그렇지 않다. 셋째로 혜성 중에서도 좀 더 희미한 부분은 다른 부분보다 (빛의) 운동에 덜 알맞기 때문에, 역학 규칙에 따르면 이 희미한 부분은 늘 혜성의 앞면보다는 뒷면에 있어야 한다. 당연히 혜성의 희미한 부분은 다른 부분보다 늦게 나타나고, 또한 곡선을 그리며 나타나는 혜성의 뒤쪽 꼬리 부분은 언제나 혜성이 속해 있던 이전의 소용돌이 중심을 향해 있기 때문에, 즉 NC2를 지날 때는 혜성이 중심 S를 바라보고, 234를 지날 때는 F와 C를 바라보기 때문에, 이 혜성은 아마도 이 소용돌이에서 저 소용돌이로 가면서 얼굴을 새 소용돌이의 중심 F쪽으로 돌려야 한다고 생각된다. 여기서 혜성이 면하는 방향의 설명은, 화살이 공기 속을 날아 위로 올라갈 때 깃(꼬리) 부분이 언제나 아래쪽에 있고, 화살이 떨어질 때는 깃 부분이 늘 위쪽에 있어 보인다고 하면 쉽다. 끝으로 혜성들은 왜 우리 하늘을 지나는 동안에만 보이는지에 대한 여러 이유가 가능하다. 즉 하나의 물체가 광선을 반사하기에 알맞기 위해서는 아주 사소한 요소들이 끼어든다. 그러나 이러한 요소들에 대한 충분한 지식을 가지고 있지는 못하기 때문에, 우리는 비록 참의 원인은 아니지만 그와 비슷한 원인들만으로 만족해야만 하겠다.

133 혜성들의 꼬리(coma)와 그 온갖 현상은 어떤 모습들인가

또 한 가지 주목할 사항은, 혜성들은 긴 꼬리가 달린 모습의 광선으로 관측된다는 점이다. 이 꼬리는 거의 언제나 태양 반대쪽에서 보인다. 그러므로 혜성과 태양 간 직선 사이에 지구가 있으면, 우리가 지구에서 볼 때 혜성 꼬리는 혜성의 둥근 면이 곳곳으로 퍼져 있는 모습으로 보인다. 1475년의 그 혜성은 처음 나타날 때는 꼬리를 앞세웠다. 그러나 사라질 즈음의 혜성은 나타날 때의 반대편에 있었는데, 그때는 꼬리를 뒤에 달고 있었다. 즉 머리를 중심으로 양쪽에 엷은 꼬리를 달고 있었다.

꼬리는 혜성 크기에 비해 길거나 짧다. 작은 혜성들은 꼬리가 전혀 없고, 큰 혜성들도 멀리서 아주 작아 보일 때에는 꼬리가 보이지 않는다. 모두 같은 조건 아래서도 장소에 따라 꼬리 길이가 달라진다. 지구 위치가 혜성과 태양 사이의 직선에서 많이 벗어나 있을수록 혜성 꼬리는 (빗겨 있는 방향으로) 길게 보이기 때문이다. 그러다가 어느 사이에 혜성이 태양 빛 속으로 뛰어들 때는 꼬리 끝만 보인다. 이때 꼬리는 마치 불붙은 장작처럼 넓어지기도 하고 좁아지기도 하며, 직선 또는 곡선이 되기도 한다. 그리고 그 꼬리는 태양의 정반대로 향해 있거나, 기울어 있을 때도 있다.

134 혜성 꼬리의 굴절에 대한 설명

앞서 언급한 굴절 현상을 이해하려면, 《굴절광학》에서는 언급되지 않은 새로운 종류의 굴절을 살펴봐야 하는데, 이런 굴절은 지구상의 물체에서는 볼 수 없기 때문에 나는 이런 현상을 《굴절광학》에서 다루지 않았다. 우리가 탐구할 새로운 굴절은 하늘 물질들 사이에서 일어난다. 하늘 물질들은 서로 크기가 다르고, 이 하늘의 토성 바깥쪽 원주로부터 중심 태양에 이르면서 점차 물질들이 작아지므로, 그 물질들 가운데 큰 물질들을 통해 전달되는 광선들은 작은 물질들에 닿게 되면 곧장 직진하지만, 일부분은 굴절되어 퍼지기도 한다.

135 이러한 굴절에 대한 설명

옆 그림에서처럼, 아주 작은 물질 부분들 위에 좀 더 큰 물질 부분들이 있고, 이 큰 물질 부분들은 앞서 설명한 제2원소 물질들처럼 지속적으로 운동한다고 가정하자. 만일 이 물질 중 어느 하나의 물질이 한쪽 방향으로 밀리면, 즉 A가 B쪽으로 밀리기라도 하면 A의 운동은 수직선 AB에 있는 모든 알갱이들에 전달된다. 이때는 이 운동의 영향이 A에서 C까지는 손상 없이 전달되지만, C에서 B까지는 모두 전달되지 못하고 일부만 전달된다는 점을 주목해야 한다. 그 나머지는 D와 E쪽으로 퍼진다. 물질 알갱이 C는 1과 3을 D와 E쪽으로 밀지 않고서 2를 밀 수는 없기 때문이다. 그러나 알갱이 A가 두 알갱이 4와 5를 C쪽으로 밀 때는 사정이 좀 다르다. 비록 A의 운동이 두 알갱이 4와 5에 전달되어 보기

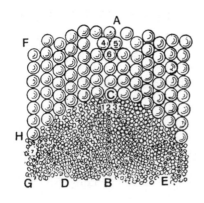

에는 D와 E쪽으로 전달될 것 같지만, 실제로는 C를 향해 곧바로 전해진다. 알갱이 4와 5는 저마다 아래쪽 이웃의 두 알갱이에 의해 서로 양쪽에서 똑같이 지탱되고 있지만, 4와 5 두 알갱이 모두의 운동을 동시에 받는 것은 알갱이 6뿐이기 때문이고, 또 한편으로는 다른 모든 알갱이들은 두 알갱이 4, 5의 운동을 나란히 전달받지 않고 순차적으로 (그리고 6부터는 일렬종대로) 받기 때문이다. 하지만 알갱이 C는 다르다. 세 알갱이 1, 2, 3을 동시에 B쪽으로 밀면, 이 알갱이들은 전달받은 운동을 어떤 한 알갱이에만 전할 수는 없다. 그래서 여러 알갱이들이 움직여지면 이들 중 어떤 알갱이들은 운동을 늘 사선으로 전달한다. 이렇게 해서 아주 작은 알갱이들의 층에서는, 비록 그 알갱이들이 주된 운동의 광선을 수직 방향 B쪽으로 이끈다 해도 그보다 약한 다른 많은 광선들은 D와 E 양쪽으로 퍼진다. 마찬가지로 알갱이 F가 G쪽으로 운동하면, 그 운동은 H에 전달되어 계속해서 작은 알갱이 7, 8, 9에 전해지며, 이 작은 알갱이들은 주된 광선을 G로 보내고 다른 나머지 광선들은 사선으로, 즉 D와 B쪽으로 보낸다.

이쯤에서 우리는 운동들이 비스듬하게 원주 CH로 가해질 때 발생하는 차이점에 주목해야 한다. A에서 C로 전달되는 운동은 수직 전달이므로, 주된 광선 말고 나머지 광선들은 D와 E 대칭으로 퍼진다. 그러나 F에서 H 사이의 원 안에서 이루어지는 운동은, 운동이 수직으로 가해지면 광선들이 그 원의 수직 중심으로만 전달된다. 그러나 만일 각이 기울어진다면, 그 광선들은 다른 쪽으로도 향하게 된다. 반대로 각이 덜 기울어지면, 오히려 광선들은 훨씬 약해져서 거의 보이지 않게 될 수도 있다(알갱이들에 힘을 가해보면 알 수 있다). 이와 달리 중심 쪽, 즉 수직으로 향한 광선들은 덜 기울어질수록 더욱 강하다.

136 혜성의 출현에 대한 설명

위에서 밝힌 사항들은 하늘 물질 부분들에 대해 쉽게 적용할 수 있다. 비록 하늘 물질들은 위의 그림처럼 모두 큰 물질들이 작은 물질들 위에 놓여 있다고 말할 수는 없겠지만, 이미 설명했듯이 물질 알갱이들의 크기는 소용돌이 한가운데의 어떤 경계 원주로부터 태양 중심에 다다르면서 차츰 작아지기 때문에, 토성의 궤도 바깥쪽에 있는 물질들과 지구 궤도 부근에 있는 물질들의 크기 차이는 그림상의 알갱이들처럼 어느 정도 차이가 있다고 믿을 수 있다. 한편 지구 궤도 부근으로부터 더 안쪽 중심부까지의 알갱이들도, 그림처럼 큰 알갱이들 밑에 작은 알갱이들이 있는 상황과 마찬가지로 볼 수 있다. 그러나 이 부분, 즉 지구 궤도로부터 중심부까지의 운동은 점차 비스듬하게 퍼진다고 할 수 있다.

S가 태양이고, 지구가 1년 동안 공전하는 궤도가 2, 3, 4, 5라고 하자. DEFG〈H〉는 하늘 물질들이 중심 태양까지 차츰 작아지기 시작하는 경계선이라고 하면, 이때 경계선은 앞서 설명했듯이 완전한 원이 아닌 타원형으로서 황도 궤도(동서)의 폭이 양극(남북)의 길이보다 긴 타원형 모양인데, 알갱이 C는 하늘에 있는 혜성이라고 하자. 그리고 그 혜성에 부딪힌 태양 광선들은 DEFGH의 모든 지점으로 반사된다고 믿는다. (앞의 알갱이들 그림) F의 줄에 수직으로 나열되어 있는 알갱이들처럼 수직으로 비추는 광선들 중 대부분은 3까지 수직으로 다다른 다음, 나머지 부분에서는 여러 사선 방향으로 퍼진다. 그래서 사선으로 G에 이르는 광선은 직선으로 4의 지점에 이르는 동시에 일부는 3으로도 나아간다. 끝으로 H로 들어온 광선은 직진하여 지구 궤도에까지 이르

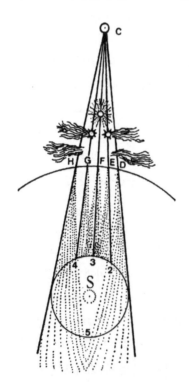

지는 못하고, 단지 4와 5쪽으로 반사(굴절)될 뿐이다. 다른 모든 광선들도 이런 식으로 운동한다. 결론적으로 혜성 빛이 곳곳으로 흩어지는 형상은, 지구가 3에 있을 때 보이는 혜성 C의 모습과 같다. 이런 종류의 혜성 모습을 우리는 장미(Rosam)라고 부른다. 왜냐하면 지구가 3에 있을 때, 혜성 C에서 3으로 직진하는 광선들은 그 둥근 머리를 우리에게 보이고, E와 G로부터 3쪽으로 반사되는 사선 방향의 광선들은 그 꼬리 부분(반사광)을 비스듬히 보이기 때문이다. 그러나 지구가 4에 있을 때 지구에서 보이는 혜성은 직사광선 CG4로 보이게 되어, 이때 보이는 꼬리를 이루는 광선은 단지 H쪽으로 반사되는 광선, 즉 G와 H 사이의 부분들로부터 4로 반사된 희미한 광선들이다. 지구가 2

에 있다면, 혜성(혜성의 머리 부분)은 직사광선 CE2로 보이게 되며, 꼬리로 보이는 부분은 CE2와 CD2 부분에서 반사되어 보이는 사선 광선들이다(앞의 알갱이들 그림에서의 힘의 전달 경로와 이 빛의 전달 경로는 같다). 이때 각도에 따라 보이는 혜성의 차이로, 지구가 2지점에 있을 때는 아침에 혜성이 꼬리를 앞에 달고 나타나며(꼬리가 먼저 보이며), 4지점에 있을 때는 저녁에 꼬리를 뒤에 달고 나타난다(꼬리가 나중에 보인다).

137 꼬리의 끝만 불타는 장작처럼 타는 원인은 무엇인가

끝으로, 우리가 태양 S쪽을 보고 있을 때는 태양 광선 때문에 혜성 자체는 보이지 않고 다만 꼬리의 일부분만이 불타는 장작처럼 보이는데, 이 현상은 우리가 4지점 가까이에서 별을 보는지 2지점 가까이에서 별을 보는지에 따라, 꼬리 위치가 바뀌면서 저녁에 보이기도 하고 아침에 보이기도 한다. 5지점에 서서 보면 아침에 별의 한쪽 부분이 보이고, 저녁에 다른 한쪽 부분이 보인다.

138 혜성 꼬리가 태양 반대편에서 수직으로 있지 않고 휘어 있기도 한 이유는 무엇인가

태양으로 곤두박질하는 혜성 꼬리는 때때로 조금 기울어진다. 혜성과 태양 중심점 사이의 직선 연장상에 있기는 하지만 완전히 일치하기보다는 조금 벗어나 있고, 어떤 때는 어느 정도 벗어나 있다. 그래서 어떤 때는 넓게 보이고 어떤 때는 좁게 보일 수밖에 없으며, 측면으로 매우 기울어진 광선들이 더욱 밝게 빛나 보이기도 한다. 이때 꼬리 각도가 기울어지는 이유는 DEFGH가 타원형이기 때문이다. 혜성의 꼬리가 이 타원의 극 쪽(거리가 짧은 남북쪽)에서 나타나는 경우에, 그 꼬리는 (각도가 넓고 짧은 거리에서 보게 되므로) 더 곧고 넓게 나타난다. 타원형의 극과 황도 사이의 원주(4분의 1 원주)에서는 (각도가 좀 더 좁고 긴 거리에서 보게 되므로) 혜성이 머리를 태양 쪽으로 두고 꼬리는 태양의 반대쪽으로 세운 채 조금 휘어져 보이는 동시에, 원주 길이에 따라, 즉 타원이 좁고 길게 늘려질수록 꼬리가 더 밝고 좁게 보인다. 혜성에 대한 이야기를 지어내지 않고서는, 그리고 혜성이 결코 신비한 물체가 아닌 한, 여기서 그 원인이 설명되지 않은 어떠한 혜성도 아직 관찰되거나 목격된 적이 없다고 믿는다.

139 왜 항성이나 행성 꼬리가 보이지 않는가

그렇다면 항성, 목성, 토성 등이 혜성보다 더 태양 가까이에 있을 때 이들의 꼬리가 보이지 않는 이유는 무엇일까? 그 대답은 간단하다. 첫째, 일반적으로 혜성의 지름이 항성 지름보다 작으면 혜성의 꼬리는 우리 눈에 보이지 않는다. 왜냐하면 이때 혜성에서 반사된 빛들은 우리 눈에 보일 만큼 강한 힘을 가지고 있지 않기 때문이다. 둘째, 일반적으로 항성은 스스로 빛을 내며, 태양으로부터 빛을 받지는 않는다. 그래서 항성의 꼬리가 있다면 그 꼬리는 곳곳으로 퍼지는 모양을 하고 또한 매우 짧으리라 생각된다. 실제로도 우리는 항성들 둘레에 여기저기로 퍼져 있는 그런 꼬리들을 본다. 이렇게 항성들에는 하나의 명확한 선이 붙어 있지 않고 곳곳으로 부드럽게 퍼진 희미한 광선들이 있다. 항성의 희미한 광선들이 우리에게 보이기까지는 여러 사정이 있겠고, 이 사정을 빛의 본성과 관련해 알아본다면 좋으리라 생각한다.

이따금 목성과 토성에 붙어 있는 짧은 꼬리가 관측되는데, 이 꼬리는 태양의 반대쪽을 바라보며, 아주 맑은 날 볼 수 있다. 지은이가 누구인지는 기억나지 않지만 맑은 날에 그 모습을 보았다고 쓴 책을 읽은 적이 있다. 이 현상을 이해하려면, 아리스토텔레스가 《기상학》 6장에서 이집트 사람들이 가끔씩 항성의 꼬리를 보았다고 이야기한 대목을 행성에 대한 설명으로 보아야 한다고 믿는다. 그는 하늘에 있는 개의 넓적다리 별자리를 관측할 때, 그 별에 꼬리가 달려 있었다고 했다. 순수하고 투명한 공기를 투과하면서 매우 심하게 굴절된 현상이 보였거나, 아니면 그의 눈에 착시 현상이 보였음이 틀림없다. 왜냐하면 그가 꼬리만 집중해서 보면, 꼬리와 머리를 동시에 볼 때보다 빛이 희미했다고 썼기 때문이다.

140 행성들의 운동 원리에 대한 설명

이제 다시 행성들에 대한 설명으로 돌아가겠다. 별 N은 우리 하늘의 가장 바깥 원주 쪽에 있는 제2원소 물질 부분들보다 운동력이 작고 덜 단단하다고 하자. 하지만 하늘의 중심, 즉 태양 쪽으로 있는 물질들보다는 운동력이 더 크고 더 단단하다고 볼 수 있다. 별 N이 태양의 소용돌이 속으로 낚이면, 이 별은 태양의 중심부에 직선운동으로 이르도록 압박받으며, 그 직선운동 도중에 자신과 같은 성질이나 단단한 정도를 지닌 물질 부분들이 있는 지점에 이를 때까지 계속 들어간다. 그러한 지점에 다다르면, 별 N은 다른 특별한 원인들에 의해서 그곳으로부터 이리저리 밀쳐지지만 않는다면 더 이상 태양 쪽으로 나아가지 않는다. 동시에 태양으로부터 멀어지지도 않는다. 그리고 자신과 같은 성질의 물질들 사이에 머물러 태양 둘레에서 소용돌이 운동을 끊임없이 하는 행성이 된다. 별 N이 태양 가까이로 더 다가간다면, 그곳에는 더 작은 물질들이 있으므로 이들 사이에서 머물게 되지만 별 N의 원심력이 이 작은 물질들의 원심력보다 세져서 마침내 별이 다시 태양으로부터 차츰 멀어지게 된다. 그러면 그곳에서 더 느리고 큰 물질들과 부딪쳐 운동력이 줄어들고, 그럼으로써 이 큰 물질들은 그 힘으로 별을 다시 태양 쪽으로 민다.

141 행성은 왜 변화 운동을 하는가. 첫 번째 원인

태양 주위에서 행성이 이리저리로 밀리는 또 다른 이유가 있다. 첫째, 행성이 하늘 물질 부분들과 함께 소용돌이 운동을 하는 원은 타원형이므로, 하늘의 물질들은 이 소용돌이의 좁은 공간에서보다는 넓은 공간에서 더 느리게 흐르기 마련이다.

142 두 번째 원인

이웃 소용돌이들의 제1원소 물질들은 첫째 하늘의 중심으로 흘러든 다음에, 다시 다른 이웃 소용돌이로 흘러간다. 이 과정에서 제1원소 물질들은 제2원소 물질들을 움직이게 하고, 한편으로는 이 물질들 속 행성을 다양한 방식으로 움직이게 한다.

143 세 번째 원인

행성이 하늘로 들어올 때, 그 통로는 나선형을 이룬 작은 물질들이나 하늘의 특정 부분에 있다가 다가오는 제1원소 물질 부분들을 받아들이기에 알맞은 통로이다. 그러나 그 밖에 다른 작은 물질들을 받아들이기에는 덜 적당하다. 그래서 별 N은 행성으로서 들어오고, 주변의 흑점들은 황도 궤도선 쪽으로 밀려나 형성된다. 통로 입구는 양극에 있으며 그 특정 부분의 제1원소들 쪽을 향한다.

144 네 번째 원인

아주 오랫동안 보존되어 온 어떤 운동력이 이 행성에 존재해 있다고 할 수 있다. 이 운동력에 대해 다른 여러 원인들이 대립해 방해한다고 할 수도 있다. 예를 들어 팽이를 돌려놓으면, 팽이는 몇 분 동안 계속 돌며 운동력을 발휘한다. 비록 팽이가 작아서 한편으로는 주변 공기가, 다른 한편으로는 지면이 그 운동을 방해한다 해도, 팽이는 지니고 있는 힘만큼 수많은 회전을 한다. 마찬가지로 하나의 행성이 생성되는 동시에 일단 운동이 시작되었다면, 그 행성은 태초부터 이제까지 어떤 보존되는 힘이 있으므로 특별한 감속 없이 계속 회전을 해왔다고 볼 수 있다. 왜냐하면 태초로부터 5000~6000년 동안 이 크기의 행성이 회전해 왔다고 생각하면, 이것은 팽이가 자기 크기를 몇 분 동안 회전시킨 운동력에 비하면 너무 길고, 아직도 지나치게 큰 운동력을 보존한다고 생각되기 때문이다.

145 다섯 번째 원인

행성이 변화 운동하는 이유의 마지막으로, 그처럼 행성이 자기 운동을 유지하는 힘은 이 행성 주위의 하늘 물질들이 지닌 힘보다 더 견고하고 일정하다. 그리고 큰 행성일수록 작은 행성보다 더 견고한 힘을 지닌다. 하늘 물질들의 힘이 얼마나 큰지는, 그 물질들이 서로 결합해서 모두 같은 운동을 하느냐 안 하느냐에 달려 있다. 그런데 그 물질들은 저마다 독립적이기 때문에, 많은 물질 부분들이 서로 결합해서 운동을 하느냐, 아니면 단지 몇 개의 물질들만 결합하느냐는 여러 작은 원인들에 따라 자유롭게 선택된다. 다른 한편으로 알 수 있는 사실은, 행성은 자기 주변의 작은 물질 부분들처럼 그렇게 재빨리 움직이지는 못한다는 점이다. 행성이 주변 물질 부분들의 운동력과 비슷한 상황에서 함께 합류해 있을 때조차도, 그 작은 물질들은 개별적으로 다른 여러 운동을 끊임없이 하고 있다. 그러므로 하늘 물질들이 운동을 빨리하거나 느리게 하거나 굽어지거나 하더라도, 거기에 있는 행성은 그와 같은 운동을 하지는 않는다.

146 행성들은 맨 처음에 어떻게 만들어졌는가

이제까지 모든 사항들을 탐구하고 보니, 행성들이 나타내는 현상들은 우리가 제시한 자연법칙과 모두 일치하며, 앞서 설명한 이치들로부터 그 근거가 쉽게 이해됨을 알았다. 이제 다음과 같은 사실을 뚜렷하게 알 수 있다. 첫째, 우리가 첫 번째 하늘의 소용돌이라고 한 저 광대한 공간이, 처음에는 열네 겹 또는 그 이상의 소용돌이들이었다. 그리고 그 여러 겹의 소용돌이들은, 앞서 설명한 대로 소용돌이 중심께에 있는 별들의 주변에 더 많은 흑점들이 만들어지도록 놓였다. 그 소용돌이들 가운데 어떤 소용돌이는 주변 물질들을 없애기도 하는데, 그 소용돌이의 위치에 따라 빨리 또는 느리게 소멸시키도록 놓였다.

태양과 목성, 토성 주변에도 작은 소용돌이(고리)들이 있었다. 그런데 이 소용돌이들이 다른 소용돌이들보다 커졌다. 이때 목성을 감싼 작은 소용돌이(태양계 전체 소용돌이에 비하여 작은 소용돌이)들 속에는 4개의 작은 위성들이 태어나서 목성 쪽으로 더 가까이 갔으며, 그 뒤로 계속 목성의 가족이 되었다. 그리고 토성에서도 위성이 태어났다. 토성 주위 작은 소용돌이(행성의 가스와 마모 조각들) 속에 있던 위성이 토성 쪽으로 가까이 가서 가족이 되었다. 태양의 행성인 토성 주위에는 최소한 둘 이상의 위성들이 있기에 이는 분명 사실이라고 말할 수 있다. 또한 수성과 금성, 지구, 달, 그리고 화성은, 이들 행성의 조각인 위성들이 그랬듯이 자기들의 중심 항성인 태양으로 다가갔다. 그리고 이들 저마다의 작은 소용돌이는 태양계 전체, 여러 겹의 소용돌이에 각각 들어가 조화를 이루었다. 그 뒤 목성과 토성도 자기들 주변에 여전히 있는 작은 별들을 이끌고 커다란 태양계 전체의 소용돌이에 합류했다. 이렇게 새로이 놓이기 이전에, 현재 내가 본 14개의 행성보다 더 많은 별들이 이 공간에 있었다면, 아마도 그 나머지 별들은 자신들의 작은 소용돌이와 함께 혜성으로 변하여 다른 하늘로 사라졌다고 생각된다.

147 어떤 행성이 다른 행성보다 태양에서 더 멀리 떨어져 있는 이유가 무엇인가. 행성의 크기 이외에도 다른 원인이 있다

주요 행성들, 즉 수성, 금성, 지구, 화성, 목성, 토성은 태양으로부터 저마다 다른 거리에 위치한다. 그 이유는 이 행성들의 단단한 정도가 모두 다르기 때문이며, 태양 가까이 있는 행성들이 멀리 있는 행성들보다 덜 단단하다고 생각한다. 따라서 화성은 지구보다 더 단단할 수 있으므로, 별이 지구보다 작은데도 태양으로부터 더 멀리 있다고 해서 놀랄 필요는 없다. 단순히 크기가 크다고 해서 더 단단하지는 않기 때문이다.

148 태양에 가까이 있을수록 행성이 더 빠르게 움직이는 이유는 무엇인가. 그리고 왜 태양의 흑점들은 속도가 그 행성보다 느린가

중심부에서도 태양에 아주 가까이 있는 행성일수록 바깥쪽 행성들보다 궤도를 빨리 돈다고 알고 있다. 태양 쪽 중심부 제1원소 물질들은 아주 빨리 돌면서, 가장 바깥쪽 원주보다는 안쪽에 있는 중간 소용돌이들의 원운동을 이끌기 때문이다. 반면에 그곳에 있는 흑점들은 다른 어떤 행성들보다도 훨씬 느리게 운동하지만, 당연하다고 여겨진다. 흑점들의 공전 시간은 아주 짧은 거리에서도 26일씩이나 걸리며, 수성은 그보다 60배가 넘는 거리를 운행하는 데 단 3개월밖에 걸리지 않고, 토성은 그보다 2000배 이상의 거리를 운행하는 데 단지 30년이 걸린다. 흑점들이 그렇게 느린 이유는, 흑점들이 끊임없이 분해되면서 제3원소 물질들이 발생되어 태양 주위에 다시 쌓이고, 이러한 축적이 차츰 수성 궤도까지 이어지거나, 또는 그 너머로까지 이어지면서 큰 에테르 공기층이 만들어지기 때문일 것이다. 에테르의 작은 물질 부분들은 모양이 불규칙하고 뾰족한 모서리들을 지녔기 때문에, 하늘의 다른 물질들과는 달리 서로 나누어지기 어려운 상태에서 움직인다. 이러한 상황에서 태양은 결합된 제3원소의 물질 부분들(흑점과 에테르층) 모두를 이끌어야 하고, 또한 수성 주위 물질들도 함께 이끌어야 되므로, 이때 제3원소 물질 부분들의 공전 거리는 수성보다 좀 더 짧고 공전 속도 또한 좀 더 느리다.

149 달이 지구 주위를 도는 이유는 무엇인가

달은 태양 둘레뿐만 아니라 지구 둘레도 돈다. 목성 주변에 있는 그 위성들이 목성 쪽으로 더 가까이 다가갔듯이, 달도 지구가 태양을 돌기 시작하기 전부터 지구의 위성이 되려고 지구 가까이 다가왔고, 그 뒤 달의 운동력(vim agitationis)이 지구와 비슷하여 같은 황도(지구의 공전궤도와 같은 궤도면에 있는 태양의 궤도)상에 머무를 수밖에 없었기 때문이다. 달이 지구보다 작기는 하지만 그 운동력이 지구와 맞먹기 때문에 달은 지구보다 운동 속도가 더 빠르다. 태양 S 둘레에 있는 지구가 원 NTZ, 즉 N으로부터 T를 지나 Z로 이동해 간다고 하면 달은 처음에 어느 지점에 있었든 지구보다 빨리 움직이기 때문에 A지점에도 빨리 다다를 터인데, 이때 아마도 A 가까이에 있는 지구(a vicinia Terrae)의 방해를 받아 더는 직진할 수 없게 된다. 그러면 달은 B쪽의 통로로 나아간다. B 쪽이 본디 중심에서 멀어지는 원심력의 직선운동 방향이기 때문이다. 달이 이렇게 A에서 B로 가는 동안, 공간 ABCD 안에 있는 모든 물질 부분들이 중심 T(지구) 둘레를 소용돌이처럼 돌고 달이 이 소용돌이에 이끌린다. 뿐만 아니라 이 소용돌이 물질들은 모두 함께 지구에 자전운동을 시키며, 또한 동시에 이들 모두가 나란히 중심 S(태양) 둘레를 돈다.

150 그러면 지구의 자전 원인은 무엇인가

지구가 자전하는 이유는 이 밖에도 여러 가지가 있다. 만일 지구가 이전에 다른 하늘의 소용돌이 중심부에서 밝게 빛나는 별로 있었다고 해도 틀림없이 그곳에서 자전운동을 했으리라 생각되기 때문이다. 그 지구는 지금의 소용돌이 중심부에 있는 제1원소 물질들과 비슷한 물질들에 의해 그곳에서도 유사한 자전운동을 하게 됨이 틀림없다.

151 달이 지구의 운동 속도보다 빠른 이유는 무엇인가

달이 원주 ABCD를 한 바퀴 돌 때 지구는 거의 30번이나 자전을 한다고 해도, 계산을 해보면 그리 놀랄 일은 아니다. 원주 ABCD가 지구 둘레보다 약 60배나 크고, 달은 지구보다 2배 빠른 속도로 운동하기 때문이다. 그리고 달과 지구는 그 주변 물질들과 합류하되 비슷한 속도나 성질의 물질들에 합류하여 운동하므로, 달이 지구보다 속도가 빠른 이유는 단지 달의 크기가 작기 때문이라고밖에 할 수 없다.

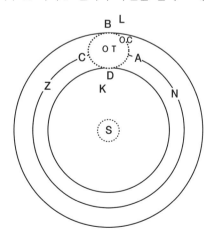

152 달이 언제나 거의 같은 면만을 지구로 향하는 이유는 무엇인가

또한 달이 늘 같은 면만을 보이고 있다고 해서 놀랄 필요도 없다. 왜냐하면 앞에서 혜성들에 대해 설명했던 바와 같이, 지구 둘레 궤도를 도는 달의 표면 중 태양을 바라보는 면이 그리는 원주(울퉁불퉁한 표면의 원주)의 길이는 반대쪽 면이 그리는 원주(매끈한 표면의 원주)보다 더 길어서 양면의 동선을 서로 맞추기 위해 자연스럽게 이렇게 위치가 놓였기 때문이다. 자연히 달의 뒷면이 그리는 바깥 원주의 동선은 더 길 것이므로, 운동 보폭 조절을 위해 뒷면에 단단하고 매끈한 면이 있을 수밖에 없는 듯하다. 반면에 지구에서 보이는 면은 무른 성질로서 덜 단단하고 불규칙한 모양이다. 지구에서 망원경으로 달 표면을 보면 산이나 계곡 같은 수많은 굴곡들이 있고 그 표면이 덜 단단함을 알 수 있다. 보이는 표면과 뒷면이 이렇게 다른 모습인 이유는, 뒷면은 태양으로부터 직접 빛(빛의 힘과 하늘 물질의 힘은 같다고 할 수 있다)을 받아들이는 반면, 지구를 바라보는 면은 지구에서 반사된 빛만을 받아들이는 데에 있다.

153 보름달이나 초승달이 다른 형태의 달보다 운동 속도가 빠르고 궤도에서 덜 벗어나는 이유는 무엇인가

달이 보름달이거나 초승달일 때, 즉 B나 D쪽에 있을 때는 반달일 때, 즉 A나 C에 있을 때보다 더 빠르게 움직이고 궤도에서 덜 벗어난다고 해도 마땅하다. 그 까닭은 공간 ABCD 안에 있는 하늘 물질들의 크기와 운동 성질이 주변 물

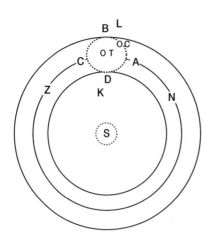

질들과 조금씩 다른 데에 비롯한다. 즉 다른 성질의 물질들에서는 저항을 받아 공간 폭이 줄어들고 같은 성질의 물질들에서는 이끌려서 공간 폭이 넓어진다. 따라서 D와 B의 물질은 각각 그 아래위의 K, L 물질과 달라서 저항을 받아 위축되고, N과 Z쪽의 물질들과는 비슷해서 쉽게 이끌려 퍼져 공간이 넓어진다.

이렇게 해서 궤도 ABCD는 타원에

더 가까워지기 때문에 하늘 물질들의 운동은 공간이 좁아진 B와 D 사이에서는 좀 더 빨라지고, C와 A 사이에서는 공간 폭이 넓어져서 좀 더 천천히 이동한다. 그렇기 때문에 달이 하늘 물질들에 의해 지구에 다가가는 중일 때는 A나 C 부근으로부터 지구 가까이로 가까이 다가가며, 지구에서 멀어지는 중일 때는 B나 D 부근으로부터 멀어진다.

154 목성 주위 위성들은 빠르게 운동하는데, 토성 주위 위성들은 느린 운동을 하거나 거의 운동하지 않는 이유는 무엇인가

토성 주위에 있다고 여겨지는 행성들은 토성 둘레를 아주 천천히 돌거나 아니면 거의 멈춰 있다. 그러나 목성 주위의 행성들은 목성에 가까울수록 더욱 빨리 목성 둘레를 돈다. 이것을 이상하게 생각할 필요는 없다. 목성은 태양이나 지구처럼 자전하지만, 토성은 자전하지 않고 달이나 혜성처럼 늘 같은 면만을 자신의 소용돌이 쪽으로 향하기 때문이다.

155 태양계의 양극(남북)과 황도의 양 끝(동서)이 서로 멀리 떨어져 있게 된 이유는 무엇인가

지구가 날마다 자전하는 축의 방향을 보면, 그것은 태양 둘레를 도는 황도면에 대해 수직을 이루지 않고, 수직에서 23도 이상 기울어져 있다. 이것도 이상하게 여길 이유가 없다. 지구의 여름과 겨울의 차이도 이 때문에 생겨나는데, 이 모든 현상들은 지구가 황도에서 하는 연간 운동을 태양 둘레의 하늘 물질들 전체가 조화롭고 엄격하게 규정하기 때문이며, 이는 모든 행성들이 이러한 규칙을 엄격히 따르고 있다는 사실로써 확신할 수 있다. 그러나 지구가 자전하는 축의 방향은 (태양 쪽으로부터) 지구 쪽으로 흘러오는 제1원소 물질들에 의해 더욱 영향받는다. 첫 번째 하늘이 차지하는 지금 이 공간이 이전에는 14개나 그 이상의 소용돌이로 나누어졌고, 이 소용돌이 중심에는 지금은 행성으로 변한 여러 별들이 위치해 있었다고 가정했는데, 그 별들의 축이 모두 같은 방향으로 있었다고 생각할 수는 없다. 왜냐하면 지금은 모든 행성들이 이전과 다른 자리에 정착해 있음을 볼 때, 그것은 자연법칙에 어긋나기 때문이다.

하지만 지구, 즉 우리가 존재하는 이 별 쪽으로 흘러들어온 제1원소 물질들은, 지금도 여전히 지구의 극지방에서 볼 수 있는 여러 천공들로부터 흘러들어 왔다. 그리고 이 별에 차츰 많은 흑점들이 생겨나는 동안, 제1원소의 작은 물질들은 나선형 모양 기둥을 이루어 이 통로로 중심부의 태양 쪽으로 들어왔고, 이 통로들은 물질들의 크기와 모양에 맞추어졌다. 그래서 그 뒤 천공의 다른 부분에서 들어오는 나선형 작은 물질 부분들은 그 길을 거의 지날 수 없거나 아예 통과하지 못하게 되었다. 제1원소 물질들이 이렇게 축의 극 부분으로 들어와 자신들에 맞는 길을 지나면서 끊임없이 흐르는 일을 반복하는 사이에, 지구의 양극은 이웃 하늘의 물질들이 들어올 수 있는 부분 쪽을 향해 접하게 된 반면, 흑점들은 그 지점에서 먼 황도면에 몰려 있게 된다.

156 양극 사이 거리가 차츰 가까워지는 이유는 무엇인가

만일 지구의 두 가지 원운동인 공전과 자전이, 공전축과 자전축이 평행한 상태에서 일어난다면 어떨까? 아마도 운동이 더 쉬워질 것이다. 그런데 태양 양극 쪽에서 들어오는 물질들과 모든 물질들이 늘 동일한 물질들이 아니기 때문에, 그러한 지구 운동은 방해를 받는다. 그래서 시간이 지남에 따라, 적도로부터 황도로 기울어 각이 차츰 좁아진다.

157 세계 물체들이 움직일 때 그 운동 변수들 중 궁극적이고 가장 일반적인 원인은 무엇인가

결론적으로, 비록 모든 행성들이 언제나 원운동을 추구하지만 결코 완전한 원운동을 하지는 못한다. 즉 원의 높이와 폭에서 늘 어느 정도 완전성에서 벗어나는 현상을 주목하자. 그리고 이 현상은 자연법칙에 따른 현상일 뿐이므로 결코 놀라지 말자. 우주의 모든 물질들은 서로 어떤 형태로든 맞닿아 있고, 그럼으로써 어떤 영향을 받으면 모든 물질들이 순차적으로 헤아릴 수 없는 온갖 방식으로 변화하기 때문이다.

저 멀리 있는 하늘도 나와 연계되어 있다. 멀리 하늘을 보고 내가 관측한 현상들 가운데 여기서 충분히 설명하지 않은 사실은 아무것도 없다고 믿는다. 그러므로 이제 남은 것은 지구 가까이 있는 것들, 즉 우리가 접하는 지구의 물질들에 대해 설명하는 일뿐이다.

감각 대상에 대하여[1]

1 이 책이 완성되기 위해 더 필요한 설명은 무엇일까

내가 이 책을 쓰기 시작했을 때는 동물과 식물의 본성에 대한 현상들, 그리고 인간의 본성에 대한 현상들을 각각의 내용으로 하는 두 부분, 즉 제5부와 제6부를 덧붙일 의도를 가지고 있었다. 하지만 그 마지막 두 부분에서 다루고 싶은 많은 문제들에 대해서 아직 충분히 알고 있지 못하고, 또 실험 부족 때문인지 여유가 없어서인지 그것을 완성할 방법이 없는 듯하다. 그러나 앞부분들을 미완성인 채로 남겨두지 않고 뒷부분에 속할 내용이 아무것도 없다며 아쉬워하지 않기 위해서, 나는 우리의 감각 대상에 대해 조금 덧붙이려 한다.

여기까지 나는 일반적으로 눈에 보이는 전체 세계에 대해서, 마치 그런 가시적 세계는 기계적 현상에 지나지 않기 때문에 그 부분들의 형태와 운동들 말고는 살펴볼 것이라곤 아무것도 없는 듯이 설명해 왔다. 그렇지만 우리 감각이 이 세계에서 다른 많은 현상들, 즉 빛깔·향기·소리 그리고 그 밖에 감각적인 모든 현상들을 우리에게 나타내어 주는 것은 확실하다. 그래서 만일 내가 그런 현상들에 대해 이야기하지 않는다면, 세상 사람들은 자연에 있는 매우 중요한 어떤 부분에 대한 설명을 빼놓았다고 생각할는지도 모른다.

2 감각이란 무엇인가, 그리고 그 방식은 어떠한가

우리는 우리 정신이 몸 전체와 연결되어 있다고 할지라도 그 정신의 주요 기능들이 이루어지는 곳은 뇌이며, 또한 그가 이해하고 상상할 뿐만 아니라 깨닫는 일도 다름 아닌 뇌에서임을 알아야 한다. 그리고 이 지각은 뇌로부터 육체의 모든 구성 부분들에 이르기까지 매우 가느다란 실처럼 퍼져 있는 신경들의

---

[1] 제4부 '지구에 대하여'는 우리말로 옮기지 않았다. 대신 《세계론》을 통해 그의 사상을 자세히 들여다보게 될 것이다.

중개에 의존하며, 이 신경들은 육체와 결합해 있기 때문에 만일 우리가 육체의 어느 부분이든 건드리기만 하면 거의 틀림없이 몇몇 신경들의 끝이 자극을 받아 움직이게 된다. 그리고 이 신체 부위의 운동은—《굴절광학》의 제4장에서 내가 충분히 설명했듯이—모든 감각의 본부가 있는 뇌를 지나간다. 그리고 그처럼 뇌를 지나가는 운동의 감각들은, 우리 정신이 신경으로 긴밀하게 결합된 뇌의 부분에까지 이르러, 운동의 다양성에 따라 정신을 자극해 온갖 사유를 하게 한다. 끝으로, 뇌 안에서 신경들의 중개로써 자극된 정신이 운동들에 대해 직접적으로 갖는 이 다양한 사유들을, 우리는 이른바 감각이라 부르든가 감각의 지각이라고 부른다.

3 어떻게 다양한 감각들이 있는가. 그리고 내적인 감각들, 즉 자연적 욕구와 감정은 무엇인가

우리는 또한 감각의 다양성은 우리가 그만큼 다양하고 많은 신경을 지녔음을 뜻하며, 그 각각의 신경으로 다양한 운동들이 사유된다는 사실에 기댄다는 점을 생각해야 한다. 그럼에도 우리는 많은 낱낱의 신경을 갖는 만큼 그렇게 많은 감각은 가지고 있지 않다. 그리고 감각들은 주로 7개로 나누어지는데, 그 감각들 가운데 둘은 내적인 감각으로, 나머지는 외적인 감각으로 부를 수 있다. 내가 내적이라고 부르는 첫째 감각은 배고픔·목마름, 그 밖에 자연적인 모든 욕구들을 포함한다. 그 감각들은 위 속 신경들의 운동에 따라서, 또는 식도(食道)의 신경 운동에 따라서, 그리고 타고난 신체 기능들—바로 이 기능들 때문에 우리가 그런 욕구들을 가지게 된다—에 기여하는 다른 모든 부분들의 신경 운동으로 정신 속에서 자극받는다.

둘째 감각들은 기쁨·슬픔·사랑·노여움, 그리고 다른 모든 감정들을 포함한다. 이 감각은 주로 심장 쪽으로 나가는 조그만 신경에, 그다음에는 가로막과 몸의 다른 내적 부분들에 속한 여러 신경들에 기댄다. 우리의 피가 몹시 깨끗하고 기질이 좋아서 심장 안에서 여느 때보다 훨씬 쉽고 강하게 팽창할 때, 이 현상은 심장의 빈 공간 입구에 있는 조그만 신경들을 팽팽하게 만들고 움직이게 해서, 뇌에 그에 따르는 운동이 있게 하고, 우리 정신이 자연스럽게 기쁨을 느끼도록 한다. 그리고 그러한 신경들이 이렇게 활발하게만 움직인다면, 다른 원인으로 이렇게 활발해졌더라도 이 팽팽한 신경은 우리 정신 안에 어떤 기쁨이라는 느낌을 일깨운다. 그래서 우리가 어떤 선(善)을 누리고 있다고 생각할 때, 이 선의 누림에 대한 상상은 선의 상상 자체 안에 기쁨이 포함되어 있지는 않으나, 그러한 속성의 동물적 정기들이 그들의 뇌로부터 그 신경이 들어 있는 근육 안으로 지나가게 된다.

따라서 그 상상은 그런 방법으로 심장 입구를 넓혀서, 자연에 의해 기쁨을 느끼도록 장치된 방식으로 그 신경들을 움직이게 한다. 그래서 어떤 새로운 말을 들을 때, 정신은 먼저 그 말이 선한지 악한지를 판단한다. 그것이 선하다고 파악되면 정신은 자신 안에서 순전히 지적인 기쁨을 누린다. 그 기쁨(동물적 정기)은 육체의 감정에서 독립되었기 때문에 스토아 철학자들이 현자로서 모든 감정으로부터 벗어났다고 여기려 했음에도, 그 현자에게서 이 기쁨의 느낌을 부정할 수는 없었다. 그러나 이 정신적 기쁨이 지성으로부터 비롯하여 심장 주변 근육 쪽으로 흘러가서, 거기서 신경들의 활발하고 쾌적한 운동을 자극하도록 만든다. 이 운동으로 뇌 안에서 다른 운동이 일깨워지는데, 이것은 정신에 기쁨이라는 느낌이나 감정을 주게 된다. 같은 방식으로, 피가 몹시 거칠어서 심장으로 잘 흘러가지 못하면, 거기서 이 운동이 뇌에 전달되어 자연에 의해 정신에 슬픔의 감정을 주도록—비록 가끔 정신 자체는 그로 하여금 슬퍼지도록 만드는 것이 무엇인지를 모름에도—장치된 운동을 자극하는 것이다. 그리고 그 신경들을 같은 방식으로 거칠게 움직이도록 하는 다른 모든 원인들 또한 같은 느낌(쾌 아니면 불쾌)을 정신에 준다. 그러나 같은 신경들이라도 온갖 다른 형태로 움직이게 한다면 정신에 다른 모습의 정념들, 즉 사랑·미움·걱정·노여움 등의 여러 감정들을 느끼게 한다. 이런 감정들은 정신의 느낌이나 또는 감정이 느끼는 온갖 다른 모습들이다. 즉 사유하는 정신이 그 자신만이 아니라 육체에 긴밀히 결합되었기 때문에, 육체에서 일어나는 운동들 저마다의 인상을 받아들임으로써 생기는 정신의 혼란된 사유들로 그러한 느낌들을 갖는다. 왜냐하면 사랑이나 미움, 또는 피하고자 하는 혐오감을 받아야만 하는 일에 대해서—비록 가끔은 이들이 함께 발견된다 할지라도—우리가 갖게 되는 뚜렷한 인식이나 사유 및 그 감정들은 저마다 매우 다르기 때문이다. 배고픔·목마름과 다른 모든 타고난 욕구들은 우리의 위·식도, 그리고 다른 부분들의 신경들을 통해 정신 안에서 자극된 감각들이며, 이런 욕구들(위나 식도의 육체적 욕구)은 먹고 마시고 또 우리 육체의 보존에 필요하다고 생각하는 모든 물질을 갖기 위해서 우리가 지니게 되는 욕구나 의지와는 모두 다르다. 그러나 이 생각의 욕구나 의지는 육체적 욕구도 거의 언제나 함께 따라오기에 우리는 그것들을 욕구라고 이름 붙였다.

4 외적 감각, 그리고 촉각에 대한 설명

외적 감각에 대해서는 일반적으로 5개의 감각을 손꼽는다. 신경을 움직이게 하는 대상의 종류가 그만큼 다양하고, 그 여러 대상들에서 비롯하는 인상들이 정신 안에서 다섯 종류의 혼란된 사유들을 자극하기 때문이다. 그중 첫 번째는 촉각인데, 우리 육체의 모든 피부에는 신경이 있어서 이 신경이 모든 물체들을 그 촉각의 대상으로 삼는다. 그래서 우리 피부를 건드리는 다양한 물체들은 피부에서 끝나는 신경들을 움직이도록 하되, 응고성·무게·열·습기 등등에 따른 방식으로 자극할 수 있다. 그리고 그 신경들이 움직여지거나, 그 신경들의 일상적 운동을 가로막는 다양한 방식에 따른 다양한 느낌들을 정신 안에서 자극한다. 이런 이유로 우리는 그 물체(신경의 대상 물체)들에 그만큼의 다양한 성질을 따르게 한다. 그리고 우리는 그 성질들에 대해 응고성·무게·열·습기, 그리고 이와 비슷한 이름을 붙여준다. 만일 그 물체 안에, 우리의 신경이 정신 안에서 응고성·무게·열 따위의 느낌을 자극하기에 필수적인 요소가 들어 있지 않다면, 그 사물의 이름들은 무의미하게 된다. 이 밖에도 그 신경들이 여느 때보다 더 강하게 움직여지면서도 그 강함이 우리 육체에 조금도 피해를 주지 않는 성질이라면 우리의 정신은 쾌감을 느끼게 된다.

이것은 또한 정신의 사유 활동에서 비롯한다. 그리고 이 사유는 정신에 자연스럽게 즐거움을 준다. 왜냐하면 쾌감을 일으키는 행위를 육체의 손상 없이 견뎌낼 수 있다는 점에서는, 즐거움을 주는 한 사유는 똑같은 느낌으로 육체의 힘과 정신이 서로 결합되어 있음을 정신에 밝혀주기 때문이다. 그러나 그 같은 행위가 조금이라도 강한 힘을 가진 탓에 우리의 육체가 어떤 방식으로든 손상된다면, 그 현상은 우리 정신에 슬픔(또는 고통)의 느낌을 준다. 그렇게 해서 우리는 육체적 쾌락을 불러오는 원인과 육체적 고통을 불러오는 원인이 거의 비숫할지라도, 전적으로 반대되는 육체적 감각이 일어남으로써, 반대되는 정신의 느낌들을 지니게 되는 사정을 알게 된다.

5 미각에 대한 설명

두 번째는 가장 거친 감각인 미각이다. 미각 신경기관은 혀와 혀 주변 신경들이다. 또한 미각의 대상은 조그만 입자들인데, 이 입자들은 서로 떨어져 있다가 입안을 축이는 침 속으로 스며든다. 그런 다음 물체 입자들은 형태와 굵기 또는 운동의 다양함에 따라 신경들의 끝부분(말초신경)을 다양하게 어지럽히기 때문에, 이 혼란된 신경들은 정신으로 가서 서로 다른 온갖 미각들을 생각하게 한다.

6 후각에 대한 설명

세 번째는 후각이다. 이것은 2개의 신경을 기관으로 가진다. 이 두 신경은 코쪽으로 가는 물질의 작은 입자들에 의해 자극되는 신경들로서 밖에서는 보이지 않는다. 이 신경들은 절대로 머리뼈 밖으로 나오지 않기 때문이다. 그리고 후각은 물체의 조그만 입자들을 대상으로 삼는데, 이들은 서로 떨어져 있다가 바람에 흩날리게 된다. 그러나 모두가 한꺼번에 그렇게 되지는 않고—그들이 호흡하는 공기와 더불어 끌어들여질 때, 해면(海綿) 모양이라고 부르는 뼈의 구멍들로 들어가서 그 신경들의 끝부분을 자극할 정도로—충분히 미세하고 투과성이 강한 입자들만이 그렇게 된다. 그리고 이 입자들의 다양한 운동들로부터 후각의 이런저런 감각들이 일어나 우리 정신을 온갖 느낌의 후각들로 자극한다.

7 청각에 대한 설명

네 번째는 청각이다. 이것은 공기의 다양한 떨림을 대상으로 삼는다. 귀의 내부에는 조그만 3개의 뼈가 서로 받치고 있는데, 그 가운데 첫째 뼈는 귀의 고막(鼓膜)이라고 불리는 오목한 곳을 감싼 조그만 살갗에 기대어 있다. 세 뼈는 모두 귀의 내부에 있으면서 어떤 신경들과 이어져 있으므로, 공기가 밖에서 이 귓속 살갗에 통신하는 모든 다양한 떨림들이 그 신경들을 자극하면, 신경들은 정신을 움직여 온갖 소리들을 듣게 한다.

8 시각에 대한 설명

끝으로는 시각이다. 이것은 모든 감각들 중에서 가장 정묘하다. 왜냐하면 시각기관인 시신경은 공기 또는 다른 물체에 의해서는 움직이지 않고, 제2요소의 입자들로만 움직이기 때문이다. 이 입자(제2요소 입자)들은 눈의 모든 체액과 투명한 살갗 구멍들을 지나서 그 신경에까지 이른 다음, 움직여지는 다양한 방식(빛의 자극)에 따라서, 내가 《굴절광학》과 《기상학》에서 자세히 설명한 대로, 정신이 빛깔과 빛의 모든 다양성들을 느끼도록 한다.

9 정신은 오직 뇌 안에 자리잡을 때만 신경으로 지각할 수 있다

우리는 정신이 지각(몸 안에 퍼져 있는 모든 신경을 통한 지각)하되 그 지각은 감각이 육체 각 부분에 있을 때가 아니라 뇌 안에 있을 때만 가능함을 알 수 있다. 즉 신경은 자신들이 들어간 육체의 부분을 자극하는 대상들의 다양한 활동을, 자기 운동으로 반드시 뇌 안에서 정신에 관여하도록 한다는 사실을 알 수 있다. 왜냐하면 첫째로, 비록 그 신경들이 오직 뇌에 집중적으로 작용한다 하더라도, 우리의 뇌가 생각하는 능력을 잃어 모든 감각이 마비된 그런 질병이 많기 때문이다. 이는 잠도 똑같다. 잠은 오직 뇌에서만 날마다 많은 시간 동안 우리의 지각 능력을 앗아가 버리고, 깨어나면 우리는 원상태로 돌아오기 때문이다. 둘째로 뇌나 외적 감각기관들이 있는 온몸에 나쁜 성향을 지닌 부분이라곤 아무것도 없지만, 뇌로부터 몸 전체까지 뻗치는 신경들 중 어느 하나의 운동이 둘 사이에 있는 어떤 장소에서 방해받는 일이 일어난다면, 그것만으로도 그 신경 끝부분이 있는 몸에서의 감각을 앗아가 버리기 때문이다. 그리고 마지막으로, 우리가 가끔 고통을 느낄 때 그 고통의 원인이 우리 몸 어느 곳에 있는 듯이 느끼지만, 사실 그 고통의 원인은 그 고통이 느껴진 몸 어느 부분에 있지 않고 좀 더 뇌에 가까운 어떤 부위—정신에 그 고통 감각을 전해 주는 신경들이 이 뇌의 부근으로 지나간다—에 있을 때가 있다. 이 사실을 나는 많은 실험들로써 밝힐 수 있다. 그러나 여기서는 뚜렷한 사실 하나를 소개하는 것으로 충분하리라 생각된다.

외과 의사가 소녀의 손에 난 큰 상처에 붕대를 감으려 할 때 곧잘 그 소녀의 눈을 가린다. 소녀는 그 붕대 감는 모습을 차마 볼 수 없기 때문이다. 나중에 괴저(壞疽)가 생겼을 때 그녀가 눈치채지 못하도록 팔꿈치부터 절단했으며, 오랫동안 그 사실을 모르는 채로 내버려 두기 위해 자른 부위에 그 대신 많은 리넨 천들을 넣어 매어두었다. 그런데 주목할 만한 일이 일어났다. 그녀는 많은 고통을 느꼈는데, 이미 사라진 손에 그 고통이 있다고 생각했으며, 그래서 어떤 때는 어느 손가락에서 고통이 느껴진다고 불평했다는 사실이다. 이 소녀의 정신적 착각 현상은, 신경이 뇌에서 손으로 줄곧 이어졌다가 이제는 팔꿈치에서 끊겨버렸는데도, 이전처럼 정신이 여전히 뇌에 자리잡고 있으면서 그 손가락들에 담긴 고통의 감각을 갖도록 자극했던 일과 같은 방식으로 자극받고 있다는 사실 말고 다른 이유로는 설명되지 않는다고 하겠다.

10 정신은 육체 운동으로만 감각들이 자극될 수 있는 성질을 지닌다

다음으로 우리가 매우 쉽게 증명할 수 있는 사실은, 우리 정신은 물체에서 일어나는 현상에 지나지 않는 운동들로도 모든 종류의 사유를─물체들이 일으키는 모든 운동에 대해서 우리가 어떤 모양의 상(像)도 가질 필요 없이─하기에 충분한 성질을 지닌다는 점이다. 특히 이렇게 보이지 않는 사물 안의 움직임에 대해서도 예민한 정신의 성질들은, 감각이라 불리는 그 혼란스러운 생각들을 정신 안에 일깨울 수 있다. 왜냐하면 첫째로 말은 소리로써 말해지건, 종이 위에 쓰이건 이들이 의미하는 모든 현상들을 정신이 상상하게 하고, 또 그결과로 온갖 감정들을 불러일으키기 때문이다.

똑같은 펜과 잉크와 종이임에도 펜 끝으로 어떤 글자들을 쓰느냐에 따라 읽은 이들의 마음에 싸움·소란 또는 광란을 상상하게 하며, 또 그들에게 분노와 슬픔의 감정을 느끼게 할 수 있다. 이와 달리 펜을 다른 방식으로, 그러나 거의 비슷하게 움직인다면, 그 펜의 놀림에 있는 차이로써 어떤 글씨들이 쓰이느냐에 따라, 즉 우리가 육체로 어떤 운동을 하느냐에 따라 읽은 이들에게 아주 다른 생각들, 즉 평화·휴식·달콤함의 생각들을 주며, 그들 안에 사랑과 기쁨의 정념들을 안겨주게 된다. 어떤 이는 자기 의견으로서 말하기를, 저작과 이야기들은 문자 형태와 그 소리만을 곧장 나타내 줄 따름이며, 정신은 그런 말들을 이해하면서 그들에 관계되는 상상과 감정을 자신 안에 일깨운다고 대꾸하리라. 하지만 그는 쾌감과 고통에 대해서는 무엇이라고 말할까? 우리 살갗의 어떤 부분을 베는 칼의 움직임은, 우리로 하여금 고통을 느끼게 함에도 그 칼의 운동 또는 형태가 무엇인지는 알게 하지 못한다. 그리고 우리가 빛깔·소리·냄새 또는 맛에 대해 가지는 고통의 관념들이 그러한 칼에 벤 고통보다는 결코 더하지 않으며, 그런 고통을 일으키는 운동은 우리 육체 어느 부분을 칼로 베는 운동과는 다름이 확실하다. 그러므로 우리는 칼의 운동이 정신에 고통을 일깨우는 현상과 마찬가지로, 어떤 물체의 운동만으로도 모든 다양한 감각들을 일으킬 수 있는 성질을 우리 정신이 지닌다는 결론을 이끌어 낼 수 있다.

11 우리 정신에 감각을 일깨울 수 있는 현상은 물체의 운동·형태 또는 위치 및 크기 말고 아무것도 없다

이 신경들 사이에 서로 차이가 있어서, 어떤 신경들은 여느 신경들과는 다른 어떤 것(물체의 감각)을 뇌에 전달한다고 하자. 그러나 그 신경들이 정신 안에 다른 물체 감각들을 가져가서 다른 감정들을 일으킨다 해도, 우리는 그 차이를 찾을 수 없다. 즉 신경들이 그 물체들의 온갖 운동 방식(칼로 베는 운동에 대한 감각 등) 외의 다른 감각을 전달한다 해도 우리는 보지 않고는 확인할 수 없다. 따라서 경험은 우리 안에서, 그 물체의 감지되는 운동들만으로 쾌감과 고통뿐만 아니라 소리와 빛도 일깨운다는 점을 가끔씩 매우 뚜렷하게 보여준다. 왜냐하면 만일 우리 눈이 심하게 얻어맞아서 그 때문에 시신경이 타격받으면, 우리는 눈의 바깥이 아니라 안에서 엄청난 수의 불꽃을 보기 때문이다. 그리고 손바닥을 귀에다 갖다 대면 윙윙거리는 소리를 듣게 되는데, 그것은 그 귀에 갇힌 공기의 흔들림 때문이다. 마찬가지로 우리가 가끔 관찰할 수 있는 열·응고성·무게, 그 밖에 다른 감각적 성질들이 느껴지는 이유는, 그 성질들이 뜨겁다, 굳다, 무겁다 등으로 불리는 물체들 안에 있을 때, 그리고 예컨대 불의 형상처럼 순전히 물질적인 형상의 물체들일 때 물체들의 장소 운동에 의해서이기 때문이다. 나중에는 다른 물체들의 장소 운동으로, 즉 그 감각적 성질들의 느낌은 나중에 다른 물체들 안에서 다른 운동들을 내보내기도 하기 때문에, 이러한 모든 이유로 우리는 고통과 쾌감뿐만 아니라 동시에 소리와 빛도 사유함을 알 수 있다.

그리고 우리가 매우 잘 상상할 수 있는 현상은, 어떻게 한 물체 운동이 다른 물체의 운동, 즉 그 크기·형태 및 위치에 따라서 다양화될 것인가이다. 그러나 우리가 어떤 방식으로든 이해할 수 없는 현상은, 어떻게 그러한 크기·형태 및 운동 같은 성질들이 그들과 모두 다른 성질들을 만드느냐는 문제이다. 예컨대 많은 철학자들이 물체 안에 있다고 상정했던 성질들, 크기·형태 등을 통해 어떻게 실체적 형상이 나올 수 있느냐는 문제이다. 또한 어떻게 그 형상들이나 성질들이 한 물체에 속해 있으면서 다른 물체 안에서 운동을 일으킬 수 있느냐 하는 문제이다.

하지만 어떤 물체의 다양한 운동들이 정신의 본성에 따라서 사유되면, 정신에 모든 다양한 감각들을 갖게 할 수 있는 성질을 충분히 지녔음을 우리가 알고 있기 때문에, 그리고 경험상 그 감각들 중 많은 감각들이 그러한 다양한 물체 운동들로써 비롯함을 우리가 보기 때문에, 그리고 이 물체의 감각적 운동들 이외의 다른 어떤 운동도 감각기관들을 거쳐서 뇌에까지 다다름을 지각할 수 없기 때문에 우리는 다음과 같은 결론을 내릴 이유를 가진다. 우리가 빛·빛깔·냄새·맛·소리·열 또는 냉기, 그리고 촉각에 따른 다른 성질들 및 형상이라는 이름으로써 바깥 대상들을 나타내는 모든 성질들은, 곧 그 대상 물체들의 다양한 형태·위치·크기 및 그 부분들의 운동인 것이다. 왜냐하면 이 물체들이 성질상 온갖 방식의 운동으로 신경들을 움직여 그렇게 여러 느낌들을 정신에 자극하기 때문이다.

12 이 설명에 포함되지 않는 자연의 현상은 없다

이 책에서 설명이 빠진 자연 현상은 하나도 없음을 또한 나는 증명할 수 있다. 왜냐하면 감각의 중개로서 우리가 직접 깨달을 수 있는 현상들 모두를 빼놓는다면, 우리가 설명으로써 밝혀 정한 그 현상들의 수에 들어갈 수 있는 것은 아무것도 없기 때문이다. 또한 그 지각에 있어 각 물체 부분들의 운동·크기·형태 또는 위치를—나는 여기서 이들을 가능한 한 정확히 설명했다—빼면 우리는 빛·빛깔·냄새·맛·소리 및 촉각의 모든 성질 말고는, 감각에 의해 우리들 바깥의 아무것도 느끼지 못하기 때문이다. 그리고 나는 방금 이러한 감각적 성질들은 운동·크기 또는 형태로 이루어진 물체의 성질들 이외의 다른 아무것도 아님을 밝혔다. 나는 매우 훌륭하게 증명해 냈으므로 이 눈에 보이는 세계 안에는 그것이 단지 가시적이거나 감각적인 한에서, 내가 여기서 설명한 사실들을 빼고 나면 아무것도 없다.

13 여러 사람에 의해서 예부터 언제나 받아들여지지 않은 원리들은 하나도 없다. 그래서 이 철학은 새롭지 않으며, 모든 사실들 중에서 가장 오래되고 일반적인 사실들이다

나는 모든 물질적인 현상들에 대한 본성을 설명하려고 시도했음에도, 아리스토텔레스나 각 시대의 다른 모든 철학자들에 의해서 받아들여지고 인정되지 않은 어떤 원리도 사용하지 않았다는 점을 주목해 주기 바란다. 따라서 이 철학은 새로운 사실이 아니라 모든 사실들 가운데 가장 오래되고 일반적인 사실이다. 각 물체의 형태·운동 및 크기만을 살펴봤기 때문이며, 역학 법칙들에 따라서—이들의 진리성은 헤아릴 수 없이 많은 경험들로써 증명될 수 있다—다양한 크기나 형태 또는 운동을 가지는 물체들이 서로 만남으로써 필연적으로 생겨나온 현상들만을 검토했기 때문이다.

그러나 누구도 의심하지 않는 사실이 있다면, 물체들은 서로 만나는 온갖 방식들에 따라서 여러 크기와 형태를 가지며 다양하게 움직인다는 사실이다. 그리고 가끔씩 상호 충돌로, 좀 더 큰 물체는 쪼개져 형태와 크기가 바뀐다. 우리는 이 사실의 진리성을 날마다 경험하되, 단 어느 하나의 감각에 의해서가 아니라 여러 감각들, 즉 촉각·시각·청각으로 경험한다. 우리의 상상은 이 사실에 대한 뚜렷하게 드러난 관념들을 받아들이며, 우리 지성은 이를 매우 똑똑하게 상상한다. 이렇듯 물체가 무한히 나누어진다는 사실은, 빛깔·냄새·소리 및 이와 비슷한 다른 감각들처럼 우리의 감각 대상이 되는 현상들에 대해서는 말할 수 없다. 이들은 종합적 감각이 아니라 단 하나의 감각만을 건드리므로, 우리 상상 속에 매우 혼란된 관념만을 새겨놓음으로써 우리는 그것들이 무엇인지 알지 못하기 때문이다.

14 감각적 물체들은 감각할 수 없는 수많은 입자들로 이루어져 있다

사람들은 내가 너무 작은 나머지 느껴질 수도 없는 많은 입자들을 각 물체들 안에 있다고 상정하고서 살펴본다느니 하면서 여러 말을 할 것이다. 그리고 이것은 감각만을 인식의 잣대로 내세우는 사람들에게는 인정되지 않으리라는 것을 나는 잘 알고 있다. 그러나 나는 시계(視界)를 벗어나기를 원하지 않는 사람이 인간 지성에 대해 그릇된 대우를 하고 있다고 생각한다. 지나치게 작은 나머지 우리의 어떤 감각으로도 지각될 수 없는 물체들이 많이 있음을 누구도 의심할 수 없다. 조금씩 늘어나는 그 물체들에 순간마다 무엇이 덧붙여지고 있는지, 그리고 같은 방식으로 점차 사라지는 물질들로부터 무엇이 떨어져 나가고 있는지를 살펴보기만 하면 된다. 우리는 식물들이 나날이 자라는 현상을 본다. 그리고 어떤 물체가 거기에 덧붙여진다고 생각하지 않는다면, 어떻게 그들이 전보다 더 크게 되는지를 이해할 수 없다. 자라나는 식물의 부분마다 매 순간 덧붙여지는 작은 물체들이 무엇인지를 감각의 중개로 알 수 있었던 이는 도대체 누구인가? 양의 부분들이 무한하게 쪼개질 수 있다고 선언하는 철학자들은, 적어도 그 물체의 양들이 쪼개짐으로써 너무 작게 되어서 어떻게도 느껴질 수 없다고 선언하지 않으면 안 된다.

그리고 우리가 몹시 작은 물체들을 깨닫지 못하도록 막는 장애물과 이유가 무엇인지도 뚜렷하다. 우리가 지각하는 모든 대상들은 우리의 신체 부분—감각기관으로서 일을 보고 있는—들 가운데 어떤 부분을, 즉 우리 신경들의 어떤 가느다란 실들을 움직일 수 있는 그 무엇이어야 하는데, 그 신경의 실들은 저마다 어떤 굵기를 가지고 있기 때문에 그 신경 실들보다 훨씬 더 작은 물질들은 그 신경들을 움직이게 할 힘이 없다. 그래서 우리가 지각하는 모든 물체들은, 너무 작아서 느낄 수 없는 다른 많은 미립자들로 이루어져 있음을 우리는 확신하기 때문에, 내가 생각하기로는 이성의 사용을 바라는 사람이라면 누구나 조그만 물체들(단지 조그맣다는 성질만이 지각하는 데 방해가 되는 물체) 안에서 일어나는 현상들에 의해 믿음을 갖는다. 예컨대 우리가 지각하는 물체들 안에서 일어나는 현상을 봄으로써 판단하고, 또 그러한 가시적 방법으로 자연 안에 있는 모든 형상들을 그처럼 보이는 현상들로써 설명한다면, 우리가 지각하고 있는 형상들과 아무런 관계가 없는 어떤 물질들을 꾸며내느니보다 훨씬 더 나음을 부정하지 않는다.

15 이 철학은 데모크리토스의 철학과 일치하지 않는 것과 마찬가지로 아리스토텔레스 및 다른 이들의 철학과도 일치하지 않는다

아마 어떤 이는 데모크리토스 또한 이미 다양한 형태·크기 및 운동을 가진 물체를 상정해서, 이들의 다양한 혼합으로 모든 감각적 물체들이 이루어졌다고 믿었으며, 그럼에도 데모크리토스의 철학은 일반적으로 거부당했다고 말할 수도 있다. 이에 대한 나의 응답은, 그가 감각에 따라서 지각될 수 있는 현상들보다 더 작은 물체들을 생각해 냄으로써 거부당하지는 않았다고 하겠다. 다시 말해 그는 지각되지 않는 작은 물체, 즉 미립자들에 온갖 크기·형태 및 운동을 따르도록 한 일로 인해 그의 철학이 누구에게나 거부당하지는 않았다. 그러나 그의 철학이 거부당했음은 사실인데, 그 첫 번째 이유는 그 미립자들은 더는 나누어질 수 없다고 가정했기 때문이다. 나 또한 이 가정을 완전히 거부한다. 두 번째 이유는 그가 그 미립자들 사이에 진공이 있다고 상상했기 때문인데, 나는 그런 진공의 존재가 불가능하다고 증명했다. 또한 거절당한 세 번째 이유는 그가 그 미립자들에 무거움을 부여했기 때문인데, 나는 또한 물체 자체만을 고려해 본다면 어떤 물체 안에서건 무게가 있음은 부정한다. 왜냐하면 무게라는 성질은 많은 물체들이 상호 관계에 의존하는 하나의 성질이기 때문이다. 끝으로, 어떻게 모든 물체들이 그 조그만 미립자들의 만남만으로 이루어질 수 있었는지를 그가 자세히 설명하지 않았기 때문이며, 어떠어떠한 경우들에 대해서 그가 설명할 때 그가 부여한 이유들이 서로 일관성이 없어서 모든 자연이 같은 방식으로 설명될 수는 없다. 적어도 그의 견해에 따른 저술이 우리에게 남긴 사실로부터 판단할 때, 그러한 의문이 생긴다.

그러나 내가 이 책 안에 쓴 이유들이 충분한 짜임새를 갖는지, 그리고 거기서 많은 결론들이 나올 수 있는지는 독자들의 판단에 맡기겠다. 그리고 형태·크기 및 운동에 대한 고찰에 한해서는 데모크리토스는 물론이고, 아리스토텔레스와 다른 모든 이들에게도 받아들여졌으나, 나는 이 책의 내용 말고는 데모크리스토스가 상정한 모든 가설을 거부하기 때문에—내가 다른 이들에 의해서 상정된 모든 가설들을 일반적으로 거부하듯이—이 철학의 방식은 데모크리토스의 주장과 유사성이 없으며, 다른 어떤 특별한 학파와도 유사성이 전혀 없다.

16 어떻게 우리는 감각할 수 없는 아주 작은 물질들의 형태·크기·운동을 인식할 수 있는가

마치 이 입자들을 보거나 한 듯이 조그만 입자들은 감각될 수 없는 물질이라고 선언했기 때문에, 내가 이 입자들을 느끼지 못했다면 지각도 할 수 없었음이 분명한데도 그 입자들에 대해서 어떻게 아느냐고 누군가가 다시 질문할지도 모른다. 이에 대한 나의 대답은 다음과 같다. 먼저 나는 물질적인 사물들에 대해 우리 지성 안에 품을 수 있는 모든 뚜렷한 생각들을 일반적으로 연구했을 뿐이고, 또 결과로서 그 사물의 형태·크기 및 운동에 대해 가지는 우리의 생각들과 규칙들—이 규칙에 따라서 이들 형태·크기·운동은 서로에 의해 다양화될 수 있으며 이 규칙들은 다름 아닌 기하학과 역학의 원리들이다—외에는 아무것도 발견할 수 없었으므로 사람들이 자연에 대해 가질 수 있는 모든 인식은 오직 이 자연으로부터 이끌어져야만 된다고 판단했다. 감각적인 사물들에 대한 우리의 다른 모든 생각들이 혼란스럽고 모호하기 때문에, 그러한 자연의 물리학적 원리들에 따르지 않은 이러한 우리의 혼란된 감각과 생각은 결코 우리 바깥에 있는 어떤 사물에 대한 인식을 우리에게 주는 데 기여할 수 없고, 오히려 그 인식을 막을 수 있기 때문이다. 그 결과로 나는 온갖 물체들의 형태·크기·운동 사이에서 발견될 수 있는 모든 주요한 차이들을 검토했으며, 그들이 서로 섞일 수 있는 이런저런 방식으로 어떤 다양한 감각적 결과들이 나올 수 있는지를 살펴봤다. 그 뒤에 우리가 감각할 수 있는 사물들에서 그와 비슷한 감각적 결과들을 실제로 만났을 때, 나는 이 사물들을 물체들의 상호 작용에서 나올 수 있는 사실로 받아들였다.

그다음으로 나는 자연의 모든 영역을 통틀어 그와 똑같은 감각적 결과들을 내놓을 능력을 갖춘 다른 어떤 원인(물체적 원인)도 발견할 수 없다고 생각했을 때, 더욱 이들이 틀림없이 그렇게 생겨난 실제적 사물이라고 믿었다. 여기에는 사람들의 재간에 의해 이루어진 많은 물체들의 사례가 나에게 큰 도움을 주기도 했다. 왜냐하면 기술자들이 만들어 내는 기계들과 오로지 자연이 구성해 내는 다양한 물체들 사이의 차이를 보면, 기계의 작용들은 어떤 관(管)이나 용수철 및 다른 기구들의 조립에 기댈 따름이며 반드시 우리 손으로 만들어져야 하므로 언제나 크기가 크고 그 형태와 운동이 보여질 수 있는 반면, 자연적 물체들이 가지는 관이나 용수철의 효과를 내는 물질은 보통 너무나도 미세해서 우리 감각으로 깨달을 수 없다는 차이가 있지만, 이 인공 기계와 자연 물체는 원리가 같기 때문이다. 역학의 모든 법칙들은 물리학에 속하기 때문에, 인공적인 모든 사물들은 자연의 물리적 원리들에 따른 자연적 사물이라는 사실이 틀림없다. 왜냐하면 예를 들어 시계가 조립된 톱니바퀴들을 수단으로 삼아서 시간을 이야기해 줄 때, 이 현상은 종자에서 자라난 나무가 열매를 맺듯이 자연스럽기 때문이다. 그러므로 시계 제조인이 그가 만들지 않은 낯선 시계를 앞에 두고, 그 보이는 어떤 부분들로부터 보이지 않는 다른 모든 부품들이 어떻게 만들어졌는지를 흔히 알아맞히는 일과 마찬가지로, 그처럼 보이는 자연적 물체들의 결과들과 보이지 않는 감각적 부분들을 살펴봄으로써 나는 그들 안에 포함된 지각할 수 없는 원인들과 감각할 수 없는 부분들의 본성을 발견하고자 시도했다.

17 우리의 감각이 지각하지 못하는 물질들에 대해서는, 이들이 어떻게 존재할 수 있는지를 설명하는 일만으로 충분하다. 즉 아리스토텔레스가 시도한 철학적 원리의 모든 것

어떤 이들은 여기서 다시 나의 가설에 맞서, 우리가 보고 있는 물체적 현상들과 비슷한 감각적 결과들을 이끌어 낼 수 있는 물체적 원인들이 아마도 내 상상물이라고 우길지도 모른다. 그렇다고 우리가 보는 물체들이 그 물체 자체의 물체적 원인들에 의해 나온다는 결론을 부인해서는 안 된다. 왜냐하면 동일한 시계 제조인이 똑같은 방식으로 시간을 말해 주고, 겉으로는 아무런 차이가 없으면서도 그 톱니바퀴들의 조립에서는 전혀 다른 2개의 시계를 만들어 낼 수 있듯이, 그렇게 신은 우리가 볼 수 없는 무한히 다양한 수단을 소유하기 때문이다. 또한 신이 그러한 수단으로 이 세상을 만들어 낼 때 인간의 머리로는 신이 쓰고자 한 수단이 어떤 속성인지를 알 수 없도록, 즉 여러 모습의 상을 그저 지금 나타나는 대로만 보도록 만들 수 있었다는 사실이 확실하기 때문이다. 나는 아무런 어려움 없이 이 점에 동의한다. 그리고 만일 내가 설명한 결과들, 즉 물체의 알 수 없는 원인들로부터 거두어 나온 모든 결과들이 실제 자연 안에서 일어나는 결과들과 유사한 성질로서 발견된다면, 그 결과가 정말로 그 원인들로부터 나오는지 다른 원인들로부터 나오는지를 더는 묻지 않고, 나는 내가 할 일을 충분히 했다고 믿겠다.

또한 내가 믿는 바는, 그처럼 상상된 원인들을 마치 우리가 참된 사실들에 대한 인식을 가지고 있는 듯이 이해해야만 우리 삶에 이롭다는 점이다. 왜냐하면 의학·역학 그리고 일반적으로 물리학에 대한 인식이 기여할 수 있는 모든 학술들은, 자연적 원인의 활동에 따라서 어떤 감각적인 결과들이 그 활동 목적으로서 나올 수 있도록, 그 감각적 결과들을 서로서로에게 적용하는 응용에 지나지 않기 때문이다. 이러한 응용을 우리가 또한 훌륭히 얻어낼 수 있는데, 그것은 그처럼 상상된 원인들의 연속을(비록 허위이긴 하지만) 마치 그 원인들이 참이기나 하듯이 한번 생각해 봄으로써 응용하는 일이다. 왜냐하면 이 상상의 연속은, 감각적인 결과들에 대한 한 실제 물체와 유사하다고 생각되기 때문이다. 그리고 아리스토텔레스는 이러한 응용보다 더한 어떤 탐구도 하고자 하지 않았기 때문에,《기상학》제1권 제7장을 시작하면서, 감각에 따른 명확하지 않은 물체의 성질들은 그가 설명하는 응용 논리대로일 가능성이 있다고 보여줌으로써, 그가 충분한 증명과 설명을 주고 있음을 기억해 내야 한다.

18 그렇지만 우리는 이 세상 모든 현상들이 도덕적 확실성을 지님을 믿는다

그럼에도 실제보다 못한 확실성을 상상함으로써 진리를 손상하는 우려를 피하기 위해, 나는 여기서 두 종류의 확실성이라 불리는 진리들, 즉 우리의 품행을 규제하기에 충분한 진리나 또는 삶의 영위에서 우리가 일상적으로 의심을 품지 않는 진리들에 대한 확실성만큼—엄격히 말한다면 우리는 그것들이 거짓일 수도 있음을 알고 있지만—중대한 확실성이 무엇인지를 살피려 한다.

로마를 찾아가 본 적이 없는 사람들도 로마가 이탈리아에 있는 도시임을—비록 그 정보를 알려준 이들이 그들을 속였을지도 모르지만—의심하지 않는다. 그리고 만일 어떤 사람이 일상적 문자들로 쓰인 암호문을 알아맞히기 위해 A를 B로 읽고, B를 C로 읽는다면, 그래서 각 문자의 자리에 알파벳 순서의 그 다음 문자를 대신 집어넣는 식의 새로운 생각을 해낸다면, 또한 그 암호를 그런 방식으로 읽음으로써 뜻이 통하는 말들을 발견해 낸다면 그는 그렇게 암호로써 새롭게 구성된 대로 그 말을 믿는다. 만일 그 암호문의 작성자가 처음부터 사실은 문자마다 다른 의미를 부여함으로써 전혀 다른 뜻으로 그런 암호 문구를 만들었을 수 있음에도, 그는 그것(순서대로의 대입 문자)이 그 암호문의 참된 뜻이라고 믿으리라. 왜냐하면 그 암호문에 또 다른 식의 많은 동음이의어들을 포함하는 일은 드물기 때문이다. 그런데 자석·불 그리고 세상에 있는 다른 모든 사물들 가운데 얼마나 다양하고 많은 속성들이 내가 이 책을 쓰기 시작하면서 제안한 고작 몇 안 되는 원인들로부터 매우 뚜렷하게 이끌려 나오는지를 고찰한다면—만일 내가 그것을 어쩌다가 충분한 근거 없이 제안했다고 상상할 수 있다 하더라도—우리는 여전히 그 단지 몇몇의 원인들이 내가 연역해 낸 다른 수많은 결과들의 참된 원인들이라고 믿을 충분한 근거를 가진다는 사실을 알 수 있다. 적어도 우리가 암호문을 읽을 때 추측으로 각 문자에 주어진 의미로부터 암호문이 풀림을 보면 그 암호문의 참뜻을 찾아냈다고 믿게 되듯이, 그런 충분한 근거를 가질 수 있다. 왜냐하면 알파벳 문자들의 수는 내가 추측한 제1원인들의 수보다 훨씬 더 많기 때문이고, 또 내가 그 최초의 원인(제1원인)들로부터 이끌어 낸 더욱 다양한 결과들만큼이나 많은 말들과 많은 문자들까지를, 나는 일상적인 하나의 암호문보다 많이 가질 수 있기 때문이다.

19 우리는 도덕적인 진리보다 더한 확실성까지 가지고 있다

도덕적 판단을 넘어선 어떤 종류의 확실성(확신)이 있는데, 이것은 우리가 판단한 생각과 절대로 다를 수 없다고 믿을 때 생긴다. 그리고 이런 확실성은 매우 확실한 형이상학적 원리 위에 세워져 있다. 그 원리의 바탕은, 우리를 창조한 이는 절대적으로 선하고 또 모든 진리의 근원인 신이므로 그가 참과 거짓을 구분하도록 우리에게 준 능력이나 기능은 우리가 그 능력과 기능을 잘 사용해 어떤 현상들이 참되다고 뚜렷이 보여주는 한 우리를 결코 속이지 않는다는 믿음이다. 그렇게 해서 이런 확실성은 수학의 영역에서 논증되는 모든 상황에 미친다. 왜냐하면 우리는 2와 3이 합해져서 5보다 크거나 작게 된다든가, 정사각형이 세 변만을 갖는다든가 하는 일, 또는 이와 비슷한 일들이 있을 수 없다는 사실을 똑똑히 알기 때문이다. 이런 수학적 확실성은 제2부를 시작하면서 앞서 설명한 이유들 때문에, 물체들의 존재에 대한 우리의 인식에도 관계된다. 따라서 그 결과, 그 확신은 수학의 원리들에 따라서, 또는 명백하고 확실한 다른 원리들로써, 그 물체들에 대해 증명될 수 있는 모든 현상들에 관계된다.

나는 내가 이 책에서 쓴 결론들은 적어도 원리들보다 일반적인 사실들을 모두 포함해야 한다고 생각한다. 그리고 나의 희망으로는, 이 원리와 일반적인 사실들을 검토해서 내가 이룩한 추론의 전 과정을 날카롭게 보고, 또 내가 사용한 모든 원리들이 얼마나 뚜렷한지를 아는 사람들이 나의 이 추론들을 실제로 그 수에 포함해 주었으면 한다. 특히 그들이 다음과 같은 사실을 충분히 이해했으면 한다. 즉 우리는 대상물들이 우리 정신 안에 일깨우는 어떤 장소 운동에 의하지 않고서는 어떤 대상 물질도 지각할 수 없다. 별들과 우리 사이에 있는 모든 물질이 어떤 방식(증명된 원리)에 따라서 마찬가지의 장소 운동을 하게 하지 않고서는, 저 하늘의 고정된 별들은 우리 눈 속에 그처럼 어떤 운동을 일깨울 수 없다는 것이다. 여기서 하늘은 유동체로서 서로서로 분리되어 움직여지는 조그만 입자들로 이루어졌다는 사실이, 또는 적어도 그런 입자들이 존재하지 않으면 안 된다는 사실이 나온다. 왜냐하면 내가 이제까지 가정했다고 말할 수 있는 모든 추론들은, 그리고 제3부의 〈원리 64〉에서 설명한 모든 사실들은 하늘이 유동적이라는 오직 하나의 사실로 바뀔 수 있기 때문이다. 그래서 보이지 않는 알갱이들이 유동적 천체를 이루고 있음은 빛의 모든 작용들에 따라서도 충분히 밝혀졌다고 확인되므로 내가 쓴 모든 추론들, 적어도 하늘과 땅의 형성에 대한 가장 일반적인 사실들은, 수학적 논증으로 내가 증명했으며 또한 내가 쓴 방식대로 인정되어야 한다고 생각한다.

20 그러나 나는 나의 모든 견해들을 가장 지혜로운 사람의 판단에, 그리고 성교회(聖敎會)의 권위에 내맡긴다

그럼에도 나는 나 자신을 과신하고 싶지 않기 때문에, 여기서 어떠한 나의 추론도 확신하지 않으며, 또 나의 모든 견해들을 가장 지혜로운 사람들의 판단에, 그리고 성교회의 권위에 내맡기고자 한다. 또한 나는 독자들에게 간곡히 말해 두거니와, 여기에 쓰인 모든 나의 추론들에 조금의 믿음도 보태지 말고, 오직 검토하여 이성의 힘과 명증성이 믿지 않을 수 없도록 만드는 사실만을 받아들여야 한다고 생각한다.

Le Monde
세계론

제1장 우리의 모든 감각과 그 감각을 낳는 사물과의 차이에 대해

나는 지금부터 빛에 대해서 논하려 하는데 먼저 여러분이 주의해 주었으면 하는 점이 있다. 우리가 빛에 대해 가지고 있는 감각상(感覺像), 즉 눈을 통해서 우리가 빛을 상상하고 형태를 정한 관념과 이 감각상을 우리 속에 만드는 대상 자체에 있는 것, 그러니까 불꽃이나 태양 속에 있으며 빛이라는 이름으로 불리는 것과의 사이에는 차이가 있을 수 있다는 점이다. 왜냐하면 우리가 생각할 때 가지는 관념은 그러한 관념이 나오는 뿌리가 된 대상과 완전히 비슷하다고 흔히 모든 사람들이 믿고 있지만 이것이 진실이라고 우리에게 확신시켜 줄 이유를 나는 결국 하나도 찾아내지 못했기 때문이다. 뿐만 아니라 나는 이 일을 의심하지 않고는 배기지 못할 만큼 많은 경험을 했다.

잘 알려진 사실이지만 말〔言〕이라는 것은 그것이 표시하는 사물과는 아무런 공통점이 없는데도 우리에게 이들 사물을 떠오르게 하며, 게다가 그때 우리는 말의 발음이나 철자에 주의를 기울이는 일마저 하지 않는 경우가 많다. 따라서 어떤 이야기를 듣고 그 이야기의 의미를 충분히 잘 파악했음에도 어떤 언어로 그 이야기가 서술되었는지 나중에 기억나지 않는 일이 일어나곤 한다. 그런데 만일 말이라는 것, 즉 인간이 정한 규칙이 아니면 아무런 의미도 가지지 않는 말이 그것과 닮은 점이 하나도 없는 사물을 우리에게 떠올리게 만들 수 있다고 하면, 자연도 어떠한 신호를 만들어 내서 그 신호 자체는 우리가 빛에 대해 가진 감각과 닮은 점이 무엇 하나 없더라도 빛의 감각을 우리에게 알려준다는 게 어떻게 불가능하겠는가? 사실 또 자연이 웃음이나 눈물이라는 것을 만든 이유는 기쁨이나 슬픔을 사람의 얼굴로 읽을 수 있게 하기 위함이 아니었을까?

그러나 여러분은 이렇게 말할지도 모른다. 우리 귀는 실제로는 말의 소리 감각만 전달하고 우리 눈은 웃고 있는 사람이나 울고 있는 사람의 얼굴을 보여줄 뿐이며, 이런 말이나 표정이 의미하는 것을 머릿속에 기억해 그것을 귀나 눈의 감각과 동시에 우리에게 전달하는 것은 바로 정신이라고. 나는 이 말에 대해 이렇게 대답하고 싶다. 빛을 나타내는 현상이 우리 눈에 닿을 때마다 빛의 관념을 전달하는 것도 마찬가지로 우리의 정신이라고 말이다. 하지만 나는 이런 토론을 하는 데 시간을 낭비하기보다 예를 하나 더 들도록 하겠다.

말의 의미에 주의를 기울이지 않고 소리만을 듣는 경우에도 그 소리의 관념, 즉 우리가 생각으로 이 소리에 대해 규정한 관념은 이 관념의 원인인 대상과 어느 정도 닮았을 거라고 여러분은 생각하는가? 사람이 입을 열어, 혀를 움직여, 숨을 내뱉는 과정은 이들 과정이 원인이 되어 우리에게 상상시키는 소리에 대한 관념과 완전히 다르다는 것밖에 나는 알아내지 못했다. 그리고 많은 철학자[1]의 주장에 따르면 소리라는 것은 우리의 귀를 울리는 공기의 한 진동일 뿐이다. 그러니까 만일 청각이 그 대상의 실제적인 모습을 우리 머릿속에 가져온다고 하면, 청각은 우리에게 소리를 떠올리게 하는 것이 아니라 그때 귀를 진동시키는 모든 공기 입자의 운동을 떠올리게 만들어야 된다. 하지만 철학자들이 하는 말을 반드시 누구나가 믿으려 한다고는 할 수 없으니까 나는 또 다른 예를 들겠다.

사람들은 촉각이 우리 감각 가운데 가장 착각하는 경우가 적고 가장 확실하다고 평가한다. 그래서 만일 촉각마저 촉각을 만들어 낸 그 대상과 아무리 봐도 닮지 않은 많은 관념을 우리에게 떠올리게 만든다는 것을 내가 보여준다면, 시각도 촉각과 같은 일을 할 수 있다고 말해도 이것을 여러분이 이상하다 여기리라고는 생각하지 않는다. 그런데 간지러움이나 아픔 같은 여러 관념, 즉 외부에서 우리에게 닿은 물체가 있을 때 우리 머릿속에 규정된 모든 관념은 그 외부 물체와 닮은 점이 하나도 없다는 걸 이해하지 못하는 사람은 아무도 없을 것이다.

깃털로 잠든 아이의 입술 위를 살짝 스치면 그 아이는 누군가가 자신을 간질인다고 느낀다. 그런데 여러분은 그 아이가 느낀 간지럽다는 관념이 이 깃털 안에 있는 무엇과 닮았다고 생각하는가? 어떤 병사가 전투에서 돌아왔다. 그는

---

1) 데카르트가 철학자라고 말할 때는 보통 스콜라 철학자를 가리킨다.

격심한 전투의 흥분 속에서 부상을 당했더라도 깨닫지 못했을 수 있지만 냉정을 되찾은 지금은 아픔을 느끼고 자신이 부상을 입었다고 생각한다. 그래서 외과 의사를 부르고 군장을 벗으며 그는 진찰을 받는다. 그 결과, 그가 느낀 것은 갑옷 속에서 꼬여 그를 압박하며 상태를 나쁘게 만든 버클 또는 허리띠였다는 걸 발견하게 된다. 만일 그의 촉각이 이 허리띠의 감각을 그에게 전달하고 그 허리띠의 상을 그의 생각에 새겼다면 그가 느낀 것이 무엇인지 알아내기 위해 일부러 외과 의사의 진찰을 받을 필요는 없었을 것이다.

자, 내가 보기에 빛에 대한 감각을 우리에게 주는 모든 대상 속에 있는 것과 빛의 감각은, 깃털이나 허리띠가 한 일과 간지러움이나 통증보다는 닮았을 거라고 우리가 믿게 만들 이유가 무엇 하나 없다. 하지만 그래도 내가 이런 예들을 인용한 것은, 대상 속에 있는 빛이 우리 눈 속에 있는 빛과는 다르다는 걸 여러분에게 절대적으로 믿게 만들기 위해서가 아니라 그저 여러분이 빛에 대해 의문을 가지도록, 그리하여 여러분이 반대의 선입견을 가지는 일을 막고 앞으로 나와 함께 사태의 진상을 보다 잘 검토할 수 있도록 하기 위해서이다.

제2장 불의 열과 빛은 무엇인가

나는 세상에서 빛을 내는 물체를 두 종류밖에 모른다. 천체와 불꽃 또는 불이다. 하지만 천체들은 의심할 필요도 없이 불꽃에 비해 인간의 인식으로부터 훨씬 먼 곳에 있으므로 나는 먼저 불꽃에 대해 내가 깨달은 바를 설명하려 한다.

불꽃이 목재 또는 이것과 비슷한 다른 물질을 태울 때 불꽃은 이 목재의 부분인 미립자를 움직여 서로 분리시킨 다음 그 가운데 미세한 쪽의 입자를 불이나 증기나 연기로 바꾸고 큰 쪽의 입자를 재로 남기는 모습을 우리는 눈으로 볼 수 있다. 만일 사람이 바란다면 이 목재 안에 불의 (실질적) '형상', 열의 (실재적) '성질'과 목재를 연소하는 '활동'을 저마다 전혀 다른 일로 상상해도 된다. 하지만 나는 타고 있는 목재에 반드시 있을 거라고 내가 생각하는 것 말고 무언가를 거기에 가정하면 오류를 저지르지 않을까 두렵다. 그래서 나는 타고 있는 목재에서는 그 목재의 부분을 이루는 모든 입자가 운동하고 있다고만 생각하기로 했다. 왜냐하면 목재에 불을 붙여서 열을 더해 연소시켰다고 해도 그 위에 또 가정을 덧붙여 목재의 입자 가운데는 움직인 것과 붙어 있던 입자들이 떨어져 버린 것이 있다고 하지 않는다면, 나는 그 목재가 어떠한 변경 또는 변화를 받았다고는 아무래도 생각할 수 없기 때문이다. 그리하여 반대로 타고 있는 목재에서 불이나 열을 제거해 타지 않도록 했다고 하자. 그런데도 목재의 부분 가운데 보다 미세한 것을 강제로 움직여 이들 미세한 작은 부분을 보다 큰 부분에서 분리하는 어떤 힘이 존재한다는 것에만 동의해 준다면, 이것만으로도 목재가 연소할 때 경험하는 것과 같은 변화를 목재에 일으킬 수 있다는 걸 나는 알아낸다.

자, 한 물체가 다른 물체를 움직일 수 있다고 생각하는 건 움직이게 만든 물체 자신 또한 움직이지 않으면 불가능한 일이라 나는 생각하기에 여기서 이런 결론을 내린다. 목재에 영향을 준 불꽃이라는 물체는 서로 독립적으로 매우 빠르고 격한 운동을 하는 미립자로 구성되어 있으며, 이들 미립자는 이렇게 움직임으로써 자신들과 접촉한 물체의 모든 부분 가운데 그다지 저항하지 않는 부분을 자신과 함께 밀어 움직이는 것이다. 나는 불꽃의 입자는 서로 독립적으로 움직인다고 말한다. 왜냐하면 그 입자들은 많은 수가 자주 하나가 되어 일치된 협력으로 하나의 결과를 만들어 내기는 하지만, 우리가 보기에 결국 그 입자들은 접촉한 물체에 저마다 따로따로 영향을 주기 때문이다. 나는 또 그 입자들의 운동은 매우 빠르고 격하다고 말한다. 왜냐하면 그 입자들은 무척 작고 우리의 시각으로 식별할 수 없기에, 입자들이 크기의 불리함을 빠른 운동으로 메우는 게 아니라면 불꽃의 입자는 다른 물체에 영향을 미치는 힘보다 적은 힘을 가지고 있는 게 되기 때문이다.

나는 이 입자들 저마다가 어떤 방향으로 움직이는지 설명하지 않겠다. 왜냐하면 운동의 능력과 운동이 어느 방향으로 일어나야 하는가를 결정하는 능력은 서로 전혀 다른 것이며, 또 (내가 《굴절광학》에서 설명했듯이) 한쪽은 다른 쪽 없이도 존재할 수 있다는 것을 고려해 준다면 다음에 말하는 내용을 여러분이 추측할 수 있기 때문이다. 즉 입자들 저마다는 그들을 둘러싼 물체의 배치로 볼 때 그 입자에 있어 가장 무리하지 않는 방법으로 운동하는 것이며, 또한 같은 불꽃 안에서도 상승하는 입자도 하강하는 입자도 있을 수 있고, 또 직선운동을 하는 입자도 곡선운동을 하는 입자도 있을 수 있으며 더 나아가 여러 방향으로 운동하는 입자도 있을 수 있지만 이것은 불꽃의 본성을 조금도 바꾸지 않는다고 말이다. 따라서 만일 불꽃의 입자가 거의 모두 위쪽으로 움직이는 걸 본다고 하더라도 다음과 같은 이유 말고 다른 이유를 생각할 필요는 없다. 즉 다른 모든 방향은 거의 언제나 불꽃의 입자에 접촉하는 다른 물체가 이 입자들에 보다 큰 저항을 일으키도록 배치되어 있기 때문이다.

하지만 불꽃의 입자가 이렇게 움직인다는 것을 인정하고 또 불꽃이 목재를 다 태워 연소하는 능력을 가진 이유는 무엇인지 이해하기 위해서는 불꽃 입자의 운동을 떠올리는 것만으로 충분하다는 걸 받아들인다면, 마찬가지로 불꽃이 어떻게 우리를 따뜻하게 하고 빛을 주는지까지도 이해하는 데 충분한지 어떤지 알아보자. 만일 그렇다면 불꽃에 무언가 다른 (실재적) 성질이 있을 필요도 없고 우리는 또 앞에서 말한 운동이 있을 뿐이므로, 그것이 만들어 낸 여러 결과로 인해 어떤 때는 열이라 불리며 어떤 때는 빛이라 불린다는 것이라고 말해도 좋을 테니까.

그런데 열에 대해서 말하자면 우리가 열과 관련해 가지는 감각은, 내가 생각하기에 열이 강하면 하나의 고통으로 느끼고 또 온화할 때는 간지럽다고 해석하기도 한다. 그리하여 앞에서 말했듯이 우리의 생각 밖에는 간지러움이나 아픔에 대해 우리가 떠올리는 관념과 닮은 것은 하나도 없다. 그와 마찬가지로 우리는 열에 대해 우리가 떠올리는 관념과 닮은 것은 하나도 없다고 충분히 믿을 수 있다. 오히려 우리는 손의 작은 부분이라든지 아니면 그 밖에 어떤 곳이든지 우리의 신체 어딘가 작은 부분을 여러 방법으로 움직일 수 있는 물체는 모두 우리에게 이 감각을 불러일으킬 수 있다고 믿어도 좋다. 이와 같은 많은 경험이 이 의견을 뒷받침한다. 왜냐하면 그저 손을 비비는 것만으로도 손은 따뜻해지고, 다른 모든 물체도 움직이거나 진동시키면 그 물체의 부분을 이루는 많은 입자가 운동해, 그 입자들이 손의 입자들의 운동과 마찬가지로 부딪힌다면 불 가까이에 두지 않아도 열이 날 수 있기 때문이다.

빛에 대해서도 마찬가지로 불꽃 안에 있는 것과 같은 종류의 운동이 우리에게 충분히 빛을 느끼게 만든다고 생각할 수 있다. 하지만 내가 설명하고자 하는 중요한 부분은 바로 빛이기에 나는 더욱 근본적인 이야기로 거슬러 올라가 자세히 설명하고 싶다.

제3장 단단함과 유동성에 대해

내가 보기에 세상에는 끊임없이 지속되는 온갖 운동이 무한히 있다. 그리고 며칠이나 몇 달, 또는 몇 년이 걸리는 상당히 긴 운동을 관찰하고 난 뒤에 나는 다음과 같은 사실을 깨달았다. 즉 지구의 증기는 구름 쪽으로 상승해 다시 거기서 하강하는 운동을 끊임없이 하고 있고, 공기는 바람에 의해 늘 움직이며, 바다는 결코 멈추지 않고, 샘이나 강은 그치지 않고 흐르며, 가장 튼튼한 건물도 언젠가는 무너지고, 식물이나 동물은 오로지 생성과 사멸만을 거듭할 뿐이라는 점이다. 결국 간단히 말하자면 변화하지 않는 것은 어디에도 존재하지 않는다. 이로써 내가 확실히 인식하는 것은, 끊임없이 운동하는 입자가 많이 존재하는 건 불꽃 속에서만이 아니며 오히려 다른 모든 물체에도 이런 미립자가 존재한다고—하지만 그 영향은 그다지 티가 나지 않을지도 모르고 또 그 입자는 너무 작아서 우리의 어떤 감각으로도 지각할 수 없을지 모르지만—할 수 있다.

나는 이 모든 미립자의 운동 원인을 탐구하기 위해 멈춰 서지 않겠다. 왜냐하면 내게 있어 그 미립자들은 세계가 존재하기 시작한 그때 운동을 시작했다고 생각하면 충분하기 때문이다. 그렇게 생각해도 된다고 하면 내가 추론으로 알아낸 것은 이 운동이 언젠가는 끝난다는 것, 또 이 운동의 주체가 바뀌는 것 말고는 변화할 수 없다는 것이다. 즉 어떤 한 물체 속에 있는 스스로 운동하는 힘 또는 능력은 그 전체나 부분이 다른 물체로 옮겨가서 처음 물체 속에서는 없어져 버리는 일이 가능하지만, 이 세상 어디에도 존재하지 않게 되어버리는 일은 불가능하다. 이것에 대한 나의 추론은 나를 충분히 만족시켰다. 하지만 아직 그 추론을 여러분에게 말할 때가 아니다. 그래서 그동안 만일 많은 학자들이 하는 상상 쪽이 좋다고 생각한다면 여러분은 생각지 못할 만큼의 속도로 세계 주위를 돌고 있는 제1동자(제6장 그림 천구도 참고)가 존재하고, 이 제1동자가 세상에서 일어나는 다른 모든 운동의 발원지라고 상상해도 좋다.

자, 이런 생각으로 인해 이 세상에 일어난 모든 변화의 원인 그리고 지상의 여러 현상의 모든 원인을 설명할 준비가 되었다. 하지만 여기서는 나의 화제에 도움되는 이야기만 말하는 데 그치겠다.

고체와 유동체(유체)의 차이에 대해 먼저 주의를 기울여 주길 바란다. 그러기 위해서 어떤 물체도 극도로 작은 부분으로 나눌 수 있다고 생각해 주길 바란다. 나는 이 나뉜 부분들의 수가 무한한지 아닌지를 결정하고 싶지는 않다. 하지만 적어도 그 수가 우리 인식에서는 무제한이라는 것과, 그리고 우리 눈으로 지각할 수 있는 것들 중에서 가장 작은 소립자 안에서조차도 몇백만의 작은 부분이 있다는 것을 가정할 수 있다.

또 주의를 기울였으면 하는 점은, 이렇게 나뉜 미립자 2개가 서로 멀어지는 활동을 하지 않고 붙어 있는 경우에는 이 둘을 떼어내는 데 있어 아주 적을지는 모르지만 어쨌든 힘이 필요하다는 것이다. 왜냐하면 이 미립자들은 한번 이 상태에 놓이면 다르게 정렬하려 스스로 노력하는 일은 결코 없기 때문이다. 또 주의할 점은 이런 미립자 2개를 떨어뜨리기 위해서는 하나를 떨어뜨릴 때보다 두 배의 힘이 필요하며 1천 개를 떨어뜨리는 데는 1천 배의 힘이 필요하다는 것이다. 따라서 만일 몇백만이 넘는 미립자를 한 번에 떨어뜨릴 필요가 있을 경우에는—단 한 가닥의 머리카락을 뽑을 때도 아마 이렇게 몇백만의 미립자를 한 번에 떨어뜨릴 필요가 있다—그렇게 느껴질 만큼의 힘이 필요하다 해도 이상하지 않다.

이와 반대로 둘 또는 그 이상의 이러한 미립자가 단순히 지나가다가 맞닿아, 게다가 그것이 현실에서 활동하고 있어 저마다 다른 방향으로 운동할 경우에는, 그 미립자를 떨어뜨리는 데 필요한 힘은 그 미립자가 전혀(상대적으로) 운동하고 있지 않다고 가정한 경우보다 적을 것이 확실하다. 또 만일 그 미립자들 스스로가 서로 떨어지려는 운동이, 우리가 그 미립자들을 떨어뜨리려 생각하는 운동과 같거나 더 클 경우에는 미립자를 떨어뜨릴 때 힘이 전혀 필요하지 않을 수도 있다.

그런데 나는 고체와 유체의 차이는, 유체의 모든 부분이 고체의 모든 부분보다 훨씬 쉽게 전체에서 분리될 수 있다는 것 말고는 없다고 생각한다. 따라서 상상할 수 있는 한 가장 딱딱한 물체를 구성하기 위해서는, 그것의 부분을 이루고 있는 입자들 가운데 어느 것을 2개 고르더라도 그 사이에 공간이 남지 않도록 서로 맞닿아 있으며 또 그 입자들 어느 것을 골라도 (다른 입자에 대해 상대적인) 운동을 일으키는 일을 현재 가지고 있지 않다면 그걸로 충분하다고 나는 생각한다. 왜냐하면 이런 게 아니라면 어떤 입자를 다른 입자에 더 잘 붙여주는 접착제나 시멘트를 상상할 수 없기 때문이다.

나는 또 존재할 수 있는 한 가장 유동적인 물체를 구성하기 위해서는 그 유동체의 모든 미립자가 가장 작으며, 저마다 가장 다양한 운동을 하고, 게다가 가능한 최대의 속도로 움직이게 한다면 그걸로 충분하다고 생각한다. 그렇지만 거기에 덧붙여 그 미립자들은 서로 여러 각도로 맞닿아 있고, 또 운동을 하지 않는 경우와 마찬가지로 좁은 공간에 들어 있는 일이 가능하지 않으면 안 된다고 생각한다. 결국 모든 물체는 그 구성 입자가 서로 멀어지려는 운동의 많고 적음에 따라 앞에서 말한 양 끝에 많건 적건 다가간다고 나는 믿는다. 그리고 내 손이 닿는 범위 안의 모든 경험은 내 의견의 증거가 되어준다.

불꽃에 대해 나는 앞에서 그 입자들은 끊임없이 활동한다고 말했는데, 불꽃은 그 자체가 유동적일 뿐만 아니라 다른 대부분의 물체를 유동적으로 만든다. 또 주의를 기울였으면 하는 점은, 불꽃이 금속을 녹일 경우 불꽃이 목재를 연소시키는 경우와 다른 능력을 가지고 활동하는 게 아니라는 것이다. 하지만 금속 입자라는 것은 모두 거의 비슷하기에 불꽃은 금속 입자 하나만 움직이고 다른 입자들은 움직이지 않게 할 수 없으며, 이렇게 해서 불꽃은 움직인 입자로 완전히 유동적인 물체를 구성한다. 이와 반대로 나무의 입자들은 모두 같지 않기에 불꽃은 그 가운데 가장 작은 입자를 분리해 이것들을 유동체로 바꾼다. 즉 그 입자들을 연기로 날려버리는데, 큰 쪽에 속하는 입자에는 이런 식으로 영향을 미치지 않는다.

불꽃 다음으로 공기만큼 유동적인 것은 없다. 우리는 공기의 입자가 서로 뿔뿔이 흩어지려 움직이는 것을 눈으로 볼 수 있다. 일반적으로 먼지라 불리는 작은 물체, 즉 태양 광선 안에서 나타나는 그 작은 물체를 유심히 살펴본다면, 먼지를 움직이게 만드는 바람이 전혀 불지 않을 때마저 그 먼지가 몇천이 넘는 다른 방법으로 여기저기 끊임없이 날아다니는 것을 여러분은 보게 될 것이다.

같은 일을 더 입자가 큰 모든 유체에서도 볼 수 있다. 여러 색깔의 유체를 섞어서 유체의 운동이 잘 보이게 만들면 된다. 그리하여 마지막으로 유체가 운동하는 것은 강한 산(酸)들이 어떤 금속의 부분을 움직이거나 떨어뜨리려 할 때 아주 뚜렷하게 나타난다.

그렇지만 여기서 여러분은 나에게 이렇게 물을 것이다. 만일 불꽃에 연소 작용을 일으키게 만들고 또 불꽃을 유동적으로 만드는 것은 불꽃 입자들의 운동뿐이라면, 공기 입자들의 운동도 공기를 매우 유동적인 것으로 만드는데 왜 공기에는 불꽃에 준 것처럼 연소하는 능력을 주지 않는지, 게다가 우리 손이 공기를 거의 느낄 수 없는 이유는 무엇인지 말이다. 이에 대한 내 대답은 운동의 속도에 주목하는 것만으로는 충분하지 않고 입자의 크기에도 주의를 기울여야 하고, 또 보다 유동적인 물체를 만드는 입자는 더욱 미세한 것이지만 연소하거나 일반적으로 말해 다른 물체에 영향을 미치는 힘을 보다 많이 가진 것은 더욱 큰 입자라는 것이다.

하나 더 주의를 기울였으면 하는 점은 내가 여기서 단일한 입자라 해석하고 앞으로도 언제나 그렇게 해석하는 것은 하나로 결합해 있으며 또한 분산 활동을 현재 전혀 하지 않는 것 모두라는 점이다. 그렇다고는 하지만 조금이라도 크기를 가진 것은 보다 작은 것으로 쉽게 분할될 수 있다. 그래서 한 알의 모래, 하나의 돌이나 바위, 또 지구 전체마저 앞으로는 우리가 완전히 단일된 하나의 운동만을 생각하는 한 하나의 입자라 해석할 수 있다.

자, 공기 입자들을 서로 비교할 경우 다른 것들에 비해 무척 큰 입자, 예를 들면 공기 중에 볼 수 있는 먼지 같은 입자가 있다고 해도 이들 입자는 아주 천천히 움직이며, 만일 더 빨리 움직이는 공기 입자가 존재한다고 하더라도 그들은 또 그만큼 더 작은 입자인 것이다. 그러나 불꽃 입자 가운데는 공기 중에 있는 입자들보다 더욱 작은 것도 있긴 하지만 공기 입자보다도 큰 것 또한 존재하거나 적어도 공기 입자 가운데 가장 큰 것에 비교하면 비슷하거나 그것보다 훨씬 빠르게 움직이는 입자가 (공기의 경우보다) 많이 존재한다. 그리고 연소시키는 능력을 가진 것은 이 마지막 입자뿐이다.

불꽃 속에는 공기 입자보다 작은 입자도 존재할 것이라는 말은, 그런 입자들은 매우 협소하고 공기마저 들어올 수 없는 틈에만 존재하는 많은 물체에 침투해 투과한다는 것에서 추측할 수 있다. 불꽃 입자 가운데는 공기 입자보다 큰 것이 있거나 비슷한 크기의 입자가 훨씬 많이 있을 거라는 말은, 공기만으로는 불꽃을 유지시킬 수 없다는 것을 분명히 나타낸다. 불꽃 입자의 움직임이 더욱 빠르다는 것은, 불꽃 입자가 미치는 영향이 심하다는 것을 우리에게 충분히 설명하고 있다. 또 마지막으로 연소하는 능력을 가진 것은 이 입자들 가운데 가장 큰 입자들뿐이라는 것은, 증류주나 그 밖의 매우 미세한 물체에서 나오는 불꽃이 거의 완전히 연소하지 않는 데 반해 단단하고 무거운 물체에서 생겨난 불꽃은 눈에 띄게 열렬하다는 점으로 알 수 있다.

제4장 빈 곳에 대해서. 또 우리 감각이 어떤 물체를 지각하지 않는 이유는 무엇인가

하지만 개개의 일로 더 자세히 들어가 공기는 다른 것들과 마찬가지로 하나의 물체인데 왜 다른 것들처럼 감각으로 느껴지지 않는가를 알아볼 필요가 있다. 그리고 이로 인해 우리는 어릴 때부터 가져온 우리 모두의 선입견인 한 가지 오류에서 벗어날 수 있다. 우리는 어릴 때 주변에서 감각으로 느낄 수 있는 물체 말고는 하나도 존재하지 않는다고 믿고, 또 마찬가지로 공기라는 것이 어느 정도는 느낄 수 있으니까 하나의 물체이기는 하지만 적어도 그 이상으로 잘 느껴지는 물체만큼은 실질적이지도 견고하지도 않을 거라 믿어온 이래, 하나의 오류를 선입견으로 가지게 됐다.

이것들에 대해 나는 여러분이 먼저 다음과 같은 일에 주의해 주길 바란다. 물체라는 것은 고체든 유체든 같은 물질로 되어 있다는 것과, 그리고 이 물질의 입자가 물체를 구성할 경우 그 물체의 입자마다 그런 입자를 둘러싼 다른 입자에 의해 여러 각도에서 접촉을 받아 물체를 만드는 경우 이상으로 견고하며, 또한 차지한 공간이 작아도 어떤 물체를 구성할 수 있다고 가정하는 건 불가능하다는 것을 말이다. 이걸로 알 수 있는 결론은 빈 곳이 어딘가에 있을 수 있다면 아마도 그것은 유체보다 고체 속일 거라는 점이다. 왜냐하면 유체의 입자는 운동하고 있기에 운동을 하지 않는 다른 입자보다 훨씬 쉽게 서로 맞닿아 덩어리가 되어 서로 조정하는 게 분명하기 때문이다.

예를 들어 가루를 어떤 병에 넣을 때 여러분은 그 안에 더 많은 가루를 넣으려 병을 흔들거나 두드린다. 하지만 만일 여러분이 병 속에 액체를 넣으면 바로 그 액체는 그 이상 작아질 수 없을 만큼 좁은 곳에 가득 차 버린다. 마찬가지로 만일 여러분이 이 문제에 대해 철학자들이 자연 속에 빈 곳이 하나도 없다는 것을 설명하는 데 언제나 예로 드는 경험을 생각한다면, 모든 사람들이 빈 곳을 생각해 우리도 공기밖에 느끼지 못하는 모든 장소가 우리가 다른 물체를 느끼는 장소와 적어도 같은 정도로 게다가 같은 물질로 채워져 있다는 것을 쉽게 인식할 수 있다.

왜 그런지, 다음 사례에 어떤 확실함이 있는지 부디 말해 줬으면 좋겠다. 즉 자연은 (한편으로는) 어떤 기계의 경우에 우리가 경험하듯이 물체의 모든 부분의 무언가가 서로 접촉하지 않게 된다든가 다른 물체에 접촉하지 않게 된다고 말하는 대로 내버려 두느니 오히려 매우 무거운 물체를 상승시켜 매우 딱딱한 물체를 부쉈음에도 (다른 한편으로) 공기 입자같이 아주 쉽게 여러 방향으로 이동해 어떤 방법으로든 배열될 수 있는 입자가 주변 입자와 어떤 측면에서는 맞닿아 있지 않다든가 입자가 닿는 물체가 존재하지 않는다든가 말하는 것을 용서한다는 일에 어떠한 확실성이 있는지를 말이다. 또한 우물 속 물이 그 본성과는 반대로 위쪽으로 솟아오르는 건 펌프 관을 채우기 위해서일 뿐이라 믿고 있는데도 다른 한편 구름 속 물은 구름의 아래쪽 공간 속에 있는 물체 입자 사이에 빈 곳이 조금이라도 있으면 그 공간을 채우기 위해 떨어지지 않는다고 생각하는 게 과연 가능할까?

하지만 여러분은 여기서 내게 한 가지 곤란한 질문을 할지도 모른다. 그것은 꽤 중대한 문제이다. 즉 유동체를 구성하는 입자가 내가 말했듯이 끊임없이 움직이기 위해서는, 그 입자들 사이에 또는 적어도 입자가 움직여서 물러난 장소에는 빈 공간이 나타나지 않으면 안 된다는 것이다. 이 질문에 답하는 것은 만일 내가 다양한 경험을 통해 우주에서 일어나는 모든 운동은 어떠한 방법으로든 고리 형태로 나타난다는 걸 인정해 두지 않았더라면 곤란했을 것이다. 즉 하나의 물체는 자신이 지금 차지하고 있는 장소를 떠날 때 다른 어떤 물체가 차지하던 곳으로 들어간다. 그리고 본디 있던 물체는 또 다른 물체가 차지하던 곳으로 이동하고 계속 같은 일이 벌어지다 마지막 물체, 그러니까 처음 물체가 이동해 비워진 장소를 그 순간에 차지할 물체까지 이어진다. 이렇게 해서 이 물체들 사이에는 그들이 정지하고 있었을 때도 운동하고 있었을 때도 빈 곳은 찾을 수 없게 된다. 여기서 또 주의해야 할 점은, 이렇게 말했다고 해서 한 고리가 되어 움직이는 물체의 입자 전체가 정말 동그라미처럼 정확하게 둥글게 배치되어 있을 필요도, 그 입자들이 모두 같은 크기와 모양을 갖고 있을 필요도 전혀 없다는 것이다. 왜냐하면 이런 불평등은 다른 불평등, 즉 속도에서 나오는 불평등으로 쉽게 보상될 수 있기 때문이다.

자, 우리는 물체가 공기 중을 이동할 때, 보통 이런 고리 상태의 운동이라는 것을 눈치채지 못한다. 왜냐하면 우리는 공기를 빈 곳으로만 생각하는 데 익숙해졌기 때문이다. 하지만 물고기가 샘물 속에서 헤엄치는 모습을 보면 수면에 아주 가깝게 올라오지 않는 한 물속을 꽤 빠른 속도로 이동해도 수면을 전혀 진동시키지 않는다. 따라서 분명히 물고기는 샘의 물을 이것저것 무차별로 밀어내는 것이 아니라 물고기의 운동을 위한 순환을 만들어 내고, 또 물고기가 떠난 곳에 들어오는 데 가장 도움이 되는 물만을 밀어내는 것이다. 그리고 이 경험은 이런 고리 상태의 운동이 자연에서 얼마나 쉽게 일어날 수 있는지를 알려주며 또 흔하다는 것을 충분히 나타낸다.

하지만 나는 또 다른 경험을 말하고 싶다. 고리 형태가 아닌 운동은 일어나지 않는다는 걸 보여주기 위해서이다. 술통에 들어 있는 포도주가 통 위쪽 입구가 완전히 막혀 있기 때문에 통 아래쪽에 달려 있는 구멍으로 흘러나오지 않을 경우에 흔히 사람들은 이런 일이 생기는 이유는 빈 곳에 대한 두려움 때문이라고 말하는데, 이는 적절치 못한 말이다. 이 술이 무언가를 두려워하는 정신을 가지지 않았다는 걸 누구나가 알고 있다. 또 만일 술이 정신을 가졌다고 해도 무슨 이유로 술은 이처럼 빈 곳을 두려워하는지 나는 모르겠다. 빈 곳은 사실 하나의 망상에 지나지 않는다. 그러므로 오히려 이렇게 말해야 한다. 술이 이 통에서 나오지 못하는 건 통의 외부가 가능한 한도까지 가득 차 있기 때문이며, 또 술이 만일 흘러내렸다면 공기가 술이 차지했던 장소를 채워야 하는데 그(술이 차지하고 있던 부분의) 공기는 우주의 어디에도 자신이 있어야 할 곳을 찾지 못했기—우리가 통 위쪽에 입구를 하나 열어 공기가 이 입구를 지나 고리 형태를 따라 거슬러 올라가서 자신을 위해 비워진 곳까지 갈 수 있게 해주지 않으면—때문이다(통 위쪽의 입구에서 공기가 들어오면 술은 흘러내린다).

그렇기는 해도 나는 자연 속에는 빈 곳이라는 것이 전혀 없다고 주장하고 싶은 게 아니다. 왜냐하면 만일 빈 곳에 대한 설명을 한다면 내 글이 너무나 길어지지 않을까 두렵기 때문이다. 게다가 내가 말한 모든 경험은 내 글을 증명하기에 결코 충분치 못하더라도, 우리가 아무것도 느끼지 못하는 공간이 같은 물질로 채워졌고 거기다 우리가 느낄 수 있는 물체로 채워져 있는 공간과 적어도 같은 정도의 물질을 포함하고 있다는 것을 이해하는 데는 충분하다. 그래서 마치 하나의 항아리가 금 또는 납으로 가득 차 있다 하더라도, 그렇다고 그 항아리가 비어 있다고 우리가 생각했을 때보다 많은 물질을 담고 있지는 않을 것이다. 이런 일은 이성이 손가락 끝을 넘어선 곳에는 미치지 않고, 세상에는 자신들이 만질 수 있는 것만 존재한다고 생각하는 사람에게는 참으로 기묘하게 느껴질지도 모른다. 하지만 만일 여러분이 여러분에게 물체를 느끼게 하거나 느끼지 못하게 하는 것은 무엇인지를 조금이라도 생각해 본다면, 이상의 이야기에서 믿기 어려운 점을 하나도 찾지 못했으리라 나는 확신한다. 왜냐하면 여러분은 다음 같은 일을 명료하게 인식하고 있을 것이기 때문이다. 즉 우리 몸 주변에 있는 모든 사물이 느껴지기는커녕, 우리 몸 주변에 가장 흔한 물질이야말로 가장 느껴지지 않으며, 우리 몸 주변에 늘 존재하는 것은 결코 느껴지지 않는다.

우리 심장은 꽤나 뜨거운데 우리는 그 열을 느끼지 못한다. 왜냐하면 그 열은 언제나 존재하기 때문이다. 우리 몸의 무게는 가볍지 않다. 하지만 그 체중도 우리에게 무거운 느낌이 들게 만들지 않는다. 우리는 옷의 무게마저 느끼지 못한다. 왜냐하면 우리가 옷을 입고 있는 데 익숙해졌기 때문이다. 그리고 이런 현상의 이유는 충분히 분명하다. 우리가 어떤 물체를 느낄 수 있는 건 그 물체가 우리의 감각기관 속에 일어나는 어떤 변화의 원인이기 때문이다. 즉 그 물체가 우리 감각기관을 구성하는 물질의 미립자를 어떠한 방법으로든 움직이기 때문이라는 게 확실하다. 평소에는 나타나지 않는 대상이 충분한 힘만 있다면 이런 식의 변화를 우리의 감각기관에 일으킬 수 있다. 대상이 영향을 미치는 동안 우리 감각기관의 무언가를 잃었다고 하더라도, 나중에 대상이 영향을 미치지 않게 되었을 때는 그 잃은 부분을 자연은 회복시킬 수 있으니까. 하지만 우리에게 끊임없이 닿아 있는 대상이 우리의 감각기관에 어떠한 변화를 일으키거나 감각기관의 어떤 물질 입자를 움직이는 능력을 전에는 가지고 있었다 해도, 그 대상은 감각의 입자를 계속 움직인 결과 우리가 태어나서 얼마 지나지 않았을 때 이미 우리 감각기관 속에 해당하는 입자를 다른 모든 입자로부터 완전히 떨어뜨려 버렸을 것이 틀림없다. 여기서 그런 대상이 그대로 남겨둔 입자란 대상의 영향에 철두철미하게 대항한 입자뿐이며, 그런 입자를 통해서는 대상은 어떤 식으로든 감각되지 않는다. 이로 미루어 다음이 놀랄 일이 아니라는 걸 알 수 있다. 즉 우리 주변에는 많은 공간이 있으며 그 공간에서 우리는 물체를 하나도 느낄 수 없는데, 그런 공간은 우리가 매우 많은 물체를 느낄 수 있는 공간보다 적은 물체를 포함하고 있는 게 아니라는 것이다.

하지만 이렇게 말해도 우리가 숨을 쉴 때 폐 속에 빨아들이는 이 입자가 큰 공기, 그러니까 움직이면 바람으로 변하고 공 속에 가두면 딱딱한 물질로 생각되며, 발산하고 증발하는 것으로만 구성된 공기 또한 물이나 대지와 마찬가지로 견고하다고 생각할 필요는 없다. 이 일에 대해서는 공기는 (물이나 대지보다) 더 희박하다고 입을 모아 주장하는 철학자들의 공통된 의견을 따르지 않으면 안 된다. 게다가 이는 경험으로 쉽게 확인할 수 있다. 한 방울의 물을 만드는 입자들은 열을 가하면 서로 분리되지만, 이 물 한 방울은 그것이 물로써 차지하고 있던 공간에 모두 담을 수 없을 만큼 많은 공기를 구성할 수 있기 때문이다. 여기서 분명하게 내릴 수 있는 결론은 공기를 구성하는 입자들 사이에는 작은 틈이 수없이 존재한다는 것이다. 왜냐하면 희박한 물체는 이런 것으로밖에 떠올릴 방법이 없기 때문이다. 하지만 이런 틈이 비어 있는 공간일 수는 없다고 내가 앞에서 말한 게 사실이니까, 이런 모든 것에서 나는 이렇게 결론 내린다. 즉 이 공기에는 필연적으로 하나 또는 더 많은 다른 어떤 물체가 섞여 있으며, 이들 물체가 공기 입자 사이에 남겨져 있는 작은 틈을 정확히 가득 차는 한도까지 채운다. 이제 남은 의문은 이 다른 물체들이란 무엇인가 하는 점뿐이다. 그 의문을 해결하면 더 이상 빛의 본성이 어떤 것인지 이해하는 데 어려움은 없을 거라고 나는 기대한다.

제5장 원소의 수와 그 성질

철학자들이 주장하는 바에 따르면 구름 위에는 우리 주변의 공기보다 더욱 미세한 어떤 종류의 기체가 있으며, 그 기체는 공기처럼 지구 증기로 되어 있는 게 아니라 그것만으로 다른 원소를 이루고 있다. 또 철학자들은 이 기체 위에는 또 다른 더 미세한 물체가 있으며 그것을 불의 원소라 부른다고도 말한다. 그들은 여기에 덧붙여 이렇게 말한다. 지상의 물체가 구성되는 경우에는 모두 이 두 가지 원소가 물(의 원소)과 땅(의 원소)과 섞인 것이라고 말이다. 그러니 내가 다음과 같이 말해도 그것은 철학자들의 의견을 따른 것뿐이다. 공기보다 미세한 이 기(氣)의 원소와 불의 원소가 우리가 호흡하는 공기 입자 사이에 있는 틈을 채우고, 따라서 이 모든 물체들이 서로 얽혀서 구성된 덩어리는 물체라는 것이 어쨌든 취할 수 있는 한에서의 어떤 단단함도 취할 수 있다.

하지만 이 문제에 대해 내 생각을 보다 잘 이해할 수 있도록, 또한 내가 철학자들이 모든 원소에 대해 우리에게 말하는 것(제6장 그림 천구도 참조) 모두를 여러분도 믿어달라고 요구하는 것이라고 여러분이 생각하지 않도록 나는 모든 원소를 내 나름대로 기술해 보여줘야 한다.

나는 제1의 것, 즉 우리가 불의 원소라 부르는 것을 세상에서 가장 미세하며 가장 투과력을 가진 하나의 유체로 생각한다. 또 나는 유동적인 물체의 본성에 대해서는 앞에서 말한 내용에 따라 그것의 입자는 다른 물체의 어떤 입자보다 작고 또 어떤 입자보다 훨씬 빠르게 운동한다고 상상한다. 어쩌면 오히려 자연 속에 어떠한 빈 곳을 마지못해 인정해 버리지 않도록 하기 위해 나는 이 제1원소에는 무언가 정해진 형태나 크기를 가진 입자는 하나도 들어 있지 않다고 했다. 하지만 나 스스로 믿기에는 제1원소 운동의 정도는 제1원소와 다른 물체와의 충돌로 인해 온갖 방법과 온갖 형태로 분할을 일으키는 데 충분하며, 또 제1원소 입자들의 형태를 온갖 순간에 변화시켜 진입할 장소의 형태에 적응시키는 데 충분하다. 그렇다고 이 원소 입자가 몇 가지 어려움 없이는 투과하지 않는다든가, 가득 채우지 못한다든가 할 만큼 좁은 통로나 작은 틈도 다른 물체의 입자 사이에 결코 존재하지 않는다.

제2원소에 대해서는 이것을 기의 원소라 해석해도 괜찮다. 나는 이것 또한 제3원소에 비교한다면 매우 미세한 하나의 유체로 생각한다. 하지만 제2원소를 제1원소와 비교한다면, 제2원소의 입자들에는 어떠한 형태와 크기를 귀속시켜 마치 모래나 먼지 입자처럼 거의 완전한 원에 가까우며 결합해 하나가 되어 있는 거라고 상상할 필요가 있다. 그러므로 제2원소 입자는 서로 그다지 잘 조절하지도 못하고 서로 밀어내며 입자 주변에 많고 작은 틈을 결코 남기려 하지 않는 것도 불가능하다. 제1원소에 있어 이런 작은 틈 속으로 비집고 들어가는 건, 제2원소 입자가 이런 틈을 채우기 위해 갑작스레 형태를 바꾸는 것보다 훨씬 쉬운 일이다. 그래서 내가 믿기에는 이 제2원소는 세상 어디에 있어도 그렇게 순수할 수는 없으며, 제1원소의 물질을 언제나 조금은 함께 포함하지 않으면 안 된다.

나는 이들 두 원소 말고도 제3의 것, 즉 땅의 원소만을 인정한다. 이에 대해 내가 판단하는 건, 그 입자를 제2원소의 입자에 비교할 경우 크기는 훨씬 크고 운동 속도는 한결 느리지만 이들의 비교는 제2원소 입자를 제1원소 입자에 비교한 경우와 같다. 마찬가지로 나는 이것을 하나 또는 그 이상의 크고 무거운 덩어리로 생각하며, 그 덩어리의 모든 부분은 서로 위치를 바꾸는 운동을 거의 조금만 또는 전혀 가지지 않는다고 믿는다.

이 원소들을 설명하는 데 있어 내가 열, 냉, 건(乾), 습(濕)이라 불리는 성질들을 하나도 사용하지 않고 철학자에게 배우지 않는 것을 만일 여러분이 이상하게 생각한다면 나는 이렇게 말하고 싶다. 이 성질들은 그 자체로 설명이 필요하다고 나는 생각하며, 또 만일 내가 잘못 생각한 게 아니라면 이 네 가지 성질뿐만 아니라 무생물이 가진 다른 모든 성질들 그리고 형상들마저 그런 무생물의 모든 입자의 운동과 크기와 형태와 배열 이외에 아무런 가정 없이 설명할 수 있다고 말이다. 그러므로 왜 내가 앞에서 말한 세 가지 말고 다른 원소를 하나도 인정하지 않는가도 쉽게 여러분에게 이해시킬 수 있다. 왜냐하면 원소와 그 밖의 물체, 즉 철학자들이 혼합 물체니 합성 물체니 복합 물체니 하고 부르는 물체와의 차이는, 혼합 물체의 형상은 늘 어떠한 상반된 또는 서로 싸우는 몇 개의 성질을 포함하거나 적어도 서로 다른 성질을 보존하는 경향을 조금도 가지지 않은 성질을 포함하고 있는 데 반해 원소의 형상은 단순할 것이며 원소의 모든 성질은 서로 잘 조화를 이루어 어느 것이나 다른 성질 모두를 보존하려는 경향을 가진다는 점에 있기 때문이다.

그런데 나는 이런 형상을 이 세상에서는 앞에서 말한 세 가지밖에 발견하지 못했다. 왜냐하면 내가 제1원소에 귀속시킨 형상은 다음 내용에 속하기 때문이다. 즉 제1원소의 입자는 매우 빠르게 움직이고 매우 작기에 이 입자들을 제지할 수 있는 물체는 하나도 없다는 것, 게다가 이 입자는 정해진 크기도 형태도 위치도 필요 없다는 것에 있다. 제2원소의 형상은 이와 같다. 즉 제2원소 입자는 중간 정도의 운동과 크기를 가졌기에 만일 세상에서 그 입자들의 운동을 빠르게 만들고 크기를 줄일 수 있는 많은 원인을 찾을 수 있다고 하더라도 그것과는 전혀 반대의 일을 만들어 낼 수 있는 다른 원인도 똑같이 있다는 것, 따라서 그 입자들은 언제나 이 같은 중용성을 가지고 균형 잡혀 있다는 것이다. 그리고 제3원소의 형상은 이렇다. 즉 제3원소 입자는 꽤 크거나 입자들이 결합해 한 덩어리가 되어 있어 다른 물체의 운동에 언제나 저항하는 힘을 갖는다는 것이다.

물질 입자들 저마다의 다양한 운동, 형태, 크기, 또는 입자의 다양한 배열이 혼합 물체에 줄 수 있는 여러 형상을 하고 싶은 만큼 조사해 주길 바란다. 내가 확신하기에 그와 같은 어떤 형상을 골라도 그 형상을 변화시키고, 또한 그 형상이 변화하는 동안 원소의 형상 중 어느 것으로든 환원시키는 경향을 가진 성질을 자신 속에 포함하지 않는 형상은 하나도 없다.

예를 들면 불꽃이 그렇다. 불꽃의 형상이 요구하는 것은 그 입자가 매우 빠르게 움직인다는 것, 그리고 앞에서 말했듯이 그 입자가 어느 정도의 크기를 가졌기에 오랜 기간 무너지지 않고 있을 수는 없다는 것이다. 오랜 시간 무너지지 않고 있는 게 불가능한 이유는 입자가 크다는 사실이 그 입자 자체에 다른 물체에 영향을 미치는 힘을 줌으로써 입자가 크다고 하는 사실이 오히려 스스로의 운동 감소 원인이 되거나, 입자의 활동이 활발하다는 점이 그 입자와 만나는 물체에 강하게 부딪히게 만들어 입자 자체를 파괴시킴으로써 오히려 입자의 크기를 잃게 하는 원인이 되거나 하기 때문이다. 이렇게 해서 불꽃의 입자는 조금씩 제3원소의 형상이나 제2원소의 형상, 그리고 어떤 것은 제1원소의 형상으로 환원되게 된다. 이상의 일을 통해 여러분은 이 불꽃, 그러니까 우리 곁에 있는 평범한 불과 내가 말하는 불의 원소와의 차이를 인식할 수 있다. 또 여러분은 다음 내용도 이해할 수 있다. 즉 기의 원소와 땅의 원소, 바꿔 말하면 제2원소와 제3원소는 우리가 숨 쉬는 이 입자가 큰 공기나 우리가 걷는 이 대지와 조금도 닮지 않았다는 것, 그리고 오히려 일반적으로 말해 우리 주위에 현상(現象)하는 모든 물체는 혼합 또는 복합 물체이며 붕괴를 피할 수 없다는 것이다.

하지만 그렇다고 해서 모든 원소가 저마다 가야 한다고 정해진 장소, 즉 원소가 본성의 순수성을 늘 보존할 수 있는 장소를 스스로 세상에서 한 곳도 가지지 못했다고 생각할 필요는 없다. 오히려 물질의 입자들은 원소 형상의 몇 가지로 환원되는 경향을 늘 가지고 있으며 또 물질 입자는 한번 원소의 형상으로 환원되어 버리면 결코 그 형상을 버리려고 하지 않는다. 그래서 설령 신이 처음에 혼합 물체만 창조했다고 하더라도 세상이 존재하게 된 뒤로 지금까지 이런 혼합 물체 모두는 역시 자신의 형상을 버리고 원소의 형상을 취할 만큼의 시간 여유가 있었다. 그러므로 우주에서도 두드러진 부분으로 손꼽힐 만한 크기를 가진 모든 물체 저마다가 어느 하나의 원소 형상—참으로 단순한—밖에 가지지 않는다는 것, 그리고 혼합 물체는 이 큰 물체들의 표면 말고 어디에도 존재할 수 없다는 것은 오늘날 얼마든지 가능한 일이다. 게다가 큰 물체의 표면에는 혼합 물체가 존재하리라는 것은 필연이다. 왜냐하면 모든 원소는 매우 상반된 본성을 가졌으므로 그것들 가운데 어느 2개가 접촉하면 서로 다른 표면에 영향을 미치고, 그리하여 그곳에 존재하는 물질에 이와 같은 식으로 혼합 물체의 형상을 여러 가지로 주지 않을 수 없다.

이상의 내용에 관련해 만일 우리가 우주를 구성하는 모든 물체를 일반적으로 고찰한다면 물체 가운데 크다고 불리며 우주의 주요한 부분에 손꼽히는 것은 다음의 세 종류뿐이라는 걸 알 수 있다. 즉 첫째는 태양과 항성, 둘째는 한없이 넓은 하늘, 셋째는 지구 그리고 유성과 혜성이다. 이런 이유로 우리는 태양과 항성이 완전히 순수한 제1원소의 형상 이외의 형상을 전혀 가지지 않고,

한없이 넓은 하늘은 제2원소의 그리고 지구는 유성이나 혜성과 함께 제3원소의 형상 이외의 형상을 가지지 않는다고 생각하는 큰 이유를 가진다.

나는 유성과 혜성을 지구와 함께 둔다. 왜냐하면 유성과 혜성은 지구와 마찬가지로 빛에 저항하며 광선을 반사하는 것으로 미루어 보아 그들 사이에 나는 차이를 하나도 찾지 못했기 때문이다. 또 나는 태양과 항성을 함께 두고, 지구의 본성과는 전혀 다른 본성을 그것들에 귀속시킨다. 왜냐하면 태양과 항성이 가진 빛의 영향만으로도, 그 물체들은 매우 미세하고 매우 활동적인 어떤 물질로 이루어져 있다는 것을 인식하기에는 충분하기 때문이다.

한없이 넓은 하늘은 우리의 감각으로는 지각할 수 없기에 하늘에는 중간적인 본성, 즉 빛나는 물체 그러니까 우리가 그 영향을 느낄 수 있는 것과 딱딱하고 무거운 물체 곧 우리가 그 저항을 느끼는 것과의 중간적인 본성을 귀속시켜야 할 이유가 있다고 나는 생각한다.

마지막으로 우리는 지구의 표면이 아닌 곳에서는 혼합 물체를 하나도 지각하지 못했다. 그리하여 혼합 물체를 둘러싼 모든 공간, 즉 위로는 가장 높은 구름에서 아래로는 인간의 강한 욕구가 금속을 찾아내려고 지금까지 파낸 땅 가운데 가장 깊은 갱도에 이르기까지의 공간도, 지구나 하늘의 무한한 넓이에 비교하면 매우 작다는 것을 만일 우리가 고찰한다면, 지표의 혼합 물체는 전체에서 보면 지구를 둘러싼 하늘 물질의 활동과 그 하늘 물질의 혼입(混入)에 의해 지구 표면상에 만들어진 하나의 피부 같은 것에 지나지 않는다는 걸 우리는 쉽게 상상할 수 있다.

그리고 이렇게 해서 우리는 다음처럼 생각할 이유를 가진다. 우리가 호흡하는 공기뿐만 아니라 그 밖의 가장 딱딱한 돌이나 가장 무거운 금속 모두에 이르는 모든 복합 물체 속에서마저도 기의 원소 입자가 땅의 원소 입자와 섞여서 존재하며 따라서 또 불의 원소 입자도—불의 원소 입자는 기의 원소 입자 틈에서 찾아볼 수 있으니까—존재한다.

하지만 이런 물체들 가운데 세 가지 원소의 입자가 서로 혼합되어 있다 하더라도, 정확히 말하자면 우리가 몸 주변에서 보는 모든 물체를 구성하는 입자에는 그 입자가 크다는 이유 또는 그 입자는 운동을 가지기 어렵다는 이유로 제3원소에 관계지을 수밖에 없다는 데 주의해야 한다. 왜냐하면 다른 두 원소 입자는 매우 미세하기에 우리의 감각으로 지각할 수 없기 때문이다. 그리고 이런 물체는 모두 해면동물 같은 것으로 표현할 수 있다. 해면동물에는 많은 틈이나 작은 구멍이 있으며 이 틈이나 구멍은 언제나 공기 또는 물 또는 다른 비슷한 유체로 채워져 있는데 사람들은 이 유체들이 해면동물의 구성에 더해져 있다고는 판정하지 않는다.

지금까지 나에게는 설명을 해야 하는 일이 많이 남아 있고, 내 의견을 더 확실하게 하기 위해 몇 개의 이유를 덧붙이는 일은 전혀 어렵지 않았다. 하지만 이 이야기가 길어서 여러분이 너무 지루하지 않도록 나는 우화를 만들어 이야기의 일부를 그 안에 담고 싶다. 나는 이 우화를 통해 진리가 충분히 나타나고 또 그 진리는 내가 그것을 노골적으로 해설할 경우 못지않게 동의하기 쉬운 것이기를 바란다.

제6장 새로운 세상의 서술. 그 세상을 이루는 물질의 성질

　잠시 동안 여러분의 사상을 이 현실 세계 밖으로 꺼내 완전히 새로운 다른 세계를 보여주려 한다. 이 새로운 세계를 나는 상상의 공간에 만들 것이다. 철학자들은 이 상상의 공간이 무한하다 말한다. 그리고 정말이지 이 점에서는 그들도 믿어야 한다. 왜냐하면 상상의 무한한 공간을 만들어 낸 것은 그들 자신이기 때문이다.[1] 하지만 이 무한성이 우리를 좌절시키거나 곤란하게 만들지 않도록 우리는 그 공간의 끝까지 가려는 노력을 하지 않을 것이다. 우리가 나아가는 건 신이 창조한 뒤로 5, 6천 년[2]이나 지난 피조물 모두가 시야에서 보이지 않는 곳까지로 한정하자. 그리고 정해진 어떤 장소까지 가서 발을 멈춘 뒤 우리는 다음과 같이 가정하자. 신은 새로이 우리 주변에 많은 물질을 창조해 우리의 상상력이 어디까지 어떻게 펼쳐지든 우리는 공허한 장소를 이제 하나도 지각하지 못하게 했다고 말이다.

　바다는 무한하지 않지만 큰 바다 한가운데서 배 위에 탄 사람은 시야를 무한이라 생각되는 곳까지 넓힐 수 있다. 그럼에도 그 사람이 보고 있는 앞에는 아직 더 물이 있다. 그래서 우리의 상상력은 무한하게 펼쳐질 수 있다고 생각되고, 또 이 새로운 물질은 무한하다고 가정되어 있지는 않지만 우리는 그 물질이 우리가 상상한 여러 공간보다 훨씬 큰 공간을 채우고 있다고 가정해도 아무런 지장이 없다. 하지만 이런 일 안에서 반론할 수 있는 것을 여러분이 찾는 일이 전혀 없도록 우리는 우리 스스로의 상상력을 펼칠 수 있는 한 최대로 펼치는 일은 허락하지 않도록 하자. 오히려 우리는 일부러 상상력을 어떤 한정된 공간 안에 머무르게 하자. 그리고 이 공간은, 지구에서 큰 하늘[3]에 있는 주요 별

---

1) 데카르트의 비꼼. 스콜라 철학에 따르면 실제 세계는 유한하며 무한한 공간은 상상 속에만 존재한다.
2) 그 무렵 상식에 따른 지구의 나이.
3) 중세 천문학에서의 제8천(天), 즉 항성천.

Schema præmiffæ diuifionis.

DE CIRCVLIS SPHÆRÆ.
CAP. III.

페트루스 아피아누스의 《우주지》(1524년)에 있는 천구도(天球圖). 월하계(月下界)는 중심에서 지(地)·수(水)·기(氣)·화(火)의 4원소가 계층을 이루며 이 원소들의 상호 교환에 의해 생성 소멸의 세계가 형성되어 있다. 달보다 위의 천계는 제5원소로 되어 있으며 생성 소멸은 없다고 생각된다. 달·수성·금성·태양·화성·목성·토성·항성천(恒星天)·수정천(水晶天)으로 이어지며 그 밖에 제1동자(動者)가 있는 제10천이 있으며 가장 바깥쪽에는 신이 사는 곳, 즉 정화천(淨火天)이다. 이 그림을 뒤에 나오는 두 그림(티코 브라헤와 코페르니쿠스의 세계 체계)과 제8장에 나오는 그림(제2도)과 비교해 주길 바란다.

이 중세의 천구 구상은 아리스토텔레스의 코스모스와 본질적으로 같다. 이 유한한 세계라는 생각을 깨부수기 위해서는 운동 개념의 변혁이 필요했다. 스콜라 철학이 실체·양·질·장소의 네 가지로 나눠 생각한 변화의 개념을 데카르트는 장소적 운동의 개념만으로 설명하려 한다(제7장). 데카르트의 운동 개념과 입자설은 스콜라 철학의 5원소를 물질, 그러니까 연장이라는 생각으로 통일적으로 파악하는 일을 허락했을 뿐만 아니라(제5장), 무한한 우주로의 통로를 열었다(제6장).

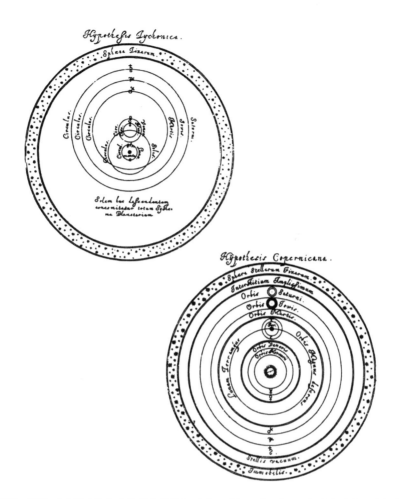

위의 그림은 티코 브라헤의 세계 체계 구상을, 아래 그림은 코페르니쿠스의 세계 체계 구상을 나타낸다. 이는 모두 요하네스 헤벨리우스의 《월면도》(1647년)에서 가져왔다. 티코 브라헤의 체계는 프톨레마이오스의 체계와 코페르니쿠스의 체계와의 타협이라고 할 수 있다. 즉 거기서는 프톨레마이오스의 체계와 마찬가지로 지구는 세상의 중심에 정지해 있으며 달과 태양(뿐만 아니라 온 세상)은 지구 주위를 도는데, 5개의 유성은 태양 주위를 원궤도에 따라 돈다고 생각했다. 티코는 코페르니쿠스의 가설이 가진 이론상의 이점을 충분히 알았지만 항성의 시차를 관측할 수 없는 점, 즉 항성 상호의 위치 관계가 사계절 내내 바뀌지 않는 것을 근거로 코페르니쿠스설을 전면적으로는 받아들이지 않았다. 티코의 이 세계 체계 생각은 1577년에 나타난 혜성에 대해 그가 쓴 책에 서술돼 있다. 또 티코는 이 1577년 혜성 관측으로 혜성은 달까지의 거리보다 적어도 세 배는 떨어진 곳에 있다 결론 내리고 혜성을 대기권 안의 현상이라 했던 지금까지의 통념을 깨뜨렸다(제9장 마지막 참조). 그리고 위 그림 속에는 '태양이 여기까지 기울면 유성의 모든 체계도 그를 따른다'(라틴어) 쓰여 있다.

까지의 거리보다 크지 않아도 된다. 또 우리는 신이 창조한 물질이 온갖 방향에 걸쳐 한없이 멀리까지 펼쳐져 있다고 가정하자. 왜냐하면 그 편이 훨씬 진실에 가깝고 게다가 우리가 생각하는 영향의 한계를 정하는 편이 신의 업적에 한계를 정하는 것보다 훨씬 쉽기 때문이다.

자, 우리는 공상대로 이 물질을 허구로 만드는 것이므로 이 물질에 귀속시키는 본성에는 무엇이든 모두 가능한 최고의 완전성을 가지고 인식할 수 없는 것은 하나도 포함되지 않았다고 하자. 그리고 이를 위해 우리는 분명히 가정을 세워 이 물질은 땅의 형상도, 불의 형상도, 기의 형상도 갖지 않고 또 그 밖의 특수한 형상, 예를 들면 나무나 돌이나 금속의 형상도 무엇 하나 갖지 않으며 열, 냉, 건, 습이라든지 무겁고 가벼운 성질도, 맛, 향, 소리, 색, 빛 등을 갖는 성질, 아니면 또 다른 이러한 성질—이것의 본성 안에 모든 사람에 의해 명증적으로 인식된다고는 한정할 수 없는 무언가가 있다고 일컬어지는 성질—도 가지고 있지 않다고 하자.

또 다른 한편 이 물질을 철학자들이 말하는 제1질료(質料), 즉 형상이나 성질을 완전히 떼어내 더 이상 명백하게 이해될 수 있는 것을 무엇 하나 남기지 않은 것이라고는 생각하지 않도록 하자. 우리는 오히려 이 물질은 어떤 진정한 물체, 즉 완전히 견고하며 우리가 지금 사색의 걸음을 멈추고 있는 이 큰 공간의 가로, 세로, 깊이의 전체에 걸쳐 모두를 평등하게 채우는 물질이라고 생각하자. 그러므로 그 물질 입자 저마다는 늘 이 공간에 하나의 부분을 차지하고 있지만, 입자가 차지한 이 부분 공간은 입자의 크기에 비례하기에 입자들은 그것보다 큰 부분 공간을 채우는 것도, 더욱 작은 부분 공간으로 수축하는 것도 불가능하며 또 어느 한 입자가 어느 부분 공간에 머물러 있는 동안은 다른 어떤 입자가 거기에 들어와 장소를 차지할 수도 없다.

이상의 내용에 덧붙여 이 물질은 우리가 상상할 수 있는 한 어떤 형태로도 또 어떤 부분으로도 분할할 수 있다고 하자. 그리고 그 부분들 저마다는 모두 우리가 생각할 수 있는 어떤 운동이라도 받아들일 수 있다고 하자. 또 여기다 실제로 신은 그 물질을 많은 부분으로 나누어 어떤 것은 더욱 크게, 어떤 것은 작게 만들었다고 가정하자. 우리의 공상이 가는 대로 어떤 것은 어떤 형태를 취하며 다른 것과는 다른 형태를 취해도 좋다. 그렇다고 신이 이 부분들을 서로 분리시켜 부분 사이에 무언가 빈 곳이 있도록 했다는 것은 아니다. 우리의 생각은 오히려 신이 물질의 모든 부분에 부여한 구별은 신이 그 부분들에 준 운동의 다양성에 있다는 점이다. 신이 그 부분들에 준 운동의 다양성이란 것은, 즉 신은 그 부분들에 창조의 첫 순간부터 여러 종류의 운동을 주어 저마다의 부분이 다른 방향으로 운동을 시작하며 어느 것은 빠르게 어느 것은 느리게 움직이도록(또는 만일 바란다면 전혀 움직이지 않게 해도 된다) 만들었으며, 또 그 부분들이 나중에도 몇 개의 평범한 자연법칙에 따라 운동을 계속할 수 있게 했던 것이다. 왜냐하면 신은 이런 법칙을 완벽하고 훌륭하게 설정했기에 비록 신은 내가 말한 것 이상의 일을 무엇 하나 창조하지 않았다고 우리가 가정했다 하더라도, 거기서 나아가 신은 창조한 것들 가운데 아무런 질서도 비례도 부여하지 않고 시인들이라면 그릴 수 있을 법한 더할 나위 없이 혼란스럽고 조잡한 혼돈을 만들었던 것이라 해도 그 법칙들은 이 혼돈의 부분들이 자연스럽게 풀려나가 좋은 질서로 배치되어 매우 완전한 세상의 형상을 가지도록 하기에 충분하다. 이 아주 완전한 세상에는 빛뿐만 아니라 다른 모든 사물, 그러니까 실제 세상에 나타나 있는 일반적인 것과 개별적인 것마저도 발견할 수 있다.

하지만 내가 이 일을 좀 더 나아가 설명하기 전에 여러분도 멈춰 서서 혼돈을 고찰하고 다음 일에 유의하길 바란다. 즉 혼돈은 모른 척할 수 없을 만큼 아주 완전히 인식되는 것만을 포함한다. 왜냐하면 내가 그 혼돈에 붙인 성질에 대해 주의를 기울여 봐준다면 여러분이 상상할 수 있는 것만을 가정해 두었기 때문이다. 또한 혼돈을 구성하는 데 사용한 물질에 대해서 말하자면 살아 있지 않은 피조물 가운데는 이 이상 단순하며 인식하기 쉬운 것은 무엇 하나 없다. 그리고 그 물질의 관념은 우리 상상력이 형성할 수 있는 모두에 포함되어 있으며, 여러분은 필연적으로 그 관념을 떠올리거나 아니면 그 무엇도 결코 상상하지 않거나 둘 중 하나로 되어 있다.

그런데 철학자들은 매우 깊이 파고드는 걸 좋아해서 보통 인간에게는 극도로 명석하게 생각되는 것 가운데에서도 문제를 찾아내는 능력을 가지고 있다. 또 그들이 제1질료에 대해 가진 기억은—그들은 이 제1질료가 매우 생각하기 어려운 것임을 알고 있지만—내가 말하는 물질에 대한 인식에서 그들을 벗어나게 할지도 모른다. 그래서 여기서 나는 그들에게 다음과 같이 말할 필요가 있다. 즉 만일 내가 잘못 생각하고 있지 않다면 철학자들이 그들 자신이 말하는 물질에 대해서 찾아낸 문제는 모두 그들이 그 물질을 물질이 가진 양 그리고 외연적인 넓이와 구별하려 하는 점에서, 즉 물질을 물질이 가진 공간을 차지할 수밖에 없다는 성질과 구별하려는 점에서 오는 것이다. 말은 이렇게 해도 나는 이런 일에 대해 철학자들이 자기 자신의 주장이 이치에 맞다고 믿어도 전혀 상관없다. 왜냐하면 나에게는 그들에게 반박하기 위해 걸음을 멈출 의도 따위는 없기 때문이다. 하지만 철학자들 또한 내가 말하는 물질의 양은, 수가 셀 수 있는 것과 다르지 않듯이 물질의 실체와 다르지 않다고 내가 가정해도, 또 내가 물질의 연장 또는 물질이 공간을 차지한다는 성질은 물질에 있어서 부수적인 것이 아니라 물질의 진정한 형상 또는 본질이라고 생각해도 이런 일을 이상하게 여겨서는 안 된다. 왜냐하면 그들은 물질이라는 것을 이런 방법으로 떠올리는 건 무척 쉽다고 하는 말을 부정할 수 없기 때문이다. 그리고 내 의도는 그들처럼 현실 세계 속에 실제로 있는 일을 설명하는 게 아니라 단지 마음 내키는 대로 하나의 세계를 만들어 그 세계 안에서는 가장 조잡한 지력(知力) 밖에 갖지 못한 사람들이라도 생각할 수 있는 것만을 존재하게 하고, 그러면서도 그 세계는 내가 공상으로 만들어 낸 것과 완전히 마찬가지로 창조되었을지도 모르게 만드는 일이다.

만일 내가 그 세계에 뚜렷하지 않은 것을 조금이라도 넣었다면 그것들 가운데 무언가 숨겨진 모순이 있는데 내가 눈치채지 못하는 것이고, 따라서 그 일을 생각하지 않은 채 나는 무언가 불가능한 것을 상정했을지도 모른다. 그런데 내가 이 세계에 넣은 것은 모두 분명히 상상할 수 있으니까 이런 것이 본디(실제의) 세상에는 하나도 없었다 하더라도 신은 또한 그것을 이 새로운 세계 안에 창조할 수 있음이 확실하다. 왜냐하면 신은 우리가 상상할 수 있는 모든 것을 창조할 수 있기 때문이다.

제7장 이 새로운 세계의 자연법칙

　나는 더 이상 다른 일에 시간을 낭비하지 않고 어떻게 자연은 앞에서 말한 혼돈의 뒤얽힘을 스스로 풀 수 있는지, 그리고 신이 자연에 부여한 법칙은 어떤 것인지를 말하겠다.

　여기서 먼저 이해해 줬으면 하는 건, 자연이라는 것으로 나는 지금 어떤 여신이라든지 그 밖의 무언가 공상적인 힘 따위를 말하는 게 아니라 오히려 이 말을 물질 자체를 나타내기 위해 사용한다는 점이다. 다만 그럴 때 물질이란 내가 물질에 귀속시킨 모든 성질의 전부를 가졌다고 생각할 수 있는 한의 물질을 가리키며 또 신은 창조 이래 그 물질을 같은 방법으로 보존해 왔다는 조건 아래 말하는 것이다. 그 이유는, 신은 이렇게 그 물질을 계속 보존해 왔다는 것에서만 물질의 모든 부분에는 많은 변화가 있으리라는 결론이 필연적으로 나오기 때문이다. 하지만 신의 활동은 변화하지 않기에 그런 변화는 정확히는 신의 활동에 귀속되지 않는다고 생각된다. 그래서 나는 그들의 변화를 자연에 귀속시킨다. 그리하여 이 변화가 생길 때 따르는 모든 법칙을 나는 '자연법칙'이라 이름 붙였다.

　이것을 보다 잘 이해하기 위해 다음 일을 떠올려 주기 바란다. 즉 우리가 물질의 모든 성질 가운데 가정한 것은 물질의 입자가 창조된 뒤로 온갖 다양한 종류의 운동을 계속해 왔다는 점, 그리고 이 입자들은 모두 여러 각도에서 서로서로 닿아 있어 입자들 사이에는 빈 곳이 하나도 존재하지 않는다는 점이다. 여기서 필연적으로 귀결하는 건, 입자는 운동을 시작한 그때부터 서로 부딪히며 운동을 변화시키고 다양화했다는 점이다. 그렇기에 만일 신이 창조한 뒤에 물질의 모든 입자를 창조했을 때와 같은 상태로 보존하고 있다 해도, 신은 그 입자들을 같은 상태로 보존하고 있는 건 아니다. 즉 신은 언제나 똑같이 일하며, 따라서 언제나 같은 결과를 실제로 만들어 내고 있지만 이 결과 가운데는 이른바 부수적으로 많은 차이가 있다. 게다가 누구나 알고 있듯 신은 변하지 않는 존재이기에 언제나 같은 방식으로 일한다는 것을 믿기 쉽다. 그러나 이 이상 파고들어 이런 형이상학적인 고찰에 빠지지 않고 나는 여기서 두세 가지 원리적인 규칙, 즉 신이 그것에 따라 이 새로운 세계의 자연을 활동시킨다고 생각해야만 하고 또 내가 믿는 다른 모두를 여러분에게 인식시키기에 걸맞은 두세 가지 원리적 규칙만을 말하고 싶다.

첫 번째 규칙. 물질의 입자들은 다른 몇 개의 입자가 그것에 부딪혀 형태 변화를 강요하지 않는 한 늘 저마다 같은 상태를 계속 유지한다. 만일 그 입자가 어떤 크기를 가지고 있다면 다른 입자가 그것을 분할하지 않는 이상 더 작아지는 일은 결코 없을 것이고, 만일 그 입자가 둥글다든지 뾰족하다든지 하면 다른 입자가 강요하지 않는 한 그런 형태를 바꾸지는 않을 것이다. 또한 만일 그 입자가 어느 장소에 머물러 있다면 다른 입자가 쫓아내지 않는 한 결코 그 장소에서 나오지 않을 테고, 만일 그 입자가 다시금 움직이기 시작했다면 다른 것이 그것을 멈추게 하거나 속도를 늦출 때까지는 언제나 똑같은 힘을 가질 것이다.

이와 같은 규칙이 본디(실제의) 세계에서도 크기, 형태, 정지, 그 밖의 비슷한 많은 일들에서도 지켜진다는 걸 믿지 않는 사람은 아무도 없다. 하지만 철학자들은 이 법칙에서 운동을 제외했다. 그러나 나는 운동이야말로 이 법칙 속에 가장 분명하게 포함시키고 싶다. 그렇지만 내가 그들에게 반박하려는 의도로 그런다고는 생각하지 말아줬으면 한다. 그들이 말하는 운동은 내가 생각하는 운동과는 매우 다르기 때문에 한쪽의 운동에 대한 진리가 다른 한쪽의 운동에 대한 진리는 아닐 수도 있는 경우가 쉽게 일어난다.

철학자들 스스로가 그들이 말하는 운동 본성은 거의 인식되지 않는다고 고백했다. 그리고 그 운동 본성을 조금이라도 이해할 수 있는 것으로 하기 위해서 그들은 다음과 같은 술어 이상으로 명료하게 설명하는 건 아직 못한다. Motus est actus entis in potentia, prout in potentia est(운동은 가능태(可能態)에 있는 존재자의 가능태로 있는 한의 영향이다). 이런 말은 나에게는 매우 애매하기에 나는 그것을 그들의 언어대로 내버려 둘 수밖에 없다. 왜냐하면 나는 그런 말을 이해할 수 없기 때문이다(실제 이 제언—운동은 가능태로 있는 존재자의 가능태에 있는 한의 영향이다—은 프랑스어로 바꿔보아도 명료해지지 않는다). 하지만 이것과 반대로 여기서 내가 말하는 운동의 본성은 매우 쉽게 인식되므로, 이른바 스스로 고찰하는 일을 뚜렷이 떠올리고자 온갖 사람들 가운데 가장 열심히 노력하는 기하학자들마저 그것을 자신들이 사용하고 있는 면(面)이라든지 선(線)이라는 본성보다 더 단순하며 이해하기 쉬운 것이라고 판단할 만큼의 것이다. 이것은 그들이 선을 하나의 점 운동으로 설명하고 면을 하나의 선 운동으로 설명하는 데에서 볼 수 있다.

철학자들은 또 다음과 같은 많은 운동을 가정해 그것들을 어떤 물체의 위치 변화도 없이 생겨나게 할 수 있는 운동이라고 생각한다. 예를 들어 그들이 말하는 Motus ad formam, motus ad calorem, motus ad quantitatem〔실질적 형상으로의 운동(생성), 열로의 운동(질의 변화), 양으로의 운동(증가)〕이라든지 그 밖의 많은 것이 그렇다. 하지만 나는 기하학자들의 선분(線分)보다 쉽게 떠올릴 수 있는 운동 말고는 어떠한 운동을 모른다. 그 운동이란 물체를 한 장소에서 다른 장소로 이동시켜 그 두 장소 사이에 있는 모든 공간을 차례차례 차지하게 하는 운동이다.

게다가 철학자들은 이 여러 운동들 가운데 가장 하위의 운동에마저 정지보다 훨씬 실질적이며 실재적인 존재성을 귀속시켜, 정지는 운동의 결여와 다름없다고 말했다. 하지만 나는 정지 또한 하나의 성질이라고 여긴다. 물질이 어떤 한 위치에 머물러 있는 동안은 그 물질에 정지라는 성질을 귀속시켜야 하는 건, 그 물질이 장소를 바꾸는 동안은 운동이라는 성질이 그 물질에 귀속되는 하나의 성질인 것과 마찬가지이기 때문이다.

마지막으로 철학자들이 말하는 운동은 매우 특이하기에 다른 모든 사물은 완전성을 목적으로 자신을 보존하는 일에만 노력하지만 운동은 정지 말고는 다른 어떤 것도 목표로 갖지 않는다. 더욱이 자연의 모든 법칙에 반해 운동은 스스로 자신의 파멸을 향해 노력한다. 하지만 이와 반대로 내가 가정한 운동에 따르는 자연법칙은 물질 안에서 찾을 수 있는 모든 구조 그리고 모든 성질을 일반적으로 만들어 내는 자연의 법칙과 같다. 그러므로 학자들이 Modos et entia rationis cum fundamento in re(실재자에게 기초를 둔 모습이나 개념적 존재)라든지 Qualitates reales(실재적 성실)라 부르는 것도 이것과 같은 법칙을 따른다. 하지만 솔직히 말하면 이런 모습이나 성질 안에 다른 모습이나 성질보다도 실재성이 있다고 나는 생각하지 않는다.

두 번째 규칙으로 나는 다음을 가정한다. 즉 어느 한 물체가 다른 한 물체를 밀어낼 경우 민 물체가 밀린 물체에 어떠한 운동을 줄 때 민 물체는 반드시 자신의 운동을 같은 양만큼 동시에 잃고, 밀린 물체로부터 운동량을 빼앗을 때는 반드시 민 물체 자신의 운동이 그만큼 커진다. 이 규칙과 첫 번째 규칙을 합치면 하나의 물체가 다른 물체를 밀거나 멈추는 것으로 운동을 시작하거나 중지하거나 하는 모든 경험에 매우 잘 들어맞는다. 왜냐하면 앞서 첫 번째 규칙을 가정해 두었으니 학자들이 빠지는 곤란—그러니까 돌이 던진 사람의 손에서 떨어진 뒤에도 한동안 계속 움직이는 현상에 대한 이유를 찾으려다가 학자들이 빠진 곤란—에서 우리는 벗어나 있기 때문이다. 즉 우리는 오히려 '그 돌은 왜 언제까지나 계속 움직이지 않는가' 질문할 것이기 때문이다. 하지만 이 이유는 간단하게 찾아낼 수 있다. 그 돌은 공기 속에서 운동하는데 이 공기가 돌에 저항을 한다는 것을 과연 누가 부정할 수 있을까? 돌이 공기를 가르며 나아갈 때 공기가 쉭쉭 소리 내는 게 들리고, 또 부채나 매우 가벼우며 넓은 물체를 공기 속에서 움직였을 경우 공기는 그 부채라든지 그런 물체의 운동이 지속되는 것을—누군가(예를 들어 아리스토텔레스)가 주장하려 했듯이—막는다는 걸 손바닥에 주어지는 압력으로 느낄 수도 있다. 하지만 이를테면 우리의 두 번째 규칙에 의한 저항 효과에 설명이 부족하다고, 그리고 보다 저항이 강한 물체일수록 다른 물체의 운동을 멈추는 일도 그만큼 쉽다고 생각하기로 하자. 이런 생각을 사람들은 먼저 믿을지도 모른다. 하지만 이 경우 다음과 같은 이유를 말하는 데 다시 매우 고생을 하지 않으면 안 된다. 즉 돌의 운동이 약해지는 건 오히려 부드러운 물체 그러니까 저항이 그다지 강하지 않은 물체에 충돌했을 때이며, 더 딱딱하고 한결 저항이 강한 물체에 충돌했을 때가 아닌 건 왜일까(예를 들어 아리스토텔레스의 저항 개념은 때로는 밀도, 때로는 점성의 관념을 포함하며 저항력을 의미하는 현대 적용법은 오히려 드물다)? 또 마찬가지로 돌이 딱딱하고 저항이 큰 물체에 충돌했을 때에는 돌은 이 물체에 조금 힘을 주기는 하지만 바로 자신이 온 길로 되돌아갈 뿐, 부딪혔다는 이유만으로 운동을 중단하거나 멈추지 않는 건 왜일까?

이와는 반대로 두 번째 규칙을 가정한다면 앞의 물음에 답하는 게 전혀 어렵지 않다. 왜냐하면 두 번째 규칙이 우리에게 가르쳐 주는 것은 물체의 운동(의 속도)은 다른 물체에 충돌한 경우 충돌당한 물체가 충돌한 물체에 저항하는 정도에 비례해 느려지는 게 아니라, 충돌당한 물체의 저항이 충돌한 물체를 따르면서 충돌한 물체가 잃은 운동의 힘을 자신 속으로 받아들이는 정도에 비례한 만큼만 느려진다는 것을 알 수 있기 때문이다.

자, 우리가 실제 세상에서 관찰하는 운동의 경우 거의 움직이기 시작하거나 움직임을 멈추는 물체가 다른 물체들에 의해 밀리거나 멈춰지는 것을 느낄 수 없다고 하더라도, 이 두 가지 규칙이 정확히 지켜지지 않는다고 우리가 판단할 이유는 없다. 왜냐하면 아래에서 설명할 말은 모두 확실하기 때문이다. 즉 그런 물체는 자주 기와 불이라는 두 원소에서 활동을 받는다. 그리고 이 두 원소는 늘 그런 물체 사이에 섞여 존재하고 있지만 조금 전에 말했듯이 거기에서 감각될 수는 없다. 또 그런 물체는 기의 원소 가운데서도 큰 편에 속하는 것으로부터도 영향을 받는데, 이 큰 편에 속하는 기의 원소 또한 감각되지 않으며 그리고 그 물체들은 자신의 활동을 어떤 때는 이 큰 편에 속하는 기의 원소에 전달할 수 있고 또 어떤 때는 땅의 원소 덩어리 전체에도 전달할 수 있다. 그러나 땅의 원소 덩어리에서 물체의 활동은 확산되어 버리기 때문에 여기서도 물체의 활동은 지각되지 않는다.

하지만 우리 감각이 지금까지 실제 세계에서 경험한 것 모두가 이 두 가지 규칙에 합의되어 있는 일에 분명히 위반된 것처럼 생각된다 하더라도, 이 두 가지 규칙을 증명하는 근거는 매우 강한 것이라고 나는 생각하기에 내가 여러분에게 서술하는 새로운 세상에서도 이 두 가지 규칙을 어떻게든 가정해야만 한다고 나는 믿는다. 왜냐하면 설령 생각하는 대로 선택하려고 해봤자 진리를 수립하기 위한 기초로는 신의 부동성 그 자체와 불변성을 취하는 것 말고는 그보다 강하며 더욱 견고한 어떤 기초도 찾아낼 수는 없기 때문이다.

자, 분명히 이 두 가지 규칙은 다음과 같은 이유로, 그러니까 신은 변하지 않으며 늘 같은 방법으로 활동하기에 늘 같은 결과를 얻는다는 이유에서 귀결된다. 왜냐하면 신이 물질을 창조한 가장 첫 순간부터 모든 물질의 총체 안에 있는 양만큼의 운동을 두었다고 가정하면, 신이 물질의 총체 안에 처음에 둔 것과 같은 양의 운동을 언제나 보존한다는 것을 인정해야만 신이 언제나 같은 방법으로 활동한다는 것을 믿을 필요가 없든가 둘 중 하나가 되어야 하기 때문이다. 게다가 여기에 덧붙여 이 가장 첫 순간 뒤로 물질의 다양한 입자—거기서 운동은 균일하지 않게 확산한다—는 그 입자들이 가진 힘에 따라 운동을 서로서로 전달하거나 보존하고 있다고 가정한다면, 신은 그 물질들의 입자에 언제나 같은 일을 시키고 있다고 생각하지 않을 수 없다. 그리고 이거야말로 두 규칙이 합의한 점이다.

세 번째 규칙으로 나는 다음을 덧붙이고자 한다. 즉 어떤 물체가 운동을 할 때 그 운동은 자주 곡선을 그리며 또 그 물체는 어떠한 고리 형태가 되지 않는 운동은 결코 할 수 없다는 점을 앞에서 말한 바 있지만, 그 물체의 부분들은 저마다 언제나 직선운동을 계속하려 한다. 마찬가지로 그 부분들의 활동, 즉 그 부분들이 가진 운동의 경향은 그들이 하는 실제 운동과는 다르다.

예를 들어 만일 하나의 바퀴를 그 굴대 둘레에 회전시키면 그 바퀴의 모든 부분도 원운동을 하게 된다. 왜냐하면 그 부분들은 서로 결합되어 있으므로 그런 식으로 움직일 수밖에 없기 때문이다. 하지만 그 부분들이 가진 경향은 직진하는 것이다. 이것은 그 부분들 가운데 어느 것이 우연히 다른 부분에서 분리한 경우에 명료하게 볼 수 있다. 왜냐하면 그 부분은 자유로워지자마자 원 고리 형태의 운동을 그만두고 직선적으로 계속 움직이기 때문이다.

마찬가지로 하나의 돌을 투석기에 넣어서 돌릴 때 그 돌은 투석기에서 나오자마자 직선적으로 나아간다. 뿐만 아니라 그 돌은 투석기 안에 들어 있던 동안에도 투석기 중심에 저항을 주어 끈을 팽팽하게 만든다. 이로써 분명히 알 수 있는 건 그 돌이 직선적으로 나아가는 경향을 언제나 가지고 있다는 점과, 속박받지 않으면 그 돌은 원 고리 형태로는 움직이지 않는다는 점이다.

이 규칙도 앞의 두 규칙과 같은 기초 위에 서 있다. 이 규칙이 의존하는 건 신은 사물을 (순간마다) 연속한 하나의 활동으로 보존한다는 것, 따라서 또 신이 사물을 보존하는 건 얼마간 앞의 시점에 있어 그 사물이 있을 수 있는 상태가 아니라 그 사물을 신이 보존하는 그 순간에 그 사물이 그야말로 틀림없이 존재하는 상태라는 것뿐이다. 그런데 모든 운동 가운데 가장 간단한 건 직선운동뿐이다. 직선운동의 모든 성질은 한순간 안에 포함되어 있다. 왜냐하면 직선운동을 떠올리기 위해서는 하나의 물체가 어떤 하나의 방향으로 현실에서 활동하며 운동하는 것을 생각하면 충분하고, 이것은 그 물체가 운동하는 동안에 결정할 수 있는 순간마다 일어나는 일이기 때문이다. 이에 반해 원운동—그 밖에 어떤 운동이라도 좋은데—을 떠올리기 위해서는 적어도 그 운동 가운

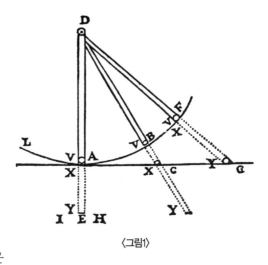

〈그림1〉

데 두 순간, 또는 오히려 그 운동의 두 부분과 그 두 부분 사이의 관계를 생각하지 않으면 안 된다.

하지만 철학자들—또는 오히려 궤변가들이라 하는 게 좋을 듯한—이 그들의 눈속임에 지나지 않는 정교하고 치밀한 주장을 여기서 펼칠 기회를 잡지 못하도록 주의해 줬으면 좋겠다. 이 말은 직선운동이 한순간 안에 만들어진다는 게 아니라 점차적으로 직선운동을 만드는 데 필요한 모든 일은 물체 안에, 더욱이 물체가 운동하는 동안 측정할 수 있는 순간 안에 있지만 원 고리 형태의 운동을 만들어 내는 데 필요한 일 모두는 이런 식으로는 되어 있지 않음을 의미할 뿐이다.

예를 들어(〈그림1〉 참조) 만일 하나의 돌이 투석기에 넣어져 AB라는 표시를 붙인 원을 따라 운동한다고 하자. 또 그 돌의 상태는 그 돌이 점 A에 도달한 순간에 취하고 있는 상태에 다름없다고 생각하면 그 돌이 운동의 현실태에 있다는 걸 깨달을 수 있다. 왜냐하면 그 돌은 A점에서 멈춰 있지 않기 때문이다. 게다가 그 돌이 어느 한 방향, 그러니까 C로 가는 운동의 현실태에 있다는 걸 볼 수 있다. 왜냐하면 이 돌의 활동은 이 순간에 C로 향해 있기 때문이다. 하지만 여러분은 그 돌의 운동을 원 고리 형태로 만드는 것을 무엇 하나 찾을 수 없을 것이다. 이렇게 해서 그 돌이 점 A에 있어 투석기 밖으로 나가기 시작했다 하고, 신은 그 돌을 이 순간의 상태 그대로 계속 보존시킨다고 하면 신은 그 돌을 보

존하는 데 선 AB에 따라 원 형태로 나아가는 경향을 가지도록 보존하는 게 아니라 점 C쪽으로 곧바로 나아가는 경향을 가지도록 그 돌을 보존하는 게 확실하다.

그래서 세 번째 규칙에 따르면 세상에 존재하는 모든 운동에 대해 운동이 존재하며 또 직선운동인 한 그 모든 운동의 작자는 신이 아니면 안 된다. 하지만 또 동시에 물질의 배치가 다양하며 이것이 모든 운동을 불규칙적인 것, 휘어진 것으로 만든다고도 말해야 한다. 같은 일을 신학자들도 우리에게 가르친다. 즉 신은 우리 모두에 대해 그러한 활동이 존재하고 어떤 선한 성질을 포함하고 있는 한 그 활동들의 작자이지만, 그 활동들을 나쁘게 만드는 것은 우리의 의지 성향이다.

나는 여기서 저마다의 일을 정하기 위해 많은 규칙을 조금 덧붙일 수도 있다. 즉 어떤 경우에, 어떻게, 어느 정도로, 물체의 운동이란 것은 다른 물체와 부딪혀서 방향을 바꾸거나 양을 늘리거나 줄이거나 할 수 있는지를 결정하기 위한 모든 규칙(《철학의 원리》 제2부 참조)을 나는 여기서 더 더해도 좋다. 운동에 대한 법칙들 안에 자연의 모든 현상이 집약적으로 들어 있다. 하지만 이미 내가 설명한 세 가지 규칙 말고는 영원한 진리에서 오류를 범하지 않고 귀결되는 다른 규칙을 인정하고 싶지 않다고 여러분에게 말한 것만으로 나는 만족하겠다. 수학자들도 그들의 가장 확실하며 명증적인 여러 증명을 그 영원한 진리에 바탕을 두는 것을 관례로 삼아왔다. 이들의 영원한 진리야말로 신이 모든 사물을 다루는 수와 무게와 길이의 측도(測度)에 따른 것이라는 사실을 신 자신이 우리에게 가르쳐 주는 거라고 말하고 싶다. 그리하여 또 이 진리들의 인식은 우리 영혼에 있어 매우 본성적이기에 그 진리들을 분명하게 떠올릴 때에는 그것들을 오류가 없다고 판단하지 않을 수 없으며, 또한 만일 신이 많은 세계를 만들었다 해도 그런 세계에서도 이 영원한 진리들은 현재의 이 세상의 것과 완전히 마찬가지로 진리임을 의심할 수는 없다고 나는 말한다. 이렇게 해서 이 영원한 진리들과 우리 규칙의 모든 귀결을 충분히 음미한 사람들이라면 결과를 그 원인에서 인식할 수 있다. 그리고—나 자신의 의견을 학원의 술어를 써서 표현한다면—이 사람들은 이 신세계에서 태어날 수 있는 모든 일의 아프리오리한 증명을 할 수 있다.

그리고 이런 일을 막는 예외가 하나도 없도록 마지막으로 우리는 다음 가정을 덧붙이고 싶다. 즉 신은 앞으로 기적을 하나도 보여주시지 않을 것이고 지성적 실체나 이성적 정신—이런 것이 존재한다고 우리는 나중에 가정할 것이다—이 자연이라는 것의 보통 과정을 어떠한 방법으로든 헝클이지 않을 거라는 가정을 더해 줬으면 한다.

  하지만 나는 앞으로 말해야 하는 모든 일을 정확하게 증명하겠다고 여러분에게 약속한 것은 아니다. 나는 여러분이 그런 증명을 추구하는 노력을 하고자 할 때 스스로 그 증명을 찾아낼 수 있는 통로를 여러분들을 위해 열 수 있다면 그걸로 충분하다. 거의 모든 정신은 일이 너무나 쉽게 되어버리면 실망하고 만다. 그러므로 여기서 여러분의 마음에 들 만한 그림을 그리기 위해서는 밝은 색을 더하듯 그림자 또한 사용할 필요가 있다. 그래서 나는 자신이 시작한 서술을 이대로 계속하려고 생각하는 것이며 여러분에게 하나의 우화를 들려주는 이상의 의도는 없다.

제8장 이 새로운 세상의 해와 별의 형성

물질의 모든 입자 가운데 신이 처음에 만든 입자들의 차이와 혼란이 무엇이든, 이윽고 그 물질들의 입자는 신이 자연에 준 모든 법칙에 따라 거의 대부분이 크기도 운동도 중간 정도로 되어버려 이렇게 그 입자들은 앞에서 설명했듯 제2원소의 형상을 취할 게 틀림없다. 왜냐하면 이 물질을 신이 운동 능력을 부여하기 전의 어떤 상태에 있는 것으로 생각한다면 우리는 그것을 세상에서 가장 견고한 물체이리라 상정할 터이기 때문이다. 따라서 우리는 그런 물체의 어떤 입자를 밀더라도 남은 모든 입자들을 그 일로 인해 밀거나 끌지 않을 수는 없다. 그래서 그 물체 입자 하나에 처음으로 준 운동과 자기 분할의 활동 또는 힘은, 한순간에 다른 모든 입자에게도 가능한 한 평등하게 퍼져 배분된다고 생각하지 않으면 안 된다.

이 평등성이 절대적으로 완전한 것일 수는 없다는 말은 진실이다. 왜냐하면 첫째로 이 새로운 세계에는 빈 곳이 전혀 없으니까 물질의 모든 입자가 직선적으로 움직이는 것은 불가능했기 때문이다. 하지만 이 물질의 모든 입자는 거의 서로 비슷하게 또 모두 마찬가지로 쉽게 방향을 바꿀 수 있으므로 그 전체가 일치해 어떤 종류의 원 고리 상태 운동을 일으키게 되었을 것이다. 그러나 신이 그 입자들을 처음 다양하게 움직였다고 가정했으니 우리는 입자가 모두 합체해서 그저 하나의 중심 주변을 돈다고 생각할 게 아니라 오히려 많은 중심 주변을 돈다고 생각해야 한다. 그리고 우리는 이 다른 중심들은 서로 여러 위치를 차지하고 있다고 생각해야 한다.

이상으로 미루어 이 중심들에 더욱 가까운 입자는 한결 중심에서 떨어진 입자에 비해 마땅히 활발함은 덜하거나 크기가 훨씬 작거나 또는 동시에 이 둘을 다 가졌을 것이라고 결론지을 수 있다. 왜냐하면 이 입자들 모두는 직선상으로 운동을 계속하려는 경향을 가졌기에 가장 큰 원—가장 직선에 가까운(곡률이 영에 가까운)―을 그렸을 터인 입자가 가장 강력하다는 것, 즉 같은 활동을 준 것들 가운데서는 가장 크고 마찬가지로 거친 것들 가운데서는 가장 활발히 활동하는 것이 확실하기 때문이다. 또 이상과 같은 원 3, 4개 또는 그보다 많은 원에 둘러싸인 물질은 처음에는 다른 물질만큼은 분할되지 않고 또 활동도 뒤떨어져 있었다. 거기다 신은 처음에 여러 종류의 차이를 물질 입자들 사이에 두었다고 우리가 가정했기에, 우리는 물질 입자는 그때 뒤로 여러 종류의 크기와 형태를 가지며 여러 방향을 향해 여러 방법으로 운동을 하려고 하거나 또는 (운동을) 하지 않으려 하도록 배치되어 있다고 생각해야 한다.

하지만 이상의 일은 입자가 곧 완전히 평등하다고 말해도 좋게 되는 일, 특히 회전 중심에서의 거리가 같은 곳에 존재를 유지하는 입자가 서로 거의 완전히 비슷해지는 일을 방해하지 않는다. 왜냐하면 그런 입자는 다른 것 없이 독립적으로 움직일 수 없기에 더욱 활발한 입자는 그 운동을 더욱 활발하지 않은 입자에게 전달할 수밖에 없었고, 훨씬 큰 입자는 그것에 선행하는 입자와 같은 장소를 통과할 수 있도록 스스로 부서져 분할할 수밖에 없었든지 또는 회전의 중심에서 멀리 떨어질 수밖에 없어 마침내 입자는 시간이 지나면 모두 질서 있게 배열되고, 이렇게 해서 입자가 그 코스(진로)의 중심점에서 한결 떨어지든지 그다지 떨어지지 않는가는 그 입자의 크기와 활동이 다른 입자에 비해 크고 작은지에 따르기 때문이다. 그리고 또 입자의 크기는 언제나 운동의 속도와 상반되기 때문에 중심에서 먼 쪽의 입자는 가까운 쪽의 입자보다도 조금 작지만 훨씬 활동적이라고 생각해야 한다.

완전히 같은 일이 입자의 형태에 대해서도 일어난다. 물론 우리는 다양한 종류의 형태를 가진 입자가 처음에 존재했다고 가정할 것이고 또 거의 모든 입자는 하나의 돌을 깨부순 경우의 가루 파편처럼 많은 모서리와 측면을 가졌을 거라고 가정한다. 하지만 그로부터 나중에 입자는 서로 부딪히며 움직여 모서리의 날카로운 부분이 조금씩 부서져 뾰족한 측면을 부드럽게 해 거의 둥글게 되리라는 것은 확실하다. 마치 모래알이나 조약돌이 강물 속에서 굴러 둥글게 된 것과 같다. 그래서 지금은 꽤 가까운 곳에 있는 입자들 사이뿐만 아니라 멀리 떨어진 입자들 사이에도 누군가가 조금 빨리 운동할 수 있다든가 어느 한 쪽이 다른 쪽보다 크다든가 작다든가 하는 것 말고는 눈에 띄는 차이는 아무것도 없다. 이 점은 우리가 그 입자들 전체에 같은 형상을 귀속시키는 데 방해가 되지 않는다.

다만 몇몇 입자를 이 입자들로부터 제외해 둘 필요가 있다. 즉 처음부터 다른 입자에 비해 훨씬 크고 그리 쉽게는 분할될 수 없는 입자라든지, 매우 불규칙해서 방해가 되는 형태이기에 부서져서 둥글게 되는 것보다는 오히려 많은 입자가 하나로 이어져 버린 입자를 제외해야만 한다. 이렇게 해서 이 입자들이 제3원소 형상을 유지하며 내가 이제부터 말하게 될 유성이나 혜성을 구성하는 데 사용된다.

게다가 또 다음을 주의할 필요가 있다. 즉 제2원소 입자 주변에서 그 제2원소 입자의 모서리가 부서져 부드러워짐으로써 만들어진 물질은 필연적으로 제2원소 입자보다 훨씬 빠른 운동을 얻었을 터이고, 또 그와 동시에 쉽게 부서져 순간마다 형태를 바꿔 자신이 현재 있는 장소의 형태에 순응하게 되었을 것이며, 이렇게 해서 그 물질이 제1원소 형상을 취한 것이다.

나는 이 물질이 제2원소 입자보다 훨씬 빠른 운동을 획득했을 거라고 말하고 싶다. 그리고 그 근거는 분명하다. 왜냐하면 그 물질은 제2원소 입자가 서로 정면에서 계속 부딪히려 할수록 그 옆의 매우 좁은 통로를 지나 제2원소 입자 사이에 끼어 있는 공간 밖으로 나오지 않으면 안 되기에, 제2원소가 같은 시간 안에 나아가는 것보다 훨씬 긴 길을 지나기 때문이다.

다음 일도 제1원소에 대해 주의할 필요가 있다. 즉 제2원소가 구의 형태이기에 필연적으로 주변에 남아 있는 작은 공간을 채우는 데 필요한 이상의 제1원소는 제2원소 입자의 회전 중심 쪽으로 내려갈 것이다. 왜냐하면 보다 중심에서 떨어진 곳 모두를 제2원소 입자가 차지하고 있기 때문이다. 이 제1원소 물체는 이 물체를 둘러싼 제2원소 입자와 같은 방향으로 멈추는 일 없이 제2원소 입자보다도 훨씬 빠르게 회전하는 것이며, 이 물체에 가장 가까운 (제2원소) 입자의 활동을 증대시키는 힘, 그리고 회전의 중심에서 원주 쪽으로 여러 방향에 제2원소 입자 모두를 밀어 제2원소 입자 또한 서로 밀도록 만드는 힘을 가지고 있다. 이 일은 게다가 내가 할 수 있는 한 가장 정확히 앞으로 설명할 필요가 있는 하나의 활동에 의해 일어난다. 이런 식으로 설명하지 않으면 안 되는 이유를 나는 여기서 여러분에게 미리 말해 두지만, 우리가 빛이라 이해하는 것은

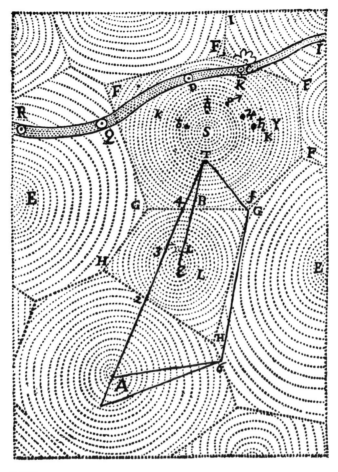

〈그림2〉

기호 ☿, ♀, T, ♂, ♃, ♄는 저마다 수성, 금성, 지구, 화성, 목성, 토성을 나타낸
다. 제6장의 천구도 참조.

그야말로 이 활동이기 때문이며 아울러 우리는 완전히 순수한 제1원소 물질
에서 구성된 이 둥근 물체 가운데 하나를 내가 그리는 새로운 세계의 태양, 그
밖의 것을 마찬가지로 항성이라 이해하며 이 물체들 주변을 회전하는 제2원소
물질을 드넓은 하늘이라 이해할 것이기 때문이다.

　예를 들어 다음과 같이 상상해 보자. 즉 (〈그림2〉 참조) 점 S·E·ε·A는 내가 말
한 운동 중심의 몇 가지이고, 공간 FGGF에 포함된 물질 전체는 S라 표시한 태

양 주변을 회전하는 하나의 하늘이며, 그리고 공간 HGGH의 물질 전체도 ε라 표시한 별 주변을 회전하는 하나의 하늘이라 하여 아래와 마찬가지로 생각하자. 그러면 항성이 있는 것과 같은 만큼의 다른 하늘이 존재하게 되며 게다가 별의 수는 한계가 없기에 하늘의 수 또한 한계가 없다. 그리하여 하늘(항성천, 그러니까 제8천)이란 모든 하늘을 하나하나 전부 서로 나누는 두께가 없는 면이나 다름없다고 하자.

또 다음을 생각해 주었으면 한다. 즉 F 또는 G 주변에 있는 제2원소 입자는 K 또는 L 주변에 있는 지점—예를 들면 태양 주변의 구면(球面) KK라든지 별 ε 주변의 구면 LL이라든지—까지는 조금씩 감소한다는 것, 따라서 입자의 속도는 그 구면들에서 하늘의 중심까지 조금씩 늘어나지만 그 증가는 하늘의 중심에 있는 천체 활동에 원인이 있다는 것, 이렇게 해서 K 주변에 있는 제2원소 입자가 태양 둘레에 완전한 하나의 원을 그릴 시간에 이 K보다 열 배나 태양에 가깝다고 내가 가정한 T 주변에 있는 제2원소 입자는 K 주변의 입자와 같은 속도로밖에 움직이지 않는 경우처럼 태양 주변에 원을 열 번 그리는 데 그치지 않고 아마도 서른 번 이상 그릴 것이다. 더 나아가 F 또는 G 주변에 있는 제2원소 입자는 F와 G가 K에 비해 이삼천 배 떨어져 있다고 하면 K의 한 바퀴에 비해 예순 번 이상이나 원을 그릴 수 있다. 이로 미루어 여러분은 다음과 같은 일을 바로 이해할 수 있다. 즉 높은 곳에 있는 유성은 낮은 곳에 있는 유성, 그러니까 태양에 한결 가까운 유성보다 천천히 운동할 것이며 유성 전체는 태양에서 어쨌든 많이 떨어져 있는 혜성보다 훨씬 천천히 운동한다는 것을 말이다.

제2원소 입자 저마다의 크기에 대해서는 하늘 FGGF의 바깥 둘레에서 원 KK까지에 있는 입자 모두는 평등하다고 생각할 수 있다. 또는 이 제2원소 입자 가운데 높은 곳에 있는 것과 낮은 곳에 있는 것을 비교하면 만일 입자 크기의 차이를 입자의 속도 차이보다도 비례적으로 훨씬 크다고 가정하는 게 아니라면[4] 높은 곳에 있는 것은 낮은 곳에 있는 것과 비교해 조금 작다고까지 생각할 수 있다. 그런데 원 K에서 태양까지의 사이에는 더욱 작은 제2원소의 입자는 더욱 낮은 곳에 있으며 이 사이의 입자 크기는 속도 차이에 비해 비례적으

---

4) 이 구 원운동 '속도'와 '크기'라는 말의 위치가 뒤바뀐 게 아닐까 생각되지만 원문을 따랐다.

로 보다 크거나 적어도 같다고 생각해야 한다(속도와 크기는 반비례적으로 생각한다). 왜냐하면 바꿔 말해 이런 가장 낮은 쪽의 입자가 활동하려 한층 강력[5] 하다고 하면 그 입자는 가장 높은 곳을 차지하러 갈 터이기 때문이다.

마지막으로 다음을 주의해 주었으면 한다. 내가 태양이나 다른 항성의 형성 방법에 대해 말한 것에 비추어, 이 물체들은 이들을 감싼 하늘에 비교한다면 매우 작고 KK나 LL이나 그 밖의 같은 원, 그러니까 태양이나 그 밖의 항성의 활동이 제2원소 물질의 흐름을 어디까지 촉진시키는가를 나타내는 원 모두마저도 이 하늘에 비교한다면 하늘의 중심을 나타내는 점 같은 것이라고만 보여진다는 것을 말이다. 그래서 새로운 천문학자들은 토성 구(球) 전체도 하늘(항성천)에 비해서는 점 같은 것으로만 본다.

---

[5] 운동량의 크기. 중세에서는 힘이 속도와 질량의 축적이라 해석했다.

제9장 유성과 혜성의 기원 및 진로의 일반론. 특히 혜성에 대해

자, 유성과 혜성에 대해 이야기를 시작하기 전에 다음을 생각해 주었으면 한다. 즉 물질 입자의 다양성에 대해 내가 가정한 것으로부터, 물론 많은 입자는 서로 충돌함으로써 부서져 분할해 제1 또는 제2원소의 형상을 취했을 테지만 그래도 제3원소의 형상을 유지할 수밖에 없었던 두 종류의 입자 또한 아직 따로 존재했을 것이다. 즉 매우 넓고 또 걸릴 곳이 많은 형태를 가졌기에 서로 충돌했을 경우 부서져 작아지기보다는 오히려 쉽게 몇 개가 결합해 버림으로써 커진 것, 그리고 처음부터 전부 가운데서도 매우 크고 질량이 있는 편이었기에 다른 것과 부딪혔을 경우에는 그 상대들을 충분히 파괴해 부술 수 있었지만 반대로 상대에 부딪혀 부서지는 일은 없었던 것이 그것이다.

자, 비록 이 두 종류의 입자가 처음에는 매우 활동적이었다든지 또는 전혀 활동적이지 않았다고 상상해 보아도 곧 그 입자들은 그들을 둘러싼 하늘의 물질과 같은 기세로 움직이지 않으면 안 되는 게 확실하다. 왜냐하면 만일 그 입자들은 처음에 하늘 물질보다 빨리 운동하고 있었다고 해도 가는 길에서 충돌하는 하늘의 물질을 밀 수밖에 없으니까 그 입자들은 잠시 시간이 흐르면 하늘의 물질에 스스로의 활동 일부를 전달하지 않으면 안 되었을 것이고, 만일 반대로 그 입자들이 그 자체로서는 운동하는 경향을 전혀 가지지 않았다고 해도 하늘의 물질 모든 부분에서 둘러싸여 있었던 만큼 그 입자들은 하늘 물질의 흐름에 필연적으로 따랐을 터이기 때문이다. 이와 같은 일을 여러분은 날마다 보고 있다. 즉 배나 그 밖의 물에 떠 있는 많은 물체는 그들을 막는 다른 것이 전혀 없는 경우에는 크고 질량이 있는 것도, 그렇지 않은 것도 마찬가지로 그들이 떠 있는 물의 흐름에 따른다.

또 다음 일에 주의해 주길 바란다. 이와 같이 물에 떠 있는 물체들 가운데 예를 들어 배처럼 딱딱하고 질량이 있는 것, 특히 크고 짐을 많이 실은 배는

물에서만 운동을 받
는데도 운동을 계속
하는 힘은 물보다도
흔히 훨씬 크며 또 이
것과 반대로 태풍이
불 때 해안을 따라 떠
있는 걸 볼 수 있는
하얀 거품들처럼 매
우 가벼운 것의 운동
을 계속하는 힘은 적

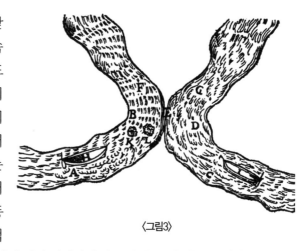

〈그림3〉

다. 그러니 여러분이 만일 어떤 지점에서 합류해 바로 뒤 강물이 섞이는 것보다 먼저 나누어지는 두 줄기 강을 상상해 본다면 그 강들―그 강물은 매우 조용하며 한결같은 힘으로 흐르기는 하지만 아주 빠르다고 가정해야 한다―중 한 쪽의 흐름에 의해 옮겨진 배나 그 밖의 충분한 질량을 가진 무거운 물체는 쉽게 다른 쪽 흐름으로 옮겨가 버릴 수 있다. 그리고 이것과 반대로 가벼운 물체는 다른 쪽 강에서 멀어져 강물이 더 천천히 흐르는 곳으로 강물에 의해 밀려 흘러간다.

예를 들어 (〈그림3〉 참조) 두 줄기의 강 ABF와 CDG가 다른 두 방향에서 흘러와 E에서 합류해 거기서 AB는 F로, CD는 G로 휘어져 간다고 하자. 그러면 배 H와 배 I가 통로 위에서 만나 충돌하지 않는 한 배 H는 강 AB의 흐름에 따라 E를 지나 G로 가고, 반대로 배 I는 F로 간다는 것이 확실하다. 동시에 만나서 충돌하는 경우는 보다 크고 강력한 것이 다른 쪽을 부술 것이다. 이와는 반대로 A지점에 떠 있는 거품, 나뭇잎, 깃털, 지푸라기나 그 밖의 이런 매우 가벼운 물체는 이들을 둘러싼 강물의 흐름에 의해 밀려서 E나 G쪽으로 가는 게 아니라 B쪽으로 간다. B에서는 강물의 흐름이 (곡률이 크고) 그다지 직선에 가깝다고는 할 수 없는 선에 따르고 있으니까 그 강물은 E 주변 강물만큼은 강렬하지도 빠르지도 않다고 생각할 필요가 있다.

게다가 또 다음과 같은 일을 생각할 필요가 있다. 즉 이 가벼운 물체들뿐만 아니라 다른 훨씬 무겁고 질량이 있는 물체라도 충돌한 경우에는 합쳐질 수 있다는 사실, 그리고 이 물체들은 물체들을 밀어 보내는 강물과 함께 흘러가 많은 것들이 하나가 되어 커다란 구체를 합성하는 건 마치 K와 L에서 볼 수 있는 바와 마찬가지라는 사실을 생각할 필요가 있다. 이런 큰 구체 가운데 있는 것, 예를 들면 L은 E쪽으로 가서 다른 것 이를테면 K와 B쪽으로 가는 것은 저마다가 보다 무거운지 아닌지, 혹은 보다 크고 질량이 있는 입자에 의해 구성되어 있는지 아닌지에 달려 있다.

이상의 예로 미루어 다음과 같은 일을 이해하기 어렵지 않다. 즉 제1원소의 형상도 제2원소의 형상도 취할 수 없는 물질 입자가 처음에 어떤 곳에 있었든지 간에 그들 가운데 가장 크고 질량이 있는 것은 모두 시간이 지나면 그들을 둘러싼 하늘 바깥 둘레에 가까운 진로를 취하고, 이어서 하나의 하늘에서 다른 하늘로 차례차례 이동해 가며 같은 하늘에 오랜 기간 계속해서 머문 일은 결코 없었을 것이다. 또 이와 반대로 그다지 질량이 없는 것은 모두 저마다를 포함한 하늘 물질의 흐름에 의해 하늘 중심 쪽으로 밀렸을 것이다. 또한 다음 일도 이해하기 어렵지 않다. 즉 내가 (제1 또는 제2원소의 형상을 취할 수 없는 입자에) 귀속시킨 형태에서 그 입자들은 서로 부딪히며 많은 것들이 합쳐져 몇 개의 커다란 구체를 형성했을 것이다. 그리고 이 커다란 구체들은 그 부분인 입자가 저마다 독립적으로 가질 수 있는 모든 운동에서 합성된 운동을 가지고 하늘 속을 회전한다. 이렇게 해서 그 구체 가운데 어느 것은 하늘 주변으로 가고 어느 것은 중심으로 간다.

여기서 이처럼 어떤 하나의 하늘 중심으로 가는 것이야말로 우리가 지금 유성이라 해석해야 하는 것이며, 또 몇 개의 다른 하늘을 가로질러 지나가는 것이야말로 우리가 혜성이라 해석해야 하는 것임을 알아줬으면 한다.

자, 혜성에 대해서 먼저 주의하지 않으면 안 되는 점이 있다. 이 새로운 세계에 혜성은 하늘의 수에 비교하면 조금밖에 존재할 수 없다는 것이다. 왜냐하면 비록 처음에는 많이 있었다고 해도 시간이 지날수록 여러 종류의 하늘을 가로질러 지나가는 동안 내가 앞에서 말한 배의 충돌처럼 혜성의 대부분이 서로 부딪혀 부서졌을 것이기 때문이다. 따라서 지금은 가장 큰 것만이 남아 있다.

다음의 내용도 주의해야 한다. 즉 하나의 하늘로부터 다른 하늘로 이처럼 이동할 때 혜성은 자신이 나온 하늘 물질의 몇 개를 자신의 앞쪽으로 밀고 있기 마련이고, 다른 쪽 하늘의 경계 속에 거의 쑥 들어가 버릴 때까지 걸리는 시간 동안 그 물질에 둘러싸인 채로 있다. 혜성은 옮겨온 하늘에서 마지막으로 그 물질을 이른바 한 번에 벗어버리는데, 그에 필요한 시간은 태양이 아침에 우리의 수평선을 오르는 데 필요한 만큼보다도 아마 더 짧을 것이다. 따라서 혜성은 하나의 하늘로부터 이런 식으로 해서 나오려 할 때는 그 하늘에 들어가 잠시 시간이 지났을 때보다 훨씬 천천히 움직인다.

여기서(《그림2》 참조) 볼 수 있듯이 선 CDQR에 따라 진로를 취한 혜성은 점 C에 있을 때 하늘 FG의 경계 안에 이미 많이 침입해 버렸는데도 여전히 그 혜성이 나온 하늘 FI의 물질에 싸여 있으며, 점 D 주변에 올 때까지는 그 물질을 완전히 벗어버리지 못할 것이다. 하지만 혜성은 점 D에 이르면 바로 하늘 FG의 물질 흐름에 따르기 시작해, 이전보다 훨씬 빠르게 움직인다. 이어 거기서부터 R쪽으로 진로를 계속 유지하면서 그 운동은 곧 점 Q에 다가갈수록 다시금 조금씩 느려진다. 그 원인 하나는 혜성이 경계선을 넘어서 이제부터 들어가고자 하는 하늘 FGH가 저항하기 때문이며, 또 하나는 S와 D 사이에는 S와 Q 사이만큼의 거리가 없으므로 S와 D 사이 그러니까 거리가 작은 곳에 있는 하늘 물질이 보다 빠르게 움직이기 때문이다. 이는 강폭이 좁아지는 장소에서는 크게 펼쳐진 곳보다 강물이 언제나 빠르게 흐르는 현상과 같다.

게다가 또 이 혜성은 하늘 FG 중심 주변에 사는 사람들에게는 혜성이 D에서 Q까지 이동하는 데 필요한 시간 동안만 나타나지 않으리라는 것을 주의해야 한다. 이것은 내가 빛이란 무엇인가를 말했다면 곧 좀 더 분명하게 이해할 수 있을 것이다. 또 이상의 일로 인해 다음 일을 이해할 수 있다. 즉 혜성의 운동은 FG의 중심 주변에 사는 사람들에게는 보이기 시작한 때가 보이지 않게 되는 무렵보다도 훨씬 빠르게 느껴지고, 혜성의 물체는 훨씬 크고 그 빛은 훨씬 뚜렷하게 보이는 것이다.

만일 혜성에서 나올 수 있는 빛이 어떻게 하늘의 여러 방향으로 퍼지며 분산하는지를 좀 더 세심하게 생각한다면 다음 일도 충분히 이해할 수 있다. 즉 혜성은 우리가 가정하지 않으면 안 될 만큼 매우 큰 것이므로 혜성 주변에 나타나는 광선은 혜성을 보는 눈의 다양한 위치에 따라 어떤 때는 머리카락 형태를 취해 여러 방향으로 퍼지고, 어떤 때는 꼬리 형태를 취해 그저 하나의 방향으로 쏠려 있는 것이다. 이렇게 해서 이 혜성에는 우리가 실제 세계에서 볼 수 있는 것에 대해 이제까지 관찰한 저마다의 것 가운데 적어도 진실이라 볼 수 있는 것은 하나도 빠지지 않는다. 왜냐하면 터키인이 신성시하는 초승달을 위협하는 기적을 만들려고 만일 어떤 역사가가 1450년에 달은 그 위를 지나는 혜성의 침입을 받는다든지 그 밖에 마찬가지 일을 말한다 해도, 또 만일 천문학자들이 하늘의 굴절률이 얼마인지 모르고 굴절과 혜성의 운동 속도—이것은 불확정적이다—를 잘못 계산해 혜성에 큰 시차를 주어 혜성을 유성 가까이에 두거나 또는 누군가의 힘으로 혜성을 당겨 원하는 위치에 놓았다 해도 우리는 이런 일을 별로 믿지 않아도 되기 때문이다.

제10장 유성 일반에 대해. 특히 지구와 달에 대해

마찬가지로 유성에 대해서도 주의해야 할 점이 많다. 첫째 유성이라는 것은 모두 그것을 둘러싼 하늘 중심을 향해 있기는 하지만, 중심까지 도착한 유성은 지금까지 없다는 점이다. 왜냐하면 앞에서 내가 말했듯이 그런 중심점을 차지하고 있는 건 태양이나 그 밖의 항성이기 때문이다. 하지만 유성이 어떤 장소에 머물러 있어야 하는지를 분명히 알기 위해 예를 들어 ♄라 표시한 유성을 보길 바란다(〈그림2〉 참조). 나는 이 유성을 하늘의 원 K 주변에 있는 물질과 같은 진로에 따른다고 가정한다. 그리고 다음과 같은 일을 생각해 주었으면 한다. 즉 이 유성이 만일 자신을 둘러싼 제2원소 입자보다 직선적으로 운동을 계속하는 힘을 조금이라도 많이 가졌다고 하면 이 유성은 원 K에 언제까지나 따르지 않고 Y쪽으로 가고, 이렇게 해서 그 유성은 원의 중심 S로부터 훨씬 멀어진다. 그리고 그 유성을 Y 주변에서 둘러싸고 있는 제2원소 입자는 K 주변의 제2원소 입자에 비해 운동은 빠르지만 크기는 조금 작거나 또는 적어도 보다 클 수는 없으니까 이 유성에 F쪽 바깥으로 이동하는 힘을 더욱 줄 것이다. 이리하여 이 유성은 어떤 중간적인 장소에도 머무를 수 없고 이 하늘 주변까지 가버린다. 이어서 거기서부터 그 유성은 다른 하늘로 쉽게 옮겨간다. 이런 식으로 그 유성은 유성이 아니라 하나의 혜성이 된다.

이로써 원 K에서 하늘 FGGF 주변에 걸친 이 거대한 공간 전체—혜성의 진로는 이 공간을 지난다—에 어떤 천체도 머무를 수 없다는 것을 알게 된다. 그리고 유성이 K 주변의 제2원소 입자들과 같은 구동력으로 움직일 때는 직선운동을 계속하는 힘을 K 주변의 제2원소 입자들보다 많이 가져서는 안 된다는 게 필연적임을 알 수 있다. 그리하여 직선운동을 계속하는 힘을 이 K 주변의 입자들 이상으로 가진 물체는 모두 혜성이라는 것을 알게 되는 것이다.

그래서 이번에는 이 유성 ♄가 가진 힘이 그것을 둘러싼 제2원소 입자의 힘보다 작다고 생각하자. 그러면 이 유성을 따라 움직이며 또 이 유성보다 조금 낮은 곳에 위치한 제2원소 입자는 이 유성이 진행하는 방향을 바꿔 이 유성이 원 K를 따르게 만드는 대신 ♃라 표시한 유성 주변까지 하강시킬 수 있다. 즉 유성과 유성을 둘러싼 제2원소 입자가 완전히 같은 힘이 될 수 있는 곳까지 유성을 하강시킬 것이다. 그 이유는 이(♃ 주변의) 제2원소 입자들은 K 주변의 제2원소 입자보다도 훨씬 활동적이므로 유성을 더욱 활동하게 만들지만, 거기에 더해 ♃ 주변의 제2원소는 (K 주변의 제2원소 입자보다) 훨씬 작으므로 그만큼 이 유성에 별로 저항하지 않을 거라는 말이다. 이 경우 유성은 ♃ 주변 입자의 한가운데에 완전히 균형을 유지한 채 머무르게 될 것이다. 그리고 유성은 그 입자들도 태양에서 멀어지지 않는다면 태양에서 많건 적건 멀어지는 일이 전혀 없고 그 입자들과 같은 방향으로 태양 둘레라는 진로를 따를 것이다.

하지만 만일 ♃ 주변에 있는 이 유성이 자신의 주변에 보이는 하늘 물질보다도 직선운동을 계속하는 힘이 훨씬 약하다면 유성은 이 물질에 의해 더욱 아래쪽으로 밀려 ♂라 표시한 유성 주변까지 가게 된다. 이와 같은 방법으로 유성은 마지막으로 자신의 힘보다 많지도 적지도 않은 힘을 가진 물질에 둘러싸이게 된다.

이렇게 해서 여러 종류의 유성이 있고 어느 것은 태양에서 멀리 떨어져 있으며 어느 것은 그다지 떨어지지 않을 수도 있다는 것은 그림(《그림2》 참조)의 ♄♃ ♂T♀☿에서 볼 수 있는 대로이다. 그들 가운데 가장 낮은 곳에 있으며 가장 가벼운 것은 태양 표면까지 갈 수 있지만 가장 높은 것도 원 K를 넘어서 나가는 일은 결코 없다. 원 K는 유성들에 비해 매우 크기는 하지만 하늘 FGGF에 비하면 극히 작고, 앞에서 말했듯이 이른바 하늘 FGGF의 중심점이라 생각할 수 있다.

원 K 바깥쪽에 있는 하늘 입자는 유성보다도 비교가 안 될 만큼 작은데 직선운동을 계속하는 힘은 유성보다 더 많이 가질 수 없는 원인을 아직 충분히 이해하지 못했다면 다음을 생각해 주길 바란다. 즉 이 힘은 각 물체 안의 물질 양에만 의존하는 게 아니라 물체 표면의 넓이에도 의존한다. 왜냐하면 두 물체가 같은 속도로 움직일 경우에는 한쪽이 다른 쪽의 양보다 두 배 물질을 포함한다면 그것은 또 두 배만큼의 활동량을 가진다는 게 진리이지만, 그렇다고 해서 그 물체는 직선운동을 계속하는 힘마저도 두 배를 가질 수는 없기 때문이며 두 배 물질을 가진 물체의 직선운동 힘도 딱 두 배가 되려면 그것의(운동 방향의) 표면도 딱 두 배가 아니면 안 되기 때문이다. 이 경우 그 물체는 자신에 저항하는 다른 물체에 언제나 딱 두 배만큼 충돌할 것이 분명하다. 만일 그 표면이 두 배 이상의 넓이를 가진다면 그 직선운동 힘은 훨씬 적을 것이다.

자, 여러분은 하늘을 구성하는 입자가 거의 완전한 구에 가깝다는 것, 그리고 그 입자들은 모든 형태 안에 최소의 표면을 바탕으로 최대의 물질을 포함한 형태를 가진다는 것을 알고 있다. 또 이와 반대로 유성은 매우 불규칙하며 넓은 형태를 지닌 소립자로 구성되어 있으므로 유성은 물질의 양에 비해서는 훨씬 넓은 표면을 가진다는 것도 알고 있다. 이렇게 해서 유성은 하늘의 대부분 입자보다도 표면을 많이 가지는데, 그러면서도 하늘 중심 가까운 곳에 존재하는 더욱 작은 입자와 비교하면(비율로 말해) 유성의 표면은 작은 편이 된다. 왜냐하면 이 하늘 입자처럼 완전히 가득 차 질량을 가진 두 구체 안에서는 작은 쪽의 구가 큰 쪽의 구에 비해 그 양의 비율에는 언제나 많은 표면을 가진다는 것을 알아야만 하기 때문이다.

이런 일들은 모두 경험으로 쉽게 확증할 수 있다. 서로 이리저리 뒤섞여 쌓인 몇 개의 나뭇가지로 구성된 하나의 커다란 구체에 운동을 주었다고 하자— 유성을 구성하는 물질 입자는 이 나뭇가지들 같은 거라고 상상해야 한다. 이때 그 구체는 같은 나무 재질로 구성되었지만 가득 차서 질량적이며 훨씬 작은 다른 구체의 운동에 비하면 비록 크기에 완전히 비례한 힘으로 운동을 전할 수 있다 해도 이 작은 쪽의 구체만큼 멀리까지 운동을 계속하는 것은 불가능하다. 이것과 완전히 반대의 경우가 다음 일, 그러니까 같은 나무 재질로 완전히 가득 차 있으며 질량적인 다른 구체를 만들어 그 구체가 극단적으로 작기에 (첫 번째 나뭇가지로 구성된) 구체보다도 운동을 계속하는 힘이 훨씬 작게 만들 수 있다는 것도 확실하다. 마지막으로 그 첫 번째 구체는 그것을 구성한 나뭇가지가 보다 크며 또 긴밀하게 붙어 있는가에 따라 운동을 계속하는 힘을 보다 많이 또는 보다 작게 가질 수 있다는 것은 확실하다.

이상으로 미루어 여러 종류의 유성이 태양에서 다양한 거리로 떨어져 원 K보다 안쪽에서 공중에 떠 있는 일이 가능한 이유를 알 수 있고, 또 태양에서 가장 멀리 떨어져 있어야 하는 유성은 그저 외견상 가장 크게 보일 뿐만 아니라 내부가 가장 견고하고 가장 묵직한 유성인 이유도 알 수 있다.

이런 일들 뒤에는 다음 같은 일을 주의할 필요가 있다. 즉 강물 흐름에 따르는 배는 결코 이 배를 끌어당기는 물보다 빨리 운동하지 않는다는 것, 또 그 큰 배는 작은 배보다 빨리 운동하지 않는다는 것을 우리는 경험했다. 이와 마찬가지로 유성은 하늘 물질의 흐름에 저항하지 않고 따르며 하늘 물질과 같은 구동력으로 운동하기는 하지만, 그렇다고 해서 결코 하늘 물질과 같은 만큼의 속도로는 운동하지 않는다. 그리하여 유성의 운동이 저마다 다른 것은 유성 물질의 크기와 유성을 둘러싼 하늘 물질 입자의 크기 사이의 차이와 관계가 있을 것이다. 그 이유는 이렇다. 즉 일반적으로 말해 하나의 물체가 보다 크면 클수록 이 물체가 스스로의 운동 일부를 다른 모든 물체에 전달하는 건 그만큼 쉽지만, 다른 물체에 있어서는 가지고 있는 운동을 조금이라도 이 커다란 물체에 전하는 일은 그만큼 어렵다. 왜냐하면 몇 개의 작은 물체가 하나로 연합해 보다 큰 물체에 영향을 미칠 때는 이 큰 물체와 같은 만큼의 힘을 가질 수도 있겠지만, 이런 작은 물체들은 자신들이 움직이는 것과 마찬가지로 여러 방향으로 빠르게 이 물체에 운동을 시키는 일은 결코 할 수 없기 때문이다. 즉 만일 그 물체들이 큰 물체에 전달한 어떤 운동에 대해서 일치된 운동을 하고 있었다 해도 동시에 그 밖의 운동에 대해서는 어쩔 수 없이 각기 다르며, 이 다른 운동들을 작은 물체는 큰 물체에 전할 수 없는 것이다.

자, 이상으로 매우 중대한 두 가지 결론이 나온다. 첫 번째는, 하늘의 물질은 유성을 태양 주변에 회전(공전)시킬 뿐만 아니라 유성을 유성 자신 주변에 (이일이 일어나지 않도록 방해하는 특수한 원인이 없는 한) 회전(자전)시키는 것임에 틀림없다는 점, 그리고 하늘의 물질은 유성 주변에 작은 하늘을 구성하고 있으며 이 작은 하늘은 가장 큰 하늘(항성 또는 태양을 중심으로 하는 하늘)과 같은 방향으로 운동을 한다는 점이다. 두 번째는 이렇다. 크기가 다른 두 유성이 태양으로부터 같은 거리에 있는 진로를 하늘 안에서 따르도록 배치되어 있다—따라서 한쪽이 보다 가득 차서 질량적이면 다른 한쪽은 크기가 보다 크다—고 하고 이 두 유성이 충돌했다고 가정해 보자. 이때 이 두 유성 가운데 크기가 작은 쪽이 큰 쪽보다도 빠른 운동력을 가졌다면 작은 유성은 큰 유성 주위에 있는 작은 하늘과 결합해 이 작은 하늘과 함께 연속적으로 회전(큰 유성의 주변을 원운동한다)하지 않으면 안 된다.

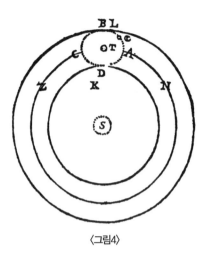

〈그림4〉

왜냐하면(〈그림4〉 참조) 하늘의 입자, 예를 들어 A 주변에 있는 입자는 그 입자들이 Z쪽으로 가는 운동을 전하는 T라 표시한 유성보다 빠르게 움직이니까 그 입자들은 유성 T에 의해 방향이 바뀌어 B쪽으로 진로를 바꿀 수밖에 없는 건 분명하기 때문이다. 나는 D가 아니라 B라 말한다. 왜냐하면 그 입자들은 직선운동을 계속하는 경향을 가졌기에 중심 S로 가기보다는 오히려 그 입자들이 그리는 원 NACZ의 바깥으로 가려 하기 때문이다. 자, 그 입자들은 이처럼 A에서 B로 옮겨가는 것으로 입자 자신과 함께 유성 T를 그 유성 T 자신의 중심 둘레에 회전(자전)시킨다. 그리고 반대로 이 유성은 이런 식으로 회전하면서 그 입자들에 B에서 C, 이어서 D, A로 가는 진로를 따를 원인을 준다. 이렇게 해서 또 이 유성은 이 입자들에 그 유성 주변에 하나의 하늘을 따로 형성시키는 원인을 주며, 이 하늘과 함께 그 유성은 그 뒤 늘 운동을 계속해 서쪽이라 불리는 부분에서 동쪽이라 불리는 부분으로 태양 주변뿐만 아니라 그 유성 자신의 주변마저도 운동을 계속할 것이다.

더욱이 ☾이라 표시된 유성이 T라 표시된 유성과 마찬가지로 원 NACZ를 따라 진로를 취하도록 배치된 것, 또 이 유성 ☾은 보다 작은 만큼 빨리 움직인다는 걸 알면 이 유성 ☾이 처음에 하늘 어디에서 발견되었다 해도 시간이 흐르면 작은 하늘 ABCD의 외표면을 향해 움직이기 시작할 것이며, 또한 거기로 한 번 이어진 뒤로는 이 표면에 있는 제2원소 입자와 함께 T 주변의 진로에 늘 따르게 되리라는 것을 이해하기 쉽다.

그 순서는 이렇다. 우리의 가정에 의하면 이 유성 ☾은 만일 다른 유성이 원 NACZ 안에 하나도 없을 때는 이 원에 따라 회전(원운동)하는 힘을 이 하늘 물질에 똑같은 정도로 가지고 있으니까, 이 유성은 원 ABCD를 따라 회전(원운동)

하기에는 힘을 조금 많이 가지고 있으며—왜냐하면 이 원 ABCD는 원 NACZ보다 작기 때문이다—따라서 유성은 중심 T에서 가능한 언제나 떨어져 있다고 생각해야 한다. 이것은 돌 하나를 투석기에 넣어 활동을 주었을 경우 그 돌이 그리는 원의 중심에서 멀어지는 경향을 언제나 가지고 있는 것과 마찬가지이다. 하지만 이 A 주변에 있는 유성은 그렇다고 해서 L쪽으로 빗나가지는 않는다. 왜냐하면 그 유성이 들어갈 장소의 하늘 물질은 이 유성을 원 NACZ쪽으로 밀어 보내는 힘을 가지고 있기 때문이다. 완전히 똑같이 이 유성은 C 주변에 있을 때도 K쪽으로 내려가지 않는다. 왜냐하면 이때 이 유성은 같은 원 NACZ에 다시금 올라갈 힘을 이 유성에 줄 물질들로 둘러싸여 있기 때문이다. 이 유성은 B에서 Z로도 가지 않고 또 D에서 N쪽으로도 가지 않을 것이다. 왜냐하면 그런 장소에서는 C나 A에 가듯이 쉽거나 빠르게 이 유성이 움직이지 않기 때문이다. 그래서 이 유성은 작은 하늘 ABCD의 표면에 달라붙은 것처럼 되어 이 작은 하늘과 함께 T 둘레를 연속적으로 회전(원운동, 즉 공전)하지 않으면 안 된다. 이것은 이 유성 주변에, 이 유성으로 하여금 그 자신 주변에 회전(자전)시키는 다른 작은 하늘의 형성을 방해한다.

최근의 천문학자[6]가 목성과 토성 주변에서 관찰한 유성처럼 많은 유성이 하나의 결합 관계를 가지고 존재하며, 하나가 다른 주변을 운행하는 건 어떻게 가능한지를 나는 여기에 하나도 덧붙이지 않는다. 왜냐하면 나는 모든 일을 말하려 계획하지 않았으며, 또 내가 특히 앞에서 두 가지 유성에 대해서 말한 건 우리가 살고 있는 지구를 T라 표시한 것에 의해 그리고 그 주변을 회전하고 있는 달을 ☾이라 표시한 것에 의해 여러분에게 보여주기 위함이었기 때문이다.

---

6) 아마도 갈릴레이를 말하는 듯.

제11장 무게에 대해

이번에는 여러분이 지구의 중력은 어떤 것인지를 생각해 주었으면 좋겠다. 여기서 말하는 중력이란 지구의 모든 입자를 하나로 통합하는 힘이며, 또 그 힘은 그 입자들 저마다를 그들이 보다 크고 보다 견고한지 그렇지 않은지에 따라 각각 지구 중심 쪽으로 보다 가까워지거나 멀어지게 하는 힘이다. 지구의 중력이란 바로 다음과 같은 일에서만 성립된다. 즉 지구를 둘러싼 작은 하늘의 입자가 지구의 입자보다도 훨씬 빨리 지구 중심을 축으로 해서 회전(원운동)하고, 지구의 입자보다도 더 커다란 힘으로 지구에서 멀어지려 해, 그 결과 지구의 입자를 지구에 (중심을 향해) 밀어붙이는 일에서만 중력은 성립한다. 이 일 안에서 여러분은 내가 지금까지 한 이야기를 바탕으로 해서는 이해하기 어려운 무언가를 찾아낼지도 모른다. 즉 나는 혜성의 물체를 가장 질량적이며 가장 견고한 물체라 가정하고서, 혜성처럼 질량이 있고 견고한 물체는 하늘 주변으로 가며 하늘의 중심으로 밀어지는 물체에는 보다 질량과 견고함이 부족한 것밖에 없다고 말했다. 게다가 나는 이 일의 귀결로서 지구 중심으로 밀리는 건 지구 입자 가운데서도 가장 견고함이 부족한 입자라는 것과, 또 그 밖의 입자는 중심에서 멀어진다는 것이 나오지 않으면 안 되는 것처럼 말하기도 했다. 거기서 이런 일을 바탕으로 지금 말한 중력 설명에 뭔가 이해되지 않는 점이 있다면 다음을 주의하기 바란다. 즉 가장 견고하고 질량이 있는 물체는 하늘 중심에서 멀어지려 한다고 내가 말했을 때, 나는 그 물체들이 이미 그때까지 이 하늘 물질과 같은 구동력으로 움직이고 있다고 가정했다. 왜냐하면 만일 그 물체들이 운동을 다시 시작하지 않는다고 해도 또는 실제로 운동하고 있다고 해도 이 하늘 물질의 흐름에 따르는 데 필요한 속도를 갖고 있지 않다면, 그 물체들은 이 물질에 의해 이 물질의 회전 중심으로 먼저 쫓겨날 것이라는 건 분명하며 게다가 그 물체들은 크기도 크고 견고하기도 해서 그만큼 보다 큰 힘과

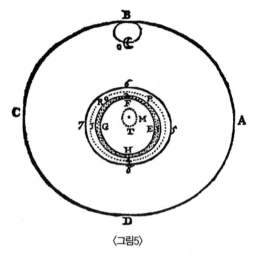

〈그림5〉

속도로 하늘 중심으로 밀릴 것도 확실하기 때문이다. 하지만 또 이런 일은 위에서 말한 바와 같이 물체가 혜성을 구성하는 데 충분할 만큼의 크기와 견고함을 갖고 있다면 잠시 뒤 하늘의 바깥쪽으로 가는 것을 방해하지는 않을 것이다. 왜냐하면 그 물체들이 어느 하늘의 중심으로 하강해 가면서 얻은 활동은, 그 물체들에 바깥쪽을 향해 하늘의 바깥 둘레로 다시 올라가는 힘을 필연적으로 주기 때문이다.

하지만 이 일을 여러분이 좀 더 명료하게 이해할 수 있도록 지구 EFGH, 물 1234, 공기 5678을 생각해 보자(〈그림5〉 참조). 이 물과 공기는 내가 바로 뒤에서 말하듯이 지구의 입자 가운데 그다지 견고하지 않은 입자로만 구성되어 지구와 함께 하나의 덩어리를 형성한다. 그리고 하늘 물질도 생각하자. 이 물질은 그저 원 ABCD와 원 5678 사이에 있는 모든 공간을 채울 뿐만이 아니라 나아가 더 아래의 공기·물·지구의 입자 사이에 있는 작은 틈도 모두 채운다. 또 다음처럼 생각하자. 즉 이 하늘과 지구는 함께 중심 T 주변을 돌고 있으며 그 입자들은 이 중심 T에서 멀어지려 하고 있는데, 지구의 입자보다는 하늘의 입자 쪽이 더욱 활발히 활동해서 훨씬 힘이 세다고 생각하자. 마찬가지로 또 지구의 입자 가운데 하늘의 입자와 같은 방향으로 가장 활발히 움직이는 입자는 다른 입자보다도 지구 중심에서 더욱 멀어지려 한다고도 생각하자. 그 뒤에 원 ABCD 바깥에 있는 공간이 빈 곳이라고 가정해 보자. 즉 그 공간이 포함하고 있는 물질은 다른 물체의 활동에 저항할 수 없는 물질로만 이루어졌으며 또 눈에 띄는 결과를 아무것도 낳지 않는(왜냐하면 이런 이유로 그 공간은 빈 곳이라는 이름을 얻었기 때문에) 물질만으로 이루어졌다고 하면, 원 ABCD 속에 있는 하늘의 입자는 모두 먼저 원 ABCD에서 나갈 것이고 그다음에는 공기와 물의 입자가 뒤를 따를 터이며 마지막으로 지구의 입자 또한 지구 덩어리의 남은 부분에 그다지 딱 붙어 있지 않은 것일수록 보다 빨리 이를 따르게 될 것이다. 이것은 투석기 끈이 풀리면 그 안에서 활동력을 받은 돌이 바로 투석기 바깥으로 튀어나가는 것과 같은 현상이며, 또 팽이가 돌고 있을 때 그 위에 던진 먼지가 바로 여러 방향으로 팽이에서 날아 떨어져 버리는 것과 같은 현상이다.

그리고 다음 일을 생각해 주길 바란다. 원 ABCD의 바깥쪽에는 그렇게 공허한 공간은 전혀 존재하지 않으며 따라서 이 원 ABCD의 안쪽에 포함된 하늘 입자가 갈 수 있는 장소는 없기—만일 그 입자들의 장소에 그 입자들과 완전히 같은 하늘의 다른 입자가 동시에 들어오지 않는다면—때문에, 마찬가지로 지구의 입자가 지금보다 더 중심 T에서 멀어지기 위해서는 그 지구 입자의 장소를 채우는 데 꼭 필요한 만큼의 하늘 입자 또는 지구의 다른 입자가 멀어지려 하는 지구 입자의 장소에 대신 떨어져 오지 않으면 안 된다. 또 반대로 그 지구의 입자들이 지구 중심에 다가가기 위해서는 그 대신 딱 그만큼의 다른 지구 입자가 그들의 장소에 올라오지 않으면 안 된다. 그래서 입자는 모두 서로 밀고 있다. 그리고 그 저마다는 자신이 상승했을 경우에 그때까지의 자신의 장소에 들어와야 할 입자와도 서로 밀어대고, 마찬가지로 자신이 하강했을 경우에 그때까지 자신의 장소에 들어와야 할 입자와도 서로 밀어대고 있다. 이는 하나의 저울 양쪽이 서로 밀고 있는 것과 같다. 즉 이 저울의 한쪽은 다른 쪽이 동시에 반대의 일을 하지 않는다면 올라가지도 내려가지도 못하고, 또 언제나 저울의 무거운 쪽이 다른 쪽을 들어올린다. 예를 들어 돌 R은 이 돌 위에 있는 공기의 어느 양(돌의 크기와 똑같은)과 서로 밀고 있으며 돌이 중심 T에서 지금보다 더 멀어질 때는 돌은 자신 위에 이 공기의 장소를 차지하게 되니까 돌이 상승하면 이 공기가 하강하는 일은 아무래도 꼭 필요하다. 마찬가지로 또 그 돌은 돌 아래에 있는 같은 양의 공기—돌이 중심 T에 다가가는 경우 이 공기의 장소를 차지할 것이다—와 서로 밀고 있으며 그 돌이 하강하는 건 이 공기가 상승하는 때여야만 한다.

자, 분명히 이 돌은 같은 연장선 위에 있는 공기의 양에 비해 지구의 물질을 훨씬 많이 자신 속에 포함하고 있으며 그 대신 하늘 물질을 그만큼 적게 포함하고 있다. 또 마찬가지로 이 돌이 포함한 지구 입자는 공기 물질이 하늘 물질에 의해 활동력을 부여받은 만큼은 활동력을 받지 않았기 때문에 돌이 공기 위로 상승하는 힘을 가질 리가 없으며, 오히려 반대로 공기가 그 돌을 아래로 내리는 힘을 가진다는 것은 분명하다. 그래서 공기는 돌에 비교하면 가볍고 이에 반해 완전히 순수한 하늘 물질과 비교하면 무겁다. 이리하여 지구상의 물체 입자(땅의 입자)는 T쪽으로 밀린다는 걸 알 수 있다. 하지만 지구상의 물체 입자들은 입자를 둘러싼 물질 전체에 의해 이처럼 T쪽으로 밀리는 게 아니라 그 물질 가운데 이 입자와 완전히 같은 크기를 가지는 어느 양의 물질에 의해서만 T쪽으로 밀린다. 그리고 이 물질은 그 입자 아래에 있을 때는 그 입자가 하강하는 경우에는 그 입자의 장소를 차지할 수 있다. 이 점이 공기나 물의 입자처럼 사람들이 일정하다고 부르는 물체 속 입자들 사이에서는 가장 낮은 곳에 있는 입자도 가장 높은 곳에 있는 입자에 비해 특별히 눈에 띌 만큼 강하게 밀리지는 않는 원인이며, 또 사람이 매우 깊은 물속에 있어도 계속 위쪽에서 헤엄치고 있을 때 이상으로 등 뒤가 눌린다고 느끼지 않는 원인이기도 하다.

하지만 만일 하늘 물질은 이처럼 돌 R을 T쪽으로, 돌을 둘러싼 공기 아래 까지 하강시키니까 돌을 이 공기보다도 빠르게 6 또는 7쪽에도, 즉 서쪽 또는 동쪽으로도 가게 만들 수 있으며 따라서 그 돌은 지구상에 실존하는 무거운 물체처럼 곧바로 중력의 방향대로는 하강하지 않는다고 생각된다면 다음 일을 생각해 주길 바란다. 즉 첫째로 원 5678에 둘러싸인 지구 물질 입자는 내가 앞에서 설명한 방법으로 하늘의 물질에 의해 T쪽으로 밀리고, 또한 이 입자들이 매우 불규칙하고 저마다 다른 형태를 가졌다고 하면 서로 결합해 커질 것이다. 그래서 지구 물질의 입자는 하늘 ABCD의 흐름에 의해 전체가 옮겨지는 하나의 덩어리밖에 구성하지 못한다. 이렇게 해서 그 덩어리가 회전하는 동안 그 입자 가운데 예를 들면 6 근처에 있는 것은 2 및 F 주변에 있는 것과 언제나 마주 본 채로 있으며, 바람이나 그 밖의 특수한 원인이 그 입자들에 강요하지 않는 한 눈에 띌 만큼 여기저기로 비켜가지는 않는다.

여기서 하나 더 주의해 주었으면 하는 점은 이 작은 하늘 ABCD는 이 지구보다 훨씬 빠르게 회전한다는 것, 게다가 이 하늘 물질 가운데 지상의 물체 속 틈새로 들어가 있는 입자는 이 지상의 물체들보다도 눈에 띄게 빠르게는 중심 T 주변을 회전할 수 없다는 것이다. 이 입자들은 물체의 틈 구조에 따라 다른 여러 방향으로는 훨씬 빠르게 운동하기는 하지만 말이다.

그러므로 아래의 일을 알아주길 바란다. 즉 하늘 물질은 돌 R보다도 큰 힘으로 하늘 중심에서 멀어지려 하기에 돌을 하늘 중심에 보낼 수는 있지만, 그렇다고 마찬가지로 하늘 물질은 비록 돌 이상의 힘으로써 동쪽으로 가고 있다 해서 그 돌에 서쪽으로 물러나도록 강요하지는 않는다. 이 일을 이해할 수 있도록 생각해 줬으면 하는 점은 하늘의 이런 물질은 그 운동을 직선적으로 계속하고자 하기에 중심 T에서 멀어지려고 한다는 것, 하지만 또 이 물질이 서쪽에서 동쪽으로 가는 건 단순히 같은 속도로 운동을 계속하려는 경향을 가졌기 때문이며 그래서 6 주변에 있거나 7 주변에 있거나 그 물질에 있어서는 전혀 상관없는 일이라는 것이다.

자, 이 (하늘의) 물질은 돌 R을 T쪽으로 하강시킬 때는 이 돌을 R 주변에 남길 때보다도 어느 정도 직선에 가까운 운동을 하는 게 분명하다. 하지만 만일 이 물질이 돌을 서쪽으로 물러나게 만들면 있던 장소에 남겨둔 경우나 자신의 앞쪽에 밀어내는 경우보다도 이 물질은 돌을 본디 빠르게 동쪽으로 운동시킬 수 없을 것이다.

그러므로 여기서는 다음 일도 이해해 주길 바란다. 즉 하늘의 이 물질이 돌 R을 T쪽으로 하강시키는 힘은 이 돌 R을 둘러싼 공기를 T쪽으로 하강시키는 힘보다 강하지만 이 물질이 스스로의 앞쪽으로, 서쪽에서 동쪽으로 미는 힘도 마찬가지로 공기의 경우보다 돌의 경우 쪽이 강력한 게 아니며, 그래서 이 물질이 돌을 공기보다도 빠르게 서쪽에서 동쪽으로 움직이는 일도 없다. 이 일을 이해하기 위해 다음을 생각해 주었으면 한다. 즉 돌의 물체를 구성하는 지구 물질이 있는 것만큼의 하늘 물질이 있어 이 돌에 대해 작용하며 그 돌을 T쪽으로 하강시키고, 또한 그 때문에 모든 힘을 사용한다는 점, 그리고 이 돌의 물체 속에는 이 하늘의 물질이 이 돌에 대등한 넓이를 가진 공기 양 속에 있는 것보다 대량으로 포함되어 있으면 있을수록 돌은 공기보다 훨씬 강하게 T쪽으로 밀린다는 점, 하지만 돌을 동쪽으로 돌리는 일에 대해서는 돌에 영향을 주고 또 원 R의 안쪽에 포함된 공기 속에 있는 지구상의 물질 입자 전체에 대해서 협동해서 영향을 미치는 건 원 R에 포함된 하늘 물질 전체라는 점이다. 따라서 돌에 대해서 영향을 주는 하늘의 물질은 이 공기에 대해서 영향을 주는 것보다 많지 않기에 서쪽에서 동쪽으로 돌이 공기보다 빠르게 도는 일은 전혀 없다.

이로써 여러분은 많은 철학자들이 실제 지구 운동을 증명하는 데 사용하는 근거는 내가 서술한 지구의 운동에 대해서는 아무런 힘도 없다는 걸 이해하게 될 것이다. 철학자들이 만일 지구가 움직인다면 무거운 물체는 지구 중심을 향해 수직으로 떨어질 리가 없고 오히려 중심에서 벗어나 하늘 쪽으로 여기저기 흩어져 버릴 거라고 말하거나, 또 서쪽을 향한 대포가 동쪽을 향한 대포보다 훨씬 멀리 닿을 것이라든지 공중에서 언제나 큰 바람을 느끼거나 잡음을 들을 거라고 말해도, 그것은 내 주장에 대해 아무런 힘도 없다. 또한 마찬가지로 지구는 지구를 둘러싼 하늘 흐름에 의해 옮겨지는 게 아니라 좀 더 다른 힘으로 또 하늘과는 다른 방향으로 움직이는 거라고 가정할 때에만 생기는 여러 일들도 내 주장에 대해서는 아무런 힘도 갖지 못한다.

제12장 바다의 밀물과 썰물에 대해

앞서 지구의 입자 무게에 대해서 설명하며, 지구의 입자 무게는 지구 (입자 사이의) 틈새 구멍에 존재하는 하늘 물질의 작용을 원인으로 일어난다고 말했다. 이번에는 달의 존재를 원인으로 일어나는 지구의 전체 운동 및 이 운동에 속하는 몇 가지 특수한 사항들에 대해서 이야기하고자 한다.

이는 B에 있는 달을 참고해 주었으면 좋겠다(《그림5》 참조. 이 그림은 이 장 전체에 이용된다). B에서 달은, 달 아래 존재하는 하늘 물질이 운동하는 속도와 비교하면 움직이지 않는다고 가정할 수 있다. 또한 이 하늘 물질이 통과하는 공간은 0과 6 사이에서는 B와 6 사이가 가질 수 있는 것보다 (예를 들어 달이 0과 B 사이의 공간을 차지하고 있지 않다 해도) 좁고, 따라서 이 하늘 물질은 거기에서는 조금 더 빠르게 운동해야 하므로 또한 지구 전체를 D쪽으로 미는 힘을 어느 정도 가질 수밖에 없으며, 그렇기 때문에 지구 중심 T는 보다시피 점 M, 즉 작은 하늘 ABCD의 중심에서 조금 멀어지는 것이다. 왜냐하면 지구를 현재 자리에 지탱해 주는 것은 이 작은 하늘 ABCD 물질의 흐름밖에 없기 때문이다. 또한 이 지구를 둘러싸고 있는 공기 5678과 물 1234는 유체이기 때문에, 지구를 D쪽으로 미는 것과 똑같은 힘이 이 공기와 물의 유체까지도 밀어 내린다. 이것은 단순히 62쪽의 유체만이 아니라 그 반대쪽 84의 유체까지도 T쪽으로 밀어 내리는 것이며, 그 대신 51 및 73쪽에서는 그 유체들을 높이고 있다. 이로 인해 지구의 표면 EFGH는 둥근 상태로 머물러 있을 수 있지만 그것은 지구가 단단하기 때문이며, 유체인 물 1234와 공기 5678의 표면은 타원형을 이루게 된다.

여기에서 생각해 보았으면 한다. 지구는 자신의 중심 주변을 돌고 있으며 이렇게 나날을 새겨 나가고, 그 하루는 우리의 시간과 똑같이 24시간으로 나눌 수 있다. 지구의 측면 F는 지금 달과 마주 보고 있으므로 그 위의 물 2는 높이가 가장 낮은 상태이다. 그 측면은 6시간이 지나면 하늘 C라 표시된 곳과 마주 보게 되는데 그때 F 위의 물은 가장 높아져 있을 것이다. 또한 이는 12시간이 지나면 하늘 D라 표시된 곳과 마주 보게 되고 여기에서 물은 다시 한 번 쭉 낮 아지게 될 것이다. 그래서 물 1234로 나타낸 바다는 우리가 지금 살고 있는 지 구 주변 바다가 6시간마다 밀물과 썰물이 일어나는 것처럼 우리가 가정한 이 지구 주변에서도 6시간마다 밀물과 썰물이 일어나는 것이다.

또한 다음을 생각해 보자. 지구가 E에서 F를 통해 G로 돌고 있는 동안에, 그러니까 서쪽에서 남쪽을 지나 동쪽으로 돌고 있는 동안에 1과 5, 3과 7 주변에 머물러 있던 불어난 물과 공기는 동쪽에서 서쪽으로 이동하고, 그때 썰물은 일 어나지 않지만 밀물이 일어난다. 이 밀물은, 항해사들의 보고에 따르면 실제 바 다에서 동쪽에서 서쪽으로 가는 항해를 서쪽에서 동쪽으로 가는 것보다 훨씬 쉽게 해주는 조류의 흐름과 몹시 닮아 있다.

여기에서 단 한 가지라도 잊어버리지 않도록 덧붙여 두고 싶다. 달은 지구가 매일 하고 있는 회전(자전)을 매달 한 번 하고 있다는 사실과, 그래서 달은 최고 및 최저 조수 간만을 표시하는 점 1234를 조금씩 동쪽으로 나아가게 한다는 사실이다. 따라서 이 조수는 정확하게 6시간마다 바뀌는 게 아니라 매회 약 5 분의 1시간만큼 늦어지는 것이며, 실제 바다의 조수 간만과 같은 것이다.

지금까지 내용에 더해서 다음을 생각해 보자. 작은 하늘 ABCD는 완전히 둥 글지는 않으며 약간 자유롭게 A 및 C쪽으로 늘어나 있고, 이 늘어난 것에 비례 하여 작은 하늘 ABCD는 다른 하늘 물질의 흐름 방향을 쉽게 바꾸지 않는 B 와 D 주변보다도, A와 C 주변에서 그만큼 천천히 운동하는 것이다. 따라서 하 늘 ABCD 바깥 면에 늘 붙어 있는 그대로의 달은 반달밖에 안 되는 A와 C의 주변에서보다, 보름달이 되는 B 주변에 있을 때와 초승달이 되는 D 주변에 있 을 때에 조금 빠르게 운동할 것이다. 또한 자신의 길에서 벗어나는 경우가 훨 씬 적을 것이며, 이것은 또한 바다의 밀물 썰물도 훨씬 커지게 되는 원인일 것 이다. 이러한 여러 사항에 대해서 천문학자들이 실제 달을 똑같이 관찰한다고 해도, 그들이 사용하는 가설에 따라서는 이러한 것들에 대한 이유를 쉽게 답 할 수는 없을 것이다.

우리가 말하고 있는 달의 좀 더 다른 영향, 즉 보름달일 때와 초승달일 때

달라지는 영향들은 달빛에 의존하고 있음이 분명하다. 그리고 밀물과 썰물에 대한 좀 더 다른 여러 사항을 살펴보면 그것은 먼저 바다의 여러 상황에 의존하며, 또한 여러 요소들이 관찰되는 때와 장소에 불고 있는 바람에 의존하는 것이다. 마지막으로 그 밖의 일반적인 운동은 지구와 달의 운동이든 또는 다른 천체나 하늘의 운동이든 간에 내가 앞서 말한 내용으로 충분히 이해되거나 아니면 나의 지금 문제에 도움이 되지 않거나 둘 중 하나이다. 이들 일반적인 운동은 내가 지금껏 말한 운동과 같은 범위 안에서 일어나지 않기 때문에 그것을 설명하려 하면 너무나 길어질 것이다. 나에게 남은 것은 빛을 통해 이해해야 하는 하늘과 천체의 작용에 대해서 설명하는 일이다.

제13장 빛에 대해

원운동을 하고 있는 물체가 언제나 그 물체가 그리는 원 중심에서 멀어지려는 경향을 갖고 있다는 것은 이미 몇 번이나 말했다. 그러나 여기에서 나는 좀 더 파고들어 하늘과 천체를 구성하는 물질의 입자가 어디로 나아가는지를 정해야 한다.

그러기 위해 다음을 알아두었으면 한다. 즉 내가 하나의 물체가 어떠한 방향으로 나아간다고 말할 때, 그 물체가 그 자체로 한 가지 생각 또는 의지를 갖고 물체 자신을 옮기는 것이 아니라, 그저 그 물체는 그쪽으로 나아가도록 되어 있다고 가정하고 싶다. 그때 그 물체가 실제로 움직인다고 가정해도 되고, 어떠한 다른 물체가 그 물체를 움직이지 못하도록 방해하고 있다고 가정해도 된다. 주로 나는 뒤의 의미로 이 '나아간다(경향을 갖는다)'라는 말을 사용하는데, 이 말은 무언가의 노력을 의미하는 느낌이 들며 또한 모든 노력은 저항을 전제로 하기 때문이다.[1] 여러 원인이 존재하고 이 원인들이 어느 하나의 같은 물체에 작용하는 경우, 그러한 결과가 서로를 부정할 때가 있다. 그러므로 여러 가지 다른 견해에 따라 어느 하나의 물체 자체가 동시에 여러 방향으로 나아가는 경향을 갖는다고 말할 수 있는 것이다. 그래서 앞서 말했듯이 지구의 여러 입자는 주변으로부터 완전히 떨어져 있다고 본다면 지구 중심에서 멀어지려는 경향을 갖는 것이며, 반대로 하늘 입자가 지구의 입자를 지구 중심으로 억누르는 힘이라고 본다면 지구의 입자는 지구 중심으로 가까워지려는 경향을 갖는다고 말할 수 있는 것이다. 나아가 만약 그 지구의 입자는 그것들보다 훨씬 질량이 있는 모든 물질을 구성하는 지구가 아닌 다른 여러 입자에 대항하고 있다고 본다면 지구 중심에서 멀어지려는 경향을 갖는다고 말할 수 있는 것이다.

---

[1] 아리스토텔레스는 운동이란 하나의 노력과 저항의 균형이라고 생각했다.

예를 들어 투석기에 들어가 호 AB를 따라 원운동을 하고 있는 돌(〈그림1〉 참조)은, 그것이 점 A에 있을 때 만약 그 돌의 운동만을 고찰하고 다른 것은 생각하지 않는다면 C로 나아갈 것이다. 그리고 그 돌의 운동이 그 돌을 고정하는 끈의 길이에 따라 규제되고 결정된다고 생각한다면 그 돌은 A에서 B로 호를 그리며 나아가는 경향을 가질 것이다. 마지막으로 그 돌 운동에서 결과에 전혀 방해받지 않는 부분을 고찰의 대상으로 하는 것이 아니라, 투석기가 연속적으로 그 돌에 미치는 저항력에 대항하는 그 돌의 활동의 또 다른 부분을 생각한다면 같은 돌이 이번에는 E쪽으로 나아가는 경향을 갖는 것이다.

그러나 이 마지막 점을 분명히 이해하기 위해서 이 돌이 갖는 A에서 C로 운동하려는 경향을 다른 두 가지 경향, 즉 호 AB를 따라 원운동하는 것과 직선 VXY에 따라 곧장 상승하려는 경향이 합쳐졌다고 생각해 주었으면 한다. 그리고 이 두 경향의 비율은 투석기가 A에 있을 때는 돌은 투석기 V로 표시된 곳에, 투석기가 B에 있을 때는 돌은 투석기 X로 표시된 곳에, 투석기가 F에 있을 때는 돌은 투석기 Y로 표시된 곳에 있으며 이렇게 돌은 언제나 직선 ACG상에 머물러 있어야 한다. 다음으로 그 돌이 호 AB를 따라 움직이는 경향은 이 투석기에 의해 조금도 방해받지 않는다는 것을 고려한다면, 선 DVXY를 따라 움직이고자 하는 경향에만 저항을 받는다는 것을 알 수 있을 것이다. 따라서 그 돌은 중심 D에서 직선적으로 멀어지려는 경향만을 갖는데, 다시 말하면 이런 식으로 멀어지려고만 노력한다는 것을 알 수 있을 것이다. 그리고 또 주목했으면 하는 것은, 이 고찰에 따르면 이 돌은 점 A에 있을 때는 분명 E쪽으로 나아가며, I보다 H쪽으로 운동하도록 조금도 조절하지 않았다는 것이다. 만약 사람들이 그 돌이 이미 갖고 있는 운동과 그 돌에 남아 있는 경향의 차이를 고려하지 않는다면 그 반대를 믿어버릴지도 모르겠다.

모든 하늘을 구성하고 있는 제2원소 입자 하나하나에 대해서도 이 돌과 똑같이 생각해 볼 수 있다. 즉 예를 들어(〈그림5〉 참조) E 주변에 있는 입자는 그 고유의 경향이 있어 P쪽으로밖에 나아갈 수 없지만 하늘의 다른 입자들, 그러니까 E 주변 입자 위쪽에 있는 하늘 입자의 저항은 이들 E 주변 입자에 호 ER을 따라 운동하는 경향을 갖게 한다. 다시 말하면 그렇게 되도록 만든다. 그리고 나아가 E 주변 입자가 직선상 운동을 지속하려는 경향에 대항하고 있는

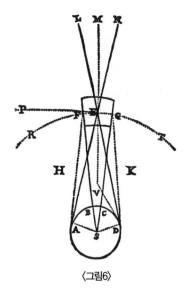

〈그림6〉

(E 위쪽에 있는 하늘 입자의) 이 저항은 E 주변 입자를 M쪽으로 나아가게 만들려는, 즉 그 운동을 하도록 노력을 일으키는 원인이다. 이처럼 다른 입자들에 대해서도 같은 방식으로 생각해 보면, 어떤 의미이든 간에 그들 입자가 스스로 구성하고 있는 하늘 중심에 정반대 공간으로 나아가고 있다고 말할 수 있다.

그러나 하늘 입자에 대해서 생각할 때 투석기 안에 들어가 회전(원운동)하는 돌보다 더 고려해야 할 것이 있다. 그 입자들은 이 입자들과 같은 입자, 즉 이 입자들과 이 입자들이 속해 있는 하늘의 중심을 차지하고 있는 천체와의 사이에 존재하는 입자 모두로부터 압박받을 뿐만 아니라, 지금 말한 천체 물질에도 압박받지만, 이 밖의 것들에는 전혀 압박당하지 않는다는 것이다. 예를 들어(〈그림6〉 참조) E 주변에 있는 입자는 M과 T, R, K, H 주변에 있는 입자들로부터 압박받지 않기 때문에 단지 2개의 선 AF, DG 사이에 있는 입자와 여기에 가해지는 태양 물질에만 압박받는다. 이것이 E 주변의 입자가 단순히 M쪽으로만이 아니라 L과 N쪽으로도, 또한 광선 즉 태양의 어딘가의 입자에서 나와서 E 주변의 입자가 존재하는 공간을 통과하는 직선과 모든 점으로도 나아가게 하는 원인인 것이다.

하지만 이러한 내용을 좀 더 알기 쉽게 하기 위해 제2원소의 각 입자를 중심으로 고찰하고, 제1원소 물질이 차지하는 모든 공간은 태양이 있는 곳이든 다른 공간이든 비어 있다고 생각해 주었으면 한다. 하나의 물체가 다른 여러 물체에 의해 압박받는지를 알려면 이 물체가 있는 쪽으로 다른 물체가 실제로 다가가 그 물체가 비어 있을 때 그곳을 차지하려고 하는지를 보는 것이 가장 좋은 방법이다. 그렇기에 E 주변의 제2원소 입자들도 그곳(E)에서 없어져 버린다고 가정해 주었으면 좋겠다. 이러한 전제를 세워 놓고 첫 번째로 생각해야 하는 것은, 호 TER의 윗부분인 M 부분에 있는 제2원소의 입자는 E로부터 멀어지려 하기 때문에 이 입자들은 E 주변의 입자 공간을 채우지는 않는다는 점이다. 두 번째로 이 원에서, 즉 T 주변에 있는 입자들도 E 주변 입자의 공간을 채우도록 전혀 작용하지 않는다는 것도 주의해 주었으면 한다. T 주변에 있는 입자가 E 주변에 있는 입자의 공간을 채우지 않는 것은 T 주변 입자들은 하늘의 전체 흐름에 따라 T에서 G로 실제 운동을 하고 있지만, F 주변에 있는 각 입자도 똑같은 속도로 R쪽으로 운동을 하기 때문이다. 이 입자들과 같이 움직이는 것으로 가정해야 하는 공간 E는, 만약 다른 입자가 다른 공간에서 GF 사이를 채우기 위해서 G와 F 사이로 다가오는 것이 아니었다면, 역시 빈 공간인 채로 있어야 하기 때문이다. 세 번째로 H 및 K 주변의 입자처럼 호 TER 밑에 있지만 AF, DG라는 선 사이에 포함되어 있지 않은 입자들도 이 입자들 하나하나가 갖고 있는 점 S에서 멀어지려고 하는 경향이 그들을 E로 나아가도록 어떠한 방법으로 작용하게 한다고 해도 공간 E를 채우기 위해서 E로 전진하는 일은 없을 것이란 점에 주의해야 한다. 이는 어느 하나의 돌의 중력은 그 돌을 자유 공간에서 곧장 낙하하도록 할 뿐만이 아니라, 그 돌이 달리 낙하를 할 수가 없을 때에는 산의 내리막길을 굴러가게 하는 것과 같다.

그런데 이들 H와 K 주변의 각 입자가 공간 E로 나아가는 것을 방해하는 이유는, 모든 운동은 가능한 한 직선적으로 연속한다는 점, 따라서 자연이 같은 결과에 이르는 데 몇 가지 경로를 갖고 있다면 언제나 가장 짧은 경로를 따른다는 점에 있다. 왜냐하면 만약 K 주변에 있는 제2원소 입자들이 E쪽으로 나아가려고 하면 K 주변의 입자보다도 더 태양에 가까운 입자가 K 주변의 입자가 떠난 공간을 바로 차지할 테고, 이렇게 그들 입자 운동이 불러오는 결과는 공간 E가 채워지는 것과 원주 ABCD상에 E가 채워지는 것과 동시에 빈 공간이 되는 E와 같은 크기의 다른 공간이 있다는 것이기 때문이다. 그러나 명백히 이 결과는 직선 AF, DG 사이에 있는 입자가 곧장 E쪽으로 나아갔을 때 쉽게 일어나게 되는 결과이며 따라서 AF, DG 사이에 있는 입자를 방해하는 것이 아무것도 없을 때는 다른 것은 전혀 E쪽으로 나아가지 않는다. 이것은 하나의 돌이 직선으로 낙하하는 경우에는 지구 중심을 향해 떨어지지 결코 비스듬하게 떨어지지 않는 것과 같다.

마지막으로 다음을 생각해 보았으면 한다. 직선 AF, DG 사이에 있는 제2원소 입자 전체는 공간 E로 한 번에 나아가며, E가 빈 공간이 되자마자 바로 그것을 채운다. 왜냐하면 만약 AF, DG 사이의 여러 입자 운동에 이어 일어날 결과에 주의를 쏟는다면 여러분도 이해할 테지만, 그 입자들을 점 S로부터 멀어지게 하여 E로 가져가는 경향만이 존재하게 되며 또한 이 경향은 선 AF와 BF 사이와 선 DG와 CG 사이에 남아 있는 입자보다도 선 BF, CG 사이에 있는 입자를 더더욱 똑바로 E로 나아가게 하려 해도 AF, BF 및 DG, CG 사이에 있는 입자 또한 BF, CG 사이의 입자들처럼 E로 가도록 작용하기 때문이다. AF와 DG 사이의 입자 운동의 결과는 지금 내가 말한 것처럼 공간 E가 채워지는 것이며, 또한 원주 ABCD상에 E와 같은 크기의 다른 공간이 동시에 빈 공간이 되리란 것이다. 왜냐하면 다른 공간(E와 원주상의 공간을 뺀), 그러니까 입자가 이미 채워져 있었으며 앞으로도 채워지게 될 공간에서 일어나는 입자의 위치 변화는 살펴볼 필요가 없기 때문이다. 그 입자들은 서로 매우 비슷하다고 가정되어야 하기 때문에 이들 저마다의 공간이 어떤 입자로 채워져 있는가는 중요하지 않다. 그러나 유념해야 하는 것은 그렇다고 해서 이 때문에 여러 입자는 완전히 똑같다고 결론지어서는 안 되며, 단순히 그 입자들의 불균등성을 일으키는 원인이라 여겨지는 여러 운동이 우리가 생각해 보아야 할 대상의 작용에는 하나도 속해 있지 않다고 결론지어야 하리란 점이다.

그러면 공간 E의 일부가 채워지고 다른 쪽 D 주변에 있는 공간이 비기 때문에 최단 경로는 직선 DG 또는 DE상에 있는 물질의 모든 입자가 단번에 E로 나아가는 것밖에 없다. 왜냐하면 만약 처음 공간 E로 나아가는 것은 선 BF, CG 사이에 있는 입자밖에 없다고 하면 이 입자들은 스스로 밑에 있는 V 주변에 다른 공간을 남겨두고 공간 V에는 D 주변의 입자가 올 것이며, 그럼으로써 직선 DG, DE상의 물질 운동에 의해 생겨나는 듯한 결과가 구부러진 선 DVE상의 물질 운동에 의해 생겨나게 되는데, 이것은 자연법칙에 위반되기 때문이다.

하지만 만약 A와 D 사이는 F와 G 사이보다도 거리가 길며, 선 AF, DG 사이 입자의 출발점 공간보다도 그들 입자가 진입해야 하는 공간(E)이 훨씬 좁다는 사실에 의해서 선 AF, DG 사이에 있는 제2원소 입자들 전체가 한 번에 E쪽으로 나아갈 수 있다는 것이 이해하기 어렵다면 다음에 대해 생각해 보았으면 한다. 그 입자들이 하늘 중심으로부터 멀어지려는 경향을 현실화하는 작용은, 그 입자 주변 하늘 중심에서 같은 거리만큼 떨어진 곳에 있는 입자와 접촉하도록 강제하지는 않고 하늘 안에서 중심과 더욱더 떨어진 곳에 있는 입자와 접촉하도록 강제할 뿐이다. 이것은 작은 구(球)의 경우도 마찬가지로서 작은 구 1,2,3,4(〈그림7〉 참조)의 중력은 같은 숫자로 표시된 작은 구가 서로 닿아 있도록 강제하지는 않으며, 1이나 10으로 표시된 작은 구를 2나 20으로 표시된 작은 구로 지탱하

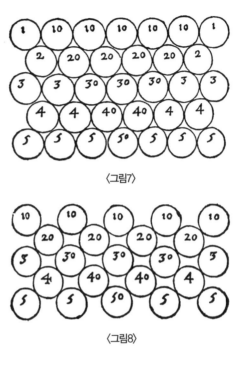

〈그림7〉

〈그림8〉

고, 2나 20으로 표시된 작은 구를 3이나 30으로 표시된 작은 구로 지탱하도록 강제할 뿐이며, 나머지도 마찬가지이다. 이 작은 구들은 〈그림7〉처럼 배열될 뿐만 아니라 〈그림8〉, 〈그림9〉, 또 다른 몇 가지 방법으로도 배열할 수 있다.

　다음으로 생각해 볼 것은 이미 앞서 말했듯이 제2원소 입자들은 서로 분리되어 움직여야 하기 때문에 결코 〈그림7〉에 나타난 구처럼은 배열되지 않는다는 것이다. 앞서 제기된 어려움이 일어날 수도 있는 것은 〈그림7〉과 같은 배열에서만이다. 왜냐하면 입자가 속해 있는 하늘 중심과 같은 거리만큼 떨어진 곳에 있는 하늘 입자 사이는 상당한 간격이 있어서 그 입자들이 갖고 있는 원심적 경향이 공간 E가 빈 공간일 때는 선 AF, DG 사이에 있는 입자 모두를 한 번에 E쪽으로 나아가게 할 것이라고밖에 생각할 수 없기 때문이다. 이것은 〈그림9〉와 함께 〈그림10〉에서 보듯, 50이라고 표시된 구가 차지하고 있던 공간에서 빠져나가자마자 작은 구 40, 30……의 중력이 이들 작은 구 전체를 50이라는 작은 구가 차지했던 공간으로 낙하시키는 것과 같다.

　이렇게 이들 구 가운데 같은 숫자가 표시된 구는 나온 곳보다 훨씬 좁은 공

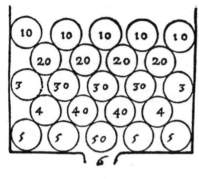

〈그림9〉

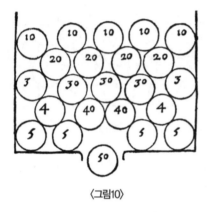

〈그림10〉

간 안에 배열을 취한다는 것, 그러니까 서로 가깝게 붙어 배열을 취한다는 것을 여기에서 명백하게 알 수 있다. 또한 다음도 분명히 알 수 있을 것이다. 40이라 표시된 2개의 구는 30이라고 표시된 3개의 구보다 조금 빠르게 떨어지고, 그에 비례하여 서로 조금 더 가깝게 붙으려 할 것이며, 30이라 표시된 3개의 구는 20이라고 표시된 4개의 구보다도 조금 빠르게 떨어지고, 그에 비례하여 조금 더 가까이 붙으려 할 것이며 나머지들도 마찬가지이다.

지금까지의 결과에 대해 여러분은 나에게 말할 것이다. 〈그림10〉에서 2개의 구 40, 40은 그것보다 조금이라도 빨리 떨어지려고 하면 서로 딱 달라붙어 버리는 것처럼(이것은 그 구들이 그것보다도 낮은 곳으로 떨어지지 못하고 멈춰버리는 원인이 된다), E쪽으로 나아갈 제2원소 입자들은 우리가 E에 있다고 가정한 모든 공간을 채워버리기도 전에 멈춰버릴 것이라고.

이에 대해 나는 이렇게 대답할 것이다. 그 입자들이 E쪽을 향해 조금이라도 나아갈 수 있다면 그로써 이미 나의 말을 완전히 증명하기에 충분하다고 말이다. E 공간 전체는 그게 무엇이든 간에 이미 어떠한 물체로 채워져 있기 때문에, 입자들은 이 물체를 연속적으로 밀어내며 그것을 그 공간 밖으로 쫓아내려고 그 물체에 힘을 가하는 것이다.

또한 나는 다음과 같이 대답할 것이다. 그 입자가 E를 향해 나아가는 사이에도 그 입자는 끊임없이 또 다른 운동을 하면서 입자들이 한순간도 같은 모양으로 배치된 채 머물러 있는 것을 허락하지 않는다고 말이다. 그것들은 서로 달라붙는 것을 방해하거나, 혹은 오히려 그 입자들이 닿자마자 바로 떨어져 E가 완전히 채워질 때까지 그 입자는 E쪽으로 쉬지 않고 전진하는 것이다. 그리고 여기에서 결론지을 수 있는 것은 입자들이 E쪽으로 나아가는 힘은 아마 진동하고 있을 것이며, 입자들이 위치를 바꿈에 따라 강해지거나 약해져 여러 가지 작은 진동을 나타내는 것이 분명하다. 이것은 빛에 굉장히 잘 어울리는 하나의 성질이라고 생각한다.

그럼 만약 여러분이 공간 E, 공간 S와 하늘 입자들 사이에 있는 작은 구석이 다 비어 있다 가정하고 앞서 말한 것을 모두 충분히 이해했다면, 비어 있다고 가정한 그 공간이 제1원소 물질로 채워져 있다고 생각하는 것을 통해 앞서 말한 것을 보다 잘 이해하게 될 것이다. 왜냐하면 공간 E에 존재하는 제1원소 입자들은 선 AF, DG 사이에 있는 제2원소 입자들이 그 공간 E가 빈 공간이었던 때처럼 E를 향해 나아가는 것을 방해할 수 없기 때문이다. 말하자면 제1원소 입자들이 극도로 섬세하면서도 활동적이기 때문에 제1원소들이 존재하는 공간에 들어갈 수 있는 다른 어떠한 물체가 존재하는 한 그것들은 자신들이 있는 공간에서 재빠르게 나오려고 언제나 준비하고 있는 것이다. 하늘의 입자들 사이 작은 틈을 차지하는 제1원소 입자들도 이와 같은 이유로 공간 E에서 와서 점 S쪽으로 되돌아가는 제1원소 입자들에 저항 없이 자리를 양보하는 것이다. 나는 다른 공간이 아닌 딱 집어 S를 향한다고 말한다. 그 이유는 (제1원소 입자를 뺀) 다른 물체는 훨씬 크며 강하게 결합되어 그것들보다 더 큰 힘을 갖고 있어서 모두 S에서 멀어지려는 경향을 갖고 있기 때문이다.

제1원소 입자들은 S에서 E로 가는 제2원소 입자들 사이를 통해 E에서 S쪽으로 이동하는데, 이때 서로 전혀 방해받지 않는다는 점에 주의해야 한다. 이는 모래시계 XYZ 안에 갇혀 있는 공기가(〈그림11〉 참조) 모래 Y를 통과하여 Z로부터 X로 상승해도, 모래 Y는 끊임없이 Z쪽으로 떨어지는 것과 같다.

마지막으로 공간 ABCD(〈그림6〉 참조)에서 태양을 구성하는 제1원소 입자들은 점 S 주변에서 매우 빠르게 원운

〈그림11〉

동을 하고 있기 때문에 지금 설명한 내용처럼 그 입자들은 S에서 모든 방향으로 직선 상태로 멀어지는 경향을 갖고 있다는 것이다. 이렇게 직선 SD상에 있는 모든 제1원소는 하나가 되어 점 D에 있는 제2원소 입자를 밀며, 또한 직선 SA상에 있는 모든 제1원소 입자들은 점 A에 있는 입자를 밀고, 다른 점의 입자들도 이와 마찬가지이다. 즉 직선 AF, DG 사이에 있는 제2원소 모두 E로 나아가는 경향을 전혀 갖고 있지 않다 해도 AF, DG 사이에 있는 제2원소를 공간 E를 향해 나아가게 하기에 충분한 것이다.

또한 제2원소 입자들은 공간 E가 제1원소 물질만으로 채워져 있을 때조차도 공간 E로 나아갈 것이기 때문에, 공간 E가 다른 어떠한 물체로 채워져 있을 때도 E로 나아가는 경향을 갖는 것은 확실하다. 따라서 제2원소들이 이 물체를 밀어내어 마치 그 물체를 그 공간에서 쫓아내려는 것처럼 물체에 힘을 가하는 일 또한 확실하다. 때문에 만약 점 E에 있는 것이 사람의 눈이었다면 그 눈은 태양과, 선 AF, DG 사이에 있는 하늘 물질 모두에 의해 힘을 받았을 것이다.

자, 이 새로운 세계의 사람은 다음과 같은 성질에 대해 알아둬야 한다. 이 새로운 세계의 사람들 눈이 앞서 말한 방법으로 힘을 받게 될 때는 우리가 빛에 대해서 갖는 감각과 완전히 똑같은 감각을 갖는다는 것을 말이다. 이에 대해서 좀 더 상세하게 설명하도록 하겠다.

제14장 빛의 성질에 대해

그러나 나는 여기서 잠시 멈춰 서고자 한다. 이 새로운 세계에서 사람의 눈을 압박하는 작용의 여러 성질들을 먼저 설명해 두고 싶기 때문이다. 이 성질은 우리가 빛이라고 깨닫는 성질과 완전히 일치한다. 그렇기에 이것을 파악해 두면 천체에서든 하늘에서든 빛이라고 불리는 이 작용의 성질만을 떠올리면 된다는 것을 여러분도 나를 따라서 인정하게 될 것임을 나는 확신한다.

빛의 주요한 성질은 다음과 같다. 1. 빛은 광체(光體)라 불리는 모든 물체 주변 전체에 빛의 고리를 넓혀간다. 2. 그 빛은 모든 거리로 퍼져나간다. 3. 그것은 순식간에 퍼져나간다. 4. 일반적으로는 빛은 직선으로 확대되며, 그 직선이 빛의 광선이라고 이해되어야 한다. 5. 이 광선들은 여러 다른 점들에서 와서 어느 한 점에 모인다. 6. 어느 때는 같은 점에서 출발하여 다른 점들로 나아갈 수도 있다. 7. 어느 때는 서로 다른 점에서 나와 저마다 다른 점으로 나아가면서도 같은 점을 서로 방해하지 않고 통과할 수 있다. 8. 광선은 때로는 서로 간섭할 수도 있다. 즉 광선의 힘이 저마다 매우 다르기 때문에 어느 광선의 힘이 다른 쪽 광선의 힘보다 훨씬 클 때는 서로 간섭할 수 있다. 9. 광선은 반사에 의해 방향을 바꿀 수 있다. 10. 굴절에 의해서도 방향을 바꿀 수 있다. 11. 광선의 힘은 증대시킬 수 있다. 12. 마찬가지로 감소시킬 수도 있다—광선의 힘이 늘고 줄어듦은 빛을 받는 온갖 물질 구조 또는 그 성질에 따른다. 여기까지가 빛에서 보이는 주요 성질들이다. 그리고 이 성질들이 우리가 논하고 있는 이 작용에 완전히 일치한다는 것은 다음에 보는 바와 같다.

1. 이 작용이 빛을 발하는 물체 주변 모든 방향으로 넓혀나가는 이유는 명백하다. 빛이 생기는 것은 발광체 입자의 원운동이기 때문이다.

2. 이 작용이 모든 거리로 퍼져나간다는 것 또한 명백하다. 왜냐하면 (〈그림 6〉 참조) AF와 DG 사이에 있는 하늘의 입자들은 이미 그 자체가 E쪽으로 나

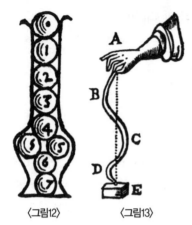

〈그림12〉　　　　〈그림13〉

아가도록 배치되어 있으며, 우리가 앞서 말한 대로라고 가정한다면 설령 ABCD주변 입자들과 E의 입자들 사이 거리가 큰 하늘(항성천)에서 가장 멀리 떨어져 있는 별에서 우리가 있는 곳까지의 거리보다도 더 멀다 해도, 태양이 ABCD 주변에 있는 입자들을 미는 힘은 E까지 퍼져나갈 것이 분명하기 때문이다.

3. AF와 DG 사이에 존재하는 제2원소 입자들은 최대한 가까이 붙어서 서로 밀어내고 있다는 것을 안다면 그 최소 입자를 밀어낸 작용은 마지막 입자까지 바로 이어진다는 것을 확신할 수 있을 것이다. 이것은 하나의 막대 한쪽 끝을 우리가 밀어낸 순간 그 힘이 다른 끝까지 바로 전해지는 것과 같다. 그러나 AF, DG 주변의 제2원소 입자는 막대 입자들처럼은 서로 완전하게 붙어 있지 않기 때문에 오히려 이것은 〈그림9〉의 50이라고 표시된 작은 구가 6쪽으로 떨어질 때 다른 10이라고 표시된 구도 동시에 밑으로 떨어지는 것과 같다고 할 수 있을 것이다.

4. 이 작용이 전달될 때의 경로이며 빛의 광선인 선에 대해서는 다음을 주의할 필요가 있다. 즉 이 선은 이 작용 자체의 전달을 매개하는 제2원소 입자들의 형태를 만드는 선과는 다르다는 것이다. 그 빛나는 선들은 그것들이 통과하는 매개물이 갖고 있는 어떠한 물질적인 것이 아니며, 광체가 빛을 비추고 있는 대상에 어떠한 방법으로 또한 어떤 방향으로 작용을 가하는지를 나타내는 것뿐이다. 빛을 전달하는 역할을 하고 있는 제2원소 입자들은 대부분 결코 연이어 직선을 이루도록 배치되어 있지 않기에 똑바른 선을 구성하고 있는 것은 아님에도, 우리는 빛의 선이라는 것을 정확하게 똑바르다고 생각할 수밖에 없다. 이것은 (〈그림12〉 참조) 손 A가 직선 AE를 따라 물체 E를 누를 때, A가 E를 누르는 것은 휘어진 막대 BCD를 매개물로 해서만이라는 것을 간단히 알 수 있는 것과 마찬가지다. 또한 (〈그림13〉 참조) 1이라고 표시된 구는, 7이라고 표시된 구를 미는 데 있어 5, 5를 매개물로 한다 해도 다른 2, 3, 4, 6을 매개물로 하

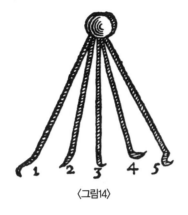

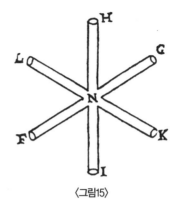

〈그림14〉 〈그림15〉

는 것처럼 똑바르게 미는 것과 같다.

5. 6. 여러분은 또한 어떻게 많은 광선들이 다른 점들에서 와서 같은 점에 모여드는지도, 혹은 같은 점에서 나와 다른 여러 점으로 나가며 서로 방해하는지도, 어째서 어느 한 광선이 다른 광선을 방해하거나 지배하지 않는지도 쉽게 떠올릴 수 있을 것이다. 〈그림6〉에서 보는 것처럼 ABCD 여러 점에서 오는 많은 광선은 한 점에 모이게 되며, 또한 한 점 D에서 나온 많은 광선 가운데 어떠한 것은 E쪽으로 다른 어떠한 것은 K쪽으로 이처럼 다른 무수한 곳으로 퍼져나갈 것이다. 이것은(〈그림 14〉 참조) 끈 1, 2, 3, 4, 5를 당기고 있는 여러 힘은 모두 도르래에 모이고, 이 도르래의 저항은 끈을 당기고 있는 손 전체로 퍼져나가는 것과 같다.

7. 많은 광선이 여러 점들에서 와서 여러 점들로 나아갈 때 서로 방해하지 않고 같은 점을 통과할 수도 있는 것은 〈그림6〉에서 2개의 광선 AN과 DL이 점 E를 통과하는 것을 보면 알 수 있다. 어떻게 이것이 가능한가를 이해하기 위해서는 제2원소 입자 하나하나는 한 번에 많은 여러 운동을 받을 수 있다는 것을 알아야 한다. 예를 들어 점 E에 있는 입자는 태양이 존재하는 지점 D에서 온 작용에 의해 L쪽으로, 그리고 동시에 A라 표시된 지점에서 온 작용에 의해 N쪽으로 전체가 한 번에 밀리게 되는 것이다. 이것을 좀 더 이해하기 위해서(〈그림15〉 참조) F에서 G로, H에서 I로, K에서 L로 이렇게 3개의 관 FG, HI, KL을 통해 동시에 공기를 밀어넣는다고 생각해 보자. 그러나 이 관은 점 N과 연결되어 있으므로 저마다 안을 통과하는 공기는 모두 다른 2개의 관까지 반드

시 통과하도록 되어 있다.

8. 또한 이와 같은 예는 어떻게 강한 빛이 그보다 약한 빛들을 효과적으로 지우는지 설명하는 데 도움이 된다. 만약 공기를 H나 K보다도 F로 훨씬 강하게 밀어 넣으면 공기는 I쪽이나 L쪽이 아닌 G쪽으로 향하기 때문이다.

9. 10. 반사와 굴절에 대해서는 나는 이미 다른 곳(《굴절광학》)에서 충분히 설명했다. 그러나 그때 나는 빛의 선에 대해서 말하는 대신 하나의 구 운동을 예로 들어 나의 논리를 쉽게 설명하고자 했다. 여기에서는 다음과 같이 생각해 보려 한다. 운동하려고 하는 경향, 즉 그 작용이 어느 한 곳에서 다른 곳으로 전달되는 데 있어 이 두 곳 사이에 존재하는 모든 공간에 빠진 곳 없이 존재하고 서로 붙어 있는 수많은 물체를 수단으로 하고 있으며, 또한 이런 작용과 경향이 미치는 경로에는 이러한 매개물의 첫 움직임을 막는 물체도 없다고 가정했을 때 이 작용이 첫 물체를 운동케 하는 그 경로라는 것이다. 그리고 그 물체의 운동과 이 물체 안에 있는 작용 사이의 차이는 물체 운동은 시간을 필요로 하지만, 그에 반해 물체 안에 있는 작용은 그 물체에 닿아 있는 모든 물체를 매개물로 하여 아무리 먼 거리라도 한순간에 퍼질 수 있다는 것이다. 이 결론은 공이 테니스장 벽에 부딪쳐 다시 튕겨져 나오는 것처럼, 또한 공이 물 안에 비스듬히 들어가거나 나올 때 굴절을 받는 것처럼, 광선은 투과를 허용하지 않는 물체를 만났을 때는 반사되어야 하며, 또한 빛이 있는 곳에 비스듬하게 들어갔을 때 그곳에서의 빛의 퍼짐은 빛이 나온 곳과 비교해 더욱 간단하거나 어려울 때도 이 변화 점에서 빛은 방향을 바꿔 굴절하게 된다는 것이다.

11. 12. 마지막으로 빛의 힘은 모인 광선 양에 따라 각 지점에서 강해지거나 약해질 뿐만이 아니라, 빛이 통과하는 곳에 존재하는 모든 물체의 구조 차이에 따라서도 늘어나거나 줄어든다. 이것은 공중에 던져진 돌이나 공이 운동하는 것과 동일한 방향으로 바람이 불 때는 바람에 의해 속도가 증가할 수 있으나, 반대쪽에서 불어오는 바람에 의해서 속도가 감소될 수 있는 것과 같다.

제15장 새로운 세계의 하늘 모습은 거기에 살고 있는 사람들에게는, 우리의 세계 하늘 모습과 똑같이 보이리라는 것

    나는 빛과 내가 가정한 작용의 본성과 그 작용의 고유한 요소에 대해 설명했다. 이제는 내가 지구라고 설정한 유성에 살고 있는 사람들이 어떻게 빛을 수단으로 우리의 하늘 모습과 완전히 닮은 그들의 하늘 모습을 보는 것인지도 설명해야 한다.

    먼저 그곳에 살고 있는 사람들이 S라고 표시된 물체(〈그림4〉 참조)를 밝게 빛나며 우리의 태양과 닮은 것으로 볼 것임은 의심의 여지가 없다. 왜냐하면 이 물체는 그 표면 모든 점에서 사람들 눈으로 광선을 보내기 때문이다. 또한 그 물체는 그들에게 별보다도 훨씬 가깝기 때문에 그것이 별보다도 훨씬 크게 보일 것이다. 지구 주변을 돌고 있는 작은 하늘 ABCD 입자들이 태양 S로부터 오는 광선에 얼마간 저항한다는 것은 사실이나, S에서 T까지에 존재하는 입자들은 비교적 많지 않기 때문에 광선들로부터 약간의 힘을 빼앗을 뿐이다. 이처럼 큰 하늘 FGGF(〈그림2〉 참조) 입자들의 모든 작용도 지구 중 태양에 의해 조금도 빛을 받지 못하는 부분에서는 많은 항성으로부터 광선이 지구까지 오는 것을 방해하지는 못한다.

    큰 하늘, 즉 태양이나 항성을 중심으로 하는 여러 하늘은 설령 크기가 매우 다르다고 해도 언제나 정확하게 똑같은 힘을 갖고 있으며, 따라서 선 SB상에 있는 모든 물질은 선 ɛB에 있는 물질이 S로 나아가는 만큼 강력하게 ɛ쪽으로 나아가게 할 것임을 알아야 한다. 왜냐하면 만약 그 하늘이 이 점에서 서로 같지 않다면 그들은 짧은 시간 안에 어쩔 수 없이 소멸하거나 그렇지 않다고 해도 적어도 그 점에서 같아질 때까지 변화할 것이기 때문이다.

    예를 들어 SB의 모든 힘은 광선 ɛB의 힘과 같으므로 그보다 약한 광선 TB의 힘은 광선 ɛB의 힘을 막고 그것을 T까지 퍼지지 않도록 할 수 없다. 이처럼 별 A는 그곳에서 지구 T까지 광선을 넓혀갈 것이 분명하다. 이것은 4와 T 사이에 있는 하늘 물질이 A에서 2로 나아가는 광선들에 저항하는 이상 A와 2까지 있는 하늘 물질은 이 광선들을 돕기 때문이며, 또한 3과 4 사이의 하늘 물질은 3에서 2의 물질이 그 광선들에 저항하는 것에 지지 않을 만큼 그 광선을 돕기 때문이다. 이렇게 다른 하늘 물질도 그 비율로 판단하면, 이 별이 나타나는 방식은 우리의 실제 세계에서 보는 별과 비교해 봐도 보다 복잡하게 나타나지 않고, 또 보다 적다고도 생각되지도 않으며, 서로 간의 차이가 적다고 생각될 리 없다는 것이 이해될 것이다.

그러나 또한 그 별들의 배열과 관련하여 다음을 생각해 봐야 한다. 그 별들은 그들이 현재 존재하는 실제 장소에 있는 것처럼 나타날 수 없다는 것이다. 왜냐하면 예를 들어 ε라고 표시된 별은 직선 TB상에 있는 것처럼 나타나고, 또한 A라고 표시된 다른 별은 직선 T4 위에 있는 것처럼 나타나기 때문이다. 그 이유는 하늘은 크기가 서로 대등하지 않으므로 하늘을 서로 나누는 표면의 배치는 이 별들에서 지구로 하늘을 가로질러 통과하는 광선과 직각을 이루며 교차하도록 되어 있지 않기 때문이다. 그리고 광선이 하늘 표면과 경사지게 만나는 때는, 《굴절광학》 증명에 따라 그들 표면에서 그 광선이 휘어지거나 많은 굴절을 받게 되는 것이다. 왜냐하면 그 광선은 이 표면 한쪽 측면을 다른 측면보다도 훨씬 간단하게 통과하기 때문이다. 또한 이 직선 TB, T4 및 이와 같은 모든 직선은 지구가 태양 주위에 그리는 원의 지름과 비교하여 굉장히 길기 때문에, 그 원마다 지구가 있다고 해도 지구에 있는 사람들은 언제나 그 별들을 하늘(항성천)의 같은 장소에 고정되어 있는 것처럼 볼 것이다. 이는 천문학자의 용어로 말하면, 그 별의 시차(視差)를 느낄 수 없다는 것을 생각해 볼 필요가 있다.

별들의 수에 대해서는 다음을 생각해 주었으면 한다. 똑같은 별이 여러 다른 장소에 나타나는 일이 때때로 있는데, 그 원인은 그 별에서 지구로 나아가는 동안 광선의 방향을 바꾸는 여러 가지 (하늘의) 표면이 있기 때문이다. 예를 들어 A라 표시된 별은 A24T라는 광선의 경로를 따르게 되면 선 T4 위에 있는 것처럼 보이고, 또한 동시에 광선 A6fT 경로를 따르면 선 Tf 위에 있는 것처럼 보인다. 이것은 다수의 표면을 갖도록 잘라낸 유리 또는 투명한 물체 맞은편에 보이는 대상이 여러 개로 보이는 것과 같다.

또한 별의 크기와 관련하여 생각해 주었으면 하는 것은 별은 아득하게 멀리 있기 때문에 실제보다 훨씬 작게 보이는 것이며, 또한 같은 이유에서 이 별들 중 수많은 별들은 나타날 리가 없다는 것이다. 그리고 다른 별은 많은 별들에서 나오는 광선이 결합하여 하나가 되어 그 광선들이 통과하는 대공(항성천) 부분에 한층 흰색을 더한다. 이것은 천문학자들이 성운(星雲)이라고 부르는 별무리이며, 우리의 현실 천체를 보고 시인들이 유노[2]의 젖으로 하얗게 되었다고 표현한 그 큰 띠와 닮은 모양으로밖에 나타나지 않는다는 것이다. 그러나 그다지 멀리 떨어져 있지 않은 별은 현실의 우리 태양 크기와 같다고 가정하면, 그것만으로도 그 별들은 우리 세계에서도 크다고 말하는 만큼의 크기로 나타날 수 있다.

왜냐하면 일반적으로 관찰자 눈에 빛을 보내는 물체 중 주변의 물체보다도 훨씬 강한 광선을 보내는 물체는 모두 그 강함에 비례하여 주변의 물체보다도 훨씬 크다고 생각될 것이며, 그러므로 별은 내가 앞으로도 좀 더 설명하겠지만 그 별의 하늘 여러 부분 가운데 그 별에 가까이 있어 그 별과 대등한 크기를 갖고 있는 부분과 비교하여 언제나 훨씬 크다고 생각되는 것이고, 이에 덧붙여 표면 FG, GG, GF 등은 별 광선의 굴절이 일어나는 곳이며, 이 표면들은 광선의 굴절이 훨씬 커지도록 휘어져 있는 걸지도 모르기 때문이다. 그런데 그 표면이 완전한 평면이라고 할지라도 광선을 굴절시킬 수 있다.

한편 이 표면은 몹시 유동적이며 결코 운동을 멈추지 않는 물질로 이루어져 있기 때문에 언제나 많건 적건 흔들리며 일렁이고 있을 것이다. 그래서 아득히 멀리 있는 별이 우리 현실의 별과 똑같이 빛나며 흔들리고 있는 듯 보이는 것이며, 또한 그 별은 흔들리고 있기 때문에 조금은 더 크게 보이는 것이리라. 이것은 호수 표면이 격렬히 요동치지 않고 그저 한 줄기 바람에 조그만 한 잔물결이 일 때 호수에 비친 달의 그림자가 떨리며 조금 더 크게 보이는 것과 같은 현상이다.

마지막으로 시간이 지남에 따라서 하늘의 표면은 조금씩 변하며, 혜성이 하

---

2) 로마 신화에 나오는 여신. 유피테르의 아내. 그리스 신화의 헤라에 해당한다.

늘에 가까워졌다는 이유만으로 하늘의 표면 어느 한 부분이 짧은 시간 사이에 눈에 띄게 휘어져 버리는 일도 일어난다. 또한 같은 이유로 많은 별들이 긴 시간 뒤 크기를 바꾸지 않고서 위치만 조금 바꾸거나, 위치를 바꾸지 않은 채 크기를 조금 바꾸기도 한다. 그리고 어떤 별이 갑자기 나타나거나 갑자기 없어지는 일도 벌어진다. 이러한 일들이 실제 세계에서도 일어난다는 것은 모두가 아는 사실이다.

태양과 같은 하늘 안에 있는 유성과 혜성은 그것들을 구성하고 있는 제3원소 입자가 매우 거칠거나 또는 많은 수가 결합하여 하나가 되었기 때문에 빛의 작용에 저항할 수 있다. 이 사실을 안다면 다음의 내용도 간단히 이해할 수 있을 것이다. 유성과 혜성은 태양이 그 빛을 유성과 혜성을 향해 보내고 거기(유성과 혜성)에서 지구로 반사해 오는 광선들에 의해 보이게 될 것이다. 이것은 방을 비추는 등불이 방 안에 있는 불투명하며 선명하지 않은 대상들로 빛을 보내고 거기에서 관찰자의 눈으로 돌아오는 광선들에 의해 보이게 되는 것과 같다. 또한 태양 광선은 등불의 광선에 비해 몹시 우세하다. 이는 태양 광선의 힘은 유지된다는 것, 아니 그렇다기보다 태양의 하늘 물질은 태양에서 멀어져 태양의 하늘 바깥 표면에 이를 때까지는 모두 바깥 표면으로 나아가기 때문에 멀어짐에 따라서 광선의 힘은 더더욱 커진다는 것에 기인하고 있다. 반면에 등불의 광선은 등불에서 멀어짐에 따라 그 광선이 비치는 구면이 커지는 비율에 따라 약해질 뿐만 아니라 그 광선이 통과하는 공기의 저항에 따라 더욱더 약해지기도 한다. 등불 가까이에 있는 대상은 멀리 있는 대상보다도 그 등불에 의해 더욱 빛을 받게 되는데, 이에 반해 보다 낮은 곳에 있는 유성은 보다 높은 곳에 있는 유성, 그리고 이와는 비교할 수 없을 정도로 태양에서 멀리 떨어져 있는 혜성과 견주어도, 등불과 같은 비율로 태양에 의해 한층 더 광선이 비춰지지는 않는다.

이와 같은 일들이 우리 실제 세계에서도 일어나고 있음을 우리는 경험을 통해 알고 있다. 그렇지만 이 일들에 이유를 부여할 때 실제 세계의 빛은 내가 설명한 작용 또는 경향 이외의 것이 대상 안에 존재한다고 가정하면 나는 그 이유를 설명할 수 있을 것이라 믿지 않는다. 나는 어느 작용 또는 구조라고 말한다. 왜냐하면 만약 여러분이 지금 내가 말한 논증에 충분한 주의를 기울였다면, 다시 말해 만약 태양이 존재하는 공간이 빈 공간이라고 하면 태양의 하늘 입자가 관찰자 눈으로 나아가기 위해서는 그 입자들이 태양 물질로 압박을 받는 것처럼 거의 같은 정도의 힘을 가지고 나아갈 수밖에 없다는 점에 주의를 기울인다면 다음에 대해 잘 알 수 있을 것이기 때문이다. 태양이 우

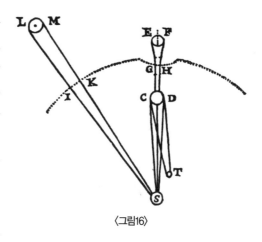

〈그림16〉

리가 실제 보고 있는 만큼으로 나타나기 위해서는, 태양은 그 자체의 어떠한 작용을 가질 필요도, 순수한 공간 이외의 공간일 필요조차도 없다는 것을 말이다. 이것은 과거였다면 여러분에게 몹시 역설적인 명제였을 것이다. 또한 이 유성이 그 중심(태양) 주변에 갖고 있는 운동(공전)은 깜박깜박 빛나지만 그 깜박깜박하는 반짝임은 항성과는 다른 방식이며, 게다가 훨씬 약한 것의 원인이다. 달은 이 운동이 없기 때문에 깜빡이지 않는다.

태양과 같은 하늘 안에 있지 않은 혜성은, 태양과 같은 하늘에 있을 때와 비교해 태양의 하늘로 들어오려 준비하고 있는 때조차도 지구 쪽으로 광선을 계속해서 조금밖에 보낼 수 없다. 따라서 그 혜성은 그 크기가 굉장할 때 아마도 조금 보이는 것 말고는 인간에게는 보이지 않는 것이다. 그 이유는 태양이 그 혜성으로 보내는 광선 대부분은 대공(항성천)의 일부를 통과할 때 거기서 받는 굴절에 의해 이곳저곳으로 휘어 분산되기 때문이다. 예를 들어 (〈그림16〉 참조) 혜성 CD가 S라고 표시된 태양으로부터 선 SC, SD 사이에 있는 모든 광선을 받아 선 CT, DT 사이에 있는 모든 광선을 지구로 되돌려 보내려고 한다면 다음과 같이 생각해야 한다. 혜성 EF는 태양으로부터 선 SGE와 선 SHF 사이에 있는 광선만 받을 수 있다. 그 원인은 그 광선이 S에서부터 내가 큰 하늘의 일부라 보고 있는 표면 GH까지 통과하는 것은 이 표면을 넘어 맞은편으로 가는 것보다도 훨씬 쉽기에 그 광선이 큰 하늘의 그 일부에서 받는 굴절은 굉장히 크며, 바깥쪽으로 크게 빗나가게 되리라는 데에 있다. 왜냐하면 여러분이 알고

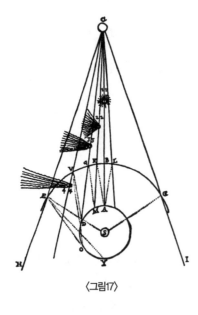

<그림17>

있는 것처럼 이 표면에 혜성이 다가올 때는 휘어야 하며, 태양 쪽으로 나아갈 때는 안쪽으로 휘어야 하기 때문이다. 그러나 큰 하늘 표면이 완전히 평평하거나 반대 쪽으로 휘어 있으면, 태양이 그 표면에 보낸 광선 대부분은 표면까지 도달할 때 방해받지 않으려 해도 적어도 표면에서 지구까지 돌아갈 때는 역시 굴절에 의해 방해받을 수밖에 없다. 예를 들면 큰 하늘 부분 IK는 S를 중심으로 하는 구의 일부라고 하면, 광선 SIL, SKM은 혜성 LM으로 갈 때 표면 부분에서 휘지 않을 것이다. 하지만 그 대신에 광선이 큰 하늘 부분에서 지구로 돌아가는 도중에는 크게 휘게 될 것이다. 때문에 광선이 지구에 이르면 몹시 약할 수밖에 없으며, 그 양도 매우 적을 수밖에 없다. 또한 이것은 혜성이 태양의 하늘에서 멀리 있을 때만 일어나는 것이기에(왜냐하면 혜성이 태양의 하늘에 가까우면 혜성은 하늘 표면 안쪽으로 휘기 때문이다) 혜성이 태양의 하늘에 있을 때와 같은 양의 광선을 태양으로부터 받을 수 없게 한다. 그리고 혜성이 그 혜성을 감싸는 하늘 중심에 있는 항성으로부터 받는 광선은 지구 쪽으로 되돌려 보낼 수 없는데, 이는 달이 초승달일 때는 태양 광선을 되돌려 보낼 수 없는 것과 마찬가지이다.

그러나 혜성에는 좀 더 눈에 띄는 부분이 있다. 즉 혜성 광선의 굴절에 의해 혜성 광선은 꼬리 모양 또는 혜성 주변에 머리카락이 난 것 같은 모양을 하고 나타난다는 것이다. 위의 그림(〈그림17〉)을 보면 쉽게 이해할 수 있을 것이다. 여기에서 S는 태양, C는 하나의 혜성, EBG는 천구이며, 앞서 말한 것에 따르면 EBG를 구성하는 것은 제2원소 중에서도 가장 거칠며 가장 활동력이 적은 입자이다. 또 DA는 지구 공전에 의해서 그려지는 원이다. 그리고 다음과 같이 생각해 주었으면 한다. C에서 B로 나아가는 광선은 점 A까지 곧장 통과하지만, 그 광선은 점 B에 와서 비로소 확대되어 다른 많은 광선으로 나뉘고, 이곳저곳으로도 퍼져나가기 시작한다. 그렇기 때문에 그 광선은 모든 광선 중에서도 중요하며 가장 강한 가운데 광선 BA에서 멀어짐에 따라 점점 약한 광선이 된다. 다음으로 광선 CE는 점 E에서 퍼져나가기 시작하여 EH, EY, ES와 같은 다른 많은 광선들로 나뉘는 것이다. 이렇게 나뉜 광선 중에서도 중요하며 가장 강력한 것은 EH이며, 가장 약한 것은 ES이다. 이와 같이 CG는 주로 G에서 I로 통과하려고 하나 그와 함께 S쪽으로도, 또한 GI와 GS 사이에 있는 모든 공간으로도 나뉘어 가는 것이다. 그리고 마지막으로 이 세 광선 CE, CB, CG 사이에 올 수 있을 것이라 예상되는 모든 광선은 세 광선에 보다 가까운가 또는 보다 먼가에 따라서 저마다의 성질을 갖고 있을 것이다. 지금까지의 설명에다 모든 광선은 태양 쪽으로 조금 휘게 되리라는 것을 덧붙여도 좋을 것 같다. 그러나 이것은 내가 말하고자 하는 주제에는 전혀 필요치 않다. 나는 설명을 가능한 한 간단하고 쉽게 하기 위해 실제로 많은 부분을 생략하고 있다.

앞서 설명한 굴절을 가정해 보면 지구가 A 주변에 있을 때에는 광선 BA가 지구에 있는 사람들에게 혜성 C를 보여줄 것이며, BA보다도 약한 LA, KA 그리고 그 밖의 똑같은 광선들이 지구에 있는 사람들의 눈까지 도달하여 빛의 관 또는 빛줄기가 혜성 주위의 모든 방향으로 똑같이 퍼져나가는 현상(《그림11》 참조)을 그들에게 보여줄 것이다. 그러나 이것을 느낄 수 있는 것은 광선들이 느껴질 만큼 강하기 때문이다. 실제로 광선은 우리가 가정한 바에서는 몹시 큰 혜성에서 오는 것이고, 혜성보다 작다고 가정해야 하는 항성에서 오는 것도 또한 유성에서 오는 것도 아니므로 앞서 말한 것들은 이따금 일어나고 있다.

이것 또한 분명하다. 지구가 M 주변에 있을 때 또는 혜성이 광선 CKM을 통과해서 나타났을 때 혜성의 빛줄기는 qM이라는 경로와 M으로 나아가는 모든 경로를 통해 나타난다는 것이다. 그래서 혜성의 빛줄기는 태양 반대 부분 쪽에서는 이전보다 더욱 넓어지며, 태양을 마주하고 있는 부분에서는 이전보다 넓어지지 않거나 전혀 넓어지지 않는다.[3] 이것은 표시 22에서 보는 바와 같다. 이렇게 혜성의 빛줄기는 지구가 점 A로부터 멀어짐에 따라 태양 반대쪽을 언제나 점점 길게 늘어져서 지나가며, 혜성에 붙은 머리카락 같았던 형태를 조금씩

---

3) 이 사실은 지롤라모 프라카스토로(1483~1553)와 페트루스 아피아누스(1495~1552)에 의해 이미 관측되었다.

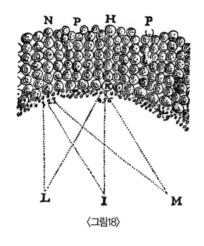

〈그림18〉

잃어가고 끝내는 혜성이 뒤에 끌고 가는 하나의 긴 꼬리와 같은 형태로 바뀌는 것이다. 예를 들면 지구가 D에 있을 때, 광선 qD, VD는 혜성을 표시 33처럼 나타낸다. 그리고 지구가 O 주변에 있을 때 광선 VO, EO 및 이와 같은 광선은 혜성을 더 길게 보여주며, 지구가 Y 주변에 있을 때는 끝내 혜성은 보이지 않게 된다. 이것은 태양이 지구와 혜성 사이에 오기 때문이다. 그러나 광선 VY, EY 및 이와 같은 광선에서는 혜성의 꼬리가 갈매기 모양 또는 창(槍) 모양으로 나타날 수밖에 없다는 것은 표시 44를 통해 알 수 있다. 또한 주의해야 하는 점은 구 EBG는 언제나 완전히 동그랗지는 않고, 내가 지금까지 설명한 내용에서 쉽게 알 수 있듯이 구 EBG가 갖고 있는 다른 것도 모두 완전히 동그랗지는 않기 때문에 혜성의 꼬리 모양과 창 모양도 언제나 정확한 직선을 이루고 나타나지는 않으며, 태양도 완전히 똑같은 황도면(黃道面)으로 나타나는 것은 아니라는 것이다.

나는 이것들에 의해 생기는 굴절은 몹시 특수한 성질을 갖고 있으며 다른 곳에서 일반적으로 보게 되는 모든 성질과 다른 성질이라는 것을 인정한다. 그러나 그 굴절이 내가 여러분에게 서술한 방법으로 생기는 것이라는 점에는 변함이 없고, 그것을 깨닫기 위해서 다음 내용을 참고하면 된다(〈그림18〉 참조). 구 H는 I쪽으로 밀릴 때는 H 아래에서 K까지의 모든 구를 미는데, 구 K쪽은 K보다도 더 작은 다른 많은 구, 예를 들어 4, 5, 6으로 둘러싸여 있지만 5만을 I쪽으로 밀며, 이에 반해 4를 L, 6을 M쪽으로 누르며 나머지도 이와 같은 방식으로 밀게 된다. 그렇지만 K는 한가운데 구 5를 다른 4나 6 및 그 밖의 여러 각도에 있는, 이것에 속해 있는 구보다도 훨씬 강하게 밀게 된다. 그리고 똑같이 구 N은 L쪽으로 밀리게 되면서 작은 구 1, 2, 3을 밀고, 어떠한 것을 L, 다른 것을 I, 또 그 밖에 다른 것을 M으로 밀게 되는데, 거기에는 다음과 같은 차이가 있다. 즉 구 N이 가장 강하게 미는 것은 모든 것 중에서 1이지 한가운데 있는 2가 아니라는 것이다. 또한 이처럼 다른 구 N, P, H, P에 의해서 모두가 동시에 밀리는 작은 구 1, 2, 3, 4……는 서로 방해하면서 한가운데 I쪽으로 갈수록 쉽게 L과 M쪽으로 올 수 없다는 것이다. 이리하여 공간 LIM 전체가 이처럼 작은 구로 채워져 있을 때에는 그 작은 구들의 작용선(作用線)이 그 공간 안에 분배되는 방식은 내가 구면 EBG(〈그림17〉 참조) 안의 혜성 광선에 대해서 말한 것과 마찬가지이다.

지금까지의 내용에 대해서 만약 여러분이 반론하면서 구 N, P, H, P와 1, 2, 3, 4……(〈그림18〉 참조) 사이에 있는 차이는 내가 가정한 구면 EBG(〈그림17〉 참조)를 구성하는 제2원소 입자와 태양 바로 위에 있는 입자 사이의 차이보다도 훨씬 크다고 말한다면, 나는 다음과 같이 대답할 것이다. 즉 그 반론에서 이끌어낼 수 있는 귀결은 이 구 EBG 내부에는 작은 구 1, 2, 3, 4……가 구성하고 있는 구의 내부에서만큼의 굴절이 일어날 리가 없다는 것뿐이라고. 그러나 나는 다음처럼도 대답할 것이다. 구면 EBG 바로 밑에 있는 제2원소 입자와 더 밑에 있는 태양 가까이에 있는 입자 사이에 또한 차이가 있다면 이 굴절은 광선이 침투해 감에 따라서 더욱 커질 것이며 따라서 이 굴절은 광선이 지구 DA 구면에 도달할 때에는 작은 구 1, 2, 3, 4……를 미는 작용의 굴절과 같은 정도가 되거나, 또는 더욱 커지는 것이라고 말이다. 이것은 지구 DA 구면 주변에 있는 제2원소 입자는 구면 EBG 제2원소 입자와 비교하여 작은 구 1, 2, 3, 4……를 다른 구 N, P, H, P와 비교했을 때만큼 작다는 것을 충분히 알 수 있기 때문이다.

(이하 원본이 전해지지 않는다.)

Les passions de l'âme

정념론

제1부 정념의 요지를 설명하여 우연히 인생 전체에 미치다

1 한 주체에서 수동인 것은 다른 관점에서는 언제나 능동이다

현존하는 옛사람들의 학문이 얼마나 결함투성이인가 하는 것은 그들의 정념(情念)에 대한 기술(記述)에 가장 잘 나타나 있다. 정념은 모든 사람이 늘 알고 싶어 한 문제이며, 또한 누구나 자기 내부에서 감독하는 것이기 때문에, 그 성질을 밝힘에 있어 다른 데서 관찰을 빌려올 필요는 조금도 없다.

따라서 이 문제가 그다지 어려울 것 같지 않은데도 옛사람들이 정념에 대해 가르친 바는 아주 보잘것없고 또 그 대부분이 믿기 어려우므로, 차라리 내가 그들이 더듬어 온 길에서 멀어짐으로써 진리에 가까워질 수 있다는 희망을 가질 수밖에 없다. 그러므로 여기서는 마치 누구도 일찍이 손댄 적이 없는 문제를 논하는 듯이 써야만 한다. 우리가 먼저 생각해 두어야 할 것은 새로이 생기는 모든 것은 일반적으로 그것이 생기는 주체에서 보면 수동(정념),[1] 그것을 생기게 하는 주체에서 보면 능동이라고 철학자들은 부르고 있기 때문에 작용하는 것과 작용받는 것은 크게 다른 경우가 많은데도, 능동과 수동은 언제나 동일하며 그것을 관계지어야 할 주체가 둘이 있었으므로 서로 다른 이름을 가질 뿐이라는 점이다.

2 영혼의 정념이 무엇인가를 알려면 영혼과 몸의 기능을 구별해야 한다

나는 또 이렇게 생각한다. 영혼이 결합되어 있는 몸만큼 직접 우리의 영혼에 작용하는 것이 있다고는 인정할 수 없으므로 영혼 안에서 수동(정념)인 것이 몸에 있어서는 일반적으로 능동이라고 생각해야 한다. 그렇기 때문에 정념이 무엇인가를 알려면 몸과 영혼의 차이를 검토하는 것이 가장 좋은 방법이다. 우

---

1) 원어는 passion. 이 말은 정념을 뜻하는 동시에 어원적으로는 수동의 뜻도 있다.

리가 가지고 있는 하나하나의 기능을 몸과 영혼 어느 쪽에 귀속시켜야 할지를 알기 위해서 말이다.

3 그러기 위해서는 어떤 규칙을 따라야 하는가

이 점을 검토할 때 다음과 같은 점에 유의하면 그다지 어려운 문제는 없을 것이다. 즉 우리가 우리 안에 존재하는 것으로 경험하며 또한 전혀 생명이 없는 물체 안에도 존재할 수 있다고 인정하는 것은 모두 몸에 귀속시켜야만 한다. 이와 반대로 우리 안에 존재하되 다른 물체 안에는 도저히 있을 수 없다고 생각되는 것은 모두 영혼에 부여해야 한다.

4 열(熱)과 팔다리의 움직임은 몸에서, 생각은 영혼에서 생긴다

따라서 몸(물체)이 어떤 방식으로든 생각한다는 것은 조금도 받아들일 수 없으므로 우리 안에 있는 모든 종류의 생각[2]은 영혼에 속한다고 보아야 옳다. 또한 무생물도 인체와 마찬가지로, 혹은 그 이상으로 움직일 수 있으며, 인체보다 더 많은 열(熱)을 가진 것도 있다는 것은 의심할 여지가 없다(이것은 실험상 불꽃에서 볼 수 있는데, 불꽃은 사람의 어느 부분보다도 많은 열과 운동을 가지고 있다). 그렇기 때문에 우리 안에 존재하는 모든 열과 운동은 그것이 생각에 의존하지 않는 한, 오직 몸(물체)에 속한다고 믿지 않으면 안 된다.

5 영혼이 몸에 운동과 열을 준다고 믿는 것은 잘못이다

이것으로 우리는 매우 심각한 오류를 피할 수 있을 것이다. 지금껏 많은 사람들이 빠졌던 이 오류는 오늘날까지 정념 및 영혼에 속하는 다른 일들을 충분히 설명할 수 없게 한 첫 번째 원인으로 생각된다. 이 오류란 모든 죽은 몸(시체)에 열과 운동이 없는 원인은 영혼이 떠났기 때문이라고 상상한 데에 있다. 그리하여 사람들은 태어날 때부터 가지고 있는 열과 몸의 모든 운동은 영혼에 의존한다고 아무 이유 없이 믿어왔던 것이다. 사실은 그와 반대로 사람이 죽었을 때 영혼이 없어지는 것은 오직 그 열이 중단되고 또한 몸을 움직이는 기관

---

[2] 원어는 pensée. 흔히 사유라든가 사고라고 번역되는데 데카르트에게 있어 생각은 의식의 개념이다.

(器官)이 손상되기 때문이라고 마땅히 생각했어야 했다.

6 살아 있는 몸과 죽은 몸의 차이는 무엇인가

따라서 이 오류를 피하려면 죽음이란 절대 영혼이 떠나기 때문에 일어나는 것이 아니라, 단순히 몸의 어느 중요 부분이 파괴되기 때문에 일어난다고 생각하자. 그러므로 살아 있는 인간의 몸과 죽은 몸의 차이는 시계나 그 밖의 자동 장치가 태엽이 감기고 그것의 본디 목적인 운동의 물리적 원동력 및 그 활동에 필요한 것을 모두 갖추고 있는 경우와, 그 시계 또는 기계가 부서져서 원동력이 활동을 멈추었을 경우의 차이와 같다.

7 몸의 부분들과 그 몇 가지 기능에 대한 간단한 설명

앞에서 말한 것을 좀 더 쉽게 이해하도록 인체가 어떻게 구성되어 있는가를 간단히 설명하기로 하자. 인체에는 심장·뇌·위·근육·신경·동맥·정맥, 그리고 이와 비슷한 것들이 존재한다는 것은 누구나 알고 있는 사실이다. 또 입으로 섭취한 음식물이 위장(胃腸)으로 내려가고, 즙액(汁液)이 간(肝)과 모든 정맥으로 흘러들어가 그 속에 있는 피와 섞여서 피의 양을 증가시킨다는 것도 알려져 있다. 그리고 의학에 관심이 있는 사람은 적어도 심장이 어떻게 만들어져 있는가, 정맥의 피가 어떻게 대정맥에서 오른쪽으로 흐르고, 다시 폐동맥(肺動脈)이라는 혈관을 거쳐 폐로 옮겨가며, 폐정맥(肺靜脈)이라는 혈관을 거쳐 폐에서 심장의 왼쪽으로 돌아오고, 마지막으로 온몸에 가지를 치고 있는 대동맥으로 옮겨가는가 하는 것쯤은 알고 있다.

뿐만 아니라 옛사람들의 권위에 현혹되지 않고 헤르베우스[3]의 혈액순환설에 대한 연구에 뜻을 둔 사람은 다음과 같은 사실을 의심하지 않는다. 즉 몸 안의 정맥과 동맥은 모두 작은 시냇물 같아서 그곳에서는 피가 계속해서 빠르게 흐르고 있다. 피는 먼저 폐동맥을 지나 우심실(右心室)에서 흘러나온다. 폐동맥의 지류는 폐 전체에 퍼져 있어 폐정맥의 지류에 연결된다. 피는 이 폐정맥을 통해 폐에서 좌심방(左心房)으로 갔다가 다시 대동맥으로 들어간다. 대동맥의

---

3) 영국의 의학자·생리학자인 William Harvey(1578~1657년)의 라틴 이름.

지류는 온몸에 퍼져 있어 정맥의 지류에 연결된다. 정맥의 지류는 이 피를 다시 우심방으로 옮기는 것이다. 따라서 이상의 두 공동(空洞)은 모든 피가 몸을 한 번 돌 때마다 통과하는 수문과 같다. 또한 누구나 알고 있듯이 팔다리의 운동은 모두 근육에 의해서 일어난다. 근육은 서로 반대로 작용하고 있어서 한쪽이 오그라들면 그것에 붙어 있는 부분을 끌어당김과 동시에 이와 대립되어 있는 근육을 늘어나게 한다. 그 뒤에 만일 이 늘어났던 근육이 오므라들면 앞서 오그라들었던 근육을 늘어나게 해서 그 근육에 붙어 있는 부분을 자기 쪽으로 끌어당긴다.

그리고 이 모든 근육 운동은 온갖 감각과 마찬가지로 신경이 일으키는 작용이라는 것은 널리 알려진 사실이다. 신경은 뇌 전체에서 나오는 가느다란 실 또는 가느다란 관에 의존하고 있으며, 뇌처럼 아주 섬세한 어떤 기체(氣體) 또는 숨〔바람〕을 가지고 있다. 이것을 동물 정기(動物情氣 ; esprits animaux)라고 한다.

8 이들 여러 기능의 원리는 무엇인가

그러나 이들 동물 정기 및 신경이 어떻게 운동이나 감각에 영향을 주는지, 또 이들을 활동시키는 물적 원동력이 무엇인지는 일반적으로 거의 알려져 있지 않다. 그러므로 이미 다른 논문에서 몇 가지 다룬 바 있지만 여기서도 간단하게 말해 두고자 한다. 즉 우리가 살아 있는 동안 심장에는 지속적인 열기, 즉 어떤 불이 있으며 이 불이 모든 지체 운동의 물적 원동력이 되는 것이다.

9 심장 활동은 어떻게 이루어지는가

불의 첫 번째 작용은 심장의 공동 안에 가득 찬 피를 팽창시키는 일이다. 그 결과 피는 더 넓은 자리를 필요로 해 우심실에서 폐동맥으로, 좌심실에서 대동맥으로 이동한다. 이윽고 팽창이 멈추면 새로운 피는 바로 대정맥에서 우심방으로, 또 폐정맥에서 좌심방으로 들어가는 것이다. 즉 이 네 혈관 입구에는 조그마한 판막이 있어서 피가 심장으로 들어갈 때는 뒤쪽의 둘, 나올 때는 앞쪽의 둘을 반드시 통과하지 않으면 안 되게 되어 있다. 심장으로 들어간 새로운 피는 이전의 것과 마찬가지로 금방 묽어진다.

한편 맥박, 다시 말해서 심장과 동맥의 고동은 오로지 이와 같은 방식에 의해서만 이루어지기 때문에 그 고통은 새 피가 심장으로 들어가는 횟수만큼 되풀이된다. 혈액에 첫 움직임을 주어 모든 동맥과 정맥 안을 쉴 새 없이 빠르게 흐르게 하는 것도 이 고동이다. 혈액은 이런 순환으로 심장 안에서 얻은 열을 몸의 모든 부분에 전해 주고 그 영양(營養)이 되는 것이다.

10 동물 정기는 뇌에서 어떻게 만들어지는가

그러나 여기서 가장 주의해야 할 것은, 열 때문에 심장에서 묽어진 피의 가장 생기 있고 미세한 부분이 다량으로 잇따라 뇌실(腦室)로 들어간다는 사실이다. 그 까닭은 대동맥을 거쳐 심장으로 들어간 피는 모두 뇌실을 향해 곧장 흘러나오지만 매우 좁은 통로밖에 없어서 가장 생기 있고 미세한 부분만이 그곳으로 들어가고, 나머지는 몸의 각 부분으로 퍼지기 때문이다.

그런데 동물 정기를 형성하는 것은 피 중에서도 아주 미세한 이 부분이며, 그것을 형성하기 위해서는 뇌 속에서 피 가운데 덜 미세한 다른 부분과 분리되는 변화만을 받는다. 왜냐하면 내가 여기서 정기라고 부르는 것은 물체와 다름없으며, 횃불에서 생기는 불꽃의 각 부분과 마찬가지로 재빠르게 움직이는 매우 작은 물체라는 것밖에 아무런 특성도 없기 때문이다.

따라서 그것은 어느 곳에서도 멈추지 않으며, 그 일부가 뇌실로 들어감에 따라 다른 일부는 뇌실질(腦實質)에 존재하는 기공(氣孔)을 통해 나오게 된다. 이 기공은 정기를 신경으로, 신경에서 다시 근육으로 이끈다. 이렇게 해서 정기는 몸이 움직일 수 있는 한 모든 방법으로 몸을 움직인다.

11 근육의 운동은 어떻게 일어나는가

앞에서 설명한 것처럼 모든 지체 운동의 유일한 원인은 한 근육이 수축하고 그 대항근(對抗筋)이 늘어나는 데에 있으며, 한 근육이 그 대항근보다 먼저 수축하는 원인은 뇌에서 그 근육 쪽으로 조금이라도 많은 정기가 오는 데에 있다. 이것은 직접 뇌에서 오는 정기만으로 그 근육을 움직일 수 있다는 뜻이 아니라, 정기는 그 두 근육 안에 이미 존재하는 다른 정기를 한쪽 근육에서 다른 쪽으로 재빨리 이동시킨다는 뜻이다. 그 때문에 정기가 빠져나온 쪽의 근육은 이완되고, 정기가 들어간 쪽의 근육은 즉각 팽창 수축하여 그곳에 붙어 있는 부분을 끌어당긴다. 이것은 다음과 같은 사실을 알고 있으면 쉽게 이해할 수 있다. 즉 각 근육을 향해 뇌로부터 끊임없이 나오는 동물 정기는 아주 적은 양이지만, 그 근육 속에 포함되어 있는 정기는 늘 많은 데다 빠르게 움직이므로 출구가 열려 있지 않을 때는 그곳을 빙빙 돌기만 하고, 또 어떤 때는 반대쪽 근육으로 흘러들어간다. 이들 근육에는 저마다 조그마한 구멍이 있어서, 정기는 그것을 통해 이 근육에서 저 근육으로 이동할 수 있기 때문이다. 이 구멍에는 뇌에서 어느 한 근육으로 오는 정기가 다른 근육으로 오는 정기보다 조금이라도 더 강할 경우 그 구멍들은 다른 근육의 정기들이 그 근육으로 갈 수 있도록 모든 입구를 열고, 동시에 이 근육의 정기가 다른 근육으로 가는 입구를 닫도록 장치가 되어 있다. 이런 식으로 두 근육 안에 포함되어 있던 모든 정기는 매우 신속히 한 근육에 모여 이것을 팽창·수축시키고, 반면 다른 한 근육은 신장·이완시키게 되는 것이다.

12 외부 사물은 어떻게 감각기관에 작용하는가

우리가 여기서 알아두어야 할 것은 언제나 똑같은 양의 정기가 뇌에서 근육으로 흐르지 않고 경우에 따라서는 어느 일정한 근육 쪽으로 많이 흐른다는 사실이다. 이 원인에 대해서는 뒤에서 말하겠지만, 실제로 영혼의 작용은 우리 내부에서 그 원인의 하나를 이루고 있으나, 이 밖에도 신체에만 의존하는 두 가지 원인이 있으니 우리는 그것에 유의할 필요가 있다. 그 하나는 감각기관 안에서 대상(對象)에 자극되어 일어나는 운동이 여러 가지라는 것으로, 나는 《굴절광학》에서 자세히 설명했다. 그러나 독자가 다른 책을 읽을 필요가 없도록 하기 위해 신경에 대해 생각해야 할 세 가지를 다시 말해 두겠다.

첫째는 신경의 골수 또는 내부 물질이다. 이것은 미세한 실의 형태로, 골수나 내부 물질의 기원이 되는 뇌에서부터 그 실들이 연결된 몸 각 부분의 끝까지 연결되어 있다. 둘째는 가느다란 실들을 둘러싼 막(膜)이다. 이 막은 뇌를 싸고 있는 막들과 이어져 있어서 미세한 실들이 갇혀 있는 가느다란 관들을 형성한다. 마지막은 동물 정기이다. 동물 정기는 앞서 말한 관에 의해 뇌에서 근육으로 운반되는데, 이는 가느다란 실을 완전히 자유로운 상태로 뻗어나갈 수 있게 한다. 따라서 어떤 실 한 올 끝에 연결된 몸의 한 부분을 조금이라도 움직이면 그 실이 나온 뇌의 한 부분까지도 움직이게 되는 것이다. 그것은 마치 밧줄의 한쪽 끝을 당기면 다른 끝도 움직이는 것과 같다.

13 외부 사물의 이러한 작용은 정기를 여러 가지 방법으로 근육에 전달한다

《굴절광학》에서 설명했듯이 시각 대상이 우리에게 전해지는 것은, 그것과 우리 사이에 있는 투명한 물체를 매개로 우리 눈 뒷부분에 있는 시신경(視神經) 섬유와 그다음 신경이 시작되는 뇌의 부분을 국지적으로 움직이기 때문이다. 더욱이 그 대상은 그것이 사물 속에 나타내는 다양성에 따라 저마다의 다양한 방법으로 시신경과 뇌의 일부를 움직인다는 것, 또 이들 대상을 영혼에 표상(表象)하는 것은 눈 안에서 행해지는 운동이 아니라 뇌 속에서 행해지는 운동이라는 것이다. 그 예로 소리·냄새·맛·열(熱)·고통·목마름·배고픔과 그 밖의 일반적인 외적 감각 및 내적 욕망의 대상 역시 신경에 어떤 운동을 일으키고, 그 운동이 신경을 통해서 뇌에 이른다는 것은 쉽게 알 수 있는 이치다. 또한 이들 다양한 뇌 운동은, 영혼에는 여러 가지 감각을 전달하는 것 외에 다른 작용은 하지 않으며 정기를 어느 특정 근육으로 흐르게 하여 정기로 하여금 인간의 몸을 움직이게 한다.

그것을 여기서는 모두 한 가지 예로써 증명하기로 하자. 누군가가 별안간 때릴 듯한 자세로 우리 눈앞에서 그 손을 번쩍 들어올렸을 경우 상대편이 친구이고, 이것이 완전한 농담이며, 우리를 해칠 마음이 전혀 없다는 것을 알고 있다 하더라도 눈을 감지 않기는 어렵다. 이는 눈을 감는 것이 영혼의 유일한 작용, 적어도 그 주요 작용인 의지(意志)에 어긋하는 일인 이상 영혼의 매개에 의한 것이 아님을 나타내는 것이다. 눈이 감기는 것은 눈을 향해서 일어난 손의 운동이 뇌에 새로운 운동을 일으키고, 그것이 눈꺼풀을 내리게 하는 근육 쪽으로 정기를 이끌도록 인체의 구조가 되어 있기 때문이다.

14 정기 사이에 있는 성질의 차이는 그 흐르는 방법을 다양하게 만든다

동물 정기를 근육 속으로 이끄는 방법이 다양한 또 하나의 원인은 이들 정기의 고르지 못한 동요와 정기 각 부분의 다양성에 있다.

다시 말해서 어느 부분이 다른 부분보다 더 굵거나 더 동요되었을 경우, 그

것은 뇌실(腦室) 및 뇌기공(腦氣孔)을 향해서 더 깊이 스며들며, 힘이 약한 경우
와는 다른 근육 안으로 이끌어지는 것이다.

15 정기가 다양한 원인은 무엇인가

그리고 이러한 불규칙은 정기가 다양한 물질로 되어 있다는 데에 기인한다.
이를테면 포도주를 많이 마신 사람에게서 볼 수 있듯이 술의 증기(蒸氣)는 곧
혈액 속으로 들어간 뒤 심장에서 뇌로 올라가 정기(精氣)가 된다.

뇌로 올라간 이 정기는 보통 그곳에 있는 정기보다 힘도 세고 양도 많으므
로 사람의 몸을 갖가지 이상한 방법으로 움직이게 한다. 그런데 이러한 정기의
불규칙은 심장·간·위·비장(脾臟) 및 정기의 생성에 관여하는 모든 부분의 다
양한 상태에서 발생한다.

다시 말해서 여기서는 주로 심장 밑부분에 박혀 있는 어떤 미세한 신경에 주
의하지 않으면 안 된다. 왜냐하면 이 신경이 공동의 입구를 여닫는 데 이용되
며, 이런 방식으로 피는 심장에서 덜 또는 더 세게 팽창하면서 성질이 다른 온
갖 정기를 생산하기 때문이다. 또 심장으로 들어가는 피는 몸의 모든 부분에서
오되, 어느 일정한 부분에서 특히 다량으로 밀려온다는 데 주의해야 한다. 그
부분에 대응하는 신경과 근육이 피를 특히 강하게 압박하거나 자극하기 때문
이다. 그래서 피는 그것이 가장 많이 오는 부분의 차이에 따라 심장 안에서 서
로 다르게 팽창하고, 이어 성질이 다른 정기를 만들어 내는 것이다.

이와 마찬가지로 이를테면 담즙이 있는 간의 밑부분에서 온 피는 간에서 온
피와는 다르게 심장 안에서 팽창하고, 또 간에서 온 피는 팔이나 다리의 정맥
에서 온 것과 그 팽창 방법이 다르며, 또 그 정맥에서 온 피도 즙액(汁液)이 새
로 위장에서 나와 곧장 간에서 심장으로 옮기는 경우와는 전혀 다르다.

16 모든 지체(肢體)가 영혼의 도움 없이 어떻게 감각의 대상 및 정기에 의해서 움직여질 수 있는가

끝으로 주의할 것은 정기 운동에 있어서의 모든 변화는 뇌의 기공 중에서
특히 어떤 것을 다른 것보다 크게 열 수 있도록 인체 조직이 되어 있고, 또 반
대로 이 기공 가운데 어느 것이 지각 신경의 작용으로 조금이라도 정상 상태

이상으로 열리고 닫히면 어느 정도 정기의 운동을 변화시켜 몸이 어떤 행동을 취할 때 움직여 주는 방법으로 근육 속에 이 정기를 이끈다는 것이다. 따라서 우리가 의지의 작용에 의하지 않고 하는 운동(예를 들어 우리는 숨 쉬거나 걷거나 먹는 것 외에도 동물과 같은 동작을 하는 일이 자주 있다)은 모두 인체 각 부분의 구조(構造)에 따라 다르며, 또 심장의 열에 자극된 정기가 뇌·신경·근육 속을 스스로 더듬어 가는 그 흐름의 방법에 따라 좌우되는 것이다. 마치 시계의 운동이 오로지 태엽의 힘과 톱니바퀴의 형태에 의해서 생기는 것과 마찬가지다.

17 영혼의 기능은 무엇인가

앞서와 같이 몸에 속하는 모든 기능을 고찰하고 나면 영혼에 귀속시킬 것은 생각 말고는 아무것도 없다는 것을 쉽게 알 수 있다. 생각에는 주로 두 종류가 있는데, 하나는 영혼의 작용이고 또 하나는 영혼의 수동(정념)이다. 영혼의 작용이란 모든 의지를 말한다.

의지는 영혼에서 직접 오는 것이며, 오로지 영혼에만 의지하는 듯함을 우리는 경험으로 알고 있다. 이와 반대로 우리 안에 존재하는 온갖 지각이나 인식은 일반적으로 정념이라고 부를 수 있다. 대부분의 경우 지각이나 인식을 그렇게 만드는 것은 영혼이 아니며, 영혼은 언제나 정념이 표상하고 있는 사물을 통해 정념을 받기 때문이다.

18 의지에 대해서

의지에도 두 가지가 있다. 하나는 우리가 신(神)을 사랑하려고 하거나, 또는 일반적으로 비물질적인 대상을 향해서 생각을 간직하려고 할 경우처럼 영혼 그 자체에서 종결되는 영혼의 작용이다. 또 하나는 몸에서 종결되는 작용으로서, 이를테면 산책하고 싶다는 의지만으로도 자연스레 다리가 움직여 걷기 시작하는 경우와 같은 것이다.

19 지각에 대해서

지각에도 두 종류가 있는데, 하나는 영혼을 원인으로 하고 다른 하나는 몸을 원인으로 한다. 영혼을 원인으로 하는 것은 의지 및 의지에 의존하는 모든 상상과 그 밖의 생각에 대한 지각이다. 어떤 일에 의지를 갖기 위해서는 반드시 그것에 의지를 갖는 것과 같은 방법으로 지각도 해야 한다는 것이 확실하기 때문이다.

또 어떤 것에 의지를 부여해 갖는 것은 영혼에서 보면 하나의 작용(능동)이지만, 의지를 갖고 있다고 지각한다는 것은 또한 하나의 수동(정념)이라고 할 수 있다. 그러나 이 지각과 의지는 실제로 같은 것이므로, 호칭은 고상한 표현을 빌려 정념이라 부르지 않고 작용이라고 한다.

20 영혼이 만드는 상상과 그 밖의 생각에 대해서

이를테면 영혼이 마법의 궁전이나 괴물을 공상하듯 전혀 존재하지 않는 어떤 것을 상상하려고 할 경우, 또는 영혼이 스스로의 본성을 생각할 때처럼 단지 이해할 수 있을 뿐이지 상상할 수 없는 그 어떤 것을 생각하려고 할 경우 영혼이 그것으로부터 받는 지각은 영혼으로 하여금 그것들을 지각시키는 의지에 주로 의존한다. 그 때문에 이 지각은 보통 정념이기보다는 작용이라 생각하는 것이다.

21 몸만을 원인으로 하는 상상에 대해서

몸에 의해서 생기는 지각은 대부분 신경의 작용이다. 그러나 신경의 작용이 아닌 것도 있으니, 이것을 앞에서 말한 바와 같이 상상이라고 부른다. 하지만 앞의 것과 다른 점은 그것을 낳기 위해 의지가 작용하지 않기 때문에 이런 종류의 상상은 영혼의 작용 속에 포함되지 않는다는 것이다.

그것이 생기는 것은 오로지 정기가 다양한 방법으로 자극되어 뇌 속에서 먼저 생긴 여러 가지 인상의 흔적과 만나 아주 우연히 어떤 특정한 기공에서 흘러나오기 때문이다. 이를테면 꿈의 환영과, 또 우리의 생각이 전혀 그 스스로에게 전념하지 않고 이리저리 방황하듯이 우리가 깨어 있을 때에 느끼는 몽상이 그런 것이다.

그런데 이러한 상상 가운데 어떤 것은 상상이라는 말을 본디의 완전한 뜻으로 해석하면 영혼의 정념이고, 또 이 말을 더욱 넓은 뜻으로 해석하면 상상은 모두 정념이라고 부를 수 있는데도 영혼이 신경의 매개로 받는 지각만큼 두드러진 결정적 원인을 갖고 있지 않으며, 마치 이들 지각의 그림자나 베낀 그림에 지나지 않는 듯이 보이므로, 그것을 충분히 식별할 수 있을 때까지는 우선 이들 지각 안에 존재하는 다른 것을 고찰해야 한다.

22 지각 안에 존재하는 여러 가지 차이에 대해서

내가 아직 설명하지 않은 지각은 모두 신경의 매개로 영혼에 이르는 것이다. 그리고 그러한 지각 사이에는 감각을 자극하는 외부의 사물에 귀속되어야 하는 것과 몸 또는 그 일부에 귀속되어야 하는 것, 영혼에 귀속되어야 하는 것 등의 차이가 있다.

23 우리 외부에 존재하는 사물과 연관된 지각에 대해서

우리의 외부에 존재하는 것, 즉 감각 대상에 대한 지각은 적어도 판단이 잘못되어 있지 않는 한 그 대상 자체에 의해서 생기는 것이다. 그러한 대상은 외적 감각기관에 어떤 운동을 일으키고, 또 신경의 매개로 뇌 안에 운동을 일으킨다. 이 운동으로 영혼은 그 대상을 느끼는 것이다. 이를테면 우리가 횃불을 보고 종소리를 들을 경우에 그 소리와 빛은 저마다 다른 작용인데, 이 두 작용은 오로지 자신에 의해 신경의 어느 부분에서 서로 다른 두 운동을 일으키고 그로써 뇌 안에서 영혼에 두 가지의 다른 감정을 준다. 우리는 이런 감정을 그 원인이라고 가정되는 주체와 강하게 결부시켜 생각하기 때문에, 단지 그것에서 오는 운동만을 느끼는 것이 아니라 횃불 자체를 보고 종소리를 듣고 있는 것으로 생각되는 것이다.

24 몸에 연관된 지각에 대해서

몸 또는 그 어느 부분과 연관된 지각은 배고픔과 목마름 등의 자연적 욕망에 대한 지각이며, 여기에 고통·열, 이 밖에 외부 사물에 있는 것이 아니라 마치 우리 몸 안에 있는 것처럼 느껴지는 감각까지 보탤 수가 있다. 이를테면 우리는 신경의 매개로 손의 차가움과 그 손에 접근시킨 불꽃의 뜨거움을 동시에 느낄 수 있으며, 반대로 손의 따뜻함과 그 손에 닿는 공기의 차가움을 동시에 느낄 수 있다. 그리고 우리 손에 있는 차가움과 뜨거움을 우리에게 느끼게 만드는 작용과 우리 밖에 있는 차가움과 뜨거움을 느끼게 하는 작용과의 사이에는 아무런 차이도 없다. 다만 하나의 작용이 다른 하나의 작용에 보태어지기 때문에 우리는 첫 번째 작용이 이미 우리 속에 있다 생각하고, 거기에 보태어지는 두 번째 작용은 아직 우리 안에는 없고 그것을 일으키는 대상 속에 있다고 생각하는 것이다.

25 영혼에 연관된 지각에 대해서

단지 영혼에만 연관된 지각이란, 말하자면 영혼 자체에 그 결과를 느낄 수 있는 지각이며, 그것을 연관시킬 수 있는 직접적인 원인이 무엇인지 알려져 있지 않은 지각이다. 이를테면 기쁨과 노여움 등의 감정인데, 신경을 자극하는 대상물에 의해 우리 안에서 일어나며 때로는 다른 원인으로 일어날 수도 있다. 그런데 우리의 모든 지각은 외부 사물에 연관된 지각이고 몸의 온갖 감각에 연관된 지각인 만큼, 정념이라는 말의 뜻을 가장 일반적인 의미에서 사용한다면 모든 지각이 영혼에 비추어 보아 정념이라 하더라도, 보통은 이 말을 제한하여 영혼 자체에 관계있는 지각만을 뜻한다. 내가 영혼의 여러 정념이라는 명칭으로 여기서 설명하고자 하는 것은 주로 이러한 지각이다.

26 정기의 우연한 운동에만 의존하는 상상은 신경에 의존하는 지각만큼 참된 정념일 수 있다.

여기서 주의할 것은 영혼이 신경의 매개로 지각하는 모든 것이 우연적인 정기의 흐름으로 모두 나타날 수 있다는 사실이다. 다만 다른 점은 신경에 의해 뇌에 도달하는 인상이 정기에 의해서 자극되는 인상보다 일반적으로 강렬하고 명료하다는 점이다. 내가 21번에서 정기에 의한 인상이 지각의 그림자나 베낀 그림 같다고 말한 것은 이 때문이다.

다시 유의할 점은 때로 그 베낀 그림이 본디의 것과 아주 닮았기 때문에, 우리는 외부 사물에 대한 지각과 몸의 일부분에 대한 지각을 혼동하는 경우가 있다. 그런데 정념은 매우 가까이 존재하고, 또 영혼에 깊이 내재해 있으므로 영혼은 정념을 있는 그대로 느끼지 않을 수 없다. 그러므로 정념에 한해서 사람들은 위에서처럼 혼동하지 않는 것이다. 이를테면 자고 있을 때, 또 흔히 눈을 뜨고 있을 때조차도 우리는 어떤 사물을 매우 강렬하게 상상하는 수가 많으므로 현실에는 전혀 존재하지 않는데도 그것을 눈앞에 보고 또 몸 안에서 느끼는 듯이 생각한다. 그러나 비록 잠이 들어 꿈을 꾸고 있는 경우라도, 비애를 느끼거나 다른 정념에 의해서 움직여질 때 영혼은 확실히 그 정념을 자신 안에 갖고 있는 것이다.

27 영혼의 여러 정념에 대한 정의

우리는 영혼의 여러 정념과 생각이 어떤 점에서 서로 다른가를 고찰했으므로 정념은 특히 영혼에 연관시켜야 할 영혼의 지각이나 감각 또는 정서이며, 어떤 정기 운동으로 야기되고 유지되며 강화되는 것이라고 정의할 수 있다.

28 이러한 정의의 첫 부분에 대한 설명

영혼의 작용이나 의지가 아닌 모든 생각을 뜻하기 위해 지각이라는 말을 사용한다면 정념 또한 지각이라고 부를 수 있다. 그러나 이 말을 명백한 인식을 뜻하는 경우에만 사용한다면 정념을 지각이라 부를 수 없다. 결국 가장 강렬하게 정념에 움직이는 사람은 정념을 가장 잘 아는 것이 아니며, 이런 정념은 몸과 영혼 사이의 밀접한 결합으로 모호해지고 혼란스러워진 지각의 종류에 속해야 한다는 것은 경험으로 알 수 있기 때문이다. 이 정념은 외적 감각과 마찬가지로 영혼 속에 받아들여지며, 다른 방법으로는 인식되지 않기 때문에 감각이라고 부를 수도 있다. 하지만 영혼의 정서(情緖)라고 부르는 편이 훨씬 적절하다. 이 명칭은 영혼 속에 생기는 모든 변화, 즉 영혼 속에 생기는 모든 생각에 대해서 붙일 수 있을 뿐 아니라, 특히 영혼이 가질 수 있는 모든 생각 중에서 이런 종류의 정념보다 강하게 영혼을 동요시키는 것은 없기 때문이다.

29 나머지 부분에 대한 설명

이들 정념이 특히 영혼에 관계한다고 덧붙인 이유는 냄새와 소리와 빛깔처럼 외부 사물에 연관되는 감각이나 배고픔과 고통처럼 몸에 연관되는 감각과 구별하기 위해서다. 또 이들 정념이 어떤 정기 운동으로 야기되고 보유되고 강화된다고 덧붙인 것은 영혼의 정서라고 일컬어야 할 의지, 영혼에 관계되는 것이기는 하나 영혼 자체에 의해서 일어나는 의지와 구별하기 위해서이며, 또 정념을 다른 감각과 구별할 정념의 최종적 원인을 설명하기 위해서이다.

30 영혼이 몸의 각 부분과 상관한다는 것

이러한 것을 더 완전히 이해하려면 영혼이 실제로 온몸에 연결되어 있다는 점과, 몸의 어떤 부분에는 없고 어느 한 부분에만 있는 것이 아니라는 점을 알아둘 필요가 있다. 그 이유는 첫째로, 몸의 각 기관은 어떤 부분을 제거하면 온몸에 결함을 가져올 만큼 서로 밀접한 관계가 있으므로, 몸은 하나이며 또한 불가분이라는 것이다. 둘째로, 영혼은 몸을 조직하는 물질의 확산, 그 차원에 관계하지 않고 단지 몸의 각 기관 전체에 관계하고 있다는 것이다. 이것은 영혼의 절반 또는 3분의 1이라든가, 또는 영혼이 얼마만큼의 넓이를 가졌다는 것은 전혀 생각할 수 없으며, 몸의 일부를 제거해도 영혼은 작아지지 않고 여러 기관 전체를 분해할 때 비로소 영혼이 몸에서 분리된다는 것으로써 알 수 있다.

31 뇌에는 작은 샘[4]이 있고, 영혼은 다른 부분보다 특히 이 샘에서 그 기능을 발휘한다

영혼은 온몸에 연결되어 있을지라도 다른 부분보다 그 기능을 특히 잘 발휘하는 부분이 몸 안에 있다는 것도 알아둘 필요가 있다. 그리고 이 부분은 흔히 뇌나 심장일 것이라고 믿어지고 있다. 뇌라고 하는 까닭은 감각기관이 뇌에 연결되어 있기 때문이고, 심장이라고 하는 까닭은 정념이 느껴지는 것이 말하자면 심장 속이기 때문이다. 그러나 면밀한 검토 결과, 몸 가운데 영혼이 그 기능을 직접 발휘하는 부분은 결코 심장이나 뇌가 아니라 뇌의 가장 깊은 곳에 있는 특히 조그마한 샘이라는 것을 나는 분명히 확인했다고 자신한다. 이 샘은 뇌실질의 한가운데 있으며, 뇌실 앞부분의 정기가 뒷부분의 정기와 이어지는 관(管)의 윗부분에 걸쳐 있기 때문에, 이 샘에서 일어나는 미세한 운동은 정기의 흐름을 뚜렷하게 변화시킬 수 있고, 또 반대로 이들 정기의 흐름에 생기는

---

4) 두말할 것도 없이 솔방울샘을 가리킨다.

아주 작은 변화는 이 샘의 운동을 변화시킬 수 있는 것이다.

32 이 샘이 영혼의 주된 자리라는 것은 어떻게 알 수 있는가

영혼이 그 기능을 직접 발휘하는 장소가 온몸에서 이 샘밖에는 없다고 내가 확신하는 까닭은 다음과 같다. 나는 우리에게 눈이 둘, 손이 둘, 귀가 둘 있고, 또 외적 감각기관이 모두 둘씩 있는 것과 마찬가지로, 뇌의 다른 부분도 모두 짝을 이룬다고 생각할 수 있다는 것, 또 우리는 한 가지 일에 대해서 동시에 하나의 생각밖에 가질 수 없으므로 두 눈을 통해서 생기는 두 영상(映像), 그 밖에 2개가 한 쌍이 되는 감각기관을 통해서 단 하나의 대상에서 오는 이중의 인상이, 영혼에 대해서 하나가 아닌 2개의 대상을 나타내지 않도록 영혼에 도달하기 전에 하나로 합쳐질 곳이 꼭 필요하다고 생각한다. 그런데 이들 영상 또는 인상이 뇌실(腦室)을 채우고 있는 정기의 매개로 이 샘 안에서 합쳐진다는 것은 쉽게 이해된다. 더구나 이 샘 안에서 합쳐지지 않는다면 이렇게 합쳐질 수 있는 곳은 몸 안에 달리 없다.

33 심장에는 정념의 자리가 없다

영혼이 그 정념을 심장 속에 받아들인다고 생각하는 사람들[5]의 의견은 틀렸다. 이는 정념이 심장에 어떤 변화를 준다는 데 기초하기 때문이다. 이 변화가 뇌에서 심장으로 내려가는 미세한 신경의 매개로 비로소 심장 속에 있는 것처럼 느껴진다는 것은 쉽게 알 수 있다. 마치 고통이 다리 부분에 있는 신경의 매개로 다리에 있는 것처럼 느껴지고, 별이 그 빛과 시신경의 매개로 하늘에 있는 것처럼 느껴지는 것과 마찬가지다. 심장 속에서 정념을 느낀다고 해서 영혼이 그 기능을 발휘할 필요가 없는 것은 마치 별이 하늘에 보인다고 해서 영혼이 하늘에 있을 필요가 없는 것과 같다.

34 몸과 영혼은 서로 어떻게 작용하는가

그러므로 여기서는 영혼이 뇌의 주된 자리에 있는 작은 샘 속에 있다고 생

---

5) 아리스토텔레스학파와 스토아학파의 사람들을 말한다.

각하자. 이 샘은 정기나 신경뿐 아니라 피의 매개로 뇌 중앙부에서 온몸으로 뻗어나간다. 피는 정기가 주는 인상에 참가하면서 동맥을 통해서 이것을 온몸에 운반할 수 있다. 또 몸의 구조에 대해 위에서 말한 것처럼, 신경 섬유는 몸 각 부분에 골고루 분포되어 있기 때문에 감각 대상에 의해서 온갖 운동이 자극되면 뇌의 기공을 여러 형태로 여닫고, 그 결과 뇌실에 포함된 동물 정기가 저마다 다른 방법으로 근육 안에 들어가게 됨으로써 움직일 수 있는 한 온몸을 다양하게 움직일 수 있는 것이다. 뿐만 아니라 정기를 갖가지로 움직이게 하는 모든 원인은 정기를 다양한 근육 안으로 이끄는 데 충분하다.

이러한 사실을 상기하면서 여기에 다음을 덧붙이기로 하자. 즉 영혼의 주된 자리인 이 작은 샘은 정기를 지닌 뇌실의 한가운데에 걸쳐 있으므로 만일 대상 속에 느낄 수 있는 정도의 차이가 있으면, 그에 따라 정기가 이를 갖가지로 움직이게 한다. 또한 이 샘은 영혼에 의해서도 갖가지로 움직여진다. 영혼은 이 샘 속에서의 여러 가지 운동이 일어나는 데 따라서 갖가지 지각을 받을 수 있는 성질을 지니고 있다.

이와 같은 이치에 따라서 몸 구조는 아주 잘 배치되어 있기 때문에 이 샘이 영혼이나 그 밖의 어떤 원인으로 움직여지기만 하면, 그것을 에워싸는 정기를 뇌의 기공 쪽으로 밀어주게 된다. 그러면 뇌의 기공은 신경을 통해서 이것을 근육으로 인도함으로써 이 샘은 근육을 통해 사람의 몸을 움직이게 하는 것이다.

35 사물이 주는 인상이 뇌 한가운데 샘에서 결합되는 방식의 예

이를테면 동물이 우리에게 덤벼드는 것을 볼 경우 동물의 몸에서 반사하는 빛은 우리 두 눈에 각각 하나씩 두 영상을 그린다. 이 두 영상은 시신경의 매개로 공동(空洞)에 관련되는 뇌의 내부 표면에 역시 두 영상을 만든다. 이어 이 공동을 채우고 있는 정기의 매개로 두 영상은 정기에 둘러싸인 작은 샘을 향해서 투사되어, 하나의 영상의 각 점을 형성하는 운동과, 그 동물의 동일 부분을 나타내는 다른 하나의 영상의 점을 형성하는 운동이 그 샘의 동일한 점을 향해서 가게 된다. 이것으로 뇌에 있는 두 영상은 이 샘 위에서 하나의 상을 만들게 되고, 샘은 곧 영혼에 작용하여 이 동물의 형상을 영혼에 나타내 준다.

36 정념이 영혼 속에 일어나는 방식의 예

더구나 그 형상이 극히 기이하고 무서운 경우, 즉 그것이 일찍이 몸에 해를 끼친 사물과 많은 관계를 가질 경우 그것은 영혼 속에 두려운 생각에 이어 용맹심이나 공포심을 자극한다. 이것은 체질 또는 기력의 차이에 따라 다르며, 또 그 이전에 눈앞의 인상과 관련된 유해물에 대해 방어로 몸을 지켰는지 도망침으로써 몸을 지켰는지 하는 데에도 좌우된다.

결국 어떤 사람들에게는 그 때문에 뇌의 상태에 변화를 일으켜 샘 위에 만들어진 영상에서 반사를 받은 정기가 뇌에서 나와 일부는 달아나기 위해 등을 돌리고 다리를 움직이게 하는 신경 속으로 들어가고, 일부는 심장의 입구를 여닫는 신경 혹은 심장에 피를 보내야 할 다른 부분을 자극하는 신경 속으로 들어간다. 때문에 이 피는 심장 안에서 비정상적으로 묽어져서 공포감을 유지하고 강화시키는 정기, 즉 스스로를 본디의 신경으로 인도하는 뇌의 기공을 열린 채로 두거나 다시 열 정기를 뇌에 보내는 것이다. 말하자면 이들 정기는 뇌의 기공 안에 들어가는 것만으로도 앞에서 말한 샘에 특수한 운동을 일으킨다. 그리하여 이 특수한 운동은 영혼으로 하여금 공포감을 느끼게끔 되어 있는 것이다. 또 이들 기공은 심장의 입구를 여닫는 미세한 신경에 연결되어 있으므로 영혼은 그 정념이 주로 심장 속에 있는 것처럼 느끼게 되는 것이다.

37 어떻게 모든 정념이 어떤 정기 운동으로 일어난다고 생각되는가

또 다른 모든 정념에서도 마찬가지 일이 일어난다. 즉 뇌실에 들어 있는 정기가 심장의 입구를 여닫는 신경이나, 여러 가지 방법으로 다른 부분에 있는 피를 심장으로 밀어내는 신경, 또는 그 밖에 어떤 방법에 의하건 똑같은 정념을 유지하는 데 도움이 되는 신경을 향해서 흘러가는 한, 모든 정념은 주로 이 정기에 의해서 생긴 것이다. 이것으로써 내가 앞서 정념에 대한 정의 속에 정념은 정기의 특수한 운동으로 일어난다고 한 까닭을 똑똑히 이해할 수 있을 것이다.

38 정념을 따르되 영혼에 의존하지 않는 신체 운동의 예

또한 위에서 말한 정기가 심장 신경을 향해서 흘러가기만 해도 영혼에 공포감을 일으키는 운동을 샘에 대해 줄 수 있는 것과 마찬가지로, 달아나기 위해서 다리를 움직이는 신경을 향해 정기가 동시에 흘러가는 것만으로 이 샘에 또 다른 운동을 일으키고 이 운동으로 영혼은 도주를 감지한다. 이와 같이 도망하는 운동은 영혼의 작용을 빌리지 않고 다만 기관의 구성 배치만으로도 몸 안에서 일어날 수 있는 것이다.

39 어떻게 같은 원인이 사람마다 다른 정념을 일으킬 수 있는가

무서운 대상의 출현이 샘에 미치는 동일한 인상은 어떤 사람에게는 공포감을 주지만 다른 사람에게는 용맹심을 일으키기도 한다. 그 까닭은 사람의 뇌수가 모두 똑같이 만들어져 있는 것이 아니라, 어떤 사람에게 공포감을 자극한 샘의 운동이 다른 사람에게는 정기를 뇌 기공으로 들어가게 하고, 뇌 기공은 그 일부를 손을 움직여 몸을 지키기 위한 신경 안으로 보내며, 또 일부는 방어를 계속하고 방어의 의지를 유지할 정기를 낳을 수 있도록 심장을 자극하고 추진시키는 신경 속으로 피를 이끄는 것이다.

40 정념의 주요 작용은 무엇인가

인간에게 있어서 정념의 주요 작용은, 이제 몸으로 하여금 취하게 하려는 태도에 영혼 또한 그런 의지를 갖도록 자극하는 데 있다는 것을 주의해야 한다. 따라서 공포감은 달아나고 싶은 영혼을 자극하고, 용맹심은 싸우고 싶은 영혼을 자극한다. 그 밖의 정념도 마찬가지다.

41 몸에 대한 영혼의 힘은 어떠한가

그러나 의지는 본래 자유이므로 결코 억압될 수 없다. 나는 영혼을 두 가지 생각으로 구별했는데, 하나는 영혼의 작용, 즉 의지이고, 또 하나는 온갖 지각까지 포함하는 넓은 의미의 정념이다.

첫 번째 것은 절대적으로 영혼의 지배 아래 있고, 몸에 의해서는 간접적으로밖에 변화시킬 수 없다. 이에 반해서 두 번째 것은 그것을 생기게 하는 작용에 절대적으로 의존하는 것이며, 영혼이 그 원인일 경우를 제외하고는 영혼에 의해서는 간접적으로밖에 변화시킬 수 없다. 그런데 영혼의 작용이란 모두 무슨 일을 바라기만 하면 영혼과 밀접한 관계가 있는 작은 샘을 그 의지에 따른 결과를 낳는 데 필요하도록 움직이게 한다는 것을 말해 두고 싶다.

42 생각해 내고자 하는 일이 기억 속에서 어떻게 발견되는가

이리하여 영혼이 어떤 사물을 생각해 내고자 할 경우, 그 의지의 작용으로 샘은 여러 방향으로 움직여 생각해 내고자 하는 사물이 남긴 흔적이 있는 곳에 이를 때까지 뇌의 곳곳에 정기를 흘려 보낸다. 이 흔적이란 결국 일찍이 문제의 대상이 나타났기 때문에 정기가 흘러나온 뇌의 기공일 뿐이며, 그 결과 이 흔적은 정기가 도달할 경우 다른 기공보다 쉽게 열리도록 되어 있는 것이다. 따라서 이 기공을 만난 정기는 다른 기공보다 쉽게 이 기공으로 들어가서 샘에 특수한 운동을 일으킨다. 이 운동이 그 전과 마찬가지 대상을 영혼에 제시하여, 이 대상이 바로 영혼이 생각해 내고자 하는 것임을 영혼에 가르쳐 주는 것이다.

43 영혼은 어떻게 상상하고, 주의를 기울이고, 또 몸을 움직일 수 있는가

그러므로 우리가 일찍이 본 적이 없는 사물을 상상하고자 할 경우, 그 의지는 뇌의 기공을 향해 정기를 밀어내기 위해서 필요한 방법으로 샘을 움직이는 힘을 가지고 있으며, 문제의 사물은 그 기공 입구에서 영혼에 나타나는 것이다. 또 어떤 사물을 잠시 주시하고자 할 경우 그 의지는 그동안 샘을 어떤 특정한 방향으로 기울여 놓는다. 마찬가지로 사람이 걷고 싶다거나 몸을 움직이고 싶을 경우, 그 의지는 샘으로 하여금 이러한 목적에 도움이 되는 근육 쪽으로 정기를 밀어내게 하는 것이다.

44 의지는 저마다 어떤 샘 운동에 연결되어 있지만, 수련이나 습관으로 이것을 다른 샘 운동으로도 연결시킬 수 있다.

그렇지만 우리의 내부에 어떤 운동이나 그 밖의 어떤 결과를 일으키고자 하는 의지가 우리로 하여금 실제로 그것을 자극시킬 수 있게 한다고는 할 수 없다. 그것은 자연이나 습관이 하나하나의 샘 운동을 여러 가지 방법으로 저마다의 생각과 결부시키는 데 따라서 달라진다. 이를테면 아주 먼 거리에 있는 물체를 보기 위해 눈을 조절하려고 하면 그 의지는 동공을 확대하고, 아주 가까운 거리에 있는 물체를 보기 위해 눈을 조절하려고 하면 그 의지는 동공을 축소시킨다.

그러나 단순히 동공을 열려고 할 경우, 아무리 그 의지를 가져도 동공은 열리지 않는다. 그것은 동공을 여닫는 데 필요한 정기를 시신경으로 밀어주어야 할 샘 운동으로 하여금, 자연은 동공을 여닫는 의지로 연락되게 하지 않고 먼 거리 또는 가까운 거리에 있는 물체를 보는 의지로 연락되게 했기 때문이다.

또 우리가 말을 할 경우 말하고자 하는 사물의 뜻만 생각하는 편이, 그 말을 하는 데 필요한 방법으로 혀와 입술을 움직이려고 생각하는 것보다 훨씬 빠르고 쉽게 혀와 입술을 움직일 수 있다. 그것은 우리가 말을 배울 때 얻은 습관에 의해서 샘 운동의 매개로 혀와 입술을 움직일 수 있는 영혼의 작용을 혀와 입술의 운동 자체에 결부시키지 않고 오히려 그 운동에 뒤따르는 말의 뜻과 결부시키고 있기 때문이다.

45 정념에 대한 영혼의 힘은 어떠한가

우리의 정념은 의지 작용으로 직접 일어나거나 사라지지 않는다. 그러나 간접적으로는 우리가 갖고 싶어 하는 정념과 보통 연결되어 있는 사물, 또는 우리가 버리고 싶어 하는 정념과 상반되는 사물을 그림으로써 일어나거나 사라질 수 있다. 예를 들어 자신 안에 담력을 일으켜 공포감이 없어지게 하려면 의지를 갖는 것만으로는 충분하지 않으며 위험이 크지 않다는 것, 달아나는 것보다 지키는 편이 늘 더 안전하다는 것, 이기면 명예나 기쁨을 얻을 수 있는 반면에 달아나면 후회와 수치밖에 남지 않는다는 것 등을 이해시킬 만한 이유나 사물 및 실례를 생각해 낼 필요가 있다.

46 영혼이 그 정념을 완전히 지배하지 못하는 이유는 무엇인가

영혼이 금방 그 정념을 변화시키거나 억제하지 못하는 특수한 이유가 하나 있다. 그 이유로 나는 앞에서 말한 정념의 정의 속에서 정념은 어느 특수한 정기 운동으로 일어날 뿐 아니라, 이것에 의해 유지되고 강화된다고 쓴 것이다. 그 이유는 거의 모든 정념은 심장 속에서, 따라서 피 전체나 정기 속에서 어떤 동요를 수반하고 있다는 데 있다.

그렇기 때문에 감각 대상이 감각기관에 작용하는 동안 그 대상은 우리의 생각에 직면하고 있는 것과 마찬가지로 정념도 이 동요가 멈춰질 때까지는 우리 생각에 직면하고 있는 것이다. 그리고 영혼은 어떤 일에 주의를 집중하면 조그마한 소리나 조그마한 고통은 느끼지 않을 수 있지만 천둥소리나 손을 데는 열을 느끼지 않을 수 없는 것과 마찬가지로, 영혼은 미약한 정념은 억제할 수 있지만 아주 강렬한 정념은 피나 정기의 동요가 멈춘 뒤에라야 억제할 수 있다.

이 동요가 절정일 때 의지가 할 수 있는 일은 기껏해야 이 동요의 결과를 감수하지 않고 동요에 의해 몸에 일어나려는 운동의 많은 것을 억제하는 일이다. 예를 들면 노여움이 사람을 때리기 위해 손을 들어올리게 하려고 하면 의지는 보통 이 노여움을 누를 수 있다. 무서움이 사람의 다리를 달려 달아나게 하려고 하면 의지는 그 사람의 다리를 멈추게 할 수 있다. 다른 정념에 있어서도 이와 마찬가지다.

47 흔히 영혼의 밑부분과 윗부분 사이에서 일어난다고 상상되는 싸움은 어디에 존재하는가

보통 감각적이라고 부르는 영혼의 밑부분과 이성적이라 부르는 영혼의 윗부분 사이, 또는 자연적 욕망과 의지 사이에서 일어난다고 상상되고 있는 모든 싸움은 주로 몸이 그 정기로써, 영혼이 그 의지로써 샘 속에 동시에 불러일으키려는 운동 사이의 반발에 의해 생기는 것이다. 왜냐하면 우리 속에 있는 영혼은 단 하나뿐이고, 또 이 영혼에는 부분이 절대 없기 때문이다. 감각적인 것이 동시에 이성적인 것이고, 모든 욕망은 의지이다. 영혼으로 하여금 모순된 역할을 하게 하려는 과오는 일반적으로 영혼과 몸의 기능을 충분히 구별하지 않는 데서 일어나고 있다. 우리 안에서 볼 수 있는 반이성적인 것은 모두 몸에만 부여해야 한다.

따라서 지금과 같은 경우 뇌 가운데에 있는 작은 샘이 앞에서 말한 것처럼 영혼의 힘 또는 물체에 불과한 동물 정기의 힘에 의해서 서로 다른 방향으로 밀려갈 수 있기 때문에, 이 두 추진력 가운데 강한 쪽이 약한 쪽의 효과를 방해하는 수가 흔히 있는 것이다.

그런데 정기에 의해 샘 속에 일어나는 운동은 두 가지로 구별된다. 하나는 감각을 움직이는 대상물이나 뇌 안에서 만나는 인상을 영혼에 제시하면서도 의지에는 아무런 힘을 주지 않는 것이며, 또 하나는 의지에 얼마간 힘을 미치며 정념이나 정념에 따르는 신체 운동을 일으키는 것이다.

첫 번째 것은 이따금 영혼의 작용을 방해하거나 영혼의 작용에 의해서 방해를 받음에도 직접 상반되는 것이 아니기 때문에 싸움이 있을 수 없다. 싸움이 있는 것은 다만 두 번째 것과 그것을 싫어하는 의지와의 사이에서이다. 이를테면 정기가 어떤 사물에 대한 욕망을 영혼 속에 일으키려고 샘을 미는 노력과 영혼이 그 욕망을 피하려고 하는 의지에 의해서 그것을 다시 밀어내는 노력 사이에 일어나는 싸움이다. 그리고 이 싸움을 노골화하는 주된 사정은, 이미 말한 바와 같이 의지는 정념을 직접 일으킬 수 없으므로 자연스레 여러 궁리를 해서 갖가지 일을 잇따라 생각하게 된다는 것이다.

그러나 그러한 일 중에서 비록 어떤 사물이 정기의 흐름을 한순간에 변화시킬 만한 힘을 가졌더라도 그다음에 생각한 일에는 그런 힘이 없어서, 신경이나 심장 및 피 속의 그 전 상태가 변화하지 않았기 때문에 정기가 다시 본디대로 흘러나오는 일이 있을 수 있다. 그러므로 영혼은 어떤 일을 하고 싶기도 하고, 또 거의 동시에 하고 싶지 않다고도 느끼는 것이다. 사람들은 이런 경우 서로 싸우는 두 힘이 영혼 속에 있다고 상상하게 된다.

하지만 우리는 다음과 같은 점에서 다른 종류의 싸움을 생각할 수도 있다. 즉 영혼 속에 어떤 정념을 불러일으키는 원인은 흔히 몸속에서도 어떤 운동을 일으키므로, 영혼은 이 운동에 조금도 참여하지 않고 그것을 알자마자 곧 억제하고 또 억제하려고 애쓰는 것이다.

공포를 불러일으키는 원인이 달아나기 위해 다리를 움직여야 할 근육 속에 정기를 넣는 데 반하여, 대담해지고자 하는 의지가 그 정기를 막을 때 느껴지는 싸움이 그것이다.

48 영혼의 강함이나 약함은 무엇으로 아는가. 또 가장 약한 영혼의 불행은 무엇인가

그런데 우리는 바로 이 싸움의 승패로써 각자의 영혼이 강한지 약한지를 알 수 있다. 타고난 의지로 가장 쉽게 정념을 이겨내고, 정념에 따르는 몸의 운동을 억제할 수 있는 사람은 의심할 것도 없이 가장 강한 영혼을 갖고 있는 셈이다. 그런데 그 가운데에는 영혼의 강함을 시험해 보지 못하고 있는 사람도 있다. 그것은 의지로 하여금 의지가 본디 갖추고 있는 무기로 싸우게 하지 않고, 다만 어떤 정념에 저항하기 위해서 다른 정념이 제공해 주는 무기로써 싸우게 하기 때문이다.

의지가 본디 갖춘 무기라는 것은 선악의 식별에 대한 단호한 결단이며, 의지는 이에 따라서 자기 생명 활동을 이끌어 가려고 작정하는 것이다. 약한 영혼이란 그 의지가 어떤 판단에 따라 그대로 결심하지 못하고, 줄곧 그 당장의 정념에 끌려다니는 것을 말한다. 정념은 흔히 상반되는 것이므로, 의지를 번갈아 자기편으로 끌어당겨 의지로 하여금 의지 자신과 싸우게 하여 영혼을 더없이 가엾은 상태로 이르게 하는 것이다.

이를테면 공포감이 죽음을 회피할 수밖에 없는 가장 큰 불행으로서 나타날 때, 한편에서는 야심이 회피하는 데 대한 치욕을 죽음 이상의 불행으로서 나타낸다. 이 두 정념은 의지를 다양하게 움직인다. 의지는 어떤 때는 이쪽에, 어떤 때는 저쪽에 복종하여 끊임없이 자기 자신과 대립하게 되고, 영혼을 노예화하여 불행에 빠뜨리는 것이다.

49 영혼의 힘도 진리를 모르고서는 충분하지 않다

정념이 강요하는 것밖에는 아무것도 바라지 않는다고 할 만큼 우유부단한 인간은 매우 드물다. 대개는 확고한 판단을 가지고 있으며, 그것에 따라서 행동의 일부를 규정하고 있다. 그리고 이 판단은 흔히 잘못되어 있으며, 일찍이 의지를 지배하고 유혹한 정념에 기초를 둔 경우조차 있는데, 의지는 그 판단을 낳은 정념이 소멸된 뒤에도 여전히 그 판단을 따르기 때문에 그 판단은 의지가 본디 갖추고 있는 무기로 간주될 수도 있다. 또 영혼이 이들 판단에 따를 수 있는 정도와, 영혼이 이 판단에 어긋나는 당면한 정념에 대해서 어떻게 저항할 수 있는가의 정도에 따라서 영혼의 강함과 약함을 정할 수도 있다. 그러나 어떤 그릇된 사고방식에서 오는 결의와 진리의 인식에만 기초를 둔 결의 사이에는 큰 차이가 있다. 후자를 따르면 확실히 원한도 후회도 없지만, 전자를 따랐다가 그 과오를 발견할 경우에는 반드시 회한을 남기기 때문이다.

50 잘 지도하면 정념에 대해서 절대권을 갖지 못할 만큼 약한 영혼은 존재하지 않는다

또 여기서 알아두면 도움이 될 일은 이미 말한 것처럼 저마다의 샘 운동은 우리가 태어날 때부터 각 생각에 결부되어 있는 것 같지만, 그 운동을 습관에 의해서 다른 생각에 결부시킬 수도 있다는 점이다. 이를테면 경험상 언어에서 볼 수 있듯이 언어는 샘 속의 운동을 불러일으키는데, 이 운동은 자연이 정하는 바에 따라 언어가 발음되었을 때는 소리를, 쓰였을 때는 글자의 모양을 영혼에 제시하는 데 지나지 않는다. 더욱이 그 소리를 듣고 그 모양을 보고 그 뜻을 생각하는 습관이 붙어버리면 이 샘 운동은 보통 글자의 모양이나 철자의 소리보다 오히려 더 쉽게 그 뜻을 생각하게 하는 것이다.

그리고 다음과 같은 것도 알아두면 좋다. 즉 어떤 대상을 영혼에 나타내 보이는 샘 운동이나 뇌와 정기의 운동은 본디 영혼 속에 어떤 정념을 일으키는 운동과 결합되어 있지만, 습관에 의해서 그것과 분리되어 아주 다른 운동과도 결부될 수 있다. 더욱이 그 습관은 단 한 번의 행동으로 획득할 수 있으며, 길들일 필요가 없다. 이를테면 맛있게 먹고 있는 음식 속에서 뜻밖에 더러운 것을 보았을 경우, 그 놀라움이 뇌의 상태를 크게 변화시켜서 그 뒤로는 지금까지 좋아했던 그 음식을 보면 싫증을 느끼게 되는 것과 같다. 그리고 동물에게서도 같은 것을 볼 수 있다. 동물은 이성을 갖지 않고, 어쩌면 사고력조차 갖고 있지 않을 수도 있지만, 인간의 영혼에 정념을 자극하는 정기나 샘의 운동은 역시 모든 동물들에게도 있으며, 동물에게서는 인간처럼 정념은 아니지만 보통 정념에 따르는 신경이나 근육의 운동을 유지하고 강화하는 역할을 가지고 있다. 이를테면 개는 꿩을 보면 자연히 그 뒤를 쫓아가고 총소리를 들으면 자연히 달아나게 되는 법이다. 그런데 보통 사냥개를 길들일 때는 꿩을 봐도 멈추었다가 총을 쏘면 그 소리를 듣고 꿩 쪽을 향해 달려가도록 길들여 놓는 것이다.

앞에서 말한 것들은 저마다 정념을 조절하는 방법을 배우는 용기를 갖기 위해서 알아두면 도움이 된다. 이성이 없는 동물도 조금만 연구하면 뇌의 운동을 변화시킬 수 있거늘 하물며 인간에게 있어서는 더욱 그러하며, 아무리 약한 영혼을 가진 사람이라도 그것을 부지런히 훈련하고 지도하면 모든 정념에 대해서 실로 절대적인 지배권을 분명히 얻을 수 있을 것이다.

제2부 정념의 수와 순서 그 기본적 여섯 가지 정념에 대한 설명

51 정념의 근본 원인은 무엇인가

앞에서 설명한 것으로써 영혼의 모든 정념의 최종적 원인은 정기가 뇌 한가운데에 자리잡은 작은 샘을 움직이는 동요라는 것을 알았다. 그러나 그것만으로는 각 정념을 구별하는 데 충분하지 않다. 무릇 정념의 근원을 더듬어 그 근본 원인을 검토해야 한다. 그런데 정념은 이러이러한 대상을 생각하고자 결의하는 영혼의 작용으로 일어나기도 하며, 또 단지 체질에 의해서 혹은 원인은 알 수 없으나 그저 웬일인지 슬프고 즐거운 경우처럼 우연히 뇌 속에서 만난 인상에 의해서 일어나기도 한다.

그러나 앞에서 설명한 바에 따라 모든 정념은 또한 감각을 움직이는 대상에 의해서도 일어날 수 있고, 이 대상은 정념에 있어 한층 일반적이고 더욱 중요한 원인이라고 생각되므로 모든 정념을 발견하기 위해서는 이들 대상이 주는 모든 결과를 고찰하면 되는 것이다.

52 정념의 효용은 어떤 것이고 그것을 어떻게 열거할 수 있는가

감각을 움직이는 대상이 우리 안에 여러 가지 정념을 불러일으키는 이유는 그 대상에 다양성이 있기 때문이 아니라, 단지 그것이 우리를 해치거나 이익을 주는 정도, 혹은 일반적으로 그 중요성의 정도가 잡다하기 때문이다.

또 모든 정념의 효용은 오직 자연이 우리에게 유용하다고 가르쳐 준 일을 원하도록 하고 이와 아울러 그 의지(意志)를 견지하도록 영혼을 돌리는 데에 있다. 마치 언제나 이러한 정념을 낳는 똑같은 정기 운동이 몸으로 하여금 그 일의 실행을 위한 운동을 하도록 하는 것과 마찬가지라 할 수 있다.

그렇기 때문에 정념을 열거하기 위해서는 우리에게 중요한 몇 가지 방법으로 우리의 감각이 그 대상에 의해서 움직여질 수 있는가 없는가를 차례로 조사해 보기만 하면 된다. 그래서 나는 이와 같이 하여 발견되는 순서에 따라 모든 주요 정념을 여기서 열거해 보겠다.

정념의 순서와 열거

53 경이(admiration)
어떤 것과의 처음 만남은 우리를 놀라게 하고 우리는 그것을 새롭다고 판단하며, 또 이전에 알고 있었던 것 혹은 그러리라고 상상하고 있던 것과 크게 다르다고 판단할 경우 그것에 경이를 느끼고 깜짝 놀란다.

이런 일은 그것이 우리에게 적합한가의 여부를 우리가 미처 깨닫기 전에 일어날 수도 있으므로, 경이는 모든 정념 가운데서 맨 처음 것이라고 생각된다.

경이에는 반대 정념이 없다. 눈앞에 나타난 것이 우리를 놀라게 할 아무것도 갖고 있지 않을 경우 우리는 전혀 동요되지 않고, 정념 없이 그것을 바라보게 되기 때문이다.

54 존중(estime)과 무시(mépris), 관대(générosité)와 오만(orgueil), 그리고 겸손(humilité)과 비굴(bassesse)
경이에는 어떤 사물이 큰지 작은지에 따라서 존중 또는 무시의 정념이 보태진다. 이리하여 우리는 자신을 존중하거나 무시할 수 있다. 그로부터 관대함이나 오만, 겸손이나 비굴의 정념이 생긴 뒤 습관이 생겨나는 것이다.

55 숭배(vénération)와 경멸(dédain)
우리 자신이 좋은 일 또는 나쁜 일을 할 수 있는 자유 원인이라고 간주해야 할 것을 우리가 존중하거나 무시할 경우 존중에서는 숭배가, 무시에서는 경멸이 생긴다.

56 사랑(amour)과 증오(haine)
그런데 위에서 말한 모든 정념은 그것을 일으키는 것이 과연 좋은가 나쁜가에 대해서 전혀 모르더라도 우리 속에 일어날 수 있다.

그러나 어떤 것이 우리에게 좋은 것, 즉 적합한 것으로서 제시되었을 경우 그것은 우리로 하여금 그것에 사랑을 갖게 한다. 그것이 나쁘거나 해로운 것으로서 제시되었을 경우 그것은 우리에게 증오를 불러일으킨다.

57 욕망(désir)

이러한 선악의 고찰에서 그 밖의 모든 정념이 생긴다. 그러나 그것들을 정리하기 위해 나는 시간을 구별해서, 정념이 우리에게 현재나 과거보다 오히려 미래를 더 많이 생각하게 한다는 것을 고려하여 욕망에서부터 설명하기로 한다.

왜냐하면 사람은 아직 소유하지 않은 선한 것을 얻고 싶어 하고 또 예측할 수 있는 악한 것을 피하고자 할 때뿐만 아니라, 단순히 선한 것을 계속 가지고 싶어 하고 악한 것이 없어지기를 바라는 때에도 그것이 바로 정념의 힘이 미칠 수 있는 한의 모든 범위이지만, 이런 경우에 있어서도 분명히 이 정념은 언제나 미래에 관계하고 있기 때문이다.

58 희망(espérance), 두려움(crainte), 질투(jalousie), 안심(sécurité), 그리고 절망(désespoir)

선한 것을 얻고 악한 것을 피할 수 있다고 생각하는 것만으로도 선을 얻고 악을 피하고 싶은 영혼이 일어난다. 그러나 그 밖에도 바라는 것을 얻을 수 있는 가망의 많고 적음을 생각할 경우 가망이 많은 것을 나타내는 것은 우리 속에 희망을 일으키고, 가망이 적은 것을 나타내는 것은 두려움을 낳는다. 질투는 두려움의 일종이다. 희망이 매우 클 때 희망은 성질을 바꾸어 안심 또는 확신이라 불리고, 반대로 극심한 두려움은 절망이 된다.

59 우유부단(irrésolution), 용기(courage), 대담(hardiesse), 경쟁심(émulation), 비겁(lâcheté)과 공포(épouvante)

우리가 바라는 것의 실현이 우리 힘에 전혀 좌우될 수 없을 경우라도 우리는 기대하거나 두려워할 수 있다. 그러나 그것이 우리 힘에 좌우될 수 있는 것으로서 제시되었을 경우에는 먼저 수단의 선택과 실행에 있어서 곤란이 생길 수 있다. 첫째 것, 즉 수단 선택의 곤란에서는 우유부단이 생기며, 이 우유부단이 우리로 하여금 깊이 생각게 하고, 다른 사람의 충고를 듣도록 한다. 둘째 것, 즉 실행의 곤란에는 용기 또는 대담이 이와 맞선다. 경쟁심은 그 일종이다. 또 비겁은 용기와 짝을 이루고, 무서움 내지 공포는 대담과 짝을 이룬다.

60 가책(remords)

우유부단함이 사라지기 전에 어떤 행동을 하지 않으면 안 될 경우는 양심의 가책을 낳는다. 이것은 위에 든 여러 정념처럼 미래에 대한 것이 아니라 현재 또는 과거와 관계된다.

61 기쁨(joie)과 슬픔(tristesse)

선한 것이나 악한 것이 우리 속에 있는 것으로 제시돼 있을 경우, 눈앞에 선한 것을 보면 우리 영혼에 기쁨을, 악한 것을 보면 슬픔을 일으킨다.

62 조롱(moquerie), 부러움(envie), 연민(pitié)

그러나 선한 것이나 악한 것이 다른 사람 속에 있는 것으로서 제시되었을 경우 우리는 그 사람들이 그 선악에 마땅한가 그렇지 않은가를 고찰할 수 있다. 만일 그 사람들이 마땅하다고 생각될 경우, 그것은 우리 속에 오로지 기쁨의 정념을 일으킨다. 사물이 바로 일어날 만한 데서 일어나는 것을 보는 것은 우리에게 있어서 선한 일이기 때문이다. 다만 선한 것에서 오는 기쁨은 진지하지만, 악한 것에서 오는 기쁨은 비웃음과 조롱이 따르는 점이 다를 뿐이다.

하지만 다른 사람이 그런 선한 것이나 악한 것에 마땅치 않다고 생각될 경우 선한 것은 부러움을, 악한 것은 연민을 불러일으킨다. 이 둘은 슬픔의 일종이다. 그리고 현재의 선악과 관계되는 정념은 흔히 미래의 선악과도 관계될 수 있다는 점을 주의해야 한다. 선한 일이나 악한 일이 일어날 것이라는 그 생각이 마치 현재 그런 것처럼 나타나기 때문이다.

63 자기만족(satisfaction de soi-même)과 후회(repentir)

우리는 또 과거와 현재를 불문하고 선악의 원인을 생각할 수 있다. 우리 자신이 행한 선은 우리에게 내적 만족을 준다. 이것이 모든 정념 가운데서 가장 기분 좋은 것이다. 이에 반해서 악은 후회를 일으킨다. 이것이 정념 중에서 가장 고통스러운 것이다.

64 호의(faveur)와 감사(reconnaissance)

그러나 다른 사람이 베푼 선은 그것이 우리를 위한 일이 아니더라도 호의를 갖게 된다. 만일 그것이 우리를 위해서였다면, 우리는 호의의 정념에 덧붙여 감사한 영혼을 갖는다.

65 분개(indignation)와 노여움(colère)

마찬가지로 다른 사람이 저지른 악이 우리와 관계가 없으면, 우리로 하여금 그 사람들에게 단순히 분한 느낌을 갖게 한다.

우리와 관계가 있으면 그것은 노여움을 불러일으킨다.

66 명예심(gloire)과 치욕(honte)

게다가 우리 속에 있거나 있었던 선한 것은, 다른 사람이 그것에 대해서 가질 수 있는 의견과 일치되면 우리 속에 명예심을, 반대로 악한 것이 그러하면 치욕을 일으킨다.

67 혐오(dégoût), 유감(regret)과 환희(allégresse)

선한 것이 오래 계속되면 권태 또는 혐오를 일으키고, 반대로 악한 것이 오래 계속되면 슬픔이 줄어든다. 그리고 지나가 버린 선한 것에서는 슬픔의 일종인 유감이 생기고, 지나가 버린 악한 것에서는 기쁨의 일종인 희열이 생긴다.

68 이 정념의 열거는 왜 일반적으로 인정된 것과 다른가

위와 같은 정념의 열거가 나로서는 가장 옳다고 생각되는 순서이다. 이것이 지금까지 이에 대해서 쓴 모든 사람들의 의견과 거리가 있다는 것도 잘 알고 있다.

그러나 거기에는 역시 커다란 이유가 있다. 생각건대 그러한 사람들은 영혼의 감성적인 부분 속에서 하나는 소유욕에 속하는 것(concupiscible), 하나는 분노에 속하는 것(irascible)이라고 불리는 두 욕구를 구별하는 데에서 그 열거법을 끌어내 오는 것이다.

그런데 위에서 말한 것처럼 나는 영혼 속의 것에 대해서 부분적인 구별을 하지 않으므로 그와 같은 것은 영혼이 욕망하는 능력과 노여워하는 능력을 합해서 두 가지 능력을 갖는다는 것을 의미하는 것이라고 생각된다.

그리고 영혼은 또 놀라고, 사랑하고, 기대하고, 걱정하는 능력을 가졌으며, 또 그 밖의 정념을 받아 그 정념이 불러일으키는 작용을 하는 능력도 갖고 있으므로 왜 그들이 모든 정념을 소유욕과 분노욕에 연관시키려 했는지 그 이유를 나는 알 수 없다. 게다가 그들[1]의 열거는 생각건대 내 것과는 달라서 주요 정념을 모두 포함하고 있지 않다. 단지 내가 주요 정념이라고 말하는 것은 그 밖에 아직 많은 특수 정념이 구별될 수 있으며 그 수도 무한하기 때문이다.

69 기본적인 정념은 여섯 가지가 있을 뿐이다

그러나 단순하고 기본적인 정념의 수는 그다지 많지 않다. 내가 말한 모든 정념을 훑어보면 단순하고 기본적인 것은 여섯 가지, 즉 경이·사랑·증오·욕망·기쁨·슬픔밖에 없으며, 나머지는 모두 이들 여섯 가지 가운데 어떤 것의 결합이거나 그 일종이라는 것을 쉽게 알 수 있다. 그렇기 때문에 많은 정념을 들어 독자를 혼란시키지 않기 위해, 여기서는 여섯 가지 기본적 정념만을 따로 떼어 논하기로 하고 그다음에 다른 모든 정념이 어떻게 여기에서 나오는가를 밝히기로 한다.

70 경이(驚異), 그 정의와 원인

경이란 갑자기 생기는 영혼의 놀라움이며, 신기하고 이상하다고 여겨지는 사물을 영혼으로 하여금 깊이 생각하게 하는 작용을 일으킨다. 그렇기 때문에 경이는 먼저 그 사물을 신기한 것으로서 나타내고, 따라서 숙고할 만한 가치가 있는 것인가를 나타내는 뇌 속의 인상에 의해 생기는 것이다. 다음 경이는 정기의 운동에 의해서 일어난다. 정기는 그 인상의 힘에 의해서 뇌 속에 그 인상

---

1) 토마스학파와 후기 스토아학파를 비롯한 그 무렵 일반의 철학자.

이 있는 자리로 맹렬히 달려간다. 인상을 그곳에다 강화하고 유지하기 위해서이다. 또 정기는 이 인상의 힘으로 그곳에서 나와 감각기관을 현재 상태대로 유지할 근육 속으로 이동한다. 그것은 이 인상이 감각기관에 의해서 만들어졌을 경우, 인상이 그 감각기관에 의해서 유지되기 위해서이다.

71 이 정념을 가지고는 심장이나 피에 어떠한 변화도 일어나지 않는다

그리고 이 정념은 다른 정념과 달리 이에 따르는 심장이나 피의 변화를 볼 수 없다는 특수성을 가지고 있다. 그 이유는 이 정념이 선한 것이나 악한 것을 목적으로 하지 않고, 단지 놀랄 만한 대상의 인식을 목적으로 하고 있기 때문이며, 따라서 이 정념은 모든 신체적 선(善)을 좌우하는 심장이나 피와는 조금도 관계가 없고, 이 인식에 도움이 되는 감각기관이 존재하는 뇌에만 관계를 갖는다.

72 경이의 힘은 어디에 관여하는가

그럼에도 경이의 정념은 놀라움 때문에, 즉 정기의 운동을 변화시키는 인상이 갑자기 뜻하지 않게 일어나기 때문에 대단한 힘을 가지고 있다. 그리고 이 놀라움이 이 정념에 있어서는 고유하고 특수한 것이다. 놀라움은 거의 모든 정념 속에서 발견되고 그 정념의 힘을 증가시키는데, 이 경우는 놀라움이 그러한 정념과 결합하고 있는 셈이다. 그리고 경이의 힘은 다음 두 가지 일에 의존한다. 즉 첫째로 신기함에, 다음에는 신기함이 불러일으키는 운동이 처음부터 모든 힘을 내고 있다는 데에 의존하는 것이다.

처음에는 약하다가 차츰 강해지기 때문에 쉽게 다른 데로 빗나가게 할 수 있는 운동에 비해서 한층 더 많은 효과를 주는 것은 확실하다. 또 새로운 감각 대상은 쉽게 접촉되지 않는 뇌 부분에 접촉된다는 것, 또 그 부분이 자주 있는 자극으로 단단히 굳어진 부분보다 연약하기 때문에 대상이 자극하는 운동의 효과를 크게 한다는 것도 확실하다. 아래와 같은 것을 생각하면 이것이 그리 이상하게 여겨지지 않을 것이다. 즉 인간의 발바닥은 그것이 받치고 있는 신체의 무게로 상당히 거친 접촉에 길들어 있기 때문에 우리는 걸어갈 때 그 접촉을 거의 느끼지 않지만, 오히려 발을 간질일 때의 훨씬 약하고 부드러운 접촉은 우리에게 있어서 보통의 일이 아니므로 거의 견디기 어렵게 느껴진다. 이것도 결국은 위와 같은 이유에서이다.

73 놀람(étonnement)이란 무엇인가

그런데 이 놀라움은 뇌실 속의 정기를 경이의 대상이 준 인상이 있는 곳으로 흐르게 하는 힘이 매우 강하다. 그 때문에 때로 그것을 깡그리 밀어 보내는 일이 있고, 또 정기는 이 인상을 유지하는 데 급한 나머지 거기서 근육으로 이동하는 것은 하나도 없이 뇌 속에서 자기가 처음 더듬어 온 길의 자국을 조금이라도 벗어나지 않으려고 하게 된다. 때문에 온몸은 석상처럼 굳어지고, 사람은 문제의 대상 중 처음에 나타난 면밖에 보지 못하게 되며, 따라서 그 이상의 특수한 인식을 얻을 수가 없게 된다. 보통 놀란다는 것은 이것이다. 또 놀람은 지나친 경이이며, 틀림없이 나쁜 것으로 여겨진다.

74 모든 정념은 무엇에 쓸모 있고, 무엇에 해로운가

그런데 모든 정념의 효용은 오로지 영혼이 지니고 있어야 할 만한 생각, 그것이 없이는 쉽게 소멸될 생각을 영혼 속에 강화하고 유지시키는 데 있다는 것은 위에서 말한 것으로써 쉽게 알 수 있을 것이다.

또 정념이 주는 해로움은 모두 그것이 이들 생각을 필요 이상으로 강화하고 유지하거나, 혹은 우리가 오래 얽매이지 말아야 할 생각을 강화하고 유지하는 데 있다.

75 경이는 특히 무엇에 쓸모 있는가

그러므로 경이에 대해서는 특히 다음과 같이 말할 수 있다.

경이라는 것은 우리가 지금까지 몰랐던 것을 우리로 하여금 알게 하고 기억시킨다는 점에서 유용하다는 것이다. 우리는 신기하고 이상하다고 여겨지는 것 외에는 놀라지 않기 때문이다. 그런데 우리가 그것을 모르고 있었거나, 혹은 그것이 우리가 알고 있는 것과 다르지 않으면 조금도 신기하고 이상하다고 여겨지지 않는다. 그것을 이상하다고 부르는 것은, 그것이 다르기 때문이다. 그런데 지금까지 몰랐던 것이 비록 새로이 우리의 지성이나 감각에 나타나더라도 우리가 그것에 대해서 갖는 관념이 뇌 속에 있는 어떤 정념으로 강화되지 않으면, 또 의지의 결정에 따라 특수한 주의와 반성을 행하는 지성의 적용으로 강화되지 않으면 우리는 그것이 새롭다고 해서 기억에 남기지는 않는다.

또 다른 정념은 좋게 보이거나 나쁘게 보이는 것을 주목하는 데 도움이 되지만, 단순히 신기한 것에 대해서는 경이감을 가질 뿐이다. 그렇기 때문에 천성이 경이감을 느끼지 못하는 사람들은 일반적으로 매우 무지하다.

76 경이는 어떤 점에서 해로운가. 또 어떻게 그 모자람을 채우고 지나친 것을 고칠 수 있는가

그러나 인간은 경이가 모자라는 경우보다도 경이가 지나친 일, 거듭떠볼 가치가 거의 혹은 전혀 없는 것을 보고 놀라는 편이 훨씬 많다. 이것은 이성의 작용을 완전히 빼앗아 버리거나 그릇되게 한다. 그러므로 어느 정도 경이에 대한 경향을 가지고 태어나는 것은 지식의 획득을 위해 좋은 일이지만, 나중에는 가능한 한 이 경향에서 벗어나도록 노력하지 않으면 안 된다.

왜냐하면 경이의 부족은 특별한 주의와 반성으로 보충하기가 쉬워서 우리가 눈앞에 나타난 것을 그만한 가치가 있다고 판단하면 의지는 반드시 지성으로 하여금 이를 주의시키고 반성시키기 때문이다. 하지만 지나치게 놀라는 것을 방지하려면 온갖 지식을 획득하여 가장 신기하다고 여겨지는 모든 것에 대한 고찰력을 훈련시키는 길 이외에는 방법이 없다.

77 경이로 가장 잘 이끌리는 사람은 아주 바보도 아니고 지나치게 똑똑한 사람도 아니다

그리고 천성적으로 무슨 일에도 경이로 이끌리지 않는 것은 아둔하고 어리석은 사람뿐이지만, 그렇다고 가장 영리한 사람이 늘 경이에 가장 잘 이끌리는 사람이라는 뜻은 아니다. 사실 가장 쉽게 경이에 이끌리는 사람은 상당한 상식을 가졌으면서도 자기 능력을 존중하지 않는 인간이다.

78 지나친 경이는 그것을 바로잡는 노력을 게을리하면 습성이 된다

경이로워할 만큼 신기한 것을 만나면 만날수록 인간은 놀라지 않는 습관이 생겨서 그 뒤 일어나는 모든 일은 평범하다고 생각하게 되기 때문에, 얼른 보기에 이 정념은 습관에 의해서 감소하는 듯하다. 그러나 그것이 지나치고 또 나타난 사물의 갑작스런 영상에만 주의하여 그 이외의 지식을 얻게 될 수 없을 경우에는 눈앞에 나타나는 그 밖의 모든 대상이 비록 새로운 것으로 보이더라도 그것에 대해서는 앞서와 같은 영혼의 습관을 갖게 된다. 그리고 이것은 맹목적인 호기심을 갖는 사람들, 즉 알기 위해서가 아니라 다만 놀라기 위해서만 신기한 것을 찾는 사람들의 병을 오래도록 끌게 한다. 그들은 서서히, 또 몹시 경이적인 사람들이 되어, 구해서 이익이 되는 것뿐만 아니라 가치 없는 것까지도 관심을 기울이게 되기 때문이다.

79 사랑과 증오의 정의
사랑이란 정기의 운동으로 일어나는 영혼의 정서이며, 영혼으로 하여금 자기에게 적합하다고 여겨지는 대상과 의지에 의해 결합되게 하는 정서이고, 증오란 영혼으로 하여금 자기에게 해롭게 보이는 대상에게서 떨어지게 하는, 역시 정기에 의해서 일어나는 정서이다. 이러한 정서들이 정기에 의해서 일어난다고 말한 것은 정념이면서 한편으로 몸에 의해 좌우되는 사랑과 증오를, 다른 한편으로는 이것 또한 영혼으로 하여금 좋다고 한 것과 의지에 의해 결합시키고 나쁘다고 본 것과 떨어지게 하는 판단과 구별하고, 또한 이 판단이 영혼 속에서 불러일으키는 정서와 구별하기 위해서이다.

80 의지에 의해서 결합하거나 떨어진다는 것은 무엇인가
앞에 나온 의지에 의해서라는 말이 욕망을 뜻하는 것은 아니다. 욕망은 별개의 정념이며 미래에 관계되는 것이다. 내가 말하는 뜻은, 사람이 그 사랑하는 것과 앞으로는 한 몸인 것처럼 생각하는 그 동의(同意)이다. 따라서 이 경우 사람은 자기가 다만 그 일부분이며, 사랑받는 쪽은 나머지 부분이라고 여겨지는 그런 하나의 전체를 상상하는 것이다. 이에 반해 증오에 있어서 사람은 자기 자신을 미워하는 대상과 완전히 분리된 하나의 전체로서 생각하는 것이다.

81 욕망의 사랑(amour de concupiscence)과 호의의 사랑(amour de bienveillance)에 대한 통상적 구별

그런데 사람들은 일반적으로 사랑을 두 종류로 구별하고, 그 하나를 호의(好意)의 사랑이라고 한다. 즉 사람으로 하여금 사랑하는 대상을 위해 선한 것을 원하게 하는 사랑이다. 다른 하나는 욕망의 사랑이라고 한다. 즉 사랑하는 것을 갖고 싶어 하는 사랑이다. 그러나 이 구별은 단지 사랑의 결과에 관련된 것일 뿐이며, 그 본질에 대한 것은 아니라고 여겨진다.

어쨌든 의지에 의해서 어떤 대상에 자기를 합치면 사람은 곧 그 대상에 대해 호의를 갖게 된다. 즉 그 대상에 적합하다고 믿는 것까지 의지로 그 대상에 부여하는 것이다. 그것이 사랑의 중요한 결과 가운데 하나이다. 또 그 대상을 소유하는 것, 즉 의지로 자기를 주는 것 이외의 방법으로 대상과 결합되는 것이 행복하다고 판단되었을 경우 사람은 그것을 요구하게 된다. 이것 또한 사랑의 통상적인 결과이다.

82 서로 아주 다른 정념들이 사랑의 성질을 나누어 갖는 점에서 어떻게 일치하는가

또 사랑할 대상이 여럿 존재한다고 해서 여러 가지의 사랑으로 구별할 필요는 없다. 이를테면 야심가가 명예에 대해서, 인색한 사람이 돈에 대해서, 술꾼이 술에 대해서, 치한이 범하고자 하는 여자에 대해서, 신사가 벗이나 애인에 대해서, 착한 아버지가 자식들에 대해서 갖는 정념은 저마다 크게 다르지만, 모두 사랑의 성질을 나누어 갖는다는 점에서는 비슷하다. 다만 처음의 네 경우는 정념이 향하는 대상을 소유하는 것만을 사랑하고 있으므로 대상 자체를 사랑하는 것은 아니며, 대상에 대해서는 다른 특수 정념이 섞인 욕망을 품고 있는 데 불과한 것이다.

이에 반해서 착한 아버지가 자식에 대해서 갖는 사랑은 지극히 순수하므로 아버지는 자식에게서 아무것도 얻으려 하지 않으며, 현재 소유하고 있는 것 이외의 방법으로 자식을 소유하거나, 이미 결합되어 있는 것 이상으로 자식과 결합되기를 바라지는 않는다. 다만 자식들을 제2의 자기로 보고, 그들의 행복을 자기 행복과 마찬가지로, 아니 그 이상의 영혼으로 원하는 것이다. 왜냐하면 좋은 아버지는 자기와 자식이 하나를 이루면서도 자기가 그보다 더 좋은 부분이라 생각하지 않고 있으므로, 흔히 자식의 이익을 위해서 자기 이익을 희생하고 자식을 구하기 위해 과감하게 자기를 버리기 때문이다. 신사가 벗에게 갖는 사랑은 이토록 완전한 것은 드물지만, 이것과 같은 성질을 갖고 있다. 또 신사가 애인에게 갖는 사랑은 이와 매우 비슷하지만 조금 다른 성질도 지닌다.

83 단순한 애정(simple affection)과 우애(amitié)와 헌신(dévotion)과의 차이

사랑이란 사랑하는 대상을 자기와 비교하여 어떻게 존중하느냐에 따라 구별할 수 있고, 또 그렇게 구별하는 것이 옳다. 왜냐하면 사랑하는 대상을 자신보다 낮게 생각하는 경우는 단순한 애정을 갖고 있는 데 지나지 않고, 동등하게 생각할 경우 이것은 우애라고 불리며, 자기보다 높게 생각할 경우 이 정념은 헌신이라고 부를 수 있기 때문이다. 이를테면 꽃과 새와 말 등에 대해서도 애정을 가질 수 있다. 그러나 머리가 돌지 않는 이상, 우애는 인간에 대해서밖에 가질 수 없다. 또 인간은 특히 이 정념의 대상이 되므로, 상대편이 비록 불완전한 인간이더라도 만일 이쪽이 그 사람한테서 사랑을 받고 또 참으로 관대한 영혼을 지니고 있을 경우에는, 그 사람에 대해서 아주 완전한 우애를 가질 수 있다. 이것은 이 책의 뒤쪽 154번 및 156번에서 설명하는 것과 같다.

헌신에 대해서 말하자면, 그 주요 대상은 두말할 것도 없이 최고의 신이며, 신을 올바로 알면 신에 대해서 헌신하지 않을 수 없는 것이다. 그러나 또 군주에 대해서, 국가에 대해서, 도시에 대해서, 그리고 자기보다 훨씬 높이 평가되는 한 개인에 대해서조차 헌신의 정을 가질 수 있다.

그런데 이들 세 가지 사랑의 서로 다른 점은 주로 그 결과에 의해 나타난다. 왜냐하면 그 어느 것에 있어서나 사람은 자기를 사랑하는 대상과 합치된 것으로서 생각하기 때문에 우리가 구성하고 있는 전체 중에서 가치가 적은 부분은 나머지 부분을 보유하기 위해서 언제라도 버릴 준비가 되어 있기 때문이다. 그래서 단순한 애정에 있어서는 사랑하는 것보다 언제나 자기를 택하지만, 반대로 헌신에 있어서는 사랑하는 것을 자신보다 더 존중하는 나머지 그것을 유지하기 위해서는 감히 죽음도 두려워하지 않는다. 그 많은 실례는 군주나 도시를 지키기 위해서, 아니 때로는 헌신적으로 사랑하는 단 한 사람을 위해서 반드시 죽는다는 것을 알면서도 몸을 내던진 사람들에게서 흔히 볼 수 있다.

84 증오의 종류에는 사랑만큼 여러 가지가 없다

그리고 증오는 사랑과 정반대의 것이지만, 사랑만큼 여러 가지로 구별되지는 않는다. 사람이 의지에 의해서 떠나 있는 악한 것들 사이의 차이에는, 사람이 결합되어 있는 선한 것들 사이의 차이만큼 주의하지 못하기 때문이다.

85 매력(agrément)과 혐오(horreur)에 대해서

사랑과 증오에 공통되는 두드러진 구별은 하나밖에 눈에 띄지 않는다. 그 구별은 사랑의 대상도 증오의 대상도 외적 감각에 의해서 영혼에 제시될 경우와 내적 감각이나 영혼 고유의 이성에 의해서 제시될 경우가 있다는 데 기인한다. 왜냐하면 우리의 내적 감각이나 이성이 우리 본성에 적합하다고 판단시키거나, 혹은 이에 어긋난다고 판단시킨 것을 우리는 일반적으로 선한 것과 악한 것이라고 부르기 때문이다. 그러나 우리의 외적 감각 중에서 다른 감각보다도 특히 중요시되고 있는 시각에 의해 그와 같이 제시된 것은 아름답다거나 추하다고 불린다.

거기서 두 종류의 사랑이 생긴다. 즉 선한 것에 대한 사랑과 아름다운 것에 대한 사랑이다. 그런데 이 후자를 전자와 혼동하지 않기 위해서, 그리고 가끔 사랑의 이름으로 불리는 욕망과 혼동하지 않기 위해서 매력이라는 이름을 붙일 수 있다. 이와 마찬가지로 위의 것에서 두 종류의 증오가 생긴다. 하나는 악한 것과 관계있고, 또 하나는 추한 것과 관계있다. 그리고 후자는 전자와 구별하기 위해서 혐오 또는 반감이라고 부른다.

그러나 여기서 가장 주의해야 할 것은 감각으로 영혼에 도달한 것은 이성으로 제시된 것보다 한층 강하게 영혼에 와 닿기 때문에 이들 매력과 혐오의 정념은 사랑이나 증오의 정념 가운데서 다른 종류의 것들보다 한층 강렬하지만 진실성은 적다는 점이다. 따라서 모든 정념 가운데 가장 사람에게 잘못을 저지르게 하는 것, 가장 주의하여 피해야 할 것은 바로 이것이다.

86 욕망의 정의

욕망이라는 정념은 정기에 의해서 생기는 영혼의 동요이며, 정기가 영혼으로 하여금 자기에게 알맞다고 생각한 것을 장차 갖고 싶게 만드는 것을 말한다. 따라서 사람들은 현재 갖고 있지 않은 좋은 것의 존재를 바랄 뿐 아니라, 현재 가지고 있는 좋은 것을 유지하고 싶어 하며, 심지어는 이미 있는 나쁜 것, 장차 받게 될 나쁜 것의 소멸까지도 바라는 것이다.

87 욕망은 반대 정념이 없는 정념이다

보통 스콜라학파에서는 선(善)을 추구하는 정념만을 욕망이라 부르고 악을 피하려는 정념은 반감이라고 부르면서 양자를 대립시키고 있는 것을 나는 잘 안다. 그러나 어떠한 선이라도 결여되면 반드시 악이 되고, 또 적극적으로 생각되는 모든 악이라도 악이 결여되면 반드시 선이 된다.

이를테면 부유함을 찾을 때는 반드시 가난을 피하고, 병을 피할 때는 건강을 찾는다. 그 밖에도 모두 그와 같으므로 늘 동일한 운동이 선을 찾게 하는 동시에 그와 반대의 악을 피하게 하는 것이라고 여겨진다. 다만 차이점은 다음과 같다. 선한 것을 향할 경우의 욕망은 사랑을 수반하고 또 희망과 기쁨을 수반하는 데 반해서, 같은 욕망이 선한 것에 반대되는 악한 것에서 멀어져 가려고 하는 경우에는 증오와 두려움과 슬픔을 수반한다는 점이며, 이 때문에 사람은 욕망을 서로 상반되는 것으로 판단하는 것이다. 그러나 욕망이 선을 추구하는 데 관계하는 동시에 반대의 악을 피하는 데 관계하는 경우를 생각하면, 선한 것을 향한 욕망의 작용을 하는 것도 선한 것에 반대되는 악한 것에서 멀어지려는 욕망의 작용을 하는 것도 다 하나의 정념이라는 것을 매우 명백히 알 수 있다.

88 그 종류는 무엇인가

욕망은 구하는 대상의 종류에 따라 저마다의 종류로 다시 나누는 것이 타당할 것이다. 예를 들면 호기심은 바로 알고자 하는 욕망이지만 명예에 대한 욕망과는 아주 다르고, 또 명예욕은 복수욕과는 크게 다르며, 다른 욕망도 모두 마찬가지다. 그러나 여기서는 욕망의 종류가 사랑 또는 증오의 종류와 같은 수라는 것, 또 가장 두드러지고 가장 강한 욕망은 매력과 혐오에서 생긴다는 것을 알고 있으면 충분하다.

89 혐오에서 생기는 욕망은 무엇인가

그런데 앞에서 말했듯이 선을 추구하는 것도, 그와 반대인 악을 찾아가는 것과 마찬가지로 하나의 욕망이기는 하나, 매력에서 생기는 욕망은 혐오에서 생기는 욕망과 아주 다르다. 실제로 상반되는 이 매력과 혐오는 이들 욕망의 대상이 될 선악을 일컫는 것이 아니라, 다만 영혼으로 하여금 매우 다른 두 사물을 추구하게 하는 영혼의 두 정서이다. 말하자면 혐오는 생각지도 않던 죽음이 별안간 닥친다는 것을 영혼에 보여주기 위해서 자연이 만든 것이며, 따라서 혐오감을 느끼게 하는 것으로 때로는 작은 벌레를 만진다든가 떨어지는 나무 잎사귀 소리, 또는 우리 자신의 그림자와 같은 사소한 것이라도 매우 뚜렷한 죽음의 위험이 감각에 미친 것 같은 동요가 먼저 느껴지고, 그것이 순식간에 영혼으로 하여금 급박한 악을 피하기 위해 온 힘을 다하게 하는 자극을 낳는 것이다. 이런 종류의 욕망을 보통 기피(忌避) 또는 반감이라고 한다.

90 매력에서 생기는 욕망은 무엇인가

이에 반해서 매력이란 끌리는 것에 대한 향유(享有)가 인간에게 속하는 모든 선 가운데서 가장 큰 것임을 나타내기 위해 자연이 특별히 고안한 것이다. 그렇기 때문에 사람들은 매력을 매우 열렬히 바라게 되는 것이다. 물론 매력에는 여러 종류가 있고, 거기서 생기는 욕망이 모두 같은 힘을 가지는 것은 아니다. 이를테면 꽃의 아름다움은 다만 그것을 바라보고 싶은 욕망을 일으킬 뿐이지만, 과일의 아름다움은 먹고 싶은 욕망을 일으킨다. 그러나 중요한 매력은 또 다른 내가 될 수도 있다고 생각되는 어떤 한 사람 안에 있는 것으로 상상하는 완벽성에서 오는 욕망이다.

자연은 이성(理性)이 없는 동물과 마찬가지로 인간에게도 성별을 만든 동시에 뇌 속에 어떤 종류의 인상을 주었다. 이 인상으로 사람은 어느 나이, 어느 시기에 있어서는 자기가 불완전하며, 마치 전체의 절반으로서 어느 한 사람의 이성(異性)이 나머지 절반이 되지 않으면 안 된다고 생각한다. 따라서 이 절반을 얻는 것이 상상할 수 있는 한의 선 중에서 가장 큰 것임을 자연은 막연하게나마 보여주는 것이다. 더욱이 이성(異性)은 수없이 눈에 띄지만, 그렇다고 그 많은 이성을 한꺼번에 바라는 것은 아니다. 절반 이상은 얻을 필요가 없다고 자연이 가르쳐 주기 때문이다. 그러나 어느 한 사람 속에서 다른 사람들이 동시에 발견한 것보다 더 영혼에 드는 것을 발견했을 경우, 소유할 수 있는 가장 큰 것으로서 자연이 영혼에 가르쳐 준 선한 것을 추구하는 경향, 자연이 준 이 경향의 전부를 영혼은 오직 그 사람을 위해서만 느끼게 되는 것이다. 그리고 이와 같은 매력에서 생기는 경향 내지 욕망은 위에서 말한 사랑의 정념보다 훨씬 일반적으로 사랑이란 이름으로 불리고 있다. 그러므로 이 사랑은 약간 특이한 작용을 가지고 있다. 소설가나 시인의 중요한 제재(題材)가 되는 것은 바로 이것이다.

91 기쁨의 정의

기쁨이란 영혼의 쾌적한 정서인데, 뇌의 인상이 영혼에 영혼 자신의 소유라고 보여주는 선한 것을 영혼이 받아들이는 것은 이 정서가 있기 때문이다. 나는 선의 향유는 이 정서에 의해 존재한다고 말한다. 영혼은 그것이 소유하는 모든 선한 것으로부터 기쁨 이외의 어떠한 결과도 받을 수 없기 때문이다. 영혼이 그러한 것에 대한 기쁨을 갖지 않는 한 영혼이 그것을 향유하지 않는 것은 마치 그것을 소유하지 않는 것과 같다. 또 내가 뇌의 인상이 영혼의 소유라고 영혼에 보여주는 선한 것이라고 덧붙인 이유는, 정념으로서의 기쁨을 순수한 지적(知的) 기쁨과 구별하기 위해서다.

지적인 기쁨은 오직 영혼만의 작용으로 생기는 것인데, 영혼 안에 불러일으켜진 쾌적한 정서라고 할 오성(悟性)이 영혼의 소유로서 영혼에 보여주는 선한 것을 영혼이 받아들이는 것은 이 정서에 의한다. 하기야 영혼이 몸에 결합되어 있는 한, 이 지적인 기쁨이 정념으로서의 기쁨을 수반하지 않는 일은 거의 없다. 결국 우리가 어떤 선한 것을 소유하고 있는 것을 오성이 깨달으면 비록 그 좋은 것이 모든 몸에 속하는 것과 전혀 달라서 도저히 상상할 수 없는 것이라 할지라도 상상력은 여전히 즉각 뇌 속에 어떤 인상을 주고, 그 인상에서 정기의 운동이 일어나 이것이 기쁨의 정을 불러일으킨다.

92 슬픔의 정의

슬픔이란 일종의 불쾌한 우울감인데, 뇌의 인상이 영혼에 속하는 것으로서 영혼에 보여주는 악한 것 또는 결함에서 영혼이 받는 불쾌함은 이 우울감에서 나온다. 그 밖에 지적인 슬픔도 있다. 이것은 정념은 아니지만, 정념을 수반하지 않는 일은 거의 없다.

93 이 두 정념의 원인은 무엇인가

그런데 지적인 기쁨이나 슬픔이 정념으로서의 기쁨이나 슬픔을 불러일으킬 경우, 이 두 정념이 일어나는 이유는 명백하다. 즉 어떤 선한 것을 소유하고 있다는 생각에서 기쁨은 일어나고, 어떤 악한 것을 가졌거나 어떤 선한 것이 결핍되어 있다는 생각에서 슬픔이 일어난다는 것은 이들 정념의 정의를 통해 알 수 있다.

그러나 그 원인이 되는 선한 것과 악한 것을 위에서처럼 명확히 알지 못하면서도 슬프거나 기쁘게 느끼는 일이 이따금 있다. 이것은 그 선한 것과 악한 것이 영혼의 매개 없이 뇌에 인상을 주는 경우인데, 말하자면 때로는 선한 것과 악한 것이 몸에만 속하는 데 기인하며, 때로는 그것들이 영혼에 속하더라도 영혼이 그것을 선한 것과 악한 것으로 여기는 게 아니라 뇌 속에서 선악의 인상과 결합되는 인상을 지닌 어떤 다른 모양으로 생각하는 데 기인하는 경우도 있다.

94 이 정념들은 몸에만 관계되는 좋은 것과 나쁜 것에 의해서 어떻게 생겨나는가. 또 간지러움(chatouillement)과 고통은 무엇인가

예를 들면 지금 몸이 건강하고, 날씨가 여느 때보다 맑게 갰을 때, 사람들은 어떤 쾌적함을 느낀다. 그런데 이 쾌적함은 결코 오성의 작용에서 오는 것이 아니라, 단지 정기의 운동이 뇌에 주는 인상에서 오는 것이다. 마찬가지로 병을 앓을 때는 병을 전혀 의식하지 않더라도 슬픔을 느낀다.

따라서 감각의 간지러움은 곧 기쁨을 수반하고, 고통은 곧 슬픔을 수반하기 때문에, 대부분의 사람들은 그것을 구별하지 못한다. 그러나 그것들은 매우 다른 것인지라 기쁨으로 괴로워하는 일도 있고, 불쾌한 간지러움을 받는 일도 있을 수 있다. 하지만 기쁨이 보통 간지러움에 수반해서 일어나는 이유는, 간지러움이라든가 매력이라고 부르는 것은 모두 감각 대상이 신경 속의 어떤 운동을 불러일으키기 때문이다.

어떤 운동이란 건강 상태가 나빠 신경에 저항력이 없을 경우, 신경에 해를 줄 수 있는 상태를 말한다. 이 자극은 뇌에 하나의 인상을 주는데, 이 인상은 몸의 건강과 신경의 강함을 보여주기 위해 스스로 만들어진 것이며, 영혼과 몸이 결합되어 있는 한 몸의 건강이나 신경의 강함을 영혼에 속하는 좋은 것으로서 영혼에 보여줌으로써 영혼에 기쁨을 일으킨다.

모든 종류의 정념, 심지어 슬픔이나 증오 같은 것도 그것이 무대 위에서 연출되는 괴상한 사건 또는 결코 우리를 해치지 않는 영혼을 간질이는 연극과 유사한 일로 일어날 경우, 인간이 그 정서에 의해서 움직여지는 것을 기뻐하는 것은 거의 위와 마찬가지 이유에 의한다.

또 고통이 대체로 슬픔을 낳는 이유는, 고통의 감정이 언제나 신경을 해칠 만큼 강렬한 어떤 작용에서 생겨나기 때문이다. 따라서 고통의 감정은 이 작용으로 몸이 받는 손해나 그 작용에 버티지 못했던 몸의 약함에 전하기 위해서 자연이 만든 것이며, 이 손해나 약함은 영혼으로 봐서는 늘 불쾌한 악으로서 영혼에 나타난다. 다만 그들보다 더 가치가 있다고 영혼이 인정하는 좋은 것을 그러한 악이 발생시키는 경우는 다르다.

95 영혼에 속하면서도 영혼이 깨닫지 못하는 선악에 의해 이들 정념은 또 어떻게 자극되는가. 위험을 무릅쓰는 일과 과거의 재난을 상기하는 데서 느끼는 매력은 어떤 것인가

예를 들면 젊은이들이 아무런 이익이나 명예도 기대하지 않으면서 어려운 일을 꾸미며 큰 위험에 몸을 내맡기고 느끼는 쾌감은, 자기가 하고자 하는 일이 곤란하다는 생각이 뇌에 어떤 인상을 만드는 데서 일어난다.

자기가 이렇게 위험을 무릅쓸 만큼 용감하고, 또 그만큼 운이 좋으며, 수완이 뛰어나고, 힘이 세다고 느끼는 것은 고마운 일이라고 생각했을 때 만들어지는 인상에, 앞서의 인상이 결합됨으로써 그들이 기뻐하는 원인이 되는 것이다. 또 노인들이 예전에 겪은 재난을 상기하고 느끼는 만족은 그런 일에도 지지 않고 삶을 다한 것이 선이라고 생각하는 데서 온다.

96 이상 다섯 가지 정념이 일으키는 피와 정기의 운동은 무엇인가

내가 여기서 설명하기 시작한 다섯 가지 정념(경이를 제외한 사랑·증오·욕망·기쁨·슬픔 등)은 서로 밀접하게 연결되고 대립되어 있으므로 경이의 정념을 논했을 때처럼 따로따로 다루는 것보다 그 전체를 고찰하는 편이 더 쉽다. 그런데 이들 정념의 원인은 경이의 원인과는 달라서 뇌 속에만 있는 것이 아니라 심장과 비장과 간, 그 밖에 피, 나아가서는 정기를 만드는 데 도움이 되는 몸의 모든 부분에 존재하고 있다.

왜냐하면 모든 정맥은 그 안에 있는 피를 심장으로 이끌어 가는데, 그러면서도 때로는 어떤 정맥의 피가 다른 것보다 강한 힘으로 밀려가는 경우가 있고, 또 피가 심장에 출입하기 위한 구멍이 때로는 매우 심하게 열리거나 닫히는 경우가 있기 때문이다.

97 사랑에 있어서 피와 정기의 운동을 알게 하는 중요한 경험적 사실

우리의 영혼이 온갖 정념에 의해서 움직여지고 있는 동안 경험을 통해 알게 되는 몸의 다양한 변화를 고찰함에 있어서, 나는 고립되어 있을 경우의 사랑, 즉 강렬한 기쁨이나 욕망 또는 슬픔 등을 수반하지 않는 경우의 사랑에서 다음과 같은 것을 본다. 즉 맥박은 고르고 보통 때보다 훨씬 크며 강하다는 것, 가슴에 기분 좋은 따뜻함을 느낀다는 것, 음식물은 위 속에서 매우 빨리 소화된다는 것, 따라서 이 정념은 건강에 좋다는 것 등이다.

98 증오를 느낄 때

이에 반해 증오에서 볼 수 있는 것은 맥박이 고르지 못하고 작으며 또 흔히 빠르다는 것, 가슴에 찌르는 듯한 어떤 종류의 열을 섞은 냉기를 느낀다는 것, 위가 그 작용을 멈추고 먹은 것이 체해서 토하게 하거나 적어도 이것을 부패시켜 해로운 체액으로 바꾸려 한다는 것 등이다.

99 기쁨을 느낄 때

기쁨에 있어서는 맥이 정확하고 평소보다 빠른데, 사랑에서만큼 강하고 크지는 않다는 것, 또 기분 좋은 따뜻함을 느낀다는 것, 이것은 가슴에 있을 뿐만 아니라 눈에 띄게 많이 밀려오는 피와 더불어 몸의 외부 전면에 미친다는 것, 그러나 소화력이 평소보다 약해지므로 때로는 식욕이 떨어진다는 것 등이다.

100 슬픔을 느낄 때

슬픔에 있어서는 맥박이 약하고 완만해지며, 심장 주위를 끈으로 죄어 매는 듯이 느껴지고, 또 얼음 조각이 심장을 식혀 그 차가움을 신체의 나머지 부분에 전하는 것처럼 느껴진다.

그러나 증오가 슬픔에 섞이지만 않는다면 때로 식욕이 있고, 위도 그 임무를 게을리하지 않음을 느낄 수 있다.

101 욕망을 느낄 때

마지막으로 나는 욕망을 느낄 때 다음과 같은 특징을 본다. 즉 욕망은 그 밖의 어떠한 정념보다도 심하게 심장을 흥분시키고 더 많은 정기를 뇌에 공급한다. 그러면 정기는 거기서 근육 안으로 옮겨져 모든 감각을 예민하게 하고, 육체의 모든 부분을 매우 활발하게 만드는 것이다.

102 사랑할 때의 피와 정기의 운동

앞에 나온 것과 같은 관찰, 그 밖에 일일이 적으면 길어지는 여러 가지 관찰에 의해서 나는 다음과 같이 판단할 명분을 얻었다. 즉 오성이 어떤 사랑의 대상을 생각할 때 이 생각이 뇌에 주는 인상은 동물 정기를 신경의 여섯 번째 쌍을 거쳐 위장 주위에 있는 근육 쪽으로 이끌어 간다는 사실이다. 이 결과 즙액은 신선한 피로 변하여 간에 머무르지 않고 곧 심장으로 옮아가 육체의 다른 부분에 있는 피보다 강하게 밀려가기 때문에 더욱 많은 양이 심장으로 들어간다. 그리하여 심장을 몇 번이나 통과하여 이미 여러 번 묽어진 피보다는 거칠기 때문에 심장 속에 더욱 높은 열을 일으킨다. 그 결과 이 피는 또 정기를 뇌에 보내고, 뇌의 각 부분은 평소보다 확대되고 흥분한다. 그리하여 이 정기는 사랑하는 대상에 대해 맨 처음 품었던 생각이 뇌에 준 인상을 강하게 하고, 영혼을 이 생각 위에 머물게 한다. 이렇게 해서 사랑의 정념은 성립된다.

103 증오를 느낄 때

이와 반대로 느낄 때는 혐오감을 주는 대상에 대한 첫 생각이 뇌 속의 정기를 위와 장의 근육 쪽으로 많이 이끌기 때문에 정기는 보통 즙액이 흘러들어 가는 구멍을 모두 조여서 즙액이 피와 섞이는 것을 막는다. 혐오감의 대상에 대한 첫 번째 생각은 또한 정기를 비장의 미세한 신경 및 담즙 용기(膽汁容器)가 있는 간(肝) 밑부분의 미세한 신경 쪽으로 많이 이끌기 때문에 혈액 중에서 평상시의 장소로 들어갈 부분이 그곳에서 나와 대동맥 지맥(枝脈) 속의 피와 더불어 심장으로 들어간다. 이것은 피의 열도(熱度)에 심한 불균형을 일으킨다. 왜냐하면 비장에서 온 피는 쉽사리 더워지지 않고 또 묽어지기도 어려운 데 반해서, 담즙이 있는 간의 밑부분에서 온 피는 언제나 매우 빠르게 더워져서 팽창하기 때문이다. 따라서 뇌에 이르는 정기도 균형을 거의 잃고 아주 이상한 운동을 하게 된다. 그리하여 이들 정기는 이미 뇌에 새겨진 증오의 정념을 강하게 하고, 영혼을 가혹하고 격렬한 생각으로 향하게 하는 것이다.

104 기쁨을 느낄 때

기쁨을 느낄 때는 비장과 위장의 신경보다 오히려 온몸에 퍼져 있는 다른 신경, 특히 심장 입구 주위에 있는 신경이 활동한다. 심장은 입을 벌림으로써 다른 신경이 정맥에서 심장으로 보내는 피를 평소보다 더 많이 심장으로 들여보낸다. 이때 심장으로 들어가는 피는 동맥에서 정맥으로 와서 이미 몇 번이나 심장을 통과한 것이기 때문에 아주 쉽게 팽창하며, 그것이 낳는 정기는 각 부분이 매우 균등하고 미세하기 때문에 쾌활하고 고요한 생각을 영혼에 주는 그러한 뇌의 인상을 형성하여 강화시키는 성능을 갖고 있다.

105 슬픔을 느낄 때

이에 반해 슬픔을 느낄 때 심장 입구는 그것을 에워싸는 미세한 신경에 의해서 몹시 축소되고, 정맥 안의 혈액은 조금도 동요하지 않으며, 그 때문에 매우 적은 양밖에 심장으로 흘러가지 않는다. 그러나 즙액이 위장에서 간으로 흐르는 통로는 여전히 열려 있으므로 슬픔에 흔히 따르는 증오가 통로를 막아버리지 않는 한 식욕은 조금도 줄지 않는다.

106 욕망을 느낄 때

마지막으로 욕망의 정념은 다음과 같은 특징을 갖고 있다. 즉 선을 알고 악을 피하고자 하는 의지는 그러기 위해서 필요한 행동에 도움이 될 수 있는 육체의 모든 부분, 특히 심장 및 심장에 가장 많은 피를 공급하는 부분을 향해서 빠르게 뇌의 정기를 내보낸다. 이것은 평소보다 많은 피를 받음으로써 심장이 더 많은 정기를 뇌에 보내는 데 목적을 두고 있다. 이리하여 정기는 이러한 의지에 대한 생각을 뇌 속에 유지하며 강화시키고, 또는 모든 감각기관 및 원하는 것을 얻기 위해서 필요한 모든 근육 속으로 옮겨간다.

107 사랑을 느낄 때 이런 운동이 생기는 원인

나는 이상의 이유를 앞에서 말한 것에서 모두 추론한다. 즉 영혼과 몸 사이에 밀접한 관계가 있으므로 우리가 한번 어떤 신체적 운동을 어떤 생각과 결부시켰을 경우, 이 두 가지 가운데 한쪽이 나중에 우리에게 일어나면 반드시 다른 쪽도 뒤따라 나타난다. 이를테면 병을 앓을 때 어떤 음료를 억지로 마신 사람은 나중에 그 맛과 비슷한 것을 마시면 반드시 똑같은 혐오감을 느끼는 것이다. 이와 마찬가지로 우리가 약을 싫다고 생각하면 반드시 그 맛이 다시 생각에 떠오른다.

생각건대 영혼이 몸에 결합될 때 영혼이 느끼는 맨 처음 정념이 무엇인가 하면, 그것은 어떤 경우 피와 그 밖에 심장에 들어가는 액체가 생명의 원리인 열을 유지하기 위해 특히 적합한 양분이었으므로 영혼은 자진해서 이 양분을 섭취했다는 것, 즉 이 양분을 좋아한 것이다. 동시에 정기는 뇌에서 나와 피가 심장에 이르는 근원인 각 부분이 다시 많은 피를 보낼 수 있도록 이것을 자극하고 흥분시키는 근육 쪽으로 흘러간다. 그리고 각 부분이란 위장처럼 그 흥분으로 식욕을 증진시키는 부분, 혹은 간과 폐처럼 횡격막의 근육이 압박할 수 있는 부분을 말한다. 그렇기 때문에 정기의 그와 같은 운동이 그 뒤 언제나 애정에 뒤따르게 된 것이다.

108 증오를 느낄 때

어떤 경우에는 이와 반대로 열을 유지하는 데 적합하지 않은, 오히려 열을 없애는 이질적인 액체가 심장으로 들어간다. 그 때문에 심장에서 뇌로 올라가는 정기는 영혼에 증오의 정념을 불러일으키고, 동시에 또 이 정기는 비장의 피나 간의 세정맥(細靜脈)의 피를 심장으로 밀어 보내기 위해서 뇌에서 신경으로 이동해 이 해로운 액체가 심장으로 들어가는 것을 막는다. 뿐만 아니라 이 액체를 위나 장 쪽으로 밀어내고, 때로는 위로 하여금 이것을 게워내게 하는 신경으로 옮기는 것이다. 이런 운동이 늘 증오의 정념에 수반되는 것은 이 때문이다.

그리고 간 안에는 상당히 굵은 정맥 또는 도관(導管)이 있는 것을 눈으로 볼 수 있다. 음식물의 즙액은 이것을 통해 문맥(門脈)에서 공정맥으로 옮기는데, 이때 간에서는 전혀 멈추지 않고 다시 심장으로 옮아간다.

그러나 그 밖에도 무수한 세정맥이 있어서 음식물의 즙액은 여기에서 멈출 수가 있으며, 또 이 세정맥은 마치 비장처럼 늘 여분의 피를 비축하고 있다. 이 피는 몸의 다른 부분에 있는 피보다 거칠기 때문에 위장이 심장 속의 열에 양분을 공급하지 않을 경우에는 쉽사리 그 양분이 될 수 있는 것이다.

109 기쁨을 느낄 때

우리가 처음 태어났을 때의 정맥 속에 포함된 피는 심장의 열을 유지하는 데 알맞은 양분이었고, 또한 정맥이 그런 피를 다량으로 포함하고 있었기 때문에 심장은 정맥 이외의 것으로부터 양분을 취할 필요가 없었다. 그것이 영혼 속에 기쁨의 정념을 불러일으킴과 동시에, 또 그 때문에 심장 입구가 크게 열리고, 정기가 다량으로 뇌에서 나와 이 심장 입구를 여는 신경뿐 아니라 일반적으로 정맥 안의 피를 심장으로 밀어주는 다른 모든 신경 속으로 흘러들어가 간과 비장과 위장에서 새로운 피가 오는 것을 막았다. 이와 같은 운동이 기쁨에 따라 일어나는 것은 그 때문이다.

110 슬픔을 느낄 때

어떤 때는 이와 반대로 몸에 영양이 모자라는 경우가 있다. 이것은 당연히 영혼으로 하여금 처음으로 슬픔을, 적어도 증오와 결합되지 않은 최초의 슬픔을 느끼게 했다. 또 그 때문에 심장 입구는 거의 피를 받지 않아 축소되고, 따라서 상당한 피가 비장에서 왔다. 충분한 피가 다른 데서 오지 않을 경우, 비장은 이것을 심장에 공급해야 할 최후의 저장소 같은 것이기 때문이다. 이렇게 심장 입구를 축소하고 비장에서 피를 인도하는 정기나 신경의 운동이 늘 슬픔의 정념에 뒤따르는 것은 그 때문이다.

111 욕망을 느낄 때

마지막으로 영혼이 새롭게 몸에 결합했을 때 영혼이 느낀 최초의 욕망은 자기에게 알맞은 것은 모두 받아들이고 자기에게 해로운 것은 물리치는 것이었다. 또 그때부터 정기가 모든 감각기관을 되도록 자유롭게 움직이기 시작한 것도 이와 같은 목적을 위해서였다.

이것이 원인이 되어 현재 영혼이 무엇인가를 하고 싶을 때 온몸은 평소에 그런 일을 바라지 않을 때보다 한층 민첩해지고 활동하기 쉬워진다. 또 다른 원인으로 몸이 이와 같은 상태에 놓이면 영혼의 욕망은 더한층 강렬해진다.

112 이 정념들의 외적 징후는 어떠한가

맥박의 변화와 그 밖에 내가 위에서 여러 정념의 작용으로 돌린 모든 특성이 유래하는 원인은 여기에 기술한 것으로 충분히 이해될 테니, 더 이상 이들 여러 정념에 대해서 설명할 필요는 없다. 그러나 나는 각 정념에 있어서 그것이 독립해 있을 경우에 관찰할 수 있는 일들, 그리고 이들 여러 정념을 낳게 하는 혈액과 정기의 운동 상태를 아는 데 도움이 될 일들에만 주의를 했으므로, 이들 정념에 늘 수반되는 여러 가지 외적 징후를 논하지 않으면 안 된다.

그리고 이 외적 징후는 정념이 독립해 있을 경우보다 보통 그러하듯이, 그 중의 많은 것이 서로 뒤섞여 있을 때 관찰하는 것이 훨씬 쉽다. 이러한 징후 가운데 주된 것은 눈과 얼굴의 작용, 얼굴빛의 변화, 떨림, 나른함, 기절, 웃음, 눈물, 신음, 한숨 등이다.

113 눈과 얼굴의 작용에 대해서

모든 정념은 어떤 특수한 작용에 의해서 모두 눈에 나타난다. 어떤 정념에 있어서는 그것이 매우 심해서 아무리 어리석은 하인이라도 주인이 자기에게 화를 내고 있는지 아닌지 그 눈길로 알 수 있는 것이다. 그러나 이와 같은 눈의 작용은 쉽사리 눈치채고 그 뜻도 잘 이해되지만, 이것을 글로 적는다는 것은 쉬운 일이 아니다. 왜냐하면 이러한 작용은 눈의 움직임이나 모양에 나타나는 많은 변화로 이루어져 있을 뿐만 아니라, 그 작용이 매우 특수하고 미세하므로 그러한 것들의 결합이 보여주는 것은 매우 쉽게 알 수 있지만, 그 각각을 따로따로 알기는 어렵기 때문이다.

마찬가지로 정념에 수반되는 얼굴의 표정에 대해서도 거의 같은 말을 할 수 있다. 즉 얼굴의 작용은 눈의 작용보다 크지만 이것을 식별하기는 어렵고, 또 변화가 적어서 사람에 따라서는 울 때에도 다른 사람이 웃을 때와 비슷한 표정을 짓는 자가 있을 정도이다. 하기야 화가 났을 때의 얼굴 주름, 격분했을 때나 비웃을 때의 코나 입술의 어떤 움직임처럼 상당히 뚜렷한 것도 있지만, 그것은 자연적이라기보다 오히려 의식적인 것처럼 보인다. 또 일반적으로 얼굴이나 눈의 작용은 영혼이 정념을 감추려고 반대의 정념을 강하게 그릴 때는 모두 변화할 수 있는 것이다. 그러므로 이 작용은 정념을 의식적으로 표현하기 위해서도 사용할 수 있다.

114 얼굴빛의 변화에 대해서

어떤 정념에 촉구되었을 경우 얼굴을 붉히거나 창백해지거나 하는 것은 위에서 말했듯이 쉽게 억제할 수가 없다. 이러한 변화는 앞서의 것처럼 신경이나 근육에 의한 것이 아니라, 더 직접적으로 심장에서 오기 때문이다. 심장은 혈액이나 정기로 하여금 정념을 낳는 준비를 시킨다는 점에서 정념의 근원이라고 부를 수 있는 곳이다.

그러나 얼굴빛은 확실히 피에 의해서만 변한다. 피는 심장에서 동맥을 거쳐 모든 정맥으로, 또 모든 정맥에서 심장으로 끊임없이 순환하고 있으므로 얼굴을 향해서 달리는 세정맥을 채우는 피의 양이 많은지 적은지에 따라 얼굴을 진하게 또는 엷게 물들인다.

115 기쁨은 어떻게 얼굴을 붉게 하는가

이를테면 기쁨은 얼굴빛을 싱싱하게 붉힌다. 그 이유는 기쁨이 심장의 수문을 열어 피가 신속히 온 혈관에 흐르게 하고, 혈관은 더워지고 미세해져서 얼굴의 모든 부분을 어느 정도 팽창시킴으로써 그 표정을 한층 화려하고 밝게 하는 것이다.

116 슬픔은 어떻게 얼굴을 창백하게 하는가

이에 반해서 슬픔은 심장 입구를 위축시키기 때문에 피는 천천히 혈관으로 흘러들어간다. 또 그 때문에 피는 차갑고 짙어지며, 혈관 안에서 비교적 좁은 장소를 차지할 필요가 생긴다. 따라서 피는 심장에서 가장 가깝고 굵은 혈관으로 물러감에 따라 가장 멀리 있는 혈관에서 떠나는 것이다.

멀리 있는 혈관 중에서도 가장 두드러진 것은 얼굴의 혈관이므로 피의 후퇴가 얼굴을 창백하고 수척하게 만든다. 슬픔의 정도가 클 경우와 슬픔이 갑자기 밀려올 경우는 특히 그러하여, 이를테면 격렬한 공포에서 볼 수 있듯이 그 기습이 심장 수축의 작용을 강하게 하는 것이다.

117 슬플 때 어째서 이따금 얼굴을 붉히는가

그러나 슬플 때 얼굴이 창백해지지 않고 오히려 붉어지는 일이 가끔 있다. 이것은 슬픔에 덧붙여진 다른 정념, 즉 욕망이나 때로는 증오의 정념에 부여되어야 한다. 이러한 정념은 간과 장, 그 밖에 내부에서 오는 피를 뜨겁게 하고 또 자극하여 심장으로 밀어 보내고, 다시 대동맥을 거쳐 얼굴의 정맥으로 나아가게 한다. 그런데 심장 입구를 양쪽에서 압박하는 슬픔의 정념도 아주 심한 경우를 제외하고는 이 피를 막지 못하는 것이다. 하지만 슬픔의 정도가 미약한 것에 지나지 않을 경우라도 사랑과 욕망 혹은 증오가 내부에서 다른 피를 심장으로 밀어내 오는 동안에는, 슬픔은 이와 같이 얼굴의 정맥에 이른 피가 심장으로 내려가지 못하도록 방해한다.

따라서 이 피는 얼굴 주위에 머물러 얼굴을 붉게 만든다. 심할 때는 기쁠 때보다 더 붉어지는 것이다. 결국 피의 빛깔은 천천히 흐를수록 잘 나타나기 때문이며, 또 심장 입구가 크게 열려 있을 때보다 피는 이 상태에서 얼굴의 정맥에 더 많이 모일 수 있기 때문이다. 이것은 주로 부끄러울 때 나타난다.

부끄러움은 자애(自愛)의 감정과 눈앞의 창피를 피하고자 하는 절실한 욕망으로 이루어져 있으며, 이것이 피를 내부에서 심장으로, 심장에서 다시 정맥을 거쳐 얼굴에 이르게 한다. 그리고 부끄러움은 약한 슬픔의 감정으로도 이루어져 있어서 그 피가 심장으로 돌아가는 것을 막는다. 같은 일이 흔히 울 때도 나타난다. 그것은 나중에 설명하는 바와 같이, 눈물의 대부분을 낳게 하는 것은 슬픔과 결합된 사랑이기 때문이다. 또 마찬가지 일이 노여움에도 나타나며, 노여움에 있어서는 흔히 순간적인 복수욕이 사랑과 증오와 슬픔과 뒤섞여 있다.

118 떨림에 대해서

떨림에는 두 가지 원인이 있다. 하나는 뇌에서 신경으로 오는 정기가 때로 너무 적다는 것, 다른 하나는 그것이 때로 너무 많아서 11번에서 말한 바와 같이 몸 각 부분의 운동을 결정하기 위해 당연히 막아야 할 근육의 조그마한 통로를 충분히 막지 못할 때이다. 첫 번째 것의 원인은 추위에 떨 때와 마찬가지로 슬픔이나 무서움에서 나타난다. 이들 정념은 공기의 차가움과 마찬가지로 피를 매우 짙게 만드는 힘이 있으므로, 피는 신경에 보낼 수 있을 만큼 충분한 정기를 뇌에 공급하지 못한다. 두 번째 것의 원인은 술에 취한 사람의 경우처럼 어떤 것을 열망하는 사람이나 격노한 사람에게 나타난다.

이 두 가지 정념은 술과 마찬가지로 때로는 다량의 정기를 뇌에 보내기 때문에 이 정기가 규칙적으로 뇌에서 근육 속으로 인도되지 못하는 것이다.

119 나른함에 대해서

나른함이란 늘어져서 움직이기 싫어지는 경향이며, 온몸에서 느껴진다. 이것은 떠는 것과 마찬가지로 정기가 충분히 신경에 미치지 않는 데서 오지만, 그 방법은 다르다. 즉 떠는 원인은 샘이 정기를 어떤 근육을 향해서 밀어줄 경우, 샘의 이 결정에 따를 만한 충분한 정기가 뇌에 없기 때문이다. 그러나 나른함은 샘이 어떤 특정 근육을 골라 정기를 그곳으로 보내지 않는 데서 생긴다.

120 어떻게 나른함은 사랑과 욕망에 의해서도 생기는가

그리고 이런 결과를 가장 일반적으로 발생시키는 정념은 당장 얻을 수 없다고 생각되는 사물에 대한 욕망과 결합된 사랑이다. 결국 사랑은 영혼으로 하여금 사랑하는 대상만을 생각하게 하여 그 결과 뇌에 있는 모든 정기를 그 대상의 모습을 나타내는 데 사용하고, 샘의 운동 중에서 이를 위해 쓰이지 않는 것은 모두 정지시키는 것이다.

그런데 욕망에 대한 나의 설명에서 주의할 것이 있다. 즉 욕망이 육체를 움직이기 쉽게 한다는 특징은 욕망의 대상을 얻기 위해서 당장 그 무엇을 할 수 있다고 생각되었을 경우에만 해당된다는 점이다. 왜냐하면 만일 반대로 이것을 얻을 기대가 당분간 없다고 생각되었을 경우에는, 욕망의 자극은 모두 뇌에서 머물러 신경에는 아무것도 전해지지 않고 또 그 자극은 오로지 욕망의 대상에 대한 생각을 뇌 속에 강화하는 데만 사용되므로 몸의 나머지 부분을 나른하게 하기 때문이다.

121 나른함은 다른 정념에 의해서도 생긴다

하기야 분노와 슬픔과 기쁨 같은 것도 매우 강렬할 때는 어떤 종류의 나른함을 불러일으킨다.

이것은 저마다의 대상에 영혼을 전념시키기 때문이며, 그것을 얻는 데 당장은 손을 댈 수도 없는 사물을 갖고 싶어 하는 기분이 이와 결합되어 있을 경우 특히 그러하다. 그러나 사람들은 자기와 분리된 대상이나 그 밖의 어떤 대상보다도 오히려 의지에 의해서 자기와 결합된 대상을 더 간절히 원하며, 또 나른함이란 느닷없이 일어나는 것이 아니라 그것이 생기기 위해서는 어느 정도의 시간을 필요로 하기 때문에, 나른함은 다른 모든 정념에서보다 오히려 사랑에 있어서 더 잘 발견되는 것이다.

122 기절에 대해서

기절은 죽음과 별로 다를 바 없다. 단지 심장 속의 열이 완전히 식으면 인간은 죽고, 숨이 막혔지만 아직 얼마간의 열이 남아 있어서 나중에 다시 심장을 데울 수 있는 경우에는 기절한다는 것뿐이다. 그런데 사람을 이렇게 기절시킬 수 있는 신체의 불편함은 여러 가지로 많다. 그러나 정념 가운데에 그런 힘이 있다고 인정되는 것은 심한 기쁨을 제외하곤 달리 없다.

심한 기쁨은 어떻게 이런 결과를 낳는가? 내가 생각하기에 그 방법으로 여겨지는 것은 다음과 같다. 심한 기쁨은 심장 입구를 비정상적으로 확대하기 때문에 정맥 속의 피가 급격하게 다량으로 들어감에 따라 열에 의해서 재빨리 묽어지지 않고, 그리하여 정맥 입구를 막는 조그마한 막(膜)을 올리지 못한다는 것이다. 그런 뒤에 피는 서서히 심장으로 들어가고, 비로소 열을 유지하는 것이 보통이다.

123 왜 슬픔에 의해서는 기절하지 않는가

커다란 슬픔이 예고 없이 나타나면 물론 심장 입구를 세게 압박하기 때문에 슬픔도 심장의 열을 식힐 수 있는 것처럼 여겨진다.

그런데도 그런 일을 목격한 사람은 없으며, 설령 일어나더라도 아주 드물다. 생각건대 그 까닭은 심장 입구가 거의 막혔을 경우, 아무리 적은 양이라 하더라도 열을 유지하는 데 충분할 만한 피는 남아 있기 때문이다.

124 웃음에 대해서

웃음이란 우심실에서 폐동맥을 거쳐서 오는 피가 갑자기 몇 차례에 걸쳐 폐를 확대하고, 폐에 간직된 공기를 목구멍을 통해서 심하게 밀어내고, 이 공기가 목구멍에서 명료하지 않은 높은 소리를 만들게 되는 것이다. 또한 폐가 확대되고 공기가 분출됨과 동시에 횡격막과 가슴과 목구멍의 모든 근육을 자극함으로써 이들 근육이 연락하는 얼굴 근육을 움직이는 것이다. 웃음이라고 부르는 것은 다름이 아니라 이 안면 운동 및 이 불명료한 높은 소리이다.

125 커다란 기쁨에는 왜 웃음이 따르지 않나

웃음은 기쁨의 주된 징후의 하나로 여겨지지만 기쁨이 중간 정도에 지나지 않고 어떤 경이나 증오가 이에 섞이지 않으면 웃음은 일어나지 않는다.

우리가 경험으로 알 수 있듯이 굉장히 기쁠 때 그 기쁨의 원인은 결코 사람을 웃기지 않는다. 아니, 오히려 슬플 때만큼 사람을 웃기기 쉬운 일은 없다. 그 까닭은 아주 큰 기쁨에 있어서는 폐가 그 이상 팽창을 되풀이하지 못할 만큼 반드시 피가 가득 차 있기 때문이다.

126 웃음의 주된 원인은 무엇인가

그런데 이와 같이 폐를 급격히 팽창시키는 원인은 두 가지밖에 눈에 띄지 않는다. 첫째는 경이의 놀라움이다. 이것은 기쁨과 결합하여 심장 입구를 갑작스럽게 여는 힘을 가지고 있다. 그럼으로써 많은 피가 대정맥을 거쳐 심장의 오른쪽으로 들어가, 그곳에서 묽어진 뒤 폐동맥을 통과하여 폐를 팽창시키는 것이다. 둘째 원인은 피가 묽어지는 것을 증진시키는 어떤 종류의 액체가 섞여 들어가는 데 있다.

그 목적에 맞는 것으로서는 비장에서 오는 피 중에서 가장 유동성이 풍부한 부분밖에 발견되지 않는다. 피의 이 부분은 경이의 놀라움에 도움을 받는 어떤 경미한 증오감 때문에 심장으로 흘러간다. 그리고 몸의 다른 부분에서 기쁨의 정념에 의해 다량으로 심장 안에 들어간 피와 그곳에서 섞여 이 피를 엄청나게 팽창시키는 것이다. 이것은 마치 여러 액체를 불에 올려놓았을 때, 그릇에 식초를 약간 타면 금방 팽창하는 것과 같다. 비장에서 오는 혈액 중 가장 유동성이 풍부한 부분은 그 성질이 식초와 닮았기 때문이다. 그리고 또 폐에서 오는 이 커다란 웃음은 그것을 만들어야 하는 경우에 있어서 늘 어떤 경미한 증오의 원인, 적어도 경이의 원인을 포함한다는 것을 경험으로 알 수 있다. 그리고 비장이 좋지 않은 사람은 남달리 슬픔을 느끼기 쉬울 뿐 아니라, 이따금 남달리 기뻐하고 남보다 더 잘 웃는 경향이 있다. 비장은 두 종류의 피를 심장에 보내는데, 하나는 매우 짙고 거칠어서 슬픔을 일으키고, 다른 하나는 매우 유동적이고 미세하여 기쁨을 낳는다. 또한 크게 웃은 뒤에는 흔히 슬픔을 느끼기 쉬운데, 이것은 비장 혈액 중 가장 유동성 있는 부분이 고갈되고 다른 거친 부분이 뒤따라 심장에 오기 때문이다.

127 분노에 있어서 웃음의 원인은 무엇인가

이따금 분노에 수반하여 나오는 웃음은 대부분 조작되고 위장된 것이다. 그러나 그것이 자연스러운 것일 경우, 그 웃음은 지금 화를 내고 있는 그 악에 의해서 자기가 상처를 입을 수 없다는 사실을 알고 있다는 것, 게다가 그 악의 새로움 또는 그 악과 뜻밖에 부딪쳐 허를 찔리는 데서 느끼는 기쁨으로부터 오는 것 같다. 따라서 기쁨과 증오와 경이가 그 웃음에 힘을 보태는 셈이다.

하지만 또 웃음은 아무런 기쁨이 없더라도 기피의 감정만 움직이면 일어난다고 나는 믿고 싶다. 기피는 비장 속의 피를 심장에 보내고, 피는 거기서 묽어져 폐로 밀려가며, 폐가 거의 비어 있을 경우에는 쉽게 이것을 팽창시킨다. 일반적으로 말하면, 이렇게 폐를 급격히 팽창시킬 수 있는 것은 모두 웃음이라는 외적 동작을 일으키는 것이다. 단, 슬픔이 이 동작을 눈물에 수반하는 오열과 흐느낌으로 바꾸는 경우는 다르다.

이에 대해 비베스[2]가 자기 자신에 대해서 쓴 글에 따르면, 오래 음식을 끊고 있다가 처음으로 무엇을 먹으면 웃음이 일어난다. 이것은 영양 부족으로 빈혈 상태가 되어 있던 폐가 위(胃)로부터 심장에 온 첫 즙액으로 급격히 팽창되기 때문이다. 그리고 이 즙액은 지금 먹고 있는 음식물의 즙액이 실제로 이르기 전에, 다만 먹는다는 생각만으로도 심장에 이를 수 있는 것이다.

128 눈물의 원인에 대해서

웃음이 너무나 큰 기쁨으로는 결코 일어나지 않는 것과 마찬가지로 눈물도 극도로 슬플 때에는 일어나지 않으며, 다만 사랑 또는 기쁨의 감정을 수반하거나 혹은 거기에 수반되어 있는 중간 정도의 슬픔에서 일어난 데 지나지 않는다. 그래서 눈물의 원인을 잘 터득하기 위해서는 다음을 주의해야 한다. 인체의 어느 부분에서나 끊임없이 다량의 증기가 나오고 있지만, 눈만큼 증기가 많이 나오는 곳은 없다. 이것은 시신경이 굵고, 눈물의 통로인 세동맥(細動脈)이 매우 많기 때문이다.

또 주의할 것은 땀이 증기로 되어 있으며, 증기가 다른 부분에서 나와 그 표면에서 액체로 변하는 것과 마찬가지로, 눈물도 눈에서 나오는 증기로 되어 있다는 점이다.

---

2) Juan Luis Vives(1492~1540)는 스페인의 철학자·인문학자. 스콜라적 방법에 반대해 경험적 방법의 중요성을 강조한 반(反)아리스토텔레스주의자이다. 인용한 대목은 《정신과 생활》에 있는 글이다.

129 증기가 물로 바뀌는 방식에 대해서

그런데 나는 《기상학》에서 공기 속의 수증기가 어떻게 비로 바뀌는지를 설명할 때, 수증기가 평소보다 덜 흔들리고 또 평상시보다 그 양이 많기 때문이라고 썼다. 그와 마찬가지로 몸에서 나오는 증기가 평소에 비해서 흔들리는 정도가 아주 적으면 그다지 많은 양이 아니더라도 증기는 역시 물이 되는 것으로 여겨진다. 이것은 병을 앓아 쇠약할 때 식은땀을 흘리는 원인이다. 또 증기가 평소보다 훨씬 많고, 여기에 흔들림이 심하지만 않으면 증기는 역시 물이 된다고 여겨진다. 이것이 운동할 때 땀을 흘리는 원인이다. 단, 이 경우 눈만은 땀을 흘리지 않는다. 그 까닭은 운동할 때 대부분의 정기가 몸을 움직여야 할 근육 쪽으로 가버리므로 시신경을 통해 눈으로 가는 양이 적어지기 때문이다.

또 정맥이나 동맥에 있어서 피가 되고, 뇌·신경·근육 안에서 정기가 되며, 기체를 이루어 발산하는 증기를 만들어 몸 또는 눈의 표면에 엉겨붙어 물이 되는 땀이나 눈물을 구성하고 있는 것은 모두 같은 물질이다.

130 눈을 아프게 하면 울게 되는 이유

그런데 눈에서 나오는 증기가 눈물로 변하는 원인은 두 가지뿐이다. 하나는 증기가 통과하는 기공(氣孔)의 모양이 어떤 사물에 의해 고장을 일으켜 변화한다는 것이다. 이 변화는 이들 증기의 운동을 더디게 하고, 그 질서를 달라지게 함으로써 그것을 물로 바꾼다.

그렇기 때문에 단 하나의 검부러기만 들어가도 눈물이 나오는 것이다. 왜냐하면 이 검부러기가 눈에 고통을 불러일으키고 기공의 상태를 변화시키기 때문이다. 즉 어떤 기공이 축소하기 때문에 증기의 미세한 부분이 그곳을 완만하게 통과하게 되고, 또 그때까지 증기가 일정한 거리를 유지하고 기공에서 나오므로 서로서로 분리되어 있는 데 반해서 기공의 질서가 헝클어졌기 때문에, 증기는 부딪히게 되고 서로 엉기게 됨으로써 눈물이 되는 것이다.

131 슬프면 우는 이유

그 하나의 원인은 사랑이나 기쁨 혹은 일반적으로 심장으로 하여금 많은 양의 피를 동맥에서 밀어내게 하는 원인을 수반하는 슬픔이다. 이 경우 슬픔이 필요한 것은 그것이 모든 피를 차갑게 하면서 눈의 기공을 수축시키기 때문이다. 그러나 수축됨에 따라 슬픔은 또한 통과시켜야 할 증기의 양까지 감소시키므로, 이 증기의 양이 어떤 다른 원인에 의해서 동시에 증가되지 않으면 눈물을 생기게 하는 데 불충분하다.

그런데 사랑의 정념에 의해서 심장에 보내지는 혈액만큼 증기의 양을 증가시키는 것은 없다. 그러므로 슬퍼하는 사람이 끊임없이 눈물을 흘리는 것은 아니며, 이따금 말하자면 사랑하는 대상을 되새길 때에만 눈물을 흘리는 것이다.

132 눈물에 수반되는 흐느낌에 대해서

또 이 경우 폐에 많은 피가 들어가서 폐를 급격히 팽창시키고 그 속의 공기를 밀어내는 일도 있다. 이 공기가 목구멍을 통해서 나올 때 흔히 눈물에 수반되는 흐느낌이 생기는 것이다. 그리고 이 소리는 웃음에 수반되는 높은 소리와 거의 같은 방식으로 만들어지지만 보통 더 날카롭다. 그 까닭은 소리에 높낮이를 붙이기 위해서 발성기관을 여닫는 신경이 기쁠 때 심장 입구를 열고, 슬플때는 이것을 닫는 신경과 연락하고 있어서 이 두 기관이 동시에 여닫히는 데 있다.

133 왜 아이나 노인은 쉽게 우는가

아이나 노인은 중년보다 더 쉽게 우는데, 그것에는 여러 이유가 있다. 노인은 흔히 애정이나 기쁨 때문에 운다. 이것은 그 두 정념이 결합하여 많은 피를 심장에 보내고, 다시 심장에서 많은 증기를 눈으로 보내기 때문이다. 그런데 이들 증기의 흔들림은 노인의 체질이 차갑기 때문에 매우 완만해져서 슬픔 쪽이 먼저 일어나지 않더라도 쉽게 눈물이 되는 것이다.

노인 가운데 화를 내고 금방 우는 사람이 있는 것은 체질보다 오히려 기질이 그렇게 시키는 것이며, 이런 것은 고통이나 두려움이나 연민 등 사소한 원인에 의해서도 완전히 압도되어 버리는 약한 사람에게만 일어난다.

또한 같은 일이 어린아이에게서도 일어난다. 어린아이는 기뻐서 우는 일은 거의 없지만, 슬플 때는 그 슬픔이 사랑을 수반하지 않는 경우라도 훨씬 많이 운다. 왜냐하면 어린아이에게는 언제나 다량의 증기를 발생시킬 만한 피가 있어서 이 증기의 운동이 슬픔 때문에 완만해지고 그 결과 눈물로 변하기 때문이다.

134 어떤 아이는 왜 울지 않고 얼굴만 창백해지는가

그런데 슬플 때 울지 않고 얼굴이 창백해지는 아이가 있다. 이것은 그들이 비상한 결단과 용기를 갖고 있다는 증거가 될 수 있다. 즉 이렇게 창백해지는 것은 어른들이 거대한 악(惡)을 주시하고 강한 저항을 시도하려 할 때 창백해지는 것과 같은 경우이다.

그러나 보통 그것은 성질이 좋지 않다는 징후이다. 다시 말해 그것은 증오나 두려움을 느끼기 쉬운 데서 오는 경우이다. 증오나 두려움은 눈물의 재료를 감소시키기 때문이다. 이에 반해서 매우 잘 우는 사람은 사랑이나 연민의 정에 예민하다.

135 한숨에 대해서

한숨은 눈물과 마찬가지로 슬픔을 전제로 하는데, 그 원인은 눈물과는 매우 다르다. 즉 폐가 피로 가득 찼을 때에는 눈물이 자극되지만, 폐가 거의 텅 비어 있는 경우나 슬픔으로 축소되었던 대정맥 입구가 희망이나 기쁨을 공상함으로써 열리는 경우에 한숨을 자극하는 것이다.

그 까닭은 이때 폐에 남아 있던 소량의 피가 대정맥을 거쳐 갑자기 심장 왼쪽에 떨어지고, 다시 위에서 말한 기쁨에 도달하고자 하는 욕망에 의해서 밀려남과 동시에 이 욕망은 횡격막과 폐의 근육 전체를 활동시키므로, 공기는 입을 거쳐 급속히 폐에 밀려들어가 폐 속에서 앞서의 피가 남겨놓고 간 자리를 차지하기 때문이다. 한숨은 바로 이것이다.

136 어떤 사람들에게 일어나는 특수한 정념 작용은 어디서 오는가

다시 정념의 갖가지 작용과 원인에 대해서 다 말하지 못한 것을 여기서 간단히 보충하기 위해 나는 다만 지금까지 써온 모든 기초적인 원리를 되풀이하는 데 그치기로 한다. 즉 영혼과 몸 사이에는 대단히 밀접한 관련이 있으므로 우리가 한번 어떤 신체적 동작을 어떤 생각과 결부시키기만 하면, 한쪽이 일어나면 다른 한쪽도 반드시 일어나는데, 사람은 늘 한 가지 동작을 같은 생각에 결부시키는 것은 아니라는 점이다. 앞에서 지금까지 설명되지 않았던 이 문제에 대해서 각자가 자기 속에서 또는 남 속에서 발견할 수 있는 모든 특수한 것을 충분히 해명할 수 있다.

이를테면 장미 향기를 맡지 못하거나 고양이를 보면 견딜 수 없다고 하는 어떤 사람들의 이상한 반감은 태어날 때 그러한 것으로 몹시 불쾌감을 느꼈다든가, 또는 임신 중에 그런 것에 불쾌감을 느낀 어머니의 감정에 공감했기 때문이라는 사실을 추측하기 어렵지 않다. 결국 어머니가 갖는 모든 감정과 태아의 그것과는 관계가 있으며, 따라서 한쪽에 적합하지 않은 것은 다른 한쪽에도 해롭다는 것이 확실하기 때문이다. 또 아이가 아직 요람에 있을 때 장미꽃 향기 때문에 심한 두통을 일으켰거나 고양이 때문에 몹시 놀랐던 일이 있었지만 아무도 그것을 깨닫지 못하고 본인도 그 뒤 깡그리 잊어버리는 경우가 생길 수 있다. 그러나 그 아이가 당시 장미나 고양이에 대해서 느낀 혐오의 감정은 평생토록 그 뇌리에 새겨져 있는 것이다.

137 여기서 설명한 다섯 가지 정념이 신체와 연관된 범위 안에서 지닌 효용

사랑·증오·욕망·기쁨·슬픔의 정의를 내려 이것들을 발생시키고 또 이것들에 수반되는 모든 신체적 운동을 논한 이상, 이제 여기서는 이 정념들의 효용을 고찰하면 충분하다. 이에 대해서 주의할 일은 자연이 정하는 바에 따라 이들 정념은 모두 몸에 관계한다는 것, 이들 정념은 영혼이 몸에 결합되어야만 영혼에 주어진다는 것이다. 따라서 이들 정념의 자연적 효용은 신체를 보존하고 어떠한 방법에 의해서 신체를 보다 완전하게 만들기 위한 작용에 대해서 동의하고 기여하도록 영혼을 자극하는 데 있다. 이런 뜻에서 슬픔과 기쁨의 두 가지가 먼저 사용된다. 즉 영혼이 몸을 해치는 사물에 대해 직접 경고를 받는 것은 다만 고통스런 감정에 의해서이다. 이것이 영혼 속에 먼저 슬픔의 정념을 낳고, 이어서 이 고통의 원인을 이루는 것에 대한 미움을 낳고, 셋째로 그것을 피하고자 하는 욕망을 낳는다.

또 그와 마찬가지로 영혼이 몸에 유익한 사물의 존재를 직접 알게 되는 것은 다만 어떤 종류의 즐거운 감각에 의해서이다. 이것이 영혼 속에 기쁨을 자극하고, 이어 그 기쁨의 원인으로 믿어지는 것에 대한 사랑을 낳으며, 마지막으로 이 기쁨을 계속시키는 것 또는 앞으로도 같은 기쁨을 느끼게 해주는 것을 얻고자 하는 욕망을 낳는 것이다. 이상으로 이들 다섯 가지 정념은 모든 몸에 매우 유용하다는 것, 뿐만 아니라 슬픔이 가장 유용하며 기쁨보다 필요하다는 것, 증오가 사랑보다 필요하다는 것을 알 수 있다. 왜냐하면 해를 끼치고 파괴하는 사물을 물리치는 편이 그것 없이도 살아갈 수 있는 완전함을 증대시키는 사물을 얻는 것보다 중요하기 때문이다.

138 이들 정념의 결합 및 그것을 바로잡는 방법에 대해서
위와 같은 정념의 효용은 정념이 갖는 가장 자연스러운 효용이다. 인간에게 있어서는 늘 정념에 수반되는 신체적 운동이지만, 이성이 없는 모든 동물은 정념이 영혼으로 하여금 동의시키는 그러한 신체적 운동과 마찬가지 것에 의해서 생활해 가는 것이다. 그럼에도 몸에 해로운 많은 것 가운데 처음에는 이러한 슬픔을 일으킴 없이 오히려 기쁨을 일으키는 것조차 있고, 또 처음에는 불쾌하지만 몸으로 봐서는 유익한 것도 있으므로 위에서 말한 효용이 반드시 언제나 확실하다고는 할 수 없다. 게다가 이들 정념이 나타내는 좋은 것이나 나쁜 것은 거의 언제나 실제보다 더 크게, 그리고 중대하게 보인다. 따라서 이러한 정념들은 지나친 열성과 주의로써 좋은 것을 찾게 하고 나쁜 것을 피하도록 하게 된다. 그것은 마치 동물이 흔히 미끼에 걸리는 거나, 조그마한 재난을 피하려고 하다가 더 큰 재난을 겪는 것과 마찬가지다.

그러므로 우리는 모름지기 경험과 이성으로 선악을 판별하고 그 진가를 알아야 하는 것이다. 선악을 혼동하지 않기 위해서, 또한 그 무엇에 대해서도 지나치는 일이 없기 위해서 말이다.

139 위와 같은 정념이 영혼에 속하는 한에 있어서의 효용. 가장 먼저 사랑에 대해서
만일 우리에게 몸밖에 없거나, 몸이 우리의 가장 중요한 부분이라면 위에서 말한 것으로 충분할 것이다. 그렇지만 몸은 가장 사소한 부분에 지나지 않으므로, 우리는 정념이 주로 영혼에 속한다고 생각하지 않으면 안 된다. 영혼 쪽에서 보면 사랑이나 증오는 인식(認識)에서 생기는 것이며, 기쁨이나 슬픔에 선행하는 것이다. 다만 기쁨이나 슬픔도 하나의 인식 작용이지만, 그것이 본디 인식과 대치될 경우에는 달라진다. 그래서 이 인식이 올바를 경우, 즉 이 인식에 의해서 우리가 사랑하는 것이 참으로 선한 것이고 미워하는 것이 참으로 악한 것일 경우, 사랑은 비교가 안 될 만큼 증오보다 훨씬 선한 것이다.

사랑은 지나치는 일이 없으며, 또한 반드시 기쁨을 수반한다. 사랑이 탁월하다는 것은 참으로 선한 것을 우리에게 보태줌으로써 그만큼 우리를 완성시켜 주기 때문이다. 또 사랑이 지나치는 일이 없다는 것은 아무리 도가 지나친 사랑이라도 그것이 하는 바는 우리를 선한 것들에 매우 완전하게 결합시켜 주기 때문이며, 따라서 우리가 특히 스스로에 대해서 가지고 있는 사랑도 선한 것에 대해서는 전혀 우리 자신과 그 대상을 구별하지 않게 된다. 이것은 결코 나쁠 까닭이 없다고 나는 믿는다. 또 사랑이 반드시 기쁨을 수반한다는 것은, 사랑은 우리가 사랑하는 것을 우리에게 속하는 것으로서 보여주기 때문이다.

140 증오에 대해서

이에 반해서 증오는 아무리 작은 것이라 할지라도 반드시 해를 끼친다. 그리고 슬픔을 수반하지 않는 일은 결코 없다. 증오는 아무리 적어도 너무 적은 경우가 없는 것은, 우리가 악을 미워하는 마음으로 어떤 행위를 한다면 그 행위는 오히려 악의 반대인 선을 사랑하는 마음으로 더 좋은 일을 할 수 있기 때문이다. 적어도 이 선과 악이 충분히 인식되어 있는 경우에는 그러하다. 고통에 의해서만 표현되는 악에 대한 증오가 몸에 필요하다는 것은 나도 인정한다. 그러나 나는 여기서 다시 명석한 인식에 입각한 증오에 대해서만 말하고 있으므로 그러한 증오는 오로지 영혼에만 연관시키고 싶은 것이다. 또 증오가 반드시 슬픔을 수반한다는 것은 다음과 같은 이유에서이다.

악은 소유자 없이는 존재하지 않으므로 그것을 소유하는 실재적 주체 없이는 생각할 수 없다. 그러나 현실적으로는 반드시 그 속에 어느 정도의 선한 것을 가지고 있다. 따라서 우리를 어떤 악에서 멀어지게 하는 증오는 또한, 그 악이 가지고 있는 선으로부터도 역시 우리를 멀어지게 하여, 이 선이 없는 상태가 영혼에 속하는 결함으로서 영혼에 제시되기 때문에 영혼에 슬픔을 자극하는 것이다. 예를 들면 어떤 사람의 나쁜 품행에서 우리를 멀어지게 하는 증오의 감정은 또한 마찬가지로 우리를 그 사람과의 교제에서 멀어지도록 한다. 멀어지는 일만 없으면 우리는 이 교제에서 얼마간이라도 선한 것을 발견할 수 있으며, 이 선한 것을 빼앗긴 것을 우리는 유감으로 생각한다. 이와 같이 모든 증오 속에서는 무언가 슬픔의 원인이 발견되는 것이다.

141 욕망과 기쁨과 슬픔에 대해서

욕망에 대해서 말하자면 그것이 진정한 인식에서 나온 것일 경우, 그리고 그것이 지나치지 않고 위에서 말한 인식이 이것을 제어하기만 한다면 나쁠 까닭이 없다. 또 영혼에 비추어 보아 기쁨은 반드시 좋고 슬픔은 반드시 나쁘다. 왜냐하면 영혼이 나쁜 것에서 받는 불편은 모두 슬픔에서 성립되고, 영혼에 속하는 좋은 것을 받아 누리는 것은 모두 기쁨에서 성립되기 때문이다. 따라서 만일 우리에게 몸이 없다면 우리는 사랑과 기쁨에 실컷 잠길 수도 없고, 또 증오와 슬픔을 충분히 피하지도 못할 것이라고 나는 감히 말하고 싶다. 그러나 이들 정념에 따르는 신체적 운동은 그것이 격렬할 경우에는 모두 건강에 해롭고, 적당할 경우에는 모두 건강에 유익하다.

142 슬픔과 증오에 비교한 기쁨과 사랑

증오와 슬픔이란 것은 진정한 인식에서 나온 경우라도 영혼은 이를 물리쳐야 하므로 잘못된 생각에서 생겼을 경우에는 더욱 그러하다. 하지만 사랑과 기쁨이 이와 마찬가지로 잘못된 생각에서 생겼을 경우에는 과연 그 사랑과 기쁨이 선한 것인가 선한 것이 아닌가를 일단 의심해 볼 필요가 있다.

이들 정념을 영혼에 대한 본연의 모습으로만 엄밀히 생각한다면 확고한 근거에 서 있을 경우에 비해 그릇된 기쁨은 덜 견고하고, 그릇된 사랑은 덜 유리하다. 그러나 같은 정도의 그릇된 슬픔이나 증오보다는 낫다. 따라서 잘못을 저지를 기회를 피할 수 없는 모든 경우의 인생살이에 있어서 단순히 악을 피하기 위한 것일지라도 악을 향하는 정념보다 선을 향하는 정념으로 기우는 편이 어느 경우에서나 훨씬 바람직하다. 더욱이 그릇된 기쁨은 원인이 올바른 슬픔보다 나을 때도 있는 법이다. 하지만 증오와 사랑을 비교할 때는 그렇게 말할 수 없다. 증오가 올바른 것일 경우 그것은 우리가 떠나야 할 악을 포함하는 것으로부터 우리를 멀어지게 할 뿐이다. 그런데 그릇된 사랑은 해를 끼칠 수 있는 것, 적어도 우리가 그토록 중대시할 값어치가 없는 것에 우리를 결부시킨다. 이것은 우리를 천하게 만들고 욕되게 하는 일이다.

143 욕망에 관계된, 위의 네 정념에 대해서

지금까지 내가 말한 이들 네 가지 정념은 그 자체 안에서 생각했을 경우, 그리고 그것이 우리를 그 어떤 행동으로도 향하게 하지 않는 경우에만 일어난다는 것에 유의할 필요가 있다.

이들 정념이 그 매개로써 우리의 품성을 다스리는 욕망을 자극하는 한, 원인이 그릇된 정념은 모두 해를 끼치며 반대로 원인이 올바른 정념은 모두 이로운 것을 주는 것임은 확실하다. 뿐만 아니라 그러한 정념이 모두 같은 정도로 그릇된 원인에 입각할 경우에는 일반적으로 기쁨이 슬픔보다 해롭다는 것이 확실하다. 왜냐하면 슬픔은 자제(自制)하게 하고 두려움을 심어줌으로써 사람을 신중하게 만들지만, 기쁨은 그것에 잠기는 사람들을 경솔하고 무모하게 만들기 때문이다.

144 어떤 결과가 우리의 힘에만 좌우되는 욕망에 대해서

그러나 이들 정념은 그것이 불러일으키는 욕망의 매개에 의하지 않고는 우리를 그 어떤 행동으로도 향하게 하지 못하므로 특히 이 욕망을 조심히 다루어야 하며, 또 이 점에는 도덕의 중요한 효용이 존재한다. 나는 앞에서 욕망은 진정한 인식에서 생길 때 반드시 올바르다고 말했지만, 그와 마찬가지로 욕망이 그릇된 생각에서 생긴 경우에는 반드시 나쁘다. 그런데 욕망에 대해 가장 흔히 저질러지는 잘못은 완전히 우리의 힘으로 좌우되는 것과 그렇지 않은 것을 구별하지 않는 데에 있다. 우리의 힘에만, 즉 우리의 자유의지에만 좌우되는 사물은 그것이 선하다는 것만 알면 아무리 열심히 그것을 갖고 싶어 하더라도 상관없다. 왜냐하면 우리의 힘에 좌우되는 선한 일을 한다는 것은 덕을 따르는 일이기 때문이다.

그리고 덕에 대해서는 아무리 열렬한 욕망을 품더라도 상관없으며, 또한 우리가 이러한 방식으로 갖고 싶어 하는 것은 완전히 우리 힘에 좌우되는 것이므로 반드시 성취된다. 그러기에 우리는 언제나 기대한 만큼 만족을 얻을 수 있는 것이다. 그러나 여기에서 보통 저질러지는 잘못이란 결코 욕심이 지나치다는 것이 아니라, 욕심이 모자란다는 것이다. 그리고 이에 대한 가장 좋은 치료법은 그다지 필요 없는 다른 욕망에서 될 수 있는 대로 정신을 해방시키고, 나아가 갖고 싶어 해야 할 사물의 선악을 분명히 인식하고 주시하도록 노력하는 것이다.

145 다른 원인에 좌우되는 욕망, 그리고 우연이란 무엇인가에 대해서

전혀 우리의 힘에 좌우되지 않는 것에 대해서는 그것이 아무리 선한 것일지라도 결코 열심히 바라서는 안 된다. 그것이 실제로 일어날 수 없는 경우가 있고, 따라서 바라는 일이 강하면 강할수록 더한층 우리를 슬프게 만들 뿐 아니라, 우리의 생각을 독차지함으로써 우리 힘으로 믿을 수 있는 그 밖의 사물에 대해 우리 애정으로 돌리지 못하게 하기 때문이다. 그런데 이런 무익한 욕망에 대해서는 두 가지 일반적인 치료법이 있다. 하나는 뒤에서 말할 관대함이며, 다른 하나는 신의 섭리에 대한 고찰을 거듭하여 그 어떤 것도 이 섭리에 의해 정해지지 않으면 영원히 이루어질 수 없다는 것을 생각하는 일이다. 따라서 이 섭리란 움직일 수 없는 숙명 내지 필연이며, 우리는 이것을 우연과 대립시켜 우연이란 우리 오성의 잘못에서 생긴 환상으로서 취급해 버려야 할 것이다.

사실 우리는 가능하다고 생각되는 것밖에는 바랄 수 없다. 그런데 우리의 힘으로 좌우될 수 없는 것도 그것이 우연에 의해서 일어난다고 생각되었을 경우, 즉 우리가 그것은 일어날 수 있는 일이고 또 일찍이 그와 마찬가지 일이 일어났다고 판단했을 경우 비로소 가능하다고 생각된다. 그런데 이런 생각은 단지 우리가 하나하나의 결과가 생기게 된 모든 원인을 모르는 데에서 나오는 것이다. 우리가 우연에 지배된다고 생각한 일이 일어나지 않을 경우, 그것은 그 일을 낳는 데 필요한 원인의 어느 하나가 부족했음을 증명하는 것이며, 따라서 이 일은 절대로 불가능했다는 것, 이러한 일은 일찍이 일어난 적이 없다는 것, 즉 그 일이 생기려면 이와 똑같은 원인이 부족했음을 증명하는 것이다. 그래서 만일 우리가 미리 그런 것을 충분히 알고 있었더라면 결코 그러한 일이 가능하다고는 생각지 않았을 테고, 결과적으로 그것을 바라지도 않았을 것이다.

146 우리에게도, 그리고 다른 것에도 좌우되는 욕망에 대해서

그러므로 제멋대로 일을 일으키거나 또 일으키지 않는 우연이 우리 외부에 있다는 속된 생각을 버리고, 모든 것은 신의 섭리에 의해서 인도된다는 것을 알아야 하리라. 신의 섭리가 내리는 영원한 법도는 절대 변하지 않는 것이기 때문에 그 법도가 우리 자유의지에 맡긴 사물 이외에는, 우리에게 필연적이며 숙명적인 것 이외에는 아무것도 일어나지 않는다고 생각해야 한다. 따라서 그것이 다른 방법으로 일어나기를 바란다는 것은 잘못이다. 그러나 우리가 갖는 욕망은 대부분 우리 힘에 좌우될 수 없는 것이거나 그 밖의 힘으로도 좌우될 수 없는 것에까지도 미치므로, 우리는 그러한 사물 속에서 우리 힘에 좌우될 수 있는 것만을 정확하게 구별해야 한다. 욕망을 그것에만 미치게 하기 위해서이다. 게다가 우리는 욕망이 그것에 저항하지 않도록 그 자체의 성취가 완전히 필연적이고 부동적인 것이라고 생각해야 하는데, 그러면서도 우리 행동을 규제하기 위해서는 우리로 하여금 조금이나마 그것을 바라게 하는 이유를 생각해야만 한다.

예를 들어 우리가 어떤 곳에 볼일이 있다고 하자. 그곳으로 가려면 길이 둘 있는데, 그 하나는 다른 길보다 평소에는 훨씬 안전하지만, 이 안전하다고 여겨지는 길로 가면 신의 섭리로 도둑을 만나게 될지 모르고, 오히려 다른 길이 아무런 위험도 없이 지나갈 수 있을지 모르는 경우가 생긴다 하더라도 우리는 먼저 것을 고르는 데 무관심하거나, 신의 법도의 움직일 수 없는 숙명에만 맡겨두거나 해서는 안 된다.

그러므로 평소에 안전한 쪽의 길을 택할 것을 이성(理性)은 요구하는 것이며, 그 결과 아무리 나쁜 일이 일어나더라도 이 일에 대해서는 우리가 그 길을 다 지나간 뒤에 우리의 욕망을 이뤄야만 하는 것이다. 왜냐하면 그 재난은 우리 관점에서는 불가피한 일이었으므로 그것을 면하기를 바랄 까닭은 전혀 없으며, 우리는 다만 현재 이룩한(그렇게 가정하는) 것처럼 우리의 오성이 알 수 있었던 최선을 다해야 했기 때문이다. 또 이와 같이 숙명과 우연을 구별하는 훈련을 하면 욕망을 다스리는 습관이 쉽사리 몸에 배는 것은 확실하며, 따라서 욕망의 달성은 완전히 우리의 노력에 달려 있으므로 그 욕망은 우리에게 언제나 충분한 만족을 줄 수 있는 것이다.

147 영혼의 내적 정서에 대해서

나는 다시 여기서 정념의 번뇌에서 벗어나기 위해 크게 도움이 된다고 생각되는 고찰을 한 가지만 덧붙이고 싶다. 그것은 우리에게 있어 선한 것과 악한 것은 주로 영혼 속에서 영혼 자체에 의해 자극되는 내적 정서(內的情緖)—이 경우의 내적 정서는 언제나 정기의 운동에 지배되는 영혼의 정념과는 다르다—에 지배된다는 것이다.

그리고 이들 영혼의 정서는 대부분 그와 비슷한 정념에 결합되어 있지만, 또 많은 경우 다른 정념과도 결합될 수 있을 뿐 아니라 반대의 정념에서 생길 수도 있다. 이를테면 어떤 남편이 죽은 아내를 생각하고 울 경우 되살아나서는 곤란한데도(이것은 이따금 있는 일이지만) 장례식 준비며, 평생 같이 살던 사람이 없어진 데서 일어나는 슬픔 때문에 가슴이 메어 그의 상상에 나타난 사랑이나 연민의 찌꺼기가 눈에서 참된 눈물을 흘리게 하는 수가 있다. 사실 그는 영혼 밑바닥에서는 은밀한 기쁨을 느끼고 있는 것이다.

그러나 영혼의 정서는 대단한 힘을 갖고 있으므로 슬픔도, 그리고 슬픔에 따르는 눈물도 이 기쁨이라는 정서의 힘을 조금도 약화시키지 못한다.

또 우리가 이상한 사건을 책에서 읽거나 무대에서 상연되는 것을 볼 경우 우리 상상에 나타나는 대상의 다양성에 따라서 우리 영혼에는 때로는 슬픔이나 기쁨이, 혹은 사랑이나 증오나 그 밖의 모든 정념이 불러일으켜진다. 더욱이 우리는 그것들이 영혼에 일어나는 것을 느끼고 쾌감을 얻는다. 그리고 이 쾌감은 하나의 지적인 기쁨이며, 슬픔과 그 밖의 모든 정념에도 생길 수 있는 것이다.

148 덕의 수양이 정념에 대한 가장 좋은 치료법이다

그런데 이 내적 정서는 이것과 크게 다른 그 정념, 즉 내적 정서와 서로 결합하는 그 정념보다 한층 더 밀접하게 우리에게 작용하기 때문에 우리에 대해서 훨씬 강한 힘을 갖고 있다. 그러므로 만일 우리의 영혼이 내부에 만족할 만한 것을 언제나 지니고 있기만 한다면 외부에서 오는 갖가지 유혹도 영혼을 해칠 수 없다는 것은 확실하다.

오히려 영혼은 자신이 외부의 유혹에 의해서 손상되지 않음을 알고 그 스스로의 완전함을 깨닫는 점에서, 이들 유혹은 영혼의 기쁨을 늘려주는 데 도움이 된다. 그리고 우리 영혼이 이와 같은 만족을 누리려면 영혼은 오로지 엄밀하게 덕을 따르면 되는 것이다. 왜냐하면 그 누구든 자기가 최선이라고 판단한 모든 것을 끊임없이 실행하여(이것이 여기서 말하는 덕을 따르는 일이다) 아무런 양심의 가책 없이 생활해 온 사람은 어떤 만족감을 얻기 때문이다. 이 만족감은 그를 행복하게 만드는 힘이 매우 강하며, 아무리 강렬한 정념의 힘이라도 결코 영혼의 평안을 흐트러 놓을 만한 힘을 가질 수는 없는 것이다.

제3부 특수한 정념

149 존중과 무시

여섯 가지 기본 정념—이것은 말하자면 유(類)이며, 다른 정념은 모두 그 종(種)에 해당한다—을 설명했으니, 나는 다른 종류의 정념에 있는 특수성을 간단히 주의해 두고 싶다. 그리고 그것은 앞에서 열거한 것과 같은 순서를 따르겠다.

맨 처음 두 가지는 존중과 무시이다. 흔히 이 명사는 사람들이 각 사물에 대해서 냉정하게 품고 있는 의견을 의미하지만, 이 의견에서 이따금 정념이 생기고 더욱이 그것에는 특별한 이름이 없으므로 존중과 무시라는 이름을 붙여도 괜찮다고 나는 생각한다. 존중은, 그것이 정념인 한 존중된 사물의 가치를 영혼이 스스로에게 나타내 보여주고자 하는 경향이며, 이 경향은 그 목적에 도움이 되는 인상을 강하게 해주는 방법으로 뇌에 인도되는 정기의 특수 운동에 의해서 일어난 것이다. 이에 반해서 무시의 정념은 영혼이 무시하는 사물의 천함과 보잘것없음을 지그시 바라보려고 하는 경향이며, 이 천함과 보잘것없음의 관념을 강하게 해주는 정기의 운동으로 일어나는 것이다.

150 이 두 가지 정념은 바로 하나의 경이이다

그러므로 이 두 정념은 경이의 일종임이 틀림없다. 왜냐하면 우리는 어떤 사물의 위대함이나 천함에 경이로워하지 않을 경우 우리 이성이 그렇게 해야 한다고 지시한 만큼의 고려밖에 그 사물에 대해서 하지 않기 때문이다. 따라서 그런 경우 우리는 그 사물을 냉정하게 평가하거나 무시한다. 그리고 존중이 사랑에 의해서, 무시가 증오에 의해서 이따금 우리 안에 일어날지라도 그것은 보통 있는 일이 아니며, 어떤 것에 대한 애증(愛憎)의 많고 적음에 따라서 우리가 그 사물의 위대함이나 천함을 주시하는 경향에서 일어날 뿐이다.

151 사람은 스스로를 존중하거나 무시할 수 있다

그런데 이 두 가지 정념은 일반적으로 모든 종류의 대상에도 관계될 수 있다. 그러나 우리가 이것을 우리 자신과 관계시킬 때, 즉 우리가 우리 자신의 가치를 높이 보거나 업신여길 때 특히 주목할 만한 것이 된다. 이 경우 이들 정념을 일으킬 정기의 운동은 매우 뚜렷해서 자기를 평소보다 더 높이 또는 더 낮게 생각하는 사람들의 표정과 몸짓 및 태도를, 또 그 모든 동작을 한꺼번에 바꿀 만한 것이다.

152 어떤 이유로 사람은 자기 스스로를 존중할 수 있는가

그리고 어떻게 하여 또 어떤 이유로 사람은 스스로를 높이 보거나 업신여기는가를 아는 것이 지혜의 주요한 부분이므로, 나는 이에 대한 개인적인 의견을 말해 볼까 한다. 나는 스스로를 존중해야 할 적당한 이유를 우리에게 줄 수 있는 것은 우리 속에서 단 하나밖에 발견하지 못했다. 즉 우리 자유의지의 행사와 우리 의지에 대해 우리가 갖고 있는 통제력이다. 결국 우리가 정당하게 칭찬받고 또 비난받을 수 있는 것은 다만 이 자유의지에 입각한 행동에 대해서뿐인 것이다. 우리가 비겁해짐으로써 자유의지가 주는 권리를 잃어버리지 않는 한 자유의지는 우리를 우리 자신의 주인으로 만듦으로써, 말하자면 우리를 신과 같은 것으로 만드는 것이다.

153 관대함은 무엇에 존재하는가

그러므로 나는 이렇게 믿는다. 한 인간으로 하여금 자기 스스로를 정당하게 존중할 수 있는 최고점까지 평가하게 만드는 참된 관대함은 한편으로는 그 인간이 의지의 자유로운 통제력 외에 참으로 자기에게 속하는 것은 아무것도 없으며, 또 이 통제력을 충분히 사용하느냐 않느냐는 것 외에 칭찬받고 또 비난받아야 할 이유는 아무것도 없다는 사실을 알고 있다는 데에 존재하는 것이며, 다른 한편으로는 그 인간이 이 통제력을 충분히 사용한다는 굳세고도 꾸준한 결의, 즉 스스로 최선이라고 판단한 모든 것을 기획하고 실행하는 의지를 결코 버리지 않겠다는 결의를 영혼에 느끼는 데에 존재하는 것이다. 이것이 바로 완전히 덕에 따르는 것이다.

154 관대하면 남을 얕보지 않는다

이와 같이 자기를 알고 자기를 높이 보는 사람들은 다른 사람들 또한 저마다 자기를 알고 자기를 높이 볼 수 있다는 점을 쉽게 인정한다. 왜냐하면 자기를 알고 자기를 높이 보는 데 있어서는 남의 힘에 의존할 필요가 없기 때문이다. 그러므로 그러한 사람들은 결코 아무도 업신여기지 않는다. 비록 다른 사람들이 저마다의 약점을 드러내는 잘못을 저지르는 일이 있더라도 그를 비난하기에 앞서 오히려 용서하려 하며, 그러한 잘못을 저지르는 것은 선의(善意)가 모자라기 때문이 아니라 아는 것이 모자라기 때문이라고 믿으려 한다.

또 그들은 자기보다 많은 재물과 명예를 가졌을 뿐 아니라 자기보다 뛰어난 재능과 지혜와 아름다움을 갖추었고 또 일반적으로 모든 점에서 자기보다 나은 사람들에 비해 자신이 훨씬 못하다고 생각지 않듯이, 자기보다 모든 점에서 부족한 사람들에 대해서도 자신이 훨씬 그 위에 위치한다고는 생각지 않는다. 왜냐하면 이런 일들은 모두 선의에 비해서 거의 보잘것없는 일이라고 생각하기 때문이다. 그들은 이 선의가 있기 때문에 비로소 자기를 존중하는 것이며, 다른 사람들 속에도 선의는 존재하거나 적어도 존재할 수 있다고 인정하는 것이다.

155 고결한 겸손은 무엇에 존재하는가

한층 관대한 자는 보통 그만큼 겸손하다. 그리고 고결한(덕이 높은) 겸손은 우리가 자신의 천성이 나약하다는 것을 깨닫고, 또 과거에 저지른 잘못, 현재도 저지를 수 있는 잘못, 남이 저지를 잘못에 못지않는 그 잘못을 생각함으로써 누구에게나 자신을 높이지 않으며, 그리고 남도 우리와 마찬가지로 자유의지를 갖고 있으므로 그것을 충분히 활용할 수 있다고 생각하는 데에 존재하는 것이다.

156 관대함의 특성은 무엇이고, 어떻게 관대함은 모든 정념의 흐트러짐을 구할 수 있는가

이런 종류의 관대함을 가진 사람들은 스스로 위대한 일을 하고자 하지만, 그럼에도 힘이 미치지 않는다고 느끼는 것은 계획하지 않는다. 또 남을 위하고 자기 이익을 돌보지 않으므로 남에게 늘 공손하고 상냥하며 친절하다. 게다가 자신의 정념, 그중에서도 특히 욕망과 질투와 부러움의 정념을 억제한다. 자기 힘으로 얻을 수 없는 것은 전혀 바랄 가치가 없다고 생각하기 때문이다.

그들은 또 인간에 대한 증오를 억제한다. 모든 인간을 존중하기 때문이다. 그리고 두려움도 억제한다. 스스로의 미덕에 대한 신뢰가 그들을 안심시키기 때문이다. 마지막으로 노여움을 억제한다. 다른 힘에 의해 일어난 일은 아무것도 인정하지 않으므로 적에게 해를 입었다고 인정할 만큼 적을 존중하지 않기 때문이다.

157 오만에 대해서

무슨 일이든 그 이외의 원인으로 자기를 높이 여기는 자는 참된 관대함을 갖는 것이 아니라, 단순히 오만을 갖는 데 지나지 않는다. 오만은 어느 경우이든 심한 악덕이지만, 스스로를 높이는 이유가 부당할 경우에는 더욱 그러하다. 그런데 스스로를 높이는 모든 원인 가운데 가장 그릇된 것은 아무 이유도 없이 으스댈 경우, 즉 당연히 있어야 할 가치가 자기에게 있다고 생각지 않고, 단지 가치라는 것을 문제로 삼지 않기 때문에 또 명예라는 것은 억지로 빼앗는 것이라고 생각하여 가장 큰 명예를 스스로 가로채는 자가 최고 명예를 갖는다고 믿기 때문에 으스대는 경우이다.

이 악덕은 매우 비상식적이고 부조리하므로 남에게서 부당한 칭찬을 받지 않는 한 이런 악덕에 빠지는 사람이 있으리라고는 믿어지지 않는다. 그런데 아부와 아첨은 어디에서나 널리 행해지고 있으므로 아무리 결점이 많은 인간이라도 전혀 칭찬받을 만한 값어치가 없는 일로서, 심지어는 비난받을 만한 일로도 존경받는 일이 있다. 이것이 어리석고 무지한 사람들을 이러한 오만에 빠지게 하는 것이다.

158 오만의 작용은 관대함의 작용과 반대다

사람은 스스로를 높이는 이유가 무엇이든 그것이 자유의지를 늘 활용하고자 하는, 스스로의 영혼에 느끼는 의지, 즉 관대함이 거기에서 생긴다고 말한 의지 이외의 것일 경우 그것은 반드시 비난받을 오만을 가져온다. 이 오만은 위에서 말한 참된 관대함과는 크게 다르므로, 그것과는 전혀 반대의 작용을 한다. 왜냐하면 그 밖의 모든 좋은 것, 즉 정신이나 아름다움이나 부나 명예 등의 장점을 가진 사람이 적으므로 더욱 존경받는 것이며, 그 대부분은 그 성질상 많은 사람들에게 나누어 줄 수 없는 것이기 때문이다. 이 점은 오만한 인간이 다른 모든 사람을 천시하는 데 애쓰는 결과가 되어, 끊임없이 증오나 부러움이나 질투나 노여움으로 영혼을 괴롭히게 되는 것이다.

159 그릇된 겸손에 대해서

비열함이나 그릇된 겸손은 어떤가 하면, 이것은 주로 사람이 자기를 약하거나 결단성 없다고 느끼는 데에, 그리고 마치 자유의지를 충분히 활용할 수 없는 것처럼 나중에 후회할 것을 알면서도 어떤 일을 하지 않을 수 없는 데에 존재한다. 또한 자신은 자기 힘으로 생존할 수 없다 믿고, 남의 힘으로 얻어지는 많은 사물 없이는 해내지 못한다고 믿는 데에도 존재한다.

따라서 그릇된 겸손은 관대함의 정반대이다. 그래서 가장 관대한 자가 가장 겸손한 것과 마찬가지로 가장 저속한 자가 가장 오만불손한 경우가 많은 것이다.

그러나 강하고 관대한 정신을 가진 자는 환경이 좋거나 나쁨에 따라 기분을 바꾸는 일이 없는 데 비해서 약하고 천한 정신을 가진 자는 다만 우연에 의해서 이끌려 갈 뿐이며, 일이 순조롭게 잘 풀려가는 경우에 오만해지는 것과 마찬가지로 일이 매우 어려운 처지에 빠진 경우에는 스스로 업신여기는 것이다. 뿐만 아니라 그들은 거기서 그 어떤 이익을 기대하고, 또 그 어떤 재난이 올 것을 두려워하는 상대에 대해서는 파렴치하게 몸을 굽히는 반면, 거기서 아무것도 올 것을 기대하지 않고 또 두려워하지도 않는 상대에게는 오만하게 군림하는 일이 흔하다.

160 이들 정념 안에서 정기의 운동은 어떠한가

또 오만과 비열이 단지 악덕일 뿐 아니라 정념이라는 것은 쉽게 알 수 있다. 왜냐하면 새로운 일이 일어날 때마다 금방 오만해지고 금방 비열해지는 사람들에게 있어서는 이들 오만과 비열의 정서는 매우 노골적으로 외부에 나타나기 때문이다. 그러나 미덕인 관대함과 겸손도 과연 정념인지 아닌지 일단 의심해 볼 수 있다. 왜냐하면 관대함과 겸손이 주는 운동은 눈에 띄는 일이 적고, 미덕은 악덕만큼 정념과 조화하지 않기 때문이다. 하지만 어떤 생각의 바탕이 그릇되어 있을 경우에 그 생각을 강화시켜 주는 정기 운동의 바탕이 올바를 경우에 그 상태를 강화할 수 없는 이유는 발견되지 않는다. 또 오만과 관대함은 결국 스스로를 높이 보는 데 있고, 다만 높다고 보는 그 사고방식이 한쪽은 부당하고 한쪽은 정당하다는 점에서만 다르므로, 이 두 가지는 동일한 정념에 연관시킬 수 있는 것처럼 나에게는 여겨진다. 이 정념은 경이의 운동, 기쁨의 운동 및 사람이 스스로에 대해서 갖는 사랑이나 스스로를 높이는 그 일에 대해서 갖는 사랑의 운동, 이상의 것으로 합성된 어떤 운동에 의해서 불러일으켜진다. 이와 반대로 고결한 겸손이나 그릇된 겸손을 일으키는 운동은 경이나 슬픔의 운동 및 사람이 스스로에 대해서 갖는 사랑과 자기 비하의 원인인 스스로의 결점에 대해서 갖는 증오와의 혼합으로 이루어지는 운동 등으로 되어 있다. 그리고 이들 운동에서 내가 발견하는 차이는 경이의 운동에 두 가지 특성이 있다는 것뿐이다.

첫 번째 특성은 놀라움이 이 운동을 처음부터 매우 강렬하게 만든다는 것, 두 번째 특성은 이 운동이 그 경과에 있어서 균등하다는 것, 즉 정기가 뇌 속에서 계속 똑같이 움직인다는 것이다. 이들 특성 가운데 첫 번째 것은 관대함과 고결한 겸손보다 오만과 비열함 속에서 훨씬 더 많이 발견되며, 거꾸로 두 번째 것은 오만과 비열함보다 앞의 둘에서 더 많이 볼 수 있다. 그 까닭은 악덕은 언제나 무지에서 오며, 자기를 가장 적게 아는 자가 가장 많이 으스대거나 비굴해지기 쉬운 데에 있다. 왜냐하면 무릇 새로운 일이 일어나면 이것이 그들을 놀라게 하고, 그 결과 그들은 그것을 자기 힘에 부여해 스스로를 경이로워 하여 일어난 일이 자기에게 이익이 되느냐 안 되느냐에 따라 스스로를 높이거나 업신여기게 되기 때문이다. 그러나 그들을 으스대게 만든 사물 뒤에서 이번에는 그들을 낮추는 사물이 흔히 나타난다. 그래서 그 정념의 운동은 변화하기 쉽다. 이에 반해서 관대함 속에는 고결한 겸손과 조화될 수 없는 것은 하나도 없고, 또 관대함과 겸손을 변화시킬 수 있는 것은 달리 하나도 없으므로 관대함이나 겸손의 운동은 확실하고 변하지 않으며 늘 균등하다. 하지만 위에서처럼 스스로를 높이 여기는 자는 높이 여기게 하는 원인을 충분히 알고 있으므로, 관대함과 겸손의 운동은 오만과 비열함에 비해 놀라움에서 오는 일이 비교적 적다. 그러기는 하나 이들 운동(자유의지를 행사하는 힘—이것은 자존감을 일으키게 한다—과 그 힘이 존재하고 있는 주체의 모든 약점—이것은 자존감을 일으키기 어렵다)은 참으로 경탄할 만한 것이므로 그것을 새로 생각할 때마다 그것은 반드시 새로운 경이감을 주는 것이다.

161 어떻게 관대함을 얻을 수 있는가

그리고 보통 미덕이라고 부르는 것은 영혼의 습관으로서 이 습관이 어떤 생각을 하도록 하며, 따라서 습관은 이들 생각과는 다르지만 그러면서도 그 생각을 낳을 수 있고 또 거꾸로 그 생각으로 생길 수도 있다는 데 주의하지 않으면 안 된다. 또 주의할 것은 이들 생각은 영혼만의 힘으로 생길 수 있는데, 그러면서도 어떤 정기 운동이 이를 강화하는 일이 흔하며, 그런 경우 이 생각은 덕행(德行)인 동시에 영혼의 정념이기도 하다는 점이다. 즉 가문(좋은 태생)으로 얻게 되는 덕만큼 우리의 정당한 가치에 의해서만 존중받도록 만드는 덕은 없으며, 또 신이 우리 몸에 넣어준 영혼들은 반드시 똑같이 존귀하고 강한 것은 아니지만(그 때문에 나는 이 미덕을 국어의 용법에 따라 관대함이라고 이름 짓는 것이며, 이 미덕이 그다지 알려져 있지 않은 스콜라학파식으로 고결함이라 부르지 않는 것이다), 그럼에도 좋은 교육은 확실히 가문의 결함을 보충해 주며, 만일 사람이 자유의지란 무엇인가, 자유의지를 활용하는 확고한 결의에서 생기는 이익은 얼마나 큰가, 또 한편 야심가를 괴롭히는 모든 심적 노고가 얼마나 허무하고 무익한가 하는 것을 이따금 생각해 본다면, 우리 자신 속에 관대한 정념을 불러일으킬 수 있으며 나아가서는 관대함의 덕을 얻을 수가 있다.

관대함의 덕은 다른 모든 미덕의 열쇠이며, 모든 정념의 흐트러짐에 대한 일반적 요법이므로 이 고찰은 충분히 주목할 만하다고 나는 생각한다.

162 숭배에 대해서

숭배 또는 경의(敬意)란 숭배하는 대상을 단지 높이 평가할 뿐 아니라, 그 호의를 얻기 위해서 어떤 두려움으로써 그를 따르는 영혼의 경향이다. 따라서 우리는 우리에게 이롭다거나 해롭다고 판단되는 자유 원인, 선악(善惡) 어느 것을 줄지는 모르지만 아무튼 그 자유 원인에 대해서만 숭배할 뿐이다. 왜냐하면 선한 것밖에 기대할 수 없는 원인에 대해서 우리는 단순한 숭배보다 오히려 사랑과 헌신을 느끼고, 악한 것밖에 기대할 수 없는 원인에 대해서는 증오를 갖고 있기 때문이다.

만일 또 우리가 이 선 또는 악의 원인을 자유롭다고 판단하지 않았다면, 우리는 그 호의를 얻기 위해서 그를 따르지는 않을 것이다. 예를 들어 이교도(異教徒)가 숲이나 샘이나 산을 숭배하고 있을 때 그들이 떠받든 것은 생명 없는 그 자체가 아니라, 거기에 군림하고 있다고 생각한 신들이었던 것이다. 그리고 이 정념을 불러일으키는 정기 운동은 경이를 불러일으키는 운동과 나중에 말하는 두려움을 불러일으키는 운동으로 되어 있다.

163 경멸에 대해서

이와 똑같이 내가 경멸이라고 부르는 것은 어떤 자유로운 원인이 본성적으로는 선 또는 악을 행할 수 있는데도, 우리를 그 어느 쪽도 행하지 못할 만큼 훨씬 낮은 위치에 있다고 판단함으로써 이를 경멸하고자 하는 영혼의 경향이다. 경멸을 일으키는 정기 운동은 경이와 안심 또는 대담함을 일으키는 여러 운동으로 되어 있다.

164 이들 두 정념의 효용에 대해서

이 두 가지 정념을 올바로 사용하느냐 또는 잘못 사용하느냐를 결정짓는 것은 한편은 관대함이고, 다른 한편은 정신의 박약함 또는 비열함이다. 사람이 고귀하여 관대한 영혼을 지니면 지닐수록 저마다 상대편이 가져야 할 것을 그에게 주게끔 되어간다. 그래서 신에 대해서는 깊은 겸손을 가질 뿐 아니라, 상대편 사람들이 저마다 이 세상에서 갖고 있는 지위와 힘에 따라 마땅히 그 사람들에게 바칠 만한 존경과 경의를 기꺼이 바치고, 악덕 이외의 아무것도 경멸하지 않는 것이다.

이와 반대로 영혼이 낮고 천한 자는 때로 경멸받을 가치밖에 없는 것을 공경하고 두려워하며, 때로는 더 존경할 만한 상대를 불손하게 경멸하는 등 모두 지나치기 쉽다. 더욱이 그들은 이따금 극도의 배신(背信)에서 미신(迷信)으로, 또 미신에서 배신으로 옮아가므로 그 어떤 악덕이나 정신착란증도 피하지 못하는 것이다.

165 희망과 두려움에 대해서

희망이란 바라는 것이 온다고 믿는 마음가짐이며, 정기의 특수한 운동, 즉 기쁨과 욕망이 뒤섞인 운동으로 일어난다. 또 두려움은 바라는 것이 오지 않는다고 믿는 마음가짐이다. 주의해야 할 점은 이 두 가지 정념은 서로 반대되는 것인데도 동시에 가질 수 있다는 것이다. 말하자면 욕망의 달성이 쉽다고 판단하게 하는 이유, 혹은 곤란하다고 생각하게 하는 이유 등 갖가지 이유를 동시에 생각하는 경우가 그것이다.

166 안심과 절망에 대해서

또 희망과 두려움 가운데 한쪽이 욕망을 수반하여 일어날 경우에는 반드시 나머지 한쪽도 일어날 여지를 남기는 법이다. 왜냐하면 희망이 대단히 강하여 두려움을 깨끗이 쫓아버리는 경우에는 희망은 성질을 바꾸어 안심 또는 확신이라 불리기 때문이다. 따라서 바라는 것이 반드시 온다고 확신했을 경우에는 비록 그것이 오기를 계속 바라고는 있더라도 조심스레 추구하고 있던 욕망의 감정은 이제 움직이지 않게 되는 것이다.

그와 똑같이 두려움이 지나칠 경우 그것은 희망이 들어갈 여지를 깡그리 빼앗아 절망이 된다. 이 절망은 희망하는 것을 불가능한 일로 나타내므로 욕망을 완전히 소멸시켜 버린다. 욕망은 가능한 것으로만 향해 가기 때문이다.

167 질투에 대해서

질투는 하나의 두려움이며, 지금 갖고 있는 좋은 것을 언제까지나 갖고 싶어하는 욕망과 관련되어 있다. 질투는 좋은 것을 잃을지도 모른다고 판단시키는 이유가 강한 데서 일어나기보다 오히려 그것을 크게 높이 평가하는 데서 일어난다. 이 높은 평가 때문에 매우 사소한 의심의 씨까지 샅샅이 조사해서 그것을 자못 중대한 이유이거나 한 것처럼 생각하게 되는 것이다.

168 어떤 경우에 이 정념은 온당할 수 있는가

그리고 사소한 것보다 아주 중대한 것을 유지하는 데 더한층 주의를 기울여야 하므로 질투의 정념은 어떤 경우 온당(穩當)한 것일 수도 있다. 이를테면 주요 진지를 지키고 있는 대장은 질투할 권리, 그러니까 이 진지에 집착할 권리가 있다. 즉 그 진지가 기습당할 수 있는 모든 수단을 경계해야 하는 권리가 있는 것이다. 또 숙녀가 그 정조에 집착하는 것, 다시 말해 단순히 비행을 삼갈 뿐아니라 아주 사소한 험담의 씨까지 피하는 것을 비난할 수는 없다.

169 어떤 경우에 그것을 비난해야 하는가

그러나 구두쇠가 자신의 재물에 집착할 경우, 즉 그 재물에서 눈을 떼지 않고 도둑맞을까 봐 한시도 그 곁에서 떠나지 않을 경우 사람들은 그를 비웃는다. 돈이라는 것은 그토록 걱정하며 지킬 값어치가 없기 때문이다. 또 세상은 아내에게 집착하는 남자를 경멸한다. 왜냐하면 집착한다는 것은 그 남자가 아내를 올바로 사랑하고 있지 않다는 증거이며, 또 자기 자신이나 아내를 업신여기고 있는 증거이기 때문이다. 나는 그가 아내를 올바로 사랑하지 않는다고 말한다. 만일 그가 아내에 대해서 참된 사랑을 갖고 있다면 아내를 경계할 기분은 조금도 나지 않을 것이기 때문이다.

그런데 이 남자가 사랑하고 있는 것은 사실 아내가 아니라, 자기 행복은 아내를 독차지하는 데에 있다고 스스로 상상하여 바로 그 행복을 사랑하는 데 지나지 않는 것이다. 그러므로 만일 자기는 그 행복을 얻을 값어치가 없는 인간이라든가, 또는 아내가 부정하다고 생각지 않는다면, 그 행복을 잃는 것을 두려워하지는 않을 것이다. 그리고 이 정념은 다만 의심이나 경계심에만 관련되어 있다. 어떤 악을 두려워할 정당한 이유가 있을 경우, 그 악을 피하려고 노력하는 것은 본디 뜻에서 집착이 아니기 때문이다.

170 망설임에 대해서

망설임이라는 것도 하나의 두려움이며, 이것은 영혼이 할 수 있는 갖가지 행동의 중간에 영혼을, 말하자면 허공에 떠 있는 상태에 두고, 그 결과 영혼으로 하여금 그러한 행동의 어느 것도 실행할 수 없게 하며, 따라서 결정 전에 영혼이 선택의 겨를을 가질 수 있게 하는 것이다. 이런 참된 뜻의 망설임에는 좋은 용도가 있는 셈이다. 그러나 망설임이 필요 이상으로 계속되었을 경우, 또는 행동에 필요한 시간을 궁리에 소비하게 할 경우 망설임은 매우 재미없는 것이 되고 만다. 그런데 나는 이 망설임을 하나의 두려움이라고 말했다. 하지만 선함이 아주 똑같은 여러 사물 중에서 하나를 골라야 할 경우에는 진지하게 의심하고 망설이면서도 아무런 두려움을 느끼지 않는 일이 있을 수 있다. 이런 망설임은 단지 눈앞에 나타난 그 사물에서 오는 것이며, 결코 정기의 흥분에서 오는 것이 아니다. 그러므로 이런 망설임은 잘못 고르지나 않을까 하는 두려움이 더한층 선택을 하지 못하게 하는 것 이외에는 정념이 아닌 것이다.

그러나 이와 같은 두려움이 어떤 사람들에게는 아주 보편적이고 또 매우 힘이 강하므로 고를 필요가 없고, 취하거나 버리거나 단 한 가지밖에 눈앞에 없는데도 이 두려움이 그들을 붙들어 그들은 쓸데없이 걸음을 멈추고 그 밖의 사물을 찾게 되는 것이다. 이런 경우 그것은 지나친 망설임이며, 멋있게 일을 하고 싶다는 욕망이 너무 크다는 것과 명석하고 분명한 관념을 갖기 못하고 그저 막연히 많은 관념을 갖고 있다는, 그 오성의 약함에서 오는 것이다. 그러므로 이런 지나침에 대한 요법은, 눈앞에 나타나는 모든 사물에 대해서 확실하고 단호한 판단을 내리는 습관을 기를 것, 설령 판단이 잘못되어 있더라도 스스로 최선이라고 판단한 바를 행하는 것이야말로 바로 의무를 다하는 것이라고 믿는 습관을 기르는 일이다.

171 용기와 대담함에 대해서

용기는 그것이 정념이고 습관이나 천성이 아닐 때 어떤 열(熱) 또는 흥분이며, 영혼이 하고 싶어 하는 것을 그 종류에 상관없이 강력하게 실행하도록 준비시키는 것이다. 또 대담함이란 용기의 한 가지이며, 영혼을 가장 위험한 일의 실행으로 향하게 하는 것이다.

172 경쟁심에 대해서

경쟁심 또한 뜻은 다르지만 하나의 용기이다. 용기는 유(類)라고 생각할 수 있으며, 대상이 달라짐에 따라 이것이 여러 가지 종(種)으로 나누어지고, 원인에 의해서도 나누어지는 것이다. 대상에 의한 분류법에서는 대담함이 그 하나가 되며, 원인에 의한 분류법에서는 경쟁심이 그 하나가 된다.

그런데 이 경쟁심이라는 것은 다른 사람도 성공했으니 자기도 성공할 거라고 생각되는 일을 영혼으로 하여금 기획시키는 어떤 열기(熱氣)이다. 따라서 이것은 다른 사람의 예를 외적 원인으로 하는 용기의 일종인 것이다. 외적 원인이라고 말한 까닭은 그 밖에 마땅히 내적 원인이 있어야 하기 때문이다. 그 내적 원인이란 두려움이나 절망이 피의 순행을 막는 것보다 강하게, 욕망과 희망은 많은 양의 피를 심장으로 보내도록 인체는 이루어져 있다는 데에 있다.

173 대담함은 어떻게 희망에 좌우되는가

보통 두려움이나 심지어 절망을 수반하는 곤란함은 대담함의 대상이다. 따라서 대담한 용기가 가장 잘 발휘되는 것은 가장 위험하고 가장 절망적인 사건에 있어서지만, 그러면서도 눈앞에 닥친 어려운 일에 과감하게 덤벼들기 위해서는 목적이 성취된다는 것을 기대하고 한 걸음 나아가서 확신할 필요가 있다는 데 주의하지 않으면 안 된다.

그러나 이 목적은 대상(對象)과는 별개의 것이다. 하나의 사물에 대해서 확신하고 동시에 절망할 수는 없기 때문이다. 이를테면 데키우스 집안[1] 사람들이 적진에 몸을 내던져 죽을 곳을 찾았을 때 그들의 대담함의 대상은 그 행동 중에 생명을 보전하기 어렵다는 것이며, 이 곤란함에 대해서 그들에게는 다만 절망이 있을 뿐이었다. 왜냐하면 죽는다는 것이 확실했기 때문이다. 그런데 그들의 목적은 몸소 부하를 격려하고 부하로 하여금 승리를 얻게 하는 일이었다. 이 승리에 대해서 그들은 희망을 갖고 있었던 것이다. 또는 그들의 목적은 죽은 뒤에 이름을 얻는 일이며, 그들은 그것을 확신하고 있었던 것이다.

---

1) Decius Mus. 집안은 3대에 걸쳐서 로마를 위해 몸을 바쳐 싸웠다. 기원전 4~3세기.

174 비겁함과 두려움에 대해서

비겁함은 용기의 정반대이며, 만일 영혼에 비겁함이 없었다면 이루었을 일들을 감히 영혼에 실행시키지 않는 어떤 무기력 또는 차가움이다. 그리고 두려움이나 공포는 대담의 반대로서 차가움일 뿐 아니라 영혼의 헝클어짐이자 경악이며, 재난이 가깝다고 생각하면 벌써 이에 항거할 힘을 영혼에서 빼앗아 버리는 것이다.

175 비겁함의 효용에 대해서

그런데 그 어떤 경우에도 미덕에 어긋나며 훌륭한 효용을 갖지 않는 정념을 자연이 인간에게 주었다고는 생각할 수 없다. 그럼에도 비겁함과 두려움의 두 정념이 무슨 소용이 있는지 나는 매우 짐작하기 힘들다. 다만 그럴듯한 이유가 시키는 수고를 무익하다고 판단시켜, 비겁함의 정념을 불러일으키는 경우는 별도로 하고, 사람들은 그럴듯한 이유에 의해 수고를 하지 않을 수 없게 된다. 이러한 수고나마 비겁함이 면하게 할 경우에 비겁은 얼마간의 효용을 갖는다고 생각되는 것이다. 비겁함은 이러한 수고를 영혼으로 하여금 면하게 할 뿐 아니라, 정기 운동을 완만하게 하여 힘의 낭비를 막는다는 점에서 몸에도 도움이 된다.

그러나 보통 비겁함은 유익한 행동을 못하게 하므로 매우 해롭다. 또 비겁함은 충분한 희망이나 충분한 욕망을 갖지 않는 데서 오므로, 비겁함을 고치려면 영혼 속에 희망과 욕망의 두 정념을 증가시키면 되는 셈이다.

176 두려움의 효용에 대해서

두려움 또는 공포, 이것은 도저히 칭찬할 만큼 유용한 것이라고는 생각되지 않는다. 또 두려움은 특수한 정념이 아니라 단지 지나친 비겁함, 놀라움, 불안이며 언제나 미덕과 어긋난다. 마치 대담함이 지나친 용기이되 기대한 목적만 선하면 늘 선한 것이라는 것과 짝을 이룸과 같다.

또 두려움의 주요 원인은 놀라움이므로, 두려움을 면하는 가장 좋은 방법은 잘 생각하고 모든 결과를 각오하는 것에 있다. 결과를 겁내는 데서 두려움이 생기기 때문이다.

177 가책에 대해서

양심의 가책이란 지금 하고 있는 일, 또는 이미 한 일이 선하지 않은 것이 아닐까 하는 의심에서 오는 일종의 슬픔이며 반드시 이 의심을 전제로 한다. 의지는 조금이라도 선하다고 생각되는 것 외에는 작용하지 않으므로, 하고 있는 일이 악하다는 걸 충분히 알면 그것을 삼갈 테고, 이미 한 일이 악하다는 걸 알면 단지 가책만 하는 게 아니라 뉘우치게 된다.

그런데 가책의 효용은 지금 의심하고 있는 그 사물이 과연 선한 것인가 악한 것인가 검토하게 하는 일, 또 그것이 선한 것이라고 확신하지 않는 동안에는 두 번 다시 그것을 하지 못하게 한다는 점에 있다.

그러나 가책은 악을 전제로 하므로 가책을 느끼는 원인이 없는 것보다 더 나은 일은 없다. 또 가책은 망설임을 면하는 것과 같은 방법으로 막을 수 있다.

178 조롱에 대해서

비웃음 또는 조롱은 증오가 섞인 어떤 기쁨이며, 한 사람 안에서 사소한 악을 발견하고, 더욱이 그 사람이 그 악에 걸맞다고 여겨지는 데서 생긴다. 악 자체에 대해서는 증오를 느끼지만, 적당한 사람 속에 그 악을 보면 사람은 기쁨을 느낀다. 또 그것이 생각지 않을 때 갑자기 일어나면 위에서 말한 것처럼 웃음의 본성에 따라 경이감에 사로잡혀 우리는 웃기 시작한다.

그러나 이 악은 사소한 것이어야 한다. 만일 악이 클 경우, 그 악을 갖는 사람을 거기에 알맞다고 믿는다는 것은 우리가 아주 성질이 나쁜 인간이거나 그 사람을 매우 증오하고 있다는 증거이기 때문이다.

179 어째서 결점이 많은 사람이 가장 잘 조롱하는가

결점이 눈에 잘 띄는 사람, 이를테면 절름발이나 애꾸눈이나 곱사등이 혹은 여러 사람들 앞에서 창피를 당한 사람은 특히 조롱을 잘하기 쉽다. 그것은 다른 사람들도 자기처럼 불행했으면 좋겠다고 바라고 있으므로 남에게 나쁜 일이 일어나면 매우 기뻐하고, 또 나쁜 일이 일어난 것은 자업자득이라고 생각하기 때문이다.

180 비웃음의 효용에 대해서

악덕이 웃음거리가 된다는 것을 보여주며 이것을 유용하게 지적하고, 더욱이 자기는 웃지 않고 남에 대한 어떤 증오도 나타내지 않는 겸양의 비웃음, 이것은 정념이 아니라 군자(君子)가 될 수 있는 한 자질이다. 그것은 미덕의 표지인 기분의 밝음과 영혼의 침착함을 나타내며, 또 조롱의 대상을 무언가 즐거운 것으로 보이게 한다는 점에서 흔히 그 사람의 기지(機智)도 나타난다.

181 비웃음에 있어서 웃음의 효용에 대해서

다른 사람이 비웃는 것을 듣고 웃는 것은 무례한 짓이 아니다. 또 웃지 않으면 꽤 까다롭게 보일 만한 조롱도 있다. 그러나 자기가 비웃을 경우에는 웃음을 삼가는 편이 좋다. 자기 자신의 말에 놀라거나, 또 그런 말을 떠올린 자기 기지에 감탄하거나 하는 꼴을 보이지 않기 위해서다. 또 그런 꼴을 보이지 않는 편이 듣는 사람을 더 놀라게 하는 법이다.

182 부러움에 대해서

일반적으로 부러움이라고 부르는 것은 어떤 사람들이 남에게 무언가 좋은 일이 생기면 그것을 불쾌하게 느끼는 사악한 성질에 기인하는 악덕이다. 그러나 나는 이 말을 여기서는 반드시 덕에 어긋나는 것이 아닌 어떤 정념을 뜻하기 위해서 사용하고 있다.

그러므로 부러움이란 그것이 정념인 한 증오를 섞은 하나의 슬픔이며, 그 가치가 없다고 생각되는 사람에게 좋은 일이 닥쳐오는 것을 보고 일어나는 마음이다.

하지만 이렇게 생각해도 옳은 것은 명예와 재산에 대한 것뿐이며, 태어날 때부터 갖고 있는 영혼과 몸에 갖추어진 좋은 점은 그 사람이 죄를 저지를 수 있게 되기 전에 그것을 신(神)에게 받은 것만으로 이미 그 사람은 충분히 그만한 가치가 있다는 것을 뜻한다.

183 어떻게 부러움은 정당하거나 부당할 수 있는가

그러나 운명이 전혀 그럴 가치가 없는 사람에게 좋은 것을 주었을 경우, 또는 우리가 태어날 때부터 정의(공정함)를 사랑하기 때문에 좋은 것의 분배에 정의가 지켜져 있지 않음을 분개하는 데서 부러움의 정념이 비로소 자극되었을 경우 그것은 허용되어야 할 어떤 열의(熱意)이다. 남이 부러워하는 그 좋은 일이 그 사람들의 손에 의해서 악으로 바뀔 수 있는 것일 때는 특히 그러하다. 이를테면 그것이 어떤 역할 또는 직무이며, 그 사람들이 그것을 좋게 처리하지 못할 경우이다. 더욱이 그 지위가 자기에게도 바람직하고, 자기보다 덜 가치 있는 인간이 그것을 차지하고 있기 때문에 자신이 그것을 얻을 수 없게 된다면 부러움의 감정은 더더욱 심해진다. 그런데 이 정념이 포함하는 증오의 정념이 부러워하는 그 좋은 것의 그릇된 분배에만 관계하고, 그것을 소유하는 사람 또는 분배하는 사람에게 돌려지지만 않는다면 이 부러움은 역시 허용되어도 좋은 것이다.

그러나 많은 사람들에게 나누어 줄 수 없는 좋은 것, 자기도 갖고 싶었던 그 좋은 것을 자기보다 먼저 손에 넣은 사람들에 대해서 조금도 증오를 느끼지 않을 만큼 공명정대한 사람은 적다. 그것을 얻은 사람들이 자기와 마찬가지로 또는 자기보다 더 그럴 만한 값어치가 있는 사람들이라도 역시 그러하다. 그런데 보통 가장 부러워하게 되는 것은 명예이다. 남이 명예를 얻었다고 해서 우리가 그 명예를 바랄 수 없게 되는 것은 아니지만, 그러면서도 남의 명예는 그것을 더더욱 접근하기 어려운 것으로 만들고 그 가치를 더더욱 높여주기 때문이다.

184 부러운 감정이 강한 자의 얼굴은 왜 납빛을 띠기 쉬운가

그리고 부러움이라는 악덕만큼 인간의 행복을 해치는 악덕은 없다. 이 악덕에 오염된 사람들은 자기 스스로의 마음을 괴롭힐 뿐 아니라, 모든 힘을 다해서 남의 행복까지 흐트려 놓는다. 또 그들의 얼굴은 납빛, 즉 누런색과 검은색과 죽은 핏빛이 섞인 파란색을 하고 있는 것이 보통이다. 부러움을 라틴 말로 'livor(납빛)'라고 하는 것은 거기서 왔다. 이상의 일들은 슬퍼하고 증오할 때의 혈액순환에 대해 위에서 말한 것과 잘 맞아떨어진다. 즉 증오하는 감정은 간의 아랫부분에서 오는 누런 담즙이나 비장에서 오는 검은 담즙을 심장에서 동맥을 거쳐 정맥 전체에 퍼지게 하고, 슬퍼하는 감정은 정맥혈의 열을 식혀서 평소보다 더 천천히 흐르게 한다. 그것만으로도 얼굴빛은 검푸르게 된다.

하지만 누런 담즙이건 검은 담즙이건, 담즙은 그 밖의 여러 원인으로도 정맥 속에 보내어지며, 또 부러움의 감정은 매우 강하게 그리고 오래 지속되지 않는 한 얼굴빛을 바꿀 만큼 많은 양의 담즙을 정맥에 밀어내지는 못하므로, 그런 얼굴빛을 하고 있는 사람이 다 부러움의 감정에 기울어 있다고 생각해서는 안 된다.

185 연민에 대해서

연민이란 알맞지 않은 괴로움을 당하고 있는 사람들에 대한 사랑, 또는 선의가 섞인 어떤 슬픔이다.

그러므로 그 대상으로 생각하면 이것은 부러움의 반대이며, 그 사람들을 보는 관점이 다른 데서 생각하면 조롱의 반대이다.

186 연민의 정이 가장 깊은 자는 누구인가

자기 자신을 매우 약한 자, 역경에 지기 쉬운 자라고 느끼고 있는 사람들은 남의 재화(災禍)를 자기에게도 일어날 수 있는 것으로서 보기 때문에, 남달리 연민의 정으로 기우는 듯하다. 따라서 또 그러한 사람들은 남에 대한 사랑보다 오히려 자기 자신에 대한 연민의 정이 움직여지는 것이다.

187 가장 관대한 자가 어떻게 이 정념에 움직여지는가

그럼에도 불구하고 가장 관대하고 강한 정신을 가진 사람들, 따라서 자기에게 닥칠 그 어떤 재화도 두려워하지 않고 운명의 힘에 초연한 사람들도 남의 약함을 보고 남의 탄식을 들으면 동정을 금치 못한다. 남에게 선의를 보인다는 것은 관대함의 한 부분이기 때문이다. 그러나 이 연민이 포함하고 있는 슬픔은 고통스러운 것은 아니다. 무대 위에 연출되는 슬픈 사건을 보고 일어나는 연민처럼, 그것은 영혼 안쪽에 있다기보다 오히려 바깥쪽의 감각 속에 있는데, 그러면서도 영혼은 슬퍼하는 자를 동정함으로써 자기 의무를 다하고 있다는 데 만족하는 것이다. 그리고 거기에는 다음과 같은 차이가 있다.

저속한 이는 사람이 받는 고통을 쓰라린 것으로 생각하기 때문에 한탄하는 사람을 동정하지만, 가장 뛰어난 이들이 느끼는 연민의 주된 대상은 지금 한탄하고 있는 사람의 약함이다. 왜냐하면 뛰어난 사람들은 설령 어떤 사건이 일어나더라도 의젓하게 이를 견디어 내지 못하는 사람들의 비겁함만큼 큰 화는 없다고 생각하기 때문이다. 또 뛰어난 사람들은 악덕을 미워하지만, 악덕에 빠지는 사람들을 보면 미워하지 않고 다만 연민을 느낄 뿐이다.

188 연민을 느끼지 않는 사람은 누구인가

그러나 연민의 정을 느끼지 않는 사람은 모든 인간을 미워하게 되어 있는 성질이 못되고 시기심이 많은 사람이거나, 아니면 자기에게는 나쁜 일이 일어나지 않는다고 생각할 만큼 당돌한 인간, 또는 그만큼 행운에 눈이 어두워졌거나 비운에 자포자기한 사람들이다.

189 왜 이 정념은 눈물을 흘리는가

그리고 연민을 느끼면 사람은 쉽게 운다. 그것은 사랑이 많은 피를 심장에 보내어 그 결과 많은 증기가 눈에서 나오게 되고, 또 슬픔의 냉기가 이 증기의 움직임을 늦추기 때문에 증기는 위에서 말한 대로 눈물로 변하는 것이다.

190 자기만족에 대해서

끊임없이 덕을 따르고 있는 사람들이 언제나 느끼는 만족은 평온함과 안도(安堵)라는 그들 영혼에 있는 하나의 습관이다. 그러나 좋다고 생각한 것을 이루었을 때 새로 얻을 수 있는 만족은 정념, 즉 어떤 기쁨이며, 그 원인이 고스란히 나에게 있으므로 모든 기쁨 가운데서 가장 기분 좋은 것으로 믿어진다.

하지만 그 원인이 올바르지 않을 경우, 즉 만족의 근원이 되고 있는 그 행위가 그다지 중대하지 않을 경우, 또 그것이 덕에 어긋날 경우 이 만족은 우스꽝스러운 것이며, 불손한 오만을 낳는 데만 쓰일 뿐이다. 이것은 스스로 독실한 신앙가라고 생각하지만 실은 형편없는 미신가들에게 특히 두드러진다. 다시 말해서 이런 사람들은 교회에 다니고, 기도를 되풀이하고, 머리를 깎고, 단식하고, 헌금하는 것을 내세워 자기를 완전무결하다고 생각하여 신의 다시없는 한편이라고 망상하는 나머지 무엇을 하든 신의 마음에 들지 않는 것이 없고, 자기 열정이 명하는 것은 모두 올바른 종교열(宗敎熱)이라고 생각한다. 상대편이 자기 의견에 따르지 않는다고 나라를 배반하고, 군주를 죽이거나 많은 사람들을 학살하는, 인간이 저지를 수 있는 가장 커다란 범죄를 저지르는 열정이라해도 말이다.

191 후회에 대해서

후회는 자기만족의 정반대인, 무언가 나쁜 행위를 했다고 생각하는 데서 오는 어떤 슬픔이다. 또 그 원인은 오로지 내게 있으므로 이 슬픔은 매우 고통스럽다. 그럼에도 지금 후회하고 있는 그 행위가 정말로 나쁜 행위이며, 우리가 거기에 대해서 확실한 인식을 갖고 있을 경우 그 슬픔은 매우 유익하다. 다음에는 더욱 잘 행동하라고 자기 스스로를 격려해 주기 때문이다.

그러나 생각이 모자란 사람은 자기가 한 일이 나쁘다는 것을 확실히 모르면서 후회하는 수가 많다. 그들은 단지 나쁘지 않을까 하고 두려워하는 것만으로 정말로 나쁘다고 생각해 버린다. 그래서 그 반대의 좋은 일을 하더라도 역시 후회하는 것이다. 이것은 그들의 아까운 결점이다. 이 결점을 고치는 방법은 망설임을 없애는 방법과 같다.

192 호의에 대해서

호의란 본디 자신이 위하고 있는 상대편에게 좋은 일이 일어나기를 바라는 욕망이다. 그러나 나는 여기서 이 말을, 상대편의 선행에 의해서 우리 안에 선한 의지가 일으켜지는 경우의 것으로 사용하고 있다. 우리는 우리가 선하다고 생각하는 것을 실행하는 사람들을 저절로 사랑하는 경향을 갖고 있다. 설령 상대편이 한 일이 우리의 이익이 되지 않더라도 말이다. 이런 뜻에서의 호의는 하나의 사랑이며, 우리가 호의를 갖고 있는 상대편에게 좋은 일이 일어나기를 바라는 욕망이 반드시 이에 수반되기는 하나, 호의 자체는 어떤 욕망은 아니다.

또 호의는 보통 연민과 결합하고 있다. 왜냐하면 불행한 사람들에게 재난이 일어나는 것을 보면 우리는 더한층 그 사람들의 참된 가치에 대해서 생각하기 때문이다.

193 감사에 대해서

감사도 하나의 사랑이며, 상대편이 어떤 행위로 우리에게 이익을 주었거나, 적어도 이익을 주려 했다고 믿어질 만한 행위로써 우리 안에 일으켜진 것이다. 그래서 감사는 호의와 똑같은 내용을 갖고 있는데, 감사는 우리에게 직접 관계되는 행위, 우리가 거기에 보답하고 싶어지는 행위에 근거한다는 점이 덧붙여져 있다.

그러기에 감사는 호의보다 훨씬 강한 힘을 갖고 있으며, 조금이라도 고상하고 관대한 마음을 가진 사람에게 있어서는 특히 그러하다.

194 배은망덕에 대해서

배은망덕은 정념이 아니다. 자연은 우리 속에 배은망덕을 일으키는 정기의 운동을 주지 않았기 때문이다. 감사가 언제나 미덕이고 인간 사회의 중요한 굴레라고 한다면, 배은망덕은 그 정반대의 악덕에 지나지 않는다.

그러므로 이 악덕은 모든 것이 마땅히 자기에게 주어져야 한다고 생각하는 오만한 무뢰한이거나, 남에게서 받은 은혜에 생각이 미치지 않는 어리석은 무리거나, 혹은 약하고 비천한 인간에게만 속하는 것이다. 약하고 비천한 무리는 자기의 약함과 부족함을 느끼고 굽신굽신하여 남의 도움을 청하지만, 일단 도움을 받고 나면 그를 미워한다.

왜냐하면 그에게 보답할 의지가 없거나 보답할 만한 가망이 없으며, 또 세상은 자기와 마찬가지로 보수(報酬)에 의해서 움직이는 것, 보답을 받을 가망이 없으면 좋은 일은 하지 않는 것이라고 믿기에 그들은 상대편을 잘 속였다고 생각하기 때문이다.

195 분노에 대해서

분노란 무슨 일이건 악을 행하는 사람들에 대해서 스스로 느끼는 어떤 증오 또는 혐오이며, 부러움이나 연민과 섞여 있는 경우가 많다. 그러나 대상은 전혀 다르다. 즉 사람은 다만 어울리지 않는 사람들에게 이익을 주거나 해를 주는 자에 대해서만 분노를 느끼는데, 이익을 받는 사람들에게는 부러움을 느끼고, 해를 받는 사람들에게는 연민을 느끼는 것이다. 하기야 자신에게 어울리지 않는 좋은 것을 갖는다는 것은 말하자면 악을 행하는 것이다.

그것이 아마 아리스토텔레스와 그를 따르는 무리가 부러움은 언제나 악덕이라는 가정 아래 미덕에 어긋나지 않은 부러움을 분노라는 이름으로 부른 까닭인 모양이다.

196 분노는 왜 어떤 때는 연민에, 어떤 때는 조롱에 결합되는가

악을 행한다는 것은, 말하자면 악을 받는다는 것이다. 잘못을 저지르는 사람들에게 선의를 갖느냐 악의를 갖느냐에 따라서 분노에 연민을 보태거나 조롱을 보태는 것이다.

또 그런 까닭으로 데모크리스토스의 웃음이나 헤라클레이토스의 눈물[2]도 같은 원인에서 생길 수 있었던 것이다.

197 분노는 흔히 경이를 수반하며, 또 기쁨과 양립할 수도 있다

분노는 흔히 경이를 수반한다. 왜냐하면 우리는 언제나 모든 일은 우리가 좋다고 생각하는 방법으로 이루어진다고 가정하기 때문이다. 그 때문에 만일 다른 방법으로 일이 일어났을 경우에는 그것이 우리를 놀라게 하고, 우리는 그것에 경이의 정념을 느끼는 것이다.

보통 분노는 슬픔과 결합하고 있지만, 기쁨과 양립하지 않는 것은 아니다. 우리가 분노를 느끼는 악이 우리를 해치지 못할 경우, 또 우리가 그와 같은 악은 저지르고 싶지 않다고 생각할 경우 그것은 우리에게 어떤 기쁨의 정념을 준다. 아마 이것이 때로 이 정념에 수반하는 웃음의 한 원인일 것이다.

198 분노의 효용에 대해서

그리고 분노라는 것은 참으로 덕(德) 있는 사람들보다 덕이 있는 체하는 사람들 쪽에서 훨씬 많이 발견된다. 덕을 좋아하는 사람들은 남의 악덕을 보고

---

2) 전설에 의하면 그리스의 철학자 데모크리토스는 모든 일에 웃고, 헤라클레이토스는 모든 일에 울었다고 한다. 다시 말해 데모크리토스는 모든 것을 낙관하고 만족할 줄 알며 좋은 것만 받아 누리려고 노력한 데 비해서, 헤라클레이토스는 사물의 비극적인 면만 보고 현세의 덧없음을 한탄한 것이다.

혐오의 감정을 금치 못하지만, 분노를 느끼는 것은 더 크고 비정상적인 악덕에 대해서뿐이다. 사소한 일에 크게 분노하는 것은 성질이 편협하고 온후하지 못한 탓이며, 나무라지 않아도 될 일에 분노하는 것은 올바르지 못하다.

또 이 정념을 인간의 행위에 국한하지 않고 신(神) 또는 자연의 일에까지 일으키는 것은 부당하고도 불합리하다. 이를테면 자기 처지나 운명에 결코 만족하지 않고, 신이 세상을 인도하는 방법이나 비밀스런 섭리(攝理)에 감히 비난의 씨를 찾는 사람들이 하는 짓이 바로 그것이다.

199 노여움에 대해서

노여움 또한 아무에게나 일어나는 것이 아니라, 특히 우리에게 악을 행하거나 행하려고 한 사람들에게 느끼는 어떤 증오 또는 혐오이다. 따라서 노여움은 분노와 완전히 같은 내용을 갖고 있는데, 거기에다 직접 우리에게 관계되는 행위, 우리가 복수욕을 느낄 만한 행위에 기초하고 있다는 점이 덧붙여져 있다. 사실 이 복수욕은 거의 언제나 노여움을 수반하고 있다. 또 노여움은 마치 분노가 호의에 반대인 것처럼 감사의 반대이다.

그러나 노여움은 이들 세 가지 정념(분노·호의·감사)과는 비교가 되지 않을 만큼 격렬하다. 왜냐하면 해로운 것을 물리치고 또 복수하고자 하는 욕망은 모든 욕망 중에서도 가장 절실하기 때문이다.

노여움에 대해서는 자애(自愛)의 감정과 결합된 욕망이 용기나 대담함에 의해서 생기는 피의 흥분과 똑같은 것을 공급한다. 또 분노의 작용으로 비장에서 그리고 간의 세정맥에서 오는 담즙성 혈액이 주로 이 흥분을 받아 심장으로 들어가게 된다. 그러면 이 피는 그 양이 풍부하기 때문에, 또 섞여 있는 담즙의 성질 때문에 사랑이나 기쁨으로 불러일으켜지는 열기보다 한층 날카롭고 한층 심한 열기를 심장 안에 일으키는 것이다.

200 노여움으로 얼굴을 붉히는 자가 왜 창백해지는 자보다 무섭지 않은가

또 노여움의 정념이 바깥에 나타내는 징후는 사람들의 기질 및 노여움을 형성하고 노여움에 결합되는 다른 여러 정념의 종류에 따라 다르다. 그래서 화가 났을 때 파랗게 되거나 떠는 사람이 있는가 하면, 빨개지거나 심할 때는 우는 사람조차 있는 것이다. 그리고 일반적으로는 파래지는 사람의 노여움이 빨개지는 사람의 노여움보다 무섭다고 생각한다. 그 까닭은 평정이나 말 이외의 것으로는 복수하려고 생각지 않고, 또 생각해도 할 수 없을 경우 인간은 노여움을 느낀 처음부터 자기가 갖고 있는 모든 열기와 힘을 발휘하는데, 이것이 빨개지는 이유이기 때문이다.

또 다른 방법으로는 복수할 수 없기 때문에 일어나는 자기에 대한 후회와 연민의 정념으로써 우는 경우도 이따금 있다. 그리고 이와 반대로 더 큰 복수를 장래에 기대하고 각오하는 자는 자기를 노엽게 한 그 행위로 자기는 복수를 하지 않을 수 없게 되었다고 생각하는 데서 슬픔을 느낀다. 또 때로는 자기가 굳힌 결의에서 생길 수 있는 갖가지 재화(災禍)에 대해서 두려움을 느끼고, 그 때문에 먼저 파래지고 차가워지며 떠는 것이다. 그러나 그 뒤에 드디어 복수를 실행하는 단계에 이르면, 처음에 차가워진 만큼 더한층 뜨거워진다. 오한으로 시작되는 열이 보통 가장 높은 것과 같다.

201 노여움에는 두 종류가 있으며, 가장 선량한 자는 그 가운데 첫 번째 것에 가장 빠지기 쉽다

이는 두 종류의 노여움을 구별할 수 있다는 것을 우리에게 가르쳐 준다. 첫 번째 것은 매우 급격하고 또 몹시 두드러지게 표면에 나타나지만, 그러면서도 그 뒤에는 별일이 없고 또 가라앉기 쉽다. 두 번째 것은 처음에는 그토록 눈에 띄지 않지만, 더 심하게 마음을 좀먹고 무서운 결과를 낳는 것이다. 선량함과 사랑에 찬 사람들은 첫 번째 노여움을 가장 느끼기 쉽다. 이 노여움은 심각한 증오에서 오는 것이 아니라, 급격한 혐오에 사로잡히는 데서 오기 때문이다. 그것은 다음 같은 이유 때문이다. 이 사람들은 모든 일이 자기들이 가장 좋다고 생각한 방식으로 진행되는 것이라고 상상하는 경향이 있으므로 만일 다른 방식으로 일이 일어나면 금방 놀라고 화를 낸다. 그러한 일들이 특히 그 사람들과 관계가 없더라도 흔히 그렇게 반응한다. 그들은 애정에 차 있어서 마치 자기 자신을 생각하듯 사랑하는 사람을 생각하기 때문이다.

이런 까닭으로 다른 사람들에게는 분노의 씨에 지나지 않는 일이 이들에게는 노여움의 씨가 된다. 또 이들이 갖고 있는 사랑하기 쉬운 성질의 작용으로 심장에는 많은 열기와 피를 간직하고 있으므로, 급격히 일어나는 혐오의 감정이 심장에 조금이라도 담즙을 밀어주면, 이 피에 금방 비상한 충동을 일으키는 것이다. 그러나 이 충동은 그다지 오래 계속되지는 않는다. 왜냐하면 놀라움의 힘은 계속하지 않는 것이며, 또 이 사람들은 자기들을 노엽게 한 것이 실은 그토록 마음을 움직일 것도 없는 일임을 깨달으면 노여워한 것을 금방 후회하기 때문이다.

202 두 번째 노여움을 가장 잘 느끼는 자는 마음이 약하고 천하다

두 번째 노여움은 주로 증오와 슬픔이 지배하는 것이며, 대부분 얼굴을 파랗게 하는 것 말고는 처음에는 그다지 표면에 나타나지 않는다. 그러나 핏속에 불러일으켜지는 심한 복수욕의 흥분으로 그 힘은 조금씩 불어난다. 그리고 이 피는 간의 아랫부분이나 비장에서 심장으로 밀려가는 담즙과 섞여서 심장 속에 매우 심하고 자극성 강한 열기를 일으키는 것이다.

또 가장 감사한 마음에 찬 사람이 가장 관대한 사람인 것과 마찬가지로, 이런 노여움을 가장 잘 느끼는 사람은 가장 오만하고 천하며 약한 영혼의 소유자이다. 왜냐하면 오만으로 인해 자기 자신을 높이 평가하면 평가할수록, 또 빼앗긴 물건을 높기 평가하면 평가할수록 그러한 것은 남의 힘에 좌우되는 것이므로 영혼이 약하고 천하면 그만큼 더 이것을 높이 평가하게 되고, 그만큼 자기가 받은 손해가 커 보이기 때문이다.

203 관대함은 지나친 노여움의 좋은 약이 된다

또 노여움은 재화를 물리치는 데는 도움이 되지만, 이 정념만큼 그 지나침을 주의해서 피해야 할 것도 없다. 왜냐하면 지나친 노여움은 판단을 흐트려 놓아 흔히 후회를 남기는 잘못을 저지르게 할 뿐 아니라, 그토록 흥분해 있지 않았더라면 보기 좋게 물리칠 수 있었을 재화도 물리치기 어렵게 만드는 일이 이따금 있기 때문이다.

따라서 노여움을 지나치게 발휘시키는 것은 무엇보다도 오만 때문이므로 노여움의 지나침을 고치기 위해서 발견할 수 있는 가장 좋은 약은 관대함이라고 나는 믿는다. 왜냐하면 관대함은 우리로 하여금 좋은 것들 가운데에서도 빼앗길 수 있을 만한 것은 모두 낮게 평가하게 하고, 어떤 이에게 공격받을 경우에 잃게 될 자유나 절대적 자제력을 크게 존중하게 하므로 그 결과는 보통 남이 노여워할 만한 재화에 대해서도 단지 무시나 기껏해야 분노를 느끼게 하는 데 지나지 않게 되기 때문이다.

204 명예심에 대해서

여기서 내가 명예심이라는 이름으로 부르는 것은 우리가 스스로에 대해서 갖는 사랑에 근거한 하나의 기쁨이며, 다른 사람들에게서 칭찬을 받는다는 생각이나 희망에서 오는 것이다. 따라서 무언가 좋은 일을 했다는 생각에서 오는 내적인 만족과는 다르다. 왜냐하면 자기는 좋다고 생각지 않는 일로 칭찬을 받거나, 좋을 것이라고 생각하는 일에 비난을 받거나 하는 일이 이따금 있기 때문이다.

그러나 자기만족도 명예심도 다 하나의 기쁨이며, 또 자존(自尊)이기도 하다. 자기가 남에게 칭찬을 받는다는 것은 스스로를 존중해야 할 하나의 이유가 되기 때문이다.

205 치욕에 대해서

이에 반해서 치욕은 자애(自愛)에 근거한 하나의 슬픔이며, 비난을 받고 있다는 생각 또는 받을 것 같다는 두려움에서 오는 것이다.

게다가 이것은 어떤 겸양이나 겸손이며 자기 불신이다. 남에게서 경멸받는다는 생각을 할 수 없을 만큼 자존심이 강하면 좀처럼 부끄러워하는 일은 있을 수 없기 때문이다.

206 이 두 정념의 효용에 대해서

명예심은 희망에 의해서, 치욕은 두려움에 의해서 함께 우리를 덕으로 향하게 한다는 점에서 같은 효용을 갖고 있다. 다만 많은 사람들에게 있어서처럼 좋은 일을 하고 부끄러워하거나, 악덕을 자랑하거나 하는 일이 없도록, 참으로 비난받을 만하거나 또는 참으로 칭찬받을 만한 일에 대한 판단력을 훈련할 필요가 있다.

그러나 일찍이 키니코스학파(견유학파) 사람들이 한 것처럼 이러한 정념을 깡그리 버리는 것은 좋지 않다. 왜냐하면 일반 사람들은 매우 그릇된 판단을 하지만, 그렇다고 우리는 일반 사람들 없이 살 수는 없고, 일반 사람들한테서 존중받는 것이 중요한 일이므로 밖에 나타나는 우리 행동에 대해서는 우리 생각보다 오히려 일반 사람들의 생각을 따라야 할 일이 많기 때문이다.

207 파렴치에 대해서

파렴치 또는 뻔뻔스러움은 부끄러움을 모른다는 것, 그리고 흔히 명예심을 무시하는 일이며, 우리 속에는 이것을 불러일으키는 특수한 정기 운동이 없으므로 정념은 아니다. 그러나 배은망덕이 감사의 반대이며, 잔인함이 연민의 반대인 것처럼 파렴치는 치욕이나 명예심이 둘 다 올바른 것인 한 그 반대이다.

그런데 파렴치의 주요 원인은 큰 창피를 자주 받는 데서 온다. 왜냐하면 누구나 젊을 때는 칭찬받는 것을 큰 행복으로 알고 창피당하는 것을 큰 모욕으로 생각하기 마련이지만, 그 뒤 갖가지 심한 창피를 당한 결과 명예를 고스란히 빼앗겨 남에게 손가락질을 받게 되었을 때는 경험에서 미루어 그것을 인생에 있어서 그다지 중대한 일이 아니라고 생각하게 되기 때문이다. 이런 사람은 몸이 편안한지 아닌지에 따라서만 사물의 좋고 나쁨을 재는 결과 창피를 당한 뒤에도 전과 마찬가지로, 아니 때로는 그보다 더 신체적 쾌락을 받아 누리게 되어 파렴치해지는 것이다. 왜냐하면 그런 사람들은 명예에 의해서 주어졌던 갖가지 속박에서 벗어나고, 그들의 불행에 다시 재물의 손실이 덧붙여졌을 경우에는 그들에게 좋은 것을 제공해 주는 자선가가 있기 때문이다.

208 혐오에 대해서

혐오란 그 전에 일어난 기쁨의 원인과 같은 원인에서 오는 하나의 슬픔이다. 왜냐하면 지금 누리고 있는 것은 우리 처지에서는 대부분 한때밖에 좋은 것이 아니며 나중에는 불쾌한 것이 된다는 식으로 우리는 만들어져 있기 때문이다.

이것은 음식에 특히 심하다. 음식은 식욕이 있는 동안에는 덕이 되지만, 식욕이 없어지면 해가 된다. 또 그 경우 그러한 것은 미각에 즐거움을 주지 않게 되기 때문에 이 정념을 혐오라고 이름 짓는 것이다.

209 유감에 대해서

유감도 하나의 슬픔이며, 언제나 절망과 결부되어 향유함으로써 일찍이 얻었던 쾌감의 기억과 관계되어 있다는 점에서 특히 심하다. 왜냐하면 우리는 일찍이 향유한 좋은 것, 더욱이 지금은 다 없어져서 그것을 아쉬워하고 있는 그대로의 모양으로는 도저히 회복의 가망이 없는 것에 대해서밖에 결코 유감을 느끼지 않기 때문이다.

210 환희에 대해서

내가 환희라고 이름 지은 것은 하나의 기쁨이며, 전에 받았던 고통, 그것도 지금은 가벼워져서 마치 오랫동안 지고 있던 무거운 짐을 내려놓은 듯이 느끼는, 그 고통의 추억으로 기분 좋음이 더한층 커지는 특수성을 갖고 있다. 그런데 이상 세 가지 정념(혐오·유감·환희)에는 그다지 주의할 만한 것이 보이지 않는다. 이것들을 여기에 든 것은 위에서 시도한 열거의 순서에 따랐을 뿐이다. 그러나 이 열거는 특히 주의할 만한 정념은 하나도 빠뜨리지 않았음을 보이기 위해서는 도움이 되었다고 생각한다.

211 여러 정념에 대한 일반적 치료법

그러면 이제 우리는 모든 정념이 무엇인가를 알았으므로, 전에 비해서 이것을 무서워할 까닭은 훨씬 적어졌다. 우리는 정념이 그 본성상 모두 좋은 것이라는 사실, 다만 그 악용이나 남용만 피하면 된다는 사실을 알았기 때문이다. 그것을 피하려면 내가 설명해 온 요법을 잘 주의해서 실행하면 충분할 것이다. 그러나 나는 그 요법 속에 숙고와 연구를 들어 이 연구로 혈액이나 정기의 운동과 보통 그 운동이 결합하고 있는 생각을 자기 안에서 엄하게 가릴 줄 아는 훈련만 쌓으면 타고난 본성의 단점을 고칠 수 있다고 말했다. 이렇게 말한 이상 여기서 실제 사정을 밝히면, 어떤 일을 당해도 방금 말한 그런 방법으로 몸가짐이 되어 있는 사람은 거의 없으며, 또 정념의 대상에 의해서 핏속에 일어나는 운동은 영혼이 전혀 관여하지 않더라도 처음에는 다만 뇌에 만들어지는 인상이나 여러 기관의 구조에 따라 아주 재빨리 일어나는 것이므로, 충분히 그 준비가 되어 있지 않을 경우 아무리 인간의 지혜라고 하더라도 그것에 저항할 수 있는 사람은 없는 것이다.

　이를테면 간지러움을 당할 때, 비록 쾌감은 없더라도 많은 사람들은 웃지 않을 수 없다. 그것은 전에 같은 이유로 웃는 그 기쁨과 놀라움의 인상이 상상 속에서 눈을 뜨고, 심장이 보내오는 피로 본인의 의지와는 반대로 폐를 급격히 팽창시키기 때문이다. 이리하여 본디 기쁨이나 연민, 두려움이나 노여움을 느끼기 쉬운 사람은 그러한 정념의 대상에 의해서 상상이 강하게 자극되면 기절하거나 울거나 떨거나 또는 열이 났을 때처럼 혈액순환이 빨라지거나 하는 것이다. 그러나 이러한 경우 언제나 시도할 수 있는 것, 모든 정념의 지나침에 대한 가장 넓고 가장 실행하기 쉬운 요법으로서 여기에 적을 수 있는 것은 이와 같이 혈액순환이 빨라졌음을 느꼈을 경우에는 상상에 떠오르는 모든 일들은 영혼을 속이는 경향이 있고, 또 정념의 대상을 우리로 하여금 긍정(肯定)시키는 이유와 실제보다 훨씬 강하게 부정시키는 이유는 훨씬 약하게 보이는 경향이 있다는 것을 알고 명심해야 한다는 사실이다. 또 정념이 우리에게 어떤 일을 권할 경우 그것이 실행되기까지는 얼마간의 여유가 있는 일이라면 그에 대해서 즉각 판단을 내리기를 삼가고, 핏속의 흥분을 시간과 침착성이 충분히 가라앉혀 줄 때까지는 다른 생각으로 달래야 한다.

　마지막으로 정념이 당장 어떤 행동을 해야 한다고 우리를 몰아붙일 경우에는 의지는 정념이 제시하는 이유와는 반대의 이유—비교해 보아 그것이 아무리 약하더라도—를 생각하고 그것을 따르는 방향으로 전념하지 않으면 안 된다. 예를 들면 적의 기습을 받았을 때 우물쭈물 궁리하는 것을 환경은 용서치 않는다. 하지만 평소 자기 행동을 반성하는 습관이 있는 사람들이 어떤 경우에라도 할 수 있다고 생각되는 일은 다음과 같다. 즉 만일 공포에 사로잡혔을 경우 그들은 달아나기보다 저항하는 편이 훨씬 안전하고 명예가 된다는 이유를 상기하고, 위험에 처해 있다는 생각의 방향을 돌리려고 시도할 것이다. 또 이와 반대로 복수욕이나 노여움이 공격자를 향해서 분별없이 그들을 몰아세울 경우, 그들은 명예를 잃지 않고 살아날 수 있다면 몸을 망치는 것은 경솔한 일이라는 것, 만일 또 승부가 아주 대등하지 않다면 저돌적으로 죽음에 뛰어들어 몸을 내맡기느니보다 당당히 물러서든지 아니면 살려달라고 하는 편이 낫다는 점을 상기하게 될 것이다.

212 인생의 선악은 모두 정념에 달려 있다.

물론 영혼에는 영혼만을 위한 쾌락이 있을 수도 있다. 그러나 몸과 함께 느끼는 쾌락이야말로 정념이 좌우하는 것이며, 따라서 정념에 가장 강하게 움직여지는 사람은 다시없는 기쁨을 이 세상에서 맛볼 수 있다. 그야 정념을 활용할 줄 모르고 또 운명의 혜택을 받지 못했을 경우, 그 사람은 인생에 다시없는 고통을 발견할 수도 있다.

그러나 지혜가 특히 유용한 것은 그것이 정념을 완전히 지배하고, 정념을 교묘히 처리하는 방법을 가르쳐 주는 점에 있다. 그 결과 정념이 일으키는 재화도 아주 견디기 쉬운 것이 될 뿐 아니라, 모든 재화에서 오히려 기쁨을 끌어낼 수도 있는 것이다.

Regulae ad directionem ingenii
정신지도를 위한 규칙

정신지도를 위한 규칙

규칙 1

이 연구의 목적은, 정신에 떠오르는 모든 것에 대하여 올바른 판단을 할 수 있도록 합리적이고 보편적인 정신을 이끌어 주는 데 있어야 한다.

어떤 사람들은 두 물질 사이에서 한 가지 유사성을 발견하면, 그 두 물질 가운데 하나에만 해당하는 것조차 두 물질이 서로 다른 경우에도 똑같이 적용시키는 경향이 있다. 그래서 그들은 부당하게도 정신의 인식 활동에서 이루어지는 과학을, 육체 활동과 성향을 전제로 하는 예술과 비교한다. 예를 들어 그들은 한 사람이 모든 예술을 다 잘할 수는 없다 말하고, 또 과학 분야에서도 마찬가지라고 단정한다. 한 분야에만 몰두하는 사람이야말로 훌륭한 예술가가 될 수 있다면, 과학자도 마찬가지라고 한다. 같은 손이 농사를 짓는 동시에 하프 연주를 한다거나, 그 밖의 여러 활동을 하는 것은 그중 하나에만 매달려 일하는 것만큼 잘할 수 없기 때문인데, 이러한 경향은 모든 과학이나 예술에도 똑같이 적용된다고 생각한다. 그리하여 사람들은 과학을 그 연구 대상에 따라 구분하여, 서로 완전히 분리해 따로따로 탐구해야 한다고 여기게 되었다. 그러나 이것은 확실히 잘못된 생각이다. 왜냐하면 모든 과학은 예술과는 달리 인간의 지혜와 같고, 지혜란 아무리 서로 다른 대상이라 해도 어느 것에나 적용되기 때문이다. 또 햇빛이 각양각색의 사물을 비출 때 그 각각의 빛이 서로 다른 것은 아니듯이, 여러 과학들도 서로 차이가 없다. 따라서 지성을 한계 지어 제한할 필요는 없는 것이다. 왜냐하면 하나의 진리에 대해 인식하면 그 인식은 다른 진리의 인식에도 영향을 미치므로, 예술의 경우에서 어떤 한 분야에 전념하면 다른 분야를 할 수 없는 것과는 달리, 진리의 인식은 다른 진리도 발견할 수 있게 도와주기 때문이다. 나는 많은 사람들이 인간의 관습과 식물의 성장, 별들의 운행, 금속의 변성, 그리고 이와 유사한 과학의 대상들은 탐구하면서도 좋은 정신이나 보편적 지혜에 대해서는 전혀 탐구할 생각을 하지 않는다는 점이 정말 이상하다(사실 그 밖의 모든 것은 이 좋은 정신과 보편적 지혜에 기여하는 정도에 따라 평가받아야 하는 것임에도, 사물의 본질 자체의 가치로서 평가받으려고 한다). 이 보편적 지혜를 첫 번째 규칙으로 내세우는 데는 충분한 정당성이 있다. 왜냐하면 논증의 방향을 과학적 일반 목적에 두지 않고 어떤 특별한 목표에 둔다면, 진리를 찾는 올바른 길에서 벗어나기 쉽기 때문이다. 나는 여기서 부질없는 영광이나 헛된 소득과 같은 그릇되고 비난받을 만한 목표에 대해 말할 생각은 없다. 단지 나는 건전한 진리 파악 방법보다 더 빨리 진리의 목적을 이루어 줄 수 있는 세속적 방법(이해)과 그에 적합한 '다양한' 가짜 추리, 그리고 궤변에 대해 말하고자 한다. 명예스럽고 칭찬받을 만한 목표도 궤변과 마찬가지로, 아니 훨씬 교묘한 수법으로 우리를 그릇된 길로 이끄는 것이다. 생활의 안락에 기여하는 과학의 탐구 내용을 예로 들어 생각해 보라. 우리는 그 과학 탐구에서 진리를 관조함으로써 발견할 수 있는 기쁨, 또 삶의 진정한 기쁨을 낳는 여러 결과들을 기대할 수 있으나 연구 과정에서 이러한 결과물들에 치중하다 보면, 자주 다른 것들을 인식하는 데 필요한 많은 좋은 것들을 간과하게 된다. 왜냐하면 연구 도중에는 그런 것들이 그리 유용해 보이지 않거나 거의 흥미로운 점이 없어 보이기 때문이다. 따라서 우리가 생각하지 않으면 안 되는 것은, 모든 과학은 서로 밀접히 연관되어 있어서 따로따로 고립시키는 것보다 모두 함께 탐구하는 것이 훨씬 쉽다는 점이다. 그러므로 진지하게 진리를 찾고자 하는 사람은 특정 분야를 선택해서는 안 된다. 왜냐하면 모든 과학은 서로 연결되어 있고 서로 의존하고 있기 때문이다. 오히려 그가 고려해야 할 것은 자연적 본성들을 이성이 어떻게 증대시킬 것인가이다. 또한 그런 보편적이고 전천후적 연구 방식이 필요한 것은, 이런저런 스콜라적(전통주의 학자적) 어려움을 해결할 목적으로서가 아니라, 인간의 정신이 삶의 여러 가지 우연한 상황들과 마주쳤을 때 무엇을 선택해야 할지를 인간의 의지가 알 수 있도록 하기 위해서이다.

이런 폭넓은 방법으로 연구를 한 사람은 곧 놀라움으로 이렇게 말할 것이다.

자기는 특수한 목적에 열심인 다른 사람들보다 훨씬 많이 진보했으며, 또 자신이 원하는 모든 것을 얻었을 뿐만 아니라 기대했던 것보다 훨씬 더 훌륭한 결과들을 얻게 되었다고.

규칙 2
우리는 우리의 정신이 의심할 수 없는 확실한 인식을 충분히 얻어낼 수 있으리라 여겨지는 대상들만 다루어야 한다.

온전한 과학이라 함은 확실하고 명증적인 인식을 말한다. 많은 것에 관해 의심하는 사람이 유식할 것 같지만, 그 사람은 그런 것들에 대해 전혀 생각해 보지 않은 사람보다 더 많이 알고 있지 않다. 오히려 그로 인해 그가 많은 것에 대해 틀린 믿음을 갖게 될 수도 있으며, 그렇게 되면 그는 더 무지한 자일 것이다. 그러므로 난해한 대상들에 몰두해서 참된 것을 거짓된 것에서 가려내지 못한 채 의심스러운 것을 확실한 것으로 여기며 만족하기보다는, 아예 연구를 하지 않는 편이 더 낫다. 왜냐하면 그런 경우에는 우리 지식을 감소시킬 위험이 그것을 증가시킬 희망보다 더 크기 때문이다. 그래서 우리는 위의 생각에 따라 단지 그럴듯하게 보이는 모든 지식을 내던져 버린다. 그리고 완전하게 인식할 수 있고 의심의 여지가 없는 것만을 믿기로 하는 것이다. 의심할 나위 없이, 교육받은 사람들은 그다지 확실한 지식이란 거의 없다고 단정해 버린다. 왜냐하면 인간 본성의 공통적 결점으로 인해 누구에게나 명백한 지식들이나 그 인식을 너무 쉽게 단정지어 무시하기 때문이다. 그러나 세상에는 그런 쉽고 확실한 인식들이 그들의 생각보다 더 많으며, 또 그 수많은 인식들은 개연성(미확정성)만으로 논의되는 셀 수 없이 많은 명제들에 의해 충분히 엄격하게 증명될 것이다. 하지만 그들은 배웠다고 하는 사람이 어느 문제에 대해서건 무지를 고백함은 어울리지 않는다고 믿기 때문에, 늘 해오던 거짓 설명들을 꾸며대는 데 익숙해져 끝내는 점차 자기 스스로를 속이기에 이르렀으며, 그것들을 대중에게 진짜인 것처럼 연구 결과물로서 내놓게 되었던 것이다.

그러나 우리가 이 규칙 2(확실한 인식을 얻을 수 있는 대상만을 연구할 것)를 계속 철저하게 지킨다면, 정당하게 연구할 수 있는 대상의 수는 적음을 알게 될 것이다. 왜냐하면 과학에 있어서 똑똑한 사람들이 의견을 같이하는 확실한 문제란 거의 없기 때문이다. 두 사람이 같은 문제에 대해 서로 다른 결정을 한다면, 둘 중 적어도 한 사람은 틀렸음이 확실하다고 해야 할 것이다. 다른 한 사람마저도 옳다고 확신할 수는 없다. 왜냐하면 같은 문제에 대한 추리이기 때문에, 이 두 사람의 추리가 확실하고 명증적이라면 그 가운데 한 사람의 제시가 다른 이의 지성도 명증적으로 확신시킬 수 있어야 할 것이기 때문이다. 따라서 확실하지 않은, 즉 개연적인 여러 의견들의 경우는 완전한 인식에 이르지 못하는 것이 확실하다. 왜냐하면 누구든 불완전한 인식을 가지고서 자기 자신은 거기에 이른 어떤 다른 이들보다 더 잘할 수 있으리라고 기대하는 것은 무모한 일이기 때문이다. 그래서 잘 살펴보면, 이제까지 발견된 모든 과학 중에서 규칙 2를 준수하고 있는 것은 대수와 기하학뿐이다.

그렇다고 다른 이들이 이미 찾아낸 철학적 방법을 비난하려는 것은 아니다. 또 논쟁에 매우 적절한 스콜라주의(전통주의 학자풍)의 그럴듯한 삼단논법을 비난하는 것도 아니다. 왜냐하면 그것은 오히려 특히 젊은이들의 지성을 훈련시켜 주며, 경쟁심을 일으켜 그들이 발전하도록 부추기기 때문이다. 그리고 비록 그런 기존의 철학적 방법들이 지성인들 사이에서 논란거리가 되고 있기 때문에 그 철학들이 불확실하게 보일지라도, 젊은이들을 멋대로 내버려 두는 것보다는 그런 종류의 의견들일지언정 교육하는 것이 더 좋은 일이기도 하다. 그런 것마저 없다면 그들은 자신들을 이끌어 줄 것을 찾지 못하고 어떤 심연에서 헤매게 될지도 모르기 때문이다. 스승들의 발자국을 따라가는 동안 그 젊은이들이 진리에서 벗어나는 때가 가끔은 있겠지만, 그래도 그들이 따르는 길은 더 사려 깊은 이들에 의해 인정받은 길이라는 점에서 안전한 것임에 틀림없다. 우리가 어렸을 적에 이런 스콜라식 훈련을 체험했다는 것은 좋은 일이다. 그러나 이제 우리는 옛 스승에게 했던 충성 서약에서 벗어나 있고, 또 매를 맞지 않아도 될 만큼 성숙해졌다. 이제 우리는 스스로 인간 인식의 꼭대기에 올라가는 데 도움을 주는 규칙들을 세우기 위해, 시간의 잘못된 사용을 막아주는 규칙을 설정하는 첫 번째 사람이 되어야 하는 것이다. 그런데 많은 이들이 손쉬운 것들은 무시하고 어려운 것들과 씨름하며 시간을 낭비하고 있다. 그들은 어려운 것들에 관해 모든 종류의 기묘한 추측들을 하고 재간 있게 그럴듯한 궤변들을 세우고 있지만, 그런 노력에도 자신들이 아무런 인식에도 이르지 못한 채 단지 의심스런 것들만 잔뜩 늘렸다는 사실을 뒤늦게 깨닫게 된다.

그러면 앞서 우리가 말한 내용, 즉 지금까지 알려진 모든 과학 가운데서 대수와 기하학만이 오류와 불확실성의 그늘에서 벗어나 있다고 말한 이유를 더 자세하게 설명해 보기로 하자. 우리가 사실들을 인식하는 데는 두 개의 길이 있는데, 하나는 경험에 의한 것이고 다른 하나는 연역에 의한 것이다. 경험으로부터의 추리는 가끔 오류에 빠질 수 있다. 반면에 연역, 즉 하나의 지적 인식으로부터 다른 하나를 추론해 내는 식으로 한다면, 부주의로 가끔 빠뜨릴 수는 있으나 합리적 오성(悟性)에 의해 이루어지기 때문에 잘못될 수는 없다. 이 경우 변증학자들이 인간의 이성을 지배하는 수단으로 보는 저 이음줄(철학적 방법, 또는 전통적 학자풍의 삼단논법)들은 공헌하는 바가 거의 없는 것처럼 보인다. 물론 그것이 다른 목적에는 효능이 있음을 부정하는 것은 아니지만 말이다. 짐승이 아닌 이상, 사람들이 저지르는 실수는 어느 것도 틀린 추리에서 비롯된 것이 아니다. 단지 부족한 경험들을 바탕으로 한, 또는 성급하고 근거 없는 판단에서 나오는 것이다. 이것은 경험적 현상에 의한 대수와 기하학이 다른 과학들보다 확실성에서 더 뛰어나다는 설명을 제공한다. 이 학문들은 참으로 순수하고 단순한 대상만을 다루며, 경험에서 불확실한 것으로 판명하게 된 어떤 것도 (변증적으로) 가정으로 삼을 필요는 없다. 전적으로 결과들의 합리적 연역에 의해서만 이루어지고 있는 것이다. 이 대수와 기하학은 그 때문에 모든 학문 중에서 가장 쉽고 분명하며, 우리가 필요로 하는 대상을 다루는 학문이라 할 수 있다. 부주의하지만 않다면 누구나 오류를 범하는 경우가 거의 없기 때문이다. 그러나 많은 사람들이 그 밖의 다른 학문들이나 철학에 자발적으로 몰두하고 있는데, 그것에 대해 놀랄 필요는 없다. 이것은 누구나 분명한 주제보다는 모호한 것에 대해 더 많은 자신을 가지고 예측할 수 있기 때문이며, 또 어떤 문제에 대해서건 막연한 생각을 갖는 것은 그것이 아무리 쉬운 문제라 하더라도 참된 진리로 나아가는 것보다 훨씬 편하기 때문이다.

지금 이러한 고찰로부터 나오는 결론은, 연구할 과학이 대수와 기하학뿐이라는 것이 아니라 진리에 이르는 올바른 길을 찾기 위해서는 대수나 기하학적 논증과 대등할 정도의 확실성이 없는 것과는 씨름을 해서는 안 된다는 것이다.

규칙 3

우리가 탐구하려는 주제에 있어서, 우리는 다른 이들이 생각했던 논증들이나 우리가 추측하는 논증을 지향해서는 안 된다. 우리가 분명하고 명확하게 직관할 수 있는 것, 또는 확실하게 연역할 수 있는 것만을 지향해야 한다. 왜냐하면 이 밖의 다른 방식으로 지식을 얻는 것은 불가능하기 때문이다.

옛사람들이 쓴 책을 연구하는 것은 옳다. 많은 사람들이 노력한 작업을 이용할 수 있는 것은 하나의 훌륭한 혜택이다. 그런데 그런 연구를 하더라도 우리는 옛 시대가 바르게 이해한 것이 무엇인가, 또 여러 과학들 가운데서 더 탐구되어야 할 것이 무엇인가에 대해서 주목해야 한다. 그러나 그런 옛 책들에 너무 빠지면, 아무리 대비를 한다 해도 오류에 빠질 위험이 있다. 왜냐하면 모든 작가들은 일단 논란이 되는 문제에 대해 경솔하고 무모하게 어떤 의견을 갖게 되면, 가장 미묘한 궤변을 동원하여 우리로 하여금 자신들의 견해를 믿게 하려는 경향이 있기 때문이다. 하지만 이와 반대로 그들이 다행히 어떤 확실하고 명확한 것을 만났을 때는, 그것을 자랑하면서 애매한 말로 포장한다. 이는 작가들이 설명을 단순하게 하면 우리가 그 발견을 별로 존중하지 않을 거라고 두려워한 탓이거나, 우리가 확실한 진리에 이르는 것을 싫어하기 때문이다.

나아가서 그들 모두는 지성적이고 개방적이기 때문에 우리에게 의심쩍은 것들을 참된 것으로 강요하지는 않는다. 그들이 모든 것을 성실하게 설명한다고 가정하더라도, 우리가 무엇을 믿어야 할지는 여전히 불확실하다. 왜냐하면 어느 한 사람이 주장한 것에 대한 반대 의견이 또 다른 사람에 의해 내세워지지 않은 적이 거의 없었으므로, 우리는 그 둘 중 어느 것을 믿어야 할지 영원히 확신할 수 없기 때문이다. 다수 의견을 따르기 위해 지지표를 계산하는 것 또한 아무런 도움이 되지 못한다. 왜냐하면 논쟁 상태에 있는 어려운 문제에 있어, 진리는 많은 이들에 의해서보다는 소수의 사람에 의해서 발견될 가능성이 더 높다는 것이 일리 있는 말이기 때문이다. 또한 설사 모든 사람들은 의견이 일치했다 해도, 그들의 가르침은 우리에게 충분하지 않을 것이다. 왜냐하면 예컨대 다른 이들이 공들여 이룩한 증명들을 모두 기억하고 있을지라도, 문제 해결에 알맞은 지적 능력이 없다면 수학자가 될 수 없고, 또 플라톤과 아리스토텔레스가 제시한 모든 논증을 샅샅이 알고 있다 해도, 만일 그 문제들에 대해 신뢰할 만한 판단을 내릴 수 있는 지적 능력 없다면 철학자가 될 수는 없기 때문이다. 즉 이럴 때 우리는 지식이 아니라 역사적 측면만을 습득하게 된다.

우리는 또한 규칙을 세우는 데 있어서 추측이 섞이지 않도록 주의를 기울여야 한다. 이 경고는 큰 중요성을 지닌다. 논쟁의 여지가 없을 만큼 명확하고 확실한 그 어떤 것도 요즘 철학에서 발견할 수 없는 가장 큰 이유는, 학자들이 분명하고 확실한 것들을 인식하는 것으로 만족 못 하고, 단지 그럴듯한 추측을 통해 얻은 모호하고 잘 알지 못하는 것들을 감히 주장하기 때문이다. 그리고 그들은 차츰 그것들을 완전히 믿게 되어, 옳고 명확한 것과 마구 뒤섞고, 마침내 확실한 명제에 의존하는 확실한 결론은 아무것도 이끌어 낼 수 없는 지경에 이른 것이다. 우리가 이런 오류에 빠지지 않기 위해서는, 여기서 오류를 두려워하지 않고 사물의 인식에 이르게 해주는 오성의 모든 직관적 활동들을 조사해야 한다. 이에 관해 유효한 두 가지 방법이 바로 직관과 연역이다.

내가 '직관'으로써 의미하는 것은, 변동이 심한 감각이나 상상을 서투르게 짜맞춘 것에서 나오는 그릇된 판단이 아니라, 오직 순수하고 주의 깊은 정신이 단순하고 명확하게 판단한 것으로서 우리가 어떤 의심도 품지 않을 만한 것이다. 다시 말해 직관은 맑고 순수한 정신의 틀림없는 개념 작용으로서 이성의 빛으로부터만 오는 것이다. 직관은 가장 확실하다. 연역보다 더 확실한데, 그 이유는 위에서 살펴본 바와 같이 연역은 때때로 우리가 저지른 오류적 지식의 연장으로 인해 잘못 행해질 수 있지만, 직관은 단순하여 그러한 오류의 가능성이 없기 때문이다. 그래서 우리는 각자가 지금 존재하고 있다는 것, 그리고 사유한다는 것, 삼각형은 세 변으로만 둘러싸여 있고, 원은 단일한 표면을 가진다는 것 등을 직관할 수 있다. 이런 직관적 사실들은 많은 사람들이 생각하는 것보다 그 수가 훨씬 더 많으나, 단지 단순하기 때문에 간과되고 있다.

그러나 나의 이 직관이라는 용어의 새로운 사용 때문에, 그리고 다음 페이지들에서 일상적 의미와는 다르게 사용되는 그 밖의 용어들로 인해 누구도 거추장스러움을 느끼지 않게 하기 위해서 다음을 말해 두려 한다. 즉 나는 이 용어들을 사용함에 있어, 스콜라주의 학자들이 최근에 특수 용어들을 어떤 식으로 쓰고 있는지에 대해서는 전혀 관심을 기울이지 않았다는 사실이다. 그 까닭은 나의 이론이 전혀 다른 것이어서 같은 용어법을 채택하기 어려웠기 때문이다. 그래서 나는 각 단어의 라틴어적 의미만을 고려했고, 적당한 용어가 없는 경우에는 내가 가장 알맞다고 생각하는 단어를 선택해 나의 뜻에 맞게 옮겨 썼다.

그런데 직관의 장점인 명증성과 확실성은 명제의 언어적 표현에도 요구될 뿐만 아니라, 임의의 추상적 추론에도 요구된다. 그 예로 2 더하기 2의 답은 3 더하기 1의 답과 같다는 것을 생각해 보라. 여기서 우리는 2에 2를 더하면 4가 되고, 3에 1을 더하면 4가 된다는 것뿐만 아니라, 나아가서 이 두 명제로부터 세 번째 것이 필연적으로 이끌려 나온다는 것을 직관하게 된다.

여기서 왜 직관 말고 인식에 대한 보충적 방법, 즉 연역에 의한—우리는 연역에 의해 확실하게 알려지는 또 다른 사실로부터 모든 필연적 추리를 이해한다—인식을 추가했느냐는 물음이 생길 수 있다. 이 연역을 피할 수는 없다. 왜냐하면 많은 사물들은 그 자체로서는 명확하지 않은 것인데도 확실하게 알려질 수 있는 길이 있는데, 그 길은 각 단계의 과정을 분명히 볼 수 있는 지속적이고 연속된 인식 행위에 의해 참되게 알려진 원리로부터 가능한 연역이기 때문이다. 바로 이 방법으로 우리는 긴 연결 사슬의 맨 마지막 것이 맨 처음의 것과 이어짐을 알게 된다. 설사 우리가 이 이어짐이 의존하는 모든 중간 연결들을 살피는 데 직관을 사용하지는 못하더라도 말이다. 이것은 그것들을 차례로 검토하고, 또 하나하나가 이웃과 결합하여 맨 처음부터 맨 마지막까지 이어져 있음을 기억하는 것으로 가능해진다. 따라서 우리는 정신의 직관을 연역과 구분하되, 연역의 개념 작용에는 어떤 운동 또는 연속이 개입되고 직관의 그것에는 그렇지 않다는 것으로 그 구분의 기준을 삼는다. 나아가서 연역은 직관이 요구하는 것 같은 그런 직접적인 명증성을 요구하지는 않는다. 연역의 확실성은 오히려 기억에 의한 방식으로 주어진다. 이러한 논의에서 결론적으로 얻을 수 있는 것은, 제1의 원리로부터 직접적으로 이끌려 나온 명제들은 우리 관점에 따라 때로는 직관이나 연역에 의해 인식될 수 있으나 그 제1의 원리 자체는 본디 직관에 의해서만 주어지게 되고, 반면 거기서 멀리 떨어져 있는 결론들은 연역에 의해서만 제공된다는 사실이다.

이 두 방법(직관적·직접적 제1원리와 연역적 파생원리)은 과학에 이르는 가장 확실한 길이며, 지성은 더 이상의 것들을 인정해서는 안 된다. 다른 모든 것들은 오류의 가능성이 있는 위험한 것으로 포기해야 한다. 그렇다고 우리의 이런 인식 방법이 신이 계시한 것보다 더 확실하다고 주장하는 것은 아니다. 왜냐하면 신이 계시한 것에 대한 믿음은 은밀한 것들에 대한 우리의 모든 믿음처럼, 우리의 지성적 행위가 아니라 우리의 의지 행위이기 때문이다. 우리는 신의 그 계시에 주의를 기울이지 않으면 안 된다. 왜냐하면 만일 그 신의 계시들이 우리의 오성 안에 어떤 기반을 가지고 있다면, 우리는 위에서 진술한 방법들을 통해 그 계시의 진리를 발견할 수 있고 또 발견해야 하기 때문이다. 이에 대해서는 앞으로 기회가 오면 더 자세히 말할 것이다.

규칙 4
진리를 찾아내기 위해서는 방법이 필요하다.

인간이 갖고 있는 호기심은 맹목적이어서, 그것은 가끔 인간의 정신을 미지의 길로 이끈다. 하지만 그러한 탐구에 성공한다는 근거는 없으며, 단지 사람들은 그들이 찾고 있는 진리가 거기에 있지는 않을까 하고 찾아 나서기를 마음먹을 뿐이다. 이것은 마치 보물을 찾아내고 싶은 어리석은 욕망에 사로잡힌 사람이 혹시 행인이 우연히 그것을 길에 떨어뜨리지 않았나 하고 끊임없이 거리를 돌아다니는 것과 같다. 거의 모든 화학자들이나 기하학자들, 그리고 적지 않은 철학자들이 그런 식으로 연구를 하고 있다. 물론 이런 배회 속에서 운 좋게 어떤 진짜를 발견할 때도 있음을 부정하지는 않는다. 그러나 이것은 그들이 유능하다는 것을 보여주는 게 아니라 운이 좋다는 것을 나타낼 따름이다. 아무튼 체계적 방법도 없이 그렇게 하느니보다는, 진리를 탐구할 생각을 전혀 않는 쪽이 훨씬 낫다. 왜냐하면 이런 순서 없는 연구와 정돈되지 않은 성찰은 자연의 빛을 흐리게 하고, 우리의 정신을 눈멀게 할 것이 확실하기 때문이다. 어둠 속을 걸어가는 데 익숙해진 자들은 시력이 몹시 약화되기 때문에, 나중에는 햇빛의 밝기를 견뎌낼 수 없게 된다. 이것은 경험에 의하여 증명되는 사실이다. 우리는 명확한 일들에 대해, 학문에 전념해 본 적이 없는 사람이 학문에 매달려 살아온 사람들보다 더 신뢰할 수 있고 분명한 판단을 내리는 경우를 이따금 볼 수 있다. 그래서 내가 방법이란 말로써 의미하는 것은 확실하고 단순한 규칙들이다. 누구나 그것을 정확히 지키기만 한다면, 그는 거짓을 진실로 여길 염려가 없을 것이며, 그의 정신적 노력을 헛된 상상으로 소모하지도 않을 것이고, 점차 지식을 늘려서 그의 능력 안에 있는 모든 것에 대한 참된 인식에 이르게 될 것이다.

우리는 이 둘, 즉 거짓을 진실로 여기지 않을 것, 또 모든 것에 대한 참된 인식에 이를 것에 대해서 특별히 유념해야 한다. 왜냐하면 만일 우리가 인식 가능한 것들 가운데 아무것도 알지 못하면, 우리는 그 인식에 이를 수 있는 길을 찾지 못하거나 아니면 오류 속으로 빠져들어가기 때문이다.

그러나 만일 이 가능한 인식을 놓치지 않기 위해, 또는 오류에 빠지지 않기 위해서 정신적 직관이 어떻게 쓰여야 하고, 모든 것에 대한 인식에 이르기 위해 연역은 어떻게 발견되어야 하는가를 바르게 설명해 준다면, 그것으로 인식의 가능성은 충분하며 방법적인 면에 있어서는 더 이상 다른 어떤 것도 필요하지 않다. 왜냐하면 위에서 말한 대로, 모든 과학은 정신의 직관이나 연역에 의해서만 이루어질 수 있기 때문이다. 하지만 이 정신적 활동들을 어떻게 수행해야 하는가를 보여주기 위해 학문을 더 확장해 볼 필요는 없다. 이 정신 활동들이 모든 것들 중에서 가장 단순하고 원초적인 것이기 때문이다. 우리의 오성은 이미 그 정신 활동들을 사용할 능력을 가지고 있다. 그렇지 않았다면 우리는 연역 발견 방법에 필요한 그 가장 단순한 정신 활동 규율마저도 파악할 수 없었을 것이다. 한편 다른 정신적 활동들(변증법이 직관과 연역을 사용하여 이끌어 주고자 노력하는)은 여기서는 아무런 소용이 없다. 아니 오히려 그것들은 방해물로 여겨져야 한다. 왜냐하면 어떤 방식으로든 이성의 빛을 흐리게 하는 것이 그 빛에 덧붙여져서는 안 되기 때문이다.

이 방법(오성에 의한 단순하고 원초적인 정신 활동)의 유용성은 대단해서 이것이 없다면 학문이 유익하기보다 오히려 해로운 듯이 보이므로, 앞 시대를 살았던 뛰어난 정신의 소유자들도 자연의 인도에 의해 혹은 다른 식으로라도 이에 대한 인식을 가지고 있었으리라 생각된다. 왜냐하면 인간의 지성 안에조차 신적인 것이 들어 있는데, 그 속에도 유용한 사유(양식)를 위한 원초적인 씨앗들이 흩어져 있기 때문이다. 그래서 잘못된 연구에 의해 연구 대상들이 아무리 무시당하고 또 숨막히는 일이 일어난다 해도, 결국 그 연구 대상들은 스스로 열매를 맺는 것이다. 가장 단순한 과학인 대수와 기하학은 이에 대한 실례를 제공한다. 우리가 충분한 증거에 의해 알고 있듯이 옛 기하학자들은 어떤 분석의 방법을 사용했으며 비록 그 비법을 후손에게 전하는 데 인색했지만, 모든 문제의 해결에는 그것을 적용했다. 오늘날에도 대수라는 하나의 수학이 성행하고 있다. 그 취지는 옛사람들이 도형의 문제에서 이룩해 놓은 것을 수로 설명하는 것이다. 이 두 학문은 여기서 논의하고 있는 직관적 방법에 속하는, 타고난 원초적 원리들로부터 생겨나는 자발적인 열매와 다름없다. 그래서 나는 매우 단순한 대상들을 다루는 이 과학들이 성장을 질식시켜 버리는 모든 불확실성의 방해에도 불구하고, 그 밖의 다른 과학 분야들보다 훨씬 더 만족스런 결과들을 내는 것에 대해 놀라워하지 않는다. 그리고 이런 열매들은 우리가 그것들을 개발시키고자 보다 적극적으로 노력한다면 틀림없이 완숙에까지 이르게 될 것이다.

  이것이 이 논문을 집필하면서 마음속에 품고 있었던 주요 계획이다. 왜냐하면 만일 이 단순한 규칙들이 더 발전해서 완숙에 이르지 못하고, 논리학자와 기하학자들이 익숙하게 노닥거리고 있었던 공허한 문제들의 해결에만 유익하다면 큰 의미를 갖지 못할 것이기 때문이다. 만일 그렇다면 나의 작업도 시시한 것들을 다른 이들보다 좀 더 기발하게 다룬 것에 불과할 것이다. 나아가서 여기에 수나 도형에 관한 많은 언급이 있는 것은, 다른 어떤 과학들에서도 그만큼의 명증성과 확실성을 제공하는 실례를 얻을 수 없기 때문이다. 따라서 나의 의미를 아주 주의 깊게 관찰하는 사람은 내가 일반적인 수학을 고찰하는 것이 아니라 전혀 새로운 학문을 내놓고 있으며, 그 설명들은 계통적 구성 요소라기보다는 단조로운 껍데기라고 쉽게 말할 수도 있을 것이다. 그러나 그렇지 않고 이러한 학문은 인간 이성의 원초적인 요소들을 포함하고 있어야 하며, 그 학문 영역은 모든 주제에서 진정한 결과를 이끌어 낼 수 있도록 확장되어야 한다. 나는 이런 원초적 요소들에 의한 학문 영역 확장이야말로 인간에게 전통적으로 주어진 그 무엇보다도 중요한 인식이며, 다른 모든 것의 근원이라고 감히 확신한다. 그러나 그들이 말하는 대로 내가 껍데기에 대해 이야기했다 치자면, 나는 그것을 대중으로부터 나의 이론을 감싸서 숨기고자 사용하는 것이 아니라, 오히려 인간의 지성에 의해 더 잘 받아들여질 수 있도록 옷을 입히고 아름답게 꾸미기 위해 사용한 것이다.

맨 처음 수학에 정신을 쏟았을 때, 나는 수학에 관한 책을 대부분 독파하고 대수와 기하학에 특별한 관심을 두었는데, 그 까닭은 그것들이 가장 단순하고 그 밖의 모든 것들로 통하는 길이라고 여겨졌기 때문이었다. 그러나 어떤 경우에서도 나를 충분히 만족시킨 저자를 만날 수는 없었다. 나는 사실 그들이 쓴 책 속에서 계산상 옳다고 여겨지는 수들에 대한 많은 명제들을 배웠다. 그들은 도형에 관해서도 많은 진리를 보여주었고, 어떤 결과로부터 결론을 이끌어 내기도 했다. 하지만 왜 그렇게 되는지, 또 어떻게 그것을 발견했는지를 정신에게 분명히 보여주지는 못한 것 같다. 그러므로 많은 사람들, 심지어 재능 있고 학식 있는 이들까지도 이 학문들을 자세히 보지 않은 채 공허하고 유치하다며 버려두거나, 아니면 매우 어렵고 복잡하다며 처음부터 배우기를 포기했는데, 나는 그것을 보고 전혀 놀라지 않았다. 왜냐하면 오직 수에 지나지 않는 것들과 상상적인 도형들을 가지고 씨름하면서, 그런 사소한 것들에 대한 인식과 피상적 논증들(규칙보다는 우연에 의해서 자주 발견되고, 오성보다는 오히려 눈과 상상에 속하는 논증들)에 멈춰서 이성을 사용하지 않는 것보다 헛된 일은 없으며, 또한 수에 관한 문제와 복잡하고 새로운 난제들을 이런 증명 방법으로 해결하는 것처럼 어려운 일도 없기 때문이다. 처음에 철학을 했던 사람들은 수학을 잘 몰랐고, 또 지혜의 탐구에 받아들이려고 하지 않았다. 그 이유를 곰곰이 생각해 본 결과 수학이야말로 가장 단순한 학문이며, 또 다른 중요한 과학을 파악하기에 더 필수적인 훈련이기 때문이라는 확신이 들었다. 그리고 이에 따라 그들은 지금의 것과는 아주 다른 어떤 수학을 알고 있었던 것이 아닌가 하는 의심을 갖게 되었다. 그러나 그들이 그 수학에 대해서도 완전히 능숙했다고 생각하지는 않는다. 왜냐하면 아주 사소한 발견들에 대한 그들의 과분한 환호와 제물과 같은 감사의 표시는 그들이 얼마나 덜 깨어 있었는지를 뚜렷이 드러내 주기 때문이다. 나의 이런 생각은, 그들이 역사가들을 기리는 기계를 발명해 냈다고 한대도 변함이 없다. 왜냐하면 이런 기계들이 어쩌면 매우 단순한 것이었는데도, 무식하고 경탄 잘하는 대중이 쉽게 칭찬했을는지 모르기 때문이다. 그러나 나는 그 시절에는 자연으로 인해 인간의 정신에 진리의 씨앗들이 심어져 있었다는 사실을 확신한다. 그 씨앗들—오늘날에는 우리가 날마다 읽고 듣는 셀 수 없이 다양한 오류들에 의해 질식당하고 있지만—은 고대의 저 미개하고 순박한 시대에서는 훌륭한 생명력을 가졌었다. 그래서 덕(德)이 쾌락보다, 명예가 유용함보다 소중하다고 여기게 해주었던—왜 그것이 그런가는 알지 못했다 해도—많은 정신적 빛이 그들로 하여금 철학과 수학의 참된 이념을 깨닫도록 만들었던 것이다. 비록 그들이 그 과학들 자체를 완전히 이해하지는 못했더라도 말이다. 사실 파포스와 디오판토스에게서 진정한 수학의 어떤 흔적들을 확인할 수 있을 것으로 여겨지는데, 이들은 초기에 속하지는 않았지만 아무튼 우리 시대보다는 훨씬 앞서서 살았던 사람들이다. 그러나 사실 이 저술가들은 당시 재빠른 눈가림으로 이 수학적 지식을 얼버무려 버린 것 같다. 왜냐하면 잘 알려져 있듯이 많은 발명가들은 그들의 발명품이 너무 쉽고 단순하므로 그 가치가 떨어질까 두려워서, 그 방법 자체를 드러내 놓고 자신들의 명성을 잃는 위험을 감수하려 하지는 않기 때문이다. 그리고 오히려 그들 기예(技藝)의 산물로서 연역적으로 증명된 어떤 실속 없는 진리들을 보여줌으로써 사람들로부터 칭찬을 받으려 하기 때문이다. 드디어 오늘날에 그 같은 실속 없는 기예를 되살려 보고자 시도하는 재능 있는 이들이 있다. 왜냐하면 낯선 이름인 대수학으로 알려져 있는 것이 바로 이 기예이며, 이것이야말로—저 광대하게 늘어선 수들과 설명할 수 없는 도형들로부터 추출되어, 그 분명함과 단순함을 갖추기만 하면—우리가 생각하기에 진짜 보편적 수학 안에 있어야만 하는 것으로 보이기 때문이다. 이러한 반성들은 대수와 기하학이라는 개별 학문으로부터 나를 일깨워, 수학에 대한 일반적인 탐구를 하게 했다. 그래서 나는 가장 먼저 그 용어로써 모든 사람들이 이해하는 보편적 의미가 정확히 무엇인지 찾고자 했으며, 위에서 말한 과학들뿐만이 아니라 천문학·음악·광학·역학 및 다른 여러 학문들도 어찌하여 수학의 부분으로 이해되는지 알아내고자 했던 것이다. 그러기 위해서는 천문학이니 수학이니 하는 말의 기원을 각각 찾아보는 것으로는 충분치 않다. 왜냐하면 어원상 '수학'이란 말은 정확히 '과학적 연구'와 같은 것을 의미하므로, 다른 과학적 학문들도 기하학과 동등하게 수학이라 불릴 수 있는 권리를 갖기 때문이다. 학교 교육을 거의 받아본 적이 없는 사람까지도 어떤 문제에서 수학적 요소들과 다른 과학적 요소들이 쉽게 구분됨을 알 수 있는 경우가 있다. 그러나 내가 이 문제를 면밀히 살펴본 결과, 수학에 속하는가 그렇지 않은가는 어떤 순서나 어떤 측정(법)에 의해 탐구되느냐에 따라 결정되는 것일 뿐이며, 그 측정(법)이 수, 도형, 별, 소리 등 어떤 대상에서 찾아져야 하는지는 별로 관계가 없다는 것을 깨달았다. 그래서 어느 특정 주제에 한정되지 않도록, 순서와 측정에 관계된 문제들을 낳은 요소를 일반적으로 설명하려면 어떤 보편적 과학이 있어야 한다. 그런 과학은 낯선 이름이 아니라 이미 옛날부터 습관적으로 받아들여진 보편 수학이란 이름으로 불려야 한다. 이 과학 속에는 모든 것이 수학의 분신들이라고 불릴 만한 모든 이유가 들어 있다. 수학은 다른 학문의 대상들도 다루며, 따라서 수학에 있는 어려움은 다른 학문에도 있고 더 나아가 다른 학문들은 그 대상의 특수성으로 인해 수학에는 없는 어려움까지 지니고 있다. 이러한 사실은 수학이 효용성과 단순성에서 다른 학문들보다 단점이 적고 더 뛰어남을 잘 나타내 준다. 그러나 모든 사람들이 이 과학(보편 수학)의 이름을 알고 있고, 또 크게 주의를 기울이지 않고도 탐구 영역이 얼마나 유용한 것인지 알고 있음에도 다른 의존 과학들만을 열심히 추구할 뿐, 정작 이 과학을 정복하려고 하지 않는 현상은 어떻게 일어나는 것일까? 누구나 이 보편 수학이 관련된 과학 분야를 가장 쉬운 것으로 생각했다. 그럼에도 인간의 정신은 쉽게 이루어 낼 수 있다고 생각되는 것을 그대로 지나쳐서 새롭고 더 훌륭한 것들로 곧장 나아간다. 나는 이런 경향들을 오래전부터 꿰뚫어 보고 있었기 때문에 이 현상(수학에 의한 쉬운 과학 탐구를 기피하는 현상)에 그다지 놀라지 않았다.

한편 나는 내 부족함을 의식하여 진리를 탐구해 나갈 때 다음과 같은 순서를 지키겠다고 결심했다. 즉 언제나 가장 단순하고 쉬운 것부터 시작하고, 첫 번째 영역에서 더 이상 아무것도 할 일이 없다는 게 분명해지기 전까지는 다른 것으로 넘어가지 않으리라는 것이다. 이것이 지금까지 내 능력이 닿는 한 이 보편 수학의 연구를 계속해 온 까닭이다. 그래서 차례가 되어 좀 더 깊은 과학들을 다루는 데로 나아갈 때는—곧 하게 되리라 희망하는 것이지만—나의 그런 시도가 너무 이른 어설픈 것이 되지 않으리라고 믿는다. 그러나 그렇게 전환하기 전에 나는, 그 이전 연구에서 내가 더욱 주의 깊게 살펴야 한다고 했던 사실들을 한데 모으고 질서 있게 배열해야 한다. 이것의 목적은 나이가 들어서 내

기억력이 흐려졌을 때 필요하면 이 기록을 들여다보기 위함이며, 그것에 대한 기억을 접어두고 다른 분야에 자유롭게 정신을 쏟을 여유를 갖기 위함이다.

규칙 5
모든 방법은 진리를 발견하기 위해 우리 정신의 눈이 향해야 하는 대상들을 순서 있게 배열하는 데 있다. 우리가 복잡하고 모호한 명제들을 단계적으로 좀 더 단순한 명제들로 되돌린 다음, 동일한 계통의 단계를 통해서 가장 단순한 것들에 대한 직관으로부터 다른 모든 것들에 대한 인식으로 올라가려고 할 때, 우리는 이 규칙의 방법을 정확히 적용해야 한다.

이 규칙에는 인간의 모든 노력이 들어 있다. 그러므로 우리가 진리 탐구에 접근하려면, 미궁으로 들어간 테세우스가 자신을 인도하는 줄을 굳게 붙잡았듯이 이 규칙의 실마리를 붙잡지 않으면 안 된다. 그러나 많은 사람들은 그 규율을 전혀 반성해 보지 않거나 모르고 있으며, 필요하지 않은 것으로 여기고 있다.

그리고 그들은 이따금 순서를 고려하지 않고 가장 어려운 문제들을 다루는데, 내가 생각하기에 그들의 행동은 밑에서 지붕 꼭대기까지 단 한 번에 뛰어올라가려고 시도하면서 그 오름을 위해 마련된 사다리를 무시해 버리든가 눈여겨보지 않는 사람들의 행동과 같다. 모든 점성가들이 바로 이런 행동을 하고 있는 셈이다. 왜냐하면 이들은 하늘의 본성을 모르고 또 천체 운동을 합당한 규칙에 의해 관찰해 보지도 않고서 그 결과를 지적하려고 하기 때문이다. 그리고 물리학과는 동떨어진 기계학을 연구하면서 새로운 타성 운동 도구들을 무턱대고 만들어 내려는 자들도, 제우스의 머리로부터 아테나가 나오듯이 그들의 머리에서 진리가 솟아날 것이라고 황당한 상상을 하는 철학자들도 모두 마찬가지인 것이다.

그래서 그 모든 사람들은 이 규칙을 위반하고 있음이 분명하다. 그러나 여기에 요구되는 순서는 가끔 매우 모호하고 복잡해서 누구나 이해할 수 있는 것은 아니므로, 다음 명제에서 드러나는 것을 열심히 지키려고 하지 않는다면 거의 오류를 피할 수가 없으리라.

규칙 6

　가장 단순한 원리를 복잡한 원리로부터 떼어내어 순서대로 정리하기 위해서는, 어떤 사실을 다른 대상으로부터 직접 연역해 낸 것 가운데 가장 단순한 원리가 무엇인지, 또 다른 원리들이 이 단순한 원리로부터 얼마나 더, 덜, 또는 같은 정도로 멀리 떨어져 있는지를 주의 깊게 살펴봐야 한다.

　이런 명제의 추리 과정은 새로운 것을 전혀 가르쳐 주지 않는 것 같지만 방법적으로는 으뜸가는 비법을 간직하고 있으며, 이 책 속에서 가장 큰 유용성을 지닌 것이다. 왜냐하면 이것은 모든 사실들을 하나의 계열들로 배열할 수 있는 가능성을 말하고 있기 때문이다. 하지만 이 계열의 배열은 철학자들이 분류상 사용한 범주 같은 어떤 존재론적 유(類)로 무리 지어진다는 뜻이 아니라, 어떤 진리들이 다른 것들로부터 순서대로 추리되어 알려진다는 뜻이다. 그래서 어떤 어려움이 생길 때면, 우리는 어떤 것들을 먼저 살펴보는 것이 유익한지 알 수 있는 동시에, 어느 것을 어떤 순서로 살펴야 하는지도 알 수 있는 것이다.

　나아가서 그 일을 올바로 하기 위해서 우리가 맨 먼저 주목해야 할 것은, 모든 것은 절대적인 것과 상대적인 것으로 나누어 말할 수 있다는 점이다. 이것은 우리가 물질들의 본성을 고립적으로 고찰하지 않고 서로서로 비교하려는 (하나를 다른 하나로부터 인식하기 위해) 진행 방법상 매우 유익하다는 사실이다. 여기서 절대적인 것은, 우리가 찾고 있는 것의 순수하고 단순한 본질을 자신 안에 갖고 있는 것이다. 그래서 그 용어는 독립적이거나, 원인이거나, 단순하거나, 보편적이거나, 단일하거나, 동등하거나, 유사하거나, 곧은 것 등으로 형용되는 모든 것에 적용될 수 있다. 그리고 나는 가장 단순한 것, 가장 쉬운 것을 절대적인 것이라고 부르는데, 이는 추리가 필요한 문제 해결에 그 단순하고 원초적인 요소를 이용하기 위해서이다. 이와는 달리 상대적인 것은 그 단순한 본성에 속하거나, 또는 적어도 어느 정도 그것을 나눠 갖고 있으면서 정도에 따라서만 절대적인 것과 관계 지어질 수 있고, 또 조작의 연쇄(또는 비교)를 통해서만 절대적인 것으로부터 연역될 수 있는 것이다. 그러나 그 상대적인 것은 자신의 개념 안에 또한 다른 어떤 것(절대적인 것과 반대되는 본성)을 지니고 있는데, 나는 이것을 상대성이라 부른다. 이에 대한 예로는 의존적이거나, 결과적이거나,

합성적이거나, 개별적이거나, 많거나, 동등하지 않거나, 유사하지 않거나, 부정적인 것 등으로 간주되는 것들이 있다. 이 상대적인 것들은 서로 상대적인 것들끼리 긴밀한 종속적 관계를 더 많이 가질수록 절대적인 것들로부터 멀어지게 된다. 따라서 이 규칙에서 진술하려는 것은 이 모든 것들이 단계별로 구분되어야 한다는 것이며, 모든 중간 단계들을 거치면서 가장 먼 것으로부터 가장 높은 절대적인 것까지 나아갈 수 있도록 그들의 상호 결합과 자연적 순서를 관찰해야 한다는 것이다.

그리하여 모든 방법의 비밀은, 우리가 모든 것 가운데 가장 절대적인 것을 성실히 주목해 알아내야 한다는 데에 있다. 왜냐하면 어떤 것들은 언뜻 보기에 다른 것들보다 더 절대적이지만 다른 관점에서 볼 때는 오히려 더 상대적이기 때문이다. 그래서 보편적인 것은 본질이 비교적 단순하기 때문에 개별적인 것보다 더 절대적이라고 할 수는 있지만, 그 보편적 존재는 개별적인 것들에 어느 정도 의존하기 때문에 상대적이라고도 할 수 있다. 마찬가지로 어떤 것들은 다른 것들보다 사실상 더 절대적이지만, 모든 것들 중에서 가장 절대적인 것은 아니다. 그래서 개별적인 것들과 마주했을 때 '종(種)'은 어떤 절대성을 가지고 있으나, '유(類)'에 비교해 볼 때는 덜 보편적이므로 상대적이라 할 수 있다. 마찬가지로 측정 가능한 것들 가운데서 (총체적) 연장은 어떤 절대성을 지니고 있으나, 연장된 여러 측면들의 각 길이는 모두 (덜) 절대적인 것들이다. 또한 마지막으로 우리가 여기서 살피고 있는 것이 고립적 상태에서의 각 사물의 본성이 아니라, 사물 인식의 연쇄 계열이라는 것을 보다 분명히 드러내기 위해, 의도적으로 절대적인 것들의 원인성과 그에 따른 동등성을 열거했다. 왜냐하면 철학자들이 원인과 결과를 서로 관련짓고 있기는 하지만, 결과에 대해 알고자 할 때 우리가 먼저 알아야 할 것은 원인이기 때문이다. 또한 동등한 것들은 서로 통하고 속해 있고, 동등하지 않은 것은 동등한 부류와 비교해서만 원인을 파악할 수 있다. 하지만 그 반대는 성립하지 않는다.

두 번째로 우리가 주목해야 할 것은, 경험에 의해서나 또는 우리 안에 존재하는 어떤 빛에 의해서 원초적이며 자립적으로 존재하고 있다고 여기게 되는 순수하고 단순한 본질들은 매우 적다는 사실이다. 이 본질들은 주의 깊게 고찰되어야 하는데, 이들은 어떤 개별적 계열에서든 우리가 가장 단순하다고 부르는 것으로서 간과하기 쉬운 것들이기 때문이다. 다른 모든 것들은 이 단순하고 절대적인 것들로부터의 연역을 통해 지각될 수 있을 따름이다. 이러한 연역은 직접적으로 곧바로 이루어지거나, 둘 혹은 그 이상의 여러 단계 결론들을 거쳐서만 이루어질 수 있다. 우리는 이 중간 결론들의 수를 눈여겨보아야 한다. 그것은 그들이 가장 원초적이고 단순한 명제로부터 얼마나 많은, 또는 적은 수의 단계들을 거쳐 분리되어 있는지 알기 위해서이다. 우리가 검토해야 할 대상들에 대한 논증과, 그 연결고리 계열들을 성립시키는 결과가 모두 이런 연쇄적 상호 관계를 가질 때, 우리는 각 논증들을 확실한 방법에 의해 탐구할 수 있다. 그러나 그 결과를 모두 관찰한다는 것은 쉽지 않고, 또 그것은 기억 속에 간직되기보다는 오히려 어떤 지성의 날카로운 눈에 의해 발견되고 인식돼야 하므로, 우리는 지성이 필요한 때에는 곧 그 연결 관계를 지각하도록 해줄 어떤 지성적 원인들을 찾아내지 않으면 안 된다. 이 목적을 위해 가장 효과적인 것은, 우리가 이미 발견해 낸 가장 사소한 것들을 올바르게 반성하는 일에 익숙해지는 일이다.

마지막 세번째로 우리가 주목해야 하는 점은, 어려운 문제의 탐구에서 논의를 시작해서는 안 된다는 것이다. 오히려 어떤 일정한 문제를 탐구하기 전에 먼저 우리는 뭔가를 선택하지 않아도 스스로 나타나는 단순한 진리들을 모아야 하며, 그다음에 어떤 것이 이들로부터 연역될 수 있는지를 논의해야 하고, 또 이 결론들로부터는 다른 어떤 것들이 연역될 수 있는지에 대한 이론의 근거를 세우면서 차례차례 나아가야 한다. 이렇게 해서 우리가 어떤 진리들을 찾는다면, 그 진리들을 다른 것들보다 더 쉽게 발견할 수 있었던 까닭이 무엇인지, 그리고 이들은 어떤 것들인지에 대해 주의 깊게 생각하지 않으면 안 된다. 그래서 우리가 어떤 일정한 문제를 탐구하게 되었을 때는, 어떤 원인들을 가장 먼저 해결하는 것이 좋은지 판단할 수 있을 것이다. 예컨대 6이 3의 배수라는 생각이 떠오르면, 6의 배수가 얼마인가 묻고 12임을 알게 된다. 다시 나아가면 12의 배수를 찾아서 24를 얻게 되고, 다시 이것의 배수를 구해 반복해서 48을 얻는다. 그래서 내가 쉽게 연역해 낼 수 있는 것은 3과 6 사이에, 또 6과 12 사이에, 마찬가지로 12와 24 사이 등등에 같은 비례가 있고, 따라서 3, 6, 12, 24, 48 등의 수들은 연속적인 비례 관계에 있다는 것이다. 이런 사실은 유치하게 보일 정도로 분명하지만, 우리는 이것으로부터 주의 깊은 반성을 통하여 사물들의 비례 혹은 비율에 대한 모든 물음들이 포함하는 특징적 형식이 무엇인지, 그리고 그것들을 탐구하는 순서가 무엇인지 깨달을 수 있다. 그리고 이 발견은 순수수학이라는 온전한 과학의 모든 것에 포함된다.

내가 무엇보다 유념하고 있는 것은 6의 배수를 찾아내는 것이 3의 배수를 찾아내는 것보다 더 어렵지 않았다는 점이다. 또 다른 모든 경우에서도 이와 마찬가지로 어떤 두 크기 사이에서 어떤 비례를 발견했다면, 그것은 같은 비례 규칙을 가지는 다른 것들도 셀 수 없이 많이 발견해 낼 수 있다는 것을 의미한다. 그리고 이러한 비례 규칙은 3 또는 4, 혹은 그 이상의 크기에 있어서도 어떤 어려움도 없이 각각 적용된다. 왜냐하면 이 규칙들은 단순히 저마다의 수에서 따로 발견되어져야 하고 또 각각 다른 것들과 아무런 관계가 없기 때문이다. 다음으로 내가 유념하고 있는 것은 3과 6이라는 크기가 주어졌을 때 연속 비례에 있는 제3항, 즉 12를 쉽게 알아낼 수는 있으나 두 양단, 즉 3과 12가 주어졌을 때 비례중항 6을 발견하는 것은 쉽지 않다는 점이다. 그 이유를 살펴보면, 여기에는 전자와는 전혀 다른 유형의 어려움이 있음이 드러난다. 왜냐하면 비례중항을 구하기 위해서는 두 가지 일을 함께해야 하기 때문이다. 즉 그 양단에 주의를 기울이고, 앞의 것으로 뒤의 수를 나눔으로써 새 비율(뒤엣것과의 배수 비율)을 구하고, 동시에 그 둘 사이에 있는 비례에 주목해야 하는 것이다. 그래서 이것은 연속 비례에서 주어진 두 수(첫째, 둘째)에 의해 세 번째 항, 즉 제3항을 구하는 것과는 매우 다른 것이다. 더 나아가서 3과 24라는 수가 주어졌을 때, 두 중간 비례항, 즉 6과 12 중 하나를 구하는 것이 위의 경우와 같은 어려움을 갖는 문제인지를 검토해 보면, 여기에는 앞에 나온 것들보다 더욱 복잡한 다른 종류의 어려움이 나타나는 것을 알 수 있다. 왜냐하면 이 경우에는 제4항을 발견하기 위해서 한 가지나 두 가지에 주의를 기울여야 하는 것이 아니라, 세 가지(세 항)에 주의를 기울여야 하기 때문이다. 우리는 더욱 앞으로 나아가서 만일 3과 48만 주어졌다면 세 비례중항, 즉 6, 12, 24 가운데 하나를 구하는 것이 앞의 경우들보다 더욱 어려울지를 논의할 수 있는데, 언뜻 보기에 그런 것 같다. 그러나 3과 48 사이에 있는 비례중항, 즉 먼저 12만을 구하고, 3과 12 사이에 있는 비례중항 6을 얻고, 나머지 12와 48 사이의 것, 즉 24를 얻는다면,

그 어려움은 분산되어 줄어든다는 사실이 곧 마음속에 떠오르게 된다. 이렇게 해서 우리는 이런 문제를 위에서 말한 두 번째 유형의 어려움과 같은 것으로 단순화해서 파악할 수 있는 것이다.

이 모든 것에서 내가 유념하는 것은, 한 사물에 대해 인식하고자 할 때 서로 다른 길을 거쳐갈 수 있는데, 그중 하나는 다른 하나보다 훨씬 더 어렵고 모호하다는 점이다. 예컨대 네 개의 연속 비례항들 3, 6, 12, 24를 구함에 있어 3과 6 또는 6과 12 또는 12와 24같이 연속된 수로는 나머지 연속도 쉽게 구할 수 있으며 명제가 직접적으로 검토된다고 말할 수 있는 것이다. 그러나 3과 6 또는 6과 24처럼 하나 건너서 주어지고, 그 나머지 연속을 찾게 되는 경우에는, 제1유형의 간접적 탐구에 속한다고 할 것이다. 마찬가지로 3과 24와 같은 양단이 주어지고, 이들로부터 6과 12라는 중간항들을 구하게 된다면, 이 탐구는 간접적이며 제2유형에 속한다. 우리는 이런 식으로 앞으로 더 나아갈 수 있고, 이 예로부터 더 많은 결과들을 연역할 수 있다. 위에서 말한 것만으로도 독자들은 한 명제가 직접적으로나 간접적으로 연역된다는 내 말의 의미를 충분히 이해할 수 있으며, 또 가장 단순하고 기본적인 것들을 주의 깊은 사고와 빠른 분석 능력을 적용하여 탐구하는 사람들은 이런 인식으로 다른 과학들에서도 많은 것을 발견할 수 있음을 확신하게 될 것이다.

규칙 7

지식을 완전하게 하고 싶다면, 우리가 목적으로 삼는 모든 것들을 어디서든 중단되지 않는 사유(思惟) 운동에 의해 지속적으로 자세하게 살펴보고 합리적인 순서대로 파악해야 한다.

기본적이고 분명한 원리들로부터 직접적 연역에 의해 나온 것이 아닌 진리들을 확실한 것으로 인정하고자 한다면, 우리는 여기서 제안된 연역 규칙의 명령들을 반드시 지켜야 한다. 왜냐하면 이 연역은 대체로 중간 결과들 사이의 긴 연결에 의해 이루어지며, 따라서 결론까지의 전 과정을 기억하기란 쉽지 않기 때문이다. 이것이 기억력의 부족을 메우기 위해서 지속적인 사고 운동이 있어야 한다고 말하는 까닭이다. 그래서 예컨대 A와 B라는 크기 사이에 있는 관계가 무엇인가를, 그다음 B와 C의 관계가 무엇인가를, 또 C와 D, 그리고 마지막으로 D와 E의 관계를 각각 독립된 정신적 활동들에 의해 구했다고 해도, 그것만으로 A와 E 사이의 관계를 파악했다고 볼 수는 없다. 앞의 관계들을 모두 기억하지 못한다면 그러한 관계들로부터 당면한 문제의 답을 정확하게 인식해 낼 수도 없다. 그래서 나는 각각의 사실을 직관적으로 지각하는 동시에 자발적으로 다음 것으로 넘어가는 상상력의 지속적 운동을 통해 가끔 그것 모두를 훑어보곤 했다. 그리고 이것을 처음 것에서 마지막 것까지 빠르게 지나감으로써, 기억에는 그 과정의 어떤 단계도 남아 있지 않지만 전체를 동시에 직관할 수 있을 때까지 계속했다. 이 방법으로 우리의 정신 활동은 빨라지며, 그 능력은 커질 것이다.

그러나 이 운동은 어디서도 끊겨서는 안 된다는 점을 덧붙이지 않을 수 없다. 가끔 한 결론을 너무 빨리, 그리고 멀리 떨어진 원리들로부터 연역해 내고자 하는 사람들은, 충분한 정확성이 있다고 생각하면 중간 결론들의 연결을 건너뛰어 버린다. 하지만 아무리 작은 연결이라도 그것이 빠져 있다면, 연결 관계는 무너지고 그 결론의 확실성은 사라져 버린다.

우리의 지식을 안전하게 하기 위해서는 증명 단계들의 열거 또한 요구된다. 왜냐하면 대부분의 문제들을 해결하는 데 있어 규칙들이 유익하기는 하지만, 모든 문제에 있어 옳고 확실한 판단을 내릴 수 있도록 해주는 것은 오직 열거뿐이기 때문이다. 그 수단(개별적 사실들의 열거)에 의해서 우리는 그 어떤 것도 놓치지 않고 각 단계에 대해 어떤 일반적 인식을 분명히 가지게 될 것이다. 따라서 이 열거 또는 귀납은, 제기된 문제에 관계하는 모든 것들에 대한 개관 또는 목록으로서 매우 철저하고 정확하기 때문에, 우리가 실수로 아무것도 빠뜨리지 않았음을 분명하고 자신 있게 결론지을 수 있도록 해주는 것이다. 그러므로 우리가 그 방법을 사용했는데도 문제를 해결할 수 없을 때는, 우리에게는 그것을 해결할 어떤 방법도 더 이상 없는 것임을 확신할 수 있다. 이럴 경우 적어도 우리는 좀 더 현명해질 수는 있다. 그리고 앞으로 이따금 그렇게 하겠지만 그 문제의 해결을 위해 인간의 정신이 할 수 있는 모든 것을 자세히 조사해 볼 수 있다면, 그 해결은 인간의 인식 범위를 벗어나는 것이라고 대담하게 주장해도 괜찮을 것이다.

나아가서 우리가 주목해야 할 것은, 여기서 합당한 열거나 귀납이란 다른 어떤 유형의 증명에 의한 것보다도 단순한 직관에 의해 더 확실한 결론에 이를 수 있는 방법만을 의미한다는 점이다. 어떤 것에 대한 인식이 직관으로 환원될 수 없다면, 우리는 삼단논법의 모든 연결 관계를 걷어치워야 한다. 그런 다음에 신뢰할 수 있는 단 하나의 방법으로 우리에게 남는 한 가지 경험 직관으로의 귀납만을 사용해야 한다. 왜냐하면 우리가 A를 B, C, D……로부터 연역했을 때 그 추리가 명증적인 것이라면, 그것은 이미 분명한 A의 개인적 사실로서 경험적 직관으로 되돌아와 있어야 하기 때문이다. 그러나 어떤 한 가지의 명증적 본질을 다수의 서로 무관한 사실들로부터 추리해 낼 만큼 우리 오성의 역량이 충분히 크지 못할 경우에는, 우리의 지성이 나서서 직관에 의한 확실성으로 이 사고의 운동에서 만족스런 역할을 해야 한다. 이와 유사한 방식으로 우리는 단 한 번의 직관적 전체 통찰로는 긴 연결의 모든 관계를 구분할 수 없지만, 어떤 직관적 통찰의 고리가 그 이웃 고리와 연결되어 있음을 알게 된다면 그 고리의 연속에서 맨 처음 고리가 어떻게 맨 나중 것과 이어져 있는지 안다고 말할 수 있다.

나는 이 같은 식의 통찰 활동은 합당하고 온전해야 한다고 말했는데 그렇게 말한 이유는, 가끔 그것이 작은 연결부의 누락으로 인해 결함을 가지게 되어 오류에 빠질 위험이 있기 때문이다. 왜냐하면 우리가 열거에 있어 매우 명증적인 많은 사실들을 자세히 조사한다고 해도, 아주 조그만 단계 하나를 빠뜨리게 되면 그 연결 관계는 무너지고 그 결론이 지니는 확실성은 사라져 버리기 때문이다. 또한 모든 사실(소재)들이 정확한 열거 안에 포함되어 있다 할지라도 가끔 하나하나의 단계들이 서로 구분되지 않아 우리의 인식이 혼란스럽게 되기 때문이다.

나아가서 그 열거의 고리는 어떤 때는 완전한 열거일 뿐이고 또 어떤 때는 하나의 연결고리(類)를 이루지만, 이 특성들 가운데 어느 것도 필요 없을 때가 있다. 즉 그것이 합당하기만 하면 될 때가 있다. 왜냐하면 내가 열거를 통해 증명하고자 하는 것이 여러 가지 유(類 ; 고리)의 감각 대상이나 물체가 얼마나 있는가 하는 문제라면, 앞서 경험적 열거 속에서 모든 소재들을 파악했고 또 각각을 구별했던 것을 기억하는 한, 그 직관적 형체들의 고리 그대로의 수일뿐 더 이상은 없다고 주장하게 될 것이기 때문이다. 한편 같은 방식으로 이성적 정신은 물체들과는 다르다는 점을 증명하고 싶다면, 완전한 계열의 열거가 필요한 것이 아니라 모든 물체들을 어떤 부류에 포함시키든 이성적 정신은 이 물체들과의 관련 없이도 존재함을 보여주는 것만으로 충분하다. 마지막으로 예를 들어, 만일 원의 면적이 그 둘레가 같은 다른 모든 도형들의 면적보다 더 크다는 것을 열거로써 보여주고자 할 때, 그 다른 도형들을 모두 검사할 필요는 없다. 개별적으로 몇몇 도형들에 관해 이것을 증명하고, 거기서 귀납을 통해 다른 모든 것들에 관해서도 같은 결론을 얻어내기만 하면 되는 것이다. 따라서 한 인간의 개별적 삶에 있어서도, 그 인생 소재들의 열거는 순서대로 행해져야 한다. 그것은 두 가지 이유 때문이다. 하나는 이미 예시된 결점들을 바로잡는 데는 순서대로 모든 것을 조사하는 일보다 더 도움이 되는 것은 없기 때문이며, 다른 하나는 어떤 인간의 삶도 지금 논의하는 각각의 인생 소재들이 개별적으로 탐구될 만큼 길지 않기 때문이다. 그것은 그 소재들이 많기 때문이거나 같은 것들이 자주 되풀이되기 때문이다. 그러나 만일 이 모든 사실들이 가장 좋은 순서로 배열된다면, 그것들은 점차 대체로 일정한 분류들로서 환원될 것이며, 우리는 이 분류로부터 (인간 삶에 대한) 정확한 검사를 위해 어느 한 예를 골라 자세히 살펴볼 수 있어 적어도 동일한 것에 대한 같은 과정을 두 번 밟음으로써 시간을 낭비하지는 않아도 될 것이다. 이런 진행의 이점은 매우 커서, 처음에는 엄청난 것 같던 개별적인 인생 소재들은 바람직한 예로서 차분히 짜여진 순서 덕분에, 짧은 시간 안에 큰 수고 없이 검토될 수 있다.

그러나 이 열거에서 우리가 사용하는 순서는 대체로 다양하며, 사람들마다의 판단에 달려 있다. 이런 이유 때문에 더 훌륭한 통찰력을 가지고 보다 좋은 순서를 만들기 위해서는 앞의 다섯 번째 명제(A, B, C, D, E 명제들 간의 관계를 빠짐없이 고찰하고, E에서 A로 환원되는 명제)에서 언급된 것을 기억하지 않으면 안 되는 것이다. 또한 인간이 고안해 내는 하찮은 기예들이란 그중 상당수가 이렇게 올바른 순서의 배열에 의해 발견될 수 있는 것들이다. 그래서 한 단어 (예를 들어 한 인간의 정신 내부)의 철자들을 뒤바꿔서 다른 단어로 만드는 철자 바꾸기 놀이를 완벽하게 구성하고자 한다면, 쉬운 것에서 어려운 것으로 진행해 갈 필요가 없고, 또 절대적인 것이나 상대적인 것을 구분할 필요도 없다. 여기에는 그런 활동들을 할 여지가 없기 때문이다. 즉 철자들의 바꿔치기에서는 같은 배열을 두 번 다시 다루지 않기 위해 따라 나올 순서를 지키는 것만으로도 충분한 것이다. 여기서는 바꿔치기할 수 있는 모든 경우의 수를 일정한 분류로 나누어, 찾고 있는 단어의 철자 배열을 발견할 가능성이 어디에 더 있는지 알아보는 정도의 활동이 요구된다. 이렇게 해서 그 일은 지겹지 않은 어린이의 놀이가 되는 것이다.

마지막 세 명제는 분리되어서는 안 되는데(철자들의 뒤바꿈에서처럼), 그 까닭은 대체로 우리는 이 세 명제를 함께 생각해야 되고, 또 이것들은 우리의 방법을 완성하는 데 똑같이 기여하기 때문이다. 그래서 이 세 명제 가운데 무엇을 먼저 다뤄야 하는지는 크게 중요하지 않다. 우리는 이 명제들을 여기서는 단지 간략하게 설명했을 따름인데, 이제부터는 이런 마지막 세 명제를 설명하는 것밖에 남지 않았으므로 다른 것은 거의 다루지 않을 테고 이것들이 지금까지 일반적으로만 검토되었다면 앞으로는 다시 개별적으로 고찰될 것이기 때문이다.

규칙 8

탐구하려는 것들의 계열에서 우리 오성이 충분히 직관할 수 없는 것이 나타나면 우리는 거기서 멈춰야 하고, 그다음 것을 탐구하려고 해서는 안 된다. 그렇게 함으로써 우리는 (오류를 범하고 다시 돌아오는) 불필요한 수고를 덜 수 있다.

일반적으로, 그리고 앞부분의 세 규칙(규칙 5, 6, 7)은 탐구 계열에서 지켜야 할 순서를 규정하고 설명한다. 그런데 지금의 이 규칙은 그 순서가 언제 필요하며 유용한지를 설명해 준다. 우리는 계열을 통해서 상대적인 것에서부터 절대적인 것으로, 또는 그 반대로 나아갈 수 있는데, 이 계열에서는 뒤따라 연속으로 나오는 단계를 살피기보다는 지나온 앞쪽의 각 단계를 이루고 있는 것들을 먼저 반성하고 점검해야 한다. 그러나 자주 그렇듯이 만일 많은 사실들이 한꺼번에 하나의 단계에 속한다면—설사 그것을 차례로 조사하는 것이 언제나 유익하다 할지라도—그 경우에는 순서를 엄격하고 딱딱하게 적용하지 않아도 된다. 그리고 비록 우리가 그것이 포함하고 있는 사실들에 대한 모든 지식을 가지고 있지는 않지만, 그들 가운데 몇 가지에 대해서 알고 있다면 계속 다음을 탐구해도 된다.

이 규칙은 제2의 규칙(즉 확실한 인식을 얻어낼 수 있는 대상만을 다룰 것)을 뒷받침하기 위해 내놓은 필연적 결과이다. 따라서 지금의 이 규칙은 마치 우리로 하여금 더 이상의 논의를 삼갈 것을 명령하는 듯하다. 또 어떤 진리도 더 이상 풀어놓지 않을 듯하다. 그렇다고 해서 배움의 진전을 위한 어떤 새로운 것을 제공해 주지 않는 것은 아니다. 물론 이 규칙은 우리에게 시간을 허비하지 않는 방법을 가르쳐 주는 것 이상의 가치를 지니고 있지 않기 때문에 〈규칙 2〉의 지시와 거의 같다. 그러나 앞서의 일곱 규칙을 완전히 정복한 사람들에게 더없이 만족하게 과학을 할 수 있는 방법을 알려준다. 왜냐하면 어떤 어려움을 해결함에 있어 이제까지 앞의 규칙들을 충실히 따라왔고, 또 지금의 이 규칙에 의해 어느 부분에서 멈춰야 하는지를 깨닫는 사람은 자신이 아무리 열심히 한다 해도 멈춰야 하는 경우에는 자신이 원하는 인식에 이르지 못하리라는 것을, 그리고 그 한계는 자기 지성의 결함 때문이 아니라 문제 자체의 본성이나 그가 인간이라는 사실 때문이라는 점을 확실히 알게 될 것이기 때문이다. 이런 깨달음은 물질 자체의 본성에 대한 깨달음과 다름없이 중요하다. 사실 이보다 더 많은 것에 대해 호기심을 갖는 사람은 정신에 어떤 결함이 있는 것으로 여겨지는 게 당연하리라.

우리가 말하고 있는 내용은 한두 개의 보기로 예시될 수 있다. 예컨대 만일 수학만을 공부하는 사람이 '굴절광학'에서 굴절선이라 불리는 것, 즉 평행하는 광선들이 굴절되고 나서 비로소 모두 한 점에서 만나게 되는 여러 각도의 선(규칙)들을 찾는다면, 그는 규칙 5와 6을 적용함으로써 선의 방향(궁극의 목적을 향한 방향)에 있어 굴절각(중간 단계의 5, 6 규칙들) 지점에 와서 투사각(최초의 1, 2 규칙들)에 대한 관계에 의존하여 서로 멀어지지 않도록 해야 함을 쉽게 알 수 있을 것이다. 그러나 이것은 수학의 문제가 아니라 물리학(응용에 의해 본질들이 섞여 눈에 보이지 않음)의 문제이기 때문에 그는 이 굴절선들을 발견할 수 없으며, 따라서 그는 초입부터 멈추지 않을 수 없다. 또 그가 이것(규칙들 간의 의존성)을 철학자들로부터 배우려고 하거나, 경험을 통해 추측하려 해도 소용없는 짓이다. 왜냐하면 그런 추측은 추측적 논증을 배제하라는 〈규칙 3〉에 어긋나며, 이 명제는 합성적인 동시에 상대적이므로 추측이 어렵기 때문이다. 하지만 경험은, 앞으로 적당한 때에 보여주겠지만 확실한 것이다. 또한 그가 각들 사이의 어떤 관계나 다른 온갖 것을 가정함으로써 이것이 사실에 가장 가깝다고 추측하는 것도 소용없는 일이다. 왜냐하면 그 경우 그는 굴절선을 찾고 있는 것이 아니라 단지 임의의 가정으로부터 연역될 만한 불확실한 곡선만을 뒤쫓고 있는 것이기 때문이다.

그러나 만일 자신의 공부를 수학에만 제한하지 않고, 제1의 규칙(보편적 정신에 의한 올바른 판단을 할 것)에 따라 모든 포괄적 관점에서 진리를 찾고자 하는 사람이 그 과정에서 이와 같은 어려움에 맞닥뜨린다면, 그는 투사각과 굴절각 사이의 비율(차이)은 매개체에 따른 그들의 관계 변화에 의존한다는 것을 알아내고, 다시 이 변화들은 투명체 전체를 관통하는 광선의 속성 내지 방식에 의존함을 알 수 있을 것이다. 그리고 그러한 빛의 관통 방식에 대한 지식을 알려면 빛 작용의 본성에 대한 지식이 전제되어야 하며, 마지막으로 빛을 이해하기 위해서는 자연의 힘이 무엇인지 알아야 하므로, 이것이 이 모든 계열에서 가장 절대적인 항목이라는 것도 알아내게 될 것이다. 그러므로 정신적 직관에 의해서 그가 이러한 점들을 분명하게 파악했을 때, 비로소 그는 〈규칙 5〉에 따라 탐구 계열의 순서와 배열에서 빠짐없이 지나온 단계들을 다시 거쳐서 나아갈 것이다. 그런데 만일 그가 이러한 제2단계(추렴 단계)에 와서 곧바로 빛의 본성을 결정하지 못했을 때에는, 〈규칙 7〉에 와서 중단 없는 사유 운동을 통해 목적을 지속적으로 반성하고 합리적 순서로 파악하기 위해 다른 모든 자연의 힘을 열거할 텐데, 이는 다른 어떤 것에 대한 인식과의 비교에 의해서 이 빛의 본성을 이해하기 위해서이다. 이것이 이루어지면 그는 다시 그 광선이 어떤 방식으로 투명한 물체의 전체를 관통하는지를 알아볼 것이고, 또 다른 점들도 순서에 따라 철저하게 파고들어서 마침내는 목표에 이르는 굴절선에 닿게 될 것이다. 이러한 탐구가 오랫동안 결실을 보지 못했지만, 나는 우리 방법을 정확히 사용한 사람은 이에 관해 명증적인 인식을 얻지 못할 이유가 없다고 본다.

지금부터 매우 멋진 예를 하나 들기로 하자. 만일 어떤 사람이, 인간의 이성이 도달할 수 있는 모든 진리의 인식에 대한 탐구를 스스로의 과제로 삼는다면—이것은 사고의 평형에 도달하려고 진지하게 노력하는 사람이라면 누구나 살면서 적어도 한 번은 시도해 보아야 할 작업이라고 생각한다—그는 위의 규칙들에 따르면서도 무엇보다 오성이 먼저 인식되어야 한다는 점을 깨닫게 될 것이다. 이는 모든 것에 대한 인식이 직관적 오성에 의존하며 그 반대는 아니기 때문이다. 그래서 순수한 오성의 인식에서 파생되는 그 모든 것을 분명하게 파악했을 때, 비로소 그는 우리가 가지고 있는 오성 이외의 다른 모든 인식 수단들을 열거할 것이다. 이 수단은 두 개인데, 즉 상상과 감각이다. 따라서 그는 그의 모든 정력을 이 세 가지 인지 양식을 구분하고 탐구하는 데 바칠 것이다. 또 그가 엄격한 의미에서의 참과 거짓은 오성에 의해서만 판명될 문제임을 알게 된다면—이따금 그 기원은 다른 두 수단(상상과 감각)에서 나오지만—그는 기만당하지 않고 더욱 주의 깊게 탐구하기 위해, 그리고 확실한 길을 따라가기 위해 우리에게 열린 진리에 이르는 모든 길들을 열거할 것이다. 물론 이런 것은 비전문인에게는 신기하고 믿을 수 없는 것으로 보일 수도 있으나, 그 길은 많지 않기 때문에 모두 쉽게 발견할 수 있고, 그 길들을 합당한 열거 안에 포괄시킬 수 있다. 이제 그는 개별 대상(삶의 소재)들의 진리에 이르는 모든 길들로 기억을 채우고, 아름답게 꾸며주기만 하는 거짓 인식으로부터 우리를 참된 학자로 만들어 주는 인식을 구별해 내야 한다. 이런 것은 쉽게 이루어진다(이하 생략). 그는 정신 미숙이나 학문적 기술 부족 때문에 자신이 지식을 갖지 못하는 것이 아님을, 그리고 그런 올바른 방식의 정신적 노력을 기울였는데도 자신이 갖지 못하는 지식은 다른 그 누구도 가질 수 없는 것임을 확신하게 될 것이다. 그리고 이 규칙으로 그에게 탐구하지 못하도록 막아버리는 많은 문제들이 나타난다 해도, 그는 그런 것들이 인간 지성의 한계에서 벗어난 문제임을 분명히 지각할 것이기 때문에, 자신이 그만큼 더 무지하다고 여겨지지는 않을 것이다. 오히려 그가 이성적이라면, 자신이 풀고자 한 그 문제를 누구도 해결할 수 없다는 인식이 그의 호기심을 충족시켜 가라앉힐 것이다.

그러나 정신이 할 수 있는 일에 정확을 기하기 위해, 또 정신이 그릇되고 쓸모없는 일을 하지 않도록 하기 위해 개별적이고 개인적인 것을 인식하기 전에 인간의 정신이 인식해 두어야 할 것이란 무엇인가 하는 점을 살면서 한 번은 진지하게 생각해 보아야 한다. 그런 전제 인식을 알아내기 위해서는, 몇 가지가 똑같이 단순할 경우 더욱 유용한 쪽을 먼저 검토해야 한다.

우리의 이 방법은 실로 직공의 기예들이 만들어 내는 도구와 유사하다. 왜냐하면 그 기예들은 다른 어떤 것의 도움을 필요로 하기보다, 오히려 도구들을 어떻게 만들어야 하는지 가르쳐 주는 방법적 인식이기 때문이다. 그래서 누군가 그 기술들 가운데 어느 하나를, 예컨대 대장장이의 솜씨를 부리려고 하는 데 아무런 도구도 없다면 그는 별수 없이 단단한 돌이나 거친 쇳덩이를 모루로 사용하고, 망치 대신 돌조각을 잡고, 나뭇조각을 집게로 쓰고, 또 필요한 다른 것들을 마련하게 될 것이다. 그렇게 연장들이 모두 장만되었다 해도 그는 다른 사람들이 사용할 칼이나 투구 등 다른 철제품들을 먼저 만들지는 않을 것이다. 그는 무엇보다 먼저 자신을 위해 유용한 망치와 모루와 집게, 그리고 다른 도구들을 만들어 낼 것이다. 이 예가 우리에게 가르쳐 주는 것은, 우리는 처음에는 기술적 기교의 소산물을 발견하기보다 오히려 정신이 본디 지니고 있는 다듬어지지 않은 규칙들을 스스로 자신 안에서 발견하는데, 그렇다고 해서 그것들의 도움으로 곧장 철학자들의 쟁점을 해결하고자 하거나 수학자들의 난제들을 해결하려 들면 안 된다는 것이다. 우리는 맨 처음 자기 내부의 다듬어지지 않은 규칙들을 사용하여 진리 탐구에 필요한 다른 모든 것들을 찾아내야 한다. 왜냐하면 이 내적 규칙들을 발견해 내는 것이 기하학이나 물리학 또는 기타 과학들의 여러 문제가 요구하는 해답을 발견하는 일보다 어려울 아무런 이유가 없고, 또 결코 가벼운 문제가 아니기 때문이다.

그리고 이때 인간 인식의 본성과 한계를 결정짓는 것은 무엇보다 유용한 일이다. 따라서 이 두 가지(본성과 한계)를 결정하는 것은 간단한 문제로서, 이미 정립된 규칙들의 도움을 받아 간단하게 가장 먼저 해답을 구해야 할 것으로 생각된다. 진리에 대하여 조금이라도 관심 있는 사람이라면 삶에서 적어도 한 번쯤은 인간 인식의 본성과 한계에 대한 이 탐구를 시도해 봐야 한다. 그 까닭은, 그것을 추구함으로써 지식의 참된 도구와 방법 전체가 드러나기 때문이다. 그러므로 많은 이들의 경우처럼 자연의 신비, 지상에 대한 하늘의 영향, 닥쳐올 사건의 예언 및 이와 유사한 것들에 관해서 도대체 인간의 이성이 이런 문제들을 해결할 능력이 있는지 어떤지를 물어보는 일이야말로 가장 쓸모없는 짓이리라. 우리는 가끔 바깥의 아주 낯선 것들에 대해서조차 함부로 판단을 내리고 있으니, 우리 안에서 스스로 느끼고 있는 정신의 한계를 결정짓는 것이 수고스럽고 어렵다고 여겨서는 안 된다. 그리고 이 우주 안에 있는 모든 대상들—왜 그 개별적인 대상들이 우리 정신의 탐구 대상이 되는지를 알기 위해서—을 우리의 사유 안에 포착하려고 꾀하는 것이 그렇게 거창한 작업도 아니다. 왜냐하면 일정한 한계 안에 붙들어 둘 수 없을 만큼 먼 대상, 즉 위에서 기술한 열거 방법(상상과 감각)의 인식 한계를 초월하는 복잡하고 산만한 것은 아무것도 없기 때문이다. 그러나 이것(대상들에 대한 우리 인식의 참 거짓 여부)을 시험해 보기 위해, 문제 전체를 인식 주체인 우리와 인식의 대상인 물질 자체라는 두 부분으로 나누어 살펴보자.

우리가 자기 내부에서 깨닫고 지식을 얻을 수 있는 것은 오성에 의해서일 뿐인데도 오성은 다른 세 능력, 즉 상상·감각·기억에 의하여 도움을 받거나 방해를 받는다. 우리는 이 상상적 능력들의 한계를 경계할 수 있도록 이들이 어디에서 방해물이 되는지 알아내고, 또 그 적절한 활용을 위하여 어디에서 도움이 되는지 알아내기 위해서 이것들을 차례로 검토하지 않으면 안 된다. 따라서 우리 문제의 이 첫째 부분은 다음 규칙에서 나타나듯이, 충분한 열거를 통해 논의될 것이다.

두 번째로는, 오성에 의해서만 참 거짓이 드러나는 사물 자체를 살펴보아야 한다. 이런 의미에서 우리는 그 사물들을 두 분류, 즉 본성이 단순한 대상들과 복잡하고 합성적인 대상들로 나눈다. 단순한 본성을 가진 것들은 정신적이거나 물질적이거나 또는 정신적인 동시에 물질적이다. 이에 비해 합성적인 것들 가운데는 오성이 어떤 결정을 내리기 전에 이미 복잡한 것으로 여겨지던 것들이 포함되어 있으며, 오성 자신이 합성한 것들도 있다. 이 모든 것은 뒤에 설명할 열두 번째 규칙에서 드러나게 되는데, 여기서는 오성 자신이 합성한 것에서만 오류가 발견된다는 사실이 입증될 것이다. 이런 이유로 사물들을 (상상이나 감각이 아닌 오성에 의해 판단하기 위해) 다시 두 가지로 분리한다. 하나는 가장 단순하고 자존적인 본성들로부터 연역될 수 있는 것들로 구성된 부류로서, 다음 장 전체에서 이 문제가 다뤄질 것이다. 다른 하나는 우리가 합성적이라고 체험하는 어떤 존재를 전제하는 것들의 부류로서, 이들은 세 번째 장에서 다뤄질 예정이다.

이 책 전체에서 우리는 진리의 인식으로 향한 모든 길을 매우 정확하게 따라가고, 또 사람들에게 그것이 매우 쉬운 길임을 보여주고자 한다. 따라서 이 방법 전체를 완전히 배운 이는 아무리 재능이 평범한 사람이라 하더라도, 진리에 이르는 길은 다른 누구에게도 그렇듯 자신에게 닫혀 있지 않음을, 그리고 자신의 무지가 자신의 지성 부족이나 진행 방법의 결여 때문이 아님을 알게 될 것이다. 오히려 그가 상상적 정신을 어떤 사물 또는 본질의 파악에 쏟는다면 그는 전적으로 성공하거나, 아니면 적어도 그가 할 수 없는 어떤 경험에 그 결과물이 의존함을 깨닫게 될 것이다. 또 이 경우에 비록 도중에서 어쩔 수 없이 중단하더라도 그의 정신적 재량을 탓하지는 않을 것이다. 그럼으로써 마지막으로 그는 자신이 찾고 있는 것이 인간 정신의 역량을 넘어서는 것임을 증명할지도 모른다. 그러면 그는 그것 때문에 자신을 더욱 무지하다고 생각하지는 않을 것이다. 왜냐하면 이 인간 정신의 한계를 아는 것은 다른 어떤 것을 알아내는 일 못지않은 지식이기 때문이다.

규칙 9
우리는 가장 하찮고 가장 쉬운 것들에 우리의 정신을 집중해야 하며, 진리를 명석하고 판명하게 직관할 수 있을 때까지 그렇게 해야 한다.

우리는 지금 진리를 얻기 위해 우리가 사용할 수 있는 방법인 오성의 두 활동, 즉 직관과 연역을 살펴보았다. 그러므로 이 규칙에서는 어떻게 그것들을 더욱 능숙하게 사용할 수 있는지, 그리고 동시에 지성의 주요한 기능인 총명(개별 사물들을 판명하게 봄)과 슬기(어떤 것을 다른 것들로부터 능숙하게 연역함)를 어떻게 계발할 수 있는지를 설명하기로 하자.

우리가 어떻게 정신적 직관을 사용할 것인지를 배우기 위해 이것을 눈의 사용법에 비유해 보자. 한 번의 눈길로 한꺼번에 많은 대상들을 보고자 하는 사람은 아무것도 올바르게 보지 못한다. 마찬가지로 단 하나의 사유 행위로 한꺼번에 많은 것에 늘 주의를 기울이는 사람은 지성에 혼란을 느끼기 쉽다. 그러나 매우 섬세한 활동에 종사하며, 시각을 주의 깊게 하나하나의 부분에 돌리는 데 익숙한 직공들은 훈련에 의해서 아주 작고 미세한 대상들을 구분하는 기술을 갖게 된다. 역시 마찬가지로 여러 대상에 동시에 자신의 사유를 분산시키지 않고, 가장 단순하고 쉬운 개별적인 것에 주의를 기울이면서 언제나 집중하는 사람들은 머리가 맑은 법이다.

더 어려운 것이 더 올바르다고 여기는 것은 인간의 공통된 약점이다. 많은 사람들이 어떤 것에 대해 매우 분명하고 단순한 원인을 발견했을 때는 아무것도 배우지 않았다고 생각하는 반면에, 어떤 고상하고 심오한 철학적 설명들—사실은 이것들이 대체로 어느 누구도 합당하게 살펴보지 못한 기반 위에, 즉 빛보다 어둠을 소중히 하는 불건전한 정신에 입각한 것인데도—을 보면 대단한 듯 넋을 잃어버리니 말이다. 그러나 올바로 알고 있는 사람들은, 그것을 단순한 것에서 끌어냈든지 아니면 모호한 것에서 끌어냈든지 간에 쉽게 진실을 가려낸다는 점에 주목해야 한다. 그들은 일단 문제의 요점에 이른 뒤 다음에는 각 사실을 유사하고 단일하며 명확한 사유 행위로 파악한다. 단순한 것과 모호한 것의 차이는 어떤 길을 선택했느냐에 있는데, 그 길이 최초의 절대 원리들로부터 멀리 떨어진 진리로 우리를 이끈다면, 그 길은 보다 더 길어지게 되어 있다.

그러므로 우리는 가장 판명하게 알고 있는 것만큼 판명하게 직관적으로 바라보고 있지 않은 어떤 것에 대해서도 안다고 생각하지 말고, 판명성으로 직관된 적고 단순한 사실들을 사유 안에서 동시에 파악하는 것에 익숙해져야 한다. 그런 분별 능력을 타고난 사람도 있지만, 기량과 연습에 의해서 정신은 그런 일에 훨씬 더 숙달될 수 있다. 다른 무엇보다도 여기서 내가 강조해야 할 것이 있는데, 그것은 난해한 과학에 있어서 크고 모호한 것들로부터가 아니라 쉽고 분명한 것들로부터 연역된다는 점이다.

예를 들어 만일 자연의 힘이 어느 순간 상당히 떨어진 지점으로 옮겨가면서도 동시에 그 사이에 있는 모든 공간의 통과가 보여질 수 있는지를 알아보고자 한다면, 나는 자석의 힘이나 별들의 영향력, 또 빛의 속도 따위의 연구로 이와 같은 현상들이 동시에 일어나는지에 대해 알아보지는 않을 것이다. 왜냐하면 이런 거창한 도구(소재)들을 통한 해결은 처음 문제보다 더 어려울 것이기 때문이다. 나는 오히려 일반적 물체들의 공간 운동에 대해 생각해 볼 것이다. 물체의 모든 영역에서 이 공간 운동만큼 감각에 잘 포착되는 것은 없기 때문이다.

그리하여 나는 돌은 물체이기 때문에 동일한 순간에 다른 지점으로 나아가 있을 수는 없으나, 만일 그 돌을 움직이게 하는 것과 유사한 힘이 한 대상에서 다른 대상으로 방해받지 않고 지나간다고 가정한다면, 실제로 그 힘은 물체와는 달리 정확히 동시에 전달된다는 것을 관찰하게 될 것이다. 예를 들어 내가 어떤 막대기의(어떤 길이의 것이든) 한 끝을 움직인다면, 그 막대기의 끝부분을 움직인 힘은 반드시 다른 모든 부분을 동시에 움직이게 함을 쉽게 이해할 수 있다. 왜냐하면 그때 그 힘은 방해받지 않고 그대로 전달되며, 물체로서 전달되는 돌의 경우와는 달리 어떤 물체나 물체 속의 물질로서 존재하는 것은 아니기 때문이다. 이런 방식으로 동일하고 단순한 힘의 원인이 어떻게 같은 때에 상반되는 외적 결과들을 낼 수 있을지 이해하려 한다면, 이번에도 나는 어떤 체액들은 배출시키고 다른 것들은 그대로 남게 하는 의약품을 들먹이거나, 달은 빛으로 더워지고 또 어떤 신비한 힘으로 차가워진다고 말하지 않을 것이다. 나는 차라리 간단히 천칭에(이 저울에 잰 무게는 한쪽을 올림과 동시에 다른 쪽을 내려오게 한다) 눈을 돌리거나 아니면 다른 익숙하고 쉬운 예를 들 것이다.

규칙 10

우리의 지성을 총명하게 하려면, 우리는 다른 사람들이 이미 발견한 것을 살펴보면서 연습해야 한다. 그리고 인간의 기예들 중 가장 보잘것없는 것들마저 체계적인 방법으로 두루 살피지 않으면 안 되는데, 특히 순서를 설명해 주거나 뒷받침해 주는 것들을 살펴보아야 한다.

그런데 나는 고백하거니와 다른 이들의 논변에는 귀를 기울이지 않고 스스로의 노력으로 합당한 것을 찾아내는 데에서 최고의 지적 만족을 느끼는 성향을 타고났다. 이러한 성향은 청년 시절에 나를 과학 공부로 이끌었다. 그래서 어떤 책이든지 제목으로 미루어 보아 새로운 발견에 관한 것인 듯하면, 그것을 읽기 전에 나는 타고난 어떤 슬기의 힘을 빌려 나도 유사한 어떤 것을 성취할 수 있는지 시험해 보았으며, 그 책을 미리 정독하는 것이 나의 이 해롭지 않은 행복감을 빼앗아가 버리지나 않을까 조심했던 것이다. 나는 이에 번번이 성공했는데, 그로써 마침내 나는 다른 이들이 보통 하는 것처럼 기술보다 행운에 더 의존하는 막연하고 맹목적인 탐구로는 진리에 이를 수 없다는 것을 깨달았다. 그 덕에 나는 오랜 경험을 통해 이 탐구에 적잖은 도움이 되는 몇몇 기술적 규칙을 발견했다. 또 그것을 통해 더 많은 규칙들을 생각해 낼 수 있었다. 나는 이 방법 전체를 부지런히 다듬었고, 이를 통해 내가 처음부터 가장 효과적인 연구 방식을 추구했다는 것을 확신하기에 이르렀다.

그러나 모든 정신이 아무 도움 없이 스스로 문제를 풀어내는 본성을 지닌 것은 아니다. 그렇기에 이 규칙에서 내가 알려주려는 것은, 우리가 당장에 더 어렵고 힘든 문제들에 덤벼들어서는 안 되고 가장 쉽고 단순한 학문, 특히 순서가 잘 짜여 있는 학문들을 먼저 논의해야 한다는 것이다. 직물과 주단을 짜는 공인들의 기술이나, 수를 놓거나 무한히 다양한 바탕을 지닌 실들을 엮는 여공들의 기술이 바로 그런 것들이며, 또한 숫자놀이와 대수에 속하는 것들과 이와 유사한 것들 모두 그러하다. 우리가 이러한 발견들을 다른 곳에서 빌려오지 않고 우리 스스로 만들어 낸다면, 그 모든 것은 우리의 정신을 놀라울 정도로 훈련시켜 줄 것이다. 왜냐하면 이 단순한 인간의 기예들은 은폐하여 눈에 보이지 않게 하는 것이 아니라 인간의 인식 능력이 완전히 파악할 수 있는 것이므로, 수많은 순서들의 체계를 보여주기 때문이다. 그 체계들은 서로 다르지만 매우 법칙적이다. 그리고 인간의 슬기는 그런 큰 체계를 이루는 작은 체계들을 올바로 고찰하는 데에 있는 것이다.

그런 것들을 연구함에 있어서 방법(인간의 단순한 기예)이 반드시 사용되어야 한다고 했던 것은 바로 이런 올바른 고찰을 위해서였다. 그리고 보다 덜 중요한 기예들에 의한 방법이 사용될 때는, 그 작은 체계의 순서가 물질 본디대로이든 인간의 정교한 고안대로이든, 작은 체계에 대한 지속적인 관찰 자체로 일관할 수밖에 없다. 만일 우리가 암호로 인해 의미가 감춰진 어떤 사용법을 이해하고자 한다면, 거기에 순서가 나타나 있지 않지만, 그래도 우리는 상상하여 순서를 만들어 낸다. 이것은 하나하나의 철자와 어휘 또는 문장에 관해서 우리가 할 수 있는 추측들을 시험해 보기 위해서이며, 또 그 배열들로부터 우리가 이끌어 낼 수 있는 모든 추리를 생각해 볼 수 있도록 열거하기 위해서이다. 이런 일을 무턱대고 아무런 다듬어진 방법도 없이 해결하려 한다면, 원칙적으로 우리가 시간을 낭비하고 있다는 것을 알아야 한다. 왜냐하면 문제의 해결은 방법

없이도 가능할 때가 있고, 또 운이 좋은 사람들에 의해서 더욱 빨리 이루어지는 수가 있다 할지라도, 그런 진행 방법은 정신의 제 기능을 약화시키고 사람들로 하여금 하찮고 치졸한 것에 익숙하도록 만들어서, 앞으로 그들의 정신은 일의 표면에만 매달리고 그 이상으로 통찰할 능력을 잃게 될 것이기 때문이다. 그러므로 우리는 크고 중대한 것에만 몰두하는 사람들, 또 여러 해의 수고 끝에 희망했던 깊은 지식이 아니라 단지 정신적 혼란만을 얻는 사람들과 같은 오류 속으로 빠져들어서는 안 된다. 우리는 먼저 쉬운 학문들에서 그 방법을 취해 우리를 단련시켜야 한다. 이것은 넓고 익숙한 길에서 놀이를 하고 있을 때처럼, 쉽게 이 학문들의 심장부에 들어가는 데 익숙해지기 위해서이다. 우리는 이 방법에 의해서 점차(우리가 바랐던 것보다 더 빠른 시간 안에) 명증적인 제1원리들로부터 매우 복잡하고 어려운 것으로 보이는 많은 명제들을 똑같이 쉽게 연역해 낼 수 있게 될 것이다.

한 진리를 다른 것으로부터 연역해 내는 우리의 능력을 어떻게 나아지게 할 수 있을까를 논의하는 이 자리에, 변증론자들의 모든 규율이(그들은 변증적 규율로써 인간의 이성을 통제하려고 한다) 빠져버린 것을 보고 놀라워하는 사람이 있을 것이다. 그런 변증적(궤변적) 규칙들은 어떤 일정한 결론이 필연적이고 수동적으로 이끌어 내질 수밖에 없는 논증 형식들을 규정하는데, 변증론자들은 이성이 이 형식들을 신용하면 추리를 명증적이고 주의 깊게 하지 않더라도 확실한 결론에 이를 수 있다고 말한다. 그러나 진리는 이따금 그런 변증적 이음줄에서 벗어나 있고, 반면 진리를 얻고자 그 변증적 규칙들을 사용한 사람들 자신은 다른 이들과 달리 아예 그 줄(덫)에 걸린 채로 있다. 그리고 우리의 그러한 변증적 궤변들은 이성만 사용하는 사람들을 거의 속이지 못한다. 궤변론자들은 스스로 늘 속아 넘어간다는 것을 경험으로 알고 있다.

그러므로 저 변증적 형식들을 우리의 계획에 반대되는 것으로 간주하고, 어떤 내용에 대한 진리를 검토하는 동안 우리의 이성이 잠시도 해이해지지 않도록 특히 조심하면서, 우리 정신이 진리에 주의를 기울이도록 할 수 있는 모든 수단을 구해 보자. 그리고 이런 식의 궤변은 진리를 얻는 데 아무런 도움이 안 된다는 점을 확실히 하기 위해 우리가 알아야 할 것이 있다. 그것은, 변증론자들은 삼단논법을 구성하는 전제 진리가 이미 입증되어 있지 않으면 진정한 결론을 가질 어떤 삼단논법도 고안할 수 없다는 사실이다. 그러므로 이런 처지의 형식으로는 그들 스스로 새로운 것은 아무것도 알 수 없다는 것이 확실하며, 그래서 일상적 변증법은 진리를 탐구하려고 노력하는 사람들에게는 전혀 가치가 없음이 분명하다. 그것이 유용한 경우는 이미 확인한 진리들을 우리가 가끔 다른 사람에게 더 쉽게 설명하고자 사용할 때뿐이다. 따라서 그 변증법은 철학에서보다는 수사학(설득을 위한 언어의 표현기법)에서 쓰여야 한다.

규칙 11

많은 단순한 진리들을 직관적으로 통찰한 뒤 그것들로부터 어떤 추리를 하고자 할 때 유용한 방식은, 그 직관적 인식들을 지속적 사유 행위 속에서 두루 살펴 그 관계의 참 거짓 여부를 낱낱이 반성함으로써, 가능하면 동시에 많은 명제들을 명확하게 파악하는 것이다. 왜냐하면 이것이 우리의 인식을 더 확실하게 하고 또 정신의 재량을 최대한으로 늘리는 방법이기 때문이다.

여기서는 〈규칙 3〉과 〈규칙 7〉에서 정신의 직관에 대해 이미 언급한 것(즉 다른 이들의 생각이나 우리의 추측적 논증을 배제할 것, 그리고 목적을 위해 중단 없는 사유 운동과 합리적 순서로 파악할 것)을 다시금 분명하게 설명하려 한다. 우리는 직관을 어느 때에는 연역에 대응시켰고, 다른 때에는 열거에 대응시켰다. 이때 열거는 다양한 각 경험적 개체들로부터 일반 사실을 끌어내기 위한 추리 방법으로 정의했으나, 어떤 일반적인 사실들로부터 다른 개별적인 것 하나를 끌어내는 단순한 연역은 직관에 의해 이루어진다고도 말한 바 있다.

이렇게 설명될 수밖에 없는 까닭은, 정신의 직관에 대해서는 다음 두 가지 사항이 요구되기 때문이다. 그것은 첫째로 직관된 명제는 명석하고 판명해야 한다는 것이고, 둘째로 그 명제는 연속적으로가 아니라 전체적으로 동시에 파악되어져야 한다는 것이다. 그러나 연역에 대해서 그 과정이 어떻게 일어나는지 〈규칙 3〉에서처럼 생각해 본다면, 그것은 여러 사실들이 동시에 전체적이며 다발적으로 일어나는 것으로 보이지 않고, 하나의 확실한 인식을 다른 일반적인 사실들로부터 끌어내는 정신의 어떤 자발적 운동성에 의하는 것으로 보인다. 그러므로 우리는 이 사고의 자발적 운동 규칙을 통해 직관을 연역과 구분해야 한다는 정당성을 갖게 되었던 것이다. 하지만 〈규칙 7〉에서처럼 우리가 연역을 기정사실로 여긴다면 그것은 이미 사유 운동의 연속이 아닌, 오히려 운동의 완성을 의미한다. 그렇기 때문에 우리는 그 사유 운동의 결과물이 단순하고 분명한 것일 때에는 직관에 의해서 우리 눈에 나타나며, 복잡하고 뒤얽혀 있을 때는 그렇지 않다고 생각한 바 있다. 이와 같은 (얽힌) 경우일 때 우리는 (얽힌 중간 결과물들을) 열거하여 귀납이라는 이름을 붙이는데, 그 연결 과정이 분명하지 않아 정신에 의해 동시에 전체가 파악될 수 없으므로 그 확실성은 어느 정도 하나하나의 기억에 의존하기 때문이다. 즉 열거된 것들 전체에서 어느 한 사실을 끌어내려면, 열거된 각각의 것들에 대한 판단이 들어 있는 우리 기억에 어느 정도 의존해야 하기 때문인 것이다.

이 규칙을 밝히려면 이 모든 것은 다시 분리되고 구분되어야 한다. 우리가 〈규칙 9〉에서는 정신의 직관에 의해 가장 쉽고 가능한 것에 대해서만 다루었고, 〈규칙 10〉에서는 열거(기억에 의해 다시 분리)하여 순서대로 체계적 설명이 가능한 것에 관해서만 취급했던 반면, 지금의 규칙은 어떻게 이 두 활동이 서로 돕고 보완하는지를 설명한다. 그렇게 함으로써 그것들이 단 하나의 과정으로 합쳐지는 것을 보여주는데, 이런 과정도 개별 사실에 대해 주의 깊게 직관하면서 동시에 다른 것으로 넘어가는 정신의 운동을 통해 일어나는 것이다.

이것은 두 가지 측면에서 유용하다. 첫째로 그것은 우리가 관심을 갖고 있는 결론을 더욱 확실하게 인식하도록 도와주며, 둘째로 그것은 정신이 더욱 빨리 새로운 진리를 발견할 수 있도록 도와준다. 사실상 기억—단 한 번의 직관 행위로 파악할 수 있는 것보다 더 많은 것을 포괄하고 있는 결론들의 확실성을 보장한다고 우리가 말한 바 있으나—은 약하고 우리로 하여금 실수를 저지르게 할 수 있다. 그러나 사유의 지속적이고 끊임없는 반복 과정에 의해서 기억은 새로워지고 더 강해질 수 있는 것이다. 그래서 만일 다양한 정신 활동이 나로 하여금 첫째와 둘째의 크기 사이에 있는 관계가 무엇인가를, 그리고 다음에 둘째와 셋째 사이의 관계를, 그다음 셋째와 넷째 사이의 관계를, 끝으로 넷째와 다섯째 사이의 관계를 알도록 이끌었다 해도, 내가 다른 모든 관계를 기억하고 있지 않다면 나는 첫째와 다섯째 사이의 관계가 무엇인지를 알지 못하며, 또 그것을 내가 이미 알고 있는 것들로부터 연역할 수도 없다. 그러므로 나는 나의 지성 안에서 그것들을 모두 되풀이해서 대충 훑어보아야 하는데, 이런 작업은 처음부터 끝까지 매우 빨리 지나치는 운동성으로써 실제로 기억의 도움 없이도 그 전체를 한번에 직관할 수 있을 때까지 연습되어야 하는 것이다.

이렇게 하여 정신의 느림은 개선되고 그 역량은 증대된다. 그러나 이 규칙에서의 기억이 지닌 가장 큰 이점은, 두 명제 간의 상호의존성에 관해 반성하게 함으로써 무엇이 더 또는 덜 상대적인지를, 그리고 상대적인 것이 어떤 단계로 절대적인 것이 되는지를 예리하게 구분하는 습관을 길러준다는 데에 있다는 것을 간과해서는 안 된다. 예컨대 연속 비례의 많은 크기를 훑어볼 때, 나는 다음의 모든 사실을 반성하게 될 것이다. 즉 나로 하여금 첫째 항과 둘째 항 사이의 관계를, 그리고 둘째 항과 셋째 항과의 관계, 셋째 항과 넷째 항과의 관계 등을 파악하게 하는 정신의 행위는 어떤 경우에는 더 쉽고 어떤 경우에는 더 어려운 것이 아니라 전적으로 비슷한 비례라는 사실을 말이다. 반면에 둘째 항이 첫째 항, 그리고 셋째 항이 둘째 항과 첫째 항 각각에 대해 동시에 갖는 관계가 무엇인지를 생각하는 것은 더 어렵고, 그 첫째 항과 넷째 항에 대한 관계를 인식하는 것은 더더욱 어렵다는 것 또한 알게 될 것이다. 이러한 고찰로부터 나는 첫째 항과 둘째 항만 주어져 있을 때, 셋째 항과 넷째 항 등등을 쉽게 발견할 수 있는 이유는, 그 사고의 운동이 특정하고 판명한 것이기 때문이라는 사실을 알게 된다. 그러나 만일 첫째 항과 셋째 항이 주어져 있을 뿐이라면, 중간 항을 알아내는 것은 그다지 쉽지 않다. 그 까닭은 주어진 이 두 가지를 동시에 포함한 정신 활동을 통해서만 알아낼 수 있기 때문이다. 만일 첫째 항과 넷째 항의 크기만이 주어져 있다면, 두 중간항을 직관하는 것은 더욱 어렵다. 그 이유는 여기에 세 가지 사고 행위(1, 4항에서 3항을 기억과 분해로 구한 뒤 1, 3, 4항 셋으로부터 2항을 구함)가 동시에 끼어들기 때문이다. 이에 따라 첫째 항과 다섯째 항 사이에 있는 세 항을 발견하는 것은 훨씬 더 어려운 것처럼 보이지만 사실은 그렇지 않은데, 이는 새로운 사실에 그 근거를 두고 있다. 즉 여기에는 네 가지 정신 행위들이 함께 있지만 그 넷이 다른 수(공통 본성율)에 의해 나눠질 수 있어서, 그 작용들은 서로 분리될 수 있는 것이다. 그래서 나는 셋째 항을 첫째 항과 다섯째 항으로부터, 다음 둘째 항을 첫째 항과 셋째 항으로부터 얻을 수 있다. 또 우리가 이들과 유사한 문제들을 반성하는 데 익숙해진다면, 새

의문이 생길 때마다 무엇이 그 특별한 어려움을 낳는지, 그리고 모든 경우를 다루는 가장 단순한 방법은 무엇인지를 알 수 있게 된다. 그리고 이런 것이야말로 진리의 발견에 가치 있는 도움이 되는 것이다.

규칙 12

마지막으로 우리는 오성, 상상력, 감각 및 기억이 주는 모든 도움을 이용하지 않으면 안 된다고 언급한 바 있다. 이것은 단순한 명제들에 대한 판명한 직관을 얻기 위해서이며, 또한 진리성을 확인하기 위해 증명되어야 할 명제들을 우리가 이미 알고 있는 지식 항목들과 비교하기 위해서라고 했다. 이로써 우리는 인간이 할 수 있는 한, 어떤 가려진 진실도 남아 있지 않도록 발견해 내어 그 진리들을 서로 비교해 보아야 한다.

이 규칙은 우리가 앞서 말한 모든 것의 결론으로서, 일반적 개괄로서 상세히 설명되어야 할 것이 무엇인지를 보여준다.

사물의 인식은 두 가지, 즉 인식하는 우리 자신과 인식되는 대상 자체가 고려되어야 한다. 우리 안에는 이 목적을 위해 사용될 수 있는 능력이 네 가지가 있는데, 그것들은 오성·상상력·감각·기억이다. 오성은 실로 진리를 지각하는 능력을 가진 유일한 것이지만, 우리의 능력이 미칠 수 있는 어떤 가능성도 빠뜨리지 않기 위해서 상상력과 감각과 기억의 도움을 받지 않으면 안 된다. 사물에 대해서는 세 가지를 고찰하는 것으로 충분하다. 첫째로 자발적으로 자신을 드러내는 본성은 무엇인가, 둘째로 우리는 어떻게 하나를 이용해서 다른 것을 인식하는가, 셋째로 무엇이 무엇으로부터 연역되는가 하는 것이다. 이 열거는 완전한 것으로 보이며, 인간의 노력이 미칠 수 있는 한에는 어떤 것도 빼놓지 않는 것으로 보인다.

첫 번째 부분(사물 인식에 필요한 두 가지 중 하나, 즉 인식 주체인 육체에 대하여)을 다시 보면 이 대목에서 인간 정신의 본성이 무엇인지, 육체의 본성은 무엇인지, 그리고 육체는 정신의 자발적 운동을 통해 어떻게 정보를 받는지를 먼저 설명하고, 또 인식의 도달에 기여하는 모든 합성물 내부의 기능(합성되어 눈에 보이지 않는 본질들)들은 무엇인지, 또 그 각각의 작용은 무엇인지를 해명해야 할 것이다. 이러한 것들은 사물의 진리가 모든 이에게 분명해지기 전에 명증적으로 전제되어야 하는 해명 사항들이기 때문이다. 그러나 여기서 이것들을 다루지 않는 이유는 단지 이 책의 지면이 이런 것들을 모두 다룰 만큼 충분하지 않는다는 것뿐이다. 나는 나를 결론으로 이끌어 주는 근거 없이는, 또 다른 이들을 이해시킬 수 있는 근거 없이는 논쟁 상태에 있는 어떤 것에 대해서도 단언해서는 안 된다는 생각을 가지고 이 책을 쓰고자 했기 때문이다.

그러므로 지금은 진리 발견을 지향하는 나의 의도에 가장 적합한 지식 인지의 양식을 가능한 한 간략하게 설명하는 것으로 충분할 것이다. 이 방식이 마음에 맞지 않는다면, 꼭 이것이 사실이라고 믿지 않아도 좋다. 하지만 만일 이러한 가정들이 진리에 아무런 해로움도 끼치지 않고 그것을 더욱더 분명하게 한다면, 우리가 이것을 따라가지 못할 이유가 없다. 기하학에서도 이와 같이 드러나 있는 사실에 대한 가설을 세우는 일이 행해지고 있지만, 그것이 기하학적 논변의 힘을 약화시키지는 않는다. 비록 가끔 물리학에서는, 눈에 보이는 드러난 본성에 관해 기하학과는 다른 관점을 취하는 경우도 있지만 말이다.

그러므로 먼저 다음과 같이 생각하기로 하자. 우리 신체기관의 외적 감각들은 실로 운동을 통해 능동적으로 대상에 적용되지만, 엄격히 말해 그것들이 지각하는 방식은 밀랍이 도장의 형태에 따라 새겨지는 것과 같이 수동적이다. 이것은 단순한 유추의 표현이 아니다. 밀랍의 겉모습이 도장에 의해 바뀌듯이 감각하는 육체의 외부 기관도 실제로 대상에 의해 변하는 것이다. 이것은 우리가 어떤 물체를 접촉하여 형태·굳기·거칠음 등을 지각할 때뿐만 아니라 뜨거움·차가움, 그리고 이와 유사한 것들을 지각할 때도 인정되어야 한다. 다른 감각들의 경우도 이와 같다. 눈 안의 망막은 다양한 빛깔어의 작용으로부터 형태들을 받아들인다. 그리고 대상이 더 이상 진입하는 것에 저항하는 귀·코·혀 안에 있는 첫 번째 막(膜) 또한 그렇게 소리·향기·맛으로부터 새로운 형태를 얻어낸다.

이 모든 것을 이런 식으로 생각하면, 만질 수 있고 볼 수 있는 형태보다 더쉽게 감각에 주어지는 것은 없기 때문에 아주 유용하다. 나아가 다른 가설들이 아닌 바로 이런 가설을 세우는 데서 비롯되는 오류는 없으며, 이것은 형태에 대한 개념이 매우 공통되고 단순하기 때문에 감각의 모든 대상에 포함되어 있다는 사실로써 밝혀진다. 예를 들어 우리가 빛깔에 대해서 무엇이라고 상상하든, 우리는 그것이 공간에 퍼져 형태를 갖고 있음을 부정할 수 없다. 그렇다면 우리가 무턱대고 쓸데없이 그 빛깔의 새로운 존재를 상상해 내지 않도록 주의하고, 또 빛깔에 관한 다른 이들의 관점을 부정하지 않으면서 흰색과 파란색 및 붉은색 따위들 사이에 있는 모든 점을 추상하여—비록 사실 이들 빛깔의 연장성, 즉 내적 본질이 이들 도형의 형태 같다고 할 수는 없지만—그 차이점을 다음 도형들(〈도표 1〉 참조) 사이의 차이와 같다고 생각해도 아무런 문제가 없는 것이다.

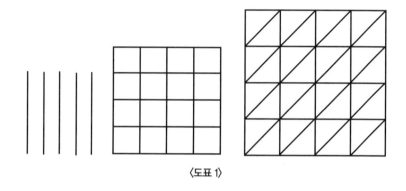

〈도표 1〉

　이 같은 논변은 모든 경우에 적용된다. 왜냐하면 형태는 그 무한한 다양성대로 감각적인 대상들의 모든 차이점을 충분히 표현해 주기 때문이다.

　인식 주체에 있어 둘째로 우리가 생각해야 할 것은, 우리 몸의 외적 감각이 대상에 의해 자극되면 감각에 전달되는 형태는 공통 감각이라 불리는 신체기관에 형태 그대로 전달되는데 그러한 일은 순간적으로 일어나며, 신체 내에서 어떤 실재물이 한 기관에서 다른 기관으로 이동하는 일 없이 전달된다는 점이다. 지금 내가 글을 쓰고 있는 것도 같은 작용을 통해 일어나는 일이다. 나는 글자들이 종이 위에 쓰이고 있는 바로 그 순간에 펜의 아래쪽이 움직여지고 있을 뿐만 아니라, 또한 그 부분에 있는 모든 운동이 펜 전체에서 동시에 운동하고 있음을 알 수 있다. 이 모든 다양한 운동들은 펜이라는 실재물의 한쪽 끝에서 다른 쪽 끝으로 지나간다고 굳이 생각하지 않더라도, 허공에서 움직이는 펜의 위쪽에 의해 동시에 나타나는 것이다. 이런 것을 생각하면, 인간 육체의 서로 다른 부분들이 펜의 각 부분들보다 더 둔하게 연결되어 있다고 할 수는 없을 것이다. 또한 이런 작용을 설명하기 위한 더 단순한 방법은 없을 것이다.

인식 주체에 있어 셋째로, 우리 육체의 공통 감각은 인장과 같은 기능을 하여 외부감각을 통해 변환되는 일 없이, 어떤 물체도 매개로 하지 않은 그대로의 형태 또는 관념들을 환상이나 상상에 새긴다고 생각해야 한다. 그러나 이 환상은 진정한 육체의 부분으로서 그 다양한 형태들을 받아들이며, 또 그것들을 얼마 동안 습관적으로 붙들어 놓기에 충분한 크기를 가지고 있다. 우리는 바로 이 후자의 붙들어 놓는 기능을 기억이라고 하는 것이다.

인식 주체에 있어 넷째로 우리가 생각하지 않으면 안 되는 것은 육체의 운동 신경의 힘, 또는 신경 자체가 나오는 근원은 환상이 자리잡고 있는 뇌라는 점이다. 환상을 통해 그 신경들은 다양하게 움직이는데 이는 외적 감각에 의해서 공통 감각이 움직이거나, 또는 펜의 아래쪽에 의해서 펜 전체가 움직이는 것과 마찬가지이다. 또한 이 예가 보여주는 것은, 어떻게 환상이 신경 안에서 많은 운동을 일으키는 원인이 되는가 하는 점이다. 그 환상은 운동 자체에 대한 상(像)을 가지고 있지 않고, 단지 그 운동을 일으킬 수 있는 능력을 지닌 다른 상을 가지고 있을 뿐인데도 말이다. 마찬가지 이치로 펜 전체는 그 아래쪽이 움직이는 것과 정확히 같은 모습으로 움직이지는 않으며, 사실 그 대부분은 그 운동과 아주 다르거나 또는 상반되는 운동을 하는 듯이 보인다. 이것으로부터 우리는, 의식은 없고 감각적 신체기관만 가진 것으로 여겨지는 동물들의 운동이 어떻게 일어날 수 있는가를 생각해 볼 필요가 있다. 또한 우리는 이성으로부터 아무런 도움도 받지 않은 우리의 모든 활동이 (무조건반사나 조건반사 운동 등등처럼) 우리 안에서 어떻게 일어나는지도 설명할 수 있게 된다.

인식 주체에 있어 마지막 다섯 번째는, 우리 몸이 사물을 인식하는 능력은 순전히 정신적이라는 것이다. 피와 뼈가, 손과 눈이 다르듯이 정신은 육체와는 다른 것이다. 또한 그 정신 능력은 독특한 것이어서 환상의 운동 지시 능력에 의해 동시에 공통 감각으로부터 인상들을 받아들이거나, 기억 속에서 보존되는 인상들에 몰두하거나, 새로운 것들을 형성하는 등의 활동을 하는 것이다. 가끔 상상력은 이러한 일들에 몰입되어서 관념들을 공통 감각으로부터 받아들이지 못하게 되거나, 물체적 성격에 적합한 방식으로 운동신경 체계에 전달할 수 없게 된다. 이 모든 활동에 있어서 인지력은 어떤 때는 수동적이고, 어떤 때는 능동적이며, 어떤 때는 봉랍(封蠟) 같고, 또 어떤 때는 밀랍 같다고 할 수 있다. 그러나 어떤 경우이든 이는 유사성일 뿐이고 유추한 것일 따름이다. 그 까닭은 물질적인 것들이 감지된 뒤에는 실제 이런 봉랍 또는 밀랍 기능과 비슷한 그 어떤 것도 더 이상 가지지 않기 때문이다. 인지력을 통해 우리 내부에서 상상적으로 공통 감각에 적용될 때 우리는 그와 동시에 '본다' '만진다' 등으로 말하고, 다양한 상들을 가지고 있는 상상에만 적응될 때 '기억한다'로 일컫는다. 그것이 새로운 인상들을 만들어 내는 데 쓰일 때, 우리는 '상상한다' 혹은 '생각한다'고 말한다. 또 마지막으로 이 인지력이 단독으로 활동하고 있다면 그 활동은 '이해한다'로 일컬어지는 것이다. 인간의 육체 속에서 이해하는 이런 기능이 어떻게 일어나는지에 대해서는 적절한 때에 자세히 설명하기로 하자. 따라서 이 인지 능력은 그 다양한 기능들에 맞게 순수오성, 상상과 기억력 또는 감각으로 불린다. 그리고 이것이 환상 안에서 새 관념들을 형성하거나 이미 형성된 것들에 주의를 기울일 때에는 정확히 지성이라고 불리는 것이다. 이러한 인식 능력은 위의 다양한 활동들을 할 수 있는 능력을 갖추고 있다고 여겨지며, 이런 활동들을 가리키는 여러 용어들 사이의 구분은 언제나 유념하고 있어야 한다. 이제 주의 깊은 독자라면 감각의 기능들로부터 어떤 도움을 받을 수 있는지, 또 정신 능력의 결점들을 보완하기 위해서는 인간의 지적 노력(기존 관념들에 주의를 기울이는 노력)이 우리의 감각 기능에 의해 어디까지 미칠 수 있는지를 알 수 있을 것이다. 오성은 상상력에 의해 자극되고, 반대로 상상력은 오성에 의해 작용한다. 이와 마찬가지로 상상력은 사유 운동신경의 힘을 빌려 신체의 외적 감각을 대상에 적용시키면서 감각에 작용할 수 있고, 반면에 감각은 상상력에 물체의 상을 새기는 방식으로 상상력에 작용할 수 있다. 한편 기억은 (즉 동물의 기억과 같은 신체 기능으로서의) 조건반사처럼 기존의 상상을 필요로 하는 것이다. 여기서 우리가 확실히 결론을 내릴 수 있는 것은, 오성이 물질이나 유사 물질 이외의 것들을 다룰 경우에는 오성의 능력이 도움을 줄 수 없다는 것이다. 오히려 반대로 그런 비물질 대상(정신적 사유)이 이 오성의 능력에 의해 방해받지 않도록 물질적 감각들은 배제되어야 하며, 상상력에서도 가능한 한 모든 판명한 외부감각 인상들은 제거되어야 한다. 그러나 만일 오성이 물질적인 어떤 것에 대해 알아보려고 한다면, 우리는 상상 속에서 가능한 한 판명하게 그것에 대한 관념을 형성해야 한다. 그리고 이를 보다 편리하게 행하기 위해서, 그 관념이 표상하고 있는 물질 자체가 외부감각들에도 직관적으로 제시되도록 해야 한다. 오성이 어떤 특정한 것들에 대해 판명한 직관을 하고자 할 때 이보다 더 좋은 방법은 없다. 그리고 이따금 많은 대상들로부터 한 가지 사실을 끌어내야 하는 경우가 있는데, 그럴 때는 당장 주의하지 않아도 되는 모든 방해 형상들을 우리 관념에서 내쫓아 버려야 한다. 그래야만 나머지 것들이 기억에 그만큼 쉽게 남아 있기 때문이다. 그리고 그때 외부감각들에 나타나야 하는 것은 물질 자체가 아니라 그것을 간단하게 단축한 형태여야 하는데, 이것은 기억의 오류를 방지할 수 있는 한에서 짧으면 짧을수록 좋다. 이 모든 것을 지키는 사람은 이 장에 관계되는 어떤 것도 빼먹지 않은 것이다.

그러면 사물 인식에 필요한 두 가지, 즉 인식 주체와 인식 대상 가운데 두 번째로 인식 대상을 택하는 조건 부분으로 넘어가 보자. 여기서 우리는 단순한 대상에 대한 개념을 복잡한 대상에 대한 개념과 정확하게 구분하여 오류를 피하고 확실한 것들만 다루기 위해, 그 두 경우에 가능한 오류들과 확실한 인식을 각각 구별해 내야 한다. 우리는 여기서, 앞서 그랬던 것처럼 어쩌면 모든 이들이 동의하지는 않을 미확정적 가정들을 세워야 한다. 그러나 만일 그것들이 각각의 사물에 대한 어떤 종류의 인식이 참이고 어떤 것이 거짓인지를 분간하는 데 도움을 준다면, 설사 그것들이 천문학 현상들을 기술하는 데 이용되는 상상적 가정상의 원판(圓板)처럼 허구로 판명된다고 해도 심각한 결과를 불러오지는 않을 것이다.

인식 대상에 있어 첫 번째로 우리는 사물들을 우리의 인식과 관계해서 관찰할 때와, 그 사물들의 실재적인 현존을 두고 말할 때와는 서로 다른 방식을 취해야 한다는 점을 기억해야 한다. 예를 들어 우리가 속성의 연장과 형태를 가지고 있는 물체를 살펴본다면, 우리는 그것을 사물의 측면에서 볼 때는 하나의 단순한 물체로 받아들일 것이다. 이런 의미에서는 그 물체를 복잡하게 물질적 본성과 연장된 속성, 형태의 성질이 결합된 합성물로 여길 수는 없다. 이 요소들은 결코 서로 분리될 수 없는 존재들이기 때문이다. 그러나 우리 오성에 의해서는 이 사물을 이 세 요소로 이루어진 합성물로 간주할 수 있다. 우리가 그 세 가지 모두가 동일한 대상에서 발견되는 것임을 판단하기 전에, 그것들을 따로 떼어서 인식했기 때문이다. 여기서 우리는 오성에 의해 지각되는 사물들만을 다룰 것이다. 형태·연장·운동 등과 같이 이미 더할 나위 없이 확실하고 판명하여 그 이상 더 나누어질 수 없는 본질만을 단순한 것으로 간주하고자 한다. 그러므로 다른 모든 것도 어떠한 방식으로든 이 본질들로 합성되었다고 여겨질 것이다. 이 합성 원리는 보편적으로 지켜져야 하기 때문에, 가끔 단순한 본성 자체로부터 추상해서 얻게 되는 것들도 예외가 되지 않는다. 이 보편적 원리는 형태란 속성이 연장된 사물의 끝 포장이라고 하면서, '형태'보다 '끝'(단순한 형태가 아니라 모든 연장된 속성이 포함된 포장 형태)에 더 보편적인 의미를 부여할 때 적용된다(지속의 끝, 운동의 끝 등의 표현을 쓸 수 있음을 내세워서). 그러나 이렇게 끝의 의미를 형태로부터 추상해 냄으로써 얻었다 하더라도, 그 끝은 형태보다 더 포괄적인 것으로 여겨져야 한다. 왜냐하면 그것(끝)은 시간의 끝이나 운동의 끝처럼 형태와는 완전히 다른 것들에도 적용되거나 또 그러한 것들로부터 추상되고, 따라서 서로 다른 많은 본성들로 합성된 끝 형태로서 이 본성들이 여러 의미로 적용되고 있기 때문이다.

인식 대상에 있어 두 번째는, 우리의 오성에 포착되는 단순하다고 불리는 것들은 순전히 지적이거나, 순전히 물질적이거나, 아니면 지성과 물질 두 영역에 걸쳐 있으면서 공통적이라는 것이다. 순전히 지성적인 것들이란 우리의 오성이 타고난 운동 능력을 이용해서, 어떤 유형에 따른 도움 없이 파악하는 것들이다. 그런 지적인 것들이 많이 있다는 것은 다음 사실을 보아도 확실하다. 즉 인지란 무엇인지, 회의란 무엇인지, 무지란 무엇인지, 의지력이라고 불리는 의지의 작용과 같은 것이 무엇인지 등등에 대해 눈에 보이는 물질적 관념을 세우는 일은 불가능하다. 우리는 이 모든 것을 알고 있으며, 또 이것을 확인하기 위해서는 이성만으로도 충분한 것이다.

한편 순전히 물질적인 것이란 오직 물체 안에서만 존재한다고 여겨지는 것들로서, 예를 들면 형태와 연장과 운동 따위의 합성체이다. 마지막으로 공통적인 것은 어떤 때는 물체에, 어떤 때는 정신에 구분 없이 귀속되는 것들로서 현존성·영원성·지속성 내지 운동성 및 이와 유사한 것들의 합성이 여기에 속한다. 공통 개념 또한 이 부류에 넣어야 하는데, 그것은 다른 단순한 본성들을 함께 연결하기 위한 끈과 같은 것이다. 우리가 추론에 의해서 얻는 것들, 즉 '단일 부류의 제3자들이야말로 서로 동일하다', 그리고 '제3자들에게 똑같은 양식으로 속할 수 없는 본성들은 서로 간에 어떤 차이성을 지니고 있는 것들이다'와 같은 결론들은 모두 이 공통 개념 부류에 의존해서 나오는 개념들이다. 그리고 이 본성들의 공통 개념은 순수오성의 내적 인식에 의해서, 또는 순수오성이 (일반적) 물질상들을 직관할 때 인식된다.

또 이 단순한 본성들에는, 우리에게 이해되는 한에서 무(無)의 속성과 함께 모든 부정적 본성도 포함될 수 있다. 왜냐하면 무, 순간, 정지란 무엇인가 등을 직관하도록 하는 인식은 현존 지속, 그리고 운동이란 무엇인가를 직관하도록 하는 인식 못지않게 참이기 때문이다. 이러한 인식 방식은 이제부터 우리가 아는 다른 모든 것들이 이 단순한 본성들의 합성에 의해 형성되었다고 말할 수 있도록 도와줄 것이다. 예컨대 내가 어떤 형태가 움직이고 있지 않다고 사유하는 것은, 어떤 점에서 형태와 정지의 복합물이다. 그리고 이것은 다른 경우에 있어서도 마찬가지이다.

인식 대상에 있어 셋째로 우리가 주장하는 것은, 이 모든 물질적인 것의 단순한 본성(예를 들어 형태)들은 있는 그대로 어떤 오류도 포함하고 있지 않다고 생각해야 한다는 것이다. 이것은 긍정과 부정을 판단하는 내적 오성 기능 없이도 우리의 외적 직관적 오성 기능이 참일 수 있을 때 쉽게 드러난다. 우리는 진정으로 보고 있는 사물(외형)들에 대해 모르고 있는 것처럼 생각할 수가 있다. 다시 말해 우리는 인식하고 있는 사물에 대해 우리가 직관이나 생각으로써 인식하는 것 말고도 감춰진 무엇인가가 있고, 그래서 우리가 그것을 모르고 있다고 믿게 되는 경우가 있다. 그러나 만일 우리가 (최소한 형태를 알고 있는데도) 이런 단순한 본성들 가운데 어느 하나조차도 완전히 알고 있는 것이 아니라고 판단한다면, 우리는 분명히 오류에 빠져 있는 것이다. 우리 정신이 단순한 사물 본성에 조금이라도 이르렀다면—이르렀다는 판단을 내린다는 가정 아래 필수적인 일로서—그 사실만으로도 우리는 그것을 완전히 알고 있다고 결론지어야 한다. 그렇지 않다면 그 단순한 본성을 이미 인정하지 않는 것이고, 우리가 알고 있는 것에 모르고 있는 것이 더해져서 이루어진 (다른 형태의) 합성물로 여겨야 하기 때문이다.

인식 대상에 있어 넷째는, 단순한 본성들 간의 결합은 필연적(또는 필수적)이거나 우연적이라는 사실이다. 결합이 필연적인 경우는 하나의 본성이 다른 것의 개념 안에 어떤 혼란된 방식으로 속해 있기 때문에, 우리가 그들 서로를 관련지어야만 명확하게 생각할 수 있을 때이다. 그리고 이러한 방식으로 형태는 속성의 연장과 결합하고, 운동은 지속이나 시간 또는 그 밖의 것들과 결합된다. 왜냐하면 속성의 연장을 갖지 않은 형태를, 지속을 갖지 않은 운동을 상상하는 것은 불가능하기 때문이다. 그와 마찬가지로 '7+5=12'라는 결합도 필연적이다. 왜냐하면 수 7 안에 수 3과 4를 어떤 혼란된 양식으로 포함시키지 않는다면, 우리는 수 7을 명확하게 생각하지 못하기 때문이다. 같은 방식으로, 도형과 수에 관해서 논증되는 모든 것은 무엇이나 그 도형과 수의 긍정적 본성대로 필연적으로 결합된다. 나아가서 이 (결합의) 필연성은 감각적인 것들의 영역에만 제한되는 것이 아니다. 예컨대 소크라테스가 자신은 모든 것을 의심한다고 말하면, 그가 적어도 자신이 무언가를 의심하고 있는 것을 알고 있다는 사실이 필연적으로 도출(결합)된다. 마찬가지로 그는 어떤 것이 참이거나 거짓일 수 있음을, 또한 이와 비슷한 것들을 알고 있는 것이며, 동시에 이와 같은 모든 결과들은 의심의 본성에 필연적으로 관련되어 있는 것이다. 그러나 뗄 수 있는 끈으로 묶인 본성들의 결합은 우연적인 것이다. 어떤 물체가 살아 움직이고, 사람이 옷을 입고 있는 등의 경우가 그 예이다. 그런데 서로 필연적으로 결합되어 있는 많은 경우가 제대로 주목받지 못하여 단순하게 우연히 연관된 것들로 생각되기도 한다. 이를테면 '나는(인간은) 존재한다. 그러므로 신이 존재한다'라든가 '나는 이해한다. 그러므로 나는 육체와 구분되는 정신을 가지고 있다'는 등등의 명제들이 그런 경우에 속한다. 마지막으로 우리가 주목해야 하는 것은, 많은 필연적 명제들이 역(逆)이 되는 경우는 우연적이라는 사실이다. 그래서 내가 존재한다는 사실로부터는 신이 존재함을 확실히 결론지을 수 있지만, 신이 존재하므로 내가 존재한다고 주장할 수는 없는 것이다.

인식 대상에 있어 다섯째로 우리가 말하고자 하는 것은 그 단순한 본성의 것들, 또는 그 혼성물, 합성물이 아닌 것은 어떤 것도 인식할 수 없다는 점이다. 사실 여러 가지가 서로 결합되어 있는 것을 인식하는 일이, 서로 분리되어 있는 것을 인식하는 일보다 더 쉽다. 예를 들어 나는 삼각형 안에 각·선·숫자 3·

연장·형태 등이 들어 있음을 생각해 본 적이 없어도 삼각형을 쉽게 인식할 수 있다. 그러나 그렇다고 해서 삼각형의 본성은 이 모든 본성들로 구성되어 있고, 또 이 본성들이 삼각형보다 더 먼저 알려진다는 것을(이것들은 우리가 그 안에서 파악하는 요소들이므로) 부정하는 것은 아니다. 삼각형 안에는 우리의 눈에 띄지 않은 다른 많은 것들이 포함되어 있을 수도 있다. 예를 들면 두 직각의 합과 동등한 세 각의 합, 그리고 변과 각 사이에 있는 셀 수 없이 많은 관계들과 넓이 등이 그러한 것들이다.

인식 대상에 있어 여섯 번째로 우리가 말하고자 하는 것은, 우리가 합성적이라고 불리는 본성들을 인식할 수 있는 것은 우리가 그것들을 경험했기 때문이거나 우리 스스로 합성했기 때문이라는 사실이다. 경험은 감각에 의해 지각한 것, 다른 사람들로부터 들은 것, 그리고 외적 직관에 의해 지성에 이르게 되거나 오성 자체에 의한 명상으로부터 얻어진 일반적인 모든 것들로 이루어진다. 다만 오성의 경험에서 주의해야 할 점이 있는데, 오성이 어떤 경험에 의해서도 속지 않기 위해서는 아래와 같은 조건을 지켜야 한다는 것이다.

즉 오성은 그것에 나타나는 대상을 파악할 때, 직관에 제시된 그대로를 파악해야 한다. 또한 동시에 아무 의심 없이 상상이 그 감각의 대상들을 충분히 보고한다고 믿는다거나, 감각들이 물질들의 진정한 형태를 받아들인다고 생각하지도 말아야 한다. 요컨대 외부의 사물들이 있는 그대로 제시된다고 판단하는 것을 삼가야 하는 것이다. 왜냐하면 우리는 보이는 대로 모든 것을 판단함으로써 오류에 노출될 염려가 있기 때문이다. 이런 오류가 일어나는 예를 들면 어떤 이가 우리에게 전해 준 이야기에 불과한 것을 사실로 믿을 때이며, 황달로 눈이 노랗게 물든 사람이 모든 것을 노랗다고 판단할 때, 그리고 우울증에 빠진 사람이 그의 무질서한 환상들을 진짜처럼 생각할 때 등이다. 그러나 현명한 사람의 오성은 이 환상들에 속지 않는데, 그 이유는 상상에 의해 받아들여지는 것이 그 사람의 오성 내부에서 아무리 진짜처럼 보일지라도 어떤 근거가 없다면, 그 외계 대상이 그 사람의 감각 속으로나, 또 그 감각에서 상상 속으로 아무런 모양의 변화 없이 온전히 이동했다고 판단하지는 않을 것이기 때문이다. 하지만 때때로 우리는 (자신의 정신적 오류 상황 아래에서) 자신이 이해하는 물질들을 합성하기도 해서, 경험으로 직접 지각하지 못한 어떤 것이 그 정신 안에 있다고 믿기도 한다. 그래서 만일 황달을 앓고 있는 사람이 그가 보는 것들이 노랗다고 믿는다면, 그의 이 인지는 합성적인 것으로서 그의 상상이 그에게 구체적인 형상으로 나타내게 하는 것과 자기 혼자서 미루어 생각한 것의 결합이라고 할 수 있다. 다시 말해서 그는 자기 눈의 결점 때문이 아니라 그가 보는 것들이 실제로 노랗기 때문에 그 빛깔이 노랗게 보인다고 믿는 것이다. 그러므로 여기서 내릴 수 있는 결론은 우리가 믿고 있는 대상들이 어떤(개인적) 방식으로 우리 자신들에 의해 합성된 것인 이상, 우리는 오류를 저지를 수 있다는 것이다.

인식 대상에 있어 일곱째는, 이 인식의 합성이 세 가지 방식, 즉 충동과 추측 또는 연역에 의해서 생긴다는 사실이다. 충동에 의한 합성은 아무런 근거도 없이 단지 어떤 초월적 힘에 의해서나 자유에 의해서, 또는 환상에 의해서 어떤 것에 대한 판단을 형성함으로써 일어난다. 위의 설명에서 처음 언급된 초월적 힘에 의한 충동으로 일어난 합성은 우리를 기만하는 일이 없고, 두 번째 경우의 추측은 아주 가끔 기만적이며, 세 번째 연역은 거의 언제나 오류의 근원이 될 위험성을 안고 있다. 그러나 첫째 것, 즉 초월에 의한 충동적 합성은 인간의 학문 영역에 속하지 않기 때문에 여기서 논의하지 않기로 한다. 두 번째 것, 곧 추측의 작용은 다음과 같은 경우에서 나타난다. 즉 물은 흙보다 지구 중심의 인력(引力)에서 더 멀리 떨어져 있기 때문에 덜 조밀한 실체이고, 공기는 물보다 더 멀리 있으므로 그보다도 농도가 덜한 실체라는 것에서, 공기 위에는 공기보다 훨씬 더 희박하고 순수한 에테르 이외에는 존재하는 것이 아무것도 없다고 추측하는 등의 경우에서 나타나는 것이다. 하지만 우리가 이런 식으로 합성하여 얻은 것을 단지 그럴듯하다고 추측할 뿐 사실이라고 주장하지는 않는다면, 실제로 우리는 오류에 빠지지는 않는다. 그리고 사실상 그것은 우리의 지식을 넓혀주기도 한다.

그렇다면 확신할 수 있는 방법으로는, 사물들을 합성하여 그들의 진리성을 확인할 수 있는 연역만이 남게 된다. 그러나 여기에도 오류가 나타날 가능성이 있다. 예컨대 공기로 가득 찬 어떤 공간 안에 시각과 촉각, 또는 다른 어떤 감각에 의해 지각될 수 있는 것이 아무것도 없게 되면, 그 공간의 본성을 진공의 본성과 잘못 결합하여 공기로 찬 공간이 진공처럼 비어 있다고 결론지을 수 있는 것이다. 이런 오류는 특수하거나 우연적인 것으로부터 일반적이고 필연적인 어떤 것을 연역할 수 있다고 억지로 판단할 때 발생한다. 하지만 우리 능력으로 우리는 이런 오류를 피할 수 있다. 즉 상호 결합이 분명히 필연적이라고 직관되는 경우에만 각각을 서로 결합시키면 되는 것이다. 예를 들어 형태와 연장이 필연적으로 연합되어 있다는 사실로부터, 속성의 연장을 가지고 있지 않은 형태는 없다는 사실이 분명히 연역될 수 있는 경우처럼 말이다.

따라서 인식 대상에 대한 우리 인식 주체의 참된 인식을 위한 첫 번째 결론은, 처음에는 단지 혼란스럽고 거친 방식으로만 제시할 수 있었던 것을, 이제 우리가 판명하고 합당한 열거로써 설명할 수 있게 되어야 한다는 사실이다. 이것은, 인간에게는 자명한 직관과 필연적 연역을 제외하면 진리의 확실한 인식에 이르는 어떤 길도 없음을 의미한다. 또한 〈규칙 8〉(직관과 연역 능력의 한계에 부딪히면 거기서 멈추고 지나온 것을 반성할 것)에서 이야기했던 단순한 사물 본성들이 무엇인지도 명확해졌다. 그리고 더 나아가 이 정신의 직관은, 그 모든 단순한 본성들의 중요성과 그들 사이의 필연적 연관성에 대해 인식한 뒤에야 마침내 우리 내부의 오성이 직접적으로 또는 상상 속에서 체험하는 다른 모든 것에도 미칠 수 있다는 사실 역시 분명해졌다. 연역에 대해서는 다음에 더 자세히 다룰 것이다.

참인식을 위한 두 번째 결론은, 이런 단순한 본성은 스스로 충분히 알려지기 때문에 그것들을 알기 위한 아무런 수고도 필요하지 않다는 사실이다. 그것들을 서로 떼어놓고 따로따로 정신의 날카로운 눈으로 면밀히 살펴보는 것으로 충분하다. 앉아 있을 때와 서 있을 때가 단순히 어떤 방식으로든 다르다는 오엑스(○, ×)문제를 모를 정도로 어리석은 사람은 없다. 그러나 모든 사람들은 위치의 본성을 달리 정당하게 분리할 수 있다고 생각하며, 또 그 위치 외의 본성들도 바뀐다고 주장하기도 한다. 이러한 사실에 주의해야 하는 것은 그만한 이유가 있어서이다. 배웠다는 사람들은 가끔 너무 지성적이어서 그 자체적으로 매우 분명하여 심지어 농사꾼들이 아는 직감마저도 모호하게 만들기 때문이다. 이 현상은 그들이 자명한 것들을 그보다 더 명증적인 것으로써 설명해 보려 할 때 나타난다. 이렇게 되면 그들은 다른 것을 설명하는 것이거나 아무것도 설명하지 않는 것과 다름없게 된다. 장소를 바꿀 때 일어나는 변화를 알지 못하는 사람은 거의 없을 것이다. 그런데 장소를 '우리를 둘러싸고 있는 물체의 표면'이라는 말로 설명했을 때, 곧바로 그 말을 이해할 수 있는 사람이 과연 있을까? 이 표면은 내가 가만히 있고 나의 위치를 바꾸지 않는데도 변화할 수 있으며, 그와 반대로 이 표면이 계속해서 나를 둘러싸고 있다 해도 내가 더 이상 똑같은 위치에 있지 않다면 그것은 나와 함께 변동할 수도 있는 것이다. 하지만 그들이 누구나 알고 있는 이 운동(일정 장소 안에서의 움직임)의 정의를 '가능성 범위 속에 있는 가능적 존재자의 사고 작용'으로 내린다면, 이 정의가 정신이 파악할 수 있는 영역을 벗어난, 숨은 힘을 가진 신비한 말들을 사용하는 것처럼 들리지 않겠는가? 자, 누가 이 말들을 아무 어려움 없이 이해한단 말인가? 그리고 사실 누가 생각의 운동이 무엇인지 모르고 있단 말인가? 누가 이 철학자들이 풀에서 마디를 찾으려 애쓰고 있다고 여기지 않겠는가? 그러므로 우리는 이런 종류의 것들을 설명함에 있어—단순한 것 대신 복잡한 것을 취하지 않기 위해서—어떤 정의들은 사용되어선 안 된다고 주장하는 것이다. 우리는 그것들을 서로 분리하여, 저마다 갖고 있는 정신의 빛의 정도에 따라 주의 깊게 직관하는 것으로 만족해야 한다.

참인식을 위한 세 번째 결론은, 인간의 모든 인식은 단순한 본성들이 다른 것들을 합성하기 위하여 서로 어떻게 결합하는지를 판명하게 지각할 때 가능하다는 사실이다. 이를 주목하는 것은 중요하다. 왜냐하면 어떤 것을 고찰하는 데 있어서 깊이 생각해야 할 어떤 어려움이 나타나면, 거의 누구나 생각해 내야 할 개념들의 우선순위를 정하지 못하고, 또 이전에 알지 못했던 새로운 종류의 사실을 탐구해야 한다고 생각하여, 처음부터 멈추어 버리게 되기 때문이다. 그래서 '자석의 본성이란 무엇인가'라는 물음 앞에서 사람들은 어려운 과제가 제시되었다 짐작하고, 이미 알고 있는 모든 사실을 마음에서 내쫓아 버리고 어려운 것에 매달린다. 여러 원인들 때문에 속고 마는 헛된 영역을 헤매면서 어떤 훌륭한 결론을 발견할 것이라고 막연하게 꿈꾸는 것이다. 그러나 자석에는 스스로 명확하고 단순한 본성들로 이루어지지 않은 그 무엇도 없을 것이라고 생각한다면, 그런 사람은 그런 질문에 대한 해답을 어떻게 찾을 것인가에 대해 아무런 의심을 가지지 않는다. 그는 맨 먼저 자신이 경험을 통해 얻을 수 있는 이 돌에 관한 모든 관찰들을 모을 것이며, 그다음 이로부터 그러한 모든 경험의 결과들을 이끌어 내는 데 필요한 단순한 본성들의 상호 혼합적 성격을 연역해 내려 할 것이다. 이것이 이루어지면 그는 인간에 의해, 그리고 실험 자료들에 의해 알려질 수 있는 한에서 그 자석의 본성을 알아냈다고 대담하게 주장할 수 있다.

　참인식을 위한 마지막 네 번째 결론은, 모든 인간의 인식은 본성상 같은 것, 또 자명한 것의 결합으로만 이루어지기 때문에 어느 한쪽의 인식이 다른 것보다 더 모호하게 생각되어서는 안 된다는 것이다. 그러나 이 사실은 어떤 주목도 받지 못하고 있으며 오히려 사람들의 모호한 마음은 이미 의문과 견해를 마음껏 즐기고 있다. 그들 가운데 더욱 대담한 이들은 실로 그들 나름의 추측을 마치 올바른 논증이나 되는 듯이 내세우기까지 하며, 또 그들이 전혀 모르는 것에 대해서는 구름 사이로 그 진리들을 볼 수 있을 것처럼 예상하는 것이다. 그들은 그러한 진리를 알릴 때 그 개념들에 어떤 말(어휘)을 결부시키고, 그것을 통해서 장황하고 일관성 있는 논의들을 익숙히 해나가지만, 실제로는 그들도 청중도 그 의미를 거의 알지 못하고 있다. 다른 한편으로는 보다 수줍은 사람들은 매우 쉬우면서도 삶에 꼭 필요한 많은 탐구들을 하지 않고 있는데, 그것은 단지 자신들이 그 일을 감당할 수 없다고 생각하기 때문이다. 이들은 그러한 것들이 지성을 더 많이 갖춘 사람들에 의해서만 발견될 수 있다고 믿으며, 상당히 권위가 있다고 여겨지는 사람들의 견해만을 따르고 있다.

　우리가 다섯 번째로 주장하는 것은 말(어휘)로부터는 물질을, 결과로부터는 원인을, 원인으로부터는 결과를, 유사한 것에서부터는 유사한 것을, 또는 부분들로부터는 부분이나 전체 자체를 연역해 낼 수 있다는 사실이다.

　이 밖의 것들에 대해서 우리는 인식에 관계되는 모든 사항을 단순한 명제와 문제로 간단히 나누는데, 이는 하나로 이어지는 우리 규칙에 어떠한 잘못됨도 없게 하기 위함이다. 단순한 명제와 관련하여 우리가 내세우는 유일한 규칙은, 어떤 대상이든 판명하게 '직관'하고 면밀히 '탐구'하라는 것이다. 그런데 이런 단순한 유형의 명제들은 자발적으로 나타나기 때문에 탐구의 대상이 되지 않는다. 이것이 〈규칙 12〉 초반의 내용(판명한 직관을 얻었으면 그 진리성 확인을 위해 이미 알고 있는 진리들과 비교할 것)이며, 여기에서 우리는 이성을 쉽게 사용할 수 있는 방법을 제시했다. 그러나 문제들 중에는 우리가 그 해결법을 모르고 있다

할지라도 완전히 파악하고 있는 것들이 있다. 이러한 것들에 관해서는 제2장('정신지도자를 위한 규칙')의 열두 가지 규칙에서 다룰 것이다. 또 그 의미가 우리에게 분명하지 않은 문제들도 있는데, 이들은 마지막 제3장의 열두 가지 규칙에서 논하도록 할 것이다. 이 구분은 의도적으로 만들었다. 이는 이어지는 내용들에 대한 인식을 전제로 하는 어떤 것도 언급하지 않기 위해서이며, 또한 우리의 정신을 계발시키는 데 우선적인 것들을 알려주기 위해서이다. 여기서 우리가 먼저 주목해야 할 점은, 다음 세 가지가 판명하게 지각되는 것만을 완전하게 파악할 수 있는 문제로 생각해야 한다는 사실이다. 이 셋은 우리가 찾고 있는 것이 나타날 때 바로 그것임을 즉시 인식할 수 있는 징표들, 그것들을 연역할 정확한 전제, 그리고 그 진리의 징표들의 상호 의존성을 개별성으로 변환시키는 것이 불가능함을 증명하는 방식 등이다. 이 세 가지로 말미암아 우리는 진리성 확인에 필요한 모든 전제들을 갖추게 되며, 그다음에 남는 일은 어떻게 그 결론(참인지 거짓인지)을 발견해 내느냐 하는 것이다. 이는 어느 한 사실을 단순한 것으로부터 연역해 내는 일이 문제가 아니라(이미 말했듯이 이것은 규칙들의 도움이 필요 없는 것이다) 한데 모아진 여러 전제에서 간단한 연역을 해낼 수 있는 정신 능력이 있는가가 문제이며, 그로부터 한 가지 결론을 이끌어 내는 기술이 필요한 문제이다. 이런 종류의 문제들은 매우 추상적이고 대수와 기하학에서만 나타나기 때문에 쓸모없는 것으로 보이기도 한다. 그러나 다른 문제들을 다루게 될 방식인 후속 부분들을 자기 것으로 만들고자 하는 사람들은 오랫동안 이러한 문제를 푸는 기술을 배우고 연습해야 한다는 것을 밝혀두는 바이다.

규칙 13

한 문제를 완전히 이해했다면, 우리는 그것에서 불필요한 모든 개념을 없애고 가장 단순한 용어들만 남겨서 진술해야 한다. 그때는 열거의 힘을 빌려 분석이 가능한 정도의 여러 부분들로 나눈 다음 비교, 분석, 선택해야 한다.

우리는 이 점에 있어서만은 (불필요한 개념들을 없애기 위해) 변증학자들을 본받고 있다. 그들이 삼단논법의 형식들에 대해 가르치면서 그 용어나 소재가 이미 알려져 있다고 가정하는 것과 마찬가지로, 우리도 여기서의 물음을 완전히 이해된 사실로서 가정적으로 전제할 것을 요구하고 있기 때문이다. 그러나 우리는 그 변증학자들처럼 두 극단 개념과 하나의 중간 개념을 구분하지는 않는다. 다음으로 우리가 그 모든 사항을 바라보는 방식은 이러하다. 첫째, 모든 문제에는 우리가 모르고 있는 어떤 것이 있어야 한다. 그렇지 않으면 문제 제기 자체가 불가능하기 때문이다. 둘째, 그 문제는 어떤 방식으로든 지시되어야 한다. 그렇지 않으면 아무것도 우리로 하여금 다른 것이 아닌 그 문제를 탐구하도록 한정할 수는 없을 것이다. 셋째, 그 문제는 이미 알려진 어떤 것의 도움을 통해서만 해결될 수 있다. 이 세 조건은 모두 충분히 파악되거나 이해되어 있지 않은 문제에도 해당된다. 자석의 본성에 대한 문제가 주어진다고 생각해 보자. 이때 우리는 이미 '자석'과 '본성'이라는 두 용어가 무엇을 의미하는지를 알고 있으며, 이 자석에 어떤 본성이 내재해 있다는 지식에서 생겨난 호기심은 어떤 일정한 종류의 답을 찾도록 우리에게 지시해 준다. 또한 문제가 완전하기 위해서는 그 전제가 전적으로 확정적(거짓 또는 참)이어서 그 자료들로부터 추리되는 결과 외에는 더 이상 필요 없도록 해야 한다. 예를 들자면 윌리엄 길버트의 자석 실험이 참인지 거짓인지 확실한 하나의 결과를 끌어낼 수 있는가를 묻는 것이 그런 경우이다. 또 다른 경우로서 세 현(絃) A, B, C가 있다고 가정해 보자. B는 A보다 더 길지 않지만 두 배나 굵고 무거우며, C는 A보다 굵지 않지만 두 배 길고 네 배의 무게를 지니고 있다. 그리고 이 세 현은 모두 똑같은 소리를 내었다. 이때 여기서 확실히 판단할 수 있는 소리의 본성은 무엇인가(참인가, 거짓인가)를 묻는 문제 또한 그 예이다. 이 밖에도 다른 예들이 있는데 적당한 곳에서 자세히 설명하겠지만, 이런 것들은 모든 불완전했던 문제들이 아주 분명한 것들로 되돌아갈 수 있다는 점을 확실히 보여준다. 또한 문제가 합당하게 나타나는 지점에서 불필요한 모든 개념을 버리고, 마구잡이의 대상이 아니라 서로 비교될 수 있을 만한 어떤 크기들을 단지 일반적인 방식으로 다루고 있다고 생각할 수 있도록, 그 어려운 장애물을 되돌려 보내기 위해서는 어떻게 이 규칙을 지키는 것이 가능한지도 확실해진다. 예를 들면 단지 자석에 관계되는 실험만을 하기로 했다면, 우리는 우리 생각을 아무런 어려움 없이 자석을 제외한 다른 모든 것에서 떼어놓을 수 있게 되는 것이다.

덧붙여 〈규칙 5〉, 〈규칙 6〉(순서와 배열에서 누락을 점검할 것, 그리고 단순 명확한 진리로부터의 거리가 얼마나 먼지를 점검할 것)에 따라 문제는 가장 단순한 진술로 되돌아가야 하며, 또 〈규칙 7〉(목표를 향해 합리적 순서로 지속적 사유 운동을 할 것)에 따라 분해되어야 한다. 그래서 만일 내가 많은 실험들을 통해 자석을 탐구하게 되면, 나는 그 실험들을 분리하여 하나씩 차례차례 훑어볼 것이다. 또 앞의 방식으로 소리에 대해 탐구한다면, 현 A 실험과 B 사이의 관계를, 다음에 A와 C의 관계 등을 따로따로 살펴볼 것이다. 그래서 내가 나중에 그 결과들을 열거해 보면 모든 경우가 단번에 포함될 수 있는 충족 조건이 나타날 것이다. 이 세 규칙(규칙 5, 6, 7)들의 반성은 문제의 마지막 해결에 접근하기 전에 순수오성이 반드시 지켜야 하는 것들이다. 그 문제를 해결하여 어떻게 응용해야 할 것인지는 이 논문의 제3장에서 분명하게 보여준다. 나아가서 참 또는 거짓이 발견될 수 있는 모든 것은 문제라고 일컬을 수 있다. 그러므로 우리는 문제마다 무엇을 보여줄 수 있는지를 결정하기 위해서, 서로 다른 유형의 문제들을 열거하지 않으면 안 된다. 이미 말했지만 사물들에 대한—이들이 단순한 것이든 합성적인 것이든—직관에는 어떤 오류도 있을 수 없다. 이런 의미에서 직관적 사실들은 문제라 불리지 않고, 우리가 그 직관 대상들의 존재에 관해 어떤 특정한 판단을 내리고자 할 때에만 문제라고 부른다. 또한 문제는 다른 사람들이 제기한 것만을 의미하는 것은 아니다. 예컨대 소크라테스가 자신의 무지 또는 모든 것에 대한 의심이 옳은지를 탐구하기 시작했을 때, 문제의 대상은 그 자신의 무지와 의심이 되는 것이다.

우리의 탐구에서 우리가 노리는 것은 용어 내지 어휘에서 사물을, 결과에서 원인을, 원인에서 결과를, 부분에서 전체 또는 다른 부분들을 연역해 내는 것이고, 또 이러한 것들에서 여러 가지를 동시적으로 추리하는 것이다.

언어의 모호성에 그 어려움이 있는 경우에는, 단어에서 사물로 형태화하는 탐구를 진행하면 좋다. 처음에는 네 발로 걷다가 다음에는 두 발로 걷고, 마지막에는 세 발로 걷는 짐승에 관한 스핑크스의 문제와 같은 수수께끼를 듣고 사물로 추정해 내는 경우는 모두 여기에 속한다. 물고기를 잡기 위해 마련된 낚싯대를 들고 둑 위에 서 있는 낚시꾼들이, 그들이 잡은 물고기는 가지고 있지 않고 반대로 아직 잡지 못한 것들을 가지고 있다고 말하는 수수께끼는 이 경우의 또 다른 예이다. 이런 경우들 외에 박식한 이들이 논란을 벌이는 대부분 문제는 거의 언제나 명칭, 즉 어휘에 관한 것이다. 그러나 위대한 사상가들이 대상을 설명함에 있어서 적합한 말을 쓰지 못한다고 그들이 물질 자체를 잘못 보고 있다고 비난할 필요는 없다. 그 사람들이 '장소'의 정의를, '어떤 사물을 둘러싸고 있는 물체의 표면'이라고 말할 때 사실상 그들의 머릿속 생각에는 아무런 오류가 없다. 그들은 단지 입으로 '공간'—일상적 사용법에서는 어떤 것이 여기저기에 있다고 말해지는 단순 자명한 근거로서의 본성을 뜻하는데—이라는 말을 잘못 사용하고 있을 뿐이다. 장소란 오로지 어떤 공간 내의 어떤 사물이 외부 공간에 대해 부분적으로 갖는 (3차원적) 관계에 의해 성립되는 본성이다. 그런데 어떤 사람들은 장소의 의미를, 공간이라는 단어의 글씨를 둘러싸고 있는 물체의 (1차원적) 표면인 것처럼 피상적 의미로 생각하면서도, 적절치 못하게 그것을 사물의 '본질적 위치'라고 불렀던 것이다. 다른 경우에 있어서도 마찬가지이다. 실로 명칭에 대한 이런 문제들은 매우 자주 일어나기 때문에, 철학자들이 단어의 의미에 대해 서로 일치를 본다면 그들 사이의 논쟁들은 거의 모두가 없어질 것이다.

어떤 것에 관해서든 그것이 존재하는지 또는 그것이 무엇인지를 탐구하려면, 우리는 결과로부터 그 원인을 연역해야만 한다.

그러나 하나의 물음이 제기될 때 우리는 이따금 그 문제의 유형을 분간할 수 없거나, 그 문제를 풀기 위해 단어로부터 사물을 연역해 내야 할지, 또는 결과로부터 원인을 연역해 내야 할지를 결정할 수 없기 때문에, 여기서 연역은 불필요한 것으로 보인다. 왜냐하면 문제를 해결하고자 함과 동시에 따라 나오는 모든 단계들을 순서대로 점검해야 일이 더 간단하고 편리해질 것이기 때문이다. 그러므로 어떤 물음이 제기되면, 단어 자체나 피상적 결과물보다는 탐구 대상 자체의 직관적 본성이 무엇인지를 분명하게 이해하려고 노력해야 한다.

사람들은 가끔씩 탐구에 있어 너무 서둘러대며 그들이 찾고 있는 사실을 확인할 징표들이 무엇인지 정하지도 않은 채, 혼탁한 정신을 사용해 그것을 해결하려고 한다. 이것은 주인 심부름을 하면서 복종하는 데 너무 열중한 나머지 무엇을 해야 하는지 또 어디로 갈 것인지도 모른 채 내달리는 하인의 경우와 같은 어리석음을 범하는 짓이다.

모든 문제는 알려지지 않은 것을 포함해야 하는데—그렇지 않으면 그것을 제기할 필요가 없으므로—다만 그 알려지지 않은 것은 우리로 하여금 어느 하나를 탐구 내용으로 결정할 수 있도록 하는 조건에 의해 제시되어야 한다. 우리는 처음부터 이 조건들에 주의를 기울이지 않으면 안 된다. 이를 위해 우리는 정신의 눈을 돌려 이 조건들이 그 문제 제시를 어느 정도 가능케 하는지, 또 어느 정도 제한하는지를 자세히 살펴야 한다. 왜냐하면 인간의 정신은 여기서 보통 두 가지 방식의 오류에 빠져들기 때문이다. 즉 정신은 이 지점에서 문제를 파악하는 데 있어 실제로 주어져 있는 조건의 정도 이상을 가정하거나, 반대로 어떤 것을 정도 이상으로 빠뜨리는 것이다.

우리는 주어진 자료보다 더 많이도, 더 적게도 가정하지 않도록 조심해야 한다. 이런 일은 주로 수수께끼나 우리를 당황시키려고 교묘히 만든 문제들, 또 충분한 근거가 있어서가 아니라 언제나 믿어왔기 때문에 옳다고 믿는 것을 문제 해결 과정에서 확실한 것으로 가정하는 경우에 주로 나타난다. 예컨대 스핑크스가 내놓은 수수께끼에서 '발'이라는 말을 있는 그대로 짐승의 발로 믿어선 안 되고, 그 단어가 어린아이의 손이나 늙은이의 지팡이에—사람들은 걸을 때 늘 발을 사용하기 때문에—적용될 수 있는지 따져보아야 하는 것이다. 마찬가지로 낚시꾼의 수수께끼 경우에도, 그 가난한 어부가 본의 아니게 자주 낚아 올리는 것을 잡았다고 여기지 않고 내팽개쳐 버리고서 다른 물고기에만 집중하게 되는 것을 주의해야 한다. 또한 우리가 가끔 보았던 물통 중에, 한가운데는 원기둥이 서 있고 그 위에 목마른 모습을 한 탄탈로스의 동상이 있는 그릇의 구조에 대한 문제를 다룰 때에도 조심하지 않으면 안 된다. 그릇에 채워진 물은 탄탈로스의 입속으로 들어갈 만큼 높지 않다면 새어나가는 일 없이 그 안에 남아 있겠지만, 물이 그 불행한 자의 입술에 닿게 되면 한꺼번에 빠져나가 버릴 수 있다. 언뜻 보기에 이 문제 해결의 핵심은 탄탈로스 흉상의 구조에 있는 듯 보이지만, 이 동상의 얼굴 구조는 결코 그 결정적인 원인이 아니며 부수적 원인에 불과하다. 왜냐하면 이 문제를 해결하는 데 있어서 핵심은, 이 물을 담고 있는 그릇이 어떻게 만들어졌으며 물의 높이가 어느 정도가 되면 모두 새어버리느냐에 있기 때문이다. 마지막으로 별들의 관찰을 근거로 천체 운동에 대해 우리가 무엇을 주장할 수 있을까 하는 물음에 답을 찾아내려고 한다면,

옛날 사람들처럼 아득한 옛적부터 그렇게 보였다고 해서 지구가 움직이지 않고 우주 한가운데 있다고 생각해서는 안 되는 것이다. 오히려 우리는 알려지지 않은 어떤 사실이 있지나 않은지 의심해야 한다. 그래야 그 과정을 통해 제기된 이 문제에 관해서 우리가 정확히 무엇을 판단할 수 있을지를 생각해 볼 수 있기 때문이다. 이것은 다른 문제들에 대해서도 마찬가지이다.

한편 문제화할 수 있는 필요조건이 주어져 있는데도 그것을 문제화하지 않는다면, 우리는 오류를 범하는 것이다. 이러한 오류가 일어나는 경우는, 별들이나 생물의 자발적 영구운동처럼 자연현상을 문제시하지 않고, 인간의 노력이 만들어 낸 영구운동에 관하여 탐구할 때이다. 적지 않은 사람들이 지구가 자체의 축을 중심으로 원 모양으로 영구운동을 하고 있으며, 지구의 모든 속성에는 자성(磁性)이 있다고 생각했다. 그래서 만일 둥근 자석이 회전할 수 있도록 하거나 아니면 적어도 그 자성의 운동이 다른 속성들과 함께 쇳조각에 전달되도록 할 수만 있다면, 영구운동을 만들어 낼 수 있을 것으로 생각했다. 그런데 혹시 이것이 성공한다 할지라도 이 자성의 영구운동은 인공적으로 만들어진 것이 아니라, 강물에 바퀴를 설치해서 물길이 끊임없이 움직이게 하는 것과 같이 어떤 불가사의한 자연적 운동을 이용한 것일 뿐이다. 따라서 여기에서는 진행 방법상 그 문제의 답을 구하는 데 필요한 어떤 조건(전제적 문제)을 빠뜨린 오류를 범한 것이 된다.

우리가 이렇게 문제의 요점을 적절히 파악했다면 그 문제 해결을 위한 어려움이 어느 부분에 있는지 정확히 파악해야 하는데, 이는 그것을 다른 어려움들과 분리하여 간단하고 더 쉽게 해결하기 위해서이다.

이를 위해서는 한 개의 문제를 이해하는 것만으로는 부족하므로, 우리는 주어진 문제 안에 포함되어 있는 같은 종류의 여러 문제들에 주의를 기울이지 않으면 안 된다. 그렇게 함으로써 그중 해결하기 쉬운 어떤 것들이 있다면 그것을 없애 가면서 우리가 아직도 모르는 것만을 남겨 고찰해야 하는 것이다. 그래서 조금 전에 이야기했던 그릇의 경우에는 원기둥이 중심에 고정되어 있어야 하고, 새 한 마리가 그 위에 그려져 있어야 한다는 등의 알아내기 쉬운 제작 방법 따위는 일단 문제에서 없애야 하는 것이다. 이 모든 것은 핵심적인 것이 못 되므로 무시해도 좋다. 그래서 나머지 문제는, 그릇 안에 남아 있었던 물이 얼마만큼의 일정 높이가 되면 모두 빠져나가도록 그릇의 기능이 되어 있느냐는 것이 된다. 우리가 탐구해야 하는 것은 바로 이것이다.

그러므로 문제 해결을 할 때에는 명제 안에 주어진 모든 것을 순서에 따라 살펴야 한다. 그리고 해당 주제와 분명한 관련이 없는 것은 모두 없애 꼭 필요한 것만을 남겨두고, 또 의심스러운 것은 면밀히 고찰하는 방법을 취해야 한다.

규칙 14

문제는 물체의 실제 속성의 연장으로 전환되어, 그 전체가 간략한 도형으로 상상력에 제시되어야 한다. 이것이 오성에 의해 문제가 분명하게 인식될 수 있는 최선의 방법이기 때문이다.

상상력의 도움을 받기 위해서 우리는, 알려지지 않았던 어떤 사실이 이미 알고 있던 사실로부터 연역될 때 이것은 어떤 새로운 실재물을 발견했음을 의미하는 것이 아니라는 사실을 알아두어야 한다. 왜냐하면 이러한 인식 전체는 단지 우리가 찾고자 하는 해답(알려지지 않았던 사실들)이 명제 안에 주어진 자료들(알고 있는 사실들)의 본성에 어떠한 방식으로 참여하는지를 알게 되는 것일 뿐이기 때문이다. 예를 들어 어떤 사람이 태어날 때부터 맹인이었다면, 우리가 감각을 통해 얻은 빛깔의 진정한 관념을 그도 어떤 추론을 통해 지각할 수 있다고 기대해서는 안 된다. 그러나 중간색이나 혼합색을 본 적은 없지만 원색을 한 번이라도 본 사람이 있다면, 그는 어떤 연역을 통해서 다른 것들과의 유사성에 따라 자신이 보지 못한 색의 상을 만들어 낼 수 있는 것이다. 이와 마찬가지로 자석 안에 우리의 오성이 모르는 어떤 보이지 않는 성질이 있다면, 우리가 두서없이 어떤 추론에 의해서 그것을 파악할 수 있다고 기대하는 것은 소용없는 짓이다. 그것을 파악하기 위해서는 오히려 어떤 유사한 새로운 감각을 전제하거나 신적 예지를 갖춰야 할 것이다. 그렇게 해서 우리가 자석에서 볼 수 있는 결과적 본성들을 나타내고 있는 기존의 실재물이나 본성들의 혼합을 가능한 모든 판명성을 사용해 가려냈다면, 우리는 인간의 정신이 이루어 낼 수 있는 모든 것에 이르렀다고 생각할 수 있다.

여기서 일일이 열거할 것은 아니지만 연장·형태·운동 및 이와 유사한 요소들을 가진 것으로 이미 알려진 모든 실재물들은, 사실상 다른 대상들 속에서도 같은 관념을 통해 같은 속성들이 확인된다. 우리가 상상하는 한, 동관(銅冠)의 형태는 금관(金冠)과 똑같다. 나아가서 이런 단순한 비교에 의한 공통 관념은 한 종류의 대상에서 다른 종류의 대상으로 옮겨지며, 우리는 이 비교를 통해 우리가 찾고 있는 대상이 어떤 점에서 어느 특정 자료와 유사하거나, 동일하거나, 동등하다고 주장하게 된다. 따라서 모든 이성적 추론에 있어서 우리가 진리의 정확한 인식에 이르는 것은 다름 아닌 대상들 간의 비교에 의해서이다. 이를테면 모든 A류는 B류이고, 모든 B류는 C이므로 모든 A류는 C라는 경우가 그것이다. 여기서 우리는 문제시하고 있는 것(quaesitum)들과 주어지는 유효한 자료들(datum), 즉 A와 C를 서로 비교하는데, 이러한 비교는 이들 A류와 C 각각이 B류와 동등한 정도라는 사실을 바탕으로 하여 행해진다. 그러나 우리가 알고 있듯이 삼단논법 형식들은 대상의 진리를 구체적이고 개별적으로 인식함에는 아무런 도움이 되지 못하기 때문에 그것들을 내던져야 한다. 그러고 나서 단순하고 순수한 직관으로 얻은 개별 대상에 관한 인식 이외의 모든 인식들은 두 개 또는 그 이상의 개별적 상호 비교에 의하여 얻게 된다고 생각함이 유익할 것이다. 사실상 실질적으로 인간 이성이 문제 해결을 위해 취해야 하는 방법은, 대상에 대한 이러한 직관적 인식들 내지 지식들의 상호 비교를 통해 탐구 활동을 준비하는 데에 있다. 왜냐하면 이런 직관적 탐구 활동이 명확하고 단순할 때, 우리는 그 결과로서 얻어지는 진리를 우리의 다듬어지지 않은 기예의 도움 없이 자연의 빛에만 의존하여 직관적으로 통찰할 수 있기 때문이다.

그다음으로 우리는 문제시되고 있는 것과 주어진 자료가 공통적으로 어떤 본성에 참여할 때만 이런 비교가 단순하고 쉬워질 수 있다는 점을 주목해야 한다. 그렇지 않은 경우에는 비교를 위한 인식 내지 지식의 준비가 필요한데, 그 이유는 공통 본성이 양쪽에 동등하게 있지 않고 다른 어떤 관계들이나 비율들과도 얽혀 있기 때문이다. 이때 인간이 할 수 있는 주된 노력은 이 비율들을 본질에 가깝게 점차 환원시킴으로써 찾고 있는 사실과 이미 알고 있는 어떤 사실 사이의 동등성을 분명하게 보여주는 데 있을 따름이다.

또한 우리는 증감(찾고 있는 사실과 알고 있는 사실 사이 공통 본성의 비율 증감)을 허용해야만 동등성(aequalitatem)으로 환원될 수 있다는 것에 주목해야 한다.

그 동등성은 서로 간 크기(차이)의 비교로 이루어지기 때문이다. 그러므로 이런 규칙에 따라 어려운 문제의 용어들이 특정 분야에 한정됨으로써 생기는 큰 차이에서 벗어난다면, 그다음에는 크기 일반(magnitudines in genere)만을 다루면 되는 것이다.

마지막으로 정신은 순수오성이 아니라 상상적 상들의 도움을 받는데, 이러한 정신을 사용할 때 우리가 주목해야 하는 것은 상상 속에서 어느 일정 크기류(부류)에 귀속될 수 없는 것은 일반 크기류에 관해서도 주장될 수 없다는 점이다.

이러한 내용들로부터 쉽게 결론짓게 되는 것은 (차이의) 크기 일반에 속한다고 주장되는 것으로 여겨지는 것들을, 우리의 상상 안에서 쉽고 판명하게 그려지는 크기의 특수한 종(種)의 차원으로 전환한다면 유용할 것이라는 점이다. 이렇게 종(種)으로 전환된 크기류는 〈규칙 12〉에 의해 형태 이외의 모든 다른 본성들이 비교되어 추상된, (물체의) 실제적 본성 연장의 종으로 볼 수 있다. 이 규칙에 따른다면 우리는 물체에 대한 상상력 자체와 그 상상의 관념을, 연장과 형태를 지닌 물체의 종에 귀속시킬 수 있으며, 이것은 아주 분명한 일이다. 왜냐하면 이 관념적 연장은 어떤 실제 대상만으로의 비교보다도 공통 본성 비율의 모든 차이를 명확하게 보여주기 때문이다. 우리는 어느 것이 다른 것보다 더 또는 덜 희다고 말하거나, 어느 소리가 더 또는 덜 날카롭다는 등등으로 말할 수 있다. 하지만 그 양(量)이 정확히 얼마만큼 더한지 덜할지는, 그런 형태를 소유하고 있는 물체들의 연장된 속성과 어떤 방식으로든 비유하지 않고서는 그 차이가 2대 1, 아니면 3대 1이라고 명확히 말할 수는 없다. 그래서 이제 확실한 점은, 완전히 명확한 문제는 차이의 비율들을 바꾸는 것—등식으로 진술될 때까지—이외의 다른 어려움은 가지고 있지 않다는 사실이다. 또한 이런 어려움은, 물체를 다른 모든 대상과 구별하여 그 연장과 형태를 쉽게 진술할 수 있어야 하고, 또 진술하지 않으면 안 된다는 사실로도 확실하다. 그러므로 여기서부터 〈규칙 25〉까지는 오직 이 연장된 속성과 형태의 진술을 어떻게 쉽게 할 것인지만 다룰 것이며, 다른 모든 것에 대한 고찰은 빼버릴 것이다.

여기서 나는 독자들이 대수와 기하학에 관심을 가지고 있기를 바라지만, 만약 그들이 그 분야에 세속적 기준으로만 정통해 있다면 오히려 아무런 숙련이 없는 편이 더 낫다고 생각한다. 왜냐하면 내가 여기서 풀어놓는 규칙들은 다른 어떤 종류의 문제들에서보다도 대수와 기하학의 공부에서 훨씬 더 사용하기 쉬운 것들이고, 그러한 학문들을 배우는 데 가장 쉽고 필요한 것이기 때문이다. 나아가서 '더 깊은 지혜'를 얻기 위한 수단으로서 이 규칙의 유용성은 매우 크기 때문에, 나는 주저하지 않고 우리 방법이 수학적 문제들을 다루기 위해서 만들어진 것이 아니라, 오히려 수학적인 문제들이 우리 방법에 대한 훈련 도구로서 연구되는 것이라고 말할 수 있다. 나는 이 학문에 있어 자명하고 누구에게나 명확한 그런 사실들만을 가정할 것이다. 그러나 사람들이 보통 생각하는 방식은, 커다란 오류들로 손상되어 있지는 않더라도 애매하고 잘못된 원리들로 인식을 흐려놓는 것이다. 그러므로 우리는 다음 페이지들에서 점차 그것을 바로잡아 가려고 한다.

우리는 연장이 길이·넓이·깊이를 가진 모든 것의 연장을 의미한다고 이해하며, 그 연장의 본체가 진정한 물체인지 아니면 단지 공간인지 등은 문제삼지 않는다. 그리고 그것은 더 이상의 설명이 필요하지 않은 듯하다. 우리의 상상에 의해서 연장된 속성보다 더 쉽게 지각되는 것은 아무것도 없기 때문이다. 그러나 박학한 이들은 자주 미묘한 구분을 사용하여 자연의 빛을 흐리게 하고, 심지어 농부들도 알고 있는 진솔한 지식에서조차 모호성을 찾고 있다. 그러므로 여기서 분명히 말해 두어야 할 것이 있다. 즉 우리는 대상의 연장된 속성 자체와 달리 구별되는 상상은 그 어떤 것도 연장을 의미하는 것으로 여기지 않으며, 실제로 상상에 표상될 수 없는 저 형이상학적 실재물도 인정하지 않는 것을 관례로 삼겠다는 것이다. 만약 어떤 이가 우주 안의 모든 연장체(본체)가 없어져도 연장 부분이 그 자체로서 혼자 남아 있을 것이라고 믿는다면, 그의 이 착상은 형태가 있는 실재 물질의 상에 기초하지 않고 오성의 틀린 판단에 근거하고 있는 것이다. 이러한 점은 그가 상상 속에 연장된 속성을 그려보면서 그에 맞는 상을 주의 깊게 반성해 본다면 스스로 인정하게 될 것이다. 왜냐하면 그는 연장은 어떤 물질적 실재 대상(본체)과 분리해서는 지각될 수 없음을 깨닫게 될 것이며, 판단과 상상은 아주 다르다는 점 또한 알게 될 것이기 때문이다. 따라서 오성이 그 진리성을 어떻게 받아들이든, 또는 추상되든 실재물들은 결코 대상들로부터 분리된 것으로서는 우리의 상상에 주어질 수 없다.

그러나 지금부터 우리는 상상의 도움에 의해 모든 것을 행하고자 하기 때문에 우리가 사용하는 '말의 의미'를, 경우에 따라 오성에 전해지는 각 관념들로부터 조심스럽게 구분해 볼 필요가 있다. 이 목적을 위해서 우리는 다음의 세 가지 표현 방식을 살펴보고자 한다. 즉 '연장은 장소를 차지한다', '물체는 연장된 속성을 가지고 있다', 그리고 '연장된 속성 부분은 물체가 아니다.'

첫째 진술은, 어떻게 연장이 연장되어 있는 것과 같은 의미일 수 있는가를 보여준다. 따라서 '연장은 장소를 차지한다'는 말은 '연장되어 있는 것은 장소를 차지한다'는 말과 같다. 그러나 애매성을 피하기 위해 '연장되어 있는 것'이란 용어를 사용하는 편이 더 좋다는 것은 아니다. 왜냐하면 그것이 우리가 말하는 것의 의미, 즉 연장되어 있는 주체(속성은 연장되었으나 외형은 그대로)가 장소를 차지한다는 것을 더 명확하게 설명해 주지는 않기 때문이고, 또 그런 표현은 '탄생된 생명이 새로운 장소를 차지하고 있다'라고 말할 때와 같이 '연장되어 있는 것은 별도로 장소를 차지하고 있는 주체이다'라고 잘못 해석될 여지가 있기 때문이다. 그러므로 우리는 연장과 연장된 것을 같게 생각하더라도 최소한 연장된 것(눈에 보이는 형태)보다는 오히려 연장 본성(눈에 보이지 않고 물체의 형태에 내포된 속성)을 다루고 있다고 생각해야 한다.

다음에는 '물체는 연장된 속성을 가지고 있다'라는 말을 보자. 여기서 '연장된 속성'의 의미는 물체의 의미와 동일하지 않음에도 우리 상상 속에서만 구분되어야 하는 두 관념, 즉 물체의 관념과 연장의 관념이 각각 하나의 연장된 독립 개체라는 관념을 형성한다. 그래서 사물의 외형면에서 그것은 '물체는 연장되어 있다', 또는 오히려 '연장된 부분은 연장된 장소를 차지하고 있다'라고 말할 때와 같은 오류이다. 이 연장된 부분은 어떤 주체 안에만 존재하며, 주체 없이는 결코 상상될 수 없는 실재물의 특성이다. 그러나 주체와 구분되는 연장 실재물들의 경우에는 사정이 다르다. 예를 들어 '베드로는 재산을 가지고 있다'라고 했을 때, 베드로의 관념과 재산은 서로 전혀 다른 관념이다. 또한 '바오로는 부유하다'라고 말할 때와 '부유한 자는 부유하다'라고 말할 때의 관념도 매우 다르다. 적지 않은 이들이, 이렇게 연장된 부분이 주체와 구분되어야 하는 경우와 같은 몸체로서 생각되어야 하는 경우 사이의 차이를 구분하지 못하기 때문에 오류를 범하게 된다. 그래서 바오로의 재산이 바오로 자신과는 다른 어떤 것이듯, 다른 모든 연장 본체도 연장된 것과 구분되는 어떤 것이라고 잘못 생각하는 것이다.

마지막으로 '연장 부분은 물체가 아니다'라는 표현은 옳은가에 대해 살펴보자. 여기서 연장이라는 용어는 위의 경우와는 매우 다르게 여겨진다. 본디 상상 안에는 연장 속성에 대응하는 어떤 특별한 관념도 없다. 그러므로 사실 이런 주장에는 순수오성이나 직관에 의한 형상이 개입되어야만 한다. 이런 유형의 상상적 추상물들의 참 거짓을 분리해 내는 능력을 가지고 있는 것은 순수오성이지만, 이것은 많은 사람들의 판단에 장애물이 된다. 사람들은 순수오성 또는 직관으로 그렇게 이루어진 연장이 때때로 상상에 의해 포착될 성질이 아닐 때에도 그것을 깨닫지 못하고서, 도중에 그것을 관념적으로만 표상하는 오류에 빠지기 때문이다. 관념은 반드시 물체의 개념을 포함해야 하므로 만일 그렇게 상정된 연장이 물체가 아니라고 말한다면, 그들은 '같은 것이 동시에 물체이고 물체가 아니다'라는 모순에 빠지게 되는 것이다. 마찬가지로 '연장'·'형태'·'수'·'표면'·'선'·'점'·'단위' 등과 같은 명칭들이, 이들에 의해 구분될 수 없는 모호한 실재물들을 배제할 정도로 엄격한 의미의 용어로서 사용되도록 그 용어들의 참 뜻을 구분되게 하는 것이 매우 중요하다. 이러한 경우의 예로는 '연장 자체 또는 형태 자체만으로는 물체가 아니다', '수는 셀 수 있는 사물이 아니다', '표면은 물체의 경계이다', '선은 표면의 끝이며 점은 선의 끝이다', '단위는 양이 아니다' 등의 엄격한 진술을 들 수 있다. 그러나 이 모든 것과, 이와 유사한 명제들이 참이 되려면 상상력의 한계에서 완전히 벗어나야 한다. 따라서 우리는 이런 명제들을 다루지는 않을 것이다.

하지만 어휘(용어)의 사용에서 우리가 조심스럽게 눈여겨볼 점이 있다. 즉 이 용어(수, 점, 선, 등)들이 추상적인 주체들에 대해서는 위와 같은 의미로 사용되지만 그 자체 표현만으로는 실제로 명제의 의미를 구분할 수 없는 경우가 있는데, 이때는 상상력의 도움을 받는다는 사실이다. 엄밀히 말해 오성은 단지 이름(또는 용어)이 가리키는 것에만 주의를 기울인다. 하지만 필요할 경우 오성이 그 이름에 의해 표현되지 않는 다른 조건들을, 부주의로 없다고 판단하는 것을 막기 위해서 상상은 대상에 대한 올바른 관념을 형성해 주어야 하는 것이다. 예를 들어 수에 관한 문제를 다뤄야 한다면, 우리의 상상은 많은 단위(수)를 통해 추렴적 측정을 할 수 있으나, 이때 오성은 대상에 의해 당장 눈에 나타나 보이는 다수성에만 한정해 주의를 기울일 수 있다. 그러나 우리는 수로 나타내어진 그 (현실의) 대상이 우리의 (일반적·추렴적) 개념과 다르다는 결론을 내리지 않도록 조심해야 한다. 수에다 신비한 속성(추렴되지 않은 모호한 속성)과 너절한 성질들을 귀속시키는 사람들이 그런 결론을 내리곤 하는데, 그들이 눈으로 헤아려진 (현실의) 사물 수로부터 동떨어진 상상(추측)만 하고 있지 않다면, 확실히 그런 신비한 속성들을 크게 신뢰하지 않을 것이다. 그러므로 우리는 형태(예를 들어 어휘나 수, 도형 등)란 단지 형태 그대로를 가지고 있는 연장된 (상상의 도움으로 확장된) 주체라는 것을 기억해야 한다. 물체에 관한 문제라면 우리는 길이와 넓이 및 깊이를 지닌 것으로 파악된 대상에 한에서만 연장된 주체를 생각할 것이다. 만약 표면에 관해서라면 우리는 그것을 길이와 넓이를 가진 한에서만 생각하고, 깊이라는 요소를 빼어놓되 그 깊이라는 요소가 없다고 부정하지는 않을 것이다. 나아가 선에 관해서는 오직 길이를 가진 것에 한해서만 다루게 될 것이며, 또 점에 관해서는 어떤 실재물이라는 것 외에는 다른 모든 특성들을 배제한 단순한 단위 속성으로서 다루게 될 것이다.

심히 걱정스러운 것은 내가 이 주제로 아무리 많은 설명을 해도 인간의 정신은 편견에 휩싸여 있기 때문에 여기서 길을 잃고 헤매지 않을 사람이 적으며, 또 내 생각을 이토록 오래 말하고 있어도 사람들은 내 의도의 극히 일부만을 이해할 것이라는 점이다. 우리는 대수와 기하학 같은 아주 확실한 학문에서마저 헤매고 있으니 말이다. 수란 오성에 의해 직관적으로 실제 모든 대상으로부터 추상될 수 있고, 나아가 상상에 의해 더 구분되어져야 한다고 하면서도 그 믿음이 모호하지 않은 수학자가 한 사람이라도 있는가? 또 기하학자는 그 대상이 분명한 것에다 온갖 모순되는 속성과 원리들을 사용함으로써 모호하게 만들고 있지 않은가? 그러면서 그들은 선은 넓이를 가지고 있지 않고, 표면은 깊이를 가지고 있지 않다고 한다(단위를 기반으로 한 연장을 생각지 않기 때문에). 그들은 선이 그 운동 속성(선의 연장)으로 표면을 만드는 실재의 물체라고 믿지는 못한다. 넓이를 갖지 않는 선은 단지 물체의 상태임을 깨닫지 못한다. 선을 면(넓이로의 연장)으로부터 끌어내려 하고 있는 것이다. 이런 확실한 학문들의 검토에 더 이상 시간을 헛되이 쓰지 않기 위해서는, 우리가 대상을 어떤 방식으로 받아들여야 하는지를 규정적으로 설명하는 것이 더욱 편리하다. 그럼으로써 우리는 대수와 기하학에서 참인 것을 가능한 한 쉽게 증명할 수 있을 것이다.

우리는 여기서 연장된 대상을 다루면서, 그 안에 판명하게 포함된 연장 속성들 이외의 것을 전혀 고려하지 않으며, 양이란 말의 사용을 삼갈 것이다. 그것은 일부 세심한 철학자들이 연장(둘 또는 셋 간의 일직선적 비교)과 양(부류별 고찰)을 구분하고 있기 때문이다. 여기서 우리의 문제들을 이처럼 단순화하는 것은 연장이라는 논제의 연구만을 다루기 위해서이다. 또한 그 논구들은 이미 확정적으로 알려진 다른 어떤 연장 속성들과 비교되어야 한다. 왜냐하면 여기서 우리는 다른 어떤 새로운 종류의 사실을 인식하려는 것이 아니라 비율(공통 본성 비율)들—그것들이 아무리 복잡할지라도—의 단순화를 얻어내려 할 뿐이며, 그렇게 함으로써 우리는 알려지지 않은 것과 이미 알려진 것 사이의 어떤 등식을 발견하려 하는 것이기 때문이다. 대상들 안에 있는 비율의 차이가 무엇이든 그것은 둘 또는 그 이상의 연장 속성들 사이에서 (점차 단순화됨으로써) 성립하는 것이기 때문이다. 그러므로 연장 자체에서 이런 비율의 차이를 각각 드러내는 모든 본성들을 우리가 고찰한다면, 우리의 의도는 성공한 셈이다. 그리고 이러한 공통 본성에 대한 고찰들은 세 가지 차원에서 행해질 뿐인데, 그것은 곧 치수와 단위 및 형태에서이다.

치수로써 내가 의미하는 것은 상태나 국면이다. 이에 따라 대상의 상태나 국면은 측정 가능한 것으로 여겨진다. 그래서 길이와 넓이 및 깊이만이 치수가 되는 것이 아니라 무게 또한 치수에 속하며, 이를 빌려 대상들의 무게가 정해진다. 마찬가지로 빠르기도 운동의 치수가 되며, 이와 유사한 경우는 헤아릴 수 없다. 왜냐하면 동일한 본성을 지닌 전체가 많은 부분들로 분할되는 것—그것이 자연계의 이치 안에 있는 것이든 단지 우리의 오성 내지 지성의 산물이든—은 엄밀히 말해 치수이고, 우리는 그것으로 대상을 측정할 수 있기 때문이다. 나아가 수를 구성하고 있는 상태는, 비록 두 용어(상태와 치수)의 의미 사이에 절대적 동일성이 성립하는 것은 아니라 할지라도 치수의 한 종(種)으로 불려짐이 마땅하다. 왜냐하면 전체에 이를 때까지 부분들을 차례차례 점검해 모으는 활동은 계산으로 일컬어지고, 반면 전체를 부분들로 쪼개어 고찰한다면 우리는 그것을 측정이라 일컫기 때문이다. 그래서 세기(世紀)는 해·날·시간 및 순간으로 쪼개져 측정되고, 반면에 순간·시간·날과 해를 다 계산해 모으는 것에 의해서는 세기의 총체가 이루어지게 되는 것이다.

그러므로 분명한 결론은 하나의 동일한 주체 안에는 무한한 수의 서로 다른 치수들이 있을 수 있으며, 그런 치수들은 측정되는 대상들에 어떤 것을 덧붙이는 것이 아니라 있는 그대로의 대상을 단지 측정할 뿐이다. 그 치수들은 주체 자체에 있는 어떤 실재적인 것에 대해서든, 우리 정신의 임의적 고안물에 대해서든 간에 그런 의미를 가질 뿐이다. 사실 무게는 물체 안에 있는 어떤 실재적인 것이고, 운동의 빠르기도 실재이다. 그리고 한 세기를 해와 날로 나누어 쪼개는 것도 마찬가지이다. 그러나 날을 시간, 순간 등으로 나누는 것은 우리의 감성상 사정이 다를 것이다. 그럼에도 이 시간과 순간을 굳이 치수의 관점에서만 고찰한다면 이것들은(날이든, 시간이든, 순간이든) 수학에서의 취급과 정확히 유사하다 하겠다. 한편 어떤 실재적이고 물질적인 것에 기초되어 있는 치수라면 그 논구는 오히려 물리학에 해당할 것이다.

이런 식으로 사물을 측정 '단위'로 분류하여 고찰하는 것은 기하학에 많은 빛을 던져주는데, 이는 (점과 선만을 기본 단위로 해야 하는데도) 많은 사람이 기하학에서 양의 세 가지 종류, 즉 선·면·정육면체라는 불합리한 단위로 생각하는 잘못을 저지르고 있기 때문이다. 그러나 우리는 이미 선과 (표)면이, 부피로부터 서로 구분된 다른 종으로 생각되지 않는다는 것을 보았다. 더욱이 그것들이 단순한 오성의 추상물로 여겨진다면, 인간의 관점에서 생각할 때 '동물'과 '생명체'가 다른 종의 실체가 아니듯이 그것들(선, 면, 부피)도 다른 종의 양들이 아니다. 우리는 여기서 물체의 세 가지 치수, 즉 길이·넓이·깊이는 서로 명목상으로만 구분된다는 사실에 주목해야 한다. 왜냐하면 우리가 정육면체를 다룰 때 그 연장된 물체의 속성들 가운데 어느 것을 길이로, 또 다른 어떤 것을 깊이로 취해야 할지를 직관적으로 모르는 사람은 아무도 없기 때문이다. 그리고 이 세 치수(길이, 넓이, 깊이)가 연장되어 있는 속성으로서 모든 연장체 안에 실제적 기반을 가지고 있을지라도, 우리는 오성에 의해 감지된 속성 이상의 관심을 갖지는 않으며, 또한 대상들 안에 어떤 다른 기반을 가지는 셀 수 없이 많은 다른 치수들과 똑같이 다룬다. 삼각형의 경우를 예로 들어보자. 우리가 그것을 정확히 측정하고자 한다면 세 가지를 알아야 하는데, 그것들은 곧 그 세 변이거나, 두 변과 한 각이거나, 또는 두 각과 그 넓이이다. 마찬가지로 사다리꼴에서는 다섯 가지의 사실을, 사면체에서는 여섯 가지의 사실들을 알아야 한다. 이 모든 알아야 할 사실들도 치수라고 일컬어질 수 있다. 그러나 여기서 우리가 우리의 상상에 가장 도움을 주는 치수를 고르고자 한다면, 우리가 다루고 있는 명제 안에 그렇게 여러 가지 치수가 포함되어 있다는 것을 안다 할지라도 다 사용할 수는 없으며, 상상 속에 그려지는 둘 이상의 것에 도저히 동시에 주의를 기울이지는 못할 것이다. 왜냐하면 우리의 합리적 방법상의 기예는, 가능한 한 많은 요소들을 구분하여 되도록이면 몇 안 되는 치수에만 동시에 주의한 뒤, 점진적으로 그 요소들을 하나하나 차례대로 주목하여 단순화하는 데 있기 때문이다.

앞에서 언급한 대로 단위는 공동 요소로서, 서로 비교되는 모든 것에 동등하게 참여해야 한다. 만일 이 단위가 우리 문제들에 있어 아직 확정되지 않았다면, 우리는 주어진 크기들 가운데 어느 하나를 선택하거나, 또는 원하는 다른 어떤 크기를 단위로 삼아 서로 크기를 비교하는 방법을 택할 수 있으며, 그럴 경우 그 선택한 크기는 다른 모든 것의 공통 척도가 된다. 이것으로써 단위는 서로 매우 멀리 떨어진 사실들 사이에서 찾아지는 것만큼 많은 비교될 치수들에 모두 관여되어야 하는 것임을 파악하게 될 것이다. 그런 과정을 통해 우리는 그 단위를 (1) 다른 모든 것을 사상(捨像 ; 공통성 밖의 다른 성질을 버림)해 버린, 연장되는 속성을 가진 단순한 어떤 것으로 상정—이때 이것은 기하학에서 운동에 의해 선을 그리는 단순한 단위인 점과 동일할 것이다—하거나, (2) 선으로 가정하거나, 또는 (3) 정사각형으로 가정할 수 있을 것이다.

우리의 인식을 돕는 형태들에 대해서는, 이미 위에서 이 형태만이 우리의 상상 속에다 모든 대상들의 상을 만드는 수단이 되어준다는 점을 살펴보았다. 우리가 여기서 주의해야 할 것은, 셀 수 없이 많은 형태의 다양한 종들 가운데서 우리는 관계나 비례(공통 본성의 비율)의 차이를 가장 뚜렷하게 보여주는 것들만을 (종의 참, 거짓 결정에) 사용하게 될 것이라는 점이다. 먼저 이때 서로 비교되는 사물의 종류는 두 가지, 즉 수의 결합 및 크기이다. 그리고 이들은 우리 개념 속에 두 가지 형태로 나타난다. 예를 들면 몇 개의 삼각형을 나타내는 점들이 있고〈도표 2〉참조), 또 혈통 관계를 설명해 주는 나무〔계보도〕 등등이 있

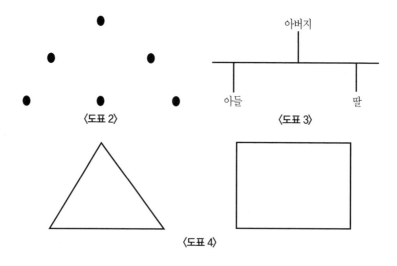

〈도표 2〉　　　　　〈도표 3〉

〈도표 4〉

다(〈도표 3〉 참조). 이들(점이나 나뭇가지)은 우리에게 수의 결합 본성을 나타내 주기 위해 고안된 도형들이다. 그러나 삼각형이나 정사각형 등처럼 지속적이고 나눠지지 않는 형태들은(〈도표 4〉 참조) 크기의 본성을 설명해 준다. 이 모든 형태들 가운데 어느 것을 수단(단위 요소)으로 사용하는 것이 더 효용적인지를 결정하기 위해서, 우리는 이런 종류들 사이에 있을 수 있는 모든 관계들을 두 가지 일반적이고 합리적 지력(知力), 즉 순서와 치수(차이의 크기)로 환원하여 비교해 보아야 한다.

　이러한 치수별 순서를 발견하는 것은 많은 훈련이 필요하며—실제 이것을 주요 목적으로 삼고 있는 우리의 방법을 통해서 보여지듯이—결코 쉬운 일이 아니지만, 그 순서는 일단 발견되고 나면 매우 이해하기 쉽다. 제7규칙은 순서 있게 배열되고 분리된 요소들을 어떻게 우리가 가진 일반적이고 합리적 지식의 힘을 통해 쉽게 훑어볼 수 있는가를 보여주는데, 그런 간단한 통찰이 가능한 까닭은 이런 종류의 관계에 있어서 각 항목들 사이의 끈은—차이의 크기처럼—직접적이기 때문이다. 즉 다른 힘과의 관계에서 일반적으로 매개항이 되는 제3항을 통한 중개를 필요로 하지 않기 때문이다. 그러므로 여기서 우리는 차이의 크기를 직접 서로 비교할 수 있는 관계를 다룰 것이다. 나는 A와 B 사이의 순서는 두 끝 항목 외에 다른 것을 고찰하지 않고도 알 수 있지만, 2와 3 사이 차이의 크기 비례에 대해서는 어떤 제3자, 즉 이 두 크기의 공통 척도인 1

의 단위를 고찰하지 않으면 알 수 없기 때문에 전자를 택할 것이다.

그런데 여기서 우리는, 우리가 수 이외의 어떤 단위를 가정하여 탐구할 때에도 각 항 사이의 연계적 크기들이 완전히 또는 부분적으로 수적 표현으로 환원될 수 있다는 사실을 유념해야 한다. 이럴 때 우리는 숫자로 환원된 단위들의 모임을 순서대로 다시 배열해서, 크기의 척도에서 해결이 요구됐던 문제를 순서의 점검에 의존하여 검토할 수 있는데, 이러한 변형에 의해 진행함으로써 우리 방법은 크게 도움을 받는다.

마지막으로 우리가 알아야 할 것은, 지속적 크기의 치수 가운데 가장 판명하게 상정되는 것은 길이와 넓이이며, 또 형태 안에서 이 두 가지 치수가 비교될 때는 다른 많은 치수들에 동시에 주의를 기울여서는 안 된다는 점이다. 왜냐하면 우리 방법이 가능하려면, 둘 이상의 서로 다른 사물을 비교할 때 그들을 차례차례 훑어보고 그 사물들에 대해 오직 두 가지 치수로만 동시에 주의를 기울여야 하기 때문이다.

이런 사실(사물의 비교에서 사용할 두 가지 공통 개념, 즉 순서와 크기)들을 주목함으로써 우리는 쉽게 다음과 같은 결론에도 이를 수 있다. 그것은 공통으로 사용할 수 있는 치수 개념이 있는 이상, 다른 연구를 할 때는 다른 내용으로부터 명제를 추상해야 하듯이 만일 문제가 도형에 관한 것이라면 단순히 도형에서 우리 명제들을 추상해도 될 것이라는 사실이다. 그렇게 하는 경우 직선이, 직각을 이루는 여러 면들을 이루거나 또는 여러 도형들로 간주되는 형태들을 이루기도 하지만, 우리는 오로지 최소한의 단위, 즉 직선들만을 남겨놓아야 한다. 이미 말한 바와 같이 직선은 면들 못지않게, 그 실재적 본성이 연장되어 어떤 모습의 대상(도형)이 될지를 상상하는 데 도움을 준다. 마지막으로 말해야 할 것은 그 같은 도형들은 어떤 때는 지속적인 크기(선)에 의해 이루어지기도 하고, 또 어떤 때는 단위(점)의 다수 또는 하나에 의해 이루어지기도 하지만, 이 도형들의 공통 본성 관계는 모두 이 선과 점을 지표로 하여 본성의 차이가 드러난다는 점이다. 도형에서는 선과 점이 우리의 오성과 상상력이 인식할 수 있는 가장 간단하고 분명한 지표이다.

규칙 15

우리의 정신이 좀 더 쉽게 주의 깊은 직관적 감각 상태를 포착하고 유지하기 위해서는, 대부분의 경우 외부감각에 보여지는 단순 명료한 도형의 그림이 도움이 된다.

눈앞에 있는 도형의 상을 우리 상상 속에 가장 판명하게 형성하기 위해 어떻게 도형을 그려야 하는지는 분명하다. 먼저 우리는 단위를 면, 선, 점의 세 방식으로 나타낸다. 그래서 우리는 이 단위가 한 가지 길이와 넓이를 가지고 있다고 여기면 정사각형(□)으로, 만일 길이만을 가진 것으로서 생각하면 선(―)으로, 마지막으로 수의 결합을 이루어 낼 수 있는 데 도움이 되는 것으로서만 생각한다면 점(●)으로 나타낸다. 그러나 단위가 어떻게 그려지고 어떻게 상정되든, 우리는 언제나 그 단위는 모든 방향으로 연장(개입)될 수 있는 동시에 셀 수 없이 많은 치수의 증가를 허용한다고 생각할 것이다. 그 단위로 이루어진(즉 단위가 관여하는) 두 개의 서로 다른 크기의 도형에 동시에 주의를 기울여야 하는 경우 우리는 그 두 명제의 항목들을, 길이가 다른 두 쌍의 변이 제시된 직사각형 모양으로 나타내 보일 수 있을 것이다.

이때 직사각형이 우리 단위(점)로 측정될 수 없다면(크기로서 비교될 도형인 경우) 다음 도형(〈도표 5〉 참조)처럼 보일 것이며, 크기 측정이 가능하면서 동시에

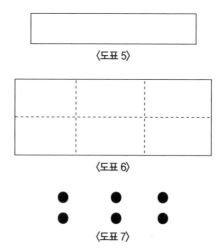

〈도표 5〉

〈도표 6〉

〈도표 7〉

단위(점)에 의한 다수성 결합처럼(확정적) 결합에 문제가 제기되지 않을 경우라면 다음(〈도표 6〉 참조), 혹은 그다음 도표처럼 보일 것이다(〈도표 7〉 참조).

마지막으로 우리가 각 크기의 항목들 가운데 하나의 선 크기를 추려서 직사각형(☐)을 그릴 수 있는데—한 변은 검증되어 선택된 크기이며, 다른 한 변은 단위이다—이것은 그 한쪽 선의 선택에 따라 면의 넓이를 (2차원적으로) 비교해 보일 때 이따금 해당된다. 그 밖에 표준 척도로 사용하기 위해 검토된 선이 없을 때에는 단지 임의의 한 선(—)만을 사용하여 나타낼 수도 있고, 만약 가장 단순하고 기본적인 형태라면 단위(점)의 다수로서 이런 모양 ●●●으로 나타낼 수 있을 것이다.

규칙 16

우리의 결론에까지 가기 위해 필요하다 할지라도, 당장 필요치 않는 것들은 완전한 도형보다는 간단한 기호로 표시해 놓는 것이 좋다. 이것은 한편에서는 기억에 의한 오류를 막아주며, 다른 한편에서는 다른 추리들에 신경을 쓰는 동안 그것들을 마음속에 붙잡아 두려는 노력 때문에 생길 수 있는 정신의 혼란을 막아준다.

우리의 상상 안에 나타나는 셀 수 없이 많은 수의 서로 다른 치수들은 두 개 이상이 되면—눈의 직관이든 정신의 직관이든 간에—한 번에 고찰될 수 없음을 앞에서 말한 바 있으므로, 필요할 때마다 쉽게 마음에 떠오르도록 나머지 것들을 간단한 식으로 간직해 두는 것이 중요하다. 그리고 기억은 바로 이 목적을 위해 자연에 의해서 창조된 기능으로 보인다. 그러나 그 기억은 우리를 실수로 이끌 성향을 지니고 있으므로, 우리가 다른 생각에 몰두한 상태에서 주의력의 일부를 당장 필요치 않은 생각에 붙들어 두지 않아도 되도록, 기예는 아주 적절하게도 필기라는 것을 고안해 냈다. 알아야 할 것들을 종이에 써둠으로써, 또 아주 간단한 기호로 나타낼 수 있는 필기의 도움으로 우리는 기억에 아무것도 남기지 않은 상태로도 상상으로 하여금 당장 우리가 필요로 하는 관념들을 선별적으로 자유롭게 다시 가져오도록 할 수 있는 것이다. 그렇게 하여 우리는 〈규칙 9〉에 따라 가장 간단한 관념들을 기억으로부터 하나하나 꺼내 판명하게 검토한 다음, 〈규칙 11〉이 요구하는 대로 신속한 사유 운동을 통해 그 직관적 관념들 모두를 관통하여, 가능한 많은 명제들을 한 번에 직관할 수 있는 것이다.

그러므로 문제를 쉽게 해결하기 위해서 단일한 것으로 생각해야 하는 모든 것은, 임의로 정하는 기호들에 의해 각각 나타낼 수 있다. 그러나 편의상 알고 있는 크기들은 a, b, c 등의 문자로 표시하고, 알지 못하는 것들은 A, B, C 등의 부호로 표시하고자 한다. 다시 그 기호들의 수의 크기를 명확히 하기 위해서 그 기호 앞에 숫자 1, 2, 3 등을 놓을 것이며, 그 기호 숫자들의 비례수를 지시하고 싶을 때는 숫자를 문자 뒤에 오게 할 것이다. 그래서 내가 $2a^3$이라고 쓰면 그것은 '임의의 문자수 a에 의해 상징되고, 또 3비례를 포함하는 크기의 2배'라는 의미가 될 것이다. 이런 고안을 통해 우리는 말을 아낄 수 있다. 뿐만 아니라 더욱 중요한 이점은, 문제의 항목들을 분리시켜 서로 방해되지 않는 방식으로 보여주기 때문에, 문제가 제거할 수 없는 수많은 변수들로 가득 차 있을지라도, 그 많은 것들을 한꺼번에 파악할 수 있도록 어떤 불필요한 것이 제거된 간단한 개별 항목들을 사용함으로써 정신 능력 소모를 막을 수 있다는 점이다.

이 모든 것을 더욱 분명히 이해하기 위해서 우리가 주목해야 할 것이 있다. 수학자들은 여러 가지 단위나 어떤 수를 사용해서 일정 크기를 가리키는 데에 익숙해 있는 반면, 우리는 앞서 언급한 기하학적 도형들이나 다른 어떤 대상들의 크기로써 수의 크기를 추상하고 있다는 사실이다. 우리가 보통 그렇게 물체의 각 형태로부터 수를 추상하게 되는 이유는 한편으로는 길게 이어지는 피상적 계산의 지루함을 피하려는 본성에 있고, 다른 한편으로는 탐구해야 할 내용의 각 부분들을 구분하여 문제 해결에 당장은 아무런 도움도 되지 않는 불필요한 수들에 얽혀들지 않도록 하는 데 있다. 그래서 만약 우리가 두 변이 9와 12인 직각삼각형의 빗변을 구하고자 한다면, 수학자는 그것을 $\sqrt{225}\ (=\sqrt{9^2+12^2})$, 즉 15라고 할 것이다. 그러나 우리는 여기서 9와 12 대신 a, b를 쓰고 그 빗변을 $\sqrt{a^2+b^2}$으로 나타낼 것이다. 그래서 표현의 두 요소, a^2과 b^2은 225라는 수 안에서 서로 얽히지 않고 대수 형태로 구분되어 남아 있게 된다.

나아가서 일반적 공통 본성 비율은, 각 수(또는 명제의 항목)의 연속 비례(열거)에서 비례수 크기(또는 비교되는 항목들 간의 차이)들에 의해 나타나는 비율을 통해 파악되어야 한다. 그런데 지금 유행하고 있는 대수학(기호수학)은 그것을 잡다한 치수와 도형들로써 표현하여 그 첫째 것을 근(선), 둘째 것을 제곱(면), 셋째 것을 세제곱(정육면체), 넷째 것을 네제곱 등으로 부른다. 여기서 나는 오랫동안 이런 명칭들에 속아왔다는 것을 고백해야겠다. 사실 직선과 정사각형을 제외하고, 정육면체나 다른 유사 도형들보다 더 분명하게 나의 상상 안에 놓일 수 있는 것은 없는 듯 보였다. 또 나는 이것들의 도움으로 적지 않은 어려움들을 해결하는 데 성공했던 것이다. 그런데 많은 검토 끝에 마침내 내가 알아낸 것은, 그것들의 도움을 빌리지 않고는 더 쉽고 명확하게 확인할 수 없을 것처럼 보였던 여러 의문의 사실들이 실은 그 덕에 발견된 적이 없다는 것이다. 따라서 나는 우리의 개념화가 혼란되지 않기 위해서는 이 용어법(수를 기호로 대치하는 수법) 전체를 버려야 한다는 생각에 이르렀다. 왜냐하면 어떤 크기를 세제곱이나 네제곱으로 부를지라도, 그것들의 실제 크기는 앞의 규칙에 따라 선(근)이나 면(제곱)의 형태에 의해서만 나타날 뿐 다른 차원의 방식으로는 결코 상상에 나타날 수가 없기 때문이다. 그러므로 우리는 근, 제곱, 세제곱 등은 연속 비례 안에 있는 단순한 크기들에 불과하며, 이 크기들에는 늘 앞서 말했던 임의적으로 비교를 위해 취해진 단위(예를 들어 점 등등)나 그 단위의 다수성이 가정으로서 전제된다는 것을 유의하지 않으면 안 된다. 그래서 (비교를 위해 임의로 선택된) 제1비례항은 직접적으로 그리고 자체가 하나의 비율(공통 본성 비율)로서 단위에 관계되는 것이다. 제2비례항은 제1항의 중개를 필요로 하며, 따라서 기본 비교 단위인 한 쌍의 비율들로서 단위에 관계된다. 제3항은 제1항과 제2항에 의해 중개되므로, 표준 단위(제1항과 2항)와 삼중 관계(1항과 2항, 2항과 3항, 1항과 3항의 관계)를 갖게 되는 것이다. 그러므로 우리는 이제부터 대수학에서 근이라고 일컬어지는 저 크기를 제1비례항으로, 또 제곱으로 일컬어지는 크기를 제2비례항으로 부를 것이다.

그래서 우리가 마지막으로 주목해야 할 점은, 우리는 어려움의 실마리를 풀기 위해 수의 얽힘(기호학처럼)들로부터 항목들을 추상해 내려 하지만, 가끔은 그렇게 하기보다 (수학적으로) 수들을 순서대로 열거하여 사용하는 것으로 더 간단히 어려움을 해결할 수 있다는 사실이다. 이것은 이미 지적한 바와 같이,

수가 일정 기능을 지니고 있기 때문이다. 수는 어떤 때는 순서를, 또 어떤 때는 크기(수로 환원된 차이의 크기)를 표현하기에 가장 정확한 것이다. 그러므로 우리는 문제의 해결을 일반적 용어를 통해 고찰해 보았으니, 이제 주어진 수들을 향한 더 단순한 해결책에 의해 그 확실성을 알아보기 위해 용어들을 주어진 수들로 대치시켜 보아야 한다. 예를 들어 두 변이 a와 b인 직각삼각형의 빗변이 $\sqrt{a^2 + b^2}$임을 알아낸 뒤, a^2 대신 81(9^2)을 b^2 대신 144(12^2)를 대치시키는 것이다. 이들은 합해서 225가 되는데, 그 근 또는 1과 225 사이의 비례중항은 15이다. 이 빗변 길이 15는 직접 (눈금자로) 잴 수 있다. 그것은 길이가 각각 9와 12인 다른 두 변을 같은 단위(점 또는 눈금)로 잰 것과 같다. 변들의 비례가 3대 4인 직각삼각형의 빗변을 구하는 법칙 없이도 가능하다는 것을 보게 된다. 우리는 이렇게 형태에 대한 직관적 인식이 명확하고 판명함을 확인하는 것을 목적으로 수학을 수단으로서 사용하여 모든 항목을 구분하기도 하지만, 수학자들에게 있어서는 사정이 매우 다르다. 왜냐하면 이들은 찾고 있는 결과가 일어나면, 그 결과가 지나온 실재 소재들에 어떻게 의존하는지를 알지 못하면서도—과학은 마땅히 이런 의존 관계의 지식에만 전념하지만—매우 만족하기 때문이다.

나아가 우리가 취해야 할 일반적인 이점은, 종이 위에 기록해 둘 것은 적어두고, 계속적인 주의를 요하지 않는 것은 어떤 것도 기억해 둘 필요가 없다는 것이다. 이것은 정신의 일부가, 지금은 유념할 필요가 없는 어떤 대상의 출현 때문에 현재 몰두하고 있는 데에서 벗어나지 않도록 막기 위해서이다. 우리가 기록을 할 때는, 참조표를 만들고 그 안에다 처음 밝혀지는 문제 항목들을 적는다. 그렇게 한 뒤 어떻게 그 문제 항목들을 추상해 낼 것인지, 그 추상에 어떤 부호들을 사용할 것인지를 써야 한다. 이것은 이 부호들이 판명한 것일 때, 기억의 힘을 빌릴 필요 없이 쉽게 우리가 고찰하고 있는 특수한 경우에 적용하기 위해서이다. 일반적인 것은 보다 덜 일반적인 예들에서만 추상될 수 있다. 따라서 나는 다음과 같은 식(《도표 8》 참조)으로 기록한다.

즉 직각삼각형 ABC에서 빗변 길이 AC를 구할 때 나는 매우 일반적인 방식으로 문제를 추상하여, 검토된 두 변의 길이로부터 빗변 길이를 이끌어 낼 것이다. 그다음으로 9인 AB 대신 a로 대치하고, 12인 BC 대신에 b를 놓을 것이다.

우리는 이 네 규칙을 이 논문의 제3장에서 우리가 설명한 것보다도 좀 더 일

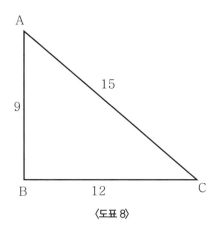

〈도표 8〉

반적인 방법으로 사용하게 될 텐데, 이에 대해서는 적당한 곳에서 다시 설명할 것이다.

규칙 17

한 문제가 논의의 대상으로 제기되면, 그 문제 안에는 알고 있는 항목들과 모르고 있는 항목들이 섞여 있다는 사실을 무시한 채로 일단 방향을 바르게 잡아야 한다. 대충 훑어보고, 또 올바른 추론 과정을 통해 각각의 상호 의존성을 직관해야 한다.

앞의 네 규칙(사물의 형태와 그 연장 속성들의 참 거짓을 어떻게 쉽고 확실하게 판단해 낼 것인지를 상세히 규정한 설명)은, 문제의 어려움이 일단 확정적으로 충분히 파악되면 어떻게 그 문제가 그 대상으로부터 추상될 수 있는지, 그리고 그 문제들을 점차 변형시켜 공통 본성으로 환원시키기 위해 어떻게 일정한 크기(차이)들을 발견할 수 있는지를—그들이 이미 주어진 다른 어떤 크기들과 이러이러한 관계를 가진다는 사실로부터—보여주었다. 다음의 다섯 규칙에서 우리가 보여주려고 하는 것도 이러한 어려움을 어떻게 다루어야 하는가인데, 우리는 여기서 하나의 명제에 아무리 많은 미지의 크기(관념들의 차이)들이 포함된다 할지라도, 이 크기들을 모두 서로서로에게 종속시켜서 설명하는 방법을 취할 수 있다. 즉 첫째 것이 1에 대해 갖는 관계를, 둘째 것이 첫째 것에, 또 셋째 것이 둘째 것에, 그리고 넷째 것이 셋째 것에 갖도록 하는 것이다. 그리고 그렇게 점차로 계속하여 크기들이 아무리 많더라도, 또 그 합한 전체의 크기라도 그것이 어떤 주어진 일정 크기의 비율(공통 본성 비율)과 판명하게 동등해지도록 만드는 것이다. 이러한 우리 방법은 인간의 능력으로는 우리의 항목들을 더 단순한 것들로 환원할 수 없다고 단언할 만큼 확실한 것이다.

그러나 지금 주목해야 하는 것은, 연역은 모든 문제에 있어 명백하고 직접적인 하나의 길이기는 하지만 단지 추리에 의해 한 무리의 항목들에서 다른 무리들로 쉽게 지나간다는 것이다. 아울러 다른 길들은 모두가 더 어렵고 간접적이라는 사실에도 주목해야 한다. 이를 극복하기 위해서 우리는 〈규칙 11〉을 기억해야 하는데, 거기서 우리는 연쇄적 명제들의 본성을 밝힌 적이 있다. 그 내용은, 각각의 명제를 이웃하는 것들과 비교함으로써 비록 극단의 차이를 나타내는 항목들로부터 중간 항목들을 그리 쉽게 연역해 낼 수는 없을지라도, 어떻게 처음 것이 맨 나중 것과 연결되어 있는가는 볼 수 있다는 것이었다. 그러므로 이제부터 여러 연결들의 상호 의존성에 주의를 기울여 질서 정연한 순서 속에서 직관하고—그렇게 해서 어떻게 맨 나중 것이 처음 뿌리에 의존하는지를 추리하기 위해—직접적으로 그 문제를 훑어볼 것이다. 그러나 반대로 우리가 처음 것과 맨 나중 것이 (예를 들어 시간적, 방법적으로) 어떤 방식으로 상호 연관되어 있다는 것을 먼저 알고 중간항들의 연계적 본성을 연역하고자 한다면, 그때는 완전히 간접적이고 뒤바뀐 순서를 따라가게 될 것이다. 여기서는 어떤 극단들이 주어지기 때문에 마지막 지점에서부터의 역(逆)추리 과정에 의해서 일단 일정한 중간항들을 발견하여, 복잡한 문제들을 푸는 실마리를 마련하는 길을 검토한다. 따라서 (중간 지점을 알아내기 위한) 모든 기예의 초점은, 아직 알려지지 않은 것을 마치 알려진 것처럼 전제해서(그 결과적 참 거짓을 이용하는 식으로) 점차 불필요한 것들을 없앰으로써 매우 복잡한 문제들에 있어서조차도 쉽고 직접적인 방식의 탐구를 채택할 수 있는 데 있다. 그리고 이러한 문제를 다룸에 있어서 우리가 이렇게 할 수 없는 이유는 아무것도 없다. 우리가 앞의 내용에서 가정한 대로, 우리는 문제에서 알려져 있지 않은 사실은 알려진 사실(참인 사실)에 의해 완전히 규정되도록 되어 있음을 알고 있기 때문이다. 그래서 만일 그런 규정성(전제)을 염두에 두고 처음으로 나타나는 것을 고찰하면서, 알려지지 않은 그 처음 것을 알려진 것처럼 간주하여, 그것으로부터 차례차례 올바른 연관에 의해—또한 알고 있는 것들마저도 마치 알려지지 않은 것들처럼 다루면서—다른 모든 항들을 연역해 낸다면 우리는 이 규칙의 목적을 완전히 깨닫게 될 것이다. 이에 대한 예증들과 곧 이어질 대부분의 내용에 대한 예증들은 〈규칙 24〉까지 미루어 둘 텐데, 이는 거기서 설명하는 것이 편리하기 때문이다.

규칙 18

이 목적을 위해서는 오직 네 가지 활동만이 요구된다. 곧 더하기, 빼기, 곱하기, 나누기가 그것이다. 이들 중 뒤의 둘은 자주 사용되지 않을 것이다. 그 이유는 예기치 않은 복잡성을 피하기 위해서이며, 또한 이후의 단계에서 다루는 것이 쉬울 것이기 때문이다.

규칙들이 너무 많이 생겨나는 것은 이따금 학자들의 경험 부족 때문이다. 하나의 일반적 규칙으로 환원될 수도 있는 것들이 많은 특수한 것들에 흩어져 있으면, 그것들은 덜 분명해진다. 그러므로 우리는 문제를 해결함에 있어, 어떤 크기(차이)들을 다른 것들과의 비교에 의해 연역하는 모든 활동을 네 가지로 환원하려 한다. 어떻게 이들 네 가지가 충분한 분류가 될 수 있는지는 그에 대한 설명에서 보여줄 것이다.

어떤 크기(차이)에 대한 우리의 인식이 그 크기 부분들을 이미 알고 있다는 사실을 통해 이루어진다면, 그것은 더하기를 통해서 얻어진다. 만일 우리가 전체와 그 전체의 어떤 부분에 대한 나머지에 의해 그 어떤 부분을 인식한다면, 그 차이에 대한 인식은 빼기를 통해 일어난다. 이들은 어떤 크기를 알아내고자 할 때 쓰인다. 어떤 크기 자체를 포함하는 절대적인 크기로부터 그 어떤 크기를 이끌어 내는 유일한 방법이다. 그러나 만일 어떤 크기를, 그 크기와는 전혀 다르고 또 결코 그 크기를 포함하고 있지 않은 다른 크기로부터 끌어내어야 한다면, 어떤 관계식을 찾아내지 않으면 안 된다. 그리고 이 경우 만일 이 다른 크기들의 연관 또는 관계를 직접 추적해야 한다면 우리는 곱하기를 사용하고, 간접적으로 추적해야 한다면 나누기를 사용해야 한다.

이 두 활동(곱하기, 나누기)을 분명히 이해하기 위해 알아야 할 것은, 우리가 앞서 언급한 단위라는 것이 여기서 모든 관계들의 기초이자 근거가 되며, 연속 비례 안의 크기(차이)들 계열에서 첫째 자리를 차지한다는 점이다. 나아가서 명제가 직접적인 경우라면 주어진 크기가 둘째 위치를, (첫째, 둘째 항에 의해 도출된 비례수에 의해) 발견되어야 할 것들은 셋째 및 넷째에 위치하게 된다는 것을 기억해야 한다. 그러나 만일 명제가 간접적이면 발견되어야 할 크기가 둘째 위치나 또는 다른 중간 점들을 차지하고, 주어진 크기는 양 극단의 마지막에 온다.

그래서 이 복잡한 곱의 활동은 예를 들어 기초 단위(점)와 주어진(선) a값 5와의 관계가, 5와 주어진(선) b값 7에 의해 구하려는 크기(면) ab값 35와의 관계와 같다고 한다면(즉 점과 선의 관계가 점과 면의 관계와 본질적으로 같다면), 그때 주어진 값(선) a와 b는 열거에서 둘째 위치에 있고, 또 ab 즉 그들로부터 산출된 크기(면)는 세 번째에 있는 것이다. 마찬가지로 기초 단위(점)와 c(선)값 9와의 관계가, 9와 산출된(면) ab값 35에 의해 구하려는(정육면체) abc 곧 315와의 관계와 동일하다면(즉 점과 선과의 관계가 점과 면과의 관계와 같고, 점과 면과의 관계가 점과 정육면체와의 관계와 본성적으로 같다면), 그때 abc(정육면체)는 넷째 위치에 있을 수 있고, 이것은 둘째 위치에 있는 주어진 항목들 a, b(선)를 c(높이선)와 곱한 결과인 것이다. 마찬가지로(같은 크기의 선만 주어진 경우) 단위와 a값 5와의 관계가, a값 5가 a^2 혹은 25에 대해 갖는 관계와 같고, 다시 단위가 a값 5에 대해 갖는 관계는 a^2의 값 25가 a^3값 125에 대해 갖는 관계와 같으며, 마지막으로 단위가 a값 5에 대해 갖는 관계 역시 a^3값 125가 a^4값 625에 대해 갖는 관계와 동일한 것이다. 왜냐하면 곱셈은 같은 크기에 의해 곱해지든 서로 다른 크기에 곱해지든 정확히 같은 방식(관계)으로 곱해지기 때문이다.

그러나 단위(점)와, 나누는 수 a(면으로부터 분해된 선)값 5와의 관계가, 찾고 있는 B(분해 선)값 7과 ab(면)값 35와의 관계와 비율적으로 같다고 한다면, 이것은 간접적이거나 순서가 뒤바뀐 경우이다. 왜냐하면 찾고 있는 B의 값을 발견하는 유일한 길은 주어진 ab를, 주어진 a로 나누는 것이기 때문이다. 또한 같은 크기들인 경우 찾고 있는 A의 값 5에 대해 단위가 갖는 관계가, 찾고 있는 A의 값 5가 25로 주어져 있는 a^2에 대해 갖는 관계와 같다고 해도 경우는 마찬가지이다. 단위와 찾고 있는 A값 5와의 관계가, 찾고 있는 A^2값과 주어진 a^3의 크기 125와의 관계와 같을 때도 역시 그러하다. 후자의 경우에는 전자보다 더 많은 어려움이 포함되어 있지만—찾고 있는 크기가 여러 번 반복되어 더 많은 관계가 그 속에 포함되어 있기 때문에—우리는 이 모든 과정을 나눗셈이라는 이름으로 파악한다. 이런 경우들이 의미하는 것은 'a²인 25의 제곱근을 구하라'든가, 'a³인 125의 세제곱근을 구하라'는 것과 같이 하나의 목적만을 지향하는 단순성이다. 이것이 곧 수학자들이 일을 처리하는(즉 세세한 중간 인식들을 생략해 버리는) 방식인 것이다. 만약 이런 문제들을 기하학자들이 사용하는 용어로 표현한다면 '주어진 크기(선)와, a²에 의해 명시된 크기(면) 사이의 비례중항(공통 본성)들을 구하라'거나 '단위와 a³(정육면체) 사이의 두 비례중항을 구하라'로 나타낼 수 있다.

이것으로써 우리는 이 두 학자들 각각의 활동 방식을 사용해 충분히 어떤 크기를 다른 크기로부터 연역해 내는 추리를 할 수 있다는 사실을 알게 된다. 그다음에 할 일은, 이 학자들의 추리가 상상력에 의해서는 어떻게 일어나야 하며 또 눈(眼) 자체의 직관 대상으로서는 어떻게 나타나야 하는지 알아보는 일이다. 더하기나 빼기에 있어서 우리는 그 셈의 대상을 선의 형태나 어떤 연장된 크기의 형태로 상상하는데, 이때 고찰 대상이 되어야 하는 것은 길이이다. 왜냐하면 만일 선 a를 선 b에 더해야 한다면(〈도표 9〉 참조) 우리는 전자를 다음과 같은 ab의 방식으로 후자에 더하고(〈도표 10〉 참조), 그 결과로 c를 얻기 때문이다(〈도표 11〉 참조). 그러나 작은 것이 큰 것으로부터, 즉 b가 a에서 빼어져야 한다면(〈도표 12〉 참조) 우리는 전자를 후자 위에 놓는데(〈도표 13〉 참조), 이것은 작은 것이 미칠 수 없는 큰 것의 한 부분을 우리 눈에 남겨준다(〈도표 14〉 참조).

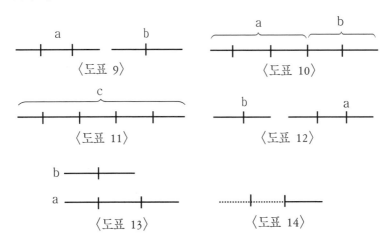

〈도표 9〉 〈도표 10〉

〈도표 11〉 〈도표 12〉

〈도표 13〉 〈도표 14〉

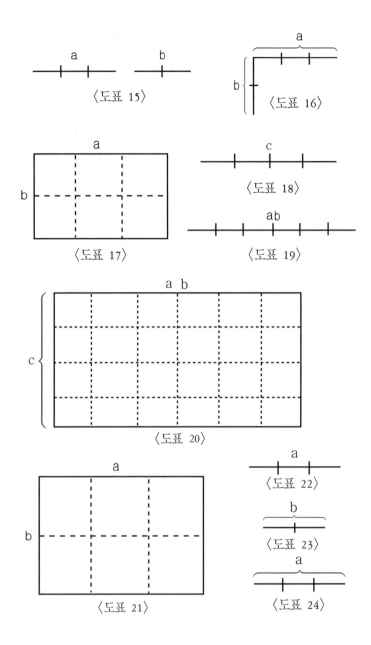

〈도표 15〉

〈도표 16〉

〈도표 17〉

〈도표 18〉

〈도표 19〉

〈도표 20〉

〈도표 21〉

〈도표 22〉

〈도표 23〉

〈도표 24〉

곱하기에서도 우리는 마찬가지로 주어진 크기를 선의 형태로 상정한다. 그리고 그들로부터 직사각형이 만들어지는 것을 상상하는 것이다. 왜냐하면 a를 b로 곱하려면(〈도표 15〉 참조), 우리는 직각으로 다음과 같이 조립하여(〈도표 16〉

참조) 직사각형을 만들 수 있기 때문이다(〈도표 17〉 참조). 우리가 다시 ab 길이를 c로써 곱하고 싶으면(〈도표 18〉 참조) 우리는 ab를 선으로 상정해야 하는데(〈도표 19〉 참조), 이는 abc로써 다음과 같은 도형을 얻기 위해서이다(〈도표 20〉 참조).

마지막으로 나누는 수가 들어간 나눗셈을 다룰 때 우리는 나누어질 크기를 직사각형으로 상상하고, 그것의 한 변은 나누는 수로, 다른 변은 몫으로 상정하는 것이다. 그래서 그 직사각형 도형 ab를(〈도표 21〉 참조) 선 a(즉 값 3)로 나누어야 한다면(〈도표 22〉 참조), 거기서 너비 a를 없애게 되어 몫으로 선 b(값 2)가 남게 된다(〈도표 23〉 참조). 만약 반대로 이 직사각형이 b로 나누어진다면 높이 b가 약분(제거)되고 몫은 a, 즉 a 모양이 되는 것이다(〈도표 24〉 참조).

그러나 제곱근 또는 세제곱근을 구할 때처럼 나누는 수가 한 개로 주어지지 않고 어떤 연쇄적(비례) 관계에 의한 나눗셈을 할 때는, 나뉘어야 할 항목과 나누는 각 수들은 비례적 연속으로서, 예를 들면 공간(직사각형의 도형 또는 입체도형들)을 형성하는 선들처럼 상정되지 않으면 안 된다. 이 선들에 의해 나누어지는 도형 안 여러 중간 비례항들의 수(가로, 세로, 높이 등)와 그 본성(크기)을 발견하는 방법은 나중에 적절한 곳에서 다루게 될 것이다. 지금으로서는 이런 활동들이 아직 우리의 가정 아래 충분히 다뤄지지 않았으며, 그 이유는 이런 중간항들을 발견하는 일들이 상상의 간접적 운동(분해) 및 역운동을 필요로 하기 때문임을 지적하는 것으로 충분하다. 그리고 지금 우리는 다만 직접적으로 훑어볼 수 있는 문제들만을 다루고 있다는 것 또한 알아두었으면 한다.

하지만 앞에서 우리가 말한 방식으로 하면 그 비례중항들(가로, 세로, 높이 등)을 아주 쉽게 발견할 수도 있다. 그것은 그 명제에서 사용되는 항목들이 어떻게 구성되어야 할지를 먼저 논의해야 한다는 것이다. 왜냐하면 예를 들어 어떤 도형의 문제를 처음 다룰 때 우리는 다른 도형들을 새로 끌어들이지 않고 도형을 구성할 항목들, 즉 선이나 직사각형으로 자유로이—〈규칙 14〉에서 이야기했듯이 간략한 도식으로 만들어 두었다가 오성의 직관에 의해 분명히 응용하여—구성할 수 있음에도, 두 선의 곱셈에 의해 이미 조립된 직사각형을 다시 선으로 분해해서 상정하는 번거로운 방법으로 그 비례중항들을 구하는 일이 자주 있기 때문이다. 이럴 경우 이미 조립된 직사각형 또는 선이, 다음에 다시 조립될 때에는 처음과 다른 (그 선 이외의 여러 가지 치수가 더 개입되거나, 나눠지거나 하는) 어떤 다른 직사각형으로서 다시 복잡하게 상정되어야 하는 경우가 발생하기도 한다.

그러므로 여기서 우리가 논의해 볼 만한 일은 어떻게 모든 직사각형이 선으로 변형되며, 다시 어떻게 선이 직사각형으로 변형되는지, 또 심지어 어떻게 직사각형이, 주어지는 변과의 관계에 따라 다른 직사각형으로 바뀔 수 있는지에 대해서이다. 우리는 언제나 지금처럼 하면 된다. 단위를 나타내기 위해 가정한 어떤 일정 길이를 한 변으로 갖는 임의의 직사각형을 간단한 도식으로 상정하여 비유하면 되는 것이다. 만약 기하학자들이 이 사실에 주목한다면, 그들은 기하학적 설명을 매우 쉽게 할 수 있을 것이다. 왜냐하면 이러한 방식으로 하면 모든 일은 처음에 머뭇거릴 필요 없이 그 간단한 도식에 따라 다음 명제로 판명하고 순조롭게 환원되기 때문이다. 즉 일정 변을 부여한 합당한 직사각형을 기반으로, 그와 동등한 본성을 갖는 다른 변에 의한 직사각형과의 상호 의존 관계를 직관할 수 있기 때문이다.

이 문제는 기하학의 초보자도 잘 알고 있는 것이지만, 내가 그것을 빼먹은 것처럼 보이지 않도록 그에 대해 설명하고자 한다.

규칙 19

추론 방식을 사용함에 있어 우리는 문제를 직접적으로 다루기 위해, 알려지지 않은 사실을 알려진 사실처럼 전제로 삼았다. 이때 그 전제 명제 안의 많은 항목들 가운데서 두 가지 방식(기본 치수, 즉 순서와 크기)으로 표현된 크기(차이점)들을 찾아내지 않으면 안 되었다. 왜냐하면 그로써 우리가 전제 명제 안에서 동등한 기준으로 동등한 것들 간의 등식들을 얻을 수 있기 때문이다.

규칙 20

그래서 이런 낱낱의 열거와 비교에 의해 등식이 성립되어 명제의 참이 확인되면, 우리는 그동안 제외해 두었던 활동(간단화하는 활동)을 행해야 하는데, 나눗셈을 해야 할 곳에서 곱셈을 하지 않도록 주의해야 한다.

규칙 21

이런 종류의 등식들이 여러 개 있을 때 우리는 그들 모두를 단 하나의 공통 등식으로 환원해야 한다. 이때 그 등식 안에 있는 항목들은, 연속 비례로 된 크기(차이)들의 계열에서 좀 더 처음 단계에 위치하던 것들로서, 그 계열에 따른 순서대로 배열되어야 한다.

데카르트 생애와 사상

철학자에 이르는 길

성장 과정

탄생과 죽음

르네 데카르트(René Descartes)는 1596년 3월 31일, 중부 프랑스 서쪽 투렌 지방의 라에에서 태어났다. 오늘날 이 고장은 대철학자의 이름을 기념하여 '라에 데카르트'라고 불리는데, 프랑스에서 가장 풍치가 아름다운 곳 중 하나로 알려진다. 데카르트는 늘그막에 스웨덴 크리스티나 여왕으로부터 열렬한 초청을 받아 그곳으로 가게 된다. 처음에는 이 '바위와 얼음이 펼쳐진 곰의 나라'에 갈 엄두를 못 냈으나, 여왕이 거듭 재촉하자 그에 못 이겨 스톡홀름으로 떠났다. 그러나 그는 5개월도 채 안 되어 병이 나, 1650년 2월 11일 쉰네 살로 그곳에서 삶을 마쳤다. 그는 고향의 그 아름다운 '렌 동산'에 대한 그리움을 가슴에 안고, 그렇게 '사상마저 얼어붙는다'는 먼 북쪽 나라에서 객사한 것이다.

라플레슈 학원 시대

1606년, 열 살이 된 데카르트는 라플레슈(La Flèche) 학원에 입학한다. 이 학교는 1604년에 앙리 4세의 지원 아래 세워진 예수회 학교였다. 이곳은 유럽에서도 가장 유명한 학교 중 하나여서, 데카르트도 "이 땅 위의 어딘가에 학식을 갖춘 사람이 있다면 바로 여기에 있을 것이라" 말할 정도였다. 그는 이곳에서 8년 동안 학교생활을 했는데, 건강상의 이유 등으로 예외적인 특별대우를 받았다. 그래서 그는 다른 아이들과는 달리 아침에 침대에서 시간을 보내는 특권을 누릴 수 있었다. 뒷날 침상에 누운 채로 명상하는 버릇이 생긴 것은 이 때문이다. 그는 여기서 조용한 학창 시절을 보냈다. 그의 학교는 1610년 암살된 앙리 4세의 심장을 교내 기도원에 옮겨 놓았고, 1611년에는 갈릴레이(Galileo Galilei,

1564~1642)가 처음 망원경으로 목성의 위성을 발견했다는 소식에 축제를 열기도 했다. 데카르트 재학 기간 중 학교에서 일어난 중요한 사건은 이 두 가지 정도일 것이다.

하지만 그 무렵 유럽 정세는 불안과 혼란 속에서 펼쳐지고 있었다. 종교계에서 잇달아 사상적 대립이 일어나, 마침내 온 유럽이 종교전쟁의 진흙탕 속으로 빠져들어갔던 것이다. 독일에서는 30년 전쟁(1618~48)이 일어날 조짐이 보였고, 프랑스에서는 신교도가 반란을 일으켰다. 프랑스 남동부 지역 베아른의 영주였던 앙리 4세(1553~1610)는 본디 신교도의 우두머리로서 위그노 전쟁에서 활약한 사람이었으나, 1572년 신구교 사이 화해를 위해 구교도인 프랑스 왕실과 혼인으로 결합했다. 그러나 공주와의 결혼 바로 뒤부터 시작된 감금과 개종의 회유로, 4년 뒤 고향으로 달아나 다시 신교도의 중요 인물로 활동했다.

그는 1589년 앙리 3세가 죽자 프랑스 왕위에 올라 부르봉 왕조를 열었다. 프랑스는 그즈음 유럽의 정치·문화적 중심지였으나, 거듭되는 종교전쟁으로 매우 피폐하고 혼란스러운 상태였다. 종교전쟁은 신교도와 구교도 간의 단순한 종교적 다툼이 아니었다. 오히려 신구 양 교도를 옹호한다는 명목으로 이루어진 왕족 간의 왕위 쟁탈전이었으며, 또 그 뒤에 있던 신흥 시민계급과 옛 봉건 제후 사이의 계급적 대립이었다.

앙리 4세는 대세의 동향을 살펴 1593년 가톨릭으로 개종하고, 1598년에 낭트 칙령(勅令)을 반포하여 국내 질서의 재건에 나섰다. 그러나 그는 결국 뜻을 제대로 이루지 못한 채 가톨릭 광신자에게 암살되고 말았다. 그 뒤를 이어 앙리 4세의 아들 루이 13세(1601~43)의 통치가 시작되고, 재상 리슐리외(1585~1642)가 그 과업을 잇게 되었다. 이때부터 프랑스 왕권은 로마 교권과 손을 잡고 절대왕정 앙시앵레짐의 건설을 향해 힘써 나갔다.

데카르트가 입학한 라플레슈 학원은 본디 이와 같은 가톨릭적 국가질서의 재건을 목적으로 세워진 곳이었다. 따라서 학교의 기본 입장은 전통적인 스콜라적 가톨리시즘(가톨릭주의)이었다. 그러나 그 교육방침은 고대 스토아적 도덕을 다시 일으켜 세우고 르네상스의 휴머니즘 정신을 받아들여 그 가톨리시즘을 실현하는 것이었다. 따라서 학원 분위기는 새로운 학문을 모두 물리칠 만큼 보수적이지는 않았다. 때문에 그곳에는 수학을 가르치면서도 화학·광학·점성술처럼 덜 교육적인 학문에 관심을 가진 프랑수아 신부 같은 교사가 있었고, 그는 젊은 데카르트의 지적 호기심에 자극을 주었다.

그렇지만 아리스토텔레스·스콜라적인 전통이 라플레슈의 본류였음은 분명했다. 그래서 신흥 자연과학은 교육과목으로 채택되지 못했고, 예전부터 내려온 종교적 우주관이 그대로 신봉되었다. 뒷날 데카르트는 "라플레슈의 학원 이상으로 철학을 잘 가르쳐 준 곳은 없다고 생각한다" 말하며 감사한 마음으로 학창시

데카르트(1596~1650)

절을 떠올리기도 했다. 그러나 새로운 자연관의 수립을 추구한 그가 학원에서 배운 학문으로부터 멀어질 수밖에 없었던 것은 마땅한 일이었다.

세상이라는 큰 책

1614년에 라플레슈를 졸업한 데카르트는 1615년부터 1년 동안 푸아티에 대학에서 법학을 공부를 했다. 그는 이 무렵 의학 수업도 함께 받은 것으로 짐작된다. 데카르트는 1616년 12월 10일 법학사 칭호를 받고 학교를 졸업했다. 그 뒤약 2년이 지나 스물두 살이 되었을 때, 그는 여행을 떠난다. 《방법서설》에 따르면, 데카르트는 이때 학교에서 배운 전 학문, 즉 인문학과 스콜라 철학을 포함한 모든 것에 실망했다고 한다. 그래서 교사들의 감시로부터 벗어나자마자, "나자신 속에서 발견할 수 있는 학문, 혹은 세상이라는 커다란 책 속에서 발견할 수 있는 학문 말고는 이제 어떠한 학문도 찾지 않겠다" 결심하고 모럴리스트적인 인간 수업의 여행에 나선 것이다. 그는 "남은 청년 시절을 여행으로 채워 이곳저곳의 궁전과 군대를 보았고, 온갖 기질과 신분을 가진 사람들을 방문하는 등 갖가지 경험을 거듭하여 운명이 내게 제시하는 여러 사건들 속에서 나 자신

을 시험하려고 했으며, 곳곳에서 내 앞에 나타나는 사물에 대해서 반성하고는 거기서 무언가를 얻으려고 노력했다"고 말했다.

이렇듯 데카르트는 스물두 살에 프랑스를 떠나 네덜란드로 가서, 모리스 드 나소의 군대에 지원하여 15개월 동안 장교로 브레다에 머물렀다. 하지만 이것은 그 무렵 귀족들의 관례를 따른 것일뿐, 반드시 실제적인 전투 참가를 뜻하는 것이 아니었다. 그즈음 예수회에서는 학교 졸업 뒤에 교양을 완성하기 위해 군대에 입대하는 것을 장려했다. 외국의 궁전을 찾아가는 것도 이와 같은 의미를 지녔다. 프랑스 철학연구가 에티엔 질송에 따르면 "궁전에 머무는 것은 청년의 완전한 교육을 위해 빼놓을 수 없는 일로, 인간을 배우는 데 있어 가장 확실한 방법으로 여겨졌다" 것이다.

그런데 데카르트가 특히 모리스 드 나소 백작의 군대를 선택한 데에는 이유가 있었다. 모리스는 네덜란드 초대 왕 오렌지 공 윌리엄의 아들로 1558년 아버지가 암살된 뒤 에스파냐와 싸워 네덜란드의 독립을 굳힌 인물이다. 코언에 따르면 그는 임종 자리에서 남긴 신조가 "2 더하기 2는 4이다"일 만큼 철저한 합리주의자였다. 또 그때 새로 일어난 수학적 자연과학을 일찍부터 군사적으로 이용하는 데 큰 관심을 기울여 군사과학의 조직화를 꾀하기도 했다. 나소 백작은 군대에 여러 과학자들을 불러들여 건축학, 축성술, 제도, 화기개량 등을 중심 과제로 삼는 연구와 강의를 하도록 했는데, 그것은 하나의 군사아카데미와 같은 양상을 띠었다고 한다.

데카르트가 《방법서설》의 제2부에서 방법의 이념을 건축술과 도시계획 문제와 비교 설명한 것은, 아마 이때의 체험에 따른 내용일 것이다. 데카르트가 특별히 이런 군대를 선택했다는 것은 이미 이때부터 자연과학적 관심이 그의 마음속에서 싹트고 있었음을 보여주는 증거가 아닐까.

보편 수학의 구상

1618년 11월 10일, 데카르트는 브레다 거리 모퉁이에서 우연히 아이작 베크만(Isaac Beeckman, 1588~1637)과 마주친다. 그는 의사로서 수학과 자연학에도 넓은 지식을 가진 훌륭한 학자였다. 이 만남은 데카르트의 방법론 형성과 관련해 중요한 의미를 갖는다. 데카르트는 그때까지 이론보다는 오히려 응용기술적

데카르트의 생가

인 연구에 관심을 기울이고 있었는데, 베크만의 영향으로 이론적인 연구, 즉 물리수학적 연구에 대해 흥미를 갖게 된 것이다. 데카르트는 1619년 4월 23일의 편지에서 그에게 "사실 귀하는 졸고 있는 나를 잠에서 깨워, 진지한 일에서 벗어나 방황하고 있는 정신을 더 훌륭한 일로 돌릴 수 있게 해준 유일한 분입니다" 말했다. 이때부터 그는 베크만의 영향을 받아 물리수학적 연구를 했다. 그 주요 내용은 '진공에서의 돌의 낙하', '유체(流體)가 끼치는 압력의 문제', '현(弦)의 진동과 그 법칙에 따른 음계의 비례적 조화'(이것은 그의 첫 작품인 《음악개론 *Compendium Musicae*》으로 결실을 맺음), '4라는 수의 수학상의 증명'(각의 3등분 문제와 3차 방정식에 관계되는) 등이다. 베크만은 《일기 IV》에서 데카르트와의 교류에 대해 언급했는데, 그가 다음처럼 말한 것은 주목할 만하다.

"우리 푸아티에인은 많은 예수회원들과 학자들, 또 과학자들과도 교류하고 있다. (……) 그러나 데카르트의 말에 따르면, 그는 이제까지는 한 번도 수학과 물리학을 긴밀하게 결합한 연구를 하는 사람을 만나지 못했다고 한다. 나는 이 말을 듣고 기분이 좋았다. 나 또한 데카르트 이외의 누구와도 이러한 종류의 연구에 대해 이야기를 나눈 적이 없었다."

30년 전쟁

데카르트가 네덜란드로 갔던 1618년 독일에서는 30년 전쟁이 일어났다. 신교도가 많았던 보헤미아 지방이 1년 전부터 구교도인 황태자 페르디난트 치하에 있게 된 것이 빌미가 되었다. 페르디난트는 종교개혁에 반동적 열의를 품은 인물이어서, 신교도들이 그의 통치에 불만을 품고 팔츠 선제후(選帝侯) 프리드리히(1596~1632)를 옹립해 전쟁을 일으킨 것이다. 이것은 곧 독일 신교 연합과 황제파 구교 연합 사이의 전면전으로 확대되었다. 처음에는 구교군이 독일 전체를 차지한 것처럼 보였다. 그러나 이 전란은 차츰 전 유럽적인 규모로 확대되어, 1640년 무렵까지 이어졌다. 이 전쟁에서 독일 국민은 신·구교 양쪽 군대로부터 몇 번씩이나 약탈과 파괴를 당해 더없이 피폐해졌고, 이후 독일의 근대화가 더뎌진 큰 원인이 되었다.

이 무렵 데카르트는 스물세 살의 혈기 넘치는 청년이었다. 그는 전쟁이 일어나자 학문 연구로 돌아갈 날이 있으리라 기약하면서, 자유의 나라 네덜란드를 떠나 독일로 갔다. 그리하여 데카르트는 구교군의 한 부분을 담당한 바이에른 공작 막시밀리안의 군대에 들어간다. 그때 신교연합의 우두머리 프리드리히 백작은 하이델베르크에서 프라하로 가서 그곳을 지켰다. 그러나 그는 눈 깜짝할 사이에 프라하를 함락당하는 패전의 쓰라림을 겪게 되고, 그 일가는 친척인 오렌지 공이 있는 네덜란드로 망명한다. 그런데 이 팔츠 선제후의 딸 엘리자베스는 뒷날 데카르트와 학문적 의견을 주고받는 교제를 하게 된다. 이러한 점을 생각하면, 이 전쟁 속에서 서로 대립점에 있었던 이들의 운명은 참으로 얄궂은 것이라 할 수 있으리라. 아무튼 1619년 4월 26일 참전을 위해 브레다를 떠난 데카르트는, 29일에 암스테르담에서 코펜하겐으로 출항하여 '덴마크에서 폴란드, 그리고 헝가리를 거쳐 독일로 갈 예정이었다.' 그는 여정 중에 프랑크푸르트암마인에서 페르디난트 2세가 황제의 자리에 오르는 대관식을 구경하기도 했다.

데카르트의 전기작가인 바이예(Adrien Baillet, 1649~1706)의 표현에 따르면, 그는 "이 세상 일류의 배우가 세계를 무대로 펼치는 연극을 놓칠 수 없었던 것이다." 대관식은 7월 20일부터 9월 9일까지 치러졌는데, 그는 여기에 참석

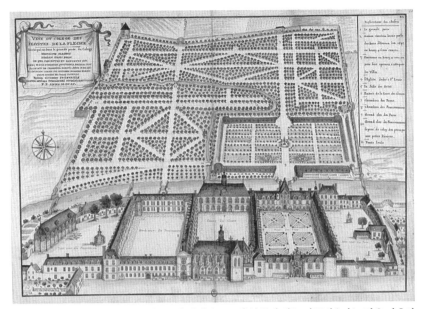

라플레슈 예수회 학교 1604년 데카르트의 아버지는 투렌 북쪽에 있는 라플레슈라는 작은 마을의 왕립학교에 그를 입학시켰다. 이 학교는 앙리 4세가 세워 예수회에 운영을 맡긴 것이다. 데카르트는 1612년 이 학교를 졸업했다.

한 뒤 막시밀리안 대공의 군대에 합류했다. 그때는 프랑스의 외교적 간섭도 있어, 신구교 양군이 대치한 채로 휴전 상태에 있었다. 초겨울이 되자 데카르트는 11월 10일에 하루 휴가를 얻어, 다뉴브강 기슭 울름 근교의 작은 마을에서 시간을 보낸다. 그런데 "거기에는 정신을 흐트러뜨릴 만한 대화 상대도 없었고, 더욱 다행스럽게도 마음을 괴롭히는 걱정이나 정념도 없었기 때문에," 그는 종일 난로가 있는 방 안에 홀로 틀어박혀 조용히 사색에 잠길 수 있었다.

난로방의 체험

바이예가 전하는 바에 따르면, 이제는 없어진 데카르트의 수기 《올린피카》에는 "1619년 11월 10일, 나는 영감에 넘쳐 놀라운 학문의 기초를 발견하고 있다······"라는 글이 적혀 있었다. 그리고 이것은 '난로방에서 보낸 사색의 하루'를 기념한 구절임에 틀림없다. 이날 밤 데카르트는 세 가지 꿈을 꾸고 나서, 신이 자신에게 진리의 성령을 보낸 것이라고 생각했다. 그리하여 그는 자신이 철학 전체를 홀로 새롭게 하는 소명을 부여받았다고 믿게 된다. 데카르트는 이것을 일생 중 가장 중요한 사건으로 여겼다. 그는 자기의 미래 일이 신의 축복을 받았다는 감격에 넘쳐, 이탈리아로 갈 계획이었던 여행길에 로레토의 성모수녀원을 순례하고 서언할 마음을 먹는다.

이런 일들은 바이예의 《데카르트의 생애》(1691)에 기록된 내용이다. 그의 증언이 믿을 만한 근거가 있는 것인 한, 이 난로방 체험은 데카르트가 철학자로서 살아가게 되는 데 결정적 역할을 한 사건이라고 할 수 있다. 이로써 그는 자신의 평생을 진리 탐구에 바치려고 마음먹게 된 것이다.

'나'에 대한 자각

《방법서설》의 제2부 첫머리에는 꿈 이야기는 언급되어 있지 않지만, 울름의 난로방에서의 사색이 차분하게 기록되어 있다. 가장 먼저 나오는 내용은 "많은 부분으로 짜 맞추어지고 많은 기술자의 손으로 된 작품에는 흔히 혼자서 완성한 작품만큼 완전성(完全性)을 볼 수 없다"는 설명이다. 한 사람의 건축가가 설계하고 완성한 건물은, 다른 목적으로 세워진 낡은 벽을 이용해 여러 사람이 만든 건물보다 훨씬 아름답고 질서 정연한 것이 보통이다. 처음에 작은 마을에 불과했다가 시간이 지남에 따라 규모가 커진 도시는, 건축기사 한 사람이 규칙적이고 계획적인 설계를 하여 그에 따라 세운 도시에 비하면 보통 균형이 잡혀 있지 않다. 한 나라의 법률 또한 마찬가지이다. 한 사람의 입법자가, 예를 들면 고대 스파르타의 리쿠르고스 같은 사람이 혼자 방침을 정하면 하나의 목적이 관철되는 정연한 법체계가 설 수 있다. 학문 또한 이와 다르지 않다. 그 근거가 그럴 법한 것에 지나지 않고, 아무것도 논증할 수 없는 학문인 스콜라적 학문은 수많은 사람들이 저마다 조금씩 짜 맞춘 것이 널리 보급된 것이다. 따라서 그것은 양식 있는 사람이 그 눈앞에 나타난 사항에서 타고난 재능으로 이룰 수 있는 단순한 추리만큼 진리에 가까워지지 못한다. 달리 말하면, 단 한 사람이 올바른 방법에 따라 이끌어 낸 인식의 체계만이 참된 학문이라고 할 수 있다는 것이다.

철학자의 각성

난로방의 체험 이전까지 데카르트는 자연과학자였고, 게다가 그의 관심은 한낱 응용기술적인 연구에 지나지 않았다. 그러던 그가 문리수학적 연구에 전념하기 시작한 것은 아이작 베크만에 의하여 이론적 연구에 눈뜨게 된 뒤이다. 데카르트가 1619년 3월 4일 베크만에게 보낸 편지에는, 방법의 문제에 대한 언급과 함께 '이 방법의 일반화이념'에 대한 설명이 나온다. 그는 이와 같은 보편화된 방

앙리 4세(1553~1610)

법으로부터 "마땅히 전혀 새로운 학문이 탄생해야 하는데, 그것에 따라서 사람은 어떤 종류의 연속량(連續量), 또는 비(非)연속량에서나 제출된 모든 문제를 풀 수 있게 될 것이다"라고 했다.

데카르트는 이때 단순한 수학 이상의 것을 목표했다. 그는 새로운 '방법'의 이념으로 한 걸음 더 나아갔던 것이다. 그것은 다만 대수적 해법을 기하학에 적용하는 것 이상이었다.《정신지도를 위한 규칙》에는 "어원상 '수학'이란 말은 정확히 '과학적 연구'와 같은 것을 의미하므로, 다른 과학적 학문들도 기하학과 동등하게 수학이라 불릴 수 있는 권리를 갖는다"는 말이 나온다. 곧 데카르트는 천문학, 음악, 광학, 역학, 그리고 그 밖의 많은 학문들이 수학의 부분을 이룬다고 생각했다. 이렇게 그는 한 걸음 한 걸음 보편수학(Mathesis universalis)의 구상에 다가갔다.

이와 같은 보편적 학문은 한 사람만의 힘으로 완성하기 힘든 것임에도, 데카르트는 그 실현을 위한 희망을 지녔던 것으로 보인다. 그는 베크만에게 보낸 3월 26일자의 편지에서 "이것은 무한한 작업이며 도저히 한 사람이 이룰 수 없

젊은 시절의 데카르트 툴루즈 박물관 소장

는 일이다. 또 믿기 어려울 만큼 야심찬 일인 것이다. 하지만 이 혼돈스러운 상태에서 나는 어떤 빛이 비쳐옴을 느꼈다. 나는 그 빛으로 가장 두터운 암흑까지도 없앨 수 있다고 생각한다" 말하고 있다. 프랑스 중세사가 코언이 말한 것과 같이, "그 빛은 신성한 감격으로서, (1619년 11월 10일의) 계시의 신비로 가득 찬 밤을 위한 전주곡"이었다.

그러나 이때까지 데카르트는 여전히 자연과학자였다. 그래서 그는 한 사람이 한 번에 완성할 수 있는 것이 아니며, 시대 간의 성과 계승과 많은 사람들의 협력과 연구가 이루어져야만 해명될 수 있는 자연의 수수께끼를 밝히려 했던 것이다. 그러나 데카르트는 11월 10일 계시의 날을 경험하고 자연과학의 공동성을 추구하는 길에서 차츰 벗어나게 된다. 그리고 자기 혼자 힘으로 전혀 새로운 바탕 위에 학문을 세우려고 결심한다. 즉 난로방에서 각성의 체험을 한 뒤 데카르트는 과학자가 아닌 철학자의 길을 걷게 된 것이다.

진로의 확정

홀로 암흑 속을 걷다

1619년 11월 10일, 운명의 날이었다. 데카르트는 자연탐구가로서 울름 근교에 휴가를 보내러 왔다가 한 작은 마을 난로방에서 하루를 보내고 철학자로 다시 태어났다. 그는 그 체험으로 "홀로 어둠 속을 걸어가는 사람처럼 천천히 가자, 모든 것에 세심한 주의를 기울이자고 결심했다"《방법서설》 제2부). 그것은 조심스럽지만 한 발 한 발 힘주어 딛고 나가는 틀림없는 발걸음이었다. 데카르트는 세심하고 신중하게 어둠 속을 걸어가면서 조금씩 그 어둠을 밀어젖히면, 저쪽에서 빛이 나타나리라 생각했다. 즉 그는 혼돈스럽던 세계의 윤곽이 차츰 뚜렷해지고, 그 속에서 분명한 형태와 질서가 나타날 것이라고 믿었다. 데카르트가 찾던 것은 세계의 질서, 다시 말해 우주의 비밀에 대한 해

브레다 거리 수학 문제가 붙은 게시판 앞에서 데카르트는 베크만과 알게 된다(19세기 중엽 동판화).

답이었다. 이를 위해 그는 세계가 합리적 질서를 갖춘 모습을 방법에 따라 조금씩 밝은 곳에 드러나게 하려 했다. 그리고 그것은 '카오스에서 코스모스로' 가는 길이었다.

보편적인 지혜

철학자 데카르트가 찾으려 했던 것은 전체로서의 세계상이다. 다시 말해 그것은 세계를 위한 질서 정연한 체계, 곧 '세계론'인 것이다. 그러나 세계론이라는 것은 자연과학자들의 협동작업에 의해서 파악될 수 있는 것이 아니다. 자연과학자는 어느 특정 각도에서 세계를 보기 때문에, 그 부분에 대한 정밀한 해명은 할 수 있어도 그 부분을 전체와 관련해 파악하지는 못한다. 그래서 과학자들이 저마다의 부분적인 세계 인식을 아무리 교묘하게 짜 맞추어 조직적으로 구성해 보아도, 진정한 의미의 통일된 세계상이 드러나지 않는 것이다. 이때 각 부분의 산술적 총화는 결코 살아 있는 전체라고 할 수 없다. 그러므로 한 사람의 건축기사가 자신의 설계도에 따라 넓은 벌판에 이상적인 질서를 가진

도시를 짓는 일이 필요하다. 즉 세계론의 구상은 한 사람의 선발된 철학자가 수행해야 하는 것이다. 데카르트는 기꺼이 이 사명을 짊어질 결심을 했다. 그리하여 그는 가장 보편적인 방법에 따라 올바른 순서로 이성을 이끎으로써 인식의 영역을 최대한 넓혀 새로운 학문 체계인 보편적 지혜를 실현하려 한다.

"인간의 인식 범위에 들어갈 수 있는 모든 사물은 같은 방법으로 서로 연결되어 있으며, 그런 사물 가운데 어떠한 참되지 않은 것도 참으로서 받아들이지 않고, 아울러 그런 사물의 어떤 것을 다른 것에서 연역(演繹)하는 데 필요한 순서를 언제나 지키기만 한다면 아무리 멀리 떨어진 것에도 결국은 도달할 수 있고, 아무리 숨겨져 있는 것도 결국은 발견할 수 있다는 것을"《방법서설》 제2부).

여기에 데카르트의 방법적 이념이 분명하게 밝혀져 있다. 말하자면 그는 철학적 방법이란 인간에게 인식될 수 있는 모든 대상을 똑같은 방식으로 파악할 수 있게 하는 가장 보편적인 것이어야 한다고 생각한 것이다. 데카르트는 스콜라 학자들이 "과학을 그 연구 대상에 따라 구분하여, 서로 완전히 분리해 따로 따로 탐구해야 한다고 여기게 되었다"면서, 바로 이것이 그들의 근본적인 잘못이라고 했다. "왜냐하면 모든 과학은 예술과는 달리 인간의 지혜와 같고, 지혜란 아무리 서로 다른 대상이라 해도 어느 것에나 적용되기 때문이다. 또 햇빛이 각양각색의 사물을 비출 때 그 각각의 빛이 서로 다른 것은 아니듯이, 여러 과학들도 서로 차이가 없다. 따라서 지성을 한계 지어 제한할 필요는 없다"《정신지도를 위한 규칙》 규칙 1). 데카르트는 근대과학의 분화나 전문적인 사고방식과는 도무지 인연이 없었다. 그리하여 그는 모든 가능한 대상을 동질적·연속적인 인식의 질서 속에 끌어넣으려고 했다. 어떤 문제에서나 순수하고 합리적인 해결 방법은 오직 한 가지이며, 바로 그 인식의 방법이 모든 종류의 문제에 적용될 수 있다는 것이 데카르트의 신념이었다.

방법에 대한 네 가지 원칙

《방법서설》 제2부에는 방법에 대한 네 가지 규칙이 다음과 같이 열거되어 있다.

첫 번째 규칙은, 내가 명백한 증거로써 참이라고 인식하는 것이 아니면 그 어떤 것도 참으로 인정하지 말 것. 바꾸어 말해서 주의 깊게 속단과 편견을 피

습격 30년 전쟁의 한 장면. 자크 칼로의 동판화(1633)

할 것, 그리고 내가 의심할 어떠한 이유도 갖지 않을 만큼 명석하고 판명(判明)하게 내 정신에 나타나는 것 말고는 그 무엇도 내 판단 속에 들여놓지 말 것.

두 번째는, 내가 음미하는 각 문제를 되도록 많이, 그러면서도 그 문제를 가장 잘 풀기 위해서 필요한 만큼 작은 부분으로 나눌 것.

세 번째는, 내 사상을 차례대로 이끌어 나갈 것. 가장 단순하고 가장 인식하기 쉬운 것부터 시작하여 조금씩, 말하자면 단계를 밟아서 가장 복잡한 것의 인식에까지 올라가고, 아울러 본디 앞뒤 순서가 없는 것 사이까지 순서를 상정(想定)하여 나아갈 것.

마지막으로, 모든 경우에 그 무엇도 빠뜨리지 않았다고 확신할 수 있을 만큼 완전히 하나하나 들어 살펴보고 전체적으로 모두 훑어볼 것.

보통 첫 번째는 명증성(évidence)의 규칙, 두 번째는 분석(analyse)의 규칙, 세 번째 것은 종합(synthèse)의 규칙, 네 번째 것은 매거(枚擧 ; énumération)의 규칙으로 불린다. 이중에서 데카르트가 특히 중요시하는 것은 '분석'의 방법이다.《정신지도를 위한 규칙》중에는 "옛 기하학자들은 어떤 분석의 방법을 사용했으며 비록 그 비법을 후손에게 전하는 데 인색했지만, 모든 문제의 해결에는 그것을 적용했다. 오늘날에도 대수라는 하나의 수학이 성행하고 있다. 그 취지는 옛사람들이 도형의 문제에서 이룩해 놓은 것을 수로 설명하는 것이다"《정신지도를 위한 규칙》규칙 4)라는 말이 나온다. '고대인의 해석'이라는 것은 미지의 명제를 발견하는 방법의 형식으로, 기하학에서 작도(作圖)문제를 푸는 절차이다. 이것은 도형이 이미 주어졌다는 가정 아래, 주어진 문제의 조건으로 거슬러 올라가 이미 알려진 작도법에 이르는 방법이다. 데카르트에 따르면, 고대 기하학자들은 새로운 진리를 발견할 때에는 언제나 이 해석 절차를 썼지만, 그 결과를 남에게 보일 때는 심술궂게도 자신들의 방법을 숨겼다는 것이다. 그리고 '대수'는 바로 이들이 도형에 대해 사용한 '해석'의 절차를 수에 응용한 것이다. 데카르트는 이 고대인의 '해석'과 근대인의 '대수'에서 저마다 장점을 받아들이고 결합해 새로운 수학적 방법을 탄생시키려고 했다.

"고대인의 해석은 늘 도형(圖形)의 고찰에 묶여 있어서 상상력을 크게 피로하게 하지 않고는 오성(悟性)을 작용시킬 수 없다. 또 근대인의 대수는 사람들을 어떤 규칙과 기호(記號)로 심하게 묶어버려서 정신을 기르는 학문이기는커녕 오히려 정신을 괴롭히는 혼란스럽고 불명료한 기술이 되어버리는 것이다. 이런 까닭에 나는 이 세 가지 학문의 장점을 두루 지니고 결함은 없는 무언가 다른 방법을 찾지 않으면 안 된다고 생각했다"《방법서설》 제2부).

여기에서 그는 논리학, 기하학, 대수학이라는 세 가지 학문의 장점을 겸비한 새로운 학문으로 보편 수학을 생각하게 된다. 여기서 '수학(Mathesis)'은 기하학이나 대수학에 국한되는 것이 아니었다. 무릇 질서(ordo)와 계량(mensura)을 연구하는 속성으로 수학은 모든 사물과 관련된다. 그러한 경우에는 그 계량적 관계의 문제가 되는 대상이 수인가 도형인가, 천체인가 소리인가, 그렇지 않으면 또 다른 무엇인가는 상관이 없다. 따라서 "특정 주제에 한정되지 않도록, 순서와 측정에 관계된 문제들을 낳은 요소를 일반적으로 설명하려면 어떤 보편적 과학이 있어야 한다"《정신지도를 위한 규칙》 규칙 4)는 것이다. 이 보편 수학의 구상은 한편으로는 해석기하학으로서 이루어지고, 또 한편으로는 기계론적 자연학으로서 결실을 보게 된다.

해석기하학

해석기하학은 기하학적 도형과 그 관계를 대수적 방정식으로 나타내어 자세히 연구하는 것이다. 그것은 첫째로, 도형을 단순화해 오로지 선으로 나타내려고 한다. 왜냐하면 선 이상으로 단순하고, 구별에 상상과 감각을 잘 나타낼 수 있는 것은 없기 때문이다. 그러므로 갖가지 비량적(比量的) 관계를 하나씩 따로

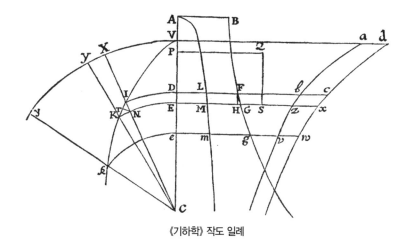

《기하학》 작도 일례

따로 살펴보는 데 가장 알맞은 방법은 그것들을 단순한 선으로 나타내는 것이다. 그러나 그런 여러 가지 관계를 한 번에 파악하기 위해서는, 그런 것을 될 수 있는 한 짧은 기호로 나타낼 필요가 있다. 즉 그러한 관계들을 쉽게 기억하기 위해서 우리는 대수기호를 써야 한다. 이와 같은 해석 방법은 단순한 분석 방법이 아니고, 종합적이어야 한다.

수학의 분석적 방법은 종합과 연결됨으로써 비로소 자연 연구의 방법이 되기 때문이다. 기하학의 작도 문제도 거의 '해석'에 의해 작도법을 찾아낸 다음에는 '증명'(곧 종합)이 필요하다. 그리고 이와 마찬가지로 자연 연구에서도 복합적 사실을 분석해 원리에 이른 다음에는, 종합적 사실로 돌아가는 절차가 요구된다. 따라서 데카르트의 방법에서 분석과 종합은 늘 서로 연관성을 지니며, 어느 한쪽도 떼어 버릴 수 없다. 즉 그의 방법에서 단순 요소에 대한 철저한 분석은 구체적 전체에 대한 종합 과정을 예상하는 과정이다.

방법의 이념 형성

데카르트는 이와 같은 탐구의 결과로 모든 학문에 통하는 일반적 방법을 이뤄 나가고 있었다. 그것은 수학적 방법을 모범으로 한 것이었지만, 특수한 자연학적 문제에만 국한해야 하는 것이 아니었다. 즉 그가 연구하던 것은 모든 종류의 대상에 쓸 수 있는 보편적 방법이었다. 데카르트는 이 새로운 방법으로 꽤 만족할 만한 결과를 얻을 수가 있었다. 그것으로 수학적 연구에 뚜렷한 광명이 비치게 되어, "전에는 매우 어렵다고 생각한 많은 문제(3차 4차 방정식의 풀이, 접점 문제 등)를 풀 수가 있었을 뿐 아니라, 마지막에는 내가 아직 모르는 문제에 대해서도 어떻게 하면 어느 정도까지 그것을 풀 수 있는가 결정할 수도 있겠다고 여기게 되었던 것이다."

그러나 이런 성공에도 데카르트는 학문 전체 체계의 완성 작업에 곧바로 들어가려고 하지는 않았다. 그 전에 해야 될 일이 너무나 많았기 때문이다. 그는 "그러한 학문의 원리는 모두 철학에서 나온 것인데 철학에 있어서 나는 아직 아무것도 확실한 것을 발견하지 못하고 있다는 데에 주의해서, 무엇보다도 먼저 철학의 확실한 원리를 세우기 위해 노력해야 한다고 생각했다." 그 무렵 데카르트는 아직 스물세 살이었기 때문에, 그런 작업은 자신이 더 성숙한 나이가 된 다음에 꾀해야 한다고 믿었다. 그래서 그는 그로부터 9년간 지적 방랑생활을 하게 된다.

카오스에서 코스모스로

심령적인 자연관

데카르트의 초창기 사색을 전하는 단편(斷片)으로서 《사색사기(思索私記 ; Cogitationes privatae)》라는 원고가 남아 있는데, 거기에는 다음과 같은 말이 나온다.

"사물 중에는 오직 하나의 활동력이 있다. 그것은 곧 사랑·자비·조화이다."

"감각적인 것은 올림포스적인 것을 나타내는 데 알맞다. 바람은 정신을, 시간을 수반하는 운동은 생명을, 빛은 인식을, 열은 사랑을, 순간적인 활동은 창조를 의미한다. 모든 물체적 형상은 조화에 따라서 작용한다. 마른 것보다는 축축한 것이, 뜨거운 것보다는 찬 것이 더 많다. 만일 그렇지 않았다면 활동적인 것이 훨씬 더 빨리 승리를 거두어 세계는 오래 지속될 수 없었을 것이다."

"상상력이 물체적인 것을 나타내기 위해 도형을 사용하는 것과 마찬가지로, 오성은 정신적인 것을 본뜨기 위해, 이를테면 바람이나 빛과 같은 하나의 감각적 물체를 사용한다."

여기에서는 뒷날 방법의 철학자가 될 데카르트의 모습은 조금도 찾아볼 수 없다. 물체, 즉 연장이라는 테제에 의하여 세계를 완전히 기계론적으로 설명하는 입장과 물체적인 것에 사랑이나 조화와 같은 영적 성질을 부여하는 생각은 전혀 다른 것이기 때문이다. 이것은 오히려 15, 16세기 자연철학자들의 생명적 자연관과 매우 흡사한 물활론적 세계관이라고 할 수 있을 것이다. 예를 들면 이탈리아의 자연철학자 텔레시오(Telesio, 1509~88)는 자연에는 신장하는 열기와 수축하는 냉기의 두 가지 힘이 있다고 주장했다. 그는 열기의 위치와 출발점은 태양이고, 냉기의 위치와 출발점은 지구라고 보았다. 그리고 이 두 힘의 투쟁에 근거해, 저마다 사물이 생긴다고 생각한 것이다. 또 그는 판단이나 사유의 활동도 감각으로부터 이끌어 낼 수 있다고 생각하는 감각주의를 주장했다.

그 뒤 등장한 파트리치(Patrizzi, 1529~97)는 "우주는 살아 있으며, 신의 숨결은 곳곳에 통하고 있다"는 신플라톤주의적 색채를 강하게 띤 주장을 펴기도 한다. 이런 이탈리아 자연철학자들은 일반적으로 정신적인 것을 열기와 냉기, 또는 빛과 바람 같은 물체적 표상에 의해 이해하려고 했다. 그리고 이러한 경향은 데카르트의 초기 단편에서도 뚜렷이 나타난다.

1630년 10월 17일 데카르트가 베크만에게 보낸 편지를 보면, 그는 텔레시오, 캄파넬라, 브루노 같은 르네상스 자연철학자들을 '혁신자들'이라 부르며 자기와는 구별하고 있다. 하지만 데카르트가 이들의 사상을 꽤 파고들어 연구한 것은 사실인 듯하다. 《방법서설》 제1부에는 "거기서(라플레슈 학교) 나는, (……) 다른 사람들이 배우는 것을 모두 배웠다. 뿐만 아니라 가르쳐 주는 학문만으로 만족하지 않고 매우 비술적(秘術的)인, 비정상적인 것으로 여겨지는 학문을 풀이한 책까지도 손에 넣을 수 있는 한 모두 찾아 훑어보았다"라는 말이 나오기도 한다.

이 비교육적인 학문 중에는 연금술과 수상술(手相術), 마술 같은 것들도 포함되어 있었다. 또 이외에도 데카르트는 이탈리아 자연철학자들의 온갖 저술을 섭렵했던 것이 틀림없다. 그들을 가리켜 '혁신자들'이라고 부른 것은, 그들의 학문이 아리스토텔레스적 스콜라학의 기준으로는 이단적인 내용들을 충분히 이해하고 있었기 때문일 것이다. 예수회 학교에서는 정통 가톨리시즘의 교육을

표방했으나, 그는 아리스토텔레스·스콜라적인 자연관과는 전혀 다른 르네상스의 생명적·범신론적 세계관과 접촉함으로써 그 영향을 받게 되었다. 이러한 접촉은, 데카르트가 아리스토텔레스의 목적론적 세계관에서 벗어나기 위해서는 먼저 르네상스의 생명적 자연관을 거쳐야 했다는 점에서 중요한 의미를 갖는다고 할 것이다.

쿠자누스(1401~64)

폐쇄된 세계에서 무한한 우주로

17세기 유럽에서 과학적·기계론적 자연관이 성립된 데에는 두 가지 중요한 사실이 배경으로 작용했다. 그 첫째가 15, 16세기 자연철학자들에 의해 전통적인 스콜라적 자연관이 파괴되었다는 사실이다. 독일의 성직자이자 철학자인 니콜라우스 쿠자누스(Nicolaus Cusanus, 1401~64)는, 중세적인 코스모스의 개념을 물리치고 '우주의 무한성'을 주장했다. 또한 데카르트는 1647년 6월 6일 샤뉘(Chanut, 1601~62)에게 보낸 편지에서 "쿠자의 추기경과 그 밖의 학자들은 세계를 무한한 것으로 규정하지만, 이로 인해 교회로부터 비난을 받은 적은 결코 없습니다. 사람들은 오히려 그가 신께서 역사하심이 지극히 위대하다고 여기고 신을 우러러보기 때문에 이런 말을 했다고 믿었습니다"라고 말했다. 그러나 실제로 쿠자누스가 적극적인 의미에서의 '무한성'을 주장한 것은 아니다. 그가 세계를 설명하며 사용한 무한성의 개념은 신이 가진 적극적인 무한성과는 다르다. 즉 그것은 '한이 없다는 것'을 뜻하는 데 지나지 않는다.

하지만 세계가 어디까지 가도 한계가 없다는 것은 어디에도 중심이 없다는 뜻이고, 이러한 생각은 지구를 우주의 중심으로 여겨 온 전통적인 사고방식과 정면으로 대립한다. 이러한 주장은 천구 안에 갇혀 있던 무한한 세계의 질서를 근본적으로 파괴할 수밖에 없다. 요컨대 그 생각이 결국 아리스토텔레스적인 완결의 세계상을 무너뜨리고, 세계를 무한히 넓혀서 파악하는 새로운 자연관을 제시하게 된 것이다.

니콜라우스 쿠자누스는 단순히 세계의 한계를 설정하는 것은 불가능하다며 소극적으로 우주의 무제한을 주장하는 데 그쳤다. 그러나 뒤에 나온 브루노(Giordano Bruno, 1548~1600)는 코페르니쿠스(Nicolaus Copernicus, 1473~1543)의 지동설을 긍정함과 동시에, 공간의 적극적인 '무한성'을 주장했다. 그의 논리는 세계

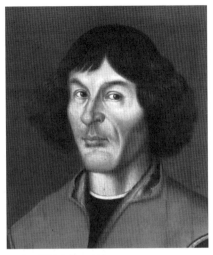

코페르니쿠스(1473~1543)

는 공간적으로나 시간적으로나, 또 수에서도 무한하지 않으면 안 된다는 것이었다. 브루노는 우주의 모든 부분이 신의 힘의 표현이며, 신은 초월적 원인이라고 생각했다. 그러므로 신은 세계의 밖에서 세계를 움직이는 것이 아니고, 그 안에서 살아 있는 통일된 법칙으로서 모든 것 속에 존재하는 것이다. 즉 그에게 신은 우주령(宇宙靈), 또는 내재적 원인이었다. 이런 주장에 따라서 종래의 신 중심적인 목적론에 대비되는 내재적인 목적인(目的因)이 세워진다. 그리고 그 조화라는 목적인으로써 존재하는 것이 바로 범신론적이고 생명적인 우주이다. 이러한 관점에서는 우주의 모든 부분이 신의 무한한 신성(神性)을 띤다고 생각한다. 즉 신의 무한한 힘은 끝없이 펼쳐지고 넘쳐흘러 전 우주는 이 신적 생명을 호흡하고, 그것에 의해 한 사람 한 사람의 생명이 싹터 간다는 것이다.

이와 같은 생명적 자연관은 아리스토텔레스·스콜라적인 유한론과 근본적으로 대립하지 않을 수 없었다. 아리스토텔레스나 프톨레마이오스(Ptolemaeus)의 우주론은 지구는 우주의 중심에서 부동하고, 그 주위에 있는 달과 태양 또는 그 밖의 행성들은 내부가 텅 빈 투명한 구체(球體)에 부착되어 있다고 설명한다. 그리고 투명해서 보이지 않는 이 천구가 돌기 때문에 지구 주변의 행성들도 돈다는 것이다. 이러한 우주론의 신봉자들은 이것들은 신에 의해 직접 움직여져서 가장 완전한 운동을 한다고 보았다. 또한 우주는 유한한 구형을 이루며,

따라서 우주의 크기는 그 구의 크기라는 것이다.

이에 비해 코페르니쿠스는 프톨레마이오스의 지구 중심적인 천동설(天動說)과 대립하는 태양 중심적인 지동설(地動說)을 주장했지만, 우주를 유한한 구형으로 보고 천체에 부착된 구의 존재를 인정하는 것은 그도 마찬가지였다. 그 뒤의 독일 천문학자 케플러(Kepler, 1571~1630)마저도 세계가 공간적으로 유한하다는 생각을 버리지 못했다. 그런데 브루노는 세계의 무한성을 완전히 확신했던 것이다. 그는 유한적으로 갇힌 세계의 저쪽에 공허한 공간이 있다고는 생각할 수 없었다. 코페르니쿠스에 따라 지구가 우주의 중심이라는 생각을 버렸다면, 한 걸음 더 나아가 우주가 유한한 구체 안에 갇혀 있는 것이라는 생각도 버릴 수 있는 것이다. 브루노는 또 처음부터 우주의 중심이라는 것은 어디에서도 생각할 수 없다고 가정해 보았다. 이처럼 생각함으로써 브루노는 '무한하고 특정한 중심을 갖지 않은 우주'라는 새로운 세계상을 세운 것이다.

이 사고방식에 따른다면 무한한 공간 가운데 어디에도 절대적인 중심이라고 할 수 있는 것은 존재하지 않는다. 따라서 어디를 중심으로 삼느냐 하는 것은 임의(任意)라고 할 수 있다. 이제 우주의 각 부분을 모두 완전히 평등하고 등질(等質)인 것으로 생각하지 않을 수 없게 된 것이다. 그렇게 되면 하늘과 땅, 빛과 어둠, 선과 악이라는 가치의 서열을 매길 수 없게 된다.

폴리스(도시국가) 시대의 그리스인들은 지상적인 것은 천하고 더러운 것으로, 천상적인 세계는 맑고 빛이 찬란한 것으로 규정했다. 중세의 그리스도교적 세계관은 이 그리스의 이원론적 사상을 이어받아서 하늘과 땅, 빛과 어둠, 정신과 육체 사이에 가치의 서열을 매겼다. 그래서 땅은 천하고 멸시해야 하는 것으로 여기고, 하늘은 빛이 찬란하고 아름다운 것으로 생각하게 되었던 것이다. 사람들은 천한 지상에서 인간의 정신은 죄에 빠져 육체적 생존을 즐기고 있지만, 마침내 신의 구제를 받아 그가 계신 하늘로 돌아가게 될 것이라고 믿었다. 중세적인 신·정신·자연이라는 계층적 질서는 이와 같은 종교의식으로써 생겨난 것이다.

그러나 "우주는 무한하며 중심을 갖지 않는다"는 브루노의 견해는 이렇게 만들어진 우주의 계층 질서와 구조를 해체하고, 전통적인 그리스도교적 가치 서열을 근본적으로 무너뜨리게 된다. 이렇게 브루노의 우주론에 따라서 전통적인 그리스도교적 세계관이 철저히 깨지고, 무한을 향하여 전개되는 생명적인 우주상이 나타났다. 이로써 우주를 '닫힌 세계에서 무한의 세계로' 보는 사고의 전환이 이루어진 것이다.

생명적 유기적 자연관에서 기계론적 자연관으로

15·16세기 자연철학자들은 중세적인 코스모스의 개념을 무너뜨렸지만, 그것을 대신할 새로운 세계상을 적극적으로 제시하지는 못했다. 적어도 일정한 방식으로 질서를 갖춘 세계의 구조, 요컨대 새로운 코스모스의 관념을 탄생시키지는 못했던 것이다. 이탈리아의 자연과학자들은 자연 속에서 신적인 힘의 드러남을 보고, 정신적인 것을 열과 냉기, 또는 빛과 바람 같은 물체적 표상으로 나타내려고 했다. 달리 말하면 그들은 우주 속에서의 영적인 작용과 정신 속에서의 모든 물체적 원소 작용을 인정했고, 따라서 영혼과 육체, 정신과 자연이 완전히 하나를 이루는 것으로 파악했던 것이다. 브루노는 세계의 조화를 창조하는 생의 원리는 우주령이라고 생각했다. 자연현상에서의 영적인 작용을 인정하는 점에서는, 그 또한 다른 자연철학자들과 마찬가지로 물활론적 세계관에 빠져 있었던 것이다.

이 15·16세기의 세계상은 일정한 구조를 가진 전체로서의 체계를 갖추지 못했다. 그래서 그것은, 말하자면 코스모스가 아닌 카오스였던 것이다. 이때의 자연철학자들은 우주가 만들어지고 발전하는 혼란스러운 모습을 직관적으로 파악하는 작업으로 처음부터 끝까지 한결같았다. 하지만 그들의 작업은 학문의 이름과는 너무나 거리가 먼 것이었다. 이러한 상황 속에서 이 카오스 가운데서 코스모스를 발견해 새로운 세계상을 이끌어 내는 것, 그것이 바로 데카르트에게 주어진 작업이었다.

17세기 유럽에서 과학적 자연관이 세워질 수 있었던 것은 또 하나의 중요한 지적, 사상적 전환이 있었기 때문이다. 즉 근대과학의 선구자들이 등장해 유럽의 자연과학이 르네상스의 생명적 자연관으로부터 벗어나게 되었던 것이다.

이러한 움직임은 케플러에게서 찾아볼 수 있었으며, 갈릴레이에게서는 매우 뚜렷이 나타난다.

케플러는 무엇보다도 조화를 이룬 우주의 아름다움을 숫자로써 증명하려고 했다. 그는 첫 작품 《우주의 신비》(1596)에서 이미 코페르니쿠스의 지동설을 지지하는 입장에 서기도 했다. 그러나 그가 이 책에서 진정으로 추구한 것은 자신이 평생 집념을 품었던 피타고라스·플라톤적 이데아의 실현이었다. 그래서 케플러는 6개 행성 사이에 플라톤의 5개 정다면체(正多面體)를 놓고, 이런 행성의 궤도를 큰 원으로 하는 구체 사이에 이 정다면체가 딱 맞게 들어가도록 하여, 거기에서 행성계의 수학적 조화를 찾으려 했다. 이 점으로 보아 그는 아직 우주의 조화로운 관계 속에서 작용하는 신의 힘을 믿는 플라톤주의자에 지나지 않았다. 즉 코페르니쿠스와 마찬가지로, 그도 우주의 법칙을 매우 단순화시켜 생각할 수 있기 때문에 지동설을 택한 것이다. 프톨레마이오스의 체계는 신의 역사를 믿는 그에게는 너무나 복잡한 것이었다. 따라서 케플러가 지동설을 택한 이유는 무엇보다도 그리스 시대부터 전해 내려온 이념, 즉 자연의 한결같은 단순성 때문이었다. 케플러의 사상 또한 자연은 모든 단순한 수학적 질서를 가지고 있다는 그 무렵의 신플라톤주의적 관념에 지배되고 있었다. 그 때문에 그가 제기한 천체 이론은 새로운 것이었음에도, 그의 책은 때때로 신비적인 사변의 색채를 띠고 있었던 것이다.

《우주의 신비》 중에는 다음과 같은 말이 있다. "예전에 나는 스칼리제르(Julius Caesar Scaliger, 1484~1558)가 주장한 영(靈)이 가진 운동력에 마음을 빼앗겨, 모든 행성을 움직이는 원인은 영이라고 굳게 믿었다. 그러나 마치 태양의 빛이 태양에서 거리가 멀어질수록 약해지는 것과 같이, 이 힘도 영과의 거리가 멀어짐에 따라 줄어든다는 것에 생각이 미쳤을 때, 나는 이 힘을 어떤 물리적인 것으로 생각하게 되었다. 물론 그것은 빛이 물리적이라고 불릴 때에도 물체로부터 일어난 비물질적인 형상을 의미하고 있는 것과 마찬가지로, 본디 의미가 아니고 다만 명목상 그런 것이지만……."

이렇게 케플러도 젊어서는 이탈리아 자연철학자들처럼 물활론적 우주관을 품고 있었지만, 나중에 차츰 과학적·수학적 자연관 쪽으로 가까워져 갔다. 말하자면 그는 르네상스의 생명적·범신론적 자연관으로부터 근대의 과학적·기계론적 자연관으로 이행해 가는 과도기의 사상가였던 것이다. 하지만 갈릴레이는 케플러가 추구했던 우주 속에서의 수학적 조화라는 사상을 더욱 발전시켜 나간다. 그는 자연인식의 방법으로서 수학적 방법을 교묘하게 받아들이는 데 성공하여, 근대과학의 방향으로 나아간 것이다.

갈릴레이와 근대과학의 탄생

"철학은 늘 우리의 눈앞에 놓여 있는 그 위대한 책 속에 쓰여 있습니다. 나는 우주에 대해 말하고 있지만, 먼저 그 말을 배우고 거기에 쓰인 기호를 파악하지 않으면 그것을 이해할 수 없습니다. 즉 이 책은 수학의 언어로 적혀 있고, 기호는 삼각형과 원 그 밖의 기하학적 도형이라는 것을 알아야 합니다. 이런 도움 없이는 단 한 마디도 철학을 이해할 수 없습니다. 철학이 없으면 우리는 캄캄한 미로를 헤매일 따름이지요."

이것은 갈릴레이가 크리스티나 대공(大公) 부인에게 보낸 편지의 한 구절인데, 여기에는 근대과학의 근본사상이 집약되어 훌륭하게 표현돼 있다. 갈릴레이는 베이컨(Francis Bacon, 1561~1626)과 마찬가지로 경험과 관찰을 중시했으나, 단순한 경험적 사실의 관찰만으로는 자연법칙에 이를 수 없다는 점을 충분히 알고 있었다. 요컨대 그는 베이컨과는 달리, 경험적 관찰을 수학적 방법과 직결해야 한다는 것을 알고 있었던 것이다. 이 경험적 관찰은 아리스토텔레스나 중세의 자연학에서도 중요시되었는데, 어떤 의미에서 이것은 실험이 중요시되었다는 것과 같았다. 그러나 그들은 경험적 관찰의 결과를 계량적 관계로 바꿔 놓는 법을 알지 못했다.

근대과학의 방법이 획기적이라고 인정받게 된 것은 바로 관찰이나 실험이 수학적·계량적 방법과 연관되었기 때문인 것이다. 이런 뜻에서 갈릴레이는 근대과학의 방법을 처음으로 세운 사람이라고 할 수 있다. 갈릴레이 이후, 자연 연구는 우주를 지배하고 있는 수량적 관계를 밝혀내는 것에만 집중할 수 있게 되었다. 물체의 운동 변화도 완전히 수량적으로 파악하는 일이 가능해진 이상 변화를 가능태(可能態)에서 현실태(現實態)로의 이행으로 설명하는 아리스토텔레스의 목적론적 방식은 유효성을 잃게 될 것이었다. 이것은 곧 아리스토텔레스나 스콜라적인 형상, 또는 '숨은 힘' 등의 사고방식이 추방당하게 되었다는 것을 의미했다. 이렇게 갈릴레이는 중세 이래의 전통적인 사고방식과 정면으로 맞선 것이다.

전통적인 자연학은 사물이 무엇인가를 묻고, 그 본질이나 형상을 밝히는 것에 몰두했다. 다시 말해 자연현상의 배후에 가려진 '숨은 힘'을 찾아내는 데에만 마음을 쓰고, 사실의 상호 법칙적 관계는 문제 삼지 않았던 것이다. 여기에 대해 갈릴레이는 사물의 본질과 형상이 아닌 현상 상호 간의 '관계'에 주목하고, '어째서'보다도 '어떻게'를 문제로 삼았다. 운동이론의 경우를 생각해 보자. 아리스토텔레스는 운동에는 자연적 운동과 강제적 운동이 있다고 보았다. 자연적 운동은 땅·물·불·바람의 4원소가 저마다 자기 '본래의 장소'를 향하여 '자연적 경향성'을 가짐으로써 저절로 일어나는 운동이다. 이 운동에는 천체의 원운동과 물체의 상승·하강 운동이 있다.

아리스토텔레스는 이러한 운동에서 물체는 그 무게와 매질(媒質 : 공기)의 저항으로 정해지는 속도를 가지고, 그 물체의 본성을 지향하며 움직인다고 생각했다. 반면 강제적 운동은 어떤 외부적 힘에 따라 일어나는 것으로, 자연적 운동이 아닌 모든 운동이 이에 속한다. 만약 돌을 공중으로 던진다면 돌은 어느 순간까지 하늘로 올라가는 운동을 할 것이다. 그런데 돌은 '땅'의 원소를 갖고 있으므로 바닥으로 떨어져야 한다. 하지만 이때처럼 위로 향하는 것은 돌의 자연적 성질에 어긋나는 방향이므로, 이것은 강제적 운동이다. 갈릴레이는 자유 낙하 운동에 관심이 많았는데, 그는 물체의 '무게'가 자유 낙하 운동이 이루어지는 내내 끊임없이 작용한다고 보았다. 따라서 무거운 것은 빨리 떨어지고, 가벼운 것은 천천히 떨어진다고 생각한 것이다.

14세기에는 오컴파(派)의 '구동력' 이론이 나왔다. 그것은 운동하는 물체는 그 자체 속에 그것을 움직이는 어떤 힘(어떤 비물체적인 운동력)이 있다는 주장이었다. 그래서 그들은 쏘아올린 화살은 그 '구동력'을 쓰면서 날아가, 그것이 사라지면 '무게'에 의하여 수직으로 떨어진다고 생각했다. '구동력' 운동론은 매질 없이 운동을 설명할 수 있기 때문에, 아리스토텔레스 이론처럼 진공을 기피하지 않아도 된다. 갈릴레이도 한때 이 '구동력' 이론을 받아들여, 그의 초기 저작 《운동에 대하여》(1590)에서는 그 입장에서 아리스토텔레스를 비판한 적이 있다. 하지만 이 물체 운동에 대한 그의 견해는 바뀌게 된다.

그리하여 만년의 《신과학(新科學) 대화》(1638)에서 갈릴레이는 낙하속도는 낙하시간에 비례해 늘고, 낙하거리는 시간의 제곱에 비례해 늘어난다는 주장을 하며 '등가속도 운동'을 밝혀 보였다. 그는 옛날부터 이어져 왔던 운동의 원인은 무엇인가 하는 따위의 토론을 피하고, 어디까지나 운동은 '어떻게' 일어나는가 하는 문제에만 자신의 연구를 한정했던 것이다. 요컨대 그의 자연 연구의 특징은 사물 상호 간의 관계를 양적으로 파악하고, 그들 사이의 인과관계를 수학적 정식(定式)의 법칙으로 표현하는 데 있었다.

갈릴레이가 보여준 이와 같은 자연 연구의 태도는 그리스 이래의 전통적인 자연학의 존재방식과 근본적으로 대립한다. 스콜라의 자연인식의 근본원리는 '존재의 유추(類推 ; analogia entis)'여서, 자연을 아는 것이 동시에 신을

아리스토텔레스(기원전 384~?)

아는 것이었다. 그리고 이와 같은 사고방식은 15·16세기의 자연철학자들에게도 이어졌다. 그리하여 이를테면 케플러는 우주가 그리스도교적인 삼위일체의 신을 뜻한다고 생각했다. 그는 자신의 첫 작품 머리말에 "태양은 아버지인 신을 상징하고, 항성의 하늘은 아들인 신에 해당하며, 모든 행성을 받아들이는 공간은 성령에 속한다"고 썼다. 그러나 유럽 자연과학의 흐름이 케플러에게서 갈릴레이로 옮아가면서, 연구 방식은 사물의 유추적인 파악에서 인과적인 파악으로 바뀌었다. 갈릴레이의 방식처럼 자연현상을 양적으로 파악하는 태도는 스콜라의 질적 자연관을 근본적으로 파괴할 뿐만 아니라, 르네상스의 생명적 자연관을 뛰어넘는 것이었다. 그러나 갈릴레이는 어디까지나 자연과학자이지 철학자는 아니었다. 즉 그는 오로지 낱낱의 자연현상을 수학적 방법에 근거하여 해결하는 데에만 전념했기 때문에, 그런 방법을 밀고 나가 자연 전체를 포괄적으로 파악하려고는 하지 않았던 것이다.

갈릴레이가 만약 수학적 방법을 적용하는 자연 연구를 계속 넓혀 진행했다

면, 그는 자연적 세계의 모든 현상을 인과법칙에 따라서 필연적으로 결정짓는 세계로 나아가 그 세계에 대한 포괄적 인식과 마주할 수도 있었을 것이다. 하지만 이와 같은 방향으로 나아가는 일은 데카르트 몫으로 남겨진 것이었다.

'자연의 빛'

데카르트는 자연의 세계를 '은총의 빛(lumen gratiae)'이 아닌, '자연의 빛(lumen naturalie)'에 비추어 인식하려고 했다. '자연의 빛'에 비추어 본다는 것은 인간이 종교적 권위로부터 벗어나 자율성을 얻고, 이성의 순서에 따라 합법칙적(合法則的)으로 사물을 인식함을 의미한다. 요컨대 계시적 이성에 의해서가 아니라, 자연 이성에 따라 올바른 질서의 방법으로 사물을 파악하는 것이다. 그것이 이른바 합리적 인식이다. 데카르트는 그와 같은 합리적 방식으로, 자연의 현상 전체를 필연적인 인과의 연속으로 모두 파악할 수 있다고 생각했다. 이와 같은 사고방식으로부터 기계론적 세계관이 성립하는데, 이것은 자연 세계 전체가 인과 법칙에 따라 하나의 거대한 기계 체계라는 생각이다. 이러한 의미에서, 근대의 기계론적 세계관이 세워지는 데 가장 큰 바탕이 된 사상은 데카르트가 주장한 보편적 방법의 이념이라고 할 수 있을 것이다.

방법을 찾기 위한 방랑

확실성을 찾아서

《방법서설》 제3부의 기술에 따르면, 데카르트는 난로방에서의 명상이 있었던 그 겨울이 끝나기 전에(1620년 3월께) 또다시 여행을 떠났다. "그 뒤 꼬박 9년 동안 세상에서 연출되는 모든 희극에서 배우보다는 구경꾼이 되려고 노력하면서 이곳저곳을 떠돌아다녔다." 그러나 그 시기 그의 발자취를 정확히 더듬어 보기는 어렵다. 우리가 짐작할 수 있는 것은 그가 1620년이 가기 전에 독일의 북쪽을 거쳐 네덜란드로 돌아갔고, 1622년 5월에는 고향인 푸아티에에, 이듬해 3월에는 파리에 있었다는 것이다. 그 후 그는 이탈리아로 떠나 1623년 가을부터 1625년 봄까지는 베네치아와 로마를 돌아다녔다. 그 기간 동안 데카르트는 알프스를 넘어가는 길 위에서 눈사태가 천둥처럼 울려퍼지는 소리를 듣거나, 베네치아의 축제를 보거나, 몇 해 전의 결심을 이행하기 위해 로레토의 성모성당을 방문했을 수도 있다.

한 이야기에 따르면 데카르트의 여행 경로는 40년 전에 몽테뉴(Montaigne, 1533~92)가 택한 것과 비슷했다고 한다. 그는 몽테뉴의 제자로서, 이 여행을 모럴리스트적 인간 수행의 시간으로 삼은 것일까. 하지만 그의 주된 관심은 인간의 습속·품성·관습에 대한 관찰이 아닌, 자연의 불가사의를 추구하며 학문의 확실한 기초를 탐구하는 것이었다. 그것은 《방법서설》에 나오는 다음의 말을 읽어 보면 확실하다.

"또한 하나하나의 일에 대해서 의심스러운 점, 그것이 우리로 하여금 잘못을 저지르게 하기 쉬운 점에 대해서 반성하는 데 마음을 쓰면서 전부터 내 정신에 스며들어 있던 모든 오류를 차례차례로 뿌리뽑아 나갔다. 그렇다고 해서 내가 저 회의론자들, 즉 오직 의심하기 위해서만 의심하고 언제나 결정을 내리지 않는 사람들을 본뜬 것은 아니다. 왜냐하면 나의 계획은 그와는 반대였으며, 스스로 확신을 얻는 것, 움직이기 쉬운 흙이나 모래를 헤치고 바위나 점토를 발견하는 것만을 목표로 삼았기 때문이다."

세상 곳곳을 누비고 다닌 9년이라는 방랑의 시간 동안 데카르트의 관심은 언제나 확실성의 탐구에 집중되어 있었다. 그는 평생 고향을 벗어나 떠돌아다니며 외국에서 혼자 사는 생활을 계속하게 된다. 그러나 바이예의 증언에 따르면, 그는 사람을 싫어하거나 우울한 성격은 아니었다. 아마도 데카르트는 '명랑한 기질과 타고난 쾌활성을 아주 젊어서부터 고독의 밑바닥에 간직하고' 지내야 했을 것이다. 그가 낯선 땅에서의 그 고독한 생활을 선택한 것은, 오로지 연구를 위한 자유와 시간적 여유를 확보하기 위해서였던 것이다.

연구와 사교 생활

1625년에 이탈리아 여행에서 돌아온 데카르트는, 그해 여름부터 2년 뒤 가을까지 파리에 머물며 연구와 사교 생활을 마음껏 누렸다. 이때 그가 교제한 사람들 중에는 발자크(Guez de Balzac, 1597~1654), 실론(Jean de Silhon, 1600~67)과 수학자인 미도르주(Claude Mydorge, 1585~1647)와 데자르그(Gérard

메르센(1588~1648)

Desargue,1593~1662) 등이 있다. 데카르트는 이때 숙련된 세공인인 페리에(J. Ferrier)에게 렌즈 제작을 의뢰하여 미도르주와 빛의 굴절을 실험하고, 기사인 빌브레슈(Villebressieu)와 함께 광학을 연구했다. 이 무렵 그는 빛의 굴절의 법칙[곧 빛이 하나의 매질로부터 다른 매질로 들어가서 굴절할 때 입사각(入射角)과 굴절각의 사인(sine)의 비는 매질에 의해 일정하다는 것]을 발견한다. 이때 그의 인간관계 중에서 주목해야 할 것은 메르센(Mersenne, 1588~1648)과 오라트리오 수도회 신부들과의 교류일 것이다.

메르센은 프란체스코 수도회에 속한 신부로 신학뿐만 아니라 갖가지 비교육적인 학문에도 흥미를 가지고 있었다. 그는 수학적·기계론적인 자연 연구에 훌륭한 업적을 남기기도 했으나, 그의 최대 공적은 무엇보다 그즈음 연구자들의 지적 교류를 위해 일종의 연구조직을 만든 일이다. 그가 있던 파리 수도원의 객실은 각국의 학자가 모이는 집회소였다. 거기에는 가상디(Pierre Gassendi, 1592~1655)와 파스칼(Blaise Pascal, 1623~62)도 드나들었고 망명 중이었던 홉스(Thomas Hobbes, 1588~1679)도 얼굴을 보였으니, 그곳은 으레 그 무렵의 유명한 학자들이 만나 서로 정보를 나누는 장소가 되었다. 그래서 이 모임이 열리던 메르센의 살롱은 이미 이때부터 메르센 아카데미라고 불렸는데, 바로 이것이 루이 14세 시대에 등장한 프랑스 과학아카데미의 전신이다.

데카르트는 이 메르센을 깊이 신뢰했다. 그리하여 네덜란드로 이주한 뒤에도 그에게만 자기의 은둔처를 알렸고, 다른 학자들과 우편을 주고받을 때에도 메르센을 중개로 했다.

오라트리오회 신부들과의 교우

데카르트와 오라트리오 수도
회 신부들과의 교우는 그것이 그
의 형이상학에 영향을 끼쳤다
는 점에서 특히 중요하다. 수도회
의 창립자인 베륄(Pierre de Bérulle,
1575~1629) 추기경과 지비외프
(Guillaume Gibieuf, 1591~1650) 신
부와 나눈 교류는 그중에서도 특
히 주목해야 한다. 그들은 토마
스 아퀴나스보다는 오히려 아우
구스티누스의 빛을 우러러보았으
며, 플로티노스와 플라톤에게 그
존경심을 바치던 인물들이었다.
베륄은 신을 무한히 풍요를 누린

베륄(1575~1629) 추기경

존재로서 받들고, 신과의 신비적인 합일(合一)을 주장했다고 한다. 그 제자인
지비외프는 오라트리오회의 입장을 대표하는 신학자로, 토마스 아퀴나스설에
서 볼 수 있는 것과 같은 '신과 세계의 목적론적 통일'을 깨고 신의 절대적 자유
를 주장한 사람이다. 데카르트와 지비외프의 친교는 나중까지 이어졌는데, 그
의 자유설과 데카르트의 논리 사이에는 많은 유사점이 보이기도 한다. 데카르
트의 《성찰(省察)》 출판을 위해 소르본 신학부의 인가를 얻으려고 수고를 아끼
지 않았던 사람도 이 지비외프 신부였다.

바이예가 전한 바에 따르면, 1627년 10월 무렵 어느 날 로마교황 특파사절
바뇨(Guidi di Bagno, 1565~1640)의 저택에서 모임이 열려 데카르트도 베륄, 메르
센과 함께 그 자리에 참석했다. 그런데 거기에서 샹두(sieur de Chandoux)라는 인
물이 아리스토텔레스·스콜라 철학을 공격하고 철학의 혁신을 주장했다. 이에
참석자들이 모두 갈채를 보내는데 데카르트만은 조금도 감동을 하지 않자, 베
륄은 그의 의견을 물었다.

데카르트는 샹두가 주장하는 철학 혁신 자체에는 찬성한다고 대답했다. 하

지만 그의 새로운 철학이라는 것은 그 원리가 애매하고 방법이 낡아서, 결국은 진실처럼 보이는 것에 지나지 않는다고 했다. 그리고 그것을 구체적인 사례를 들어 자세히 논하고, 끝으로 "철학에서 더 명석하고 확실한 원리를 세워, 그것에 의해 자연이 가져다주는 성과를 더욱 쉽게 설명하는 일이 불가능하지는 않을 것으로 믿는다" 말했다. 이 자리에서 데카르트가 말한 원리와 방법은 참석자 전원을 감탄시켰고, 사람들은 그에게 그 생각을 책으로 만들어 대중에게 알리라는 간절한 요청을 하게 된다. 뒷날(1631년 여름) 데카르트는 빌브레슈에게 보낸 편지에서 이때의 일을 다음과 같이 말했다.

"귀하는 나의 훌륭한 규칙과 자연적 방법이라는 두 가지 성과를 보셨습니다. 그 자리에서 나는 참석자 모두에게 올바르게 추리하는 기술이 평범한 학식을 가진 사람들의 정신에 얼마나 큰 역할을 수행할 수 있는가를 보인 것입니다. 그리고 나의 원리가 연구자들이 이미 받아들이고 있는 다른 어떤 원리보다도 얼마나 더 확고하며, 더욱 진실하고 자연스러운 것인가를 인식시켰습니다."

베륄 추기경과의 회견

데카르트가 샹두에 대한 반박으로서 내세운 논리는 큰 반향을 불러일으켰다. 그중에서도 베륄은 데카르트 말에 깊은 감명을 받아, 며칠 뒤 그를 초청해 오랜 시간 무릎을 맞대고 대화를 나누었다. 그리고 데카르트에게 오로지 새로운 철학의 연구와 개발에 그의 재능을 바치는 것이 '인류의 최고 심판자'이신 신에 대한 의무라고 말하며, '신께서 반드시 그 작업을 축복해 주실 것'이라고 격려했다. 이에 대해 바이예는 다음과 같이 말하고 있다.

"특히 베륄 추기경은 데카르트의 말을 깊이 이해하여, 다른 기회에 개인적으로 한 번 더 그 문제에 대한 그의 의견을 듣고 싶다고 했다. 데카르트는 이처럼 정중한 요청을 받은 것이 가볍지 않은 명예라 생각하고, 그 며칠 뒤에 베륄 추기경을 방문했다. 그는 베륄 추기경에게, 자신이 일반적인 철학연구의 방법이 쓸모없다는 것을 깨달은 끝에 철학에 대해 최초로 품은 사상이 어떤 것이었는지 이야기했다. 또 이 사상을 올바르게 이끌어 간다면 어떤 결과를 가져올 수 있는가도 말했다. 즉 자신의 방식이 건강 회복과 유지를 산출하는 의학에 적용된다면 인간의 노력을 줄일 것이며, 또 그에 대한 보조가 되는 기계학에도 적

델프트의 풍경 일상의 풍경 속에서 빛과 그림자와 색채를 발견하는 네덜란드 회화 중에서도 보는 사람의 숨을 멈추게 하는 대걸작이다. 데카르트는 이 무렵 사색을 위해 세계무역의 중심지였던 네덜란드로 거처를 옮겼다. 그는 도시 생활의 편의를 누리면서도 사막에 있는 듯한 고독을 느꼈다고 한다. 베르메르 그림, 1658, 헤이그 마우리츠하위스 미술관 소장.

용된다면 거기에서도 이익을 얻어낼 수 있으리라고 설명한 것이다. 추기경은 이 시도의 중요성을 어렵지 않게 이해하고, 데카르트야말로 이것을 실현하는 데 적임자라 판단했다. 그래서 그는 자신이 데카르트에 대해 가지고 있는 정신적 영향력을 활용해, 그가 이 대사업을 계획하도록 권했다.

베륄 추기경은 데카르트가 신으로부터 능력과 정신의 통찰력을 부여받았다고 했다. 또한 그는 이 대사업에 대한 광명의 은혜를 입고 있으며, 특히 이러한 광명은 다른 사람들에게는 허락되지 않은 것이라고 했다. 그러므로 데카르트가 신에게 자기 재능의 사용에 관한 정확한 보고를 드리지 않으면 안 된다는 것이었다. 또한 추기경은 데카르트가 만일 자신의 연구를 인류에게 알리지 않는다면 최고 심판자이신 신 앞에서 그로 인한 인류의 손해에 대해 책임을 물어야 할 것이라고 하며, 이러한 점에 근거하여 그 작업은 양심의 의무라고 말했다. 또 한 걸음 더 나아가, 이만큼 순수한 의도와 폭넓은 정신력을 가지고 연구를 한다면 신은 반드시 그의 작업을 축복할 것이며, 그는 신에게 기대할 수 있는 완전한 성공을 거둠으로써 만족을 얻게 되리라고 확언했다."

1617년 11월 10일 데카르트가 경이로운 학문적 기초를 발견한 이후, 그의 학문적 생애에 동기가 된 또 다른 사건이 있었다면 바로 이 일일 것이다. 그만큼 베릴의 격려는 큰 의미를 지녔다. 이에 대해 질송은 《방법서설》을 해설한 글에서 다음처럼 말하고 있다.

"1619년 11월 10일의 철학적 소명(le vocation Philosophique)은 순수하게 사변적(思辨的)이고 개인적인 성질을 가진 것이었다. 왜냐하면 통일이 계시된 모든 학문의 체계를 구성한다는 임무, 그것은 데카르트 자신에게만 주어진 의무였기 때문이다. 하지만 제2의 계기를 겪자, 데카르트는 그의 발견을 사람들에게 알리기 위해 저자가 되어야 하는(취미나 혼자만을 위한 작업이 아닌) 의무를 의식해야 했다. 그런데 그의 생각에, 그 새로운 사명감은 인간의 철학적, 윤리적 사상 그자체가 아닌 그 시대의 물질적 생활조건을 개혁하는 일에 이어지는 것이었다."

네덜란드로의 이주

이 새로운 사명을 깨달은 바로 뒤 철학의 원리에 대한 결심을 완전히 굳히게 된 데카르트는 1628년 가을 네덜란드에서 은거생활을 시작한다. 10월 8일, 그가 도르트레히트에서 베크만과 다시 만났다는 기록이 있는 것으로 보아 10월에 그가 네덜란드에 와 있었다는 것은 확실하다. 그 후 늘그막에 스웨덴 크리스티나 여왕의 초청으로 그곳으로 가기 전까지 가끔 고국 프랑스를 다녀온 것을 빼면, 데카르트는 거의 20년 동안 실질적으로 네덜란드를 떠났던 적은 한 번도 없는 셈이다. 그는 이때부터 네덜란드 각지를 옮겨 다니며 형이상학적 사색을 했고, 때로는 자연과학적 연구를 수행했다.

데카르트가 자신의 작업을 위한 장소로 네덜란드를 고른 이유는, 이 나라에는 그때 다른 곳에서는 볼 수 없었던 '자유'가 있었기 때문이다. 그 무렵 네덜란드는 에스파냐와의 오랜 전쟁 끝에 독립을 쟁취하고 황금시대를 맞이하고 있었다. 그들의 상선대(商船隊)는 에스파냐와 영국의 위세를 압도했다. 그들은

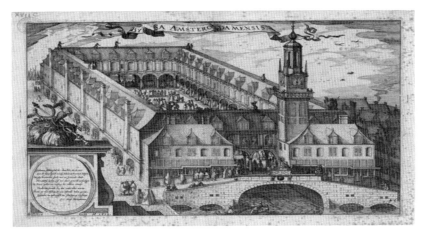
네덜란드 암스테르담 거래소

1602년에는 동인도회사를 세웠고, 1619년에는 자카르타에 바타비아를, 또 1626년에는 미국에 뉴욕의 전신인 신암스테르담을 건설했던 것이다. 그즈음 암스테르담이 무역계에서 차지하던 위치는 오늘의 뉴욕, 근대의 런던과 맞먹는 것이었다. 그와 같은 기운이 담겨 네덜란드에서는 학예 문화도 눈부시게 발달하여 레이덴에 종합대학이 생겼으며, 상업도시 암스테르담에도 아카데미가 설립되었다. 이때는 미술계에서도 렘브란트(Rembrandt, 1606~69)를 비롯한 수많은 회화의 거장을 낳았는데, 데카르트의 초상을 그린 프란스 할스(Frans Hals, 1580~1666)도 그중의 한 사람이었다.

　이 무렵 유럽 전역은 독일에서 일어난 30년 전쟁의 태풍에 휩쓸려 있었다. 그래서 다른 유럽 국가들에서는 군대가 시민을 보호하기보다 약탈을 일삼는 일이 벌어졌지만, 네덜란드는 동인도회사 지원을 받아 경제적 성장을 하고 있었다. 이 시기에 오렌지파와 주회파(州會派) 간의 정쟁도 소강상태를 유지했고, 세기의 끝 무렵에 일어난 영국과의 전쟁도 시작되기 전이어서 네덜란드는 그 번영의 절정에 다다르고 있었다. 《방법서설》 제3부의 뒷부분에는, "이 나라에서는 전쟁이 오래 계속되어 규율이 훌륭하게 잡혀 있어서 상비군은 사람들이 한층 안심하고 평화의 선물을 즐길 수 있게 하기 위해서만 봉사하는 것 같았다. 여기서 나는 남의 일에 흥미를 갖기보다 자신의 일에만 열심인 매우 활동적인 많은 사람들의 무리 속에서, 가장 인구가 많은 도시에서 얻을 수 있는 생활의 편의를 무엇 하나 잃지 않고도 가장 먼 사막에 와 있는 것처럼 고독한 은둔 생활을 보낼 수 있었다"는 말이 나오기도 한다.

또 데카르트는 1631년 5월 5일 발자크에게 보낸 편지에서 "이렇게 완전한 자유를 맛볼 수 있는 나라, 이만큼 편안하게 잠을 잘 수 있는 나라, 우리를 지키기 위해 늘 모든 준비를 갖춘 군대가 있는 나라, 독살이나 배신과 중상은 어디보다도 드물고, 우리 선조의 순수성이 이만큼 많이 남아 있는 나라가 또 있겠는가!" 찬미했다. 데카르트는 네덜란드 체류가 주는 이러한 이점 때문에 그 뒤 20년 동안이나 그 땅에 머무르며 연구 활동을 하게 된다.

고독한 은거 생활

데카르트는 네덜란드에서 사는 동안 스무 번쯤 주거지를 바꾸며 곳곳으로 옮겨 다녔다. 그가 살았던 곳은 프라네커, 암스테르담, 데벤테르 등으로 하나하나 다 적기가 번거로울 정도이다. 20년 동안 두 번 프랑스에 다녀온 것을 빼면 네덜란드 땅 안에서만 이리저리 옮겨 다닌 것이다. 얼핏 보면 안정성이 없는 생활이 분명하지만, 그가 이런 생활을 한 까닭은 오히려 내면적인 안정을 얻기 위해서였다. 즉 그는 누구에게도 번거로운 경우를 당하지 않고, 자유롭게 사색하고 연구하는 한가로운 환경을 갖추려 했던 것이다. 그런데 이 잦은 이주를 두고 한편에서는, 그가 늘 '두려움'에 사로잡혔던 것이 아닌가 하는 생각을 하기도 한다. 데카르트는 전통적인 스콜라 철학에 맞서고, 때로는 자신의 종교적 배경인 가톨리시즘의 정통적 교리와도 어긋나는 과학설을 매우 대담하게 사람들에게 제시하려 한 철학가이다. 이런 그로서는 만일 자신이 그것을 의식하지 못했다 하더라도, 앙리 르페브르(Henri Lefèvre, 1901~91)가 추정한 것처럼 '독신(瀆神)의식과 자기의 일에 대한 두려움'에 끝없이 내몰려, 세상에서 숨어 사는 생활을 택했을 수도 있다는 것이다. 그러나 이를테면 그런 '독신의 의식'이 데카르트를 어떤 불안에 빠뜨린 것이 사실이라 하더라도, 그가 그로 인해 세상 평판에 대한 걱정과 두려움을 느껴 숨어 살았다고 생각하기는 어렵다.

데카르트가 고독한 은거를 선택한 것은 무엇보다도 자유스럽게 학문연구에 몰두하기 위해서였다. 그는 자신의 집중력을 해치는 소란한 파리의 분위기를 진심으로 싫어했다. 1638년 5월 17일 메르센에게 보낸 편지에서 그는, "거기에서는 끊임없이 마음을 어지럽히는 일들이 생기고 그런 일들을 피할 수 없기 때문에, 파리의 공기만큼 계획을 방해하는 것은 없다"고 확언했다. 그리고 1648년 5월 샤뉴에게 보낸 편지에서는 "언젠가 말씀드렸지만 이 분위기는 철학자다운 사상 대신 망상을 갖게 합니다. 다른 곳에서도 의견 제시나 계산을 잘못하는 사람을 많이 보게 되지만, 이곳에서는 그것이 마치 하나의 보편적인 병폐처럼 여겨질 정도입니다. 그곳에서 온 지 얼마 안 되었지만 그곳의 조용한 사람 없는 상태가 한결 기

암스테르담에서의 데카르트

분 좋게 생각됩니다. 곧 그곳으로 돌아갈 마음을 억제할 수 없을 것 같습니다" 쓰기도 했다. 또 1648년 엘리자베스 공주에게 보낸 편지에서도 그는 "부득이 갈 수밖에 없었던 프랑스 여행을 마치고 돌아왔습니다. 그곳에 간 것을 후회하지는 않지만, 거기에서 돌아온 것이 더욱더 기쁩니다. 그곳에서는 이런 경우를 부러워할 만하다고 여기는 사람을 아무도 보지 못했습니다. 저는 거기서 화려하게 보이는 사람일수록 불쌍하다는 생각이 들었습니다. 조용히 틀어박혀 사는 생활의 행복과 가장 조촐한 운명의 풍성함을 깨닫기 위해, 제가 여행을 가야 할 가장 좋은 때를 택했던 것 같습니다" 말하고 있다.

데카르트의 확신

데카르트는 무엇보다도 자기의 자유를 소중히 여기고, 자기 완성과 지혜의 실현을 지향했다. 그는 고독하고 조용한 가운데서 진리 탐구에 몰두하면서 무

엇보다 더 큰 기쁨을 느꼈다. 내면 깊이 파고들어 내적인 자기 계발의 노력을 이어가는 동안, 데카르트는 그 밖의 모든 것에 전혀 관심을 기울이지 않을 만큼 충만한 희열을 만끽했다. 그러나 이러한 생활 가운데 그는 다른 사람에게 관심을 갖고, 세상의 복지나 후생에 이바지하지 않으면 안 된다는 의무감을 느끼게 되었다. 특히 그가 새로운 학문의 체계를 완성했다는 풍설이 돌아 세상의 기대가 커지자, 이 기대에 보답해야 한다는 의식이 들게 된 것이다. 물론 데카르트에게 두려움이 없었던 것은 아니다. 신변의 안전에 대한 위험이 느껴진 적 또한 있었으리라. 그러나 그에게는 확신이 있었다. 자신이 쫓는 진리가 겉으로는 신앙의 진리와 모순되는 것처럼 보이지만, 본질적으로는 일치하고 있음이 틀림없다고 믿었다. 그런 확신이 생기게 되자, 그의 마음에서는 독신의 불안이 사라졌다. 극기의 인간이었던 철인 데카르트는 그 두려움을 끊임없는 깨달음과 의지로 이겨냈다. 신중을 기하여 쓸데없는 마찰을 일으키는 것을 피하면서도, 자기가 굳게 믿는 진리를 결연히 세상에 알리는 방향으로 나아갔던 것이다.

형이상학적 입장의 확립

데카르트는 1629년 4월 네덜란드 이주 이후 9개월 동안 자신의 형이상학적 입장을 세운 것으로 보인다. 이 시기 전까지 그는 광학, 의학, 기상학과 같은 자연과학적 연구를 이어 나갔다. 하지만 그동안에도 신과 자유의지의 문제를 늘 염두에 두고 끊임없이 형이상학의 탐구에 몰두해 왔다. 네덜란드에 자리잡은 처음 9개월 동안 데카르트는 '형이상학의 짧은 논문'을 쓰는 일에 온 힘을 기울였다. 그는 1630년 11월 25일 메르센에게 보낸 편지에서 이에 대해 "그 중요한 문제는 신의 존재와 몸에서 분리된 우리의 정신이라는 존재를 설명하고, 이로써 정신을 불사(不死)로 이끌게 됩니다"라고 말하기도 한다. 데카르트에게 이 신의 인식을 이끄는 형이상학적 성찰은 자연학적 인식의 바탕을 다져 주는 것이기도 했다. 그가 메르센에게 보낸 1630년 4월 15일자 편지에는 다음과 같은 말이 나오기도 한다. "신이 이성의 사용을 허락한 모든 사람은, 그 이성으로 무엇보다도 먼저 신을 알고 자기 자신을 알려고 힘쓰지 않으면 안 된다고 생각합니다. 내 연구의 시작도 여기서부터입니다. 이 길을 따르지 않았더라면 자연학의 기초를 발견할 수도 없었을 것입니다."

이 편지의 내용은 매우 중요하다. 여기에는 신을 알고 자신을 아는 것이 곧 자연 인식으로 이어진다는 그의 생각이 뚜렷이 드러나 있기 때문이다. 이것은 신과 자신에 대한 인식과 자연 인식을 연결함으로써 형이상학의 체계를 완성하려는 그의 구상을 암시하는 대목이다. 데카르트는 "이 길을 따르지 않았더라면 자연학의 기초를 발견할 수도 없었을 것입니다"라고 분명하게 말하고 있다. 자기의 내부로 돌아와 자신을 인식하는 것은 신의 인식으로 가는 길이 되는 동시에, 자연 인식의 기초가 확립되는 방법적 출발점이 되었다. 그리고 이와 동일한 방법적 전제에 따라 신의 인식과 자연 인식을 연결 짓는 형이상학의 체계가 완성된 것이다. 그러므로 이 편지가 쓰인 시기에 데카르트는 이미 자신의 형이상학 연구를 위한 방법적 밑바탕을 고안해 냈던 것으로 짐작된다.

데카르트는 네덜란드에 온 이후 9개월 동안(1628년 10월~1629년 7월) 형이상학적 사색에 몰두했으나 그 완성 단계에 이르지는 못했다. 그 연구를 위한 논문은 '글머리'가 조금 쓰이기 시작했을 때 예기치 않은 사정으로 중단되어야 했다. 물리학자 레네리(Henricus Reneri, 1593~1639)가 1929년 3월 이탈리아에서 관측된 환일(幻日, Parheilia) 현상에 대한 기록을 손에 넣어 같은 해 7월 데카르트에게 그 설명을 요청했는데, 이를 계기로 그의 관심이 다시 자연학 문제로 나아가게 되었던 것이다. 본디 데카르트의 형이상학은 독립된 존재로서의 정신의 순수성을 확인하고, 그것을 종교적 진리의 바탕으로 삼는 것이었다. 그리고 그는 그 진리를 물체, 즉 연장이라는 철저한 기계론적 자연관 위에서 확고하게 하는 것을 목표로 삼았다. 그러므로 자신의 관심을 자연 연구에서 형이상학적 성찰로, 또 그 반대 방향으로 바꾸는 것은 적어도 데카르트 자신의 방법적 입장에서는 매우 자연스러운 일이었다. 특히 그의 철학원리는 단순한 사변적 문제에 국한된 것이 아니라 '생활의 지도, 건강의 유지, 모든 기술의 발명'에도 쓸모가 있는, 이른바 '인생에 이로운' 지혜의 실현을 목표로 하고 있었다. 그러므로 그의 형이상학적 원리가 자연 인식을 매개하는 것은 필연적 요청이었다. 따라서 데카르트의 관점에서 본다면, 형이상학의 제1원리를 확보한 다음 그와 똑같은 방법으로 특수한 자연 연구의 문제로 나아간 것은 목표한 연구 방향에서 벗어난 일이 아니었던 것이다.

'세계론'의 구상

1629년 7월, 기상학적 연구에 흥미를 느낀 데카르트는 일반 현상학의 입장에서 기상 현상을 설명해 보려고 했다. 그런데 그것이 어느새 광학, 천문학, 역학의 연구로 확대되고, 끝내는 모든 자연학을 포괄하는 세계론의 구상으로 발전하게 된다. 그리하여 데카르트는 1630년부터 3년에 걸쳐 《세계론 Traité du monde ; Le Monde》의 저술에 전념했다. 그가 메르센에게 보낸 편지(1630년 12월 23일)에는 이런 말이 나온다. "나는 이제 혼돈을 풀어 헤치고 거기에서 빛이 일어나게 하려고 합니다. 왜냐하면 거의 모든 자연학이 거기에 포함되어 있기 때문입니다." 이 무렵의 데카르트에게서는 플라톤주의적 경향이 짙게 나타나고 있었다. 그는 혼돈한 어둠에 둘러싸여 있던 세계 전체에 '빛'을 비추려는 의도를 품게 되었다. 즉 아직도 르네상스적인 혼돈 속에 깊숙이 가라앉아 있던 세계로부터 정연한 질서의 체계를 이끌어 내려는 결심을 했던 것이다. 카오스에서 코스모스로 걷는 길, 이것이 바로 그가 택한 길이었다.

데카르트는 메르센에게 보낸 1633년 7월 3일자 편지에서 "나의 논저(論著)는 거의 완성되었지만, 아직 고쳐 쓸 것이 남아 있습니다" 말하고 있다. 그는 《세계론》을 메르센에게 새해(1634년) 선물로 보내려고 마음먹고 있었다. 그런데 그때 갈릴레이 사건이 일어난다. 1633년 6월 23일, 갈릴레이가 코페르니쿠스의 지동설을 지지했다는 이유로 로마의 종교 재판소에서 유죄 선고를 받은 것이다. 그때는 마침 반(反)종교개혁 태풍이 유럽 전역에 불어닥치던 시대였다. 데카르트는 이 보고를 접하고 충격을 받아 거의 인쇄 직전에 있던 《세계론》의 간행을 단념했다. 이 책은 지동설을 그 바탕으로 삼고 있었던 것이다. 이에 대해서는 좀 더 자세한 사정을 알아보도록 하자.

《세계론》에 대하여

데카르트와 갈릴레이

데카르트는 1638년 10월 11일 메르센에게 보낸 편지에서 다음처럼 말했다. "먼저 갈릴레이의 책에 대한 나의 의견을 말씀드리는 것으로 이 편지를 시작합니다. 나는 그가 다른 사람들보다 훨씬 더 철학을 잘하고 있다고 생각합니다. 왜냐하면 그는 스콜라 철학의 오류를 버리고, 자연학의 문제를 수학적 바탕에서 추구하려고 힘쓰고 있기 때문입니다. 이 점에서는 나와 그가 완전히 일치합니다. 나 또한 진리를 발견하기 위해서는 이것밖에 달리 방법이 없다고 생각하고 있습니다. 그렇지만 그는 늘 곁길로 빠져 중요하지 않은 것에 매달리며, 하나의 문제를 철저히 파고들지 않는 것이 큰 결점인 것 같습

갈릴레오 갈릴레이(1564~1642)

니다. 이것은 그가 문제를 질서에 따라 검토하지 않는다는 것을 의미합니다. 즉 그는 자연의 제1원인도 살펴보지 않고 몇 가지 특수한 결과의 근거만을 따라서, 토대를 굳히지 않은 상태에서 건축을 하고 있는 것입니다."

이것은 데카르트와 갈릴레이가 취한 입장의 근본적인 차이점을 나타냄과 함께, 데카르트 철학이 궁극적으로 목표하는 것이 무엇인가를 똑똑히 밝히고 있다. 요컨대 갈릴레이는 과학자였으나 데카르트는 철학자였던 것이다. 데카르트는 갈릴레이가 작은 문제에 지나치게 얽매어 근본적인 원리를 추구하지 않는 것을 지적하고 있지만, 그것은 과학적 자연 연구를 하면 피할 수 없는 점이기도 하다. 철학자는 개개의 경험적 사실을 일반적인 원리에 따라서 법칙적으로 설명하는 데 전념하지만, 자연과학자는 무엇보다 사실을 실험적으로 정확히 확인하는 것을 선결문제로 삼는다. 먼저 실험적 확증을 얻고 나서, 그것을 일반적 법칙으로써 설명하는 것이 과학자의 연구 방법이다. 이와 달리 철학자는 어디까지나 근본적 원리를 좇는다. 즉 자연의 개개의 사실에 얽힌 모든 인식을 이끌어 낼 수 있는 그런 제1의 원리를 찾아내려 하는 것이다. 그러므로 철학자의 입장에서는 개개의 말초적 사실의 해명에 몰두해 '자연의 제1원리'를 생각하지

않는 과학자의 연구가 '토대'도 없이 건축을 하는 것처럼 보이는 것이다. 이처럼 두 사람의 연구 태도에는 근본적인 차이가 있었고, 이것은 저 유명한 '갈릴레이 사건' 때 저마다가 취한 태도에서도 나타났다.

갈릴레이 사건

갈릴레이 사건은 1633년 6월 23일에 일어났다. 그가 그 전년에 발간한 《프톨레마이오스와 코페르니쿠스의 세계 2대 체계에 관한 대화》가 교회의 비위를 건드렸던 것이다. 이 책은 갈릴레이의 최대 저작으로, 살비아티(갈릴레이를 대변하는 입장), 사그레도(갈릴레이가 예전에 믿고 있던 이론의 대리인 입장), 심플리치오(아리스토텔레스의 권위를 호소하는 입장)의 세 사람이 토론하는 형식을 이루고 있다. 그들은 먼저 아리스토텔레스 우주론의 근본적 문제에 대한 비판으로 대화를 시작해, 이어서 지구가 동적인 것인가, 아니면 부동의 것인가를 논한다. 그리고 나서 프톨레마이오스와 코페르니쿠스의 체계들을 망원경에 의한 새로운 발견과 새로운 천문학을 고려해 가며 살펴본다. 갈릴레이는 금성의 경로, 목성의 위성, 지구와의 거리에 따라 달라 보이는 화성의 크기, 태양 흑점 등의 관찰을 바탕으로 하여, 그때로서 할 수 있는 최대한도로 코페르니쿠스설을 밝혀냈던 것이다. 그는 마지막으로 조석(潮汐)현상에 의해 이 입증을 결정적인 것으로 완성하려고 했으나, 이것은 오늘날 완전히 잘못된 것으로 실증되어 있다.

이 책은 이상하다고 할 만큼 성공을 거두고 많은 독자를 사로잡았으나, 그것이 도리어 로마교회를 격앙시켰다. 그리하여 그해 8월 교황청은 이 책의 판매 금지 명령을 내리게 된다. 그러나 그때에는 이미 초판이 모두 팔려서 유럽 곳곳에 퍼져 나간 뒤였다. 이에 예수회원들의 비난은 날로 거세졌고, 그러자 교황도 갈릴레이를 벌하기로 결심한다. 누군가 교황 우르바누스 8세에게 등장인물 심플리치오(어리석은 자라는 뜻)가 교황을 희화화한 것이라고 고하여, 예전에는 갈릴레이를 좋게 이해했던 교황의 태도도 갑자기 강경해졌다. 1633년 무렵 갈릴레이는 병을 앓고 있었음에도 종교 재판소에 끌려 나와 엄중한 심문을 받았다. 그는 재판장의 권유에 따라 스스로 잘못을 인정해, 이때에는 온당하고 원만한 재판을 받고 풀려날 수 있었다. 그러나 갈릴레이는 그해 6월 예수회원들의 책동으로 다시 심문받아야 했다. 그리고 이번에는 고문의 위협을 받으며 엄

갈릴레이의 재판 1632년 새로운 우주론에 대해 다룬 갈릴레이의 《프톨레마이오스와 코페르니쿠스의 세계 2대 체계에 관한 대화》가 출간되었다. 그 결과 갈릴레이는 바티칸 종교 재판소에서 왜 그가 전통적인 믿음에 의문을 드러냈는지 해명하라는 명령을 받았다. 결국 갈릴레이는 강제로 지구가 고정된 지구라고 이야기하고 말았다. 이로써 데카르트는 《세계론》 출판을 단념해야만 했다.

혹하게 이단 추궁을 당했다. 마침내 1633년 6월 22일, 갈릴레이는 법정에서 무릎을 꿇고 선서문을 읽지 않으면 안 되었다. "나 70세의 갈릴레이는 수인으로서 무릎을 꿇고, 심문관 여러분 앞에서 성서에 손을 얹고 선서한다. 나는 잘못된 지동설과 이단설을 버리고, 저주하며, 혐오하는 바이다." 갈릴레이는 완전히 교권 앞에 굴복한 것이다. 강압에 못 이겨 최후의 서명을 마치고 일어선 그가 "그래도 지구는 움직이고 있다" 중얼거렸다는 설도 전해지고 있지만, 이는 진실이 아닌 것으로 보인다. 러셀(Bertrand Russell)도 "그렇게 말한 것은 갈릴레이가 아니고 세상 사람들이었다"고 이야기했다. 그 얼마 뒤 사면을 받은 갈릴레이는 교권의 엄중한 감시 아래 신병을 맡은 시에나의 대주교 피콜로미니의 이해를 얻어, 남은 삶을 역학과 물리학 연구의 완성에 바치게 된다.

데카르트의 신중성

갈릴레이 사건은 유럽 곳곳의 과학자들에게 큰 충격을 주었다. 물론 데카르트도 그 가운데 한 사람이었다. 그는 이 사건이 일어난 뒤 5개월이 지나서야 겨우 이에 대해 알게 되었다. 하지만 그때가 마침 메르센에게 《세계론》의 초고를 보내려고 하던 시기여서 그는 적잖이 놀라게 되었다. 《세계론》에서 지동설이 차지하는 위치는 참으로 대단해, 그것을 제외하면 그의 논리 전체가 효력을 잃어버릴 정도였던 것이다. 이에 데카르트는 《세계론》의 간행을 단념하지 않을 수 없게 되어, 메르센에게 이 책의 출판은 1년 동안 미뤄야 할 것 같다고 했다 (1633년 11월 말). 그리고 그 이듬해인 1934년 2월이 되자, 그는 "지금의 상태에서는 자신을 가르치는 일밖에 생각하지 않는다"고 말한다. 끝내 이 《세계론》이라는 이름의 책은 데카르트 생전에는 세상에 나오지 못했다. 이 부분에서 데카르트는 후세의 사가들로부터 매우 신중한 성격으로 평가받고 있다. 그렇지만 이것은 처세술에 뛰어났던 것으로 알려진 갈릴레이에 비해서도 조금은 지나친 조심성을 드러낸 것으로 보인다. 데카르트의 이러한 태도는 무엇을 암시하는 것일까.

"데카르트는 처음에는 이성의 거장으로서 나타난다. 하지만 책을 두 장만 넘기면 마치 성직자처럼 추론을 한다." 스탕달은 데카르트를 이렇게 평가하기도 한다. 확실히 데카르트의 사상에는 언제나 난해함이라고만 할 수 없는 불투명성이 붙어 다닌다. 그의 철학체계에서는 오늘날 우리 안목으로 볼 때에는 받아들이기 힘든 모순된 말과 행동이 발견되는 것이다. 데카르트에 대한 후세 사가들의 견해가 정반대로 대립하는 것도 바로 이 때문이다. 데카르트는 진실로 신을 두려워하지 않은 혁명적 과학자인가, 아니면 경건한 호교(護敎) 철학자인가.

가면 철학자 또는 호교 철학자

데카르트가 《세계론》 출판을 단념한 근본적 이유는 무엇일까. 자신의 학설이 그리스도교 진리와 충돌하는 이단적인 것임을 의식하여, 그것이 세상에 드러나지 않도록 하려 한 것일까. 아니면 거기에서 주장한 과학의 진리가 그리스도교의 진리와 근본적으로 일치해야 하는 것임에도, 모순되는 듯이 보일 우려가 있기 때문이었을까. 즉 데카르트는 막심 르로이(Maxime Leroy, 1873~1957)가 말한 것처럼 가면의 철학자(Le philosophe au masque)인가, 아니면 앙리 구이에(Henri Gouhier, 1898~1994)의 평가처럼 과학과 그리스도교의 조정을 꾀한 호교적 철학자인가.

《세계론》은 본디 자연현상의 전체를 어떤 통일적 방식으로 설명하려고 한 것이었기 때문에, 거기에는 마땅히 우주 창조설도 포함되어 있었다. 하지만 그의 설명은 성서의 기술과 모순될 수밖에 없는 것이었다. 합리적 우주론은 어디까지나 과학적 연구의 성과를 바탕으로 하며 신학상의 문제와는 다른 것이다. 하지만 그때의 현실은 "신학이 너무나 오랫동안 아리스토텔레스에게 예속되어 있었기 때문에, 먼저 신앙과 어긋난다고 생각하지 않게 다른 철학을 주장하는 것은 불가능하다"는 것이었다(1629년 12월 18일, 메르센에게 보낸 편지). 그러므로 데카르트는 이단의 선고를 피하기 위해 하나의 책략을 생각해 낼 수밖에 없었다. 마침내 그는 자기의 창조설이 이 현실세계의 일이 아니라 가공의 세계에서 일어난 사건, 즉 '세계에 대한 허구의 이야기(Le fable de mon monde)'라고 얼버무리고 만다. 그렇게 함으로써 그는 과학자의 궁리심을 만족시킴과 동시에, 신학계로부터 이단으로 단죄받는 일에서 벗어나려고 한 것이다(1630년 11월 25일, 메르센에게 보낸 편지). 데카르트는 《방법서설》 제5부에서도 다음과 같이 적고 있다.

"이를테면 신이 상상적 공간의 어딘가에 새로운 세계를 구성하는 데 충분할 만큼 물질을 만들었다 치고, 더욱이 신이 이 물질의 여러 부분을 여러 가지로, 또 무질서하게 뒤흔들어 시인이 상상하는 혼란된 혼돈 상태를 빚어냈다 치고, 그런 다음에 신은 다만 그 통상적인 협력만을 자연에 주어 그가 정한 여러 법칙에 따라 자연이 움직이도록 내버려 두었다고 한다면, 이런 경우 이 새로운 세계에 있을 일들에 대해서만 말하기로 나는 결심했다."

우주의 연속적 발전설
구약성경의 〈창세기〉에는 우주는 현재 완성된 형태로 창조되었던 것으로 기록되어 있다. 그러나 데카르트는 우주가 카오스 상태로부터 차츰 발전해 오늘의 상태가 되었다는 발생론적 관점을 가졌다. 보통 과학적 우주론의 발전설은 성서의 순간적 창조설과는 모순될 수밖에 없다. 그래서 그는 자신의 발전이론은 어디까지나 우주에서 일어날 수도 있는 가공적인 현상에 대한 상상일 뿐이라고 먼저 내세움으로써 종교계의 공격을 피하려고 했다. 데카르트는 자신의 우주론을 설명한 다음에 "우리는 신이 창조한 물질이 온갖 방향에 걸쳐 한없이 멀리까지 펼쳐져 있다고 가정하자. 왜냐하면 그 편이 훨씬 진실에 가깝고 게다가 우리가 생각하는 영향의 한계를 정하는 편이 신의 업적에 한계를 정하는 것보다 훨씬 쉽기 때문이다" 하고 끝맺는 것을 잊지 않았다. 그러나 이것은 언제나처럼 데카르트의 조심성이 드러난 변명일 뿐이다. 우리는 데카르트가 카오스로부터 우주가 발전했다는 이론을 확신했음을 어렵지 않게 짐작할 수 있다.

데카르트는 이미 1619년 무렵에 그가 쓴 것으로 추정되는 단편 《사색사기》에서 다음과 같이 말하고 있다.

"신이 어둠으로부터 빛을 분리한 것(《창세기》에 이렇게 쓰여 있다)은, 천지창조를 위해 좋은 천사를 나쁜 천사에게서 떼어 놓으려고 한 일임이 틀림없다. 왜냐하면 결성(缺性 ; privatio)을 유성(有性 ; habitus, qualité positive)으로부터 분리할 수는 없기 때문이다. 따라서 그것은 말로써 이해할 수 있는 것이 아니며, 신은 순수한 지성이다."

요컨대 데카르트는 성서를 상징적인 기술(記述)로 해석해야 한다고 생각한 것이다. 시르방(J. Sirven)의 면밀한 연구에 따르면, 그때 데카르트는 아우구스티누스의 〈창세기〉 해석을 알고 있었다. 아우구스티누스는 신의 창조는 6일 동안 이루어진 것이 아니고 순간적으로 이루어진 것이라고 설명했다. 신이 처음부터 지금 우리가 보고 있는 것과 같은 우주를 창조한 것은 아니고, 혼돈 상태의 물질을 만든 뒤 이것에 일정한 발전을 수행할 수 있는 힘을 주었을 뿐이라는 것이다. 그러므로 우주는 이 힘에 따라서 차츰 발전해 온갖 물질과 생물을 탄생시킨 것이 된다. 데카르트가 1619년에 이미 아우구스티누스의 설을 알고 성서의 비유적 해석에 대한 탐구를 했다면, 그는 《세계론》을 쓰기 훨씬 전부터 세계 발전설의 구상을 가지고 있었던 것이다. 이를 보아도 그의 세계론은 단순히 가공적으로 꾸며낸 말이 아니며 충분한 근거로 생각해 낸 과학적 이론이었음을 알 수 있다.

미켈란젤로의 〈천지창조〉

가면을 쓴 철학자 데카르트

데카르트는 발전적인 우주이론을 확신했다. 그럼에도 자기의 우주관, 곧 세계론이 마치 하나의 꾸며낸 이야기인 것처럼 말했던 것은 교회로부터 배교자로 낙인찍히는 일을 두려워했기 때문일 것이다. 그래서 그는 교묘하게 신학자들의 눈을 속여 누구의 항의도 받지 않는 방법으로 위험한 진리를 설명하려고 했다. 그가 하나의 책략을 이용하는 매우 신중한 방법으로 사람들을 설득하려고 했던 것에는 의심의 여지가 없다. 이런 생각에서 르로이는 데카르트가 가면을 쓴 혁명적 사상가라는 증거를 찾으려고 했다. 그는 데카르트가 매우 혁명적인 과학사상을 가지고 있었다고 믿었다. 데카르트는 자기의 학설이 기존 교회질서에 위협이 될 수 있음을 잘 알고 있었기 때문에, 신학자들의 눈을 속여서 그 논리를 펴려 했다는 것이다. 그러나 갈릴레이 사건으로 그 책략도 쓸 수 없게 되어, 데카르트는 《세계론》의 출판을 단념할 수밖에 없었다. 겉으로는 완전히 교권의 지배 아래 있는 꼴이었지만, 그는 마음속으로 이 이단설을 믿고 저항을 계속했다. 언제나 교회에 대한 충성을 가장하며, 기회만 생기면 교묘하게 자기의 위험사상을 스며들게 했던 것이다.

이와 같은 르로이의 견해에 따르면, 데카르트가 가면을 쓴 것은 갈릴레이 사건 때뿐만이 아니었다. "그는 평생 어느 순간에도 조심성 없이 가면을 벗는 일이 없었다"는 것이다. 이에 대해 일부에서는 데카르트가 겉으로만 경건한 것처럼 보인 게 아니라, 진정 경건하고 공손한 마음을 가진 인물이었다고도 한다. 그러나 르로이의 말처럼, "데카르트가 자신의 철학이 많든 적든 간에 반종교적 귀결, 즉 가톨릭 신학을 파괴하는 내용을 담고 있었음을 몰랐다고 말할 수 있는 사람은 아무도 없을 것이다."

이성과 신앙의 일치

확실히 데카르트가 자신의 학설이 띠고 있던 이단적 성격을 전혀 의식하지 않았다는 것은 믿기 어렵다. 그는 그것이 신학자들의 주장과 얼마나 어긋나는가를 뚜렷이 의식하고, 그들을 이해시키는 문제를 놓고 많은 고민을 한 것으로 보이기 때문이다. 그러나 그 무렵 일반적으로 받들어지던 신학과 아무리 모순된다 해도, 그는 자기 학설이 본디 신앙의 진리와 근본적으로는 일치한다는 확신을 가지고 있었을 것이다. 그러므로 데카르트가 신앙의 진리와 이성의 진리는 처음부터 하나라는 확신을 가지고 있었기 때문에, 성서의 기술과 과학적 인식이 겉으로 드러내는 모순을 조정해 보려고 노력했다는 해석도 가능하다. 질송이 1641년에 쓴 것으로 추정하는 데카르트의 편지에는 다음과 같이 적혀 있다.

"나는 우주의 탄생에 대해 쓰는 일을 시작했습니다. (······) 그런데 4, 5일 전에 《창세기》의 제1장을 다시 읽으면서 마치 기적같이 뭔가를 발견했습니다. 그것은 바로 해석가들이 선택한 어떤 방법보다도, 내 상상에 따른 방법이 그것들을 모두 훨씬 훌륭하게 설명할 수 있다는 것입니다. 예전에는 이런 것을 생각한 적도 없었습니다. 그러나 이제 나는 새 철학을 설명하고 나서, 이것이 아리스토텔레스의 해석보다도 한결 더 신앙의 모든 진리에 알맞게 되도록 구체화시켜 보려고 합니다."

이 무렵 데카르트는 성서의 창조설과 자신의 우주 발전설을 훌륭하게 조화시킬 수 있다는 매우 확고한 신념을 가지고 있었던 것으로 보인다. 그러나 처음부터 뚜렷하게 대립되는 두 주장이 자연스럽게 양립되도록 한다는 것은 쉬운 일이 아니다. 성서에 따르자면, 우주가 최초부터 완전히 현재의 모습으로 창조되었다는 것을 승인하지 않으면 안 된다. 그러나 이것은 전능하신 신이 카오스라는 불완전한 것을 만들었을 리가 없다는 종교적 믿음, 즉 비합리적인 근거에 바탕을 둔 논리이다. 그러므로 이론적으로는 현재 존재하는 우주가 카오스의 상태로부터 차츰 생성, 발전해 왔다고 해석하는 편이 훨씬 설득력이 있다. 그래서 우주 발생론은 "이 세계가 (……) 완성된 모습으로만 볼 때보다 위와 같이 조금씩 생성되어 가는 상태로 보는 편이 훨씬 이해하기 쉽다"《방법서설》 제5부)고 하는 것이다. 그럼 데카르트는 이렇게 반대되는 두 입장을 어떻게 조정하려고 했던 것일까.

연속적인 창조의 설

데카르트는 신앙과 이성의 조화를 이루기 위해, "신이 현재 세계를 보존하고 있는 작용은 신이 처음 세계를 창조한 작용과 완전히 같은 것은 확실"《방법서설》 제5부)하다는 신학설을 끌어낸다. 예를 들어 신이 그 창조의 순간에 우주에 카오스밖에 내려주지 않았다고 하더라도, 그와 동시에 자연법칙을 정했다고 생각해 보자. 그러면 우주는 필연적으로 그 법칙에 따라 발전하게 된다. 이렇게 생각한다면 조금도 창조의 기적을 손상하지 않고 과학적 우주론을 설명할 수 있지 않겠는가. 신이 최초로 우주를 창조했다. 그리고 그 창조의 힘이 바로 순간순간 생성, 발전하는 현재의 우주를 유지하는 힘으로 작용하고 있는 것이다. 요컨대 신은 처음부터 오늘날 존재하는 완전한 모습으로 발전할 존재로서 세계를 만든 것이다.

발전설이 신의 역사(役事)는 천지를 창조하는 최초의 순간에만 관계했다고 설명한다면, 신이 창조의 순간에 우주를 불완전한 카오스의 상태로 내버려 두었다는 이야기가 된다. 그것은 곧 우주가 창조된 이후부터는 자연 발생적으로 발전해 왔다는 것과 같다. 그러나 이것은 틀림없이 무신론적인 세계관이다. 기독교적 관점에서는 완전무결한 신이 이처럼 불완전한 세계를 만들었다는 것 자체를 있을 수 없는 일로 보기 때문이다. 그러나 신이 세계를 최초로 창조할 때 쓴 힘이 현재의 우주를 유지하는 힘으로서 쓰이고 있다고 하는 입장에 서게 되면, 데카르트의 발전설은 본질적으로 성서의 창조설과 일치하게 된다. 이와 같은 생각으로 데카르트는 우주가 신에 의해 최초부터 완전한 모습으로 창조되었다고 하는 성서의 기술도, 카오스의 상태로부터 신이 정한 법칙에 따라 차츰 만들어져 왔다고 생각하는 과학적 우주론도, 근본적으로는 똑같은 것이라고 주장했다.

데카르트는 끝까지 이성의 입장과 신앙의 입장 사이의 틈을 조정해 보려고 노력했다. 자신이 주장하는 과학상의 진리를 되도록 성서의 기술과 일치하는 쪽으로 설명하려고 한 것이다. 그것은 조금 전 말한 바와 같이, 그에게는 겉으로 서로 아무리 모순되는 것처럼 보이더라도 이성과 신앙의 진리는 둘이 아니라 하나라고 하는 확신이 있었기 때문이다. 이를 인정한다면 데카르트가 기본적으로는 그리스도교적 정통 신앙의 입장에 있었음을 의심할 수 없다. 데카르트는 배신의 마음을 경건하게 꾸며낸 것이 아니고, 진실로 경건했다고 할 수 있는 것이다. 앙리 구이에는 이와 같은 관점에서, 막심 르로이와는 반대로 데카르트를 '가면을 쓰지 않은 철학자'로 그리고자 했다.

호교 철학자 데카르트

구이에의 말에 따르면 데카르트는 갈릴레이의 유죄 판결 소식에 그렇게 큰 두려움과 불안을 느낀 것은 아니었다. "그는 두려워하거나 격정을 일으키거나 괴로움을 나타내지 않았다. 왜냐하면 이 사건에서 증거로 제시된 것은 교회의 잘못이 없음이 아니고, 단지 일부 신학자들의 무지의 소산에 지나지 않았기 때문이다." 구이에는 데카르트가 지동설에 근거한 자기 학설의 진리성을 믿고 있었지만, 그것이 신앙의 진리와 모순된다고 생각하지는 않았다고 여긴다. 그즈음 추기경들의 낮은 의식 수준이 그것을 이단으로 규정할 뿐이고, 사실 과학상의 진리는 계시의 진리와 근본적으로는 일치한다는 것이 그의 확신이었다는 것이다. '언젠가는 교회가 지동설을 인정하는 날이 틀림없이 올 것이다. 갈릴레이는 발표를 서두르는 실수를 저질렀지만, 나는 그런 어리석은 짓을 하지 않을 것이다.' 구이에에 따르면 데카르트는 이렇게 생각하고 늘 냉정하게 주위의 정세를 확인했다. 그는 현실적 상황을 헤아려 가며 자기의 주장이 받아들여지도록 마음 썼던 것이다. 그러므로 우주 창조설에 대한 진리를 에둘러 전하는 방법을 썼다고 해서 그가 일부러 자기 의견을 숨기기 위해 기만적인 책략을 부린 것으로 볼 수는 없다. 그와는 반대로 데카르트는 그러한 설명으로써 사람들이 자기의 의견을 좀 더 정확하게 이해할 수 있으리라고 생각했다. 다만 그의 학설이 성서의 기술과 모순되기 쉬운 미묘한 문제였기 때문에 자연히 표현 방법이 기교적으로 된 것이다.

블롱델(Maurice Blondel, 1861~1949)은 이러한 점을 들어 데카르트를 '교묘한 책략가(habile tacticien)'라고 불렀다. 그러면서 스캔들의 표적이 되기를 싫어하는 양식 있는 사람으로서, 자기를 올바로 이해시키려고 하는 저자라면 누구나 그 정도의 책략은 쓴다고 설명한다. '남이 놀라지 않도록 에둘러 말하는 솜씨'는 무엇보다 '진리를 전하기 위한 수단'을 찾아내려 했던 그 노력의 결과였던 것이다.

이처럼 구이에는 데카르트가 너무나도 확신에 넘쳐 있었기 때문에 아무 불안감이 없었을 것이라고 보고 있다. 하지만 과연 그가 정말 어떤 두려움도 괴로움도 없었을까. 앙리 르페브르는 구이에와는 달리 데카르트는 끊임없이 '독신(瀆神)의식—그리고 자기의 작업을 두려워하는 의식'에 사로잡혀 있었을 것이라고 생각한다. 그리스도교적인 배경을 가진 사람으로서 본디 신의 영역으로 여겨지던 자연의 비밀을 홀로 밝혀 보려 하는 자가 있었다면, 그에게는 분명 신을 모독하는 두려움과 불안이 따랐을 것이라는 주장이다. 그러나 그는 절대로 교회에 대항하는 반항자도 아니었고, 부질없이 화형의 환상에 전율하는 도피자도 아니었다. 그는 오로지 자기 작업을 위해 최선의 조건을 갈망하는 학자였던 것이다. 그리고 이러한 점을 생각하면 구이에의 주장에도 일리가 있다고 할 수 있을 것이다.

마음의 평화와 안정

데카르트가 일부러 세상 사람들을 속이기 위해 자신의 이론을 꾸며낸 것은 아닐 것이다. 그는 다만 괜스레 세상을 시끄럽게 하여 분쟁에 말려들고 싶지 않았던 것이리라. 그는 마음의 평화를 무엇보다도 소중히 여겨, '잘 숨어 지낸 자야말로 잘 산 자이다(bene vixit, bene qui latuit)'라는 말을 생활신조로 삼았다. 그러므로 데카르트가 "그때까지 《세계론》을 완성하기 위해 공들인 시간과 노력이 헛수고가 되었다는 것보다 그때부터 번거로운 분쟁에 휘말려 귀중한 시간과 자유를 잃게 될 것을 생각하는 게 훨씬 더 불쾌하다"고 한 것도 무리는 아니다(1634년 4월, 메르센에게 보낸 편지). 데카르트라고 해서 세속적 명성을 전혀 바라지 않았던 것은 아니지만 그보다는 아무래도 학문의 자유를 더 소중하게 여겼던 것이다.

"나 또한, 세상 사람들이 나를 좋게 생각해 주는 것을 기쁘게 여기지 않을 만큼 세상을 싫어하지는 않습니다. 그러나 나는 다른 사람들이 내게 전혀 관심을 보이지 않는 편이 훨씬 좋습니다. 나는 명성을 바라기보다는 두려워합니다. 내 생각에, 명성은 그것을 누리는 사람들의 자유와 한가로움을 늘 어떤 형태로든 줄어들게 하기 때문입니다. 나는 오늘 이 자유와 한가로움을 완전히 소유하고 있으며, 이것을 나한테서 살 만큼 부유한 제왕은 이 세상에 한 사람도 존재하지 않는다고 생각합니다. 나는 그만큼 이것을 소중하게 여기고 있습니다"(1630년 4월 15일, 메르센에게 보낸 편지).

외적 의무심과 내적 궁리심

데카르트는 학문 추구를 위한 자유와 한가로움을 무엇보다 소중히 여기는 기품을 지닌 학자였다. 그는 지상의 모든 권세나 재화보다도 내면의 자유를 소중히 여기고, 사회의 개선에 앞서 자기를 계발하고 완성하고자 했던 모럴리스트였던 것이다. 물론 그 또한 많은 사람에게 올바른 진리를 전해 세상과 인간의 삶을 더 나아지게 해야 한다는 의무를 느끼지 않는 것은 아니었다. 그러했기 때문에 분명히 많은 신학자들의 반대가 예상되었음에도 새로운 학문의 체계를 완성해 발표하려고 했던 것이다. 그러나 여기서 베륄 추기경의 요청이 어떤 역할을 했든지 간에, 이것은 곧 외부로부터 주어진 의무에 따르기 위한 일이었다. 즉 세상에 확실한 인식과 유익한 복지를 가져와야 한다는 사명감에서 비롯된 행동이지, 자신의 내부에서 자연히 생긴 염원에 따른 행동은 아니었다. 데카르트로서는 솔직히 그의 지식을 저서로 내는 일보다 자기 자신을 계발하는 것에 훨씬 큰 기쁨을 느꼈던 것이다.

데카르트는 무엇보다도 자신의 자유를 소중히 여기고, 자기의 내적 완성과 지혜의 실현을 목표로 삼았다. 그도 인간이기에 학자로서 명예욕도 있었겠지만, 그보다는 세간의 관심 밖에서 고독하고 조용하게 진리 탐구에 몰두하기를 바랐다. 그에게 그것을 넘어서는 큰 기쁨은 없었다. 데카르트는 자기 내부에 머물며 자신의 학구적 욕구를 좇아 연구를 계속하는 동안에는 오직 그것에 집중하는 데서만 희열을 느꼈다. 그러나 한편으로는 자기의 내면적 요구에만 충실할 게 아니라 자기가 발견한 진리를 세상 사람들에게 나누어 주며, 인류의 복지에도 기여해야 한다는 의무감도 느꼈다. 그 까닭은 앞서도 이야기했듯이, 데카르트의 새로운 학문 체계에 대한 일반의 관심이 높아졌기 때문이기도 했다. 그래서 데카르트의 내면에서는, 외부로 나아가는 모든 관심을 끊고 자기 안에 틀어박혀 진리의 탐구에 몰두하려고 하는 구심적 경향과, 자신이 찾아낸 진리를 세상 사람들에게 전하기 위해 외부의 세계에 나서려고 하는 원심적 경향이 충돌하게 된다. 오늘날 우리가 보고 있는 데카르트의 복잡한 인간상은 이 안으로 향한 궁리심과 밖으로 나서려고 하는 의무심이 일으키는 모순과 갈등 속에서 비롯한 것이다.

진리 전파의 보류

이제부터 《세계론》의 출판을 단념하게 된 사정을 알아보자. 데카르트가 자신의 저작을 출판하기로 한 것은 많은 사람들의 기대에 응답해야 한다는 어떤 의무감에서 비롯된 것이었다. 이것은 괜스레 논쟁거리를 만들어 세상의 이목을 받으려는 속된 욕심 따위와는 전혀 관계없는 일이다. 즉 데카르트는 자기가 발견한 진리를 독점하지 않고 모든 사람에게 알리기 위해 《세계론》을 펴내려 한 것이다. 그러나 올바른 진리를 전한다는 것은 쉬운 일이 아니다. 젊을 때부터 세상에 존재하는 몰이해의 벽을 경험했던 데카르트는 이미 이 사실을 잘 알고 있었다. 사람들이 잘 이해할 수 없는 것은 확실하고 명백한 방법으로 전하려고 해보았자 소용이 없다. 낡은 편견에 사로잡힌 사람들이 여간해서 잘 깨닫지 못하는 것을 전할 때는 꾀를 부릴 필요도 있다. 그리고 꾀를 써도 효력이 없을 때에는 결국 침묵하는 수밖에 없다. 데카르트는 갈릴레이 사건 바로 뒤에 지동설에 바탕을 둔 주장을 밝힌다면 세상의 오해를 살 것이 뻔하다고 생각했다. 하지만 자신의 목적은 세간의 오해나 이목을 받는 것이 아니라, 옳은 진리를 누구나 이해하기 쉬운 방법으로 전하는 일이었다. 세상이 이해하지 못할 것을 확실히 알면서 자기의 주장을 고집한다는 것은 이 목적에 어긋난다. 쓸데없이 논란이 될 주장을 펴서 평지풍파를 일으키는 것보다는, 내면의 세계에서 자기를 계발하는 것이 훨씬 큰 기쁨이 될 터였다. 이러한 생각에서 데카르트는 그 시기에는 몸을 숨기는 것이 지혜롭다고 판단했던 것이다.

진실을 위한 가면

이처럼 데카르트가 때로는 꾀를 생각해 내고, 때로는 몸을 숨겨 침묵했던 것은 사실이다. 그러나 이제까지의 설명은 그가 좋아서 기교를 부리고 사람을 속이려고 했던 것이 아니었음을 말해 준다. 데카르트는 오히려 진실을 말하기를 원했다. 그러나 주위를 둘러싼 단단한 몰이해의 장벽에 부딪치고 나서, 내면 세계로 되돌아와 조용히 그 속에 틀어박히게 되었다. 특히 내면으로 숨기를 좋아한 데카르트에게 이만큼 자연스러운 일은 없었다. 그러나 세상 사람들에게는 이와 같은 그의 태도가 어쩐지 비밀에 싸인 수수께끼처럼 느껴졌으리라. 데카르트가 무서운 진실을 껴안고 있었던 만큼 그 침묵은 섬뜩한 것이었다. 세상의 의혹이 늘어갈수록 그도 기교를 부리며 꾸밈을 더해 갔다. 그래서 진실을 말하려고 하면 할수록 더욱더 깊은 거짓의 수렁으로 빠져들게 되었다.

데카르트는 이와 같은 자기 모순을 일찍이 의식했던 것 같다. 1619년 진리 탐구의 여행에 나섰던 무렵에 그는 이미 이런 글을 쓴 적이 있다. "부끄러움이 얼굴에 나타나지 않도록 하라는 말을 듣고, 나는 이제까지 관객으로 있었던 이 세계라는 무대에 가면을 쓰고 등장한다. 마치 희극 무대 위의 배우가 가면을 쓰는 것처럼 말이다." 사람들에게 새로운 진리를 전하기 위해서는 가면을 쓰고 나타나지 않으면 안 된다. 아마도 데카르트는 평생 동안 끊임없이 이런 생각을 할 수밖에 없었을 것이다. 그는 이런 의미에서는, 르로이가 말한 대로 '가면의 철학자'이다. 그러나 이 가면은 진실을 숨기기 위한 것이 아니라, 오히려 진실을 전하기 위해 쓸 수밖에 없었다. 그는 가면을 통해서 꾸며진 진실 너머의 진실을 보이려고 했던 것이다.

우주의 중심에 자리잡은 것

환영의 자아

토인비는 《역사가의 종교관》이라는 책의 머리말에 다음과 같이 썼다.

"한낱 인간의 존재가 우주를 바라보고, 예를 들어 그 신비를 찾아낸다고 해보자. 그래도 그것은 어차피 틈 사이로 슬쩍 엿본 것에 지나지 않으며, 그나마 그것에는 믿을 만한 구석도 그다지 없다고 해야 할 것이다. 인간은 자기가 있는 시공의 한 점을 그 관찰의 거점으로 삼기 때문에, 어쩔 수 없이 자기중심적이 될 수밖에 없다. 이 또한 이 세상에 태어난 피조물로서 치루어야 하는 하나의 대가이다.”

이 말은 결국 인간은 도저히 우주의 중심이 될 수 없다는 이야기이다. 즉 그런 중심에 자기가 자리한다고 믿는 사람이 있다면, 그는 환영의 자아에 매달리고 있을 뿐이라는 뜻을 담고 있는 것이다.

그러나 이러한 깊은 성찰의 표현은, 근대적 자아의 좌절이라는 참혹한 경험을 겪는 현대의 사상가만이 할 수 있다. 예로부터 철학자들은 이 우주의 신비를 포괄적으로 파악하려고 하다가 어느새 자기중심의 관점에 빠지곤 했다. 자기의 무지를 아는 데서 철학을 시작해야 하는 철학자들에게, 이 자아중심성은 무엇보다 큰 적이었다. 철학자들은 자신에게 주어지지 않은 전체성에 매달려 우주를 포괄적으로 이해하려고 하다가, 끝내 자아를 우주의 중심에, 더욱이 움직일 수 없는 한 점으로 고정하는 잘못을 저질러 왔다. 자기를 희생해 존재의 신비를 깨닫고 그 속으로 들어가려고 하다가 어느새 자신을 우주의 중심에 두는 오만에 빠져버렸던 것이다. 스토아학파는 이런 환영의 자아로 인해 철학자들이 빠지게 된 모순을 보여주는 한 사례이다. 자아를 버리고 자연에 따라 살기를 내세운 그들이 현인이 되기 위해 스스로를 신에게 일치시키고자 하는 강력한 염원을 갖게 된 것은 얼마나 얄궂은 일이었던가.

철학자의 숙명적 모순

철학자로 산다는 것은 그야말로 이러한 모순 속으로 들어가는 일이다. 우주를 지배하는 신적 로고스를 이해하려고 하는 자는 무엇보다도 자아를 버리지 않으면 안 된다. 자기가 바라는 대로 세계의 모습을 그려낼 때, 철학은 신화로 퇴행하여 해체되어 버리기 때문이다. 하지만 또 완전히 자아를 지워버린다면, 불교적인 체념의 깨달음은 얻겠지만 철학적 세계상은 사라지고 말 것이다. 그러므로 철학자 앞에 포괄적인 세계상이 나타나기 위해서는 적어도 의식의 장으로서 자아의 위치가 확보되어야 한다.

철학자가 우주의 법, 즉 이 신적 로고스를 풀이하려고 할 때에는 그의 내부에 있는 지상적(地上的)·정욕적인 성향이 부정되고, 그 자아는 차츰 순화되어 하나의 점과 같은 존재로 모인다. 이제 그 극한에서 보편적인 이성에 접근했다고 생각되면, 우주의 신비스런 베일이 벗겨지고 보편적 원리와 법칙이 눈앞에 펼쳐지는 듯이 느껴질 것이다. 그리하여 우주의 신비를 엿보았다는 감격에 우쭐한 철학자는 자기의 지상적 유한성을 망각하고, 하늘로 치솟으려고 한다. 그러나 어차피 인간으로서의 한계성을 벗어날 수 없는 철학자에게 천상의 영역이 허락될 리 없다. 다시 말해 신의 자리를 범하고 우주의 비법을 훔쳐내려고 한 그는, 그 오만함에 대한 벌을 받고 다시 지상으로 떨어지게 되는 것이다.

소크라테스가 "너 자신을 알라"는 말에 따라 지혜를 추구하기 시작한 이래, 철학자들은 끊임없이 자기 존재의 무력함과 유한성에 부딪쳐 스스로 자아중심적인 존재 방식을 넘어서 보려고 힘써 왔다. 몽테뉴의 "나는 무엇을 아는가(Que sais-je)?"라는 물음도 자아중심성에 사로잡힌 철학자의 오만을 비웃고, 늘 인간의 나약함으로부터 눈을 떼지 않고 사는 현자의 길을 가르치기 위함이었다. 이와 같이 철학자들은 끊임없이 이 자아중심성을 벗어나려고 힘쓰면서도, 결코 체념적 경지를 달게 받아들이지는 못했다. 세계에 대해 적극적 자세를 지닐 때 그들은 다시 인간의 유한성을 잊게 되어, 자신의 존재를 우주의 중심에 두고 자아를 절대화하는 오류에 빠졌다. 여기에는 유한한 지상적 존재이면서 무한한 것을 갈망해 마지않는 인간의 숙명이 있다. 보통 사람은 풀 수 없었던 스핑크스의 수수께끼를 푼 오이디푸스는, 인간 힘의 한도를 잊고 신들의 권한을 능멸하는 죄를 짓고 그 대가로서 자기 파멸의 길을 걷지 않으면 안 되었다. 유한한 몸을 되돌아보지 않고, 무한한 것을 향한 갈망을 버리지 못하는 인간의 오만이 마침내 그를 파멸을 길로 이끌게 된 것이다. 이러한 인간의 휴브리스(자아의 오만)는 네메시스(신에 의한 응보)에 의해 벌을 받고, 인간은 끝내 몰락의 운명을 겪을 수밖에 없다. 그럼에도 인간은 다시 자아로서 세계를 향해 일어서서 거듭 우주의 신비에 도전하는 것이다.

프로메테우스적 시도

과연 데카르트는 지옥의 벌도 두려워하지 않고 우주의 비법을 훔쳐내려고 했던 프로메테우스적 인간이었을까. 그는 마치 인간의 한계 따위는 모르는 것처럼 전 세계, 온 우주의 신비를 홀로 탐구하려 했다. 이러한 점은 그가 인간이라는 사실을 잊고, 스스로 신이 되고자 하는 욕망에 사로잡혔던 것은 아니었을까 하는 의문까지 들게 한다. 물론 데카르트가 그런 것을 목표로 하지는 않았겠지만, 실제로 스웨덴의 크리스티나 여왕(Christina, 1626~89)에게 데카르트를 데리고 간 수로안내인은 "그는 인간이 아니고 반신(半神)이며, 내가 60년 동안 선원으로 일하면서 알게 된 것보다 더 많은 것을 3주 동안에 가르쳐 주셨다"고 말하기도 했다. 데카르트 자신은 《방법서설》 제1부 가운데서 "인간이 하는 일(종교 이외의 모든 것) 중에서 틀림없이 선(善)하고 유익한 무언가가 있다면, 그거야말로 내가 택한 일이라고 감히 생각할 정도"라고 했다. '다만 최선을 다한 인간'이 되고자 했던 데카르트가 어째서 이토록 대담하고 '빗나간' 시도를 하게 되었던 것일까.

데카르트는 1630년부터 3년에 걸쳐 전 자연, 전 우주의 수수께끼에 도전하려는 시도, 즉 《세계론》의 집필을 실현해 가고 있었다. 때로 그는 이것이 '인간 정신의 한계를 벗어난' 것이 아닌가 하는 의문에 시달렸지만, 그의 마음속에는 어떤 확신이 있었기 때문에 과감히 이 모험적인 작업을 진행한 것이다. 1632년 5월 10일, 메르센에게 보낸 편지에서 데카르트는 다음처럼 적고 있다. "두세 달 전부터 나는 천공(天空)의 연구에 매우 깊게 들어갔습니다. 곧 천공과 거기에 있는 모든 천체의 본성, 그리고(그 해명을) 기대하지도 않았던 다른 많은 사항에 대해 이해되는 면이 있었습니다. 그래서 나는 이제는 감히 각 항성 위치의 원인을 탐구하려 할 만큼 대담해졌습니다. 그들 항성은 천공 가운데 여기저기 몹시 불규칙하게 흩어져 있는 것처럼 보이지만, 나는 그들 사이에 규칙적이고 일정한 질서가 있음을 조금도 의심하지 않습니다." 그에게 '규칙적이고 일정한 질서'로 파악된 우주는 바로 코스모스를 말한다. 데카르트의 작업은 이 코스모스를 르네상스적 혼돈 속에서 재발견하는 것을 목적으로 삼았다. 요컨대 이것이 '카오스를 풀어 헤치고 거기에서 광명을 일으키는' 일이었던 것이다.

잃었던 '중심'의 발견

그렇다면 데카르트가 르네상스적 카오스에서 코스모스로의 길을 찾기 위해 택했던 방법은 무엇인가. 르네상스의 자연철학자들이 생각한 우주는 중세적인 유한한 세계상과는 달랐다. 즉 그들은 우주를 일정한 질서를 가진 닫힌 체계가 아니라, 광대무변하여 아무리 가고 또 가도 한계가 없이 넓어지는 열린 세계로 보았던 것이다. 세계가 어디까지 가도 끝이 없다면 고정된 중심을 설정할 수 없다. 이러한 견해는 곧 지구와 자기 자신의 감각적 존재를 우주의 중심으로 생각해 온 전통적인 아리스토텔레스·스콜라적 세계관과 근본적으로 맞선다.

세계가 끝이 없고 주변을 갖지 않는다는 것은 우주에는 곳곳에 중심이 있으며, 동시에 아무 곳에도 중심이 없다는 것을 뜻하기 때문이다. 하지만 이 관점으로 전통적인 유한론이 깨지면, 세계는 '중심'을 잃고 혼돈스러운 암흑 속으로 빠져들게 된다. 거기에는 '일정한 질서'가 없다. 규칙적인 질서로 세계를 한정 지으려 해도, 끝없이 열린 우주 속에는 '중심'이 없으므로 기준이 될 수 있는 곳도 없고 출발점 또한 없는 것이다. 데카르트는 그와 같은 혼돈스러운 암흑의 우주에서 빛이 나게 하려고 했다. 그리고 그가 택한 방법은 바로 새로운 '중심'을 발견하는 것이었다.

하지만 이제 전통적인 사고방식처럼 감각적이고 육체적인 자신을 우주의 중심으로 삼을 수는 없는 일이었다. 그래서 그는 철저한 회의의 길을 지나 자기 상실과 중심 상실의 위기를 빠져나옴으로써, 어느 움직일 수 없는 한 점을 발견한다. 요컨대 우주의 중심을 발견한 것이다. 그것은 말하자면 아르키메데스 (Archimedes, B.C.287?~B.C.212)의 점, 즉 지구 전체를 들어올릴 수 있는 확고부동한 중심이었다.

데카르트는 중세적인 유한한 우주와 혼돈 상태의 르네상스적 우주를 넘어서 그것들을 대신할 새로운 세계상을 탄생시키기 위해 이른바 좌표축의 원점을 구했던 것이다. 그럼 그 원점이 발견은 어떻게 이루어졌을까. 여기서 엄중한 사색의 말이 설명되어 있는 《성찰》의 첫 장을 펴고 정리해 보도록 하자.

보편적 회의

"내가 학문에 있어서 무언가 확고하고 영속적인 것을 확립하고자 한다면 내 생에 한 번은 모든 것을 근본으로부터 뒤집어엎어 토대부터 다시 시작하지 않으면 안 되겠다는 것을 느꼈다. (……) 그런데 이 감각이 때로 우리를 속인다는 것을 나는 경험했다. 단 한 번이라도 우리를 속인 것에 대해서는 결코 전폭적으로 신뢰하지 않는 것이 현명한 일이다."

그러니까 우리 자신이 오늘 여기에 있다든가, 옷을 입고 있다든가, 난롯가에 앉아 있다든가 하는 것도 꿈이 아니라는 절대적 보증이 없으므로 믿을 만한 사실이 못된다. 그럼 수학적인 인식은 어떤가. 내가 잠에서 깨어나 있든 아니든, 2에 3을 보태면 5가 되고, 사각형은 네 변밖에 갖지 못한다. 이것까지도 의심할 수 있을까. 혹시 어떤 악령이 있어, 내가 2와 3을 보탤 때마다 오류에 빠지게 한다면 어떨까.

또 하늘, 땅, 모양, 빛깔, 소리, 그 밖의 모든 외적인 사물도, 쉽게 믿어버리는 나의 마음을 감쪽같이 속이기 위해 그것이 쓰는 꿈의 계략에 지나지 않는다면 어떻게 해야 할까. 그렇게 되면 나는 내 밖에 있는 모든 대상이 과연 진정으로 존재하는가를 의심하게 될 것이다. 곧 외계의 모든 것이 꿈이나 환상에 지나지 않게 되어 허공으로 사라지고, 확실성을 찾아 바깥 세계를 헤매던 나의 정신은 하는 수 없이 자기의 내부로 돌아온다. 그리고 여기에서도 주위에 의심의 눈을 돌리려고 한다. 그러나 그 순간 그 시선은 격렬한 충격을 받고 되돌아온다. 여기에는 의심을 멈추지 않으면 안 되는 한 점이 있기 때문이다. 의심하고 있는 바로 그 순간에, 의심하고 있는 자신의 존재를 의심할 수 있는가? 아니, 그럴 수는 없다. 그러므로 의심하면서 사유하는 '나'는 존재하지 않는다고 할 수가 없는 것이다. "코기토 에르고 숨(Cogito ergo sum)" 이것이야말로 확실한 것, 말하자면 아르키메데스의 점이다. 그 부동의 한 점에 이제야 다다른 것이다. 이 확실성으로부터 세계에 대한 모든 인식을 이끌어 내자.

생각하는 주체로서의 자아

나는 어떠한 존재인가. 예전에 나의 존재라고 생각했던 육체나 감각은 꿈일지도 모르기 때문에 나눌 수 있다. 그럼 생각하는 것은 어떤가. 이것만은 내게서 떼어낼 수 없다. 꿈과 각성은 구별될 수 없으므로 내가 몸을 갖지 않았다는 것은 있을 수 있는 일이라도, 의심하는 사고의 작용을 하고 있는 내 존재를 의심할 수는 없다. "나는 있다. 그러므로 나는 존재한다"는 것은 확실하다. 그러나 얼마 동안 확실한 것인가. 물론 내가 생각하는 동안이다. 왜냐하면 내가 생각하기를 완전히 그만두어 버린다면, 다음 순간에는 내가 존재하기를 완전히 그만두게 될지도 모르기 때문이다(그 순간 생각하는 데서 오는 확실성은 효력을 잃기 때문에 다시 악령의 허무화가 작용하기 시작한다). 그러므로 생각한다는 작용은 나의 존재로부터 분리할 수 없다. 내가 생각하는 존재가 되어야, 정신 또는 순수 지성으로서의 내 자아의 존재도 세워진다. 이 제1원리에서 출발한다면, 다른 모든 인식은 일정한 사고의 순서에 따라 필연적으로 도출될 것이다.

신의 존재

신의 존재는 다음과 같이 증명된다. 나는 계속 의심하기 때문에 불완전한 존재이다(의심하거나 무지한 상태보다도, 지식이 있는 편이 훨씬 더 완전성이 있는 것은 분명하다). 그 불완전한 존재로부터 더 완전한 존재자의 관념이 나올 리가 없다(원인 속에는 필연적으로 결과에서와 똑같거나, 그것을 넘어서는 실존성이 있어야 하기 때문이다). 그런데 내 속에는 무한히 완전한 존재자, 즉 신의 관념이 있다. 사실 누구든지 언제나 무한히 완전한 존재자를 생각할 수 있는데, 이것은 유한한 것의 부정에 따라서 얻어지는 관념이 아니다. 유한한 것에 대한 부정으로서의 무한은, 어디까지 가도 끝이 없다는 무제한에 불과하다. 그것은 소극적이고 가능적인 것으로, 어디에선가 상상을 그만두면 유한한 것이 되고 만다. 이와 반대로 신의 무한성은 적극적이고 현실적인 무한성이며, 신은 무한하고 완결적인 전체이다. 이와 같은 완결적인 무한자의 관념은 유한자의 관념을 연장하는 것으로는 도달이 불가능하다. 그런 적극적인 무한한 신의 관념은 어디에서 온 것이겠는가. 그것은 실제로 무한한 완전성을 가진 존재, 즉 신 자체로부터 나왔다고 생각할 수밖에 없다. 이렇게 해서 신의 존재는 증명된다.

물체의 존재

일단 신의 존재가 확인된 이상, 기만자나 악령이 끊임없이 내 판단을 잘못되게 이끌려 한다는 생각은 할 필요가 없다. 속인다는 것은 완전한 것이 못 되므로, 완전한 존재자가 나를 끊임없이 속이려 할 리가 없기 때문이다. 신은 성실하기 때문에 내가 명확하고 뚜렷하게 인식한 것은 반드시 현실 그대로일 것이다. 그런데 나는 감각으로써 밖에 있는 것의 존재를 인식하지만 그 감각을 마

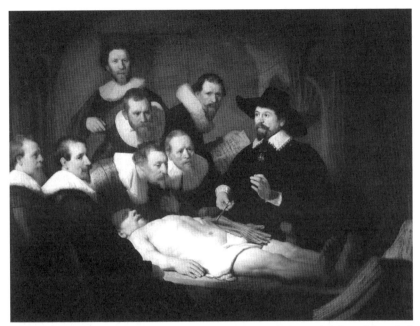

렘브란트의 〈투르프 박사의 해부학 강의〉 메스 다루기를 주저하면 의술은 발전할 수 없다. 몸과 마음을 구별해 냉철히 바라보는 데카르트의 '이원론'은 근대의학 성립에 필요한 부분이었다. 1632. 헤이그 마우리츠하위스 미술관 소장.

음대로 할 수는 없다. 즉 어떤 것을 감각하려고 생각해 마음대로 그것을 감각할 수 없고, 또 어떤 것을 감각하지 않으려고 해도 내 의지와는 관계없이 감각이 생기는 것이다. 그렇다면 그 물체의 관념이 나의 내부에서 나온 것이 아니라는 것은 틀림없다. 또 신은 결코 속이는 일이 없으므로, 신이 직접 그러한 관념을 나에게 보내지 않았다는 것도 확실하다. 따라서 신의 성실을 바탕으로 하여, 내가 날카롭고 또렷하게 인식하는 대로 물체가 존재한다는 결론이 나온다.

심신 이원론

이렇게 하여 정신과 신, 그리고 물체라는 세 가지 실체의 존재가 증명되면 심신의 실재적 구별이 확정된다. 그 경우 논거는, 내가 명석하고 확실하게 이해한 모든 것은 그대로 신에 의해 만들어진 것이기 때문에, "어떤 하나를 다른 것에서 떼내어 명석 판명하게 이해할 수만 있다면 그 하나가 다른 것과 다르다는 확신을 얻기에 충분하다"는 것이다. 즉 정신은 사고하는 작용만으로도, 다시 말해 신체 없이도 존재할 수 있으나, 이에 비해 물체(신체)는 정신과는 전혀 상관없이 연장함으로써 존재한다. 요컨대 정신은 완전히 비(非)연장적인 사유를 본성으로 하는 실체이고, 물체는 전혀 영적인 성질을 갖지 않은 연장만을 본성으로 하는 실체라는 것이다. 이처럼 심신(心身) 분리적인 이원론적 입장에 서면, 정신의 순수성과 독립성이 명백해지고, 그것으로써 영혼의 불멸을 논증하기 위한 최초의 전제 조건이 확보된다. 그뿐만이 아니라 정신의 순수성이 확립됨으로써 자연으로부터 모든 영적, 또는 심적인 성질이 배제되므로, 자연을 순수하게 기계론적으로 설명하는 것도 가능해진다.

기계론적 자연관의 성립

이렇게 하여 데카르트의 형이상학적 성찰이 완결된다. 사고한다는 것, 즉 코기토(Cogito)의 확실성으로부터 출발한 데카르트 철학은 세계 인식의 새로운 관점을 세웠다. 결국 그의 주장을 통해 과학적이고 기계론적인 자연관의 성립을 위한 원리적 근거가 제시된 것이다. 물질, 다시 말해 연장이라는 테제는 자연으로부터 모든 심적, 또는 영적인 성질을 빼놓을 수 있게 했다(그러한 성질은 아리스토텔레스적·스콜라적 자연관의 근본 전제였다). 그리하여 곧 실체 형상의 사상과 목적론적인 사고방식은 철저히 깨졌고, 동시에 르네상스의 자연철학자들의 물활론적 자연관이 극복되었다. 데카르트는 물질(물체)의 본성은 다만 연장뿐이라고 주장했다. 그것은 길이와 너비와 깊이를 가지고 있으며, 갖가지 모양을 하고 여러 운동을 할 수 있다. 물체의 본성에는 이런 것만이 귀속하는 것이다. 물질 세계는 말하자면 무한한 기하학적 공간이고, 그 공간적인 확장이 전 우주를 둘러싸고 있다. 따라서 물질이 없는 공허한 공간(진공)이라는 것은 있을 수 없다. 왜냐하면 세계에는 연장적 본성을 가진 물질이 충만해 있기 때문이다. 다시 말해 만약 '공허'라는 것이 있다면 무(無)에 연장이 있다는 의미가 되는데, 이것은 있을 수 없는 불합리한 일인 것이다. (《철학의 원리》 제2부 16 참조)

운동 이론

전 우주에는 오직 하나의 같은 물질이 존재할 뿐이다. 그러나 그 하나의 물질은 무한히 나누어질 수 있다. 그 물질의 세계에는 가지각색의 부분이 있고, 그 각 부분은 장소 이동의 방식으로 운동한다. 데카르트의 사고방식으로 운동이란 '물체가 하나의 장소에서 다른 장소로 옮겨가는 작용'이었다. 그래서 동일한 물체가 운동을 한다고 할 수도 있고, 아니라고 할 수도 있다. 예를 들어 배가 항구에서 나올 때를 생각해 보자. 배 안에 앉아 있는 사람이 해안에 주목하는 경우, 그는 확실히 자기가 운동하고 있다고 생각할 것이다. 그러나 만약 거기서 선실 바닥을 쳐다보고 있다면, 그는 자기가 운동한다는 생각은 하지 않을 것이다. 왜냐하면 비록 배는 움직이고 있어도, 그 안에서의 그의 위치는 변함이 없기 때문이다. 보통 사람은 운동에는 정지보다 많은 작용이 필요하다고 믿는데, 이는 잘못된 생각이다. 작용이란 우리가 손발을 움직인다든가, 손발을 사용하여 다른 물체를 움직이기 위해 해야 하는 노력이다. 그런데 우리는 물체를 움직이기 위해서뿐만 아니라, 운동하는 물체를 멈추기 위해서도 이 노력을 해야 한다. 그러므로 정지도 운동도 단지 운동하는 물체가 갖는 서로 다른 상태에 불과한 것이다. 또 하나의 물체가 운동하고 있음에도 그 가까이 있는 모든 물체가 정지하고 있다는 것은 불가능하다.

진공이라는 것이 존재하지 않으므로, 하나의 물체가 장소를 바꾸면 다른 물체가 그 자리를 채우게 되기 때문이다. 그리고 이동하는 물체는 자신이 옮겨가야 되는 장소에 있는 다른 물체를 밀어낸다. 그러면 밀려난 물체는 또 제3의 물체를 밀어내고 그 자리를 차지하는 것이다. 즉 A는 B를 밀어내고, B는 C를 밀어낸다. 그렇게 해서 마침내 최후에는 Z가 처음 A가 있었던 위치를 차지하게 된다. 이처럼 어떤 운동이든 모두 연결되어 있으며, 물체의 운동은 그런 의미에서 둥근 고리 모양을 이루는 것이다.

이와 같이 계속 둥근 고리를 이루는 물체의 운동에는 어디까지나 그것을 최초로 일으키는 시동자가 있어야 한다. 그리고 그것이 곧 신이다. "신은 처음에 물질을 만들 때, 운동과 정지를 함께 창조했다. 지금도 또한 그때의 물질들 전체 속에 있었던 양과 같은 양의 운동(운동의 힘)과 정지(정지의 힘)가 스스로의 일상적인 힘에만 의존하여 보존되어 있다." 즉 운동의 양은 개개의 물체에서는 변화해도 우주 전체에서는 일정하고 불변이다. 왜냐하면 신은 최초에 모든 물질 부분을 창조할 때와 똑같은 방법, 똑같은 비율로 물질 전체를 보존하고 있기 때문이다. 그리고 우리는 이 신의 불변성에서 어떤 규칙, 곧 자연법칙을 깨달을 수가 있는 것이다.

운동의 세 가지 법칙

첫 번째 운동 법칙은 관성의 법칙이다. 이것은 물체는 다른 외적인 원인이 없는 한 언제나 같은 상태를 유지한다고 설명하고 있다. 물체가 운동을 할 때는 그 현상을 유지하려는 관성이 작용한 것이다. 오직 이 작용으로만 물체는 힘을 갖는다고 할 수 있으며, 물체 자체에서 작용하는 근원적인 힘은 없다. (예를 들어 어떤 물질의 부분이 사각형이라면, 이것을 바꿀 외적 원인이 없는 한 이것은 언제까지나 사각인 채로 있을 것이다. 또한 정지하고 있는 것은 언제까지나 움직이지 않으며, 운동하고 있는 것은 다른 것에 의해 방해받지 않는다면 스스로 그 운동을 중지하지 않는다.)

두 번째는, 모든 운동 자체는 직선 운동이라는 것이다. 관성의 법칙 결과로서, 운동하는 물체는 그 운동을 같은 방향, 즉 직선 방향으로 계속하게 된다. 이것은 실의 한쪽 끝에 돌을 달고 다른 쪽 끝을 잡고 원을 그리며 돌릴 때, 그 돌이 끊임없이 원의 중심에서 벗어나려 한다는 것으로도 쉽게 알 수 있다.

세 번째는 '충돌의 법칙'인데, 둘 이상의 물체 사이에서 작용하는 운동의 전달 법칙이다. 운동하는 물체 A가 물체 B에 충돌한다고 해보자. 이때 직선의 방향으로 가려고 하는 A의 힘이 B의 저항력보다 작으면 A는 방향을 바꾸게 되지만, 그 운동의 양은 잃지 않는다. 이와는 반대로 A의 힘이 크다면 A는 자기와 같은 방향으로 B를 움직이지만, B에 전달한 만큼의 운동량을 잃게 된다.

이 법칙은 오늘날 역학에서 말하는 '질량'이 충분히 고려되지 않은 것이다. 데카르트는 물체 그 자체에는 힘이 없다고 생각했다. 그래서 다른 물체에 작용하는 힘이라든가, 저항하는 힘을 문제로 삼기는 했으나, 운동의 내적 원인에 대해서는 생각하지 않았다. 물체가 지닌 고유하고 내적인 힘으로는 보통 무게를 생각할 수 있는데, 그는 이것을 물체의 고유한 성질로서 인정하지 않았던 것이다. 본디 그의 연장적 물체관은 물체가 무게라는 실재적 성질을 가지기 때문에 떨어지는 경향이 있다고 주장하는 스콜라적 자연학(실체 형상의 설)에 대한 안티테제였다.

따라서 데카르트가 물체에 내재하는 어떠한 힘도 인정할 수 없었던 것은 마땅했다. 하지만 이 점은 다음에 등장하는 뉴턴(Newton, 1643~1727)에 의해 극복되지 않으면 안 되는 데카르트 역학의 치명적 결함이었다. 데카르트는 물체에 내재하는 힘, 다시 말해 무게라는 것을 모두 인정하지 않았기 때문에, 인력이라고 하는 것도 생각할 수 없었다. 그래서 그는 물체의 낙하라든가, 행성의 궤도 등을 다만 물체의 충돌 또는 다른 물체의 외적인 직접 작용으로만 설명하려고 했다. 결국 프랑스 철학자 아믈랭(Octave Hamelin, 1856~1907)의 말처럼 데카르트 역학의 근본적 결함은 무엇보다도 '반역학주의(anti-dynamisme)'였다는 것을 지적하지 않으면 안 될 것이다. 이런 결함은 모두 데카르트의 자연학이 물체, 즉 연장이라는 원리에서 연역적으로 도출되었기 때문에 비롯되었다. 그럼에도 이러한 형이상학적 관점을 확립하지 않았다면 데카르트는 모든 자연의 인식 체계를 어떤 통일적 원리에 근거해 세우는 야심적 시도를 꾀할 수 없었을 것이다.

모든 세계 인식의 원점―'코기토'

이처럼 데카르트는 코기토(나는 생각한다)의 확실성에서 출발해, 정신의 순수성과 독립성을 확립하고 종교적 진리의 길을 개척해 나갔다. 다른 한편으로는 자연에서 모든 심적 성질을 물리쳐 연장적·기하학적 물체관을 확립하고, 나아가서는 물체, 즉 연장이라는 테제에 의하여 세 가지 운동 법칙으로 집약되는 모든 자연학의 체계를 만들어 낸다. 이와 같은 사고방식에 의해서만이, 자연 전체를 필연적인 인과 법칙에 따른 하나의 거대한 기계 체계로 설명하는 이른바 기계론적 자연관이 세워질 수 있었다. 이 새로운 자연관은 아리스토텔레스·스콜라적인 우주관에 맞설 뿐만 아니라, 르네상스의 생명적·범신론적 자연관에 대해서도 부정적인 관점을 취한다. 이것은 아리스토텔레스의 사상에 따른 목적론이자 유한한 자연관과 함께, 자연을 무한한 동적 생명의 표현으로 보는 르네상스적 자연관 또한 인정하지 않았다. 데카르트는 자연을 완전히 기계론적이고 연장적인 세계로서 나타낸 것이다.

이와 같은 세계 인식의 체계는 말할 것도 없이 코기토의 주체, 즉 생각하는 자신에 의해 도출된 것이다. 그것이 곧 아르키메데스의 부동의 점이자 좌표축의 원점이었던 것이다. 데카르트는 이 원점에서 출발해 중세적인 '코스모스'가 파괴된 이후 혼돈의 암흑 속에 빠져 있던 우주에서 빛을 찾으려고 했다. 즉 우주 속에 '불규칙하게 흩어져 있는 것처럼 보이는' 모든 물체 사이의 법칙적 관계를 확정함으로써 세계의 질서를 파악하고자 했던 것이다. 이것은 르네상스의 혼돈 가운데서 정연하게 체계를 갖춘 새로운 코스모스를 재발견하는 일이었다. 그러나 과연 카오스에서 코스모스로의 이행이 가능했을까. 그는 자연의 빛으로 우주를 비추어 카오스에 통일적인 질서를 부여하려고 했다. 하지만 그에 의해 발견된 세계의 질서는 기계론적인 체계였고, 거기에는 인간 정신을 위한 여지가 없었다. 데카르트의 기계론적 자연관 속에서 인간 정신은 육체를 잃은 단순한 순수 지성의 주체로서 세계 밖으로 쫓겨난다. 그리하여 코기토의 확실성을 바탕으로 성립된 세계의 어디에서도 코기토의 주체는 자기의 자리를 발견할 수 없는 것이다.

인간과 세계의 분열

파스칼의 《팡세》에는 "위대한 판(Pan)은 죽었다"라는 수수께끼 같은 말이 쓰여 있다. 그리스어로 판은 숲의 신, 목양신(牧羊神)을 가리킴과 동시에, '전체'와도 의미가 통하는 말이다. 그 판이 죽었다는 것은 직접적으로는 신들이 사는 살아 있는 자연이 어디론가 사라져 버렸다는 것을 뜻한다. 일찍이 인간이 위대한 판의 품에 안겨 우주의 깊은 조화 속에서 살고 있었을 때에는 신과 인간, 하늘과 땅, 정신과 세계 사이에 분열이 없었다. 그런데 그리스도교가 살아 있는 자연 속에 근본적 균열을 가져오게 된다. 그리스도교적 세계의 시작과 함께 자연의 내적 생명이 인간으로부터 멀어져, 어떤 이질적인 것이 되어 사라져 갔다. 이제 인간과 자연 사이에 어떤 심연(深淵)이 입을 벌리게 된 것이다.

그러나 사람들은 끊임없이 그 균열을 봉합하고 인간과 자연을 통일하는 원리를 구하려 했다. 중세 스콜라 철학자들의 시도 또한 그런 표현의 하나였다. 그들은 신, 인간, 자연이라는 세 존재자 사이의 계층 질서를 확립함으로써 새로운 세계 인식의 체계를 창출하려 했다. 중세적인 '코스모스'는 그런 계층적 구조로써 지탱되는 우주였다. 거기에서는 인간, 더욱이 심신 결합체로서의 전체적 인간이 세계의 질서 속에서 훌륭한 자리를 차지할 수 있었다.

하지만 르네상스 시대에 이르자 그와 같은 중세적 코스모스의 폐쇄된 체계가 파괴되어, 우주는 끝없이 넓은 공간으로 여겨지게 되었다. 그렇다면 그러한 우주의 한복판에 내던져진 르네상스적 인간은 어디에서 자신의 자리를 찾아야 하는가. 브루노 등과 같은 르네상스 시대 철학자들은 그리스도교적 세계관에 따라서 파괴된 범신론적 조화의 관계를 소생시켜 보려고 했다. 그들은 우주의 무한에, 그 동적이고 발전적인 생명 가운데 자기를 융합시키려고 한 것이다. 한편 그 시

파스칼(1623~1662)

대의 휴머니스트들은 스토아의 도덕을 부활해, 자연 속에 융합하여 자연에 따라 사는 것을 이상으로 삼았다.

예를 들면 몽테뉴는 만물 유전(流轉)의 모습을 자기의 내부에 옮겨 놓고, 그것을 직시함으로써 안심입명(安心立命)의 경지를 열려고 했다. 또 샤롱(Pierre Charron, 1541~1603)은 "잘 사는 삶은 자연을 따르는 삶이다(Bien vivre est consentir à nature)"라는 스토아주의적 신조를 좇았다. 여기서 말하는 자연은 마땅히 동적이고 생명적인 자연이다. 르네상스의 자연철학도 스토아적 휴머니즘도, 근본적으로 인간 중심적인 생명적 자연하고만 조화를 이룰 수 있었다. 그런데 이렇게 인간과 자연과의 범신론적인 조화를 끊임없이 추구한 르네상스적 인간 앞에 갑자기 생명적 자연상 대신 기계론적 자연상이 나타났으니, 그는 갑작스런 고독감과 두려움을 느끼지 않을 수 없었으리라.

우주의 침묵

또한 파스칼의 《팡세》 중에는 "이 무한한 공간의 영원한 침묵이 나를 떨게

한다"는 말이 나온다. 이것은 생명적 자연관과 과학적 세계상의 분열에 대한 깊은 체험의 표현으로 볼 수도 있다. 과학적이고 기계론적인 자연관이 나타나게 되면서, 인간은 그리스도교적인 정신 공동체로부터도 생명적·유기적 자연으로부터도 떨어져 나와 세계에서의 자기 자리를 잃어버리게 된다. 그러한 상황에서 이 고백과 같은 전율의 말이 나오게 된 것이다.

뤼시앵 골드만(Lucien Goldmann, 1913~70)이 지적한 것처럼 중세적인 '코스모스'의 관념은 정신적인 공동체와 깊이 연결되어 있었다. 이러한 중세적인 코스모스의 해체는 인간이 다른 사람들과의 연대로부터 벗어나 저마다 고립하는 것을 의미했다. 이제 인간은 유한하고 폐쇄적인 세계에서 무제한으로 넓어지는 광막한 우주의 한가운데로 내던져져, 예전과 같은 완결된 세계의 질서를 확인할 수 없게 된 것이다. 그러나 무한히 발전적인 우주의 생명 속에 자기를 융합시켜 거기에서 일어나는 운명을 감수하는 태도를 취한다면, 그 존재는 어떤 안도감을 얻을 수 있다. 그래서 스토아의 현인이나 르네상스의 휴머니스트들은 이런 태도를 지니고 끊임없이 생성 유전하는 불안정한 현실에 대처하려고 했던 것이다.

숨은 신

세계를 철저히 기계론적으로 본다면 사람은 정신적 공동체와 생명적 자연 양쪽으로부터 추방을 당하여, 세계 밖에서 그것을 인식하는 주체가 되어 고립될 수밖에 없다. 그러면 인간과 자연과의 유기적 결합, 자신과 다른 사람과의 공동체적 연대는 철저히 무너진다. 이제까지 인간을 둘러싸고 있던 유기적 자연은 생명을 잃은 무기적 자연, 즉 오로지 수학적·인과적으로 다루어지는 죽은 자연이 되고, 이것을 인식하는 정신과 맞서게 된다. 따라서 정신과 자연 사이에는 극복하기 어려운 단절과 균열이 생긴다. 그야말로 "대지는 갈라져 심연을 향해 입을 벌리고 있다"(《팡세》 72). 그리고 어느새 이 깊은 균열은 아무래도 메울 수 없는 것이 되고 만다. 인간은 세계 모든 존재의 관계로부터 물러나, 세계를 관찰하고 측정하며 지배하는 단순한 지성적 주체로 자리한다. 이에 따라 자연은 신들을 빼앗기고 하나의 거대하고 기계화된 존재가 된다. 살아 있는 인격적인 신은 이 합리화된 기하학적 연장의 세계, 즉 인간이 부재하는 대상적 세계에는 말을 걸 수가 없다.

중세 초기의 교회 중심적인 정신적 유대가 사라진 때부터 신은 인간과의 직접적 연결을 잃었다. 그 이후 그는 그리스도라는 중개자를 통해 사람과 사람이 맺어지는 마당, 다시 말해 정신 공동체 가운데 있는 인간에게만 말을 걸 수 있었던 것이다. 그러나 르네상스 시대에 이르러 중세적 코스모스와 함께 그 정신적 공동체도 무너졌을 때, 신은 인간과 맺은 관계를 잃고 세계에서 사라져 갔다. '무한한 공간의 영원한 침묵'이란 바로 신이 사라진 뒤의 세계의 침묵, 신의 침묵 그 자체에 대한 두려움을 말하는 것이다. 중세적 코스모스가, 또 공동체가 사라진 뒤, 신의 목소리는 이제 직접적으로는 인간에게 들리지 않는다. 하지만 신은 보이지 않는다고 존재하지 않는 것이 아니다. 다시 말해 그는 '숨은 신 (Deus absconditus)'으로서, 부재하지만 존재하고 있다. 그리하여 파스칼은 이렇게 말한 것이다. "진정 당신은 숨어 있는 신이시다"(《팡세》 B585).

파스칼의 변증법

파스칼은 과학적 자연관의 성립에 따라 갑자기 등장하게 된다. 그는 정신과 자연의 단절, 또는 대립을 극복하기 위해 종교와 과학, 정신과 자연, 신앙과 이성, 섭리와 필연, 초월과 내재라는 인간 존재에 얽힌 근본적 이원성을 끝까지 파고들었다. 파스칼은 '긍정에서 부정으로의 끊임없는 반전'이라는 일종의 변증법을 통해 서로 대립하는 계기의 모순 속에서 단 하나의 진리, 즉 그리스도교의 진리를 찾아내려고 했다. 한편으로 그는 데카르트 철학의 신봉자로서 사고하는 자아의 존엄을 인정했다. 그래서 이에 대해 그는 "우리의 모든 존엄은 사고하는 가운데 있다. 우리는 채울 수 없는 공간이나 시간에서가 아니라 바로 거기서부터 시작해야 하는 것이다"(《팡세》 B347)라고 말하기도 했다. 그러나 파스칼은 코기토의 주체가 부동인 '우주의 중심'이 될 수는 없다고 생각했다. 그는 "나는 사고에 의해 우주를 둘러싸지만 [그와 동시에] 우주는 나를 둘러싸고, 하나의 점으로서 나를 삼킨다"(B348)는 점도 무시할 수만은 없었던 것이다. 몽테뉴의 영향을 받았던 파스칼은 인간이 이 드넓은 대자연 속에서 '한낱 갈대' 같은 나약한 존재임을 잠시도 잊을 수 없었다.

파스칼은 데카르트의 코기토에 의해 인간이 위대하다는 것을 배웠으나, 그 코기토에서 도출된 철학자의 신은 부정했다. 또한 몽테뉴가 주장한 자기 사랑의 허무함으로 인간이 비참하다는 것을 배웠으나, 그로 인해 구제할 수 없는 회의와 절망의 심연에 빠지기는 거부했다. 몽테뉴는 자아의 허위와 어리석음을 가르쳐 주지만, 그 꺼림칙한 자아로부터 빠져나오는 길은 알려주지 않는다. "비참을 모르고 신을 아는 것은 교만의 근원이 된다. 신을 모르고 비참을 아는 것은 절망의 근원이다. 예수 그리스도를 아는 것은 그 중간을 얻게 한다. 그 안에서 우리는 신과 우리의 비참을 동시에 발견하기 때문이다"(B527). 우리는 스스로 자아를 버리지 않는 한, 인간의 위대함과 비참이라는 모순을 해결할 수 없다. 하지만 파스칼은 신의 위대성과 인간의 비참을 한 몸에 지닌 "그리스도로 말미암아, 처음으로 인간에 의해서는 해결될 수 없는 모순이 해결되었다"(B648)고 믿었다.

파스칼과 데카르트

이처럼 파스칼은 다시 그리스도를 우주의 중심에 두고, 거기에서 모든 모순을 해결하려고 했다. 이에 비해 데카르트는 '신' 대신 '자아'를 '우주의 중심'에 놓고, 이것을 좌표축의 원점으로 삼아 세계에 대한 모든 인식을 이끌어 냈다. 그는 그것을 어디까지나 아르키메데스의 점과 같이 확고부동한 것으로 생각했던 것이다. 하지만 파스칼은 이 광대무변한 우주의 어느 곳에서도 부동의 한 점을 찾아낼 수가 없었다. 그리하여 그는 "인간은 자기를 어떤 위치에 두어야 하는가를 모른다. 인간은 틀림없이 방황하고 있다(《팡세》 B427)"고 생각했다. 데카르트는 사유하는 자아의 존재에 부딪히자 확실한 부동의 한 점에 이르렀다고 믿었다. 그러나 파스칼은 이 사유하는 존재까지도 끊임없는 부동(浮動)의 한가운데로 내던졌다. "나는 자신이 존재하지 않았는지도 모른다고 느낀다. 왜냐하면 자아는 나의 사유 속에 있기 때문이다. (……) 나는 필연적 존재는 아니다"(B469).

그는 인간이 무한과 허무의 중간에 놓여 있으며, 우주의 한쪽 구석에서 방황하는 것처럼 살고 있다고 보았다. 그래서 스스로의 존재에 대해서도 "누가 나를 거기에 두었는지, 내가 거기에 무엇을 하러 왔는지, 죽으면 어떻게 되는지도 모른다. 이러한 모든(확실한) 인식의 능력도 없이, 나는 잠자고 있는 동안 황량한 고도로 옮겨져, 눈을 떴을 때 어디에 와 있는지도 모르고 탈출할 방법도 모르는 사람처럼 공포에 빠져 있다"(B693)고 말한 것이다. 파스칼의 이 고독과 불안은 다음과 같은 깊은 실존의 말로 이루어진다.

"내 생애의 짧은 시간이 그 전후의 영원 속으로 흡수되어, 내가 지금 바라보고 있는 작은 공간이 내가 알지 못하고 또 나를 모르는 무한하고 광막한 공간 속으로 빠져 들어가는 것을 생각하면, 내가 거기에 있지 않고 여기에 있다는 것이 두렵고 놀랍다. 왜냐하면 거기에 있지 않고 여기에 있으며, 그때에 있지 않고 지금 있는 이유는 사실 아무것도 없기 때문이다"(B205).

주관으로서의 정신

파스칼의 사색은 데카르트적 근대를 뛰어넘어 현대의 실존으로 다가가는 것처럼 보인다. 이러한 점은 그가 근대적 자아의 좌절을 훨씬 먼 곳에서부터 예감하고 있지 않았나 하는 생각마저 들게 한다. 이에 비해 데카르트는 어디까지나 근대를 개척한 철학자였다. 근대의 주관적 형이상학으로 이어지는 길을 열었던 것이 바로 데카르트이다. 파스칼의 자아는 늘 세계 안에 존재하는 개별적인 자기밖에 되지 않았다. 그러니까 그것은 우주 속에서 끊임없이 떠다니는 불안정한 존재에 불과했다. 그러나 데카르트적 자아는 철저한 회의에 따라서 순화되고 추상화된 인식의 주체였다. 그것은 일단 회의의 길을 빠져나온 뒤 세계 안에 있는 모든 존재들의 관계로부터 물러난다. 그리고 그렇게 함으로써 오히려 세계의 모든 존재자를 자기에게 나타난 것(Gegenstehendes), 즉 대상(Gegenstand)으로서 인식하는 것이다. 이와 같이 인식의 주관인 데카르트적 자아는 세계 안에 있는 모든 존재 관계를 넘어야만 확고부동한 아르키메데스의 점으로서 '우주의 중심'이 될 수 있다. 다시 말해 그것은 표상적 주관이 되어 끊임없이 변천하는 세계의 상을 넘어선 세계의 총체를 단지 인식의 대상으로서 자기 앞에 세워(vor-sich-stellen→vor-stellen)야만, 거기에서 모든 세계 인식을 이끌어 낼 수 있는 좌표축의 원점이 될 수 있는 것이다.

기술적 주체

그러나 데카르트적 자아가 단지 세계의 총체를 자기 앞에 세우는 표상적 주관으로 한정되는 것은 아니다. 그것은 동시에 그렇게 해서 인식된 대상적 세계를 능동적으로 지배하고 조작하는 '기술적 주체'이기도 하기 때문이다. 정신이 세계를 대상으로서 표상하는 것은, 그것을 자유롭게 조작 가능한 기술적 대상으로서 다스리기 위해서이다. 하이데거가 말했듯이 인간의 정신은 세계를 자기 앞에 표상적으로 정립할(vorstellen) 뿐만 아니라, 자기 주위의 새로운 현실로서 만들어 낸다. 그리고 인간의 이 '표상의 작성(vor-und-Her-Stellen)'을 통해, 세계는 이제까지와는 전혀 다른 양상을 띠게 되었다. 즉 자연이 인간의 인식에 의해 기계론적으로 구성되었을 뿐만 아니라, 기술적으로 기계화되고 공업화되기 시작했던 것이다. 근대인은 데카르트가 창시한 이 길을 거치며 오늘날의 기계문명·공업문명을 만들어 냈다. 이렇게 인간의 이성이 기술적으로 자연을 지배하기 위해서는, 먼저 세계의 기계론적인 구성을 가능하게 하는 인간 주관이 세워져야 할 필요가 있었다. 이러한 의미에서 데카르트에 의해 '인간이 주관(주체)이 되었다'는 것이 근대에서 일어난 가장 중요한 변화라고 해도 지나치지 않을 것이다.

근본적 아포리아

데카르트가 이와 같은 인식 주관에 도달하기 위해 택한 방법은 끝까지 철저히 회의하는 것이었다. 이 방법적 회의는 인간 정신이 감각이나 상상력의 대상으로부터 멀어져 차츰 순화되도록 했다. 그리하여 인간 정신은 그 추상화의 극한에서 세계의 모든 존재 관계로부터 떨어져 나와 거의 현실 세계와의 연관을 잃은 순수 지성에 가까워진다. 이는 그것이 세계 안의 존재로서 내포하고 있던 구체성과 전체성을 근본적으로 해체하고, 세계 속에서 거의 자리를 갖지 않은 단순한 기능적 주체가 되는 과정이다. 이러한 지성적 주체가 되어야만 확고부동한 아르키메데스의 점, 즉 '우주의 중심'이 될 수 있는 것이다.

이 지성적 주체는 이제 세계를 기계론적으로 해석하게 된다. 하지만 이에 그치지 않고 그렇게 인식된 대상 세계를 능동적·기술적으로 지배하려면, 이것은 일단 추상화 작용에 의해 제거된 감각적·육체적 존재를 되돌려 세계의 존재 관계 속으로 들어가야 한다. 그렇지만 인간 지성은 모든 존재 관계에서 물러남으로써만 절대 부동의 원점이 되는 것인데, 어떻게 다시 세계 속의 존재로 되

스톡홀름에 있는 트레 크로나 왕궁

돌아갈 것인가. 일단 감각적인 것으로부터 순화된 정신이 어떻게 하여 한 번 제거된 육체를 회복할 수 있을까. 바로 여기에 데카르트 철학의 근본적 아포리아(해결 불가능한 난문)가 숨어 있는 것이다.

죽음에 이르기까지

몇 가지 논쟁

데카르트의 형이상학적 주요 저서 《성찰》은 1641년 파리에서 출판되었다. 이때 그는 45세였는데, 이 전후부터 그 사상의 혁신성이 세상의 주목을 받기 시작한다. 그런데 갑자기 명성이 높아짐에 따라 그는 갖가지 논쟁의 소용돌이에 휘말리게 되었다. 데카르트는 《굴절광학》과 《기하학》에 관한 문제로 페르마(Fermat, 1601~65)와 로베르발(Roberval, 1602~75)과 논쟁을 했는데, 이것은 학문

보에티우스(1589~1676)

적으로도 생산적인 일이었다. 그러나 1641년부터 5년간에 걸쳐 보에티우스(Voetius, 1589~1676)와 벌인 논쟁은 처음부터 종파적 대립이 원인이었던 만큼, 그를 피곤하게 했을 뿐 아무런 결실도 내지 못했다.

보에티우스는 광신적인 칼뱅주의자로 위트레흐트시(市)의 초대 목사였고, 그곳 대학의 신학교수까지 지냈다. 그는 데카르트의 철학을 신봉하는 자가 대학 안에도 차츰 늘어가는 것에 위기감을 느꼈는지, 1641년 끝 무렵부터 그에 대한 거센 인신 공격을 시작했다. 그는 데카르트가 '무신론을 퍼뜨리는' 위험한 사상가라고 격렬히 주장하여, 이듬해 3월에는 대학에서 데카르트 철학의 강의가 공식적으로 금지되도록 했다. 데카르트도 신변의 위험을 느껴, 1643년 5월에 '보에티우스에게 보내는 공개 서한'을 발표하며 반격에 나섰다. 그러나 위트레흐트에서 막강한 세력을 가지고 있었던 보에티우스는 1645년 6월에 시 당국을 움직여, 데카르트의 출판물은 그에게 찬성하는 사람이나 반대하는 사람을 떠나서 누구도 인쇄나 배포할 수 없도록 하는 포고를 내게 했다.

이렇게 일찍이 데카르트가 '자유의 나라'라고 찬양하던 네덜란드도 점차 살기 어려운 곳으로 변해 갔다. 1647년 이후부터 그에 대한 공격이 한결 더 고조되어, 이른바 레이덴 사건으로 발전하게 된 것이다. 데카르트는 그해 1월 레이덴 대학 부속 신학교의 주임인 레비우스(Revius, 1598~1679)로부터 신교로 개종할 것을 권고받기도 했다. 그러나 그는 '내 국왕의 종교'이며 '유모의 종교'가 있다고 하며 그 제안을 거절한다. 그리고 3개월 뒤 데카르트는 인간 의지의 무한성을 주장한다는 이유로 레비우스에게서 펠라기우스 이단설의 지지자라는 비난을 받게 된다.

프롱드의 난 프랑스의 부르봉 왕권에 대한 귀족 세력의 최후 반항에 의해 일어났던 내란. '프롱드'란 어린이들이 돌던지기놀이에 사용한 '투석기'에서 유래.

이렇게 차츰 신변의 위험이 커지자, 이 무렵부터 데카르트는 모국으로 돌아갈 생각을 하기 시작했다. 그리하여 1644년에 프랑스를 방문한 지 3년 만에 다시 프랑스 여행을 하게 된다. 이 1647년도의 귀국 때에 그는 파스칼을 만나 유명한 진공 실험을 권하기도 했다. 그다음 해인 1648년 5월, 데카르트는 또 조국을 찾았는데, 이것은 그의 마지막 프랑스 여행이 되었다. 하지만 그해 8월에 이른바 '프롱드의 난'이 일어나, 그는 여기저기에 바리케이드가 만들어진 파리를 뒤로하고 서둘러 네덜란드로 돌아오지 않을 수 없었다.

마침 이러한 시기에 데카르트는 스웨덴의 크리스티나 여왕으로부터 열렬한 초청을 받게 된다. 크리스티나 여왕은 30년 전쟁의 중기에 신교도의 편에서 참전했다가 전사한 구스다브 아돌프(Gustav Ⅱ Adolf, 1594~1632)의 딸이었다. 어린 나이에 즉위했던 여왕은 남자 못지않은 기질을 가진 여성으로, 사냥도 하고 학문에도 높은 관심을 지니고 있었다. 그 무렵 그녀는 프랑스의 대사로서 스톡홀름에 있던 데카르트의 친우 샤뉴로부터 데카르트의 이야기를 듣고, 그의 사상에 관심을 갖기 시작했다. 그러던 어느 날 그녀는 샤뉴를 통해 '신의 사랑'에 대한 데카르트의 의견을 묻게 된다. 문제는 '죄를 지은 유한한 인간이 신을 사랑할 수 있는가' 하는 것이었다. 이에 대한 응답으로, 데카르트는 샤뉘에게 '사랑'에 대한 장문의 편지를 써 보내게 된다.

'사랑에 관한 편지'

여기에서 데카르트는 단순한 지성에 의해서가 아니라 의지에 의해 신과 합일(合一)해야만 신에 대한 사랑에 이를 수 있다고 주장한다. 단순히 지성에 따른 합일을 이룬 사람은 신에 대한 '지적 사랑'은 유지할 수 있겠지만, 마음으로 느껴지는 사랑은 상상력의 도움을 빌리지 않고는 가질 수 없다는 것이다. 또한 그는 육신을 갖춘 신비(신이 예수 그리스도로 하여금 인간의 모습으로 나타나게 했다는 가르침)를 가르쳐 주는 그리스도교 말고는 신을 사랑할 수 있는 길이 없다고 말한다. 이것은 데카르트가 인간의 지성을 과신하여 인간의 힘으로 신을 완전히 알고, 또 사랑할 수 있다고 확신하는 스토아적 오만에 빠지지 않았음을 확실히 보여주는 대목이다.

그는 이 말에 이어 "하지만 나는 인간 본성의 힘만 가지고 우리가 진정으로 신을 사랑할 수 있다는 것을 조금도 의심하지 않는다. 단 이 사랑을 은총 없이 보상받을 수 있는지 어떤지는 보증할 수 없다. 이에 대한 재단은 신학자들에게 맡기기로 하자"고 했다. 이것을 보아도 그가 어디까지나 자연 이성의 차원에 머물고 있으며, 초자연적인 사랑의 질서에 관여하여 신학자들의 영역을 침범하는 것을 회피하고 있음을 알 수 있다. 끊임없이 "나는 신학을 천직으로 하는 사람이 아닙니다" 말하여 철학과 신학 사이에 선을 긋고, 스스로 한결같이 정신의 차원을 넘어서려고 하지 않는 것에 그의 태도가 잘 나타나 있다고 할 것이다.

크리스티나 여왕은 이 '사랑에 관한 편지'를 읽고 매우 감동해, 다시 샤뉘를 통하여 '최고선'에 대한 데카르트의 의견을 물었다. 여기에 대해 데카르트는 엘리자베스 공주의 허락 아래 그녀에게 보낸 편지의 사본 6통과 《정념론(情念論)》 제1부, 제2부의 원고 사본을 보냈다. 그런 일들이 있은 뒤, 여왕은 데카르트에게 직접 가르침을 받기 위해 그를 스웨덴으로 초청할 결심을 했다. 하지만 데카르트의 입장에서는 이 '암벽과 얼음이 펼쳐진 곰의 나라'로의 이주가 그리 쉽

〈크리스티나 여왕과 데카르트〉 피에르 루이 뒤메닐. 18세기

사리 내릴 수 있는 결정이 아니었을 것이다. 그러나 끈질긴 여왕은 군함까지 보내어 초청에 힘썼고, 이 때문에 어지간한 그도 무턱대고 거절할 수 없어 먼 뱃길에 오르게 되었다. 그리하여 데카르트는 1649년 9월 네덜란드를 출발하여, 10월에 스톡홀름에 도착한다.

타향에서의 죽음

크리스티나 여왕은 데카르트로부터 철학 강의를 받는 데 큰 열의를 보여, 그에게 새벽 5시에 왕궁으로 와 달라고 했다. 여왕은 '하루 중에 가장 조용하고 자유스러우며, 가장 직관력도 차분하고, 두뇌도 국무의 번거로움에서 해방되어 있는 때'로서 그 시간을 고른 것이다. 그러나 어려서부터 허약해 늦잠 자는 습관이 있었고, 또 침상에서 오랜 시간 명상하기를 좋아하던 데카르트에게 이 새벽 근무는 견디기 어려운 일이었다. 혹한의 나라에서 계속된 이러한 고행이 탈이 되었는지 그는 감기에 걸리게 되었고, 곧 폐렴으로 발전했다. 그리하여 병

데카르트의 무덤 묘비 파리 생제르맹데프레 성당

상에 누운 데카르트는 발병 아흐레 만에 눈을 감고 만다. 1650년 2월 11일 이른 새벽, 그의 나이 쉰넷이었다.

　그 후 17년이 지나 데카르트의 유해는 파리로 옮겨져, 그곳 생주느비에브 언덕의 수도원에 개장(改葬)되었다. 1819년 2월 26일, 유해는 다시 파리에 있는 생제르맹데프레(Saint-Germain-des-Près) 성당으로 옮겨졌다(머리뼈 제외). 샤뉴가 쓴 그의 묘비명에는 다음과 같은 말이 적혀 있다. "그는 겨울 휴가 중에 자연의 비밀과 수학의 법칙을 비교하고, 그 두 가지의 신비를 하나의 열쇠로 열어 보이려는 대담한 기대를 품게 되었노라."

다섯 가지 철학적 저작

《방법서설 *Discours de la méthode*》(1637)

양식의 보편성

"양식(良識 : bon sens)은 이 세상에서 가장 공평하게 분배되어 있다. (……) 잘 판단하여 참된 것과 거짓된 것을 구별하는 능력은 본디 양식 또는 이성이라 부르는 것으로서, 태어날 때부터 모든 사람이 똑같이 지니고 있다."

이 유명한 말로 시작한 《방법서설》은 때때로 사상계의 '인권선언'으로 불린다. 이 이성 능력의 평등이라는 사고방식을 사회적 시각으로 보면 금세 루소(J.J. Rousseau, 1712~78)의 평등사상이 된다는 것이다. 그러나 데카르트가 하고자 했던 말이 과연 인간의 평등이었을까. 이 글을 꼼꼼하게 읽어 보면 거기에 배어 있는 회의적 색조를 알아챌 수 있을 것이다. 사실 그가 양식의 보편성에 대해 낙관적인 생각을 가지고 있었던 것은 아니다. 오히려 그는 "우리는 모든 사람이 똑같은 자연적 빛을 지니고 있기 때문에 그들이 모두 같은 관념을 품고 있으리라고 생각합니다. 그런데 (……) 이 빛을 올바르게 사용하는 사람은 거의 전무한 것입니다" 단언할 정도였다(1639년 10월 16일, 메르센에게 보낸 편지).

그러므로 데카르트가 이 말로써 인간 정신의 평등을 주장하고 있다고 보기는 어렵다. 이것은 그가 "좋은 정신을 지니고 있는 것만으로는 불충분하다. 중요한 것은 그것을 옳게 적용하는 일이다" 하면서, "이성 또는 자연적 빛만이 우리를 인간답게 하고 유일하게 짐승과 구별되게 하는 이상, 나는 그것을 각자가 완전히 지니고 있다고 믿고 싶다"고 말하는 데서도 드러난다. 따라서 그가 이야기하고자 하는 것은 인간 정신의 평등성이 아니라, 오히려 지금은 어디에서도 이루어지지 않고 있는 이성 능력의 평등한 발현을 미래에는 실현하자는 호소인 것이다. 그리고 데카르트는 이를 위해 무엇보다도 이성을 올바른 순서로 이끄는 방법이 필요하다고 생각했다.

'방법의 이야기'

《방법서설》을 설명하는 말로 가장 정확한 것은 바로 '방법에 관한 이야기'라는 것이다. 즉 이것은 다른 누구보다 먼저 자기 자신의 이성을 올바로 이끌어가는 방법에 대한 이야기이다. 이 책의 원제는 "이성을 올바로 이끌어 모든 학문에서 진리를 탐구하기 위한 방법에 대한 이야기, 그리고 이 방법에 관한 에세이로서의 굴절광학, 기상학 및 기하학'이다. 원제를 보아도 이 책의 집필 의도가 어려운 '방법론'을 남에게 설교하려는 것이 아니었음이 드러난다. 그런데 1637년 3월 메르센에게 보낸 편지에 적힌 다음과 같은 내용을 보면 그것은 더욱 명백해진다.

"나는 이 책을 방법론(Traité de la méthode)이 아닌 방법의 이야기(Discours)라고 했는데, 이것은 방법에 관한 '머리말(préface)' 또는 '의견(avis)'과도 같은 것입니다. 나는 방법을 가르치려는 의도가 없고, 다만 방법에 대한 이야기를 하고자 할 따름입니다. 왜냐하면 방법에 대한 나의 글에서도 알 수 있듯이, 방법은 이론보다도 실천하는 데 있는 것이기 때문입니다. 그래서 이것에 〈이 방법에 관하여(de cette méthode)〉라는 약칭을 붙일 것입니다. 왜냐하면 여기에 포함되어 있는 사항은 이 방법이 아니면 찾아낼 수 없었던 것이고, 따라서 나는 이 방법이 값진 것이라고 주장하기 때문입니다. 또 나는 이 방법이 모든 종류의 제재(題材)에 미친다는 것을 나타내기 위해, 최초의 이야기 가운데 형이상학·물리학 및 의학의 일부를 받아들였습니다."

데카르트가 여기에서 제시한 방법은 누구나 무차별적으로 사용하는 방법이 아니고, 무엇보다도 '그의 정신을 올바르게 이끄는 방법'이었던 것이다. 그렇다고 이것이 다른 사람들은 이 방법을 취하지 않아도 된다는 의미는 아니다. 데카르트도 이 방법이 다른 사람에게는 두루 쓰이지 않는 자기만의 방법이라고 말하고 있지는 않다. 다만 그가 여기서 말하고자 하는 것은 방법은 이론상으로만 알고 있으면 안 되며, 실제로 시험해 보지 않고는 알 수 없는 것이라는 설명이다. 즉 방법 그 자체를 독립된 것으로 생각하여, 사물을 알기 전부터 미리 인식의 방법을 확보해 두어서는 안 된다는 것이다. 탐구자가 스스로 진리 탐구를 계속해 간다면, 그동안 길은 저절로 열리게 되어 있다. 그리고 바로 그러한 길을 곧게 따라가는 것이야말로 '방법'인 것이다. 그리스어로 '방법(methodos)'은 본디 더듬어 가는 길을 의미하기도 한다.

"나의 의도는 각자가 그 이성을 잘 인도하기 위해서 써야 할 방법을 여기서 가르치자는 것이 아니라, 다만 어떤 방법으로 내가 나의 이성을 인도하려고 애써왔는가를 보여주자는 것뿐이다"《방법서설》 제1부).

데카르트는 자기 정신의 역사로서 철학을 말하려고 했다. 그는 인생을 위한 유용성과 확실한 인식을 추구하며, 한 걸음 한 걸음 순서를 밟아 걸어 나갔다. '홀로 어둠 속을 가는 사람'처럼 말이다. 그는 자기가 가는 길을 아무에게도 강요하려고 하지 않았으며, 또 그렇게 할 수도 없었다. 각자가 더듬어 찾아야 하는 '방법'을 그 자체가 독립되어 있는 것인 양 가르칠 수는 없는 일이었기 때문이다. 또 자기의 의지에 따라 진리 탐구를 꾀하려고 하지 않는 자가 올바른 진로를 선택할 리도 없었다. 더구나 올바른 진로라는 것을 미리 가르치는 것은 불가능한 일이다. 데카르트는 온갖 경험으로써 이러한 점을 젊어서부터 뼈저리게 느꼈던 것이다. "나는 젊었을 때 기묘한 발명을 보고, 지도자 없이 나 혼자 그것을 만들 수는 없을까 하고 연구해 보았다. 그리하여 나는 확실한 규칙에 따라 조작하는 법을 서서히 알게 되었다." 1619년 무렵에 쓴 것으로 짐작되는 《사색사기》에는 이미 이런 말이 적혀 있다. 그는 이 무렵(당시 23세)에 벌써 방법은 다른 사람에게서 배울 수 있는 것이 아니며, 스스로 발견해야 하는 것이라는 사실을 깨달았던 것이다. 그렇기 때문에 그는 "이 책을 하나의 역사로서, 또는 하나의 이야기로서 보여주는 것'이라고 했다. 데카르트는 결국 "이 이야기(discours)에서 자신이 더듬어 온 길이

DISCOURS
DE LA METHODE
Pour bien conduite fa raifon, & chercher
la verité dans les Sciences.
PLUS
LA DIOPTRIQVE.
LES METEORES.
ET
LA GEOMETRIE.
Qui font des effais de cete METHODE.

A LEYDE
De l'Imprimerie de IAN MAIRE.
cI Ic c xxxvii.
Avec Privilege.

《방법서설》(초판 발행, 1637) **속표지**

어떤 것인가를 보이고, 자신의 이제까지의 생활을 한 폭의 그림으로 그린 다음, 독자가 저마다 그것에 대해 판단을 내려 주기를' 바란 것이다.

행운이 찾아오다

그렇다면 데카르트는 어떻게 해서 그와 같은 방법으로 확실한 진리를 추구하는 길에 들어서게 되었던 것인가. 이를 알기 위해서는《방법서설》제1부의 다음 말을 눈여겨보아야 한다.

"나도 서슴지 않고 말할 수 있는 것이 있다. 그것은 내가 매우 운이 좋았다고 생각한다는 점이다. 즉 나는 어릴 때 벌써 어떤 길을 발견하여 그것으로 몇 가지 견해와 원칙으로 인도되었고, 그것들로써 나는 하나의 방법을 만들어 낼 수 있었다. 그 방법이란, 그것으로 내 인식을 점차 늘리고 조금씩 높여 마침내 나의 평범한 정신과 짧은 생애로써 나의 인식이 다다를 수 있는 최고점까지 이르게 되리라고 여겨질 만한 것이었다."

여기에서 그가 말하고 있는 길은 사람들 저마다가 더듬어 가야 하는 것으로, 결코 자신의 의사로 한번에 눈앞에 펼쳐질 수 있는 것이 아니다. 이것은 엄격히 자신을 규제하면서 확실한 진리를 목표로 스스로 쉬지 않고 이성을 훈련해 나가면, 그제야 저절로 열리게 된다. 그러나 그 길은 생각보다 무척 찾기 쉬운 것이다. 그것은 곧 가장 단순한 모든 사실의 명증적 직관과, 그런 것들을 결합하는 필연적 연역인 것이다. 그러나 이러한 직관과 연역을 쉽게만 보는 사람은 스스로 진리 탐구를 하려고 하지 않는 자일 것이다.

데카르트는 실제로 이 길을 따라가 자연 인식과 형이상학적 진리를 이끌어 내고, '생활의 지도, 건강의 유지, 모든 기술의 발명, 또 사람이 알 수 있는 온갖 사물에 대한 완전한 지식'을 내놓으려고 했던 것이다. 그는 참된 지혜는 스콜라의 공허한 사변과는 달리 '인생에 이로운 인식'이 아니면 안 된다고 생각했다. 즉 그에게는 단순하고 추상적인 개연성의 논리가 아니라 '명석하고 확증된 인식'이 필요했던 것이다. 그리하여 데카르트는 이 '유용성'과 '필요성', 다시 말해 '학(수학적 학문)'과 '덕(스토아 도덕)'이라는 두 가지 이념이 결부된 '인생에 유용한 동시에 확증된 인식'을 꾸준히 추구했고, 그러던 어느 날 그 길에 이끌려 보편적인 학문에 이르기 위한 '방법'을 발견하게 되었다. 일단 이 '방법'을 획득한 순간부터 그는 과감하면서도 용감하게 정신적 여행의 모험에 나선다. 그리고 그것이야말로 그가 가는 철학의 길, 즉 '지혜의 탐구'를 위한 여정이었다.

학문과 덕의 통일

1636년 3월, 데카르트가 메르센에게 보낸 편지에서 밝힌 바에 따르면 《방법서설》의 제목은 본디 '우리의 본성을 그 최고도의 완성으로 높여 줄 보편적 학문의 기도'로 할 계획이었다고 한다. 이 인간 본성의 완성은 다름 아닌 지혜를 일컫는데, 그것은 르네상스적인 개별적 자아의 완성으로서 휴머니즘 이념의 핵심을 이루었다. 데카르트는 이 '인간 완성'의 이상을 몽테뉴, 샤롱 등으로부터 이어받았다. 그러나 데카르트 이전에 행해졌던 지혜의 탐구는 그에 이르러 근본적으로 변화하지 않을 수 없었다. 사실 질송의 지적대로 르네상스의 지혜는 학문과 덕을 사실상 분리하는 경향이 있었다. 예를 들면 샤롱은 다음과 같이 이야기했다.

"다른 사람을 가르치려면, 또 그 점의 결함을 찾아내기 위해서는 다음 두 가지를 지적하지 않으면 안 된다. 첫째는 학문과 지혜는 서로 전혀 다르며, 지혜는 이 세상에 있는 모든 학문보다도 낮다는 것이고, (……) 둘째는 그 둘이 다를 뿐만 아니라 거의 합쳐지는 일이 없고, 또 늘 서로 방해를 하고 있다는 것이다. 학식이 있는(savant) 자는 지혜가 있는(sage) 자가 아니고, 지혜가 있는 자는 학식이 없다. 여기에는 예외가 있기는 하지만 매우 드물다. (……) 고대에는 그런 사람도 있었으나, 그 뒤로는 전혀 찾아볼 수 없게 된 것이다."

르네상스의 학문이라는 것은 본디 인문학적인 해박한 지식을 말했으므로, 결국 거기서 문제가 되는 것은 '기억'이었다. 이와 달리 데카르트는 수학을 확실한 학문의 전형으로 지적함으로써, 단지 기억의 쌓임에 지나지 않았던 학문을 이성의 학문으로 높인 것이다. 몽테뉴나 샤롱이 학문과 덕의 분리를 주장한 것은 공허한 기억술에 빠진 스콜라적 학문에 대비되는 인간적 지혜를 찬양하기 위해서였다. 그런데 데카르트의 학문은 수학을 모범으로 한 확실한 바탕 위에 서는 것이었다. 따라서 인생에 이로운 지혜를 추구하면서 학문과 도덕을 연관지어, 학문과 지혜의 공존을 목표로 지향할 수 있었다. 그렇게 함으로써 데카르트는 학문과 덕을 분리하는 르네상스적인 학문적 관습에 종지부를 찍고, 근

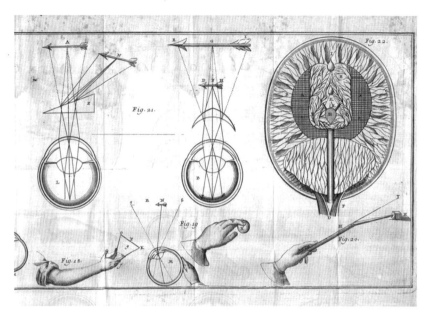

《해부학》삽화

대적인 수학적 학문과 고대적인 도덕적 지혜를 하나의 방법으로 연결하는 장대한 철학대계(大系)의 수립을 기도했던 것이다.

《철학의 원리》의 머리글에는 철학 전체를 한 그루의 나무에 비긴 유명한 비유가 나온다. "그 뿌리는 형이상학이고 줄기는 자연학이며, 그 줄기에서 나와 있는 가지들은 다른 모든 학문들인데, 이들은 세 가지 주요한 학문, 즉 의학과 기계학과 도덕에 귀착합니다. 여기에서 말하는 도덕은 가장 높고 가장 완전한 덕목으로, 다른 여러 학문들에 대한 완전한 지식을 전제로 하는 지혜의 마지막 단계를 뜻합니다."

데카르트는 요컨대, 이 인간 지혜의 최고점이 될 완전한 도덕으로 이어지는 한 줄기의 길을 찾고 있었던 것이다. 물론 이 지혜의 높은 봉우리까지 올라가는 것이 쉬운 일이 아니다. 데카르트는 인간의 일생은 한정된 것임을 알았고, 따라서 그 자신의 작업이 미완으로 끝나지 않을 수 없다는 것을 어느 정도 예감했던 것 같다. 그것은 《철학의 원리》 머리글 끝부분에서 "내 원리로부터 이끌어 낼 수 있는 모든 진리들을 앞에서 기술한 바와 같이 이끌어 내기까지는 여러

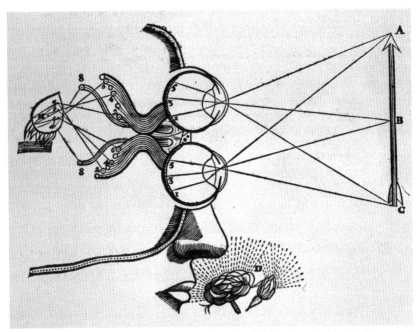

《굴절광학》삽화 굴절광학은 시각의 성립 과정과 능력을 최대한 확장한 망원경 구조와 방법을 이론적으로 설명한다. 이 삽화는 눈이 두 개인데 사물이 하나로밖에 보이지 않는 점을 그림으로 설명하기 위해 게재되었다. 사물은 눈을 통하여 솔방울샘으로 전달되어 반응 작용을 일으킨다.

세기가 걸릴 것임을 나는 잘 알고 있습니다"라고 한 말에서도 알 수 있다.

철학이 유한한 존재자인 인간의 시간 가운데서 영위되고 있는 한, 그것은 완결될 수도 없고 영원할 수도 없다. 실제로 인간에 의해 문자로 쓰이는 철학은 언제나 그 궁극적인 지혜의 훨씬 앞에서 끝나 버리는 것이다. 그러나 철학자라면, 결코 주어진 적이 없는 전체성을 목표로 온 힘을 기울여 도약을 시도하지 않으면 안 된다. 그것이 철학자에게 주어진 숙명인 것이다. 철학자는 결국 자신의 탐구가 미완으로 끝나지 않을 수 없다는 것을 알면서도, 어디까지나 완결에 이르기 위한 한 줄기의 길을 찾아가야 한다. 이런 의미에서 데카르트는 《방법서설》을 쓰지 않을 수 없었던 것이다.

《성찰 *Meditationes De Prima Philosophia*》(1641)

정신의 불사(不死)

이 책의 초판 표제는 정확히 《신의 존재와 영혼의 불사가 증명되는 제1철학의 성찰(省察)》이다. 그러나 이것에 실제로 정신의 불사 그 자체에 대한 직접적 증명이 실려 있는 것은 아니다. 여기에서 데카르트는 정신이 물체(신체)로부터 실재적(實在的)으로 구별된 실체라는 것을 밝히고 있을 뿐이다. 그러나 그는 이 책의 개요 부분에서 "신체의 파괴로부터 정신의 사멸이 귀결되지 않는다"는 것만은 확실하기 때문에, 거기에서 사람은 내세의 희망을 가질 수 있다고 주장한다. 그러면서도 데카르트는 전 자연학의 완전한 전개 없이는 정신의 불사를 증명할 수 없음도 인정했다. 그래서 그는 이 책의 제2판은 제목을 고쳐 《신의 존재 및 인간의 정신과 신체와의 구별이 증명된 제1철학의 성찰》이라고 쓴 것이다.

과학자 데카르트

앞서 말한 본디 표제를 보면, 데카르트가 이 책을 집필한 것이 신의 존재와 영혼의 불사, 또는 정신의 독립성을 증명하기 위해서였다는 것을 알 수 있다. 그러나 후세의 철학사가들은 그 밖의 숨겨진 의도를 읽어내고 있는데, 그것은 자연학의 기초를 확고히 하고 물체적 사물의 본성을 확정하고자 하는 것이다.

특히 '과학자 데카르트(Descartes savant)'를 강조하는 사람들은 바로 이 점이야말로 그가 처음부터 목표했던 것이라고 생각한다. 그중 리어드(Louis Liard, 1846~1917)와 같은 학자는 데카르트적 혁신의 진정한 의미는 그 수학적 방법과 자연학 가운데 있다고 주장했다. 그는 더욱이 이 자연학의 원리가 형이상학의 원리에서 도움을 받지 않고, 그 자체로써 확립되었다는 것에 주목했다. "데카르트 자연학의 특징은 이것이 실제로 전혀 전례가 없었던 새로운 것으로, 형이상학적인 관념과 일체 관련이 없다는 점에 있다"는 것이다.

이 철저한 과학주의자의 견해에 따르면, 데카르트에게 형이상학은 완전히 말살된 것은 아니었을지라도, 거의 무용지물이 된 것이었다. 그러나 데카르트가 과연 현실적으로 형이상학의 도움을 필요로 하지 않았을까. 그가 자신의 형이상학을 확립하기 전에 물리수학적 연구에 몸담았던 것은 확실하다. 하지만 그렇다고 해서 수학적 방법의 확립이 먼저이고, 형이상학은 다음에 덧붙여진 것에 지나지 않는다고 할 수는 없다. 물론 수학적 방법이 형이상학적인 관점을 열어 나가는 데 도움이 된 것은 사실일 것이다. 그러나 형이상학적 원리가 모든 인식의 분야에 보편적으로 적용되는 방법의 기초를 만들었다는 다른 일면도 생각할 수 있다. 즉 수학적 방법이 형이상학적 관점을 개척하고, 형이상학적 원리가 수학적 자연학의 기초를 만든 것이다.

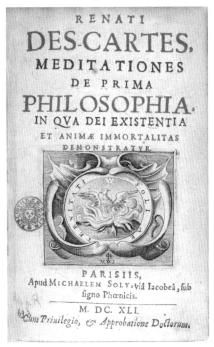

《성찰》(초판 발행, 1641) 속표지

데카르트 철학의 특징은 이렇게 형이상학과 자연학이 긴밀한 일체를 이루는 데 있다. 그런데 이것을 현대적 의식에 따라 나누어 버린다면, 데카르트라는 17세기의 철학자 대신 물질적이고 과학만능적인 19세기적 철학자만 남게 되지 않을까.

호교가(護敎家) 데카르트

잘 알려진 바와 같이 《성찰》의 첫머리에는 파리 대학의 신학자들에게 바친 헌사(獻詞)가 실려 있다. 거기에서 그는 자연 이성의 논증을 통해 신앙의 진리에 대한 기초를 만들고, 그로써 무신론자들을 설득하기 위해 이 책을 쓴 것이라고 분명히 말한다. 하지만 '과학자 데카르트'를 강조하는 논자들은 이 서간의 내용을 완전히 의례적인 것으로 보고 있다. 그들은 데카르트가 자신의 논지가 스콜라 신학에 정면으로 대립되는 매우 혁명적인 성질의 것임을 뚜렷이 의식하고 있었으며, 그러면서도 세상의 공격을 피하기 위해 타고난 신중성을 드러내 자신을 지키는 보신적 태도를 보인 것이라고 생각한다. 즉 이것은 경건함의 꾸밈에 불과하다는 것이다.

하지만 데카르트는 지비외프나 메르센에게 보낸 편지에서 '나는 신을 위해 호교를 꾀했기 때문에'라는 말을 되풀이하고 있고, 이것은 쉽게 지나칠 수 없는 부분이다. 이러한 데카르트의 기술(記述)을 정직하게 믿는다면, 우리는 그를 그즈음의 무신론자나 자유사상가들에게 용감하게 도전한 호교가로 평가해야 하는 것이다. 실제로 사회학자 에스피나(A.V. Espinas, 1844~1922) 등은 데카르트가 그의 형이상학 확립기에 베륄, 지비외프 등의 신플라톤주의적 오라토리오회 인물들과 교류했던 것에 주목했다. 그리고 이러한 점을 들어 그들은 데카르트가 오라토리오회 호교가들로부터 영향받았을 것이라고 주장한다.

에스피나의 의견은 한 시대에는 그 시대만의 주요 쟁점이 있고 사상 체계는 일정한 사회 상태를 표현하는 것이므로, 17세기의 철학은 어디까지나 17세기의 문제의식에 비추어 이해하지 않으면 안 된다는 것이다. 데카르트가 살았던 17세기 초반 프랑스에서 최우선으로 여겨지던 과제는 프로테스탄트와의 싸움으로 동요된 구질서에 정치적·사회적 통일을 가져오는 것이었다. 그리고 아무리 철학자라고 하더라도 이 질서와 통일을 추구하는 국가적 분위기에 전혀 반응하지 않을 수는 없는 일이다. 그 무렵의 파리에는 폼포나치(Pietro Pomponazzi, 1462~1525) 등의 자유사상가들이 포진해 있었고, 이들은 신을 두려워하지 않는 불경스러운 말을 서슴없이 내뱉고 있었다.

데카르트의 사상에 깊은 영향을 준 오라토리오 수도회의 창시자 베륄은, 그에게 이런 자유사상가들의 활동에 맞서 정통 신앙을 지키고 사상적 질서를 다시 세울 호교가 역할을 기대했을 것이다. 하지만 이제는 프로테스탄트나 자유사상가들의 공격에 아리스토텔레스적 스콜라 철학으로는 맞설 수 없었다. 베륄과 지비외프 등은 모든 이단에 대해 정통 신앙을 옹호하는 사명을 띠고, 옛날에는 프로테스탄티즘의 원천이었던 원시 그리스도교 정신을 되살림으로써 이교적 휴머니즘의 재기에 대항하려고 했다. 그리고 데카르트는 그들의 기대에 부응하기 위해 학문을 조직하고 자연신학의 기초를 만들어, 혼란한 그 시대의 정신 질서에 바탕을 마련하려고 한 것이다.

이러한 에스피나의 설명은 데카르트를 그가 살았던 17세기 전반(前半)의 문제의식으로 이해하려고 한 점에서는 높게 평가된다. 데카르트가 오라토리오회를 통해 플라톤, 아우구스티누스적 전통과 만났고, 그의 형이상학이 호교적 역할을 했다는 것 또한 올바른 지적이다. 그러나 에스피나는 데카르트 철학에 대한 모든 것을 이러한 시각에서 해석하려 한다는 비판을 받고 있기도 하다. 데카르트가 쓴 어느 편지에는 자신의 철학에 따르면 신앙의 교리가 그 어느 때보다도 훨씬 단단한 기초에 설 수 있다고 단언하는 부분이 있다. 그는 여기서 특히 칼뱅파의 사람들이 보통 철학으로는 설명이 불가능하다고 보고 있는 '성체의 성변화(聖變化)'[1]가 자신의 철학에서는 조금의 어려움도 없이 해명된다고 했다.

그런데 에스피나는 데카르트가 이 '성체의 성변화' 신학설을 옹호하기 위해 뜻밖에도 기계론적 자연관을 이끌어 냈다는 것은 너무나 극단적인 아전인수(我田引水)라고 보고 있다. 그는 또 동물 기계론에 대한 지적도 하고 있다. 이 동물 기계론은 동물은 영혼이 없으며, 신이 만든 기계와 같다는 이론이다. 이것은 신의 정신성과 인간의 자유의지의 품위를 높여, 인간과 동물을 동일시하는 자유사상가들에 대한 강력한 무기가 되어 주었다. 그런데 에스피나의 설명에 따르면, 이것은 데카르트 자연학의 체계화에서 비롯된 귀결이 아니고 오히려 그 원인이 된다. 따라서 동물과 인간을 명확하게 분리하고자 하는 요청이 물질, 즉 연장이라는 테제를 이끌어 냈다고 봐야 한다는 것이다. 하지만 에스피나는 이 정신적 확보라는 신학적 요청과 연장적 물체관의 확립이라는 이론적 결과 사이의 인과관계에 대한 뚜렷한 설명은 내놓지 못하고 있다. 이 때문에 일반적인 입장에서는 데카르트의 물체, 즉 연장이라는 테제는 스콜라의 실체 형상 사상을 극복해야 한다는 자연과학적 요구에서 비롯된 것이라고 보는 것이다.

과학과 종교의 일치점

데카르트는 물심을 분리하는 형이상학을 확립하여 정신의 순수성과 독립성을 밝히고자 했다. 그는 이렇게 물체를 정신적인 것으로부터 명확히 구별함으로써 물체의 배후에 '숨은 성질(gualitas occulta)'이 잠복한다고 믿는 스콜라적 자연관도 극복하려 했다. 에스피나가 말했듯이, 데카르트는 동물을 자동기계

---

1) 성변화란 가톨릭교회의 성체 성사에서 밀떡과 포도주가 그리스도의 몸과 피로 변화하는 것을 말한다.

로 규정하여 정신성의 우위를 주장하는 그리스도교에 매우 유리한 무기를 제공해 주었다. 여기에는 인간과 동물 사이에 차이를 두어, 인간의 영성을 비웃는 이교적 휴머니스트들의 공격에 대비하려 한 호교적 의미도 충분히 담겨 있었을 것이다. 그러나 그렇다고 하더라도, 데카르트의 신학적 동기가 과학자로서의 요구에 앞서야 했던 필연성은 어디에서도 찾을 수 없다. 데카르트는 동물 기계론으로 호교적인 역할을 훌륭하게 수행하는 한편, 그와는 완전히 독립적으로 과학자로서의 요구에 충실하게 기계론적 자연관을 발전시켰을 수도 있다. 그러므로 데카르트가 호교가인지 과학자인지를 따져서 그의 삶을 재단할 수는 없다.

데카르트는 물체의 낙하를 무게라는 실재적 성질에 따른 경향으로 설명하는 스콜라적 자연학으로는 도저히 만족할 수 없어, 물리수학적 연구를 통해 차츰 물질, 즉 연장이라는 기계론적 자연관을 생각해 내게 되었다. 그런데 그는 이 연장이라는 테제가 물질현상의 수학적 해법을 가능하게 할 뿐 아니라, 인간의 정신성과 자유의지를 확보하는 역할도 수행함을 알게 된다. 즉 그는 새로운 자연 인식의 방법에서 도덕과 종교의 근거를 굳히는 결과도 얻게 된 것이다. 여기에서 데카르트는 자신의 도덕적·종교적 관심과 새로운 수학적 자연학을 하나의 체계로 통일할 수 있다는 확신을 갖게 되었다. 그리하여 그는 형이상학의 원리에서 출발해 동일한 질서에 따라 자연 인식의 기초를 만들고, 그와 동시에 도덕과 종교에 근거를 제공하는 장대한 철학 체계의 건설을 꾀하게 되었으리라.

이렇게 생각한다면, 데카르트가 호교가인가 과학자인가는 이미 문제가 되지 않는다. 왜냐하면 이 관점에서 보았을 때 데카르트의 형이상학은 그의 과학자로서의 요구와 호교가 또는 모럴리스트로서의 요구가 한 점에서 만나 성립된 것이기 때문이다. 이렇게 데카르트는 확실한 기초 위에 선 수학적 방법과 인생에 이로운 지혜를 주는 도덕이 직결되는 체계의 완성을 추구했다. 이것은 소년 시절부터 '인생에 유용하고 확실한' 인식을 얻고자 했던 그의 기본적 자세가 학문을 하는 평생 동안 이어졌기 때문일 것이다.

《철학의 원리 *Principia Philosophiae*》(1644)

전체 구조

데카르트는 갈릴레이 사건으로 인해 '지동설'을 중요한 내용으로 포함한 《세계론》의 출판을 단념한 적이 있었으나, 그로부터 11년이 지나 48세가 된 1644년 마침내 자연학을 비롯한 전 철학 체계를 담은 저술의 출간을 결심한다. 그리하여 세상에 나오게 된 책이 바로 《철학의 원리》이다. 이 책은 처음에 6부 구성으로 발간될 예정이었다. 그러나 데카르트는 제5부 〈동물과 식물의 본성에 대하여〉와 정념론(情念論)을 전개하게 될 제6부 〈인생의 본성에 대하여〉는 학문적, 경험(실험)적 토대가 부족하다는 이유로 끝내 집필하지 않았다. 그래서 결국 제1부 〈인간적 인식의 원리〉, 제2부 〈물리적 사물의 원리〉, 제3부 〈눈에 보이는 세계에 대하여〉, 제4부 〈지구에 대하여〉까지만 출판되었다.

《철학의 원리》와 《성찰》의 차이점

《철학의 원리》 제1부는 《성찰》과 같은 형이상학적 주제를 다루고 있는데, 이 두 저작 간에는 두세 가지 차이점이 있다. 예를 들면 《철학의 원리》에는 신에 대한 '존재론적 증명'이 '인과론적 증명' 앞에 있으나, 《성찰》에는 그와 반대로 '인과론적 증명' 다음에 '존재론적 증명'이 설명되어 있다. 이를 두고 데카르트 해석자들 사이에서는, 데카르트의 본디 입장에 충실하자면 어느 쪽의 증명이 먼저 와야 하는가를 놓고 거센 논쟁을 벌이게 되었다.

여기서 이 문제에 대해 깊이 들어갈 수는 없지만 알키에(Ferdinand Alquié, 1906~85)의 말을 빌린다면, 철학적 사색이 전개되는 '시간의 순서'에 따라 그의 체계를 서술할 때에는 마땅히 '인과론적 증명'을 앞에 놓아야 할 것이다. 그러므로 결국 《철학의 원리》 제1부는 《성찰》에서 '시간의 순서'에 따라 추구했던 형이상학적 사색을 '체계의 순서'에 따라 재구성한 것으로 보아야 하리라.

'인과론적 증명'과 '존재론적 증명'

'인과론적 증명'은 사유하고 있는 내 존재는 불완전한 존재이며(의심을 한다는 것은 하나의 결손이기 때문에), 불완전한 존재는 무한히 완전한 존재자, 즉 '신'의 관념을 생각해 낼 수 없다는 것을 논거로 신의 존재를 보여주는 방법이다. 앞서도 말했듯이, 코기토에서 출발한 《성찰》의 '시간적 순서'에 따른 배열 방식에서는 이 증명이 앞에 와야 한다. 이에 대하여 '존재론적 증명'은 신의 무한한 완전성이라는 관념 속에 필연적으로 존재가 포함되어 있다는 전제에서 출발한다. 이것은 마치 삼각형의 관념 속에는 세 내각의 합이 두 직각과 같다는 성질이 필연적으로 포함되어 있는 것과 같다.

그리고 갖가지 단순 본질의 직관과 그와 관련한 필연적 결합을 핵심으로 하는 그의 방법론적 입장을 철저히 한다면, 마땅히 이 증명이 앞에 놓여야 할 것이다. 《성찰》의 제2답변 부록으로서 〈기하학적인 방법으로 배열된 신의 존재 및 영혼과 육체와의 구별을 증명하는 모든 근거〉가 추가되어 있는 것으로 보아도, 데카르트는 꽤 일찍부터 기하학적 순서에 따른 배열로 철학 체계를 재구성하려 했던 것이 틀림없다. 그리고 이 《철학의 원리》가 이러한 의도를 일부 실현했다고 보아도 무방할 것이다.

'지동설'에 관한 서술 방식

그런데 《철학의 원리》의 중요성은 여기에서 보이는 전 자연학의 체계적 논술에 있다고 해야 할 것이다. 그중에서도 특히 세계론의 역학적 원리를 집약한 듯한 운동의 세 가지 법칙이 중요한데, 이것들은 앞 장에서 이미 개략적으로 소개한 바 있다. 그러므로 여기에서는 《세계론》 출판의 포기 원인이 된 '지동설'을 어떤 방식으로 설명하고 있는지 알아보도록 하겠다. 《철학의 원리》 제3부에서 데카르트는 매우 특이한 '지구 정지설'을 주장한다. 그렇게 함으로써 그는 《세계론》에서 전면적으로 긍정한 지동설을 원리적으로 부정하는 동시에, 현실적으로는 일종의 소용돌이설(說)적인 입장을 취하여 긍정하고 있다.

데카르트는 진공의 존재를 인정하지 않았기 때문에, 운동하는 물체는 공간 속을 직진할 수 없어 원 고리 운동의 형태를 취하게 된다고 생각했다. 최초의 물질들은 신으로부터 갖가지 운동 성질을 부여받고 많은 천체들을 중심으로 그 둘레를 회전하기 시작한다. 그래서 처음에는 모든 천체가 저마다 소용돌이를 갖게 되지만, 차츰 작은 소용돌이는 큰 소용돌이에 휘말리게 된다. 이렇게 하여 태양계가 생기고, 행성이 태양의 주위를 돌게 되었다고 생각하는 이론이 데카르트의 소용돌이 우주론이다. 그는 지구는 그것을 둘러싼 투명 물질의 소용돌이에 의하여 자전하며, 그 소용돌이가 태양의 소용돌이에 말려들려 하기 때문에 공전한다고 여겼다.

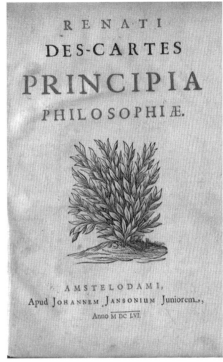

《철학의 원리》(초판 발행, 1644) 속표지

데카르트는 운동은 장소의 이동에 다름없으며, 공간 또한 연장하는 이상 물체와 같다고 보았다. 그래서 그는 운동이란 "하나의 물질 부분, 즉 하나의 물체가 그와 직접 인접해 있거나 정지해 있다고 여겨지는 물체의 곁에서 다른 물체의 곁으로 이동하는 일(제2부 25)"이라고 생각했다. 그런데 지구는 그것을 둘러싼 물질의 소용돌이에 따라서 자전하고, 더 큰 소용돌이의 중심인 태양 주위를 공전하고 있다. 그리고 그것은 엄정하게 말해서 운동이라고 할 수 없다. 왜냐하면 지구는 그것을 둘러싼 소용돌이에 대해 늘 일정한 위치를 유지하기 때문이다.

데카르트는, 그러므로 지구는 그 자체로서는 늘 정지하고 있는 것이라고 마무리를 했다. 이러한 그의 설명은 어쩐지 교회와의 충돌을 우려한 변명처럼 들리기도 한다. 그러나 그 스스로가 "이러한 사항(최고의 선, 즉 지혜의 고찰)은 모두 진실이므로 체계를 세워 설명한다면 사람들을 이해시키는 데 어려움은 없을 것입니다"라고 언명한 것을 고려하면, 이 특이한 '지구 정지설'은 그의 '연장'의 테제에서 필연적으로 도출된 설명 방식으로 보아야 할 것이다.

《정념론 *Les Passion De L'âme*》(1649)

엘리자베스 공주의 질문

정신과 신체를 엄격히 분리하는 심신 이원론적 입장을 철저히 지켜온 데카르트도 생애를 마감할 때가 가까워지자, 마침내 전체로서의 인간을 논하게 되었다. 그가 마음과 몸의 관계의 문제를 자세하게 다룬 《정념론》을 집필한 것이다. 그 계기를 만든 것은 다름 아닌 엘리자베스 공주(Elisabeth of the Palatinate, 1618~80)였다.

독일 귀족 출신인 엘리자베스는 6개 국어에 능했고 수학과 형이상학에도 예리한 이해력을 가지고 있었다. 그녀의 아버지는 30년 전쟁 초에 신교파의 우두머리로서 싸우다 한겨울에 패퇴한 팔츠의 선제후 프리드리히 5세이다. 그녀는 나라를 잃고 숙부인 오렌지 공에게 의지해 네덜란드에서 살고 있었다. 아버지 프리드리히는 그녀가 열세 살 되던 해 실의 속에 세상을 떠났고, 어머니는 동생인 영국 왕 찰스 1세의 귀국 권고를 물리치고 네덜란드에서 9명의 유자녀를 길렀다. 나라 없는 공주 엘리자베스는 아버지와 오빠를 잃고 약혼을 거절당하는 불우한 처지에 있었고, 이러한 상황에서 정신적 안정을 찾기 위해 데카르트에게 학문과 도덕에 대한 가르침을 청했다.

데카르트는 1642년, 엘리자베스의 《성찰》에 대한 비판을 듣고 감동해, 자기의 숙소에서 멀리 떨어진 헤이그로 공주를 찾아갔다. 이때부터 두 사람 사이의 학문적 교제가 시작되었는데, 그 무렵 데카르트는 마흔여섯 살, 엘리자베스는 스물세 살이었다. 두 사람 사이에 오간 편지는 철학사에서 찾아보기 힘든 중요한 자료이다. 왜냐하면 거기에는 데카르트가 주요 저서에서는 다룰 수 없었던 근본 문제에 대한 언급이 있기 때문이다. 엘리자베스가 데카르트에게 제기한 마음과 몸에 관한 질문은 그의 철학이 가진 가장 큰 약점을 날카롭게 찌르는 것이었다. 그녀는 1643년 5월 16일자 최초의 편지에서 이렇게 묻고 있다. "인간의 정신이(사유하는 실체에 불과한데도) 어떻게 의지를 가진 행동을 하기 위해 육체의 정기를 움직일 수 있는지 알고 싶습니다." 이 질문은 데카르트를 몹시 당황하게 했고, 마침내 그로 하여금 육체 안에서 일어나 정신의 수동으로서 작용하는 것, 즉 정념에 대한 고찰을 하게 만든 것이다.

'정신의 수동으로서의 정념'

데카르트는 《정념론》의 첫머리에서 다음과 같이 말하고 있다.

"우리가 먼저 생각해 두어야 할 것은 새로이 생기는 모든 것은 일반적으로 그것이 생기는 주체에서 보면 수동, 그것을 생기게 하는 주체에서 보면 능동이라고 철학자들은 부르고 있기 때문에 작용하는 것과 작용받는 것은 크게 다른 경우가 많은데도, 능동과 수동은 언제나 동일하며 그것을 관계지어야 할 주체가 둘이 있었으므로 서로 다른 이름을 가질 뿐이라는 점이다."

요컨대 프랑스어 '정념'은 본디

《정념론》(1649) 속표지

'수동'을 의미하는데, 신체는 그 작용을 일으키는 능동의 입장이 되고 정신은 그 작용을 받아들이는 수동의 입장이 된다는 말이다. 데카르트는 인간 마음속에는 육체를 능동자로 삼아 생기는 상념이 있으며, 그것이 정념(=수동)이라고 생각했다. 그것은 언제나 신체의 신경 작용에 의해 일으켜지는 수동적 의식이며, 동물 정기[2]의 격렬한 운동에 의해 생겨나고 유지되며 강해진다. 즉 코기토를 원형으로 하는 능동적 의식인 지성과 의지의 작용은 신체에서 완전히 독립된 것이기 때문에 동물 정기의 영향을 전혀 받지 않지만, 인간의 마음에는 뇌실(腦室) 안에 있는 동물 정기의 운동으로 수동적 의식인 정념이 일어나게 된다는 것이다.

---

2) 데카르트는 심장의 열로 인해 증류된 혈액은 미세하고 활동적으로 변하는데, 이것이 뇌실로 유입되어 정념을 일으킨다고 생각했다. 이 동물 정기 가설은 고대 그리스의 아리스토텔레스 시대부터 존재했으나, 데카르트에 이르러 가장 정교화되었다. 그는 이것을 '매우 미묘한 기류, 혹은 매우 순수하고 생생한 화염과 같은 것'으로 보았다고 한다.

여섯 가지 정념

데카르트는 인간의 기본적인 정념에는 경이(놀라움)·사랑·증오·욕망·기쁨·슬픔의 여섯 가지가 있다고 했다. 이런 정념은 모두 신체와 관계있으며, 신체와 합일(合一)되었을 때의 정신에만 주어지는 것이다. 예를 들면 '놀라움'은 무엇인가 새롭거나 이상한 대상이 감각될 때에 일어나는 정념이다.

'사랑'은 정기(精氣)의 운동으로 일으켜지는 어떤 정신적 감동이며, 정신을 재촉하여 그것이 자기와 어울린다고 여겨지는 대상에 자기의 의지로 결합하도록 한다. 또 '증오'는 해로운 것으로, 정신이 그것에 나타난 대상으로부터 멀어지고자 하는 의지를 갖도록 촉구하는 것이다. '욕망'은 정기에 의해 일어난 정신의 동요이며, 정신이 자기에 알맞다고 여겨지는 일을 미래를 향해 성취하려는 마음을 갖도록 하는 것이다. '기쁨'이란 정신의 유쾌한 감동으로 정신에 의해 선을 누리는 기초를 이루며, 그 선이란 뇌의 여러 인상이 정신 자체의 것으로 보여주는 바인 것이다. '슬픔'은 활동이 없는 상태이며, 뇌의 인상이 정신 자체의 것으로 나타내는 악으로부터 정신이 받는 불쾌의 기초를 이루는 것이다.

관대한 도덕

이런 정념은 모두 외적 대상의 자극에 따라 신체 속에서 일어나는 동물 정기의 운동으로써 발생하는 것으로, 정신 자체의 힘에 의해 일으켜지는 것은 아니다. 그러나 그것은 자각되지 않기 때문에, 정념의 작용은 정신 그 자체의 것으로 다루어지며, 이성적 의지에 의해 통제되지 않은 채 안으로부터 격렬하게 일어난다. 그래서 여기에 대처하기 위해서는 그 메커니즘을 객관적·기계론적으로 분석해, 그 원인을 인식할 필요가 있다. 그리고 그에 따라서 정념을 주체화해야 한다. 즉 그것이 가진 수동성을 능동성으로 바꾸어 자유의지의 능동성과 합일해야 하는 것이다. 이에 데카르트는 이성적 의지에 의해 정념을 철저히 지배하여 단호한 판단을 내리는 '관대함(génerosité)'을 주장하고, 이것은 곧 도덕의 문제로 이어지게 된다.

도덕의 문제

'정념'의 기계론적 설명으로부터 어째서 '관대한 도덕'의 문제가 생기게 되었

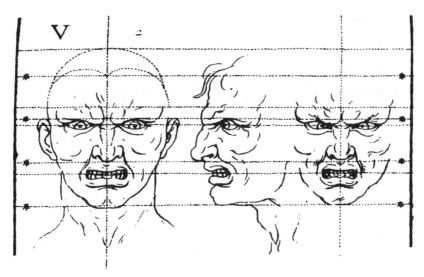

노여움 데카르트는 《정념론》에서, 사람들이 화를 낼 때 심지어 울더라도, '노여워하는 것'이 '창백해지는 것'보다 덜 위험한 이유에 대한 이론을 제시했다.

을까. 이것은 어떤 의미에서 데카르트 철학의 이해를 돕는 열쇠가 되기도 하므로, 잠시 이에 대해 살펴보도록 하자.

인간의 마음에 앞서 설명한 것과 같은 '정념'이 존재한다는 것은 인간이 심신 합일체임을 의미한다. 하지만 이것은 데카르트가 늘 주장해 온 심신 이원론과 완전히 어긋나는 사실이다. 이에 대해 데카르트는 인간은 정신과 물체(신체)라는 완전히 독립된 각각의 실체가 결합해 존재하며, 그러한 결합으로 마음속에 신체의 운동에 의해 발생한 '정념'이 존재하는 것이라고 설명했다.

그러면서 그는 인간은 무엇보다도 코기토의 주체로서 존재하고, 그 점이야말로 인간과 동물의 차이점을 이룬다고 주장했다. 그러므로 인간이 인간다움을 확보하기 위해서는, 즉 인간이 자기 자신의 주인이 되기 위해서는 정념에 휘둘려서는 안 된다는 것이다. 그리고 바로 여기에서 이성적 의지에 의한 정념의 자각적 통제라는 문제가 생긴다. 다시 말해 인간 정신에 외적인 감각적 대상에 의해 일어난 정념이 생기는 경우, 그것은 정신의 독립성 확보를 위해 정신의 이성적인 자기 지배하에 위치해야만 하는 것이다. 그리고 이러한 필요성에 의해 데카르트는 기본적인 도덕 문제를 생각하지 않을 수 없었다.

아포리아

데카르트의 형이상학은 이른바 존재론적 진리로서 심신의 실재적 구별을 확정했다. 그리고 이러한 관점에서 행동이 아닌 진리의 인식을 다룰 때에는 어떤 문제도 일어나지 않는다. 이렇게 심신이 이원론적으로 존재한다고 전제하면, 정신의 독립성이 신체 속에서 생긴 동물적 정기의 움직임에 의해 침해되는 것을 걱정할 필요가 없기 때문이다. 그러나 단순한 인식의 문제가 아니라, 행동에 관한 문제를 생각해야 할 때에는 그렇게 단정하고 있을 수만은 없다. 여기에서는 정신의 독립성이 외적 대상에 의해 침해되고 휘둘리지 않도록 정념을 통제할 필요성이 생기는 것이다.

이 난제를 외면하고 정신이 신체로부터 완전히 독립되어 있다는 이원론적 존재론을 고집하는 한, 정념을 어떻게 이성적으로 다스릴 것인지 고민하지 않아도 된다. 그러나 데카르트는 자신의 철학자적 성실성으로 인해 실제적으로 이런 도덕 문제가 존재한다는 사실을 외면하지 못했다. 그는 일상의 경험적 사실에 의해 정신이 신체에 합일되어 있다는 것을 인식하고 있었다. 즉 그러한 합일로 인해, 신체에 의해 일어나는 정념이 이성적 의지를 교란하는 일이 생긴다는 것을 충분히 알고 있었던 것이다. 그래서 데카르트는 이 도덕 문제를 어떻게든 해결하려고 나서지 않을 수 없었다.

그러나 이것을 문제로 삼는 일에는 자신의 형이상학설의 체계적 정합성(整合性)이 무너질지도 모른다는 위험이 있었다. 이런 도덕 문제를 다루려면 심신 이원론을 버리고, 인간의 존재를 심신 합일체로서 주시하지 않으면 안 되기 때문이다. 하지만 심신을 합일되어 있는 것으로 인정하면 그의 형이상학에는 분명히 모순이 생기게 된다. 행동이 문제가 될 때에는 이성적 정신의 독립성을 이미 확정된 사실로서 인정할 수 없게 되는 것이다. 여기서 데카르트는 정신의 독립성을 진리가 아닌 가치의 논제로 바꾼다. 그리하여 무엇으로도 침해당하지 않는 이성적 의지의 독립성과 자율성은 사실로서 주어진(gegeben) 것이 아니고, 해결해야 될 과제로서 과해진(auf-gegeben) 것이 된다.

이렇게 데카르트는 이성적 의지에 따른 정념의 자기 지배라는 도덕 문제에 부딪쳐, 자신의 형이상학적 바탕을 흔들지 않고 진리인식에서 주체적 실천으로 초점을 바꾸었던 것이다. 이것은 분명히 과거와는 전혀 다른 이질적 문제로의 전향이라는 논리적 비약을 가져오는 일이었으나, 데카르트로서는 그것을 인정할 수가 없었다. 그리하여 그는 심신 분리의 형이상학과 심신 합일의 경험적 사실, 이 두 가지를 정합적으로 설명하는 아포리아를 도덕 철학으로 해결하려 했다.

이렇듯 데카르트는 엘리자베스 공주의 질문에 의해 그때까지의 심신 분리적인 형이상학적 관점으로는 다루기 어려운 도덕 문제에 매달리게 되었다. 그리고 심신의 실재적 구별을 논증한 것과 같이 이것 또한 이성적 질서에 따라서 해결하려고 혼신의 힘을 다한다.

엘리자베스 공주(1618~80)
데카르트의 제자. 종교전쟁으로 폐위된 보헤미아 왕의 딸. 형제·친척이 신·구교로 나뉘어 싸우는 등 국제정치의 소용돌이에 휩쓸린 비운의 여성. 데카르트의《정념론》은 이 공주와의 교류로 완성되었다. 하이델베르크, 팔츠 선제후미술관 소장.

그는 인간의 이성적 의지가 신체에 의해 일어나는 정념으로 교란당하는 경우가 있음을 지나칠 수 없었던 것이다. 그리하여 데카르트는 이 모순을 모순으로서가 아니라, 가능한 한 자신의 철학 체계 안에서 설명하려고 온 힘을 기울였다. 이 책《정념론》은 바로 그가 부딪친 아포리아를 해결하고자 하는 악전고투의 기록인 것이다.

《정신지도를 위한 규칙 *Regulae Ad Directionem Ingenii*》(1701)

정신의 진로 발견

이 책은 흔히 《정신지도를 위한 규칙》 또는 《정신지도 규칙》으로 알려져 있다. 그러나 이것들이 원제의 완전한 의미를 전달하는 번역이라고 하기는 어려울 것이다. 왜냐하면 지도라는 말에는, 지도자가 다른 사람들을 일정한 방향으로 가르치고 이끌어 간다는 어감이 느껴지기 때문이다. 그러므로 이 책은 '규칙론' 정도로 부르는 것이 적당하리라 생각된다. 사실 이 책을 '지도서'로 보는 것만큼 데카르트의 정신에 어긋나는 일은 없다. 그는 다른 사람을 억지로 자기의 방법으로 이끌려고는 하지 않았다. 그는 오직 자기 자신을 엄격히 훈련하여 알아낸 진리 탐구에 필요한 규칙을 규정하려 했을 따름이다. 이것은 이 책이 출판도 되지 않았고, 미완으로 끝난 것으로 보아도 분명히 알 수 있는 일이다. 데카르트가 이 책을 쓴 것은 자기 스스로 이성 능력을 일정하게, 올바른 방법으로 이끌어 가기 위해서였다. 'directio'라는 라틴어에는 본디 지도라는 의미가 없으며, 이 말의 본뜻은 진로라든가 방향이다. 즉 데카르트는 이 《정신지도를 위한 규칙》으로 인간 이성이 올바른 진리에 이르기 위해서 어쩔 수 없이 지나가야 하는 일정한 진로를 가리키고자 했던 것이다. 이 책의 〈규칙 4〉에는 이렇게 쓰여 있다. "[인간의 정신에 심어져 있는] 그 씨앗들—오늘날에는 우리가 날마다 읽고 듣는 셀 수 없이 다양한 오류들에 의해 질식당하고 있지만—은 고대의 저 미개하고 순박한 시대에서는 훌륭한 생명력을 가졌었다." 제목의 'ingenium'은 인간이 태어나면서부터 그 본성에 지니고 있는 이 '진리의 씨앗'을 의미한다. 데카르트는 방치된 '진리의 씨앗'도 일정하고 올바른 방법으로 키워낸다면, 차례차례로 유익한 인식을 도출하여 마침내 보편적인 학문의 질서에 다다를 것이라고 말하는 것이다. 다시 말해 데카르트가 말하고자 한 것은 그런 무한한 미래의 가능성에(즉 현 단계에서는) 대한 꿈이었다. 따라서 '정신지도'라는 번역이 아주 정확하다고는 할 수 없을 것이다. 이것은 오히려 인간이 본디부터 지닌 '이성적 자질', 또는 '이성 능력'이라고 부르는 것이 옳다. 그 이성 능력이 올바로 뻗어 나가는 진로를 정하는 몇 가지 규칙이 바로 'Regulae ad directionem ingenii'의 정확한 의미인 것이다.

'진리의 씨앗'

데카르트는 《사색사기》 가운데서 철학자와 시인을 비교해 다음과 같이 말했다.

"이상하게 생각될지 모르지만, 훌륭한 명제는 철학자들의 책보다도 오히려 시인들의 책에서 발견된다. 그 이유는 시인들은 영감과 상상력으로 글을 쓰기 때문이다. 학문의 씨앗은 마치 부싯돌 속에 들어 있는 것처럼 우리 안에 들어 있는데, 철학자들은 이것을 이성에 따라서 꺼내지만 시인들은 상상력에 의해 뿜어내고 더욱 격렬하게 빛나게 한다."

데카르트는 이 《사색사기》에서 '진리의 씨앗'을 《정신지도를 위한 규칙》에서보다 한결 더 신비스런

《정신지도를 위한 규칙》(초판 발행, 1701) 속표지

성질의 것으로 다루고 있다. 그는 '씨앗'이라는 말을 사용해, 그것이 자라는 데에는 단지 인간의 힘만 작용하는 것이 아님을 암시한다. 대지에 뿌려진 씨앗은 그곳에서 양분을 얻어, 스스로의 힘으로 싹을 틔우고 자라난다. 인간은 거기에 조금의 도움을 줄 뿐이다. 진리의 인식에 대한 싹도 이와 마찬가지라고 할 수 있지 않을까. 인간의 정신에는 어떤 신적인 본성이 들어 있지만, 그것을 정교하게 다듬지 않으면 우리는 아무것도 알 수가 없다. 사물에 대한 인식은 말 또는 개념에 의해서 억지로 이해하려 한다고 성립되는 것이 아니다. 이것은 인간 정신의 힘만으로는 불가능하다. 즉 인식이 성립되려면 인간의 정신 속에 깃든 씨앗이 대지 품에서 돋아나야 하는 것이다.

데카르트는 진리 인식에 대한 이러한 신비적 요소를 확실하게 파악하고 있었다. 그의 이성의 철학, 방법의 철학이 이처럼 인간 정신의 신비적 능력에 대

한 직관으로부터 출발했다는 것은 주목할 만하다. 그러나 말할 것도 없이, 그는 그 정신적 자질을 단지 신비적인 것으로만 내버려 두려고 하지는 않았다. 그 자질은 시인적 직관에 의해 한결 더 멋지고 빛나는 모습으로 나타난다는 것을 충분히 인정하면서도, 그 자신은 그 길을 취하지 않았던 것이다. 이렇게 예술적인 직관에 빠져 있는 것에 만족하지 않았다는 점에서, 그는 어디까지나 방법의 철학자요, 이성의 철학자였다.

데카르트는 인간 정신 속에 숨어 있는 어떤 이성적 자질을 되도록 정연한 순서로, 즉 방법적으로 이끌어 내어, 인간의 인식 능력을 완전한 경지로 끌어올리려고 했다. 요컨대 그는 자신의 시선을 시인적 직관으로부터 능동적인 이성의 입장으로 바꾸어, 존재에 자신을 비쳐 보는 것이 아니라 자신의 이성에 존재를 비쳐 보려고 했다. 그리고 바로 이것에 코기토 철학자 데카르트의 진면목이 있다고 하겠다.

유고집의 일부로서 간행되다

《정신지도를 위한 규칙》은 데카르트가 죽은 뒤 스톡홀름에서 발견되었는데, 이 원고의 집필은 1627~28년 겨울 브르타뉴에서 이루어진 것으로 추정된다. 이것은 그 후 1701년, 암스테르담에서 《데카르트의 자연학적·수학적 유고집(Descartes Oguscula Posthuma, Physica et mathematica)》에 수록되어 처음으로 출판되었다. 《정신지도를 위한 규칙》은 모두 세 장으로 이루어졌으며, 각각의 장에는 열두 가지의 규칙이 실려 있다. 데카르트는 제1장에서 학문과 방법의 이념을 밝히고, 제2장에서 수학을 다루며, 제3장에서는 자연학에 대해 설명할 예정이었다. 그러나 실제로 집필된 것은 〈규칙 21〉까지이다. 더욱이 최후의 세 규칙에는 설명이 붙어 있지 않으므로, 주로 완성된 것은 18번째 규칙까지라고 하겠다.

본디 데카르트의 방법은 실제적인 시도가 이루어진 것에 대해서만 의미가 있기 때문에, 이 책이 완성되지 못한 채 끝난 것은 어쩌면 당연한 일일 수도 있다. 이 책의 제1장에 관련한 내용은 《방법서설》로 어느 정도 구체화되었다. 또 제2장은 《기하학》에서, 제3장은 《세계론》에서, 그 방법의 실제 시험이 이루어졌다고 볼 수 있다. 이런 의미에서 이 책은 그와 같은 체계적 저작의 예고, 또는 준비 원고로서 커다란 의미를 가진다고 할 것이다.

철학자의 인간상

고독한 철학자의 길

내면으로의 호젓한 산책

렘브란트의 그림 〈명상하는 철학자〉를 보면 보통 사람들이 생각하는 철학자의 이미지가 잘 나타나 있다. 거기에는 한 늙은 철학자가 어두컴컴한 방 한 구석에 죽은 듯이 앉아, 그 어떤 것에도 눈길을 돌리지 않고 깊은 내면의 세계에 몰두한 모습이 그려져 있다. 이렇게 철학자라 하면 우리는 보통 홀로 서재에 틀어박혀 깊이 생각하는 사람을 떠올린다. 사실 이 정도는 아닐지라도, 철학자는 주위의 유혹을 물리치고 의연하게 홀로 사색에 골몰하지 않으면 안 된다. 즉 모든 잡음을 멀리한 채 모든 근심을 버리고 내면의 세계에 몰두하는 것은, 철학자라면 어느 정도 감수해야 하는 생활인 것이다. 그러므로 철학자는 세계와 연관되어 있으면서도 세계를 넘어서 세속적 생활에 매이지 않아야 한다. 그는 자신의 육체적 존재를 극복하고 때로 '의식' 그 자체의 화신이 되어야 하는 것이다.

물론 아무리 훌륭한 철학자라고 하더라도 그 또한 육체를 가진 감각적 존재임에는 틀림이 없다. 철학자의 자아도 세상에서 완전히 분리되어 자기 자신과의 관계에서만 존재할 수는 없기 때문이다. 그도 하나의 지상적 존재인 이상, 세계 속에서 살며 다른 사물과 관계 맺으며 존재하는 것이다. 그러므로 철학자도 기본적인 욕구에 굴복하는 일이 있을 수 있고, 생존에 관계된 문제 앞에서는 본능의 충고를 따르게 될 수도 있다. 그러나 철학자라면, 적어도 철학을 할 때에는 세계 속의 모든 관계로부터 몸을 멀리하고, 잘 갈고닦은 의식으로 세계를 바라봐야 한다. 그렇게 하지 않으면 세계의 움직임에 휘말리고 세속에 사로잡힌 존재가 되어, 변천하는 현상으로서의 세계의 모습에만 신경 쓰게 되기 때문이다.

말하자면 철학자는 존재의 '영원한 상(相)', 즉 그 본질을 좇는다. 그리고 쉽게 달라지는 세계의 현상 뒤로 자리 잡은 변함없는 본질을 찾아내기 위해서는 자신이 살고 있는 세계에서 한 걸음 물러나 그것을 넘어서는 존재가 되어야만 한다.

출발점으로서의 내면

예로부터 철학자들은 변천하는 현상으로서의 현실에만 충실하거나, 외부적 자극으로 발생하는 감각에 몰두하는 것은 바람직하지 않다고 생각했다. 예를 들면, 플라톤의 대화편이 전하는 소크라테스도 끝까지 존재하는 모든 개체의 참된 모습(형상)을 추구했다고 한다. 그는 감각적인 외부 세계에서는 무엇 하나 변함없는 완전한 모습을 찾아낼 수 없지만, 어딘가에 불변의 모습이 존재할 것이라고 생각했다. 그리하여 그와 같은 모습을 의식하는 방법에 따라서 감각적 개체를 다루고자 했다. 그럼 어떻게 해야 그와 같은 '영원히 변하지 않는 모습'을 찾아낼 수 있을까. 우리의 정신이 감각적인 외부 세계에 사로잡혀 그때그때 나타나는 상에만 매달린다면, 우리는 결코 그것을 찾아낼 수 없을 것이다. 다시 말해, 천차만별로 변화하는 현상의 뒤에 있는 불변의 모습을 똑바로 보기 위해 우리는 정신의 눈을 외적인 감각적 세계로부터 내면으로 돌려야 하는 것이다.

소크라테스가 "너 자신을 알라"고 말한 것도 이처럼 자기 내면으로 돌아가라는 의미로 볼 수 있다. 자신을 알게 되면 단순히 자기 존재의 무지와 공허함을 깨닫는 것 이상의 결과가 나온다. 그것은 적어도 인간이 진정으로 알 가치가 있는 것이 무엇인가를 알게 해주기 때문에, 그를 통해 다른 모든 것을 아는 길이 열리게 되는 것이다. 몽테뉴의 질문 "나는 무엇을 아는가?"도 같은 의미를 가진 것으로 생각된다. 몽테뉴에게 자기의 무지를 안다는 것은 인간 정신의 미약함을 안다는 것인 동시에, 외적 사물을 모두 자기의 내부에 놓고 만물 유전적(流轉的)인 세계의 변천상을 그대로 파악한다는 것을 뜻했다. 소크라테스에게나 몽테뉴에게나 '자기의 내부로 돌아와 생각한다는 것'은 결국 어떻게 살아야 하는가를 알아내기 위한 일, 즉 실천적 지혜의 실현을 목적으로 하는 일이었다. 이렇게 철학자들은 세계 모든 사물의 내적 본질을 추구하려는 이론적 목적을 가지고 자각적으로 자신의 내면으로 파고들었고, 그에 따라 자연스레 그 안에 틀어박히지 않을 수 없었다. 이 '자기의 내부에서 배운다'는 말을 단지 은유적 표현으로 여긴다면, 그 행위 주체는 늘 다른 사람과의 연계 선상에 존재하며 그 속에서 사고할 것이다. 그와 달리 이것을 말 그대로 대상에 대한 진리의 인식을 위해 정신을 자기 내부로 돌리는 의미로 받아들인다면, 철학자는 현실 세계에서 타인들과 맺은 모든 교섭 관계를 떠나 홀로 자신의 의식으로 돌아오는 것이다. 데카르트는 바로 이와 같은 방법으로 철학함으로써 의식 중심적인 근대 철학의 문을 열었다. 즉 그는 철학자로서 '고독한 길'을 스스로 굳세게 선택했던 것이다.

내면으로 돌아가다

정신에 스며든 관념

데카르트의 《성찰》에는 '정신의 눈을 나의 내부로 돌린다'는 표현이 곧잘 사용되고 있는데, 이러한 태도야말로 데카르트 철학의 기본적 자세를 드러내는 것이라고 할 수 있다.

데카르트라고 하면, 일반에게 수학적 방법에 따라서 새로운 자연 인식 체계의 기초를 만든 철학자로 알려져 있다. 그가 수학을 다른 학문보다 확실하다고 생각한 이유는 "이 학문들은 참으로 순수하고 단순한 대상만을 다루며, 경험에서 불확실한 것으로 판명하게 된 어떤 것도 가정으로 삼을 필요는 없다. 전적으로 결과들의 합리적 연역에 의해서만 이루어지고 있는 것"《정신지도를 위한 규칙》 규칙 2)이기 때문이다.

즉 수학이 확실한 것은 그것이 단순 본질의 직관으로부터 출발하는 순수한 학문이며, 이성적인 연역의 체계라는 점에 따른다는 것이다. 그런데 순수수학은 본질적인 대상을 인식하는 경우, 감각이나 상상력의 도움을 받지 않고 순수한 오성의 직관을 사용한다. 이때 정신은 어떤 방법으로든 자기를 그 내면으로 돌려, 그 자체에 내재하는 관념을 돌아보는 것이다. 예를 들면 기하학적 대상으로서의 완전한 삼각형은 감각적인 외부 세계에서는 아무리 찾아도 결코 보이지 않는다. 하지만 정신의 눈을 외계로부터 자기의 내면으로 돌린다면, 의식에 담긴 순수하고 단순한 본질적 삼각형을 명확히 직관할 수 있는 것이다.

살아 있는 회의(懷疑)

그렇다면 이처럼 자기 내부로 돌아가는 정신적 태도는 어떻게 만들어졌을까. 데카르트가 자각적으로 이와 같은 태도를 가지게 된 것은 물론 방법적 회의에 의해서이다. 그는 방법적 회의로써 정신을 감각이나 상상력으로부터 순화해, 그것이 의식의 내부에서 찾아낸 순수한 대상으로 향하게 했던 것이다. 그러나 데카르트의 정신을 자기 내면으로 귀환하게 한 것은 방법적 회의에 앞서, 이른바 체험으로 다가온 실존적 회의였다. 이것은 《방법서설》의 제1부에 잘 나타나 있다.

데카르트는 소년 시절 예수회가 운영하는 학교 라플레슈에서 스콜라적 인문 교양을 배웠다. 그리고 푸아티에 대학교에서 2년간 공부했다. 하지만 그는 그러한 교육이 약속하는 유익하고 확실한 인식을 얻지 못한 데 실망해, 1616년 대학을 졸업한 뒤에는 책에 의한 학문이 아닌 세상에서 얻을 수 있는 지혜의 탐구에 나섰다. 그는 "자신 속에서 발견할 수 있는 학문, 혹은 세상이라는 커다란 책 속에서 발견할 수 있는 학문 말고는 이제 어떠한 학문도 찾지 않겠다고 결심했다." 그리하여 곧 유럽 각지로 여행을 떠났다. 그 과정에서 궁정과 군대를 보기도 하고 이런저런 사람들과 사귀며, 온갖 풍습을 관찰하는 인간 탐구를 행했다.

이때 데카르트는 이 세상에 사는 다른 사람들과 더불어 존재함에 대해 인식하고, 그러한 존재 양식 속에서 생활에 이로운 지혜를 구하는 자세를 갖게 되었다. 이러한 자세는 뒷날의 도덕적, 인간론적 연구에서도 이어졌지만, 그가 궁극적으로 목표로 삼은 것은 모럴리스트적 인간 탐구가 아니었다. 데카르트가 추구한 것은 확실한 방법에 따르는 자연적 이성을 개발하고 훈련해, 인간의 인식을 끝없이 완전한 것으로 높이는 일이었다. 앙리 구이에가 말한 것과 같이 "데카르트는 어느 순간에도 인간의 개발이 지성의 개발에 정확히 일치하지 않을지 모른다고 걱정하지 않았다. 그가 선(先)철학적 직관에서 따르고자 한 것은, 하이데거의 말을 빌린다면 '세상 가운데 놓여 있는 인간'이다. 그 선철학적 직관은 바로 그런 구체적 존재를 목표로 하기 때문에, 인간 개발이 되지 않는 어떠한 철학도 허락하지 않는 것이다."

젊은 데카르트는 '세상 가운데 있는 인간'이라는 구체적인 목표를 세우고, '자신의 내부, 또는 세상이라는 큰 책 가운데서' 인간의 탐구를 꾀했던 것이다. 몽테뉴는 "이 대단한 세상이야말로 우리가 자신을 올바로 알기 위해서 들여다봐야 하는 거울이다. 요컨대 나는 그것이 내 자체의 서적이 되어 주기를 바란다"《수상록》 1권 26장)라고 말했다. 이 말의 의미는 인간의 갖가지 현상을 관찰하면 사람들이 국가나 종교, 문화 등의 차이에 따라서 얼마나 서로 다른 생각을 하고 있는가를 알게 되고, 거기에서 인간의 불완전성과 본성의 나약함을 알 수 있다는 것이다. 결국 세상 속으로 인간 수행의 여행에 나섰을 때, 데카르트는 몽테뉴와 동일한 의심에 빠져 있던 것이다. 그러나 그는 인생에 도움될 뿐만 아니라 확실한 근거를 가진 인식을 구하고 있었기에, 몽테뉴식의 소극적 회의 속에 멈춰 있을 수가 없었다. 그래서 세상 풍습을 관찰한 뒤에도 충분히 확신할 수 있는 '학문'을 찾아낼 수가 없자, 그는 '예전에 철학자들 가운데서 인정받은 정도의 다양성'을 발견한 다음에, 이번에는 자기 혼자의 힘으로 확실한 기초를 가진 학문적 체계를 만들어 낼 계

렘브란트의 〈명상하는 철학자〉(1632)

획을 짜게 되었다.

《방법서설》제1부의 마지막은 "이처럼 세상이라는 책을 연구하고, 얼마간의 경험을 얻으려고 애쓰면서 몇 해를 보낸 뒤, 어느 날 나는 나 자신도 연구하자, 그리고 내가 걸어갈 길을 택하기 위해서 내 정신의 온 힘을 다 사용하자고 결심했다"는 말로 끝나고 있다. 여기에서 '어느 날'이란 그 유명한 계시의 날을 뜻하는 것으로 여겨진다. 이를 데카르트는 단편 《올린피카》에 "1619년 11월 10일, 영감에 넘친 나는 놀라운 학문의 기초를 발견했다는 생각에 마음을 빼앗긴 채 잠자리에 들어, 하룻밤 동안 세 가지 꿈을 잇따라 꾸었다. 그 꿈들은 신이 안겨 준 것이 틀림없다는 느낌이 들었다" 적고 있다. 이 꿈의 해석에 여러 이야기가 있지만 지금 여기서 그것을 상세히 검토하기는 어렵다. 다만 위에서 말한 《방법서설》의 끝부분과 견주어 생각할 때, 데카르트는 이날 밤 그때까지 아무도 생각하지 못한 '전혀 새로운 학문'을 '자기의 내부에서 배우는' 방법으로 빚어내는 소명을 깨달았으리라고 추측할 수 있다.

이 '자신의 내부에서 배우는' 태도는 '세상 가운데 놓여 있는 인간'의 탐구로써 나오게 됐다. 이것은 곧 스콜라적 사변이나 덕, 또는 그 밖의 어떤 외적 권위에도 의존할 수 없으며 '자기 스스로 배우는 방법밖에 없다'는 것을 알게 된 뒤 나오는 결론으로, 몽테뉴식 회의의 소극적 귀결이다. 그런데 이렇게 자기의 내부로 돌아와 정신의 자유로운 결단에 따라서 판단 내리는 방식은 데카르트가 생각한 수학적 방법의 기초이기도 했다. 앞서 말한 것처럼 그는 순수수학의 기초는 정신이 '어떤 방법으로든 스스로를 자기 자신에게 향하도록 하여, 그 자체에 있는 관념을 보게 하는' 방식으로 부여되어야 한다고 생각했던 것이다. 그래서 이 '자기의 내부에서 배우는' 태도는 그전처럼 몽테뉴식 회의의 귀결에 머무르지 않고, 수학적 인식의 방법적 기초라는 전혀 다른 적극적 의의를 띄게 되었다.

방법적 회의의 발견

데카르트는 이미 말한 바와 같이 라플레슈에서 배운 스콜라 철학과 외부에서 얻은 다른 방법들이 자신을 확실한 인식으로 이끌어 주지 못한 것에 실망해, 자기 스스로 배우는 방법밖에 없다는 소극적 회의에 빠졌다. 그런데 이것은 뒷날 그가 확실한 진리에 접근하기 위해 스스로의 의지로 행했던 방법적 회의와 확연히 구별되어야 한다. 질송도 데카르트는 방법적 회의에 앞서 "그때까지 받아들여진 방법이 진리를 발견하고 전하는 데 무력한 것에 대해 하나의 비(非)방법적 회의를 느끼는 시기를 통과해야만 했다. 그의 정신사 중 이 두 시기가 혼동되어서는 안 된다" 풀이하고 있다.

그러나 이 첫 번째 회의는 '자기 자신의 내부에서 배우는' 기본적 태도에 따른 방법적 회의로 직결된다. 그러므로 만약 이 첫 번째의 회의를 르페브르의 말에 따라 '살아 있는 회의'라고 부를 수 있다면, 방법적 회의는 '살아 있는 회의의 복사'라고 할 수 있는 면을 지녔다. '살아 있는 회의'는, 무한히 완전한 신과 대비되는 자기의 미약함과 유한함을 아는 인간의 지혜에 대한 탐구를 의미한다. 그런데 이것은 인간이 스스로를 깨달은 데서 생기므로, 곧 방법적 회의의 정신으로 변환되는 것이다. 방법적 회의는 이렇게 만들어져 수학적 인식의 기초를 만들고 신의 인식을 이끎과 동시에, 연장적 물체의 관념도 도출한다.

데카르트는 1630년 4월 15일 메르센에게 보낸 편지에서, "신이 이성의 사용을 허락한 모든 사람은, 그 이성으로써 무엇보다도 먼저 신을 알고 자기 자신을 알려고 힘써야 한다고 생각합니다. 내가 이 연구를 시작하려고 한 것도 이 때문입니다. 더욱이 이 길을 따르지 않았다면 자연학의 기초를 찾아내지도 못했을 것입니다" 말했다. 여기에서 주목할 것은 데카르트가 인간이 자신을 아는 것은 신을 아는 것과 관련 있으며, 더욱이 자연 인식의 기초가 된다고 말하는 점이다. 이것으로 우리는 자기의 내부로 돌아와 자신을 알려고 노력하는 일이, 그에게 인간적 지혜와 수학적 인식을 매개로 삼아 신의 존재와 자연 인식을 방법적으로 연결하는 출발점이 되었음을 알 수 있다. 이렇게 신의 존재와 물심(物心)의 구별을 논증하는 데카르트의 형이상학은 방법적 회의에 따라서 '정신의 눈을 자신의 내부로 돌려' 명증적 의식의 장을 열어갈 때 비로소 가능해진다.

'의식에서 존재로'

이와 같이 데카르트 철학의 출발점은 자신의 내부로, 자기의 의식 속으로 돌아오는 것이며 바로 여기에서 데카르트적인 의식의 철학이 시작된다. 데카르트적 방법의 특징은 한마디로 '의식에서 존재로'이다. 즉 이 방법은 자기 내부에서 찾아낸 관념으로부터 출발해 대상적 존재를 이끌어 내는 것이다.

데카르트는 "나의 내부에 있는 관념에서 출발하지 않으면 내 밖에 있는 것에 대한 어떠한 인식도 얻을 수 없습니다"(1642년 1월 19일, 지비외프에게 보낸 편지) 말하고 있다. 그는 신과 물체의 존재 증명도 의식의 내부에서 찾아낸 관념으로부터 이끌어져 나온다고 보았다. 따라서 데카르트 형이상학의 출발점은 무엇보다도 자기 내부, 즉 자신의 의식으로 돌아오는 데 있었다. 그런데 정신이 그렇게 자기 내부로 돌아오는 일에는 마땅히 방법적 회의의 과정이 전제되어야 한다. 그 과정으로써 정신은 감각이나 상상력으로부터 독립적인 판단력을 드러내고, 비로소 의식 내부에서 발견된 순수한 대상으로 나아갈 수 있기 때문이다.

'살아 있는 회의'의 복사

앞서도 이야기했듯이 방법적 회의는 '살아 있는 회의의 복사'와도 같은 한 부분을 지닌다. 방법적 회의는 살아 있는 회의와 마찬가지로 정신을 '자신의 내부에서 배우는' 태도로 이끌기 때문이다.

그런데 똑같이 '자기의 내부에서 배운다' 해도, 과연 그것들이 의미하는 바가 엄밀히 따져서 같은가가 문제이다. 먼저 '살아 있는 회의'에 따라서 이끌린 '자아'는 '세상 가운데 놓여 있는 인간'으로서 구체적이고 전체적인 인간이다. 그는 세상 속에서 타인들과 함께 맺는 연관을 떠나서는 생각할 수 없는 현실적, 인격적인 존재이다. 이와 달리, 방법적 회의로써 도달한 자아는 세상과의 교섭이 끊기고 외부와의 현실적 연대를 잃은 추상적이고 비인격적인 존재이다. 방법적 회의는 외부의 감각적 대상에 유혹당하기 쉬운 정신의 눈을 자기 내부로 향하게 하기 위해, 바깥 세상과의 교섭에 필요한 모든 인식 수단을 추상화한다. 그것은 감각·상상력·기억 등의 작용이 점차 끊기고, '세상 가운데에 놓여 있는 인간'의 존재 방식이 철저히 파괴되는 과정이다. 그리하여 최후에 정신은 순수하게 기능적인 인식 주체와 함께 변한다.

살아 있는 회의는, 자기를 앎으로써 세상을 아는 것으로 통하기도 한다. 이 방법을 사용할 때에는 자기와 다른 사람들과의 내면적 연관이 유지되기 때문이다. 그러나 방법적 회의는 정신의 내부로부터 인간의 개인적 존재가 수행하는 정신 작용을 추상화해 버리기 때문에 안과 밖의 모든 연관이 끊기게 된다. 즉 정신은 고립된 자기 의식의 내부에 갇히는 것이다. 그렇다면 이처럼 고립된 정신이 어떻게 닫힌 의식의 내부로부터 대상적 존재에 다다를 수 있는가. 데카르트는 그것을 간단히 생각했다. 그는 방법적 회의가 이끄는 지점이 살아 있는 회의의 도달점과 완전히 일치한다고 확신했던 것이다. 그러나 이미 보아온 바와 같이 살아 있는 회의와 방법적 회의가 이끄는 지점은 서로 전혀 다르며, 바로 여기에서 문제가 일어난다. 이것은 데카르트 철학의 과제일 뿐만 아니라, 그에게서 비롯된 근대의 의식 중심주의적 철학 전반이 얼마쯤 안고 있는 문제이다.

추상화와 구체화

보는 주체와 보이는 나

〈성찰 2〉에는 "내가 우연히 창문에서 바라보니 거리를 지나가고 있는 사람이 보인다고 하자. (……) 그러나 모자와 옷 말고 대체 나는 무엇을 보는 것일까? 그 속에는 자동기계가 감추어져 있을는지도 모른다. 하지만 나는 그것을 [참된] 인간이라고 판단한다"라는 유명한 대목이 있다.

이 말은 데카르트적인 순수 지성 앞에는 살아 있는 인격적 주체로서의 타인은 나타나지 않는다는 것을 대변한다. 다시 말해 그는 순수 지성 앞에 드러나는 것은 단순히 가능한 존재에 불과하다고 생각한 것이다. 그러나 데카르트 또한 언제까지 순수 지성의 입장에만 머물러 있을 수는 없었다. 예를 들어 창문 밖을 지나가던 외투의 인물이 갑자기 걸음을 멈추고 위를 올려다볼 수도 있다. 그도 이 순간에는 이미 세상을 대상으로 보는 주체로만 머물 수는 없다. 그는 이제 보는 주체가 아니고, 다른 사람 눈에 보이는 감각적 대상이 되기 때문이다. 사르트르식으로 말한다면, 다른 사람 눈에 띈 순간 자아 중심적 세계는 저 멀리 흘러갈 것이 틀림없다.

이때는 데카르트의 자아가 보는 주체로서의 긍지를 끝까지 지키려고 하더라도, 스스로의 감각적 존재를 버리지 않는 한 자기가 보이는 것을 민감하게 느끼지 않을 수 없다. 이제 방법적 회의의 순화 과정으로 정신을 감각적 대상으로부터 분리하려고 해도, 그것은 일상적인 장면 속에서 억지로 빼앗긴 육체로 곧 되돌아간다. 요컨대 단독적 주체로서의 자아가 순식간에 감각적 존재로 내려앉아, 다른 사람과 관련되는 세계로 들어가고 마는 것이다. 그러나 데카르트는 순수 정신이 육체를 가진 감각적 존재로 놓이게 되는 사실에 굳이 저항할 필요성을 느끼지 않았는데, 그것은 그가 방법적 회의와 살아 있는 회의의 도달점이 일치하리라는 확신을 갖고 있었기 때문이었다.

상승과 하강

데카르트의 자아는 추상화와 구체화, 즉 상승과 하강이라는 두 방향을 지녔다. 그가 무한하고 완전한 신에게 대비되는 자신의 약함과 불완전함을 인식할 때 그의 자아는 구체적이고 전체적이다. 그래서 '세상 가운데 놓인 인간'의 발견을 목적으로 '세상이라는 책'을 탐구할 때 데카르트의 자아는 세상과 교섭할 수 있었고 나와 너의 소통과 위치 교환도 가능했다. 이와 달리 방법적 회의는 '세상 가운데 있는 인간'의 존재 양식을 철저히 무너뜨려, 전체적 인간을 분석하고 재단하여 해체해 버린다. 이렇게 자아가 추상화되면 감각·상상력·기억력 등의 작용이 분리되어, 자아의 주관도 차츰 더 추상적·기능적으로 변한다. 그리고 마침내 인식 주관은 자기 이외의 모든 것을 자기에게 '대립하는 것', 즉 객관적 대상(Gegenstand)으로서 조정(措定 : 어떤 물건을 대상으로서 또는 존재하는 것으로서 규정함)한다. 이제 인식 주관 앞에 열리는 것은 이미 일상의 현실적 세계가 아니며, 순수수학의 대상처럼 의식 안에서만 찾을 수 있는 것들로 구성되는 세계이다. 즉 이것은 인식 주관과 관련될 수 있는 가능적 대상의 세계로서, 구체적 인간 존재와는 교섭할 수 없는 것이다. 이렇게 주관으로서 세워진 자아는 '……와 더불어'라는 연관성을 잃어버린다. 그래서 다른 사람에게는 끝까지 주관의 위치를 지키면서도 다른 주관의 객체가 되려고는 하지 않는다. 여기에서는 나와 너의 위치를 바꿀 수가 없다.

이런 의미에서 이 자아는 요지부동의 한 점이다. 데카르트는 자신의 자아를 이런 부동의 한 점에 접근해 감으로써, 그것을 모든 인식의 방법적 출발점으로 삼았다. 그러나 사실 이런 단순한 인식 주관으로서의 자아로부터는 결국 가능

적 존재에 도달하는 것에 그치게
된다. 그러므로 신이나 물체의 현
실적 존재를 인식하기 위해서는
이미 실행된 방법적 회의의 추상
화 과정을 역행해야 한다. 즉 자
아는 이제까지 떼어 놓았던 기억·
상상력·감각 등을 하나하나 회복
시켜, 다시 구체적인 현실 존재의
지평으로까지 내려와야 하는 것
이다. 이처럼 이 자아는, 데카르
트의 생각과는 달리, 엄밀한 의미
에서는 부동의 점이 아니었다. 인
식적 자아는 이 구체적인 하강의
과정을 거칠 때, 비로소 존재론
적 위치를 얻을 수 있었던 것이다.

〈데카르트〉 제라르 에들링크의 동판화

밀랍의 비유

이를 더 쉽게 이해하기 위해, 유명한 밀랍의 예를 생각해 보자.

"그것은 벌집에서 떠낸 것이며, 그 자신의 꿀맛을 아직 조금도 잃지 않았고, 모아진 꽃의 향기도 얼마간 남아 있다. 그 빛깔도 모양도 크기도 또렷하다. 그것은 딴딴하고 차갑고, 쉽게 잡을 수 있으며, 손가락 마디로 때리면 소리를 낸다. 요컨대 어떤 물체가 되도록 판명하게 인식될 수 있기 위해서 요구된다고 여겨지는 모든 것이 이 밀랍에는 갖추어져 있는 것이다. 그런데 어찌 된 일일까? 내가 이렇게 말하는 동안에 그것을 불에 가까이 가져가 본다. 그러자 남아 있던 맛은 사라지고, 향기는 달아나고, 빛깔은 변하고, 모양은 허물어지고, 크기는 줄어 액체가 되고, 뜨거워지고, 거의 손으로 만질 수 없게 되고, 때려도 이제 소리를 내지 않게 된다. 그래도 여전히 같은 밀랍이 남아 있는 것일까? 남아 있다고 인정하지 않을 수 없다. (……) 나는 밀랍이 이와 같이 무수히 변화하는 것을 이해하기는 하지만 이 무수한 것을 상상으로 뒤쫓을 수는 없는데, 이것은 (내가 밀랍에 대해서 갖고 있는) 이 이해가 상상력으로는 다다를 수 없기 때문이다. (......) 그래서 이 밀랍이 무엇인가를 나는 결코 상상 속에서는 전혀 가질 수 없고 오히려 생각 속에서만 지각한다고 인정하는 수밖에 없다"(성찰 2).

이것은 결국 방법적 회의의 추상화 과정에 따라서 감각과 상상력 등을 분리하여 순수 지성으로까지 상승할 때, 비로소 연장적 물체에 대해 명확한 관념을 갖게 된다는 이야기이다. 실제로 데카르트 이전의 스콜라적 자연학에서는 우리가 지각하는 갖가지 감각적 성질을 물체 안에 속하는 것으로 생각해 왔다. 예를 들면 무게는 무거운 물체 자체에 속하는 성질로서, 그 물체의 형상에 의존하는 것으로 여겨졌다. 데카르트는 그러한 스콜라적 실체 형상의 사고방식을 철저하게 물리치기 위해서 방법적 회의의 추상화 과정에 의해 자아를 순수 인식의 주체로 만들어야 했다. 이때 의도한 것이 새로운 자연 인식의 관점을 세우는 것이었던 만큼, 그는 정신에서 개별적 인격을 떼어내고 그것을 순수한 인식 주체로 고양해야 했던 것이다. 그러나 사실상 그런 순수 인식의 주체로부터는 실체로서의 정신을 이끌어 낼 수 없고, 거기에서 신의 존재를 증명하는 것은 더욱 불가능한 일이다.

존재의 시간적 조건

데카르트는 〈성찰 2〉에서 자신의 존재가 직접 증명되는 것은 '내가 생각할 동안'이라는 시간적 조건 아래에서만 가능하다고 했다.

"나는 있다, 나는 존재한다, 이것은 확실하다. 그러나 나는 얼마 동안 나로 존재하는 것일까? 물론 내가 생각하고 있는 동안이다. 왜냐하면 내가 모든 생각을 멈춘다면, 아마 나도 바로 그 자리에 있다는 것을 완전히 그만두게 될 테니까."

이 경우에 '생각하는 동안'이라는 것은 구체적으로 '일체를 거짓으로 생각하려 하는 동안'을 의미한다. 데카르트는 모든 것을 의심한 끝에, 최후로 그와 같은 자신이 그 의심의 순간에 존재하지 않는다는 것은 있을 수 없다는 결론에 이르러 '나는 존재한다(Ergo sum)'는 명제에 도달한 것이다. 그런데 데카르트는 그 존재의 확실성이 '생각하는 동안'에만 인정된다고 하여, 자신을 '생각(사유)하는 존재자(res cogitans)'라고 규정했다. 그는 또 "생각하는 것이란 무엇인가? 물론 의심하고, 이해하고, 긍정하고, 부정하고, 무엇을 하고 싶어 하고 또 하지 않고, 그리고 상상하고, 감각하는 것이다"라고 말했다.

이렇게 사유에서 존재를 이끌어 낸 것은 데카르트가 "상상된 것은 무엇 하나 결코 참된 것이 아니라고 하더라도 상상하는 힘 자체는 실제로〔내 속에〕존재하고 있으며, 그리고 내 생각의 일부를 이루고 있는 것이다"라고 생각했기 때문이다. 이렇게 그가 방법적 회의로써 확실성에 다다를 수 있었던 것은, 갖가지 가능한 근거를 설정한 뒤 사유 속에서 그런 부분을 방법적으로 없애 나갔기 때문일 것이다. 그런데 데카르트는 방법적 회의의 과정을 끝내자마자, 먼저 분리했던 사유의 부분을 회복하기 시작한다. 그리고 최후에는 일상적으로 우리 내부에서 생기는 어떠한 의식에서도 '나의 존재'를 도출해 낼 수 있다고 생각하게 되었던 것이다.

감각적 의식의 회복

데카르트는 감각적 인식에 대해서도, 만일 감각의 대상이 무엇 하나 존재하지 않는다고 해도 "내가 보거나, 듣거나, 더워지거나 하는 듯한 기분이 드는 것은 확실하다"고 말했다. 또한 그는 '호흡한다는 느낌'(1638년 3월의 편지)이나 '걷는다는 의식'(《성찰 5》의 답변)에서도 '나의 존재'를 끌어낼 수 있다고 했다. 이러한 종류의 느낌이나 의식 등은, 말하자면 심신 합일체로서의 우리 내부에서 일상적으로 생기는 체험적 사실일 것이다. 그런데 만약 인간의 심신이 합일되어 있다면, 우리 의식은 대상과 명확히 대립하지 않고 그 존재에 사로잡혀 그 대상이 주는 자극을 그대로 받아들이며 자주 잘못된 판단에 빠지게 될 것이다. 데카르트는 이처럼 생각해 심신 합일의 일상적 관점을 넘어서, 심신 분리의 철학적 관점을 열어 갔다. 즉 그의 방법적 회의는 이러한 모든 오류로부터 벗어나기 위해 정신을 순화하는 과정이다. 그런데 데카르트는 그 마지막 단계에서 '나는 존재한다(Ergo sum)'의 확실성에 이르자마자, 이제까지의 상승적 과정을 역행하게 된다. 그는 이 확실성을 존재론적 진리로서 세우기 위해 일상의 현실 의식의 입장으로 돌아오는 하강의 과정을 거쳐야 했던 것이다.

데카르트의 의식 개념

데카르트가 이렇게 상승에서 다시 하강으로 그 정신 작용의 방향을 바꾼 이유를 이해하기 위해서는, 먼저 그의 의식 개념을 살펴볼 필요가 있다. 그는 《정념론》에서 "우리 속에 있는 영혼은 단 하나뿐이고, 또 이 영혼에는 부분이 절대 없기 때문"에 "감각적인 것이 동시에 이성적인 것이고, 모든 욕망이 의지이다"(제1부 47절)라고 말했다.

이러한 의식 개념에 따르면, 지성적 마음은 의지적인 동시에 감각적이며, 의식의 각 부분은 서로 스며들고 섞여 구별될 수 없는 것이다. 방법적 회의는 이런 현실적인 의식 안에서 감각과 상상력 등의 작용을 나누어, 순수한 정신으로 향한 과정의 최정점에서 자기 존재의 확률성에 이른 것이다. 그런데 이 방법을 실행한 뒤에는 단순한 순수 지성으로서의 내 존재로부터 실체적인 정신의 존재를 이끌어 내기 위해, 다시 이전의 현실적 의식으로 돌아가야 한다.

하지만 여기에 대해 데카르트는 아무런 모순점도 느끼지 않았던 것 같다. 왜냐하면 그는 우리에게 의식이 없는 순간이라는 것은 없고, 우리는 언제나 사유하며 동시에 이 사유를 현실적으로 의식한다고 생각했기 때문이다. 의식에 대한 데카르트의 개념에 따르면, 의심이라는 사유의 특수한 상태가 부족하다 하더라도 바로 감각이라는 다른 모습이 나타나는 것처럼 우리는 늘 어떤 형태로든 사유하는 것이다. 그래서 데카르트는 혹 의심하는 순간의 자기 존재가 다음 순간까지 이어지는 것이 보장되지 않더라도, 의심하는 사유가 동시에 감각하고 상상하는 사유라면 자아의 존재가 실체로서 존속하는 것이 가능하다고 보았다.

명석판명지(明晳判明知)

그러나 여기서 우리는 데카르트가 존재의 확실성에 다다를 수 있었던 것은, 어디까지나 방법적 회의의 과정을 거친 그의 정신이 자기의 내부로 향했기 때문이라는 점에 주의해야 한다. 그는 정신이 모든 감각적인 대상으로부터 떨어져 나와 자신의 내부로 향한 다음에, '나는 생각한다. 그러므로 나는 존재한다'의 명증(明證)을 원형으로 이른바 명석판명지의 원칙을 세운 것이다. 명석판명지의 원칙이란 "내가 아주 명석하고 판명하게 지각하는 것은 모두 참이라는 것을 일반적인 규칙으로 세울 수 있을 듯하다"《성찰 3》는 것이다.

이것이 코기토의 명증을 바탕으로 삼아야 성립된다는 것은 곧 결국 정신이 방법적 회의로써 외적 대상으로부터 분리되어 그 주의를 자기의 내부로 돌렸을 때에만 명증적 인식이 주어진다는 뜻이리라. 모든 존재론적 인식은 단연히 방법적 회의의 정신 순화의 과정을 전제로 한다. 정신의 주의는 그것에 따라서만 자기의 내부로 향할 수 있고, 그것이 선행된 뒤에 자기 내부에서 찾아낸 단순하고 본질적인 관념으로부터 존재를 도출할 수 있다. 그런데 실제로 데카르트가 존재론적 인식을 이끌어 낼 때 반드시 이 방법만을 따랐던 것은 아니다. 예를 들면 그는 '호흡하고 있다는 의식'에서도 자신의 존재를 도출할 수 있다고 했는데, 이때 정신은 방법적 회의의 과정을 역행해 일상적 의식의 처지에 서고 있다. 그리고 이런 입장에서는 정신이 자기의 내부로 향한다는 태세를 잃고, 감각적 존재 속으로 깊이 파묻히고 마는 것이다.

데카르트의 순환

데카르트 형이상학의 기본적 관점은 정신과 육체가 실재적으로 구별된다는 물심 분리설에 있다. 이 물심 분리의 관점은 본디 방법적 회의의 정신 순화 과정으로 비로소 가능하게 된 것이다. 그 과정에서 우리의 정신으로부터 기억, 감각과 상상력 등의 작용을 분리하는 조작이 이루어지지 않았다면, 물체적 존재로부터 구별된 순수 정신의 존재는 발견되지 못했을 것이기 때문이다. 그런데 이 순수 정신이 단순한 인식론적 주관이 아니라 현실적으로 존재하는 실체로서 자리 잡으려면, 그것은 다시 일상적 의식으로 돌아가야만 한다.

물심 분리설이 방법적 조작으로써 확립된 데카르트 철학의 근본적 관점이었던 것에 비하여, 물심 합일설은 모든 철학적 성찰 이전의 경험적 입장이었다. 하지만 데카르트는 "우리는 일상적으로 정신과 육체의 밀접한 결합을 체험하고 있다"《성찰 3》의 답변)고 말하고 있다. 이것은 그가 심신 합일의 관점으로 되돌아올 때만이 인간의 도덕을 문제로 삼을 수 있었기 때문이다. 따라서 데카르트의 철학에서는 물심 분리의 입장에서 심신 합일의 경험적 입장으로 돌아가는 것이 불가피한 일이었다. 처음부터 물심 분리설은 단순히 인식론적인 것이었으므로, 존재론적으로 기초를 잡기 위해서는 심신 합일의 상태로 돌아가지 않으면 안 되었다. 이런 점에서 데카르트 철학은 근본적으로 순환적이다. 그리고 바로 이것이 데카르트 철학의 근본적 난점이라고 하겠다.

주관주의의 운명

데카르트 이후의 철학은 순환에서 벗어나기 위해 사유하는 자아의 실체에 대한 존재론적 기초를 만드는 것을 포기하고, 다만 이것을 인식론적 관점에서 조명하는 방향으로 나가게 된다. 그래서 사유하는 자아는 차츰 존재론적 의미를 잃고, 기능적 및 논리적 주어의 성격을 갖게 되었다. 예를 들면 칸트의 사유 주관은 모든 가능적 표상을 의식 일반(Bewusstsein überhaupt) 아래로 가져오는 통일적인 기능이라는 의미를 가지고 있다.

하지만 존재론의 영역에서는 어떤 영향력도 끼치지 못하는 단순한 인식론적 관점이라는 것이 과연 의미가 있는가. 아무리 논리화된 인식 주관도 무엇인가 존재론적 의미를 지녀야 하지 않을까. 이를테면 칸트의 '나는 사유한다(Ich denke)'가 '나는 사유하고 있다(Ich existiere denkend)'라는 것을 뜻하는 한 그것은 경험적 명제이고, 이 경우의 '나'는 단순한 논리적 기능이 아니라 구체적인 현실의 존재(Existenz)이다. 그런데 '나의 존재'로부터 모든 경험적, 존재적 성격이 추상되어도, 그것이 아직도 나의 자아이며 주관이라고 말할 수 있는가. 그것이 단순한 논리적 기준을 뜻할 뿐이라면, 그것은 주관보다는 오히려 객관이라고 해야 할 것이다. 그러한 자아는 구체적인 인간 존재의 의미를 잃어버리고, 단지 인식에 객관성을 부여하는 논리적 기능이 되기 때문이다. 결국 주관이라는 것은 그것이 인간적 주관인 한, 무엇인가 존재론적 의미를 갖지 않으면 안 된다.

데카르트로부터 헤겔에 이르는 근대 철학은 기본적으로는 의식 중심적 입장에 서 있다. 하이데거는 근대 철학이 존재 상실의 길을 걷고 있다고 말하기도 했지만, 아무리 주관주의적인 철학이라고 해도 존재론과 완전히 인연을 끊을 수는 없다. 따라서 이것이 존재로부터 등을 돌리고 의식 일반에 철저한 입장을 취하더라도, 잠재적으로는 그 속에 존재의 지향을 깊숙이 품은 것이다. 오늘날의 철학은 그러한 잠재적 지향을 현재화(顯在化)하지 않을 수 없는 시점에 이른 것으로 생각된다. 우리는 지금 인간의 현실적 존재 그 자체를 문제 삼지 않으면 안 되는 시대를 살기 때문이다. 이러한 시점에서는 우리가 과연 데카

데카르트의 삶의 장면들 이 부조는 자신의 생애에서 중요한 사건이 일어난 장면들에 둘러싸여 있는 데카르트를 표현하고 있다. 왼쪽 위에 있는 장면은 1640년 9월 7일 데카르트의 딸 프랑신(Francine)의 죽음을 보여준다. 오른쪽 위는 스웨덴 여왕 크리스티나의 스승으로서의 데카르트를 그리고 있다. 데카르트는 1650년 2월 11일 죽을 때까지 여왕의 스승 노릇을 했다.

르트적 의식에서 출발해 현실의 존재에 다다를 수 있는가를 물어야 할 것이다. 따라서 이제 데카르트의 의식에서 존재로 나아가는 방법 그 자체가 근본적인 문제가 되지 않을 수 없다.

의식에서 존재로

'의식'의 두 가지 뜻

데카르트의 방법은 기본적으로 의식(지각)에서 출발해 존재를 끌어내기 위함이었다. 즉 그는 의식의 내부에서 명석·확연하게 찾아낸 관념으로부터 출발해야만 대상적 존재를 도출할 수 있다고 판단한 것이다.

그런데 데카르트가 대상적 존재를 이끌어 냈던 의식의 상태는 어떤 것이었을까. 그때에 그의 의식이 대상에 몰두해 존재 속에 파묻혀 있지 않았다는 것은 확실하다. 오히려 그 순간 데카르트의 의식은 자기의 밖에 조정(措定)된 대상이 과연 존재하는지를 의심했을 것이다. 여기에서 대상의 존재는 명백히 의식 밖에 있다. 그리고 의식은 자기 속에 있는 관념이 과연 실재적 대상과 대응하는가의 여부를 깊이 생각한다. 이 경우에 정신의 눈은 자기의 내부에 강도 높은 주의를 작동하고 있는 것이다.

'의식'이라는 개념에는 두 가지의 의미가 있다. 첫 번째 것은 넓은 의미로, 이 의식은 우리의 내부에서 생기는 현실적인 모든 경험을 뜻한다. 그러나 사람이 특히 '의식하고 있다'는 말을 쓸 때에는 자기 내부에서 주의가 작용하고 있음을 말한다. 독일의 철학자이자 심리학자인 클라게스도 이야기했듯이, 독일어의 '의식(Bewusstsein)'이라는 말은 '나는 있는 것을 알고 있다(Ich bin mir bewusst einer Sache)'는 문장의 부정법(不定法)이 명사로서 사용되는 것으로, 본디 의미는 '주의(Bemerken)'이다. 이것이 의식의 두 번째 의미인데, 의식을 모든 존재 인식의 근거라고 제시했을 때 데카르트는 이 협의를 생각했던 것이다. 이것은 그가 《철학의 원리》에서 "나는 집중하고 있는 정신 앞에 명석하게 드러나 있는 지각을 명석한 지각이라고 부른다"(제1부 45절)고 말한 것으로도 알 수 있다.

의식이 두 번째 의미로서 인간이 그 내면에 정신의 주의를 기울이는 것을 지칭하는 경우에 한하여, 그것은 존재와 대립하는 개념이다. 하지만 그것을 가장 넓은 의미로 확대하면 그 순간 그것이 지닌 존재와의 대립성은 사라진다. 이때의 의식은 대상적 존재 속에 깊이 사로잡혀 있어, 사실상 그 존재와의 구별이 불가능하다. 예를 들어 '호흡한다는 느낌' 또는 '걷고 있다는 의식' 같은 경우에는 벌써 의식과 존재의 분열이 인정될 수 없다. 그런데 데카르트는 이 같은 의식에서도 '나의 존재'를 이끌어 낼 수 있다고 했다. 그러나 이처럼 가장 넓은 의미로 확대되어 존재와의 대립 관계가 사라진 의식에서 출발할 때, 이미 참된 대상적 존재에 도달하는 것은 불가능해진다.

이처럼 넓은 의미의 의식으로부터 출발한다면, 결국 우리는 의식 속의 존재에 다다르는 데 그칠 것이다. 의식이라는 개념은 존재와의 대립적 의미를 잃을 때, 모든 존재를 자기의 안으로 끌어들이기 때문이다. 의식에서 출발한 철학이 늘 독아론(獨我論)의 공포를 겪을 수밖에 없는 것도, 이렇게 확대된 의식의 개념이 모든 대상적 존재를 삼켜버리는 까닭이다. 예전에는 의식이 존재에 이르기 위한 가장 확실한 통로로 여겨졌다. 그러나 이와 같은 사실을 충분히 인지하고 있는 오늘날의 철학자들은 이미 데카르트적인 의식을 믿지 않게 되었다. 이제 현대 철학에 주어진 공통적 과제는 데카르트적인 의식 내재(內在)의 입장을 넘어서서 무엇인가 구체적 존재에 도달하는 것인 듯하다.

우리가 의식을 그 출발점으로 선택하는 한, 참된 의미의 구체적 존재에 도달할 수는 없다. 데카르트적인 의식, 즉 좁은 의

데카르트 동상 프랑스 투렌 지방 투르 소재
네덜란드 헤이그에 있는 동상의 복제본으로, 받침대에 라틴어 'Cogito Ergo Sum'이 새겨져 있다.

미의 명증적 의식에서는 외부적 사물을 감각할 수 없기 때문이다. 따라서 진정으로 구체적인 존재에 이르기 위해서는 차츰 차원이 낮은 의식으로까지 내려가지 않으면 안 된다. 하지만 우리는 곧 아무리 내려가도 의식의 개념은 끝없이 넓어지기 때문에, 있는 그대로의 생생한 존재에는 다다를 수 없다는 것을 알게 된다. 존재는 늘 의식 밖으로 상정되지만, 한 번 손을 뻗어 살아 있는 현실을 잡으려고 하면 곧 사라지는 것이다. 손아귀에 들어오는 것은 의식 속의 '존재'에 불과하다. 그렇다면 끊임없이 존재를 추구하는 근대인의 탄탈로스적 괴로움은 도대체 극복이 불가능한 것인가.

여기서 우리는 '의식에서 존재로'라는 방법 그 자체에 문제가 있으리라는 생

각을 하게 된다. 왜냐하면 이미 의식에서 존재를 도출하는 것이 불가능함을 보았기 때문이다. 한없이 퍼져 나가는 의식의 성질로 인해 진정한 의미의 존재는 파악되지 못했다. 그러나 우리는 여기서 의식이 모든 대립자를 포괄하는 넓은 뜻의 개념이 되었다면, 그것은 이미 데카르트의 형이상학이 의식이라고 부르던 것이 아니라는 점에 주의해야 한다. 그러므로 이때의 의식은 존재와의 대립성을 띤 좁은 의미로 한정해야 할 것이다. 의식이라는 개념이 무한히 확대되면, 오히려 존재로 전화(轉化)하는 것을 생각해야 하는 것이다.

나와 다른 사람과의 교섭 관계

내 의식이 나의 존재 방식을 결정하는 것이 아니고, 나와 다른 사람과의 교섭 관계가 내 의식의 존재 방식을 결정한다. 나의 현실적 존재는 어떤 경우에도 단독으로 그 자신과의 관계 속에서만 존재하지 않는다. 그것은 늘 다른 사람들과의 직접적인 교섭과 연관 안에 놓여 있다. 한 사람 한 사람의 의식이 전제가 되어, 그런 사회적 교섭의 연관이 성립한다는 것은 말하자면 전도된 생각이다. 오히려 한 사람 한 사람의 의식이 상호 간의 교섭 관계에서 이루어지는 의사소통으로 형성된다. 이 의미에서는 "인간의 의식이 그들의 존재를 규정하는 것이 아니고, 반대로 그들의 사회적 존재가 그들의 의식을 규정하는 것이다"《경제학비판》 서문)라는 마르크스의 말이 매우 타당성을 가진다. 그러나 우리는 이러한 인간의 사회적 교섭 관계 그 자체를 포착하기 위해서라도, 사회적 교섭 관계로부터 어떤 형태로든 벗어나는 방법을 찾아야 한다. 그 관계의 내부로 휘말려 들어가서 그 속에서 전혀 벗어나지 못한다면, 그 자체를 전체로서 파악할 수 없기 때문이다. 하지만 철학자가 실제로 현실 세계의 교섭 관계를 모두 넘어서서 세계 전체를 바라볼 수 있는 의식 일반의 관점에 설 수 있다고 생각하는 것은, 단순한 자만일 따름이다. 철학자라고 해도 육체를 가진 존재인 이상 세계의 교섭 연관 가운데 존재할 수밖에 없다.

이 장의 첫머리에서 우리는 서재 안에 혼자 틀어박혀, 의식의 화신이 되어 세계 전체를 바라보는 철학자의 모습을 그려 보았다. 이와 같이, 전통적으로 철학자의 관점은 언제나 현실 세계의 모든 교섭 연관을 넘어서는 부동의 위치에 있는 것으로 상정되어 왔다. 그래서 그의 눈에는 창 아래 도로를 걸어가는 인간도 단지 모자와 외투로 보였던 것이다. 사실 현실 세계와의 모든 관련을 추상화하고 부동의 관점에 몸을 두지 않으면, 이 끊임없이 변하는 세계에 대한 객관적인 상을 볼 수는 없을 것이다.

그러나 이것은 어디까지나 동적인 세계 속에서 부동의 객관적 법칙을 발견하기 위해, 잠시 상정한 관점이라는 것을 잊어서는 안 된다. 아무리 훌륭한 철학자라고 하더라도 스스로가 살아 있는 존재인 이상, 단순한 의식 일반의 입장으로 바뀔 수는 없다. 즉 그 자신도 현실의 세계와 교섭하는 관계 속에 휘말릴 수밖에 없으며, 그로써 존재하는 것이다.

하지만 이런 점을 체념하면서 이러한 현실의 교섭 관계 속에만 머물러 있다면, 세상 누구도 절대로 객관적 법칙성에 접근하지 못할 것이다. 바로 이 때문에 철학자들은 언제나 현실의 교섭 관계를 넘어서려고 시도하는 것이다. 그래서 그들은 세상 속 타인들과의 모든 관련을 추상화한 관점에 서서 세계를 바라보려고 한다. 그러나 감각적인 존재에 지나지 않은 인간이 순수한 의식 자체로 변할 수는 없기 때문에, 그는 결국 다시 지상의 세계로 내려오게 된다. 철학자들은 이렇게 이 추상화와 구상화의 과정을 되풀이해 오가야 하는 숙명을 지고 있다. 그리고 그들은 그 숙명을 짊어진 사색의 길을 묵묵히 걸어, 차츰 더 깊은 현실적 인식으로 우리를 이끄는 것이다.

데카르트 연보

1596년   3월 31일, 프랑스 투렌 지방 소도시 라에에서 태어나다. 그의 아
             버지 조아킴 데카르트는 브르타뉴 지방 고등법원 법관, 그의 어
             머니 잔 브로샤르도 법조계와 관련되었거나 상업을 하던 가문
             출신. 부모의 집안은 모두 그 무렵 사회·문화·정치적으로 상당
             한 계급에 속해 있었다.

1597년(1세)   5월 13일 데카르트의 어머니가 세상을 떠났는데, 의사들은 데
             카르트가 어머니에게서 창백한 얼굴과 마른기침을 물려받은 선
             병질적 체질(림프샘이 부어오르는 체질)인 점을 들어 그의 요절을
             예언했다. 어머니의 죽음 뒤 외할머니와 유모의 손에 자라난 그
             는 특히 유모의 은공을 잊지 못해 유모에게 평생 연금을 지급하
             며 돌보아 주었고, 뒤에 스웨덴에서 운명할 때도 그의 상속인들
             에게 이 유모의 만년을 당부했다.

1606년(10세) 예수회 교단이 앙리 4세로부터 건물을 기증받아 창설한 학교
             라플레슈에 입학하다. 데카르트 집안의 친척인 샤를 신부가
             학원의 원장직을 맡아, 데카르트는 기숙사에서 편히 지낼 수 있
             는 특전을 얻기도 했다.

1614년(18세) 라플레슈를 졸업하고 푸아티에 대학에 입학, 법학과 의학을 공
             부하다.

1616년(20세) 푸아티에 대학에서 법학사 학위를 받다. 1614년에서 17년 말까지
             그의 생활에 대해서는 알려진 것이 거의 없다. 그즈음의 스포츠
             였던 마술(馬術)을 즐기며 사교계에 출입하는 평범한 생활을 한
             것으로 추정된다.

1618년(22세) 네덜란드로 가서 모리스 드 나소군(軍)에 들어가다. 11월 브레다

에 머물 때, 뒷날 위트레흐트 대학의 학장이 된 아이작 베크만과 알게 되어 친교를 맺다. 베크만으로부터 자연 연구에 수학을 이용하는 방법을 배워 수학적 자연학 연구를 시작한 그는 이때 물체의 자유낙하 법칙을 알아내게 된다. 또한 베크만으로 인해 음악에도 관심을 갖게 되어 12월 《음악개론》을 집필, 베크만에게 헌정한다.

1619년(23세) 30년 전쟁이 일어났다는 소식을 듣고 4월 네덜란드에서 덴마크를 거쳐 독일로 향하여, 독일 구교군 바이에른 공 휘하에 들어가 10월 울름시(市) 근교에 머물다. 11월 10일 이른바 '놀라운 학문의 기초를 발견'하는 영감(靈感)을 얻고, 그날 밤 세 번의 꿈을 통해 여러 학문의 방법적 통일을 감지하고, 나아가 스스로 그 전체를 깊이 연구하여 밝혀낼 수 있다는 자신을 갖게 되다.

1620년(24세) 3월 군대를 떠나 독일을 거쳐 다시 네덜란드로 돌아가다. 분명하지는 않으나 프라하 근교 전투에 참가했던 것으로 추정된다. 1620년에서 21년 사이의 행적은 그리 알려지지 않았다. 주로 여행을 한 것으로 짐작된다.

1622년(26세) 2월 프랑스로 돌아가다. 이때 생활의 안정을 꾀하고 독립하기 위해 재산을 정리하고, 파리에 머물다. 그는 군대에 있던 동안, 봉급이나 기타 모든 금전을 받지 않았던 것으로 알려진다.

1623년(27세) 3월 이탈리아로 여행을 떠나다. 주로 로마와 베네치아에서 머물며 2년을 보내다. 데카르트와 갈릴레이의 만남은 없었던 것으로 보인다.

1625년(29세) 프랑스로 돌아와 파리에 머물다. 이 뒤 3년간 파리에서 연구에 몰두하다. 광학(光學)의 연구에 열중해 '스넬 법칙'이라고도 알려진 빛의 굴절에 대한 '사인(sine)의 법칙'을 발견하다. 이 무렵 그는 메르센 신부, 수학자 미도르주, 모랑 등과 사귀고, 또한 오라토리오 수도회의 창립자이며 추기경인 베륄을 만나 철학 개조(哲學改造) 기획에 관한 격려를 받고, 그 수도회의 신부 지비외프와도 친교를 나눈다.

1628년(32세) 이해 전반에 자신의 철학 방법에 대한 논문 《정신지도를 위한 규칙》을 썼을 것으로 추정된다. 이 미완의 짧은 논문은 데카르트가 죽은 뒤 유고(遺稿) 가운데 발견되어 1651년 초 공개되었다. 이해 가을 그는 자신의 철학을 체계적으로 정리하기 위해 사람들을 피해 네덜란드로 옮긴다. 데카르트는 그 뒤 1649년까지 21년간 그곳에 머물게 되는데, 프라네커(1629)·암스테르담(1630)·데벤테르(1632)·암스테르담(1633)·위트레흐트(1635)·레이덴(1636)·산트포르트(1637)·레이덴(1640)·엔데게스트(1641)·에흐몬트(1644) 등지로 옮겨다녔다고 한다.

1629년(33세) 네덜란드 정착, 초기 9개월 동안 형이상학에 유념하는 한편, 짧은 논문들을 정리하다. 이것이 약 10년 뒤 완성된 《성찰》의 초고가 된다. 또 이해 말 그는 로마에서 관찰된 환일(幻日)에 대한 보고를 읽고 자연학의 체계를 연구하기 시작, 이 연구는 1633년까지 계속되어 《세계론》이라는 논문으로 정리된다.

1632년(36세) 이 무렵 윌리엄 하비의 《동물의 심장과 혈액 운동에 관한 해부학적 연구》를 읽은 것으로 추정된다.

1633년(37세) 6월 갈릴레이의 지동설이 로마 종교 재판소로부터 유죄 판결을 받자 《세계론》의 출판을 보류하다.

1634년(38세) 《세계론》을 출판하지 않기로 확정하다. 이로써 이 논문은 데카르트가 죽고 14년 뒤인 1664년에야 비로소 간행된다.

1635년(39세) 네덜란드 여인 헬레나와의 사이에서 딸 프랑신 태어나다.

1636년(40세) 친교가 있던 오렌지 공의 비서 콘스탄틴 호이헨스의 부탁으로 역학(力學)에 대한 짧은 논문을 기초하다. 이해에 대저(大著) 《방법서설》을 완성한다.

1637년(41세) 《방법서설》을 출판하다. 그는 이 책의 출판을 계기로 메르센을 비롯한 파리의 학자들에게서 거센 비판을 받는다. 그리하여 자연학에 대해서 로베르발, 파스칼, 피에르 프티 등과 논쟁하고, 수학의 접선(接線) 문제에 대해서는 페르마와 논쟁을 벌인다.

1638년(42세) 10월 갈릴레이의 역학을 비판한 글을 메르센에게 써 보내다. 이해 가을 뒷날의 제자이며 위트레흐트 대학의 의학 교수가 된 레기우스가 태어나다.

1640년(44세)　딸 프랑신이 죽다. 이에 대해 데카르트는 "진실한 철학은 인간의 자연스런 정(情)을 조금이라도 상하게 하는 것이 아니며, 눈물은 여성의 전유물이 아니다"라고 술회한다. 잇따라 아버지 조아킴 데카르트도 세상을 뜨다. 이해 말 그는 루이 13세의 부름을 받지만 끝내 고독을 택한다. 한 해 전부터 정리해 오던 형이상학 논문을 모아 《성찰》의 본문을 탈고, 이 책의 출판에 앞서 여러 학자의 비평을 부록으로 넣으려는 의도에서 먼저 루뱅 대학의 신학자 카테루스의 반론을 얻는다. 이어 파리의 메르센에게 고본(稿本)을 보내고, 영국의 홉스, 아르노(뒷날 포르루아얄을 중심으로 하는 장세니슴의 이론적 지도자), 가상디 등의 반론을 듣고 이에 모두 답하다.

1641년(45세)　8월 파리에서 《성찰》이 출판되다(라틴어판). 위트레흐트 대학의 학장이며 칼뱅파 신학자인 보에티우스에게서 무신론자라는 비난과 단정을 받다.

1642년(46세)　보에티우스가 3월 17일 데카르트에 관한 강의를 금지하고, 8월에는 제자의 이름으로 그를 공격하는 팸플릿을 돌린다. 이에 데카르트 또한 〈보에티우스에게 보내는 공개 서한〉을 쓴다. 부르댕 신부의 논박과 이에 대한 답변을 추가한 《성찰》이 다시 암스테르담에서 출판되고, 이때 최종적으로 《성찰》이란 표제가 결정된다.

1643년(47세)　5월, 이후 반평생 동안 이어지는 팔츠 공주 엘리자베스와의 편지 왕래가 시작된다. 9월, 위트레흐트 법정으로부터 궐석 재판에 의해 유죄 판결을 받아 불리한 상황에 처하게 되나, 프랑스 대사를 통해 오렌지 공을 움직임으로써 판결 집행을 막는다.

1644년(48세)　7월, 암스테르담에서 《철학의 원리》를 출판하다. 여기에는 엘리자베스 공주에게 바치는 헌사가 첨부되어 있다(1647년에 간행된 프랑스어판에는 역자 피코 신부에게 보낸 편지가 서문으로 실려 있다). 이해에, 동물·식물·광물에 대한 몇 가지 실험을 한 것으로 추정되며 진공(眞空)에 대한 논쟁에도 가담한다. 또 5월에서 11월까지 프랑스 여행.

1645년(49세) 이해 겨울부터 이듬해에 걸쳐 엘리자베스 공주의 요청으로 《정념론》 집필을 계획하다.

1647년(51세) 레이덴 대학의 교수 레비우스가 데카르트의 철학을 불경건한 펠라기우스주의라고 비난한 데 이어, 8월 레이덴 대학은 그의 철학에 대한 거론을 모두 금지한다. 6월에서 11월까지 이어진 프랑스 여행에서, 데카르트는 그 무렵 24세였던 젊은 파스칼을 만나게 된다. 그는 이때 파스칼에게 요양 방법과 유명한 진공 실험을 권한 것으로 알려지고 있다. 이 여행 중 사이가 좋지 못했던 가상디, 홉스와 화해한다. 12월에는 '데카르트 철학의 순교자'라 불린 제자인 위트레흐트 대학 교수 레기우스와 불화하게 된다. 철학적으로 유물론에 기울어진 레기우스가 이것이 데카르트 철학의 귀결이라고 주장하자, 그는 이에 강력히 반발하고, 레기우스의 저서 《자연학 원리》(1646)나 무서명(無署名)의 선전물에 대해서도 응수한다.

1648년(52세) 세 번째이자 마지막으로 프랑스 여행을 하다. 이때 평생의 벗이며 '파리에 있는 데카르트의 대리인'이라고 불리던 메르센을 만나는데, 메르센은 얼마 뒤 세상을 떠난다. 프랑스 궁정이 약속한 연금 지급이 프롱드의 난(亂)으로 무산되고, 데카르트는 서둘러 네덜란드로 돌아간다. 이해에 1664년에 출판된 《인간론》을 탈고한다.

1649년(53세) 스웨덴 여왕 크리스티나로부터 세 번에 걸쳐 초청을 받다. 이에 데카르트는 자신의 운명을 예견이나 한 듯 주변을 정리하고, 9월 스웨덴의 스톡홀름으로 떠난다. 11월 《정념론》이 출판된다. 12월에는 30년 전쟁을 종결시킨 '베스트팔렌 조약'을 축하하기 위한 무도극 〈평화의 탄생〉을 쓰다(1920년에 발견). 이 무렵 여왕의 요청으로 스톡홀름에 설치될 아카데미의 규약안(規約案)을 작성한다.

1650년(54세)   1월부터 일주일에 두세 번, 오전 2시에 여왕을 위한 강의를 하다. 프랑스 대사 사뉴를 문병하고 2월 1일 그와 같은 병인 폐렴에 걸리다. 2월 11일 이른 새벽 폐렴으로 죽다(루이 14세 치세 7년째 되던 해임). 데카르트의 유해는 처음 스웨덴에 묻혔다가 1666년 본국으로 옮겨졌고, 유고(遺稿)는 상속인의 승낙으로 클레르슬리에에게 넘겨져 1657년에서 1677년 사이에 세 권의 책으로 출판된다.

소두영

서울대학교 언어학과 졸업. 조선일보 논설위원 역임. 숙명여자대학교 불문학과 교수·문과대학장 역임. 지은책 《구조주의》《언어학원론》《구조주의 이해》 등, 옮긴책 알렉상드르 뒤마 《암굴왕(몬테크리스토 백작)》 몽테스키외 《페르시아인의 편지》《프랑스 명수필선》 등이 있다.

세계사상013
René Descartes
DISCOURS DE LA MÉTHODE
MEDITATIONES DE PRIMA PHILOSOPHIA
PRINCIPIA PHILOSOPHIAE/LE MONDE
LES PASSIONS DE L'ÂME/REGULAE AD DIRECTIONEM INGENII
방법서설/성찰/철학의 원리/세계론
정념론/정신지도를 위한 규칙
르네 데카르트/소두영 옮김

동서문화사창업60주년특별출판
1판 1쇄 발행/2016. 6. 9
1판 4쇄 발행/2024. 5. 1
발행인 고윤주
발행처 동서문화사
창업 1956. 12. 12. 등록 16-3799
서울 중구 마른내로 144 동서빌딩 3층
☎ 546-0331~2 Fax. 545-0331
www.dongsuhbook.com
잘못된 책은 구입하신 곳에서 바꾸어드립니다.
*

사업자등록번호 211-87-75330
ISBN 978-89-497-1421-9 04080
ISBN 978-89-497-1459-2 (세트)